Bernd Walter

Das NS-Regime – Kollegen und Nachbarn

Die Kreise Coesfeld und Lüdinghausen in der Zeit des Nationalsozialismus

Das Projekt wurde freundlicherweise gefördert durch
das Land Nordrhein-Westfalen, die Sparkassenstiftung für den Kreis Coesfeld
sowie die Wolfgang Suwelack-Stiftung in Billerbeck.

Bibliografische Information der Deutschen Bibliothek
Die Deutsche Bibliothek verzeichnet diese Publikation in der
Deutschen Nationalbibliografie; detaillierte bibliografische Daten
sind im Internet über <http://dnb.ddb.de> abrufbar.

www.aschendorff-buchverlag.de

Einbandgestaltung: Kreis Coesfeld/Madeleine Brüning
Layout und Satz: Aschendorff Verlag/Julian Krause

Printed in Germany
Gedruckt auf säurefreiem, alterungsbeständigem Papier

ISBN 978-3-402-25037-2

Bernd Walter

Das NS-Regime – Kollegen und Nachbarn

Beiträge zur Landes- und Volkskunde des Kreises Coesfeld

Band 30

Herausgegeben im Auftrag des Kreises Coesfeld
von Christian Schulze Pellengahr

GELEITWORT

Sehr geehrte Leserin,
sehr geehrter Leser,

wir leben in einem Land voll reicher Geschichte und beeindruckender Traditionen. Auch bei uns im Kreis Coesfeld zeugen davon noch heute zahlreiche Bau- und Kunstdenkmäler, die teils bis in die Anfänge der menschlichen Siedlungsgeschichte zurückreichen. Im Jahre 2017 hat Maríon Bayer mit ihrem Werk „Eindrücke einer Landschaft – 70 Zeugnisse der Geschichte im Kreis Coesfeld" (Band 27 dieser Schriftenreihe) einige dieser Zeugnisse in beeindruckender Weise vorgestellt. Neben zahlreichen glanzvollen Epochen, in denen die Menschen viel Positives bewirkt haben, gibt es aber auch bei uns dunkle Kapitel der eigenen Geschichte, der wir uns verantwortungsbewusst stellen müssen. Zu diesen dunklen Kapiteln zählt in jüngerer Zeit insbesondere die Zeit der nationalsozialistischen Herrschaft der Jahre 1933–45. Wer sich etwas vertieft mit diesem Kapitel unserer Geschichte befasst, stellt schnell fest, dass die Verbrechen der Nazi-Diktatur nicht nur im fernen Berlin oder in München geplant und an weit abgelegenen Orten begangen wurden. Auch hier, in unserer Heimat, brachte die NS-Zeit unvergleichbar menschenverachtendes Verhalten hervor, geschahen Unrecht, Verbrechen und unmenschliches Leid.

Wie kam es dazu? Wie verliefen die politische Gleichschaltung und die Umsetzung der nationalsozialistischen Diktatur in unseren Städten und Gemeinden? Wie verhielt sich die damalige Bevölkerung bei der Verfolgung der Juden und den Euthanasieprogrammen? Waren die meisten Menschen glühende Anhänger der NS-Ideologie oder Mitläufer und gab es auch Widerstand, vielleicht sogar „Helden"? Wer waren die damaligen Verantwortlichen in den Ortsbehörden, in den Kreisverwaltungen und wie agierten diese, insbesondere die Landräte?

Das hier vorliegende Werk beantwortet die meisten dieser Fragen. Dabei nimmt es nicht für sich in Anspruch, die Vergangenheit zu bewältigen. „Das kann man gar nicht", stellte schon Bundespräsident Dr. Richard von Weizsäcker in seiner viel beachteten Rede zum 8. Mai 1945 im Jahre 1985 fest, denn „Sie lässt sich ja nicht nachträglich ändern oder ungeschehen machen." Für von Weizsäcker war jedoch auch klar: „Wer aber vor der Vergangenheit die Augen verschließt, wird blind für die Gegenwart. Wer sich der Unmenschlichkeit nicht erinnern will, der wird wieder anfällig für neue Ansteckungsgefahren."

Diese Erkenntnis bewog die Mitglieder des Coesfelder Kreistages mit Beschluss vom 24. September 2018 dazu, die Erforschung der NS-Zeit in den Altkreisen Coesfeld und Lüdinghausen wissenschaftlich vornehmen zu lassen. Der Anstoß hierzu erfolgte durch eine Anregung der Kreistagsfraktion Familie/Die Linke vom 31.01.2017, auf deren Grundlage dann ein Konzept zur Erstellung der vorliegenden Publikation erarbeitet wurde. Dabei war dem Kreistag von Beginn an besonders wichtig, dass die so gewonnenen Forschungsergebnisse dann in einem zweiten Schritt auch in didaktisch geeigneter Weise aufbereitet werden, um sie für den Schulunterricht entsprechend verwenden zu können.

In der hier vorliegenden Studie, die als Band 30 in den „Beiträgen zur Landes- und Volkskunde des Kreises Coesfeld“ vorgelegt wird, taucht ihr Verfasser, Prof. Dr. Bernd Walter, tief in die jüngere Geschichte unserer Heimat ein und beleuchtet die politische und wirtschaftliche Situation, das gesellschaftliche Gefüge sowie die Hauptaufgaben der Kreisverwaltungen und Landräte in der Zeit des Nationalsozialismus. Dabei untersucht er auch die Bedingungen in der Endphase der Weimarer Republik, welche erheblichen Einfluss auf den Beginn der NS-Zeit hatten und deren Verständnis von entscheidender Bedeutung ist.

Beim Lesen dieses Buches empfand ich eine tiefe Betroffenheit. Ich bin davon überzeugt, dass das Werk dazu geeignet ist, um bei allen Leserinnen und Lesern dazu beizutragen, das Verständnis für die Geschichte unserer Region zu vertiefen und die Erinnerung an die Geschehnisse in der NS-Zeit lebendig zu halten. Mein herzlicher Dank gilt daher dem Autor, Herrn Prof. Dr. Bernd Walter für seine unermüdliche und akribische Forschungsarbeit, um einen Überblick über die Zusammenhänge dieser Zeit im heutigen Kreis Coesfeld sowie in den Vorgängerkreisen darzulegen. Mein herzlicher Dank gilt aber auch unserer Kreisarchivarin, Frau Ursula König-Heuer, die durch ihre passionierte Zuarbeit und ihr Lektorat maßgeblichen Anteil am Gelingen dieses ambitionierten Projektes hatte. Ich wünsche mir sehr, dass das Buch eine weite Verbreitung und eine gute Aufnahme in der Bevölkerung finden wird, um deutlich zu machen, dass wir nicht unsere „Augen vor der Vergangenheit verschließen“. Vielmehr wollen wir mit dieser Publikation dazu beitragen, die Erinnerung an diese Zeit großen Unrechts wachzuhalten, denn „das Geheimnis der Erlösung heißt Erinnerung“ (jüdische Weisheit).

Mein weiterer Dank gilt den Mitgliedern des Kreistages Coesfeld für ihre einmütige Zustimmung zu diesem Vorhaben und für die Bereitstellung der hierfür notwendigen Mittel. Als wesentliche Fördergeber konnten zudem das Land Nordrhein-Westfalen, die Wolfgang Suwelack-Stiftung in Billerbeck und die Sparkassenstiftung für den Kreis Coesfeld gewonnen werden. Ohne ihre großzügige Unterstützung wäre dieses Projekt nicht realisierbar gewesen. Ihnen gilt daher mein besonderer Dank.

Ihr

Dr. Christian Schulze Pellengahr
Landrat

INHALT

VORWORT

Für Sie als interessierte Leserin und Leser drängt sich eine Frage auf: Macht eine Untersuchung zur gesellschaftlichen und politischen Wirklichkeit in der Region während des NS-Regimes fast 80 Jahre nach dessen Ende noch Sinn? Kann sie noch einen Beitrag zur Orientierung in einer immer komplexer erscheinenden Welt leisten? Das Weltgeschehen zum Zeitpunkt der Buchveröffentlichung, der Krieg in der Ukraine und der Terrorüberfall der Hamas auf Israel am 7. Oktober 2023, führt uns vor Augen, in welchem Maße die Geschichte in das aktuelle politische Handeln hineinragt. Das klare Bekenntnis Deutschlands zur Unterstützung der Ukraine und zum Staat Israel erklärt sich aus der „besonderen Verantwortung" aufgrund des Vernichtungskrieges im Osten und des Holocaust in der NS-Zeit.

Forschungen zur NS-Zeit haben aber nicht nur aus erinnerungskultureller Perspektive ihre Relevanz. Angesichts antisemitischer Ausschreitungen, des Erstarkens völkisch-nationaler politischer Kräfte und einer zunehmend propagandistisch geprägten Medienwelt rückt bei der Ursachenforschung die konkrete Lebenswelt der Menschen in den Fokus. In welchem Maße werden z.B. Ängste vor „Überfremdung", der „Judenhass" und die Bereitschaft zur Radikalisierung von der konkreten Lebenssituation oder einer kulturellen Abschottung bestimmt?

Das sind aber genau die Fragen, die seit Jahren auf der Tagesordnung lokal- und regionalgeschichtlicher Forschungen stehen, um in Verbindung mit den großen struktur- und sozialgeschichtlichen Linien zur Herrschaftsgeschichte des NS Bausteine für eine Gesellschaftsgeschichte des NS zu liefern. Welche Faktoren wirkten jenseits von Gewalt und Terror, unter denen sich die Menschen das Denken und die Erwartungen der Machthaber aneigneten? Welche Rolle spielten die Propaganda oder Massenveranstaltungen? Gab es unterschiedliche „Beteiligungsformen" oder Prozesse der „Selbstmobilisierung"? Diese wenigen Fragen verdeutlichen, wie eine Auseinandersetzung mit dem Verhältnis von Partei, Verwaltung und Gesellschaft in der Region während der NS-Zeit für die Bedingungen von Mobilisierung, Verführbarkeit und Radikalisierung sensibel machen kann.

Vor diesem Hintergrund war es eine besondere Herausforderung und ein persönliches Anliegen, die Erträge der bisherigen NS-Forschung, auch der eigenen, in einer Untersuchung zur Praxis des NS-Regimes in den Kreisen Coesfeld und Lüdinghausen zur Geltung zu bringen. Daher bin ich dem Kreistag des Kreises Coesfeld sehr dankbar, dass er den Weg zu diesem Forschungsprojekt geebnet hat.

Hier ist aber auch der Ort allen zu danken, die mit ihrer Sachkunde und ganz praktischer Hilfe diese Publikation ermöglicht haben. Das gilt in erster Linie für die Mitarbeiterinnen und Mitarbeiter der in Anspruch genommenen Archive und Bibliotheken. Schon aufgrund der ausgehobenen und bereitgestellten Aktenmassen ist Ursula König-Heuer, Archivarin des Kreises Coesfeld, ein besonderer Dank auszusprechen. Durch ihre engagierte Mitwirkung und unkonventionelle Schritte hat sie insbesondere in der Zeit der Corona-Einschränkungen eine effektive Weiterarbeit gewährleistet. Mit ihrer sorgfältigen Durchsicht des Manuskriptes, der Beschaffung von Abbildungen, der Klärung der Bildrechte und der Einholung von Abdruckgenehmigungen hat sie wesentlich zur Umsetzung des Publikationsprojektes beigetragen.

Für Einblicke in den NSDAP-Parteiapparat des Gaues Westfalen-Nord und in zentrale Verwaltungsbereiche des Kreises Lüdinghausen waren auch die Aktenbestände des Landesarchivs NRW, Abteilung Westfalen, in Münster wichtig. Die professionelle Arbeit der Mitarbeiterinnen und Mitarbeiter des Landesarchivs garantierte die systematische Auswertung dieser Bestände.

Zu Dank verpflichtet fühle ich mich auch Norbert Damberg, Stadtarchiv Coesfeld, Dr. Stefan Sudmann und Stefan Thodt-Werner, Stadtarchiv Dülmen, und Helga Pätsch, Stadtarchiv Lüdinghausen, für ihre Unterstützung und die prompte Erledigung von Nachfragen und Recherchewünschen. Hier denke ich auch an die Mitarbeiterinnen der Stadtbücherei Coesfeld, die zahlreiche Fernleihen zu erledigen hatten, an das Redaktionssekretariat Westfälischer Anzeiger GmbH im Pressehaus Hamm für Kopien aus den historischen Beständen des Westfälischen Anzeigers und an die Mitarbeiter der Bibliothek der Benediktinerabtei Gerleve, die den Zugang zu ihren Buchbeständen eröffnet haben.

Die Durchführung des Forschungsprojektes und die Vorbereitung der Drucklegung des Buches haben darüber hinaus von einer breiten Unterstützung seitens der Kreisverwaltung des Kreises Coesfeld profitiert: Wolfgang Heuermann hatte die Steuerung und Organisation des Unternehmens fest im Griff. Carsten Böggering und Madeleine Brüning haben sich durch die Umsetzung der Kartenentwürfe, die Optimierung der Abbildungen und die Gestaltung des Bucheinbandes verdient gemacht. Marius Schemmann hat die Aufgabe übernommen, das Manuskript vor der Drucklegung noch einmal kritisch zu lesen.

Schließlich ist dem Aschendorff Verlag für die reibungslose Zusammenarbeit und für die Bereitschaft zu danken, dieses Buch in sein Verlagsprogramm aufzunehmen.

Dieses Buch sei den Bürgerinnen und Bürgern gewidmet, die durch ihr Engagement die Erinnerung an die Folgen und Opfer des rassenideologisch geprägten NS-Regimes wach halten. Sie stehen ständig vor der Herausforderung, die Erinnerungskultur im Umfeld von politischem Populismus, medialer Vereinfachung und gesellschaftlicher Polarisierung zur Geltung zu bringen.

Dabei denke ich auch an unsere Enkelinnen und Enkel. Hoffentlich finden sie den Zugang zur eigenen Geschichte und vielleicht zu der Erkenntnis, dass nicht jede Generation die Erfahrung selbst sammeln muss, zu was Menschen alles fähig sind.

Bernd Walter

I. EINLEITUNG

„Bilanz der Hitlerzeit“

Im Februar 1946, also fast ein Jahr nachdem die alliierten Truppen das Münsterland „befreiten“, forderte der Regierungspräsident Münster von den Landräten eine „Bilanz der Hitlerzeit“ an. Der Landrat in Lüdinghausen bemühte sich um eine möglichst genaue Beantwortung eines Fragenkataloges mit 39 Kategorien. Da die Kreisverwaltung die Fragen nicht beantworten konnte, übersandte der Landrat die Aufstellung an die Gemeinden seines Kreises. Aufgrund der Rückmeldungen erstellte der Landrat die „Bilanz“ für den Kreis Lüdinghausen.[1] Sie enthält zu den folgenden, ausgewählten Kategorien konkrete Zahlen in der im Dokument angegebenen Reihenfolge:

1. Gesamtzahl der im Hitlerkrieg Gefallenen des Amtsbereiches? – 3090
2. Zahl der im Weltkrieg Gefallenen des Amtsbereiches? – 2034
3. Zahl der bei den letzten Kriegshandlungen im Kreisgebiet Gefallenen? – 119
4. Zahl der im Hitlerkrieg Kriegsbeschädigten? – 1304
5. Zahl der durch Bomben Getöteten? – 500
6. Zahl der im Amtsbereich wohnhaften Konzentrationslagerinsassen? – 110
7. a) Zahl der Juden im Amtsbereich vor dem Hitlerismus? – 147
   b) Zahl der jetzt im Amtsbereich wohnenden Juden? – 4
9. a) Zahl der im Amtsbereich verhafteten Geistlichen katholischer Konfession? – 6
   b) Zahl der im Amtsbereich verhafteten Geistlichen evangelischer Konfession? – 0
11. Zahl der 1938 zerstörten Synagogen? – 3
22. Wie viel Kinder wurden aus dem Kreisgebiet evakuiert? – 1427
39. a) Zahl der Ende 1945 im Kreisgebiet wohnenden Evakuierten? – 7635
    b) Zahl der Ende 1945 im Kreisgebiet wohnenden Ostflüchtlinge? – 4355

Nach der Bevölkerungszählung des Jahres 1939 hatte der Kreis Lüdinghausen 89.369 Einwohner.

Die „Bilanz“ umfasst konkrete „Opfer“-Zahlen. Den 263 aus rassischen und politischen Gründen Verfolgten und Opfern in der Zeit des Nationalsozialismus werden 2.653 Kriegsopfer und 14.721 Betroffene des von Hitler-Deutschland angezettelten Aggressionskrieges gegenübergestellt. Dahinter stehen mehr als 17.600 Einzelschicksale von Menschen, die im Kreis Lüdinghausen gelebt hatten oder noch lebten. Die Schicksale der Menschen aus dem Kreis Coesfeld sind dabei noch nicht berücksichtigt.

Der Inhalt des Dokuments aus der Verwaltungspraxis des Jahres 1946 steht in scharfem Kontrast zum Bewusstsein über die Verantwortung und Täter-Rolle der

Deutschen in der NS-Zeit, wie es heute zu unserem erinnerungskulturellen Erbe gehört. Warum fühlten die Deutschen sich selbst als Opfer und spielte der Holocaust im Bewusstsein der Deutschen der Nachkriegszeit eine schockierend geringe Rolle und warum ging das Wissen über diese Ereignisse verloren? Das kann nur zum Teil durch den „Überlebenskampf unter anarchischen Alltagszuständen" erklärt werden.[2] Auf diese Frage ist im Schlusskapitel dieses Buches zurückzukommen.

Die Zahlen der „Bilanz" zu den Auswirkungen des NS-Regimes stellten und stellen für die regionalgeschichtliche Forschung eine doppelte Herausforderung dar: Über lange Zeit stand die regionale Geschichte des Nationalsozialismus im Fokus, aktuell wird vielmehr danach gefragt, welchen Beitrag die Regionalforschung für die Erforschung des Nationalsozialismus insgesamt leisten kann. Die Fragen zur regionalen Geschichte des Nationalsozialismus sind auf die Aufklärung der politischen, gesellschaftlichen und staatlichen Hintergründe der regionalen Ereignisse, sprich die umfassende Einordnung der genannten Menschenschicksale unter besonderer Beachtung der Täter ausgerichtet. Hier geht es auch darum, die Hauptthemen der inzwischen gut erforschten Geschichte des Nationalsozialismus insgesamt in der eigenen Region abzubilden. Die Fragen nach der Funktion und den originären Beiträgen regionalgeschichtlicher Forschung zur NS-Forschung insgesamt sind eher wissenschaftsgeschichtlich zu verorten und in geschichtspolitische Zusammenhänge eingebettet.

Geschichte des Nationalsozialismus in der Region

Die Erwartung der Politik und Öffentlichkeit richtet sich in erster Linie darauf, „die NS-Zeit des heutigen Kreises Coesfeld" unter Beachtung „aller Facetten" wissenschaftlich aufzuarbeiten. Die Initiative aus dem politischen Raum wird konkreter: „Dazu gehört sicherlich die Verfolgung der jüdischen Mitbürger, aber auch der Widerstand, sowohl der kommunistische als auch der kirchliche Widerstand. Auch die Rolle und Funktion der Landräte könnte beleuchtet werden."[3]

Damit sind einige der klassischen Untersuchungsfelder angesprochen, die sich durch umfassende Forschungen zum Standardrepertoire der NS-Forschung auf den verschiedenen Ebenen von Staat und Gesellschaft entwickelt haben. Dieser Katalog lässt sich um weitere Themen ergänzen. Genannt seien nur die Stichworte: „Gleichschaltung" bzw. „Selbstgleichschaltung", Etablierung der nationalsozialistischen Diktatur, traditionelle und neue Eliten, Verfolgung politischer Gegner, Kommunalverwaltung in der NS-Zeit, Ausgrenzung von „Minderwertigen", Gesellschaft im Krieg, „Heimatfront", Einsatz von Zwangsarbeitern oder Bombenkrieg. Schon ein kurzer Blick in die Veröffentlichungen zur Geschichte der Städte und Gemeinden der eigenen Region bestätigt die Relevanz dieser Themen. Auch die Region des heutigen Kreises Coesfeld konnte sich der Gesamtentwicklung in der NS-Zeit nicht entziehen.

Die Analysen der Lokal- und Regionalstudien zeigen jedoch auch die Gefahr dieser durchaus tiefenscharfen Untersuchungsansätze. Nicht selten führen sie zur

„Verinselung" und laufen Gefahr, die größeren Zusammenhänge aus dem Blick zu verlieren und einen „Gegensatz zwischen Reich und Region bzw. Zentrale und Peripherie zu konstruieren".[4] Forschungen zur Regionalgeschichte sind daher in regionale Vergleiche oder übergeordnete Zusammenhänge auf der Landes- und Reichsebene einzuordnen, die Mikroebene ist mit der Meso- und Makroebene zusammenzuführen.

Der Nutzen dieser Verknüpfung der Ebenen wird durch konkrete Fragestellungen sichtbar: Wo bestimmten besondere Ereignisse in der Region eine Entwicklung, wo die Zentrale? Brachen sich zentrale Vorgaben an regionalen und lokalen Bedingungen? Wie ist das Gewicht/Maß/Verhältnis von Strukturen und Einzelpersonen bei der Beschleunigung oder Verlangsamung von Prozessen auf verschiedenen Ebenen zu bewerten? Sind Kontinuitäten oder Diskontinuitäten bei Werturteilen, Haltungen, Handlungen oder Reaktionen festzustellen? Nur so können mögliche Ungleichzeitigkeiten, vielleicht sogar Brüche der Gesamtentwicklung auf den verschiedenen Verwaltungsebenen oder zwischen Regionen festgestellt werden.

Beiträge regionalgeschichtlicher Forschung zur NS-Forschung insgesamt

Die Forschungen zum Nationalsozialismus waren und sind wie kein anderes Thema abhängig von Geschichtspolitik, hier verstanden als „ein Handlungs- und Politikfeld, auf dem verschiedene politische Akteure die Vergangenheit mit bestimmten Interessen betrachten und in der Öffentlichkeit um Zustimmung ringen." Geschichtspolitik prägte die Frage, „wie, durch wen, mit welchen Mitteln, welcher Absicht und welcher Wirkung Erfahrungen mit der Vergangenheit thematisiert und politisch relevant werden."[5] Positiv gesehen umfasst sie in einer pluralistisch gefassten Gesellschaft auch einen politisch-pädagogischen Auftrag zur Ausbildung eines aufgeklärten und kritischen Geschichtsbewusstseins. Dieses Selbstverständnis erzeugte zwangsläufig ein Spannungsverhältnis zwischen der Politik einerseits und der Wissenschaft mit ihrem Anspruch auf Unabhängigkeit andererseits, das jedoch nicht wirkungslos blieb. In den Paradigmen und der Themenwahl der historischen Forschung zum Nationalsozialismus der Nachkriegszeit spiegelt sich der Einfluss der politischen „Großwetterlage" wider. Lokal- und Regionalgeschichte war in dieser Zeit nicht gefragt.

Nach der Zerstörung des „Dritten Reiches" war die westdeutsche Gesellschaft zutiefst verunsichert. Die Geschichtswissenschaft prägte für die Nachkriegsjahre die Metapher von der „geschichtslosen Zeit" und der Sinnlosigkeit deutscher Geschichte.[6] Der erste Bundespräsident der Bundesrepublik, Theodor Heuss, fragte 1952 in seiner Rede anlässlich der Hundert-Jahr-Feier des Germanischen Nationalmuseums in Nürnberg besorgt, wo die „ein Volk miternährende Kraft der Geschichte" gefunden werden könne.[7] Im Bewusstsein der Menschen hatte sich die Gründung der Bundesrepublik im Mai 1949 weniger stark eingeprägt als die Währungsreform von 1948, die aus Sicht der Bürger mit zum „Wirtschaftswunder" der 1950er Jahre beitrug.

Die gerade entstehende liberale Demokratie westlicher Prägung fand nach der Gründung zweier deutscher Staaten ihren Gründungsmythos eher im Postulat von der Wiedervereinigung „in Frieden und Freiheit". Auf die Bedeutung des Arbeiteraufstandes am 17. Juni 1953 in der damaligen DDR als demonstrativer „Beweis für die antitotalitäre Gesinnung der Deutschen" und einer bewältigten Vergangenheit im Volk kann hier nicht näher eingegangen werden. Die öffentliche Diskussion über den Symbolgehalt dieses Ereignisses verstärkte jedoch die Tendenz zur Verniedlichung des „Dritten Reiches" als „Betriebsunfall", zumal Politiker von rechts bis links den Deutschen bescheinigten, im „Dritten Reich" Opfer, nicht Täter gewesen zu sein. Nun müssten sie auch noch das „Unrecht" der Teilung erleiden, für die man allein die Sowjetunion verantwortlich machte.[8]

Damit ist der „Kalte Krieg", der Ost-West-Konflikt zwischen dem Block der kommunistischen Staaten und dem Block der liberal-demokratischen Staaten angesprochen, der bis in die 1990er Jahre nicht nur das weltpolitische Geschehen bestimmen sollte. Die Einführung des Totalitarismus-Begriffs ermöglichte es, den Kommunismus wie auch den Nationalsozialismus nach gleichen staatsrechtlichen und politischen Kriterien zu bewerten und einzuordnen. Damit fand auch die Geschichtsforschung eine Basis, sich mit dem Nationalsozialismus auf einer geschichtspolitisch akzeptablen Weise auseinanderzusetzen.

Nachdem bereits zeitgenössische Publikationen mit Begriffen wie der „Doppelstaat"[9] oder der „SS-Staat"[10] die Unanwendbarkeit bisheriger Staatsvorstellungen herausgestellt hatten, setzten sich zunehmend die Begriffe Totalitarismus oder totalitäre Herrschaft und Diktatur zur Bezeichnung der nationalsozialistischen Herrschaft durch.[11] Die Geschichtsforschung zeichnete das Bild eines straff gelenkten, zentral von oben gesteuerten, monokratisch von einem allmächtigen „Führer" beherrschten Unrechtsstaates.[12] Sie konzentrierte sich auf die Institutionen des „Dritten Reiches", die Herrschafts- und Verfolgungspraxis des Regimes und den Widerstand gegen Hitler. Das Verhalten der Bevölkerung und Gesellschaft vor Ort geriet nur in den Blick, wenn schematisch nach den Reaktionen auf politische Maßnahmen und Propagandaaktionen gefragt wurde.

Das Ergebnis weiterer Forschungen ließ den monolithischen Charakter des NS-Systems immer mehr zur Fiktion werden. Sie zeigten, „dass der totalitäre Charakter des Systems mehr in der Tendenz und dem Anspruch auf vollständige Erfassung und Kontrolle der gesamten politischen, gesellschaftlichen und privaten Bereiche als in deren völliger Verwirklichung lag".[13] Die Frage nach der Reichweite totalitärer Herrschaft und Durchdringung der Gesellschaft mit der NS-Ideologie hätte jedoch nur eine Alltagsgeschichte und eine orts- und regionalgeschichtlich orientierte Gesellschaftsgeschichte zur NS-Zeit beantworten können. Diese gab es noch nicht und wäre auch nicht erwünscht gewesen, da sie die eingeübte klassische Trias der Rollenzuschreibung Täter – Opfer – Widerstand gesprengt hätte. Die Zeitgeschichtsschreibung hat versucht, dieses Phänomen und den „blinden Fleck" in den Forschungen zur Gesellschaftsgeschichte der NS-Zeit bis in die 1960er Jahre sozialpsychologisch zu erklären: Nach einer Konfrontation der Nachkriegsgesellschaft mit der Realität der „Volksgemeinschaft" hätte sie mit dem Eingeständnis leben müssen, „dass sich seinerzeit fast die gesamte deutsche Nation mit Hitler und seinen Zielen identifiziert" hatte, „in hohem Maße sogar mit seiner Politik gegenüber den Juden".[14]

Der Boom an lokal- und regionalgeschichtlichen Studien zur Geschichte des Nationalsozialismus seit den 1970er Jahren erklärt sich zum einen durch die anhaltende Kritik an der monolithischen Sichtweise auf den NS-Staat. Erst diese Studien mit sozial- und alltagsgeschichtlichem Ansatz eröffneten eine Perspektive von „unten". Vor Ort treffen Partei, Staat und Gesellschaft, Akteure und Milieus aufeinander. Daher können insbesondere hier die Grenzen der totalitären Herrschaft und die Wirkung ideologiegeprägter Politik ausgemessen und im sozialen Spannungsfeld wie unter einem Brennglas betrachtet werden. Zum anderen förderte die Konjunktur der „Oral History" diese Entwicklung, die vor allem durch Zeitzeugen-Befragungen einen Zugang zur „echten" Geschichte aufzeigen wollte. Es ging um die Erfahrungen der „kleinen Leute" mit der Repression und Verfolgung, mit Widerstand und persönlicher Widerstandskraft, mit Anpassung und Verweigerung.[15] Richtungsweisende Einzelstudien zur kommunalen Selbstverwaltung im Nationalsozialismus[16] und große regionalgeschichtliche Verbundprojekte wie die Forschungen zu „Bayern in der NS-Zeit" oder „Gesellschaft in Westfalen 1930 bis 1960" erweiterten diese Ansätze.[17]

Eine Bilanz von vier Jahrzehnten lokal- und regionalgeschichtlicher Forschungen zum Nationalsozialismus benennt drei zentrale Ansätze, die „das Potential einer Perspektive auf Prozesse vor Ort", insbesondere der Analysen zum „kleinen" sozialen Raum noch einmal deutlich machen:[18] In einer *ersten Variante* dient der Blick auf den überschaubaren Raum der Analyse von Fragestellungen, die aus der allgemeinen Forschung zur NS-Zeit gewonnen werden. Dieses eher traditionelle Forschungsinteresse und seine Fragen wie nach der Durchsetzung der NS-Herrschaft, nach dem Verhältnis von Partei und Staatsverwaltung oder den Möglichkeiten von Verweigerung und Widerstand gelten nicht dem Raum an sich, sondern haben exemplarischen Charakter.

Das gilt auch für Forschungen zu lokalen und regionalen Besonderheiten, zu kleinräumigen Identitäten und Traditionen und deren Auswirkung auf das politische Verhalten. In dieser *zweiten Variante* geht es ebenfalls eher um allgemeingültige Erkenntnisse, allerdings unter Beachtung der unterschiedlichen Voraussetzungen für die Durchsetzung der NS-Herrschaft. Welche lokalen und regionalen Faktoren wirkten begünstigend oder hemmend auf die Durchsetzung, welche konnten dadurch den Totalitätsanspruch begrenzen?

Der *dritte Ansatz* bündelt vor allem Fragestellungen, die mit Ertrag nur im „kleinen Raum" als Sozialraum beantwortet werden können. In diesem Ansatz bekommen die „kleinen" Räume eine eigene Qualität und werden als „eigenständiger Denk- und Handlungsrahmen" der Menschen ernst genommen, die dort leben.

In ihrer alltäglichen Lebenswelt kann der Zusammenhang von Nationalsozialismus und Gesellschaft in seiner ganzen Dimension erforscht werden, denn der „kleine Raum" eröffnet die Möglichkeit, die Vielfalt der Faktoren miteinander zu kombinieren, die den historischen Prozess beeinflussen. Als besonders ertragreich haben sich auf diesem Forschungsfeld alltags-, mentalitäts- und milieuorientierte Forschungsansätze erwiesen.

Das Bewusstsein über das besondere Erkenntnispotential der Lokal- und Regionalgeschichte hat in den vergangenen zwanzig Jahren insbesondere die „Volksgemeinschafts"-Forschung beflügelt. In Verbindung mit den großen struktur- und sozialgeschichtlichen Linien der Herrschaftsgeschichte des Nationalsozialismus hat sie wichtige Bausteine für eine Gesellschaftsgeschichte des Nationalsozialismus geliefert. Ausgehend von der Frage, „welche Faktoren jenseits von Gewalt und Terror zusätzliche Wirkung entfaltet und dem NS-Regime seine erstaunliche und beängstigend hohe Integrationskraft verliehen" haben, wurde ein Forschungsspektrum ausgebreitet, das neue Perspektiven auf die Lebensbedingungen in der NS-Zeit eröffnet hat.[19] Sie umfassen die bisher vernachlässigten Bindekräfte und Beteiligungsformen wie die Bedingungen, unter denen sich die „Volksgenossen" das Denken und die Erwartungen der Nationalsozialisten aneigneten. Sie beachten Prozesse der Selbstmobilisierung oder Aktionen der Machthaber, Konsens zu produzieren, aber auch Maßnahmen der NS-Politik zur gesellschaftlichen Ausgrenzung vor Ort. Die Forschungen unter dem Leitbegriff „Volksgemeinschaft" haben also die Funktion, „Phänomene wie die gesellschaftliche Bindekraft der NS-Herrschaftspraxis, die Disposition der Bevölkerung für die nationalsozialistische Verheißungs-Politik und hieraus resultierend die im Ergebnis erstaunliche Mobilisierungsfähigkeit des Regimes in das Blickfeld zu rücken."[20] Wird der Leitbegriff „Volksgemeinschaft" mit dem Leitbegriff „Mobilisierung" verknüpft, so wird der dynamische Charakter der gesellschaftlichen Entwicklung besonders betont.

Das breite Spektrum der „Volksgemeinschafts"-Forschung ergibt sich aus der Vielschichtigkeit des Begriffs „Volksgemeinschaft". Er umfasst fünf Dimensionen:[21] „Volksgemeinschaft" als „gedachte Ordnung", als Zukunftsverheißung, als Exklusions- und Inklusionsinstrument, als „Referenz und Begründungsstrategie" und im Sinne einer „Handlungsdimension". Die Verwendung des Begriffs in der historischen Argumentation, einerseits als empirischer Befund, andererseits als analytische Kategorie, wird als „systematisch kaum auflösbares Gemenge" zwischen zeitgenössischer und gegenwärtiger Nutzung kritisiert und zeigt die Grenzen des Konzeptes auf.

Diese werden auch bei der Untersuchung von Lebenswelten sichtbar, in denen häufig andere „individuelle Modi des Handelns, der Interaktion und Argumentation" vorherrschen, die sich nicht ohne weiteres mit der „sozialen Praxis der Vergemeinschaftung" beschreiben lassen.[22] Folgende Perspektiven dürfen daher bei der Untersuchung auf keinen Fall vernachlässigt werden:[23] die Strukturen und

Grenzen der propagierten Vergemeinschaftungen, die Auflösung und Zerstörung von Gemeinschaftsformen und Gemeinschaften, die Fortdauer von sozialen Prozessen individuellen Handelns im Verhältnis zu Gemeinschaftsformen, von Einzelinteressen und Individualstrategien, das Verhältnis von Privatem und Öffentlichem, generationsbedingte und geschlechtliche Unterschiede oder Kontinuitäten bzw. Diskontinuitäten von Sozialformen „längerer Dauer". Das gilt insbesondere für lokale Sozialräume und landwirtschaftlich geprägte Lebenswelten und Dörfer, die in den 1930er/1940er Jahren auch im Untersuchungsraum dieser Studie vorherrschend sind.

Beschreibung des Forschungsgegenstandes

Der heutige Kreis Coesfeld ist in seiner flächenmäßigen Ausdehnung und seiner kommunalen Verwaltungsstruktur im Zuge der kommunalen Strukturreform der 1970er Jahre entstanden. Er setzt sich zusammen aus dem Kreis Coesfeld (ohne das Amt Gescher) und dem Kreis Lüdinghausen (ohne Stadt und Teile des Amtes Werne und die Ämter Bork und Drensteinfurt). Aus dem früheren Landkreis Münster wurden die Gemeinden Bösensell, Havixbeck und Nottuln dem neuen Kreis zugeordnet.

Ausgangspunkt für die Analysen des Forschungsprojektes können aber nur die Verhältnisse in den Alt-Kreisen sein, da die politische, gesellschaftliche und wirtschaftliche Situation in diesen Kreisen mit ihren kreisangehörigen Gemeinden das Handeln der Kreisverwaltungen bestimmte. Nur so kann die spezifische Rolle der Kreisverwaltungen mit dem Landrat an der Spitze im Gefüge des NS-Machtstaates beschrieben und der Einfluss von nationalsozialistischen Prämissen auf die Wahrnehmung der Verwaltungsaufgaben herausgearbeitet werden. Außerdem orientierte sich auch die NSDAP-Organisation auf der Gemeinde- und Kreisebene an den kommunalen und staatlichen Verwaltungsgrenzen. In der Gesamtdarstellung müssen jedoch auch die 1975 mit der Strukturreform dem neuen Kreis Coesfeld zugeordneten Gemeinden Bösensell, Havixbeck und Nottuln aus dem früheren Landkreis Münster berücksichtigt werden.

Der Kreis Coesfeld umfasste 1933 die Städte Coesfeld und Dülmen, die amtsfreie Gemeinde Coesfeld-Kirchspiel sowie sechs Ämter mit 20 amtsangehörigen Gemeinden. Am 16. Juni 1933 lebten im Kreis 57.412 Einwohner. Der Kreis Lüdinghausen zählte 86.413 Einwohner und umfasste die Städte Lüdinghausen und Werne, die amtsfreien Gemeinden Ascheberg und Senden sowie acht Ämter mit 19 amtsangehörigen Gemeinden. Im Parteikreis Coesfeld wurden später insgesamt 12 Ortsgruppen und im Parteikreis Lüdinghausen insgesamt 19 Ortsgruppen gegründet.

Die Aktenüberlieferung und dadurch bedingte inhaltliche Einschränkungen in der Darstellung

Zur Aufklärung der komplexen Vorgänge und Beantwortung der formulierten Fragen stehen umfangreiche Aktenbestände sehr unterschiedlicher Provenienz

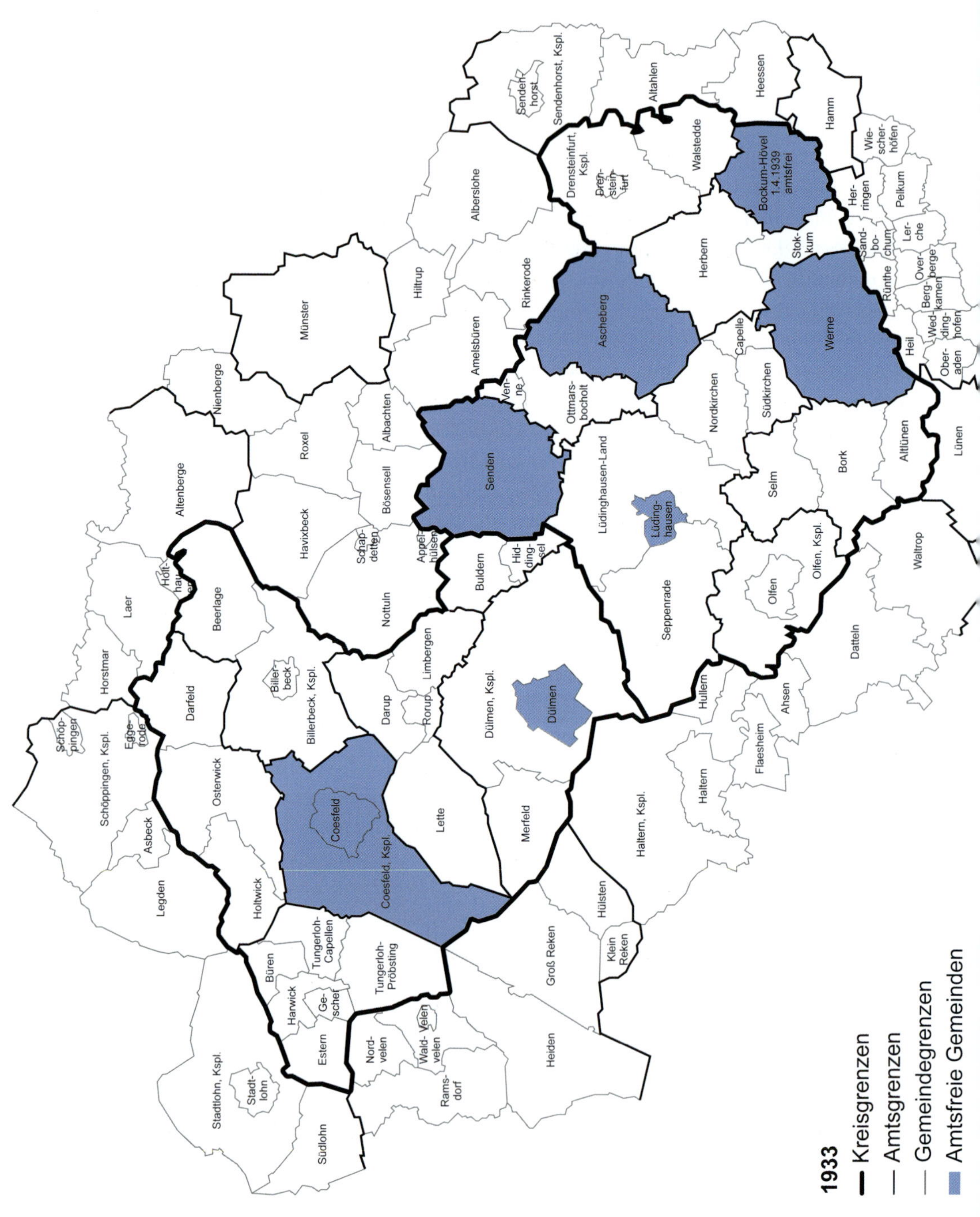

Karte 1: Die Gemeinden und Ämter der Kreise Coesfeld und Lüdinghausen 1933

zur Verfügung. Im Landesarchiv NRW, Abt. Westfalen, in Münster wurden die Bestände Oberpräsidium, Regierung Münster, Politische Polizei „Drittes Reich", Generalstaatsanwaltschaft Hamm, NSDAP-Gauleitung Westfalen-Nord, NSDAP-Kreis- und Ortsgruppen, NSDAP-Sturmabteilung, Kreis Coesfeld, Kreis Lüdinghausen und Ämter für gesperrte Vermögen (Kreisamt Coesfeld und Kreisamt Lüdinghausen) ausgewertet. Der überwiegende Teil der Akten der Kreise Coesfeld und Lüdinghausen lagert allerdings im Kreisarchiv Coesfeld.

Aufgrund der Überlieferungssituation bei den Akten auf der Kreisebene, insbesondere durch die Zerstörung des Kreishauses in Coesfeld in den letzten Kriegstagen, sind die Auswertungsmöglichkeiten und damit der Erkenntnisgewinn aus den jeweiligen Aktenbeständen sehr unterschiedlich. So stehen zur Analyse der Verwaltungspraxis des Kreises Coesfeld in der NS-Zeit ca. 130 Akten (ohne Personalakten) zur Verfügung, für die Analyse der Verwaltungspraxis des Kreises Lüdinghausen dagegen über 500. Aufgrund dieser Quellenlage wird die Beantwortung der zentralen Frage nach der spezifischen Rolle der Kreisverwaltungen mit dem Landrat an der Spitze im Gefüge des NS-Machtstaates und dem Einfluss von nationalsozialistischen Prämissen auf die Wahrnehmung der Verwaltungsaufgaben für beide Kreise nicht in der gleichen Weise möglich sein.

Die Darstellung der in der Inhaltsübersicht angesprochenen Sachverhalte kann sich mit ihren Belegen daher nur auf die Verwaltung(-en) beziehen, für die es eine entsprechende Überlieferung gibt. Da es in der zentralen Fragestellung vor allem um systematische und strukturelle Erkenntnisse geht, ist jedoch eine Verallgemeinerung der Erkenntnisse möglich. Aufgrund der Quellensituation wird daher in der Analyse der Verwaltungspraxis der Kreise der Kreis Lüdinghausen im Vordergrund stehen, für die Nachkriegszeit können beide ehemaligen Kreise als Referenzregion dienen.

Bei der Konzentration auf die Verwaltungsakten und die Verwaltungspraxis der Kreise Coesfeld und Lüdinghausen kommen die singulären und prägenden Gewaltmaßnahmen des NS-Regimes nicht in den Fokus, obwohl diese für die Beurteilung der Gesamtsituation zentral sind: Gedacht wird hier an den Weg der politischen Gegner in die Konzentrationslager und die dort erfahrene Gewalt, an das weitere Schicksal der Juden bis hin zum Völkermord oder an die Zahl der Betroffenen durch die NS-Zwangssterilisationen und das Schicksal von „Euthanasie"-Opfern, die vor der Unterbringung in einer Heil- und Pflegeanstalt des Provinzialverbandes Westfalen ihre Heimat in den Kreisen Coesfeld und Lüdinghausen hatten.

Aufgrund der guten Vorarbeiten und der vorliegenden Veröffentlichungen zur jüdischen Geschichte und der Forschungsarbeiten zur Geschichte der Emslandlager, der Zwangssterilisations- und „Euthanasie"-Maßnahmen des NS-Regimes werden die Schicksale der Betroffenen jedoch beschrieben und das Ausmaß dieser Gewaltmaßnahmen für die Einwohner in den Kreisen Coesfeld und Lüdinghausen benannt werden können. Hier bleibt die Frage, wie präsent diese Gewaltmaßnahmen vor Ort waren. Welche Reaktionen haben sie ausgelöst? Wurde die Gewalt gegen linke Politiker überhaupt verurteilt oder eher als notwendig angesehen? Wurden Zwangssterilisationen aus eugenischen Gründen der NS-Rassenideologie zugeschrieben?

Konzept der Darstellung und besondere Schwerpunkte

Die Region der ehemaligen Kreise Coesfeld und Lüdinghausen stellt im Sinne der aufgeworfenen Fragestellungen einen Handlungsraum dar, in dem die aufeinandertreffenden Akteure aus verschiedenen sozialen Räumen und Lebenswelten, aus eher ländlichen oder kleinstädtischen Verhältnissen stammen. Ihr Verhalten und ihr Denken sind vor allem durch ihre Verortung in den lokalen und regionalen familiären, gesellschaftlichen, konfessionellen, wirtschaftlichen und politischen Bedingungen geprägt. Ihr Handeln wird entscheidend durch das Geschlecht, die berufliche und gesellschaftliche Stellung, das Vermögen, bei einigen durch kommunale, politische und/oder durch staatliche Funktionen bestimmt. Daher wird im Folgenden zunächst die Untersuchungsregion mit ihrer Bevölkerung und lokalen Sozialmilieus, die besondere gesellschaftliche und wirtschaftliche Krisensituation, die politische Orientierung und Radikalisierung zum Ende der Weimarer Republik in einem ersten Kapitel dargestellt. Darin spiegeln sich übergreifende Verwerfungen und Prozesse, die nun als unmittelbare Vorgeschichte wirksam werden.

Bevor im ersten Abschnitt des Hauptteils die Durchsetzung des Herrschaftsanspruches der Nationalsozialsten auf kommunaler Ebene thematisiert wird, sollen die Verwaltungen und die NSDAP mit ihrem Personal vorgestellt werden: Welche Funktion hat die Kommunalpolitik auf der Kreis- und Gemeindeebene bei der Bewältigung der Krisensituation und den sich anbahnenden Konflikten mit Links- und Rechtsradikalen? Diese Frage lässt sich nur durch einen Blick auf die Verortung der Kommunen im Weimarer Verfassungssystem, ihre innere rechtliche Ordnung, die Finanzverfassung und die Abhängigkeit der Wirtschaft auf der kommunalen Ebene vom Konjunkturverlauf, von überregionalen wirtschaftlichen und politischen Prozessen, insbesondere im Freistaat Preußen beantworten. In der Praxis, vor allem in der Auseinandersetzung mit der NSDAP als politische „Bewegung“, bestimmte das Selbstverständnis der ehrenamtlichen und hauptamtlichen Kommunalbeamten das Handeln. Die Beteiligung der NS-Bewegung an der Reichsregierung am 30. Januar 1933, später von der NSDAP selbstbewusst zum Akt der „Machtergreifung“ stilisiert, führte nicht sofort zu klaren politischen Verhältnissen wie der später geprägte Begriff von der „totalitären Herrschaft“ vielleicht erwarten lässt.

Die NS-Bewegung stand plötzlich vor einer doppelten Herausforderung. Sie musste sich zum einen von der Bewegung mit Straßenkampferfahrung zur staatstragenden Partei mit Massenzulauf entwickeln, zum anderen flächendeckende Strukturen aufbauen, um den Anspruch eines nationalsozialistisch geprägten

Herrschaftssystems durchsetzen zu können. In der Entwicklung der NSDAP-Parteiorganisation auf regionaler Ebene wird dieser Prozess sichtbar. Es geht um die Ortsgruppen, Kreisleitungen, Personalauswahl und -qualifikation, Schulungs- und Disziplinierungsinstrumente oder um die Kommunikation von der Gauleitung bis in die Ortsgruppen.

Das nationalsozialistische Herrschaftssystem beruhte nicht nur auf der Partei, den nationalsozialistischen Organisationen und Einzelpersönlichkeiten, sondern auf einer zunehmenden funktionalen Verschränkung von Partei und Verwaltung. Im Rahmen dieses Systems förderte die Partei die Übernahme wichtiger Funktionen durch die kommunale und staatliche Verwaltung oder die Partei okkupierte zur eigenen Profilierung attraktive Aufgaben der Verwaltung.

Im zweiten Abschnitt des Hauptteils wird an der Entwicklung wichtiger Kreisaufgaben unter dem NS-Regime das Eindringen von nationalsozialistisch und rassenideologisch geprägten Grundsätzen und Programmen in die konkrete Verwaltungstätigkeit bis zum Beginn des Krieges aufgezeigt. Das Spektrum der Veränderung reicht von der direkten Umsetzung polizeilicher Maßnahmen gegen politische Gegner, über die weltanschauliche Neuausrichtung des Unterrichts, die Initiierung von Zwangssterilisationen bis zur Abgabe von Aufgaben an die nationalsozialistische Volkswohlfahrt. Da sich die Wahrnehmung und Umsetzung der Kreisaufgaben in vielfältiger Weise auf die Lebensverhältnisse und -welten der Kreisbewohner auswirkten, werden zahlreiche Aspekte des Themas „Volksgemeinschaft und soziale Praxis", aber auch individuellen Handelns aufgeworfen. Durch den Vergleich von ländlichen und kleinstädtischen, durch Industrie, Handel oder Verwaltungsfunktionen geprägten gesellschaftlichen Verhältnissen ergeben sich Ansätze für eine differenziertere räumliche Betrachtung. Im zeitlichen Längsschnitt wird die Anknüpfung an tradierte Vorstellungen auf der einen oder der Einsatz von Gewalt bei der Durchsetzung von Verwaltungsmaßnahmen auf der anderen Seite Anhaltspunkte für charakteristische Entwicklungsphasen liefern. Gab es 1935/1936 nach dem Ausbau des Terror- und Überwachungsstaates, der Stabilisierung des Parteiapparates, den außenpolitischen Erfolgen einschließlich der Olympiade und der Entspannung auf dem Arbeitsmarkt einen Wendepunkt in der Herrschaftsgeschichte des NS-Regimes? Ist es gerechtfertigt, von einem Übergang der ideologisch bestimmten „Volksgemeinschaft" in eine stärker geforderte „Leistungsgemeinschaft" zu sprechen, die dann in die „Kampf- und Schicksalsgemeinschaft" der Kriegsjahre mündete?[24]

Damit ist die Entwicklung der Kreisverwaltung in der Kriegszeit angesprochen, die in einem besonderen Abschnitt des Hauptkapitels thematisiert wird. Die Mobilmachung 1939 basierte auf lange vorbereiteten Plänen, die auch die Kreisverwaltung vor völlig neue Herausforderungen stellte. Insbesondere die Mobilisierung in der landwirtschaftlichen Erzeugung und in der Industrie bei zunehmendem Arbeitskräftemangel, also die Menschen- und Ressourcenmobilisierung generierte auch neue ‚maßnahmestaatliche' Sondergewalten, die eine ständige

Abstimmung verlangten. Als durch Bombardierungen, mit der Kriegswende und dem ‚totalen Krieg' seit 1942/43, dann in den letzten Kriegsmonaten 1944/45 die Region selbst zum Kriegsschauplatz wurde, potenzierten sich die Probleme. Die Parteiorganisation bekam bei der Versorgung der Bevölkerung mit Lebensmitteln, bei der Wohnraumbeschaffung und der Beseitigung der Kriegsschäden ein immer größeres Gewicht gegenüber der Kreisverwaltung. Auch die Mobilmachung des ‚Volkssturms' war eine Aufgabe der Parteiorganisation.

Das letzte Kapitel dieser Darstellung lenkt den Blick auf die ersten vier Nachkriegsjahre bis zur Gründung der Bundesrepublik. Für die Forschung bildeten diese Jahre zwischen der NS-Zeit und Bundesrepublik „eine Art Niemandszeit" der Geschichte und „einen relativ blinden Fleck in der historischen Erinnerung".[25] Gerade in dieser Zeit waren aber die lokalen und regionalen Verwaltungen in besonderer Weise gefordert, da die Pläne der britischen Besatzungsmacht zur Neuorganisation des öffentlichen Lebens und zur Demokratisierung auf der kommunalen Ebene ansetzten. Die Briten bemühten sich aber nicht nur aus diesem Grund die Gemeinde- und Kreisverwaltungen funktionsfähig zu halten. Bei der Bewältigung der Probleme der ‚Trümmergesellschaft', angefangen bei der Trümmerräumung und der Grundversorgung mit Nahrungsmitteln, über die Hilfe für Verfolgte und Opfer bis zur Wiedergutmachung und Entschädigung, waren die Mitarbeiter dieser Verwaltungen mit ihren Personen- und Ortskenntnissen unverzichtbar.

II. DIE KREISE COESFELD UND LÜDINGHAUSEN AM ENDE DER WEIMARER REPUBLIK

1. Westfalen und das Rheinland als Hochburgen der politischen Gegner der Nationalsozialisten im Freistaat Preußen?

Die Weltwirtschaftskrise und die Demontage der Weimarer Demokratie

Die Auswirkungen der Weltwirtschaftskrise förderten die grundlegende „autoritäre Umgestaltung“ von Staat und Gesellschaft in der Endphase der Weimarer Republik.[1] Die „konservative Revolution“ vollzog sich auf der Verfassungsebene durch die Verlagerung der Macht- und Handlungskompetenzen „weg vom Parlament und von den Parteien, hin zur Präsidialgewalt [...] sowie zu außenparlamentarischen Machtträgern, vor allem zur Reichswehr und Bürokratie.“[2] Damit verschoben sich die gesellschaftlichen Machtverhältnisse zugunsten der alt-preußischen Eliten. Das aus zeitgenössischer Sicht propagierte „Neue Preußen“ als „Bollwerk der Demokratie“ wurde zum Mythos.

Die Demontage des parlamentarischen Systems, der föderalen Ordnung und der kommunalen Selbstverwaltung auf der einen Seite und die sozialpolitische Demontage auf der anderen waren das Ergebnis von finanzieller Überforderung und des staatlichen Krisenmanagements durch Notverordnungen. Mit der Wirkungslosigkeit dieser Maßnahmen, steigenden Arbeitslosenzahlen und sozialen Notlagen radikalisierte sich das politische Denken und die politische Auseinandersetzung. So endete Anfang 1930 die kurze Phase der „relativen Stabilisierung“ der Weimarer Republik und damit auch die Phase, die Handlungsspielräume für neue kreative Konzepte und Innovationen eröffnet hatte. Das Zusammentreffen von Wirtschafts- und Staatskrise entzog durch die verschärften ökonomischen Verteilungskämpfe nicht nur dem wohlfahrtsstaatlichen, integrierenden Sicherungssystem die Grundlage, es machte auch die Bruchlinien des demokratischen Verfassungsstaates unmissverständlich deutlich. Die Krise zeigte, wie schmal die gesellschaftliche Basis war, auf die sich der Verfassungsstaat stützen konnte.

Die Ergebnisse der Reichstagswahlen am 20. Mai 1928 und in der Hochphase der Weltwirtschaftskrise am 31. Juli 1932 zeigen in einer Momentaufnahme den Radikalisierungsprozess, aber auch ein sehr unterschiedliches Wahlverhalten. Die NSDAP vergrößerte auf Reichsebene ihren Stimmenanteil von 2,6 % auf 37,3 % und stieg damit zur Massenpartei auf. Sie profitierte von der wirtschaftlich-sozialen Entwurzelung der Arbeiter und Mittelschichten und der dadurch geförderten politischen Mobilisierung und Radikalisierung. Dieser politische Erdrutsch ging fast ausschließlich auf Kosten der bürgerlichen, nicht-konfessionellen Mitte- und Rechtsparteien. Der Stimmenanteil der nationalkonservativen Deutschnationalen Volkspartei (DNVP) sackte von 14,3 % auf 5,9 %, der Anteil der nationalliberalen Deutschen Volkspartei (DVP) von 8,7 % auf 1,2 % und der Anteil der linksliberalen Deutschen Demokratischen Partei (DDP) von 4,8 % auf 1,0 %. Im Freistaat Preußen, in dem 1928 61 % der Reichsbevölkerung lebten, stimmten die Ergebnisse in der Grundtendenz mit denen auf Reichsebene überein, im Ländervergleich erreichte die NSDAP aber keinen Spitzenwert.[3]

Die innerpreußischen Verhältnisse auf der Ebene der Provinzen zeigen ebenfalls erhebliche Unterschiede bei den Stimmenanteilen für die NSDAP, die stark mit der konfessionellen Prägung und dem Industrialisierungsgrad korrelierten. In der Provinz Schleswig-Holstein und den brandenburgischen Kerngebieten erreichte die NSDAP im Juli 1932 Spitzenwerte zwischen 45,3 % und 51,1 %. Weit unter dem Reichs- und preußischen Durchschnitt fiel das Ergebnis in der Stadt Berlin (mit 28,7 %) und den Provinzen Oberschlesien (29,3 %), Rheinland (26,7 %) und Westfalen (25,5 %) aus, in denen sich das Zentrum und/oder die Linksparteien (SPD, KPD) behaupten konnten.

Auf das Wählerpotential in diesen Provinzen, den wirtschaftlichen Kernregionen Preußens, konnte sich auch Ministerpräsident Otto Braun und sein 3. Kabinett (6. April 1925 – 20. Juli 1932) stützen. Nimmt man diese Wahlergebnisse als Indiz für eine relative politische Stabilität und intensivere Verwurzelung demokratischer Grundsätze, dann mussten diese Regionen als die Bastionen des „Neuen Preußen" und Hort des „Marxismus" die Nationalsozialisten in der Phase der Konsolidierung der Macht besonders herausfordern. Joseph Goebbels schrieb 1930: „Der Schlüssel zur Macht über Deutschland liegt in Preußen. Wer Preußen hat, hat das Reich."[4] Preußen hatte aber nur der in seiner Gewalt, der sich in den Hochburgen seiner politischen Gegner durchsetzen konnte und diese Hochburgen lagen in den Westprovinzen Rheinland und Westfalen.

Wahlen in den preußischen Westprovinzen

Das Stärkeverhältnis der politischen Parteien unterschied sich im Westen erheblich von der gesamtpreußischen Ebene. Bei den Reichstagswahlen von Mai 1928 erreichte die DNVP in Preußen (17,4 %) einen fast doppelt so hohen Wert wie in Westfalen (8,5 %) und im Rheinland (9,5 %). Die DVP erzielte dagegen mit 9,2 % in Westfalen aufgrund der Ergebnisse in den Regierungsbezirken Minden (9,7 %) und Arnsberg (10,7 %) einen höheren Wert als im Rheinland (8,2 %) und in Preußen (8,6 %) insgesamt. Das Zentrum hatte in Westfalen (28,8 %) und im Rheinland (34,9 %) nach wie vor absolute Hochburgen. Die starke regionale Stellung dieser Partei im Vergleich zu Gesamtpreußen (15,2 %) wird noch deutlicher, wenn man die Ebene der Regierungsbezirke betrachtet. Im Regierungsbezirk Münster erreichte sie 42,5 %, im Bezirk Aachen 52,3 %, Bezirk Koblenz 42,0 % und Bezirk Trier 60,6 %. Dazu korrespondierend erreichten in den übrigen Regierungsbezirken die Linksparteien Spitzenwerte, die teilweise auch über den Werten für die SPD (29,0 %) und KPD (11,8 %) in Gesamtpreußen lagen. Auf die SPD entfielen z.B. im Bezirk Minden 31,8 % und im Bezirk Arnsberg 29,6 %, auf die KPD im Bezirk Arnsberg 11,9 % und im Bezirk Münster 13,5 %.

Bei einem Vergleich der Wahlergebnisse in Industriestädten und Landkreisen würde sich die Überlagerung des territorial verwurzelten konfessionellen Faktors mit den durch die Industrialisierung bedingten politisch-sozialen Prägungen noch deutlicher zeigen.[5] In den Westprovinzen waren sehr spezifische politisch-soziale Milieus entstanden, die nicht nur im Ruhrgebiet auf sehr engem Raum nebeneinander lagen und in denen die NSDAP „schwer um die Seele der Menschen ringen musste".[6] Diese Feststellung darf aber nicht darüber hinwegtäuschen, dass die NSDAP bei den Reichstagswahlen 1932 in einigen Regionen Westfalens erhebliche Stimmengewinne verzeichnen konnte.

Einen wirklichen Einbruch in das traditionelle Wählerspektrum schaffte die NSDAP mit 58,5 % in den Landkreisen mit einem hohen Anteil evangelischer Bevölkerung wie in den Kreisen Halle, Lübbecke und Wittgenstein.[7] Dieser Erfolg ging auf Kosten der bürgerlichen, nicht-konfessionellen Mitte- und Rechtsparteien, während die Linksparteien zusammen nur geringe Verluste erlitten. Den geringsten Stimmengewinn erzielte die NSDAP in Landkreisen mit hohem katholischen Bevölkerungsanteil wie in den Kreisen Coesfeld und Lüdinghausen. Hier blieb das Zentrum mit 70,1 % bzw. 55,5 % unangefochten und auch die Parteien der Arbeiterbewegung konnten mit zusammen 10,0 % bzw. 26,0% nur zum Teil von der politischen Polarisierung profitieren.

Sieht man die Wahlergebnisse der NSDAP in den Westprovinzen im Zusammenhang, so entschied offensichtlich die regionale Geschlossenheit der Milieus über ihren Erfolg bzw. Misserfolg. Für den Erfolg der NSDAP in der Region war offensichtlich weniger die grundsätzliche Wahl zwischen dem Verfassungsstaat auf der einen und dem revanchistischen Preußentum auf der anderen Seite entscheidend, sondern die konfessionelle Bindung vor Ort und die soziale Lage. Welche Faktoren die Wahlentscheidung, sprich das Handeln der Wähler vor Ort bestimmt haben, soll für die Kreise Coesfeld und Lüdinghausen konkret untersucht werden.

2. Bevölkerung, Industrialisierung und ländliche Gesellschaft

Bevölkerungsentwicklung

In den 1920er Jahren kennzeichnete die Kreise Coesfeld und Lüdinghausen ein überdurchschnittlich hoher katholischer Bevölkerungsanteil und ein ländlicher Charakter. Ein Vergleich der Bevölkerungsentwicklung, der Verteilung der Erwerbspersonen nach Wirtschaftssektoren oder der Konfessionsanteile zeigt jedoch für diese auf den ersten Blick relativ homogen erscheinenden Kreise deutliche Entwicklungsunterschiede in der Phase der sogenannten Ersten Industriellen Revolution.

Im Kreis Coesfeld stieg die Bevölkerungszahl von 1885 bis 1925 von 43.990 auf 53.519 Einwohner, also um 22 %, im Kreis Lüdinghausen dagegen von 46.205 auf

82.919 also um 79,5 %. Als Regionen des preußischen Staates unterlagen die Kreise zwar ähnlichen Rahmenbedingungen, die Expansion in den industriellen Leitsektoren Textil- und Metallindustrie, Bergbau und Eisenbahnbau wirkte sich offensichtlich verschieden auf den bisher dominierenden Sektor Landwirtschaft aus. Der Anteil der Erwerbspersonen in der Land- und Forstwirtschaft des Kreises Coesfeld sank im gleichen Zeitraum von 56,6 % auf 46,9 %, während der Anteil der Erwerbspersonen in Industrie und Handwerk von 25,8 % auf 34,3 % stieg. Im Kreis Lüdinghausen war die Entwicklung ausgeprägter. Hier ging der Anteil der Land- und Forstwirtschaft von 53,0 % auf 36,9 % zurück, während der Anteil der Erwerbstätigen auf dem Sektor Industrie und Handwerk von 30,7 % auf 47,2 % anstieg.[8]

Die Bevölkerungszunahme und die Strukturveränderungen in der Wirtschaft wirkten sich auch deutlich auf die Zusammensetzung der Bevölkerung nach der Religionszugehörigkeit aus. Bis 1905 war die Verteilung der Bevölkerung nach Konfessionen für beide Kreise mit jeweils 96,3 % römisch-katholischen und 3,2 % evangelischen Einwohnern noch identisch. 1925 zählte der Kreis Lüdinghausen nur noch 81,3 % Katholiken, jedoch 15,9 % Protestanten. Im Kreis Coesfeld dagegen hatten sich die Verhältnisse kaum verändert. Die relativ starke Zunahme der evangelischen Einwohner ist ein deutlicher Hinweis auf überregionale Bevölkerungsbewegungen im Rahmen des Industrialisierungsprozesses. Dieser Prozess verlief in den Kreisen Coesfeld und Lüdinghausen nicht gleichzeitig und basierte auf unterschiedlichen wirtschaftlichen Voraussetzungen und Anforderungen. Er hatte für einige Gemeinden der Kreise erhebliche Folgen für die weitere politische und gesellschaftliche Entwicklung.

Industrialisierung im Kreis Coesfeld

Der Kreis Coesfeld gehörte wie die Kreise Ahaus, Borken, Steinfurt und Bentheim zur Textilregion Westmünsterland. Der dynamische Aufschwung seit dem Ende des 19. Jahrhunderts profitierte von der in der Region verwurzelten Leinenproduktion als Heim- und Nebengewerbe, der staatlichen Schutzzollpolitik und dem Ausbau des Eisenbahnnetzes, das die Versorgung mit Kohle und Rohbaumwolle und den Vertrieb von Produkten im Ruhrgebiet erleichterte. Bis 1934 stieg die Region mit 24 % der Baumwollspindeln und 21% der Baumwollwebstühle Deutschlands zur größten Baumwollregion des Deutschen Reiches auf.[9] Außerdem entstanden einige Maschinenbaubetriebe als Zulieferer für die Textilindustrie und Wäsche- und Bekleidungsfirmen zur Weiterverarbeitung der gewebten Stoffe.

Im Kreis Coesfeld arbeiteten in den 1930er Jahren zwei Drittel aller Industrie-Beschäftigten in den 14 Betrieben der Textilbranche.[10] Diese Spinner- und Webereien hatten sich in Gescher (6), Coesfeld (4), Dülmen (3) und Billerbeck (1) angesiedelt und beherrschten in diesen Städten die Arbeitswelt. Der größte Teil der über 3.100 Beschäftigten war in vier Großbetrieben angestellt: der Firma H. & J. Huesker in Gescher mit ca. 800 Arbeitnehmern, der Firma Bendix in Dülmen

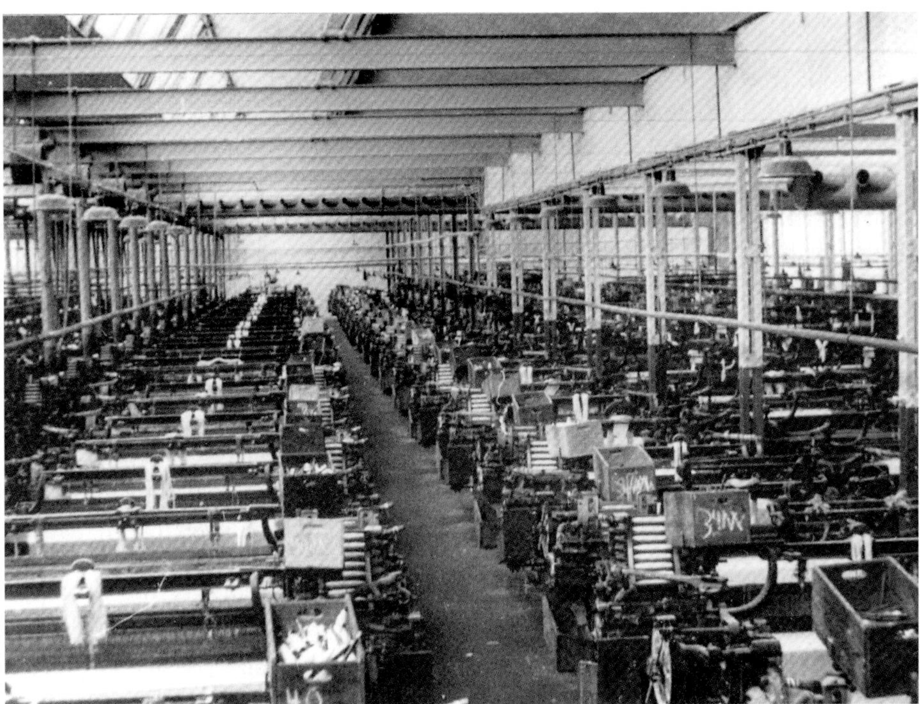

Abb. 1: Websaal der Firma August Kolck & Co. in Coesfeld (Anfang der 1930er Jahre)

mit ca. 1.100 und den Coesfelder Firmen A. Crone & Co. und August Kolck & Co. mit etwa 320 bzw. 280 Arbeitnehmern.[11]

Hinsichtlich der ökonomisch-sozialen Lage und der gesellschaftlichen Verortung war die Arbeiterschaft in der Textilindustrie des Westmünsterlandes, und hier sind auch Branchen wie die Metallverarbeitung teilweise mit einzubeziehen, durch einige besondere Lebensbedingungen geprägt. Durch die kontinuierliche Expansion über Jahrzehnte und die dezentrale Industriestruktur konnte der Bedarf an Arbeitskräften weitgehend aus der Region gedeckt werden. Sie stammten aus der sogenannten Schicht der „Acker-Bürger" oder „Arbeiter-Bauern", die zum überwiegenden Teil in der ländlichen Region ansässig waren, zumeist Wohnungen und einige Morgen Ackerland besaßen. Dadurch waren sie in der Lage konjunkturbedingte Krisensituationen und Notlagen über die Nebenerwerbslandwirtschaft und eine in geringem Umfang betriebene Viehhaltung zu überstehen. Vor allem blieben sie aber in die ländlich-bäuerliche bzw. ländlich-kleinstädtische Lebenswelt eingebunden, die stark von kirchlich-katholischen Traditionen, Werten und Einrichtungen geprägt war.[12]

Diese gesellschaftliche Integration änderte allerdings nichts an den gesundheitsschädigenden Arbeitsbedingungen in den Textilfabriken bei staubiger Luft, nervenaufreibendem Lärm der Maschinen und Wechselschicht und das bei niedrigen Löhnen. Der Umfang der Textilproduktion hatte auch im Kreis Coesfeld eine hohe Frauenerwerbsquote von fast einem Drittel der in der Textilindustrie Beschäftigten zur Folge. Bei einer Doppelbelastung durch Fabrik- und Hausarbeit bei noch niedrigeren Löhnen klagten Textilarbeiterinnen über „ein deutliches Gefühl des Ausgeliefertseins an die Verhältnisse".[13]

Industrialisierung im Kreis Lüdinghausen

Schrittmacher für die Industrialisierung des Landkreises Lüdinghausen war der Bergbau. Sie begann mit dem Abteufen der Schächte Werne 1 und 2 im Jahr 1899. Die Zeche Werne, die drei Jahre später die Förderung von Steinkohle aufnahm, war das erste Bergwerk im Ruhrrevier nördlich der Lippe. 1907 begann die Zeche Radbod in den Gemeinden Bockum und Hövel mit der planmäßigen Förderung von Steinkohle. Sie hatte 1928 etwa 2.500 Beschäftigte. Die erste Kohle auf der Zeche Hermann in Selm wurde 1909 gefördert, nachdem die Kohlelagerstätten mit zwei Schächten erschlossen waren. Bis in die 1920er Jahre erreichte der Abbau des Bergwerks eine Tiefe von 1.100 Metern mit schwierigsten Betriebs- und Abbauverhältnissen. Insbesondere die große Hitze stellte für die Bergleute eine große Belastung dar. Eine Kokerei mit 160 Koksöfen (1914) ergänzte den Zechenstandort. 1925 brachte das Bergwerk erstmals mit einer Belegschaftsstärke von 3.359 Beschäftigten eine maximale Kohleförderung von mehr als einer halben Million Tonnen Steinkohle hervor. Trotzdem wurde die Zeche Mitte Juli 1926 aufgrund der extremen, unwirtschaftlichen Abbauverhältnisse stillgelegt.[14]

Die Ansiedlung der Zechen hatte extreme Auswirkungen auf die weitere Entwicklung der Standortgemeinden. Mit der Abteufung der Schächte erlebten sie

Abb. 2: Zeche Hermann in Selm-Beifang, Kohleförderung ab 1909, 1926 stillgelegt

innerhalb eines Jahrzehnts eine Bevölkerungsexplosion, bei der an einen kontinuierlichen Aufbau von Versorgungsstrukturen und Wohnsiedlungen nicht zu denken war. In der Kleinstadt Werne mit ihrem Umland verlief dieser Prozess mit einer Verdoppelung der Einwohnerzahlen noch verhältnismäßig moderat, da ein Großteil des Arbeitskräftepotentials noch aus der Region gedeckt werden konnte. Dennoch bestimmten der Bergbau und die Zechenbelegschaft die wirtschaftliche Entwicklung und Sozialstruktur der Städte. Aufgrund der zerstreut liegenden Siedlungsgebiete konnten keine urbanen Strukturen entstehen.

Die Erschließung der Zeche Radbod in den Gemeinden Bockum und Hövel mit eng bebauten Dorfkernen und landwirtschaftlichem Hinterland machte diese Orte zu Industriedörfern. Der Bevölkerungszuwachs in Bockum von gut 1.100 auf über 5.600 Einwohner und in Hövel von gut 1.000 auf fast 7.200 Einwohner von 1905 bis 1913 durch europaweit angeworbene Arbeitskräfte traf auf eine völlig unzureichende Infrastruktur und führte zu prekären Wohnverhältnissen. Die Situation in der Gemeinde Selm entwickelte sich ähnlich. Hier stieg die Einwohnerzahl im gleichen Zeitraum von gut 1.770 auf über 7.110 Einwohner und erreichte 1925 mit 11.600 Einwohner einen Spitzenwert. Zur Unterbringung der Bergleute entstand neben dem Dorf Selm die Siedlung „Beifang“ als Zechenarbeiterkolonie.[15]

Wie im gesamten Kreis Lüdinghausen bestand in den industrialisierten Gemeinden eine stark von kirchlich-katholischen Traditionen geprägte Lebenswelt. Durch den Zuwachs der Einwohner mit protestantischer Konfession auf rund ein Drittel in Bockum und Hövel und fast 30 % in Selm hatte die katholische Konfession jedoch ihre Dominanz verloren.[16] Unter diesen Voraussetzungen konnten sich hier im Gegensatz zu den industrialisierten Gemeinden im Kreis Coesfeld protestantisch und sozialistisch geprägte Lebenswelten herausbilden. Ob und wie stark sich diese Lebenswelten zu ausgeprägten handlungsbestimmenden Milieus ausbilden konnten, sollte sich insbesondere am Verhalten wie der Streikbereitschaft oder den Wahlentscheidungen in wirtschaftlichen und politischen Krisensituationen zeigen. Die seit 1925 in der Textilindustrie periodisch und in immer kürzeren Abständen wiederkehrenden Krisen, die dann mit der Weltwirtschaftskrise auch den Bergbau erfasste, lässt sich an den Arbeitslosenzahlen ablesen.[17] Obwohl die Textilbetriebe die Arbeitslosigkeit durch fortgesetzte Kurzarbeit zu begrenzen versuchten, stieg sie bis Ende 1933 auf 90 % der Textilarbeiter im Münsterland. In den Bergbaugemeinden Werne waren am 1. April 1931 573 Personen und in Selm 976 Personen Hauptunterstützungsempfänger in der Arbeitslosenunterstützung. Bevor jedoch die Frage der Milieubildung thematisiert wird, ist ein Blick auf den ländlichen Raum außerhalb der bereits angesprochenen Kreis- und Industriestädte zu werfen.

Ländliche Gesellschaft und Landwirtschaft in den Kreisen Coesfeld und Lüdinghausen

Die Landwirtschaft und das Gewerbe bildeten die wirtschaftliche Grundlage der ländlichen Gesellschaft.[18] Sie umfasste fast die Hälfte der Bevölkerung der Kreise Coesfeld und Lüdinghausen. Die Verfügung über Haus- und Landbesitz, eine weitgehend konfessionell homogene Bevölkerung, eine starre soziale Schichtung mit einer geringen sozialen, beruflichen und regionalen Mobilität bestimmten das Zusammenleben. Die Landgemeinden boten dennoch kein einheitliches Bild: Sie unterschieden sich aufgrund des Anteils der hauptberuflich in der Landwirtschaft Beschäftigten, der Größe der landwirtschaftlichen Betriebe, dem Grad der gewerblichen Prägung und dem Grad industrieller Einflüsse z.B. durch Pendlerströme in Regionen mit Industrie oder die Ansiedlung von kleinen Industriebetrieben vor Ort. Dadurch existierten neben den sogenannten Agrargemeinden auch stärker gewerblich oder industriell geprägte Landgemeinden.

Das Dorf bildete das Zentrum der ländlichen Gesellschaft und stellte die vorrangige ländliche Siedlungseinheit dar. Hier fielen in einer räumlichen Verdichtung das Leben, Arbeiten und Gemeinschaftsleben der Bewohner der umliegenden Bauernschaften zusammen. Die Überschaubarkeit des Sozialraumes Dorf bot direkte, personale Möglichkeiten für Gespräche und Beziehungspflege und damit identitätsstiftende Geborgenheit, erleichterte allerdings auch die soziale Kontrolle. Die Dorfgesellschaft selbst funktionierte auf der Basis von patriarchalischen Strukturen: „Autoritätsstrukturen sowie die Art und Weise, zu kommunizieren und Konflikte zu lösen, entsprach dem vertrauten Vorbild des vom Vater dominierten Haushalts."[19] Die selbständige Verfügbarkeit über Grund und Boden und der eng damit verwobene Faktor Verwandtschaft bestimmten den gesellschaftlichen Status und die soziale Platzierung in der Dorfgesellschaft. Sie bestimmten auch den Rahmen für die Teilhabe an der politischen Herrschaft und den Kreis der zukünftigen Lebenspartner. Hier gaben jedoch die Besitzverhältnisse eine Skala vor, an der sich die eigenen gesellschaftlichen Ambitionen zu orientieren hatten, denn die ländliche Gesellschaft war nicht homogen.

In den Dörfern lassen sich aufgrund des Landbesitzes drei Schichten ausmachen: eine Ober-, eine Mittel- und eine Unterschicht.[20] Die Oberschicht bestand aus den großbäuerlichen Betrieben mit mehr als 20 Hektar Grund und Boden. Im Kreis Lüdinghausen hatten diese einen Anteil von rund 16 % aller landwirtschaftlichen Betriebe. Sie konnten ihren Lebensunterhalt ausschließlich aus der Landwirtschaft bestreiten. Die bäuerlichen Betriebe der Mittelschicht wiesen eine Größe von 5 bis 20 Hektar auf. Hier sind auch die selbständigen Handwerksmeister, Kleinhändler und Kaufleute, teilweise in Kombination mit einem bäuerlichen Betrieb, und der zunehmend anzutreffende neue Mittelstand in Gestalt der Angestellten zu verorten. Die Unterschicht setzte sich aus Kleinbauern und Arbeitern zusammen, die weniger als 5 Hektar besaßen. Als Trennlinie zwischen einer haupt- oder nebenberuflich betriebenen Landwirtschaft galten zwei Hektar Betriebsgröße. Rund 40 % aller Betriebe im Kreis Lüdinghausen lagen 1925 unter dieser Linie.[21] Diese begründete eine landwirtschaftliche Nebenexistenz, die zur agrarischen Selbstversorgung reichen konnte, aber zu einer weiteren Erwerbstätigkeit bei den Großbauern, im Handwerk oder als Industriearbeiter zwang. Daher bewegten sich die „Arbeiter-Bauern" vornehmlich im dörflichen Außenraum, während die Angehörigen der dörflichen Mittel- und Oberschicht ortsfest organisiert und orientiert waren.

Die Fixierung der Mittel- und Oberschichten auf das Dorf ergab sich aus der traditionellen Form der Elitenrekrutierung. Besitz und Beziehungen bestimmten den Status und das Sozialprestige, Verwandtschaft entschied über politische Wählbarkeit und gesellschaftlichen Einfluss im dörflichen Sozialraum. Vor allem die Angehörigen der dörflichen Oberschicht erfüllten damit das Anforderungsprofil für gemeindliche Honoratioren und die Voraussetzungen für die Übernahme von Ämtern und Repräsentationsfunktionen in der Politik, im Kirchenvorstand oder im Vereinswesen. Der Pfarrer und die Lehrer als privilegierte Personen der Dorfgesellschaft hatten es „aufgrund ihrer außerdörflichen Herkunft und innerdörflichen Besitzlosigkeit" und ihres Platzes „außerhalb des ländlichen Produktionszusammenhanges und der Verwandtschaftskreise" sehr viel schwerer entsprechende Funktionen zu erreichen.[22] Die Machtverhältnisse und Einflussmöglichkeiten im Dorf zeigten sich am deutlichsten in der Zusammensetzung der Amtsvertretungen und Gemeindevertretungen, die von den Großbauern beherrscht wurden und wo schon an den Namen der Amtsinhaber die jeweiligen Verwandtschaftskreise auszumachen sind.[23]

Seit 1924 geriet auch die Landwirtschaft im Münsterland durch preiswerte ausländische Agrarimporte unter Druck. Die Landwirte sahen sich gezwungen durch eine verstärkte Technisierung ihre Anbaumethoden zu rationalisieren und ihre Erträge durch dichtere Fruchtfolge und intensivere Düngung zu steigern. Der notwendige Wandel der Wirtschaftsweise von der arbeits- zur kapitalintensiven Produktion, z.B. durch die Einführung des Motorschleppers, machte in dieser Zeit jedoch nur sehr langsame Fortschritte und konnte überhaupt nur von den Großbetrieben geleistet werden.[24] Aufgrund der mangelnden Rentabilität vieler Betriebe, des Mangels an Betriebskapital und der bedeutsamen Verschuldung konstatierte der Landrat in Lüdinghausen 1928 eine „gespannte Lage der bäuerlichen Bevölkerung".[25] Die Ursachen verortete er „in Missernten, Seuchen, geringen Preisen für landwirtschaftliche Produkte, hohen Futtermittelpreisen, der Schweinezufuhr und hohen Kreditzinsen". Die zurückgehende Anzahl der landwirtschaftlichen Betriebe von 1925 bis 1931 aufgrund von Betriebszusammenlegungen und ein reger Grundstücksverkehr liefern einen Hinwies auf strukturelle Veränderungen in den Besitzverhältnissen auf Kosten der ländlichen Unterschicht. Insgesamt gesehen befanden sich die Bauern im westlichen Münsterland durch die Nähe zum verkehrsgünstig zu erreichenden Ruhrgebiet noch in einer wirtschaftlich bevorzugten Lage. Die dortige Millionenbevölkerung stellte einen guten Absatzmarkt mit steigender Nachfrage nach den Veredelungsprodukten Fleisch und Milch dar.[26]

Das wirtschaftliche und soziale Profil der Gemeinden

In den Dörfern der Kreise Coesfeld und Lüdinghausen bestanden bis Anfang der 1930er Jahre trotz der sozialen „Klassen"-Unterschiede und wirtschaftlichen Krisenerscheinungen weitgehend festgefügte Sozial- und Machtverhältnisse, die nach außen aufgrund der katholischen Konfession noch weitgehend geschlossene Gesellschaften bildeten. Diese basierten auf der Herausbildung eines „katholischen Milieus" mit eigenen Lebensformen, Verhaltensmustern und Organisationsformen. Das Milieu war sozial bedingt und prägte ein religiöses Gruppenverhalten, das sich nachhaltig auf das Verhältnis von Kirche, Staat und Politik auswirkte. Wie bereits dargestellt, waren im Zuge der Industrialisierung insbesondere im Süden des Kreises Lüdinghausen auch protestantisch und sozialistisch geprägte Lebenswelten entstanden. Die Wirkungsmacht dieser Milieus und Lebenswelten bei einer zunehmenden inneren Heterogenität muss im regionalen Zusammenhang gesehen werden, da sie offensichtlich mit der Industrialisierung und in wirtschaftlichen Krisenzeiten unter Druck gerieten. Daher soll zunächst ein Überblick über die regionale Verteilung der Gemeinden und Kleinstädte nach ihrer agrarischen, gewerblichen oder industriellen Prägung gegeben werden.

Aus der prozentualen Verteilung der Erwerbstätigen in den Gemeinden auf die drei Wirtschaftssektoren „Land- und Forstwirtschaft", „Handwerk und Industrie" und „Gewerbe und Dienstleistungen" (Öffentliche Dienstleistungen, Handel, Verkehr, häusliche Dienste etc.) ergeben sich Gemeindetypen mit einem spezifischen sozialen und wirtschaftlichen Profil. Es lassen sich Agrargemeinden, agrarisch-gewerbliche und agrarisch-industrielle, gewerblich-industrielle und Industriegemeinden unterscheiden.[27]

Agrargemeinden mit einem hohen Anteil selbständiger Bauern, einem durchschnittlichen Anteil von Gewerbetreibenden und wenigen Angestellten und Beamten beherrschten den ganzen Kreis Coesfeld, im Kreis Lüdinghausen dagegen finden wir sie in den nördlichen, östlichen und westlichen Randbereichen. Im Zentrum der Regionen mit Agrargemeinden lagen jeweils *gewerblich-industriell geprägte Städte und Gemeinden* mit Versorgungsfunktionen für das Umland. Sie unterschieden sich jedoch wieder durch ein besonders Gewicht des industriellen Sektors (Billerbeck, Gescher, Dülmen), von Handwerk, Gewerbe und Dienstleistungen (Drensteinfurt, Olfen) oder durch ihre traditionellen Funktionen als Verwaltungszentren der Kreise (Coesfeld, Lüdinghausen). Gewerblich-industriell geprägte Gemeinden (Bork, Herbern, Stockum) sind jedoch auch im südlichen Bereich des Kreises Lüdinghausen zu finden. Die Entwicklung des örtlichen Handwerks und des Arbeitsmarktes stand hier unter dem Einfluss der rasanten Industrialisierung in den Nachbarstädten und *Industriegemeinden* (Bockum, Hövel, Selm, Werne).

Im Kreis Lüdinghausen insgesamt bestimmten jedoch nach wie vor die *agrarisch-gewerblichen Gemeinden* das Landschaftsbild, während sich im Kreis Coesfeld *agrarisch-industrielle Gemeinden* herausgebildet hatten. Gemeinsame Merkmale beider Gemeindetypen waren der landwirtschaftliche Sektor mit einem hohen Anteil selbständiger Bauern und Nebenerwerbslandwirte sowie ein starker handwerklicher Sektor. Die *agrarisch-industriellen Gemeinden* (Harwick, Darfeld, Osterwick, Holtwick, Lette, Darup, Limbergen) zeichnete eine bemerkens-

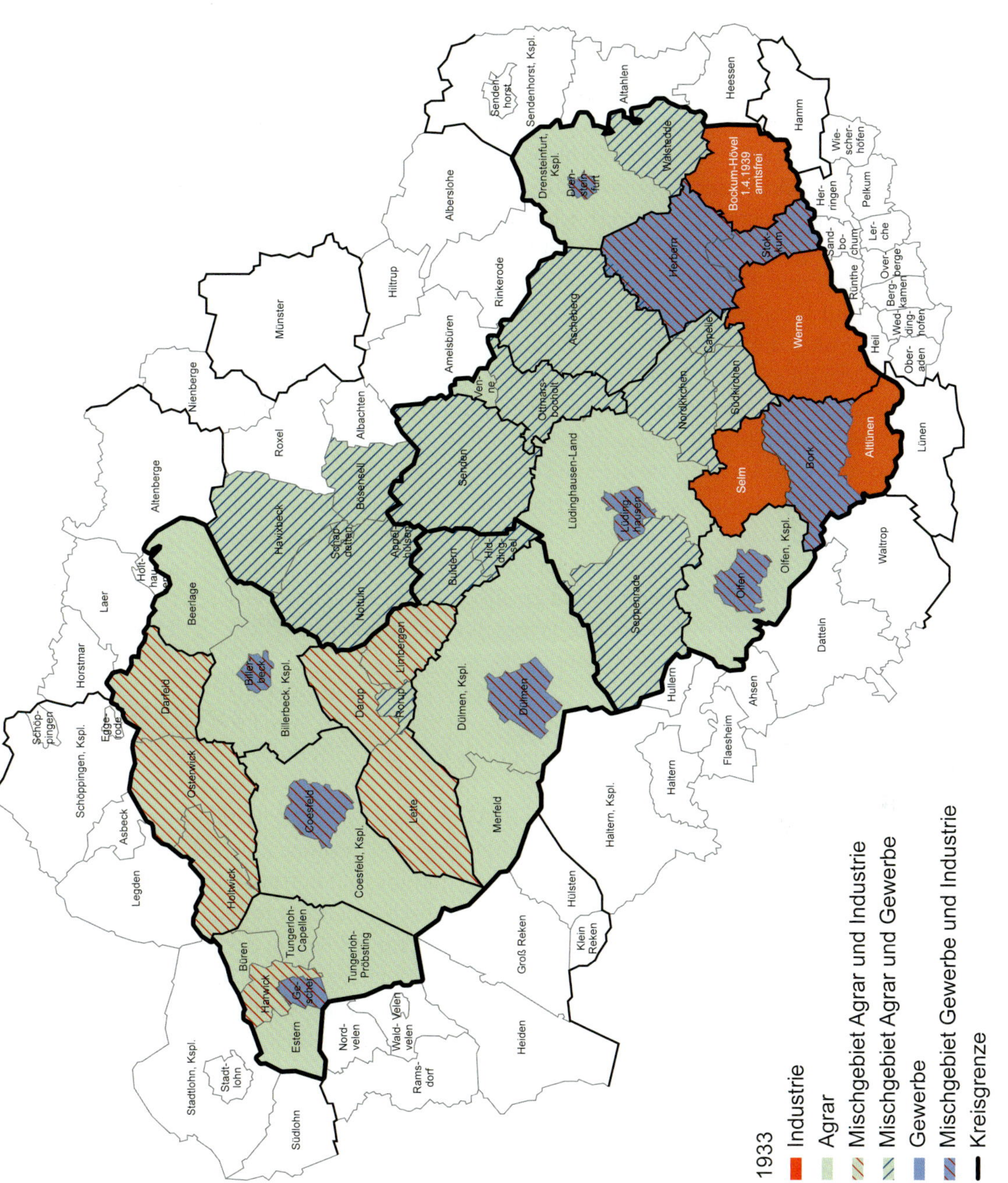

Karte 2: Die agrarische, gewerbliche oder industrielle Prägung der Städte und Gemeinden 1933

werte Anzahl von Erwerbstätigen in der Industrie aus. Sie arbeiteten sowohl in kleinen Betrieben vor Ort wie der Ziegelei Kuhfuß und der Dampf-Molkerei und Walzenmühle von J. Lülf in Osterwick als auch in den nahegelegenen Textilbetrieben. Auf einen Nebenerwerb angewiesene Landwirte nahmen auch lange Anfahrtswege in Kauf. Aus der Gemeinde Lette pendelten sie bis in das Ruhrgebiet.

Der Vergleich der Gemeinden aufgrund der Verteilung der Erwerbstätigen nach Wirtschaftssektoren zeigt das sehr bunte Bild einer ländlichen Gesellschaft im Übergang zur Industriegesellschaft und die Ungleichzeitigkeit der Entwicklung in Stadt und Land. Das Nebeneinander von landwirtschaftlich-dörflicher „Idylle“ und industriell-städtischer „Moderne“ in einem überschaubaren Raum darf nicht über die konkreten gesellschaftlichen Herausforderungen hinwegtäuschen, mit denen sich der Einzelne, die Dorf- und Stadtgesellschaft auseinandersetzen mussten. Die Konfrontation der Milieus und Lebenswelten mit konservativ-nationaler und liberal-demokratischer Politik, mit individuellen und kollektiven Wirtschaftsinteressen zwang zur Positionierung. Mit den Stimmengewinnen der Rechtsradikalen seit der Weltwirtschaftskrise war die Lösung der Konflikte mit den milieunahen Parteien sowie die Klärung des Verhältnisses zu den Parallelmilieus in den Städten umso dringender. Die Rechtsradikalen hatten bis 1933 vor Ort nur dann Erfolg, wenn sie auf gesellschaftliche Konflikte, Orientierungslosigkeit und Existenzängste stießen. Wie stellte sich die Ausgangslage in den Kreisen Coesfeld und Lüdinghausen dar?

3. Milieus, Parteien und Interessenvertretungen

Sozialmilieus und politische Parteien im Vorhof der Macht der Parlamente

Die NSDAP als „absolutistische Integrationspartei“ musste ein System von vier Parteien überwinden, die seit der Reichsgründungszeit entstanden waren und in spezifischen Sozialmilieus oder sozialmoralischen Gesinnungsgemeinschaften wurzelten.[28] Die historische Wahlforschung hat zur Erklärung des Wahlverhaltens in der Kaiserzeit und Weimarer Republik insbesondere die vier Sozialmilieus der Katholiken, Sozialdemokraten, Liberalen und Konservativen abgegrenzt, die sich durch das gleichzeitige Auftreten mehrerer Faktoren deutlich voneinander unterschieden. Als prägende Faktoren haben sich die Religion, regionale Traditionen, die wirtschaftliche Lage, die kulturelle Orientierung und die schichtenspezifische Zusammensetzung herauskristallisiert. Diese schichtenspezifische Zusammensetzung konnte sowohl heterogen sein wie beim Katholizismus als auch homogener wie beim Arbeitermilieu.

In der Herausbildung dieser Milieus spiegeln sich einige der großen politischen Spannungen und Konflikte wider, die das Kaiserreich Preußen in den Prozessen der Nationsbildung und der Industrialisierung seit der Reichsgründung geprägt haben. Die auf Vereinheitlichung drängende Nationsbildung verschärfte die Gegensätze von nationalem Zentrum und selbstbewussten Regionen wie den Westprovinzen sowie des protestantisch geprägten Preußen und der katholisch geprägten ehemaligen Fürstbistümer, also von Staat und Kirche. Die Industrialisierung und ihre Folgen zeigten sich zunächst regional durch die Zunahme des Stadt-Land-Gegensatzes und durch die Konfrontation von Arbeit und Kapital in den Betrieben.

In der historischen Forschung zu den Milieus finden wir in Abhängigkeit vom Erkenntnisinteresse verschiedene Akzentsetzungen. Die einen konzentrieren sich auf die Symptomatik der Milieus und ihren Nachweis als gesellschaftliche und politisch-soziale Gebilde, andere betonen die soziale Einheit auf der Basis relativ gleicher ökonomischer Bedingungen. Insbesondere die Forschungen zum katholischen Milieu stellen dieses selbst, seine Substanz und Identität in den Mittelpunkt einer Geschichte der sich modernisierenden Gesellschaft. Für alle stellt ein Milieu jedoch eine sozial abgrenzbare Personengruppe dar, die Träger einer kollektiven Sinndeutung ist und bestimmte Verhaltensmuster zeigt. Diese basieren auf einem gemeinsamen Werte- und Normenkanon, dem „Milieustandard“, der von Institutionen wie der Kirche oder Partei und ihren Organisationen getragen und überwacht wird.[29]

Der Bezugsrahmen der Milieustudien war und ist in erster Linie das politische Wahlverhalten. Will man diese „Übersetzung“ von lebensweltlichen und kulturellen Vorgaben zur Analyse von politischem Verhalten insgesamt nutzbar machen, z.B. zur Erklärung des Verhältnisses von Kirche und NS-System vor Ort, so sind drei Anforderungen zu erfüllen:[30] Die „lebensweltliche Konsistenz“ und innere Bindung der Sozialgruppe muss spürbar sein, sich in einer umfangreichen organisatorischen Verdichtung durch Vereinigungen und Institutionen zeigen und die Mobilisierungsfähigkeit für politische Fragen muss gegeben sein. Eine große Bedeutung haben auch die „Milieumechanismen“ als Vermittlungs- und Verknüpfungselemente zwischen den genannten Ebenen.

Das katholische Milieu im Bistum Münster entfaltete sich im 19. Jahrhundert im „Kulturkampf“ zwischen dem preußisch-protestantischen Staat und der katholischen Kirche um politische Fragen, die den Kern der Glaubensüberzeugung und das Selbstverständnis der Katholiken berührten wie die Schul- und Bildungsfragen oder die Mischehenfrage. Die Position als konfessionelle Minderheit förderte den inneren Zusammenhalt der Katholiken und äußerte sich vor Ort in der Gründung zahlreicher Vereine mit religiösen, caritativen oder politischen Zielen und von Ordensgemeinschaften und Kongregationen. Auf der parlamentarischen Ebene entstand das Zentrum als Partei des politischen Katholizismus. Der Ausbau dieses „Organisationskatholismus“ stärkte nicht nur das Selbstbewusstsein gegenüber dem Staat, auf der kommunalen Ebene gelang auf dieser Basis die Integration der Industriearbeiterschaft und die Eindämmung der zunehmenden sozialen Probleme.

Die sich verschärfenden sozialen Konflikte im Kaiserreich, die Zäsur und Erfahrungen des Ersten Weltkrieges und die neue demokratische Ordnung in der Weimarer Republik blieben insbesondere im gesellschaftlich immer heterogeneren katholischen Milieu nicht ohne Folgen.[31] Schon vor dem Ersten Weltkrieg hatte der „Gewerkschaftsstreit" die zunehmende Entfremdung der katholischen Arbeiterschaft vom Katholizismus gezeigt. In diesem innerkatholischen Konflikt über die ‚Existenzberechtigung' von christlichen Gewerkschaften, die von ihrem Anspruch her überkonfessionell, faktisch jedoch katholisch geprägt waren, trafen moderne und antimoderne Tendenzen, Anhänger des Sozialkatholizismus und „Integralisten" aufeinander. Diese lehnten demokratische Tendenzen und soziale Emanzipationsbestrebungen wie in den Gewerkschaften ab und wollten den Einfluss der Geistlichen wie in den katholischen Arbeitervereinen sichern.

Der Erste Weltkrieg hatte das Glaubens- und Kirchenverständnis der katholischen Soldaten verändert. Nach der Rückkehr erwarteten sie eine Seelsorge, die nicht die autoritäre Vermittlung von Glauben, sondern die Stärkung der individuellen Glaubensüberzeugung in den Mittelpunkt stellte. Darauf reagierte die Liturgiebewegung der 1920er Jahre, die zu einem religiösen Aufschwung führte. Gleichzeitig verschärfte sich die politische Krise des Katholizismus, da die Funktion des Zentrums als Träger und Repräsentant der Weimarer demokratischen Ordnung für die konservativ-nationalen Kräfte in der Partei und in der katholischen Gesellschaft eine ständige Provokation war. Auch im Bistum Münster als Hochburg des Katholizismus und seinen Gemeinden werden zum Ende der Weimarer Zeit sowohl die zunehmende Lebendigkeit im Milieu als auch die sich verschärfenden Interessenkonflikte sichtbar. In welcher Verfassung hinsichtlich der organisatorischen Strukturen, mentalen und personellen Stabilität und wirkungsvollen Vermittlungsinstanzen sich Anfang der 1930er das vorherrschende katholische und das sozialistische Milieu in den Kreisen Coesfeld und Lüdinghausen präsentierten, kann nur kurz skizziert werden.

Das katholische Milieu in den Kreisen Coesfeld und Lüdinghausen

Der „Milieustandard", also die „kollektive Sinndeutung", die das Milieu von innen zusammenhielt, beruhte auf einer religiösen Weltdeutung und sollte der menschlichen Existenz einen eindeutigen Sinn geben. Das menschliche Leben galt von der Geburt bis zum Tod als Durchgangsphase und Probezeit für das stets gefährdete Ziel: das ewige Leben. Diese zentrale Perspektive sollte das Verhalten prägen. Die Mitglieder des Milieus sollten trotz der zunehmenden sozialen Unterschiede durch die gemeinsame Ausrichtung ihrer Lebensführung auf dieses Ziel hin verbunden bleiben. Ohne die Kirche war das Ziel jedoch nicht zu erreichen. Daher kam der Kirche mit ihren Priestern als Bewahrer der Glaubens- und Sittenlehre, als Anleiter zu einem christlichen Lebenswandel und Vermittler zwischen Gott und Mensch eine überragende Rolle zu.

Die Pfarrer, Vikare und geistlichen Rektoren bildeten das „primäre Netz" des katholischen Milieus. In dieser Funktion übten sie in fast allen Gemeinden die geistliche Aufsicht über die kirchlichen Kindergärten, die katholischen Volksschulen, die konfessionell gebundenen weiterführenden Schulen und die kommunalen gewerblichen und kaufmännischen Fortbildungsschulen aus und erteilten selbst

Abb. 3: Handwerkerhaus des St. Vinzenzhauses (Haus Hall) bei Gescher (um 1945)

Religionsunterricht. Sie waren an der Geschäftsführung der kirchlich-karitativen Einrichtungen beteiligt und fungierten als Präsides der katholischen Vereine. Das Personal der Einrichtungen wie die katholischen Lehrerinnen und Lehrer, die geistlichen Lehrer und Rektoren, vor allem aber die Kongregationen und Genossenschaften der Schwestern in der Krankenpflege, Fürsorge und Ausbildung hatten in der Seelsorge eine wichtige flankierende Funktion.

Das hatte umso größere Bedeutung, da die Krankenpflege und Fürsorge in den Kreisen Coesfeld und Lüdinghausen nahezu vollständig in den Händen von Orden, vor allem von Schwesternorden lagen.[32] Sie stellten das Personal für bischöfliche Bildungs- und Pflegeeinrichtungen wie (Stand 1932)

- das St. Vinzenzhaus (Haus Hall) bei Gescher, ein Bildungs- und Pflegeheim für vorschulpflichtige, schulpflichtige und schulentlassene nicht epileptische schwachsinnige Knaben und Mädchen mit 250 Plätzen,
- das St. Martinistift zu Buxtrup, Post Appelhülsen, eine Erziehungsanstalt für Fürsorgezöglinge mit 250 Plätzen,
- die Marienburg bei Coesfeld (Westf.), eine Erziehungsanstalt für Mädchen (200 Plätze) mit angeschlossener Volks- und Hilfsschule,
- das Stift Maria-Hilf in Tilbeck bei Havixbeck, eine Heil- und Pflegeanstalt für 550 katholische epileptische Frauen und Mädchen.

Für die seelsorgerische Arbeit waren allerdings die Krankenpflege- und Fürsorgeeinrichtungen wichtiger, die in 11 Gemeinden des Kreises Coesfeld und 15 Gemeinden des Kreises Lüdinghausen existierten. Im Kreis Coesfeld gehörten dazu: 7 Hospitäler, 3 Altenheime, 7 Kindergärten, 2 Waisenhäuser, 4 Orte mit ambulanter Pflege und Fürsorge; 10 dieser Einrichtungen boten auch Handarbeits- und Kochschulen an. Für den Kreis Lüdinghausen ergibt die Bestandsaufnahme: 15 Hospitäler, 2 Altenheime, 11 Kindergärten, 1 Waisenhaus, 6 Orte mit ambulanter Pflege und Fürsorge; hier boten 14 Einrichtungen gleichzeitig Handarbeits- und Kochschulen an. In den Hospitälern des Kreises Coesfeld standen Ende der 1920er Jahre rund 500 Plätze, im Kreis Lüdinghausen rund 1.000 Plätze zur Verfügung. Die größten Kontingente des Personals für die Krankenpflege und Fürsorge in den Gemeinden stellten die Kongregation der Schwestern nach der dritten Regel des hl. Franziskus (Franziskaner-Schwestern) mit 134 Personen, die Genossenschaft der Barmherzigen Schwestern (Klemensschwestern oder Barmherzige Schwestern) mit 123 Personen, die Genossenschaft der Schwestern von der Göttlichen Vorsehung (Vorsehungsschwestern) mit 66 und die Genossenschaft der „Schwestern der christlichen Schulen von der Barmherzigkeit" (Schwestern von Heiligenstadt) mit 47 Personen. Losgelöst von der Milieufrage ist auch festzuhalten: In den Kreisen Coesfeld und Lüdinghausen lag die gesamte Pflege und Fürsorge fast ausschließlich in den Händen von Frauen.

Parallel zur institutionalisierten christlichen Seel- und Fürsorge hatte sich in allen Gemeinden der Kreise ein breitgefächertes und mitgliederstarkes katholisches Vereinswesen entwickelt. Bei einem Anteil der Katholiken von mehr als 94 % der Einwohner und einem Organisationsgrad der katholischen Gemeindemitglieder zwischen 41 und 65 % prägte dieses Vereinswesen das gesellschaftliche und kulturelle Leben der Pfarrgemeinden in den Städten und auf dem Land. Mit Einschränkungen galt dieses auch für die alten Siedlungskerne der industriell geprägten Städte und Gemeinden Werne, Altlünen, Selm, Bockum und Hövel.[33] Unter Orientierung an einem ständischem Gesellschaftsmodell suchten die Kongregationen, Vereine und Verbände die Jugendlichen und Erwachsenen getrennt nach Geschlechtern zu organisieren, „das gesamte Leben" zu begleiten und in religiöser, sozialmoralischer, berufsständischer und politischer Hinsicht anzuleiten.[34] Das hatte nur Erfolg, wenn die Familien von einer christlichen und kirchlichen Lebensführung getragen wurden. Garantinnen eines entsprechenden Familienlebens waren nach der herrschenden Rollenverteilung in der Regel die Mütter.

Trotz des hohen Organisationsgrades war das katholische Milieu nicht homogen. Insbesondere in den Aktivitäten der karitativen, berufsständischen und sozialpolitischen Vereinigungen spiegelte sich die soziale Heterogenität der Gesellschaft im Milieu wider. Die Katholischen Arbeitervereine waren in Städten und Gemeinden mit Industrie und in Gemeinden mit Pendlern ins Ruhrgebiet besonders stark vertreten. Sie pflegten eine kritische Distanz zu den Gesellenvereinen und Kaufmännischen Vereinen. Im Engagement der Elisabeth- und der Fürsorgevereine zeigte sich das paternalistische Fürsorgeverständnis der Kirche und ein eher honoratiorenhaftes Selbstverständnis. Die karitative Hilfe für verarmte, sitt-

Tabelle 1: Organisationsgrad der Katholiken in katholischen Vereinen 1932 in ausgewählten Städten und Gemeinden des Kreises Coesfeld[35]
(1933 insgesamt 57.644 Einwohner)

	Stadt und Kirchspiel **Coesfeld**	Gemeinde **Gescher**	Gemeinde **Osterwick**	Stadt und Kirchspiel **Billerbeck**	Gemeinde **Lette**	Stadt und Kirchspiel **Dülmen**
Einwohner (1933)	16.027	6.669	2.535	5.056	2.099	14.510
Konfession						
katholisch abs.	**15.349**	**6.040**	**2.593**	**5.610**	**2.060**	**13.766**
(nach Gesamtzahlen im Schematismus) **in %**	**= 94,1 %**	**= 99,5 %**	**= 97,6 %**	**= 99 %**	**= 99 %**	**= 96.1 %**
protestantisch abs.	855	18	56	28	20	489
israelitisch abs.	106	10	9	30		62
Dissident abs.	6					15
Kathol. Vereine						
Jünglingskongregation/-sodalität	1.086	450	207	380	245	475
Jungfrauenkongregation/-sodalität	1.350	550	237	630	224	1.240
Männerkongregation/-apostolat	1.187	90	157	550	150	1.104
Mütterverein	1.866	800	312	680	241	1.720
Frauenbund	376					130
Jugendverein und Neudeutschland	61	100				200
Dritter Orden	160	100		50	3	230
Gesellenverein	241	60	32	120	45	256
Arbeiter- und Knappenverein	915	200			85	510
Andere berufsständische Vereine	136					58
Elisabethverein	123	50				240
Fürsorgevereine, Kreuzbund, Aufrechtenbund	245					86
Borromäusverein	425	500	188	270	80	568
Organisationsgrad der Katholiken in %	**53,2 %**	**46,7 %**	**43,7 %**	**47,8 %**	**52,1 %**	**49,7 %**

Tabelle 2: Organisationsgrad der Katholiken in katholischen Vereinen 1932 in ausgewählten Städten und Gemeinden des Kreises Lüdinghausen (1933 insgesamt 86.413 Einwohner)

	Stadt und Kirchspiel **Lüding-hausen**	Stadt und Kirchspiel **Olfen**	Gemeinde **Ottmars-bocholt**	Stadt und Kirchspiel **Drenstein -furt**	Gemeinde **Bockum**	Stadt **Werne**
Einwohner (1933)	7.901	4.445	1.630	3.356	8.430	12.371
Konfession						
katholisch **abs.**	**7.500**	**4.146**	**1.691**	**3.200**	**4.913**	**9.996**
(nach Gesamtzahlen im Schematismus) **in** %	**= 95,3 %**	**= 97,0 %**	**= 99,6 %**	**= 97 %**	**= 57,5 %**	**= 81,6 %**
protestantisch abs.	336	128	5	75	2.716	2.142
israelitisch abs.	25			25		29
Dissident abs.	5		2		917	87
Kathol. Vereine						
Jünglingskongrega-tion/-sodalität	490	220	180	386	267	300
Jungfrauenkongre-gation/-sodalität	850	338	166	431	264	820
Männerkongrega-tion/-apostolat	620	103	134	350	150	370
Mütterverein	1150	558	282	430	664	1200
Frauenbund	220					50
Jugendverein und Neudeutschland	40				45	
Dritter Orden	70	38		25	100	420
Gesellenverein	125	80		86		170
Arbeiter- und Knappenverein	130	136	72	209	365	286
Andere berufsstän-dische Vereine	143					36
Elisabethverein	30				90	30
Fürsorgevereine, Kreuzbund, Aufrechtenbund	26				65	
Borromäusverein	487	238	21	164	35	100
Organisationsgrad der Katholiken in %	**58,4 %**	**41,3 %**	**50,6 %**	**65,0 %**	**41.6 %**	**37,8 %**

lich Gefährdete oder sozial auffällig gewordene Unterschichtkreise war von einer Anerkennung sozialer Emanzipationsansprüche weit entfernt.

Alle katholischen Vereinigungen verband jedoch die Wahrnehmung einer tiefen kulturellen und moralischen Krise, die sich in den sozialen Gegensätzen, wirtschaftlichen Erschütterungen und politischen Kämpfen äußerte. Die Repräsentanten des Milieus sahen grundlegende christlich-katholische Werte durch den ‚modernen Zeitgeist', durch den Liberalismus und Sozialismus, durch öffentliche Unsicherheit und ‚Gottlosentum' massiv bedroht. Aus dieser antimodernen Defensivhaltung schienen insbesondere die männliche Jugend und die Arbeiterschaft besonders gefährdet zu sein. Im Sinne einer möglichst frühen Prophylaxe wurde die Gründung von Jugend- und Sportvereinen zielstrebig gefördert. Die Katholischen Arbeitervereine verstanden sich auch als Erziehungs-, Schulungs- und Bildungseinrichtung, um die Arbeiterschaft gegen die Sozialdemokratie und die kommunistische Agitation zu immunisieren. In der ‚Erziehung von der Klasse zum Stand' spielten auch gesellige und unterhaltsame Veranstaltungen zur Stärkung der Solidargemeinschaft eine zunehmende Rolle. Der Führungsdualismus des Arbeitervereins mit einem Geistlichen als Präses und einem Laien als Vizepräses ermöglichte der Amtskirche erhebliche Möglichkeiten zur politischen Steuerung der Arbeiterschaft.[36]

Im katholischen Milieu hatten die Katholischen Arbeitervereine nicht nur durch ihre genossenschaftliche Selbsthilfe und die staatsbürgerliche und sozialpolitische Schulungsarbeit ein besonderes Gewicht, durch überregionale Zusammenschlüsse auf der Bezirks-, Diözesan- und Reichsebene konnte der katholische ‚Arbeiterstand' auch seine sozialpolitischen Interessen artikulieren. Die Arbeitervereine im Kreis Coesfeld gehörten überwiegend zum Bezirk Bocholt, der 1930 5.053 Mitglieder mit einem Anteil von 47,2 % Textilarbeitern umfasste. Für den größten Teil der Arbeitervereine im Kreis Lüdinghausen war 1928 der Bezirksverband Datteln-Selm zuständig. In der Berufsstruktur der Vereine und Bezirksverbände spiegelten sich die lokalen Wirtschaftsverhältnisse wider. Die Bezirksverbände beschäftigten hauptamtliche Arbeitersekretäre. Ihre Aufgabe umfasste vor allem die Repräsentation des ‚Arbeiterstands', die Interessenwahrnehmung bei den Behörden, Rechtsberatung und die Aktivierung und Begleitung des Vereinslebens. Verbandsorgan war die Westdeutsche Arbeiter-Zeitung (WAZ). Sie diente nicht nur zur politischen Orientierung der Mitglieder, sondern auch der politischen Beeinflussung. Die politische Agitation der Verbände richtete sich gegen die SPD, die SPD-nahen freien Gewerkschaften und die KPD. Der massive Einsatz für eine gleichzeitige Mitgliedschaft im Arbeiterverein und einer christlichen Gewerkschaft und die Wahlhilfe für die Zentrumspartei verdeutlichte vielmehr die „gegenseitig tragende und unterstützende Ideengemeinschaft"[37] der Arbeitervereine, christlichen Gewerkschaften und des Zentrums.

Die christlichen Gewerkschaften verstanden sich als überkonfessionelle soziale Interessenverbände.[38] Sie waren weder organisatorisch noch personell mit der

Kirche verbunden. Sie können dennoch als „Stützpfeiler des katholischen Milieus" und zentrumsnahe Organisationen angesehen werden, da Mitglieder liberaler und sozialistischer Parteien nicht toleriert wurden. Die christlichen Gewerkschaften lehnten den Klassenkampf ab und betonten die Partnerschaft zwischen Arbeitern und Arbeitgebern. Unvereinbarkeitsbeschlüsse über die gleichzeitige Mitgliedschaft in christlichen und sozialistischen Organisationen sollten die Abgrenzung gegenüber dem weltanschaulichen Gegner deutlich machen. Mit den Arbeitervereinen verband sie die religiöse Grundhaltung bei einem arbeitsteiligen Zusammenwirken: Während die christlichen Gewerkschaften die wirtschaftlichen Interessen der katholischen Arbeiter in den Betrieben und bei regionalen Tarifauseinandersetzungen vertraten, hatten die Arbeitervereine als kulturelle, religiös-sittliche Bewegung eine allgemeinere, breiter angelegte Zielsetzung. Mit dieser Positionierung saßen die christlichen Gewerkschaften in den sich verschärfenden sozialpolitischen Auseinandersetzungen zwischen den Stühlen: Das gemäßigte ‚Klassenbewusstsein' ging den Konservativen zu weit, der sozialdemokratischen Gewerkschaftskonkurrenz boten sie damit eine offene Flanke.

In den Städten und Gemeinden mit mehr als 94 % Katholikenanteil und hoher intakter Milieubindung blieben verunsichernde Konfrontationen mit dem weltanschaulichen Gegner noch aus. Im Gegenteil, da es eine ‚Einheitsgewerkschaft' nicht gab, verstärkten die christlichen Einzelgewerkschaften der Textil-, Metall-, Bau- und Holzarbeiter durch die Bildung von Ortskartellen ihre Verhandlungsposition. Im Einzelfall stellten sie zusammen mit den Katholischen Arbeitervereinen auch klare Forderungen an die Ortsverbände der Zentrumspartei, dass zur „politischen Vertretung der Arbeiterschaft Politische Komitees unbedingt notwendig [seien], paritätisch zusammengesetzt aus Mitgliedern der Arbeitervereine und den der Zentrumspartei angehörenden Mitgliedern christl. Gewerkschaften."[39] Dieses Zitat aus dem Bericht eines Arbeitervereins liefert außerdem einen Hinweis auf die starken personellen Verflechtungen auf der Führungsebene der Arbeitervereine, christlichen Gewerkschaften und der Zentrumspartei.

Die Zentrumspartei als ‚Weltanschauungs- und Gesinnungspartei' verstand sich als politische Gesamtvertretung des katholischen Bevölkerungsteils und ‚Hüterin katholischer Belange und Werte'.[40] Der Aufbau der Parteiorganisation folgte der Verwaltungsgliederung mit Orts- und Kreisverbänden auf der unteren Ebene, die in übergeordneten Provinzial- und Landesverbänden zusammengeschlossen waren. In der Zusammensetzung der Parteivorstände, Parteigremien und Kandidatenlisten zeigt sich das Bemühen, alle Berufsstände und Wirtschaftszweige in den Teilregionen angemessen zu berücksichtigen. Nach der Berufsgliederung der Kandidaten für Kommunalwahlen im Kreis Lüdinghausen war allerdings das produzierende Gewerbe und die Arbeiterschaft deutlich unterrepräsentiert, der Bereich der Dienstleistungen, der öffentliche Dienst und Selbstständige, insbesondere Landwirte, überrepräsentiert.[41] Der gesamte Parteiapparat und die angeschlossenen Vereinigungen dürfen jedoch nicht über die eigentliche Verbindung zwischen der Partei und den Wählern hinwegtäuschen. Bei Wahlen waren die katholischen Suborganisationen und der Klerus für die Mobilisierung der eigenen Klientel unverzichtbar, wobei die Freiheitsgrade der individuellen Wahlentscheidung sich ohnehin in Grenzen hielten. Sie wurzelte in vorpolitischen Erfahrungen, in kollektiven ideellen Interessen und weltanschaulichen Bindungen, also in einer lebensweltlich bedingten Empfänglichkeit, die das katholische und sozialistische Milieu geprägt hatte.[42]

Das bürgerlich-protestantische ‚Kleinmilieu'

Die Protestanten lebten in den Kreisen Coesfeld und Lüdinghausen bis zur Industrialisierung in einer ausgeprägten Diaspora-Situation.[43] Die Inbesitznahme ihrer Herrschaft im Münsterland durch die protestantischen Wild- und Rheingrafen zu Salm-Grumbach im Jahr 1802, die Coesfeld zum Zentrum ihrer Grafschaft machten, später dann die Bildung der preußischen Kreise Lüdinghausen (1804 bzw. 1816) und Coesfeld (1816) leiteten die Ansiedlung vor allem von evangelischem Verwaltungspersonal und ihren Familien ein. Der evangelischen Gemeinde Coesfeld gehörten 1932 855 Personen in Stadt und Amt Coesfeld und 300 Protestanten aus umliegenden Gemeinden, auch aus Nottuln, Groß- und Klein-Reken an. In Stadt und Kirchspiel Dülmen lebten 489 Protestanten. Ähnliche Verhältnisse bestanden in Stadt und Amt Lüdinghausen mit 336 Gemeindemitgliedern (1932). Im südlichen Kreisgebiet veränderte der Zustrom von Arbeitskräften durch die Industrialisierung die Voraussetzungen für die Neugründung von evangelischen Gemeinden grundlegend. Hier lebten in den Gemeinden Selm, Altlünen, Werne, Bockum und Hövel 1932 über 16.000 Protestanten, so dass seit Anfang der 1920er Jahre die Kirchengemeinden Werne, Selm und Bockum-Hövel neu entstehen konnten.

In Coesfeld und Lüdinghausen lebten die Protestanten weitgehend im Stadtgebiet. Die kleinen evangelischen Gemeinden bildeten mit einer zeitlichen Verzögerung ähnliche Strukturen aus wie das dominante katholische Milieu. Selbst in der noch ‚jungen' Gemeinde Selm-Bork existierten Anfang der 1930er Jahre ein Kirchen-, ein Männer- und ein Posaunenchor, ein ostpreußischer Gebetsverein und für die Jugend ein Jungmännerverein, Jungmädchenbund und eine Jungschargruppe; die Frauenhilfe, das Blaukreuz und der evangelische Volksverein zeugen von einem regen fürsorglichen Engagement, zahlreiche kirchliche und Vereinsveranstaltungen von einem lebendigen Gemeindeleben.

Die evangelische Gemeinde in Coesfeld zeichnete eine Besonderheit aus. Sie blieb aufgrund der Entstehungsgeschichte eng mit dem Fürstenhaus Salm-Horstmar (seit 1817) verbunden, das die Funktion eines Kirchenpatronats beanspruchte und den Aufbau des Gemeindelebens unterstützte. Der evangelische Pfarrer war auch fürstlicher Hofprediger. Die enge Verbindung zum Fürstenhaus und die soziale Zusammensetzung erleichterten die Integration in die einflussreichen gesellschaftlichen Kreise der Stadt, der ‚konfessionelle Gegensatz' zu den Katholiken wirkte jedoch fort. Mischehen galten in katholischen wie in evangelischen Kreisen weiterhin als Tabu.[44]

Aufgrund der sozialen Zusammensetzung, dem Fehlen einer starken Arbeitervereinigung und einer dem Zentrum vergleichbaren protestantischen Konfessionspartei bildete sich in den Kreisstädten Coesfeld und Lüdinghausen kein schichtübergreifendes Milieu heraus. Die Minderheitensituation und die breiter gefächerten Parteipräferenzen sprechen eher für die Existenz eines bürgerlich-protestantischen Kleinmilieus mit einer geringeren Kirchenbindung als im katholischen Milieu. Schon durch die Zahl der Gemeindemitglieder standen die evangelischen Gemeinden in Werne, Selm und Bockum-Hövel vor einer anderen Ausgangssituation, da ihnen in den von sozialen Problemen geprägten Arbeitervierteln eine weltanschauliche Konkurrenz gegenüberstand, die sich konkret für bessere Lebensbedingungen einsetzte. Wo und unter welchen Voraussetzungen konnte sich dieses konkurrierende sozialistische Milieu bilden und durchsetzen und wie entwickelte sich dessen Verhältnis zu den kirchlich orientierten Milieus?

Das Arbeitermilieu

Das traditionelle Arbeitermilieu in den Industrierevieren des preußisch-wilhelminischen Kaiserreichs entstand unter dem Druck der ‚Sozialistengesetze'.[45] Reichskanzler Otto von Bismarck versuchte damit den „gemeingefährlichen Bestrebungen der Sozialdemokratie" zu begegnen. Sie richteten sich gegen die Sozialistische Arbeiterpartei Deutschlands (SAP, ab 1890 Sozialdemokratische Partei Deutschlands) als parteipolitische Interessenvertretung der Arbeiterbewegung, die eine Verbesserung der sozialen Lage der ‚Arbeiterklasse', aber auch die Überwindung der sozialen ‚Klassen' und undemokratischen Herrschaftsverhältnisse anstrebte. Der Staat ahndete Versammlungen, die Veröffentlichung von Druckschriften und die öffentliche Agitation durch die „Reichsfeinde" und ihnen nahestehende Organisationen wie die Gewerkschaften mit Geld- oder Haftstrafen. Als Einzelpersonen konnten Sozialdemokraten weiterhin bei Wahlen antreten, als Partei war die Sozialdemokratie verboten. Die ihr nahestehenden Gewerkschaften konnten die Rechte der Arbeiter in den Betrieben nicht mehr einfordern.

Die Diffamierung als „vaterlandslose Gesellen" und die polizeiliche Verfolgung glichen einer gesellschaftlichen Ausgrenzung, weckten allerdings die Solidarität der Arbeiterschaft und förderten den Zusammenhalt als soziale Gruppe. Mit der Gründung von Arbeitersportvereinen, Naturfreundegruppen oder sozialen Hilfsvereinen entstand eine organisatorische Basis, teilweise als Tarnung, unter der sie die politische Arbeit fortsetzen konnte. Auf dieser Basis entwickelte sich in den Industrierevieren ein besonderes Arbeitermilieu, das zum einen von sozialen Existenzängsten durch Arbeitsplatzverlust und Verfolgung, zum anderen von der gemeinsamen Lebenssituation im Arbeiterviertel und der Erfahrung der Geselligkeit im Verein getragen wurde. Die SPD gab den Arbeitern ideologische Orientierung und bot ihnen einen regionalen und überregionalen organisatorischen Ankerpunkt für die Durchsetzung ihrer sozialpolitischen Forderungen. Auch nach Aufhebung der Sozialistengesetze (1890), der ‚Burgfriedenspolitik' angesichts des Ersten Weltkrieges, verlorenem Weltkrieg und Revolution präsentierte sich dieses Milieu noch als intakter gesellschaftlicher Rückhalt der Partei. Diese stand nun mit der Gründung der Weimarer Republik als Träger der Weimarer Koalition im Reich und in Preußen selbst in der Regierungsverantwortung.

Mit der Kommunistischen Partei Deutschlands (KPD) hatte die SPD nun allerdings im Arbeitermilieu und bei der politischen Vertretung der Arbeiterinteressen eine radikale Konkurrenz.[46] Die KPD entstand Ende 1918 aus dem Zusammenschluss des Spartakusbundes mit linksradikalen Gruppen und in einem weiteren Schritt im Dezember 1920 aus der Vereinigung mit linken Mitgliedern der Unabhängigen Sozialdemokratischen Partei Deutschlands (USPD), einer Abspaltung der SPD. Die politischen Zielvorstellungen beider Parteien waren jedoch unvereinbar: Während die SPD sich vom orthodoxen Marxismus verabschiedet hatte und die proletarische Masse für die Demokratie zu gewinnen suchte, sah sich die KPD als revolutionäre Alternative mit der Sowjetunion als Vorbild. Sie orientierte sich inhaltlich an der Kommunistischen Internationale (Komintern) und hatte den Umsturz der bestehenden Wirtschafts- und Gesellschaftsordnung im Auge, um sie durch sozialistische Produktionsverhältnisse und eine Diktatur des Proletariats zu ersetzen. Hier drängt sich die Frage auf, welche Wirkung das offensichtliche ideologische Konfliktpotential und die politische Konfrontation der überregionalen Parteieliten in der Lebenswelt der Arbeiterviertel in den Industriestädten zeigten. An Beispielen aus den Kreisen Coesfeld und Lüdinghausen ist zu untersuchen, wie sich angesichts der zahlreichen lebensweltlichen Gemeinsamkeiten und der sozialen Realität das Arbeitermilieu veränderte.

Im Kreis Coesfeld bildeten sich nur in den früh industrialisierten Städten Coesfeld und Dülmen vergleichsweise geschlossene Minderheitsmilieus in der Arbeiterschaft heraus, die von den Anhängern und Mitgliedern der SPD und der freien Gewerkschaften getragen wurden.[47] Die Anfeindungen gegen die Arbeiterschaft durch das katholische und bürgerlich-konservative Lager lebten von einem doppelten Vorurteil: Die Arbeiter seien aufgrund ihrer politischen Gesinnung als sozialmoralisch bedenklich zu beurteilen und gesellschaftspolitisch gefährlich, obwohl sie zum Großteil ebenfalls eine christlich-katholische Erziehung und Sozialisation erfahren hatten und noch der Kirche angehörten. Der Druck von außen förderte auch hier die Kooperation in der Partei- und Gewerkschaftsarbeit und den sozialen Zusammenhalt durch Nachbarschaften, familiäre Freundschaften und gemeinsame Freizeitunternehmungen, meist im Rahmen eigener Sport, Kultur- und Fürsorgevereine. Auf der Grundlage des Wählerpotentials bei der Stadtverordnetenwahl 1929 und Reichstagswahl 1930 lässt sich der personelle Umfang des Arbeitermilieus abschätzen. Es umfasste in Coesfeld rund 600, in Dülmen rund 750 Arbeiterinnen und Arbeiter, das entsprach der Hälfte der Wählerstimmen, die in diesen Städten die Arbeiterliste des Zentrums auf sich vereinigen konnte. Es ist nicht bekannt, wie viele Angehörige des Milieus sich in der Partei und den freien Gewerkschaften engagierten, über die Vereinsarbeit und persönliche Beziehungen waren sie in jedem Fall in Solidarität verbunden. Kontakte zu Mitgliedern der Katholischen Arbeitervereine entwickelten sich am ehesten auf der Ebene der Betriebe, um durch eine Kooperation zwischen den freien und christlichen Gewerkschaften die Existenzbedingungen der Arbeiterfamilien in wirtschaftlichen Krisensituationen und bei zunehmender Arbeitslosigkeit zu verbessern.[48]

Die KPD konnte bei den Reichstagswahlen in der Weimarer Republik bis einschließlich 1930 im Kreis Coesfeld 1 bis 2 % der Wählerstimmen verbuchen.[49] In der Stadt Coesfeld erreichte sie 1930 3,4 % (195 Stimmen), in der Stadt Dülmen 4,0 % (201 Stimmen). In dieser Ausweitung der KPD-Wählerschaft in der Region deutete sich bereits die zunehmende Radikalisierung als Folge der Weltwirtschaftskrise an. Bis zu diesem Zeitpunkt sind aber keine KPD-Lokalorganisationen nachweisbar. Wenn nicht einzelne KPD-Funktionäre durch den zuständigen Unterbezirk Rheine eingesetzt wurden, dann werden die wenigen aktiven KPD-Mitglieder aus dem lokalen Arbeitermilieu hervorgegangen sein, dem sie sich zu diesem Zeitpunkt aufgrund der gemeinsamen sozialen Lage und gesellschaftlichen Erfahrung weiterhin verbunden fühlten. Von außen wurde es ohnehin als *ein* proletarisches Milieu wahrgenommen.

Die Entstehung der Arbeitermilieus in den südlichen Gemeinden des Kreises Lüdinghausen vollzog sich im Gleichschritt mit dem Beginn der Kohleförderung auf den Zechen in Werne (1902), Bockum/Hövel (1907) und Selm (1909). Die mit der Industrialisierung ausgelöste Zuwanderung von Arbeitskräften förderte die Entstehung eigener Wohnbezirke der Bergarbeiterbevölkerung, die als „Hochburgen" der Arbeiterbewegung galten, während die altansässige Bevölkerung den sozialistischen Strömungen ablehnend gegenüberstand. Der spätere Industrialisierungsbeginn im Vergleich zum Kreis Coesfeld, die Auswirkungen des Ersten Weltkrieges, die Gründung der KPD und die Krisensituationen der Weimarer Republik prägten jedoch maßgeblich die Organisation und Politik der Arbeiterparteien und ihr Verhältnis zueinander. Hier kann nur kurz skizziert werden, welche Spuren die Entwicklung der Arbeiterparteien nach 1918 im Arbeitermilieu hinterließ. In dieser Zeit können drei Phasen unterschieden werden: Zunächst eine Phase der Dominanz der SPD bis 1924/25, dann die Koexistenz von SPD und KPD in der Weimarer Republik bis 1929 und die folgende Phase einer erbitterten Gegnerschaft beider Parteien.

Der Aufbau von Ortsgruppen oder Filialvereinen der SPD-Organisation im Kreis Lüdinghausen ist bis zum Ersten Weltkrieg für die Gemeinden Werne, Bockum/Hövel und Selm belegt.[50] Von diesen Orten, insbesondere von Selm, wurden die wenigen Sozialdemokraten in Lüdinghausen und Olfen mitbetreut und in den übrigen Gemeinden des Kreises für die SPD geworben, wobei sie von den erfahrenen Ortsgruppen in Dortmund und Lünen, der überregionalen Parteiorganisation und der parteieigenen Presse unterstützt wurden. In der Weimarer Zeit hatte der SPD-Ortsverein in Selm ca. 140–150 Mitglieder. Für die Stadt Werne und die Gemeinden Bockum und Hövel ist der personelle Umfang der SPD-Ortsvereine nicht bekannt. Gemessen an den von der SPD in diesen Gemeinden von 1924 bis 1932 erreichten Wählerstimmen bei den Reichstagswahlen und unter der Annahme, dass diese einen groben Anhalt für die SPD-Anhängerschaft im Arbeitermilieu liefern, werden die Ortsgruppen als organisatorische Basis der Partei in Werne, Bockum und Hövel entsprechend kleiner bzw. größer gewesen sein. In Selm hatte die SPD in dieser Zeit ein Wählerpotential von rund 800–1.000 Stimmen unter den wahlberechtigten, über 20 Jahre alten Frauen und Männern, in Werne von 350–630 Stimmen und in Bockum/Hövel von 1.670–2.370 Stimmen. Auch die Mitgliederzahlen in den freien Gewerkschaften an den Zechen dieser Standorte entsprachen diesen Größenordnungen. Aus dem industriell geprägten Arbeitermilieu und den freien Gewerkschaften rekrutierte die SPD auch hauptsächlich die lokale Parteielite und die SPD-Kandidaten für die Wahlen auf der Stadt-, Gemeinde- und Kreisebene.

Vor dem Ersten Weltkrieg fehlte noch der Kranz sozialistischer Organisationen als gesellschaftliche Basis und Katalysator der Milieubildung, außer einer sozialdemokratischen Jugendorganisation in Selm. Erst nach dem Krieg konnte sich das sozialdemokratische Vereins- und Verbandswesen in den Industriegemeinden entwickeln. Auch hier finden wir das klassische Spektrum der Arbeiterorganisationen: Vereine mit dem Zweck der Geselligkeit, zur gemeinsamen Ausübung von Kultur und Sport, Konsumvereine und Bildungseinrichtungen. Einen hohen Rang hatte der Aufbau einer Arbeiterjugendbewegung, um die Jugend „zur sozialistischen Weltanschauung und zur selbständigen politischen Betätigung“ zu erziehen. Seit 1924 ist in Selm die Existenz der republikanischen, sozialdemokratisch dominierten Schutzformation „Reichsbanner Schwarz-Rot-Gold“ mit 100–120 Mitgliedern nachgewiesen.

Das Vereinsleben zur Pflege von Kultur, Sport und Geselligkeit deutet auf ein eher unpolitisches Verständnis des Arbeitermilieus von der Funktion des Vereinswesens hin. Auch wenn den Zeitgenossen dessen hohe politische Relevanz nicht bewusst war, die Vereine leisteten einen Beitrag zur Emanzipation der Arbeiter im soziokulturellen und politischen Bereich und zur sozialen Integration, aber auch zur „Abschottung“ gegenüber dem Bürgertum und dessen Idealen, Normen und Werten. Auf dieser Ebene hielten die Sozialdemokraten und Kommunisten bis 1929 an der Einheit in den Vereinen fest.[51] „Verwurzelt im organisatorischen Beziehungsgeflecht der proletarischen Lebensbereiche“ war das „Vermauern in der klassenbewussten Segregation“ noch ein gemeinsames Anliegen, obwohl die KPD seit 1919 ihre organisatorische Basis systematisch ausgebaut hatte und die politischen Ziele unvereinbar waren. Das erklärt sich aus der politischen Strategie und dem inneren Zustand der Partei.

Die ersten organisatorischen Spuren haben die Kommunisten im Kreis Lüdinghausen mit einem Vorschlag für eine Arbeiterratswahl in Bockum und Hövel im August 1919 hinterlassen. Dichter werden die Hinweise mit dem Beginn des Ruhrkampfes im März 1920, als sich die „Rote Ruhrarmee" aus Arbeitern des linken und gewerkschaftlichen Spektrums gegen die antirepublikanischen Kräfte formierte, die hinter dem Kapp-Lüttwitz-Putsch standen.[52] In der „Roten Ruhrarmee" kämpfte bei Dortmund eine „Rote Kompagnie Bork-Lünen", deren Mannschaftsmitglieder überwiegend aus Selm stammten. Auch der Einsatz von Bergarbeitern aus der Kolonie Radbod in Bockum/Hövel ist nachgewiesen. Die eindeutige Zuordnung dieser „Rotgardisten" zu den Kommunistischen ist jedoch nicht möglich, da sie dem gleichen Arbeitermilieu wie die Sozialdemokraten entstammten und ihre Selbstverortung im linken Spektrum durchaus schwanken konnte. Bis September 1920 wurden jedoch durch Impulse aus Lünen und Hamm KPD-Ortsgruppen in Selm, Werne und Bockum/Hövel initiiert. Die KPD profitierte auch von der Vereinigung mit Linken der USPD, so dass die Ortsgruppe Selm im Frühjahr 1921 280 Mitglieder umfasste. Für Werne und Bockum/Hövel ist die personelle Stärke der Ortsgruppen in den folgenden Jahren nicht bekannt. Die Wählerstimmen bei den Reichstagswahlen 1924 bis 1932 liefern wiederum einen Anhalt für den Umfang der organisatorischen Basis und die Anzahl der KPD-Sympathieträger. In Selm hatte die KPD in dieser Zeit ein Wählerpotential von rund 630–1.830 Stimmen unter den wahlberechtigten, über 20 Jahre alten Frauen und Männern, in Werne von 520–960 Stimmen und in Bockum/Hövel von 1.630–3.050 Stimmen.[53]

4. Die Milieus unter dem Druck gesellschaftlicher Konflikte und wirtschaftlicher Krisen

Die Spaltung des Arbeitermilieus und seine Radikalisierung

Die Summe der Wählerstimmen von SPD und KPD bei den Reichstagswahlen in den Orten Selm, Werne und Bockum/Hövel ist ein Indiz für das noch stabile Wählerpotential der sozialistischen Parteien, aber auch für die allmählich nachlassende Bindekraft der Milieus. Bei Beachtung der nur gering steigenden Zahl der Wahlberechtigten und der schwankenden Wahlbeteiligung lässt sich durch die „Aufweichung" der Milieugrenzen der Stimmenanstieg von rund 6.300 (1924) über 7.500 (1928) auf 8.700 Stimmen (1932) erklären. Bis 1928 gelang es der SPD neue Wähler an sich zu binden, dann verlor sie den Zugewinn jedoch an die KPD, die darüber hinaus aufgrund von Massenarbeitslosigkeit und zunehmender nationalsozialistischer Bedrohung neue Wähler anzog. Bis 1928 dominierten offensichtlich die Gemeinsamkeiten der proletarischen Lebenswelten das Wahlverhalten, „danach war kein Milieu mehr notwendig, um die Arbeiter zu radikalisieren", und das galt angesichts der Weltwirtschaftskrise auch für die anderen milieugebundenen Bevölkerungsgruppen.[54] Die gravierenden Veränderungen im Arbeitermilieu selbst, d.h. die starke Position der Sozialdemokraten im Arbeitermilieu bis 1928 und die folgende KPD-Dominanz sind an der Spannbreite der Stimmenzahlen für die einzelnen Orte erkennbar. Der Trend im Wahlverhalten zur KPD folgte nicht nur dem allgemeinen Radikalisierungstrend, sondern hatte ihre Ursache auch in der ultralinken Wende der KPD ab 1928/1929, die einen Keil in die Arbeiterbewegung trieb und durch ihre verstärkte Präsenz in der Öffentlichkeit mehr Erfolg versprach.

In der Stabilisierungsphase der Republik von 1925 bis 1928 hatte die KPD auf Realpolitik gesetzt.[55] Da eine revolutionäre Politik wenig Erfolg versprach, suchte sie in den Großbetrieben Möglichkeiten zur politischen Profilierung. Das Engagement in Betriebszellen bildete den Schwerpunkt der Parteiarbeit und des Klassenkampfes. 1928 arbeiteten im Ruhrgebiet knapp zwei Drittel der KPD-Mitglieder in Großbetrieben. Außerdem sollten die KPD-Mitglieder in die Gewerkschaften, insbesondere die freien Gewerkschaften eintreten, mit dem Ziel, diese von innen zu erobern. Damit hatten sie nicht den erhofften Erfolg. Für das Verhältnis zwischen Kommunisten und Sozialdemokraten war die Gewerkschaftsarbeit allerdings wichtig. Die Tagespolitik und Lösung konkreter Probleme boten vielfältige Berührungspunkte bei der Durchsetzung von Arbeiterinteressen jenseits von ideologischen Streitigkeiten. Mit dieser Kooperation an der Basis erhofften die KPD-Ortsgruppen Wahlmehrheiten aufgrund unspektakulärer sozialpolitischer Erfolge. Das entsprach jedoch nicht den Erwartungen der „Avantgarde" an der Parteispitze, die zur Behauptung des eigenen Führungsanspruches auf der Durchsetzung der Parteilinie bestand und in Abweichungen von der kommunistischen Ideologie die Hauptgefahr erblickte. Der dadurch entstehende Kontrollanspruch war das Resultat der unter dem Einfluss der Kommunistischen Internationale seit 1925 stattfindenden „Bolschewisierung" der inneren Parteistrukturen. Aus einer Partei mit einem hohen Maß an innerer Demokratie wurde eine Partei mit zentralisierter Befehlsgewalt.

Als die KPD mit Beginn der Weltwirtschaftskrise ihren Einfluss auf die Arbeiterschaft noch mehr einbüßte, setzte die Parteispitze auch an der Basis eine radikale Wende durch. Sie begann 1928 mit dem Aufbau einer kommunistischen Gegengewerkschaft, der „revolutionären Gewerkschaftsopposition" (RGO), wodurch die Mitwirkung in den freien Gewerkschaften als verbliebene „Brücke" zu den Sozialdemokraten abgebrochen wurde. Der letzte Parteitag der KPD in der Weimarer Republik im Juni 1929, wenige Wochen nach dem „Blut-Mai" in Berlin[56] verschärfte den ultralinken Kurs weiter. Dieser sollte die Politik, insbesondere das Verhältnis zu den Sozialdemokraten bis 1933 bestimmen. In Schlagworten zusammengefasst hieß das:[57] Erhebung des Anspruches, die alleinige Vertretung der Arbeiterschaft zu sein; wenn Kooperation, dann als „Einheitsfront" unter kommunistischer Führung; radikale Bekämpfung des bestehenden Staates, der anderen Parteien und Gewerkschaften als „faschistisch". Da die Sozialdemokraten sich diesem Anspruch widersetzten, galten sie als „Bruderfeinde" und „Sozialfaschisten". Diese offene Gegnerschaft, die nicht mehr zwischen der Politik der Nationalsozialisten und der Sozialdemokraten unterschied, unterwarf auch das Leben in den Arbeitermilieus dem politischen Diktat.

An der Lippe äußerte sich die neue KPD-Strategie in einer verstärkten Öffentlichkeitsarbeit in den KPD-Hochburgen durch Versammlungen, Plakataktionen, Demonstrationszüge und blutige Auseinandersetzungen mit der SPD und NSDAP.[58] Die Härte der politischen Konfrontation veranschaulichen folgende Beispiele: Vor der Reichstagswahl im September 1930 zog die KPD mit dem Ruf „Wer hat uns verraten? Sozialdemokraten!" durch Selm-Beifang. Vor der Landtagswahl im April 1932 wurden SPD-Kolonnen bei der Flugblattverteilung durch Kommunisten überfallen und misshandelt. Die besondere Radikalität und Gewaltbereitschaft der Kommunisten in Bockum und Hövel entlud sich 1931/32 in aufstandsähnlichen Streiks und Unruhen. Im Oktober 1931 wurde in der Zechenkolonie Radbod ein Sprengstofflager ausgehoben. Konsequenterweise folgte diesem „Fehdeverhältnis" zwischen KPD und SPD die Spaltung des Vereinswesens im Arbeitermilieu. In Selm-Beifang bildete sich im Frühjahr 1931 ein Ortskartell mit zwölf KPD-nahen revolutionären Organisationen, die ähnliche Zwecke verfolgten wie die traditionellen Arbeitervereine und insgesamt 1.200 bis 1.400 Mitglieder umfassten. Hier entstanden die Voraussetzungen für ein linkssozialistisches Milieu, dem es jedoch bis 1933 nicht gelang, nichtkommunistische Mitglieder an sich zu binden.

Die Existenz des Arbeitermilieus mit deutlich linkssozialistischer Prägung und die Radikalisierung in der Politik bei zunehmendem Wählerzuspruch stellten die Nationalsozialisten in der „Kampfzeit", dann aber auch in der Phase der Herrschaftssicherung und -stabilisierung vor eine Ausgangslage, wie sie für das Ruhrgebiet typisch war. Diese verlangte nach anderen Strategien als in den vom katholischen Milieu geprägten Regionen. Sie verlangte nach politischen Prioritätensetzungen, förderte die innere Radikalisierung und kanalisierte den Einsatz von Personal in Partei und Staat. Nicht nur die Konzentration der Parteistrukturen und -aktivitäten von SPD und KPD, auch der Anteil der Wählerstimmen für diese Parteien im Südteil des Kreises Lüdinghausen rückte diese Region in den Fokus des nationalsozialistischen Machtkampfes. Im gesamten Landkreis Lüdinghausen umfasste das Wählerpotential der Linksparteien seit Ende der 1920er Jahre rund 25 %. Bei den Reichstagswahlen im September 1930 stimmten 11,4 % der Wähler für die SPD, 13,3 % für die KPD, bei den Reichstagswahlen im Juli 1932 erhielt die SPD 9,9 %, die KPD 16,1 %. Von den KPD-Stimmen im Juli 1932 entfielen allerdings 86 % auf Bockum/Hövel, Selm und Werne, von den SPD-Stimmen kamen 76 % aus diesen Orten. Allein aus Bockum/Hövel stammten rund 45 % aller KPD-Stimmen im Kreis. In den Gemeinden Bockum/Hövel stimmten rund 58 % der Wähler für die SPD und KPD.[59]

Die Geschlossenheit der dörflichen Lebenswelt und der Rechtsruck im bäuerlichen Verbandswesen

Die Überlagerung von politisch-weltanschaulicher Konfrontation und wirtschaftlich-existenzbedrohender Krise machte die Fronten im linken Parteienspektrum und zur rechtsradikalen NSDAP sichtbar: Der SPD ging es im Kampf gegen

Westfälischer Bauer

Organ des Westfälischen Bauernvereins, des Versicherungsverein für Landwirte der Provinz Westfalen sowie der Westfälischen Central-Genossenschaft.
Für die Schriftleitung verantwortlich: Dr. Golte, für den Anzeigen- und Reklameteil: F. W. Eisen, Bürovorsteher, beide in Münster i. W.
Verlag des Westfälischen Bauernvereins, Münster i. Westf.
Rotationsdruck der Aktien-Gesellschaft „Der Westfale" in Münster i. W.

Erscheint jeden Mittwoch.
Schluß der Anzeigen-Annahme Montag 9 Uhr vormittags.
Anzeigenpreise: 1 mm Höhe der 30 mm breiten Anzeigenzeile 0,30 RM., erste Umschlagseite 0,50 RM., Stellenangebote 0,20 RM., Stellengesuche 0,10 RM., im Reklameteil (Spalte 90 mm breit) 1,50 RM., alles gemessen von Strich zu Strich. Bei Wiederholungen steigender Rabatt. Bei Zahlungsverzug und Klage fällt der gewährte Rabatt fort.
Erfüllungsort ist Münster i. Westf.
Briefadresse: Westfälischer Bauer, Münster i. Westf.

Wo Ysen liss · Wo Eken wasst · Dao wasst auck Lü · De daobi passt

Nummer 7 Münster i. W., den 15. Februar 1928 59. Jahrgang

Die Notkundgebung der westf. Landwirte in Münster

Mehr als 15000 Teilnehmer

Parallelversammlung unter freiem Himmel, da die Halle „Münsterland" die Besucher nicht fassen konnte

Münster, 10. Februar.

Ueber 15000 Bauern Westfalens sind unserem Rufe gefolgt, um vor aller Oeffentlichkeit auf die Notlage des Landvolkes und den Ernst der Stunde nachdrücklichst hinzuweisen. Einen derartigen Massenbesuch hatte die große Halle Münsterland bisher nicht aufzuweisen. Kopf an Kopf standen die Teilnehmer und selbst in den Gängen war kein Durchkommen mehr. Bereits eine Stunde vor dem festgesetzten Beginn war die Münsterlandhalle voll besetzt, so daß die Türen geschlossen werden mußten und viele Tausende keinen Einlaß mehr finden konnten, ein Beweis, daß die Kundgebung dringend notwendig war. Für diejenigen, die keinen Einlaß mehr fanden, wurde unter freiem Himmel auf dem Viehmarkt eine Versammlung unter Leitung des stellvertretenden Präsidenten Herrn Meyer zu Hollen abgehalten, in der ebenso wie in der Kundgebung in der Halle die große Not des Landvolkes zum Ausdruck kam und einmütig sofortige durchgreifende Maßnahmen zur Linderung der Not der Landwirtschaft verlangt wurden.

Nach der Kundgebung formierten sich die Teilnehmer zu einem Demonstrationszuge durch die Stadt zum Domplatz, woselbst sich der Zug nach einer kurzen, markanten Ansprache des Präsidenten, Freiherrn von Kerckerinck zur Borg, die in ein dreifaches Hoch auf das deutsche Vaterland ausklang, und nach Absingen des Deutschlandliedes in Ruhe und Ordnung auflöste.

* * *

Der Präsident, Freiherr von Kerckerinck zur Borg, eröffnete um 2 Uhr die Versammlung in der Halle Münsterland mit folgender Ansprache:

Hochansehnliche Versammlung! Liebe Vereinsgenossen!

Ich eröffne hiermit die Notversammlung der westfälischen Landwirtschaft und begrüße Sie, die Sie zu Tausenden erschienen sind, auf das herzlichste. Mein Gruß gilt auch den anwesenden Vertretern der Staats- und Provinzialbehörden.

Die Stunde ist ernst. Ueber unseren bäuerlichen Höfen steht das Flammenzeichen „Alarm". Und nicht nur bei uns in der westf. Heimat, das ganze deutsche Vaterland von der Mosel bis zum Niemen und von den Alpen bis zum nordischen Meer wiederhallt heute von dem Rufe: „Bauer in Not!"

Ich glaube, meine Herren, es gibt kaum einen Stand, der so tief von der inneren Sehnsucht erfüllt wäre, friedlich nur seinem Betriebe zu leben, seiner volkswirtschaftlichen Aufgabe gemäß die Ernährung zu sichern und als gerechtes Entgelt einen bescheidenen Arbeitsverdienst für sich selbst und seine Familie zu erübrigen, wie gerade der Bauernstand.

Jede Gewalt lehnt er ab, jedes Druckmittel ist ihm zuwider, das bloße Wort „Streik" wird im bäuerlichen Munde, wenn es sich einmal dahin verirrt hat, allgemein und mit Recht als ein „Fremdwort" empfunden. Der Bauer ist im Staatsleben das geborene Element der Ruhe und der Ordnung.

Wenn daher gerade diesen Stand von unten herauf im ganzen Reiche die Stimmung erfaßt hat, die jetzt auch nach außen durchbricht, so zeigt dies ohne weiteres, daß eine schwere Störung im Organismus unseres Wirtschaftslebens entstanden ist.

Diese Störung ist da. Niemand wird sie heute noch leugnen.

Die Entkapitalisierung der Wirtschaft ist es, die von Jahr zu Jahr fortschreitend die Betriebe schließlich an den Rand der Verzweiflung gebracht hat.

Der Bauer ist am Ende seiner Kraft. Der Bauer ist aber auch am Ende seiner Geduld.

Abb. 4: Pressebericht der Zeitschrift „Westfälischer Bauer" über eine Protestveranstaltung zur Notlage des Landvolkes in Münster (10. Februar 1928)

die NSDAP um die Rettung der Republik, der KPD im Kampf gegen SPD und NSDAP um die Diktatur des Proletariats, der NSDAP im Kampf gegen SPD und KPD um Überwindung des verhassten Weimarer Systems und die Verhinderung der „jüdisch-bolschewistischen Weltverschwörung". Diese weltanschaulichen Gegensätze und unvereinbaren Zielvorstellungen erklären die zunehmende Radikalisierung und Brutalität in der politischen Auseinandersetzung seit 1930 und das Erstarken der extremen Flügel, aber nicht den Weg der Nationalsozialisten an die Macht. Ein Blick auf die Entwicklung und den Zustand der ländlichen und kleinstädtischen Milieus und Gesellschaften in den Kreisen Coesfeld und Lüdinghausen liefert jedoch Hinweise auf zentrale Faktoren, die eine „Machtübertragung" ermöglicht und eine schnelle Anpassung an den nationalsozialistischen Machtstaat gefördert haben. Auch hier spielten wirtschaftliche Existenzängste, noch stärker aber national-konservative Vorbehalte gegen die Republik und eine völkisch-antimoderne Ideenwelt eine Rolle, die als Katalysator für einen Regimewechsel nicht unterschätzt werden dürfen.

In der ländlich-dörflichen Gesellschaft bestimmte das ‚Denken vom Hofe her', das heißt die Erhaltung und der Ertrag des landwirtschaftlichen Betriebes als Existenzgrundlage das Handeln. Solange diese Existenzgrundlage gesichert schien, zeigte sich auch das gesellschaftliche Gefüge auf dem Land fest gefügt.[60] Der Hof war die ökonomische Voraussetzung für die „patriarchalische" Familienverfassung und Grundlage der bäuerlichen Familie als „Wirtschafts-, Arbeits- und Erwerbsgemeinschaft". Die Autoritätsposition des Bauern und ein entsprechendes Selbstverständnis gründeten in seinen Multifunktionen als Eigentümer, Betriebsleiter, Dienstherr, Ehemann und Vater. „Dabei galt: je größer der Betrieb, je größer die Machtfülle des Betriebsleiters, je größer seine familiale Autorität. Gestärkt wurde seine herausgehobene Stellung noch durch seine Funktion der Vertretung der Familie nach außen, in der Nachbarschaft und dem Dorf, und dem Ausschluss der Frau von dieser Öffentlichkeit des Dorfes."[61] Die Frauen waren jedoch nicht ganz auf die Familie verwiesen, sondern in ihrer eigenen Weise im Dorf präsent. Gelegenheiten zur weiblichen Kommunikation und Einflussnahme ergaben sich bei gemeinsamer Arbeit, sonntäglichen Kirchenbesuchen, Familienfesten, Verwandten- und Nachbarschaftsbesuchen und in den kirchlich organisierten Vereinen. Vor allem die genannten Formen religiöser Praxis stellten für die Frauen die wichtigste Nahtstelle zwischen dem familiären Binnenraum und der Dorföffentlichkeit dar. Durch ihre Kirchenorientierung, die Beibehaltung traditioneller Formen religiöser Frömmigkeit und die Vertretung entsprechender Normen und Werte leisteten vor allem die Frauen einen entscheidenden Beitrag zur Bewahrung des katholischen Milieus im Dorf.[62]

In der Dominanz der Zentrumspartei bei den Wahlen bis März 1933 spiegelt sich die Stabilität und Geschlossenheit der dörflichen Lebenswelt wider – solange die landwirtschaftlichen Betriebe florierten.[63] Als sich seit 1927 die wirtschaftliche Lage der bäuerlichen Bevölkerung durch den Absatzrückgang und Preisverfall zuspitzte, wurde die soziale Ungleichheit auf dem Land sichtbar. Insbesondere die mittleren und kleinen Betriebe gerieten in eine Notlage und fühlten ihre Interessen durch das Zentrum als politische Kraft des katholischen Milieus nicht mehr hinreichend vertreten. Der politisch-soziale ‚Protest' gegen die etablierten Parteien und die traditionelle Interessenvertretung zeigte sich im Wahlverhalten und in der Gründung einer eigenständigen berufsständischen Organisation.

Bei den Reichstagswahlen im Mai 1928 erreichte die Christlich-Nationale Bauern- und Landvolkpartei (CNBLP), später umbenannt in ‚Deutsches Landvolk', im Kreis Coesfeld 2,1 %, bei den Wahlen im September 1930 5,1 % der Stimmen. In den ländlich-dörflichen Gemeinden lag der Stimmenanteil auf Kosten des Zentrums deutlich höher, im Kirchspiel Coesfeld 1930 z.B. bei 13,7 %. Die Partei ‚Deutsches Landvolk', eine Abspaltung von der DNVP, konnte 1930 insgesamt 19 Reichstagsabgeordnete stellen. Sie verstanden sich als Vertreter der kleinen und mittleren Bauern, insbesondere in den protestantischen Gebieten, und boten damit auch eine Alternative zur DNVP, die an großagrarischen Interessen ausgerichtet war. Im Kreis Coesfeld war das ‚Deutsche Landvolk' mit einem eigenen Bezirksverband präsent, dem der Landwirt Franz Wiemann aus Dülmen-Rorup vorstand. Er war Mitbegründer der Partei und seit 1929 auch Beisitzer im Reichsparteivorstand.[64]

Auch im etablierten Verbandsgefüge der Bauern mit dem Westfälischen Bauernverein an der Spitze setzte mit der Katastrophenstimmung eine massive Diskussion über die Ausrichtung und Wirksamkeit der Verbandsarbeit ein. Diese Entwicklung löste einerseits die „Einheitsfront" der landwirtschaftlichen Betriebe im Münsterland durch die Spaltung in eine Interessenvertretung für große und eine für kleine Betriebe auf, andererseits ließ sie die konfessionell-politischen Frontlinien zwischen Katholizismus und Protestantismus, zwischen Zentrums- und DNVP-Orientierung sekundär erscheinen.[65] Zur Erhaltung einer wirtschaftlich existenzfähigen Landwirtschaft setzten die Bauern offensichtlich eher auf die Verbände als die Parteien, wie die CNBLP es in einem Plakatslogan in der Reichstagswahl von 1928 forderte: „Weg mit dem undeutschen, bauernfeindlichen Partei-Parlamentarismus! Alle Kräfte eingesetzt zur Erringung einer berufsständischen Vertretung!"

Der Westfälische Bauernverein war mit circa 25.000 Mitgliedern der wichtigste Verband für die Landwirte in den katholischen Gebieten Westfalens, vor allem des Regierungsbezirks Münster, und dadurch eine wichtige Säule für die westfälische Sektion der Zentrumspartei. Auf der Reichsebene gehörte er der Vereinigung der deutschen Bauernvereine an, die ab 1931 als Vereinigung der christlichen deutschen Bauernvereine firmierte. Der Schwerpunkt der Interessenvertretung lag bei den groß- und mittelbäuerlichen Betrieben. Die Vorsitzenden des Vereins gehörten traditionell zum westfälischen Landadel, alle anderen wichtigen Positionen wurden in der Regel von bäuerlichen Großgrundbesitzern besetzt. Von 1916 bis 1928 führte Engelbert Freiherr von Kerckerinck zur Borg den Westfälischen Bauernverein. Gleichzeitig war er der Präsident der Vereinigung der deutschen Bauernvereine. Als Mitbegründer und Vorsitzender des Westfälischen Heimatbundes war er den Ideen der Heimatbewegung sehr verbunden.

Die Gründung des Westfälischen Bauernbundes 1927 durch enttäuschte Landwirte klein- und mittelständischer Betriebe in der Region und die fast gleichzeitig einsetzende Diskussion über einen Zusammenschluss des Westfälischen Bauernvereins mit dem Westfälischen Landbund auf überregionaler Ebene musste Kerckerinck als grundlegende Kritik an seiner Verbandsarbeit verstehen, die eng mit seiner Person verbunden war und auf einer Kooperation mit dem Zentrum beruhte. Der Zusammenschluss mit dem protestantisch geprägten, DNVP-nahen Westfälischen Landbund mit etwa 15.000 Mitgliedern in Südwestfalen und im Ravensberger Land, in dessen Dachverband, dem Reichslandbund, die ostelbischen Großagrarier den Kurs bestimmten, hätte eine Trennung von der Zentrumspartei bedeutet, deren rechten Flügel sich Kerckerinck verpflichtet fühlte. Er legte daher im Januar 1928 die Präsidentschaft der deutschen Vereinigung und acht Monate später auch den Vorsitz des Westfälischen Bauernvereins nieder.[66]

Mit der Gründung des Westfälischen Bauernbundes im Jahr 1927 durch die Fusion des Westfälischen Pächter- und Kleinbauernbundes mit dem Westdeutschen Bauernbund entstand dem Westfälischen Bauernverein eine ernstzunehmende Konkurrenz. Denn der Westfälische Bauernbund erlangte über die Fusion seines Dachverbandes, des Deutschen Bauernbundes, mit dem Reichsverband landwirtschaftlicher Klein- und Mittelbetriebe zur „Deutschen Bauernschaft" auch auf der Reichsebene politisches Gewicht. Der Westfälische Pächter- und Kleinbauernbund hatte eine Vorgeschichte, die eng mit der Landwirtschaft im Kreis Coesfeld und im Münsterland verbunden war. Unmittelbar nach dem Ersten Weltkrieg hatte der Coesfelder Regierungslandmesser und Linksliberale Ernst Meincke den Coesfelder Pachtschutzverein gegründet. Aufgrund schnell ansteigender Mitgliederzahlen dehnte er sich bald über die Grenzen des Kreises Coesfeld aus und benannte sich 1920 in Münsterländer Pachtschutz- und Siedlerbund, dann in Westfälischer Pächter- und Kleinbauernbund um. Seine 5.000 Mitglieder (1925) hatten nach der Fusion mit dem Westdeutschen Bauernbund und der Wahl des streitbaren Pastors Ferdinand Vorholt aus Mecklenbeck zum Vorsitzenden (1928) in der Region eine engagierte Interessenvertretung.[67] Die in der Deutschen Bauernschaft zusammengeschlossenen landwirtschaftlichen Organisationen bekannten sich als einzige uneingeschränkt zur Demokratie der Weimarer Republik.[68]

Während die Gründung des Westfälischen Bauernbundes den Westfälischen Bauernverein von unten unter Druck setzte, begannen die Diskussionen über einen Zusammenschluss mit dem Westfälischen Landbund an der Spitze der Verbände. Die treibende Kraft war Ferdinand Freiherr von Lüninck, der zu den extremen Nationalkonservativen in Westfalen gehörte. Nach dem Abschied als Landrat in Neuß verwaltete er das väterliche Gut in Ostwig. Er war Katholik, aber kein Zentrumsanhänger, sondern Mitglied der DNVP. Er leitete den nationalistischen ‚Westfalenbund', den er in den ‚Stahlhelm. Bund der Frontsoldaten', einen republikfeindlichen Wehrverband, überführte. Von 1924 bis 1928 führte er als Landesvorsitzender den ‚Stahlhelm' in Westfalen. Als Vorsitzender der ‚Landeskulturgesellschaft Sauerland', die der Landwirtschaftskammer Westfalen angehörte, nahm auch sein Einfluss in der Kammer und im Westfälischen Bauernverein zu. 1927 forderte er eine gemeinsame agrarkonservative Front durch das Zusammengehen von Bauernverein und Westfälischen Landbund, um dem schwindenden Einfluss der Landwirtschaft in der Politik entgegenzusteuern – ein Weg, den Kerkerinck nicht mitgehen wollte.

Der Nachfolger Kerkerincks, der Gutsbesitzer Heinrich Dieckmann aus Gladbeck, unterstützte die Fusionsbestrebungen Lünincks, der 1928 Vizepräsident des Bauernvereins wurde. Gemeinsam organisierten sie ein Treffen mit Delegierten der Bauernvereine und Landbünde aus dem Rheinland und Westfalen im März 1929 in Hagen, auf der die Bildung einer regionalen Einheitsorganisation beschlossen und ein entsprechender Schritt von den Verbänden auf Reichsebene gefordert wurde. Auch wenn die Spitzenverbände dem nicht folgten und sich nur auf die lose konservative Sammelbewegung ‚Grüne Front' verständigen konnten, hatte die „Einheitsfront" in der Region Bestand. Die enge Zusammenarbeit ist auch an der personellen Besetzung der Landwirtschaftskammer, der korporativen Vertretung des Berufsstandes der Landwirte mit Pflichtmitgliedschaft, erkennbar. Lüninck wurde im Dezember 1931 zum Vorsitzenden der Landwirtschaftskammer gewählt. Damit war im Verbandswesen der Landwirte ein Rechtsruck vollzogen. In den politischen Kampf um den Erhalt einer wirtschaftlich existenzfähigen Landwirtschaft mischten sich zunehmend nationalistische, völkische und republikfeindliche Töne, die den Bauernstand als konservatives Bollwerk gegen die Verfallserscheinungen der industriellen Moderne stilisierten. Für die politische Rechte wurde diese durch die Weimarer Demokratie verkörpert.[69]

Vor diesem Hintergrund erscheint auch die „Erste (Gründungs)-Versammlung des Westfälischen Bauernvereins" Mitte Mai 1928 im Kreis Coesfeld in einem besonderen Licht.[70] Zu Gast waren die Redner Amtsbürgermeister Dr. August Kaup-Rüping aus Lüdinghausen und der Geschäftsführer des Westfälischen Bauernvereins im Kreis Lüdinghausen, Dr. Theodor Ruhrländer. Zu Beginn äußerten sich Verschiedene über die „landwirtschaftsunfreundliche Politik in Preußen" und betonten die „Verantwortung des Einzelnen am Wahltage". Dann kam Kaup-Rüping auf den Punkt, der bei den Organisationsdefiziten des Bauernvereins im Kreis ansetzte. Obwohl es allein in Coesfeld 91 Mitglieder des Westfälischen Bauernvereins gab, fehlte eine Kreis- und Ortsorganisation. Kaup-Rüping forderte: „Nur *eine* Organisation dürfe es im Kreise geben, doch müsse sie im Kreise geschlossen dastehen. Da gäbe der Westfälische Bauerverein eine geeignete Grundlage ab für eine Kreisorganisation, sofern sie die ganze Bauernschaft erfasse." Zumindest hier wird deutlich, dass sich die Ausweitung der Verbandsorganisation und -arbeit zur verstärkten Durchsetzung der eigenen Interessen gegen die Konkurrenz des Westfälischen Bauernbundes richtete. Im Laufe der Versammlung sprach auch Otto Fürst zu Salm-Horstmar, der gegen die Weimarer Republik u.a. als Antisemit, Monarchist, Mitglied des ‚Westfalenbundes' und als DNVP-Mitglied vielfältig aktiv war, und bedankte sich „für das Herausstellen des deutschen Adels in der Gründungsgeschichte der Bauernorganisation und betonte, dass alle gemeinsam sich als Bauern fühlen müssten." Die Versammlung wählte ihn mit anderen Großbauern in den Ausschuss des geplanten Kreisvereins des Westfälischen Bauernvereins. Es ist anzunehmen, dass der Kreisausschuss die Ziele Lünincks unterstützt hat.

Die Milieus der Kleinstädte unter dem Druck wirtschaftlicher Krisenerfahrungen
Im Leben der Kleinstädte der Kreise Coesfeld und Lüdinghausen mit ihrer vielfältigen Erwerbs- und Berufsstruktur und ihrer sozialen Hierarchisierung nach Besitz, Bildung und Funktion zeigt sich in den Jahren 1925 bis 1929 die Gleichzeitigkeit von Fortschritt und ‚alter Ordnung', von modernisierenden Entwicklungen und antimodernen Gegenbewegungen stärker als in der ländlichen Gesellschaft und den Bergbaustädten. In der Phase relativ stabiler politischer und wirtschaftlicher Verhältnisse wurde das in dieser Ambivalenz ruhende Konfliktpotential durch die Erfahrung einer bescheidenen sozialen Sicherheit und durch den technologischen Fortschritt überdeckt.

Das Wahlverhalten in den Kommunen bei der Reichstagswahl am 14. September 1930 veranschaulicht, wie die Bürger der Kleinstädte angesichts einer unsicheren Zukunft und drohender existentieller Not reagierten. Diese Wahl war notwendig geworden, da die letzte, von einer Parlamentsmehrheit getragene Regierung unter Reichskanzler Hermann Müller (SPD) bereits nach knapp zwei Jahren am 27. März 1930 gescheitert war und der von Reichspräsident Paul von Hindenburg zum Kanzler ernannte Zentrumspolitiker Heinrich Brüning mit einer Minderheitsregierung den Haushalt 1930 nicht per Notverordnung durchsetzen konnte. Schon der Versuch Hindenburgs und Brünings mit Hilfe einer nach der Reichsverfassung möglichen Notverordnungsvollmacht die Mitwirkung des Reichstages auszuschalten, verschob die Gewichte der Regierung nach rechts. Gleichzeitig stiegen seit Frühjahr 1930 bis Ende 1930 die Arbeitslosenzahlen im Deutschen Reich von ca. 3,5 auf 5 Millionen.

An den Ergebnissen der Reichstagswahl im September 1930 sind die Unterschiede in der Wirtschaftsstruktur zwischen den Kreisen bzw. den einzelnen Städten und Gemeinden deutlich zu erkennen.[71] Auf der Kreisebene sticht beim Kreis Lüdinghausen, wie bereits dargestellt, der hohe Anteil der Linksparteien von 24,7 % hervor, der natürlich in der Bergbaustadt Werne ebenfalls zu finden ist. Ansonsten werden durch die Zusammenfassung der Einzelergebnisse auf der Kreisebene Besonderheiten in den Gemeinden eher nivelliert. Hinweise auf besondere gesellschaftliche, wirtschaftliche und soziale Ursachen des Wahlverhaltens gehen so verloren, wie sie z.B. zur Erklärung des zeitweiligen Erfolgs der Partei „Deutsches Landvolk" in einigen ländlich-dörflichen Gemeinden genutzt werden konnten. Bei Kleinstädten mit zentralen Funktionen in der Verwaltung, Wirtschaft und Bildung, d.h. als Tätigkeits- und Wohnort von Fabrikanten, Beamten, Akademikern (Lehrer, Ärzte, Rechtsanwälte, Apotheker), wohlhabenden Geschäftsleuten und gutsituierten Handwerksmeistern fällt insbesondere der hohe Wählerstimmenanteil für die Reichspartei des deutschen Mittelstandes, auch Wirtschaftspartei (WP) genannt, für die nationalliberale Deutsche Volkspartei (DVP) und die rechtskonservative Deutschnationale Volkspartei (DNVP) auf. Sie erreichten in früheren Jahren Anteile von 8 bis 15 %, mit dem Auftreten der WP ab 1928 bis 20 %, vereinzelt noch höhere Werte, auf Kosten der Zentrumspartei. Die ersten Wahlerfolge der NSDAP ab 1930 wirkten sich zuerst negativ auf das Ergebnis der WP, dann der DVP aus, während die Wähleranteile der DNVP weitgehend stabil blieben. Ein Blick auf die konkreten Lebensverhältnisse in den Kleinstädten liefert einige Anhaltspunkte zur Erklärung dieser Wählerbewegungen.

Der nicht besonders hohe, aber stabile Anteil der DVP-Wähler in den Kleinstädten wurde offensichtlich durch einige Wirtschaftsführer garantiert, wie den Geschäftsführer der Zeche Werne, der zugleich Vorsitzender der Ortsgruppe der DVP in Werne und Gemeindeverordneter war, oder den Textilfabrikanten Franz Crone in Coesfeld.[72] Aufgrund der parteipolitischen Präferenzen konnte sich die DNVP in Kleinstädten mit einem bürgerlich-protestantischen ‚Kleinmilieu' einen sicheren Wählerstamm sichern, wobei in diesem Milieu vor allem staats- oder adelsnahe Beamte und Angestellte der Verwaltung, Dienstleistungen und höheren Bildungseinrichtungen eine Vorbildfunktion hatten. Das konnte auch für dörfliche Gemeinden gelten, in denen wie in Osterwick das Fürstenhaus Salm-Horstmar auf Schloss Varlar seinen Wohnsitz hatte. Während die Wähler der DVP und DNVP weitgehend langfristigen Überzeugungen folgten, profitierte die WP von der wirtschaftlichen Verunsicherung ortsansässiger Kaufleute, Gewerbetreibender und Handwerker, die angesichts der drohenden Existenzkrise die mentale Bindung an ihr Herkunftsmilieu überwanden. Sie hofften auf die Versprechungen einer Partei, die mit Berufung auf eine verschwommene Mittelstandsideologie insbesondere die Interessen von Haus- und Grundbesitzern, kleinen Gewerbetreibenden und Handwerkern vertrat.[73]

Noch mehr als das Wahlverhalten bei den Reichstagswahlen zeigt die Durchsetzung von berufsständischen Interessen auf der Ebene der Kommunalpolitik den fortschreitenden Demokratisierungsprozess durch die soziale Öffnung und Pluralisierung, allerdings auch die abnehmende Bedeutung milieubedingter Bindungen und kirchlicher Einflussnahme. Die Kandidatenlisten zur Wahl der Stadt- und Gemeindeverordneten seit 1924 verdeutlichen die konkurrierenden Interessenlagen und die zunehmende gesellschaftliche ‚Fraktionierung'. Im Gegensatz zu vielen Landgemeinden, in denen wie in Herbern aufgrund der Zentrumsdominanz nur über eine Einheitsliste abgestimmt werden konnte, sah sich die Zentrumspartei in den Städten sowohl mit den nur schwer zu überbrückenden Interessenunterschieden im Milieu selbst als auch den Ansprüchen milieuferner Interessenverbände und gesellschaftlicher Gruppen konfrontiert.[74]

In Städten mit einer starken katholischen Arbeiterschaft trat das Zentrum bereits 1924, in Olfen erst 1929, mit zwei Listen an, da die Parteiflügel sich nicht auf einen gemeinsamen Wahlvorschlag und einen Proporz bei der Aufteilung der Listenplätze einigen konnten. Diese Listen machten die Heterogenität des katholischen Milieus sichtbar: Den Handwerkern, Besitz- und Bildungsbürgern mit ihren Sorgen um Aufträge, Umsatz und Grund- und Gewerbesteuererhöhungen standen die Angehörigen der katholischen Gewerkschaftsbewegung mit ihrem Kampf um Löhne, Arbeitszeiten und Arbeitsplatzsicherheit gegenüber. Mit diesen Forderungen kam die Gewerkschaftsliste dem Programm von SPD- und der KPD-Listen in den Bergbaustädten sehr nahe, so dass es dann in Auseinandersetzungen mit Arbeitgebern um konkrete Verbesserung der Arbeitsverhältnisse auch zu gemeinsamen Initiativen kommen konnte. Die Berufsangaben der Kandidaten auf den Wahlvorschlägen der „Vereinigungen der Verbraucher" geben einen Hinweis auf die Zielgruppe dieser Interessengruppen. Sie bemühten sich um die Unterstützung gleichgesinnter kleiner Angestellter, Beamter und Handwerker aus den nicht wohlhabenden Kreisen, die durch die steigenden Preise besonders belastet wurden. Kandidatenlisten unter der Überschrift „Bürgerliche Wirtschaftsliste", „Bürgerliche Einheitsliste", „Mittelstand" oder „Wirtschaftspartei" zeugen davon, dass sich die marktabhängigen bürgerlich-mittelständischen Kreise je nach Wirtschaftslage neu gruppierten und sich die Gemeinde- und Stadtvertretungen immer mehr nach partikularen wirtschaftlichen Interessen zusammensetzten. Mit der Liste „Vereinigte Rechtsparteien" 1924 in Coesfeld meldeten erstmals die national-konservativen Kreise auf lokaler Ebene ihren Mitwirkungsanspruch an. Bei den Kommunalwahlen im November 1929 und März 1933 positionierten sich diese Kreise als „Bürgerliche Vereinigung", „Allgemeine Bürgerliste" oder „Vereinigte Bürgerliste" auch in den Städten als eigenständige Kraft in Konkurrenz zur NSDAP.

Am Wahlverhalten und an der Mitwirkung in der Kommunalpolitik ist zu erkennen, wie die gewonnenen individuellen Mitwirkungsmöglichkeiten in der Demokratie von immer mehr Bürgern angesichts persönlicher Notlagen und wirtschaftlicher Existenzfragen für eine politische Neuorientierung genutzt und die eigenen Interessen in entsprechende politische Forderungen umgemünzt wurden. Das katholische Milieu konnte seine politisch integrierende Funktion offensichtlich nur noch in den berufsständisch weitgehend homogenen ländlichen Gesellschaften erfüllen. In den Kleinstädten schwächte sich die Milieubindung, d.h. die Bedeutung der Kirche als Vermittlungsinstanz von gesellschaftlichen Normen, Werten und weltanschaulicher Orientierung in der Konfrontation mit den Folgen der Wirtschaftskrise immer mehr ab und führte zu einer immer stärkeren Fraktionierung der Gesellschaft nach wirtschaftlichen und politischen Interessen.

Die Marginalisierung der Milieus durch die Nation, die Heimat und das Volk

Ein großer Teil der Bewohner in Stadt und Land hatte die Auswirkungen der ‚großen' Politik auch am eigenen Leib erfahren. Die Prägung und gemeinsame Erfahrung durch die Weltkriegsteilnahme, die ‚Schmach' der Niederlage, die Umwälzungen der Revolution und die Belastungen des Versailler Vertrages prägten

Abb. 5: Von 1925 bis 1936 veranstaltete der Billerbecker Kriegerverein im Rahmen seines jährlichen Kriegerfestes groß angelegte Manöver (Foto von 1936)

das Bewusstsein und förderten ein konfessions- und milieuübergreifendes gesellschaftliches Zusammenleben. Die in den ‚goldenen' zwanziger Jahren massiv zunehmende Erfahrung mit der Moderne durch ein säkularisiertes populäres Kulturangebot über die neuen Medien Rundfunk, Film und Schallplatte und die Angst vor Infragestellung der Heimat und bewährten Lebenswelt trugen ebenfalls zur Überwindung der kirchlichen Bindungen bei. In der kleinstädtischen Gesellschaft hatte sich jedoch über den Milieus ein differenziertes Vereinswesen entwickelt, in dem eine in einer „national-patriotischen Gesinnung" wurzelnde Hoffnung auf den wiedererstarkenden Nationalstaat und ein lebendiges Volkstum als Grundlage der Erneuerung Deutschlands genährt und gepflegt wurde. Mit dieser Intention sammelten sich insbesondere in den Kriegervereinen und Heimatvereinen national-konservative Kräfte, die sich massiv gegen den Individualismus, gesellschaftlichen Pluralismus und die Demokratie stemmten. In diesem Denken hatte die individuelle, milieuabhängige Lebensgestaltung keinen Platz mehr.

Kriegervereine, die sich 1922 zum Deutschen Reichskriegerbund „Kyffhäuser" zusammengeschlossen hatten, gab es fast in jeder Gemeinde der Kreise Coesfeld und Lüdinghausen. Sie wurden überwiegend nach den „Deutschen Einigungskriegen" gegründet, um das Gedenken an die Gefallenen der Kriege wach zu halten und die Kameradschaft der Kriegsveteranen zu pflegen.[75] Mit der gleichen Intention entstanden nach dem Ersten Weltkrieg militärische Traditionsvereine einzelner Waffengattungen und Verbände, die überregional organisiert waren. Zum 1926 als Dachverband gegründeten Ortskriegerverband Coesfeld gehörten mindestens elf vaterländische Vereine vom Artillerie-Verein bis zum Offiziersverein des ehemaligen Landwehrbezirks Coesfeld. In Osterwick existierte neben dem Kriegerverein eine Ortsgruppe des Deutschen Flottenvereins, dessen Ziele ein besonderes Anliegen des in Varlar residierenden Otto Fürst zu Salm-Horstmar waren. Von 1902 bis 1908 war er auf der Reichsebene Präsident des mitgliederstarken Gesamtvereins, der das Interesse und die Unterstützung des deutschen Volkes für die Aufgaben und den Ausbau der Kaiserlichen Marine fördern wollte. Der bis 1934 existierende Verein, der von 1919 bis 1931 unter dem Namen Deutscher Seeverein firmierte, hatte unter dem Diktat des Versailler Vertrages keine große Bedeutung mehr. Fürst Otto war allerdings noch Ehrenvorsitzender des Westfälischen Provinzialverbandes des Deutschen Seevereins.

Die Krieger- und Traditionsvereine präsentierten sich der Öffentlichkeit durch Kriegerfeste mit Vogelschießen und Kameradschaftstreffen und aus diesen Anlässen erscheinende Festreden und breitenwirksame Festschriften. Große Spektakel waren z.B. die in Billerbeck seit 1925 bis 1936 im Rahmen des jährlichen Kriegerfestes aufwändig gestalteten Manöver, die mit einem nationalistischen Impetus vor allem die Veteranen mobilisierten, aber auch weitere Lokalvereine und einen Großteil der Einwohnerschaft einbezogen. Der Kriegerverein Herbern richtete im Juni 1930 ein großes Kreiskriegerverbandsfest mit einem Festumzug, einer Parade von mehr als 1.000 Veteranen vor General Groß, dem letzten Kommandeur des „ruhmreichen Infanterie-Regiments Nr. 13", und einem abschließenden Königsschießen aus. Die Presse berichtete über die „Heerschau der Krieger des Kreises Lüdinghausen in Herbern". Die Errichtung von Kriegerdenkmalen in den Gemeinden ging häufig auf eine Initiative der örtlichen Kriegervereine zurück, die sich dann auch an der Beschaffung der notwendigen Finanzmittel beteiligten. Die Ehrenmäler entwickelten sich zu Kristallisationspunkten der lokalen Vereinsaktivitäten und Erinnerungskultur.

In den Reden und Grußworten an die Vereinsmitglieder und die Öffentlichkeit anlässlich der Veranstaltungen und in den Festschriften wird durch die „Verklärung einer vermeintlich glücklichen Vorkriegs- und großen Kriegszeit" die antirepublikanische Grundhaltung der Krieger- und Traditionsvereine sichtbar. Mit der Beschwörung militärischer Erziehung und Tugenden, von „ruhmreichen Taten", „eines stillen, stolzen Heldentums" und einer Volksgemeinschaft, die im Krieg ohne Zwietracht, nur von dem Gedanken „das Heiligste mit dem Schwert zu schützen" getragen wurde, pflegten sie die „Dolchstoßlegende": Die im Felde siegreichen deutschen Armeen seien rücklings von den „vaterlandslosen Gesellen" der Heimat erdolcht worden. Die in nationalkonservativen Kreisen lebendige und unbeirrbare Hoffnung auf Wiedererlangung der alten „Weltgeltung" erhielt von verschiedenen Seiten Unterstützung.

Der Coesfelder Bürgermeister Josef Bosten konnte zum Marinetag 1928 über 30 Marine- und Kriegervereine begrüßen, die auf dem Marktplatz angetreten waren. Nach Ausführungen über den Niedergang nach dem Krieg und den schwierigen

Neuanfang im Staat und in der Wirtschaft kam er zu dem Schluss: „Und doch bedarf gerade unser im Kriege und in der Nachkriegszeit beispiellos geschmähter deutscher Name und unser ganz unverkennbar sich wieder nach oben ringendes deutsches Volk einer Erstarkung seiner Weltgeltung." In der abendlichen Festversammlung sprach der Ehrengast Vizeadmiral Karl Wedding dasselbe Thema an: „Der Tag der Ehre und Freiheit für Deutschland" sei nicht mehr fern und betonte, „Pflichterfüllung und unentwegter Glaube an den Wiederaufstieg, wie Reichspräsident Hindenburg sie uns zeige, würden den ersehnten Tag herbeiführen."[76] Eine derartige Rhetorik in Anknüpfung an die nationalistische, militaristische und völkische Gedankenwelt der Kaiserzeit entfaltete nicht nur bei den anwesenden Veteranen und altständischen Eliten ihre Wirkung, sondern erreichte über die Anwesenden und die angesehenen Repräsentanten der Vereine weite gesellschaftliche Kreise. Seit der Wahl des zum Mythos stilisierten 77-jährigen ehemaligen Generalfeldmarschalls Paul von Hindenburg zum Reichspräsidenten und „Ersatzkaiser" im Jahr 1925 als Nachfolger des verstorbenen Republikaners Friedrich Ebert schien ein Wendepunkt erreicht, der den antirepublikanischen Kräften neuen Auftrieb gab.

Insbesondere mit ihren militärischen Übungen übernahmen die Krieger- und Traditionsvereine auch Aufgaben der privaten paramilitärischen Kampf- oder Wehrverbände, die in den turbulenten Anfangsjahren der Weimarer Republik als selbsternannte „Ordnungsmächte" zahlreich entstanden. Diese breitgefächerten Wehrverbände, unter dem Begriff „vaterländische Verbände" zusammengefasst, verbanden wenige gemeinsame, aber radikale Grundüberzeugungen: Über allem stand die Ablehnung der Weimarer Republik und des Parteienstaates, die von einem übersteigerten Nationalismus auf der Basis einer „völkischen" Ideologie getragen wurde. Zu diesen Verbänden gehörte auch die „Organisation Escherich" und nach deren Verbot im Juni 1921 als Nachfolgeorganisation der „Westfalenbund".[77] Dieser existierte von 1921 bis 1924, bis er dann von Ferdinand Freiherr von Lüninck in den „Stahlhelm" überführt wurde. Die Kreisverbände und Ortsgruppen in den Kreisen Coesfeld und Lüdinghausen gehörten zum Gau Westmünsterland des „Westfalenbundes". Im Münsterland konnten sich die Wehrverbände auf den Adel, den Großgrundbesitz und die Oberschicht der Städte stützen.

Die Geschichte der Krieger-, Traditionsvereine und Wehrverbände im Münsterland zeigt nicht nur eine Identität bei den Überzeugungen und fließende Übergänge in der Organisation und Aufgabenstellung, sondern auch eine hohe personelle Kontinuität, die vom Kaiserreich bis in die NS-Zeit reichte. Zur „Organisation Escherich" gehörten z.B. die Adeligen Baron Romberg in Buldern, Graf von Merveldt in Lembeck, Baron Droste zu Senden in Senden und Otto Fürst zu Salm-Horstmar. Dieser trat auch in den Verwaltungsrat des „Westfalenbundes" ein und übernahm den Vorsitz der Finanzkommission. Schon seit der Jahrhundertwende war Fürst Otto dem Kriegerverein in Coesfeld, dem er 1915 eine neue Fahne stiftete, als Protektor eng verbunden. Ehrenamtmann Ludger Freiherr von

Abb. 6: Kongregationsessen der Bruderschaft Ss. Fabian und Sebastian zu Coesfeld im Saal der Gesellschaft „Verein" (stehend, zweiter von rechts Medizinalrat Dr. Wolters) (1933)

Abschied vom guten Kameraden.

Abb. 7: Zeitungsartikel „Abschied vom guten Kameraden" zur Beisetzung von Medizinalrat Dr. Wolters in Coesfeld, verstorben am 25. September 1934 (Artikel vom 2. Oktober 1934)

Twickel führte ab 1927 den Billerbecker Kriegerverein, zu dessen Manöver 1926 als Ehrengäste Franz von Papen und Graf Droste zu Vischering anwesend waren. Die überwiegend bürgerlichen Namen der Vorsitzenden der Krieger- und Traditionsvereine zeigt auch die Verankerung in der bürgerlichen Gesellschaft und Oberschicht der Region. Wie weit diese Verankerung der Repräsentanten und damit die Einflussmöglichkeiten reichten, kann mit einigen Fakten zur gesellschaftlichen Vernetzung des Coesfelder national-konservativen Medizinalrates Wolters, eine der renommiertesten Persönlichkeiten der Region, nur angedeutet werden.

Dr. Johannes Wolters (1865–1934) stammte aus einer Coesfelder Bauunternehmerfamilie.[78] Nach dem Studium der Medizin und der Assistenzarztzeit kehrte er 1896 als praktischer Arzt nach Coesfeld zurück. Noch im selben Jahr legte er die Staatsprüfung als Kreisphysiker (Kreisarzt) ab und schuf so die Voraussetzung für die Ernennung zum staatlichen Kreisarzt des Kreises Coesfeld im Jahr 1901. 1914 erhielt er den Titel ‚Medizinalrat'. Diese nicht voll besoldete Stelle übte er neben seiner Arztpraxis aus, die er erst 1922 aufgab, als ihm zusätzlich die Aufgaben als Kreiskommunalarzt und Leiter der Gesundheitsabteilung des Kreiswohlfahrtsamtes übertragen wurden. Für Wolters war es selbstverständlich neben diesen bis 1931 ausgeübten Funktionen auch eine Laufbahn als Stabsarzt zu pflegen. Als Stabsarzt der Reserve (1902) nahm er als Regimentsarzt an der Front und Chefarzt von Reservelazaretten in und um Coesfeld von 1914–1918 am Ersten Weltkrieg teil und avancierte bis 1922 zum Generaloberarzt der Reserve. Im Jahr 1900 gründete er die Sanitätskolonne des Roten Kreuzes in Coesfeld; später wurde er zum Ehrenvorsitzenden der Sanitätskolonnen des Westmünsterlandes ernannt. Um die Jahrhundertwende war er an der Gründung des Ortsausschusses des Flottenvereins in Coesfeld beteiligt und übernahm in dieser Zeit bis 1926 den Vorsitz des Kriegervereins, um dann den neugegründeten Ortskriegerverband und den Kreiskriegerverband zu führen. Im Mai 1920 stieß er zur „Organisation Escherich". In der Nachfolgeorganisation „Westfalenbund" leitete er ab Oktober 1921 für kurze Zeit den Gau Westmünsterland, dann sehr wahrscheinlich den Kreisverband, da er nach der ‚Überführung' des „Westfalenbundes" die gleiche Funktion wiederum im „Stahlhelm" ausübte. Von 1899–1916 und 1924–1928 war er Stadtverordneter in Coesfeld und führte 1924 die Liste ‚Vereinigte Rechtsparteien' an. Seine Funktion als Präsident der exklusiven und konfessionsübergreifenden Gesellschaft ‚Verein' in Coesfeld (1924–1934) und seine Mitgliedschaft in der katholischen Bruderschaft Ss. Fabianus et Sebastianus (1894–1934), in der sich bis zu 32 hochrangige Vertreter der Geistlichkeit, des Bildungsbürgertums, der Wirtschaft sowie der Stadt- und Kreisverwaltung regelmäßig trafen, unterstreicht seinen weitreichenden Einfluss.

Die gesellschaftliche Anerkennung Wolters' als ‚Galionsfigur' des Nationalkonservativen kann auch als Indiz für eine tief verwurzelte „national-patriotische Gesinnung" und verbreitete Hoffnung auf einen starken Nationalstaat und ein lebendiges Volkstum in der Oberschicht bis weit in die Mittelschichten gesehen werden.

Diese trotz der tiefen Verunsicherung durch die politischen und gesellschaftlichen Umbrüche erhalten gebliebene Gesinnung und Zukunftserwartung fanden auch Rückhalt in den nationalistisch geprägten Volkstumsgedanken und der Idealisierung der eigenen, ursprünglichen Kultur und Lebensart, wie sie von der Heimatbewegung in Westfalen propagiert wurden.

Die Heimatbewegung gehörte zu den zahlreichen kulturellen Vereinigungen, die das Besitz- und Bildungsbürgertum um die Jahrhundertwende gründete, um die Eigenart der deutschen Kultur gegen die als „zerstörerisch empfundenen Folgen der internationalen Modernisierungsprozesse" zu verteidigen.[79] Die Geschichte der Heimatbewegung in Westfalen ist eng mit dem Namen des aus Drensteinfurt stammenden plattdeutschen Dichters Karl Wagenfeld (1869–1939) verbunden. Auf seine Anregung hin entstand 1915 der Westfälische Heimatbund, dessen hauptamtlicher Geschäftsführer er 1922 wurde. In der Weimarer Republik hatte der Westfälische Heimatbund etwa 7.000 Mitglieder, die sich in Orts- und Kreisvereinen häufig unter der Leitung von Lehrern organisierten. Wie in den seit den 1920er Jahren gegründeten Ortsvereinen Coesfeld, Dülmen und Lüdinghausen stammten die Mitglieder vor allem aus den Mittel- und Oberschichten.

Die konkrete Arbeit dieser Heimatvereine konzentrierte sich bis in die ersten Jahre der Weimarer Republik auf den Schutz der materiellen und ideellen Zeugnisse der eigenen Vergangenheit durch Sammeln, Konservieren und Erforschen. Wagenfeld erweiterte die Programmatik der Heimatvereine in Westfalen um eine völkische Dimension, indem er den westfälischen Raum und die westfälischen Menschen als Einheit verstand.[80] Diese Einheit sei durch das Zusammenwirken von Natur, Rasse und Geschichte entstanden und habe zu einem spezifischen „Volkstum" der Westfalen geführt. Dieses Volkstum sollte untersucht, das besondere „Arteigene", das Konstante und Schicksalhafte herausgearbeitet und als handlungsleitendes Ideal präsentiert werden, um das Westfalen- und Selbstbewusstsein zu stärken. Entscheidend waren hier die gegenwarts- und zukunftsbezogenen Aspekte des völkischen Ansatzes. Er sollte Kriterien zur kritischen Analyse der Gegenwart und für ein zukunftsweisendes Denken und Handeln, im umfassenderen Sinne für ein erzieherisches Leitbild zur Bewahrung der „Stammesart" und des „Wesens" liefern.

Vor diesem Hintergrund erschien für Wagenfeld die Moderne mit ihren Zivilisationsprozessen insgesamt als eine Zeit der Vernachlässigung der Bindungen an das eigene Volkstum und der internationalen Nivellierung. Die Weimarer Republik mit ihrer Konjunktur der Massenkultur empfand er als eine Zeit der um sich greifenden Dekadenzprozesse und angeblichen „rassischen Bedrohung" des „Volkskörpers" und seiner Kultur. Zuwanderungsbewegungen von „fremdvölkischen" Gruppen oder fremde Kultureinflüsse galten als gefährlich und tendenziell „rasse-" und „volkstumszerstörend". „Heimat" konnte nach Wagenfeld nur in der Gemeinschaft deutscher Menschen in ihrer „rassischen Art" und „stammlichen Ausprägung" entstehen. Er ging noch einen Schritt weiter. Für Wagenfeld konnte eine wissenschaftlich fundierte Überzeugung vom Wert der Heimat eine Heimatliebe mit einer weitreichenden integrativen Funktion begründen. Sie sollte die politischen Konfrontationen in der Gesellschaft, die Spaltung in Konfessionen und Klassen überwinden und eine Volksgemeinschaft stiften. In der Gedankenwelt Wagenfelds wurde die Heimatbewegung „zum Träger einer kulturell-politischen Sammlungsideologie gegen die zeitgenössischen Interessenideologien der bürgerlichen und der proletarischen Lager".

In einem Punkt blieb Wagenfelds Ideologie der Integrations- und Identitätsstiftung wenig konkret, dass sie nämlich „ebenso sehr eine Abgrenzungs- und Exklusionsideologie" war.[81] Die Vorstellungen des Westfälischen Heimatbundes zur ‚Reinerhaltung des Volkstums' richteten sich jedoch nicht nur gegen „Fremdrassige", sondern umfassten mit der Propagierung von Konzepten zur Erblehre und Erbgesundheitspflege (Eugenik) auch die rassenbiologische Erhaltung und Verbesserung des eigenen ‚Volkskörpers'. Auf der Basis von gesundheitlicher Aufklärung, nicht von Zwangsmaßnahmen wie der Sterilisation, fanden derartige eugenische Konzepte allerdings auch in katholischen und sozialdemokratischen Kreisen ihre Anhängerschaft.[82] Für die Nationalsozialisten und ihre Rassenideologie bot die Ideenwelt der Heimatbewegung auf jeden Fall vielfältige Anknüpfungspunkte.

Während der alles beherrschende Nationalstaatsgedanke der Kaiserzeit seine Orientierungs- und Deutungsfunktion eingebüßt hatte und vor allem über die national-konservativ orientierten Parteien und Vereine weitergetragen wurde, fanden die gleichen gesellschaftlichen Kreise der Region im Stammes- und Volkstumsdenken eine neue Legitimation.[83] Durch die Rückbindung an ethnische Wurzeln und die Kräfte und Qualitäten des heimatlichen Volkstums sollte die leibliche und geistige Erneuerung des „deutschen Wesens" von unten, aus der „angestammten" Landschaft erfolgen und der Geist der Moderne überwunden werden. Das Verständnis von Landschaften als Raum-Stamm-Organismen prägte ein Stück deutscher Geistes- und Mentalitätsgeschichte. Die Rezeption der Schriften Hermann Löns' z.B. durch Schriftsteller und Journalisten aus dem Umfeld der westfälischen Heimatbewegung zeigt die Popularität des Stammes- und Kulturraumansatzes, der insbesondere über die Wirkung einschlägiger Publikationen zum Orientierungsrahmen für deutsch-nationale Gruppen und Rechtsradikale wurde.

Der „Steigbügelhalter" Hitlers, Franz von Papen, war nicht allein

Die Gesellschaften auf dem Land, in den Klein- und den Industriestädten reagierten in Abhängigkeit von der Milieubindung und Politisierung verschieden auf die Herausforderungen durch die wirtschaftlichen und politischen Krisenerscheinungen. Wenn es um die Durchsetzung eigener wirtschaftlicher Interessen und die Existenzsicherung ging, standen die Milieueinflüsse nun in einem Kräftespiel mit den Mitwirkungsmöglichkeiten über die Parteien und Verbände. Auf dem Land mit noch intaktem katholischem Milieu spielte das Verbandswesen eine sehr viel größere Rolle als in den Kleinstädten mit einer zunehmend milieuübergreifenden

Interessengruppenbildung oder den Industriestädten, in denen sich die heterogenen Milieus und die von ihnen getragenen Parteien konfrontativ begegneten. In dieser sich differenzierenden Entwicklung auf regionaler Ebene zur Durchsetzung der eigenen Interessen zeigte sich ein zunehmender Ruck nach rechts, der in der stärkeren Position und Einflussnahme national-konservativer Kräfte aus den alten Eliten sichtbar wurde.

Diese Entwicklung wirkte sich nicht nur auf das Wahlverhalten bei den Reichs- und Landtagswahlen und die Zusammensetzung der Parlamente aus, sondern korrespondierte auf der gesamtstaatlichen Ebene mit einer schwindenden parteipolitischen Geschlossenheit. Die Auflösung setzte bereits vor der Verlagerung der Macht- und Handlungskompetenzen des Parlaments und der Parteien auf die Präsidialgewalt ein. Die Ursachen und die Reichweite dieses Prozesses werden auf der Reichsebene insbesondere mit den Konflikten in der Zentrumspartei und dem Verhalten der rechtskatholischen Kräfte greifbar. Einige der einflussreichsten Akteure dieser Auseinandersetzungen waren adeliger Herkunft und stammten aus Westfalen, wo sie aufgrund gewachsener Loyalitäten und ihres Großgrundbesitzes bleibenden Einfluss hatten. Daher wird der Adel mit seiner Ablehnung der Demokratisierung und seinen Aktivitäten zur Wiederherstellung der ‚alten Ordnung' auch vor Ort Unterstützer und breite Zustimmung gefunden haben.

Vor dem Ersten Weltkrieg war das gesellschaftliche Ansehen des Adels noch intakt. Die Deutsche Adelsgenossenschaft, die von protestantischen Adeligen der altpreußischen Gebiete gegründete und größte, reichsweite und überkonfessionelle Vereinigung deutscher Adeliger, sah den Adel nach wie vor als geborene Führungsschicht.[84] Die Personalsituation in der Provinz Westfalen bestätigt diese Feststellung. Bis 1919 waren alle Oberpräsidenten der Provinz adeliger Herkunft und sie besetzten, wie bereits beschrieben, die wichtigsten Funktionen im Bauernverein und Bauernbund. Von den 28 Landkreisen der Provinz Westfalen standen 1918 noch 12 unter der Leitung adeliger Landräte. Das galt auch für den Kreis Coesfeld, den seit 1905 Maximilian Freiherr von Fürstenberg, dann ab 1919 Walter vom Hove leitete, und für den Kreis Lüdinghausen, in dem von 1905 bis 1927 Otto Graf von Westphalen an der Spitze stand. Die Mitgliedschaft von katholischen westfälischen Adeligen in der Adelsgenossenschaft ist auch ein Indiz für eine interkonfessionelle Adelsverbundenheit und ein wachsendes Zugehörigkeitsgefühl zu einem wilhelminischen deutschen Adel.[85] Der bereits früher in Westfalen gegründete Verein katholischer Edelleute bildete dennoch eine Konkurrenz und stand auch katholischen Adeligen aus anderen Teilen Deutschlands offen.

Der katholische Adel Westfalens stützte besonders den klerikalen Flügel der Zentrumspartei, die er mitgegründet hatte. Bei den ersten massiven Konflikten im Zentrumslager wie beim Gewerkschaftsstreit, bei dem es im Kern um die gesellschaftliche Öffnung der Partei auch gegenüber Nichtkatholiken und die organisatorische und inhaltliche Unabhängigkeit von der Kirche und dem päpstlichen Lehramt ging, finden wir die Adeligen auf der Seite der „Integralen". Diese gestanden dem Zentrum lediglich eine Existenzberechtigung als politischer Arm der katholischen Kirche zu. Nachdem der Adel bis zur Jahrhundertwende bereits seine Vorrangstellung in der Partei eingebüßt hatte, verschoben sich durch die Staatsumwälzung nach dem Ersten Weltkrieg die Gewichte im katholischen Lager weiter zuungunsten der konservativ-monarchischen und adeligen Akteure. Mit der Abschaffung der Monarchie und der Durchsetzung der parlamentarischen Demokratie wurde deren Führungsanspruch endgültig ausgehöhlt.[86] Die revolutionären Aufstände in Deutschland hatten in Adelskreisen bereits Angst und Schrecken ausgelöst, da die Ereignisse der bolschewistischen Revolution in Russland mit der Internierung und anschließenden Liquidierung der Zarenfamilie vor ihren Augen standen. Die Ungewissheit auf außenpolitischem Terrain durch die noch offene Friedens- und Reparationsregelung, die erst mit dem Friedensvertrag von Versailles vom 28. Juni 1919 in ihrer Tragweite sichtbar wurde und mit der die „Gesamtschuld"-Frage zur Diskussion stand, verunsicherte zusätzlich. Daher strickte der Adel fleißig an der „Dolchstoßlegende" mit, in der für ihn die Erinnerung an eine kaisertreue, durch die Revolution verratene Armee im Mittelpunkt stand.[87]

Diese adelige Sicht auf die Ereignisse spiegelt sich in den Reden des 60. Westfälischen Provinziallandtags wider, der am 23. März 1919 in Münster eröffnet wurde.[88] Auf diesem Provinziallandtag gaben noch die alten Eliten aus dem Fachbeamtentum, die bürgerlichen und adeligen Grundbesitzer und Vertreter der gewerblichen Wirtschaft den Ton an. Oberpräsident Karl Prinz von Ratibor und Corvey verkündete in seiner Eröffnungsrede seine Version der Dolchstoß-Legende. Deutschland sei „von stolzer Höhe, die es im glänzenden Aufstiege unter seinem Kaiser gewonnen hatte", herabgestürzt. Das Volk, das über vier Jahre der halben Welt siegreich standgehalten habe, es habe seine Wehr selbst zerbrochen. Der Alterssitzende Friedrich Worpenberg genannt Krewinghaus betonte: „Der Kaiser ist an allem unschuldig." Man wolle nicht verzweifeln. Deutschland werde ein einiges Deutschland sein und bleiben in aller Zukunft und es werde dann heißen: „Am deutschen Wesen wird noch mal die Welt genesen." Da es nicht möglich sei, ein Hoch auf den Landesvater auszubringen, stimmten alle in ein Hoch auf das große deutsche Vaterland ein. Der neu gewählte Vorsitzende der Provinzialversammlung, Otto Fürst zu Salm-Horstmar, setzte mit Schlagworten wie „das deutsche Kaiserreich ist wieder vernichtet, [...] durch das eigne Volk", „das deutsche Heer. Unbesiegt vom Feinde, [...] erlag es der Maulwurfsarbeit internationaler Agitatoren" und mit Klagen über „Bürgerkrieg, Raub, Diebstahl, Unsicherheit, Hungersnot und schwere Erkrankung unserer Wirtschaft" den „Abgesang" fort.

Von entscheidender Bedeutung für die massive Ablehnung der Demokratie durch den Adel waren jedoch die Ereignisse am 9. November 1918, als der deutsche Kaiser auf den Thron verzichtete und in Berlin die „Deutsche Republik" ausgerufen wurde.[89] Mit dem „Zusammenbruch" hätte sich das „diabolische Prinzip der Volkssouveränität" und das parlamentarische Mehrheitsprinzip als „brutalste Tyrannei" durchgesetzt. Die Mitglieder der Deutschen Adelsgenossenschaft verständigten sich darauf, die Republik nach dem Grundsatz „christlich, monarchisch, national" zu bekämpfen. Sie hielten überwiegend dem Kaiser die Treue. Einige, wie Alfred von Landsberg-Velen (1872–1952), besuchten ihn bereits 1919 im niederländischen Exil auf Schloss Amerongen, das wenige Kilometer westlich des späteren Exilwohnsitzes Haus Doorn lag. Dieser Besuch ist erwähnenswert, weil Alfred von Landsberg-Velen der jüngere Bruder von Engelbert Freiherr von Landsberg-Velen (1866–1951) aus Drensteinfurt war, der sich in der Weimarer Zeit zu einer der einflussreichsten Persönlichkeiten im nationalkatholischen Lager entwickelte und als „Rechtskatholik" den Linkskurs des Zentrums massiv kritisierte.

Alfred von Landsberg-Velen fertigte über seine zwei Audienzen bei Wilhelm II. im Juni 1919 Niederschriften an, die er in einem engeren Bekanntenkreis katholischer Adeliger verbreitet hat.[90] Er zitiert den Ex-Kaiser mit den Worten: „Der Adel und die Geistlichkeit hat in kath[olischen] Gegenden auch heute noch einen gewaltigen Einfluss. Den dürft ihr selbst nicht unterschätzen. Zieht doch die Konsequenzen aus dem Verhalten des Zentrums und bildet einen starken Block in der deutsch-nationalen Partei! Von Euch könnte die innere Gesundung Deutschlands ausgehen. Ihr tragt eine ungeheure Verantwortung vor Gott und dem deutschen Volk." Dieser kurze Textauszug steht für den engen Gedankenaustausch zwischen Ex-Kaiser und Ex-Führungselite. Es muss hier allerdings offenbleiben, ob Wilhelm II. tatsächlich Einfluss auf das Verhalten des Adels nehmen konnte oder nicht eher die Wiedergabe der „Kaiser"-Worte eigene Aussagen legitimieren und Nachdruck verleihen sollte, da die Ausführungen Wilhelms II. sich weitgehend mit Anschauungen deckten, die Alfreds Bruder Engelbert von Landsberg-Velen zwei Wochen vorher vor der „Staatspolitischen Arbeitsgemeinschaft" der DNVP vertreten hatte. Beide Brüder warben für die DNVP. Die Gründung des Reichskatholikenausschusses in der DNVP als Forum für den katholischen Adel ging auf eine Initiative Engelberts zurück. Beide gehörten zu einem Kreis katholischer Adeliger, die sich spätestens von der Zentrumspartei abwandten, als diese unter einer nach links verschobenen Parteielite zum Mitträger des Weimarer Systems geworden war und mit ihren Stimmen dann die liberal-individualistisch ausgerichtete Weimarer Verfassung verabschiedet wurde.

Engelbert von Landsberg-Velen, der später bis 1945 als Amtsbürgermeister in Drensteinfurt Einfluss auf die Kommunalpolitik nehmen sollte, eröffnete mit der Etablierung des Reichskatholikenausschusses in der DNVP für die zentrumskritischen Rechtskatholiken eine neue Ausgangsbasis in der Auseinandersetzung mit dem Zentrum. Nun konnten sie als Mitglieder einer ‚eigenen' Partei den Linksruck im Zentrum und die Koalition mit der Sozialdemokratie kritisieren und in zentralen kulturpolitischen Fragen wie der Schulgesetzgebung und dem Konkordat mit dem Vatikan ihre eigene Position öffentlich vertreten. Damit stand nicht nur der Monopolanspruch des Zentrums auf die politische Vertretung der deutschen Katholiken in Frage, sondern auch das strukturelle Merkmal der „Kaplanokratie", also das Angewiesensein der Partei auf die Unterstützung durch den katholischen

Klerus. Dieser vielschichtige Diskussionsprozess, der das Zentrum bis 1933 in eine Dauerkrise stürzte, kann hier ebenso wenig nachgezeichnet werden wie die Kämpfe in der DNVP und der Konflikt im Reichskatholikenausschuss um einen Konkordatstext für Preußen, der mit der Spaltung des Ausschusses und im Sommer 1930 mit dem Austritt Landsbergs aus der DNVP endete.[91]

Aufgrund der Weimarer Koalition schmolz nicht nur die nationalkatholische Adelsfraktion im Zentrum, sondern auch im Verein katholischer Edelleute zusammen.[92] Im Verein scharrte sich nur noch eine Minderheit um die adeligen Wortführer, die sich noch dem rechten monarchischen Flügel des Zentrums zugehörig fühlten. Dazu gehörten Franz von Galen (1879–1961), dessen älterer Bruder und spätere Bischof Clemens August von Galen (1878–1946), der langjährige Vorsitzende des Westfälischen Bauernvereins Engelbert von Kerckerinck zur Borg (1872–1933), Franz von Papen (1879–1969), Adolf und Clemens von Oer sowie Ferdinand und Rudolf von Twickel, die alle im Münsterland verwurzelt oder zuhause waren. Vor allem Franz von Galen, von Papen und von Kerckerinck meldeten sich bei wichtigen partei- und kirchenpolitischen Debatten nicht nur reichsweit zu Wort. Sie waren auch in der Region auf zahlreichen Veranstaltungen präsent, insbesondere als die schwindende parteiinterne Geschlossenheit nach außen deutlich wurde, diese sich in negativen Wahlergebnissen ab 1928 niederschlug und die Zentrumspartei insgesamt mit der Wahl des Prälaten Ludwig Kaas zum neuen Parteivorsitzenden im Dezember 1928 einen Rechtsruck vollzog. Kaas war Anhänger eines betont „national-autoritären Kurses“ und setzte auf eine „autoritäre Führerdemokratie“. In diesen Vorstellungen, die mit den demokratischen und sozialen Traditionen des politischen Katholizismus brachen, unterstützte ihn der 1929 neugewählte Vorsitzende der Reichstagsfraktion des Zentrums, Heinrich Brüning.[93]

Franz von Papen pachtete 1919 Haus Merfeld in der Gemeinde Merfeld, das dem in Dülmen ansässigen Herzog von Croy gehörte, bis er 1930 auf das zum Erbe seiner Frau gehörende Gut in Wallerfangen an der Saar umzog.[94] In Merfeld organisierte er 1920 eine Einwohnerwehr gegen die aus dem Ruhrgebiet nach Norden ziehenden kommunistischen Gegner des antirepublikanischen Kapp-Lüttwitz-Putsches. Mit der Wahl zum Abgeordneten des Zentrums für den preußischen Landtag im Jahr 1921 begann seine politische Karriere, die ihren Höhepunkt im Juni 1932 mit der Ernennung zum Reichskanzler erreichte. Von 1928 bis 1930 war er auch Ehrenbürgermeister des Amtes Dülmen. Im Wahlkampf für die Reichstagswahl 1928 trat er bei einer Veranstaltung in Coesfeld als Interessenvertreter der Landgemeinden auf. Auch nach seinem Umzug an die Saar war er im Kreis Coesfeld präsent.

Am 4. Oktober 1931 machte Papen mit einer Rede vor dem Landwirtschaftlichen Ortsverein in Dülmen auf sich aufmerksam, da er die Umbildung der Reichsregierung zu einem Kabinett der „nationalen Konzentration“ mit nationaler Rechter und Nationalsozialisten forderte, um die Zusammenarbeit Brünings mit der Sozialdemokratie zu beenden.[95] Zu diesem Zeitpunkt wusste er selbst noch nicht, dass er neun Monate später, am 1. Juni 1932, zum Reichskanzler ernannt werden würde, um dann nach einem Protest des Zentrumsvorstandes gegen sein Kabinett aus der Partei auszutreten. Die Gemeinde Merfeld nahm die Ernennung stolz zu Kenntnis und verlieh ihrem ehemaligen Bürger trotz des Parteiaustritts im Juni 1932 die Ehrenbürgerrechte.

Papens Aufstieg zum Kanzler und seine politische Agenda wurden trotz des Rechtsrutsches als Prestigegewinn für die Region gesehen und sein Ansehen förderte die Akzeptanz des sich etablierenden NS-Regimes. Der Vorsitzende des Merfelder Krieger- und Schützenvereins begrüßte im April 1933 die „politische Erneuerung im deutschen Reich" und betonte die Beteiligung des früheren Amtsbürgermeisters Franz von Papen. Er forderte die Mitglieder auf, „an dieser nationalen Erhebung mitzuarbeiten". In Dülmen beantragten die Stadtverordneten des nationalkonservativen Bürgerblocks in der Stadtverordnetenversammlung am 26. Mai 1933 Vizekanzler von Papen die Ehrenbürgerwürde zu verleihen und ihm zu Ehren die nach Merfeld führende Borkener Straße in Von-Papen-Straße umzubenennen. Der Antrag wurde einstimmig angenommen.[96] Papen nahm die Ehrenbürgerwürde am 22. August 1933 in Dülmen persönlich entgegen.

Die Anreise durch den Kreis Coesfeld sollte aufgrund der Anweisungen des Coesfelder Landrates Rudolf Klein den Charakter eines „Triumphzuges" annehmen. Nach seiner Mitteilung plante Papen von Schloss Darfeld, wo er zu Gast war, über die Dörfer Darfeld und Osterwick unter Begleitung des gesamten Nationalsozialistischen Kraftfahrerkorps des Kreises nach Dülmen anzureisen. Im Namen des Landrates bat die Amtsverwaltung Osterwick die Bewohner der Gemeinden Darfeld und Osterwick dringend, „zu Ehren des hochverdienten Herrn Vizekanzlers von Papen die Häuser zu beflaggen und ihre Freude über den Besuch des früheren Kreiseingesessenen Herrn Vizekanzlers lebhaft zu bekunden".[97]

Franz Graf von Galen lebte nach Franz von Papen auf Haus Merfeld, sehr wahrscheinlich seit Ende 1930, da er im November 1930 sein Mandat in der Zentrumsfraktion der Stadtverordnetenversammlung der Stadt Münster niedergelegt hatte. In den Jahren 1932/1933 war er Abgeordneter des preußischen Landtages, in dem er den Wahlkreis Westfalen-Nord über einen Listenplatz vertrat. Galen gehörte nicht zu den öffentlich besonders präsenten Persönlichkeiten der Zentrumspartei, er machte Merfeld jedoch eine Zeit lang zu einem bevorzugten regionalen Treffpunkt der Partei.[98]

Seit 1924 hatte Galen den Verein katholischer Edelleute mit Engagement und Leidenschaft geführt, bis auch in diesem Verein die zunehmende Zentrumskritik zur Spaltung führte. Als eine Denkschrift jede zentrumsfreundliche Haltung kritisierte und Galen dem Vorwurf aussetzte, nicht mehr das Vereinsziel einer einheitlichen katholischen Gesinnung im Adel aufrecht erhalten zu können, hatte er den Vorsitz niedergelegt und war aus dem Verein ausgetreten. Dem gesellschaftlichen und politischen Weltbild des Vereins, das auf einer ständischen Gesellschaftslehre und organischen Staatsvorstellungen beruhte, blieb er in jeder Hinsicht verbun-

Abb. 8: Aufmarsch in Dülmen aus Anlass der Verleihung der Ehrenbürgerwürde der Stadt an Vizekanzler Franz von Papen (22. August 1933)

den. Wie zahlreiche Standesgenossen hoffte er auf die Wiederherstellung der Monarchie; er bekämpfte den Parlamentarismus und insbesondere die Sozialdemokratie.[99] Am Ende der Weimarer Republik setzte er auf einen neuen Führer und befürwortete eine Diktatur nach italienischem Vorbild.

In der politischen Auseinandersetzung zur Reichstagswahl im März 1933 wehrte er sich gegen die Denunzierung des Zentrums als Partei der Systemzeit.[100] Vor dem Kreisausschuss des Zentrums in Coesfeld beklagte er im Februar 1933, „dass die urkonservative Zentrumspartei, die aus der konservativsten Macht der Weltgeschichte, nämlich dem Katholizismus schöpfe", aus der neuen Regierung ausgeschaltet worden sei. Er warnte vor der „Gefahr von links" und wandte sich gegen das Programm des Nationalsozialismus: „Das Zentrum stehe in klarer Frontstellung gegen ‚Marxismus und Atheismus' der Linken und ‚die Vergötzung der Rasse als oberste Quelle des Rechts' durch die völkische Rechte". Mit Hitlers Regierungsantritt unterstützte er die Politik Papens trotzdem, da er wohl daran glaubte, dass die Diktatur in die Bahnen eines christlichen Ständestaates gelenkt werden könnte. Die Ernüchterung setzte bei ihm offensichtlich schnell ein, denn er sprach sich als einziges Mitglied der Zentrumsfraktion gegen das Ermächtigungsgesetz aus und legte am 18. Mai 1933 aus Protest sein Landtagsmandat nieder, um nicht mit der Fraktion stimmen zu müssen.[101]

Die Ablehnung der Weimarer Republik und Weimarer Koalition war gesellschaftlich breit und tief verwurzelt: Sie beherrschte die Politik der Rechtsparteien, der Rechtskatholiken bis weit in die Zentrumspartei und traf in der Besitz- und Bildungselite der bürgerlichen und ländlichen Gesellschaft bis in den Hochadel sowohl klassen- als auch konfessionsübergreifend auf einen breiten Konsens. Dazu gehörten auch die Illusionen über die eigenen Einflussmöglichkeiten und die Realisierung der politischen Zukunftsvorstellungen. Am 21. Januar 1933, neun Tage vor Hitlers Ernennung zum Reichskanzler, schrieb Fürst Otto auf Schloss Varlar einen Brief an Wilhelm II. in Doorn.[102] Fürst Otto beklagte sich „über Kurt von Schleichers ‚Verschlagenheit' und hoffte auf eine Rückkehr Papens. Diesem müsse es gelingen, Hitler ins Kabinett zu bringen, 'damit der Bruderkampf in dem antimarxistischen Lager aufhört'. Die Ausschaltung des Parlaments, eine Revision des Wahlrechts und die Einführung der Monarchie würden folgen." Die sich im Brief zeigende Haltung, die eine „habituell begründete Distanz zu Hitler" und die Sorge um „vermeintlich ‚bolschewistische' Züge in der NS-Bewegung mit der Bereitschaft zur Kooperation mit derselben verband", war nicht nur charakteristisch für den Hochadel, sondern ist im gesamten nationalkonservativen Spektrum zu finden.

Die Bereitschaft zur Kooperation mit rechtsradikalen Kräften entsprang nicht nur der reaktionären Hoffnung auf Wiederherstellung einer ständischen Gesellschaft, sondern wurde durch die Krise des Parlamentarismus gefördert, der scheinbar durch Konflikte und Streitigkeiten unfähig war, die politischen Herausforderungen zu meistern. Die Sehnsucht nach Gemeinschaft und einer führungsstarken Persönlichkeit verdichteten sich in der politischen Auseinandersetzung und Propaganda zu den schillernden Leitbegriffen ‚Volksgemeinschaft' und ‚Führertum', die in der Agitation vom katholischen über das nationalkonservative bis zum völkisch-nationalistischen Lager zu finden sind, allerdings mit unterschiedlichen Akzentuierungen. Der Wähler hatte auf jeden Fall Schwierigkeiten in der politischen Auseinandersetzung und im Wahlkampfalltag bei noch weitgehend hierarchischen Strukturen und einem verbreiteten Volkstumsdenken die Unterschiede und Tragweite der Begriffe zu erfassen, zumal mit dem allgemeinen Rechtsruck ab 1930 eher die Gemeinsamkeiten als die Unterschiede betont wurden. Bei diesen politischen Leitbegriffen hatte sich die Distanz nach rechts aufgelöst; die Übergänge wurden fließend.[103] Nur wer es hören und lesen wollte, nahm den verbreiteten Antisemitismus und die schrille rassistische Propaganda wahr.

III. DIE KREISE COESFELD UND LÜDINGHAUSEN IN DER ZEIT DES NATIONALSOZIALISMUS

A. GESELLSCHAFT, VERWALTUNG UND PARTEI IN DER REGION

1. Die „Machtübertragung“ im Reich, der „Weiheakt“ von Potsdam und der Beginn der „Gleichschaltung“ in Preußen

Die Präsidialregierungen und die Auflösung der parlamentarischen Ordnung

Die bürgerlichen und grundbesitzenden Mittel- und Oberschichten vor Ort reagierten auf die Wirtschafts- und politische Krise und die Unfähigkeit des Parlamentarismus, eine handlungsfähige Regierung zu installieren, im Rahmen ihrer politischen und gesellschaftlichen Einflussmöglichkeiten: z.B. bei den Wahlen mit wachsender Zustimmung zum rechts- und linksextremen politischen Spektrum, einem Rechtsruck im Verbandswesen oder der stärkeren Beachtung von nationalkonservativen, völkischen Stimmen. Revolutionäre Umsturzversuche, wie sie von den Straßenkämpfern der Kommunisten und Nationalsozialisten propagiert und demonstriert wurden, lehnten sie klar ab, während die Hoffnung auf eine starke durchsetzungsfähige Führerpersönlichkeit die Hoffnung auf eine Überwindung der Krise nährte.

Vor diesem Hintergrund erfüllte Reichspräsident Hindenburg bestehende Erwartungen als er entschied, Brüning als Kanzler einer Minderheitsregierung zu berufen, um sein Konzept einer über den Parteien stehenden Präsidialregierung zu etablieren und mit Notverordnungen zu regieren. Die Ausschaltung des Parlaments war jedoch durch Artikel 48 der Reichsverfassung begrenzt, nach dem der Reichstag die erlassenen Notverordnungen jederzeit aufheben konnte. Als einzige verfassungsmäßige Reaktion blieb Hindenburg dann nur die Drohung mit der Auflösung des Reichstages und der Anordnung von Neuwahlen. Die kurze Amtsdauer der Präsidialregierungen ab März 1930 zeigt die andauernde politische Instabilität auf höchster Ebene als Folge der Hindenburg-Entscheidung: Das erste Kabinett Brüning regierte gut 18 Monate, sein zweites Kabinett knapp 8 Monate, das Kabinett Papen knapp 6 Monate; die Regierung Schleicher blieb nicht einmal 2 Monate im Amt. Nach der Reichstagswahl im September 1930 boykottierten außerdem die 107 NSDAP-Abgeordneten als zweitstärkste Fraktion mit Fundamentalanträgen die parlamentarische Arbeit. Allein durch die Tolerierungspolitik der SPD konnte sich die zweite Regierung Brüning noch acht Monate im Amt halten.[1]

Auch wenn hier nicht dargestellt werden kann, wer die Entscheidung Hindenburgs zur Einsetzung einer „antiparlamentarischen“ Regierung beeinflusst hat und ob ihm die Folgen dieser Entscheidung klar waren, auf jeden Fall führte seine Auslegung der verfassungsmäßigen Position des Reichspräsidenten zur „Aushöhlung der Weimarer Verfassung". Denn die Präsidialkabinette demonstrierten besonders seit 1932, „wie man mit legalen Möglichkeiten Parlament und Parteien lähmen oder sogar ausschalten und mithin das Dilemma der Legalitätspolitik lösen konnte." Aus dieser Perspektive verursachten nicht Hitlers Wahlerfolge die Krise des parlamentarischen Systems, „sondern Krise und Auflösung der liberal-parlamentarischen Ordnung ermöglichten erst den Durchbruch der NSDAP".[2] Und die Konzentration der Entscheidungskompetenzen auf den Reichspräsidenten ermöglichte den nationalkonservativen Machtgruppen im Umfeld des Präsidenten ihren Einfluss zu nutzen, um das System der parlamentarischen Demokratie und Pluralität auszuhebeln.

Zentrale Figuren in diesem Beziehungsnetz um Hindenburg waren Kurt von Schleicher (1882–1934) und Franz von Papen, die von persönlichem Ehrgeiz, von Gruppeninteressen und auch einem Intrigenspiel untereinander getrieben wurden. Beide kannten sich seit der gemeinsamen Generalstabsausbildung. Schleicher, seit 1929 Chef des Ministeramtes bei seinem langjährigen Förderer Reichswehrminister Wilhelm Groener (1867–1939), war zweifellos die gewichtigere, politisch denkende Persönlichkeit. Als Vertrauensmann Hindenburgs war er direkt an der Ablösung der Regierung Müller und Einsetzung der Regierungen Brüning und Papen beteiligt. Mit der Ernennung zum Reichskanzler im Juni 1932 hatte auch Papen einen direkten Draht zu Hindenburg. Einige Hinweise sollen die Bedeutung der Clique um Hindenburg und ihren Einfluss auf die politischen Entscheidungen, die letztlich zur „Machtübertragung" an Hitler führten, kurz beschreiben.

Die politische Frontenbildung um die Wiederwahl von Hindenburg zum Reichspräsidenten und seine Bestätigung im zweiten Wahlgang am 10. Februar 1932 werden Schleicher die Augen dafür geöffnet haben, dass mit Brüning die Bildung einer rechtskonservativen Regierung mit Hitler als „Juniorpartner" nicht zu realisieren war. Die demokratischen Parteien hatten keine ernsthaften Anstrengungen mehr unternommen, einen eigenen Kandidaten zu präsentieren. Die antiparlamentarische Rechte, bestehend aus der NSDAP, der DNVP mit Alfred Hugenberg als Vorsitzendem, dem Stahlhelm, Reichslandbund und Alldeutschen Verband, hatte sich im Oktober 1931 zwar in der Harzburger Front formiert. Diese war aber nicht gefestigt genug, um sich auf einen gemeinsamen Kandidaten für die Reichspräsidentenwahl einigen zu können. Selbst der „Stahlhelm" trat mit einem eigenen Kandidaten gegen seinen Ehrenvorsitzenden Hindenburg an. Auch Hitler hatte sich auf Drängen seiner Anhänger zur Kandidatur bereit erklärt. Der Monarchist Hindenburg konnte sich nur mit Unterstützung der demokratischen Linken und Mitte in der Wahl durchsetzen.

Schleicher und die anderen Drahtzieher des Präsidialsystems bezogen daher die Nationalsozialisten in die weiteren Planungen zur Ablösung Brünings und Regierungsneubildung mit ein.[3] Es entwickelte sich ein politischer „Handel" in gegenseitigem Interesse: Für Schleicher boten die Fähigkeiten der Nationalsozialisten,

Massen zu mobilisieren und breite Schichten in einer Massenbewegung zu integrieren, eine Basis zur Erhaltung der eigenen konservativen Macht in Bürokratie und Reichswehr; den Nationalsozialisten bot sich die Chance, die konservativen Eliten zur Durchsetzung des eigenen Herrschaftsanspruches zu nutzen, der gegen die alten Mächte und angesichts der eigenen Expansionsgrenzen an den Wahlurnen immer schwerer zu realisieren war. Der absolute Machtanspruch Hitlers und Schleichers Glaube an eine „Zähmung“ Hitlers standen dabei unvermittelt nebeneinander. Nach der Hindenburg-Wahl vereinbarten Schleicher und Hitler ein „Tauschgeschäft“: Die NSDAP würde eine neue Reichsregierung tolerieren, jedoch nur ohne Brüning und den amtierenden Reichswehrminister und Innenminister Wilhelm Groener, der die Republik als Realität anerkannte und als Innenminister am 13. April 1932 die SA verboten hatte. Schleicher sagte zu, das SA-Verbot aufzuheben, den Reichstag aufzulösen und Neuwahlen auszuschreiben. Diese Vereinbarungen standen auch auf der Agenda des von Schleicher auserkorenen neuen Reichskanzlers von Papen, der am 2. Juni 1932 sein Amt antrat.

Die politische Basis der Regierung Papen verschob sich mit der Tolerierung durch die DVP, DNVP und NSDAP und der Aufkündigung der Tolerierung durch die SPD, das Zentrum und die demokratische Staatspartei weit nach rechts. In seinen fast traumtänzerischen Vorstellungen von einem „Neuen Staat“ wollte Papen sich eigentlich von dieser parlamentarischen Tolerierungspolitik befreien und das autoritäre System auch institutionell verwirklichen. Nur zur Realisierung seines Verfassungskonzeptes mit Ständestaat, starker präsidialer Spitze, ohne allgemeinem Wahlrecht, aber mit einem „organischen Führerwachstum“ fehlten ihm die Fußtruppen. Falls er hier auf die nationalsozialistische Massenbewegung gesetzt hatte, dann verkannte er deren organisatorisches Schwergewicht und revolutionäre Dynamik völlig. Im Regierungsalltag stand ohnehin erst einmal die Erbringung der ausgehandelten Vorleistungen an die NSDAP auf der Tagesordnung. Bereits am 4. Juni 1932 wurde der Reichstag aufgelöst. Die Aufhebung des SA-Verbotes am 16. Juni 1932 löste eine neue Welle von Gewalt aus und führte zu einem heftigen Konflikt mit den Landesregierungen, die das SA-Verbot durchgesetzt hatten. Für die Regierung Papen standen nun die Ereignisse im Land Preußen ganz oben auf der Tagesordnung, da die dortige schwarz-rote Regierung der nationalen Rechten schon lange ein Dorn im Auge war. Die Ausschaltung des demokratischen Preußen durch den „Preußenschlag“ war jedoch „weniger als Vorleistung an die NSDAP gedacht, denn als ‚Erfüllung‘ eigener Pläne und restaurativer Träume“.[4]

Die Welle von Straßenschlachten, vor allem zwischen Kommunisten und Nationalsozialisten, die durch die Aufhebung des SA-Verbotes ausgelöst wurde, forderte bis zum 20. Juli 1932 allein in Preußen 99 Tote und 1125 Verletzte.[5] Ein bloßes Gerücht über ein angebliches geheimes Bündnis des preußischen Innenministers mit den Kommunisten gegen die Bewegung der Nationalsozialisten musste dazu herhalten, eine Notverordnung gegen Preußen zu erlassen, um „Sicherheit und Ordnung auf dem Gebiet des Landes“ wiederherzustellen. Zur Absicherung der

Maßnahme konnte der militärische Ausnahmezustand in Berlin und Brandenburg verhängt werden. Am 20. Juli 1932, also elf Tage vor der Reichstagswahl am 31. Juli 1932 wurde der Schlag gegen Preußen ausgeführt. Papen setzte den preußischen Innenminister und den Wohlfahrtsminister ab, der für Regierungspräsident Braun das Amt des Regierungschefs verwaltete. Papen selbst übernahm als Reichskommissar die Regierungsverantwortung in Preußen, die Regierung Braun blieb jedoch geschäftsführend im Amt.

Die Entmachtung der preußischen Landesregierung ging in ihrer Bedeutung weit über die Absichten ihrer nationalkonservativen Initiatoren hinaus. Sie zeigte die Bereitschaft des Präsidialsystems zum Verfassungsbruch und die tatsächliche Schwäche der republikanischen Kräfte. Diese konnten der Schleifung des republikanischen „Bollwerks Preußen", die sich in den einsetzenden Entlassungen politischer Beamter der demokratischen Parteien aus der Verwaltung und Polizei äußerte, keinen Widerstand mehr entgegenstellen. Der „Preußenschlag" schuf damit Voraussetzungen, die sich nach der „Machtübertragung" bei der Durchsetzung des totalitären Systems noch als sehr nützlich erweisen sollten. Aus der Aufhebung des SA-Verbotes entwickelte sich also mittelfristig eine der folgenreichsten Vorleistungen für Hitlers Aufstieg, kurzfristig ermöglichte sie eine Verschärfung des Straßenkampfes und propagandistische Steigerung des Wahlkampfes im Vorfeld der Reichstagswahlen am 31. Juli 1932.

Die Wahl bescherte der NSDAP mit einer Verdoppelung des Stimmenanteils von 18,3 % auf 37,3 % und der Mandate von 107 auf 230 bei insgesamt 608 Parlamentssitzen im Vergleich zu 1930 einen großen Erfolg. Hitler fühlte sich als Vertreter der stärksten Fraktion nicht mehr an die Tolerierungszusage gebunden, sondern meldete eigene Ansprüche auf das Kanzleramt an. Die rivalisierenden politischen Lager blockierten sich so gegenseitig und schufen ein Machtvakuum, das zu einer erneuten Parlamentsauflösung und Neuwahlen am 6. November 1932 zwang. Trotz der Stimmenverluste der NSDAP (nun 33,1 %) veränderte sich die Machtkonstellation nicht, so dass es Papen nicht gelang eine Parlamentsmehrheit hinter sich zu bringen. Er trat am 17. November als Reichskanzler zurück.

Nun versuchte Hindenburg selbst in den Verhandlungen mit der NSDAP und den anderen Parteien eine parlamentarische Mehrheit für eine neue Präsidialregierung zu organisieren.[6] Dabei widerstand er nach wie vor den Ratschlägen einiger Großindustrieller, einer Regierung unter der Führung Hitlers zuzustimmen, da das aus seiner Sicht zwangsläufig zu einer „Parteidiktatur" mit allen ihren Folgen führen würde. Auch ein alternativer Vorschlag von zahlreichen Persönlichkeiten aus der Wirtschaft und dem Bankenwesen, Papen erneut mit der Regierungsbildung zu betrauen, scheiterte an dessen radikalen Vorstellungen. Um seinen konservativ-reaktionären Kurs fortsetzen zu können, verlangte er Vollmachten, die auch die Möglichkeiten einer Militärdiktatur und einen Ausnahmezustand mit einschlossen. In dieser festgefahrenen Situation blieb Hindenburg noch die Option, dem „Ränkeschmied" Schleicher selbst die Kanzlerschaft anzutragen. Dieser übernahm am 2. Dezember die Kanzlerschaft, um seinen nicht neuen Plan zu realisieren, der auf die „Zähmung" und Abnutzung der NSDAP setzte. Es war jedoch wieder die „Alles-oder-Nichts-Strategie" Hitlers, die Schleichers Konzept durchkreuzte. Einige Tage hatte dieser geglaubt, die Unruhe in der NSDAP nach den Stimmenverlusten bei der Novemberwahl und der massiven parteiinternen Kritik an Hitlers „Legalitätstaktik", aber auch dessen kompromisslosen Kurs, für seine Ziele nutzen zu können, und vielleicht sogar auf eine Spaltung der Partei gehofft.

Der von Schleicher als Kanzler ausgebootete Papen war mit seinen Verhandlungen, um sein „Zähmungskonzept" durchzusetzen und in die Regierung zurückzukehren, erfolgreicher. Ein erstes Treffen zwischen Hitler und Papen fand am 4. Januar in Köln statt. Über das in seinen Augen erfolgreiche Gespräch informierte Papen den Reichspräsidenten unter Umgehung von Reichskanzler Schleicher am 9. Januar. Auch wenn sich Hindenburg mit einer Regierungskoalition Papen, Hugenberg und Hitler einverstanden zeigte, der Gedanke an einen Reichskanzler Hitler schreckte ihn nach wie vor. Um den weiteren Verlauf knapp zusammenzufassen: Alle Bemühungen Papens hatten sich darauf zu konzentrieren, Hitler für Hindenburg „salonfähig" zu machen und Schleicher zu diskreditieren. Dazu wurden der Sohn Hindenburgs, der ehemalige Offizier Joachim von Ribbentrop, ein Bekannter Papens, und Generalleutnant Werner von Blomberg als Stimme der Reichswehr eingespannt.

Jedoch erst am 28. Januar 1933, als der Reichspräsident Schleichers Antrag auf erneute Auflösung des Reichstages abgelehnt und dann dessen Rücktritt entgegengenommen hatte, war der Weg frei. Papen konnte die letzten Streitfragen klären und Vereinbarungen treffen: Hitler sollte zum Kanzler berufen werden und Papen als Vizekanzler und Reichskommissar für Preußen in die Regierung eintreten. Blomberg sollte das Reichswehrministerium, Hugenberg, der Vorsitzende der DNVP, gleich zwei Ministerien, das für Wirtschaft und das für Ernährung, erhalten. Die NSDAP sollte mit Wilhelm Frick das Reichsinnenministerium besetzen und für Hermann Göring ein Ministerium ohne Geschäftsbereich erhalten. Hitler konnte auch seine Forderung nach Neuwahlen durchsetzen. Mit der Vereidigung Hitlers und seiner Regierung am 30. Januar 1933 durch den Reichspräsidenten wurde die Machtübertragung in der üblichen Form zelebriert. Bereits am 1. Februar erwirkte Hitler beim Reichspräsidenten die erneute Auflösung des Reichstages. Als Termin für Neuwahlen wurde der 5. März 1933 festgesetzt.

„Nationale Erhebung", personelle „Säuberungen" und der Wahlkampf im März 1933

Die Vereidigung Hitlers als Reichskanzler feierten die nationalen Blätter als „nationale Erhebung". Dass diese Formel seitens der nationalen Rechten und Nationalsozialisten die Überwindung der Verfassungsordnung und gesellschaftlichen Ordnung miteinschloss, wurde bei den bürgerlichen Deutschen durch die Angst vor einem Aufstand der „Kommune" überdeckt, die in der politischen Auseinandersetzung gezielt zur Emotionalisierung geschürt wurde. Im Gegenteil, Verbündete wie Gegner waren gleichermaßen von der politischen Durchsetzungskraft der alten Eliten überzeugt.[7] Noch zur Zeit der „Machtübertragung" soll Papen gesagt haben: „In zwei Monaten haben wir Hitler in die Ecke gedrückt, dass er quietscht." Auch die politische Linke war davon überzeugt, dass sich Hitler und die Seinen in der „Umklammerung" von Junkern und Schwerindustriellen bald „verbrauchen" würden. Papens Anmerkung zu den Neuwahlen, die definitiv die letzten Wahlen sein müssten und eine Rückkehr zum parlamentarischen System ausgeschlossen sei, zeigt noch einmal den Kern der verfassungspolitischen Schnittmenge bei der reaktionären Rechten, aber auch die Unfähigkeit, die machtpolitischen Verhältnisse und Zielsetzungen der Nationalsozialisten realistisch einzuschätzen. Schon mit den Reichstagswahlen im März wollte Hitler „den konservativen Zähmungsring um die NSDAP brechen".

Mit Hitlers Parole für den Wahlkampf, „Angriff gegen den Marxismus", waren auch die Regierungspartner einverstanden. Wie Hitler die Wähler für sich gewinnen wollte und konnte, wurde bereits in seiner Regierungserklärung vom 1. Februar 1933 deutlich, die Hitler im Rundfunk verlas.[8] Er gab den christlich-konservativen Staatsmann und spielte auf der Klaviatur der nationalen Gefühle und sozialen Ängste: Nachdem er das Elend des Volkes und eine „Katastrophe von unübersehbarem Ausmaß" beschrieben hatte, beschwor er die Schrecken des Kommunismus. „Angefangen bei der Familie, über alle Begriffe von Ehre und Treue, Volk und Vaterland, Kultur und Wirtschaft hinweg bis zum ewigen Fundament unserer Moral und unseres Glaubens, bleibt nichts verschont von dieser alles verneinenden, alles zerstörenden Idee. 14 Jahre Marxismus haben Deutschland ruiniert." Er versprach unter anderem, „das Christentum als Basis unserer gesamten Moral, die Familie als Keimzelle unseres Volkes- und Staatskörpers in ihren festen Schutz zu nehmen". Bei Benennung der obersten Aufgabe der nationalen Regierung stellte er das Volk und die Wirtschaft in den Mittelpunkt. Die Regierung wolle das Volk über Stände und Klassen hinweg wieder „zum Bewusstsein seiner volklichen und politischen Einheit" bringen und das „große Werk der Reorganisation der Wirtschaft" mit zwei großen Vierjahresplänen lösen. Die pseudoreligiösen Worte zum Schluss seiner Erklärung werden auch im Münsterland ein positives Echo gefunden haben: „Getreu dem Befehl des Generalfeldmarschalls wollen wir beginnen. Möge der allmächtige Gott unsere Arbeit in seine Gnade nehmen, unseren Willen recht gestalten, unsere Einsicht segnen und uns mit dem Vertrauen unseres Volkes beglücken."

Dass der Reichstagswahlkampf unabhängig vom Stimmenergebnis nicht revidierbare Folgen hatte und tatsächlich den Prozess der „Machtergreifung" eröffnete, lag an „Vorarbeiten", die bereits der „Preußenschlag" der Papen-Regierung geleistet hatte. Die personelle Konstellation in Preußen nach der „Machtübertragung" konnte nicht besser sein, um bei diesen Voraussetzungen die eigenen Interessen und totalitären Ambitionen durchzusetzen. Franz von Papen erhielt als Reichskommissar die Funktion des preußischen Ministerpräsidenten. Gleichzeitig wurde Göring mit der kommissarischen Verwaltung des preußischen Innenministeriums betraut. Damit hatte die nationale Rechte über ihre Regierungsmitglieder den Zugriff auf die Machtmittel des Staates in Preußen und konnte diese mit aller Konsequenz zur Unterstützung im Wahlkampf nutzen.

In den Händen Görings lag z.B. die Durchführung der Verordnung des Reichspräsidenten „zum Schutz des deutschen Volkes“ vom 4. Februar, die es ermöglichte, politische Versammlungen und Zeitungen zu verbieten. Damit konnten die gegnerischen Parteien beliebig mundtot gemacht werden. Am 22. Februar 1933 ordnete er die Einberufung von SA-, SS- und Stahlhelm-Leuten als „Hilfspolizei“ an, die in Preußen ca. 50.000 Personen umfasste. Sie sollte die Abwehr „zunehmender Ausschreitungen von linksradikaler, insbesondere kommunistischer Seite“ unterstützen. Bereits einige Tage früher erlaubte Göring der preußischen Polizei in einem „Schießerlass“, zur Bekämpfung staatsfeindlicher Organisationen „ohne Rücksicht“ von der Schusswaffe Gebrauch zu machen. Die Folgen würden von ihm gedeckt. Die Kombination beider Maßnahmen steigerte nicht nur den brutalen Einsatz von staatlichen Mitteln, sondern wirkte als Katalysator für die „Einsatzfreude“, ausufernde Gewaltanwendung und Brutalität der „Hilfspolizei“ aus der SA und SS, die sich auch bei der Verfolgung der politischen Gegner im Münsterland zeigen sollte.

Genauso wichtig wie die Verfügung über die Polizei war die Verfügung über die Verwaltung. Bereits am 5. Februar hatten die Kommissare Papen und Göring die Auflösung sämtlicher preußischer Provinziallandtage, Kreistage und Gemeindevertretungen verfügt und Neuwahlen am 12. März festgesetzt, um ihren Einfluss in diesen Gremien ausweiten zu können. Göring setzte gegenüber Papen außerdem die Fortführung der „Säuberungen“ in Spitzenstellungen der Verwaltung von Zentrumsleuten und Sozialdemokraten durch, die Papen nach dem „Preußenschlag“ zur Schwächung der republikanischen Kräfte begonnen hatte. In Westfalen richtete sich die „Eroberung der Schlüsselpositionen“ zuerst gegen den Oberpräsidenten Johannes Gronowski (1874–1958), der dem Zentrum angehörte und aus der christlichen Gewerkschaftsbewegung stammte. Als er sich weigerte, mit Verboten gegen alle Zentrumsblätter vorzugehen, wurde er kurzerhand seines Amtes enthoben und am 22. Februar 1933 durch den DNVP-Mann und Präsidenten der Landwirtschaftskammer der Provinz Westfalen Lüninck ersetzt.[9]

Der gegen Ende der Weimarer Republik in Münster amtierende Regierungspräsident und Zentrumsmann Dr. Rudolf Amelunxen (1888–1969) musste bereits in der ersten Säuberungswelle unter Papen weichen.[10] Aufgrund seines kompromisslosen Eintretens für die Republik gegen die Extremisten von rechts und links wurde er am 21. Juli 1932 in den einstweiligen Ruhestand versetzt. Sein Nachfolger Hermann Pünder (1888–1976) kann eher als „Versorgungsfall“ gesehen werden. Nach dem Sturz Brünings schied der fähige Karrierebeamte und Staatssekretär in der Reichskanzlei wegen politischer Gegensätze zum Kurs der Regierung Papen freiwillig aus dem Amt. Durch Intervention von Hindenburg wurde Pünder im

Oktober 1932 zum Regierungspräsidenten in Münster ernannt. Die Säuberung im Februar 1933 überstand das Zentrumsmitglied durch sein Selbstverständnis als überparteilicher Sachwalter des Gemeinwohls mit starken Vorbehalten gegen die bestehende republikanische Verfassung und einer Nähe zu autoritären Leitbildern. Erst als Pünder die ultimative Aufforderung zum Eintritt in die NSDAP ablehnte, wurde er Ende Juni 1933 beurlaubt, dann in den einstweiligen Ruhestand versetzt.

Sein Nachfolger als Regierungspräsident, Kurt Matthaei (1886–1974), war seit dem 1. November 1932 Mitglied der NSDAP und hatte erst drei Monate vorher (am 1. April 1933) kommissarisch das vakante Amt des Landrates im Kreis Recklinghausen übernommen. Aus der gleichen Region stammte auch der Nachfolger Matthaeis ab November 1934, Kurt Klemm (1894–1973). Er war Parteigenosse seit dem 1. Dezember 1932. Seit dem 28. Februar 1933 hatte er den Sozialdemokraten Ernst Wündisch (1883–1955) als Polizeipräsident in Recklinghausen abgelöst. Herbert Barthel, der ab dem 16. Oktober 1933 vertretungsweise das Amt des Landrats im Kreis Lüdinghausen übernahm, war seit 1932 im Parteibezirk Recklinghausen-Land Kreisleiter der NSDAP, nachdem er seit 1926 über viele Jahre die Ortsgruppe Recklinghausen der Partei geführt hatte. Dass Barthel in Lüdinghausen als Landrat zum Zuge kommen konnte, hing sicherlich mit dem Netzwerk zusammen, das sich aus der personellen Konstellation im Kreis Recklinghausen ergab. Die Chance zur Amtsübernahme eröffnete sich jedoch erst mit den Personalentscheidungen, die sich aus der Ablösung des Arnsberger Regierungspräsidenten und Sozialdemokraten Max König (1868–1941) ergaben.

König war bereits am 15. Februar 1933, also wenige Tage nach der „Machtübertragung" in den einstweiligen Ruhestand versetzt worden. Zu diesem Zeitpunkt musste Göring bei der Ernennung von Nationalsozialisten noch Rücksicht auf den deutschnationalen Koalitionspartner nehmen und Zurückhaltung üben, als das preußische Staatsministerium konservative Verwaltungsfachleute berief. Bei der Auswahl von Dr. Max von Stockhausen für das Amt des Arnsberger Regierungspräsidenten werden auch verwandtschaftliche Beziehungen eine Rolle gespielt haben, da Vizekanzler Papen sein Schwiegervater war.[11] Stockhausen war gleichwohl ein qualifizierter Verwaltungsfachmann, der nach einer Station in der Reichskanzlei 1927 das Landratsamt in Lüdinghausen übernommen hatte, bis er am 23. Februar 1933 als kommissarischer Regierungspräsident nach Arnsberg wechselte. Politisch hatte Stockhausen seit 1926 zum rechten Zentrumsflügel gehört. Im Juli 1932 erklärte er jedoch aus Protest gegen die Angriffe der Zentrumspresse auf seinen Schwiegervater seinen Austritt.

Die Hintergründe des personellen Umbruchs in den Spitzenämtern der Verwaltung machte das Dilemma sichtbar, in dem die Nationalsozialisten durch die Kooperation mit den Deutschnationalen im Wahlkampf steckten. Die Rücksichtnahme auf die Koalition zwang zur Mäßigung und zu Kompromissen bei den Personalentscheidungen. Für eine Durchgriffsverwaltung bis zur Ebene der Gemeinden waren im Regierungsbezirk Münster mit dem Einsatz von Klemm als Polizeipräsident und ab Juni 1933 mit der Ernennung von Matthaei zum Regierungspräsidenten wichtige Pflöcke eingeschlagen. Es fehlte noch der willfährige Unterbau auf den Ebenen der Kreise und Gemeinden. Diesen hoffte die Parteiorganisation mit einem überzeugenden Wählerauftrag durch die Wahlen bei einer weitgehenden Marginalisierung des nationalkonservativen „Bremsklotzes" realisieren zu können. Dazu fehlte jedoch ein Katastrophenszenarium, um sich im Wahlkampf als Retter vor der Vernichtung durch den Bolschewismus darstellen und den Einsatz der radikalsten Mittel rechtfertigen zu können.

Mit dem brennenden Reichstag am Abend des 27. Februar 1933, der schnell als Fanal für einen kommunistischen Aufstandsversuch gesehen wurde, war diese Situation gegeben. Sie wurde augenblicklich zum Vorwand einer gewaltigen Propaganda- und Verfolgungsaktion. Für die Erklärung des weiteren Prozesses der „Machtergreifung" ist die Aufklärung der Täterschaft eher zweitrangig. „Weit wichtiger ist die entschlossene und überfallartige Nutzung der Ereignisse, die den entscheidenden Schritt zur unbeschränkten Diktatur ermöglichte."[12] Göring befahl schon in der Nacht vom 27. auf den 28. Februar die Verhaftung der Abgeordneten und führenden Funktionäre der KPD, die Schließung der kommunistischen Parteibüros, das unbefristete Verbot der kommunistischen Presse und ein auf zwei Wochen befristetes Verbot sozialdemokratischer Blätter. Diese Gewaltinstrumente in Kombination mit weiteren Notverordnungen wie der „Verordnung des Reichspräsidenten zum Schutz von Volk und Staat" („Reichstagsbrandverordnung") vom 28. Februar 1933 ebneten den weiteren Weg für die „Liquidation des Rechtsstaates", die Gleichschaltung und die Etablierung des NS-Terrorsystems. Sie setzten alle Grundrechte der Weimarer Verfassung bis auf weiteres außer Kraft.[13] Der Tag der Reichstagswahl am 5. März sollte zum „Tag der erwachenden Nation" werden.

Die Reichstagswahlen und die Kommunalwahlen im März 1933

Trotz des Terrors gegen den politischen Gegner, des Straßenkampfes, der Aufstachelung durch die Propaganda und alle Wahlbeeinflussung erreichten die Nationalsozialisten mit 43,9 % der Wählerstimmen nicht die absolute Mehrheit im Reichstag. Sie waren weiterhin auf die Unterstützung durch die „Kampffront Schwarz-Weiß-Rot", einer Listenverbindung aus der DNVP und dem Stahlhelm, und deren Mandate angewiesen. Selbst die zum Hauptgegner erklärte und am schärfsten bekämpfte politische Linke konnte sich mit mäßigen Verlusten behaupten. Das galt auch für das Zentrum. Die NSDAP profitierte insbesondere von der nochmaligen Steigerung der Wahlbeteiligung. Der stark auf die Person Hitlers als Führer und Kanzler zugeschnittene Wahlkampf hatte besonders bei früheren Nichtwählern und den Neuwählern Erfolg. Zeitgenössische Wahlbeobachter sahen darin eine Bestätigung ihrer Annahme, die Reichstagswahl 1933 sei vor allem eine „Hitler-Wahl" gewesen. Weitere Stimmenzugänge für die NSDAP kamen von der DVP, kleinen Mittelstands- und Bauernparteien, aber auch von kommunistischen Überläufern und Wechselwählern.[14]

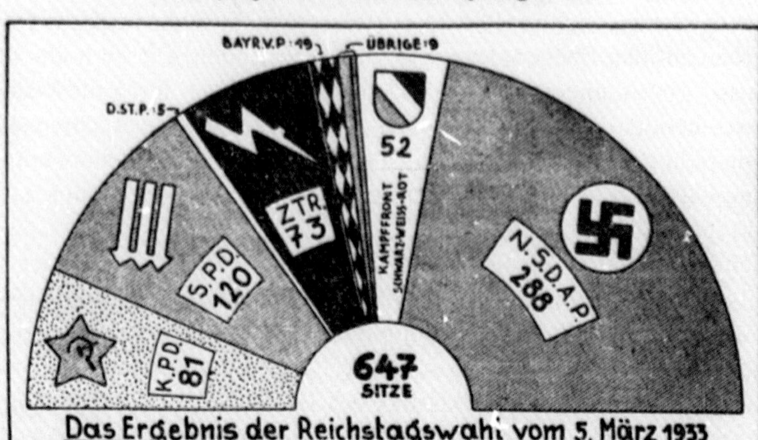

Der am 5. März gewählte Reichstag zählt 647 Abgeordnete, deren Mehrheit hinter der Regierung Hitler-Papen-Hugenberg steht. Der NSDAP. gehören 288 Abgeordnete, der Kampffront Schwarz-Weiß-Rot 52 Abgeordnete, dem Württembergischen Weingärtnerbund 1 Abgeordneter, dem Christlich-Sozialen Volksdienst 4 Abgeordnete, der Deutschen Volkspartei 2 Abgeordnete, der Deutschen Bauernpartei 2 Abgeordnete, der Bayrischen Volkspartei 19 Abgeordnete, dem Zentrum 73 Abgeordnete, der Staatspartei 5 Abgeordnete, der SP. 120 Abgeordnete und den Kommunisten 81 Abgeordnete an.

Abb. 9: Zusammensetzung des Reichstages nach der Reichstagswahl vom 5. März 1933

Das Wahlverhalten bei den Reichstagswahlen auf der Kreis- und Gemeindeebene bestätigt den Trend bei den reichsweiten Ergebnissen. Auch wenn in der Region die Vorherrschaft der Zentrumspartei nach wie vor einen besonderen Referenzrahmen bildete, bestätigte die Wahl erneut, dass sie nach und nach ihre prägende und begrenzende Funktion einbüßte. Diese Entwicklung, die mit dem Wechsel ehemaliger Zentrumswähler aus dem gewerblichen Mittelstand der gewerblich-industriell geprägten Städte und Gemeinden zur Wirtschaftspartei und der ländlichen Unter- und Mittelschicht zum Deutschen Landvolk begonnen hatte, setzte sich nun in allen Agrargemeinden und agrarisch geprägten Gemeinden durch. Mit hoher Wahrscheinlichkeit waren die genannten Wechselwähler nun bei der NSDAP zu finden, während die nationalkonservative Schicht in den Städten und die ländliche Oberschicht nun die „Kampffront" wählten und so den politischen Schritt nach ganz rechts ebenfalls mit einem „Zwischenstopp" im Wahlverhalten vollzogen. Gerade in den kleinen Städten und Gemeinden erreichte der rechte Stimmenblock aus „Kampffront" und NSDAP dadurch eine Stärke, die z.B. in Billerbeck (43,5 %), Lette (48,4 %), Ottmarsbocholt (45,8 %) oder Senden (50 %) fast oder sogar die Mehrheit erreichte. In den gewerblich-industriell geprägten Städten und Industriestädten fiel der Zuwachs auf dem rechten Flügel allerdings nicht so deutlich aus, da die politische Linke insgesamt auch in der Region ihren Stimmenanteil weitgehend behaupten konnte. Von der politischen Radikalisierung profitierte jedoch die KPD auf Kosten der SPD.

Die Ergebnisse bei den Kommunalwahlen am 12. März 1933 für die Kreistage entsprachen im Wesentlichen der Stimmenverteilung und Wählerwanderung bei den Reichstagswahlen. In der Krisensituation verloren die Kommunalwahlen offensichtlich ihren Charakter als „Persönlichkeitswahlen“, bei denen bis dahin der Bekanntheitsgrad und das Ansehen der Kandidaten eine wichtige Rolle gespielt hatten. Die Wähler orientierten sich nun bei ihrer Entscheidung mehr an den Grundlinien der Parteien, den Wahlkampfversprechungen und den Spitzenkandidaten auf der

Tabelle 4: Ergebnisse der Reichstagswahl am 5. März 1933 in ausgewählten Städten und Gemeinden der Kreise Coesfeld und Lüdinghausen[15]
(Angaben in % der abgegebenen gültigen Stimmen)

	KPD	SPD	Zentrum	"Kampffront Schwarz-Weiß-Rot"*	NSDAP	Sonstige
Deutsches Reich	12,3	18,3	13,9	8,0	43,9	3,6
Kreis Coesfeld	3,3	3,8	58,6	12,1	21,5	0,7
Stadt Coesfeld	5,8	5,9	56,5	10,2	20,5	1,1
Kirchspiel Coesfeld	1,2	0,8	66,4	17,0	13,7	0,9
Stadt Dülmen	9,0	6,6	52,6	10,8	20,0	1,0
Stadt Billerbeck	1,6	1,6	51,6	13,2	30,3	1,7
Gemeinde Lette	2,2	0,9	48,2	17,5	30,9	0,3
Kreis Lüdinghausen	13,2	8,7	45,3	6,4	25,0	1,4
Stadt Lüdinghausen	4,6	3,3	50,9	9,7	32,8	1,3
Lüdinghausen Land	1,1	0,5	52,0	10,8	35,0	0,5
Gemeinde Ottmarsbocholt	0,1	0,9	52,5	6,0	39,8	0,7
Gemeinde Senden	3	2	46	11	39	
Stadt Werne	14,0	5,4	48,6	5,0	25,3	1,4

** Die „Kampffront Schwarz-Weiß-Rot“ war eine nach den alten Reichsfarben Schwarz-Weiß-Rot benannte Listenverbindung aus Deutschnationaler Volkspartei (DNVP) und Stahlhelm. Das Wahlbündnis wurde am 11. Februar 1933 geschlossen.*

Tabelle 5: Ergebnisse der Kommunalwahlen am 12. März 1933 in den Kreisen Coesfeld und Lüdinghausen und ausgewählten Städten und Gemeinden[16]
(gewählt wurden Kandidatenlisten der Parteien und Wahlbündnisse)
(Angaben in % der abgegebenen gültigen Stimmen; in Klammern die erzielten Sitze)

	KPD	SPD	Zentrum + Liste „Arbeiter-Zentrumswähler“	„Kampffront Schwarz-Weiß-Rot“*	NSDAP	Sonstige, Verbraucher
Kreistag Kreis Coesfeld	1,9 (1)	3,5 (1)	58,4 (15)	13,1 (3)	20,3 (5)	2,8 (0)
Stadtverordneten-versammlung Coesfeld	2,8 (0)	4,6 (1)	52,8 (13)	„Bürgerl. Vereinigung“ 9,9 (2)	20,0 (5)	9,9** (2)
Stadtverordneten-versammlung Dülmen	3,0 (0)	8,9 (2)	51,0 (10)	„Bürgerblock“ 10,5 (2)	21,7 (5)	„Turner und Sportler“ 4,9 (1)
Gemeindevertretung Billerbeck			„Gewerbe, Handwerk, Landwirt“ 37,3 (4)	„Arbeiter, Beamte, Gewerbe-treibende“ 45,1 (4)	17,6 (1)	
Amtsvertretung Billerbeck	„Landwirtschaft-licher Ortsverein“ 34,5 (4)	„Gemeinde Beerlage“ 17,2 (1)	„Gewerbe, Handwerk, Landwirte“ 20,2 (2)	„Arbeiter, Beamte, Gewerbe-treibende“ 28,2 (3)		
Gemeindevertretung Holtwick	Einheitsliste mit Ortshonoratioren, vor allem Gutsbesitzer und Landwirte					--
Kreistag Kreis Lüdinghausen	9,5 (3)	8,6 (2)	48,7 (13)	6,3 (2)	24,9 (7)	2,1 (0)
Gemeindevertretung Bockum	(2)	(3)	(4)		(2)	
Gemeindevertretung Hövel	(3)	(2)	(4)		(2)	(1)***
Amtsvertretung Lüdinghausen	(3)	(2)	(4)		(2)	(1)***
Stadtverordneten-versammlung Stadt Olfen			54,6		45,4	
Gemeindevertretung Olfen Kirchspiel			72,7		27,3	
Stadtverordneten-versammlung Stadt Werne	10,5 (2)	4,2 (1)	50,3 (12)	„Allgemeine Bürgerliste“ 9,9 (2)	24,2 (5)	0,9 (0)

** Die „Kampffront Schwarz-Weiß-Rot“ war eine nach den alten Reichsfarben Schwarz-Weiß-Rot benannte Listenverbindung aus Deutschnationaler Volkspartei (DNVP) und Stahlhelm. Das Wahlbündnis wurde am 11. Februar 1933 geschlossen.*

*** Davon erzielte die Liste „Verbraucher“ 7,7 % (2) der Wählerstimmen.*

**** Christliche Liste*

Reichsebene als an den vertrauten regionalen Konstellationen. Die Krisensituation des Gesamtstaates schlug auch auf das Wahlverfahren in den größeren Städten und Gemeinden durch, da Listenverbindungen zur Vertretung von berufsständischen Gruppeninteressen erheblich an Bedeutung gegenüber den Parteilisten verloren. In Gemeinden, in denen die NSDAP meist aufgrund der fehlenden organisatorischen Basis noch keine Kandidaten für eine eigene Liste rekrutieren konnte wie z.B. im Amt Billerbeck und in Holtwick, blieben die Einheitslisten mit Ortshonoratioren und Listen zur Vertretung von Wirtschafts- und Berufsgruppeninteressen bestimmend. Führte die politische Polarisierung zu einer Konzentration der Kandidaten auf wenige Listen wie in Billerbeck, in der Stadt Olfen und im Kirchspiel Olfen, dann konnte die NSDAP überproportionale Gewinne erzielen.

Das für die Nationalsozialisten enttäuschende Wahlergebnis der Reichstagswahl hinderte sie nicht daran die Wahl als „gewaltigen, entscheidenden Sieg" zu feiern.[17] In der Kabinettssitzung am 7. März erklärte Hitler die Wahl machtbewusst zur „Revolution" und löste damit die eigentliche „nationalsozialistische Revolution" aus. Diese Revolution war gekennzeichnet durch das Ineinandergreifen der von oben gelenkten und scheinbar legalisierten Gleichschaltung und einer manipulierten, aber auch unkontrollierbaren „nationalen Erhebung" von unten. Das Reichskabinett hatte zwar alle Machtmittel in der Hand, die Parteien, Parlamente und die autonome Öffentlichkeit auszuschalten. Die Beseitigung der bestehenden politischen Machtstrukturen auf allen Ebenen zur Durchsetzung einer Alleinherrschaft und die „Durchdringung der Gesellschaft mit den Vorstellungen der revolutionären Bewegung" zur Gleichschaltung des gesellschaftlichen Lebens setzte jedoch den Druck von unten voraus. Dieser sollte von der Sturmabteilung (SA), der Ende Januar 1933 über 400.000 Mann starken paramilitärischen Kampforganisation der NSDAP, ausgeübt werden.

Die Aufgabe als Propagandatruppe, der später verherrlichte „aufopferungsvolle" Straßenkampf gegen die Kommunisten und Sozialdemokraten und Überfälle auf den „Rassenfeind", die Juden, prägten das Selbstverständnis der SA und nach der „Machtübertragung" auch ihr Selbstbewusstsein. In den Wochen nach dem 30. Januar konnten sich die Rachegelüste gegen die politischen Gegner frei entfalten. Der Reichstagswahlkampf „war geprägt von Störungen bei Wahlversammlungen, Sprengstoffanschlägen und anderen Gewalttätigkeiten. Die zu Hilfspolizisten ernannten SA-Leute verschleppten Kommunisten, Sozialdemokraten und andere politische Gegner in die Keller ihrer ‚Sturmlokale', wo sie folterten und mordeten."[18] Nach den Reichstagswahlen fühlte sich die SA durch Hitlers „Revolutionsrhetorik" geradezu aufgefordert, ihren Forderungen eine „plebiszitäre Legitimation" zu verschaffen und ihren Machtanspruch in den Kommunalverwaltungen, Rathäusern und Bürgermeisterämtern durchzusetzen. Das Hissen von Hakenkreuzfahnen an öffentlichen Gebäuden nach der Reichstagswahl waren typische Aktionen der revolutionären Bewegung, die in der Region allerdings auf wenige Städte begrenzt blieben.

Das Hissen von Hakenkreuzfahnen begann am 6. März, einen Tag nach der Reichstagswahl. In Werne wollte die SA auf diese Weise symbolhaft den Sieg der „nationalen Revolution“ sichtbar machen und die etablierte Verwaltungsspitze zu einer ersten Machtprobe herausfordern. Als Bürgermeister Ohm die Flaggenhissung verbot, kam es zu heftigen Auseinandersetzungen mit den SA-Leuten. Ohm lenkte erst ein, nachdem Göring die Regierungspräsidenten angewiesen hatte, solche Aktionen zu dulden.[19] Die Flaggenfrage war auch Gegenstand der Beratungen des Reichskabinetts am 7. März. Die Regierung beschloss auf den Regierungsgebäuden neben schwarz-rot-gold auch schwarz-weiß-rot zu flaggen. Wie die Ereignisse in der Region zeigen, ging es an der Basis jedoch gar nicht mehr um die Frage ‚Fahne der Republik‘ oder ‚Kaiserfahne‘, sondern um ein Ringen der alten ‚Kaiserfahne‘ gegen das ‚NS-Hakenkreuz‘.[20]

In Dülmen hisste die SA am Abend des 7. März die Hakenkreuzfahne am Rathaus und anderen öffentlichen Gebäuden. Die schwarz-rot-goldene Reichsflagge wurde eingeholt, mit Benzin übergossen und verbrannt. Der Stahlhelm zog die ‚Kaiserfahne‘ erst am Tag darauf neben der Hakenkreuzfahne hoch und bestätigte so ungewollt, dass die Nationalkonservativen der von den Nationalsozialisten entfesselten Dynamik nur hinterherhecheln konnten. Da in Coesfeld scheinbar keiner die Initiative ergriff, veranlasste die Kreisleitung der NSDAP am 8. März das Hissen der Partei- und der ‚Kaiserfahne‘ am Rathaus. Auch das Gerichtsgebäude,

Abb. 10: Hissen der Hakenkreuzfahne und der ‚Kaiserfahne‘ am Rathaus in Coesfeld auf Veranlassung der NSDAP-Kreisleitung nach der Reichstagswahl (8. März 1933)

Katasteramt, Gymnasium und die Aufbauschule konnte die SA ohne Widerspruch mit den Parteifarben markieren, während sie beim Finanzamt und Reichsbahn-Betriebsamt unverrichteter Dinge wieder abziehen musste. Diese Behörden verwiesen auf ihren Charakter als Reichsbehörden, für die eine dienstliche Anweisung zur Duldung der Parteifahne nicht eingegangen sei. In Billerbeck wirkten die NSDAP und der Stahlhelm bei der symbolischen Besetzung des öffentlichen Raumes einträchtig zusammen. Sie holten die schwarz-rot-goldene Fahne ein, verbrannten sie aber nicht, und hissten zeitgleich die Hakenkreuzfahne und die „Kaiserfahne". Dieser geordnete Ablauf zeugt von einer Absprache im rechten Lager, bei der die NSDAP noch zu schwach war, um sich als revolutionäre Truppe gebärden zu können.[21]

Nach Entscheidung der Fahnenfrage durch die Schaffung von Fakten zog die Reichsregierung nach. Hitler verkündete am Volkstrauertag, den 12. März, im Rundfunk einen Erlass des Reichspräsidenten über die vorläufige Regelung der Flaggenhissung: „Am heutigen Tage, an dem in ganz Deutschland die alten schwarz-weiß-roten Fahnen zu Ehren unserer Gefallenen auf Halbmast wehen, bestimme ich, dass vom morgigen Tage bis zur endgültigen Regelung der Reichsfarben die schwarz-weiß-rote Fahne und die Hakenkreuzflagge gemeinsam zu hissen sind. Diese Flaggen verbinden die ruhmreiche Vergangenheit des Deutschen Reichs und die kraftvolle Wiedergeburt der Deutschen Nation. Vereint sollen sie die Macht des Staates und die innere Verbundenheit aller nationalen Kreise des deutschen Volkes verkörpern! [...]"[22] Nach einem eher symbolischen Kampf und der vorläufigen Beilegung des „Flaggenstreites" hatte die NSDAP reichsweit ihren Machtanspruch legitimiert. Nach der Kommunalwahl am 12. März musste dieser Anspruch auch an der Basis durchgesetzt werden, auch wenn das Ergebnis nicht den Vorstellungen der lokalen Partei- und SA-Führer entsprach. Ein regelrechter Sturm auf die Rathäuser setzte in der Region zwar nicht ein, gestützt durch die Ereignisse auf der Reichs- und Länderebene verstand es die NSDAP jedoch spätestens mit den konstituierenden Sitzungen der Kommunalvertretungen ihren Machtanspruch durchzusetzen.

Zügellose gewalttätige Einzelaktionen und Einschüchterungskampagnen der SA versuchte Hitler ohnehin einzudämmen, um den nationalkonservativen Koalitionspartner und das bürgerliche Deutschland nicht zu verschrecken. Das war keine Absage an politische Gewalt. Der Terror der eigenen Straßenkämpfer sollte nicht aufgehoben, sondern kanalisiert und wie in den staatlichen Konzentrationslagern institutionalisiert werden. Nach dem wilden Terror im Wahlkampf und der Nachwahlzeit war der „Tag von Potsdam" daher für Hitler die ideale Gelegenheit, um nicht nur die Illusionen der Nationalkonservativen zu fördern: „Der wilde Nationalsozialismus schien allen Erfahrungen der vergangenen Wochen zum Trotz doch in das Netz des traditionellen Konservatismus gegangen zu sein."[23]

Der „Tag von Potsdam" und seine Resonanz im Münsterland

Am „Tag von Potsdam", dem 21. März 1933, verbeugte sich Adolf Hitler, der neue Reichskanzler, anlässlich der Eröffnung des Reichstages in der Potsdamer Garnisonskirche vor Reichspräsident Paul von Hindenburg. Da dieser Ort, die damalige Grablege der preußischen Könige Friedrich Wilhelm I. und Friedrich II. bewusst ausgewählt wurde, wird das Ereignis als symbolischer Schlussakt im Prozess der „Machtübertragung" an die Nationalsozialisten gesehen. In diesem als „Rührkomödie" inszenierten Akt seien das Preußentum, vertreten durch alt-preußische Eliten und „Ostelbier", und der Nationalsozialismus eine unheilvolle Verbindung, aber auch eine mystische Vereinigung eingegangen.[24] Die nachhaltige Wirkung des Ereignisses bis in das Münsterland kann mit der religiösen Aufladung der Potsdamer Garnisonskirche als „Wallfahrtsort der Nation" und die in Glaubensvorstellungen verwurzelte Vermengung von christlicher und nationaler Heilslehre erklärt werden. Die durch die Feierlichkeiten und Inszenierungen in Potsdam geförderte Erhöhung des Charismas Hitlers und die Schaffung eines „überdimensionalen Nimbus" waren auf dieser Grundlage also nicht nur ein künstliches Produkt der Propaganda. Es konnte insbesondere in weiten Teilen des Protestantismus zu einem Gemeinschaftserlebnis aus tiefer Glaubensüberzeugung stilisiert werden.[25]

Die Potsdamer Garnisonskirche bot die ideale Kulisse, um die Begegnung Hindenburgs mit Hitler in Szene zu setzen, begleitet von einem Massenaufmarsch. Die Feiern begannen mit Gottesdiensten in der katholischen Stadtpfarrkirche St. Peter und Paul und für die evangelischen Mitglieder der Reichsregierung im Potsdamer Dom St. Nikolai. Aus kirchlicher Sicht erhöhte schon diese Abfolge „die Legitimität Hitlers und verschaffte ihm auch die Aura des gottwohlgefälligen Herrschers".[26] Bevor der als „Ersatzkaiser" verehrte Hindenburg das Wort ergriff, intonierte der Organist den Choral von Leuthen: „Nun danket alle Gott!"[27] Damit wurde musikalisch an das Wirken Friedrichs II. erinnert. Anschließend richtete Hindenburg einige nüchterne Worte an den Reichskanzler, die Reichsminister und die Mitglieder des Reichstages, um dann den Geist des Versammlungsortes zu beschwören: „Der Ort, an dem wir uns heute versammelt haben, mahnt uns zum Rückblick auf das alte Preußen, das in Gottesfurcht durch pflichtgetreue Arbeit, nie verzagenden Mut und hingebende Vaterlandsliebe groß geworden ist und auf dieser Grundlage die deutschen Stämme geeint hat. Möge der alte Geist dieser Ruhmesstätte auch das heutige Geschlecht beseelen, möge es uns frei machen von Eigensucht und Parteizank und uns mit nationaler Selbstbesinnung und seelischer Erneuerung zusammenführen zum Segen eines in sich geeinten, freien, stolzen Deutschlands!"

Reichskanzler Hitler begann seine erste Regierungserklärung mit einer Abrechnung über den inneren Zerfall und Verfall der Nation auf allen Gebieten seit der Bismarck'schen Reichseinigung, um diesem Zusammenbruchszenario das Programm der Bewegung zur Wiederherstellung der Einheit des Geistes und seine Mission der „nationalen Wiedererhebung" entgegenzusetzen. Dann sprach er

Sendener Anzeiger

Amtliches Nachrichtenblatt
der Kirchen- u. Amtsgemeinde Senden

Verantwortlich für den kirchl. Teil: Pfarrer Lücke für den übrigen Teil: Fröhlich, Bürgermeister des Amtes Senden.	Dieses Blatt erscheint am Freitag jeder Woche. Der Bezugspreis beträgt monatl. 0,25 RM ohne Bestellgeld.	Druck u. Verlag: Wilh. Brox, Senden i. Westf. Fernruf Nr. 244 Postscheckkonto: Dortmund 27921.

Sondernummer. Senden, den 20. März 1933. 2. Jahrgang.

Vaterländische Kundgebung

aus Anlaß der nationalen Erhebung Deutschlands
in Senden.

Am Dienstag, den 21. März d. Js. 19¼ Uhr findet in Senden aus dem obigen Anlaß ein Fackelzug, verbunden mit einer kleinen nationalen Feier nach folgendem Programm statt:

19¼ Uhr Aufmarsch der beteiligten Vereine am Kirchplatz mit der Spitze zur Münsterstraße in nachstehender Reihenfolge:

2 S.S.-Leute mit 2 Trommlern,
Die Schuljugend: a. Knaben,
b. Mädchen,
Spielleute des Kriegervereins,
Krieger- u. Landwehrverein Senden,
Freiwilliger Arbeitsdienst: a. Lager Bakenfeld-Senden,
b. Nonnenbachlager,
S.S.-Ortsgruppe Senden,
Musikkapelle,
Feuerwehren der Gemeinde Senden,
Deutsche Jugendkraft,
Jugendvereine,
Arbeiterverein,
Schützenvereine der Gemeinde u. sonstige Teilnehmer.

Der Zug bewegt sich über die Münsterstraße, Bakenstraße, Lüdinghauser-Ottmarsbocholterstraße, zurück über die Münsterstraße zum Kriegerdenkmal, daselbst:

Vortrag der vereinigten Gesangvereine Senden,
(Brüder reicht die Hand zum Bunde),
Vaterländische Ansprache,
Hoch auf das deutsche Vaterland und im Anschluß gemeinschaftlich das Deutschlandlied, dann:
Weitermarsch über die Gartenstraße, Herrenstraße, Eintrachtstraße, Münsterstraße, Frauen- und Herrenstraße zum Kirchplatz,
hier Schlußaufstellung,
Musikvortrag: „Wir treten zum Beten“,
Festfeuer-Beleuchtung und Auflösung.

Die Feuerwehrleute mit Pechfackeln werden den ganzen Zug an beiden Seiten flankieren.

Die übrigen Teilnehmer, auch in den Vereinen, mögen sich mit Lampions ausrüsten, die in der Buchhandlung Brox zum Preise von 10 Pfg. an zu haben sind.

Ich richte an alle Gemeindeeingesessenen und Vereine die dringende Bitte, sich geschlossen an dieser großen vaterländischen Kundgebung zu beteiligen.

Die Bürgerschaft wird weiter dringend gebeten, ihre Häuser reichlich zu beflaggen.

Senden, den 19. März 1933.

Der Bürgermeister: Fröhlich.

(N. B.) Die einzelnen Vereine treten zur Beteiligung an dem obigen Aufmarsch um 19 Uhr an ihren Vereinslokalen an,

die Feuerwehren an der Wohnung des Oberbrandmeisters Schüers, Münsterstraße, der Kriegerverein an der Wirtschaft Frerichmann an der Kirche.

Die Vereine werden gebeten, sich mit ihren Fahnen zu beteiligen.

Die Musik wird ausgeführt von der Feuerwehrkapelle Lüdinghausen unter persönlicher Leitung ihres Dirigenten Herrn Möllers.

Abb. 11: Einladung im Sendener Anzeiger zur Vaterländischen Kundgebung am 21. März 1933 aus Anlass der nationalen Erhebung Deutschlands (20. März 1933)

Hindenburg direkt an: „[...] Heute Herr Generalfeldmarschall, lässt Sie die Vorsehung Schirmherr sein über die neue Erhebung unseres Volkes. Dieses, Ihr wundersames Leben ist für uns alle ein Symbol der unzerstörbaren Lebenskraft der deutschen Nation. [...] Möge uns dann auch die Vorsehung verleihen jenen Mut und jene Beharrlichkeit, die wir in diesem für jeden Deutschen geheiligten Raum um uns spüren, als für unseres Volkes Freiheit und Größe ringende Menschen zu Füßen der Bahre seines größten Königs." Nach der Rede besiegelten der greise Feldmarschall und der junge Kanzler die Verbindung des „alten Deutschland" mit der „neuen Kraft" des Nationalsozialismus durch einen kräftigen Händedruck. Dieser Händedruck musste durch die religiöse Aufladung wie ein „Weiheakt" wirken, der Vertrauen in den neuen Reichskanzler erzeugen sollte.

Auf jeden Fall war es eine geschickte Inszenierung zur Erzeugung der Illusion, dass Hitler und die NS-Bewegung durch den traditionellen Konservatismus gebändigt werden könnten. Denn noch am selben Tag erließ Hindenburg die „Verordnung zur Abwehr heimtückischer Angriffe gegen die Regierung der nationalen Erhebung" und die „Verordnung der Reichsregierung über die Bildung von Sondergerichten"; die ersten Initiativen zur Schaffung staatlicher Konzentrationslager durch das Preußische Innenministerium zur Ausschaltung der politischen Gegner waren schon vorher ergriffen worden.[28] Nur zwei Tage später, am 23. März 1933, verabschiedete der Reichstag das sogenannte „Ermächtigungsgesetz". Damit schaltete er sich selbst aus und besiegelte die Abschaffung des Parlamentarismus.

Wie Goebbels in seinen Tagebuchaufzeichnungen schreibt, sollte an der Potsdamer Feier, die er „zum ersten Mal im Stil nationalsozialistischer Formgebung" geplant habe, die gesamte Nation teilhaben und sich das Ereignis „unauslöschlich in das Gedächtnis der lebenden Generation" einprägen. Der Staatsakt in Potsdam sollte instrumentalisiert werden, um ein gemeinschaftliches Erlebnis, ein Gefühl der Zugehörigkeit zu schaffen. Jedem sollte der Beginn einer neuen Epoche der deutschen Geschichte bewusst werden. Hierzu nutzte er die technischen Möglichkeiten des Rundfunks, der für ganz Deutschland eingeschaltet werden sollte.[29] Die Voraussetzungen für den Nachvollzug des Potsdamer Ereignisses auf kommunaler Ebene wurden von der Reichsregierung und den Länderregierungen geschaffen. Für die preußischen Behörden erging die Anweisung die Hakenkreuz- und die schwarz-weiß-rote Fahne zu hissen. Die kommunalen und staatlichen Beamten waren angewiesen, Sonntagsdienst zu verrichten und an den örtlichen Feierlichkeiten teilzunehmen. Die Schulen sollten geschlossene Feiern organisieren, an deren Höhepunkt die Rundfunkübertragung der Feier in der Garnisonskirche einzuplanen war. Gewerbeämter wiesen die Geschäftsinhaber an, während der Zeit der Rundfunkübertragung ihre Geschäfte zu schließen, um Störungen zu vermeiden. Goebbels rief außerdem die nationalen Verbände dazu auf, die Feier der Reichstagseröffnung durch abendliche Fackelzüge und andere Aktionen zu begleiten.

Durch diese Vorgaben sah das Drehbuch der Festveranstaltungen reichsweit fast ähnlich aus: Der Tag begann mit einem Festgottesdienst. Im Anschluss folgte eine gemeinsame Flaggenparade der „nationalen Verbände", in einigen Orten auch unter Beteiligung der Schutzpolizei und von Reichswehreinheiten. Am späten Vormittag versammelte man sich auf zentralen Plätzen, in Schulen oder Behörden, um dann nach einer weiteren Einstimmung durch Festreden lokaler Repräsentanten, von Schulleitern oder Vorgesetzten gemeinschaftlich der öffentlichen Rundfunkübertragung des Festaktes aus Potsdam beizuwohnen. Bei Einbruch der Dunkelheit bildeten Fackelzüge den Abschluss des Tages.[30]

Die konkreten Berichte über die Festveranstaltungen am Dienstag, den 21. März, in den Gemeinden der Kreise Coesfeld und Lüdinghausen, aber auch fehlende Berichte lassen jedoch erhebliche Unterschiede bei den treibenden Kräften, der Ausgestaltung und Beteiligung gesellschaftlicher Gruppen erkennen. Welche Wirkung der rituelle Nachvollzug des Potsdamer Ereignisses vor Ort entfalten konnte, hing maßgeblich von der Ausprägung der lokalen Milieuverhältnisse, dem Selbstverständnis der beteiligten Institutionen, Organisationen und Verbände, insbesondere aber von der tatsächlichen oder vermeintlichen Machtposition der örtlichen NS-Bewegung im Verhältnis zu den nationalkonservativen Kräften ab. Deren Zusammenwirken entschied darüber, ob das Ereignis geeignet war, die in den Wahlergebnissen sichtbaren Unterschiede in der Akzeptanz der NS-Bewegung zu glätten.

In der Kreisstadt Coesfeld übernahmen die nationalkonservativen vaterländischen Vereine und Verbände die Regie für ein ganzes Tagesprogramm. Die Schulklassen, Vereine und Verbände trafen sich bereits vormittags mit ihren Fahnen auf dem Bahnhofsvorplatz, um durch die fahnengeschmückte Stadt zur Stadthalle zu ziehen und dort gemeinsam die Rundfunkübertragung des Staatsaktes in Potsdam anzuhören. Die Vormittagsveranstaltung endete mit einem Rückmarsch zum Marktplatz. Die Einbeziehung der Schulklassen in das Gemeinschaftserlebnis am Vormittag war eine Besonderheit, da in vielen anderen Städten das Anhören der Rundfunkübertragung im schulischen Rahmen erfolgte. Typisch für die Festveranstaltungen in den Gemeinden war jedoch das abendliche Antreten sämtlicher Vereine und Verbände und der anschließende Umzug mit Musik, Fahnen und Fackeln durch die geschmückten Straßen der Gemeinden. Für den Coesfelder Fackelzug sind die Zahl der teilnehmenden Gruppen, ihre Anordnung im Zug und Hinweise auf mögliche Redner in den Quellen nicht überliefert.[31]

Auch in Billerbeck riefen die vaterländischen Vereine zur Kundgebung auf.[32] Die Verantwortung für die Organisation lag wohl beim Stahlhelm, dessen Vorsitzender Richard Suwelack auch eine Rede vom Fenster des Domhotels hielt. Darin attestierte der angesehene Unternehmer den Nationalsozialisten den gleichen Geist wie er bei den Nationalkonservativen herrschte. Dadurch erkannte er die Nationalsozialisten öffentlich als Partner an und machte sie salonfähig. Der Fackelzug, in den sich sowohl die Nationalsozialisten wie der katholische Gesellenverein einreihten, stieß in Billerbeck auf ein breites Echo.

In Senden lud Bürgermeister Fröhlich aus „Anlass der nationalen Erhebung Deutschlands" zu einer „Vaterländischen Kundgebung" mit Aufmarsch auf dem

Kirchplatz, Fackelzug zum Kriegerdenkmal, Vaterländischer Ansprache, Vortrag der vereinigten Gesangsvereine und gemeinschaftlichem Singen des Deutschlandliedes ein.[33] In der vorgesehenen Reihenfolge der beteiligten Gruppen spiegeln sich die Erwartungen und Hoffnungen einer möglichen „Einhegung" der Nationalsozialisten wider: Als Zugeständnis marschierten an der Spitze zwei SS-Leute mit zwei Trommlern. Die erste Hälfte des Zuges bildeten die Schuljugend, die Spielleute des Kriegervereins, der Krieger- und Landwehrverein Senden selbst und der Freiwillige Arbeitsdienst. In der Mitte marschierte die SS-Ortsgruppe Senden, da es die NSDAP-Ortsgruppe offensichtlich noch nicht gab. Danach folgten eine Musikkapelle, die Feuerwehren, die Deutsche Jugendkraft und Jugendvereine, der Arbeiterverein und schließlich die Schützenvereine.

Die „tonangebenden Kreise" in der Kreisstadt Lüdinghausen, die „überwiegend nationalkonservativ dachten", feierten das Potsdamer Ereignis ebenfalls mit einem Fackelzug.[34] Dieser formierte sich am Kriegerdenkmal in der Reihenfolge: Reiterverein, Musikkapelle, Kriegerverein, NSDAP, Stahlhelm, Feuerwehr und Schulen. Die „Freunde der nationalen Erhebung" in Seppenrade ließen sich etwas Besonderes einfallen. Auf dem Seppenrader Berg entzündeten sie ein Feuer, um zu verkünden, „dass auch die Bewohner der Gemeinde Seppenrade im 3. Reich mitarbeiten und mitkämpfen wollen gegen die inneren und äußeren Feinde der Deutschen Einheit". Kundgebungen der Nationalsozialisten mit dem Aufmarsch von SA- und SS-Gruppen aus der Region in Lüdinghausen und Selm zwei Tage vor dem „Tag von Potsdam" zeigten den Nationalkonservativen jedoch bereits die Grenzen ihrer Bemühungen einer „Einhegung" auf. Insbesondere die straßenkampferprobten SA-Fußtruppen konnten dadurch nicht neutralisiert werden. Zur konsequenten Durchsetzung ihres absoluten Machtanspruches vor Ort waren sie allerdings auch auf eine Zustimmung von der Basis angewiesen. In Lüdinghausen endete der SA-Propagandamarsch auf dem Marktplatz mit einer Ansprache des Kreisleiters über den Aufbau der sozialen Volksgemeinschaft und dem Singen des Deutschlandliedes.

Die in Dülmen seit langem verwurzelte NS-Bewegung ließ es sich nicht nehmen, der Abendveranstaltung ihren Stempel aufzudrücken und ihren Machtanspruch anzumelden.[35] Im Fackelzug marschierte die SA direkt nach der Schuljugend unter der Führung ihrer Lehrer. Der Stahlhelm, Freiwillige Arbeitsdienst, Kriegerverein und die Sportvereine folgten erst nach der SA. Die Ansprache auf dem Marktpatz hielt der Lehrer Josef Keysers, der gerade als NSDAP-Kandidat für den Kreistag an der Kommunalwahl am 12. März teilgenommen hatte und später HJ-Bannführer werden sollte. Die „vaterländische Veranstaltung" endete mit dem Absingen des Deutschland- und des Horst-Wessel-Liedes.

Nicht in allen Gemeinden mit frühen NSDAP-Ortsgruppen wie in Werne und Olfen wurde der „Tag von Potsdam" zur Demonstration eigener Stärke genutzt. Zumindest wurde darüber nicht berichtet oder die NS-Bewegung hatte ihr Ziel im örtlichen Machtkampf bereits erreicht. In Werne setzte die NSDAP-Ortsgruppe unmittelbar nach der Kommunalwahl alles daran, den Bürgermeister abzulösen.[36] Ein Machtkampf zwischen der Ortsgruppe und dem Führer des örtlichen SA-Sturmes aufgrund der unklaren Machtverhältnisse und fehlenden Kompetenzabgrenzung zwischen SA und politischer Organisation warf eher schon ein Licht auf die anstehenden Probleme bei der inneren Ausgestaltung des NS-Machtstaates. In der Stadt Olfen, in der bei der Kommunalwahl die NSDAP-Liste überraschenderweise 45,4 % der abgegeben Stimmen auf sich vereinigen konnte, schien das Zentrum als Hauptgegner überwunden und eine Anlehnung an eine ohnehin schwach ausgeprägte nationalkonservative bürgerliche Schicht zur Erreichung gesellschaftlicher Akzeptanz überflüssig zu sein.

Das kollektive Erlebnis des „Tages von Potsdam“ konnte bei den Zeitgenossen vor Ort nur dann eine nachhaltige Wirkung entfalten, wenn ein milieuübergreifendes nationalkonservativ orientiertes Vereinswesen auf eine noch schwach verwurzelte NS-Bewegung traf. Wie ausgeprägt das Wunschdenken der in Berlin agierenden Politiker war, konnten die Bürger in der Provinz nur schwer ermessen. Für sie lagen die politisch-gesellschaftlichen Verhältnisse in ihrer Gemeinde näher und die ließen das „Zähmungskonzept“ realistisch erscheinen, auch wenn ein Blick auf andere Gemeinden in der Region sie eines Besseren belehrt hätte. Das nationalkonservative Lager setzte auf die Wirkung der nationalen Festkultur, die vielfältig eingeübt worden war. Auch die Erwartung eines neuen nationalen „Führers“, der von Elend und nationaler Demütigung befreien und das Chaos der „Systemzeit“ überwinden konnte, schöpfte Kraft aus dem Auftritt Hindenburgs als historischer Persönlichkeit. Mit dem „Sieger von Tannenberg“ war der Mythos des Retters verbunden. Hindenburg galt als Garant der nationalen Einheit und Sachwalter für den Prozess der inneren Einigung über Parteigrenzen hinweg.[37] Auf der Reichsebene sollte die Beschwörung des Hindenburg-Mythos mit dem ersten „Tag von Tannenberg“ am 27. August 1933 seine Fortsetzung und dem zweiten „Tag von Tannenberg“, dem Begräbnis Hindenburgs im Nationaldenkmal am 7. August 1934, seinen Abschluss finden. Hindenburgs Beerdigung kann auch als die letzte Zeremonie gesehen werden, mit der Hitler die Weimarer Republik symbolisch zu Grabe trug.[38]

Wie die Veranstaltungen zum Potsdamer Ereignis im Münsterland zeigen, hatte die Initiative Goebbels’ zur Rundfunkübertragung auch in der katholischen Provinz Erfolg. Das Fehlen kirchlicher Gottesdienste im Rahmen der Feierlichkeiten ist jedoch ein Indiz dafür, dass die katholische Geistlichkeit der neuen Regierung ihre Unterstützung versagte und im Gegensatz zu den Klerikern in Potsdam und den evangelischen Gebieten darauf verzichtete, die religiöse Legitimierung der Machthaber zu stützen. Trotz der Teilnahme der katholischen Arbeiter- und Gesellenvereine gingen auch Teile des katholischen Milieus auf Distanz zu den massiven national-konservativen Vereinnahmungsversuchen. Die partielle Verweigerung machte es der katholischen Kirche in der Folgezeit leichter, eine kritische Distanz zu den Maßnahmen des Regimes einzunehmen und sich auch im Einzelfall zu versagen. Für *Werner Freitag* beruhte die spätere Resistenz von Teilen des westfälischen Klerus und der Widerstand des Bischofs von Galen nicht zuletzt darauf, dass man den Machtantritt Hitlers nicht euphorisch begrüßt und sein Regime nicht zum Anliegen der Eucharistiefeiern gemacht hatte.[39]

Die „Gleichschaltung" des Landes Preußen als Beginn der Herrschaftsdurchsetzung
In den Reihen der preußischen Schutzpolizei erlebte man das Potsdamer Ereignis nicht als radikalen Umbruch, sondern als weitere Phase im Prozess der Ausrichtung auf den autoritär-antidemokratischen Staat, der bereits nach dem „Preußenschlag" begonnen hatte. Seit sie der Verfügungsgewalt Görings unterstand, war sie zunehmend in die Bekämpfung der politischen Gegner der Nationalsozialisten und damit in das sich etablierende NS-Terrorsystem eingebunden worden. Die Schutzpolizei erhielt aber auch eine zentrale Funktion in der öffentlichen Machtdemonstration des „neuen" Staates. „Marschformationen und Musikkapellen der Polizei begleiteten die ‚nationale Erhebung' und stellten sich so symbolisch an deren Seite."[40] Insbesondere im Ruhrgebiet, wo keine Reichswehreinheiten zur Verfügung standen, traten die Formationen der Schutzpolizei auch während des „Tages von Potsdam" als „Repräsentantin der bewaffneten Macht und Traditionsträgerin der preußischen Waffen" auf. Die Beteiligung der Schutzpolizei an der Inszenierung des nationalen Aufbruchs am 21. März kann man daher auch als „Akt der Eingliederung" verstehen, mit dem bei den Polizeiführern Hoffnungen auf eine gesellschaftliche und militärische Aufwertung verbunden waren. In Dortmund sprach ein Polizeioberst auf einer Großversammlung von der „Erlösung der Schutzpolizei aus kleinlichen Hemmungen und Beschränkungen", die der soldatischen Truppe nicht erlaubt hätten, sich so einzusetzen, wie es zum Wohle des deutschen Volkes notwendig gewesen wäre. Die Schutzpolizei sei nun dankbar wieder in starker Hand zu sein.[41]

In Preußen wurde die mit dem „Preußenschlag" eingeleitete Entwicklung nach Verabschiedung des „Ermächtigungsgesetzes" am 23. März 1933 konsequent zu Ende geführt. Nun hatte die Reichsregierung die Macht mit dem „Vorläufigen Gesetz zur Gleichschaltung der Länder mit dem Reich" vom 31. März 1933 die Landtage aufzulösen. Sie wurden jeweils auf Basis der Stimmenzahl der Reichstagswahl vom 5. März 1933 neu gebildet. Ein zweites Gesetz zur Gleichschaltung der Länder vom 7. April 1933 legte die Grundlage für die Institution der „Reichsstatthalter". Auf Vorschlag des Reichskanzlers wurden „Reichsstatthalter" in den Ländern eingesetzt und hatten in einer Art präsidialer Funktion u.a. das Recht zur Ernennung und Entlassung des Vorsitzenden der Landesregierung, zur Auflösung des Landtags und zur Ausfertigung und Verkündung der Landesgesetze. Für Preußen übte Reichskanzler Hitler die Geschäfte des Reichsstatthalters aus. Er reichte diese Befugnisse jedoch an Ministerpräsident Göring weiter, der am 11. April 1933 von Hitler zum preußischen Ministerpräsidenten ernannt worden war. Damit war Preußen fest in nationalsozialistischer Hand und mit der Aufhebung der föderalen Ordnung und Gleichschaltung der Länder die Voraussetzung zentralisierter

Steuerung und Machtausübung geschaffen.[42] Schließlich hob das „Gesetz über den Neuaufbau des Reichs“ vom 30. Januar 1934 die Volksvertretungen der Länder auf, übertrug die Hoheitsrechte der Länder auf das Reich und machte die Landesregierungen zu Unterbehörden der Reichsregierung. In der Bündelung dieser Funktionen auf höchster Ebene zeigte sich die Absicht, den Dualismus Reich/Preußen aufzulösen und Preußen endgültig im Reich aufgehen zu lassen.[43]

Die machtpolitische Durchsetzung der Nationalsozialisten auf der Reichs- und Länderebene war die Voraussetzung für die Herrschaftsdurchsetzung bis zur Gemeindeebene. Die Aktionen zur „Flaggenfrage“ und die Festveranstaltungen zum „Tag von Potsdam“ in den Städten und Gemeinden haben bereits die unterschiedlichen Reaktionen auf die neuen Machthaber gezeigt. Die lokalen Ausgangsbedingungen wie die Größe der Kommunen, die wirtschaftliche Lage und Stabilität der sozialen Milieus oder die Stärke der alten Eliten gegenüber dem Anspruch der Nationalsozialisten hatten entscheidenden Einfluss auf die Realisierung und Gestaltung der Ereignisse. Mit den gleichen Bedingungen sahen sich auch die Nationalsozialisten konfrontiert, die in der Region nach der Kommunalwahl noch nicht die Mehrheit in den kommunalen Vertretungen erreicht hatten und nicht in die gesellschaftlichen Netzwerke eingebunden waren, denen aber die Gelegenheit und von höchster Instanz der „Auftrag“ zur „nationalen Erhebung“ gegeben war. Den Akteuren wird dabei nicht bewusst gewesen sein, dass sie mit ihrem konkreten Verhalten maßgeblich zur Sicherung und Stabilität der nationalsozialistischen Herrschaft beitragen bzw. nicht beitragen konnten. Denn „die Frage, ob die NS-Diktatur von der Mehrheit der Bevölkerung aktiv begrüßt, passiv hingenommen oder gar abgelehnt wurde und ob sie stabile Herrschaftsstrukturen ausbilden konnte – sie entschied sich in hohem Maße vor Ort.“[44] Daher werden im Folgenden die formalen, institutionellen und personellen Voraussetzungen der Gleichschaltung, sprich der Herrschaftsdurchsetzung, in der NS-Bewegung und den Kreisverwaltungen auf regionaler Ebene skizziert und für die Phase der Herrschaftssicherung und -ausübung auf beiden Seiten die spezifischen Herausforderungen herausgearbeitet.

2. Die Kreise als Selbstverwaltungskörperschaften und staatliche Verwaltungsbezirke

Die Kreisverfassung und die Repräsentanten des Kreises – der Landrat

Die Kreisordnung für die Provinz Westfalen vom 31. Juli 1886 blieb im Wesentlichen als normative Grundlage für das Verwaltungshandeln der Kreise Coesfeld und Lüdinghausen bis zum Ende des Zweiten Weltkrieges in Kraft. Sie war maßgeblich mit der Intention verbunden, Staat und Gesellschaft miteinander zu verbinden und die Bürger an den Staatsaufgaben unmittelbarer zu beteiligen, auch um auftretende Interessenunterschiede bei der Wahrnehmung der staatlichen und kommunalen Aufgaben zu einem Ausgleich zu bringen. Die deutliche Stärkung der Selbstverwaltung prägte die charakteristische „Doppelstellung der Kreise" als Selbstverwaltungskörperschaften einerseits und staatliche Verwaltungsbezirke andererseits. Die Verwaltung der staatlichen Aufgaben lag fast ausschließlich in der Hand des Landrates, während sich die Kreiskommunalverwaltung im Zusammenspiel von Kreistag, Kreisausschuss und Landrat vollzog. Der Kreistag, der Kreisausschuss und der Landrat waren also die zentralen Kreisorgane.[45]

Aufgrund der Kreisordnung hatte der Landrat also eine „doppelte" Funktion, die von Zeitgenossen mit dem Bild der „Janusköpfigkeit" treffend charakterisiert worden ist. Als „Organ der Staatsregierung" personifizierte er den Staat als Ordnungsmacht und war unterstes Glied der staatlichen Behördenhierarchie. In dieser Funktion unterlag der Landrat der vollen Weisungsmacht der herrschenden Regierung als Staatsgewalt und oberstem Dienstherrn der Beamten. Als Vorsitzender des Kreistages und des Kreisausschusses leitete er zugleich die Kommunalverwaltung des Kreises und war so ein „Scharnier" bzw. „Mittler" zwischen der Staats- und Kommunalverwaltung. Die Verzahnung von Staats- und Kommunalverwaltung spiegelte sich auch in der Stellvertreterregelung. Der Kreistag wählte als Stellvertreter des Landrates zwei Kreisdeputierte, sprich ehrenamtliche Beigeordnete aus den „Kreisangehörigen". Sie waren also nicht unbedingt Mitglied des Kreistages. Ihre Berufung bedurfte der staatlichen Bestätigung und der Landrat musste sie vereidigen.

Dass die Machtstellung des Landrates in der Kreiskommunalverwaltung in der Praxis weitaus stärker war als in der Kreisordnung vorgesehen, ergab sich aus dem Berufungsverfahren und der Qualifikation. Bei Vakanz der Landratsstelle hatte der Kreistag das Recht geeignete Personen „in Vorschlag zu bringen", ohne dass die Regierung im Vergleich zu früher an diese Vorschläge gebunden war. Diese Unabhängigkeit der preußischen Regierung in der Berufung des Landrates stärkte den staatlichen, aber auch den politischen Charakter des Amtes. Die Regierung konnte einen Landrat aus rein dienstlichen Gründen ohne Disziplinarverfahren in den Ruhestand versetzen. Hinsichtlich der Qualifikation hatten die Landräte in den Kreisen Coesfeld und Lüdinghausen als Berufsbeamte bis 1933 noch eine juristische Vorbildung als Regierungs- oder Gerichtsassessor und konnten so unter den eher fachfremden Laien die Entscheidungsprozesse dominieren. Aufgrund der staatlichen Unmittelbarkeit war es nicht selten, dass die landrätliche Verwaltung auch in der republikanischen Zeit autokratische Züge annahm.[46]

Anfang 1933 war der aus dem Rheinland stammende Landrat des Kreises Coesfeld, Rudolf Klein (1885–1971), erst wenige Monate im Amt. Die Verwaltung des Landratsamtes war ihm im September 1932, also nach dem „Preußenschlag" und während des Reichskommissariats Papens zunächst kommissarisch übertragen worden. Nach einer einstimmigen Empfehlung des Kreistages mit Zustimmung des Staatsministeriums ernannte ihn der preußische Innenminister am 21. Dezember 1932 endgültig zum Landrat. Als erfahrener Verwaltungsbeamter mit einer klassischen Laufbahn war er für dieses Amt in jeder Hinsicht qualifiziert. Er hat-

Abb. 12: Rudolf Klein (1885–1971), Landrat des Kreises Coesfeld von September 1932 bis Februar 1936

te in Bonn und Kiel Rechts- und Staatswissenschaften studiert. Nach einem vierjährigen Vorbereitungsdienst und der zweiten Staatsprüfung im April 1911 folgten Stationen als Hilfsarbeiter, später als Vertreter des Landrates im Kreis Kolberg-Körlin, dann ab November 1916 als Vertreter des Landrates im Kreis Merzig. Im Februar 1919 übertrug ihm die preußische Regierung die Verwaltung des Kreises kommissarisch, im August 1919 dann endgültig. Der im Januar 1920 ratifizierte Versailler Vertrag unterstellte das Industrierevier an der Saar für die Dauer von 15 Jahren dem Mandat des Völkerbundes, um die Region für erlittene Kriegsschäden ausbeuten zu können. Da der Kreis Merzig zu diesem Gebiet gehörte, musste auch Landrat Klein im Oktober 1920 auf die Regierungskommission in Saarbrücken schwören, die als international besetztes Gremium das Saargebiet in Vertretung des Völkerbundes verwaltete.[47]

Ab Ende 1928 geriet Klein in der Frage der angemessenen Berücksichtigung deutscher und preußischer Interessen bei der Stromversorgung des Kreises Merzig öffentlich in die Kritik. Sie gipfelte in dem Vorwurf, er verletze die wirtschaftlichen Interessen seiner Heimatregierung bewusst. Als sich der Konflikt nach den Wahlen Ende 1929 zuspitzte, bat er den Präsidenten der Regierungskommission in Saarbrücken am 4. April 1930, ihn von seinen Dienstgeschäften zu entbinden und seiner „preußischen Heimatregierung wieder zur Verfügung stellen zu wollen". Der Präsident der Regierungskommission entsprach diesem „Wunsch" und teilte dem Oberpräsidenten der Rheinprovinz als Kommissar für die Übergabe des Saargebietes seine Entscheidung mit. Eine Stellungnahme des Regierungspräsidenten in Trier für das preußische Innenministerium in Berlin zu den Vorwürfen gegen Klein rehabilitierte ihn in jeder Hinsicht. Er habe seinen Dienst für die Regierungskommission des Saargebietes stets unter „vollster Wahrung der Interessen des Deutschen Reiches und des Preußischen Staates geführt, soweit ihm dies nur immer möglich war". Weiter heißt es: „Zu diesem Zwecke hat er ununterbrochen mit der hiesigen Dienststelle Fühlung gehalten und die ihm von hier erteilten Weisungen gewissenhaft befolgt. Er hat dies ungeachtet der Folgen getan, die eine derartige Aufrechterhaltung der Verbindung zu den preußischen Dienststellen für sein Dienstverhältnis zur Regierungskommission des Saargebiets auslösen müsste und auch ausgelöst hat."

Am 7. Juli 1930 versetzte der preußische Innenminister Landrat Klein in den einstweiligen Ruhestand, wie es für „politische" Beamte üblich war – bis sich mit der

Vertretung des früh verstorbenen Coesfelder Landrates Walter vom Hove eine Möglichkeit zur Versorgung ergab. Dass die Wiedereinsetzung Kleins nach über zweijähriger Wartezeit ausgerechnet unter der Reichskanzlerschaft und dem Reichskommissariat Papens in Preußen erfolgte, hatte mit hoher Wahrscheinlichkeit auch eine persönliche Komponente. Denn das Gut, das Papens Frau 1930 in Wallerfangen geerbt hatte und nach dem Wegzug der Familie aus Merfeld der bevorzugte Wohnsitz der Familie wurde, lag ebenfalls an der Saar. Papen und der im Nachbarkreis Merzig residierende Klein, der einzige preußische Landrat im Saargebiet, werden sich spätestens in dieser Zeit kennengelernt haben. Weitere Gelegenheiten ergaben sich, da Klein auch in der Folgezeit bis zur Übernahme der Vertretung in Coesfeld seinen Hauptwohnsitz im Saargebiet behielt.[48] Als Vizekanzler Papen anlässlich seiner Fahrt zur Verleihung der Ehrenbürgerschaft der Stadt Dülmen im August 1933 den Kreis Coesfeld durchquerte, war es daher selbstverständlich, dass Landrat Klein ihm den Weg bereitete. Mit seinem Einsatz für die Interessen des Deutschen Reiches an der Saar hatte sich Klein vor allem bei den Deutschnationalen einen Namen gemacht, obwohl er sich parteipolitisch nicht weiter engagierte. Auch bei den Nationalsozialisten mit ihrem Ziel der Rückgliederung des Saargebietes in das Deutsche Reich blieb sein Einsatz an der Saar nicht unbeachtet.

Bereits in seiner ersten Rede vor dem Coesfelder Kreistag am 2. Dezember 1932 gab Klein einen Einblick in sein Selbstverständnis, das im besten Sinne der Vorstellung vom Landrat als „Mittler" zwischen der Staats- und Kommunalverwaltung entsprach. Er erklärte seine Bereitschaft, „jedem aus dem Kreise, ohne Unterschied des Standes, des Berufes oder der Parteizugehörigkeit, offen Gehör zu geben", um sich ein „unabhängiges und objektives Urteil bilden" und „für einen gerechten und verständigen Ausgleich Sorge" tragen zu können. Die wirklichen Handlungsspielräume aufgrund der Finanzlage, die von den rasant steigenden Wohlfahrtspflegekosten bestimmt wurde, schätzte er sehr realistisch ein: „Das gilt besonders gegenüber den bedauernswerten Arbeitslosen und deren Familien. Angesichts dieser Notlage werde ich versuchen, durch möglichst sparsame Finanzwirtschaft die dringendst erforderlichen Mittel für die Wohlfahrtspflege freizumachen. Ich bin mir dabei allerdings klar, dass für die nächste Zukunft die allgemeinen Aufgaben der Selbstverwaltung des Kreises, die früher im Mittelpunkt der kommunalen Tätigkeit standen, leider zurücktreten müssen, [...]." Seit 1929 war der Anteil der Fürsorgeausgaben am gesamten Kreishaushalt vor allem bedingt durch die Erstattung an die Gemeinden für die Aufwendungen in der Krisenunterstützung für Arbeitslose von 28,2 % auf 66,3 % gestiegen.[49] Klein hoffte auf einen baldigen „Aufstieg auf diesen folgenschweren Niedergang" und um „Gottes gnädigen Beistand" für seine Tätigkeit.

Im Gegensatz zu Landrat Klein war der Landrat des Kreises Lüdinghausen Dr. Maximilian von Stockhausen (1890–1971) bereits seit 1927 im Amt. Er übernahm das Amt zunächst vertretungsweise, bevor es ihm im November 1927 endgültig übertragen wurde. Stockhausen gehörte zu einer alten katholischen Adels-

Abb. 13: Maximilian von Stockhausen (1890–1971), Landrat des Kreises Lüdinghausen seit 1927 bis Februar 1933

familie in Westfalen, die ihren Stammsitz auf Haus Stockhausen bei Meschede hatte. Die Laufbahn seines Vaters als preußischer Offizier, der im Ersten Weltkrieg zum General aufstieg, aber auch sein eigener Lebensweg zeigen, dass sich die Familie mit dem preußischen Staat arrangiert hatte, ohne die Kontakte zur westfälischen Adelsgesellschaft zu vernachlässigen.[50] Mit einem Jurastudium, das er im Oktober 1911 mit der Ersten Juristischen Prüfung abschloss, legte er die Grundlage für eine Laufbahn im Staatsdienst. Wie üblich begann er seinen Vorbereitungsdienst Anfang 1912 als Gerichtsreferendar. Diesen konnte er jedoch erst im August 1920 nach zahlreichen Stationen in Westfalen und Schlesien als Regierungsassessor abschließen, nachdem er Ende 1913 als Regierungsreferendar in den allgemeinen Verwaltungsdienst übernommen worden war. Seiner adeligen Herkunft entsprechend hatte er während dieser Zeit als Einjährig-Freiwilliger beim 5. Garde-Regiment zu Fuß in Spandau gedient und als Reserveoffizier geübt. Im Ersten Weltkrieg nahm er über vier Jahre als Ordonnanz-Offizier an Feldzügen gegen Frankreich und Russland teil. Erfahrungen in der Kommunalverwaltung konnte er erst 1919/1920 als Vertreter des Bürgermeisters von Brakel und im Landratsamt Recklinghausen, dann ab Mai 1921 als Regierungsassessor durch die Übernahme der Leitung der Kreisverwaltung Oberglogau sammeln, die im oberschlesischen Abstimmungsgebiet lag.[51]

Im Herbst 1922 wurde Stockhausen dann in die Reichskanzlei berufen, in der er als Referent, Protokollführer bei Kabinettssitzungen und ab 1924 als persönlicher Referent der Reichskanzler Wilhelm Marx und Hans Luther das politische Geschehen der jungen Republik unmittelbar miterlebte.[52] Der nationalkonservative, monarchisch geprägte Karrierebeamte überwand die Ablehnung der Weimarer Republik durch seinen Stand zunächst durch den Rückzug auf die „herkömmliche Neutralität" des Berufsbeamtentums. Er wollte ein überparteilicher Sachwalter des Gemeinwohls sein und sich „politisch niemals in irgendeiner Richtung" festlegen. Diese Haltung revidierte er ab Mai 1926: „Während des dritten Kabinettes Marx entschloss ich mich, da man in der Reichskanzlei weitgehend in den Ablauf der politischen Geschehnisse eingeschaltet war, meine Neutralität aufzugeben. Ich trat der Zentrumspartei bei, der ich als Katholik wie meinen persönlichen Neigungen nach immer Sympathien entgegengebracht hatte." Auch seine Heirat mit Antoinette von Papen am 1. Juli 1926 im Dom zu Münster und sein seit langem gehegter „stiller Wunsch" auf einen Landratsposten in seiner westfälischen Heimat wird diese Entscheidung gefördert haben.[53] Auf jeden Fall bot er damit die besten Voraussetzungen für die Übernahme des Landratsamtes im Kreis Lüdinghausen, als der Amtsinhaber Otto Graf von Westphalen am 20. Mai 1927 plötzlich verstarb. Dass Stockhausen noch während seiner Amtszeit als Landrat im Juli 1932 das Zentrum wieder verließ, verdeutlicht seine politische Haltung, die sich seit 1926 ganz im Fahrwasser seines in der Region populären Schwiegervaters bewegte. Konsequenterweise sah er auch seine spätere Ernennung zum Regierungspräsidenten in Arnsberg im Februar 1933 als Teil der langfristigen Strategie, die Papen nach dem „Preußenschlag" zur Schwächung der republikanischen Kräfte und Wiederherstellung des „alten Ordnungs- und Rechtsstaates" verfolgte. Und diese hatte aus Stockhausens Sicht nur eine Chance, wenn das Berufsbeamtentum alter Schule wieder zur Geltung gebracht werden konnte und dieses sich dem Ideal des Staatsdienertums verpflichtet fühlte.[54]

Stockhausen wurde im November 1927 von Regierungspräsident Amelunxen in sein Amt eingeführt. Er gab ihm mit auf den Weg, „die Interessen der Ihnen anvertrauten Kreisbevölkerung mit denen des Staates, die, wenn sie richtig gesehen werden, konform gehen, zu vereinigen. Möge Ihre Amtsführung eine lange, möge sie von reichstem Segen für den Kreis Lüdinghausen begleitet sein und Ihnen selbst innere Befriedigung bringen." Stockhausen nahm diesen Ball auf und versicherte den anwesenden Kreisvertretern seinerseits, nachdem er die zentralen wirtschaftlichen und sozialen Probleme des Kreises angesprochen hatte: „Führung der Verwaltung nach sachlichen Gesichtspunkten unter Wahrung des Rechtes der Selbstverwaltung, Rücksichtnahme auf die Sorgen und Nöte der Gegenwart sollen die Basis bilden für eine gute Zusammenarbeit zwischen mir und Ihnen zum Wohle des mir anvertrauten Verwaltungsbezirks."[55] Nach dem Verwaltungsbericht des Landkreises aus dem Jahr 1932 erfüllte Stockhausen diese Zusicherung und damit die Erwartungen des Kreistages und der Kreisverwaltung. Der Bericht erwähnt besonders die Verdienste des Landrates, die „er sich in fünf schweren Jahren um die Erhaltung des Kreisgebietes und um die Erhaltung der Finanzkraft des Kreises erworben hat." Gemeint war hier zum einen die erfolgreiche Abwehr der Eingemeindungsbestrebungen der Gemeinden Hamm und Lünen, zum anderen die Erhaltung einer „absolut gesunden" Haushaltslage, trotz Massenarbeitslosigkeit wie in der Gemeinde Selm. Auch die Landwirte bedauerten die Versetzung Stockhausens, der es verstanden habe, „die Belange der Landwirtschaft und der Kreispolitik auf eine Linie zu bringen." Der Vorsitzende des Landwirtschaftlichen Kreisvereins fasste seine Anerkennung in die markigen Worte: „Dafür reiche man ihm zum Dank die schwielige Bauernfaust und wünsche ihm in seinem Heimatbezirk alles Gute."[56]

Der Kreistag, der Kreisausschuss und die Kreisdeputierten

Wie der Reichs- und preußische Landtag gingen in der Weimarer Republik auch die Kreistage aus allgemeinen, gleichen, unmittelbaren und geheimen Wahlen nach den Grundsätzen der Verhältniswahl hervor. Sie wurden auf vier Jahre gewählt. Wahlberechtigt waren alle über 20 Jahre alten reichsdeutschen Männer und Frauen, die ihren Wohnsitz im Gebiet des Kreises hatten. Nach Vollendung des 25. Lebensjahres waren sie wählbar. Wahlbezirke waren die Landkreise. Die Parteien stellten für diese Wahlbezirke Wahlvorschläge mit Kandidaten und Kandidatinnen auf. Gewählte Abgeordnete blieben bis zur Bekanntmachung des Ergebnisses der Neuwahl im Amt. Da die Zahl der Kreistagsabgeordneten von der Zahl der Kreiseinwohner abhängig war, umfasste der Kreistag des Kreises Coesfeld seit 1929 25 Mitglieder, der Kreistag in Lüdinghausen 28 Mitglieder.[57]

Nach der Kreisverfassung bestand das Wirkungsfeld des Kreistages in der Vertretung des Kreiskommunalverbandes. Als sein „Willensbildungsorgan" hatte er über alle Kreisangelegenheiten zu beraten und zu beschließen, die ihm per Gesetz zugewiesen waren. Über ein generelles Zugriffsrecht oder ein allgemein-kreispolitisches Behandlungsmandat verfügte der Kreistag also nicht. Konkret hatte er vor allem folgende Befugnisse: Erlass von Satzungen und Innenrechtsordnungen, die Beschlussfassung über den Verteilungs- und Aufbringungsmaßstab der Kreisabgaben, die Feststellung des Kreisetats und die Festlegung von Grundsätzen, nach denen die Verwaltung der dem Kreis gehörenden Grund- und Kapitalvermögen sowie der Kreiseinrichtungen und Anstalten erfolgen sollte. Sein institutionelles

Abb. 14: Der Kreistag des Kreises Lüdinghausen (1932)

Gewicht gründete jedoch in den Rechten zur Wahl der Kreisdeputierten, also der Stellvertreter des Landrates, und zur Wahl des Kreisausschusses. Die sechs Mitglieder des Kreisausschusses wählte der Kreistag aus der Zahl der Kreisangehörigen, die nicht dem Kreistag angehören mussten. Gehörte ein gewähltes Ausschussmitglied dem Kreistag an, dann trat an seine Stelle in der Regel ein Ersatzmann von der entsprechenden Wahlvorschlagsliste der Partei. Wie bei den Kreisdeputierten wählte der Kreistag auch Stellvertreter für die Kreisausschussmitglieder. Wahlen vollzog der Kreistag, wenn niemand widersprach, durch Zuruf, sonst durch die Abgabe von Stimmzetteln. Den Vorsitz im Kreistag hatte der Landrat.[58]

Der Kreisausschuss insgesamt bestand aus den sechs vom Kreistag gewählten Mitgliedern und dem Landrat, der diesem Gremium mit vollem Stimmrecht vorstand, die laufenden Verwaltungsgeschäfte führte und beaufsichtigte und den Kreisausschuss nach außen vertrat. Durch diese Zusammensetzung wurde eine Verbindung zwischen staatlicher Funktionsseite und Kreisvertretung erreicht. Der Kreisausschuss hatte also sowohl staatliche als auch nichtstaatliche Verwaltungsaufgaben. Zur staatlichen Seite gehörte die Funktion als untere staatliche Verwaltungsebene, in deren Hand die Ausführung der gesetzlich übertragenen Staatsaufgaben lag, als Disziplinarinstanz, die für die Ernennung, Anleitung und Beaufsichtigung der Beamten des Kreises zuständig war, und die Funktion als untere Instanz in Verwaltungsstreitverfahren. Die Hauptaufgabe des Kreisausschusses auf der kommunalen Seite war es, „die Beschlüsse des Kreistages vorzubereiten und auszuführen" sowie „die Kreisangelegenheiten nach Maßgabe der Gesetze und Beschlüsse des Kreistages sowie in Gemäßheit des von diesem festzustellenden Kreishaushalts-Etats zu verwalten". Da die Kreistage nur selten tagten, war der Kreisausschuss das entscheidende Organ der Selbstverwaltung. Er war auch die leitende Behörde bei den Kreistagswahlen. Die Bedeutung des Kreisausschusses kam auch in der Herausbildung einer eigenen Geschäftsführung und Registratur zum Ausdruck, so dass im Landratsamt zwischen den landrätlichen Belangen und denen des Kreisausschusses unterschieden wurde. Die Trennung der Geschäftsgänge schlug sich auch in den Titeln der Beamten nieder: Für die landrätlichen Belange war der „Kreissekretär", für die des Kreisausschusses der „Kreisausschusssekretär" zuständig.

Bei den Kommunalwahlen am 17. November 1929 konnte die Zentrumspartei im Coesfelder Kreistag mit dem Gewinn von 18 der 25 Mandate wiederum ihre herrschende Position sichern.[59] Die übrigen 7 Mandate verteilten sich auf vier Parteien: die SPD mit 2, die nationalkonservative Bürgerliche Vereinigung mit 2, die Landvolkpartei mit 2 Mandaten und die „Verbraucher" mit einem Mandat. Im Vorfeld der Wahl hatte diese Aufsplitterung der Parteienlandschaft bei den „Zentrum-Arbeitnehmern" für Verunsicherung gesorgt, die dazu geführt hatte, doch nicht, wie ursprünglich geplant, mit einer „Einheitsliste" für die Gesamtpartei, sondern mit einer eigenen Kreistagsliste anzutreten. Die „Zentrum-Arbeitnehmer" betonten ausdrücklich, Ursache dieses Vorgehens sei nicht das Verhalten des Parteivorstandes gewesen, der sich alle erdenkliche Mühe gegeben habe, ihre Wünsche zu befriedigen. Die „Schuld" für das „Sondervorgehen" lasteten sie vielmehr dem Mittelstand in den Städten und der Landwirtschaft an, die mit ihren „überparteilichen" „Ständelisten" wie der „Bürgerlichen Vereinigung" und dem „Landvolk" einen „Block gegen links" schaffen und die Arbeiterschaft im kommenden Kreistag möglichst einflusslos machen wollten. Und nach Lage der politischen Verhältnisse im Kreis Coesfeld könne mit „links" nur die christliche Arbeiterschaft gemeint sein. Parteitaktisch gesehen wollten die Zentrum-Arbeitnehmer also mit ihrer eigenen Liste den bürgerlichen Wählern den Vorwand nehmen, eine mögliche „Einheitsliste" des Zentrums nicht zu wählen. Der geringe Erfolg der Ständelisten gab ihnen im Nachhinein recht.

Nach der sozialen Herkunft und beruflichen Zusammensetzung zeigte der Kreistag ein verhältnismäßig ausgewogenes Bild, das von der Berufsstruktur der Zentrumsmitglieder geprägt war. In der Zentrumsfraktion hielten sich der Anteil der Vertreter aus dem städtischen Mittelstand, der Gruppe der Gutsbesitzer und Landwirte sowie aus der Arbeitnehmerschaft fast die Waage. Die einzige Frau im Kreistag war die Lehrerin Ottilie Schmäing aus Coesfeld, die der Zentrumsfraktion angehörte. Die kleinen Parteien lassen sich aufgrund ihrer berufsständischen Orientierung und nach der Herkunft ihrer Mandatsträger ebenfalls dem angesprochenen Sozial- und Wirtschaftsspektrum zuordnen. Politisch konnten sie mit ihren Forderungen gegen die noch bestehende Zentrumsfront ohnehin nicht durchdringen. Das zeigte sich auch bei der Wahl der Kreisausschussmitglieder, für die zwei Wahlvorschläge eingereicht wurden, einer des Zentrums und ein gemeinsamer Vorschlag der Bürgerlichen Vereinigung und des Landvolkes. Bei der geheimen Wahl entfielen auf die erste Liste 18 Stimmen, auf die zweite 5. Außerdem wurden zwei „weiße Zettel" abgegeben, „wahrscheinlich" von den Sozialdemokraten, wie die Presse vermutete. Aufgrund des Wahlverfahrens konnte das Zentrum fünf Plätze und das Landvolk einen Platz im Kreisausschuss besetzen. Gewählt wurden folgenden Personen:

- Karl Sebbel, Landwirt, Ehrenbürgermeister aus Dülmen, Zentrum, Kreistagsmitglied
- Hillenkötter, Gewerkschaftssekretär aus Dülmen, Zentrum, Kreistagsmitglied
- Anton Huesker, Fabrikant aus Gescher, Zentrum
- August Focke-Berning, Gutsbesitzer, Ehrenbürgermeister im Amt Coesfeld, Zentrum, Kreistagsmitglied[60]
- Anton Kortüm, Angestellter aus Coesfeld, Zentrum, Kreistagsmitglied
- Theodor Strotmann, Oberrentmeister aus Darfeld, Landvolk, Kreistagsmitglied.

In der Besetzung des Kreisausschusses folgte die Zentrumspartei dem Grundsatz, die in der Partei relevanten politischen Strömungen in diesem zentralen Gremium der Selbstverwaltung zu verorten, teilweise durch die Wahl von Nicht-Kreistagsmitgliedern. Die Aufnahme der Ehrenbürgermeister und erfahrener Kommunalpolitiker in den Wahlvorschlag macht außerdem deutlich, welches Gewicht der Kompetenz und Erfahrung sowie dem Ausgleich zwischen den Gemeinde-/Stadtinteressen und den Kreisinteressen beigemessen wurde.

Bei der Auswahl und Wahl der Kreisdeputierten durch den Kreistag spielten neben der kommunalpolitischen Kompetenz und Erfahrung die überregionale Vernetzung und das gesellschaftliche Renommee eine ausschlaggebende Rolle. Diese Anforderungen erfüllten die gewählten Personen Ökonomierat Wilhelm Leppelmann (1849–1936) und Wilhelm Lübbesmeyer (1861–1946) in jeder Hinsicht. Leppelmann, Gutsbesitzer in Limbergen, hatte bereits von 1903 bis 1908 den Wahlkreis Münster-Coesfeld im Preußischen Abgeordnetenhaus vertreten und engagierte sich stark im Westfälischen Bauernverein. Er war Vorsitzender der Zentrumspartei im Kreis Coesfeld.[61] Lübbesmeyer hatte von 1909 bis 1925 als Bürgermeister die Geschicke der Stadt Coesfeld bestimmt und war schon in dieser Zeit als Kreisdeputierter ein ständiger Vertreter des Landrats. Da er vor seiner Wahl zum Bürgermeister als Kreissekretär bei der Kreisverwaltung Coesfeld über 18 Jahre das Verwaltungsgeschäft von der Pike auf gelernt und ausgeübt hatte, brachte er dazu die idealen Voraussetzungen mit.[62] Lübbesmeyer und Leppelmann ergänzten sich auch als typische Vertreter der städtischen und ländlichen Gesellschaft im Kreis.

An der politischen Zusammensetzung des Coesfelder Kreistages nach der Kommunalwahl vom 12. März 1933 wird die Polarisierung und insbesondere die Radikalisierung in der Politik seit der Kommunalwahl des Jahres 1929 sichtbar. Trotz der Stimmengewinne auf dem rechten und linken Flügel des Parteienspektrums bildete das Zentrum nach wie vor mit 15 von 25 Sitzen einen stabilen Kern. Angesichts der Zuspitzung in der politischen Auseinandersetzung war die Partei schon im Wahlkampf zusammengerückt und hatte sich mit einer Einheitsliste präsentiert. Nur so konnten sie sich gegenüber den nationalkonservativen Kräften aus der Bürgerlichen Vereinigung und dem Landvolk, die nun überwiegend auf der Liste der „Kampffront Schwarz-Weiß-Rot“ antraten, und der radikalen Nationalsozialistischen Deutschen Arbeiterpartei (Hitlerbewegung) behaupten. Die Parteien der „nationalen Erhebung“ erreichten auf Anhieb zusammen acht Mandate. Die Radikalisierung auf dem linken Flügel des Parteienspektrums zeigte sich im Stimmenzuwachs der KPD, die dadurch der SPD ein Mandat abnehmen konnte. Hinsichtlich der beruflichen und sozialen Herkunft boten das Zentrum, die Linksparteien und die „Kampffront“ das gewohnte Bild, die fünf neuen Kreistagsmitglieder der NSDAP gehörten nach ihren Berufen (Hotelier, Molkereibesitzer, Forstmeister, Buchhalter, Landwirt) fast ausschließlich zur Mittelschicht. Das wirft Fragen nach den Mobilisierungsmustern und der Rekrutierungsbasis der NSDAP in dieser Zeit auf.

Im Vergleich zum Coesfelder Kreistag hatten die „Links“-Parteien im Kreistag von Lüdinghausen aufgrund der Industriegemeinden im südlichen Kreisgebiet ein deutlich stärkeres Gewicht.[63] Bei der Kommunalwahl 1929 erreichte die

Tabelle 6: Kreis Coesfeld – Kreistagsmitglieder (Wahl vom 12. März 1933)[64]

	Name	Vorname	Beruf	Wohnort	Partei	Anmerkungen
1.	Becker	Heinrich	Hotelier	Coesfeld	NSDAP	07.03.1931 OGL Coesfeld, 4. Qu. 1932 KL
2.	Büttner	Wilhelm, jr.	Molkereibesitzer	Darfeld	NSDAP	01.10.1932 OGL Darfeld
3.	Hey	Hans	Forstmeister	Dülmen	NSDAP	Seit 01.10.1932 Mitglied der NSDAP
4.	Tölle	Georg	Buchhalter	Gescher	NSDAP	4. Qu. 1932 OGL Gescher
5.	Tork	Josef	Landwirt	Lette	NSDAP	
6.	Espeter	Josef	Arbeiter	Dülmen	Zentrum	
7.	Fleißig	Leo	Verleger	Coesfeld	Zentrum	
8.	Focke-Berning (1871-1945)	August	Gutsbesitzer, Ehrenbürgermeister Amt Coesfeld	Coesfeld	Zentrum	1929 KT, Kreisausschuss, Grundbesitz 62 ha
9.	Gerwin (1896-1990)	Dr. Katharina	Studienrätin	Coesfeld	Zentrum	
10.	Herbsthoff	Dr. Karl	Bürgermeister	Osterwick	Zentrum	
11.	Kerkhoff	Heinrich	Pächter	Lette	Zentrum	
12.	Kortüm	Anton	Angestellter	Coesfeld	Zentrum	
13.	Melis	Bernhard	Fabrikarbeiter	Gescher	Zentrum	
14.	Weitkamp gt. Neuhaus	Bernhard	Gutsbesitzer	Billerbeck	Zentrum	
15.	Schlüter	Bernhard	Schneidermeister	Dülmen	Zentrum	
16.	Schulze Iking	Bernhard	Zeller	Gescher	Zentrum	
17.	Sebbel	Karl	Landwirt, Ehrenbürgermeister	Dülmen	Zentrum	
18.	Sicking	Dr. Karl	Bürgermeister	Dülmen	Zentrum	
19.	Strotmann	Theodor	Oberrentmeister	Darfeld	Zentrum	
20.	Völker	Bernhard	Buchdrucker	Coesfeld	Zentrum	
21.	Crone (1874-1950)	Franz	Fabrikant	Coesfeld	KSWR	
22.	Schulze Bertelsbeck gt. Wibberding	Josef	Landwirt	Dülmen	KSWR	
23.	Schulze Lutum gt. Schulze Ueding	Clemens	Gutsbesitzer	Lutum, Billerbeck	KSWR	
24.	Althaus	Theodor	Textilarbeiter	Coesfeld	SPD	
25.	Ewert	Hermann	Werkmeister	Coesfeld	KPD	

Tabelle 7: Kreis Lüdinghausen – Kreistagsmitglieder (Wahl vom 12. März 1933)[65]

	Name	Vorname	Beruf	Wohnort	Partei	Anmerkungen
1.	Blumenhagen	Wilhelm	Oberbahn-meister	Davensberg	NSDAP seit 1.12.1931	seit 1.4.1932 OGL Ascheberg
2.	Denne	Erich	Mechaniker	Lüdinghausen	NSDAP	im Mai 1934 stellv. Kreisleiter und Leiter des Org. Amtes
3.	Dreier	Wilhelm	Bergmann	Werne	NSDAP	
4.	Fichter	Heinrich	Reichsbahn-assistent	Werne	NSDAP	seit Dezember 1932 OGL Werne
5.	Plücker	Wilhelm	Viehhändler	Olfen	NSDAP seit 1.7.1930	seit 1.7.1930 OGL Olfen
6.	Wannigmann	Josef	Landwirt	Drensteinfurt	NSDAP	im Mai 1934 Kreisbauernführer
7.	Wille	Fritz	Elektriker	Selm-Beifang	NSDAP seit 1.5.1925	seit 23.8.1929 OGL Selm, im Mai 1934 Geschäftsführer der Kreispartei
8.	Falke	Bernhard	Uhrmacher-meister	Lüdinghausen	Zentrum	
9.	Große-Böckmann	Franz	Landwirt	Nordkirchen	Zentrum	
10.	Hesener Kellermann (1880-1956)	Heinrich Wilhelm	Maurer Bergmann	Werne Bork	Zentrum	legt das Mandat am 13.4.1933 nieder nach VO 22.3.1933* (Nachfolger für Hesener)
11.	Heuser (1892-1973)	Karl	Bergmann	Wethmar	Zentrum	
12.	Kaup-Rüping	Dr. August	Bürger-meister	Lüdinghausen	Zentrum	legt das Mandat am 14.6.1933 nieder, kein Nachfolger
13.	Kleeve	Franz	Kaufmann	Hövel	Zentrum	
14.	Middendorf	Josef	Lehrer	Mersch	Zentrum	
15.	Naendrup	Theodor	Landwirt	Herbern	Zentrum	
16.	Rump	Eduard	Arbeiter	Bockum	Zentrum	
17.	Schulte Vorwick	Bernhard	Ehrenbürger-meister Lehrer a.D.	Ottmarsbocholt	Zentrum	
18.	Schulze Pellengahr (1861-1934)	Franz	Landwirt	Ascheberg	Zentrum	legt das Mandat am 6.7.1933 aus „Gesundheitsrück-sichten" nieder, kein Nachfolger
19.	Schulze Schölling	Franz	Landwirt	Senden	Zentrum	
20.	Sroka (1884-1963)	Bernhard	Knappschafts-ältester	Werne	Zentrum	
21.	Stollbrock	Hugo	Kaufmann	Südkirchen	Zentrum	
22.	Drange	Wladislaus	Bergmann	Selm	SPD	nach VO vom 23.6.1933 vom Kreistag ausgeschlossen, Mandat aufgehoben
23.	Pytlik (geb. 1897)	Anton	Elektriker	Hövel	SPD	nach VO vom 23.6.1933 vom Kreistag ausgeschlossen, Mandat aufgehoben
24.	Hartmann	Wilhelm	Bergmann	Selm	KPD	Mandat am 31.3.1933 aufgehoben
25.	Neumann (1900-1967)	Josef	Invalide	Selm	KPD	Mandat am 31.3.1933 aufgehoben
26.	Pawlowski	Walter	Bergmann	Hövel	KPD	Mandat am 31.3.1933 aufgehoben
27.	Homann	Hubert	Gutspächter	Lüdinghausen	KSWR	
28.	Schnieder	Felix	Kaufmann	Lüdinghausen	KSWR	

** Die Niederlegung musste vor der Konstituierung des Kreistages am 11.5.1933 erfolgen.*

SPD 4, die KPD 2 der insgesamt 28 Mandate. Da im Kreis Lüdinghausen ebenfalls eine Bürgerliste und eine Wirtschaftliche Vereinigung mit überwiegend nationalkonservativ-orientierten Mitgliedern antrat, musste das Zentrum in Lüdinghausen früher als in Coesfeld seine Stärke mit einer „Einheitsliste" demonstrieren und zur Geltung bringen. Durch diese Geschlossenheit konnte das Zentrum mit 17 Mandaten seine Mehrheit im Kreistag noch einmal behaupten, denn die Bürgerliste erreichte 3, die Liste Wirtschaftliche Vereinigung nur 2 Mandate. Sowohl der Kreistag als auch der Kreisausschuss zeigten nach der sozialen Herkunft und der Berufsstruktur ein Profil, das dem der Coesfelder Gremien ähnlich war. Aufgrund der Wirtschaftsstruktur waren auf der Arbeitnehmerseite die Bergleute jedoch stark vertreten. Die große Mehrheit des Zentrums im Kreistag und das Verhältniswahlrecht garantierten der Partei auch eine beherrschende Stellung im Kreisausschuss, dem Anfang 1933 folgende Personen angehörten:[66]

- Kurt Eimke, Schulrektor aus Selm-Beifang, SPD, bis 1930 Kreistagsmitglied
- Franz Große Böckmann, Gutsbesitzer aus Nordkirchen, Zentrum, Kreistagsmitglied
- Heinrich Hesener, Gemeindearbeiter aus Werne, Zentrum, Kreistagsmitglied
- Bernhard Langerbein, Schmiedemeister, Gemeindevorsteher in Bockum, Zentrum
- Franz Schulze Pellengahr, Gutsbesitzer aus Ascheberg, Zentrum, Kreistagsmitglied
- Hugo Soddemann, Konrektor aus Werne, Zentrum, Kreistagsmitglied.

Wie im Kreis Coesfeld vereinte dieses Gremium Personen mit einer jahrelangen, teilweise jahrzehntelangen Erfahrung in der Kommunalpolitik auf der Gemeinde- oder Kreisebene. Der überproportionale Anteil der Ausschussmitglieder aus den Industriegemeinden der Lippe-Region steht für die zentrale Herausforderung in der Kreispolitik, einen Ausgleich zwischen den massiven wirtschaftlichen und sozialen Folgen der Industrialisierung und den Anforderungen des ländlichen Raumes zu finden. Mit der erneuten Wahl des Gutsbesitzers Franz Schulze Pellengahr (1861–1934) zum Kreisdeputierten kam jedoch die traditionell geprägte Führungsrolle der ländlichen Elite und Großgrundbesitzer in der Kreispolitik zum Ausdruck, die dieser in seinem politischen Leben bereits in vielfältiger Hinsicht ausgefüllt hatte. Im Kreistag und -ausschuss saß er seit 1903. Schon 1920 wurde er das erste Mal zum Kreisdeputierten gewählt. Er war Vorsitzender der Zentrumsfraktion im Kreistag und Kreisvorsitzender der Zentrumspartei im Kreis Lüdinghausen.[67]

Mit den Kommunalwahlen am 12. März 1933 geriet auch die Zentrumsfraktion im Lüdinghauser Kreistag massiv unter Druck. Sie stellte mit 14 Mandaten nur noch die Hälfte der Abgeordneten, denen nun auf dem rechten Flügel 2 Abgeordnete der „Kampffront" und 7 Abgeordnete der Nationalsozialisten, auf dem leicht geschwächten linken Flügel 2 SPD- und 3 KPD-Abgeordnete gegenüberstanden. Auch im Kreis Lüdinghausen konnten die Parteien der „nationalen Erhebung" über die Wahlen nicht die Mehrheit erreichen. Daher ist zu klären, wie es den Nationalsozialisten dennoch gelang innerhalb weniger Monate die wichtigsten Positionen zu besetzen und in den Gremien ihren machtpolitischen Einfluss durchzusetzen und dauerhaft abzusichern.

Die Entwicklung der Kreisaufgaben und die Kreisverwaltung

Das Aufgabenspektrum der Kreisverwaltungen war nicht fest gefügt und nicht überall gleich. Die Verwaltungen entwickelten aufgrund der naturräumlichen Lebensgrundlage, der Auswirkungen von politischen Umbrüchen und Kriegen, der Veränderung in Wirtschaft und Gesellschaft und der permanenten Ausdifferenzierung und Spezialisierung des Verwaltungsapparates ein spezifisches Aufgabenprofil.[68] Grundsätzlich ging es zunächst um den Ausbau der Infrastruktur wie beim Straßen- und Wegebau und den Meliorationen und um Leistungen zur Sicherung des notwendigen Lebensunterhaltes, verbunden mit der Sorge um Sicherheit und Ordnung, z.B. durch die Einrichtung von Sparkassen oder durch die Förderung der Armenfürsorge und der beruflichen Bildung in den Gemeinden. Durch die Industrialisierung, die Bevölkerungsbewegungen und zunehmende Bevölkerungsdichte bekam das Sozial- und Gesundheitswesen auch in den Landkreisen eine immer größere Bedeutung. Staatlicherseits wurden den Kreisen ebenfalls neue Aufgaben übertragen. Dazu gehörten: bis 1919 die Funktion als Veranlagungsbehörde für die Einkommensteuer, die Trägerschaft der Versicherungsämter, die Beseitigung von Tierkadavern und als Kreispolizeibehörde die Aufsicht über die Ortspolizeibehörden in baupolizeilichen Sachen und die Leitung der Landjäger (Gendarmen), die unmittelbare Staatsbeamte waren. In der Zeit des Ersten Weltkrieges mussten die Kreise ihre Kräfte auf die Familienunterstützung, Kriegsopferversorgung und die Versorgung der Bevölkerung mit Grundnahrungsmitteln konzentrieren.[69]

Nach dem Ersten Weltkrieg rückten mit der Bewältigung der Kriegsfolgen, den anschließenden schweren Notlagen breiter Bevölkerungsschichten in der Inflationszeit und dann in der Weltwirtschaftskrise das Sozial- und das Jugendwesen ins Zentrum des Tätigkeitsspektrums. Die Kreise wurden durch die reichseinheitliche Gesetzgebung zur Wahrnehmung umfassender Aufgaben verpflichtet, die bisher freiwilligen Aufgaben traten zurück.[70] Als Erstes stand in der Erwerbslosenfürsorge die Wiedereingliederung der entlassenen Soldaten in das Wirtschaftsleben auf der Tagesordnung. Die Kreise waren vor allem durch die Bereitstellung von „Notstandsarbeiten" und in Arbeitsteilung mit den kreisangehörigen Gemeinden durch die Organisation der öffentlichen Arbeitsnachweise beteiligt. Das Gesetz über Arbeitsvermittlung und Arbeitslosenversicherung übertrug die gesamte Arbeitsverwaltung 1927 einer Sonderbehörde. Die Kreise waren jedoch weiterhin bei der Bereitstellung von „Notstandsarbeiten" gefordert.

Mit dem Kriegsende zeigten sich auch die Auswirkungen des Krieges auf die Entwicklung der Jugend durch mangelhafte Schulbildung, Vernachlässigung der Erziehung und vielfache Entbehrungen. Zur Bewältigung der „ungeheuren Jugendnot" wurden die umfangreichen Aufgaben auf dem Gebiet der Jugendwohlfahrt 1922 mit dem Reichsjugendwohlfahrtsgesetz auf eine neue Grundlage gestellt. Es übertrug den Kreisen und kreisangehörigen Gemeinden den Schutz der Pflegekinder bis zu 14 Jahren, die Mitwirkung im Vormundschaftswesen und bei der Fürsorgeerziehung und die Jugendgerichtshilfe. Zur Bündelung dieser Aufgaben entstanden auf der Kreisebene die Kreisjugendämter.

Meilensteine zur Neuorganisation, Systematisierung und Vereinheitlichung der Fürsorge waren die Verordnung über die Fürsorgepflicht und die Reichsgrundsätze über Voraussetzung, Art und Maß der öffentlichen Fürsorge im Jahr 1924. Sie verpflichteten die Kreise als „Bezirksfürsorgeverbände" auf einen Aufgabenkatalog, der in seinem Umfang, seinen personellen und finanziellen Ansprüchen die Arbeit der Kreisverwaltungen dauerhaft prägen sollte. Sie hatten nun neben der „Krüppelfürsorge" folgende öffentlich-rechtliche Fürsorgeaufgaben zu erfüllen: die soziale Fürsorge für Kriegsbeschädigte und Kriegshinterbliebene, die Fürsorge für Rentenempfänger der Invaliden- und Angestelltenversicherung, für die Kleinrentner, für Schwerbeschädigte und Schwererwerbsbeschädigte durch Arbeitsbeschaffung, für hilfsbedürftige Minderjährige und die Wochenfürsorge. Diese Aufgaben und die weiterhin zu leistende Armenfürsorge konnten die Kreise gemeinsam mit kreisangehörigen Gemeinden bewältigen, soweit diese mehr als 10.000 Einwohner zählten. Auf der Kreisebene entstanden Kreiswohlfahrtsämter, die sich in die Abteilungen Fürsorgeamt, Jugendamt und Gesundheitsamt auffächerten. Da die Kreise nicht Träger der staatlichen Gesundheitsverwaltung waren, gehörten zu den Gesundheitsämtern im Wohlfahrtsbereich die Aufgabenbereiche, die sich aufgrund eigener Initiative, meistens von aktiven Kreiskommunalärzten, etabliert hatten wie z.B. die Tuberkulosefürsorge, die Säuglingsfürsorge, zahnärztliche Untersuchungen in Schulen oder die Bekämpfung der Geschlechtskrankheiten.

Die Funktion der Kreise als unterste staatliche Verwaltungsebene und -behörde mit Polizeiverwaltungsaufgaben wurde mit dem Preußischen Polizeiverwaltungsgesetz vom 1. Juni 1931 untermauert.[71] Wenn nicht anders bestimmt, gliederte sich der Instanzenzug der ordentlichen Polizeibehörden in Landespolizeibehörden, sprich die Regierungspräsidenten, in Kreispolizeibehörden und Ortspolizeibehörden. Im Landkreis war der Landrat Kreispolizeibehörde; in den Städten waren entsprechend die Bürgermeister, in den Landgemeinden die Gemeindevorsteher Ortspolizeibehörde. Der Landrat hatte die Polizeiaufsicht über die Ortspolizeibehörden und konnte diesen innerhalb seiner Zuständigkeit Anweisungen erteilen. Die Polizeibehörden hatten die Aufgabe, „im Rahmen der geltenden Gesetze die nach pflichtmäßigem Ermessen notwendigen Maßnahmen zu treffen, um von der Allgemeinheit oder dem einzelnen Gefahren abzuwehren, durch die die öffentliche Sicherheit oder Ordnung bedroht wird." In diesem Rahmen war die Polizei auch befugt, Personen in „polizeiliche Verwahrung" zu nehmen. Diese Maßnahme war allerdings an strenge Bedingungen geknüpft. Sie musste „zum eigenen Schutze dieser Person" erforderlich sein oder der „Beseitigung einer bereits eingetretenen Störung der öffentlichen Sicherheit oder Ordnung oder zur Abwehr einer unmittelbar bevorstehenden polizeilichen Gefahr" dienen, falls dieses Ziel auf andere Weise nicht zu erreichen war. Auf jeden Fall musste die betroffene Person im Laufe des folgenden Tages aus der polizeilichen Verwahrung entlassen werden.

Ein Vergleich der bei den Kreisen verbliebenen staatlichen Aufgaben mit den Aufgaben der organisatorisch selbständigen staatlichen Sonderbehörden zeigt den Entwicklungstrend: In der Praxis entfernte man sich immer mehr von dem ehemaligen Ideal der generellen „Allzuständigkeit" des „alten preußischen Landrates" und der Vorstellung von der „Einheit der Verwaltung auf Kreisebene", die bis in die NS-Zeit als Kernstück einer Verwaltungsreform in den Landkreisen angesehen wurde. Aufgrund der sachlichen Zwänge einer sich ausdifferenzierenden Leistungsverwaltung, aber auch stets vorhandener Ressortegoismen, entstanden für den weitaus größeren Teil der staatlichen Verwaltungsaufgaben eigenständige Verwaltungszweige. Dazu gehörten die „Schulräte, Katasterämter, Veterinärräte, Kulturämter, Wasserwirtschaftsämter, Gewerbeaufsichtsämter und die staatlichen Kreiskassen", die dem Regierungspräsidenten bzw. dem Oberpräsidenten (Kulturämter) unterstanden. Eine Verordnung zur Vereinfachung der Verwaltung von September 1932, die dem Landrat eine allgemeine Koordinierungsfunktion übertrug und den Behördenleitern eine Verpflichtung zum Kontakt und zur Berichterstattung auferlegte, hatte in der Praxis keine Relevanz.[72] Insgesamt betrachtet war die Weimarer Zeit eine Epoche der signifikanten Aufgabenvermehrung in den Kreisverwaltungen mit einem deutlichen Zuwachs an Personal und Finanzmitteln, der die wachsenden Aufgabenpotentiale zum Ausdruck brachte.

Nach dem Personalbestand und den Stellenplänen blieben die Kreisverwaltungen trotzdem „recht überschaubare Gebilde".[73] Im April 1933 umfasste das Personal der Kreisverwaltung Coesfeld mit dem Landratsamt, der Kreisausschussverwaltung, der Sparkasse des Kreises und im Schul- und Bildungswesen insgesamt 46 Personen. Die Position des Landrates ist hier nicht mitgerechnet. Ohne das 13-köpfige Personal der Sparkasse und die zwei Lehrerinnen für Haushaltskunde im Schul- und Bildungswesen verblieben 16 Beamte, 10 Angestellte und 5 Amtsgehilfen, Boten u.a. für die Verwaltung der Kreisaufgaben. Diese verteilten sich wiederum sehr ungleich auf das Landratsamt (4 Personen) und die Kreisausschussverwaltung (27 Personen). In der Kreisausschussverwaltung beanspruchten die zentralen Dienste wie das Steuerwesen, die Rechnungslegung und -prüfung und die Kreiskommunalkasse fast die gleichen Personalressourcen (13 Personen) wie die praktischen Arbeitsfelder im Wohlfahrtsamt, im Straßenwesen und im Kulturbauamt mit dem Wasser-, Wiesen- und Obstbau (14 Personen). Das verbeamtete und das angestellte Personal waren fast gleichstark vertreten. Der Frauenanteil (2 Fürsorgerinnen als Beamtinnen, 2 Angestellte) betrug in der Kreisausschussverwaltung rund 15 Prozent. Beamte des höheren Dienstes mit Hochschulausbildung sind als „Experten" nur im Medizinal- und Baubereich zu finden. Zur Kreisverwaltung Coesfeld gehörte ein Medizinalrat und ein Baurat.[74]

Schon aufgrund der größeren Kreisbevölkerung war der Personalbestand der Kreisverwaltung Lüdinghausen höher als im Kreis Coesfeld. Er umfasste hier mit der Sparkassenverwaltung (30 Personen) und dem Schul- und Bildungswesen (2 Lehrerinnen) 74 Personen, ohne diese Bereiche also 42 Personen. Die mit der Bevölkerungszahl wachsende Aufgabenfülle wirkte sich nicht unbedingt auf einen Zuwachs bei den Beamtenstellen (14) und Angestellten (5), sondern eher auf die Anzahl der Amtsgehilfen, Boten u.a. (23) aus. In der Verteilung dieses Personals auf das Landratsamt und die Kreisausschussverwaltung bzw. innerhalb der Kreisausschussverwaltung zeigen sich ähnliche Strukturmerkmale wie im Kreis Coesfeld. Da es in der Lüdinghauser Kreisverwaltung ebenfalls nur vier Frauen gab, war der prozentuale Anteil entsprechend geringer (10 Prozent). Zu diesen gehörte allerdings auch eine Kreisausschussobersekretärin, die in dieser Zeit in Kreisverwaltungen auf einer derart herausgehobenen Funktion noch selten waren. Ein Fachbeamter des höheren Dienstes war als Kreiskommunalarzt nur im Gesundheitswesen eingesetzt.

Der Personaleinsatz der Kreisverwaltung zur Erledigung der verschiedenen Kreisaufgaben liefert erste Anhaltspunkte für die Ausdifferenzierung, Bündelung und speziellen Anforderungen in der Praxis. Die Haushaltspläne geben darüber hinaus Hinweise zur finanziellen Gewichtung der einzelnen Kreisaufgaben in ihrem Gesamtspektrum.[75] Nach den geplanten Ausgaben für das Jahr 1933 lagen die Kosten für die Fürsorgeverwaltung mit 48,4 % der Gesamtausgaben weit an der Spitze. Mit weitem Abstand folgten die Durchlaufenden Ausgaben (22,0 %), die eigentliche Finanzverwaltung (16,0 %) und die Bauverwaltung (8,4 %). Diese Zahlenfolge zeigt wiederum die überbordenden Fürsorgelasten, sie macht aber nicht die unzureichende Finanzausstattung der kommunalen Ebene bei steigender Aufgabenfülle sichtbar, die den Handlungsrahmen und die Handlungsmöglichkeiten der Kreise seit der Weltwirtschaftskrise entscheidend mitbestimmte. „Durch die zentralistische Finanzverfassung der Weimarer Republik gerieten die Länder in totale Abhängigkeit vom Reich und die Kreise wiederum in Abhängigkeit vom Finanzausgleich der Länder." Da das Land Preußen selbst mit Haushaltsschwierigkeiten zu kämpfen hatte, „kamen die kommunalen Finanzierungsinteressen regelmäßig zu kurz". Die Kreise gerieten daher bei der Erledigung der finanziell gewichtigen Wohlfahrtsaufgaben in eine besonders prekäre Situation, in der sie mit der Frage konfrontiert wurden, ob sie ihren Verpflichtungen überhaupt noch nachkommen konnten.[76]

Die Spezifizierung der Ausgabenansätze und der Verwaltungstätigkeit zur Umsetzung der entsprechenden Aufgaben macht jedoch die begrenzte Aussagekraft der Haushaltsunterlagen für eine qualitative Analyse deutlich.[77] Durch die Spezifizierung wird zwar in den einzelnen Aufgabenbereichen der Kreisver-

Tabelle 8: Personalstärke der Kreisverwaltungen der Kreise Coesfeld und Lüdinghausen in den Jahren 1933 und 1939[78]

	Verwaltung Kreis Coesfeld		Verwaltung Kreis Lüdinghausen	
Bereiche der Verwaltung	April 1933	April 1939	September 1933	Juli 1939
Landratsamt (außer dem Landrat)	3 Beamte* 1 Gehilfe u.a.**	3 Beamte* 1 Gehilfe u.a.**	3 Beamte* 6 Gehilfen u.a.**	6 Beamte* 6 Angestellte 2 Gehilfen u.a.**
Kreisausschuss	13 Beamte 10 Angestellte 4 Gehilfen u.a.	13 Beamte 13 Angestellte 3 Gehilfen u.a.	11 Beamte 5 Angestellte 17 Gehilfen u.a.	17 Beamte 5 Angestellte 13 Gehilfen u.a.
Verteilung nach den Aufgaben der Verwaltung:				
Allgemeine Kreisausschussverwaltung, Steuern, Rechnungsprüfung, Kreiskommunalkasse	5 Beamte*** 5 Angestellte (davon 1 Frau) 3 Gehilfen u.a.**	6 Beamte*** 10 Angestellte 3 Gehilfen u.a.**	4 Beamte*** (davon 1 Frau) 2 Angestellte 7 Gehilfen u.a.**	7 Beamte*** (davon 1 Frau) 2 Angestellte 7 Gehilfen u.a.** (davon 5 Frauen)
Wohlfahrt, Fürsorge, Gesundheit	4 Beamte**** (davon 2 Frauen) 4 Angestellte (davon 1 Frau)	2 Beamte 2 Angestellte	3 Beamte**** (davon 1 Frau) 7 Gehilfen u.a.** (davon 2 Frauen)	3 Beamte**** 1 Angestellter 3 Gehilfen u.a.** (davon 1 Frau)
Straßenbau, Straßenunterhaltung, Bauinspektion	3 Beamte 1 Gehilfe u.a.	4 Beamte	3 Beamte 1 Angestellter 3 Gehilfen u.a.**	5 Beamte 2 Angestellter 1 Gehilfe u.a.** (davon 1 Frau)
Wasser-, Wiesen- und Obstbau	1 Beamter 1 Angestellter	1 Beamter 1 Angestellter	1 Beamter 2 Angestellte	2 Beamte
Sparkasse des Kreises	2 Beamte 8 Angestellte (davon 2 Frauen) 3 Gehilfen u.a.	8 Beamte 11 Angestellte 6 Gehilfen u.a.	6 Beamte 12 Angestellte 12 Gehilfen u.a.	8 Beamte 18 Angestellte 14 Gehilfen u.a. (Zahlen für 1938)
Schul- und Bildungswesen (ab 1. April 1936): Berufsschule des Kreises	1 Beamtin 1 Angestellter***** (1 Frau)	28 Beamte 23 nebenamtl. Lehrkräfte	1 Beamtin 1 Angestellter***** (1 Frau)	18 Beamte 3 nebenamtl. Lehrkräfte 2 Angestellte
Staatliches Gesundheitsamt (ab 1. April 1935)		6 Beamte (2 Amtsärzte, 3 Gesundheitspflegerinnen, 1 Gesundheitsaufseher)		10 Beamte (davon 2 Amtsärzte, 6 Gesundheitspflegerinnen, 1 Gesundheitsaufseher) 2 Angestellte 2 Gehilfen u.a. (Zahlen für 1937)

** Dienstbezeichnungen der Beamten im Landratsamt: Kreisverwaltungsdirektor (nur Kreis Coesfeld), Kreis- oder Regierungs(ober)inspektor, Kreis- oder Regierungs(ober)sekretär, in Lüdinghausen zusätzlich Regierungsassessor/-rat*

*** Amtsgehilfen, Boten, Lehrlinge, Regierungspraktikanten, Aushilfen, Fahrer*

**** Dienstbezeichnungen der Beamten der Kreisausschussverwaltung: Kreisausschuss(ober)inspektor, Kreisausschuss(ober)sekretär, Kanzlist, Kreiskommunalkassenrendant/-rentmeister, Kreisbaurat, Kreisstraßenmeister, Kreiswiesenbaumeister*

***** Darin enthalten: der Kreiskommunalarzt und 2 Fürsorgerinnen, beim Kreis Lüdinghausen 1 Fürsorgerin*

****** Lehrerin der landwirtschaftlichen Haushaltskunde, Wanderhaushaltungsschullehrerin*

waltung das Nebeneinander verschiedener Aufgabenprofile sichtbar: von mittelbaren Aufgaben wie im Personal-, Finanz- und Organisationswesen, von Aufgaben, die wie bei der Bearbeitung von Steuern, Zuschüssen, Investitionen und Schulden von finanziellen Transfermaßnahmen geprägt waren, und von eher operativen gesellschaftsbezogenen Aufgaben. Wie zu erwarten, unterstreicht die Unterscheidung nach Aufgabenprofilen auch die Bedeutung der operativen Aufgaben in der Fürsorgeverwaltung und im Schul- und Bildungswesen und damit die Bedeutung der Personalrekrutierung für diese Aufgaben. Eine Analyse und Bewertung der inhaltlichen Ausrichtung, Qualität und Wirkungsweise dieser Aufgaben und ihre weitere Entwicklung wird jedoch nur durch einen Blick auf die konkrete Aufgabenerledigung möglich sein. Dieses gilt insbesondere für den Systemwechsel von der Weimarer Verfassung zur NS-Diktatur, der auch mit einer grundlegenden politisch-ideologischen „Neubewertung" von Verwaltungsaufgaben verbunden war. Sie mündete insbesondere bei den operativen Aufgaben in einer rassistisch orientierten Verwaltungspraxis und einem Kompetenzgerangel von Verwaltungsbehörden und Parteidienststellen um Aufgabenbereiche der Kreise.

3. Die Anfänge der NS-Bewegung im westlichen Münsterland – die personelle und organisatorische Entwicklung in einer politischen „Diaspora"

Geschichte der NSDAP in der Region

Mit den ersten Wahlerfolgen, steigenden Mitgliederzahlen und der Gründung neuer Ortsgruppen expandierte und verfestigte sich die organisatorische Basis der NSDAP im Rheinland und in Westfalen.[79] Bis November 1929 blieb die Partei an Rhein und Ruhr eine bedeutungslose Splittergruppe, deren Veranstaltungen noch an gezielten Boykottaktionen der KPD oder SPD scheitern konnten. Die ersten Wahlerfolge im Industrierevier bei den Landtagswahlen im Winter 1929, dann die außerordentlichen Stimmengewinne bei der Reichstagswahl im September 1930 machten die NSDAP in kürzester Zeit zur Massenpartei.

Die Forcierung der Wahlkampfaktivitäten mit öffentlichen Auftritten, Reden und sogenannten Propagandafahrten führten auch zu einem sprunghaften Anstieg der Zahl der „Parteigenossen" im Gau Westfalen von ca. 3.500 im Januar 1930 auf rund 36.500 zum Ende des Jahres, die nun zunehmend aus den Mittelschichten stammten. Die NSDAP war auf dem Weg zu einer Volkspartei. Dieser Anstieg hatte seine Ursache zum einen in der kritischen wirtschaftlichen Lage, zum anderen in den intensiveren Propagandakampagnen der Partei, die nun auch die ländlichen Gebiete im Norden des Gaues Westfalen beackerte. Der seit Mai 1928 bestehende Gau Westfalen mit seinem Gau-Sitz Bochum umfasste fast das gesamte Gebiet der preußischen Provinz Westfalen (bis auf den Kreis Höxter) und das Land Lippe.

Das schnelle Anwachsen der Mitgliederzahlen korrespondierte an der Basis mit der Neugründung von Ortsgruppen, die häufig durch „Zellteilung“ aus bereits bestehenden Ortsgruppen hervorgingen, um die der Partei zuströmenden Mitglieder aufzunehmen und zu binden. Zwischen der Gau-Ebene und den Ortsgruppen etablierte sich seit Mitte der 1920er Jahre die Ebene der Bezirke. Diese wurden notwendig, um vor allem die Wahlkämpfe effizienter organisieren und koordinieren zu können. Der Gau Westfalen war 1930 in 12 Bezirke untergliedert. Ausgehend von meist mitgliederstarken Ortsverbänden fassten sie die weiteren Ortsgruppen einer Region zu Aktionseinheiten zusammen. Die Bezirke orientierten sich also in ihrem räumlichen Zuschnitt nicht an vorhandenen Verwaltungsstrukturen, sondern in erster Linie an der erforderlichen Bündelung der vorhandenen organisatorischen und personellen Ressourcen, allerdings mit dem klaren Auftrag, ihre Aktivitäten auch in bisher „unterversorgte“ Gebiete auszuweiten.

Die vier im Westen des Gaues bestehenden Bezirke Rheine, Münsterland, Dortmund und Emscher-Lippe reichten mit ihren Aktionsradien in die Landkreise Coesfeld und Lüdinghausen hinein.[80] Im Amt Osterwick sind Wahlkampfveranstaltungen des Bezirks Rheine nachzuweisen, während der Süden des Kreises Coesfeld schon personell und organisatorisch in den Bezirk Emscher-Lippe integriert war. Ähnliche Strukturen entwickelten sich vom Bezirk Emscher-Lippe nach Nord-Osten bis nach Olfen und vom Bezirk Dortmund von Süden über die Lippe nach Selm und Werne in den Kreis Lüdinghausen. Der Norden des Kreises Lüdinghausen fiel in den Aktionsbereich des Bezirks Münsterland.

Im industriellen Ballungsraum an der Ruhr gab es offensichtlich zwischen der Bezirksebene und den Ortsgruppen noch eine Kreisebene. Dafür spricht ein Rundschreiben des Leiters des Bezirks Emscher-Lippe, Dr. Alfred Meyer (1891–1945), von August 1930 an die Ortsgruppen und Führer von „Kreis Heikhaus“, „Kreis Sauer“, „Kreis Dr. Anton“, „Kreis Rosenbaum“ und „Kreis Fandreyer“. Der pragmatische räumliche Zuschnitt der „Kreise“, ihre Benennung nach den Namen ihrer Führer und die konkreten Anweisungen für den Rednereinsatz in den „Kreisen“ im August 1930 sind deutliche Hinweise auf wahltaktische Gründe für die Bildung dieser zusätzlichen Führerebene im Vorfeld der Reichstagswahl am 14. September 1930. Dementsprechend erwartete Meyer von den Kreisführern, „dass Sie immer und immer wieder in Verbindung mit ihren Ortsgruppen den Wahlkampf führen. Die Kreise bilden im Wahlkampf geschlossene Einheiten. Die Ortsgruppen der Kreise müssen sich gegenseitig unterstützen.“[81] Die „Kreise“ hätten in erster Linie die Aufmärsche zu finanzieren, d.h. sie mussten erst einmal die Finanzierung für die Wahlkampfaktivitäten in ihrem Bereich sichern.

Aus dem Wahlerfolg bei der Reichstagswahl im September 1930 musste die Partei Konsequenzen ziehen, da er einen Zustrom von Neumitgliedern mit einem entsprechenden Zuwachs von Ortsgruppen und städtischen Sektionen einleitete, aber auch die regionalen „Schwachstellen“ sichtbar gemacht hatte. Zur „strafferen Konzentrierung aller Kräfte“ wurde der Gau Westfalen am 1. Januar 1931 in den

Gau Westfalen-Nord und den Gau Westfalen-Süd geteilt. Diese Maßnahme sollte auch die Ausgangsbedingungen für einen Vorstoß in die katholischen Gebiete des Münsterlandes verbessern, in denen die Partei eine besonders schwache Resonanz zu verzeichnen hatte. Der bisherige Gauleiter des Gaues Westfalen, Josef Wagner (1899–1945), erhielt nun die Leitung des Gaues Westfalen-Süd mit Sitz in Bochum. Als Leiter des Gaues Westfalen-Nord wurde Alfred Meyer berufen.

Meyer hatte seit seinem Parteieintritt im April 1928 als Ortsgruppenleiter von „Groß-Gelsenkirchen" (1928) und Leiter des Gaubezirkes Emscher-Lippe (1929) eine rasante Karriere hinter sich.[82] Er war als „Zechenbeamter" auf der Zeche „Graf Bismarck" nach Gelsenkirchen gekommen und wurde sehr wahrscheinlich durch Mitarbeiter der Zeche zum Parteibeitritt animiert. Mit der Kommunalwahl im November 1929 zog er als erster und einziger Nationalsozialist in den Rat der Stadt Gelsenkirchen ein. Bei der Reichstagswahl im September 1930 kandidierte er auf Platz 1 der nationalsozialistischen Liste im Wahlkreis Westfalen-Nord und wurde auch gewählt. Damit gehörte er zu den 107 Abgeordneten der überraschend starken NSDAP-Fraktion im neuen Reichstag. Über die Fraktionsarbeit ergaben sich intensive persönliche Kontakte zu Adolf Hitler, die sehr wahrscheinlich seine nur gut drei Monate nach der Wahl erfolgende Ernennung zum Gauleiter befördert haben.[83] Die Gauleitung blieb zunächst in Gelsenkirchen, bis sie im Oktober 1932 durch den Umzug in die Provinzialhauptstadt Münster ihren Sitz mehr ins Zentrum des Gaues verlegte. Nach der Gauteilung verzeichnete der Gau Westfalen-Nord ca. 4.000 Parteimitglieder, deren Anzahl bis Januar 1932 auf rund 10.000 und dann bis Januar 1933 auf rund 16.500 Personen anstieg. Dieser Anstieg konnte mit der Entwicklung im gesamtem Reich nicht Schritt halten. Dort stieg im gleichen Zeitraum die Zahl der Parteimitglieder um das 6,5-fache von 130.000 auf rund 850.000.[84]

Das Gebiet des Gaues Westfalen-Nord entsprach dem Zuschnitt des Reichstagswahlkreises Nr. 17 und erstreckte sich über die Gebiete der Regierungsbezirke Münster und Minden der Provinz Westfalen, die Freistaaten Lippe und Schaumburg-Lippe sowie den Landkreis Grafschaft Schaumburg, der zur preußischen Provinz Hannover gehörte. Der Gau bestand also aus mehreren Ländern und Landesteilen und wurde in neun Parteibezirke aufgeteilt. Im Westen des Gaues Westfalen-Nord gab es nun die Bezirke Rheine, Münster, Emscher-Lippe und einen neuen Bezirk Recklinghausen mit der Stadt Recklinghausen, dem Kreis Recklinghausen-Land und den Landkreisen Lüdinghausen und Coesfeld. Die Bezirkseinteilung im Industrierevier musste zum einen an die Grenzziehung zwischen den neuen Gauen angepasst werden, da der „Kreis Dr. Anton" im Bezirk Emscher-Lippe mit den Städten Wanne-Eickel, Herne und Castrop-Rauxel nun zum Gau Westfalen-Süd gehörte und der südliche Bereich des Kreises Lüdinghausen aus dem Bezirk Dortmund ausgeschieden war. Zum anderen verbesserte die Herauslösung der Stadt und des Landkreises Recklinghausen aus dem Bezirk Emscher-Lippe die operative Basis für den Vorstoß in die katholischen Gebiete. Die

Parteiorganisation im Kreis Recklinghausen-Land sollte über die „Brückenköpfe“ in Dülmen, Olfen, Selm und Werne die Erschließung der Nachbarkreise Lüdinghausen und Coesfeld unterstützen und vorantreiben, während der verkleinerte Bezirk Emscher-Lippe sich weiter auf den Bereich Borken-Bocholt im Westen konzentrierte, von dem er nun allerdings durch den Kreis Recklinghausen-Land räumlich getrennt war.

Die Ernennung von gesonderten Kreisleitern für die Kreise Coesfeld und Lüdinghausen im Bezirk Recklinghausen durch den Führer des Bezirks Anfang Februar 1931 diente mit hoher Wahrscheinlichkeit der Förderung der personellen Vernetzung und besseren regionalen Kooperation zwischen den vorhandenen Ortsgruppen. Dass es hier noch nicht um die Anpassung der Parteistrukturen an die kommunalen Verwaltungsstrukturen ging, zeigt die weitere Aufteilung der Landkreise Ende Februar 1931 in die (Partei-)Kreise Lüdinghausen-Nord mit Pg. Plücker aus Olfen, Lüdinghausen-Süd mit Pg. Dr. Kiese aus Werne, Coesfeld-Nord mit Pg. Becker-Bertling aus Coesfeld und Coesfeld-Süd mit Pg. Franz Bielefeld aus Dülmen als Kreisleiter.[85] Hier stellt sich die Frage, welches personelle Konfliktpotential hinter dieser nochmaligen Teilung steckte. Im Bezirk Emscher-Lippe kann die Einsetzung des aus Buer stammenden Bezirksorganisationsleiters Heinz Pfeffer (1898–1955) als Kreisleiter und politischer Führer im „Kreis Borken-Bocholt“ am 15. Juli 1932 schon eher als erster regionaler Schritt der seit Juni 1932 eingeleiteten Parteireform gesehen werden, in der reichseinheitlich und flächendeckend Parteikreise als alleinige Zwischeninstanz zwischen den Ortsgruppen und der Gauleitung eingeführt werden sollten. Pfeffer wurde auch Ortsgruppenleiter in der kreisfreien Stadt Bocholt und übte die Funktion als Kreisleiter dann bis März 1938 weiter aus.[86]

Im Gau Westfalen-Nord begann in Erwartung der baldigen Machtübernahme die Umstrukturierung der mittleren Führungsebene der Partei und die Anpassung an die Grenzen der kommunalen Verwaltungsstrukturen im September 1932. Unter der Gauleitung sollten die Hoheitsbereiche der Kreisleiter und Ortsgruppenleiter den Zuständigkeitsbereichen der Kreis- und Gemeindeverwaltungen entsprechen. Daher wurden die Bezirke Emscher-Lippe und Recklinghausen Anfang Oktober 1932 aufgelöst.[87] Für die Ruhrgebietsstädte Gelsenkirchen, Bottrop, Gladbeck und Recklinghausen und den Kreis Recklinghausen-Land ernannte Gauleiter Meyer jeweils verantwortliche Kreisleiter. Die Kreisleitung in Gladbeck übertrug Meyer dem Lehrer Gustav Bockermann (1894–1973), der nach Funktionen als Schulleiter in Bottrop und Gladbeck im April 1938 zum Schulrat im Landkreis Coesfeld befördert wurde.[88] Die Kreisleitung in der Stadt Recklinghausen erhielt der frühere Bezirksleiter und Gastwirt Wilhelm Rosenbaum (1880–1938), dessen gleichnamiger Sohn (1909–1994) ab Oktober 1933 zum hauptamtlichen Gauschulungsleiter in der Gauleitung und als Leiter der Gauschulungsburg Nordkirchen aufstieg. Im Kreis Recklinghausen-Land hielt sich der als Kreisleiter eingesetzte vorherige Bezirksleiter Wilhelm Heikhaus (1892–1957) nur kurze Zeit,

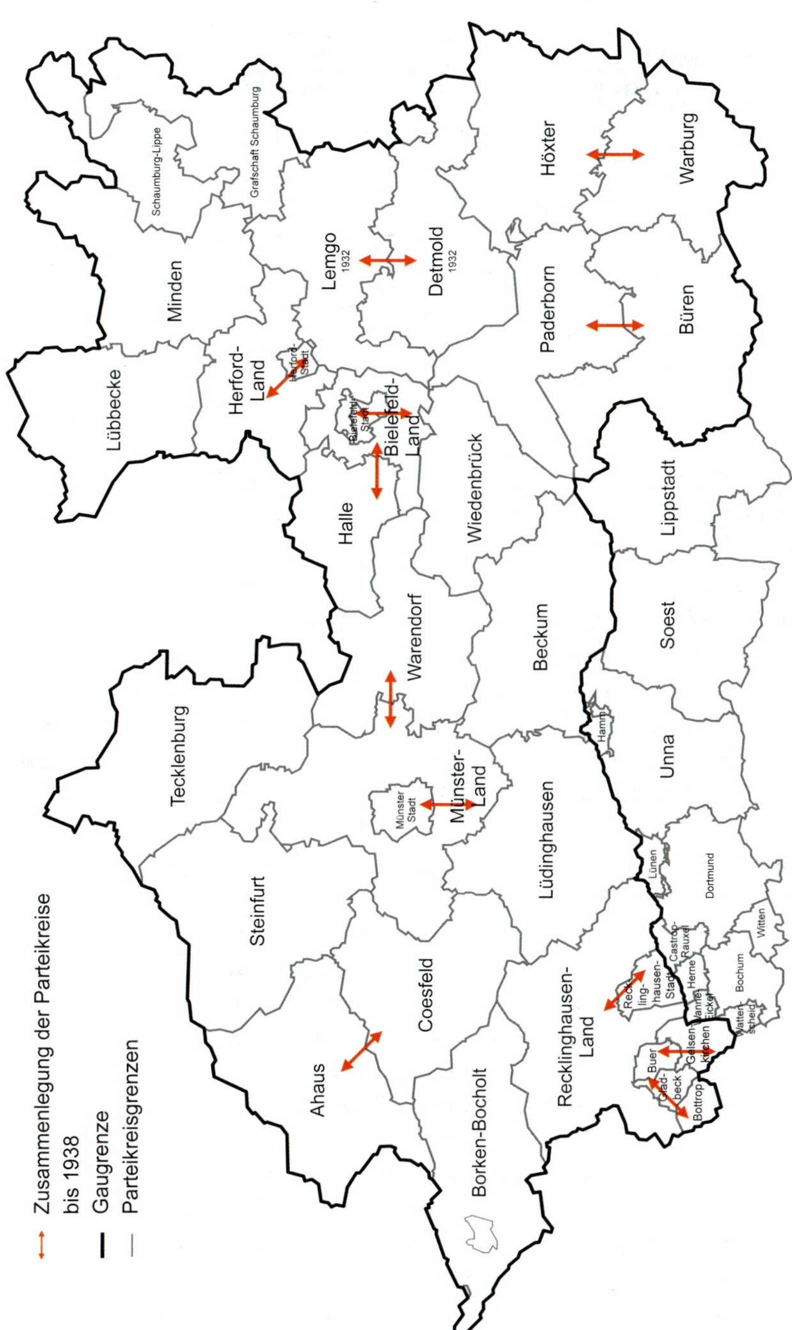

Karte 3: Der Gau Westfalen-Nord und seine Parteikreise im Januar 1933 und nach der Parteikreisreform im Jahr 1938

Tabelle 9: Die ersten Ortsgruppen und ihre Leiter in den Kreisen Coesfeld und Lüdinghausen bis 1933[89]

	Gründungsdatum	Erster OGL	Lebensalter bei Amtsantritt	Parteieintritt	Mitgliedsnummer	Anmerkungen
Kreis Coesfeld						
OG Dülmen	01.01.1928	Franz Bielefeld	* 01.02.1907 20 Jahre	06.10.1925 OG Zeitz	20 036	1931/1932 KL Coesfeld Süd, Nov. 1932 SA-Sturmbannführer, Okt. 1933 SA-Standartenführer
OG Coesfeld	07.03.1931	Heinrich Becker	* 07.11.1883 47 Jahre	01.02.1931 OG Dülmen	433 569	4. Qu. 1932 bis April 1934 KL Coesfeld, dann stellv. KL, 1933 im Kreistag, + 10.04.1935
OG Darfeld	01.10.1932	Willy Büttner	* 28.01.1894 38 Jahre	01.11 1931	593.329	1933 im Kreistag
OG Gescher	4. Qu. 1932	Georg Tölle	* 13.11.1896 36 Jahre	01.09.1930 OG Münster	294 557	Mai bis Oktober 1934 KL Münster-Stadt, dann KL Steinfurt bis März 1938, ab Mai 1938 BM Herford 1933 im Kreistag
Kreis Lüdinghausen						
OG Selm	23.08.1929	Friedrich Wille	* 1900 29 Jahre	01.05.1925 OG Sterkrade	16 899	1933 im Kreistag
OG Werne	01.07.1930	Jungförster Jage				ab Mai 1931 OGL Bernhard Kesting, Dez. 1932 OGL Heinrich Fichter, 1933 im Kreistag
OG Olfen	01.07.1930	Wilhelm Plücker	* 1887 43 Jahre	01.07.1930	267 248	1933 im Kreistag
OG Lüdinghausen	01.08.1932	Nikolaus Heitmann	* 17.09.1892 39 Jahre	01.05.1932	1 265 049	bis 1938 OGL
OG Ascheberg	01.04.1932	Wilhelm Blumenhagen		01.12.1931	818 942	1933 im Kreistag
OG Drensteinfurt	4. Qu. 1932	Josef Friedag	* 26.03.1901 31 Jahre	April 1932		

Abkürzungen: OG – Ortsgruppe, OGL – Ortsgruppenleiter, KL – Kreisleiter, Qu. – Quartal

da noch im gleichen Jahr der langjährige Ortsgruppenleiter in Recklinghausen Herbert Barthel (1895–1945) diese Position übernahm, der dann ab Oktober 1933 als Landrat und Kreisleiter die Geschicke des benachbarten Landkreises Lüdinghausen maßgeblich prägen sollte.

Mit der Auflösung des Bezirkes Recklinghausen erfolgte auch die organisatorische „Abnabelung" der (Partei-)Kreise in den Landkreisen Coesfeld und Lüdinghausen von den gewachsenen Verbindungen zur NSDAP im Ruhrgebiet. Die Einsetzung der Kreisleiter für diese Landkreise durch die Gauleitung in Münster ist ebenfalls im letzten Quartal 1932 erfolgt, da im Januar 1933 die Parteigenossen Heinrich Becker (1883–1935) und Anton Bezler (1901–1977) bereits als Kreisleiter für die Landkreise Coesfeld bzw. Lüdinghausen genannt werden.[90] Der Aufbau, die Organisationsgeschichte und personelle Prägung der NS-Bewegung in diesen Kreisen bietet einen Ansatz zur Klärung der Hintergründe dieser Personalentscheidungen.

Abb. 15: „Alte Kämpfer" der NS-Bewegung im Kreis Coesfeld

Die Geschichte der NS-Bewegung in den Landkreisen Coesfeld und Lüdinghausen

Die Gründungsgeschichte der am 31. Januar 1933 in den Landkreisen Coesfeld und Lüdinghausen existierenden Ortsgruppen und die Lebensläufe der ersten Ortsgruppenleiter spiegeln die schwierigen Anfänge der NS-Bewegung in der Region wider.[91] Der zeitgeschichtliche Kontext und das Lebensalter hatten maßgeblichen Einfluss auf die Lebensperspektive der Akteure. Vor dem Hintergrund der wirtschaftlichen und politischen Krisen entschied vor allem der Zeitpunkt des Parteieintritts der Akteure über die Prägung als Nationalsozialist und die Verortung in der NS-Bewegung. So bestimmten die politische Mobilisierung nach den ersten Wahlerfolgen der NSDAP im Ruhrgebiet, die zunehmende Gewaltbereitschaft in den Wahlkämpfen und der organisatorische Expansionsdrang der Partei den Grad der Vereinnahmung durch die Partei. Und der Glaube an den eigenen Beitrag im „politischen Kampf" prägte bereits vor der „Machtübertragung" den revolutionären Impetus und die Vorstellungen über die zukünftige Gesellschaft. Wie und wo sich diese Gemengelage aus politischen Überzeugungen in der Region entwickelte, welche Erwartungen an den „neuen" Staat geweckt wurden und wie diese das Verhalten im Gleichschaltungsprozess bestimmten, wird im regionalen Vergleich greifbar.

Die Gründung der ersten Ortsgruppe der NSDAP in den Kreisen Coesfeld und Lüdinghausen in Dülmen am 1. Januar 1928 ging auf eine Initiative der Brüder

Julius (1905–1970) und Franz Bielefeld (1907–1989) zurück, wobei der Jüngere die treibende Kraft war. Aufgrund ihrer politischen Sozialisation können sie als Angehörige der sogenannten „überflüssigen Generation" gesehen werden, „die aufgrund ihrer sich festigenden nationalistisch-reaktionären Weltanschauung voller Tatendrang aktiv den Anschluss an ein radikales Milieu suchten, welches den Umsturz der bestehenden Verhältnisse anstrebte."[92] Julius legte 1924 das Abitur ab. Er besuchte dann die höhere Handelsschule und erreichte als Angestellter des Hauptzollamtes Vreden eine sichere Existenz. Franz besuchte das Realgymnasium und machte dann in Münster, Sachsen und Berlin eine Ausbildung zum Techniker im Baugewerbe mit. Während der Weltwirtschaftskrise fand er keine Anstellung und lebte als „Versicherungsvertreter" in prekären Verhältnissen.

Der Erste Weltkrieg war für die Brüder Bielefeld in ihrer Jugend eine Schlüsselerfahrung und sie empfanden nach der Niederlage die eigene fehlende Fronterfahrung als Makel.[93] Außerdem gehörte ihre Alterskohorte zur quantitativ größten Erwerbsgruppe, die dann in der Weltwirtschaftskrise überproportional von Arbeitslosigkeit betroffen war. Diese Generation machte die Erfahrung ihrer „Überflüssigkeit und Unbrauchbarkeit". Der Tod ihres älteren Bruders als 19-Jähriger „auf dem Feld der Ehre", der Ruhrkampf, die Niederschlagung der Roten Ruhrarmee, die auch Dülmen drei Tage besetzt hatte, dann die Ruhrbesetzung hatte die Jugendlichen in ihrer Ablehnung der Weimarer Republik gestärkt und zusätzlich motiviert, sich für „Deutschlands Wiedergeburt" einzusetzen. Sie erlebten die Aufstände von links als Verrat an der alten Ordnung und den Frontkämpferidealen der Älteren. Hier bot sich auch eine Gelegenheit, den verpassten, aber nie wirklich beendeten Kampf ihrer Väter und Brüder durch die „Eroberung der Straße" fortzusetzen und das verpasste Fronterlebnis zu kompensieren. Aufgrund ihrer weltanschaulichen Entwicklung war es konsequent, sich bereits mit 16 bzw. 18 Jahren dem nationalistischen Westfalenbund anzuschließen.

Der Westfalenbund stand im Beitrittsjahr 1924 jedoch vor der Auflösung und Eingliederung in den „Stahlhelm". Die Überführung der Dülmener Sektion des Westfalenbundes in den „Stahlhelm" verlief nicht reibungslos, da sich eine Gruppe von Anhängern der Hitlerbewegung aus Dülmen und Haltern abspaltete und sich zum Wahlbündnis des „Völkisch-sozialen Blocks" zusammenschloss, darunter die Brüder Bielefeld. Diese Entscheidung wurde maßgeblich durch Heinrich Capitaine beeinflusst, den die Bielefelds Anfang 1924 bei einem Vortrag von Joseph Goebbels in Haltern kennengelernt hatten. Capitaine sollte später auch zum Gründungkreis der Dülmener NSDAP-Ortsgruppe gehören. Die Mitgliedschaft in den politisch eher unbedeutenden Gruppierungen wie dem „Völkisch-sozialen Block" oder der „National Sozialen Freiheitsbewegung" boten während der Zeit des NSDAP-Verbots in Preußen von November 1922 bis Februar 1925 aufgrund der programmatischen Nähe eine vorübergehende Ausweichmöglichkeit für zahlreiche Rechtsradikale. Sie erwies sich später als wichtige Referenz für ein frühes völkisches Engagement im politischen Werdegang zahlreicher Kreis- und

Ortsgruppenleiter. In diesem Sinne hatten die weltanschauliche Prägung und der weitere Werdegang der Brüder Bielefeld auch exemplarischen Charakter.

Franz Bielefeld trat bereits 1925 während seiner Ausbildungszeit in Sachsen der SA und NSDAP bei. Seit Oktober 1925 beteiligte er sich an Straßenschlachten zwischen der SA und Kommunisten in Leipzig. Sein Engagement zeigt, dass er sich mit der gewalttätigen Praxis der SA im Straßenkampf völlig identifizierte. Auch während seines Aufenthaltes in Berlin bis Mitte 1926 wurde er wegen einer Schlägerei und eines Überfalls auf einen politischen Gegner verhaftet und zu Geld- wie Haftstrafen verurteilt. Das dämpfte seinen Aktionismus im „Kampf um den Wiederaufstieg Deutschlands" jedoch nicht, da er noch 1926 nach seiner Rückkehr in Dülmen mit seinem Bruder und einigen Angehörigen des „Stahlhelms" eine SA gründete. Zur gleichen Zeit nahmen die Brüder wieder Kontakt zu Heinrich Capitaine in Haltern auf, welcher in der dort bereits bestehenden NSDAP-Ortgruppe aktiv war. Julius Bielefeld wurde im November 1926 in der Ortsgruppe Haltern NSDAP-Mitglied. Mit Capitaine als „Paten" bereiteten sie im Laufe des Jahres 1927 die Gründung der Ortsgruppe in Dülmen vor, die im Januar 1928, noch vor der Bildung des Gaues Westfalen als eigenständige Ortsgruppe von der Parteizentrale in München anerkannt wurde. Die Gründung des „Brückenkopfes" Dülmen war also eine frühe Initiative von Einzelpersonen und kein Ergebnis von parteistrategischen Expansionsplänen, da sie in eine Zeit fiel, in der die NSDAP selbst im Ruhrrevier noch eine Existenz als politische Splittergruppe fristete. Bis 1930 traten daher auch nicht mehr als rund 20 Mitglieder in die NSDAP-Ortsgruppe und die SA ein. Franz Bielefeld führte beide Organisationen.

Unter der Führung Franz Bielefelds bildeten die Dülmener Nationalsozialisten bis 1932 jedoch ein besonderes Sozialprofil aus, das ihr Selbstverständnis im politischen Kampf bestimmte.[94] Er forderte von Neumitgliedern der Partei, gleichzeitig in die SA einzutreten, da er keine Mitläufer wollte, sondern nur Aktivisten, die auch bereit waren, sich an der Gewalt der von ihm geführten SA-Gruppe zu beteiligen. Wie sich an der Mitgliederentwicklung beider Organisationen ablesen lässt, erwies sich das durch Bielefeld gepflegte Image als männerbündischer Kampfverein während der Weltwirtschaftskrise als besonders attraktiv für junge, frustrierte und arbeitslose Männer, die Ende 1932 einen Mitgliederanteil von 80 % stellten. Sie fühlten sich aufgrund der negativen beruflichen Perspektive als Angehörige der „überflüssigen Generation". In dieser persönlichen Situation vermittelte ihnen der Aktionismus der SA zumindest ein Gefühl der Zugehörigkeit wie der Selbstbestimmung über ihr Leben. Darin drückte sich auch ein generationeller Protest aus. Die 18- bis 30-Jährigen der Geburtsjahrgänge 1902 bis 1914 bildeten die dominante Gruppe und prägten den jugendlichen Charakter der SA. Der Anteil der Arbeiter, Handwerker und Angestellten war ausgeglichen. Wie noch zu zeigen ist, war für diese jungen Männer die zunehmende Gewaltbereitschaft nicht nur von der Hoffnung auf eine bessere Zukunft in einem nationalsozialistischen Staat ge-

Abb. 16: Naziprominenz aus dem Kreis Lüdinghausen und dem Kreis Recklinghausen (1935)

tragen, sondern auch mit einer fortschreitenden inneren Abkehr vom republikanischen System verbunden.

Die frühen Gründungen der Ortsgruppen in Selm (August 1929) und in Werne (Juli 1930) wurden sehr wahrscheinlich von der Leitung des Bezirks Dortmund des Gaues Westfalen gezielt geplant und logistisch unterstützt. Sie sollten im Vorfeld der Wahlen vor Ort eine organisatorische und personelle Basis zu schaffen, mit deren Hilfe die überregional geplanten Veranstaltungen durchgeführt werden konnten. In Selm fand der Bezirk Dortmund mit dem 29-jährigen Bergmann Friedrich Wille einen Ortsgruppenleiter, der sich schon 1925 zur NSDAP bekannt und einen kleinen Kreis von Gleichgesinnten um sich versammelt hatte.[95] In einem von der Arbeiterbewegung geprägten Umfeld war ihnen ein offensives Auftreten offensichtlich nicht möglich, da die NSDAP-Ortsgruppe bis Oktober 1932 nicht mehr als 25 Mitglieder zählte. Allerdings existierte zum Zeitpunkt des reichsweiten SA- und SS-Verbotes am 13. April 1932 in Selm ein SA-Trupp in der Stärke von 71 Mann. Dieser war auch nach der Aufhebung des kurzzeitigen Verbotes am 17. Juni 1932 in die Einsätze der regionalen und überregionalen SA-Einheiten eingebunden.

Ein Blick auf die Reichstagswahlergebnisse von 1930 und 1932 zeigt für die Stadt Werne ähnlich schwierige Ausgangsbedingungen wie in der Gemeinde Selm.

Diese Bedingungen verschärften sich durch fehlendes qualifiziertes Personal und permanente Personalquerelen.[96] In Werne gründete am 1. Juli 1930 ein Kreis von acht Personen eine NSDAP-Ortsgruppe, darunter der Jungförster Jage und der wegen illegalen Medikamentenhandels verurteilte Zahnarzt Dr. Kiese. Jage wurde Ortsgruppenleiter, Kiese sofort Kreisleiter. Diese Personalentscheidung erfolgte sicherlich nicht ohne Zustimmung des Bezirkes Dortmund. Kiese berief sich auf langjährige und vielfältige Aktivitäten für die NS-Bewegung und der Mitwirkung bei mehreren Ortsgruppengründungen. Bei der Zweiteilung des Gaues Westfalen und der Zuordnung des Kreises Lüdinghausen zum neuen Bezirk Recklinghausen bestätigte der neue Bezirksleiter Rosenbaum den Kreisleiter Kiese zunächst in seiner Funktion. Im Mai 1931 sah er sich jedoch gezwungen ihn abzusetzen, „da er nichts tat". Mit der Auswahl des früheren Gerichtsassessors Bernhard Kesting als Nachfolger für die Kreis- und die Ortsgruppenleitung in Werne bewies die Bezirksleitung keine glückliche Hand. Der mit der Neuorganisation der Parteikreise im Oktober 1932 eingesetzte neue Kreisleiter Anton Bezler musste sich zunächst mit diesem Vorgänger und Noch-Ortsgruppenleiter auseinandersetzen. Kesting war wegen Unterschlagung von Ortsgruppengeldern in das Visier der Gauleitung geraten. Und er weigerte sich nach der Niederlegung der Ortsgruppenleitung am 21. November 1932 die Akten und Kassenbücher der Ortsgruppe herauszugeben. Für die Gauleitung zeigte das Verhalten des Mannes eindeutig, „dass dieser Mensch unbedingt aus der Partei entfernt werden muss." Bezler wurde aufgefordert ein Parteiausschlussverfahren gegen Kesting einzuleiten und die Frage der Nachfolge in der Ortsgruppenleitung zu klären.

Der Versuch Bezlers, seinen Vor-Vorgänger Kiese für die Ortsgruppenleitung zu gewinnen, scheiterte an dessen verletzter Eitelkeit. Kiese lehnte wegen Krankheit die Übernahme des Amtes ab, obwohl er seit 1931 den SA-Trupp in Werne führte. Kiese bewegte sich zunehmend auf einem Oppositionskurs zu den Parteiinstanzen. Als der von Bezler als neuer Ortsgruppenleiter eingesetzte Reichsbahnassistent Heinrich Fichter Ende 1932 den Aufbau einer SS-Formation einleitete, versuchte Kiese dies zu verhindern. Dabei ging es nicht nur um die persönlichen Rivalitäten, sondern auch um die Abwehr einer Konkurrenz zu der von ihm geführten SA-Einheit. Diese pflegte das Selbstverständnis, der eigentliche militante Kern der NS-Bewegung zu sein. Die Zusammensetzung der SA-Einheit, die nach dem 30. Januar 1933 innerhalb weniger Wochen auf 107 Personen anwuchs, entsprach durchaus diesem propagierten Selbstbewusstsein. Obwohl Kiese selbst der SA formal nicht angehörte, gelang es ihm, diese „bunt zusammengewürfelte Truppe sozial oft desorientierter junger Männer und Arbeitsloser zu integrieren und an sich zu binden."[97] Aus der Sicht des Ortsgruppenleiters gehörten dazu „die radikalsten Elemente" und Vorbestrafte, ganz im Gegensatz zu seiner Ortsgruppe, die bis Januar 1932 nicht viel mehr als zwei Dutzend Personen umfasste und aus Freiberuflern, einem Gewerbetreibenden, kleinen Beamten und wahrscheinlich auch Arbeitern bestand. Aus diesen Unterschieden im Sozialprofil, im Gruppenzusammenhalt und in der Gewalterfahrung während des politischen Kampfes entwickelte sich ein Konfliktpotential, das nach den Märzwahlen 1933 insbesondere in den Orten mit starken SA-Einheiten in offene Gewalt umschlug und für die Parteiinstanzen selbst zu einem Problem wurde.

Die frühen Gründungen der Ortsgruppen in Olfen (Juli 1930), Coesfeld (März 1931) und Stadtlohn (Juli 1930) wurden sehr wahrscheinlich durch die Propaganda- und Mobilisierungsaktionen des Bezirks Emscher-Lippe des Gaues Westfalen zur Reichstagswahl im September 1930 angestoßen und gefördert.[98] Dabei konnte der Bezirk auch mit der Unterstützung der Ortsgruppen in Haltern und Dülmen rechnen. Im Vorfeld der Ortsgruppengründung in Olfen unter der Leitung des 53-jährigen Gastwirtes und Viehhändlers Wilhelm Plücker musste keine große Überzeugungsarbeit geleistet werden. Plücker als Vertreter des Mittelstandes stand für die beginnende Verwurzelung der NS-Bewegung in der Gemeinde und die Ausbildung einer breiteren gesellschaftlichen Basis. Der überproportionale Anteil der Selbstständigen und Bauern weist ebenfalls in diese Richtung. Insbesondere die an Rhein und Ruhr wieder aufflammenden bürgerkriegsähnlichen Auseinandersetzungen, die Sympathien für die Kommunisten bei einem Teil der in Olfen lebenden Arbeiterschaft und persönliche Existenzängste werden zur Formierung und politischen Neuorientierung der Mittelständler beigetragen haben.

Auch die selbstbewusst auftretende SA-Einheit schreckte die Bürger in Olfen nicht ab, da sie unter der Führung des in der Region ansässigen Grafen von Korff-Schmising stand. Kritik kam in Olfen vor allem von linken Vertretern der alten Zentrumselite wie dem Amtsbürgermeister Heinrich Weckermann. Dieser hatte in einem Schreiben an Landrat von Stockhausen im August 1931 die Ansicht geäußert, „dass anscheinend der Umstand, dass die Grafen von Wedel und Korff-Schmising (letzterer SA-Führer) mit den Nazileuten sympathisierten, ein energisches Vorgehen der Landjägereibeamten gegen die Nazileute gehemmt habe."[99] Der Landrat ermahnte Weckermann aufgrund der „völligen Haltlosigkeit" dieser „Behauptungen" prompt zur Vorsicht. Er fand offenbar das Engagement seiner Standesgenossen in der SA für weniger bedenklich als der linke Zentrumsvertreter Weckermann. Dessen kritische Haltung schützte ihn allerdings nicht vor dem Verdacht der Kommunisten, mit den Nationalsozialisten insgeheim gemeinsame Sache zu machen.

Die NSDAP intensivierte ihre Werbemaßnahmen und Propagandafahrten seit Juli 1930 vom Bezirk Emscher-Lippe in Kooperation mit den Bezirken Rheine und Münster auch nach Norden bis in den Kreis Ahaus.[100] So wirkten z.B. die Brüder Bielefeld an der Gründung der Ortsgruppe in Stadtlohn im Juli 1930 mit. Die Nationalsozialisten aus dem Kreis Ahaus „bearbeiteten" den Ort Gescher propagandistisch durch Plakatklebeaktionen. Im August 1930 durchquerten Propagandamärsche der Münsterschen und Schöppinger SA auch Darfeld und Osterwick. Da die SA-Trupps in Stadtlohn, Dülmen und Haltern noch klein waren, organisierten sie bei Veranstaltungen gemeinsam den Saalschutz. In der Kreisstadt

Coesfeld fand erst im September 1930 die erste Großveranstaltung statt. Der aus Coesfeld stammende, in Münster wohnende Parteigenosse und SA-Führer Leopold Bolwin mietete die Stadthalle, um dann als Hauptredner aufzutreten. Gegen den Versuch der Coesfelder Stadtverordnetenversammlung die Nutzung zu verhindern, konnte er sich mit einer einstweiligen Verfügung des Coesfelder Amtsgerichtes zur Wehr setzen. Diese Veranstaltung war der Auftakt einer ganzen Folge öffentlicher Kundgebungen, um in Coesfeld Parteimitglieder zu gewinnen und die Gründung einer Ortsgruppe voranzutreiben. Die Erfolge der NSDAP bei der Reichstagswahl 1930 reichten als Motivationsschub für die Gründung der Ortsgruppe offensichtlich noch nicht aus. Erst die Bildung des Gaues Westfalen-Nord am 1. Januar 1931 gab den entscheidenden Anstoß, da der Aufbau einer flächendeckenden Parteiorganisation bei der neuen Gauleitung eine hohe Priorität hatte und Neugründungen forciert wurden.

Die Initiative zur Gründung eines NSDAP-Stützpunktes in Coesfeld ging von zwei Mitgliedern des Deutschnationalen Handlungsgehilfen-Verbandes aus, die sich am 6. Januar 1931 mit einer Handvoll weiterer Interessierter im Bahnhofshotel Becker-Bertling trafen. Bereits wenige Tage später reichte dieser Kreis die ersten fünf Aufnahmeanträge bei Franz Bielefeld, dem Ortsgruppenleiter von Dülmen ein, darunter auch der Antrag des Hoteliers Heinrich Becker. So firmierte der Coesfelder Kreis zunächst als Sektion der NSDAP-Ortsgruppe Dülmen. Am 7. März konnte dann ein regulärer NSDAP-Stützpunkt als kleinste Form der politischen Organisation auf Ortsebene gegründet werden, da insbesondere weitere Beitritte aus den Reihen des Handlungsgehilfen-Verbandes die Mindestzahl von 15 Mitgliedern sicherten. Zu welchem Zeitpunkt die Anzahl von 50 Parteimitgliedern als Voraussetzung für den Status einer Ortsgruppe erreicht wurde, ist nicht bekannt. Es ist denkbar, dass in dieser Phase der gezielten organisatorischen Expansion der Partei die Gauleitung auf die Einhaltung dieser Vorgabe verzichtete, da Heinrich Becker bereits im Februar 1931 als Ortsgruppenleiter angesprochen und als Kreisleiter für den nördlichen Bereich des Kreises Coesfeld verpflichtet wurde. Die Eingrenzung der Zuständigkeit Beckers auf den nördlichen Bereich des Kreises erklärt sich also aus der Gründungsgeschichte, nach der Franz Bielefeld zumindest den Dülmener Raum als sein „Hoheitsgebiet“ ansah.[101] Aus der zeitlichen Nähe der ersten Aufnahmeanträge, der Einsetzung Beckers als Kreisleiter und der schnellen Anerkennung des Stützpunktes kann geschlossen werden, dass der Gauleitung nicht unbedingt die Personen, sicher aber die politische Orientierung des Deutschnationalen Handlungsgehilfen-Verbandes als treibende Kraft bekannt waren. Der Verband kam mit seinen völkischen und antisemitischen Vorstellungen als Hintergrund seiner sozialpolitischen Ziele der Ideologie der NS-Bewegung sehr nahe.

Die Versuche der zentrumsdominierten Coesfelder Stadtverordnetenversammlung, die Etablierung der NSDAP auf formalem Wege zu verhindern, haben nicht nur die Parteigründung beschleunigt, sondern durch ihre Folgewirkungen auch die öffentliche Diskussion über die NSDAP befeuert. Da die Stadt die Nutzung der Stadthalle nur politischen Parteien zubilligte, die den Status als öffentlich-rechtliche Körperschaft nachweisen konnten, mussten mit Unterstützung des Stahlhelm und des Handlungsgehilfen-Verbandes alternative Veranstaltungsorte gefunden werden. Die zweite öffentliche NSDAP-Kundgebung am 21. Februar 1932 fand daher im Saal des Lichtspieltheaters Lindenhof mit über 500 Teilnehmern statt. Fast 100 SA-Leute aus Stadtlohn, Dülmen und Haltern übernahmen den Saalschutz. Diese Veranstaltung sollte in Erinnerung bleiben, da aufgrund eines Feuers hinter der Tribüne der Saal geräumt und das Treffen abgebrochen werden musste. Die Nationalsozialisten stilisierten das Ereignis zu einem politisch motivierten Anschlag von „Juden und Kommunisten" hoch, obwohl sich nach polizeilichen Ermittlungen der Brand bald als Versicherungsbetrug entpuppte. Nach der Gründung der NSDAP-Ortsgruppe zeigte die Partei in und um Coesfeld vermehrt Flagge. Seit Mai 1931 gab es auch einen SA-Trupp Coesfeld, der organisatorisch dem SA-Sturm Dülmen unterstand. Gut ein Jahr später wurde im Saal des Hotels Becker-Bertling die Hitlerjugend (HJ) gegründet.[102]

Im Wahlkampfjahr 1932 verdichtete sich mit den Wahlerfolgen der NSDAP das Netz der Ortsgruppen in den Kreisen weiter, wobei in der Regel von den bestehenden Ortsgruppen aus in benachbarten Städten und Gemeinden zunächst Stützpunkte entstanden, die mit zunehmenden Mitgliederzahlen als selbständige Ortsgruppen anerkannt wurden, wie z.B. in Lüdinghausen oder Gescher. Mit der Anpassung der Hoheitsbereiche der Kreisleiter an die kommunalen Verwaltungsstrukturen und Auflösung der Bezirke ab September 1932 wird die Initiative für weitere Ortsgruppen-Gründungen wie in Darfeld und Drensteinfurt eher von der Parteikreisebene ausgegangen sein. Auf jeden Fall war zum Zeitpunkt der Machtübertragung ein grobes, aber durchaus flächendeckendes Netz der Parteiorganisation vorhanden, das nach den Wahlen im März 1933 bis zum Herbst 1933 durch Ortsgruppen in fast allen Gemeinden der Kreise Coesfeld und Lüdinghausen verdichtet wurde, auch um der seit März rasant ansteigenden Zahl der Parteieintritte Herr werden zu können.[103]

Die SA-Truppe als Kampfgemeinschaft und die NSDAP-Parteiorganisation

In der „Kampfzeit" bis Januar 1933 hatten die NSDAP-Ortsgruppen vor allem die Funktion, durch die Anmietung und Vorbereitung von Veranstaltungsorten und eine intensive Werbung den Erfolg von Wahlkampfveranstaltungen zu sichern, die hinsichtlich der Terminierung und des Rednereinsatzes von der Bezirks- und Gauleitung koordiniert wurden.[104] Weitere Aufgaben wie die Mitgliederwerbung und -verwaltung oder die Sicherung der Finanzierung der Aktivitäten weisen ebenfalls auf die parteiinterne Ausrichtung der Ortsgruppenarbeit hin. Sie war noch nicht auf die Beteiligung an der Kommunalpolitik ausgerichtet. Das Bild der Partei in der Öffentlichkeit wurde vielmehr durch die zunehmend populäreren Parteispitzen oder geschulte Parteiredner, vor allen aber durch die Sturmabtei-

Abb. 17: Dülmener SA vor der Abreise zum Gauparteitag in Bochum (1929)

lungen (SA) gezeichnet, die bei öffentlichen Kundgebungen und bei Saalveranstaltungen massiv als Propagandatruppe und paramilitärische Kampforganisation auftraten. Das Selbstverständnis der SA insgesamt, das im später verherrlichten „aufopferungsvollen" Straßenkampf gegen die Kommunisten und Sozialdemokraten und Überfälle auf den „Rassenfeind", die Juden, gründete, hatte eine entsprechende, konkrete regionale Dimension, die sich nicht durch den skizzierten begrenzten Wahlerfolg der NSDAP und sehr zähen Aufbauprozess der Parteiinfrastruktur in den Kreisen Coesfeld und Lüdinghausen erklären lässt. Denn anders als die aufgrund ihrer Funktionen örtlich gebundenen Funktionäre und Mitglieder der Partei, bildeten die in der Frühzeit meist gleichzeitig gegründeten SA-Trupps mit im Durchschnitt jüngeren SA-Mitgliedern ein mobiles Element, das durch eine eigene, sehr dynamische Entwicklung gekennzeichnet war, aber im ländlichen Raum erst durch einen großräumigen Zusammenschluss der Kräfte seine Macht entfalten konnte.

In der Region war die Entwicklung der SA sehr eng mit dem Aufstieg von Franz Bielefeld als SA-Führer verknüpft.[105] In ihrem Aufbau organisierte sich die SA nach militärischen Grundsätzen: Den Ebenen der Züge, Kompanien, Bataillone und Regimenter entsprachen bei der SA die Trupps, Stürme, Sturmbanne und Standarten. Bei der SA bildete sich diese Organisationsstruktur erst allmählich in Abhän-

Abb. 18: Franz Bielefeld (1907–1989), SA-Standartenführer

gigkeit von den steigenden Mitgliederzahlen und in Anlehnung an die Entwicklung der Parteiorganisation heraus. So gehörte der SA-Trupp in Dülmen im April 1930, also in der Zeit des noch bestehenden Gaues Westfalen, zur Standarte Nr. V in Herne, die alle SA-Einheiten im Bezirk Emscher-Lippe zusammenfasste. Sehr wahrscheinlich bildeten die Dülmener zusammen mit den Trupps in Haltern und Dorsten einen Sturm von rund 150 Personen. Entsprechend werden auch die frühen SA-Trupps Selm und Werne zu einer Standarte im Bezirk Dortmund gehört haben. Nach der Bildung des Gaues Westfalen-Nord existierte im Juli 1931 ein Sturm mit der Nr. 155 unter der Führung des Grafen Korff-Schmising, bestehend aus Trupps in Lüdinghausen, Olfen, Selm, Dülmen und Coesfeld, der zum Sturmbann II der Standarte 13 in Münster gehörte. Die Zusammenführung der SA-Trupps in den Kreisen Coesfeld und Lüdinghausen im Sturm 155 war offensichtlich nur ein Zwischenschritt bis zur grundlegenden Neuaufstellung der SA des neuen Gaues im Laufe des Jahres 1931.

Für das Frühjahr 1932 gibt es genaue Angaben zur Organisation und Personalstärke der SA im Gau Westfalen-Nord. Sie hatte inzwischen eine Gesamtstärke von 5.258 Mitgliedern erreicht, die sich auf die Standarten 13 in Münster und 14 in Herford mit jeweils rund 2.600 Personen verteilten. Die Standarte 13 in Münster gliederte sich in vier Sturmbanne mit Sitzen in Rheine, Münster, Recklinghausen und Gelsenkirchen. Zum Sturmbann II/13 in Münster gehörten der Sturm 11 in Münster (191 Mitglieder), Sturm 12 in Dülmen (102) unter der Führung von Franz Bielefeld, Sturm 13 in Selm (71 Mitglieder) und Sturm 14 in Ahlen (95 Mitglieder). Die Stürme umfassten auch SA-Männer aus den umliegenden Orten, beim Sturm Dülmen z.B. aus Coesfeld, Billerbeck und Buldern und beim Sturm Selm z.B. aus Bork, Olfen, Lüdinghausen und Werne. Nach dem SA-Verbot im zweiten Quartal 1932 drängten wieder viele Neumitglieder in die SA und zwangen die SA-Führung zur Aufstellung weiterer vier Standarten, teilweise durch die „Aufstockung" bisheriger Sturmbanne zu Standarten wie in Gelsenkirchen und Recklinghausen und eine neue Zuordnung der bestehenden Stürme zu den Sturmbannen. Dadurch avancierte Franz Bielefeld im November 1932 zum Führer des Sturmbannes III/13 der Standarte 13 in Münster, der die Stürme in den Kreisen Beckum, Coesfeld und Lüdinghausen befehligte. Mit dieser Beförderung gab Franz Bielefeld auch seine Funktion als politischer Leiter der NSDAP-Ortsgruppe an seinen Bruder Julius ab, um sich ganz auf seine Laufbahn als SA-Führer zu konzentrieren, die noch nicht zu Ende war.

Als im August 1933 erneut eine grundlegende Umorganisation der SA des Gaues durch die Bildung von drei SA-Brigaden mit bis zu neun Standarten erfolgte, wurde Franz Bielefeld Führer der SA-Standarte 471 mit Sitz in Dülmen. Er war als 26-Jähriger innerhalb eines Jahres vom Sturm- zum Standartenführer aufgestiegen. Diese Funktion hatte er bis Mitte 1934 inne. Dann wurde er nach Lüdenscheid versetzt, um anschließend ab Oktober 1935 ein gutes Jahr als SA-Führer z.V. bei der SA-Gruppe zu verbringen, sehr wahrscheinlich, um ihn wegen eines schwebenden Meineids-Verfahrens vor dem Landgericht in Münster aus der „Schusslinie" zu nehmen.[106] Im August 1933 entstand auch die SA-Standarte 227 mit Sitz in Lüdinghausen, die aber nur bis 1935 existierte, als in einer weiteren Umgliederung eine Aufteilung der SA-Einheiten in aktive Stürme und Reservestürme für ältere SA-Männer erfolgte. Seit der Ablösung Bielefelds wurde die Standarte 471 mit Sitz in Dülmen[107] bis März 1937 von Obersturmbannführer Wilhelm Gansau, dann bis Ende März 1939 von Obersturmbannführer Friedrich Grüttemeyer geführt. Ihm folgte wiederum sein Vorgänger Gansau. Die Standarte 471 umfasste bis Kriegsbeginn drei Sturmbanne: Sturmbann I/471 im Landkreis Coesfeld, geführt von Sturmbannführer Hofman, Sturmbann II/471 mit Sitz in Münster, dem die Stürme im westlichen Teil des Kreises Münster-Land unterstanden, und Sturmbann III/471 im Landkreis Lüdinghausen, geführt von Sturmbannführer Hartwich.[108]

Mit der rasanten Expansion der SA-Truppen im Jahr vor und im Jahr nach der Machtübertragung entstand ein Machtfaktor, der die NS-Bewegung insgesamt auf dem Weg in den NS-Staat vor die Richtungsentscheidung zwischen Hitlers „Legalitätskurs" oder einer revolutionären Umwälzung der vorgefundenen Verhältnisse stellte. Welches Konfliktpotential darin für den Gleichschaltungsprozess auf regionaler Ebene, die gesellschaftliche Akzeptanz und Durchsetzung des nationalsozialistischen Machtanspruches, aber auch für die politische Organisation der NSDAP selbst lag, wird durch einige Beispiele aus dem Gewaltrepertoire der SA-Einheiten und den politischen Folgen ihres Aktionismus deutlich. Das überzogene Selbstbewusstsein, das die SA in der Region von Anfang an an den Tag legte, gründete in ihrem Bewusstsein, zur mächtigsten und größten Gliederung der NSDAP zu gehören. Die Gliederung, Befehlsverhältnisse und Uniformierung dieser Parteitruppe war auf der Reichsebene bis ins Detail geregelt und der Auftrag klar umrissen.[109] Als Hilfsorgan der NSDAP sollte sie nicht nur den „Versammlungsschutz", sondern für die Partei die „Eroberung der Straße" übernehmen. Ihre Aufgabe war es, „die Propaganda der Partei offensiv, d.h. unter Anwendung terroristischer Gewalt, in die städtischen Hochburgen" der Linken und auf das Land zu tragen. Zu den erprobten Einsatzformen zählten provozierende Märsche durch „rote" Stadtviertel, das Sprengen vor allem kommunistischer Veranstaltungen, Propagandafahrten, Flugblattverteilungen und Sammlungen.

Das Profilierungsmerkmal der SA-Männer war die Straßenkampferfahrung. Ein Jubiläums-Artikel der Dülmener NSDAP-Ortsgruppe unter dem Titel „Zehn Jahre auf Vorposten im Westmünsterland – Aus der Kampfzeit der Dülmener SA" verherrlicht diese Zeit zweifellos und muss daher kritisch gelesen werden; er macht aber deutlich, wie stark sich diese Erfahrung in das Bewusstsein der „SA-Kämpfer" eingegraben hatte und deren Verhalten bestimmte.[110] Nach diesem Bericht fuhr die Dülmener SA mit anderen Einheiten der Standarte Nr. V in Herne seit 1927 immer wieder nach Hagen, Dortmund, Recklinghausen und in andere Teile des Ruhrgebiets, um den „Kampf gegen das rote Untermenschentum" zu führen, indem sie in „Schlachten" mit dem kommunistischen Rotfrontkämpferbund und dem sozialdemokratischen Reichsbanner Schwarz-Rot-Gold um die Macht auf der Straße rangen. Bei Veranstaltungen lieferten sich SA und Kommunisten einen „Versammlungskleinkrieg" mit einem schon „ritualisierten Eskalationsverlauf".[111] Nicht nur bei einem Auftritt Heinrich Himmlers in Haltern 1927 kam es zu schweren Zusammenstößen mit der Polizei, die mit der Verhaftung der Brüder Bielefeld endete. Die Aktionen der SA gegen die Kommunisten provozierte jeweils Gegenreaktionen. Als die SA im Juli 1929 mit einer kleinen Gruppe auf dem Dülmener Marktplatz die Werbeaktion einiger KPD-Anhänger sprengte, rückten eine Woche später 150 Kommunisten mit Lastwagen aus dem Ruhrgebiet an, um ihre Macht zu demonstrieren. Ad hoc konnte die SA diesem Auftritt nichts entgegenstellen und musste sich passiv verhalten. Was blieb, das war eher ein Gefühl der Ohnmacht und Unterlegenheit, da in der Region die Basis zur Mobilisierung weiterer Kräfte fehlte.

Mit der Bildung des Gaues Westfalen-Nord im Januar 1931 konzentrierten sich die SA-Einheiten im Bezirk Recklinghausen verstärkt auf den ländlichen Raum. Die Dülmener SA versuchte trotz „schlimmsten Zentrumsterrors" in den anderen Orten des Kreises Coesfeld Fuß zu fassen und dehnte ihren Straßenterror in den Grenzlandkreis Bocholt-Borken aus. In den Zentrumshochburgen konnten sich Dülmener Nationalsozialisten die antikommunistische und antisozialdemokratische Stimmung zu Nutze machen, indem sie Versammlungen der Linksparteien unterwanderten und öffentlichkeitswirksam sprengten. Der Einsatz von Gewalt förderte jedoch nicht die Akzeptanz der Nationalsozialisten in der kleinstädtischen und ländlichen Gesellschaft. Das war auch nicht das vorrangige Ziel der SA-Taktik. Sie wollte vielmehr eine Atmosphäre des allgemeinen Chaos erzeugen, die Machtlosigkeit des Staates vor Augen führen und den Linksparteien zumindest eine Mitverantwortung zuweisen. Insbesondere die Straßenkämpfe, die häufig von den aufgebotenen Polizeikräften nicht beherrscht werden konnten, stellten das Gewaltmonopol des Staates in Frage und wurden von der Polizei selbst als Bürgerkrieg wahrgenommen. NSDAP und SA organisierten zeitgleich in der Region auch zahlreiche friedlich verlaufende öffentliche Saalveranstaltungen, die der Mitgliederwerbung dienen sollten.

Ab Herbst 1931 entwickelte sich durch die wiederholten und sich verschärfenden Wahlkämpfe im Dülmener Raum ein permanenter Kleinkrieg zwischen dem

Reichsbanner und der SA in einem Klima der Gewaltbereitschaft. Sturmbannführer Max Lorenz in Münster forderte im August 1931 SA-Führer Franz Bielefeld auf, umgehend über die schweren Zusammenstöße mit dem Reichsbanner Mitteilung zu machen, über die er nach seinem Urlaub aus einer Zeitungsnotiz erfahren habe.[112] Es sei auf die „Recklinghäuser Polizei" geschossen worden, „einer der Unsrigen" sei verhaftet worden und die Dülmener hätten zwei Schwerverletzte gehabt. Schon der Einsatz der Polizei beweise, „in welcher Zwangslage sich die ‚Reichsbananen' befunden" hätten und in welch „hervorragender Weise" die Dülmener SA gewirkt hätte. Die Hinweise des Vorgesetzten Lorenz stehen beispielhaft für das verabsolutierte Feindbild und die gewaltbezogenen Werte, die im Milieu der SA-Straßenkämpfer als Meriten gewürdigt und in ihrer Wirkung anerkannt wurden. Sie standen allerdings auch für eine Erwartungshaltung, die von der Dülmener SA aufgrund der zahlenmäßigen Unterlegenheit gegenüber den anderen regionalen Kampfbünden nicht erfüllt werden konnte, wie der Bericht des SA-Führers zeigt.

Der Bericht des SA-Führers beschreibt einen „organisierten Überfall des Reichsbanners" in der Nacht vom 1. auf den 2. August auf eine Kolonne von vier SA-Leuten, die Werbeplakate zum Volksentscheid über die Auflösung des preußischen Landtages am 9. August 1931 geklebt hatten. Eine „Reichsbannerhorde" habe die SA-Kolonne verfolgt. Sie sei ca. 40 bis 50 Mann stark und sämtlich mit „Stöcken, Schlagringen, Messern und Eisenstangen bewaffnet" gewesen und mit dem Ruf „Da sind sie, drauf!" über die SA-Männer hergefallen, die selbst nur zwei Handstöcke mitgeführt hätten. Über einen seitlich abgedrängten SA-Mann seien die Reichsbannerleute mit dem Ruf „Schlagt ihn tot" hergefallen. Nach weiteren Details über das Kampfgeschehen zog der Bericht Bilanz: „Der SA-Führer Bielefeld erhielt Verletzungen an beiden Armen, an einem Arm einen Bluterguss, ferner eine Kopf- und Rückenverletzung. Scharführer Lappe erhielt einen Stich in das rechte Lungenblatt, ferner Schläge auf den Rücken und gegen die Schienbeine. Beide SA-Leute mussten sich in ärztliche Behandlung begeben." Zum Schluss des Berichtes heißt es: „In letzter Zeit organisiert sich das Dülmener Untermenschentum im Reichsbanner. Wir haben heute Morgen Strafantrag gegen die Reichbannerleute bei der hiesigen Polizei wegen schwerer Körperverletzung gestellt." Obwohl es keine Schießerei, keine Verhaftung und sehr wahrscheinlich auch keine Schwerverletzten gab, konstruiert der Berichterstatter einen „heldenhaften Kampf" auf Leben und Tod durch Hinweise auf die Masse der Gegner, ihre Ausrüstung und das martialische Geschrei. Nach oben hin mag diese Darstellung ihren Zweck noch erfüllt haben, die SA-Männer selbst konnten die Schlägerei nur als Niederlage empfinden. Der Strafantrag der SA gegen den politischen Gegner, der bei der Polizei als Repräsentant des bekämpften Systems gestellt werden musste, war wiederum ein Eingeständnis der eigenen Ohnmacht. Dem „Aufopferungswillen" und „Blutzoll" standen im persönlichen Umfeld keine sichtbaren Erfolge, keine öffentliche Aufmerksamkeit für den „braunen Brückenkopf" in Dülmen gegenüber.

Nach Aufhebung des SA-Verbotes und vor den Juli-Reichstagswahlen 1932 erreichte die von Gewalt geprägte Auseinandersetzung der Kampfbünde um die Hoheit auf den Straßen reichsweit ihren vorläufigen Höhepunkt.[113] Dadurch fühlte sich auch die Dülmener SA animiert, „unbedingt" etwas zu unternehmen. Die sozialdemokratische Tageszeitung „Der Volkswille" berichtet am 25. Juli 1932 über den „Straßenkrieg der Nazis in Dülmen". Dabei hätten die Nationalsozialisten in den Abendstunden einen ganzen Straßenzug mit Posten abgeriegelt, um gegen Angehörige des Reichsbanners vorzugehen: „In Dülmen ist der Westring die Straße, in der sehr viele Republikaner wohnen. Die nationalsozialistischen Horden zogen vom Braunen Hause gegen den Westring und unternahmen hier einen regelrechten Sturmangriff auf die Häuser der Republikaner. [...] Gegen den Westring wurden insgesamt 15 bis 20 Schüsse abgefeuert. [...] Das Mitglied des Reichsbanners Willi Ricker, 21 Jahre alt, erhielt einen schweren Unterleibsschuss. Er ist Samstagmittag seinen Verletzungen erlegen. Die Polizei verhaftete vier Nationalsozialisten, die dem Gericht in Coesfeld zugeführt wurden."

Es spricht einiges dafür, dass es sich nicht um ein bis ins Letzte vorbereitetes Vorgehen und einen gezielten Mordanschlag gehandelt hat, wie der Zeitungsbericht nahelegt. „Wahrscheinlich stand zu diesem Zeitpunkt die symbolische Entgrenzung der Gewalt im Vordergrund".[114] Sie sollte die eigene Stärke demonstrieren und den Gegner beeindrucken. Ihrem Ziel, die verhasste Republik und die etablierte Gesellschaft zu überwinden, kamen sie dadurch nicht näher – im Gegenteil. An der Beerdigung von Willi Ricker nahmen über 500 Trauergäste sämtlicher arbeiternahen Organisationen in Dülmen von der KPD, dem Reichsbanner, der Christlichen Arbeiterschaft bis zur Arbeiterfraktion des Zentrums teil und legten Kränze nieder. Die entfesselte Gewalt führte in der Stadt noch einmal zur Solidarisierung der Kräfte der Weimarer Koalition und verschärfte dadurch die Abgrenzung zur radikalen Rechten. Die Zerstörung der Kränze in der Nacht nach der Beerdigung war wohl als erneute Kampfansage an die Vertreter des Systems gedacht, für diese erschien der Zerstörungsakt eher als Verzweiflungstat eines erbitterten Feindes. Derartige Erfahrungen der „Kampfzeit" erklären exemplarisch, welche Frustration sich gerade bei jungen und perspektivlosen SA-Kämpfern aufgestaut haben muss, denen nichts anderes blieb, als die Erfüllung der Erwartungen auf einen verdienten „Lohn", d.h. ihren Anteil an der „Beute" durch Versorgung und Ämter, mit der Zeit nach der „Machtübernahme" zu verknüpfen.

Die Ereignisse auf der Reichsebene in den Wochen nach dem 30. Januar zeigen, wie sich die Rachegelüste gegen die politischen Gegner frei entfalten konnten. Die zu Hilfspolizisten ernannten SA-Leute verschleppten Kommunisten, Sozialdemokraten und andere politische Gegner in die Keller ihrer ‚Sturmlokale', wo sie folterten und mordeten. Im Reichstagswahlkampf standen in den Hochburgen der Linksparteien Störungen bei Wahlversammlungen und eine ausufernde Gewalt bis hin zu Sprengstoffanschlägen auf der Tagesordnung. Dementsprechend verhielten sich auch die SA-Leute in der Region. „Für Franz und Julius Bielefeld und ihre Schlägertruppe bildete der 30. Januar 1933 nicht den Endpunkt der ‚nationalen Revolution', sondern den Ausgangspunkt der ‚nationalsozialistischen Revolution.'"[115] Schon im März 1933 ermahnte die Reichsregierung die Partei und insbesondere die SA, die (schein-)legale Machtübernahme nicht durch gewalttätige Einzelaktionen zu kompromittieren. Welche Bedeutung die Eindämmung und Beendigung dieser Aktionen für die Akzeptanz der NS-Bewegung bei den bürgerlichen Schichten hatte, zeigt ein Brief von Forstmeister Hans Hey vom 6. März 1933 an die Gauleitung.[116] Er sei der einzige Beamte in der Dülmener NSDAP und es gebe insgesamt nur zwei ältere Parteigenossen. Ihm persönlich hätten zahlreiche Beamte und ältere Leute in gehobenen Stellungen gesagt, „sie würden sofort der Ortsgruppe beitreten, aber unter Führung von Bielefeld sei das ausgeschlossen." Noch wichtiger war der Gauleitung allerdings die Autorität der Partei, die mit ihrem Machtanspruch und als Hoheitsträger ihren Führungsanspruch durchsetzen und alles unter Kontrolle halten wollte.

Wie schwierig es war, die SA zu disziplinieren und auf den (schein-)legalen Parteikurs einzuschwören, kann hier nur mit zwei Beispielen aus Dülmen und Werne angedeutet werden. Am 28. Februar 1933 nahm die SA als ‚Hilfspolizei' in Dülmen fünf Angehörige der KPD in Schutzhaft. Weitere Gewalttaten mit schweren Misshandlungen richteten sich bis Juni 1933 gegen Sozialdemokraten, Gewerkschafter, Zentrumsanhänger, Stahlhelm-Angehörige und die jüdischen Bürger. Gegen den Herzog von Croy und seine Verwaltung führte die SA einen regelrechten Kleinkrieg, weil er einen jüdischen Generalbevollmächtigten hatte, sich sein Domänenrat August Kreuz für das Zentrum engagierte und er Forstmeister Hey wegen dessen Zusammenarbeit mit den Nationalsozialisten entlassen hatte. Dieser Konflikt gipfelte in der Verwüstung der Paterre-Räume im Schloss durch SA-Angehörige in Zivil unter der Regie von Franz Bielefeld. Erst mit der Einschaltung höherer SA-Führer und des Landrates wurde der Terror beendet. Die Ermittlungen von Kriminalbeamten führten auch zu mehreren Verhaftungen.[117]

Die Situation in Werne entwickelte sich noch alarmierender, da die Aktionen der SA nicht nur Angst und Schrecken in der Bevölkerung verbreiteten, sondern sich die Gewaltandrohungen auch gegen die NSDAP-Kreis- und Ortsgruppenleitung richteten.[118] Der Streit eskalierte, als die SA-Führung beschloss, in eigener Regie die Verhältnisse in der Stadt nach der Kommunalwahl neu zu ordnen und die Spitzenämter in ihrem Sinne zu besetzen. Auch wenn die Ablösung von Bürgermeister Ohm nicht sofort gelang, der Regierungspräsident und die Gauleitung entschieden gemeinsam über Ohms Verbleiben im Amt, aber auch über dessen Beurlaubung und die Einsetzung von Regierungsassessor Noell von der Lüdinghauser Kreisverwaltung als Vertretung. Eine Kommission sollte die Vorwürfe aufklären, die gegen die Stadtverwaltung und Bürgermeister Ohm erhoben wurden. Als der Führer der SA in den folgenden Wochen bis Ende Mai 1933 alle Bemühungen der Kreisleitung sabotierte, geordnete Verhältnisse in der Ortsgruppe herzustellen, griff die Gauleitung zu einer noch drastischeren Maßnahme. Um die Gefahr des Zusammenstoßes der SA mit anderen Parteiformationen zu beseitigen, veranlasste sie auf Drängen der Ortspolizeibehörde und der Kreisleitung die Verhaftung des SA-Führers. Er wurde als Schutzhäftling in das Gerichtsgefängnis Münster gebracht. Nicht nur diese Maßnahme an sich, die zur Beruhigung der Verhältnisse beitrug, ist bemerkenswert, sondern auch die Kooperation von Partei- und staatlichen Instanzen bei ihrer Umsetzung. Wie schon bei der Entscheidung über Ohms Verbleiben im Amt begann die Grenze zwischen den Zuständigkeiten von Staat und Partei allmählich zu verschwimmen.

Im Zusammenhang betrachtet sind in der frühen Geschichte der NS-Bewegung im westlichen Münsterland zwei „Gründergenerationen" mit einem spezifischen Profil zu erkennen. Dabei bestimmte der Zeitpunkt des Parteieintritts und die persönliche Betroffenheit der Akteure durch die wirtschaftlichen und politischen Krisen über die Prägung als Nationalsozialist und die Verortung in der NS-Bewegung. Auf der einen Seite standen die Angehörigen der „überflüssigen Generation", die sich als Außenseiter fühlten, den „Ballast" ihrer Jugendjahre abwerfen und für „Deutschlands Wiedergeburt" kämpfen wollten. Ihr „Markenzeichen" war ein frühes Engagement in der „Splitterpartei" NSDAP, Straßenkampferfahrung und das Selbstverständnis als systemsprengende Kampfgemeinschaft, die den „Totalitätsanspruch des Nationalsozialismus" durchsetzen wollte. Auf der anderen Seite formierten sich die gesellschaftlich integrierten Vertreter der Mittelschicht, die sich aufgrund der realen oder befürchteten Existenzgefährdung für radikale Lösungen geöffnet hatten und die Bereitschaft zeigten, sich politisch zu engagieren. Sie waren der Partei aber erst auf dem Weg zur Massenbewegung beigetreten, hatten vielleicht auf Versammlungen gegen eine „handlungsunfähige" Republik polemisiert. Als politische Neulinge in den Gemeinden teilten sie häufig den konservativ-autoritären Staatsbegriff der nationalkonservativen Kräfte, sie nutzten aber die bestehenden Verwaltungs- und Kommunikationsstrukturen, um den Machtanspruch der NSDAP zu realisieren. Beide Gruppen kamen durch die Ablehnung der Republik auf einen gemeinsamen Nenner und hatten im völkischen Denken, teilweise unter Anknüpfung an Kontinuitäten zu den frühen völkischen Bewegungen, einen gemeinsamen Orientierungsrahmen.

Aufgrund dieser in personeller Hinsicht sehr heterogenen politischen Ausgangsbedingungen, die sich für die NSDAP in der politischen „Diaspora" entwickelt hatten, kam in der Phase der Zusammenführung von Partei, Stadt und Gesellschaft einer dritten Gruppe von NS-Parteifunktionären eine besondere Bedeutung zu. Dieser Kreis von Spitzenkräften der Partei bestand meist, gemessen an ihrem Parteieintrittsdatum, ebenfalls aus ideologisch gefestigten „alten Kämpfern", häufig mit Weltkriegserfahrung und Freikorps-Geschichte. Sie hatten seit den 20er Jahren die Ziele der Partei als Redner, Wahlkämpfer und Funktionäre auf der Gau-, Bezirks- und Kreisebene vertreten, waren beruflich mobil, für die Zwecke der Partei flexibel einsetzbar und standen loyal zur Parteiführung. Sie folgten dem politischen Kurs Hitlers zur Machtübernahme und Machtsicherung bedingungslos, aber auch pragmatisch. Die machtpolitische Durchsetzung der NS-Bewegung in der Region und die dauerhafte Absicherung des NS-Staates konnten in einem ersten Schritt nur durch die richtige Positionierung und das Handeln dieser Parteifunktionäre gewährleistet werden. Sie sollten die Partei nach innen stabilisieren und die Parteimitglieder nach der „Kampfphase" auf die neuen Herausforderungen im NS-Staat einstellen. Nach außen musste die Partei ihren ‚Kämpfer-Modus' ablegen und mit ihren Gliederungen und angeschlossenen Verbänden ein geschlossenes Auftreten zeigen. Damit stellt sich die Frage, ob die Auswahl und Einsetzung der ersten Kreisleiter in Coesfeld und Lüdinghausen dieser Zielsetzung diente und die Integration von „alten Kämpfern" vom Typ ‚Bielefeld' tatsächlich gelang, da für diese die noch amtierenden Repräsentanten des „alten Systems" eine ständige Provokation darstellten.

Der Kreisleiter Heinrich Becker und die Illusion von der nationalen Erhebung

Die Kreisleiter gehörten als „Politische Leiter" zu den Amtsträgern der Partei.[119] Als „Hoheitsträger" hatten sie wie die Gauleiter oder Ortsgruppenleiter eine Sonderstellung im „Korps der politischen Leiter", denn sie waren für die „gesamtpolitische Lage" in ihrem „Hoheitsgebiet", hier dem Landkreis, verantwortlich. Alle politischen Leiter wie die Ortsgruppenleiter, Amtswalter und Warte dieses Gebietes unterstanden dem „Hoheitsträger" disziplinarisch, jedoch nicht fachlich. Im „Hoheitsgebiet" vertraten die Kreisleiter „die Partei nach innen und außen". Sie hatten für die Durchsetzung der nationalsozialistischen Grundsätze in der Politik, Wirtschaft, Kultur, eigentlich in allen Lebensbereichen ihres „Hoheitsgebietes" Sorge zu tragen. Durch ihre mittlere Position in der pyramidenförmig aufgebauten Parteiorganisation unterstanden die Kreisleiter direkt dem Gauleiter. Später wurden sie auf Vorschlag des Gauleiters vom „Führer" ernannt. Es ist jedoch davon auszugehen, dass in der dynamischen Phase der „Machtübertragung" die Auswahl und Ernennung des Führungspersonals in den Händen der Gauleiter lag, um in ihrem „Hoheitsgebiet" möglichst schnell klare Verantwortlichkeiten schaffen zu können. Auch die Kreisleiter waren zunächst ehrenamtlich tätig, da die Hauptamtlichkeit erst Schritt für Schritt in Abhängigkeit von der Finanzlage möglich wurde. Auf Dauer handelte es sich bei der Kreisleitung jedoch um die unterste hauptamtlich geleitete „Hoheitsebene" der NSDAP.[120]

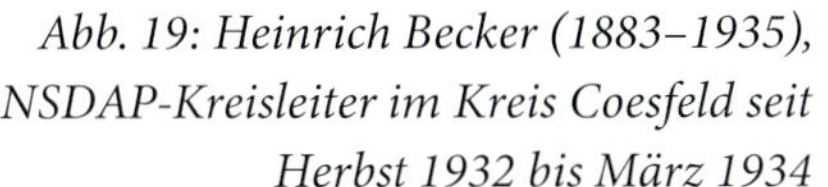

Abb. 19: Heinrich Becker (1883–1935), NSDAP-Kreisleiter im Kreis Coesfeld seit Herbst 1932 bis März 1934

Das Aufgabenspektrum und damit auch die Herrschaftsmethoden der Kreisleiter als Funktionselite der Partei waren mit der machtpolitischen Durchsetzung der NS-Bewegung einem zeitlichen Wandel unterworfen und entwickelten sich mit den Herausforderungen, die der NS-Staat stellte oder vor die er gestellt war: die Durchsetzung und Absicherung des NS-Machtanspruches, dann die Propagierung, Erfassung und Kontrolle der „Volksgemeinschaft", schließlich in der Kriegszeit die Sicherung der wirtschaftlichen Versorgung, der Schutz der Bevölkerung und die Organisation des „Überlebenskampfes" des NS-Regimes in der Region. Seit der „Machtübertragung" und nach den Reichstags- und Kommunalwahlen im März 1933 mussten die Kreisleiter sich in ihrem Zuständigkeitsbereich jedoch zunächst den Machtverhältnissen in den Kommunen stellen, da die Wahl nicht den erwarteten Durchbruch gebracht hatte. Zur Durchsetzung der Parteiinteressen war der Einsatz von Gewalt und Terror zur Verdrängung und Verfolgung der politischen und weltanschaulichen Gegner jenseits rechtlicher Schranken ein bewährtes Mittel. Die Ereignisse und Wahlergebnisse auf der Reichsebene sorgten allerdings auch für eine zusätzliche parteiinterne Herausforderung, da eine steigende Zahl von Neumitgliedern in die NSDAP drängte, auf deren Integration der Parteiapparat nicht vorbereitet war.

Von Januar 1933 bis Mai 1934 stieg die Zahl der Parteimitglieder im Gau Westfalen-Nord von rund 16.500 auf rund 72.200 Personen, also um das 4,4-fache, während sich auf der Reichebene im gleichen Zeitraum die Mitgliederzahlen von rund 850.000 auf 2,5 Millionen nur verdreifachte. Der überwiegende Anteil dieser Neuzugänge fiel in den kurzen Zeitraum nach der Reichstagswahl am 5. März bis zum 1. Mai 1933, als eine Aufnahmesperre für die NSDAP verhängt wurde. Sie wurde erst ab Januar 1937 gelockert. Im Parteijargon bürgerte sich für die ab März 1933 beigetretenen Parteimitglieder der Begriff „Märzgefallene" ein, um sie als Karrieristen, Opportunisten und Glücksritter zu stigmatisieren.[121] Da im Gau Westfalen-Nord fast 75 % der „Märzgefallenen" zum letztmöglichen Termin, also zum 1. Mai beitraten, wäre der Begriff „Maigefallene" präziser gewesen. Unter Beachtung der Mitgliederentwicklung auf der Gauebene und des Beitrittsverhaltens lässt sich auch die Mitgliederentwicklung auf der Kreisebene annähernd bestimmen. Im Kreis Lüdinghausen stieg sie von ca. 300 Mitgliedern im Januar 1932 über ca. 600 Mitglieder im Januar 1933 auf rund 2.400 Mitglieder im Mai 1933. Im Kreis Coesfeld war der Anstieg von ca. 250 über ca. 400 auf rund 1.600 Mitglieder im Mai 1933 entsprechend, aber insgesamt schon aufgrund der geringeren Bevölkerungszahl auf einem niedrigeren Niveau.[122]

Die Auswahl und Ernennung des in Coesfeld bekannten Hoteliers und Mittelständlers Heinrich Becker (1883–1935) zum Kreisleiter im Herbst 1932 erwies sich als geschickter „Schachzug", um im bürgerlichen Lager die Annäherung an den Nationalsozialismus zu erleichtern.[123] Seine Ablösung durch den Dülmener SA-Mann und Ortsgruppenleiter Julius Bielefeld, dem der Ruf eines „Prügelknaben" vorauseilte, wäre in diesem Sinne eher kontraproduktiv gewesen. Der gebürtige Ostfriese Becker war bis 1919 im Kolonialdienst in Togo/Westafrika tätig und daher wohl mit einem nationalistisch geprägten Volkstumsdenken vertraut. Am 22. Januar 1919 meldete er sich als Reichskolonialamtssekretär in Coesfeld an, um dann zwei Tage später die Gastwirtswitwe Maria Bertling zu heiraten. Seitdem war er als Gastwirt und Hotelier des Bahnhofshotels Reichskrone tätig, das nach der NSDAP-Ortsgruppengründung 1931 auch das offizielle Parteilokal wurde. Als Kreisleiter und Ortsgruppenleiter gehörte er selbstverständlich zu den Spitzenkandidaten der NSDAP bei den Kommunalwahlen im März 1933. Er wurde auf den ersten bzw. zweiten Platz der Kandidatenlisten für den Kreistag und die Stadtverordnetenversammlung Coesfeld gesetzt und rückte in beide Gremien ein. Die Stadtverordnetenversammlung Coesfeld wählte Becker in ihrer konstituierenden Sitzung am 5. April 1933 zum ehrenamtlichen Beigeordneten der Stadt und damit zum Vertreter des Bürgermeisters. Er wurde am 29. Mai 1933 in sein Amt eingeführt. Schon am 21. April 1933 hatte ihn der neue Kreistag in seiner konstituierenden Sitzung in den Kreisausschuss gewählt. Damit hatte Becker innerhalb kurzer Zeit durch seine Doppelfunktionen als Parteichef und Kommunalvertreter sowohl in der Kreisstadt als auch auf der Kreisebene eine Machtposition erreicht, die für einen Mittelständler, der nicht den ‚Stallgeruch' des „alten Kämpfers" hatte, außergewöhnlich war. Von der historischen „Mission" des Nationalsozialismus war er überzeugt.

Im August 1933 konnten die NSDAP-Mitglieder in Hiddingsel durch eine Ansprache Beckers einen „tieferen Einblick in nationalsozialistisches Ideengut" gewinnen.[124] Nach einem historischen Rückblick auf den „absteigenden Werdegang" des deutschen Volkes, die Folgen des Liberalismus und Kapitalismus, des „großen Krieges" und weitere Stationen des „Leidensweges" fasst der Zeitungsbericht Beckers weitere Ausführungen folgendermaßen zusammen: „Rotfront marschiert und holt zum letzten Schlag aus. Da greift Adolf Hitler gleichsam als Gottgesandter in die Speichen des Schicksalsrades und wirkt richtungsbestimmend. Der Kommunismus hat seinen Traum in Deutschland ausgeträumt. Wir kennen keine Parteien mehr. Klassenkampf und Standesdünkel sind ausgeschaltet. Hand in Hand marschieren Arbeiter der Faust und der Stirn unter dem Hakenkreuzbanner." Er schloss mit dem Appell, dass jeder Volksgenosse „aufbauende Arbeit im Sinne des Nationalsozialismus zu leisten" habe. Mit der Ablehnung des Kommunismus, des Parteienstaates und der Beschwörung ständeüberwindender Gemeinschaftsarbeit sprach er „allen Anwesenden aus dem Herzen". Diese Einblicke in die NS-Ideologie waren für die Anwesenden sicherlich nicht neu. Der Nationalsozialist Becker, der als Vorstand mehrerer mittelständischer Berufs- und Wirtschaftsorganisationen und von genossenschaftlichen Zusammenschlüssen auf der Kreisebene breit vernetzt und als Kommunalvertreter auf einem eher „legalistischen" Kurs war, vertrat offensichtlich eine für Bürgerliche akzeptable Form nationalsozialistischer Politik. Diese ebnete den Weg für die in vielen Orten zu beobachtende „typische Verschränkung traditionaler Eliten mit der neuen politischen Klasse", die mit der systematischen Durchdringung der kommunalen Selbstverwaltung mit Nationalsozialisten zur Auflösung derselben führte.[125]

Gleichwohl ließ Becker keinen Zweifel aufkommen, dass die NSDAP einen politischen „Alleinvertretungsanspruch" erhob.[126] Als Ende April 1933 die SA-Hilfspolizei den Sekretär der Christlichen Gewerkschaften, Wilhelm Göcke, für eine Woche in Schutzhaft nahm, erhob die NSDAP-Kreisleitung mit Becker an der Spitze auch Vorwürfe gegen den Katholischen Arbeiterverein in Coesfeld. Der Verein würde die „innigsten politischen Beziehungen mit der die Staatsautorität untergrabenden hiesigen christlichen Gewerkschaft" unterhalten. Im Juli 1933 spitzte sich der Konflikt zwischen der NS-Bewegung und dem organisierten Katholizismus zu, da Denunzianten Informationen über die Aufbewahrung staatsfeindlicher Schriften im Coesfelder Gesellenhaus geliefert hatten. Becker leitete eine Untersuchung ein und ließ drei Vorstandsmitglieder durch die SA für einige Tage im Coesfelder Walkenbrücken-Turm festsetzen. Dann stand auch das Gesellenhaus wieder für die Vereinsnutzung zur Verfügung. Wie die Beispiele zeigen, hatte Becker als Kreisleiter keine Skrupel die individuellen Freiheitsrechte außer Kraft zu setzen, an der Zerstörung der demokratischen und pluralistischen Verfassung mitzuwirken und konsequent gegen mutmaßliche Gegner der Nationalsozialisten in seinem „Hoheitsbereich" vorzugehen. Aus den Quellen ist jedoch nicht ersichtlich, ob er sich zu diesem Zeitpunkt bereits die gesellschafts- und rassenpolitischen Ziele der NS-Bewegung und die Verheißung der „Volksgemeinschaft" mit ihren fördernden und ausgrenzenden Prämissen zu eigen gemacht hatte.

Eine erste Bilanz zog die Allgemeine Zeitung (AZ) Coesfeld zu seinem fünfzigsten Geburtstag am 7. November 1933.[127] Becker wurde als „unbeirrbarer Vorkämpfer des Nationalsozialismus" gewürdigt. Die gesamte Heimatbevölkerung habe mehr und mehr das „ideale Streben" des Kreisführers erkannt. „Seine vorbildliche, von tiefem sozialen Verständnis und versöhnender Gerechtigkeit getragene Amtsführung" habe ihm „im Sturme das Vertrauen aller eingebracht". Die AZ zählte Becker zu den Männern, „die das große Ziel der sozialen und nationalen Volksgemeinschaft stets vor Augen haben, die kleinliche Zänkereien ablehnen, um der großen Sache umso entschiedener und ehrlicher zu dienen". Zur Begründung wies die AZ auf sein starkes verbands- und kommunalpolitisches Engagement hin. Dann forderte sie die Leser dazu auf, dem Kreisleiter ein besonderes Geburtstagsgeschenk durch eine möglichst hohe Beteiligung bei der bevorstehenden Reichstagswahl und Volksabstimmung am 12. November 1933 zu machen, damit er seinen „vorgesetzten Stellen" melden könne: „Der Kreis Coesfeld steht geschlossen und in ehrlicher Treue hinter Adolf Hitler und dem neuen Deutschland!". Gemessen an der Wahlbeteiligung und den abgegebenen Ja-Stimmen hatte die AZ mit ihrer Aufforderung Erfolg. Im Kreisgebiet gingen 97,6 % der 33.840 stimmberechtigten Einwohner zur Wahl. Von den Stimmberechtigten stimmten in der Volksabstimmung 94,4 % mit „Ja", 1,7 % mit „Nein", 1,5 % machten ihren Stimmzettel ungültig.[128]

Diese deutliche Zustimmung war jedoch kein persönlicher Erfolg, sondern das Ergebnis der inzwischen vollzogenen verfassungs- und innenpolitischen Veränderungen. Die KPD befand sich in der Illegalität. Am 17. Mai hatte der Reichstag das letzte Mal als Mehrparteienparlament getagt, bevor er aufgelöst wurde. Formal blieb das Parlament als Verfassungsorgan und Gesetzgeber zwar bestehen, es hatte aber keine politische Bedeutung mehr. Die Reichstagswahl und Volksabstimmung über den Austritt Deutschlands aus dem Völkerbund bildeten wie die folgenden Wahlen die Fassade für einen „Scheinparlamentarismus". Nach dem Verbot der SPD am 22. Juni, der Selbstauflösung der bürgerlichen Parteien und dem „Gesetz gegen die Neubildung von Parteien" vom 14. Juli 1933, das die NSDAP als einzige Partei zuließ, existierte das demokratische Parteiensystem nicht mehr.

Bei der Reichstagswahl am 12. November 1933 stand ein reichsweit gültiger Einheitsstimmzettel mit zehn Kandidaten zur Abstimmung, sieben von der NSDAP, drei von der „Kampffront Schwarz-Weiß-Rot", darunter auch Franz von Papen. Die Einheitsliste aller 661 Reichstagskandidaten wurde von Hitler bestimmt, der 22 Parteilose als Gäste zuließ. Die Wahlbeteiligung bei der Reichstagswahl von 95,2 % und das zustimmende Votum von 89,9 % der Stimmberechtigten in der Volksabstimmung war auch das Resultat der breiten Unterstützung der Machthaber durch Reichspräsident Hindenburg, Wissenschaftler, Gelehrte, die Spitzen der Wirtschaft und der Kirche. Die Bischöfe der katholische Kirche riefen nach Abschluss des Reichskonkordates im Juli 1933 zwischen dem Heiligen Stuhl und dem Deutschen Reich zur Stimmabgabe für den Führer auf. Auch wenn die Abstimmungen in den Wahllokalen in keiner Weise frei verliefen, ist das Wahlergebnis dennoch als „Stimmungstest" zu werten. Es sollte die Einheit von NS-Führung und Volksgemeinschaft demonstrieren.

Der Kreisleiter Julius Bielefeld und die Fortführung der „nationalsozialistischen Revolution"

Umso überraschender fiel für die NSDAP-Führung das Ergebnis der Volksabstimmung am 19. August 1934 zum „Gesetz über das Staatsoberhaupt des Deutschen Reiches" vom 1. August 1934 aus. Nach diesem Gesetz sollte das Amt des Reichspräsidenten mit dem des Reichskanzlers vereinigt und die bisherigen Befugnisse des Reichspräsidenten auf den „Führer und Reichskanzler Adolf Hitler" übergehen. Bei einer wiederum hohen Wahlbeteiligung stimmten auf der Reichsebene 84,3 % der Stimmberechtigten für das Gesetz.[129] Im Kreis Coesfeld verzeichnete das Endergebnis 78,3 % „Ja"-Stimmen, 14,7 % „Nein"-Stimmen und 3,4 % ungültige Stimmen bei einer Wahlbeteiligung von 94,4 %. In einigen Gemeinden wie in Hiddingsel (61,0 %) oder Gescher (65,9 %) lag die Zustimmung noch erheblich unter dem Durchschnittswert des Kreises. Das war für die Gauleitung Grund genug, nach den Gründen für diese schlechten Ergebnisse zu fragen. Kreisleiter Julius Bielefeld, seit dem 1. Mai 1934 im Amt, hatte auf diese Frage eine überraschend präzise Antwort parat. Aus seiner Sicht gingen die „Nein"-Stimmen zu 75 % auf

Abb. 20: Julius Bielefeld (1905–1970), NSDAP-Kreisleiter im Kreis Coesfeld seit Mai 1934 bis März 1938, dann Kreisleiter im Kreis Lüdinghausen bis August 1944

das Konto der katholischen Kirche, zu 18 % auf das des Reichsnährstandes, zu 5 % auf das Konto „der Spießer und Beamte[n]" und zu 2% auf das Konto „ehemaliger Marxisten". Dass Bielefeld selbst als Repräsentant der Partei das „Stimmungsbild" beeinflusst haben könnte, kam ihm nicht in den Sinn. Die Ereignisse in der Region seit Ende 1933 lassen jedoch diese Schlussfolgerung zu.

Ende 1933 erkrankte Kreisleiter Becker ernsthaft. Daher verzichtete er zunächst auf sein Amt als Ortsgruppenleiter und übergab diese Funktion an Heinrich Erfmann.[130] Dieser arbeitete als Ingenieur und Betriebsinspektor bei den Vereinigten Elektrizitätswerken Westfalen und war für die Überwachung des Stromnetzes in den Kreisen Borken, Coesfeld und Lüdinghausen verantwortlich. Ab Februar 1934 gehörte er auch der Stadtverordnetenversammlung in Coesfeld an. Sehr wahrscheinlich musste Becker auf Grund oder aus Anlass der Erkrankung im März 1934 auch seine Funktion als Kreisleiter aufgeben. Es lässt sich nicht nachweisen, ob dies aus eigener Einsicht oder auf Drängen der Gauleitung geschehen ist. Die Gauleitung konnte auf jeden Fall mit Karl Kossol (geb. 1909) Anfang April 1934 schnell Ersatz stellen; Becker blieb aber stellvertretender Kreisleiter.[131] Der Einsatz von Kossol war von vornherein als Zwischenschritt bis zur Gesundung Beckers oder einer langfristigen Ersatzlösung gedacht, da Kossol in den Jahren 1933/1934 durch die Gauleitung insgesamt viermal versetzt wurde, um als „fliegender Kreisleiter" die Organisation der Parteikreise im Münsterland auszubauen.

Zum 1. Mai 1934 ernannte Gauleiter Meyer schließlich Julius Bielefeld zum Kreisleiter; Becker blieb Stellvertreter. Nach einer eigenen Aussage hatte er die Aufgabe, „den Kreis Coesfeld zu einem Musterkreis zu machen". Die groß inszenierten Feiern zum 1. Mai 1934, die ihren Höhepunkt in einem „gewaltigen" Festumzug „des im nationalsozialistischen Sinne vereinten Coesfelder Arbeitertums" hatten, boten Bielefeld die Gelegenheit für einen ersten öffentlichen Auftritt. Obwohl die Presse das Ereignis als Demonstration „schönster Volksgemeinschaft" feierte, herrschte bei Bielefeld eher Ernüchterung über die Realisierbarkeit seiner Vorstellungen eines NS-Regimes und Unzufriedenheit über die bislang erreichte Anerkennung für die SA-Kämpfer. Die von der NSDAP auf der Orts- und Kreisebene im Juni 1934 sorgfältig vorbereitete Kampagne „Gegen die Feinde des Aufbaues!" entsprach eher der kritischen Sicht Bielefelds auf die noch unvollendete „nationalsozialistische Revolution".

Bielefelds Freund aus der Straßenkampfzeit, Heinrich Capitaine, nunmehr Propagandawart im Kreis Recklinghausen, benannte auf einer Kundgebung in der Stadthalle Coesfeld Anfang Juni die Störfaktoren der NS-Bewegung, die sich Bielefeld schnell zu eigen machte.[132] Der Angriff des Redners richtete sich insbesondere gegen die „kleinen Geister" und die „unter dem Deckmantel konfessioneller Interessenvertretungen" wirkenden Kritiker aus Jugendverbänden und Frauenvereinigungen, gegen die „reaktionären Spießer aus dem Bürgertum" mit Hang zum Monarchismus und die spät in die NSDAP eingetretenen „übernationalsozialistischen Volksgenossen", die mit „störendem Geschrei" und kompensatorischem Übereifer den Aufbau hemmen würden. Gauleiter Meyer dagegen beschwor auf dem Höhepunkt der Kampagne am 8. Juni 1934 in seiner Ansprache vor mehreren tausend Zuhörern das „Reich der Volksgemeinschaft", in dem der Nationalsozialismus unbeeindruckt von „Kritikern und Nörglern" zur Tat schreite. Auch er bediente sich des Kampfmotivs gegen Miesmacher, Bolschewisten und Juden, um dann die NSDAP in den Mittelpunkt zu stellen, in der die nationalsozialistische Idee lebe und als „Führerorden des deutschen Volkes für alle Zeiten" bestehen bleibe. Damit knüpfte er an den auf lokaler Ebene betriebenen Führerkult an, der sich trotz aller Miesmacher und weiterhin bestehender sozialer und wirtschaftlicher Probleme zum zentralen Identifikationsfaktor des NS-Regimes entwickelte.

Die kritische Sicht auf der Seite der SA-Kämpfer und die Propaganda Meyers für den Führer und die Volksgemeinschaft waren nichts Außergewöhnliches und standen für eine breite Diskussion im noch nicht gefestigten NS-Staat. In den Ansagen artikulierten sich die noch ungeklärten Kräfteverhältnisse in der NS-Bewegung selbst zwischen der NSDAP und der SA unter der Führung von Ernst Röhm und in der Reichsregierung zwischen den NSDAP-Funktionären und den Nationalkonservativen, die mit der sogenannten Niederschlagung der „Röhm-Revolte" entschieden wurden. Mit diesem Begriff verschleierte die Propaganda die staatlich vorbereitete und legalisierte Ermordung von über 100 SA-Führern, Regimegegnern und -kritikern in der letzten Juniwoche 1934. Damit konnte Hitler den SA-Führer „Röhm und seine unruhigen SA-Revoluzzer entmachten, den Ansprüchen der Reichswehr entgegenkommen, die Gegenpläne der konservativen Partner und Opponenten durchkreuzen und die Missstimmung in der Bevölkerung beachten".[133]

Für die Zuspitzung der Lage auf der Reichsebene hatte auch ein Kreis um Vizekanzler Papen gesorgt, der mit der anstehenden Nachfolgeregelung für Reichspräsident Hindenburg das Regime doch noch in gemäßigte Bahnen lenken wollte. Papens Rede vor dem Universitätsbund der Universität Marburg am 17. Juni 1934 wirkte wie ein Signal, da er darin u.a. die Gewaltexzesse der Nationalsozialisten und den Terror gegen das eigene Volk geißelte. Eine Aussage war wohl direkt an die SA gerichtet: „Kein Volk kann sich den ewigen Aufstand von unten leisten, wenn es vor der Geschichte bestehen will. Einmal muß die Bewegung zu Ende kommen, einmal ein festes soziales Gefüge, zusammengehalten durch eine unbeeinflußbare Rechtspflege und durch eine unbestrittene Staatsgewalt, entstehen."[134] Die mit der Rede formulierte Generalkritik der Konservativen an den Nationalsozialisten, die einen großen Widerhall fand und illegal verbreitet wurde, sorgte Ende Juni für eine zusätzliche Beschleunigung des Entscheidungsprozesses hin zur Mordaktion.

Kreisleiter Bielefeld hatte nun in keiner Weise etwas mit diesen Ereignissen auf der Reichsebene zu tun; dennoch ist das politische Ränkespiel um die Gebrüder Bielefeld nach der angeblichen „Röhm-Revolte" ein Beispiel dafür, wie die „große Politik" das Geschehen vor Ort auch indirekt beeinflusste. Nach den Lageberichten der Kreisleiter und des Gauinspekteurs Herbert Barthel[135] erzielte die Parteipropaganda bei der Bevölkerung der Region das Bild, das sich die oberste Parteiführung von der Aktion wünschte. Für Barthel hatte die „Aktion des Führers" wie ein „reinigendes Gewitter" gewirkt. Das Volk glaube an den Führer und sei mit seinen Maßnahmen durchaus einverstanden. Von wenigen Regimegegnern werde die Aktion zur Kritik an den SA-Führern benutzt. Aus seiner Sicht sei das Verhältnis zwischen der Partei und ihren Gliederungen, auch zur SA einwandfrei. Schwierigkeiten zwischen den Partei- und Staatsdienststellen könne er in der letzten Zeit nicht feststellen, da beide Seiten Wert darauf legen würden, im besten Einvernehmen zu arbeiten.

Für Bielefeld waren am 6. August die Ereignisse des 30. Juni bereits „in der Öffentlichkeit abgetan" und hätten die „vollste Zustimmung" gefunden. Er befürchtete jedoch Auswirkungen auf die bevorstehende Volksabstimmung am 19. August. Die einen sähen darin eine zweite „Novemberabstimmung"; es gäbe auf der anderen Seite aber auch Leute, „die in ihrer ohnmächtigen Bosheit versuchen, das Volk aufzuklären und ihm beizubringen, dass Adolf Hitler einen Staatsstreich vollzogen hätte, der jeder Rechtsgrundlage entbehre." Konkret sprach er den katholischen Klerus an, der mit der Meinung, „dass es nicht christlich gewesen sei, diese Leute ohne ein ordentliches Gericht zu erschießen", gegen die Nationalsozialisten mobil mache. Auch der Lüdinghauser Kreisleiter Karl Tosse berichtete von ähnlichen Reaktionen auf die „Säuberungsaktion des Führers" und verzeichnete im ganzen Kreis den „stärksten Nachhall". Der Führer habe sich durch „sein mutiges und unerschrockenes Vorgehen die Sympathien des größten Teiles der Bevölkerung erworben, und selbst bisherige Kommunisten erklärten rückhaltlos, dass sie sich nunmehr voll und ganz für Adolf Hitler einsetzen würden." „Gewisse katholische Kreise" seien mit der Aktion nicht zufrieden, da behauptet werde, „dass der Führer der katholischen Aktion – Clausener und der Führer der D.J.K. Hauptmann a.D. Probst – ebenfalls erschossen seien".[136] Diese Kreise würden auf Aufklärung warten.[137] Hitlers machtpolitisches Kalkül ging mit der Mordaktion scheinbar auf. Der „Führer" ging gestärkt aus der „Säuberungsaktion" hervor. Unkalkulierbarer war der Auftrieb für weiterhin kritische Stimmen in der Bevölkerung, die sich nach wie vor gegen die Gewalt als Kernelement des Nationalsozialismus richteten, sei es in Gestalt des Straßenterrors der SA oder des Staatsterrors wie in der Mordaktion gegen die Machtkonkurrenten und Regimegegner. Den katholischen Geistlichen machte die Mordaktion die Unvereinbarkeit von Kirche und NS-Staat erneut deutlich.

Die eher beiläufige Anmerkung von Gauinspekteur Barthel, dass die „Aktion des Führers" auch zur Kritik an SA-Führern genutzt werde, unterschätzte noch das Konfliktpotential dieses Vorganges. Die mit der Ermordung der „Röhmlinge" gesetzten machtpolitischen Signale entfalteten in der Region eine eigene Dynamik, sowohl in den Machtkämpfen der NS-Bewegung selbst als auch im Prozess der politischen Machtdurchsetzung der rivalisierenden parteiinternen Strömungen, insbesondere wenn sie darüber hinaus mit persönlichen Ambitionen oder Feindschaften verbunden waren. Die folgenden Beispiele sollen die Verschränkung der verschiedenen Ebenen, von persönlichen, kommunalen und Parteiinteressen veranschaulichen. In den Beispielen erscheint Kreisleiter Julius Bielefeld jeweils in unterschiedlichen Rollen: als Repräsentant der Partei in seinem „Hoheitsgebiet", als „Anwalt" seines Bruders, des SA-Standartenführers Franz Bielefeld, und als Leiter und „Disziplinargewalt" der ihm unterstellten Parteiorganisation.

Die Ernennung von Julius Bielefeld zum hauptamtlichen Kreisleiter auf einer nun besoldeten Stelle war zweifellos eine Anerkennung und Belohnung für seine Verdienste um die NS-Bewegung in der „Kampfzeit". Die „Karenzzeit" zu den Gewalt-Exzessen in Dülmen im vorausgegangenen Jahr war wohl eher der Rücksichtnahme auf die nationalkonservativen Kreise geschuldet als eine bewusste Absage an die „Gewalt-Tradition". Dass die Gauleitung weiterhin zu den SA-Kämpfern stand, zeigt eine Würdigung von Gauinspekteur Barthel in einem Brief an die SA-Gruppe Westfalen: „Der Kreis Coesfeld ist, wie auch dort bekannt sein dürfte, s. Zt. durch die Gebrüder Bielefeld für den Nationalsozialismus sturmreif gemacht worden. Es ist bekannt, dass sich die beiden Brüder restlos für den nationalsozialistischen Gedanken im Kreise Coesfeld eingesetzt haben. Ihnen ist es zu verdanken, wenn heute dort Verhältnisse herrschen, die in etwa annehmbar sind."[138]

Als Bielefeld im Mai 1934 in der Kreisgeschäftsstelle der Partei in der Kreisstadt Coesfeld seinen Dienst antrat, wurde er nicht nur aufgrund dieser Vorgeschichte als SA-Kämpfer mit großer Skepsis empfangen. Da er nicht wie andere Ortsgruppenleiter auf der Kreisliste für die Kommunalwahl im März 1933 als Kandidat angetreten war, hatte er bewusst seine Ablehnung der demokratischen Institutionen als Organe des von ihm gehassten Weimarer Systems zum Ausdruck gebracht, sich aber auch den Weg zur Beteiligung an der Machtübernahme auf einem zunächst „legalistischen" Weg verbaut. Er musste sich also in einem für ihn weitgehend unbekannten Umfeld bewegen, in dem weder das Selbstverständnis der örtlichen Parteigenossen noch die von der NSDAP bis dahin durchgesetzten Einfluss- und Machtstrukturen in der Kommunalpolitik seinen Vorstellungen entsprachen. Als dann Mitte 1934 sein Bruder wegen Vorwürfen und Anfeindungen aus dem Coesfelder Umfeld von der SA-Führung versetzt wurde, fühlte er sich selbst angegriffen und leitete im August 1934 die Verlegung der Kreisgeschäftsstelle der NSDAP nach Dülmen ein. Wegen dieses Vorgangs wiederum machte der Coesfelder Ortgruppenleiter Erfmann auf einer Eisenbahnrückfahrt vom Reichsparteitag in Nürnberg im Beisein Anderer „mißbilligende Äußerungen" über den Kreisleiter, wie die Leiterin der NS-Frauenschaft Anna Sellmann berichtete. Dieser habe die Kreisgeschäftsstelle „angeblich aus Feigheit" nach Dülmen verlegt.[139]

Die Beteiligung von SA-Standartenführer Franz Bielefeld an einer Prügelei wäre bis zur angeblichen „Röhm-Revolte" von der SA-Führung eher wohlwollend zur Kenntnis genommen worden. Nun aber erklärte sie es zum „vornehmsten Ziel", „den alten Ruf der SA" wieder herzustellen. Daher könne „von der Qualität aller Führer und Männer nur das Höchste" verlangt werden, sowohl in „kämpferischer, weltanschaulicher wie sittlicher Hinsicht". In einem geheimen Schreiben des SA-Führers der Gruppe Westfalen an die Brigaden- und Standartenführer vom 31. Juli 1934 wurden die Anforderungen für eine „gründliche Säuberung der SA von allen ungeeigneten Führern und Männern" präzisiert. Hier seien nur einige Schlagwörter zur Zielgruppe der „Säuberungsaktion" genannt: „Straffällige SA-Führer"; Männer, die „dem gesunden Geist der SA nicht entsprechen"; „Postenjäger"; „Materialisten"; Männer, die aus „beruflichen Zweckmäßigkeitsgründen" beigetreten sind; Männer, die durch ihr „Auftreten in der Öffentlichkeit" das Ansehen der SA schädigen und „alle Schwächlichen und Kranken", die „angestrengtem Dienst nicht gewachsen sind".[140] Die „Säuberungsaktion" war außerdem mit einer „absoluten Aufnahmesperre" verbunden.

Vor diesem Hintergrund kann die „Versetzung" von Bielefeld schon als Zugeständnis verstanden werden, das offensichtlich seine Verdienste in der Kampfzeit berücksichtigte. Dieser wohlwollende Umgang war nicht mehr möglich, als im August 1934 erneut Vorwürfe durch eine Strafanzeige gegen Franz Bielefeld öffentlich wurden. Da die SA-Führung in Dortmund staatsanwaltschaftliche Untersuchungen nicht mehr verhindern konnte, setzte sie einen eigenen Untersuchungsausschuss unter der Beteiligung von Gauinspekteur Barthel und Kreisleiter Bielefeld ein, um die Betroffenen, Täter und Zeugen zu vernehmen und die „Fakten" im Sinne der SA bewerten zu können.[141]

In den Verhandlungen des Ausschusses kam auch noch einmal eine Silvesternacht-Prügelei zur Sprache. Zwei deswegen bereits verurteilte arbeitslose SA-Männer hatten dazu eidesstattliche Erklärungen zur Beteiligung von Franz Bielefeld abgegeben. Die Verhandlungen hätten ergeben, dass die eidesstattlichen Erklärungen „leichtfertig" abgegeben worden seien. Beide hätten ihre Erklärung „berichtigt", Bielefeld sei an der Schlägerei nicht beteiligt gewesen. Obwohl der Ausschuss beide SA-Männer für das „Kesseltreiben" gegen Bielefeld verantwortlich machte, sollte für beide ein Arbeitsplatz „möglichst weit weg von Coesfeld" beschafft werden.

Der neue Strafantrag gegen Bielefeld ließ sich nicht so leicht auf SA-internem Weg aus der Welt schaffen, da er auf eine Initiative des Referendars Udo Veltkamp zurückging, der als Vertreter des Landrates angesehen wurde. Kurz zusammengefasst ging es um folgenden Sachverhalt: Als sich ein arrestierter SA-Sturmführer wegen der schlechten Versorgung beschwerte, sei er von Bielefeld geschlagen worden. Als Veltkamp über die „Gerüchte"-Küche von diesen „Vorfällen" erfuhr, beauftragte er einen Landjäger, den SA-Sturmführer zu dieser Angelegenheit zu hören. Der Landjäger habe dann den Sturmführer aufgefordert, Anzeige gegen Bielefeld zu erstatten. Dann muss Bielefeld wohl eine für ihn günstige Aussage erzwungen haben, denn der Sturmführer erklärte später, „dass er bei seinem Widerruf, der ihm von Bielefeld erzwungenen eidesstattlichen Erklärung bleibe". Das Ergebnis der Verhandlungen des SA-Untersuchungsausschuss war dennoch ganz im Sinne der örtlichen Parteiführung: Im Laufe der Untersuchung zog der Sturmführer den Strafantrag zurück. Dennoch wurde er als Person abqualifiziert, der einen „durchaus ungünstigen Eindruck" hinterlassen habe und dem nicht mehr „der Glaube beizumessen ist" wie anfangs. Da es sich um eine reine SA-Angelegenheit gehandelt habe, hätte Veltkamp keine Veranlassung gehabt einzugreifen. Er sei durch die „Opposition gegen Bielefeld" beeinflusst gewesen, aus persönlichen Gründen gegen ihn vorgegangen und sollte von Coesfeld versetzt werden. Nun musste nur noch die Staatsanwaltschaft in Münster das Verfahren einstellen. Die SA-Gruppe in Dortmund sollte mit der Brigade in Münster in diesem Sinne aktiv werden. Zum Schluss der Verhandlungen wurden die anwesenden Führer ermahnt, alles zu unterlassen, was die „nunmehr bereinigten Gegensätzlichkeiten" neu beleben könnte.

Nachdem die „Gegensätzlichkeiten" nun zumindest formal bereinigt waren, setzte sich Gauinspekteur Barthel bei der SA-Führung dafür ein, Standartenführer Bielefeld wieder nach Coesfeld zurückzuversetzen. Dabei stimmte er, wie auch Kreisleiter Bielefeld in einem gesonderten Schreiben, das ‚hohe Lied' auf die „alten nationalsozialistischen Kämpfer" an, die der „feige Spießer" und seine Gesinnungsgenossen niemals verstehen würden. „Jeder anständige und vorurteilsfreie Volksgenosse" stelle sich restlos auf die Seite der „Kämpfer" und könne es nicht nachvollziehen, dass den Denunzianten überhaupt die Gelegenheit gegeben wird, zu Wort zu kommen. Eine Rückkehr des Standartenführers nach Coesfeld würde „den ewigen Nörglern und Kritikern beweisen, dass alte Kämpfer auf diese Weise nicht zu Fall gebracht werden" könnten. Ansonsten befürchtete er ein ähnliches Kesseltreiben gegen den Bruder und eine Gelegenheit für die „mehr oder minder reaktionären Kreise [...], ihre dunklen Ziele in aller Ruhe weiter zu verfolgen". Wie auch Barthels Lageberichte an die Gauleitung bestätigen, sah er jedoch – anders als Bielefeld – im Kreis Coesfeld keine für die Bewegung „äußerst gefährliche" Stimmung. Für Bielefeld war dagegen „die Hölle" los; wenn sein Bruder nicht zurückkomme, breche alles zusammen; das mustergültige Verhältnis von SA und politischer Organisation stehe auf dem Spiel; die SA und Bewegung würden hier mit „ihrem wirklich volkstümlich gewordenen alten Kämpfer Franz Bielefeld" stehen und fallen.

Nach diesem ‚Freundschaftsdienst' für die Brüder Bielefeld, der nicht den gewünschten Erfolg hatte, war das Thema für Barthel jedoch noch nicht erledigt, da er wiederholt als Vermittler gefordert war. Kreisleiter Bielefeld sah sich weiterhin von reaktionären Kräften, Meckerern und Miesmachern in der Partei und im Volk umgeben. Vor allem in parteiinternen Konflikten, die meistens mit Intrigen und dem ‚Waschen schmutziger Wäsche' einhergingen, bot die Untersuchung gegen Franz Bielefeld bis ins Jahr 1935 hinein willkommenen Zündstoff. So brachte z.B. die abgesetzte Vorgängerin der NS-Kreisfrauenschaftsleiterin Anna Sellmann in ihren Vorwürfen und Gerüchten gegen ihre Gegner, vor allem in der Parteispitze, immer wieder die Bielefelds mit der „Röhm-Affäre", dem „Meineids-Ermittlungsverfahren" oder Geldveruntreuungen in Verbindung.[142] Doch Bielefeld schlug zurück. Wer sich in diesen Konflikten vermeintlich gegen ihn stellte oder aus seiner Sicht das Geschäft der Reaktion betrieb, musste seine Position räumen, wie Anfang 1935 der Coesfelder Ortsgruppenleiter Erfmann. Auch an der Ablösung seines Stellvertreters Becker hatte Bielefeld seit August 1934 kontinuierlich gearbeitet, bis Becker sich im Februar 1935 nach einem Gespräch mit Barthel endlich bereit erklärte, auf sein Amt zu verzichten. Für Bielefeld war das gute Verhältnis Beckers zur immer noch „schwarzen oder reaktionären" Kreisverwaltung, die den „Fall Bielefeld" ausgelöst hatte, ein Ärgernis, da es nicht seinem Konfrontationskurs gegen die „Reaktion" entsprach.

Auch wenn Bielefeld persönliche Motive für sein Vorgehen ausdrücklich verneinte, ein Schreiben an Barthel mit der Bitte um Unterstützung seines Anliegens legt den eigentlichen Antrieb offen.[143] Er beklagte darin den mangelnden direkten Kontakt der Coesfelder Behörden zu den NSDAP-Dienststellen wie der Ortsgruppe. Der Landrat und der Coesfelder Bürgermeister würden sich stets bei Abstimmungsbedarf mit Pg. Becker in Verbindung setzen und nachher sagen: „Bitte, der stellv. Kreisleiter geht voll und ganz mit uns einig." Becker und nicht er werde als „Vertreter der Bewegung" gesehen. Er müsse sich von seinen eigenen Mitarbeitern sagen lassen, dass sie bei „zwei Kreisleitern" nicht mit Erfolg arbeiten könnten. Für die „Bewegung" sei es ein Unding, von „zwei verschiedenen Polen geleitet zu werden". Einen Mann wie Becker würden sich die Behörden wünschen. Es gebe keinerlei Meinungsverschiedenheiten. Da Becker in keiner Weise die Interessen der Bewegung vertrete, sondern „immer nur das tut, was diese ‚Herren' wollen", sei der Zustand für ihn unhaltbar. Unter solchen Umständen könne er seine Aufgabe, „den Kreis Coesfeld zu einem Musterkreis zu machen" nicht lösen. Hier kollidierten Bielefelds persönliches Amtsverständnis als Hoheitsträger der Partei und seine Vorstellungen vom „nationalsozialistischen Kampf" unmittelbar mit dem seit April 1933 laufenden Gleichschaltungsprozess unter legalistischem Vorzeichen.

Den frühen Tod Beckers mit 51 Jahren am 10. April 1935 muss Bielefeld mit Erleichterung zur Kenntnis genommen haben. Die Anreise von Viktor Lutze (1890–1943), Nachfolger von Röhm als Stabschef der SA, zur Beerdigung des ihm bekannten Nicht-SA-Mannes Becker hätte auch für Bielefeld ein Signal für die der SA nun zugewiesene Nebenrolle auf dem Weg in den NS-Staat sein können. Er konnte und wollte die idealisierte Welt der „alten Kämpfer" nicht verlassen und setzte mit Vorliebe seinen Kampf gegen Repräsentanten des „Weimarer Systems" fort, wie gegen den Landrat, den Bürgermeister von Coesfeld oder bekennende Katholiken unter den Funktionsträgern in Partei und Verwaltung.

Ein im Juli 1935 veröffentlichter Presseartikel unter der Schlagzeile „Proklamation an die gesamte Parteigenossenschaft des Kreises Coesfeld" berichtete über eine Ansprache Bielefelds: „Als politischer Vertreter der NSDAP des Kreises Coesfeld habe er in der Vergangenheit nur eins gekannt, nämlich für die Idee des Führers zu kämpfen und seinen Willen weiterzuverbreiten. So müssten auch alle anderen Kämpfer Adolf Hitlers sein, wie die alten es ewig bleiben würden." Dann wird Bielefeld wörtlich zitiert: „Vergeblich sind die Anstrengungen gewisser Kreise gewesen, die versuchten, auch im Kreis Coesfeld Hass und Zwietracht zu säen. Vergeblich waren ihre Verleumdungen über alte Kämpfer der Bewegung, ihre Gemeinheiten und Lügen sind erkannt, und wir werden nicht eher ruhen, bis diese Kreise die verdiente Strafe gefunden haben. Wir gehen unseren Weg geradeaus, und alle, die uns mit Niedertracht und Gemeinheit begegnen, werden wir vernichten." Diesen Bericht kommentierte der Gaupropagandaleiter mit den Worten: „Für den Byzantinismus, der aus der Proklamation [...] spricht, habe ich nicht das geringste Verständnis."

Der Kreisleiter Anton Bezler und die „Machtübernahme" der Gauleitung in der Region

Anton Bezler, seit Oktober 1932 Kreisleiter in Lüdinghausen, war in seinem „Hoheitsgebiet" ein Unbekannter.[144] Er musste sich in einem sowohl für die Partei als auch für ihn selbst noch weitgehend unerschlossenen Gebiet bewegen, so dass er auch gesellschaftlich über wenige Kontakte verfügte. Bezler stammte aus Rottenburg am Neckar. Er verdiente seinen Lebensunterhalt bis 1929 als Kaufmann im Einzelhandel. Nach der wirtschaftlich bedingten Geschäftsaufgabe fiel er in die Arbeitslosigkeit; zeitweise versuchte er sich durch Arbeiten für eine Montagefirma in Süddeutschland über Wasser zu halten. Erst 1931 wurde er in Westfalen ansässig. Wie bei den Brüdern Bielefeld führte der Weg in das rechtsradikale Lager über den Völkisch-Sozialen Block, dem er 1924 angehörte. Am 13. Dezember 1925 trat er der NSDAP bei, aber nicht der SA. Ab September 1928 wurde er zweimal aus der Mitgliederliste der Partei gestrichen, möglicherweise weil er aufgrund seiner wirtschaftlichen Notlage die Parteibeiträge nicht zahlen konnte. Für die NSDAP engagierte er sich in dieser Zeit als „Wanderredner", aber nicht als Straßenkämpfer. Nach der Wiederaufnahme am 1. Januar 1931 begann seine eigentliche Parteikarriere als Propagandawart und Kassierer. Bereits im April 1931 stieg er zum Bezirksleiter der NSDAP in Paderborn auf. In dieser Funktion muss Bezler die Gauleitung durch eine effektvolle Propagandaarbeit und einen kämpferischen Einsatz von seiner Leistungsfähigkeit und bedingungslosen Loyalität zu Hitler und zur NS-Bewegung

Abb. 21: Anton Bezler (1901–1977), NSDAP-Kreisleiter im Kreis Lüdinghausen von Oktober 1932 bis Oktober 1933

überzeugt haben, so dass er nach der Auflösung der Parteibezirke und Neuaufstellung der Parteikreisebene als Kreisleiter in Lüdinghausen eingesetzt wurde. Bezlers konsequentes Durchgreifen gegen Partei- und SA-Führer zur Lösung der internen Konflikte unter den Parteigenossen in Werne und Selm fand die volle Unterstützung des Gaupersonalamtsleiters Erich Hartmann (1896–1976), der bis Oktober 1933 auch als Gauinspekteur für den Kreis Lüdinghausen zuständig war.[145]

Nach den Märzwahlen erreichten die Gauleitung jedoch mehrere Beschwerden von Parteifunktionären und -genossen aus den Gemeinden des Kreises über das „krasse Verhalten" und „brüskierende Auftreten" von Bezler. „Das dienstliche und außerdienstliche Verhalten" des Kreisleiters sei nicht geeignet, die „eigene Bewegung" im Kreis zu fördern. Die Palette der Vorwürfe konnte nicht kontrastreicher sein:[146] Auf der Geschäftsstelle in Lüdinghausen ist er nicht anzutreffen; seinen Vertreter Pg. Denné hat er zu seinem „Autolenker" gemacht; er stellt sich „öffentlich in krasser Opposition zu seiner Gauleitung"; eine Versammlung in Capelle hat er durch „sein brüskierendes Auftreten" zur Auflösung gebracht, in einer anderen einzelne Personen angegriffen, indem er z.B. einen Pg. und Viehhändler beim Thema „Boykottierung der Juden" als „weißen Juden" bezeichnet hat; bei der geplanten Gründung der Ortsgruppe Herbern hat Bezler bei seiner Ankunft mit einer Reitpeitsche herumgefuchtelt, die er „scheinbar zu seinem persönlichen Schutz ständig" mitführe; er wurde von einem Pg., dessen „Wohltaten" er längere Zeit in Anspruch genommen hat, mit den Worten an die Luft gesetzt, „er habe sich an seinem Dienstmädchen vergriffen"; er hat sich in einer öffentlichen Versammlung auch vor vielen Frauen und Mädchen „entblödet" vom „Kastrieren" zu sprechen; in einer anderen Versammlung des Kampfbundes des gewerblichen Mittelstandes hat er gesagt, er könne allen „Neuhinzugekommenen", den sog. „Auch-Nationalsozialisten" „stundenlang in die Fresse hauen"; bei der Vorbereitung der Kommunalwahlen hat er in „monatelangen Machenschaften" mit Zentrumsleuten die Kandidaten bestimmt; auch eine „Alkoholwirkung" ist bei verschiedenen Gelegenheiten festzustellen gewesen.

Diese Liste der Anschuldigungen ließe sich noch verlängern. Häufig wurden sie mit Hinweisen auf Zeugen untermauert. Die Glaubwürdigkeit der Beschwerdeführer nahm dadurch nicht unbedingt zu, da hinter ihnen zum überwiegenden Teil die von Bezler abgesetzten oder abgestraften Partei- und SA-Führer standen und sie zur üblen Nachrede anstachelten. Sie forderten eine Beurlaubung des Kreisleiters und erhofften dadurch eine „Reinigung der Verhältnisse“ in ihrem Sinne. Es gab auch Beschwerdeführer, die Bezlers Verdienste um die NS-Bewegung durchaus anerkannten, sich aber Sorgen um die Akzeptanz der Partei bei der „nationalen Bauernschaft“ machten. Diese formulierten ihre Erwartungen zurückhaltender: Bezler könne „an anderer Stelle gewiss erfolgreicher wirken“. Auf jeden Fall machte sich Bezler durch sein Verhalten und Auftreten in der Öffentlichkeit angreifbar und bot dadurch in der Phase der Gleichschaltung und Machtdurchsetzung insbesondere den politischen Gegnern eine ‚Breitseite‘ für ihre Angriffe.

Die Reaktionen Bezlers auf die Anschuldigungen entsprachen seinem machtbewussten, selbstherrlichen und arroganten Auftreten. Unter ein Schreiben mit Anschuldigungen, das an die Gauleitung adressiert war und ihm zur Stellungnahme vorgelegt wurde, setzte er den Kommentar: „Blödsinn in höchster Potenz“. Bezler reagierte mit entsprechend überzogenen Gegenmaßnahmen. Um die Urheber der Anschuldigungen zu ermitteln und „der Bestrafung zuzuführen“ veranlasste er polizeiliche Vernehmungen und ließ unter Einsatz der SA-Hilfspolizei eigenmächtig Personen in Schutzhaft nehmen, auch wenn sie Anhänger der Bewegung waren. Bezler hielt diese Maßnahmen für gerechtfertigt, da „solche Redereien die Autorität der Bewegung und der Führer untergraben“ würden. Damit setzte er staatliche Mittel ein, um die Konflikte in der Partei einzudämmen und ihr Ansehen zu schützen.[147] Mit dieser Vermischung von parteilichen Disziplinierungs- und staatlichen Ordungsmaßnahmen war der Konflikt mit dem Landrat als Kreispolizeibehörde vorprogrammiert, da die Anordnung der Schutzhaft und die Durchführung der Vernehmungen in dessen Zuständigkeitsbereich fielen. Somit landeten die Autoritäts- und Imageprobleme des Kreisleiters zwangsläufig auf dem Schreibtisch von Dr. Alfred von Gescher (1893–1979), dem seit dem 1. April 1933 vertretungsweise die Verwaltung des Landratsamtes Lüdinghausen übertragen worden war. Mit Gescher und Bezler trafen zwei Welten aufeinander, da Gescher aus einer nationalkonservativen Beamtenfamilie stammte, als Offizier im Ersten Weltkrieg gedient und nach dem Krieg eine klassische Verwaltungslaufbahn eingeschlagen hatte. Schon die Mentalitätsunterschiede reichten, um aus dem juristischen Umgang mit den „Begleiterscheinungen“ der „Willkürherrschaft“ des Kreisleiters eine Machtprobe werden zu lassen.

Die veränderte Machtkonstellation in Preußen nach den Märzwahlen 1933 erschwerte den Start Geschers zusätzlich. In der Zeit bis zu den Wahlen hatten sich die Nationalsozialisten bei der „Eroberung der Schlüsselpositionen“ noch kompromissbereit gegenüber ihrem deutschnationalen Koalitionspartner gezeigt, nun jedoch fühlten sich insbesondere die Gauleiter stark genug, um gegenüber dem preußischen Innenministerium ihre Interessen durchzusetzen. Bei der Besetzung der Position in Lüdinghausen hatte Gauleiter Meyer die Ansprüche der Partei offensichtlich zu spät angemeldet, da auch der preußische Innenminister in Anbetracht der sich überschlagenden Ereignisse auf eine schnelle Besetzung hingearbeitet hatte, um die Situation zur Wahrung des Fachbeamtentums zu nutzen. Bei der Auswahl Geschers für das Amt wird auch Ludwig Grauert, ein Freund aus der Münsteraner Schulzeit und Dienstzeit beim Münsteraner Kürassier-Regiment, mitgewirkt haben, der am 22. Februar 1933 als Nachfolger von Erich Klausener zum Ministerialdirektor der Polizeiabteilung des Preußischen Innenministeriums ernannt worden war.[148]

Wie die zeitgenössische Presse berichtete, demonstrierte eine Gruppe von SA-Männern am Tag der Amtsübernahme gegen den neuen ‚Staatsvertreter' von Gescher mit dem Transparent „1.000 Nationalsozialisten lehnen von Gescher ab".[149] Diese Demonstration war sicher mit Kreisleiter Bezler abgestimmt. Sie artikulierte aber noch keine persönliche Abneigung, sondern entsprach zum einen der Welle der SA-Aktionen gegen die Repräsentanten des Weimarer Systems im März/April 1933 wie in Dülmen und Werne. Zum anderen ist eine Initiative der Gauleitung denkbar, wenn auch nicht nachweisbar, da die Gauleitung in der Phase der ‚Gleichschaltung' gerade freiwerdende Landratsposten mit Parteigängern besetzen wollte und einen besonderen Ehrgeiz entwickelte, Amtsinhaber aus noch nicht gefestigter Stellung zu verdrängen, wenn die Besetzung wie in Lüdinghausen nicht mit der Gauleitung abgestimmt worden war. Bis Juni 1933 gab es offensichtlich zu wenig Angriffspunkte, um Gescher zu Fall zu bringen, da er am 26. Juni 1933 zum kommissarischen Landrat ernannt wurde. Diese Situation änderte sich, als mit den Angriffen auf Bezler dieser selbst als Kreisleiter in eine Verteidigungsposition geriet und sich als Repräsentant der Partei behaupten musste. In dieser machtpolitischen Konkurrenzsituation konnte Bezler seine Position entscheidend durch seine Wahl in den Kreisausschuss und zum Kreisdeputierten, also zum Stellvertreter des Landrates, in der Kreistagssitzung am 11. Mai 1933 verbessern. Aus dieser Stellung als exponierter Kommunalpolitiker hielt er Gescher unter „schärfster Beobachtung" und ging offensiv gegen ihn vor.

In einem Schreiben an die Gauleitung bezeichnete er den Umgang mit dem Landrat zwar als „vornehm und menschlich", gleichzeitig stolpere dieser „über jeden Zwirnsfaden" und könne sich „von den reaktionären Kreisen nicht trennen".[150] Vor Eintritt in die Tagesordnung der Kreisausschusssitzung am 28. Juli 1933, in der Bezler später aus der Hand des Landrates die Einweisungsurkunde des Regierungspräsidenten als Kreisdeputierter erhielt, hatte der Kreisleiter dem Landrat das Misstrauen ausgesprochen. Bezler erklärte, „dass die N.S.D.A.P nach wie vor dem kommissarischen Landrat Misstrauen entgegenbringe, dass dieses aber nicht hindern dürfe, im Interesse des Kreises und seiner Bevölkerung praktisch im Kreisausschuss mitzuarbeiten. [...] Es sei selbstverständlich, dass die Verwaltungsarbeit durch die Stellungnahme der N.S.D.A.P. zum kommissarischen Landrat nicht leiden dürfe."[151] Auch wenn sich Bezler hier scheinbar verantwortungsbewusst zeigte und selbst vielleicht den Landratsposten im Auge hatte, seine maßgebliche Rolle bei der Demontage Geschers schlug letztendlich auf ihn selbst zurück. Er musste seinen Posten als Kreisleiter im Oktober 1933 räumen, da das preußische Innenministerium sich zur Abberufung seines Beamten nur unter der Bedingung bereit erklärte, dass auch Bezler abberufen würde. Das war der einzige Fall in Westfalen, in dem ein Konflikt zwischen einer staatlichen Dienststelle und der Gauleitung wesentlich zur Ablösung eines Kreisleiters beitrug, um auf diesem Weg notdürftig die eigene Staatsautorität wahren zu können.[152]

Der schnelle Amtsverlust und Amtswechsel von Funktionären der NSDAP im Gau Westfalen-Nord war 1933/1934 nicht ungewöhnlich. Von den 28 Kreisleitern, die am 30. Januar 1933 amtierten, waren Ende des Jahres noch 20, Ende des Jahres 1934 noch 12 an gleicher Stelle im Amt. Von den ausgeschiedenen Kreisleitern übernahmen sechs machtpolitisch und finanziell lukrativere Leitungsposten in der staatlichen und kommunalen Verwaltung, weitere sieben wechselten auf neue Kreisleiterposten wie bei Kreisleiter Kossol, vier weitere gaben die Leitungsfunktion aufgrund interner Konflikte, von Krankheit oder ihres Alters auf und kehrten in ihren erlernten Beruf zurück. Zu dieser Gruppe ist Becker zu zählen.[153] Bezlers Ablösung fiel also in der Tat aus dem Rahmen; sein Amtsverlust war aber nicht zu seinem Schaden. Er wurde Gauorganisationsleiter und Gauamtsleiter im Gau Westfalen-Nord. Es bleibt die Frage, welche Auswirkungen die Fluktuation auf den Kreisleiterposten auf die Kooperation zwischen den Hoheitsträgern der Partei und den amtierenden Landräten hatte und welche Machtposition und Funktion sie als Kreisleiter im NS-Staat erreichen und sichern konnten. Die Analyse des Gleichschaltungsprozesses und des Verhältnisses von Partei und Verwaltung im NS-Staat kann diese Frage beantworten.

4. „Gleichschaltung“ der Verwaltungen in den Kreisen Coesfeld und Lüdinghausen

Das Ende preußischer Staatstraditionen in der Region

Der pragmatische Umgang mit den vorgefundenen gewachsenen Verhältnissen war symptomatisch für eine totalitäre Politik, in der alle Maßnahmen zunächst der Realisierung der machtpolitischen Ziele untergeordnet wurden.[154] Diese Rigorosität zeigte sich auch im Umgang mit den administrativen Strukturen, die nach der Beseitigung der Eigenständigkeit Preußens noch ein Eigengewicht hatten und die Grundsätze preußischer Verwaltungs- und Staatstraditionen repräsentierten. Der Aufruf des kommissarischen preußischen Innenministers Hermann Göring an die Beamten am 1. Februar 1933 war nur scheinbar ein Bekenntnis zu diesen preußischen Traditionen. Er appellierte: „Ich begrüße in diesem Augenblick die mir unterstellte preußische Beamtenschaft und fordere sie auf, gemeinsam mit mir getreu den Idealen altpreußischen Beamtentums Preußen wieder zum Hort der Sauberkeit, Sparsamkeit und hingebenden Pflichterfüllung zu machen. Unser Ziel muss es sein, endgültig alles auszurotten, was eine lange Reihe von Jahren hindurch im Zeichen falsch verstandener Freiheit unter Missachtung preußischer

Vergangenheit und deutschen Volkstums nichts gemein hatte mit echter Vaterlandsliebe und Aufopferung für die Gesamtheit der Nation."[155]

Am 18. Mai 1933 bekannte sich Göring in einer Rede im preußischen Landtag noch deutlicher zur preußischen Verwaltung: „Der Kanzler will, dass Preußen und die preußische Politik und die preußische Verwaltung auf alle Zeiten die Grundlage des Reiches bilden. Die täglichen Erfahrungen Preußens sollen für das Reich die Unterlage seiner Gesetzgebung bilden."[156] Wie sich bald zeigen sollte, waren die politischen Zielvorstellungen der Nationalsozialisten nicht mit den Grundsätzen preußisch-deutscher Bürokratietraditionen, den im wilhelminischen Reich geprägten Verhaltensmustern und dem ausschließlich am Staatsinteresse orientierten, autoritären Grundverständnis der Beamten vereinbar. Sie sahen sich als alleinige Sachwalter eines vermeintlich objektiven Staats- und Gesamtinteresses. Sowohl in der personellen Konstellation als auch in den Verwaltungsstrukturen wurde die vorgefundene preußische Verwaltung den machtpolitischen Erfordernissen und politischen Zielsetzungen angepasst.

Nachdem am 22. Februar 1933 der DNVP-Mann Lüninck das Oberpräsidentenamt übernommen hatte, stand zunächst die organisatorische Gleichschaltung der Verwaltung von der Provinz- bis zur Kommunalebene im Vordergrund. Mit dem Oberpräsidentengesetz vom 15. Dezember 1933 wurde der Parlamentarismus auf dieser Ebene endgültig beseitigt und der Weg für eine monokratisch strukturierte Verwaltung mit dem Oberpräsidenten an der Spitze geebnet. Das Gesetz bestimmte den Oberpräsidenten auch zum Leiter der Provinzialverwaltung, garantierte jedoch gleichzeitig deren formale organisatorische Selbstständigkeit, da der Oberpräsident den Landeshauptmann mit der selbständigen Erledigung der laufenden Geschäfte beauftragte.

Das Preußische Gemeindeverfassungsgesetz vom 15. Dezember 1933 beseitigte auf der Ebene der Gemeinden und Städte die unmittelbare oder mittelbare Mitwirkung der Bevölkerung an der innergemeindlichen Willensbildung als wesentliche Grundlage der kommunalen Selbstverwaltung.[157] Mit diesem Gesetz wurde das „Führerprinzip" in den Kommunen verankert. Die Gemeindevertreter erhielten ihre Legitimation und ihr politisches Mandat nicht mehr über eine freie Wahl, sondern wurden ausschließlich durch die Partei bestimmt. Die Gemeinderäte und Stadtverordnetenversammlungen waren keine Beschlussorgane mehr. Sie hatten lediglich eine Funktion als Beratungsgremien der Bürgermeister. Die ‚Loslösung' vom Prozess der politischen Willensbildung in den Gemeinden wurde von diesen „zunächst als wohltuend empfunden, erwies sich schließlich als verhängnisvoll, denn sie verschärfte einerseits die Bindung an den Staat und begründete eine Abhängigkeit von der Partei, entzog andererseits aber das politische Gewicht der Legitimation von unten her und machte den Bürgermeister damit zum bloßen Verwaltungsleiter". Da die Stellung des Bürgermeisters nach dem Führerprinzip ausgerichtet wurde, fand die Eigenverantwortlichkeit des Bürgermeisters ihre Grenzen in der faktischen Abhängigkeit von Partei und Staat. Die Gemeinden ins-

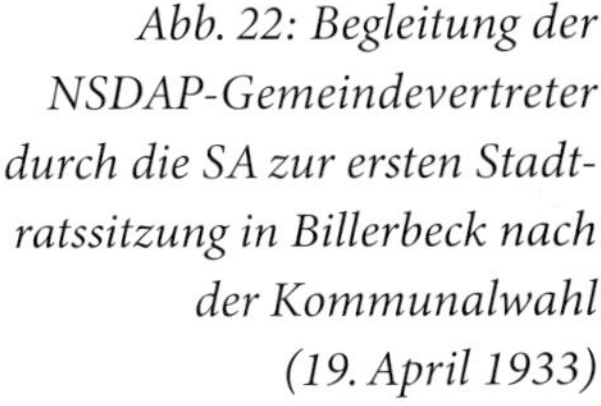

Abb. 22: Begleitung der NSDAP-Gemeindevertreter durch die SA zur ersten Stadtratssitzung in Billerbeck nach der Kommunalwahl (19. April 1933)

gesamt entwickelten sich zur lokalen Stufe eines nationalsozialistisch geprägten Verwaltungsstaates, die ihre unter dem Begriff der „Daseinsvorsorge“ subsumierten Leistungen im Rahmen der ihnen verbliebenen finanziellen Möglichkeiten zu bringen hatten, in der Kriegszeit dann noch mehr als in der Vorkriegsphase.

Die Verwaltungen selbst, angefangen bei der Provinzialverwaltung, über die Bezirksregierungen bis zur kommunalen Verwaltungsebene, sahen sich von der Parteiseite einer dreifachen Herausforderung ausgesetzt:[158] Erstens versuchte die Partei ihren Führungsanspruch in der Verwaltung durch eine konsequente personelle Säuberungs- und Gleichschaltungspolitik durchzusetzen. Als Voraussetzung für die Realisierung der Parteiinteressen und -ziele wurden die zentralen Funktionen in der Verwaltung mit „Parteisoldaten“ besetzt. Zweitens musste auch der gleichgeschaltete Verwaltungsapparat den eigenen Verantwortungsbereich permanent gegen das ausufernde polykratische Herrschaftssystem der Partei abschirmen, das heißt gegen Eingriffe der Partei in die Verwaltung und die widerrechtliche Inbesitznahme von Verwaltungsaufgaben durch parteiamtliche Gliederungen. Drittens mussten die Beamten die Ausrichtung der Verwaltungstätigkeit nach völkisch-rassischen Grundsätzen akzeptieren und in der Praxis umsetzen, wie sie insbesondere in der Gesundheitspflege, Jugendfürsorge und Sozialpolitik gefordert wurden.

Wie sich die Kreisverwaltungen mit den Landräten an der Spitze diesen großen Herausforderungen durch den Dualismus Staat – Partei, die Tendenzen zur Bürokratisierung und zur Zersplitterung ihrer Aufgabenbereiche gestellt haben, soll im Folgenden dargestellt werden.

Die „Selbstgleichschaltung“ der Kreistage, die Kreisausschüsse und das „Führerprinzip“

Der flächendeckende Erfolg der NSDAP bei den Kommunalwahlen am 12. März 1933 blieb aus. Nach Streichung der kommunistischen Mandate, deren Ladung bereits am 20. März vom preußischen Innenministerium untersagt worden war, verfügte die NSDAP in 226 der 352 preußischen Landkreise vor allem in den östlichen Provinzen, in Schleswig-Holstein und Hessen-Nassau über die absolute Mehrheit oder die Hälfte der Mandate in den Kreistagen.[159] In den Westprovinzen dagegen konnte das Zentrum in 34 Kreistagen die Stimmenmehrheit oder die Hälfte der Mandate erringen. Auch in den Kreisen Coesfeld und Lüdinghausen erreichte die Zentrumspartei nach Abzug der kommunistischen Mandate mit 15 von 24 bzw. 14 von 25 Sitzen noch die absolute Mehrheit.[160] Ungeachtet dieser

Abb. 23: Das mit Hakenkreuzen geschmückte Kreishaus in Coesfeld am Tag der Reichstagswahl (12. November 1933)

Ergebnisse drängte das Innenministerium auf einen schnellen Zusammentritt der neugewählten Kommunalvertretungen. Mit einem Runderlass vom 16. März 1933 forderte es die Regierungspräsidenten auf, für eine Konstituierung der Gremien zum „allerfrühesten Termin“ zu sorgen. Im Kreis Coesfeld fand die konstituierende Sitzung des Kreistages am 21. April 1933, im Kreis Lüdinghausen erst am 11. Mai 1933 statt, sehr wahrscheinlich mit Rücksichtnahme auf den Vertreter des Landrates, von Gescher, der erst am 1. April das Amt übernommen hatte. Der Verlauf der konstituierenden Sitzung des Coesfelder Kreistages macht deutlich, warum und wie es den Nationalsozialisten gelingen konnte, innerhalb weniger Monate zentrale Positionen auf kommunaler Ebene zu besetzen und in den Gremien ihren machtpolitischen Einfluss durchzusetzen.

Zur Sitzung des neuen Kreistages in Coesfeld waren die Mitglieder „vollzählig“ erschienen, „bis auf einen Kommunisten, der an sich nicht mehr in Frage“ käme, so das Urteil der zentrumsnahen Lokalpresse. Für den Berichterstatter stand die Sitzung von Anfang an unter dem Zeichen „der Einmütigkeit und ruhig-sachlicher Zusammenarbeit. Die Kreistagsmitglieder berieten sich gemeinschaftlich über die Verteilung der Deputierten und Ausschussmitglieder. [...] Der Gedanke der Arbeit zum Wohle des Kreises stand im Vordergrund“. Landrat Rudolf Klein eröffnete die Sitzung mit einer Ansprache, in der er an die geschichtlichen Ereignisse seit Anfang 1933 anknüpfte, die er als „Anbruch einer neuen Epoche für Deutschland“ würdigte:[161]

> „Ich habe es für richtig gehalten, daß wir auch äußerlich durch eine bescheidene, aber würdige Ausschmückung des Kreistagssaales unserer Freude über das tiefgreifende Geschehen der letzten Wochen Ausdruck geben.
> Wir stehen noch zu sehr in der Entwicklung der Dinge, die noch nicht abgeschlossen ist, als daß wir ein abschließendes Urteil über die Tragweite der nationalen Erhebung gewinnen können; das wird erst künftigen Geschlechtern vorbehalten sein. Wenn wir nur 2 Jahrzehnte zurückdenken, so müssen wir feststellen, daß das deutsche Volk Schicksalswendungen erleben mußte, wie sonst in der Weltgeschichte vielleicht nur in Jahrhunderten über andere Völker gekommen sind.“

Nach einem Rückblick auf die Reichsgründung, den verlorenen Weltkrieg, die „Not und Knechtschaft“ der Nachkriegszeit und die „Gefahr des vollen Durchbruchs des Kommunismus“ kommt er zur NS-Bewegung:

> „Da kommt im letzten Augenblick, in zäher, opfervoller Arbeit vorbereitet, die neue Freiheitsbewegung, die nationale Revolution, die mit elementarer Macht alles mit sich reißt, die nach all der Zerrissenheit und der Zersplitterung der Vergangenheit märchenhaft unwahrscheinlich die Massen in einmütig gleicher Richtung bewegt und als wesentlichste Ziele herausstellte und durchsetzte: Schaffung des deutschen Einheitsstaates, Niederringung des Kommunismus, nationales Deutschtum auf christli-

> cher Grundlage. Entgegen bewußt entstellenden Berichten aus dem Auslande wird die Geschichte einst die mustergültige Disziplin anerkennen, mit der das deutsche Volk wie vielleicht kein anderes der Erde, diese tiefgreifende Revolution überstanden hat."

Landrat Klein beendet seine Rede mit einem Dank an den „verehrten Volkskanzler Hitler" sowie den „bestens bekannten und verehrten Vizekanzler von Papen" und der Erklärung,

> „daß auch der Kreistag Coesfeld der neuen Entwicklung im Sinne der Regierung sein ganzes Wollen und Können zur Verfügung stellt. Und so bitte ich Sie als die neugewählten Vertreter des Kreises, in einmütigem gegenseitigen Vertrauen um ehrliche Mitarbeit für die Belange des Kreises. [...] Stellen Sie alles Trennende zurück, was vielleicht in der Vergangenheit zwischen Ihnen gelegen. [...] Zum Zeichen des Gelöbnisses unserer vollen und treuen Mitarbeit bitte ich Sie, mit mir einzustimmen in den Ruf: Unser geliebtes, deutsches Vaterland, des deutschen Volkes treue Hüter und Führer, Reichspräsident von Hindenburg und Reichskanzler Hitler, sie leben hoch!"

Wie der Berichterstatter feststellen konnte, wickelte sich nach dieser Ansprache die Tagesordnung mit der Gültigkeitserklärung der Kreistagswahl, der Wahl der Kreisdeputierten und Kreisausschussmitglieder in „verblüffend kurzer Zeit" ab.

Die demonstrative „Einmütigkeit" in der konstituierenden Sitzung ergab sich aus der kompromissbereiten Haltung des Kreisleiters. Als Becker für die Wahl des Kreisdeputierten, also des Vertreters des Landrates, von sich aus den bisherigen Amtsinhaber Bürgermeister i.R. Lübbesmeyer vorschlug und erst als dessen Vertreter den NSDAP-Kandidaten Forstmeister Hey aus Dülmen, orientierte er sich mehr an den Wahlergebnissen und der örtlichen Stimmungslage als an den Machtansprüchen seiner Partei. Beide wurden durch Zuruf einstimmig gewählt; das galt auch für den weiteren Vertreter Ökonomierat Leppelmann. Während Becker bei diesen eher repräsentativen Funktionen Zugeständnisse machte, setzte er bei der Wahl der Kreisausschussmitglieder schon deutlicher die Interessen der Partei durch. Der ebenfalls offen und einstimmig gewählte Kreisausschuss hatte folgende Zusammensetzung:

- Heinrich Becker, Hotelier aus Coesfeld, Kreisleiter der NSDAP, Kreistagsmitglied
- Josef Espeter, Arbeiter aus Dülmen, Zentrum, Vorsitzender der christlichen Gewerkschaften, Kreistagsmitglied
- Karl Sebbel, Landwirt, Ehrenbürgermeister aus Dülmen, Zentrum, Kreistagsmitglied
- Theodor Strotmann, Oberrentmeister aus Darfeld, Zentrum, Kreistagsmitglied
- Georg Tölle, Buchhalter aus Gescher, NSDAP-Ortsgruppenleiter, Kreistagsmitglied
- Ludger Freiherr von Twickel, Gutsbesitzer und Ehrenbürgermeister aus Billerbeck, Kampffront Schwarz-Weiß-Rot.

Abb. 24: Dr. Alfred von Gescher (1893–1979), Landrat des Kreises Lüdinghausen von April bis Oktober 1933

Obwohl die NSDAP und ihr deutschnationaler Koalitionspartner nur ein Drittel der Kreistagsmandate erlangt hatten, stellten sie nun die Hälfte der Kreisausschussmitglieder. Damit hatte die NSDAP auf der Ebene der Kreiskommunalverwaltung in Coesfeld zumindest schon eine Position erreicht, von der aus sie den Landrat und die Kreisverwaltung kontrollieren und in ihrem Sinne beeinflussen konnte. Das war aber nur der Beginn der „Gleichschaltung“; gezielte Eingriffe in die Kommunalverfassung und personalpolitische Entscheidungen der Partei sollten folgen, um die absolute Machtausübung zu erreichen und zu sichern.

Aufgrund des angespannten Verhältnisses zwischen dem mit der Verwaltung des Landratsamtes beauftragten Regierungsrat von Gescher und NSDAP-Kreisleiter Bezler wird die konstituierende Sitzung des Kreistages in Lüdinghausen nicht so „einmütig“ verlaufen sein wie in Coesfeld.[162] Geschers Begrüßungsworte in der ersten Sitzung des neugewählten Kreisausschusses am 24. Mai 1933 zeigen eine eher nüchterne und sachorientierte, aber mit Blick auf die Zukunft und die vorhandenen Widersprüche auch skeptische Haltung:[163]

> „Viel schwere und verantwortungsvolle Arbeit stehe bevor. Zwar habe das deutsche Vaterland die nationale Revolution siegreich bestanden, aber innere und äußere Feinde seien an der Arbeit, um uns der Früchte zu berauben und neue Fesseln anzulegen. Es sei daher erforderlich, die ganze Kraft in den Dienst des Vaterlandes zu stellen und Übereinstimmung nicht nur in Worten, sondern auch im Geiste herbeizuführen. Gottes Segen möge auf der Arbeit des Kreisausschusses ruhen, damit sie gelingen und dadurch der Kreisausschuss unserer engen Heimat und damit dem Vaterland getreu diene.“

Gescher richtete diese Worte an einen Kreisausschuss, der zur Hälfte mit kommunalpolitisch erfahrenen Zentrumsmitgliedern und zur Hälfte mit NSDAP-Funktionären besetzt war. Während der Anteil des Zentrums dem prozentualen Anteil der 14 Kreistagsmandate des ursprünglich 28-köpfigen Kreistages entsprach, stellte die NSDAP als zweitstärkste Fraktion mit 7 Kreistagsmandaten ebenfalls 3 Ausschussmitglieder. Bezler lag es offensichtlich fern, wie Kreisleiter Becker die Kampffront Schwarz-Weiß-Rot zu beteiligen. Er nutzte vielmehr die sich bietenden Möglichkeiten zur Durchsetzung des erhobenen nationalsozialistischen Machtanspruchs. So ließ er sich auch zum Kreisdeputierten wählen. Namentlich bestand der Kreisausschuss aus folgenden Mitgliedern:[164]

- Alfred Bezler, Kaufmann, Kreisleiter der NSDAP in Lüdinghausen und Kreisdeputierter
- Wilhelm Blumenhagen, Oberbahnmeister aus Davensberg, NSDAP-Ortsgruppenleiter, Kreistagsmitglied
- Josef Wannigmann, Landwirt aus Drensteinfurt, NSDAP, Kreistagsmitglied, ab Mai 1934 Kreisbauernführer
- Franz Schulze Pellengahr, Gutsbesitzer aus Ascheberg, Zentrum, Kreistagsmitglied
- Bernhard Langerbein, Schmiedemeister und Gemeindevorsteher aus Bockum, Zentrum
- Heinrich Hesener, Gemeindearbeiter aus Werne, Zentrum.

Das Ausschussmitglied Langerbein war als Vertretung für Dr. August Kaup-Rüping, Bürgermeister des Amtes Lüdinghausen, anwesend, der über die Zentrumsliste in den Kreistag eingerückt war. Zu Kaup-Rüping verfasste Gauinspekteur Barthel im Mai 1934 ein Gutachten für die Gaugeschäftsführung über dessen Zuverlässigkeit als Nationalsozialist, die aufgrund des nicht erfolgten Parteieintritts Anlass zum Zweifel bot.[165] Barthels Entlastungsargumentation ist hier von Interesse, da sie auch einen Blick hinter die Kulissen in der Phase der „Machtdurchsetzung" eröffnet. Kaup-Rüping habe sich nach der „Machtübernahme" der NSDAP anschließen wollen. Dieser habe aber unter dem Einfluss Bezlers den Eintritt hinausgeschoben, da Kreisleiter Bezler im neu zu wählenden Kreisausschuss seine Machtposition verbessern wollte. Es sei nämlich im Kreis nicht möglich gewesen, den Kreisausschuss sofort mit ausgesprochenen Nationalsozialisten zu besetzen. Bezler habe geglaubt, „wenn er den Bürgermeister Kaup-Rüping, der ja offiziell zum Zentrum hinüberneigte, in den Kreisausschuss bekam, eine wertvolle Stütze an ihm zu haben". Aus der Sicht Barthels war „das auch ohne Zweifel der Fall". So wusste Bezler in den Ausschusssitzungen bis Oktober 1933 eine Mehrheit hinter sich, da Kaup-Rüping meistens anwesend war. Das war umso wichtiger, da bis zur Übernahme der Landrats- und der Kreisleiterposition durch den bereits mehrfach erwähnten Herbert Barthel die Staatsregierung weitere Maßnahmen zur „Monopolisierung der Verwaltungsführung" und „Ausschaltung der Kollektivorgane" einleitete.[166]

Bereits am 15. Juli 1933 beschloss das preußische Staatsministerium ein Gesetz, das die generelle Übertragung der bisherigen Kreistagskompetenzen auf die Kreisausschüsse vorsah.[167] Es trat am 17. Juli in Kraft. Dieses sogenannte „Übertragungsgesetz" nahm nicht nur den Kreistagen sämtliche Befugnisse, sondern beseitigte auch das Recht und die Pflicht der Landräte zu deren Einberufung. Nach der Neukonstituierung und ein bis zwei Sitzungen folgte die „Totalentmachtung" der Kreistage, ohne jedoch die förmliche Aufhebung der Gremien zu veranlassen. Formalrechtlich existierten sie als „Scheingebilde" bis zum Ende der Wahlperiode im März 1937 weiter, traten aber nicht mehr zusammen. Als das Kreistagsmitglied

Kaup-Rüping am 14. Juni 1933 sein Mandat niedergelegt hatte, hielt der Kreisausschuss Lüdinghausen daher auch „die Feststellung eines Ersatzmannes nicht mehr für notwendig".

Durch die Entmachtung der Kreistage bekamen die Kreisausschüsse als einzig verbliebene Beschlussorgane auf Kreisebene eine besondere Bedeutung. Diese Konzentration der kommunalen Mitwirkungsrechte auf einer Ebene dürfte bei einigen Amtsträgern durch die damit mögliche einfachere Beschlussprozedur Zustimmung gefunden haben, obwohl mit dem Ende des Parteienpluralismus Auseinandersetzungen zur Durchsetzung politischer Ziele ohnehin nur noch begrenzt möglich waren. Die sozialdemokratischen Mandatsträger waren durch eine Verfügung des Innenministers vom 23. Juni 1933 vom Kreistag ausgeschlossen worden. Und fast zeitgleich mit dem „Übertragungsgesetz" hatte das Gesetz gegen die Neubildung von Parteien vom 14. Juli 1933 allen übrigen Mandatsträgern, außer den NSDAP-Vertretern, den Rückhalt in ihren Parteien entzogen, da dieses Gesetz den Einparteienstaat begründete und alle übrigen Parteien zwang sich aufzulösen.[168] Dass die Kreisausschüsse mit der Entmachtung der Kreistage den „Höhepunkt ihrer Machtentfaltung" erreichten, wenn auch nur für wenige Monate, war allerdings nicht im Sinne der NS-Ideologen, die auf eine konsequente Durchsetzung des „Führerprinzips" auch auf kommunaler Ebene drängten. Daher arbeitete das konservativ dominierte preußische Innenministerium an einer „systematischen staatsautoritären Umgestaltung der preußischen Verwaltung auf allen staatlichen und kommunalen Ebenen". Auf der Kreisebene sollte dem Landrat in allen staatlichen und kommunalen Angelegenheiten die alleinige Entscheidungsgewalt zukommen. Angedacht war anstelle des Kreisausschusses lediglich ein „Kreisrat" als reines Beratungsgremium ohne Beschluss-, Anhörungs- und Versammlungsrechte. Diese Idee gelangte jedoch nicht zur Umsetzung.

Das Gesetz zur „Anpassung der Landesverwaltung an die Grundsätze des nationalsozialistischen Staates" vom 15. Dezember 1933, das also gleichzeitig mit dem Preußischen Gemeindeverfassungsgesetz verabschiedet wurde, hob die als „anachronistisch" empfundenen Mitwirkungsrechte von Kollegialbehörden auf allen Ebenen der Staatsverwaltung auf.[169] Mit diesem sogenannten „Anpassungsgesetz" verloren auch die Kreisausschüsse ihre angestammten Mitwirkungsfunktionen in der staatlichen Kreisverwaltung. Bei allen bis dahin im Beschlussverfahren zu erledigenden Angelegenheiten der Staatsverwaltung hatte nun der Landrat die alleinige Entscheidungsgewalt. Bestehende Genehmigungsvorbehalte gegenüber Maßnahmen des Landrates wurden ersatzlos gestrichen. Auf dem Sektor der staatlichen Verwaltung hatte sich das Landratsamt formal zu einer „rein monokratischen Behörde" entwickelt. Die Kreise verloren auch ihre verwaltungsgerichtlichen Kompetenzen. Die „Kreisverwaltungsgerichte" wurden nun vom Regierungspräsidenten eingerichtet. Sie bestanden aus vier ehrenamtlichen „Zeitbeamten" und dem Landrat als Vorsitzendem. Vor dem Kreisverwaltungsgericht durften allerdings nicht mehr Rechtsmittel von Gemeinden gegen aufsichtsbehördliche Maßnahmen verhandelt werden, sondern nur von Einzelpersonen gegen Verfügungen der Gemeinden.

Nach der Durchsetzung des „Führerprinzips" in den Gemeinden und im Bereich der staatlichen Aufgaben der Kreisverwaltung stand für das preußische Innenministerium eine entsprechende „Reform" der Gemeindeverbände, also der Amtsverbände und Kreiskommunalverbände auf der Tagesordnung. Während dieses Vorhaben in den Ämtern im Oktober 1934 mit einem Gesetz umgesetzt wurde, büßte die neue Verfassung für die Kreisverbände sehr wahrscheinlich durch die Vereinigung des preußischen Innenministeriums mit dem Reichsinnenministerium im November 1934 seine Dringlichkeit ein. Es sollte im Rahmen der geplanten reichsweit gültigen Reichskreisordnung wieder auf die Tagesordnung kommen. Die Kreisausschüsse in Preußen blieben daher im Gegensatz zur Gültigkeit des „Führerprinzips" auf allen anderen kommunalen Ebenen prinzipiell die verantwortlichen Entscheidungsorgane auf dem Gebiet der Kreiskommunalverwaltung.

Die Kreiskommunalverwaltung musste jedoch auch in einem Kernbereich ihrer Zuständigkeit einen empfindlichen Einschnitt hinnehmen. Das Gemeindefinanzierungsgesetz vom 15. Dezember 1933 übertrug zentrale Entscheidungskompetenzen im Wirtschafts- und Finanzwesen auf den Landrat. Der Landrat zeichnete nun allein verantwortlich für die Aufstellung, Feststellung und Ausführung der Haushaltssatzung, vertrat die Landkreise im bürgerlichen Rechtsverkehr und in Gesellschafterversammlungen und führte die Verwaltung von Eigenbetrieben. Die Entlastung des Landrats nach Abschluss eines Rechnungsjahres wurde den Kreisausschüssen ebenfalls genommen und erfolgte nun durch den Regierungspräsidenten. Faktisch betrachtet reduzierte sich auch die Funktion der Kreisausschüsse auf die Beratung des Landrates, da ihnen auch bei der Verwaltung der Kreiskommunalsachen nur wenige Entscheidungsrechte und ein geringer Gestaltungsspielraum verblieb. Unabhängig von dieser formalen Anpassung der Mitwirkungsmöglichkeiten im Verwaltungsgefüge an das „Führerprinzip" musste die NSDAP ihre Vorherrschaft durch die Besetzung von Machtpositionen und Mehrheiten in den Gremien sichern.

Für die NSDAP in den Kreisen Coesfeld und Lüdinghausen waren die Kreisausschüsse auf jeden Fall eine wichtige Ausgangsbasis, um ihren Machtanspruch in der Region durchzusetzen. Sie waren ein potenzielles Feld der Auseinandersetzung zwischen Landräten und Kreisleitern. Daher drängten die Kreisleiter nach den Kommunalwahlen in die Kreisausschüsse und ließen sich zu Kreisdeputierten wählen. Ein Mann wie Bielefeld, der erst nach der Konstituierung der Gremien Kreisleiter wurde, musste die schmerzliche Erfahrung machen, von der Arbeit der Kreisverwaltung abgeschnitten zu sein. Vor allem hatte ihm Kreisleiter Bezler bis Oktober 1933 vorexerziert, wie die Position im Kreisausschuss genutzt werden konnte, um einen nicht parteinahen Landrat loszuwerden. Nachdem Bielefeld in den Kreisausschuss aufgerückt war, nutzte auch er seine neue Funktion in der Kreiskommunalverwaltung zur Intensivierung seines Kampfes gegen Landrat Klein als Repräsentanten des „alten Systems" und der Reaktion. Er hatte damit jedoch erst im Februar 1935 Erfolg. Mit der Konsolidierung der Machtverhältnisse ab 1936 war für die Kreisleiter eine Position im Kreisausschuss auch aus der Sicht der Parteispitze machtpolitisch nicht mehr notwendig und auch nicht mehr vertretbar. Die Parteizentrale hielt es für „unvereinbar mit dem Prestige und der Autorität eines Kreisleiters", als Kreisausschussmitglied oder als Kreisdeputierter in ein Unterstellungsverhältnis zum Landrat zu geraten.[170] Ab 1937 mussten sich daher die Kreisleiter aus den Kreisausschüssen zurückziehen.

Trotz des kontinuierlichen Machtverlustes der Kreisausschüsse ab Dezember 1933 ist eine hohe Kontinuität in der personellen Zusammensetzung und Regelmäßigkeit in der praktischen Arbeit festzustellen. Die nachweisbaren personellen Veränderungen im Kreisausschuss Lüdinghausen erfolgten bis Oktober 1933. Sie waren also keine Reaktion auf die gesetzlich verfügten Kompetenzverluste, sondern die Folge des personellen Gleichschaltungsprozesses. Im Lüdinghauser Kreisausschuss erscheinen unter den bis 1939 regelmäßig teilnehmenden Kreisausschussmitgliedern lediglich zwei neue Personen, die allerdings vom Kreistag bereits als stellvertretende Kreisausschussmitglieder gewählt worden waren. Als der Gutsbesitzer Franz Schulze Pellengahr am 6. Juli 1933 sein Mandat aus „Gesundheitsrücksichten" niederlegte, rückte der Ehrenbürgermeister Bernard Schulte Vorwick aus Ottmarsbocholt nach.[171] Da Schulze Pellengahr bei seinem Abschied bereits 72 Jahre alt war und im Februar 1934 verstarb, ist seine Begründung nachvollziehbar. Sein Abschied kann aber auch als demonstrativer Akt des Kreisvorsitzenden der Zentrumspartei gegen die bevorstehende Parteiauflösung oder als Akt der Selbstbestimmung verstanden werden, denn das am 7. April 1933 verabschiedete „Gesetz zur Wiederherstellung des Berufsbeamtentums" konnte auch ihn treffen. Nach diesem Gesetz sollten „leitende gemeindliche Wahlbeamte" entlassen werden, die nach ihrer vorherigen politischen Betätigung nicht die Gewähr dafür boten, dass sie „jederzeit rückhaltlos für den nationalen Staat" eintraten. Die Position des im Oktober 1933 abgelösten und versetzten Bezler nahm der Elektroingenieur Ferdinand Siebert aus Selm ein. Er war NSDAP-Mitglied seit dem 1. Oktober 1931 und seit August 1933 Beigeordneter und stellvertretender Bürgermeister des Amtes Bork.[172]

Die ersten personellen Veränderungen im Kreisausschuss Coesfeld fanden sehr wahrscheinlich zwischen Mai 1934 und April 1935 statt.[173] Im Jahr 1937 übten die früheren Zentrumsmitglieder Sebbel und Strotmann und von Twickel als früherer Vertreter der Kampffront nach wie vor ihr Amt aus. Der parteiinterne Konflikt zwischen Becker und Bielefeld hatte zunächst keinen Einfluss auf die Zusammensetzung der NSDAP-Fraktion im Kreisausschuss, da bei den eintretenden Vakanzen durch Versetzungen oder Tod zunächst die gewählten Vertreter zum Zuge kamen. So rückte für Tölle, der im April 1934 Kreisleiter in Münster-Stadt wurde, der Fabrikant Otto Hecking aus Gescher nach. Das Mandat des verstorbenen Becker übernahm der Reichsbahnrat und Ingenieur Dr. Karl Backofen aus Coesfeld. Es ist jedoch denkbar, dass Becker seine Position im Kreisausschuss bereits vor seinem Tod räumen musste. Auf jeden Fall war erst dann der Weg für Kreisleiter Bielefeld frei, der das Dülmener Mandat des früheren Zentrumsmitgliedes Espeter übernahm, obwohl Bielefeld nicht als Vertreter gewählt war. Da mit der Entmachtung der Kreistage die Ersatzbestellungen für die Kreisausschüsse rechtlich nicht eindeutig geregelt wurde, ernannte meist der Regierungspräsident nach Abstimmung mit dem Landrat die neuen Mitglieder. Kreisleiter Bielefeld wird also auf diesem Weg das Mandat im Kreisausschuss erlangt haben.[174] Er konnte nun den Coesfelder Landrat und die Verwaltungstätigkeit der Coesfelder Kreisverwaltung auch von „Innen" her überwachen. Nach dem Tod von Strotmann und der Versetzung von Backofen wurden auf Vorschlag von Kreisleiter Bielefeld der Coesfelder Ortsgruppenleiter der NSDAP Capitaine und Betriebsführer Josef Lülf aus Osterwick als neue Mitglieder berufen.[175]

In den Kreisausschüssen Coesfeld und Lüdinghausen gab es also keine Probleme bei der Ergänzung vakanter Sitze wie in anderen Regionen, in denen schon aufgrund der Annullierung der KPD- und SPD-Mandate eine personelle Auszehrung einsetzte. Auch die Repräsentanz der verschiedenen Berufsstände und Kreisregionen wurde durch die Nachrücker weitgehend gewahrt. Die Protokolle des Kreisausschusses Lüdinghausen, der sich bis März 1939 viermal im Jahr, meist einmal pro Quartal traf, lassen ab Ende 1933 keinerlei Konflikte über verbliebene parteipolitische Gegensätze oder Fragen der Zuständigkeit erkennen. Sie wären durch die „Selbstgleichschaltung" der früheren Zentrumsmitglieder und die absolute Mehrheit der NSDAP ohnehin nicht im Protokoll sichtbar. Obwohl die Beschlüsse einstimmig und nie gegen den Landrat erfolgten, die vorgegebene Tagesordnung quasi abgehakt wurde, legten sowohl der Landrat als auch die Kommunalvertreter offensichtlich großen Wert auf diese regelmäßigen Zusammenkünfte. Für den Landrat waren sie Gelegenheiten für Akklamationen und zum Erfahrungsaustauch mit der kommunalen Basis, für die Kommunalvertreter zur Wahrung der letzten Mitsprachemöglichkeiten und zur Machtteilhabe, auch wenn dieses Bewusstsein mehr von der Hoffnung als der Realität getragen wurde.

Im Überblick betrachtet verloren die Kreisausschüsse als kommunale Interessenvertretung in den Jahren bis 1939 zunehmend an Bedeutung. Als machtpolitische Ausgangsbasis für die NSDAP erfüllten sie im „Gleichschaltungsprozess" verschiedene Funktionen. Sie konnten für parteipolitische Interessen wie im „Fall Gescher" instrumentalisiert werden. Für die Kreisleiter bot ein Mandat ein breites „Einfallstor" in die kreiskommunale Verwaltung und eröffnete die Möglichkeit, sich auf „legalem" Wege in die staatlich-parteiamtlich koordinierte Personalpolitik einzuschalten.[176] Hier stellt sich die Frage, in welchem Umfang sie bei den anstehenden Personalveränderungen tatsächlich genutzt wurde. Vor allem hatten die Ausschüsse mit dem „Übertragungsgesetz" von Juli 1933 das frühere Recht der Kreistage bekommen, vor der endgültigen Ernennung der Landräte ihre Stellungnahme abzugeben. Auch dieses Recht wurde mit der „Verordnung über die Aufhebung von Beschlusszuständigkeiten und Anhörungsrechten von Vertretungskörperschaften und kollegialen Behörden in der Kreisinstanz" vom 26. September 1939 ersatzlos gestrichen. Die Aufhebung der Kreisverwaltungsgerichte folgte am 6. November 1939. An ihrer Stelle hatten die Landräte nun das alleinige Entscheidungsrecht. Diese kriegsbedingten Verwaltungsvereinfachungen vollendeten das „Führerprinzip" auf der Ebene der Landräte.[177] Sie hatten lediglich die Möglichkeit, Mitglieder der Kreisausschüsse zur Beratung heranzuziehen. Formal wurden die Kreisausschüsse nicht aufgehoben, sondern existierten als Scheingebilde bis Kriegsende weiter.

Im Kreis Lüdinghausen setzte Landrat Barthel stattdessen auf die Intensivierung der Bürgermeisterkonferenzen, zu denen er seit seiner Ernennung zum Vertreter des Landrates im Oktober 1933 bei bestimmten Themen und Aufgabenstellungen auch die Kreisleiter, Ortsgruppenleiter und Amtsleiter der NSDAP einlud. Mit der Ernennung des „alten Kämpfers" Barthel zum Landrat und Kreisleiter stellte sich die Frage nach dem Dualismus von Staat und Partei neu und lässt die bisherigen Erkenntnisse über die Funktion der Kreisausschüsse zumindest für den Kreis Lüdinghausen zweitrangig erscheinen, insbesondere wenn die Funktionen des Landrates Barthel im regionalen Machtgefüge der NSDAP berücksichtigt und seine Position mit der des Coesfelder Landrates verglichen wird.

Landrat Herbert Barthel, die Schlüsselfigur zwischen Partei und Staat in der Region

Nach den Kommunalwahlen am 12. März 1933 wurden die preußischen Landräte von einer tiefgreifenden „Säuberungswelle" erfasst, durch die bis Ende 1933 176 der 338 im Dezember 1932 amtierenden „Weimarer" Landräte ihren Posten verloren.[178] Von den 31 am 30. Januar 1933 amtierenden westfälischen Landräten büßten bis Ende 1933 15 aus politischen Gründen ihre Position ein. Die Beförderung des Lüdinghauser Landrates von Stockhausen zum Regierungspräsidenten in Arnsberg fiel dagegen völlig aus diesem Rahmen. Im Gau Westfalen-Nord waren acht von 19 Amtsinhabern von der politischen „Säuberung" betroffen. Bei den abgelösten Landräten ist ein typisches Profil zu erkennen: Sie waren Zentrumsmitglied, erst wenige Jahre auf ihren Posten und amtierten in einem überwiegend katholisch und agrarisch geprägten Kreis mit unterdurchschnittlichen Wahlergebnissen für die NSDAP. Die

Abb. 25: Herbert Barthel (1885–1945), Landrat des Kreises Lüdinghausen von Oktober 1933 bis Kriegsende 1945, gleichzeitig NSDAP-Kreisleiter von Oktober 1933 bis Juni 1934 und von Januar 1937 bis März 1938, Gauinspekteur

Ablösungsprozedur verlief in dieser „revolutionären Phase“ nationalsozialistischer Personalpolitik relativ unspektakulär, da Landräte als politische Beamte auf legalem Weg problemlos entfernt werden konnten.

Im Gau Westfalen-Nord bestand die „Säuberungswelle“ aus „unkoordinierten Einzelaktionen“. Die Initiative ging von der Gauleitung aus, die entsprechende, meist durch die Kreisleitungen angestoßene Anträge häufig unter Umgehung der staatlichen Zwischeninstanzen an das Innenministerium richtete. Das preußische Innenministerium leistete bei keinem dieser Ablösungsanträge einen erkennbaren Widerstand, sondern erwies sich als „einfacher Erfüllungsgehilfe parteiamtlicher Ablösungsbegehren“, der zu diesem Zeitpunkt offensichtlich kein eigenes personalpolitisches Konzept hatte. Dennoch versuchte das Ministerium die eigene Handlungsfähigkeit und damit die staatliche Autorität wiederzuerlangen und den von der Parteibasis dominierten „Säuberungen“ entgegenzuwirken. Die Neubesetzung des Landratsamtes in Lüdinghausen war eine Gelegenheit, das Gesetz des Handelns wieder in die Hand zu nehmen und eine Personalentscheidung aufgrund fachlicher Standards zu treffen. Vor dem Hintergrund der im Gau Westfalen-Nord forciert vorangetriebenen Besetzung von Landratsämtern mit Parteigängern musste die NSDAP die Ernennung des aus dem Rheinland stammenden und in Münster aufgewachsenen Katholiken Dr. Alfred von Gescher zum Vertreter des Landrates in Lüdinghausen als Provokation empfinden.

Sowohl der „Staatskandidat“ von Gescher als auch dessen Nachfolger, der „Parteikandidat“ Herbert Barthel (1885–1945), hatten die gemeinsame Eigenschaft, von der nationalsozialistischen Regierung in ihr neues Amt eingesetzt worden zu sein.[179] Sie gehörten damit beide zur „ersten Generation“ der 1933/1934 in den Gauen Westfalen-Nord und -Süd vertretungsweise auf Landratspositionen eingesetzten potenziellen nationalsozialistischen Landräte, die insgesamt 23 „Partei“- und 11 „Staatskandidaten“ umfasste. Im Gau Westfalen-Nord gehörten 13 „Partei“- und fünf „Staatskandidaten“ zu dieser „ersten Generation“. Dieser Personenkreis soll hinsichtlich seiner beruflichen Entwicklung, insbesondere der weiteren Beförderung zum kommissarischen Landrat bzw. der endgültigen Ernennung in Abhängigkeit von seiner Qualifizierung kurz charakterisiert werden, um die Vorgänge in Lüdinghausen einordnen zu können.

Die herkömmliche fachliche Qualifizierung für das Landratsamt erfüllten von den 23 „Parteikandidaten“ nur acht. Diese konnten das große juristische Staatsexamen vorweisen. Weitere acht Personen hatten eine andere akademische Ausbildung, die übrigen sechs eine Ausbildung im Handwerk, Handel oder in Dienstleistungsberufen, wie z.B. Barthel als Fernmeldebeamter. Unter den 13 „Parteikandidaten“ im Gau Westfalen-Nord gab es nur einen „Volljuristen“. Erwartungsgemäß war die parteipolitische Qualifizierung dieser Gruppe ungleich höher als bei den „Staatskandidaten“. Der größte Teil hatte bereits vor der „Machtübertragung“ das Parteibuch und Erfahrungen in leitenden Funktionen der Partei. Eine SA-Mitgliedschaft spielte praktisch keine Rolle. Trotz der unzureichenden Qualifizierung leistete das

Innenministerium keinen Widerstand gegen eine vorläufige Einsetzung. In einigen Fällen wie bei Barthel gab es vorsichtige, aber erfolglose Versuche, einen alternativen Personalvorschlag zu unterbreiten. Auch bei den üblichen umfassenden Beurteilungen vor der kommissarischen Einsetzung und endgültigen Ernennung der vorläufig eingesetzten Parteigänger konnte die staatliche Beurteilungskompetenz nur einen geringen Einfluss geltend machen, da der protegierende Gauleiter auf jeden Fall das letzte Wort hatte. Von den 23 „Parteikandidaten“ erhielten sechs aus ganz verschiedenen Gründen keine endgültige Ernennung. „Parteikandidat“ Barthel wurde nach knapp sieben Monaten zum kommissarischen Landrat und dann nach weiteren fast sechs Monaten Ende Oktober 1934 als „ein energischer, mit dem Volk und der Bewegung verbundener Landrat“ endgültig ernannt.

Im Gegensatz zu den „Parteikandidaten“ waren zehn der elf vorläufig eingesetzten „Staatskandidaten“ in den westfälischen Gauen Fachbeamte aus der staatlichen Verwaltungslaufbahn, die ihre berufliche Sozialisation weitgehend in der preußischen Bürokratie der republikanischen Zeit erfahren hatten. Fünf „Staatskandidaten“ hatten das NSDAP-Parteibuch gerade erst erworben, vier weitere noch nicht. Dass die Kandidaten des Innenministeriums überhaupt zum Zuge kamen, lag wahrscheinlich an der Personalsituation der NSDAP in der unmittelbaren Umbruchphase, die es den Gauleitern nicht ermöglichte, passable Gegenkandidaten im erforderlichen Umfang zu präsentieren. Bei den elf „Staatskandidaten“ hatten die Gauleiter im Beurteilungsprozess bis zur kommissarischen Berufung und endgültigen Ernennung jedoch noch weitere Möglichkeiten ihr Veto einzulegen, so dass fünf Fachbeamten, davon zwei im Gau Westfalen-Nord, die endgütige Ernennung versagt blieb. Die zwei gescheiterten Fachbeamten im Gau Westfalen-Nord – einer davon war Gescher – waren ohne Beteiligung der Gauleitung vom Innenministerium ernannt worden und hatten kein Parteibuch. Obwohl sie sich aber auf ihren neuen Posten fachlich bewährt hatten, waren sie gegen den Widerstand der Partei nicht zu halten.

Nachdem die NSDAP-Gauleitung im Gau Westfalen-Nord die Kraftprobe mit dem NSDAP-gelenkten preußischen Innenministerium bestanden hatte, lud der Regierungspräsident und Parteigenosse Matthaei zu einem Festakt am 20. Oktober 1933 in den festlich geschmückten Sitzungssaal des Kreishauses in Lüdinghausen zur Einführung des neuen Landrates ein.[180] Zur Festversammlung gehörten nicht nur der Kreistag und der Kreisausschuss, die NSDAP-Kreisleitung mit Kreisleiter Bezler und die NSDAP-Ortsgruppenleiter des Kreises Lüdinghausen, sondern auch Ehrengäste wie die Gauleitung mit Gauleiter Meyer an der Spitze, die SA-Führung und die Politprominenz aus dem Nachbarkreis Recklinghausen, dem bisherigen Wirkungskreis von Barthel. Die Teilnahme des scheidenden Landrates wird in der Presse nicht erwähnt. In seiner Einführungsrede bedankte sich der Regierungspräsident zunächst pflichtgemäß bei Landrat von Gescher und würdigte dessen gute Arbeit für den Kreis, die er „nach bestem Wissen und Können“ geleistet habe. Seine Arbeit sei von der Regierung jederzeit voll anerkannt

Abb. 26: Amtseinführung von Landrat Herbert Barthel durch den Regierungspräsidenten Kurt Matthaei unter der Anwesenheit von Gauleiter Dr. Alfred Meyer (im Bild ohne Kopfbedeckung) (20. Oktober 1933)

worden und es lägen keinerlei Vorwürfe gegen ihn vor, „weder in sachlicher noch persönlicher Hinsicht". „Lediglich staatspolitische Erwägungen" hätten den Rücktritt des Landrates von Gescher bedingt. Was sich hinter dieser Formulierung verbarg, musste er zumindest den anwesenden Parteivertretern nicht erklären.

Der Regierungspräsident stellte dann Barthel „als den ältesten Pg. des Münsterlandes vor, der ehrlich und gerade seinen Weg gegangen sei. Dies habe auch die Staatsregierung anerkannt, indem sie ihn zum Landrat" berufen habe. Dann skizzierte er Barthels doppelte Aufgabe: Als Parteigenosse und Nationalsozialist hätte er „dafür Sorge zu tragen, dass die nationalsozialistische Bewegung nunmehr restlos in alle Herzen der Kreisbevölkerung Eingang finde", damit „alle Zankerei und Meckerei" endlich aufhöre und „sich alle, Mann für Mann", hinter den „Führer" stellten. Aufgabe des Landrates sei es, „die Staatsautorität unter allen Umständen zu wahren". Darauf verpflichtete er den neuen Landrat durch Handschlag. Für Barthel gehörte die Verschmelzung der genannten Aufgaben ohnehin zu seinem Selbstverständnis als Angehöriger der Bewegung. Es wurzelte in vagen Vorstellungen über die „Einheit von Staat und Partei". Der Glaube an ihre Realisierung erschien aufgrund der vielfältigen konkurrierenden Organisationen und Interessen in Staat und Partei, die überwunden oder ausgeglichen werden mussten, aber eher ideologischer Überbau zu sein. Doch Barthel sollte weitere Zuständigkeiten erlangen, die zumindest in ihrer Kombination die Option eröffneten, auf einigen Aufgabenfeldern die Dualität von Staat und Partei weitgehend zu überwinden.

Eine dieser Zuständigkeiten war seine Berufung zum Gauinspekteur, also zum Kontrolleur und Vertreter des Gauleiters in mehreren Parteikreisen, die Gauleiter Meyer dem neuen Landrat in seiner Begrüßung offerierte. Auch Meyer betonte, dass „der Staat den Pg. Barthel auf einen verantwortungsvollen Posten gestellt habe“, um dann, wie die Presse berichtete, die Erwartungen der Partei zu formulieren: „Die Partei erwarte von ihm, dass er ihr alle Ehre mache. Der neue Landrat gebe ihm die Gewähr als alter treuer Pg. für Unparteilichkeit und Sauberkeit. In Anerkennung seiner Verdienste für die Partei habe er ihn zum Gauinspekteur berufen. Wenn auch sein neues Amt neue Anforderungen an ihn stelle, so glaube er, dass Pg. Barthel auch diesen sich gewachsen fühlen werde. Denn Nationalsozialist sein, gebe Kraft; der Glaube an den Führer ließe alles überwinden!“

Der weitere Verlauf der Feier war eng getaktet: Es folgte der Dank von Barthel für die freundlichen Worte und seine Versicherung, dass „auch er gern dem Rufe seine Führers gefolgt sei“ und bekräftigte diese Worte mit „einem dreifachen Sieg-Heil auf den Reichspräsidenten und den Führer und Volkskanzler Adolf Hitler“. Die Stimme der Kreisverwaltung durfte selbstverständlich nicht fehlen: Im Namen der Beamtenschaft gelobte Regierungsassessor Noell „treue Mitarbeit zum Wohle des Kreises und des Staates“. Der kurze Festakt endete mit einem Schlusswort des Regierungspräsidenten, einem dreifachen Sieg-Heil auf den neuen Landrat und dem Absingen der ersten Strophe des Horst-Wessel-Liedes.

Die Einführungsfeier für Barthel in Lüdinghausen war nur ein Moment in der beispielhaften Karriere eines Parteifunktionärs und „Alten Kämpfers“ der mittleren Ebene, die sehr stetig verlief, aber nicht wie bei dem SA-Kämpfer Bielefeld im permanenten Kampf gegen das Weimarer System und reaktionäre Kräfte verfangen blieb. Er gehörte zum Kreis der „einwandfrei beweglichen und unternehmungsfreudigen Menschen“, die sich „tatsächlich als Führer ihrer Kreise“ durchsetzten und dadurch zur Stabilität des NS-Regime in der Region maßgeblich beitrugen.[181]

Barthel stammte aus Breslau in Schlesien.[182] Als Sohn eines Oberpostschaffners begann auch er nach dem Realschulabschluss eine Ausbildung zum Telegraphengehilfen und Kabelmessbeamten bei der Deutschen Reichspost. Diese Ausbildung konnte er jedoch erst nach dem Ersten Weltkrieg mit der Telegraphenassistentenprüfung abschließen, da er im Alter von 20 Jahren im Juni 1915 eingezogen wurde und bis Kriegsende an der Ostfront bei der Nachrichtentruppe Kriegsdienst leistete. Nach der Entlassung aus dem Deutschen Heer Ende 1918 schloss er sich direkt dem Freikorps Paulßen an, das in Ostpreußen zum Grenzschutz und dann bis Ende 1919 in Oberschlesien zum Heimatschutz und zur Bekämpfung von Aufständen zum Einsatz kam.[183] Nachdem Barthel den Militärdienst im April 1920 endgültig quittiert hatte, nahm er seinen Beruf als Telegraphenassistent bei der Deutschen Reichspost in Breslau wieder auf. Mitte 1921 versetzte die Deutsche Reichspost Barthel in die Provinz Westfalen. Seine Einsatzorte als Postbeamter in Burgsteinfurt von Juli 1921 bis Januar 1924, dann in Münster bis November 1925 und anschießend in Recklinghausen bis Oktober 1933 als Obertelegraphensekretär waren auch wichtige Stationen seines Weges ins rechtsextreme Lager und seiner Parteikarriere.

In Burgsteinfurt suchte Barthel Anschluss an die völkische Bewegung und wurde Mitglied des Westfalen-Treubundes, der sich 1922 unter der Führung des Münsteraner Juraprofessors Dr. Hubert Naendrup als „Abspaltung" des Westfalenbundes gegründet hatte und zum stärksten nationalen Kampfverband im Münsterland aufstieg.[184] 1924 gehörte Barthel zum „Völkisch-sozialen Block", um dann nach der Aufhebung des NSDAP-Verbotes und der Neugründung der Partei am 27. Februar 1925 sofort Mitglied zu werden. Mit dem Parteieintritt am 10. März 1925 führte er die Mitgliedsnummer 16.218. Eine seiner ersten Aktivitäten war die Gründung der Ortsgruppe Burgsteinfurt. Ab Mitte 1925 leitete er auf Anweisung der damaligen Gauleitung des Gaues Westfalen in Bochum den NSDAP-Bezirk Münster, bis er diese Funktion schon nach einem halben Jahr durch seine berufliche Versetzung nach Recklinghausen aufgeben musste. Auch in Recklinghausen beteiligte er sich sofort an der Formierung einer Ortsgruppe, die er dann ab 1926 bis 1932 fast durchgängig als Ortsgruppenleiter führte.[185] Mit der Auflösung der NSDAP-Bezirke und Anpassung an die staatlichen Verwaltungsstrukturen im Oktober 1932 wurde Barthel Kreisleiter des Kreises Recklinghausen-Land im Gau Westfalen-Nord. Formal führte er diesen Kreis bis Mai 1934, in der Praxis jedoch nur bis Oktober 1933, da er in Lüdinghausen zunächst auch das Amt des ausgeschiedenen Kreisleiters Bezler bis Ende Mai 1934 übernehmen musste.

Im Vergleich zu den „Staatskandidaten" und den Juristen unter den „Parteikandidaten" war die Amtsstabilität der „Alten Kämpfer" als Außenseiter in den Landratsämtern am höchsten. Von den sieben „Alten Kämpfern" in westfälischen Landratsämtern amtierten vier unangefochten bis Kriegsende. Barthel gehörte dazu. Durch diese Amtsstabilität gehörte der Kreis Lüdinghausen später auch zu den fünf von 32 westfälischen Landkreisen, die während der gesamten Kriegszeit von einem einzigen Verwaltungschef geleitet wurden. Der Kreis Coesfeld fiel allerdings auch in diese Kategorie.[186] Obwohl 1933 auf die konfessionelle Zusammensetzung der Kreisbevölkerung bei der Auswahl von Landratskandidaten noch weitgehend Rücksicht genommen wurde, spielte dieses Kriterium zur Vermeidung konfessionsbedingter Konflikte und zur Sicherung einer unangefochtenen Amtsausübung im Kreis Lüdinghausen offensichtlich keine Rolle. Denn Barthel als Protestant gehörte zu den vier vorläufig eingesetzten Landräten, die einer anderen Konfession als der Großteil der Kreisbevölkerung angehörten.[187] Die entscheidende Voraussetzung für die hohe Amtsstabilität war eine enge Parteibindung und ein hoher Rückhalt in der Partei, der sich in der Übertragung wichtiger Parteiämter zeigte.[188]

Eine personelle Konstellation, die häufig Anlass für Versetzungen oder einen Amtsverzicht von Landräten bildete, war das Zusammentreffen von selbstbewussten Landräten und konfliktfreudigen Kreisleitern. Ein alter erfahrener Nationalsozialist und früherer Kreisleiter wie Barthel hätte sich als Landrat von einem Kreisleiter wahrscheinlich nicht überwachen lassen, wobei Kreisleiter mit junger Parteikarriere dem Pg. Barthel mit seinem Nimbus als „Alter Kämpfer" ihren Respekt bestimmt nicht versagt hätten. Barthel ging diesen Problemen aus dem Weg, da er in Personalunion auch das Kreisleiteramt führen wollte. Diese Verklammerung von Partei und Staat begrüßten Teile der Partei in der Phase der Machtdurchsetzung als probates Mittel zur Festigung der Macht ausdrücklich. Im Gau Westfalen-Nord kamen derartige Personalunionen nur selten zustande und waren offensichtlich auch nicht erwünscht, möglicherweise aufgrund der verschiedenen Anforderungen in der Amtsausübung, der doppelten Arbeitsbelastung oder der dadurch aufgehobenen Kontrollmöglichkeiten.[189]

Im Mai 1934 informierte daher das Gauorganisationsamt im Auftrag des Gauleiters Landrat Barthel in einem Schreiben darüber, dass er „wegen zu großer Inanspruchnahme durch die Inspektion" zum 1. Juni seines „Amtes als Kreisleiter enthoben werden" soll.[190] Die Sache war jedoch schon entschieden, da Karl Tosse (1889–1968), bis dahin Kreisleiter in Warendorf, bereits als Nachfolger bestimmt war. Diese „Amtsenthebung" war durchaus im Sinne von Barthel, nicht nur aufgrund der Arbeitsentlastung, sondern zur Wahrung der Parteihierarchie und persönlichen Positionierung gegenüber den Kreisleitern, da er als Gauinspekteur und Beauftragter des Gauleiters eine herausgehobene, „nicht zu unterschätzende" Position mit einem besonderen Vertrauensverhältnis zum Gauleiter einnahm.[191] Ein Kreisleiter, der Barthels Kontrolle als Gauinspekteur unterstand, musste auch den Landrat Barthel als den eigentlichen „Hoheitsträger" im Kreis Lüdinghausen respektieren. Im Februar 1937 wurden Personalunionen auf der Kreisebene von der Parteispitze ohnehin verboten; bestehende Ämterverbindungen mussten bis zum 1. Oktober 1937 aufgelöst werden.[192] Das hielt Barthel jedoch nicht davon ab, trotz des Verbotes nach der Versetzung von Kreisleiter Tosse das Amt von Januar 1937 bis März 1938 erneut zu übernehmen und dann in den Jahren 1942 und 1943 über längere Zeit auch den erkrankten Nachfolger auf dem Kreisleiterposten zu vertreten.

Als Gauinspekteur unterstand Barthel keiner Dienststelle der Reichsleitung. Er handelte allein im Auftrag des Gauleiters bzw. seines Stellvertreters. Als autonomes Instrument in der Hand des Gauleiters bestand seine Hauptaufgabe in der Überwachung der Parteidisziplin und der Konfliktlösung. Gauinspekteur Barthel hatte allen Gesuchen und Beschwerden aus seinem Zuständigkeitsbereich, die von Partei- und Staatsdienststellen und aus dem öffentlichen und privaten Leben an die Gauleitung gerichtet waren, nachzugehen, Kontrollbesuche und Untersuchungen durchzuführen. Zu seinem Aufgabenbereich gehörten auch Sonderaufträge aller Art, Gnaden- und Unterstützungsgesuche sowie Darlehensgesuche im Einvernehmen mit dem Gauwirtschaftsberater.[193]

Barthels Zuständigkeitsbereich als Gauinspekteur wurde durch Gauleiter Meyer bis 1936 kontinuierlich vergrößert. Meyer hatte das Gaugebiet 1933 in sieben

Inspektionen eingeteilt; in den Jahren 1934 bis 1936 gab es zeitweise acht Inspektionen. Zum Kreis der potenziellen Gauinspekteure gehörten rund ein Dutzend langjährige, mit Meyer vertraute Mitarbeiter aus der sogenannten „Gauclique", die auf wichtigen Positionen in der Gauleitung oder den Gauinspektionen eingesetzt wurden. Im Oktober 1933 gehörte der Kreis Coesfeld zusammen mit den Kreisen Ahaus, Steinfurt und Tecklenburg zur Inspektion III mit Pg. Bezler von der Gau-Organisationsabteilung an der Spitze. Der Kreis Lüdinghausen bildete zusammen mit den Kreisen Recklinghausen-Land und Borken-Bocholt die Inspektion II, die Pg. Barthel unterstellt wurde. Nach einer Zwischenstufe im Januar 1934, in der Barthel statt für Borken-Bocholt für den Kreis Beckum zuständig war, und die Inspektion III, nun mit Pg. Kossol an der Spitze, die Kreise Ahaus, Borken und Coesfeld umfasste, konsolidierte sich der Zuschnitt der Inspektionen im Oktober 1934. Nun gehörten die Kreise Ahaus, Borken, Coesfeld, Lüdinghausen und Recklinghausen-Land zur Inspektion II mit Barthel als Gauinspekteur. Im August 1936 wurde der Inspektion II auch noch der Kreis Steinfurt zugeschlagen.[194] Barthel hatte damit im Parteiapparat eine exponierte Stellung erreicht, die er nicht nur als Kontroll- und Wächterfunktion über die Parteiorganisation seines Zuständigkeits- und Einflussbereiches, sondern über den gesamten kommunalen Bereich verstand.

Das preußische Gemeindeverfassungsgesetz (GVG) vom 15. Dezember 1933, das am 1. Januar 1934 in Kraft trat, und im Anschluss daran die reichseinheitliche Deutsche Gemeindeordnung (DGO) vom 30. Januar 1935, die das GVG ab dem 1. April 1935 ablöste, förderten mit ihren Beteiligungs- und Entscheidungsrechten dieses Selbstverständnis. Sie eröffneten einen legalen Weg zur Verflechtung von landrätlichen und parteiamtlichen Kompetenzen. Nach dem GVG berief und entließ der Regierungspräsident die Bürgermeister und Beigeordneten der kreisangehörigen Städte.[195] Für die Amtsbürgermeister und Amtsbeigeordneten war der Landrat, also Barthel als Amtsinhaber und Aufsichtsbehörde zuständig. Die Berufung der Bürgermeister und Amtsbürgermeister hatte „nach Fühlungnahme mit dem Gauleiter der nationalsozialistischen Bewegung" zu erfolgen. Da diese „Fühlungnahme" über den Kreisleiter und den Gauinspekteur lief, konnte Barthel über diese Funktionen seinen Einfluss geltend machen. Die Gemeinderäte, sprich die Ratsherren in den Städten und Gemeindeältesten in den Landgemeinden, wurden durch die zuständige „Aufsichtsbehörde auf Vorschlag des Gauleiters" berufen. Ein Gemeinderat sollte sich nach dem Gesetz aus dem obersten örtlichen Leiter der NSDAP, dem rangältesten Führer der Sturmabteilungen oder der Schutzstaffeln der NSDAP und sonstigen erfahrenen und verdienten Männern zusammensetzen. Dabei waren die Berufsstände, die der Gemeinde ihr Gepräge gäben, angemessen zu berücksichtigen. Bei der Erarbeitung der Vorschlagslisten für den Gauleiter boten sich dem Multifunktionär Barthel weitere vielfältige Möglichkeiten, seine personalpolitischen Vorstellungen einzubringen.

Trotz der exponierten persönlichen Position im sich formierenden NS-Staat, bewertete Barthel im Oktober 1934 das GVG in einer Stellungnahme für Gauleiter Meyer sehr kritisch, da es „zu wenig Rücksicht auf die Belange der Partei“ nehmen würde.[196] Vor allem die Ausführungsbestimmungen des Gesetzes liefen darauf hinaus, „den Einfluss der Partei zu beschneiden und den der infrage kommenden Regierungsstellen zu stärken.“ In der Praxis würden z.B. dem „Gauleiter, also mithin der politischen Bewegung“, nur „ausgesuchte Bewerberlisten“ vorgelegt. Aus Barthels Sicht werde die Praxis zeigen, „dass es unter gewissen Umständen kaum möglich ist, die Wünsche im Gaugebiete ohne weiteres durchzusetzen, wenn die entsprechende Regierungsstelle anderer Meinung ist.“ „Augenblicklich und in absehbarer Zeit“ würden noch „Leiter des vergangenen Systems“ in diesen Stellen sitzen und für den Nationalsozialismus „eine gewisse Gefahr“ bedeuten. Alle Vorschriften ließen sich nur dann reibungslos durchführen, „wenn 1. alle Landräte und 2. alle Regierungspräsidenten einschließlich Sachbearbeiter Nationalsozialisten sind.“

Mit der Einführung der DGO vom 30. Januar 1935 wurde die von Barthel kritisierte mangelnde Rücksichtnahme auf die Partei behoben.[197] Zur Sicherung des „Einklangs der Gemeindeverwaltung mit der Partei“ wurde die Ernennung von Beauftragten der NSDAP in den Gemeinden vorgeschrieben. Der Stellvertreter des Führers bestimmte mit einer Verordnung vom 26. März 1935, wer diese Aufgabe im Sinne des Gesetzes übernehmen sollte und dass die Ernennung durch die Gauleiter zu erfolgen hatte. Bei kreisangehörigen Gemeinden bestimmte die VO den Kreisleiter zum Beauftragten. Die Kreisleiter kamen jedoch nicht zum Zuge, wenn sie bei einer Gemeinde arbeiteten, dort ein Ehrenamt innehatten oder eine Aufsichtsfunktion ausübten, für die sie bei einer Beauftragung zuständig sein würden. Im Kreis Lüdinghausen war daher die Ernennung von Kreisleiter Tosse kein Problem. Für den Kreis Coesfeld ernannte Gauleiter Meyer jedoch Gauinspekteur Barthel und nicht Kreisleiter Bielefeld zum Beauftragten. Bielefeld übte zwar auch Ehrenämter in Dülmen aus, der Hauptgrund seiner Nicht-Berücksichtigung wird aber seine Verstrickung in die parteiinternen Konflikte gewesen sein, in der die Gauleitung offensichtlich eine schlechte Voraussetzung für den angestrebten „Einklang“ auf der Gemeindeebene sah.

Für Gauleiter Meyer war die strikte Trennung von Partei und Staat auf der Gemeindeebene besonders wichtig, da er wiederholt auf die besondere Position der Beauftragten hinwies: „Der Beauftragte ist kein Gemeinde- oder Staatsorgan, sondern einzig und allein ein Organ der Partei. Er untersteht deshalb auch nur dem Anweisungsrecht seiner vorgesetzten Parteidienststelle.“[198] Daher drängte Landrat Barthel nach dem Ausscheiden von Kreisleiter Tosse als dessen vorläufiger Vertreter die Gauleitung, einen neuen Parteibeauftragten zu ernennen und bat darum, seinen Kollegen Gauinspekteur Joseph Gerdes, Landrat im Kreis Warendorf, einzusetzen.[199] Ohne Parteibeauftragten sei die Erledigung drängender Gemeindeangelegenheiten nicht möglich.

Nach der DGO hatte der Beauftragte an folgenden Angelegenheiten der kreisangehörigen Städte und Gemeinden mitzuwirken: Bei der Berufung und Abberufung des Bürgermeisters, der Beigeordneten und der Gemeinderäte, dem Erlass der Hauptsatzung, der Verleihung und Aberkennung von Ehrenbürgerrechten sowie Ehrenbezeichnungen. Der Beauftragte der NSDAP durfte kein Gemeinderat sein. Er konnte jedoch an den Beratungen des Bürgermeisters mit den Gemeinderäten teilnehmen, wenn es sich um Angelegenheiten handelte, bei denen ihm das Gesetz eine Mitwirkung einräumte. Der Beauftragte hatte seine Aufgaben persönlich wahrzunehmen. Eine Übertragung auf Andere war nicht möglich. In einer Dienstanweisung der Gauleitung wurden die Mitwirkungsrechte insbesondere hinsichtlich ihrer praktischen Umsetzung im Sinne der Partei noch einmal präzisiert.[200]

Bei der Besetzung hauptamtlicher Stellen für Bürgermeister, Beigeordnete, Amtsbürgermeister etc., die der Ausschreibungspflicht unterlagen, legte die Dienstanweisung den genauen Verfahrensablauf fest. Alle Bewerbungen mussten dem Beauftragten der Partei vorgelegt werden. Nach der Beratung mit den Gemeinderäten in nicht öffentlicher Sitzung unter dem Vorsitz des Beauftragten legte dieser einen Vorschlag vor, der bis zu drei Bewerber umfasste. Bevor nun die für die Berufung zuständige Aufsichtsbehörde eingeschaltet wurde, hatte der Beauftragte die Vorschläge mit sämtlichen Personalunterlagen der Gauleitung zuzuleiten, um die Zustimmung des Gauleiters einzuholen. Mit dessen Einverständniserklärung wurden die Vorschläge an den Beauftragten zur Weiterleitung an die Aufsichtsbehörde zurückgereicht. Auch bei den anderen Mitwirkungsrechten war ähnlich zu verfahren, um die Stellungnahme und Zustimmung des Gauleiters oder des Gauamtes für Kommunalpolitik zu gewährleisten. Bei der Besetzung ehrenamtlich ausgeübter Stellen sollten die Beauftragten besonders die Freiwerdung derartiger Stellen im Blick haben, die nach dem gleichen Verfahren besetzt werden sollten wie die hauptamtlichen Stellen.

Der Beauftragte der NSDAP hatte auch im Benehmen mit dem Bürgermeister die Gemeinderäte zu berufen. Für den Gauleiter hieß das aber nicht, dass der Beauftragte auf seinen Ansichten „entgegenstehende Einwände des Bürgermeisters unter allen Umständen Rücksicht zu nehmen“ hatte. Es sei vielmehr selbstverständlich, die Auswahl der Gemeinderäte mit dem zuständigen Hoheitsträger der Partei abzustimmen. Bei der Auswahl der Gemeinderäte seien „höchste Anforderungen an die Qualität derselben“ zu stellen. Nach der DGO hatte der Beauftragte auf nationale Zuverlässigkeit, Eignung und Leumund zu achten und Persönlichkeiten zu berücksichtigen, deren Wirkungskreis der Gemeinde ihre besondere Eigenart oder Bedeutung gäben oder das gemeindliche Leben wesentlich beeinflussten. Um den „inneren Zusammenhang“ von Gemeinderat und Partei zu sichern, hatte der Beauftragte auf Anweisung des Gauleiters dafür zu sorgen, „dass der politische Leiter grundsätzlich (sofern er nicht bereits Bürgermeister ist) stets mindestens als Gemeinderat, möglichst aber als Beigeordneter berufen“ wird. Zweitausfertigungen der Gemeinderatslisten mussten dem Gauamt für Kommunalpolitik zugestellt werden.

Gauleiter Meyer sah in der DGO eine Grundlage zur Verwirklichung des Grundsatzes „der unbedingten Einheit zwischen Partei und Staat“.[201] Barthel konnte mit seinen Ämtern als Landrat und zeitweiliger Kreisleiter im Kreis Lüdinghausen, Beauftragter der NSDAP im Kreis Coesfeld und Gauinspekteur für das gesamte Westmünsterland in der Phase der Etablierung und Konsolidierung des NS-Regimes maßgeblich zur Verwirklichung dieses Grundsatzes beitragen. Auf jeden Fall war er sich der Bedeutung der Aufgabe bewusst, um „die Synthese zwischen staatlichem Führerprinzip und berechtigtem Parteieinfluss" zu schaffen, wobei die Partei „ihr Eigenleben" behalten musste, aber in den Gemeinden auch „keine Nebenregierung" entwickeln durfte.[202] Für Barthel sicherte der Einfluss der NSDAP bei der Auswahl von leitenden Beamten mit einer parteikonformen politischen Einstellung den „weitgehenden Einfluss auf die Gemeindepolitik". Mit der DGO war der Vorrang der Gauleitung bei den personalpolitischen Entscheidungen auf der kommunalen Ebene festgeschrieben. Wie der Ämterwechsel auf dem Coesfelder Landratsposten im Februar 1936 zeigt, trafen bei der Neubesetzung höherer Leitungspositionen, über die im Kräftedreieck zwischen dem Innenministerium, dem Stab des Stellvertreters des Führers und der Gauleitung entschieden wurde, weiterhin unterschiedliche Vorstellungen über die Aufhebung des Dualismus von Partei und Staat aufeinander.

Landrat Rudolf Klein, ein parteihöriger Verwaltungsfachmann ohne Parteibuch

Trotz der ausgesprochen ablehnenden Haltung von Kreisleiter Bielefeld war Rudolf Klein Anfang 1936 immer noch Landrat des Kreises Coesfeld. Dazu trug nicht nur seine Fachkompetenz und Loyalität zu den NS-Machthabern bei, die ihm Regierungspräsident Kurt Matthaei im April 1934 in einem Befähigungsbericht bescheinigt hatte: Klein sei ein sehr tüchtiger Landrat, der sich „in sehr anerkennenswerter Weise innerlich und äußerlich mit den politischen und menschlichen Bedürfnissen dieser Zeit vertraut gemacht" habe. Da Bielefelds „Kämpfermodus" inzwischen nicht mehr mit dem „legalistischen Weg" vereinbar war, fand seine Abqualifizierung von Landrat Klein als „reaktionäre Kraft" wenig Resonanz bei der Gauleitung. Auf jeden Fall konnte er Kleins Ablösung nicht erzwingen. Klein verließ den Landratsposten erst, als er am 8. Februar 1936 vom Reichs- und Preußischen Minister des Innern mit der vertretungsweisen Verwaltung der Stelle des Regierungspräsidenten in Trier beauftragt wurde.[203] Damit gehörte Klein nicht nur zu den zwölf über das Jahr 1934 hinaus amtierenden Weimarer Landräten in Westfalen, sondern auch zu den sieben, die ohne NSDAP-Parteibuch blieben und zu den zwei Nicht-Parteimitgliedern, die befördert wurden. Von den übrigen schied einer durch das Erreichen der Altersgrenze aus dem Amt, drei mussten dem massiven Druck von Kreis- und Gauleitungen weichen, nur der Ahauser Landrat Felix Sümmermann (1889–1970) hielt sich bis 1944 im Amt.[204]

Die Beförderung Kleins darf nicht über die Bedeutung des Parteieintritts und einer aktiven Mitarbeit in der Partei für die Amtsstabilität der Weimarer Landräte in der NS-Zeit hinwegtäuschen. Auf dem weiteren Karriereweg holte die Frage der Parteimitgliedschaft schließlich Klein ebenfalls noch ein, da sie auch für die

Position der Regierungspräsidenten zur Vorbedingung erhoben wurde. Für den Posten in Trier brachte Klein eigentlich aufgrund seiner früheren Erfahrungen in der Regierungskommission des Saargebietes, seines Einsatzes für die Interessen des Deutschen Reiches an der Saar und der dadurch bedingten intensiven Zusammenarbeit mit der Bezirksregierung in Trier die besten Voraussetzungen mit. Das Scheitern Kleins in Trier und die Wiederbesetzung der Landratsstelle in Coesfeld zeigen exemplarisch, wie sich die Rahmenbedingungen für Personalentscheidungen bis Anfang 1936 entwickelt hatten. Die Besetzungsverfahren liefern Aufschlüsse über die Inhaber der faktischen Entscheidungsgewalt bei der Abberufung und Berufung der Beamten in leitenden Funktionen und über das Ausmaß des Machtverfalls des Innenministeriums gegenüber dem Stellvertreter des Führers (StdF) und den Gauleitern.

Seit der Vereinigung des preußischen Innenministeriums mit dem Reichsinnenministerium im November 1934 war Reichsinnenminister Wilhelm Frick (1877–1946) für die Berufung der Regierungspräsidenten und Landräte verantwortlich. Der promovierte Jurist hatte eine Laufbahn in der bayerischen inneren Verwaltung hinter sich und „verband sein Leben lang eine fanatische nationalsozialistische Gesinnung mit dem dezidierten Bekenntnis zur Staatsautorität".[205] Wie seine zumeist konservativen Ministerialbeamten verfolgte er das Ziel, das Berufsbeamtentum zu einer der tragenden Säulen eines zentral gesteuerten, rational durchorganisierten NS-Staates zu machen. Nach dem Eindringen zahlreicher Außenseiter in die Domäne der Verwaltungsjuristen bis 1935 zeigte sich das Innenministerium zunehmend entschlossen, das Fachbeamtenprinzip zu bewahren bzw. wiederherzustellen. In der NSDAP war Frick als „Bürokrat" verrufen. Daher scheiterte auch die zur Umsetzung seiner Ziele notwendige umfangreiche Reichs- und Verwaltungsreform. Sie war gegen „den Führer", die Fachressorts der Ministerien und die Partei nicht durchsetzbar. Fricks Ringen um die „Staatsautorität" äußerte sich in den Besetzungsverfahren in seinen nicht nachlassenden Versuchen, fachlich qualifizierte Beamte, die sich an staatliche Normen gebunden fühlten, gegen die politisch zuverlässigen, von der Partei protegierten „Außenseiter" reichsweit zu positionieren.

Da seit 1934 der Stab des StdF obligatorisch an Personalentscheidungen der Fachressorts zu beteiligen war, trat neben den regionalen Partikularismus der Gauleiter noch ein vertikaler Ressortpartikularismus.[206] In diesem Geflecht widerstreitender Kräfte, wie es für das polykratische Herrschaftssystem in der NS-Zeit typisch war, gab es interessenbedingt wechselnde „Koalitionen": Der StdF konnte z.B. durch eine Kooperation mit dem Innenministerium seine Bemühungen um eine Stärkung der zentralen parteiamtlichen Einflussnahme stützen und den Einfluss der Gauleiter zurückdrängen. Das Innenministerium konnte mit einem Votum der Gauleiter die „politische Qualifikation" eines Kandidaten gegenüber dem StdF erhöhen. Mit einem Hinweis auf die Zuständigkeit des StdF konnte das Innenministerium wiederum den Gauleitern bei der Favorisierung von Außenseitern entschiedener entgegentreten. Die Besetzung des Postens des Regierungspräsidenten in Trier zeigt jedoch, dass gegen den Willen der Gauleiter ein Regierungspräsident nicht einzusetzen oder zu halten war, vor allem, wenn die Gauleiter die Unterstützung des StdF hatten.

Der Auftrag an Klein zur vertretungsweisen Verwaltung der Stelle des Regierungspräsidenten in Trier und an eine weitere Person für den Regierungssitz in Koblenz erfolgte offensichtlich ohne Abstimmung mit dem Stab des StdF und gegen die Kandidatenvorschläge des Gauleiters im Gau Koblenz-Trier, Gustav Simon (1900- 1945).[207] Als dieser versuchte, seine Kandidaten in einem persönlichen Gespräch mit Minister Frick durchzusetzen, wurde er von Staatssekretär Grauert in scharfer Form zurechtgewiesen: Er habe den Vorschlägen des Gauleiters nicht zustimmen können, da „bei dem größeren Überblick der Verwaltungsbeamten in Preußen fachlich qualifiziert wertvollere Anwärter für den Posten zur Verfügung" gestanden hätten. Es würde den Geschäftsgang außerordentlich erschweren, wenn er von sich aus mit seinem „verhältnismäßig engen Überblick" fachlich geeignetere Herren vorschlage, die er nicht anerkennen könne und auch gegenüber dem Minister ablehnen müsse. Das selbstbewusste Auftreten Grauerts zeugt auch von einer Verkennung der realen Machtverhältnisse. Denn Simon erhielt demonstrativ die Unterstützung des StdF, der die kommissarische Einsetzung des Nicht-Parteimitgliedes Klein zum Anlass nahm, grundsätzlich die Ernennung von Nicht-Parteigenossen abzulehnen. Der Ausgang dieser langwierigen Auseinandersetzung verdeutlicht das „machtpolitische ‚Patt' zwischen den beteiligten staatlichen und parteiamtlichen Stellen".

Obwohl Klein noch im Juli 1936 mit Zustimmung des preußischen Ministerpräsidenten vom Innenministerium mit der kommissarischen Wahrnehmung der Dienstgeschäfte des Regierungspräsidenten in Trier betraut worden war, musste Frick den Auftrag an Klein am 9. Dezember 1936 zurückziehen.[208] Klein kehrte nach Coesfeld zurück, bis ihn Innenminister Frick am 16. Januar 1937 mit der vertretungsweisen Wahrnehmung der Geschäfte des Regierungsvizepräsidenten bei der Regierung in Münster beauftragte. Eine Pressenotiz verkündete die offizielle Sprachregelung: Klein sei zum Regierungsvizepräsidenten in Münster ernannt worden, nachdem er auf eigenen Wunsch vom Posten des kommissarischen Regierungspräsidenten in Trier zurückgetreten sei. In der zweiten Reihe war die Kompetenz des „außerordentlich gewandten, vielseitig erfahrenen und leistungsfähigen Verwaltungsbeamten" Klein weiterhin sehr gefragt. Ende Mai 1938 erhielt er seine endgültige Ernennung zum Regierungsvizepräsidenten und behielt diese Funktion ohne NSDAP-Parteibuch unangefochten, bis er am 30. Juni 1945 von der britischen Militärregierung in Untersuchungshaft genommen wurde. Der exzellente Verwaltungsbeamte Klein durfte den NS-Staat nicht repräsentieren, für die Funktionsfähigkeit dieses Staates war er jedoch unverzichtbar.

Landrat Dr. Jakob Stachels, stets Verwaltungsfachmann „im nationalsozialistischen Sinne"

Noch vor der Amtsübernahme Kleins in Trier am 20. Februar 1936 beauftragte Innenminister Frick am 12. Februar den Regierungsrat im preußischen Finanzministerium Ernst Kribben (geb. 1898), seit dem 1. Mai 1933 in der NSDAP, mit der vertretungsweisen Verwaltung des Landratsamtes im Kreis Coesfeld.[209] Er sollte sich sofort zur Übernahme der landrätlichen Geschäfte nach Coesfeld begeben, sich jedoch vorher beim Regierungspräsidenten in Münster zur Entgegennahme weiterer Weisungen persönlich melden. Der erneute Versuch des Innenministeriums durch eine schnelle Entscheidung personalpolitische Fakten zu schaffen war spätestens mit der Kontaktaufnahme von Kribben zum Regierungspräsidenten in Münster beendet. Am 18. Februar 1936 forderte Gauleiter Meyer in einem Telegramm Staatssekretär Grauert auf, die Betrauung von Kribben zurückzustellen. Er bringe in Abstimmung mit dem Oberpräsidenten und dem Regierungspräsidenten Regierungsrat Stachels von der Regierung Münster in Vorschlag, der schon einmal vom Innenministerium für eine andere Landratsstelle vorgesehen gewesen sei. In diesem Fall reagierte das Innenministerium prompt. Es informierte am 21. Februar Regierungsrat Kribben und Gauleiter Meyer über die Rücknahme der „Entsendung". In einem weiteren Schreiben informierte Grauert den „lieben Pg. Meyer" darüber, dass seinem „Wunsch entsprechend" Regierungsrat Dr. Stachels zunächst vertretungsweise mit der Verwaltung des Landratsamtes Coesfeld betraut worden sei.

Die Gauleitung hatte sich bei der Auswahl des Landrates für den Kreis Coesfeld durchgesetzt. Der StdF, den Gauleiter Meyer ebenfalls über das Verhalten des Innenministeriums informiert hatte, reagierte erst nach vier Wochen und bat lediglich das Innenministerium um eine Mitteilung über den Sachstand. Die Mitwirkung bei der personellen Besetzung der Landratsposten hatte für den StdF offensichtlich eine geringere Priorität als bei der Besetzung der RP-Posten. Daher brachte er auch selten eigene Personalvorschläge für diese Führungsebene ein. Aus dem Ergebnis des Besetzungsverfahrens im Kreis Coesfeld kann jedoch nicht auf eine fortschreitende Entmachtung des Innenministeriums bei der Besetzung der Landratsämter und auf ein Scheitern der kontinuierlichen Bemühungen Fricks um die Wiederherstellung des Fachbeamtenprinzips geschlossen werden.[210] Konkret

Abb. 27: Dr. Jakob Stachels (1901–1977), Landrat des Kreises Coesfeld von Februar 1936 bis Kriegsende 1945

ging es dabei z.B. um einen Ausbildungserlass vom 31. August 1936, nach dem nur noch Beamte berücksichtigt werden sollten, „die in der Verwaltung selbst ihre volle Ausbildung erfahren“ hatten. Es ging auch um Vordienstzeiten für die Einweisung in eine erste planmäßige Stelle. Außerdem sollte ein mindestens dreijähriger Ausbildungsgang von Regierungsreferendaren für den höheren Dienst in der allgemeinen und inneren Verwaltung reichseinheitlich festgeschrieben werden. Frick gelang es jedoch nicht die angestrebten Regelungen für die Landräte verbindlich festzuschreiben und Ausnahmemöglichkeiten von den Regeln zu verhindern. Die Wirksamkeit dieser Maßnahmen musste sich ohnehin erst in der Zukunft zeigen. Um die Machtposition des Innenministeriums bei den Personalentscheidungen und bei der Durchsetzung der fachlichen Anforderungen bewerten zu können, ist es aussagekräftiger, sich die vorläufigen Einsetzungen von Landräten in Westfalen ab 1936 insgesamt anzusehen.

Von 1936 bis 1940 erfolgten in Westfalen bei 24 Landratskandidaten 25 vertretungsweise Beauftragungen mit der Verwaltung von Landratsämtern.[211] Nach den Inhalten des Schriftwechsels zwischen den staatlichen und parteiamtlichen Behörden verlief die Entscheidungsfindung insgesamt weniger kontrovers als in der Machtübertragungs- und Machtsicherungsphase, teilweise sogar einvernehmlich. Daher ist auch die Einteilung in „Staatskandidaten“ und „Parteikandidaten“ schwierig. Mit hoher Wahrscheinlichkeit erfolgten die Beauftragungen bei 12 Kandidaten auf Initiative des Innenministerium, bei sieben Kandidaten auf Initiative der beiden Gauleitungen. Zu dieser letzten Gruppe gehörte auch Stachels. Die Zahl von mindestens 12 „Staatskandidaten“ deutet auf eine Rückgewinnung von Entscheidungshoheit auf dem personalpolitischen Terrain durch das Innenministerium hin. Bei einer meist einvernehmlichen Personalauswahl im Vorfeld gab es auch bis zu den endgültigen Landratsernennungen keine nennenswerten Differenzen mehr. Das lag vor allem an der fachlichen, vor allem juristischen Qualifikation, die bei fast allen ernannten Landräten, seien es „Staatskandidaten“ oder „Parteikandidaten“, ihre Relevanz als Unterscheidungskriterium verloren hatte. Das signifikanteste Merkmal der „Parteikandidaten“ blieb die politische Qualifikation. Bei einem „Parteigenossen Landrat“ stellte sich nun die Frage, ob er sich eher dem regionalen „Personenverband“ der Gauleitungen oder der traditionellen, nun von der NS-Bewegung infiltrierten Behördenhierarchie verpflichtet fühlte. Wie die Gauleitung in Westfalen parteiloyale Beamte rekrutierte, zeigt der Werdegang von Stachels bis zur Berufung auf die Landratsstelle in Coesfeld.

Der Katholik Jakob Stachels, Sohn eines Gutspächters, verbrachte seine Kindheit und Jugend in Köln.[212] Nach dem Abitur studierte er dort von 1920–1923 Rechts- und Staatswissenschaften. Die erste juristische Staatsprüfung bestand er am 10. März 1923 mit der Note „ausreichend“. Der Start in die Beamtenlaufbahn ab Juli 1923 als Gerichtsreferendar beim Amtsgericht Köln-Mühlheim, dann beim Landgericht Köln wurde auf dem Höhepunkt der Inflationszeit von Existenznöten begleitet, da ihn sein 68-jähriger Vater als Rentner nicht hinreichend unterstützen konnte. Von Februar bis August 1924 unterbrach er die Referendarausbildung zur Anfertigung einer juristischen Doktorarbeit, mit der er am 27. Juli 1924 zum Dr. jur. promoviert wurde. Danach verließ er den Justizdienst, um als Regierungsreferendar die Verwaltungslaufbahn einzuschlagen. Da „infolge des passiven Widerstandes aus Anlass der Ruhrinvasion die Zahl der Referendare bei der Regierung zu Köln bis auf 20 gestiegen war", konnte Stachels erst im Januar 1926 seinen Vorbereitungsdienst bei der Regierung antreten.[213] Als Regierungsreferendar durchlief er insgesamt 13 Stationen in der Staats- und Kommunalverwaltung. Der Vorsitzende des Kreisausschusses in Cochem bescheinigte ihm 1928 das „Talent zu einem tüchtigen Verwaltungsbeamten". Die Große Staatsprüfung zum Ende des Vorbereitungsdienstes schloss er am 12. März 1929 mit der Note „ausreichend" ab. Im April 1929 wurde er als Regierungsassessor dem Landratsamt Fulda zur Hilfestellung in den landrätlichen Geschäften zugeteilt. Der Landrat in Fulda und der Regierungspräsident in Kassel beurteilten ihn im März 1931 als „sehr befähigten tüchtigen Verwaltungsbeamten mit guten Kenntnissen, offenem Blick und verständigem Auftreten".

Eine Entscheidung des Verwaltungspraktikers Stachels in der Fuldaer Zeit entwickelte sich später zu einem „Türöffner" zur NS-Bewegung in Westfalen, da er in den Augen der „alten Kämpfer" damit schon früh seine Nähe zu den Nationalsozialisten unter Beweis gestellt habe. Für sie stand fest, dass Stachels die vom preußischen Innenminister im Juni 1932 angeordnete Aufrechterhaltung des Uniform- und Demonstrationsverbotes als Gegenreaktion auf die vom Reichspräsidenten angeordnete allgemeine Aufhebung des SA- und Uniformverbotes „im Landkreis Fulda nicht durchgeführt hat". Stachels Antrag auf eine Mitgliedschaft in der NSDAP vom 1. März 1933, also noch vor den Märzwahlen und der durch sie ausgelösten Antragswelle, werden die „alten Kämpfer" ebenfalls als frühes Bekenntnis zur NS-Bewegung gesehen haben, obwohl er nach dem offiziellen Aufnahmedatum, dem 1. Mai 1933, eher zur Masse der Anpassungswilligen und Opportunisten gehörte. Es ist jedoch denkbar, dass Stachels aufgrund seiner persönlichen Krisenerfahrung in den Jahren 1923–1925 in einem Bekenntnis zur NS-Bewegung den stärksten Garanten für seine Zukunft sah und nun auf der sicheren Seite sein wollte.

Daher wird die Versetzung zum 1. April 1934 an das Landratsamt Lüdinghausen ganz in seinem Sinne gewesen sein, zumal ihm der Regierungspräsident in Kassel beste Referenzen mit auf den Weg gab: Er sei „ein befähigter, fleißiger und tüchtiger Verwaltungsbeamter, der sich für die Landratsstellung tadellos" eigne. Als Fachmann und Vertreter des zunehmend von Parteiaufgaben beanspruchten Außenseiters Barthel auf dem Landratsposten musste er seine politische Zuverlässigkeit beweisen und konnte über Barthels vielfältige Kontakte auch persönliches Vertrauen in der NSDAP aufbauen. Als der Lüdinghauser Kreisausschuss in seiner Sitzung am 19. Juli 1934 den nicht anwesenden kommissarischen Landrat Barthel einstimmig für die Wiederbesetzung des Landratsamtes in Lüdinghausen in Vorschlag brachte, also für die endgültige Ernennung stimmte, hatte Regierungsassessor Dr. Stachels den Vorsitz inne.[214]

Stachels gelang es offensichtlich in kürzester Zeit, das Vertrauen seines Landrates und der Gauleitung zu gewinnen. Bereits nach einem halben Jahr erhielt er durch den preußischen Innenminister die Versetzung an die Regierung Münster, um zum 16. Oktober 1934 das politische Dezernat zu übernehmen. In dieser Zeit wurde die Regierung selbst mit einigen Veränderungen konfrontiert. Der amtierende Regierungspräsident und Parteigenosse Matthaei musste fast zeitgleich aufgrund von Differenzen mit der Gauleitung seinen Posten räumen. Sein Nachfolger Kurt Klemm, Polizeipräsident von Recklinghausen, nahm erst im November 1934 seinen Dienst auf.[215] Außerdem wurde Stachels ein Aufgabenbereich übertragen, der sich selbst auf gravierende Umstrukturierungen im Aufgabenbereich der Regierung Münster einzustellen hatte.

In Preußen bzw. der Provinz Westfalen waren die Regierungspräsidenten Landespolizeibehörde, die als höhere Polizeibehörde an der Spitze des hierarchisch aufgebauten Systems der ordentlichen Polizeibehörden standen.[216] Dazu gehörten z.B. im Regierungsbezirk Münster die Bürgermeister bzw. Oberbürgermeister als Ortspolizeibehörden, die Landräte als Kreispolizeibehörden und die Polizeipräsidien in den Großstädten Münster und Recklinghausen, die orts- und kreispolizeiliche Aufgaben erfüllten. Diese staatliche Polizeiverwaltung umfasste bereits in der Weimarer Zeit eine politische Abteilung als Teil der „Landeskriminalpolizeistelle“, die für den Regierungsbezirk Münster dem Polizeipräsidium in Recklinghausen zugeordnet war. Diese politischen Abteilungen waren in Preußen ab dem 1. April 1934 aus der allgemeinen inneren Verwaltung herausgelöst worden und unterstanden nun als selbständige Staatspolizeistellen der Regierungsbezirke faktisch direkt dem Geheimen Staatspolizeiamt in Berlin. Für den Regierungsbezirk Münster wurde die politische Abteilung in Recklinghausen zur Staatspolizeistelle.

In Stachels' Dezernat fielen vielfältige allgemeine politische Angelegenheiten.[217] Dazu gehörten vor allem die Wahlen, Volksbefragungen, Volkszählungen, die Presse, die Verleihung von Titeln, Orden und Ehrenzeichen und die Berufung der Staatsräte. Das eigentliche politische Gewicht des Dezernates steckte jedoch in der Zuständigkeit für Aufruhr, Ausnahmezustand, Streikunruhen, Tumultschäden, das Vereins- und Versammlungsrecht, allgemeine Parteiangelegenheiten, die Spionageabwehr, Fremdenlegionssachen und die Staatspolizeistelle. Da fast jede dieser Zuständigkeiten für die Durchsetzung und Absicherung des NS-Staates relevant war, ist die Auswahl von Stachels für diese Aufgaben ein deutlicher Hinweis auf den besonderen Vertrauensvorschuss seitens der Gauleitung. Sein Einsatz setzte aber auch die Zustimmung des neuen Regierungspräsidenten Klemm voraus, der als ehemaliger Polizeipräsident den Abstimmungsbedarf in Stachels' Aufgabenbereich mit der neuen Staatspolizeistelle als besondere Herausforderung gesehen haben muss. Dass Stachels weder die Partei noch den Regierungspräsidenten enttäuschte, zeigt seine Ernennung zum Regierungsrat am 1. Dezember 1934 und ein Befähigungsbericht von Klemm im April 1935. Dieser schrieb: „Stachels gehört zu den Beamten, die in allen Verwaltungszweigen Gutes leisten. Mit großem Ge-

Abb. 28: Amtseinführung von Landrat Dr. Jakob Stachels (rechts im Bild) durch den Regierungspräsidenten Kurt Klemm unter der Anwesenheit von Gauleiter Dr. Alfred Meyer (28. März 1936)

schick und guten Gesetzeskenntnissen beherrscht er schon nach kurzer Einarbeitungszeit sein Arbeitsgebiet. Besonders hervorzuheben sind seine Umgänglichkeit und Gewandtheit im Verkehr mit der Bevölkerung und mit Behörden." Da auch die Partei bescheinigte, bei Stachels „in politischer Hinsicht keinerlei Bedenken" zu haben, hielt Klemm ihn auch „für die Stellung als Landrat besonders geeignet".

Nachdem Stachels am 2. März 1936 die vertretungsweise Verwaltung des Landratsamtes in Coesfeld übernommen hatte, wurde er nach einer Terminabstimmung zwischen der Gauleitung und dem Regierungspräsidenten am 28. März 1936 als „erster nationalsozialistischer Landrat" im Coesfelder Kreishaus in sein Amt eingeführt.[218] Vor dem Kreishaus hatten sich auf dem Südwall die HJ, die SA und Marine-SA aufgestellt und die politischen Leiter des Kreises versammelt. „Die Fahnen der einzelnen Ortsgruppen umsäumten den großen Treppenaufgang." Nachdem Gauleiter Meyer, gefolgt von den „Hoheitsträgern der Bewegung und des Staates", die Front der Formationen abgeschritten hatte, ging es in den mit einem „Führerbild" und einem „Banner der Bewegung", also einer Hakenkreuzfahne geschmückten Sitzungssaal des Kreishauses, in dem bereits Vertreter der Behörden, deren Beamte und Angestellte warteten. Zunächst führte „Regierungspräsident Pg. Klemm" als Vertreter des Staates Landrat Stachels in sein Amt ein und zeichnete dabei ein „Bild von der Stellung des Landrates im neuen Staat", der zugleich „Vertrauensperson der Kreisbevölkerung" und „politischer Hoheitsträger des Staates“ zu sein hatte. Eine der wichtigsten Aufgaben des Landrates sei es, im engsten Einvernehmen mit dem Hoheitsträger der Partei „die Idee Adolf Hitlers in verstärktem Maße in der Bevölkerung zu vertiefen“. Klemm betonte, dass es nur aufwärts gehen könne, „wenn die Dienststellen des Staates und die der Partei gut aufeinander abgestimmt seien“. Als Landrat solle Stachels stets daran denken, „dass er nicht allein ein politisches Werkzeug der Staatsführung, sondern der erste Vertrauensmann der Bevölkerung“ sei.

Gauleiter Meyer konzentrierte sich in seiner Ansprache auf das Verhältnis von Partei und Staat: „Es ist ein schöner Brauch des nationalsozialistischen Deutschland, daß bei der Einführung von Beamten die Partei mit Pate steht. Es ist ja im Wesen des Nationalsozialismus begründet, daß Partei und Staat eins sind.“ Nach weiteren Worten zur großen Verantwortung der Beamten, durfte der Kotau vor Hitler nicht fehlen: „Des Führers Wille sei es, Deutschland schöner und das deutsche Volk glücklicher zu machen, des Landrats Aufgabe aber, diesen Willen des Führers in seinem Kreise durchzuführen.“ Er sah seine Generation in der „glücklichen Lage, in einer Zeit schaffen zu dürfen, von der die Geschichte einst sagen werde, daß sie die größte und hehrste aller Zeiten“ gewesen sei. Doch diese Superlative reichten Meyer noch nicht. Es folgten Ausführungen zum „Nationalsozialismus als die Quelle alles Guten“ und zur „ungeheuren Bedeutung“ der Partei im Leben des Staates und als „Propagandist“ für die Aufgaben des Staates. Dann forderte er Stachels auf, in diesem Sinne zu arbeiten: „Aufgabe des Staates sei es, die Autorität der Partei zu wahren und umgekehrt Aufgabe der Partei, die des Staates zu wahren.“ Der „Pg. Stachels“ könne sich gewiss sein, „daß die Partei dann voll und ganz hinter ihm stehe“, wobei hier wohl die Betonung auf dem Begriff „dann“ lag.

Weitere Grußworte durften bei der Einführung des Landrates nicht fehlen. Kreisleiter Bielefeld versicherte dem Landrat das Vertrauen der Kreisbevölkerung. Er forderte ihn und die Beamten des Kreises auf, „sich dieses Vertrauens stets würdig zu erweisen“. „Reichsbahnrat Pg. Dr. Backofen“ versicherte im Namen der Kreisausschussmitglieder „den Willen zu gemeinsamer aufrichtiger Aufbauarbeit.“ Kreisobersekretär „Pg. Reuter“ hieß Stachels als Fachschaftsleiter der Kreisverwaltung herzlich willkommen und versprach „treue Gefolgschaft der Beamten und stete Mitarbeit an den vom Führer zum Wohle von Volk und Vaterland gestellten Aufgaben“. Dann bedankte sich Landrat „Pg. Dr. Stachels“ bei den Rednern und versicherte dem Gauleiter, „immer ein echter Vertreter das nationalsozialistischen Gedankengutes und der nationalsozialistischen Staatsauffassung zu sein und daß er sich immer restlos für die Partei und den Staat einsetzen werde“. Einen besonderen Gruß richtete er mit einem Hinweis auf seine Zeit in Lüdinghausen an den anwesenden Gauinspekteur und Landrat Barthel, der sicher seinen Beitrag zur Ernennung Stachels’ zum Coesfelder Landrat geleistet hatte.

Trotz der breiten Unterstützung, die Stachels bis zur „Beförderung“ auf den Landratsposten erfahren hatte, dauerte die Bewährungszeit bis zur endgültigen Ernennung zum Landrat, die sonst bei durchschnittlich 12 Monaten lag, mit 27

Monaten außergewöhnlich lange.[219] Noch im August 1936 deutete alles auf eine normale Entwicklung hin, da Regierungspräsident Klemm mit Unterstützung der Gauleitung beim Reichs- und Preußischen Minister des Innern den Antrag gestellt hatte, Stachels zum 1. Oktober 1936 die kommissarische Verwaltung des Landratsamtes zu übertragen, eventuell sogar schon „seine endgültige Ernennung in die Wege zu leiten". Seit März 1936 hatte Stachels auch den Posten als Kreisrechtsamtsleiter in der Kreisleitung der NSDAP übernommen. Er war außerdem Kreisführer des Deutschen Roten Kreuzes und engagierte sich im NS-Rechtswahrerbund. Warum Stachels im Herbst 1936 nicht einmal die kommissarische Verwaltung übertragen wurde, ob das Innenministerium nun verzögerte oder Kreisleiter Bielefeld in alter Manier gegen die Verwaltung opponierte, bleibt unklar, aber offensichtlich wurden formale Kriterien ins „Spiel" gebracht.

Im Januar 1937 musste Stachels nochmals eine Erklärung hinsichtlich seiner arischen Abstammung abgeben.[220] Dann wurde er vom Gauschulungsleiter zu einem Lehrgang an der Gauschulungsburg Nordkirchen einberufen, den er 1937 aus dienstlichen Gründen mehrfach ablehnte und erst im Januar 1938 nachholte. Nach einem geheimen Runderlass des Innenministers vom 14. Dezember 1937 mussten Ledige wie Stachels und seit mindestens zwei Jahren kinderlos verheiratete Beamte vor ihrer Anstellung auf Lebenszeit oder vor der Beförderung dem Dienstherrn gegenüber schriftlich die Gründe ihrer Ehe- bzw. Kinderlosigkeit erklären.[221] Auf jeden Fall erhielt der Regierungspräsident Münster erst am 21. Januar 1938 einen Schnellbrief mit der Anweisung, den Kreisausschuss des Kreises Coesfeld aufzufordern, „Vorschläge für die endgültige Wiederbesetzung der Landratsstelle in Coesfeld zu machen". Die notwendigen Beschlüsse und Unterlagen konnte der Regierungspräsident bereits am 2. Februar 1938 nach Berlin absenden, so dass Stachels dann am 12. Mai 1938 durch Hitler endgültig zum Landrat ernannt wurde. Am 30. Juni 1938 holte Stachels auch seine Heirat nach, nachdem der Leiter der Reichsstelle für Sippenforschung in Berlin die „deutschblütige Abstammung" seiner Verlobten bestätigt hatte. Zur gleichen Zeit, bis zum 1. April 1938, fand im Gau Westfalen-Nord auch eine Parteikreisreform ihren Abschluss, in der die Parteikreise Ahaus und Coesfeld unter einem neuen Kreisleiter zusammengeschlossen wurden und Kreisleiter Bielefeld nun in gleicher Funktion und als „Hoheitsträger" in Lüdinghausen „unter" Gauinspekteur und Landrat Barthel eine neue Aufgabe fand.

Das Ergebnis der Besetzungs- und Auswahlverfahren für die Landratsämter Coesfeld und Lüdinghausen zeigt bei Abberufung und Berufung der Landräte die personalpolitische Dominanz der Partei.[222] In beiden Fällen konnte die Gauleitung Westfalen-Nord sich gegenüber dem Innenministerium durchsetzen. In der Phase der Machtdurchsetzung setzte die NSDAP ihren Machtanspruch bei freiwerdenden Leitungspositionen oder noch nicht etablierten Stelleninhabern wie bei von Gescher mit der Einsetzung von ‚Parteikandidaten' durch, die wie bei Barthel eine lange Karriere als Parteifunktionäre hinter sich hatten. Auch etablierte Landräte wie Klein wurden von der Gauleitung toleriert, wenn sie sich für die ‚Systemparteien‘ nicht parteipolitisch exponiert hatten, ein klares Bekenntnis zu den Zielen der NS-Bewegung ablegten und sich ihr gegenüber in jeder Hinsicht loyal erwiesen. In der Phase der Machtsicherung und nach Etablierung des NS-Staates war die Parteimitgliedschaft für Leitungs- und Repräsentationsfunktionen eine unbedingte Voraussetzung. Bei der Besetzung der Landratspositionen konnte das Innenministerium bei Kandidatenvorschlägen der Gauleitung eine stärkere Beachtung verwaltungsfachlicher Qualitäten durchsetzen. Das Lebensalter, die soziale und regionale Herkunft oder die Konfession spielten bei der Auswahl der Kandidaten für die Landratspositionen in Coesfeld und Lüdinghausen eine nachgeordnete Rolle. Da der Vater von Barthel aus einer Postbeamtenfamilie stammte und der Vater von Stachels Gutspächter, dann Rentner war, sind im Vergleich mit der früheren Landrätegeneration Ansätze zur sozialen Öffnung bei den Zugangsvoraussetzungen erkennbar. Die geringe Personalfluktuation und damit hohe Amtsstabilität auf den Landratsposten in Coesfeld und Lüdinghausen waren in anderen Kreisen des Gaues Westfalen-Nord eher selten anzutreffen.

Die in den Gauen Westfalen-Nord und Westfalen-Süd durchaus üblichen persönlichen Machtkämpfe und -rangeleien zwischen den Landräten und Kreisleitern hatte die frühere Arbeitssituation der Landräte als dominierende ‚Führer ihrer Kreise‘ grundlegend verändert.[223] Gewöhnlich waren sie nun in einer „prekären“ Situation, da sie sich weder als staatliche Kommissare, die selbst einer straffen Aufsichtsführung unterlagen, noch als Vollzugsorgan der NSDAP fühlen konnten, das von einem „Aufpasser-System“ der Partei kontrolliert wurde und einem permanenten Amtsverlust bedroht war. In den Kreisen Coesfeld und Lüdinghausen mussten sich die „Parteikandidaten“ und Landräte Barthel und Stachels jedoch vorrangig als Vollzugsorgan der Partei verstehen, wobei sich das Machtverhältnis zu den Kreisleitern aufgrund der herausgehobenen Funktion Barthels in der Region als Gauinspekteur und „Vertreter“ der Gauleitung ohnehin in einer anderen Weise darstellte. Im Kreis Coesfeld stand bis 1938 eher Kreisleiter Bielefeld unter der Kontrolle seiner eigenen Partei, sprich von Gauinspekteur Barthel, da er mit seiner Attitüde als „alter Kämpfer“ die Kreisorganisation der NSDAP polarisierte und die Akzeptanz der Partei bei der Bevölkerung erschwerte. Im Kreis Lüdinghausen sicherte die Funktion als Gauinspekteur dem Landrat Barthel auch einen Autoritätsgewinn und eine Machtposition gegenüber ‚seinen‘ Kreisleitern, die sich ihrer Funktion nur sicher sein konnten, wenn ihr Handeln den Vorstellungen Barthels entsprach.

Angesichts dieser für beide Landkreise jeweils spezifischen personellen Konstellation, die auf die Durchsetzung der machtpolitischen Interessen der Gauleitung in der Region zugeschnitten war, stellen sich weitere Fragen: In welchem Maße war die personelle Besetzung an der Spitze der Landratsämter für die Gleichschaltung und die weitere personelle Entwicklung der Kreisverwaltungen richtungsweisend? Welchen Einfluss konnte ein Parteimann oder ein Fachmann an

Tabelle 10: Amtszeiten der Landräte und Kreisleiter in den Kreisen Coesfeld und Lüdinghausen 1933–1945

Jahr	Landkreis Coesfeld	Parteikreis Coesfeld bzw. Parteikreis Ahaus-Coesfeld	Landkreis Lüdinghausen	Parteikreis Lüdinghausen
1933	seit 16.09.1932	seit Oktober 1932 Coesfeld **Heinrich Becker**	9/1927 - 23.2.1933 **Dr. M. v. Stockhausen** 1.4. - 19.10.1933 **Dr. Alfred v. Gescher** ab 20.10.1933	seit Oktober 1932 **Anton Bezler** bis 10.10 1933 ab 10.10.1933 **Herbert Barthel**
1934	**Rudolf Klein**	bis Anfang April 1934? ab Anfang April bis Mai 1934? **Karl Kossol** ab Mai 1934		bis 01.06 1934 ab 01.06.1934
1935				**Karl Tosse**
1936	bis 08.02.1936* ab 21.02.1936	**Julius Bielefeld**		
1937				bis 10.01.1937 ab Januar 1937
1938		bis 10.03.1938 ab 10.03.1938 Ahaus-Coesfeld**	**Herbert Barthel**	**Herbert Barthel** bis 10.03.1938 ab 10.03.1938
1939				
1940	**Dr. Jakob Stachels**	(1940 ca. 5 Mon. Wehrmacht, Vertr. Gerhard Goldbeck)		
1941		**Lorenz Tewes**		**Julius Bielefeld**
1942		(1942 ca. 6 Mon. Wehrmacht, Vertr. Dr. Kurt Grässner)		(1942/43 Krankheit, Vertr. Barthel)
1943				
1944		bis 01.05.1944 Ahaus-Coesfeld ab 01.05.1944 Coesfeld		bis 09.08.1944 ab 10.08 1944
1945	bis Kriegsende 1945	**Friedrich Schürmeyer** bis Kriegsende 1945	bis Kriegsende 1945	**Hermann Rehm** bis Kriegsende 1945

Quellen: Schrulle, Verwaltung in Diktatur und Demokratie, S. 659, 698; Stelbrink, Der preußische Landrat, S. 420, 424, 428, 436; ders., Die Kreisleiter, S. 132–136, 148–150, 164/165, 181/182, 189, 196/197, 199/200.

Anmerkungen:

** Innenminister Frick beauftragte am 12. Februar 1936 den Regierungsrat im preußischen Finanzministerium Ernst Kribben (geb. 1898), seit dem 1. Mai 1933 in der NSDAP, mit der vertretungsweisen Verwaltung des Landratsamtes im Kreis Coesfeld. Am 21. Februar 1936 nahm der Innenminister die „Entsendung" von Regierungsrat Kribben zurück.*

*** Am 1. Januar 1938 wurden die Parteikreise Ahaus und Coesfeld zum Parteikreis Ahaus-Coesfeld zusammengeschlossen. Die notwendigen personellen und organisatorischen Maßnahmen mussten bis zum 1. April 1938 abgeschlossen sein. Dieser Zusammenschluss wurde zum 1. Mai 1944 wieder rückgängig gemacht.*

der Spitze einer Verwaltung auf den allgemein angenommenen fortschreitenden Verlust an kommunalen Aufgaben durch staatliche und „ständische“ Sonderbehörden und Dienststellen der Partei nehmen? Ebenso wichtig ist auch die Frage, welche Konsequenzen die NSDAP aus ihrem Selbstverständnis, staatstragende Partei zu sein, selbst gezogen hat. Ihr Anspruch, den „Willen des Führers“ in den Landkreisen durchzuführen und die Gesellschaft mit ihrer Staatsauffassung und ihrem Gedankengut zu durchdringen, erforderte eine flächendeckende, in allen gesellschaftlichen Bereichen präsente Organisationsstruktur mit einem enormen personellen Bedarf an qualifizierten und linientreuen Parteianhängern.

Die „Gleichschaltung“ und personelle Entwicklung der Kreisverwaltungen
Anders als bei Besetzung der Spitzenpositionen oder der Ausschaltung und Besetzung der politischen Gremien war die „Gleichschaltung“ des Personals der Kreisverwaltungen ein langwieriger Prozess. In diesem Prozess wirkten personalpolitische Maßnahmen des NS-Staates, das Verhalten des Personals selbst und personelle Konsequenzen aus meist wiederum politisch bedingten Strukturveränderungen in einzelnen Verwaltungsbereichen zusammen. Für den NS-Staat hatte die „Reinigung“ der Verwaltung von politischen Gegnern und Nicht-Ariern zunächst Priorität. Ansonsten war auch für das NS-Regime eine funktionierende Verwaltung unentbehrlich. Und auch die Beamten und Angestellten mit ihrem autoritären Grundverständnis, die sich als legitime Verwalter eines objektiven Staatsinteresses sahen, passten sich auf der Ebene der Kreisverwaltungen problemlos an, zumal von ihnen zunächst nicht mehr verlangt wurde als vorher.

Für die kontinuierliche, aber konsequente Anpassung des Personals der Staats- und Kommunalverwaltungen an die machtpolitischen Erfordernisse und politischen Zielsetzungen waren vor allem folgende Faktoren ausschlaggebend: Die „Selbstgleichschaltung“ der Beamten und Angestellten, die nach der Reichstagswahl im März 1933 einsetzte; die Umsetzung des „Gesetzes zur Wiederherstellung des Berufsbeamtentums“ vom 7. April 1933, das politische und rassische Feinde aus den Verwaltungen ausschließen sollte; die Unterbringung von Nationalsozialisten, vor allem von „alten Kämpfern“ auf freien und zusätzlichen Stellen; und ein permanenter Druck auf Beamte und Angestellte, sich einer Organisation der Partei anzuschließen. Auf die Kreisverwaltungen bezogen ist von besonderem Interesse, welche Wirkung die parteipolitische Bindung des Landrates an der Verwaltungsspitze bei der „Selbstgleichschaltung“ entfaltete. Unter der gleichen Perspektive stellt sich auch die Frage, welche Auswirkungen die Organisation der Kreisverwaltungen als „Gefolgschaft“ und Teil der Deutschen Arbeitsfront (DAF) auf die Arbeit der „Gefolgschaftsmitglieder“ hatte, insbesondere wenn der Landrat wie z.B. Barthel als „Gefolgschaftsführer“ ein Aktivist der NS-Bewegung war.

Die Frage der „Selbstgleichschaltung“ in den Kreisverwaltungen lässt sich aufgrund fehlender personenbezogener Dokumente über einen Parteieintritt nicht exakt beschreiben.[224] Für die Phase der Machtübertragung können jedoch unter

Abb. 29: Briefumschlag des Landratsamtes Coesfeld aus der NS-Zeit (1940)

Beachtung des Lebensalters, der erreichten Position und der Funktion einige generalisierende Aussagen formuliert werden. Das Durchschnittsalter der Mitarbeiterinnen und Mitarbeiter (ohne Aushilfen und Lehrlinge) der Kreisverwaltung Coesfeld lag 1933 mit gut 50 Jahren im Vergleich zur Kreisverwaltung Lüdinghausen verhältnismäßig hoch. Bei einem Vergleich der Stellenbesetzungslisten ist dagegen in der Kreisverwaltung Lüdinghausen seit 1929 bis 1933 ein kontinuierlicher Personalaustausch und eine Verjüngung festzustellen. Dadurch lag das Durchschnittsalter der Mitarbeiterinnen und Mitarbeiter Mitte 1933 bei gut 37 Jahren. Der vollständige Personalaustausch im Landratsamt wurde seit 1927 mit der Besetzung der Landratsposition durch die Landräte von Stockhausen und von Gescher eingeleitet, jedoch mit der Übernahme der Vertretung durch Barthel vollendet.

Von den 16 Beamten in der Kreisverwaltung Coesfeld traten fast 40 % am 1. Mai 1933 in die NSDAP ein. Bei den 10 Angestellten konnte kein Parteieintritt nachgewiesen werden. Inhaber von Spitzenpositionen im Landratsamt und in der Kreisausschussverwaltung wie z.B. der Kreiskommunalarzt, der Kreisbaurat oder der Kreiskulturbaumeister sahen unabhängig vom Lebensalter zur Absicherung ihrer Position eher die Notwendigkeit zum Parteieintritt als nachgeordnete Beamte. Die Nicht-Parteimitgliedschaft von Landrat Klein spielte offensichtlich für ihre Entscheidung eine nachgeordnete Rolle. Sehr wahrscheinlich förderte der Blick auf die politische Lage im Reich und im Kreis, das klare Bekenntnis des Landrates bei der Eröffnung des Kreistages zu Hitler und zum Regime und die im April 1933 zum 1. Mai 1933 verhängte Aufnahmesperre für die NSDAP ihren Entschluss, sich auf die Seite der neuen Machthaber zu stellen. Es gab jedoch auch Ausnahmen. Der 51-jährige Kreisverwaltungsdirektor Friedrich Gehring (1882–1942) konnte aufgrund seiner Erfahrungen und Unentbehrlichkeit in Kreiskommunalangelegenheiten auf einen Parteieintritt verzichten. Auch der kurz vor der Pensionierung stehende 66-jährige Kreismedizinalrat Dr. Johannes Wolters trat der NSDAP nicht bei, während sein 35-jähriger Nachfolger Dr. Franz Schmidt (1898–1968) ebenfalls zu den „Maigefallenen" gehörte. Jüngere Beamte und Beamtinnen bis zum 40. Lebensjahr wie z.B. der erst 26-jährige Kreissekretär Heinrich Dinkheller (1906–1995) konnten als Nachwuchskräfte nur durch einen Parteieintritt ihre weitere Karriere sichern. Ältere Beamte in nicht exponierter Stellung verzichteten meistens auf das NSDAP-Parteibuch.

Da Entlassungen aus politischen Gründen ab 1933 nicht belegt sind, nahm die Zahl der Parteimitglieder unter den Beamten und Angestellten in der Kreisverwaltung Coesfeld nach der ersten Eintrittswelle bis Mai 1933 in der Folgezeit vor allem durch Neueinstellungen oder Versetzungen zu. Insbesondere die Einrichtung des Staatlichen Gesundheitsamtes ab 1. April 1935 und der Aufbau der Berufsschule des Kreises ab dem 1. April 1936 boten neue Möglichkeiten parteiaffines Personal einzustellen, wobei hier allerdings die Aufnahmesperre der NSDAP ab Mai 1933 zu beachten ist, die erst 1937 allmählich gelockert wurde. Nahezu alle Beamten traten früher oder später in den Reichsbund der deutschen Beamten (RDB) und in die NS-Volkswohlfahrt (NSV), die Angestellten auf jeden Fall in die NSV ein, um zumindest auf eine Verbindung zur NS-Bewegung verweisen zu können.

Aufgrund der sporadischen Aktenüberlieferung zum Personal der Kreisverwaltung Lüdinghausen in der NS-Zeit sind auch hier konkrete Angaben zu Parteieintritten des Personals nur in wenigen Fällen möglich.[225] Grundsätzlich ist in der Phase der „Machtübertragung" von ähnlichen Verhaltensweisen und Entscheidungskriterien auszugehen wie bei der Kreisverwaltung Coesfeld. Sowohl die exponierte Stellung des Landrates in der NSDAP als auch das niedrige Durchschnittsalter mit einer offenen Zukunftsperspektive und noch unsicheren Existenz verpflichteten jedoch noch mehr zu einem eindeutigen Bekenntnis zu Hitler. Dieses wurde jedoch aufgrund der NSDAP-Aufnahmesperre zunehmend an den Mitgliedschaften und dem persönlichen Engagement in den Gliederungen der Partei wie der SA, HJ und NS-Frauenschaft oder den angeschlossenen Verbänden wie der NSV, dem RDB oder der DAF gemessen.

Von welchen personalpolitischen Grundsätzen und Prioritäten bei der Einstellung neuen Personals sich Landrat Barthel bis zum Zweiten Weltkrieg leiten ließ und welche Verwaltungsbereiche er dadurch besonders förderte, ist anhand der Stellenbesetzungslisten der Jahre 1933–39 zu erkennen. Wie nicht anders zu erwarten, hatte die Bildung eines Stabes vertrauter Mitarbeiter im Landratsamt den absoluten Vorrang, der die vorübergehende Unterbringung von Parteifreunden mit einschloss. So gehörte ab August 1934 der Mitbegründer und frühere Leiter der Billerbecker NSDAP-Ortsgruppe Viktor Wittinghofer (geb. 1893) zum Stab, der dadurch aus einer dreijährigen Arbeitslosigkeit geholt wurde.[226] Gleichzeitig platzierte Barthel einzelne Neuzugänge in allen Bereichen der Kreiskommunalverwaltung. Die „technischen" Bereiche wie die „Kreisstraßen" und die Förderung der Landeskultur und hier der Ausbau des Kreiswiesenbauamtes fanden allerdings sein besonderes Interesse. So verfügte Barthel im November 1933 die Einstellung von neun Arbeitern in der Straßenunterhaltung.

Die „Vorlieben“ Barthels in der Personalentwicklung führten zu einem quantitativen Zuwachs des Personals in den technischen Bereichen, aber auch im Landratsamt und in der allgemeinen Kreisausschussverwaltung. Dadurch stieg von September 1933 bis Juli 1939 die Zahl der Beamten im Landratsamt und der Kreisausschussverwaltung von 17 auf 23, die der Angestellten von 5 auf 11. In der Kreisverwaltung Coesfeld war in der gleichen Zeit die Zahl der Beamten (16) gleichgeblieben, die Zahl der Angestellten lediglich von 10 auf 13 gestiegen. Bei der Analyse der Entwicklung der verschiedenen Kreisaufgaben muss sich zeigen, ob die personelle Expansion der Kreisverwaltung Lüdinghausen ihre Ursache in einer Vermischung mit der Verwaltung von Parteiaufgaben hatte, die Barthel als Gauinspekteur in vielfältiger Weise zu erledigen hatte und für die kein eigener Stab wie bei der Kreisleitung zur Verfügung stand.

Auch wenn die personellen Veränderungen bis 1939 überschaubar waren, bieten sie die Möglichkeiten, den Einfluss des Gesetzgebers und der ministeriellen Bürokratie auf Entlassungen und Einstellungen vor Ort und die Handlungsspielräume der Landräte auszuloten. Konkret ist zu untersuchen, welche Auswirkungen das „Gesetz zur Wiederherstellung des Berufsbeamtentums“ und die massiven Bemühungen zur Unterbringung „alter Kämpfer“ ab April 1934 auf Personalentscheidungen hatten.

Das von der Reichsregierung verabschiedete „Gesetz zur Wiederherstellung des Berufsbeamtentums“ vom 7. April 1933 (kurz: Berufsbeamtengesetz) eröffnete den NS-Machthabern einen Weg zur systematischen ‚Durchforstung‘ des gesamten öffentlichen Dienstes nach politischen und rassischen Feinden.[227] Das Instrumentarium zur Maßregelung der im öffentlichen Dienst Beschäftigten mussten sie nicht neu erfinden, sondern das bereits in der Weimarer Republik vorhandene an ihre Maßstäbe anpassen. Beamte sollten nach § 2 entlassen werden, wenn sie seit dem 9. November 1918 in ein Beamtenverhältnis eingetreten waren, „ohne die für ihre Laufbahn vorgeschriebene oder übliche Vorbildung oder sonstige Eignung zu besitzen“. Diese Bestimmung richtete sich insbesondere gegen politische Beamte der Weimarer Koalitionsparteien. Nach § 3 mussten Beamte mit nicht arischer Abstammung in den Ruhestand versetzt werden. Außerdem konnten nach § 4 Beamte entlassen werden, die nach ihrer bisherigen politischen Betätigung nicht die Gewähr dafür boten, „dass sie jederzeit rückhaltlos für den nationalen Staat“ eintraten. Die Fokussierung des Gesetzes auf die Beamtenschaft täuschte über den umfassenden Kontrollanspruch des Gesetzgebers hinweg. Nach der Durchführungsverordnung mussten sich die Angestellten und Arbeiter im öffentlichen Dienst ebenfalls der Überprüfung stellen. In der Praxis vollzog sich diese Überprüfung ab Mai 1933 in enger Abstimmung zwischen dem Regierungspräsidenten und den Landräten. Für den Kreis Lüdinghausen kann der Überprüfungsprozess nachvollzogen werden.

Grundlage der Überprüfung war der Fragebogen zur Durchführung des Gesetzes, der detaillierte Auskünfte zur Person, zum Beruf und zur beruflichen Qualifizierung, zum Weltkriegseinsatz, zur arischen Abstammung und zur Mitgliedschaft in politischen Parteien und konkret im Reichsbanner Schwarz-Rot-Gold, in der Eisernen Front, im republikanischen Richter- oder Beamtenbund oder in der Liga für Menschenrechte verlangte. Schon vor Versendung der Fragebögen, die von der Kreisverwaltung bei einer Druckerei bestellt werden mussten, wurden sämtliche Beamte, Angestellte und Arbeiter am 16. Mai 1933 in einem Umlaufverfahren über das Verfahren informiert, dem die Durchführungsverordnung beigelegt war. Dem Regierungspräsidenten mussten gleichzeitig Listen mit den Namen der Beamten der Kreisausschussverwaltung und Kreissparkassen vorgelegt werden. Unklarheit bestand offensichtlich über die Einbeziehung der „Leitenden gemeindlichen Wahlbeamten", also der Kreisdeputierten, Kreisausschussmitglieder und deren Vertreter, deren Namen vom Regierungspräsidenten nachgefordert wurden. Bemerkenswert ist, dass in dieser am 7. Juli 1933 versandten Liste der Name von Gutsbesitzer Schulze Pellengahr nicht genannt wird, obwohl sein Name in einem gleichzeitig angelegten Briefentwurf zur Versendung der Fragebögen noch aufgeführt war.[228] Er hatte am Tag zuvor sein Mandat aus „Gesundheitsrücksichten" niedergelegt. Der zeitliche Zusammenhang zur Fragebogenaktion lässt jedoch auch einen anderen Schuss zu. Er hat sich bewusst der durch den NS-Staat initiierten politischen „Gewissensprüfung" verweigert.

Ende Juni 1933 veranlasste Landrat von Gescher die Versendung der Fragebögen an die Beamten und Angestellten, Anfang Juli an die gemeindlichen Wahlbeamten und in den folgenden Monaten an die Kreissparkasse und Kreisarbeiter mit einer Terminsetzung für die Rücksendung. Eine Anleitung zur korrekten Beantwortung der Fragen war beigefügt. Nach der Rücksendung mussten die Fragebögen der Beamten und Wahlbeamten zur Bewertung an den Regierungspräsidenten weitergeleitet werden, die Unterlagen der Angestellten und Arbeiter hatte Gescher selbst zu überprüfen. Sowohl die von der Regierung zurückgesandten als auch die im Landratsamt bewerteten Bögen erhielten ohne Ausnahme den Vermerk „Fehlanzeige zu §§ 2–4" und wurden zur Personalakte der Überprüften genommen. In der Kreisverwaltung Lüdinghausen gab es also keine Entlassungen aufgrund des mit großem Verwaltungsaufwand umgesetzten Berufsbeamtengesetzes. Trotz der Ausweitung der Überprüfungsaktion auf die Ruhestandsbeamten, Hinterbliebenen und die Lehrkräfte der Landwirtschaftsschulen, konnte sie bis November 1933 abgeschlossen werden und erfolgte anschließend direkt bei der Einstellung neuen Personals.

Das Berufsbeamtengesetz betraf in den Landkreisen auch das Personal der gesetzlichen Krankenkassen. Als Körperschaften des öffentlichen Rechts mit Selbstverwaltung führten sie die ihnen staatlich zugewiesenen Aufgaben zwar eigenverantwortlich durch, sie unterlagen jedoch staatlicher Aufsicht. Nach der Reichsversicherungsordnung von 1911 wurden in Preußen die Bezirksregierungen zu Trägern der Oberversicherungsämter als höhere Spruch-, Beschluss- und Aufsichtsbehörden. Die Geschäfte der Reichsversicherung auf der Kreisebene nahm ein Versicherungsamt als untere Versicherungsbehörde wahr, die unter der Leitung des Landrates stand. Sein ständiger Vertreter war der Kreisdeputierte. Zum Versicherungsamt gehörten auch mindestens 12 ehrenamtliche Versicherungsvertreter und ihre Stellvertreter, die von den Vorstandsmitgliedern der Krankenkassen unter der Leitung des Landrates gewählt wurden. Das Versicherungsamt nahm Beschwerden an, entschied in Streitsachen, wirkte bei der äußeren Organisation der Kassen mit und führte die Aufsicht über die Kassen. Aufgrund dieser Aufsichtsfunktion hatte der Landrat auch die „Gleichschaltung" der Krankenkassen in seinem Zuständigkeitsbereich und die Umsetzung des Berufsbeamtengesetzes zu überwachen.

Zum Versicherungsamt Lüdinghausen gehörten 1933 insgesamt neun Krankenkassen mit sehr unterschiedlicher Mitgliederzahl:[229] Die Allgemeine Ortskrankenkasse (AOK) für den Kreis Lüdinghausen nahm mit über 5.500 Mitgliedern eine Spitzenstellung ein. Danach folgten die AOK Werne sowie die Landkrankenkassen Ascheberg, Lüdinghausen und Werne (für den südlichen Teil des Kreises Lüdinghausen) mit rund 1.250 bis 1.750 Mitgliedern. Die drei Innungskrankenkassen in Ascheberg, Bockum-Hövel und Bork mit insgesamt rund 500 Mitgliedern und die Betriebskrankenkasse der Eisenhütte Westfalia in Wethmar verfügten über ein deutlich geringeres Versicherungsklientel. Sie wurden daher wie die Landkrankenkassen Ascheberg und Lüdinghausen nebenamtlich geführt. Die AOK Lüdinghausen mit 6 hauptamtlichen und 22 nebenamtlichen Mitarbeitern und die AOK Werne mit ihren 2 hauptamtlichen und 5 nebenamtlichen Kräften, die in Personalunion auch die Landkrankenkasse Werne betreute, verfügten dagegen über eine eigene Verwaltung. Die Selbstverwaltung einer Krankenkasse bestand aus dem Vorstand und dem Ausschuss, der bis zu einem Drittel aus Arbeitgebern und zu zwei Dritteln aus vom Kreis der Versicherten gewählten Vertretern der Arbeitnehmer bestand.[230] Die Anzahl der Versichertenvertreter richtete sich nach der Zahl der Versicherten. Der Ausschuss wählte getrennt nach Arbeitgebern und Kassenmitgliedern den Vorstand, in dem die Arbeitgeber wiederum höchstens ein Drittel der Stimmen hatten. Die Vorstandsmitglieder wählten aus ihren Reihen wiederum den Vorstandsvorsitzenden.

Am 5. Mai 1933 informierte der Regierungspräsident Münster als Vorsitzender des Oberversicherungsamtes Landrat von Gescher über aktuelle Vorgänge bei den Krankenkassen.[231] Bei einigen Krankenkassen seien Vorstands- und Ausschussmitglieder, die Mitglieder der SPD oder der freien Gewerkschaften bzw. Juden gewesen seien, durch die Nationalsozialistische Betriebszellenorganisation (N.S.B.O.) ihres Amtes enthoben worden. Aus Sicht des Vorsitzenden bestanden keine Bedenken, wenn die Aufsichtsbehörde, sprich das Versicherungsamt des Kreises, in solchen Fällen ähnlich verfahren würde. Es sollte „im Interesse einer Gleichschaltung die bisherigen Vorstands- und Ausschussmitglieder ihres

Amtes entheben und an deren Stelle nach Benehmen mit der N.S.B.O. kommissarische Vorstands- und Ausschussmitglieder aus der Zahl der Wählbaren ernennen“. Landrat von Gescher übersandte eine Abschrift dieses Schreibens an alle Krankenkassen im Kreisgebiet mit der Aufforderung, Mitglieder der SPD oder der freien Gewerkschaften bzw. Juden in den Vorständen und Ausschüssen bis Mitte Mai zu melden. Fast alle Krankenkassen meldeten „Fehlanzeige“, bis auf die AOK Lüdinghausen. In Lüdinghausen hatte Kreisleiter Bezler das Schreiben des Regierungspräsidenten als „Aufforderung“ zu entsprechenden Aktivitäten verstanden.

Im Geschäftslokal der Krankenkasse fand am 13. Mai 1933 eine Besprechung mit der Kreisleitung der NSDAP, den Ortsgruppenleitern der N.S.B.O. von Lüdinghausen, Selm, Bork und Altlünen statt, die jedoch zu keinem Ergebnis kam. Da am 16. Mai weiterverhandelt werden sollte, bat der Geschäftsführer der AOK den Landrat um Fristverlängerung bis zum 18. Mai 1933. Nach diesen Besprechungen konnte der Vorstand der AOK nur nüchtern auf die von Kreisleiter Bezler angefertigte Niederschrift verweisen, in der die von der Kreisleitung der NSDAP gefassten Beschlüsse „näher bezeichnet“ seien. Nach dem Diktat der Kreisleitung sollten die bisherigen Vorstands- und Ausschussmitglieder „im Interesse einer vollständigen Gleichschaltung“ ihre Ämter niederlegen. In einer Namensliste wurden die Nachfolger für den neu zu ernennenden Vorstand und Ausschuss „vorgeschlagen“. Sie umfasste 3 Arbeitgeber- und 6 Arbeitnehmervertreter für den Vorstand sowie 12 Arbeitgeber- und 24 Arbeitnehmervertreter für den Ausschuss. Die Kreisleitung hielt es auch für erforderlich, „zur Kostenersparnis mit sofortiger Wirkung“ die Zahl der Vorstandsmitglieder von 9 auf 6, die der Ausschussmitglieder von 36 auf 18 herabzusetzen und mit dem geschäftsführenden Vorstand, der bisher aus 2 Personen bestand, allein den Vorsitzenden des Vorstandes zu betrauen. Außerdem wurden die Vorsitzenden und ihre Stellvertreter für den Vorstand und den Ausschuss bestimmt.

Ein Vergleich der alten Besetzung des Vorstandes und des Ausschusses mit der „Bezler-Liste“ zeigt tatsächlich eine fast „vollständige Gleichschaltung“, vor allem wenn der Vorschlag zur Verkleinerung der Gremien tatsächlich akzeptiert werden würde. Bei der Amtsenthebung der Mitglieder der SPD und freien Gewerkschaften konnte zwischen dem Kassenvorstand und der Kreisleitung noch ein Konsens gefunden werden. Der Vorstand begründete die Entscheidung in seinem Schreiben an den Landrat fast entschuldigend mit dem Kommentar: „Die Beantwortung der Frage hinsichtlich der marxistischen Einstellung der Aufgeführten ist von uns nach bestem Wissen und aufgrund der eingezogenen Erkundigungen erfolgt. Eine Gewähr für die unbedingte Richtigkeit können wir allerdings nicht übernehmen“. Die übrigen Personalentscheidungen traf die Kreisleitung der NSDAP über die Köpfe des Kassenvorstandes hinweg, der selbst betroffen war. Bis auf einen Arbeitnehmervertreter sollten alle Mitglieder des Vorstandes, darunter die Vorsitzenden, abgelöst werden. Ein Arbeitnehmervertreter des alten Ausschusses wurde nun für den Vorstand vorgeschlagen. Bei der Besetzung des Ausschusses übte sich die Kreisleitung im Bereich der Arbeitgebervertreter in Zurückhaltung, da nur ein Drittel der 12 Mitglieder nicht akzeptiert wurde, während auf der Arbeitnehmerseite fast die Hälfte der 24 Mitglieder ausscheiden sollte. Mit der Umsetzung der geplanten Personalreduzierung im Ausschuss würden die Folgen noch gravierender ausfallen, da die Mitglieder in der Reihenfolge der Nennung in der Liste berücksichtigt werden sollten. Denn die alten Mitglieder wurden weitgehend in der unteren Hälfte der Liste platziert, so dass durch die Reduzierung auf 12 Arbeitnehmervertreter nur noch 3 Mitglieder des alten Ausschusses vertreten sein würden.

Unter der Regie der Partei sollte die Umsetzung des Berufsbeamtengesetzes bei den Krankenkassen weit über die Intentionen des Gesetzgebers hinausgehen. Für die Kreisleitung bot sich eine Gelegenheit, alle aus ihrer Sicht „nicht geeigneten“ Personen durch „Gefolgsleute“ der Partei zu ersetzen und das „Führerprinzip“ bei der Krankenkasse einzuführen. Durch ihre autokratischen Entscheidungen leitete die NSDAP demonstrativ das Ende der Selbstverwaltung der Krankenkasse ein. Der Vorstand der AOK Lüdinghausen übersandte den umfassenden Partei-Vorschlag zur „Gleichschaltung“ am 19. Mai 1933 an Landrat von Gescher mit der Bitte, „das Weitere nunmehr mit möglichster Beschleunigung zu veranlassen“. Angesichts der schwierigen persönlichen Beziehung zwischen Bezler und Gescher stellte der umfassende, auch als „Kampfansage“ gedachte „Gleichschaltungsvorschlag“ des Kreisleiters neues Konfliktpotential dar. Gescher musste sich dieser Frage jedoch nicht stellen, da mit dem „Gesetz über Ehrenämter in der sozialen Versicherung und der Reichsversorgung“ vom 18. Mai 1933 auch die Gleichschaltung der Selbstverwaltungsorgane und die Amtsenthebungen und Neuernennungen von Mitgliedern der Krankenkassenorgane grundsätzlich geregelt wurde.

In einem Schreiben an die Versicherungsämter vom 13. Juni 1933 wies der Regierungspräsident als Vorsitzender des Oberversicherungsamtes ausdrücklich darauf hin, dass Amtsenthebungen und Neuberufungen nur durch ihn erfolgen durften.[232] Sie sollten an den Grundsätzen des Berufsbeamtengesetzes und seinen Ausführungsbestimmungen orientiert sein. Der Regierungspräsident wurde so als maßgebliche Entscheidungsinstanz gegen die Partei positioniert und die Verwaltungsprozedur zur Umsetzung des Gesetzes entsprechend ausgerichtet. Die Versicherungsämter mussten bis zum 25. Juni 1933 für jede Krankenkasse getrennt „Vorschläge über etwaige Amtsenthebungen und Neuernennungen von Mitgliedern der Krankenkassenorgane“ vorlegen. Dabei sollten sie „zweckmäßigerweise“ mit den „heute in Frage kommenden Vereinigungen der Arbeitgeber und Arbeitnehmer in Verbindung“ treten. Die N.S.B.O. und die „Stahlhelm-Selbsthilfe“ wurden konkret genannt. Die „Gleichschaltung der Kassenorgane“ hatte mit größter Beschleunigung zu erfolgen, da von den neu besetzten Kassenorganen das Berufsbeamtengesetz bei den Krankenkassenbeamten und -angestellten durchgeführt werden sollte. Nach einer entsprechenden Anweisung des Versicherungsamtes in Lüdinghausen legten die AOK in Lüdinghausen und Werne sowie die Landkrankenkassen in Ascheberg, Lüdinghausen und Werne Vorschläge für Amtsenthebungen und Neubesetzungen unter Beachtung der Personalreduzierung für ihre Kassenorgane vor, die übrigen erstatteten Fehlanzeige. Die Listen mit den Vorschlägen wurden dem Oberversicherungsamt zur Entscheidung vorgelegt.

Das Versicherungsamt Lüdinghausen erhielt am 25. August 1933 vom Oberversicherungsamt genaue Nachweisungen über die Vertreter der Krankenkassenorgane, die ihres Amtes enthoben bzw. neu ernannt werden sollten, mit dem Auftrag, diese umgehend über die getroffene Entscheidung zu benachrichtigen.[233] Ein Vergleich der Namen in diesen Nachweisungen mit den eingereichten Personalvorschlägen offenbart erneut die Macht der Partei in der regionalen Personalpolitik, da das Oberversicherungsamt die von der NSDAP-Kreisleitung in Kooperation mit der N.S.B.O. erarbeiteten Vorschläge zu den Krankenkassenorganen in vollem Umfang bestätigte. Wie bei der AOK Lüdinghausen hatte die Partei auch für die AOK Werne und die Landkrankenkassen Lüdinghausen, Werne und Ascheberg rigoros ihre Vorstellungen zur „vollständigen Gleichschaltung“ durchgesetzt. Nur der Vorstand der AOK Werne wollte sich nicht dem Vorgehen des Kreisleiters anpassen und reichte beim Landrat eine Namensliste ohne Veränderungen ein, weil die in der Verfügung des Landrates „angegebenen Gründe für die Enthebung vom Amte auf die Mitglieder der Organe nicht“ zuträfen. Bezler bezeichnete die Personen der Vorstandsliste jedoch als „nicht zuverlässig im Sinne der nationalen Erhebung“ und setzte sich damit durch.

Individuelle Entscheidungen von Arbeitnehmervertretern kamen dem „Gleichschaltungsprozess“ entgegen. So legten das Vorstandsmitglied der AOK Lüdinghausen Robert Blau aus Altlünen und das Ausschussmitglied Andreas Becker ebenfalls aus Altlünen im Juni 1933 „freiwillig“ ihre Ämter nieder. Beide waren SPD-Mitglieder. Sie begründeten ihren Schritt mit der geplanten Personalreduzierung. Unter den Arbeitgebern sicherten Vertreter wie der Fabrikbesitzer Friedrich Bartling aus Bork oder der Bauunternehmer Josef Kock aus Seppenrade ihre weitere Mitwirkung in der AOK Lüdinghausen durch einen NSDAP-Beitritt, während die Arbeitnehmervertreter ihre Haltung zum NS-Regime und zur NS-Betriebspolitik eher durch ihr Engagement in der N.S.B.O. untermauerten.

Anders als bei der Umsetzung des Berufsbeamtengesetzes in der Kreisverwaltung selbst, die sich unter der Regie des Verwaltungsfachmannes und Landrates von Gescher streng an den Vorgaben des Gesetzes orientierte, entzog sich die „Gleichschaltung“ der Krankenkassen weitgehend dem Einfluss des Landrates. Obwohl er eine Aufsichtsfunktion als Vorsitzender des Versicherungsamtes hatte, fehlten ihm die Mittel, um dem massiven Druck der Kreisleitung und der N.S.B.O. auf die Krankenkassenvorstände zur Umsetzung einer „vollständigen Gleichschaltung“ entgegentreten zu können. Zum einen wurde ein eigenmächtiges Durchgreifen gegen Mitglieder der SPD, freien Gewerkschaften oder gegen Juden von der Regierung als oberer Aufsichtsbehörde offensichtlich toleriert, zum anderen wären Widerstände aus dem Landratsamt gegen die Personalpolitik der

Partei von Kreisleiter Bezler wiederum als Unterstützung der „reaktionären Kreise" interpretiert worden. Wie bei der Besetzung des Landratsamtes selbst, errang hier die Machtpolitik Vorrang vor fachlichen und juristischen Kriterien und Bedenken. Das Berufsbeamtengesetz diente so lediglich als Vehikel, mit dem Parteifunktionäre wie Bezler ihre radikalen personalpolitischen Vorstellungen durchsetzen konnten. Im Vergleich zu Bezler fuhr Barthel als Landrat und Kreisleiter in der Personalpolitik einen eher pragmatischen Kurs, bei dem die Erfüllung der Aufgaben Priorität hatte. Er erwartete jedoch absolute Loyalität und Einfügung in die „Gefolgschaft", die auch den persönlichen Umgang prägen sollten. Dieser Übergang zum Pragmatismus zeigte sich auch im Umgang mit den ständigen Initiativen der Reichsebene zur Unterbringung „alter Kämpfer" in der Verwaltung.

Im November 1933 gab der Preußische Minister für Wirtschaft und Arbeit für den Bereich seiner Verwaltung, also auch für die Innungen und Krankenkassen die Anweisung, „bewährte Kämpfer der nationalsozialistischen Bewegung bevorzugt einzustellen, soweit eine Anstellung nach Eignung und Persönlichkeit der Bewerber und nach den bestehenden Bestimmungen nur irgendwie verantwortet werden" konnte. Falls Stellen im öffentlichen Dienst besetzt werden konnten und bei der Behörde selbst keine entsprechenden Bewerber vorhanden waren, sollte sich diese mit den Parteidienststellen zur „Namhaftmachung von Bewerbern" in Verbindung setzen.[234] Diese vom Präsidenten der Reichsanstalt für Arbeitsvermittlung und Arbeitslosenversicherung zusammen mit der Reichsleitung der NSDAP und der Obersten SA-Führung initiierte Aktion zur „Vermittlung arbeitsloser alter Kämpfer" der nationalsozialistischen Bewegung hatte offensichtlich nur begrenzten Erfolg, da in einem Erlass vom 11. April 1934 noch einmal sämtliche Behörden, Dienststellen und Körperschaften öffentlichen Rechts angesprochen wurden.[235] Es müsse als „Ehrenpflicht" betrachtet werden, „die Kämpfer für die nationalsozialistische Revolution in erster Linie wieder in den Wirtschaftsprozess einzuschalten und ihnen möglichst eine dauernde Beschäftigung bei auskömmlicher Entlohnung zu sichern".

Der Erlass zählte folgende Personen zu den „alten Kämpfern": Angehörige der SA und SS, die den Verbänden bereits vor dem 30. Januar 1933 angehörten, Parteimitglieder mit einer Mitgliedsnummer bis 300.000 und Amtsinhaber der NSDAP, die am 1. Oktober 1933 mindestens ein Jahr im Amt waren. Dieser Personenkreis der Berechtigten wurde bis 1937 mehrfach neu abgegrenzt, teilweise erweitert. Sahen die Dienststellen einen Bedarf an Angestellten und Verwaltungsarbeitern, so hatten sie sich ausschließlich an das zuständige Arbeitsamt zu wenden und ausdrücklich die Zuweisung „alter Kämpfer" zu fordern. Um den Handlungsdruck auf die Dienststellen und Körperschaften öffentlichen Rechts zu erhöhen, wurde ab Mai 1934 eine monatliche, dann ab Mitte 1935 eine halbjährliche Berichtspflicht eingeführt. Die Landräte hatten dem Regierungspräsidenten anzuzeigen, wie viele „alte Kämpfer" sie in ihrer Dienststelle beschäftigten und wie viele davon aufgrund des Runderlasses eingestellt wurden.

Auch wenn der Präsident des Landesarbeitsamtes Westfalen bereits im Juni 1934 die Erfolgsmeldung verkündete, in seinem Bezirk seien etwa 90 % der gemeldeten „alten Kämpfer" in Arbeit und Brot gebracht worden, in den Dienststellen des Kreises Lüdinghausen blieb die Einstellung „alter Kämpfer" ein Randphänomen.[236] Bis Ende Dezember 1935 konnte Landrat Barthel lediglich eine Person, einen Kreisstraßenmeister, in der Kreisausschussverwaltung und drei in den Gemeindeverwaltungen melden, die aufgrund des Erlasses eingestellt worden waren. Im Januar 1936 kamen noch zwei Angestellte bei der Sparkasse des Kreises Lüdinghausen hinzu. Die Reaktion der Gemeinden und des Kreises auf weitere Abfragen des Regierungspräsidenten vor allem zu freiwerdenden Stellen des unteren und einfachen mittleren Dienstes lassen wenig Engagement zur Unterstützung der zentral organisierten Sonderaktionen zur Versorgung „alter Kämpfer" erkennen. Wenn sich personalpolitische Handlungsspielräume im Kreis Lüdinghausen und im Inspektionsgebiet von Gauinspekteur Barthel eröffneten, dann nutzte dieser die Stellen zur Unterbringung und Förderung von Parteigenossen aus seinem „Hoheitsgebiet". In welchem Umfang er auch andere Instrumente zur Förderung „verdienter Kämpfer" in seinem Umfeld einsetzte wie z.B. eine Beförderung außerhalb der Reihe, die vereinfachte Inspektorenprüfung oder die Anrechnung von Dienstzeiten bei der SS, SA, als Amtswalter und Parteiredner lässt sich nicht nachweisen.

Die Analyse der „Gleichschaltungsprozesse" auf der Ebene der Kreise lässt einige grundsätzliche Aussagen zum Zusammenspiel von „Selbstgleichschaltung", NS-staatlichen „Gleichschaltungsmaßnahmen" und Machtansprüchen der NSDAP-Kreisleiter in der Phase der Machtdurchsetzung des NS-Regimes zu. Um die Besetzung der Spitzenpositionen setzte ein Kräftemessen zwischen der NSDAP-Gauleitung im Gau Westfalen-Nord und der NSDAP-gelenkten zentralen Innenverwaltung ein. Diese Kraftprobe konnte Gauleiter Meyer für sich entscheiden, auch wenn er mittelfristig hinsichtlich der fachlichen Voraussetzungen Zugeständnisse machen musste. Die Mitarbeiter der Kreisverwaltungen, insbesondere die Beamten arbeiteten dem Anspruch des NS-Regime durch eine weitgehende „Selbstgleichschaltung", sprich den Parteieintritt oder ein staatsloyales Verhalten entgegen. Bei Familienvätern spielte dabei die Existenzsicherung, bei jüngeren Mitarbeitern die Karriereaussichten eine zentrale Rolle. Trotz dieses konfliktfreien Übergangs ohne Entlassungen durch das Berufsbeamtengesetz sicherte die NSDAP die Linientreue der Verwaltung durch die Einstellung von „Gefolgsleuten" auf freiwerdenden Stellen ab. Als unmittelbare Staatsverwaltung konnten sich die Kreisverwaltungen jedoch ein Stück weit dem unmittelbaren Zugriff der Kreisleiter entziehen, wenn die Funktionen nicht wie bei Landrat Barthel zeitweise in Personalunion verbunden waren. Im Vergleich dazu wurden die Kreisausschüsse als Organe der Kreisausschussverwaltung und die Selbstverwaltungsorgane der Krankenkasse schnell zu einer „Domäne" der Kreisleiter, in der sie die Selbstverwaltung ausschalten und ihre personalpolitischen Vorstellungen umsetzen konnten.

Für die Kreisverwaltungen stellten die „Selbstgleichschaltung“ und das Bekenntnis zum NS-Regime jedoch nur einen ersten Schritt der formalen „Gleichschaltung“ und zur permanenten Kontrolle dar, dem weitere folgen sollten. Nach einem Erlass des Innenministers vom 27. Februar 1936 war jeder Austritt eines Beamten aus der NSDAP der obersten Dienstbehörde des Beamten mitzuteilen, um eine eingehende Prüfung vornehmen zu können.[237] Bis 1937 musste jeder Mitarbeiter nachweislich das Treuegelöbnis auf den „Führer“ leisten. Im August 1938 erhielten alle Beamten, Angestellten und Arbeiter einen persönlichen Fragebogen. Um ihr parteipolitisches Engagement überprüfen zu können, wurden genaue Angaben zu ihrer Mitgliedschaft und Tätigkeit in der Partei, den Gliederungen und angeschlossenen Verbänden gefordert. Neben diesen formalen Schritten zur dienstlichen Verpflichtung und Kontrolle der Mitarbeiter kann unter sozialpsychologischen Gesichtspunkten die Organisation der Kreisverwaltungen als „Gefolgschaft“ nicht unterschätzt werden, in der die „Gefolgschaftsmitglieder“ zu ihrem „Gefolgschaftsführer“ auch über die Arbeitszeit hinaus wie in einem Personenverband persönlich verpflichtet blieben und dem sie sich aufgrund des Dienstverhältnisses nur schwer entziehen konnten.

Die Mitarbeiterinnen und Mitarbeiter der Kreisverwaltungen als „Gefolgschaft“

Nachdem die „Regierung der nationalen Revolution“ den 1. Mai durch ein Gesetz zum „Feiertag der nationalen Arbeit“ erhoben hatte, wurde das Ereignis durch Propagandaminister Goebbels ideologisch untermauert.[238] Der Tag sollte zum Ausdruck bringen, „dass die Verbundenheit des ganzen deutschen Volkes mit der nationalen Arbeit, ihren Schöpfern und Trägern eine unlösliche und schicksalsbegebene ist. Zum ersten Male wieder seit Jahrzehnten innerer Zerklüftung und parteipolitischer Zerrissenheit erhebt sich über Zank und Hader der unsterbliche Geist deutschen Volkstums, verklärt und geläutert durch den Segen der schaffenden Arbeit“. Da der Marxismus „zertrümmert am Boden“ liege, die „Schranken von Klassenhass und Standesdünkel“ niedergerissen worden seien, sollte am 1. Mai „in einem neuen glühenden Idealismus die nationale Verbundenheit aller Stände, Stämme und Berufe zu einem einigen Deutschland vor unserem Volk und vor der ganzen Welt“ bekundet werden. Der Reichsinnenminister erließ genaue Richtlinien, wie die öffentliche Verwaltung sich zu beteiligen hatte. Über den Oberpräsidenten und die Regierungspräsidenten erhielten die Landräte die Anweisung, „darauf hinzuwirken, dass sich die Beamten, Angestellten und Arbeiter Ihrer Behörden in möglichst großer Zahl an den Kundgebungen und festlichen Umzügen“ beteiligten.

Diesem von staatlicher Seite getragenen nationalen Großereignis konnte und wollte sich auch Landrat von Gescher nicht entziehen, der gerade als Vertreter in das Landratsamt eingezogen war. Er agierte ganz im Sinne der „Regierung der nationalen Erhebung“, um den 1. Mai zu einem Gemeinschaftserlebnis werden zu lassen. Der Tag begann in Lüdinghausen mit einem Gottesdienst in der katholischen und evangelischen Kirche. Für die katholische Kirche erhielt die „Arbeit im Dienste der großen deutschen Familie“ erst dadurch „ihren wahren Ewigkeitswert“, indem sie zur „Arbeit im Dienste Gottes und zu seiner Ehre“ erklärt wurde. Danach folgte auf dem Marktplatz die Rundfunkübertragung des feierlichen Staatsaktes aus dem Lustgarten in Berlin, mit anschließendem Konzert der Feuerwehrkapelle. Nachmittags um 15.00 Uhr formierte sich ein großer Festzug aus Angehörigen des Arbeiter-, Bauern-, gewerblichen Mittelstandes, des Beamtenstandes und der Angestellten der Reichs-, Staats- und Kommunalbehörden, der Nationalen-, Sport- und Jugendverbände, von SS und SA durch die Stadt. Die Beamten und Angestellten des Landratsamtes und der Kreiskommunalverwaltung einschließlich der Kreissparkasse, des Kreisarztes, Kreisveterinärrates und Kreisschulrates sollten sich nach dem Finanzamt und vor dem Amtsgericht einreihen. Eine abendliche Zusammenkunft auf dem Marktplatz beendete den Feiertag, um gemeinsam die Rundfunkübertragung der Großkundgebung auf dem Tempelhofer Feld in Berlin mit der Ansprache von Reichskanzler Hitler zu hören.

Für den Nationalsozialisten Barthel hatten derartige Großveranstaltungen zur Inszenierung von „Volksgemeinschaft“ eine besondere Bedeutung, da sie Gelegenheit boten, seine Vorstellungen über das Verhältnis von „Verwaltung und Volksgemeinschaft“ in einem ersten Schritt zu realisieren: Für ihn waren die Mitarbeiter der Verwaltung als Repräsentanten der Staatsgewalt auch ein Teil der „Volksge-

Abb. 30: Kundgebung am „Tag der nationalen Arbeit“ auf dem Hindenburgplatz (Marktplatz) in Coesfeld (1. Mai 1933)

meinschaft“ und mussten sich durch ein vorbildliches Engagement auszeichnen. Die Verwurzelung in der „Volksgemeinschaft“ begründete auch die „Verwaltung als Gefolgschaft“ und stellte für Barthel als „Gefolgschaftsführer“ eine besondere Herausforderung dar. Er musste die „Gefolgschaft“ zu einer nationalsozialistischen Gesinnung zum Nutzen der Kreisverwaltung und zum Nutzen der ganzen „Volksgemeinschaft“ erziehen. Schließlich stellte die „Volksgemeinschaft“ als „gedachte Ordnung“ und Referenzgruppe auch einen Auftrag für die Verwaltung dar, den sie in der Verwaltungspraxis durch Maßnahmen zur Förderung, aber auch zur Ausgrenzung und Verfolgung bestimmter Bevölkerungsgruppen erfüllen musste.

Auf den mit Massenaufmärschen verbundenen Großveranstaltungen, bei denen die NSDAP bald die alleinige Regie übernahm, konnten der Landrat und die Kreisverwaltung Konsens mit der „Volksgemeinschaft“ öffentlich demonstrieren. Daher legte Barthel Wert auf eine vollständige Präsenz, die er allerdings auch für die übrigen Verwaltungen bei Großveranstaltungen einforderte. Diese blieben ständige Ereignisse im Festkalender und bei wichtigen politischen Entscheidungen des NS-Regimes wie der Reichstagswahl und Volksabstimmung über den beschlossenen Austritt aus dem Völkerbund im November 1933, der Volksabstimmung über die Vereinigung der Ämter des Reichspräsidenten und Reichskanzlers im August 1934 oder über die Wiedervereinigung Österreichs mit dem Deutschen Reich im April 1938. Der Aufwand für den 1. Mai als „Feiertag der nationalen Arbeit“ wurde in der Kriegszeit schnell reduziert, dafür jedoch die jährlich wiederkehrenden „Heldengedenkfeiern“ zur selbstverständlichen Pflicht für jedes „Gefolgschaftsmitglied“ erklärt.

Wie stark die „Erziehungsarbeit“ zur „Volksgemeinschaft“ und zur „Gefolgschaftstreue“ zu Hitler im Denken der Nationalsozialisten mit dem Aspekt der „Wehrfähigkeit“ verbunden war, zeigte die bereits im November 1933 reichsweit gestartete Luftschutz-Werbung des Reichsluftschutzbundes (RLB).[239] Über die Bereitschaft zum Luftschutz sollte das „ganze Volk“ zusammengeführt werden. Diese Aufgabe sei „von stärkstem volksgemeinschaftsbildenden Wert“. Der Luftschutz sei ein Mittel, „auch den letzten Gegner des neuen Staates für den Gedanken der Volksgemeinschaft zu gewinnen und ihn der großen Schicksalsgemeinschaft des deutschen Volkes einzugliedern“. Der volkswirtschaftliche Nutzen des Luftschutzes durch die Sicherung von Leben und Eigentum und durch Arbeitsbeschaffung oder Fragen der Friedenssicherung wurden erst an zweiter Stelle genannt.

Nach einem Aufruf der neu gegründeten Ortsgruppe Lüdinghausen des RLB, förderte die Kreisverwaltung den Aufbau der Luftschutzorganisation zunächst finanziell. Im April 1934 konnte Landrat Barthel dann eine Namensliste übersenden, in der fast alle Beamten und Angestellten der Kreisverwaltung als neue Mitglieder des RLB ihre „treue Verbundenheit“ zur „Volksgemeinschaft“ bekundeten. Im Juli 1935 hatte Barthel selbst zeitweise die Führung der Ortsgruppe des RLB übernommen, dem nun im Rahmen der Maßnahmen zur Landesverteidigung vom Reichsminister der Luftfahrt die Selbstschutzorganisation „Erweiterter Selbstschutz“ angegliedert worden war. Mit dem Beitritt in diese Organisation wurden Firmen und Behörden in Luftschutzfragen beraten, beim Aufbau einer eigenen Luftschutzorganisation unterstützt und ihre Selbstschutzkräfte geschult. Ab 1936 bestand auch bei der Kreisverwaltung eine mustergültige Luftschutzorganisation mit einem Betriebsluftschutzleiter an der Spitze. Für Landrat Barthel war es auch eine „selbstverständliche Pflicht und Ehrensache“, dass sich jedes „Gefolgschaftsmitglied“ im Sommer 1938 und 1939 anstelle des „Pflichtsportes“ als Erntehelfer zur Verfügung stellte, 1939 als Zähler bei der Volks-, Berufs- und Betriebszählung mitwirkte und die männlichen „Gefolgschaftsmitglieder“ im April 1940 der SA-Wehrmannschaft beitraten, in der sie eine vormilitärische Wehrerziehung erhalten sollten.[240]

Korrespondierend zur „Außendarstellung“ war für Barthel die innere Formierung der Mitarbeiterinnen und Mitarbeiter zu einer geschlossenen bedingungslosen „Gefolgschaft“ ein besonderes Anliegen. Den Erfolg seiner „Erziehungsarbeit“ konnte er z.B. an formalen Gesten wie dem „Hitlergruß“ messen. Bereits Mitte Juli 1933 hatte Reichsinnenminister Frick in einem Rundschreiben an die obersten Reichsbehörden und Länderregierungen und in einer Pressemeldung erklärt, dass er es für angebracht halte, den von ihm eingeführten „Hitlergruß“ „allgemein als deutschen Gruß anzuwenden“. Damit sollte „die Verbundenheit des ganzen deutschen Volkes mit seinem Führer auch nach außen hin“ klar zum Ausdruck kommen, ohne Rücksicht auf eine NSDAP-Mitgliedschaft. Die Beamtenschaft müsse auch hierin dem deutschen Volk vorangehen. Das Rundschreiben enthielt allerdings auch eine unverblümte Drohung durch den Hinweis: Wer nicht in den Verdacht kommen wolle, „sich ablehnend zu verhalten, wird daher den Hitler-Gruß erweisen“.

In vorauseilender Pflichterfüllung „wünschte“ sich Landrat von Gescher die Beachtung des Erlasses auch in den Büros der Kreisverwaltung, selbst wenn der Reichsminister sich nur an die Reichsbehörden gewendet habe. Diese offensichtliche Regelungs-Lücke bei der Einführung des „Hitlergrußes“ wurde per Erlass im Dezember 1933 geschlossen und die Einführung auch in der gesamten Preußischen Staatsverwaltung, in den Gemeindeverbänden und öffentlich-rechtlichen Körperschaften angeordnet. Landrat Barthel ließ sich die Kenntnisnahme und Beachtung des Erlasses durch alle Mitarbeiter bestätigen. Sie mussten nun im Dienst und innerhalb von dienstlichen Gebäuden und Anlagen den „deutschen Gruß“ durch Erheben des rechten Armes erweisen. Noch war es ihnen freigestellt, „zu dieser Grußbezeugung die Worte ‚Heil Hitler‘ oder ‚Heil‘ oder gar nichts zu sagen“. Ab Januar 1935 wurde der Ausspruch „Heil Hitler“ zum „Hitlergruß“ für sie verpflichtend und es sollte auch im außerdienstlichen Verkehr in gleicher Weise gegrüßt werden.[241] Wie konsequent diese Grußrituale ausgeführt wurden, lässt sich nicht überprüfen: Im Vergleich dazu werden die Beamten und Angestellten den von Barthel angeordneten dienstfreien Nachmittag aus Anlass des Geburtstages „unseres Führers und Reichskanzlers Adolf Hitler“ am 20. April vermutlich bereitwilliger befolgt haben.[242]

Abb. 31: Sammlung für die Winterhilfe in der Stadt Lüdinghausen

Ab 1935 nahm Landrat Barthel seine „Gefolgschaft" durch regelmäßige Spar- und Spendenaufrufe in die Pflicht, die er mit der Erwartung verband, dass sich hierbei keiner ausschloss und sich entsprechend seiner finanziellen Verhältnisse beteiligte.[243] Offene Umlauflisten, in denen jeder seinen Beitrag eintragen und abzeichnen musste, erhöhten den Druck auf die „Gefolgschaft" und zwischen den „Gefolgschaftsmitgliedern". So hatten die Beamten und Angestellten ab 1935 einen monatlichen Sparbeitrag auf eine besondere „Reisesparkarte" einzuzahlen. Damit sollte durch Rücklagenbildung der „Gefolgschaft" die Teilnahme an einer „Kraft durch Freude-Fahrt" ermöglicht werden. Im August 1936 hatten sich alle in eine Sammelliste der DAF für „spanisch-deutsche Flüchtlinge" einzutragen. Ab 1936 übergab die NSDAP-Kreisleitung dem Landrat jährlich die Blätter eines „Opferbuches" der Stiftung „Winterhilfswerk", die dieser mit den Namen seiner „Gefolgschaftsmitglieder" und Angabe des Opferbeitrages der Ortsgruppe der NSDAP zu übergeben hatte. Er forderte alle zur Beteiligung auf und erwartete ein Opfer von wenigstens zwei Stundenlöhnen.[244]

Nach Beginn des Zweiten Weltkrieges propagierte die Gauverwaltung der DAF in allen „Gefolgschaften" den Kauf der „Polensonderausgabe 5 Wochen Weltgeschichte", „eine großartige, abschließende Bildberichterstattung über den polnischen Feldzug". Von den Beamten und Angestellten der Kreisverwaltung Lüdinghausen wurden 23 Exemplare geordert. Ob sie durch den Kauf ihre „Kriegsbegeisterung" ausdrücken wollten oder mussten oder ein besonderes Interesse am Schicksal der elf Kollegen bestand, die mit Kriegsbeginn eingezogen worden waren, lässt sich nicht beantworten. Vor Beginn des Westfeldzuges der deutschen

Wehrmacht am 10. Mai 1940 wurde die Betreuung der Soldaten mit einem Rundschreiben der Partei von März 1940 neu geregelt, das auch die „Gefolgschaften" berücksichtigte. Die „Führung und Betreuung" der Soldaten sollte nach wie vor allein die Aufgabe der zuständigen Wehrmachtsteile sein. Aufgabe der Partei sei es dagegen, „den deutschen Soldaten durch Betreuung ihrer Familien in der Heimat Sorgen aller Art abzunehmen, durch Briefe mit Nachrichten aus der engeren Heimat und durch Liebesgabensendungen die enge Verbundenheit zwischen der Heimat und den Soldaten aufrechtzuerhalten und hierdurch immer wieder den Kampfwillen und die Einsatzbereitschaft des deutschen Soldaten zu stärken".

Die Hoheitsträger der Partei, vor allem die Ortsgruppenleiter hatten mit Unterstützung der NSV für eine gute Betreuung aller aus ihrem Hoheitsbereich zum Wehrdienst Eingezogenen Sorge zu tragen, ganz gleich, ob sie der Partei, einer ihrer Organisationen angehörten oder nicht. Jedem von der Ortsgruppe der NSDAP versandten Feldpostpäckchen war ein Brief der Partei beizufügen, dessen Inhalt weitgehend von der Partei vorgegeben war: keine Phrasen „hurrapatriotischer Art"; Hinweis auf die „pflichtbewusste Arbeit, das Zusammenstehen der Heimat"; Mitteilung „interessierender Ereignisse aus der engeren und weiteren Heimat"; jedoch Vermeidung aller Inhalte, die als „Einflussnahme auf interne Angelegenheiten der Wehrmacht" ausgelegt werden könnten. „Gefolgschaften" wie die Kreisverwaltung oder Betriebe konnten ihre zum Wehrdienst eingezogenen Angehörigen zusätzlich versorgen, den Päckchen musste aber der Brief der Partei beigefügt werden. Landrat Barthel gab insbesondere den Passus des Rundschreibens über zusätzliche Sendungen als Empfehlung an die Gemeinden und Bürgermeister weiter, wie auch er sich als Parteimann und Landrat dadurch besonders angesprochen fühlte.

Für die Päckchen der Kreisverwaltung wurden monatliche Geldspenden gesammelt und die „rauchenden Kameraden" aufgefordert sich einzuschränken. Die Überschüsse an Rauchwaren sollten den „tapferen Soldaten" der „Gefolgschaft" gesandt werden. Dazu mahnte Barthel: „Wir wollen nicht vergessen, dass sie alle bereit sind, sogar ihr Leben zu opfern". Die Paketaktionen waren nur der Anfang der im Krieg von Barthel initiierten Maßnahmen, um die Opferbereitschaft für die Soldaten und für notleidende „Volksgenossen" zu erhöhen und auch in der Heimat einen noch härteren und entschlosseneren „Einsatzwillen" zu zeigen: 1941 spendete die Kreisverwaltung 1.000 RM für deutsche Soldatenheime; 1942 sollte bei dienstlichen Veranstaltungen von größeren gemeinsamen Essen abgesehen werden; Sonderzuteilungen von „Mangelwaren" an die „Gefolgschaftsmitglieder" wurden verboten, die gemeinsame Ernte von Obst an öffentlichen Straßen und der Verkauf an die beteiligten Helfer jedoch ausdrücklich begrüßt. Im Januar 1943 verlangte Landrat Barthel von allen „Gefolgschaftsmitgliedern" die Mitgliedschaft in der NSV, nachdem er durch einen Umlauf drei Nicht-Mitglieder festgestellt hatte.[245] In einem persönlichen Schreiben forderte er diese mit einem Hinweis auf ihre gesicherte Existenz auf, baldmöglichst die Mitgliedschaft der NSV zu erwerben oder die Hinderungsgründe anzugeben. Bis Ende des Monats erklärten auch die letzten „Gefolgschaftsmitglieder" ihren Beitritt in die NSV.

Die Aktionen und das Verhalten der „Gefolgschaft" der Kreisverwaltung Lüdinghausen zeigen die Auswirkungen ideologisch geprägter Verhaltenserwartungen und Disziplinierungen durch die nationalsozialistische Führung. Sie konnten sich in der übersichtlichen Verwaltungsorganisation mit hierarchischen Strukturen, formalen Unterstellungsverhältnissen aber auch engen persönlichen Bezügen besonders wirkungsvoll entfalten. Insbesondere wenn der NS-Staat und der Landrat in ‚Personalunion' auftraten, war es für die Zeitgenossen schwierig, jenseits der formalen „Gleichschaltung" die Motive des Einzelnen in der „Gefolgschaft" auszumachen. Anpassung aus Opportunismus und Karrieredenken, Sorge um die berufliche und familiäre Existenz oder Handeln aus politischer bzw. wachsender politischer Überzeugung vermischten sich in vielfältiger Weise. In der Kreisverwaltung Coesfeld wird die Formierung der Mitarbeiterschaft zur „Gefolgschaft" aufgrund des traditionellen Verwaltungsverständnisses der Landräte nicht in der gleichen Intensität erfolgt sein.[246] Die personelle Entwicklung der Kreisverwaltungen bis in die Kriegszeit muss jedoch vor dem Hintergrund der allgemeinen politischen und Parteientwicklung gesehen werden. Sie war eingebettet in den Aufbau einer flächendeckenden, alle gesellschaftlichen Bereiche durchdringenden Organisationsstruktur der NSDAP, die von qualifizierten und linientreuen Parteianhängern getragen werden sollte. Und wie erreichte die Partei die Masse der Bevölkerung, die nicht über ihre Funktionen in öffentlichen Einrichtungen von staatlichen Alimentationen abhängig war? Wie bei den Kreisverwaltungen waren auch bei der Formierung der Gesellschaft zur „Volksgemeinschaft" die Gliederungen der NSDAP und die angeschlossenen Verbände unverzichtbar.

5. Die regionale NSDAP im NS-Staat

Neue Mitglieder, „alte Kämpfer" und das Selbstverständnis der NSDAP

Nach der „Machtübertragung" stand die NSDAP mit ihrem Anspruch, die Macht abzusichern und ein nationalsozialistisch geprägtes Herrschaftssystem durchzusetzen, vor einer doppelten Herausforderung. Sie musste sich zum einen von einer Bewegung mit Straßenkampferfahrung zur staatstragenden Partei entwickeln, zum anderen flächendeckende Strukturen aufbauen, da die räumliche Präsenz eine der Grundvoraussetzungen war, um die Menschen in den Gemeinden zu erreichen. Nur so konnte die Partei mit ihren Angeboten und Maßnahmen bei der Bevölkerung die Akzeptanz erhöhen, ihre ideologischen Zielsetzungen im Alltag zur Geltung bringen, aber auch die gesellschaftlichen Abläufe unter Kontrolle halten.[247]

Bei der Bewältigung beider Herausforderungen stand die Parteiführung vor zwei personalpolitischen Aufgaben: Zunächst hatte sie neue und weitere Funktionsträger aus dem Kreis der bis Mai 1933 rasant steigenden Parteimitglieder zu rekrutieren. Dann mussten sowohl die Parteimitglieder mit frühen Eintrittsdaten als auch die „Märzgefallenen“ durch Disziplinierungs- und Schulungsmaßnahmen auf das Selbstverständnis einer staatstragenden Partei und die Anforderungen einer Parteibürokratie eingestellt werden. Die erste Aufgabe schien sich durch den Mitgliederzuwachs im Gau Westfalen-Nord von selbst zu erledigen. Der in der Presse ab dem 21. April 1933 verkündete Aufnahmestopp zum 1. Mai 1933 verschärfte noch einmal den Ansturm auf das NSDAP-Parteibuch, der nach den Märzwahlen eingesetzt hatte. In den Kreisen Coesfeld und Lüdinghausen stand Anfang Mai 1933 durch den Anstieg der Parteimitglieder auf rund 1.600 bzw. rund 2.400 ein bis dahin nicht gekanntes Personalreservoir zur Verfügung.

Dass sich die Parteimitglieder nun wie im übrigen Gaugebiet zu fast zwei Dritteln aus sogenannten „Märzgefallenen“ zusammensetzte, war jedoch der Anlass für permanente Konflikte zwischen „Alten Kämpfern“ bzw. älteren Parteimitgliedern und den Neu-Mitgliedern, insbesondere wenn diese in Parteiämter einrückten.[248] Parteiintern grassierte seitdem die Furcht vor Opportunisten und Konjunkturrittern, die bei den „alten Kämpfern“ einen Generalverdacht gegen neue Mitglieder begründete und ihren weiteren Umgang mit den „Märzgefallenen“ kennzeichnete. Derartige persönliche Konflikte, wie sie im Kreis Coesfeld z.B. durch die Person des Kreisleiters Julius Bielefeld verkörpert wurden, erwiesen sich für die NSDAP als Teil eines schwer zu lösenden Dilemmas mit bleibendem Konfliktpotential. Dieses war in der Entwicklung der NS-Bewegung zur Massenpartei angelegt, musste aber durch den Zwang der Partei zur Expansion in Kauf genommen werden.

Hinter diesen Konflikten stand die zentrale Frage nach der Zukunft der „Bewegung“. Bis zur „Machtergreifung“ waren die Zukunftsvorstellungen Hitlers ganz klar auf eine „Kader- und Elitepartei“ und gegen eine Partei als „repräsentative, entpolitisierte Massenorganisation“ ausgerichtet. Er rechnete durchaus mit einem scharenweisen Eintritt nach der Machtübernahme und sah in der Zukunft die Gefahr einer Schwächung und „Verbürgerlichung“ der Partei durch eine zu hohe Mitgliederzahl. Daher hatte er schon für die Zeit nach der „Machtergreifung“ eine Aufnahmesperre propagiert und die konsequente Säuberung der Partei von der „opportunistischen Bagage“ angekündigt. Nach den Reichstagswahlen vom 5. März 1933, in der die Nationalsozialisten nicht die Stimmenmehrheit im Parlament erreicht hatten, schätzte Hitler die Machtverhältnisse realistischer ein: „Er war darauf angewiesen, dass sich der Reichstag mit der Annahme des ‚Ermächtigungsgesetzes‘ selbst entmachtete“ und er eine „breite Massenbasis brauchte, um regieren zu können“.[249]

Schon die Reaktion der „alten Kämpfer“ zwang Hitler zur früheren Linie zurückzukehren. Mit der Aufnahmesperre für Neu-Mitglieder zum 1. Mai 1933 wurde der Anspruch der Partei, die Elite des Regimes zu sein, erneut unterstrichen und rückte wieder verstärkt in das Bewusstsein der Parteigenossen. Die Aufnahmesperre hatte ihre Ursache aber auch in der Überforderung der Parteiorganisation mit der zeitgerechten Bearbeitung der massenhaft von der Basis an die Münchener Parteizentrale übersandten Aufnahmeanträge. Lediglich für die Angehörigen der NSDAP-Jugendorganisationen, die aufgrund des Lebensalters ohnehin erst ab 1938 Mitglied der Partei werden konnten, galt die Sperre nicht.

Erst Anfang 1937 entschloss sich die Partei die Mitgliedersperre wieder schrittweise zu lockern, um der desolaten Finanzsituation der Partei entgegenzuwirken, da sie den Etat überwiegend über die Mitgliedsbeiträge deckte.[250] In einigen Regionen zeigten sich auch Personalengpässe bei der Besetzung der Stellen der politischen Leiter aus dem Kreis der Parteimitglieder. Ab Januar 1937 erhielten zunächst Aktivisten in der NSBO, der nationalsozialistischen Handwerks-, Handels- und Gewerbeorganisation (NS-Hago) und SA-Angehörige über die DAF die Möglichkeit zum Beitritt. Sie mussten das 21. Lebensjahr vollendet und männliche Bewerber unter 25 Jahren die Wehrpflicht abgeleistet haben. Am 20. April 1937 folgte die Öffnung für „Volksgenossen", „die durch ihre nationalsozialistische Haltung und Betätigung in den Jahren seit der Machtübernahme des Führers sich eine Anwartschaft auf Aufnahme in die NSDAP erworben" hatten. Gleichzeitig wurde der Status des „Parteianwärters" geschaffen, der bis zur Ausgabe der Mitgliedskartei alle Pflichten, aber noch nicht alle Rechte eines ordentlichen NSDAP-Mitgliedes hatte. Bis April 1939 verdoppelte sich durch diese Maßnahmen die Zahl der „Parteigenossen" auf reichsweit fast 5 Millionen. Mit der vollständigen Aufhebung der Mitgliedersperre zum 1. Mai 1939 wurde auch die „Parteianwärterschaft" wieder abgeschafft.

Zum Zeitpunkt der erneuten Mitgliedersperre am 2. Februar 1942 hatte die NSDAP bereits über 7 Millionen Mitglieder. Damit war die von Hitler 1939 vorgegebene Quote von 10 % Partei-Mitgliedern gemessen an der Zahl der „Volksgenossen" fast erreicht. Die neue Sperre hatte jedoch mit hoher Wahrscheinlichkeit keine politischen Gründe, sondern sollte der Entlastung der Parteiverwaltung dienen, die durch Einberufungen zum Kriegsdienst ebenfalls unter Personalmangel litt. Für HJ- und BDM-Angehörige sowie Kriegsversehrte und Wehrmachtsangehörige galten weiterhin Ausnahmereglungen.

Bereits der rasche Anstieg der Mitgliederzahlen bis Mai 1933 machte eine bewusste Unterscheidung von „alten Kämpfern" und Neuzugängen durch die Parteiführung notwendig. Sie wurde auch von den frühen Mitgliedern der „Bewegung" aufgrund ihres aufopferungsvollen Kampfes um die Macht eingefordert und mit Erwartungen auf eine angemessene Würdigung ihrer Leistungen in der „Kampfzeit" verbunden. Die Parteiführung erfüllte diese Erwartungen nicht nur durch höhere Mitgliedsbeiträge für die überwiegende Mehrheit der „Märzgefallenen", sondern vor allem durch zahllose und kontinuierliche Ehrungen. So sollten die Verdienste und das Ideal des „alten Kämpfers" als Identifikationsmoment in der Erinnerungskultur der Partei fest verankert und ein „ideologischer Anspruch" bewahrt werden.

Zu den Ehrungen gehörte z.B. das „Goldene Ehrenzeichen der NSDAP" für Parteigenossen mit einer Mitgliedsnummer unter 100.000, wie es Landrat Barthel,

Der erste Wagen der aus 33 Omnibussen bestehenden Kolonne.

Abb. 32: Die Reichsfahrt der „Alten Garde" des Jahres 1939 im Gau Westfalen-Nord durchquerte auch den Kreis Lüdinghausen und passierte mit ihrem Fahrzeugtross am 17. Juni auf dem Weg nach Münster die Stadt Dülmen

Kreisleiter Bezler, Kreisleiter Julius Bielefeld und Standartenführer Franz Bielefeld trugen, oder der „Blutorden vom 9. November 1923". Ein „Denkmal der Treue" sollte das „Ehrenbuch der Alten Garde" errichten, das Rudolf Heß 1936 initiierte. Darin sollten die Träger des Goldenen Ehrenzeichens ihr Wirken für die „nationalsozialistische Bewegung" selbst aufschreiben. Zu den Ehrenbezeugungen gehörten auch öffentliche Auftritte wie die seit 1937 durchgeführten Reichsfahrten der „Alten Garde". Die demonstrative Präsentation der „Alten Kämpfer" sollte offensichtlich die Ängste kompensieren, die mit der 1937 beginnenden Öffnung der Partei für neue Mitglieder wieder die Gemüter bewegten, und den nationalsozialistischen Mythos von der siegreichen Bewegung lebendig halten.[251] Nach Besuchen der Gaue Koblenz-Trier (1937) und Ostpreußen (1938) führte 1939 die Fahrt vom 14. bis zum 17. Juni in den Gau Westfalen-Nord, an der etwa 700 „Altgardisten" teilnahmen.

Der enorme organisatorische und personelle Aufwand zur Vorbereitung der „Westfalenfahrt" unterstreicht nicht nur die Bedeutung, die von der Gauleitung der Würdigung der „Alten Garde" beigemessen wurde. Denn gleichzeitig bot sich der Gauleitung mit der Fahrt die einmalige Gelegenheit, den eigenen Beitrag zum „Sieg" der Bewegung und zur Verwurzelung des Nationalsozialismus in der Bevölkerung zur Schau zu stellen. Dazu erarbeiteten die Gauleitung und die Kreisleitungen in Kooperation mit regionalen Sachkennern ein umfangreiches

Informationsheft. Dieses Heft enthielt eine Geschichte des Gaues Westfalen-Nord mit Hinweisen zur Wirtschaftsstruktur und für jeden Abschnitt der Fahrtstrecke eine Kreisbeschreibung mit Informationen zu historischen Besonderheiten, den charakteristischen Landschaftsmerkmalen und Gebräuchen, den wirtschaftlichen Rahmenbedingungen und detaillierte Angaben zur Geschichte der NS-Bewegung. Dabei wurden die Leistungen und Opfer der „alten Kämpfer“, die erbracht werden mussten, um der nationalsozialistischen Weltanschauung in der Region zum Sieg zu verhelfen, besonders herausgestellt.[252]

Die „Westfalenfahrt“ begann nicht ohne Grund am 14. Juni 1939 im Osten des Gaues. Hier bot sich durch die Erinnerung an die Landtagswahl in Lippe am 15. Januar 1933 die Möglichkeit, den Gau als nationalsozialistisches Kernland zu inszenieren.[253] Nachdem der Autokorso am Morgen des 16. Juni mit Reichsorganisationsleiter der NSDAP und Leiter der DAF Dr. Robert Ley und Gauleiter Meyer an der Spitze „von der Bevölkerung bejubelt, ähnlich wie bei einem Triumphzug“ in die Stadt Herford eingefahren war, erreichte er von Ahlen aus am Nachmittag den Kreis Lüdinghausen. Die Durchfahrt über Walstedde (15.20 Uhr), Herbern, Capelle, Nordkirchen, Lüdinghausen und Olfen (17.25 Uhr) in den Landkreis Recklinghausen dauerte gut zwei Stunden und schloss eine einstündige Kaffeepause in der Gauschulungsburg Nordkirchen mit ein. Am Samstag, den 17. Juni, streifte die Reichsfahrt am letzten Tag auf ihrem Weg von Haltern nach Münster um 17.00 Uhr auch die Stadt Dülmen im Kreis Coesfeld. Hier nahm die Ortsgruppe der NSDAP die Durchfahrt der „Alten Garde“ zum Anlass, ihr 15-jähriges Bestehen am 17. und 18. Juni 1939 mit einem Volksfest im Wildpark und einem Aufmarsch der SA-Standarte 471 zu feiern.

Die letzten Absprachen zur Durchfahrt im Kreis Lüdinghausen erfolgten auf einer gemeinsamen Besprechung der Bürgermeister und NSDAP-Ortsgruppenleiter im Landratsamt Lüdinghausen am 10. Mai 1939.[254] Nicht nur die „Volksgenossen“ der Durchfahrtsgemeinden, sondern aller Gemeinden des Kreises sollten an der Durchfahrt teilnehmen und sich an den nächstgelegenen Ort der Durchfahrt begeben. Die Bürgermeister und Ortsgruppenleiter erhielten den Auftrag, gemeinsam die „Heranbringung“ der „Volksgenossen“ und Schüler zu organisieren. Dazu hatten die Bürgermeister auf Anweisung des Landrates die nötigen „Finanzmittel“ bereitzustellen. Sämtliche Schulen sollten schulfrei bekommen und die Schüler unter Aufsicht der Lehrpersonen die Fahrtstrecke des Autokorsos säumen. Die Gemeinden an der Durchfahrtstrecke hätten im Rahmen von Volksfesten der „Alten Garde“ einen Empfang zu bereiten, wie er von den „Volksgenossen aus dem Kreise Lüdinghausen noch keinen anderen Gästen“ vorher bereitet worden sei. Obligatorisch waren eine pompöse Beflaggung, Führerbilder in „geschmackvoller Ausschmückung in den Schaufenstern“ und das „Werfen von Blumensträußen“ auf die Wagen des Autokorsos.

Die Details der Organisation zeigen, wie stark inzwischen unter der Leitung von Landrat Barthel die Gemeindeverwaltungen im Kreis Lüdinghausen wie selbstverständlich für die Interessen der Partei eingespannt wurden. Im Kreis Coesfeld dagegen war Landrat Stachels nicht in die Vorbereitung der „Westfalenfahrt" in Kombination mit dem Dülmener NSDAP-Jubiläum eingebunden, da er nicht im gleichen Maße wie Barthel in die Parteiorganisation integriert war. Mit der Bildung des Parteikreises Ahaus-Coesfeld Anfang 1938 hatte die ‚Distanz' des Landratsamtes zum neuen NSDAP-Kreisleiter Lorenz Tewes (1898–1970) in Ahaus durch den Umzug der Kreisgeschäftsstelle eher noch zugenommen. Es ist bezeichnend, dass Gauleiter Meyer den Mitbegründer der Ortsgruppe Dülmen und nunmehrigen Kreisleiter in Lüdinghausen Julius Bielefeld und Kreisleiter Tewes gemeinsam mit der Vorbereitung der Durchfahrt der „Alten Garde" und des Jubiläums in Dülmen betraute. Diese Aufgabe wollte sich Bielefeld als „alter Kämpfer" nicht nehmen lassen. Sehr wahrscheinlich war Tewes in dessen Augen mit einem Parteieintritt im Februar 1932 und ohne Straßenkampferfahrung auch kein angemessener Repräsentant der frühen „Bewegung", obwohl sich Tewes als Kreisleiter in Gelsenkirchen (Oktober 1933-Juni 1934) und als Bürgermeister und Kreisleiter in Warendorf (Juni 1934-März 1938) vielfach bewährt hatte.[255]

Für Julius Bielefeld war die Durchfahrt der „Alten Garde" durch sein früheres ‚Revier' Dülmen auch eher ein Anlass, sich und die SA im Rahmen der „15-Jahrfeier der Ortsgruppe Dülmen" in einem angemessenen Rahmen feiern und würdigen zu lassen.[256] Der 17. Juni diente mit der Einweihung des von der Stadt errichteten NSDAP-Archivs, der Eröffnung der Ausstellung „15 Jahre Ortsgruppe Dülmen" und der Totenehrung ganz der Identitätsstiftung. Die Durchfahrt der „Alten Garde" um 17.00 Uhr erscheint im Programm lediglich als Unterbrechung des großen nachmittäglichen Volksfestes aus Anlass des Jubiläums. Zum Kameradschaftsabend der SA mussten alle SA-Führer der Standarte 471 erscheinen, da die „Vorkämpfer der Bewegung im westlichen Münsterland, SA-Oberführer Franz Bielefeld und Kreisleiter Bielefeld" wünschten, mit „ihren alten SA-Kameraden einige Stunden zusammen zu sein". Auch der folgende Sonntag stand ganz im Zeichen der SA. Am Vormittag hielt Kreisleiter Bielefeld in SA-Uniform eine Ansprache. Höhepunkt des Tages war der Aufmarsch der SA-Standarte 471 mit Appell. Der Tag schloss mit einer Rede des Gauleiters, mit Fackelzug, großem Zapfenstreich und Feuerwerk. Die Verknüpfung dieses Programms mit der Reichsfahrt der „Alten Garde" verlieh dem Geschehen gleichsam eine ‚höhere' Legitimation und bot der SA als „alte Kampfgliederung der Bewegung" noch einmal die Gelegenheit „in den ersten Reihen zu stehen".

Die mit den Reichsfahrten der „Alten Garde" oder dem Dülmener Festakt geförderte rückwärtsgewandte Idealisierung der NS-Kampfzeit festigte jedoch die Macht der alten Parteielite, die bis Kriegsende Bestand hatte: „Denn trotz aller Neuzugänge waren es bis zum Ende des ‚Dritten Reiches' hauptsächlich diese ‚alten Kämpfer', die Ton in der Partei und im deutschen Staat angaben."[257] Nicht die Bildungsvoraussetzungen, sondern ein möglichst frühes Datum des Parteieintritts und eine möglichst niedrige Mitgliedsnummer erwiesen sich bis 1945 als wesentliche Voraussetzungen für eine Karriere in der Partei.[258] Die Bedeutung dieser Voraussetzung wird insbesondere bei der Rekrutierung linientreuen Personals für Führungsfunktionen sichtbar, die beim Ausbau der Parteiorganisation und der Parteigliederungen ab 1933 in großem Umfang zu erfolgen hatte.

„Repräsentation", „Erziehung" und „Überwachung" als Aufgaben des Parteiapparates

Beim Aufbau des flächendeckenden Parteiapparates als administrative Voraussetzung zur Etablierung und Sicherung des totalitären Überwachungsstaates bildeten die Ortsgruppen das „wichtigste Hoheitsgebiet".[259] Sie sollten zwei Funktionen erfüllen: Zum einen den organisatorischen Rahmen stellen, um die NSDAP-"Gefolgsleute" in das NS-Herrschaftssystem einzubinden und politisch-ideologisch ‚auf Linie' zu bringen und zu halten, zum anderen um in ihrem „Hoheitsgebiet" die Menschen zu „Volksgenossen", d.h. „durch ideologische Beeinflussung zu staatskonformem Denken und Handeln" zu erziehen. Da die Aufgabe der „Erziehung" der Bevölkerung immer stärker in den Mittelpunkt der Parteiarbeit rückte, bildeten ab 1936 nicht mehr die Zahl der zu betreuenden Parteimitglieder, sondern die zu überwachenden Bewohner bzw. die Anzahl der Haushalte den Maßstab für die Abgrenzung von Ortsgruppen. Je nach Größe der Gemeinde waren einer Ortsgruppe weitere Hoheitsgebiete, die sogenannten Zellen und Blocks zugeordnet. Zu einem Block gehörten 40 bis 60 Haushaltungen, zu einer Zelle 4 bis 8 Blocks. Alle Blockleiter und Zellenleiter im Hoheitsgebiet des Ortsgruppenleiters unterstanden diesem direkt.[260]

Seit 1936 sollten die Blockleiter nicht nur Beiträge einziehen, Zeitschriften und Eintrittskarten verkaufen oder Plakate aufhängen, sondern aufgrund ihrer vermeintlichen Nähe zu den „Volksgenossen" die Basis eines engmaschig geknüpften Betreuungs- und Überwachungsnetzes bilden. Als greifbarste Vertreter des Regimes stellten sie die „Aushängeschilder der Partei" dar; als „Führer und Berater" ihres Blocks sollten sie politische Willensbildung betreiben. Die Überwachungsfunktion bedeutete jedoch nichts anderes als die Bespitzelung der Mitmenschen, um Gegner und Miesmacher ausfindig zu machen oder allgemein die Stimmung unter den „Volksgenossen" aufzunehmen. Einen besonderen Fokus richteten sie auf „die Haltung und das Treiben" der in ihrem Block ansässigen Juden. Die Zellenleiter hatten die Funktion von „Mittelsmännern" zwischen dem Ortsgruppenleiter und den Blockleitern. Sie gaben Anordnungen und Intentionen des Ortsgruppenleiters weiter und unterstützten ihn bei Schulungsmaßnahmen. In kleinen Gemeinden entfiel in der Regel die Zwischeninstanz der Zellenleiter.

Die Ortsgruppe mit dem Ortsgruppenleiter an der Spitze bildete die kleinste, mit einer eigenen Verwaltung ausgestattete Organisationseinheit der NSDAP. Die Ortsgruppenleiter konnten so über einen Mitarbeiterstab verfügen, der mehrfach erweitert wurde. In den 12, später 14 Ortsgruppen des Kreises Coesfeld und 19 Ortsgruppen des Kreises Lüdinghausen sollten folgende Ämter ständig

Abb. 33: Billerbecker NSDAP-Mitglieder vor dem Rathaus, an dem ein Kasten mit der antisemitischen Wochenzeitung „Der Stürmer" aushing (1937)

Abb. 34: Der Domhof in Werne als Parteizentrale der örtlichen NSDAP

besetzt sein: die Stellen des Organisationsleiters, Schulungsleiters, Personalamtsleiters, Propagandaleiters, Kassenleiters sowie des Hilfskassenleiters.[261] In kleineren Ortsgruppen wurden einige Ämter aufgrund von Personalengpässen auch in Personalunion geführt. Wie auf der Kreisebene waren dem Ortsgruppenleiter als Hoheitsträger auch die politischen Leiter, Amtswalter und Warte seines Gebietes disziplinarisch, aber nicht fachlich unterstellt. Dazu gehörten 1937 z.B. in der Ortsgruppe Coesfeld: der Ortswalter der DAF, der Ortsamtsleiter des NSV, die Ortsleiterin der NS-Frauenschaft, die Sturmführer der SA-Stürme 1/471 und 6/471, der Ortsamtsleiter des NS-Lehrerbundes und der Ortsamtsleiter des RDB.[262]

Der lokale Herrschaftsapparat der NSDAP bildete mit seiner Administration die institutionelle Grundlage, um die „Diktatursphäre" flächendeckend ausdehnen zu können. Durch die Sammlung der Mitgliederbeiträge sicherte er einen Großteil des Finanzbedarfs der Partei auf Kreis-, Gau- und Reichsebene. Der Ortsgruppenleiter war zuständig für die „politische und weltanschauliche Führung und Ausrichtung" der ihm unterstellten Parteigenossen und die Rekrutierung von „Führernachwuchs" aus seinem Herrschaftsbereich. Durch die Organisation der jährlich wiederkehrenden NS-Feierlichkeiten wie zum 1. Mai und der Propagandaveranstaltungen zu den Wahlen und Volksabstimmungen leisteten die Ortsgruppen einen wichtigen Beitrag zur Stabilität des Systems. Denn diese Veranstaltungen gehörten zu den Integrationsmomenten, die das Regime einsetzte, „um eine Interessenidentität zwischen Herrschern und Beherrschten zu erzeugen und um den einzelnen durch Partizipation zum ‚Mitmachen' zu gewinnen". Wie nachhaltig diese Propaganda-Aktionen tatsächlich waren, lässt sich qualitativ kaum messen, zumal die organisierte „Zurschaustellung von Regimekonformität oft nur durch Zwang erreicht wurde".[263]

Nicht nur im katholisch geprägten Münsterland und in den Industriestädten herrschte bei den Machthabern allerdings auch ein tiefsitzendes Misstrauen gegenüber der Bevölkerung und eine Angst vor Opposition. Daher mussten die Ortsgruppenfunktionäre einen großen Teil ihrer Parteiarbeit zur Überwachung der Bevölkerung einsetzen, um dem „Sicherheitsbedürfnis" des Regimes zu entsprechen. Zum Instrumentarium des Überwachungsstaates gehörten z.B. die Spitzeltätigkeit der NS-Funktionäre, das Sammeln von Informationen aller Art, die Erstellung von „Haushaltungskarteien" zur Kontrolle der Familien und Wohnbereiche oder gezielte Besuche bei auffälligen Personen. Auch wenn es das lückenlos funktionierende Überwachungssystem nicht gab, die Parteivertreter erzeugten durch ihre Präsenz und ihr Handeln auf jeden Fall ein Klima der Unsicherheit und Bedrohung mit der erwünschten Wirkung. Das Gefühl der Angst dämpfte auf der einen Seite den Willen zu resistentem Verhalten, auf der anderen Seite erhöhte es bei der Bevölkerung auch die Bereitschaft zum „vorauseilenden Gehorsam" und zu Denunziation. Die vor Ort gesammelten Informationen flossen ab Juni 1934 bis Ende 1936 auch in die Lageberichte des Gauinspekteurs Barthel und der Kreisleiter an Gauleiter Meyer ein, der ständig über die „augenblickliche

Lage" und die Stimmung in der Partei und Bevölkerung unterrichtet sein wollte. Die Berichterstattung als „eine der wichtigsten Aufgaben" sollte nach folgendem Schema erfolgen: Partei und Organisation, Partei und Staat, Volk und Staat, Wirtschaftsfragen, Kulturfragen, Konfessionsfragen, Gegner der Partei und besondere Klagen, Wünsche.[264]

Die Berichterstattung auf der Parteischiene entwickelte sich unabhängig von den Systemen der Informationsgewinnung der Verwaltung und Gestapo. Schon vor 1933 existierte das Berichtswesen der Regierungspräsidenten an den preußischen Innenminister auf der Basis der Lageberichte der Landräte und Kreispolizeibehörden.[265] Mit der zunehmenden Verselbständigung der Staatspolizeistellen unter dem Kommando des Geheimen Staatspolizeiamtes drängten diese allmählich in das Berichtswesen beim Regierungspräsidenten hinein und lösten es ab. Während die Staatspolizeistellen früher Abschriften der Berichte der Landräte an den Regierungspräsidenten erhielten, verlief der Berichtsweg ab Dezember 1933 in umgekehrter Richtung. Die Regierungspräsidenten und damit auch das Innenministerium erhielten ihre Informationen von den Staatspolizeistellen und dem Gestapa.

Die Informationsquellen waren jedoch weitgehend deckungsgleich. Dazu gehörten: die Berichte der Orts- und Kreispolizeibehörden, für den wirtschaftlichen Teil die Berichte der Industrie-, Handels- und Handwerkskammern, die Auswertung von Presseartikeln, aber auch die Nachrichtenbeschaffung durch bezahlte Agenten, die Zusammenarbeit mit Parteiinstanzen und -organisationen und die Berichte der Parteigenossen, die im Auftrag der Gauleitung 1934 streng vertraulich als Nachrichtendienst in einigen Ortsgruppen tätig waren.[266] Ab Oktober 1934 fanden vor der Abfassung der Lageberichte in den Landkreisen auch Nachrichtenkonferenzen der Kreis- und Ortspolizeibehörden mit den Parteiinstanzen und Lagebesprechungen zwischen dem Leiter der Staatspolizeistelle Recklinghausen und der Gauleitung in Münster statt.[267] Aufgrund der zunehmenden personellen Durchdringung der Verwaltungen mit Parteigängern wird daher das Lagebild, das auf den Berichtswegen der Partei, Gestapo und Verwaltung an höhere Instanzen bis Februar 1936 vermittelt wurde, weitgehend aufeinander abgestimmt gewesen sein.[268]

Zwischen der ideologischen Erziehungsarbeit und der Überwachung durch die Ortsgruppenfunktionäre setzte die Partei mit ihren Aktivitäten zur „Betreuung" der Bevölkerung an.[269] In Sprechstunden der Ortsgruppenleiter oder der „NS-Beratungsstellen" der NSDAP-Kreisleitung wurden offensiv Hilfestellungen zu Alltagsproblemen, zur persönlichen Lebenssituation, zu Fragen der Gewerbe- und Wirtschaftsentwicklung oder zur Schlichtung von zwischenmenschlichen Konflikten angeboten. Das war aber nur der Beginn einer von den Nationalsozialisten beharrlich verfolgten Strategie, die „Betreuung" der Bevölkerung, sprich die „Menschenführung" von traditionellen Institutionen zu übernehmen. Insbesondere auf der Ebene der Ortsgruppen sollten Aufgaben öffentlicher Träger von der Parteiorganisation wahrgenommen werden. Diese Entwicklung, die sich mit Beginn des Zweiten Weltkrieges noch verschärfte, vollzog sich – wie noch zu zeigen sein wird – insbesondere auf Kosten kirchlicher Verbände und der öffentlichen Fürsorge in den Gemeinden und auf der Kreisebene. Bei der Umsetzung der Strategie konnte sich das NS-Regime in der Region auf den Verwaltungsapparat der NSDAP-Kreisleitungen und die expandierenden Parteigliederungen und angeschlossenen Verbände stützen.

Parteiverwaltung, „Betreuung" und „Menschenführung" in der Region

Den Kreisleitern der NSDAP in den Kreisen Coesfeld und Lüdinghausen stand jeweils ein Mitarbeiterkreis von rund 30 Personen zur Verfügung, die ihre Aufgaben auf ehrenamtlicher Basis zu erledigen hatten. Wie bei den Ortsgruppenleitungen gab es einen engeren Mitarbeiterstab, um insbesondere das reibungslose Funktionieren des Parteiapparates zu sichern.[270] Dazu gehörten 1937 im Kreis Coesfeld der Kreisgeschäftsführer, der Kreisorganisationsleiter, dem zwei Kreishauptstellenleiter für das Ausbildungsamt und das Amt für Statistik unterstanden, der Kreiskassenleiter, der Kreishilfskassenobmann, der Kreispersonalamtsleiter, der Kreisschulungsleiter, der Kreisrechtsamtsleiter in Person des Landrates Dr. Jakob Stachels, der Kreisrichter der NSDAP in Person des Bürgermeisters Heinrich Helms, der Kreispresseamtsleiter und der Kreispropagandaleiter, dem fünf Kreishauptstellenleiter für aktive Propaganda, für Kultur, Film und Bild, Funk und den ‚Kreisring' zugeordnet waren.[271]

Für wichtige Berufsfelder und Interessengruppen wurden besondere Kreisämter eingerichtet, die zum einen die Ziele und Interessen der Partei, also die „Gleichschaltung" durchzusetzen hatten, zum anderen sollten sie aber auch im Rahmen der „Betreuung" die Funktion als Beratungsstellen bei Problemen und Konflikten wahrnehmen. Es gab Kreisämter für Kommunalpolitik, für Beamte, für Volksgesundheit, für Volkswohlfahrt, für Kriegsopferversorgung, für Technik, für Handel und Handwerk, für Agrarpolitik, einen Kreiswirtschaftsberater und die Kreiswalter des NS-Lehrerbundes, des Ärztebundes und des Juristenbundes. Die Kreisleitung in Lüdinghausen hatte zusätzlich Ämter für Heimstättenberatung und für Bevölkerungs- und Rassenpolitik eingerichtet. Über die Kreisämter war die Verbindung zu den angeschlossenen Verbänden wie der NSV, dem NSLB, NSRB und RDB sichergestellt. Die DAF und die Gliederungen der Partei wie die NS-Frauenschaft, die HJ und die SA verfügten in den Parteikreisen über eigene Geschäftsstellen in enger Anlehnung an die Kreisleitung. Die Gliederungen waren jedoch rechtlich nicht selbständig und verfügten über kein eigenes Vermögen.

Der mit den Begriffen „Menschenführung" und „Betreuung" vertuschte „unbegrenzte Verfügungsanspruch des NS-Regimes über die deutsche Bevölkerung manifestierte sich nicht nur in der vertikalen Struktur der NSDAP [...], sondern gerade auch in der Breitenorganisation ihrer Gliederungen".[272] Da sie fast alle Lebensbereiche und Berufsfelder abdeckten, boten sie sich als organisatorische Basis an, um die propagierte „Volksgemeinschaft" realisieren zu können. Die Masseninszenierungen der Machthaber reichten vielleicht zur Demonstration, aber nur

Abb. 35: Aufmarsch der regionalen Partei- und SA-Elite anlässlich des NSDAP-Kreisparteitages 1936 vor dem alten Rathaus der Stadt Lüdinghausen an der Steverstraße

Abb. 36: Massenaufmarsch anlässlich des NSDAP-Kreisparteitages 1938 vor dem Rathaus in Werne

begrenzt zur Produktion von Konsens und Gemeinschaft. Die Nationalsozialisten mussten die Bevölkerung zum Beitritt und zum Engagement in ihren Organisationen „motivieren", um sie wirkungsvoller „erziehen" und kontrollieren zu können. Die Gliederungen der Partei erhielten dadurch eine zentrale Funktion bei der Durchsetzung des Machtanspruches und der Stabilisierung der Diktatur.

Auch die Formierung der Kreisverwaltungen zur vorbildlichen „Gefolgschaft" in der „Volksgemeinschaft" war nicht nur auf die Parteihörigkeit und das Engagement der Landräte als „Gefolgschaftsführer" angewiesen, sie fand auch „Rückhalt" in der personellen Verflechtung von DAF und Verwaltung. Der Ortsgruppenwalter der DAF in Lüdinghausen, Viktor Wittinghofer, verdiente seinen Lebensunterhalt als Angestellter im Landratsamt Lüdinghausen. Im März 1936 setzte er „im Einverständnis mit der Kreiswaltung der DAF Lüdinghausen" einen weiteren Mitarbeiter der Kreisverwaltung als „Betriebszellenobmann" und einen Kraftfahrer als „Betriebswalter für den Betrieb ‚Kreisverwaltung'" ein.[273]

In der gleichen Weise wie die Verwaltungen wurden auch die Industriebetriebe als „Betriebsgemeinschaften" in die DAF eingegliedert. Diese war am 10. Mai 1933 nach Zerschlagung der Freien Gewerkschaften als Einheitsverband der Arbeitnehmer und Arbeitgeber gegründet worden. Ihre Aufgabe war nicht die Vertretung der Arbeitnehmerinteressen, sondern die Zusammenfassung aller im Arbeitsleben stehenden Menschen ohne Unterschied ihrer wirtschaftlichen und sozialen Stellung. In einem Aufruf „an alle schaffenden Deutschen" vom 27. November 1933 hieß es, das „hohe Ziel" der DAF sei die „Erziehung" der Betriebsgemeinschaften zu einer „nationalsozialistischen Gesinnung". Gleichzeitig sollte die DAF die Durchsetzung der wirtschaftlichen Ziele des NS-Regimes in den Betrieben garantieren. Zur Erreichung dieser Ziele organisierte die DAF z.B. die Aufmärsche zum „Tag der Arbeit" am 1. Mai, sie versuchte die kulturelle Betriebsarbeit zu beleben und durch Veranstaltungen wie den „Reichsberufswettkampf" oder den „Leistungskampf" der deutschen Betriebe um die „Goldene Fahne" die Leistungsfähigkeit der Betriebe zu steigern.[274] Die DAF war mit 21,1 Millionen Mitgliedern der größte und finanzkräftigste Verband in der Parteiorganisation.

Die NS-Gemeinschaft „Kraft durch Freude", die der DAF angeschlossen war, hatte den Zweck die Freizeit der deutschen Arbeitnehmer und ihrer Familien zu organisieren. So sollten sie auch außerhalb der Arbeitszeit betreut und einer umfassenden Kontrolle unterworfen werden. Das Freizeitangebot umfasste kulturelle Veranstaltungen wie Theateraufführungen, Konzerte und Ausstellungen und ein breites Reiseprogramm mit Kreuzfahrten und Fahrten an die See. 1936 wurde der Grundstein für eine Erholungsanlage auf Rügen für 20.000 Menschen gelegt. In den Genuss des Angebotes kamen vorrangig engagierte „Volksgenossen" aus den Gliederungen und angeschlossenen Verbänden der NSDAP.

Außerhalb der männlich geprägten industriellen Arbeitswelt fiel der 1931 gegründeten NS-Frauenschaft die Aufgabe zu, die Frauen auf ihre Rolle in der „Volksgemeinschaft" mit ihrer starren Geschlechterordnung ideologisch vorzubereiten. Die von den Nationalsozialisten propagierte soziale Funktion der Frau in der Gesellschaft wurde auf die Mutterrolle reduziert. Die ideale Frau musste nach diesem Weltbild arischer Abstammung sein und sich durch Treue, Pflichterfüllung, Opferbereitschaft, Leidensfähigkeit und Selbstlosigkeit auszeichnen. Um die Frauen in diesem Sinne „betreuen" und „erziehen" zu können, musste eine entsprechende Organisation mit ideologisch geschultem weiblichen Personal bis auf die Ortsgruppenebene aufgebaut werden.

Wie die NSDAP selbst expandierte auch die NS-Frauenschaft nach den Märzwahlen sehr rasch.[275] Im Januar 1933 zählte die Organisation im Gau Westfalen-Nord ca. 5.000 Frauen, also nur rund ein Drittel der Anzahl der NSDAP-Mitglieder, um dann bis Ende 1933 auf gut 33.000 Personen zu wachsen. In der NS-Frauenschaft organisierten sich vor allem die Frauenführerinnen des BDM, der NS-Volkswohlfahrt, des Reichsarbeitsdienstes und anderer angeschlossener Verbände und „betreuter Organisationen" der NSDAP wie der Arbeitsgemeinschaft nationalsozialistischer Studentinnen. Im September 1933 wurde außerdem das Deutsche Frauenwerk (DFW) als Dachorganisation aller anderweitig organisierten Frauen gegründet. Es unterstand wie die NS-Frauenschaft der Reichsfrauenführerin. Ab Februar 1936 ordnete der Stellvertreter des Führers Rudolf Heß eine ‚Arbeitsteilung' zwischen beiden Frauenverbänden an. Er verfügte die „Schließung" der NS-Frauenschaft, d. h. den Stopp weiterer Aufnahmen, da aus seiner Sicht der erreichte „Mitgliederstand" vollkommen genügte, um die „ihr als Führerinnenorganisation gestellten Aufgaben" zu erledigen. So umfasste das DFW Ende 1936 im Gau Westfalen-Nord über 157.000 Frauen, von denen über 68.000 auf die „NS-Frauenschaft als die Führerorganisation" im DFW entfielen.

Die Gründung der NS-Frauenschaft auf der Ortsgruppenebene erfolgte im Kreis Lüdinghausen von Juni bis August 1933, nur in einigen kleineren Gemeinden wie Capelle, Mersch und Walstedde erst 1934/1935. Die Gründerin der Ortsgruppe Selm, Wilhelmine Schäfer, war die treibende Kraft, die ab Mitte 1933 auch das Amt als Kreisleiterin der NS-Frauenschaft übernahm. Ein Bericht über die Gründungvorgänge in Selm zeigt, dass sie mit der „Selbstgleichschaltung" der bestehenden örtlichen Frauenverbände rechnen konnte:[276]

> „Die Gleichschaltung der hiesigen Frauenverbände fand am 13. Juni statt. Die Vorsitzenden des Vaterländischen Frauenvereins, der Evangl. Frauenhilfe und des Ost- und Westpreußen Vereins waren anwesend. Nach kurzer Begrüßung erteilte ich Frau Hoffmann das Wort. Sie sprach über die Ziele der N.S. Frauenschaft und machte die Frauen darauf aufmerksam, dass in die alten Traditionen und Rechte der Vereine nicht eingegriffen würde. Alle müssten aber im Sinne des Nationalsozialismus wirken. Die Anwesenden erklärten sich bereit mit der N.S. Frauenschaft Hand in Hand zu arbeiten."

In Abhängigkeit von der Gemeindegröße, aber auch vom Engagement der Frauenschaftsleiterinnen gehörten 1936 im Schnitt 15 Funktionsträgerinnen zu jeder

Ortsgruppe, von denen fast die Hälfte als Zellen- und Blockleiterinnen der NS-Frauenschaft eingesetzt waren. Insgesamt waren im März 1936 im Kreis Lüdinghausen gut 300 Frauen als Funktionärinnen für die NS-Frauenschaft aktiv. Von diesen gehörten gut fünf Prozent, insbesondere die Ortsgruppenleiterinnen, der NSDAP an. Im Kreis Coesfeld erfolgten die Gründungen der Ortsvereine meist erst ab Juli 1933. Hinsichtlich der Funktionsträgerinnen in den Ortsgruppen und dem Anteil der Parteigenossinnen ergibt sich im März 1936 jedoch ein ähnliches Bild wie im Kreis Lüdinghausen. Aufgrund der geringeren Zahl der Ortsgruppen waren über 160 Frauen als Funktionärinnen in der NS-Frauenschaft aktiv.[277] Das waren rund 15 Prozent der Frauen, die als Mitglied bei der Frauenschaft im Kreis Coesfeld eingetragen waren.[278] Schon aus den genannten Zahlen lässt sich schließen, dass die NS-Frauenschaft nicht die Masse der Frauen in der Region erreichte.

Auch in der politischen „Erziehungsarbeit" blieb die NS-Frauenschaft weit hinter ihrem eigenen Anspruch zurück – von einem wahrnehmbaren Einfluss auf die Politik ganz zu schweigen.[279] Die Monatsberichte der Ortsgruppen beschreiben vielmehr ein Spektrum an Aktivitäten, das nicht weit über das klassische Aufgabenprofil der Frauenverbände in der Wohlfahrt hinausging.[280] In Nähstuben und an Nähabenden wurde gestrickt, genäht, geflickt. Sie sammelten regelmäßig Geld, Kleidung, Obst und Gemüse für Hilfsbedürftige. In den genannten Bereichen gab es jedoch eine enge Kooperation mit der NSV und dem Winterhilfswerk. Mit der Betreuung von Wöchnerinnen, kinderreichen Familien und Kranken sowie der Unterstützung der „Kinderverschickung" und Müttererholung übernahmen sie konkrete Fürsorgeaufgaben. Der politisch-ideologische „Erziehungsanspruch" der Partei wird lediglich mit einigen Vortragsthemen auf den monatlichen Pflichtversammlungen und 1933 in zusätzlichen Schulungsabenden greifbar, die bis 1935 jedoch deutlich seltener angeboten wurden. Zum Angebot gehörte z.B.: ein Lichtbildervortrag über Hitler, ein Vortrag „Was sagt unser Reichskanzler uns Frauen in den ländlichen Gegenden?", Vorträge über Rasse und die „Judenfrage", ein Theaterstück „Deutsche Frau, deutsche Rasse", die Rede Hitlers im Sportpalast oder der Vortrag „Die Pflicht der deutschen Frau in der Kindererziehung". Nach der Zahl der Teilnehmerinnen erreichten diese ideologisch geprägten Angebote höchstens den Kreis der ohnehin aktiven Funktionärinnen der NS-Frauenschaft, da sich der größte Teil der Frauen nach wie vor im katholischen Vereinswesen wie den Müttervereinen gesellschaftlich und sozial engagierte.

Mit besonderem Einsatz wollte das NS-Regime die Jugend für den Nationalsozialismus gewinnen. Wie keine andere Gruppe der „Volksgemeinschaft" sollte sie als ‚junges' Deutschland den ‚neuen' nationalsozialistischen Staat verkörpern. Sie galt als wichtigster Träger der politischen Zukunft. Über die Hitler-Jugend als Gliederung der Partei sollte die junge Generation erfasst, kontrolliert und im Sinne des Nationalsozialismus erzogen werden. Im Idealfall konnte aus der Hitler-Jugend der politische Nachwuchs für die NSDAP rekrutiert werden. Die Hitler-Jugend gliederte sich nach Geschlecht und Altersstufen: in das Deutsche Jungvolk (DJ)

Abb. 37: Zur Erinnerung an ihre Einschulung mussten die ‚I-Männchen' einer Schule 1933 für ein Foto den „Hitler-Gruß" präsentieren

in der Hitler-Jugend für die Jungen von 10 bis 14 Jahren, in die eigentliche Hitler-Jugend (HJ) für die Jungen von 14 bis 18 Jahren, in den Bund Deutscher Mädel (BDM) in der Hitler-Jugend für die Mädchen von 14 bis 18 Jahren und den Jungmädel-Bund im BDM für die 10- bis 14-jährigen Mädchen.[281] Für die Jungen waren Sondereinheiten wie die Motor-, Flieger- oder Marine-HJ besonders attraktiv. Trotz des gemeinsamen Dachverbandes herrschte auf allen Ebenen eine strikte Geschlechtertrennung. Die Teilorganisationen der HJ waren nach dem „Führerprinzip" organisiert und hierarchisch aufgebaut.

Obwohl die Mitgliederzahl der HJ auf der Reichsebene auch durch die „Gleichschaltung" bestehender Jugendorganisationen von 100.000 Mitgliedern im Januar 1933 auf fast 2,3 Millionen bis Ende 1933 anstieg, war die Resonanz im Münsterland trotz intensiver Werbemaßnahmen für die Partei unbefriedigend. Da der Beitritt in die HJ bis Dezember 1936 noch freiwillig war, stand sie als Parteigliederung in scharfer Konkurrenz zu den katholischen Jugendorganisationen wie den Jünglings- und Jungfrauenkongregationen und dem Deutsche-Jugendkraft-Sportverband (DJK). In den Lageberichten der Kreisleiter und von Gauinspekteur Barthel ab Juni 1934 war daher die „Frage der konfessionellen Jugendverbände" immer wieder ein Thema.[282] Die Forderungen, diese Frage „dringend einer baldigen Lösung“ zuzuführen, mündeten bei Kreisleiter Tosse Mitte 1935 in der Forderung nach einem „Verbot“ der Verbände. Gleichzeitig nahmen in den Lageberichten selbstkritische Anmerkungen der Parteifunktionäre zu den Führungsproblemen in der HJ zu. Sie befassten sich mit dem selbstherrlichen Auftreten einiger HJ-Führer in der Öffentlichkeit, mit mangelnden Führungseigenschaften und dem fehlenden Führungspersonal überhaupt, da öffentlich Klagen über mangelnde Aufsicht im Jungvolk geführt wurden.

Vor dem Hintergrund dieser angespannten Lage reagierte Gauinspekteur Barthel mit Unverständnis auf eine Formulierung im Rundschreiben zur Vorbereitung der „Nürnbergfahrt“ der Münsterländer HJ zum Reichsparteitag im September 1934.[283] Es enthielt detaillierte Anweisungen eines Oberbannführers zur Ausrüstung und Verpflegung, zum Verhalten während des Transportes und für den Aufmarsch in Nürnberg. Der Stein des Anstoßes war der Satz: „[…], Kamm und Bürste (beides sauber gewaschen. Ich wünsche keine verklebten und verdreckten Läusehaken vorzufinden!), wer es nötig hat Rasierzeug (es läuft mir keiner dann am 2. Tag wie der Oberammergauer Reserve Christus persönlich herum!). Die Toilettensachen werden sauber in ein extra Beutelchen verpackt, sonst steckt nachher der Kamm in der Butter. […]“ Barthel fand diese Ausdrucksweise „absolut ungehörig“. Sie könne nur dazu beitragen, „die christliche Bevölkerung zu verbittern und den Meckerern Anlass geben, wiederum gegen die angebliche Gottlosigkeit der HJ. vorzugehen.“ Er bat die Gauleitung, die HJ-Führung zu veranlassen, „sich in Zukunft vorsichtiger auszudrücken“.

Die Defizite bei der Beaufsichtigung der HJ und deren mangelnde Integration in die Organisationsstrukturen der NSDAP waren der Gauleitung offensichtlich bewusst, da im Auftrag des Gauleiters der „Bund zwischen der Partei (PO.) und der Hitlerjugend“ am 10. Juni 1933 auf einer „erhebenden Kundgebung“ der HJ in Münster ausdrücklich beschworen wurde. Gauleiter Meyer bestätigte diesen „neugeschlossenen und unlösbaren Bund“ in seiner Rede u.a. mit folgenden Worten:[284]

> „Die Hitlerjugend ist ja nicht als satte Nutznießerorganisation nach der Ergreifung der Macht entstanden, sondern ist im Kampf durch Blut und Todesopfer gebildet. Sie hat sich ihre Stellung in Staat und Partei in schwerem Kampf erkämpft. Die feste Verbundenheit der alten Kämpfer, der SA, also der alten Garde mit der jungen Garde der H.J. ist eine blutsverbundene, im Kampfe erhärtete Selbstverständlichkeit. […]
> Die Hitlerjugend stellt den Nachwuchs für die Gesamtpartei dar. Die Auslese der Hitlerjugend stellt die Führer für Partei, Staat, Wirtschaft. In der SA und SS soll der Hitlerjunge seine bedingungslose deutsche Treue im Geiste eines Horst Wessel beweisen und im Arbeitsdienst die Volksgemeinschaft achten und lieben lernen. […]
> Ich werde meine politischen Leiter, meine Kreis- und Ortsgruppenleiter, sofort anweisen, sich über alle Eure Fragen und Sorgen der H.J. zu orientieren, Euch fördernd zu helfen in jeder Weise. […]“

Abb. 38: Mitglieder des Jungvolks vor der neuen Sparkasse in Billerbeck, Adolf-Hitler-Straße (ca. 1935)

Der Anstoß für die Kundgebung in Münster kam sehr wahrscheinlich von der Reichsleitung der NSDAP, die auch in der Folgezeit wiederholt Initiativen zur „H.J.-Werbung" startete. So sollten Anfang 1935 alle Ortsgruppen die Jahrgänge 1916/1917/1918 listenmäßig erfassen, um unter diesen „jungen Menschen besonders aktiv für die H.J." werben zu können. Im August 1935 erinnerte der Stellvertreter des Führers, Rudolf Heß, in einem Schreiben die „beamteten und vereidigten Diener des nationalsozialistischen Staates" an „ihre erste und höchste Pflicht", dass sie „aus Verantwortungsbewusstsein gegenüber der deutschen Zukunft ihren Kindern den Weg zur Hitler-Jugend" freizugeben und so das Werk des Führers zu unterstützen hätten. „Nur wenn alle deutschen Jungen und Mädchen von der Hitlerjugend an durch die nationalsozialistische Lebensschule" gingen, sei die Zukunft des deutschen Volkes gesichert.[285]

Am 15. September 1935 folgte auf dem dritten Parteitag der NSDAP in Nürnberg Hitlers Rede vor über 50.000 Vertretern der Hitler-Jugend, die mit dem gleichen Pathos endete: „Nie aber wollen wir vergessen, dass Freundschaft nur der Starke verdient und der Starke gewährt. Und so wollen wir uns denn stark machen, das ist unsere Losung. Und dass dieser Wunsch in Erfüllung geht, dafür seid ihr mit verantwortlich. Ihr seid die Zukunft der Nation, die Zukunft des Deutschen Reiches." Im April 1936 startete der Hitler-Jugend-Bann 168 „Steverland" in Lüdinghausen eine Werbewoche für das Deutsche Jungvolk, um insbesondere den Jahrgang 1926 zu erfassen.[286] Der Bannführer bat Landrat Barthel um einen öffentlichen Aufruf in der Presse, der sich insbesondere an die Eltern richten sollte. Barthel kam dieser

Bitte prompt nach. Sein Appell in den Zeitungen des Kreises Lüdinghausen, den er als „Gauinspekteur und Landrat" unterzeichnete, stand unter der Schlagzeile „Deutsche Eltern!". Er endete mit den Sätzen: „Hinein mit euern Jungen und Mädeln in seine Jugend. Wer abseits steht, sabotiert das Aufbauwerk des Führers. Das schönste Geburtstagsgeschenk für den Führer ist die Meldung: ‚Die gesamte deutsche Jugend in der HJ.' Es lebe der Führer, es lebe Deutschland!"

Mit dem Gesetz über die Hitler-Jugend vom 1. Dezember 1936, das die HJ zum staatlichen Jugendverband für die „gesamte deutsche Jugend" erklärte, wurde es für den Einzelnen auch im Münsterland schwieriger, sich dem öffentlichen Druck zu entziehen.[287] Außerhalb des Elternhauses und der Schule sollte es allein die Aufgabe der HJ sein, die Jugend „körperlich, geistig und sittlich im Geiste des Nationalsozialismus zum Dienst am Volk und zur Volksgemeinschaft zu erziehen". Eine Durchführungsverordnung mit konkreten Vorgaben zur Umsetzung dieses umfassenden Anspruches wurde zunächst nicht erlassen. Die Zwangsmitgliedschaft in der HJ für alle Jugendlichen zwischen dem 10. und 18. Lebensjahre erhielt erst mit der zweiten Durchführungsverordnung zum Gesetz, der sogenannten „Jugenddienstverordnung", vom 25. März 1939 eine gesetzliche Grundlage, die auch mit Gewalt durchgesetzt werden konnte.[288] Welche organisatorischen und personellen Konsequenzen die Zwangsmitgliedschaft für die HJ in der Region hatte, kann hier nicht dargestellt werden. In den kleinstädtischen Siedlungen bildete sich jedoch für die einzelnen Altersgruppen der HJ ein dichteres Angebot mit einem höheren Bindungsgrad bei den Jugendlichen heraus als in den ländlichen Bereichen. In der Stadt Coesfeld z.B. stieg das Korps der Funktionsträger in der HJ vom Standortführer bis zur Scharführerin bis Kriegsende auf über 100 Personen an.[289]

Wie in der HJ stießen der organisatorische Expansionsdrang und umfassende Kontroll- und Erziehungsanspruch auch im Parteiapparat insgesamt sehr schnell an seine personellen Grenzen. In den Lageberichten nahmen ab Ende 1934 die Klagen der Kreisleiter über den Mangel an geeigneten und zuverlässigen Parteigenossen, die Arbeitsüberlastung und Ämterhäufung, über die „Parteilauheit" und Disziplinlosigkeit, die Interessenlosigkeit und das Nachlassen der Arbeitsfreude, über Konflikte zwischen den Organisationen der Partei bis hin zu „Denunziationen" zu.[290] Die Partei stand also vor der ‚Mammutaufgabe', ständig eine ausreichende Anzahl motivierter und hinreichend qualifizierter ehrenamtlicher Funktionsträger und Führungskräfte zu gewinnen, auszubilden und weltanschaulich zu „erziehen", um der Aufgabe als staatstragende Partei mit stabilisierender Funktion auf allen Ebenen gerecht werden zu können. Bei Beachtung der geplanten personellen Besetzung in den Kreisleitungen und den Ortsgruppen wird die Dimension der Aufgabe deutlich. Ohne Berücksichtigung der Zellen- und Blockleiterebene und der Funktionsträger der NS-Frauenschaft, HJ oder SA summierte sich die Zahl der politischen Leiter im Kreis Coesfeld auf rund 200, im Kreis Lüdinghausen auf rund 350 Personen. Die Kreisleiter und Ortsgruppenleiter als Hoheitsträger in der Region waren zwar weitgehend schon vor 1933 Parteimitglieder, aufgrund der Mitgliederentwicklung in der Partei gehörten jedoch Ende 1933 mehr als 60 % der politischen Leiter in den Parteikreisen zu den „Märzgefallenen". Bei diesem Teil des „Führerkorps" sah die Gauleitung einen besonderen Schulungsbedarf, um ihn „möglichst rasch und tiefgreifend einheitlich politisch und weltanschaulich auszurichten", so dass er durch sein „Handeln und Tun den Nationalsozialismus Wirklichkeit werden" lassen konnte.[291] Es ging also auch um „Einheitlichkeit", um ein gemeinsames Selbstverständnis. Dieses war die Voraussetzung, um in der hierarchisch geordneten Parteiadministration die Akteure und ihr Handeln lenken und kontrollieren zu können und eine einheitliche Verwaltungsführung und Umsetzung von Anordnungen der Zentrale in der Fläche zu gewährleisten.

Zur umfassenden Schulung aller „Amtswalter" entstand im Deutschen Reich ein dichtes Netz von NS-Schulungseinrichtungen. Überregional bekannt wurden die sogenannten „Ordensburgen" wie die „Ordensburg Vogelsang" in der Eifel, in denen die sogenannten „Ordensjunker" in einer mehrjährigen Ausbildung zur neuen „Elite" des NS-Staates erzogen werden sollten. Auch in den „Parteigauen wurden Gauschulungs- und Kreisschulungsämter eingerichtet, Ortsgruppenschulungsleiter ernannt, Kreis- und Gauredner ausgebildet, mit Ausweisen versehen und an die überall entstehenden Schulungseinrichtungen entsandt". Welche Schulungseinrichtungen mit welchen Erziehungszielen im Gau Westfalen-Nord zur Schulung der „Amtswalter" zur Verfügung standen, soll bezogen auf die Kreise Coesfeld und Lüdinghausen kurz angesprochen werden.[292]

Die Schulungseinrichtungen im Gau Westfalen-Nord und ihre Praxis

„Der Ausbau des nationalsozialistischen Schulungsapparates erfolgte von oben nach unten" und führte von vornherein zu einer starken „Bürokratisierung" des Schulungssystems.[293] Die zentrale Steuerung lag beim Reichsschulungsamt, das auch das letzte Wort bei der Besetzung wichtiger Dienstposten hatte und dadurch die Entscheidungsfreiheit der Gauleiter ein Stück weit einschränkte. In den Gauen bildeten die Gauschulungsämter als Teil der Gauleitungen die wesentlichen Steuerungsinstanzen zur Umsetzung der zentralen Vorgaben. Sie hatten auch eine „Scharnierfunktion" zwischen der Reichsleitung und den Kreisschulungsämtern. Der Ausbau des Schulungsapparates an der Parteibasis begann jedoch erst, nachdem das Schulungspersonal selbst durch das Reichsschulungsamt in der „Reichsführerschule" in Bernau oder an „Gauschulen" ausgebildet worden war.

Das Gauschulungsamt der Gauleitung Westfalen-Nord bestand bereits im September 1933. Die Leitung des Amtes und gleichzeitig die Funktion als Gauschulungsleiter hatte Gauleiter Meyer seinem engen Vertrauten Wilhelm Rosenbaum übertragen.[294] Zu seinen Aufgaben gehörte im Wesentlichen: der Aufbau von Gauschulen und – nach deren Errichtung – der Betrieb, die inhaltliche Ausgestaltung der Lehrgänge sowie die Erfassung und Verwaltung der Schulungsteilnehmer, außerdem die Aufsicht über die Kreisschulungsämter und die Schulungs-

Abb. 39: Spalier von ‚Parteisoldaten' vor der „Gauführerschule I" des Gaues Westfalen-Nord in Schloss Nordkirchen (sehr wahrscheinlich im November 1933)

einrichtungen in den Parteikreisen, die Überwachung der Schulungsinhalte und Schulungsarbeit in den Gliederungen und angeschlossenen Verbänden und die Auswahl des Schulungs- und Rednerpersonals von der Gau- bis zur Ortsgruppenebene. Grundsätzlich hatte das Gauschulungsamt durch Kreisschulungs- und Ortsgruppenschulungsabende sowie den Vertrieb der periodisch erscheinenden „Reichsschulungsbriefe" der NSDAP die systematische Schulung bis zum letzten Parteigenossen voranzutreiben. Ab September 1934 kam noch die Aufsicht über die Organisation des „Volksbildungswerkes" hinzu, das durch die „Gleichschaltung" der Volkshochschulen oder von volkshochschulähnlichen Einrichtungen entstand und zu einem allgemeinen Instrument der politischen und weltanschaulichen „Bildung" ausgebaut werden sollte.[295]

Die „weltanschauliche Schulung" der politischen Leiter und deren „Erziehung" zu „charakterfesten und zielbewussten Führern" stand jedoch an erster Stelle. Zu diesem Zweck wurden mehrere „Gauführerschulen" errichtet, von denen zwei im Kreis Lüdinghausen lagen: die „Gauführerschule I" auf Schloss Nordkirchen und die „Gauführerschule III" auf Haus Botzlar bei Selm als „Führerschule der NS-Frauenschaft". Der Führerschulung diente auch die „Gauführerschule II" in der Senne bei Bielefeld als „Gemeinschaftslager für alle Gliederungen der Partei". Ab Februar 1935 durfte nach einer Anweisung des Reichsschulungsleiters die Bezeichnung „Führerschule" nicht mehr verwendet werden. Die NS-Parteischulen firmierten nun als „Gauschulen" oder „Gauschulungsburgen". In der Region wurden bis Ende 1935 weitere Schulen gegründet wie die erste „Gauschule" der NSV in Reckenfeld oder die „Gauschule" des Nationalsozialistischen Deutschen Studentenbundes auf Schloss Heessen bei Hamm.[296]

Die „Gauführerschule I" auf Schloss Nordkirchen diente in erster Linie der Schulung der politischen Leiter des Gaues. In einem feierlichen Festakt im Festsaal des Schlosses eröffnete Gauleiter Meyer am 17. September 1933 in Anwesenheit des Oberpräsidenten von Lüninck und zahlreicher Honoratioren die Führerschule. Die Leitung hatte Gauamtsleiter Rosenbaum in Personalunion zu übernehmen. Er wurde dabei durch einen Verwalter unterstützt. Fest angestellt war auch ein Sportlehrer. Die Aufnahme des Schulungsbetriebes verzögerte sich jedoch. Erst am 22. November 1933 versammelten sich die ersten 87 Kursteilnehmer in Uniform vor dem Rathaus in Münster, wo sie durch Gauschulungsleiter Rosenbaum begrüßt wurden, bevor sie in einer Autokolonne nach Nordkirchen gebracht wurden. Dort begrüßten sie „stramm ausgerichtet" Gauleiter Meyer mit einem „donnernden ‚Heil Hitler'". Dieser ließ es sich nicht nehmen, den ersten Kurs der „Gauführerschule" persönlich zu begrüßen und auf die nationalsozialistische Sache zu verpflichten.[297] Er sagte u.a.:

> „Wer hierher kommt, der muss nicht nur aufnahmefähig sein, sondern auch die Fähigkeit erwerben, die Millionen Volksgenossen, die keine Nationalsozialisten sind, von der absoluten Wahrhaftigkeit der nationalsozialistischen Weltanschauung zu überzeugen.
> Wir vertreten den autoritären Volksstaat, in dem die Führer den unbedingten Mut zum Eintreten für das haben müssen, wofür sie sich einmal entschieden haben. So sollen sie hier lernen, sich von den letzten Schlacken parlamentarischen Denkens zu befreien. Wer befehlen will, muss auch gehorchen können, gleichgültig, ob der Vorgesetzte jung oder alt ist.
> Darum wird in dieser Führerschule strengste Disziplin gelten und eine freiwillige Unterordnung, die niemals der Person, sondern der Idee gilt."

In seinem Schlusswort forderte er unter Anknüpfung an das Ideal der „alten Kämpfer" die völlige Aufopferung für die Sache: „Wir Revolutionäre finden die Ruhe nur im Grabe. Höchstes Glück muss es für uns sein, unser ganzes Leben Kämpfer und Wegbereiter sein zu dürfen." Dadurch sollte und musste auch dem letzten Zuhörer klar werden, was von ihm als Lehrgangsteilnehmer und als Nationalsozialist verlangt wurde.

Schon die militärisch geprägte Empfangsprozedur macht deutlich, dass in den Parteischulungen dem ausgewählten Teilnehmerkreis ein bestimmtes Verhalten und weltanschauliches Wissen möglichst nachhaltig nahegebracht werden sollte. Diese Form der „Schulung" konnte daher eine deutlich stärkere Wirksamkeit entfalten als die in der Propaganda angelegte „Erziehung".[298] Denn diese zielte vorrangig auf die Formierung der Bevölkerung unter ideologisch-politischen und

Abb. 40: Teilnehmer des VII. Lehrgangs im April/Mai 1934 an der „Gauführerschule" Schloss Nordkirchen, auch „Gauschulungsburg" genannt, mit Gauleiter Meyer

rassischen Gesichtspunkten und setzte auf ein allmähliches „Verblassen" von Werten wie Mündigkeit, Kritikfähigkeit und Selbständigkeit zugunsten der weltanschaulich begründeten Maßstäbe und Zielsetzungen.

Der Schulungsalltag der Lehrgänge wiederum war stärker von sozialen Praktiken bestimmt als von der Vermittlung „weltanschaulicher" Inhalte, die auf den Aufbau eines parteikonformen Grundwissens zur Politik, Rassenkunde und Geschichte sowie zu Organisations- und Verfahrensfragen in der Parteiarbeit angelegt war. Das Leben in der „Gauschulungsburg" zielte in erster Linie auf das „Gemeinschaftserlebnis" und die „Gemeinschaftsbildung". Das gegenseitige Duzen und das Tragen der Uniformen sollte genauso der Ausbildung eines „Gemeinschaftsgefühls" dienen wie die „Lagerrituale" im Tagesablauf. Das Antreten, das gemeinsame Singen und das Hissen der Fahne sprach die Emotionen an, der Sport, Formaldienst und die Waffenausbildung sorgten für ein Gruppenerlebnis: „Das Erlebnis der ‚Kameradschaft' sollte die Lehrgangsteilnehmer zur Selbstintegration in die Gruppe bewegen [...]."[299] So wurden den Lehrgangsteilnehmern „Haltungen vorgelebt oder Praktiken gezeigt", durch die sie Vorstellungen von einer nationalsozialistisch geprägten Lebensweise entwickeln sollten. Das Schulungsziel war also im Idealfall erreicht, wenn die Vorstellungswelt der Lehrgangsteilnehmer mit dem ‚großen Ganzen' in Einklang war. Die permanente Kontrolle durch das Lehrpersonal machte abweichendes Verhalten sofort sichtbar, sie ermöglichte aber auch eine „Führerauslese" für weitere Schulungsmaßnahmen. Die meisten Schulungsteilnehmer verhielten sich regelkonform, da sie aus politi-

Abb. 41: Postkarte zur Gaufrauenschaftsschule des Gaues Westfalen-Nord („Gauführerschule III") auf „Haus Botzlar" in Selm-Beifang (1935)

scher Überzeugung mitmachten und die Entsendung an die „Gauschulungsburg" als Auszeichnung betrachteten. Hier konnten sie ihre „weltanschauliche" Zuverlässigkeit beweisen.

Bis Ende 1934 fanden auf der „Gauführerschule I" in Nordkirchen 15 Lehrgänge mit durchschnittlich 80, also insgesamt rund 1.200 Teilnehmern statt. Bis Ende 1939 besuchten über 4.700 Teilnehmer die 76 durchgeführten dreiwöchigen Lehrgänge, zu denen auch regelmäßig Funktionsträger der NSDAP aus den Kreisen Coesfeld und Lüdinghausen „einberufen" wurden.[300] Zum Veranstaltungsprogramm der Schule gehörten außerdem Sondertagungen wie das jährliche Treffen der Kreisleiter und Gauinspekteure oder der „Ausleselehrgang" für „Ordensburganwärter". Mit Kriegsbeginn kam der Schulungsbetrieb zum Erliegen. Nach den Worten von Rosenbaum versank die „Gauschulungsburg" in einen „Dornröschenschlaf", aus dem sie nicht mehr erwachte, da der Mietvertrag für Schloss Nordkirchen vom Besitzer zum 1. März 1940 gekündigt wurde. Das Gauschulungsamt sah sich gezwungen, die „Kreisschulungsburg" in Lübbecke zur „Gauschulungsburg" zu erweitern. Dieses Provisorium hatte bis Kriegsende Bestand.[301]

Die Einweihung der „Gauführerschule III", der „Führerinnenschule der NS-Frauenschaft", auf Haus Botzlar bei Selm erfolgte am 16. Juli 1934.[302] Der frühere Herrensitz, der als Verwaltungsgebäude einer geschlossenen Zeche leer stand, konnte von der Gauleitung mietfrei genutzt werden. Die Einrichtung wurde von einer Schulleiterin geführt, die in Personalunion auch die Aufgaben der Schulungsbeauftragten des Gaues für die NS-Frauenschaft wahrnahm. Als Ausbildungsstätte von Kreis- und Ortsschulungsreferentinnen bekam die Schule eine Schlüsselfunktion beim Aufbau des Schulungsbetriebes der NS-Frauenschaft auf den nachgeordneten Parteiebenen. Neben den Angehörigen der NS-Frauenschaft nutzten auch vermehrt Amtswalterinnen anderer Gliederungen wie der DAF, der NSV, des Reichsnährstandes oder des Deutschen Roten Kreuzes die Ausbildungsstätte. Bis Juli 1935 absolvierten 994 Frauen einen der 37 angebotenen einwöchigen Schulungskurse; bis Ende 1936 hatten fast 2.000 Frauen in 91 Lehrgängen die „Gauschule" besucht. Das Programm der Schulungen umfasste jeweils das übliche Themenspektrum der „weltanschaulichen Themen", kombiniert mit einer fachlichen Ausbildung, deren Schwerpunkte von der Hauswirtschaft, der Mütter- und Kinderbetreuung über Verwaltungsthemen für Geschäftsführerinnen, Kassiererinnen und Pressereferentinnen bis zum „weiblichen Arbeitsdienst" und Luftschutz reichten.

Das gesamte Programm der „Gauführerschule III" hatte jedoch einen gemeinsamen Nenner: Die Lehrgangsteilnehmerinnen sollten auf die Vermittlung der Geschlechterrolle der Frau und die ihr zugewiesene soziale Rolle in der Volksgemeinschaft eingeschworen werden.[303] In der patriarchalischen Ordnung der NS-Gesellschaft hatte die Frau eine ideologisch gleichwertige, aber keine gleichrangige Position, die sich insbesondere in der Verteilung der Machtpositionen und der Festschreibung der traditionellen Geschlechterordnung im Bildungswesen und in der Arbeitswelt zeigte. Die ideologisch begründeten „Weiblichkeitsmerkmale" der arischen Frau und Mutter signalisierten diesen Maßstab gesellschaftlicher Wertschätzung mit entsprechenden Handlungserwartungen, nach denen z.B. arische Frauen „rassisch wertvoller" als jüdische Frauen, „erbgesunde Frauen" „rassisch wertvoller" als „erbkranke" waren und Müttern ein höheres Renommee zugesprochen wurde als kinderlosen Frauen. Die Kehrseite lag in der Reduzierung auf die Mutterrolle und Hausfrauenarbeit in der Familie und in der weitgehenden Fixierung auf Fürsorge- und Dienstleistungsaufgaben in der Arbeitswelt bis zur Familiengründung.

Die NS-Frauenschaft stand vor der besonderen Herausforderung, das erworbene „Schulwissen" den Frauen in den Gemeinden zu vermitteln. Dass die propagierten Verhaltenserwartungen in der Praxis, im familiären Umfeld und im lokalen Milieu sehr schnell ignoriert wurden und aus dem Blickfeld gerieten, zeigt der Lagebericht von Kreisleiter Bielefeld zur Situation im November 1934:[304]

> „Auch ist eine gewisse Lauheit von Seiten vieler Pgg. und S.A.-Angehöriger in Bezug auf Partei und S.A.-Dienst festgestellt. Diese Lauheit ist ebenfalls auf den Einfluss des Klerus zurückzuführen, denn die Mütter und Frauen der Parteigenossen respt. der S.A.-Männer werden dafür gewonnen, diese Genannten von der Partei zu entfernen. Überhaupt hat hier die Frau einen nicht geringen Einfluss auf die Entwicklung in politischer Beziehung. Während die Männer in der Partei sind oder in der S.A. Dienst machen, sind es gerade die Frauen, die bei Juden kaufen oder dieselben in Schutz neh-

men. Die Frauen sind es, die dauernd stöhnen und klagen und machen so den Männern den Kopf verrückt. Hier müsste eine besondere Erziehungsarbeit durchgeführt werden, und zwar durch die Frauenschaft. Die Ursachen, die die Frau veranlasst, so zu handeln, liegt ebenfalls bei dem Klerus. Die Geistlichkeit ist nämlich bemüht, gerade die Frauen und Mädchen zu gewinnen.
Diese Tatsache ist eine nicht zu unterschätzende Gefahr für unsere Bewegung."

Im Spannungsfeld von Familie, Kirche und Partei stieß das NS-Regime trotz seiner wachsenden Überwachungs- und Einflussmöglichkeiten permanent an Grenzen. Daher hatte der Ausbau eines flächendeckenden Schulungsbetriebes bis in die Gemeinden für das Gauschulungsamt nach dem Start der Schulungslehrgänge an den „Gauführerschulen" eine große Bedeutung.

Die Führung und Kontrolle der ausgebildeten Kreisschulungsleiter entwickelte sich zu einer zentralen Aufgabe des Gauschulungsamtes, um die genaue Umsetzung der inhaltlichen Vorgaben aus der Parteizentrale in den Parteikreisen und in den Kreisschulungsabenden zu garantieren und zu überprüfen.[305] Ab Oktober 1933 konfrontierte Gauschulungsleiter Rosenbaum die Kreisschulungsleiter mit zahlreichen Anordnungen und verpflichtete sie zu monatlichen Berichten. „Richtlinien für die weltanschauliche Schulung der gesamten P.O. im Gau Westfalen-Nord" sowie regelmäßige Arbeitstagungen und Sonderlehrgänge sollten die Qualität der Schulungen verbessern und einen einheitlichen Kanon bei den Inhalten durchsetzen. Bei Nichtbeachtung der Anordnungen drohten disziplinarische Maßnahmen. An den in der Regel monatlichen Kreisschulungsabenden hatten der Stab der Kreisleitungen, die Ortsgruppenleiter und Ortsgruppenschulungsleiter sowie die Kreisobmänner der DAF und NSV teilzunehmen. Anfang 1935 klagten die meisten Kreisschulungsleiter über fehlende und nicht hinreichend qualifizierte Schulungsredner. Der Kreisschulungsleiter in Lüdinghausen musste „einige Missgriffe" bei der Auswahl von Schulungsrednern zugeben.

Anfang 1935 forderte Gauschulungsleiter Rosenbaum die Kreisschulungsleiter auf, „nunmehr schnellstens Kreisführerschulen" einzurichten.[306] Darunter verstand er zumindest einen Schulungsraum, in dem die Amtswalter aller Gliederungen bis zum Blockleiter einmal im Monat an einem Wochenende zusammengezogen werden konnten. Die Kreisschulungsleiter hatten die Kreisschulen zu leiten. Bis 1939 entstanden im Gau Westfalen-Nord 15 dieser „Kreisschulen" bzw. „Kreisschulungsburgen". Im Parteikreis Lüdinghausen wurde sehr wahrscheinlich keine Kreisschule eingerichtet, da es nahe lag, einen Raum der „Gauschulungsburg" in Nordkirchen auch als „Kreisschule" zu nutzen. In Coesfeld konnte eine „Kreisschulungsburg" erst nach dem Zusammenschluss der Parteikreise Coesfeld und Ahaus mit der Parteikreisreform Anfang 1938 realisiert werden. Dazu mietete die Gauleitung von der Stadt Coesfeld das ehemalige Waisenhaus am Katthagen. Nach erfolgtem Umbau übergab Kreisleiter Tewes das Haus am 14. Februar 1939 als „Kreisschulungsburg" für den Großkreis Ahaus-Coesfeld.

Aus den Berichten der Kreisschulungsleiter an die Gauleitung ist zu entnehmen, dass auch die Arbeit der Kreisschulungsämter über die eigentliche Wissensvermittlung hinausging.[307] Mit den Versammlungen konnten auch „Fernstehende" an die Parteiarbeit herangeführt und Informationen über die „weltanschaulichen Gegner" gesammelt werden. Das eigene Handeln wurde reflektiert, mögliche Verbesserungsvorschläge erarbeitet und über das Berichtswesen an die Parteibürokratie weitergegeben. Die Reichweite und Nachhaltigkeit der „weltanschaulichen Schulungen" in den Parteikreisen hingen jedoch von den gesellschaftlichen Rahmenbedingungen und Stimmungen vor Ort ab. Der Kreisschulungsleiter im Parteikreis Coesfeld berichtete 1937 wiederholt über eine „gereizte" Stimmung in der Bevölkerung. Die Ursachen sah er zum einen in der „Ausschließung der Geistlichen vom Unterricht in den Volksschulen" und der Auflösung der Jungmännervereine, zum anderen aber auch selbstkritisch in „ungeschickten Reden" von Parteirednern, die sich nicht in die Denkweise der ländlichen Bevölkerung hineindenken könnten und deshalb „alles erreichbare Porzellan entzweischlagen" würden. Da es im Kreis wenig überzeugte Anhänger der Partei gebe, seien ihm trotz einer „geschlossenen Gemeinschaft" der Schulungsleiter die Hände gebunden.

Die Reform der Parteiverwaltung im Gau Westfalen-Nord Anfang 1938

Die Reform der Parteiverwaltung im Gau Westfalen-Nord Anfang 1938 betraf die Parteikreise Coesfeld und Lüdinghausen sowohl organisatorisch als auch personell. In einem Schreiben vom 21. Dezember 1937 an alle Kreisleiter und Gauinspekteure kündigte Gauleiter Meyer aufgrund einer Anordnung des Stellvertreters des Führers die „Reorganisation des Gaues" von 30 Kreisen auf 17 Kreise an, ohne den genauen Zuschnitt der neuen Kreise zu umreißen.[308] Die kurzfristige Ankündigung der „Reorganisation", die ab dem 1. Januar 1938 wirksam werden sollte, und der Hinweis auf die personalpolitischen Konsequenzen für viele Kreisleiter, die „aus dem ihnen so lieb gewordenen Beruf des politischen Leiters und Hoheitsträgers ausscheiden" müssten, zeigt Meyers Bemühen, negative Reaktionen und Frustrationen bei den Betroffenen aufzufangen. Sein Versprechen, „alles daran zu setzen, den ausscheidenden Kreisleiter wieder an einer Stelle unterzubringen, die der Wichtigkeit" des bisherigen Amtes entsprach und ein Gesprächsangebot an jeden Kreisleiter zielten in die gleiche Richtung. Gauinspekteur Barthel, der in dieser Zeit auch das vakante Kreisleiteramt in Lüdinghausen verwaltete, erhielt wie die anderen am 30. Dezember 1937 eine Aufstellung über die geplante Zusammenlegung der Kreise. Die Umsetzung sollte mit allen „notwendig werdenden personellen und organisatorischen Maßnahmen" bis zum 1. April 1938 abgeschlossen sein.

Das Ergebnis der Reform blieb letztlich hinter der umfassenden Reorganisation der Parteiverwaltung zurück, da Gauleiter Meyer insbesondere im Osten des Gaues mit seinen Plänen auf Widerstand stieß.[309] Während der Zusammenschluss der alten Parteikreise Gelsenkirchen, Buer, Gladbeck und Bottrop zum Großkreis Emscher-Lippe reibungslos verlief, konnte die gleichfalls geplante Zusammenlegung der Parteikreise Wiedenbrück, Bielefeld-Stadt, Bielefeld-Land und Halle nur ohne den Parteikreis Wiedenbrück realisiert werden, da sich der Kreisleiter durch energisches Eintreten erfolgreich für den Erhalt der Selbständigkeit seines Gebietes einsetzen konnte. Auch die Altkreise Schaumburg-Lippe und Grafschaft Schaumburg blieben entgegen den ursprünglichen Plänen Meyers selbständig. Im Münsterland entstand aus den Parteikreisen Münster-Stadt, Münster-Land und Warendorf der neue Kreis „Münster-Warendorf" und aus den Parteikreisen Ahaus und Coesfeld der neue Kreis „Ahaus-Coesfeld". Der Parteikreis Lüdinghausen war wie elf weitere Kreise im Gau Westfalen-Nord nicht von den Gebietsveränderungen betroffen, während die übrigen achtzehn zu sieben Großkreisen fusioniert wurden. Gegen Kriegsende wurde im Gau Westfalen-Nord die Fusion einiger Parteikreise wieder rückgängig gemacht. So kam es im Mai 1944 auch

Abb. 42: Werbebroschüre „Wir alle bauen mit" der NS-Gemeinschaft „Kraft durch Freude" im Parteikreis Ahaus-Coesfeld (sehr wahrscheinlich September 1938)

Abb. 43: Lorenz Tewes (1898–1970), NSDAP-Kreisleiter des Parteikreises Ahaus-Coesfeld von März 1938 bis Mai 1944

zur Auflösung des Parteikreises Ahaus-Coesfeld in seine ursprünglichen Bestandteile, da in der Endphase des Krieges der Parteiorganisation unter der Parole „Jeder Kreis ein Widerstandskreis", die Gauleiter Meyer ausgegeben hatte, ein ‚Kampfauftrag' zugeschrieben wurde.

Der Anstoß zur Parteikreisreform Ende 1937 kam jedoch von der Reichsleitung der NSDAP.[310] Deren Bestrebungen zur Professionalisierung auf der Kreisleiterebene, um den steigenden Anforderungen gerecht zu werden, brachen sich an der reichsweit hohen Ämterfluktuation bei einer zu knappen Personaldecke. Aufgrund von Parteierhebungen lagen die Ursachen der Ämterfluktuation in einer undurchdachten Personalpolitik auf der Gauebene und der wirtschaftlichen Lage der Kreisleiter. Diese waren häufig gezwungen, die Kreisleitung im Nebenamt bei einer Besoldung durch andere öffentliche Ämter zu erledigen, oder nutzten sich bietende Gelegenheiten, auf gutdotierte Positionen in der Staats- und Kommunalverwaltung oder im Verbandswesen zu wechseln. Als personalpolitische Appelle zur Eindämmung der Ämterfluktuation keinen Erfolg hatten, galt die Einführung der Hauptamtlichkeit bei einem Verbot von Personalunionen als wichtigster Schritt zur Durchsetzung der Professionalisierung. Die notwendigen finanziellen Ressourcen für eine generelle Einführung der hauptamtlichen Kreisleitung standen jedoch erst mit der Lockerung der Aufnahmesperre für Parteimitglieder im Jahr 1937 und den steigenden Beiträgen zur Verfügung. Mit der Reduzierung der Stellen versuchte die Reichsleitung darüber hinaus die Gesamtkosten in Grenzen zu halten.

Im Gau Westfalen-Nord nutzte Gauleiter Meyer die Reorganisation der Parteikreise auch zu einem umfassenden Personalaustausch bei den Kreisleitern. Denn er berief in den meisten Fällen nicht einen der bisher zuständigen „Hoheitsträger" an die Spitze der neu gebildeten Großkreise, sondern jeweils einen auswärtigen Kreisleiter.[311] So wurde der bisherige Warendorfer Kreisleiter Lorenz Tewes zum Kreisleiter des neu gebildeten Großkreises Ahaus-Coesfeld ernannt, während der Coesfelder Kreisleiter Julius Bielefeld in gleicher Funktion in den Kreis Lüdinghausen versetzt wurde. Über die Motive für diese personalpolitischen Entscheidungen kann nur spekuliert werden. Naheliegend wäre es, dass Meyer durch die Ernennung Auswärtiger mögliche Widerstände und Intrigen von Nicht-Berücksichtigten aus den alten Kreisen gar nicht erst aufkommen lassen wollte. Da sich Gauleiter Meyer immer als Mann der „Bewegung" sah, wird er den Personalaustausch auch als Maßnahme gegen eine zunehmende Verbürokratisierung der Partei gesehen haben. Aus machtpolitischer Perspektive kann es als Bestreben der Gauleitung bewertet werden, lokale Machtbasen der Kreisleiter zu schleifen oder gar nicht erst entstehen zu lassen. Die Versetzung von Bielefeld nach Lüdinghausen unter die ‚Oberaufsicht' von Gauinspekteur und Landrat Barthel macht auch deutlich, wie im Rahmen der Reorganisation ein respektierter Aktivist und ‚Haudegen' aus der Kampfzeit, der nie mit der Entwicklung der NSDAP zur staatstragenden Partei zurechtkam, ohne Gesichtsverlust ‚neutralisiert' werden konnte.

6. Die Kreisverwaltungen – ein Stabilisierungsfaktor des NS-Regimes

Die Untersuchung des Verhältnisses von Kommunalverwaltung und NS-Bewegung in der Region zeigt die vielschichtigen Ausgangsbedingungen in der Phase der „Machtübertragung" an die NS-Bewegung.[312] Die Größe der Gemeinden, die wirtschaftliche Lage und Stabilität der sozialen Milieus, die Geschlossenheit der traditionellen Eliten und die Verankerung von NS-Organisationen hatten maßgeblichen Einfluss auf den Verlauf der „Gleichschaltung" zwischen vorauseilender Zustimmung und erzwungener Anpassung, einschließlich einer brutalen ‚Ausschaltung' politischer Gegner. Von der katholisch und nationalkonservativ geprägten Führungsschicht, die nach wie vor eine unangefochtene Position in den Kommunen und Kommunalverwaltungen des Münsterlandes einnahm, gab es keine grundsätzlichen Vorbehalte – im Gegenteil. Eine Vorstellungswelt aus einem Gemisch von rückwärtsgewandtem Ständedenken, grundsätzlicher Demokratieskepsis, Sehnsucht nach Wiedererlangung nationaler Größe und einer führungsstarken Persönlichkeit förderte die Bereitschaft zur Kooperation mit den rechtsradikalen Kräften. So leisteten die lokalen Honoratioren durch ihre konkrete Haltung einen wichtigen Beitrag zur Durchsetzung des nationalsozialistischen Machtanspruches. Ihre weitere Mitwirkung in den kommunalen Gremien garantierte die Funktionsfähigkeit der Verwaltung in der Phase des Umbruchs.

Da auch die Kreiskommunalverwaltungen von der gleichen regionalen Führungsschicht getragen wurden, verlief auch hier der Prozess der „Machtübertragung" nahezu reibungslos, zumal die Besonderheiten der lokalen politischen Verhältnisse durch die weiter herrschende Mehrheit des Zentrums in den Kreistagen eingeebnet wurden. Die „Gleichschaltung" der Kreisausschüsse durch die Verschränkung von traditioneller Elite und neuer NS-Elite, die weitgehende „Selbstgleichschaltung" der Kreisverwaltungen sowie das Bekenntnis der Landräte zur Regierung der „nationalen Erhebung" trugen in der Folgezeit maßgeblich zur Sicherung und Stabilität der nationalsozialistischen Herrschaft in der Region bei. Durch die schnelle Entmachtung der Kreistage und den kontinuierlichen Machtverlust der Kreisausschüsse wurde jedoch die „Doppelstellung der Kreise" als Selbstverwaltungskörperschaften und staatliche Verwaltungsbezirke abgeschafft.

Die „Scharnier"-Funktion zwischen den zentralstaatlichen Institutionen und den Gemeinden blieb jedoch nicht nur erhalten, sie bekam eine neue Dimension. Mit der Positionierung von Parteigenossen an der Verwaltungsspitze und in der Verwaltung nahm ihr Gewicht als Vermittlungsinstanz für parteipolitische Interessen und Vorstellungen zu. Das äußerte sich z.B. in der „Erziehung" der Kreisverwaltung zur „Vorzeige-Gefolgschaft", der personellen und finanziellen Unterstützung von Parteiaktivitäten oder der Ausrichtung der praktischen Verwaltung an rassenideologischen Zielvorstellungen. Insbesondere die „Selbstmobilisierung" in der Mitarbeiterschaft der Kreisverwaltungen vermittelte dabei nach außen ein Bild der Kontinuität und Berechenbarkeit und war für eine Akzeptanz der zunehmend parteigeprägten Herrschaftsstrukturen unerlässlich.

Die Frage, ob der Einfluss der NSDAP auf die Verwaltung und die Machtübertragung auf die NSDAP überhaupt von der Mehrheit der Bevölkerung aktiv begrüßt, passiv hingenommen oder gar abgelehnt wurde, hatte auch eine personalpolitische Komponente. Denn das Agieren der NS-Funktionsträger, ihre Kompetenzen und Kompromissbereitschaft bestimmten das Erscheinungsbild und die Wahrnehmung der NS-Herrschaft entscheidend mit. Der Konfrontationskurs des Coesfelder Kreisleiters Bielefeld gegen alle Repräsentanten des „Weimarer Systems" in der Kreisverwaltung und den Gemeindeverwaltungen liefert dafür reichhaltiges Anschauungsmaterial. Sein Kurs steht im deutlichen Gegensatz zum Verhalten von Gauinspekteur und Landrat Barthel im Kreis Lüdinghausen, dessen Umgang eher von Kompromissen mit traditionellen Amtsträgern und pragmatischen Zugeständnissen geprägt war, solange die Machtposition der Partei nicht in Frage gestellt wurde.

Der Konfrontationskurs des „alten Kämpfers" Bielefeld richtete sich jedoch auch gegen die „Konjunkturritter" in der eigenen Partei. Die dadurch ausgelösten Spannungen und Intrigen schwächten den Parteiapparat des Kreises nachhaltig und gaben den Kritikern des NS-Regimes neuen Auftrieb. In dieser Situation musste eine funktionierende und gleichgeschaltete Kreisverwaltung mit einem systemloyalen Landrat an der Spitze erst recht als eigentliche Stütze des NS-Regimes erscheinen. Das lange Festhalten an Landrat Klein als Nicht-Parteimitglied oder die spätere Versetzung von Kreisleiter Bielefeld in den Kreis Lüdinghausen im Rahmen der Parteireform ist auch vor diesem Hintergrund zu sehen.

Im Vergleich zu anderen Regionen, in denen die klassische Konfliktlinie zwischen „Partei" und „Staat", ausgetragen zwischen Kreisleitern und Landräten, meist mit dem Amtsverlust einer der Kontrahenten endete, war die „Ämterfluktuation" aufgrund persönlicher Konflikte in den Kreisen Coesfeld und Lüdinghausen relativ gering.[313] Ein Garant für diese personelle Stabilität und eine der Voraussetzungen für die Entwicklung der Kreisverwaltungen zum Stabilisierungsfaktor war zweifellos Gauinspekteur Barthel. In dieser Funktion konnte er in seinem eigenen Landkreis jederzeit die Kreisleitung unter Kontrolle halten. Er verstand es jedoch, seine exponierte Stellung im Parteiapparat nicht nur als Wächterfunktion über die Parteiorganisation seines Zuständigkeitsbereiches zu nutzen. Durch seine Funk-

Abb. 44: Karl Tosse (1889–1968), NSDAP-Kreisleiter des Kreises Lüdinghausen von Juni 1934 bis Januar 1937

tionen als Gauinspekteur und Beauftragter der NSDAP ab Mitte 1935 im Kreis Coesfeld reichten seine Kontroll- und Einflussmöglichkeiten bei Ämterbesetzungen und Personalentscheidungen bis in die Kommunalverwaltungen hinein.

Die Maßstäbe, die Barthel bei seinen Personalentscheidungen zur Aufrechterhaltung einer effizienten und berechenbaren Verwaltung anlegte und die eine geregelte Zusammenarbeit von Partei und Verwaltung auf der Basis verlässlicher Vereinbarungen garantieren sollten, legte er auch bei der Beurteilung seiner Parteigenossen an. Das musste auch Kreisleiter Karl Tosse spüren, der im Juni 1934 das Kreisleiteramt in Lüdinghausen übernommen hatte. Sehr schnell erreichten Beschwerden über das anmaßende und überhebliche Verhalten des Kreisleiters, vor allem gegenüber Rechtsanwälten und Justizinstanzen, Gauinspekteur Barthel.[314] Auf der Ortsgruppenversammlung der NSDAP Lüdinghausen am 14. November 1934, hatte er den Berufsstand der Richter attackiert: „Es gibt heutzutage sogar noch Richter, die bei der Rechtsprechung bei den Juden das gleiche Recht gelten lassen wie bei dem deutschen Mann. Nach dem Gesetz mag das richtig sein. Aber ich begreife nicht, dass diese Leute sich nicht schämen und ihr Amt niederlegen und auf Gehalt und Pensionen und derartige Bezüge verzichten gegenüber einem Staat, der ihnen nicht passt und mit dem sie doch nicht übereinstimmen". Diese Aussage als Teil einer längeren Rede, die mitstenographiert wurde, landete mit Stellungnahmen des Aufsichtsführenden Richters des Amtsgerichtes Lüdinghausen, der Gaurechtsstelle und des Bundes Nationalsozialistischer Deutscher Juristen, Gau Oberlandesgerichtsbezirk Hamm, auf dem Schreibtisch von Barthel. Ihm gelang es in einem vermittelnden Gespräch mit Vertretern des Amtsgerichtes, des Juristenbundes und Kreisleiter Tosse die Wogen zu glätten.

Die Beschwerde war nach der Besprechung erledigt. Barthel belehrte Tosse eindringlich, musste aber in seinem Bericht an die Gaugeschäftsführung selbst die Aussichtslosigkeit seiner Bemühungen eingestehen: „Tosse sieht ein oder gibt vor einzusehen, dass er nicht richtig gehandelt hat, trotzdem verfällt er bald darauf wieder in seine alte Überheblichkeit, nämlich in sich den einzigen wahren Nationalsozialisten, der unfehlbar ist, zu sehen. Ich habe diese meine Meinung dem Pg. Tosse gegenüber unzweideutig zum Ausdruck gebracht." Für Barthel war das „Maß" voll, als Tosse im Dezember 1936 am Tag der nationalen Solidarität in einer Straße sammelte, die eigentlich Barthel zugeteilt war. Dieser bezeichnete das Verhalten Tosses als unkameradschaftlich und disziplinlos. Vier Wochen später

‚durfte' Tosse seinen Dienst als Stadtrat in Gladbeck antreten. Die Funktion des Kreisleiters übernahm Barthel für über ein Jahr selbst.

Die Frage nach der Wirkungsmacht des NS-Regimes auf regionaler Ebene war jedoch nicht nur eine Frage der Machtdurchsetzung und Parteidisziplinierung, sondern auch eine Frage der Machtausübung wie z.B. durch die Verwaltungstätigkeit der Kreisverwaltung. Die folgende Untersuchung von Handlungskontexten muss jeweils auf den Bezugsrahmen der Verwaltungs- und Politikbereiche, deren Begründung und Zielsetzung achten, um die komplexe Realität der NS-Diktatur zu erfassen. Dabei ist bei den Akteuren nach Zwang, Opportunismus und Überzeugung, bei der Bevölkerung nach Zustimmung, Skepsis oder Kritik zu fragen, denn die Reaktionen auf die Verwaltungsmaßnahmen waren vielschichtig. Die Zustimmung der Gesellschaft hieß nicht unbedingt ideologische Übereinstimmung, sondern konnte auch das Ergebnis von Repression und Konformitätsdruck sein und das Verhalten konnte auch situationsabhängig sein.

B. DIE ENTWICKLUNG DER KREISAUFGABEN UNTER DEM NS-REGIME

1. Die Kreisaufgaben im „Kompetenzgerangel" von Staatsbehörden und Partei

Die vom Innenministerium angestrebte Wiederherstellung der „Einheit der Verwaltung" auf der Kreisebene galt als unverzichtbares Kernstück einer Verwaltungsreform in den Landkreisen. „Die Realisierung scheiterte jedoch auf der ganzen Linie."[1] Dies lag nicht nur an sachlichen Notwendigkeiten und steigenden Anforderungen an die Leistungsverwaltung, sondern an einem Ressortegoismus der beteiligten Zentralbehörden. Sie wollten in der Regel ihren eigenständigen Behördenunterbau bis auf die Kreisebene erhalten, nach Möglichkeit ihren Zuständigkeitsbereich sogar ausbauen. Mit dem Ausbau des NSDAP-Parteiapparates entstanden weitere Zentralinstanzen mit eigenen Vorstellungen und Ansprüchen, die unter den „darwinistischen" Bedingungen des „Führerstaates" die Tendenz zur weiteren „Verwaltungszersplitterung" förderten.[2] Daher scheiterte Innenminister Frick auch mit dem Vorhaben, einzelne reformbedürftige Kernbereiche der Kreiskommunalverwaltung auszubauen oder wenigstens ungeschmälert für die landrätliche Verwaltung zu erhalten. Welche Aufgabenbereiche der Kreise im „Kompetenzgerangel" der Verwaltungsbehörden und Parteidienststellen von staatlichen Sonderbehörden legal übernommen oder durch die NSDAP und ihre Gliederungen usurpiert wurden, aber auch welche Aufgabenbereiche an Bedeutung gewannen, soll kurz skizziert werden.

Die kreiskommunale Landstraßenverwaltung musste bis 1939 sehr weitgehende Einschränkungen hinnehmen, da der Generalinspektor für das Straßenwesen Fritz Todt (1891–1942) als erste neu eingerichtete Sonderbehörde nach der „Machtübertragung" kontinuierlich an der Zentralisierung der gesamten Landstraßenverwaltung arbeitete.[3] Mit dem Straßenorganisationsgesetz von März 1934 wurden alle Straßen der Provinz Westfalen klassifiziert und in Reichsstraßen sowie Landstraßen I. und II. Ordnung eingeteilt. Durch die Neuklassifizierung ging die Unterhaltung von rund 3.300 km früherer Kreisstraßen, die nun als Landstraßen I. Ordnung eingestuft waren, als Selbstverwaltungsaufgabe an den Provinzialverband Westfalen über. Die Verwaltung und Unterhaltung der Landstraßen II. Ordnung blieben zunächst in der Verantwortung der Kreiskommunalverbände, bis Mitte 1939 deren Verwaltung „als gesetzliche Auftragspflicht" ebenfalls auf die Provinzialverwaltung übertragen wurde.

Die baupolizeilichen Zuständigkeiten auf der kommunalen Ebene wurden im Dezember 1933 durch ein Gesetz aus dem preußischen Finanzministerium neu geregelt.[4] Die Zentralisierung der bis dahin gemeindlichen baupolizeilichen Zuständigkeiten bei den Landratsämtern schien neue Möglichkeiten für eine kreiskommunale Baupflege zu eröffnen. Ihre Mitwirkung blieb jedoch auf die formale

Bearbeitung der Baugenehmigungen und die Bauabnahmen begrenzt, während die technische Bearbeitung und Prüfung der Baupolizeigeschäfte grundsätzlich den Staatshochbauämtern vorbehalten blieben. Daher befürchteten die Landräte auch eine Minderung ihres Einflusses auf das Baugeschehen in ihren Kreisen. Die Neuregelung der Zuständigkeiten verzögerte außerdem durch die Beteiligung mehrerer Instanzen die Baugenehmigungsverfahren, so dass Klagen der Bauherren und der Bauwirtschaft nicht lange auf sich warten ließen. Der verbreitete Unmut über das neue ‚zersplitterte' Verfahren rief die Vertreter verschiedener Institutionen auf den Plan, die mit Vorschlägen zur Verwaltungsvereinfachung im ‚Interesse' der Bevölkerung auch versuchten die Position und Unabhängigkeit ihrer Einrichtungen zu stärken. Die Landräte forderten die Integration der staatlichen Hochbauämter in die Landratsämter, Vertreter der NSDAP sahen sich als „Fürsprecher" der „Volksgenossen" gegenüber der „Staatsbürokratie", Beamte der Regierung bemühten sich aufgrund der „prinzipiellen Überlegenheit der staatlichen Behörden" den Einfluss der kommunalen Bauämter immer mehr zurückzudrängen. Derartige Positionskämpfe wurden durch die 1936 beginnende staatliche Wirtschaftslenkung und den Kompetenz- und Einflussverlust der Baupolizei durch eine wachsende Zahl von NS-Sonderbehörden in der Kriegszeit überholt. Diese Entwicklung förderte nicht nur die „materielle Aushöhlung des Baupolizeirechts", sondern ließ auch kaum noch einen eigenständigen Spielraum für baupolizeiliches Handeln in den Landratsämtern und der staatlichen Hochbauverwaltung.

Verhältnismäßig schnell und konsequent erfolgte die „Entmachtung" der Landratsämter im Bereich des Gesundheitswesens. Sie hatte auch weitreichende Konsequenzen für die Gesundheitsfürsorge der Kreiskommunalverwaltung. Die Vereinheitlichung der Gesundheitsfürsorge konnte nur gelingen, weil sich schon im Reichsinnenministerium die Medizinalabteilung gegen die Kommunalabteilung sowie die Verfassungsabteilung durchsetzen konnte. Vor dem weitreichenden Ziel, reichsweit eine flächendeckende und einheitliche medizinische Infrastruktur als „organisatorischen Transmissionsriemen der NS-Gesundheitspolitik" zu schaffen, hatten Einzelinteressen zurückstehen. Bis zum Erlass des Gesetzes zur Vereinheitlichung des Gesundheitswesens vom 3. Januar 1934 mussten zwar noch gegensätzliche Vorstellungen beim Grad der Verstaatlichung und zur Kostenregelung durch Kompromisse überwunden werden, das Ziel stellte jedoch keine Seite in Frage.[5]

Zum 1. April 1935 wurde in jedem Stadt- und Landkreis ein Gesundheitsamt errichtet, das sämtliche Zweige des öffentlichen Gesundheitswesens einheitlich verwaltete: die frühere kreiskommunale Gesundheitsfürsorge, die staatlichen Aufgaben der Medizinalpolizei, sprich die Seuchenbekämpfung und Gesundheitsaufsicht, das Gutachterwesen und die neuen Aufgaben im Bereich der Erb- und Rassenpflege. Der Regelfall war das staatliche Gesundheitsamt unter der Leitung eines staatlichen Amtsarztes.[6] Die Einrichtung der Ämter erfolgte „in Anlehnung" an die Landratsämter, um den Zusammenhang zur inneren Staatsverwaltung zu unterstreichen und ein möglichst selbständiges Handeln zu sichern.

Die Medizinalbeamten unterstanden also nicht den Landräten. In der Regel wurden die vorherigen Kreisärzte als Leiter der Gesundheitsämter eingesetzt. Nach dem Kompromiss in der Kostenregelung hatten die Landkreise die „Kosten der Unterhaltung und Einrichtung nach Bedürfnis und Leistungsfähigkeit“ zu tragen.[7]

Die kreiskommunale Wohlfahrtspflege geriet mit der Etablierung des NS-Regimes von verschiedenen Seiten unter Druck. Hier musste die Praxis zeigen, in welchen Fürsorgebereichen Verbände der NSDAP wie die NSV oder das WHW in Konkurrenz auftraten und welche sie erfolgreich okkupieren konnten. Das galt insbesondere für den Bereich der Jugendpflege und -fürsorge. Der Bereich wurde spätestens mit dem „Gesetz über die Hitler-Jugend“ vom 1. Dezember 1936, das die HJ zum staatlichen Jugendverband für die „gesamte deutsche Jugend“ erklärte, mit den „Erziehungszielen“ des NS-Staates konfrontiert.[8] In welchem Umfang sich dieser Anspruch des NS-Regimes auf das Aufgabenspektrum der Kreisjugendämter auswirkte oder dieser nicht eher auf die praktische Arbeit der allgemeinen Jugend- und Sportverbände gerichtet war, muss untersucht werden. Das „Reichsgesetz zur Förderung der HJ-Heimbeschaffung“ vom 30. Januar 1939 verpflichtete die kommunale Ebene auf jeden Fall zur Errichtung und Unterhaltung von HJ-Heimen.[9]

Den schon 1934 einsetzenden massiven Eingriffen des NS-Staates in das Aufgabenspektrum der Kreisverwaltungen mit dem Ziel der „Übernahme“ standen nur wenige Initiativen gegenüber, das Aufgabenspektrum auf der Kreisebene zu erweitern. Dabei sollte sich mittelfristig das Bildungswesen durch die Übernahme der Trägerschaft der berufsbildenden Schulen als ein Bereich mit großem Entwicklungspotential erweisen. Die Entwicklungsmöglichkeiten richteten sich allerdings auch nach den örtlichen Gegebenheiten und der Leistungsfähigkeit der kreisangehörigen Städte. Zum Bildungsbereich gehörte auch die 1935 beginnende Errichtung von Kreisbildstellen, die das Reichsministerium für Volksaufklärung und Propaganda in einem Erlass mit den neuen Aufgaben der „deutschen Schule“ im nationalsozialistischen Staat begründete. Diese könnten nur durch den Einsatz „aller pädagogischen und technischen Hilfsmittel“ erreicht werden. Zu den „bedeutungsvollsten“ Hilfsmitteln zählte das Propagandaministerium den Unterrichtsfilm. Erst der „neue Staat“ habe die „psychologischen Hemmungen gegenüber der technischen Errungenschaft des Films“ überwunden und sei gewillt, den Film „in den Dienst der Weltanschauung“ zu stellen. Der Film sollte dort als „gleichberechtigtes Lernmittel“ an die Stelle des Buches treten, „wo das bewegte Bild eindringlicher als alles andere zum Kind spricht“.[10]

Auch mit dem Reichsnaturschutzgesetz vom 26. Juni 1935 wollte das NS-Regime „Neuland“ betreten.[11] Schon der erste Satz des Gesetzes knüpfte an das „völkische Denken“ an: „Heute wie einst ist die Natur in Wald und Feld des deutschen Volkes Sehnsucht, Freude und Erholung.“ Dann wurde die Veränderung der Landschaft und des natürlichen Lebensraumes durch „intensive Land- und Forstwirtschaft“, „einseitige Flurbereinigung und Nadelholzkultur“, häufig aufgrund „wirtschaftlicher Notwendigkeiten", beschrieben. Die traditionelle „Naturdenkmalpflege" habe aufgrund der fehlenden „politischen und weltanschaulichen Voraussetzungen" nur Teilerfolge erzielen können. „Erst die Umgestaltung des deutschen Menschen" habe die „Vorbedingungen für wirksamen Naturschutz" geschaffen. Daher sehe es die Reichsregierung als ihre Pflicht an, „auch dem ärmsten Volksgenossen seinen Anteil an deutscher Naturschönheit zu sichern". Zur Umsetzung dieser Aufgabe wurde der Reichsforstmeister zur obersten Naturschutzbehörde bestimmt, der wiederum im Einvernehmen mit den Landesbehörden die höheren und unteren Verwaltungsbehörden festlegte. Die Aufgaben der „unteren Naturschutzbehörde" wurden den Kreisen übertragen, die zum Schutz und zur Pflege der „heimatlichen Natur" Stellen für Naturschutz einrichten sollten. Die Kreise standen damit vor der Herausforderung, die im Gesetz beschriebenen Aufgaben in praktische Projekte, z.B. in der Arbeit der Kulturbauämter, umzusetzen. Hier ist zu untersuchen, in welchem Umfang die Intentionen des Gesetzes überhaupt auf der Kreisebene aufgegriffen und umgesetzt wurden.

Zeitgleich mit der Veränderung der Zuständigkeiten bei der Aufgabenerledigung führte die radikale, völkisch-rassische Orientierung des NS-Regimes zu „qualitativen" Veränderungen der Aufgabenerledigung, die insbesondere gravierende Folgen für die Hilfsbedürftigen im gesamten Wohlfahrtsbereich hatten. Hier stellt sich die Frage, über welche Mechanismen und in welchem Umfang die rassenideologischen Prämissen des NS-Regimes auch in einer rassisch orientierten Verwaltungspraxis mündeten, in der Hilfeleistungen nach rassischer „Wertigkeit" verteilt wurden. Der rassenideologische Ansatz führte möglicherweise auch zu einer „Neubewertung" und Ausdifferenzierung von Verwaltungsaufgaben, die aufgrund ihrer entweder positiven oder negativen Effekte für die „Volksgemeinschaft" einen Anhalt für eine „Arbeitsteilung" zwischen Parteiorganisationen und Verwaltung auf dem Fürsorge- und Gesundheitssektor boten.

In diesem Sinne bietet sich der Begriff „Volksgemeinschaft" nicht nur als Schlüssel zum Verständnis der „sozialen Praxis" von Masseninszenierungen an, also zur Erklärung der Frage, warum sich fast die gesamte deutsche Nation mit Hitler und seinen Zielen identifizierte. Der Begriff kann als „gedachte Ordnung" und propagierte Zukunftsverheißung auch helfen, die Akzeptanz rassenideologisch bestimmter „Wertsetzungen" und rassenhygienischer Maßnahmen und eine entsprechende Ausrichtung von Verwaltungshandeln zu erklären. Denn die Propagierung der „Volksgemeinschaft" transportierte immer auch Vorstellungen und Bilder zur Beantwortung der Frage mit, wer denn zur „Volksgemeinschaft" gehören sollte und wer nicht. So konnte der Begriff „Volksgemeinschaft" auf der einen Seite als Bezugsrahmen für Maßnahmen zur Förderung, auf der anderen als Begründungsstrategie zur Ausgrenzung und Verfolgung von Bevölkerungsgruppen dienen. Er wirkte als „Katalysator" für die zunehmende Akzeptanz von rassenhygienischen Maßnahmen und der Gewaltmaßnahmen gegen die „Volksfeinde". Der Begriff signalisierte darüber hinaus auch Erwartungen und Drohungen an die entsprechenden Gruppen und Individuen, die entweder vor einer verheißungsvollen oder einer eingeschränkten oder gefährdeten Lebensperspektive standen.

Auch die Landräte und Kreisverwaltungen mussten ihr spezifisches Aufgabenprofil, das bis dahin vor allem auf das Wohlergehen aller Bürger und die Gestaltung ihrer Lebensbedingungen ausgerichtet war, dem ‚Diktat' der „Volksgemeinschafts"-Ideologie unterwerfen. Die Analyse der Verwaltungspraxis auf wichtigen Aufgabenfeldern soll die Frage beantworten, in welchem Umfang die Praxis tatsächlich von der NS-Ideologie geprägt war, welches Gewicht die Landräte und Kreisverwaltungen bei der Umsetzung der nationalsozialistischen Unrechtspolitik hatten und welche Rolle Elemente der Kontinuität, Anpassung und eventuell der Innovation dabei spielten. Ausgehend von den gesetzlichen und formalen Vorgaben wird im Folgenden für ausgewählte Bereiche zunächst die Verwaltungspraxis beschrieben. Dann werden die Ergebnisse bewertet und mit der Darstellung von Einzelschicksalen die konkreten Folgen für die Menschen aufgezeigt.

2. Der Landrat als Kreispolizeibehörde und die öffentliche Ordnung

Die Landräte als Entscheidungsträger bei der Verfolgung politischer Gegner

Schon in der Nacht des Reichstagsbrandes vom 27. auf den 28. Februar 1933 befahl Göring als kommissarischer Verwalter des preußischen Innenministeriums die Verhaftung der Abgeordneten und führenden Funktionäre der KPD. Die Gewaltmaßnahmen gegen die Kommunisten erhielten mit der „Verordnung des Reichspräsidenten zum Schutz von Volk und Staat" vom 28. Februar 1933 „zur Abwehr kommunistischer staatsgefährdender Gewaltakte" eine formale Legitimation. Mit der Verordnung wurden zentrale Artikel der Weimarer Verfassung außer Kraft gesetzt: die persönlichen Freiheitsrechte, das Recht der freien Meinungsäußerung, die Pressefreiheit und das Vereins- und Versammlungsrecht. Sie erlaubte Eingriffe in das Brief-, Post- und Fernsprechgeheimnis, die Anordnung von Hausdurchsuchungen und von Beschlagnahmungen. Die Behörden der Länder bis zur Gemeindeebene hatten im Rahmen ihrer Zuständigkeiten den Anordnungen der Reichsregierung Folge zu leisten. Bereits am 1. März 1933, also nur einen Tag nach den Ereignissen in Berlin, erfolgten die ersten Verhaftungen von Kommunisten in den Landkreisen Coesfeld und Lüdinghausen. Die „fernmündliche Verfügung" zur Inhaftierung erreichte die Ortspolizeibehörden sehr wahrscheinlich über den Höheren Polizeiführer West (Sonderkommissar des Ministers des Innern), die Regierung in Münster und den Landrat in Lüdinghausen.[12]

Der Zugriff der Ortspolizeibehörden auf die KPD-Funktionäre konnte gezielt erfolgen, da die KPD genauso wie die NSDAP bis Mitte Februar 1933 unter der Überwachung der politischen Abteilung in der „Landeskriminalpolizeistelle" für den Regierungsbezirk Münster stand. Im Protokoll der Landrätekonferenz des Regierungsbezirks Münster vom 30. November 1932 heißt es: „Genaue Beobachtung der Tätigkeit der kommunistischen Partei soll erfolgen. Namentlich soll Klarheit geschafft werden, welches die Hauptagitatoren sind. Es soll ferner ein geheimer Motorraddienst der KPD eingerichtet worden sein." Am 8. Januar 1933 berichtete Landrat Max von Stockhausen in einem Schreiben an den Regierungspräsidenten und die politische Polizei über einen „Zersetzungsversuch in der Polizei von Seiten der kommunistischen Partei".[13] Dem gegenüber hatte Göring am 15. Februar 1933 allen Polizeidienststellen in Preußen die Anweisung erteilt, künftig „jede irgendwie geartete polizeiliche Überwachung der Nationalsozialistischen Deutschen Arbeiterpartei und der ihr angeschlossenen Organisationen" zu unterlassen. „Vertrauensleute", die für die Polizei tätig waren, sollten entlassen werden. Nach einer Meldung von Landrat Stockhausen seien jedoch im Kreis Lüdinghausen zur Überwachung der NSDAP „Vertrauensleute für die Polizei nie tätig" gewesen.[14]

Die ersten Verhaftungen von Funktionären in der Region erfolgten nicht nur in KPD-Hochburgen, sondern auch in Nordkirchen und Coesfeld.[15] Betroffen waren z.B. aus Bockum-Hövel Fritz Gorontzi, „früher der Leiter der Sturmabteilung des Roten Frontkämpferbundes", nach Verbot dieser Organisation „Leiter des Kampfbundes gegen den Faschismus", Hermann Stuppi, „der geistige Berater und Schreiber" der Ortsgruppe und „Leiter der Mietinteressengemeinschaft, der ausschließlich Kommunisten angehören", und August Fuhrmann, der „Organisator der Küche der Roten Hilfe".[16] Der Bürgermeister des Amtes Nordkirchen nahm als Ortspolizeibehörde am 1. März 1933 den Rentenempfänger August Bittner nach einem „misslungenem Fluchtversuch" in Haft. In Coesfeld wurden gleichzeitig der als politischer Leiter der Ortsgruppe fungierende Maurer Kunibert Becks und sechs weitere KPD-Mitglieder festgesetzt. In den KPD-Hochburgen Bockum-Hövel, Selm-Beifang und Werne waren die Verhaftungen aber nur der Auftakt für eine Verhaftungswelle, die bis Anfang Mai 1933 andauerte. Da in diesen Orten die Ortspolizeibehörden bei den Verhaftungen von SA-Männern als Hilfspolizei unterstützt wurden, nahmen auch brutale Gewaltaktionen gegen Häftlinge zu.

Die Beispiele zeigen die große Eigenständigkeit der Ortspolizeibehörden bei Durchführung der Verhaftungen bis Mai 1933. Dabei kann nicht überprüft werden, welchen Anteil örtliche SA- oder NSDAP-Mitglieder als treibende Kraft bei den Aktionen hatten. Auf jeden Fall wurden die Bürgermeister als Ortspolizeibehörden bei der späteren Überprüfung der „Entlassungsfähigkeit" der Häftlinge zu einer Stellungnahme aufgefordert, die von diesen in der Regel mit den „Hoheitsträgern" der NSDAP abgestimmt wurde. Dieser Handlungsspielraum der Ortspolizeibehörden blieb auch erhalten, als Göring am 2. März 1933 mit einer ergänzenden Verordnung zum Polizeigesetz die Zuständigkeit der Kreispolizeibehörden bei der Anordnung der persönlichen Freiheitsbeschränkungen, bei Eingriffen in das Vereins- und Versammlungsrecht und in das Brief-, Post- und Fernsprechgeheimnis ausdrücklich festlegte.[17] Aufgrund dieser Verordnung waren die Landräte verpflichtet, vor der Ausführung der „polizeilichen Haft" diese formal anzuordnen. Anfang April 1933 übertrug der Höhere Polizeiführer West auch die Zuständigkeit für die „Aufhebung der Polizeihaft“ auf die Kreispolizeibehörden.[18]

Für die bis Mitte März 1933 ausgeführten Verhaftungen versandte der Landrat in Lüdinghausen diese Verfügungen erst nachträglich an die Ortspolizeibehörden mit dem Ersuchen, diese an die Häftlinge auszuhändigen. Gleichzeitig empfahl er den Bürgermeistern auch für die Kommunisten, die vor Erlass der Verordnung interniert worden waren, eine entsprechende Verfügung zu erlassen. Sie sollte jedoch ausschließlich auf die Verordnung des Reichspräsidenten vom 28. Februar 1933 Bezug nehmen. Im weiteren Verlauf des Jahres wurden Anträge der Ortspolizeibehörden an den Landrat auf Erlass einer Verfügung ohne Rückfragen routinemäßig erledigt. Die formale Anordnung der „Schutzhaft“ erleichterte dem Landrat auch die Bearbeitung der zahlreichen Haftbeschwerden und Entlassungsgesuche, die nur mit Hinweis auf die Verordnung des Reichspräsidenten und die Verordnung des preußischen Innenministers generell abgewiesen werden konnten. Die Aufhebung des Post-, Brief- und Fernsprechgeheimnisses verfügte der Landrat bei Personen, die sich der Verhaftung durch Flucht entzogen hatten.

Die Landräte hatten regelmäßig dem Regierungspräsidenten in Münster und der Landeskriminalpolizeistelle in Recklinghausen über die „festgenommenen führenden Persönlichkeiten der KPD“ und weitere Maßnahmen zu berichten. Für den Monat März berichtete der Landrat in Lüdinghausen über folgende Aktionen: Inhaftierung von 35 Persönlichkeiten der KPD, Verbot von 2 politischen Versammlungen der SPD und KPD, Aufhebung des Post- und Briefgeheimnisses bei 6 flüchtigen kommunistischen Funktionären, wiederholte Anordnung von Hausdurchsuchungen und Beschlagnahmen bei KPD-Mitgliedern und Verbot des Zeigens marxistischer Fahnen in der Öffentlichkeit.

In den Begründungen für die Inhaftierungen wird das breite Spektrum kommunistischer Aktivitäten trotz der weitreichenden Verbote deutlich:[19] „Ständiger Leiter des Unterbezirks Hamm“, Verwicklung in einen „schweren Sprengstoffdiebstahl“ und „hetzerische Reden“, „unbefugter Waffenbesitz“ und „an führender Stelle in der kommunistischen Bewegung“ tätig, Herstellung „illegaler kommunistischer Druckschriften“ auf einem Abzugsapparat, Lieferung von „Material zur Anfertigung von illegalen kommunistischen Flugschriften (Roter Sender)“, „Verbreitung“ von Flugblättern, „Führer des Kampfbundes gegen den Faschismus“, „Kurier“, „Propaganda“ für die KPD oder Vorsitzender der Ortsgruppe „Freunde der Sowjet-Union“ in Werne. Am 8. April meldete Landrat Alfred von Gescher, gerade frisch im Amt, insgesamt 40 Personen in Schutzhaft, von denen sich 6 in Werne und 9 in Bork im Polizeigewahrsam befanden. Mindestens 20 Schutzhäftlinge aus Bockum-Hövel waren im Gerichtsgefängnis Hamm, der Schutzhäftling aus Nordkirchen im Gerichtsgefängnis Münster untergebracht.[20]

Bereits Mitte März 1933 führte die Verhaftungswelle in Preußen zu Unterbringungsproblemen in den Polizei- und Gerichtsgefängnissen. Da diese Anstalten anderweitig benötigt würden, ersuchte der Innenminister die Regierungspräsidenten um Vorschläge für geeignete „Lager" zur Unterbringung von ca. 250–300 Häftlingen, nach Möglichkeit abgelegen, gut zu überwachen und mit Gelegenheiten zur Beschäftigung der Häftlinge.[21] Das führte z.B. zur Unterbringung von Häftlingen im Provinzialarbeitshaus in Benninghausen.[22] Anfang April 1933 bat der Regierungspräsident Münster die Landräte aufgrund der Belegungssituation außerdem darum, bis zum 17. April über bis dahin entlassene Gefangene zu berichten.

Aufgrund dieses Auftrages richtete Landrat Gescher am 10. April ein Schreiben an die Bürgermeister in Bork, Hövel, Nordkirchen und Werne. Er beabsichtige, „unter Anlegung eines strengen Maßstabes einige der in Schutzhaft befindlichen Personen wieder auf freien Fuß zu setzen". Eine Aufhebung der Schutzhaft käme jedoch nur in Frage, wenn die „unbedingte Gewähr" bestehe, dass die betreffenden Personen von der „wiedergewonnenen Freiheit keinen unzulässigen Gebrauch" machten und sich insbesondere nicht staatsfeindlich betätigten. Landrat Gescher bat die Bürgermeister über entsprechende Vorschläge. Diese reagierten jedoch sehr zurückhaltend. Erst Ende April machten sie einige Entlassungsvorschläge, nachdem der preußische Innenminister am 24. April eine „Nachprüfung" der erlassenen Schutzhaftverordnungen angeordnet hatte.[23] Auf Anweisung des Ministers sollte die Aufhebung der Schutzhaft nur erfolgen, wenn die Schutzhäftlinge bereit waren einen „Verpflichtungsschein" zu unterschreiben. Darin mussten sie versichern, sich „in Zukunft von jeder staatsfeindlichen politischen Betätigung, insbesondere jeder Teilnahme an hoch- oder landesverräterischen Umtrieben zu enthalten" und keine „Ansprüche auf Grund der gegen sie getroffenen polizeilichen Maßnahmen" geltend zu machen. Den „Freigelassenen" durften keine Pässe ausgehändigt werden. Und ihnen konnte der Aufenthalt an bestimmten Orten untersagt werden. Der Regierungspräsident in Münster hatte über das Ergebnis der Nachprüfung in den Städten und Landkreisen unter genauer Angabe der in Haft verbliebenen Personen zu berichten.

Am 20. Mai lag die Gesamtzahl der Häftlinge im Kreis Lüdinghausen immer noch bei 43 Personen, obwohl inzwischen 10 Personen entlassen, 2 vorläufig beurlaubt und 1 Schutzhäftling eine Gefängnisstrafe angetreten hatte.[24] Der Anstieg setzte sich bis Oktober 1933 fort, obwohl Göring weiter versuchte, mit Erlassen die Verhaftungen durch nicht befugte Stellen zu unterbinden und Entlassungen durch Vorgaben zu beschleunigen. Insbesondere die Inhaftierung von „kommunistischen Mitläufern", von „verführten und verhetzten Volksgenossen" schien ihm nicht mehr geboten.[25] Gegen den Willen der inzwischen von den Nationalsozialisten kontrollierten Städte- und Gemeindeverwaltungen und die eingefahrenen Konfrontationslinien konnten diese Erlasse nichts ausrichten. So vertrat die Ortspolizeibehörde Werne am 5. Mai in „Übereinstimmung mit dem Kreisleiter der NSDAP, Bezler," den Standpunkt, dass die im Bezirk Werne inhaftierten politischen Gefangenen zurzeit keine unbedingte Gewähr dafür bieten würden, „von der gewonnenen Freiheit keinen unzulässigen Gebrauch" zu machen, insbesondere sich nicht staatsfeindlich zu betätigen.[26]

Ende Juni 1933 versuchte Landrat Gescher von sich aus unbegründete und willkürliche Inhaftierungen einzudämmen. Er ordnete an, geplante Festnahmen zuvor bei ihm unter genauer Darlegung der Gründe zu beantragen.[27] Ausgenommen waren nur „schwerwiegende Fälle und bei Fluchtverdacht". Landrat Gescher hielt es nicht für vertretbar, „Eingriffe in die persönliche Freiheit von Staatsbürgern wegen gelegentlicher unbedachter Äußerungen oder geringfügiger Verfehlungen ohne triftigen Grund vorzunehmen", nachdem sich die „gefährlichsten staatsfeindlichen Elemente in Schutzhaft" befänden und die „nationale Erhebung" gefestigt sei. Konsequenterweise überprüfte er daher die Stichhaltigkeit von zwei sofortigen Verhaftungen wegen „Heil Moskau"-Rufen als Antwort auf „Heil Hitler"-Rufe. Er ordnete die Anhörung der Betroffenen und die Vernehmung von Zeugen an, um es dann bei einer strengen Verwarnung zu belassen und im Wiederholungsfall die „unverzügliche Inschutzhaftnahme" anzukündigen.

Das auslösende Moment für Geschers Anordnung wird ein Schreiben der Ortspolizeibehörde in Bockum-Hövel vom 28. Juni 1933 gewesen sein. Darin bat sie um die Ausfertigung von Verfügungen für zwölf inhaftierte Sozialdemokraten.[28] Unter den drei verhafteten Funktionären war auch Anton Pytlik, der im März in den Kreistag gewählt worden war. Neun SPD-Mitglieder wurden „auf Drängen" der SA „zu ihrer eigenen Sicherheit in Schutzhaft genommen", darunter drei Lehrpersonen, ein früherer Erster Amtsbeigeordneter, ein früherer stellvertretender Gemeindevorsteher aus Hövel und ein Gemeindevertreter der Gemeinde Bockum. Außerdem wurde bei fünf weiteren SPD-Mitgliedern eine tägliche Meldepflicht angeordnet. Gescher stellte schließlich fünf Schutzhaftverfügungen aus und ließ sich über die Aufhebung der übrigen Verhaftungen unterrichten.

Die Ereignisse in Bockum-Hövel standen am Anfang einer Verhaftungswelle gegen Mitglieder der SPD in den Kreisen Lüdinghausen und Coesfeld. Sie setzte reichsweit ein, nachdem Reichsinnenmister Frick am 22. Juni 1933 die SPD zur staats- und volksfeindlichen Partei erklärt hatte, die auch nicht vor hoch- und landesverräterischen Unternehmungen zurückschrecken würde. Die Landesregierungen sollten „die notwendigen Maßnahmen" gegen die SPD treffen. Das hieß: Internierung der Funktionäre und Verbot der Ausübung der Mandate als Amts- und Gemeindevertreter und als Kreistagsabgeordnete. Ein Funkspruch des Geheimen Staatspolizeiamtes (Gestapa) vom 23. Juni 1933, der einen Tag später von der Staatspolizeistelle in Recklinghausen an die Landräte und von dort an die Gemeindeebene versandt wurde, leitete das systematische Vorgehen gegen die Sozialdemokraten ein.[29] Der Befehl des Gestapa lautete: „Alle führenden S.P.D.-Funktionäre sofort in Schutzhaft nehmen. Für Nichtinhaftierte tägliche Meldepflicht anordnen." Die Staatspolizeistelle erwartete bis zum 28. Juni einen Bericht mit den Namen der Inhaftierten und Meldepflichtigen.

Neben den Verhaftungen im Amt Bockum-Hövel wurden bis zum 28. Juni in Selm 2 und in Werne 8 Funktionäre, vor allem die Ortsvorsitzenden, Schriftführer und Kassierer, in Polizeigewahrsam genommen. Am 1. Juli fertigte Landrat Ge-

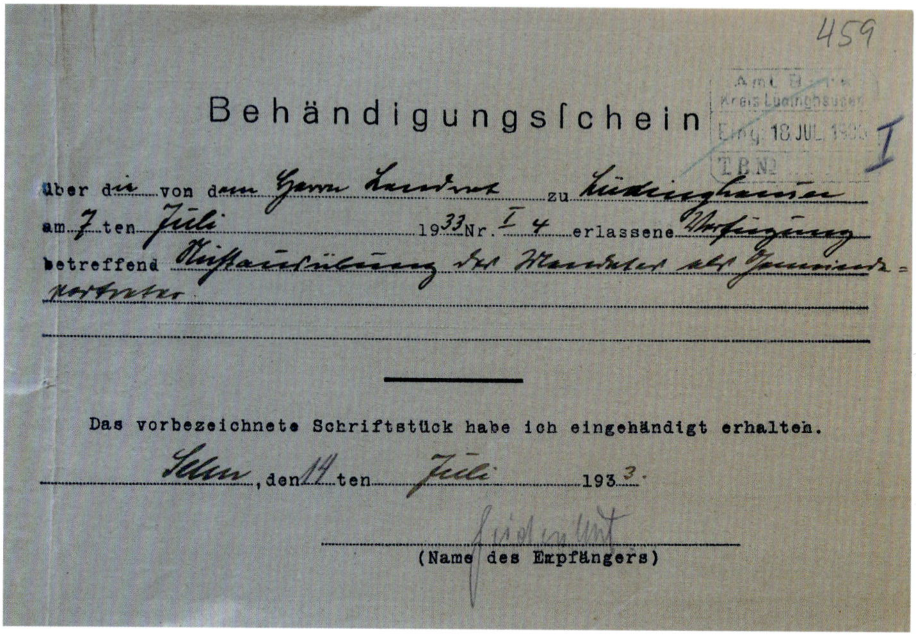

459

Behändigungsschein

über die von dem Herrn Landrat zu Lüdinghausen

am 7 ten Juli 1933 Nr. I 4 erlassene Verfügung

betreffend Nichtausübung des Mandates als Gemeindevertreter

Das vorbezeichnete Schriftstück habe ich eingehändigt erhalten.

Selm, den 14 ten Juli 1933.

(Name des Empfängers)

Abb. 45: „Behändigungsschein", mit dem die SPD-Gemeindevertreter die Kenntnisnahme der Verfügung über die „Nichtausübung des Mandates" bestätigen mussten (14. Juli 1933)

scher insgesamt 14 Schutzhaftverfügungen aus und sandte sie zur Aushändigung an die Ortspolizeibehörden. Die tägliche Meldepflicht ordnete er bei insgesamt 8 SPD-Funktionären an, einschließlich der Sozialdemokraten aus Bockum-Hövel.[30] Im Kreis Lüdinghausen wurden bis Ende August 1933 insgesamt 20 Sozialdemokraten in Schutzhaft genommen. Vereinzelte Verhaftungen erfolgten auch im Kreis Coesfeld.

Das Innenministerium stellte jedoch am 11. August in einem Schreiben an die Regierungspräsidenten und Landräte fest, dass sich unter den Inhaftierten auch SPD-Mitglieder befänden, deren weitere Inhaftierung ihm „in Anbetracht der inzwischen eingetretenen Beruhigung der politischen Lage und Festigung des nationalsozialistischen Staates bei der Harmlosigkeit der inhaftierten Personen nicht mehr unbedingt erforderlich" erschien. Zu diesen „untergeordneten Mitläufern" zählte der Innenminister auch Parteimitglieder, die in ihrem engeren Wirkungskreis ein Partei- oder Staatsamt als Ortsvereinsvorsitzender, Gemeindevorsteher oder Stadtverordneter bekleidet hatten, nicht aber Häftlinge, die „eine hasserfüllte Gegnerschaft gegen die NSDAP oder den nationalsozialistischen Staat an den Tag gelegt" hätten. Landrat Gescher übersandte Ende August der Staatspolizeistelle und dem Regierungspräsidenten einen Nachweis über die Schutzhäftlinge, deren Entlassung er in den folgenden Tagen verfügte. Dennoch verbrachte der größte Teil der Sozialdemokraten über zwei Monate im Konzentrationslager Börgermoor oder im Sammellager Bergkamen-Schönhausen. Mindestens drei Häftlinge mussten bis Ende 1933 in den Lagern ausharren.[31]

Den „Ausschluss" der Sozialdemokraten von der Mandatsausübung bereitete der Landrat am 27. Juni mit einem Schreiben an alle Ortspolizeibehörden vor.[32] Diese hatten bis zum 5. Juli eine Nachweisung über alle Personen vorzulegen, „die als Mitglieder der S.P.D. oder auf Grund von Wahlvorschlägen der S.P.D. Vertretungskörperschaften" angehörten. Aufgrund dieser Nachweise erließ Landrat Gescher für jeden Mandatsträger die Anweisung, „sich der weiteren Ausübung" des Mandates zu enthalten. „Widrigenfalls" würde „die polizeiliche Inhaftierung nach Maßgabe des §1 der Verordnung zum Schutze von Volk und Staat vom 28.2.1933" erfolgen. Die Bürgermeister hatten die Verfügungen gegen „Behändigungsschein", mit dem Betreff „Nichtausübung des Mandates", zu übergeben und den Vollzug durch Rücksendung der „Empfangsbescheinigungen" nachzuweisen. Der Landrat untersagte außerdem die Zahlung von Aufwandsentschädigungen, Tagegeldern, Diäten und anderen Bezügen aus Anlass der Tätigkeit in den Kreis-, Stadt- und Gemeindevertretungen. Im Kreis Coesfeld erfolgte der „Ausschluss" der Sozialdemokraten aus den politischen Gremien auf die gleiche Weise.[33]

Die Kreispolizeibehörden als Hilfsorgane der Gestapo

Schon die Funktion der Staatspolizeistelle Recklinghausen bei der Internierung der Sozialdemokraten wie auch die Unterbringung der „Schutzhäftlinge" in Konzentrations- und Sammellagern sind Hinweise auf einen grundlegenden Umbruch in der Polizeiorganisation und Verfolgungspraxis ab Mitte 1933. Nach Abschluss dieses Prozesses, der maßgeblich von der Verselbständigung der Geheimen Staatspolizei (Gestapo) geprägt war, hatte sich die Funktion der Kreispolizeibehörden in der Verfolgungspraxis erheblich verändert. Daher sollen einige Eckpunkte in der Entwicklung des Verfolgungsapparates kurz angesprochen werden.

Die Herauslösung der Gestapo aus der allgemeinen staatlichen Polizeiverwaltung und ihre Verselbständigung zu einer Sonderbehörde begann mit dem Gesetz über die Errichtung des Geheimen Staatspolizeiamtes in Berlin vom 26. April 1933.[34] Es bekam die Stellung einer Landespolizeibehörde und unterstand direkt dem preußischen Innenminister. Das Gestapa konnte im Rahmen seiner Zuständigkeiten, die der Minister noch regeln musste, alle Polizeibehörden, also auch den Regierungspräsidenten in Münster als höhere Polizeibehörde und die Kreispolizeibehörden in Coesfeld und Lüdinghausen um polizeiliche Maßnahmen ersuchen. Gleichzeitig wurden die politischen Abteilungen der „Landeskriminalpolizeistellen" zu Staatspolizeistellen ‚aufgewertet'. Sie blieben jedoch, wie die Staatspolizeistelle für den Regierungsbezirk Münster in Recklinghausen, für eine Übergangsphase den Regierungspräsidenten unterstellt, sehr wahrscheinlich aus verwaltungsrechtlichen Gründen. Im Regierungsbezirk Münster verursachte diese Zuordnung zunächst keine Kompetenzkonflikte, da das Gestapa den Instanzenweg beachtete und auch bei der Nutzung des ‚kurzen' Dienstweges zwischen dem Gestapa, der Staatspolizeistelle und den Kreispolizeibehörden in der Regel dem Regierungspräsidenten berichtet wurde.[35]

Auch die Befugnisse der Staatspolizeistellen gegenüber den Orts- und Kreispolizeibehörden waren durch eine Anweisung an „sämtliche Beamten" ausdrücklich geregelt worden.[36] Sie durften „keine selbständigen Handlungen ohne Mitwirkung der Landräte und Ortspolizeibehörden" vornehmen. In „eiligen Fällen" musste der Landrat nachträglich informiert werden. Die Beamten der Staatspolizeistelle sollten ihre Anwesenheit in den Landkreisen auch zur Rücksprache mit den politischen Kreis- bzw. Ortsgruppenleitern nutzen.

Mit den Verhaftungswellen im ersten Halbjahr 1933 standen die Kreis- und Ortspolizeibehörden plötzlich vor einem Raumproblem, da die weitere Unterbringung der rasant steigenden Zahl von Schutzhäftlingen von den politischen Initiatoren der Verhaftungen offensichtlich nicht bedacht worden war. Für das Gestapa und die Staatspolizeistellen stellte die Klärung dieser Frage einen Ansatzpunkt dar, sich in der Region und reichsweit als Verfolgungsinstanz zu positionieren. Die Staatspolizeistellen sorgten zur Entlastung der Zellen in den Polizeistationen und Gerichtsgefängnissen für die Weiterleitung der Schutzhäftlinge. Mit eigenen groß angelegten gezielten Verhaftungsaktionen und der Einleitung von Gerichtsverfahren stellten sie die Verfolgungspraxis auf eine neue Basis. Das Gestapa versuchte durch die Vorgabe von Entlassungskriterien den Häftlingsstau abzubauen, suchte aber gleichzeitig nach alternativen Unterbringungsmöglichkeiten, um alle politischen Häftlinge in zentralen Einrichtungen unter ihre Kontrolle zu bringen. In diesem Zentralisierungsprozess wirkte die bestehende Verfahrenspraxis mit den Kreis- und Ortspolizeibehörden als entscheidende Instanzen bei den Verhaftungen und Entlassungen wie ein Relikt aus überholten Zeiten.

Mit dem Gesetz über die Geheime Staatspolizei vom 30. November 1933 wurde die Gestapo ein selbstständiger Zweig der inneren Verwaltung, der das gesamte Aufgabengebiet der politischen Polizei umfasste. Chef der Gestapo war nun Ministerpräsident Göring, der für das Geschäft der laufenden Verwaltung und die Leitung des Gestapa einen „Inspekteur der Geheimen Staatspolizei" einsetzte. Göring, zugleich Innenminister, übertrug Rudolf Diels (1900–1957) diese Funktion, der zuvor schon das Gestapa geleitet hatte. Die Regierungspräsidenten als höhere Polizeibehörden und die Kreis- und Ortspolizeibehörden hatten nun in allen Angelegenheiten der Gestapo den Weisungen des Gestapa bzw. der Staatspolizeistelle Folge zu leisten.

Aufgrund der gesetzlichen Neuregelung gab Regierungspräsident Kurt Matthaei am 2. Februar 1934 den nachgeordneten Polizeibehörden klare Anweisungen zur Durchführung der „Polizeihaft aus politischen Gründen".[37] Sie sollten Zweifel über die Zuständigkeit bei den Kreispolizeibehörden beseitigen und eine reibungslose Durchführung notwendiger Schutzhaftmaßnahmen gewährleisten. Vor der Verhängung der Polizeihaft war in jedem Fall die Staatspolizeistelle zu hören. Dann mussten die Kreispolizeibehörden einen formalen Antrag zur Verhängung der eigentlichen Schutzhaft stellen und diesen durch die Hand der Staatspolizeistelle und des Regierungspräsidenten dem Innenminister vorlegen. Formale Entlassungsanordnungen sollten direkt an die Kommandantur des zuständigen Konzentrationslagers gerichtet werden, aber erst nachdem sich die Staatspolizeistelle mit der Entlassung des Schutzhäftlings einverstanden erklärt hatte. Um die Staatspolizeistelle bei dem Aufbau einer Kartei über die Schutzhäftlinge zu unterstützen, sollten die Kreispolizeibehörden jede Information über Einweisungs- und Entlassungsfälle nach Recklinghausen melden.

Erst am 8. März 1934 legte Göring eine Durchführungsverordnung zum November-Gesetz vor, die auch die Zuständigkeiten der Staatspolizeistellen und die Zusammenarbeit mit den Kreis- und Ortspolizeibehörden neu regelte.[38] Danach war die Staatspolizeistelle in Recklinghausen unter der Oberaufsicht des Inspekteurs für alle Aufgaben der Gestapo im Regierungsbezirk Münster und für besondere Aufträge des Inspekteurs zuständig. Die Staatspolizeistelle unterstand zwar immer noch dem Regierungspräsidenten, da deren Leitung aber durch Ministerpräsident Göring bestimmt wurde, waren Kompetenzkonflikte eher unwahrscheinlich. Die Kreis- und Ortspolizeibehörden der Landkreise Coesfeld und Lüdinghausen konnten als „Hilfsorgane" der Gestapo eingesetzt werden. Außerdem war die Ausstellung von Verfügungen zur Einschränkung der Freiheitsrechte nicht mehr länger die ‚Domäne' der Landräte, auch die Staatspolizeistellen konnten nun die „Schutzhaft", Einschränkungen des Vereins- und Versammlungsrechts und Eingriffe in das Brief-, Post- und Telegraphengeheimnis anordnen. Bei Eingriffen in das Fernsprechgeheimnis war die Gestapo nun allein zuständig.

Die Bestimmungen über die Befugnisse der Kreispolizeibehörden waren allerdings schon nach wenigen Tagen überholt, da Göring sie am 11. März 1934 aufhob, wohl im Vorgriff auf eine am 26. April 1934 folgende reichsweite Regelung.[39] Diese sollte dem weiteren „Missbrauch" der Schutzhaftmaßnahme vorbeugen und wurde in der Öffentlichkeit als „Maßnahme zur Befriedung und Herstellung eines Zustandes erhöhten Rechtsschutzes und erhöhter Rechtssicherheit" dargestellt. Von den Landräten verfügte Maßnahmen sollten am 31. März 1934 außer Kraft treten, „sofern sie nicht von den zuständigen Landespolizeibehörden verlängert wurden".

Für die Zukunft sollten unter anderem folgende Bestimmungen gelten: Wurde die Schutzhaft wegen des Verdachts einer strafbaren Handlung angeordnet, musste unverzüglich ein Gericht über die Verhängung der gerichtlichen Untersuchungshaft entscheiden. Bei der Ablehnung des gerichtlichen Haftbefehls war die Polizeihaft aufzuheben. Verhängte die Staatspolizeistelle eine Maßnahme zur „Beschränkung der persönlichen Freiheit" musste dem Ministerpräsidenten binnen 24 Stunden telegraphisch Bericht erstattet werden. Die Maßnahme trat nach acht Tagen von selbst außer Kraft, wenn nicht der Ministerpräsident auf einen entsprechenden Antrag hin ausdrücklich die Fortdauer der Schutzhaft anordnete. Die „missbräuchliche Anwendung" der Schutzhaft sollte geahndet werden. Dienststellen der NSDAP oder der Verbände wurden „Festnahmen von sich aus" untersagt. Gefängnisse mit dem „Charakter kleiner Konzentrationslager" waren aufzulösen. Göring wies die Polizeidienststellen außerdem an, bis zum 20. März Listen zu allen in Haft befindlichen Personen aufgrund polizeilicher Anordnung einzureichen, die auch „Vorschläge für die weitere Behandlung" enthalten sollten.

Die Anordnung des Reichsinnenministers vom 26. April 1934 enthielt weitere detaillierte Vorschriften, über die Zulässigkeit der Schutzhaft, die Information von Angehörigen der Schutzhäftlinge, die Inhaftierung von Parteimitgliedern, vor allem aber zum Vollzug. Die Schutzhaft sollte ausschließlich in den staatlichen Gefangenenanstalten oder Konzentrationslagern vollstreckt werden. Sie durfte nur so lange aufrechterhalten werden, bis ihr Zweck erfüllt war. Als „Ersatzstrafe" war sie unzulässig. Die Entlassungsfähigkeit der Häftlinge sollte nach drei Monaten überprüft werden.

Die Bemühungen von Reichsinnenminister Frick um „Rechtsschutz" und „Rechtssicherheit" bei der Verhängung von „Schutzhaft" waren genauso wie der „Kampf" um die Erhaltung des Fachbeamtentums Teil seiner Strategie, einen zentral gesteuerten, rational durchorganisierten nationalsozialistischen Normenstaat zu schaffen.[40] Mit der weitgehenden Ausschaltung der kommunalen Ebene bei der Ausführung der Polizeihaft konnten sich die aus der „Kampfzeit" verbliebenen persönlichen Feindschaften nicht mehr ungehemmt entfalten und ein Stück „Staatsautorität" wiederhergestellt werden. Mit der gleichzeitig eingeleiteten Entwicklung der Gestapo zur Sonderbehörde bildete sich jedoch ein Herrschaftsbereich heraus, der sich systematisch hinter einer scheinlegalen Fassade der allgemeinen staatlichen Kontrolle entziehen konnte. Den Machtkampf um die ‚Oberhoheit' über diesen Herrschaftsbereich konnte der Reichsführer der SS, Heinrich Himmler, gegen den Reichsinnenminister und Ministerpräsident Göring für sich entscheiden. Himmlers Ernennung zum „Inspekteur der Geheimen Staatspolizei" am 20. April 1934 war der entscheidende Schritt. Er ebnete den Weg zu einer zentral geführten, von Verwaltungsgerichten nicht kontrollierten politischen Polizei für das gesamte Deutsche Reich. Der Weg fand seinen Abschluss mit dem Gesetz über die Geheime Staatspolizei vom 10. Februar 1936 und Hitlers Erlass über die Zusammenführung des neu geschaffenen Amtes des Chefs der Deutschen Polizei mit dem Amt des Reichsführers SS vom 17. Juni 1936.

An den Zuständigkeiten auf der Ebene der Landkreise änderte sich wenig. Die Staatspolizeistellen konnten Ersuche an die Landräte richten. In Eilfällen genügte die Unterrichtung. Berichte der Ortspolizeibehörden an die Staatspolizeistelle liefen über den Tisch des Landrates. Dieser hatte als Kreispolizeibehörde der Staatspolizeistelle auch über „alle wichtigen politischen Vorgänge und Beobachtungen unmittelbar zu berichten". Aufgrund der personellen Besetzung der Staatspolizeistelle in Recklinghausen war allerdings die Möglichkeit, bei Bedarf über die Kreis- und Ortspolizeibehörden als Hilfsorgane verfügen zu können, eine wichtige Bedingung zur Aufrechterhaltung eines effektiven Überwachungsapparates. Im Januar 1934 verfügte die Staatspolizeistelle für den Regierungsbezirk

Münster über insgesamt 40 Personen im Innen- und Außendienst. Bis zum Umzug der Polizeibehörde nach Münster im August 1935 stieg die Mitarbeiterzahl auf 61 Personen an, von denen das Dezernat für „Linksbewegungen" mit rund 30 Beamten und Angestellten zweckmäßigerweise als Außenstelle in Recklinghausen zurückblieb. Das zeigt auch, welchen Stellenwert die Überwachung des Industriereviers für das NS-Regime weiterhin hatte. 1939 wurde die Staatspolizeistelle zur Staatspolizeileitstelle erhoben, da sie ihren Sitz in der Provinzhauptstadt hatte.[41]

Das Schicksal der verfolgten politischen Gegner

Nach der Ausführungsverordnung zum Gestapo-Gesetz verwaltete das Gestapa auch die staatlichen Konzentrationslager, die sich seit 1933 von Verwahreinrichtungen zur Bewältigung und Sicherung der Häftlings-"Massen" zu einem Instrument der „Ausgrenzung", „Erziehung" und „Brechung" von Regimegegnern entwickelten. Der Prozess der „Konzentrierung" der Häftlinge aus den Polizei- und Gerichtsgefängnissen der Gemeinden und Städte begann im Mai 1933 unter der Regie der Staatspolizeistelle in Recklinghausen. Sie löste damit nicht nur die Unterbringungsprobleme vor Ort, sondern erlangte dadurch selbst die flächendeckende Verfügungs- und Kontrollgewalt über den erklärten politischen Hauptgegner der NS-Bewegung. Die im März an die Regierungspräsidenten gerichtete Bitte des Innenministeriums um Vorschläge für geeignete „Lager" hatte offensichtlich Erfolg, da sich Ende Mai 1933 keine Schutzhäftlinge mehr in Gewahrsam der Ortspolizeibehörden des Kreises Lüdinghausen befanden. Sie waren in die Gerichtsgefängnisse in Münster und Dortmund oder in die „Arbeitsanstalten" in Brauweiler und Benninghausen überführt worden.[42] Am 17. Mai und den Tagen danach wurden insgesamt 41 Mitglieder der KPD aus Selm-Beifang von der Staatspolizeistelle in Zusammenarbeit mit der Landjägerei und 10 SA-Hilfspolizeibeamten wegen Mitgliedschaft im Rotfrontkämpferbund und Waffenbesitz festgenommen und direkt im Polizeipräsidium Recklinghausen untergebracht.[43]

Im April 1933 deutete das Innenministerium bereits eine ‚große' Lösung für die „auch in Zukunft in Schutzhaft zu haltenden Personen" an.[44] Es habe die „Einrichtung dreier großer Konzentrationslager mit einem Fassungsvermögen von 2 bis 3000 Personen" in Auftrag gegeben. Die erste Belegung mit „mindestens 2000 Schutzhäftlingen zur Moorkultur" war bis Ende Juli geplant. Mitte Juni bat der Innenminister um die sofortige „Aussonderung von arbeitsfähigen Häftlingen und insbesondere Bauhandwerkern" und die umgehende Meldung entsprechender Häftlinge. Zu diesem Zeitpunkt befanden sich im Kreis Lüdinghausen jedoch nur vier Personen in Polizeigewahrsam, die nach kurzer Zeit entlassen werden sollten und daher nicht in Frage kamen. Die übrigen waren außerhalb des Kreises untergebracht und damit der Aufsicht des Landrats entzogen.

Nach der Fertigstellung der KZ im Emsland, von Börgermoor Ende Juli 1933 und von Esterwegen im August 1933, musste der Transport in die Lager organisiert werden.[45] Mitte August 1933 wurden im Regierungsbezirk Münster zwei

„Zentralsammelstellen" eingerichtet, eine beim Polizeipräsidium in Recklinghausen, die andere bei der Polizeiverwaltung in Münster. Der Transport in die KZ sollte in Zukunft ausschließlich über diese Stellen erfolgen. Die Kreise Coesfeld und Lüdinghausen hatten ihre Schutzhaftgefangenen der Zentralsammelstelle in Recklinghausen zuzuführen. Diese war verpflichtet, die Gefangenen zu übernehmen, wenn sie bestimmte Voraussetzungen erfüllten: Sie sollten noch eine längere Haftzeit vor sich haben, körperlich für die Arbeit im Konzentrationslager geeignet und nicht in einen Strafprozess „verwickelt" sein. Bei der Beurteilung der Arbeitsfähigkeit hielt der Regierungspräsident „ein allzu kleinliches und bedenkliches Vorgehen nicht" für angebracht.[46]

In einem Schreiben des preußischen Innenministers vom 14. Oktober 1933 wurde das Auswahlkriterium der Arbeitsfähigkeit nicht mehr erwähnt. Häftlinge in Polizeihaft sollten grundsätzlich in den staatlichen Konzentrationslagern in Papenburg (Bez. Osnabrück), Sonnenburg (Bez. Frankfurt a.d.O.), Lichtenburg (Bez. Merseburg) und Brandenburg (Bez. Potsdam) untergebracht werden. Bis auf weiteres war auch die Unterbringung in der Provinziallandesanstalt Brauweiler bei Köln und im Provinzialwerkhaus Moringen bei Hannover möglich. Diese wurden ausdrücklich den „aufgeführten Konzentrationslagern insoweit gleichgestellt". Für die Bearbeitung der Einweisungen und Entlassungen waren allein die Staatspolizeistellen zuständig. Während früher die Kosten der Schutzhaft-Unterbringung von den Ortspolizeibehörden getragen werden mussten, übernahm sie nun der Staat.[47]

Das weitere Schicksal der politischen Häftlinge aus den Kreisen Coesfeld und Lüdinghausen verdeutlicht die konsequente Umsetzung des Vollzugs der Polizeihaft in Konzentrationslagern. Eine Abfrage des Landrates in Lüdinghausen bei den Ortspolizeibehörden Mitte August 1933 zur Anzahl der Schutzhäftlinge aus ihren Gemeinden, zu den Behörden, von denen die Schutzhaftverfügung ausgestellt wurde, und zum aktuellen Aufenthaltsort der Häftlinge zeigt die Auswirkungen für den Kreis Lüdinghausen. Aus dem Amt Bockum-Hövel befanden sich Ende August 1933 34 Kommunisten und 5 Sozialdemokraten in Polizeihaft.[48] Für den überwiegenden Teil der Kommunisten (19 Personen) hatte die Ortspolizeibehörde oder der Landrat im März/April die Schutzhaft verfügt. Bei den Inhaftierungen von Mai bis August (15 Personen) stammten die Schutzhaftverfügungen zunehmend von der Polizeidirektion Hamm und von Staatspolizeistellen. Die noch andauernde Unterbringung eines Teils dieser Häftlinge in der Strafanstalt Wittlich und in Polizeigefängnissen ist ein Hinweis auf abgeschlossene oder noch laufende Gerichtsprozesse. Die Übrigen hatte die Staatspolizeistelle in Recklinghausen seit Mai 1933 in die „Arbeitsanstalt"/das KZ Brauweiler und das KZ Papenburg (Börgermoor) verlegt, wo sie sich noch befanden.

Ein ähnliches Bild ergibt sich für die 25 Schutzhäftlinge, die der Bürgermeister der Stadt Werne aufgrund der Abfrage in einer Liste erfasst hatte.[49] Die Anordnung der Schutzhaft erfolgte in jedem Fall durch den Landrat. Zeitlich lagen die

Tabelle 13: Anzahl und Schicksal der kommunistischen und sozialdemokratischen Schutzhäftlinge aus Bockum-Hövel am 30. August 1933
(Schriftfarbe: schwarz – Kommunisten, rot – Sozialdemokraten)

	Die „Schutzhaft" wurde verfügt durch				
1933 Monat	Ortspolizei Bockum-Hövel	Landrat Lüdinghausen	Landrat Unna	Polizeidirektion Hamm	Staatspolizeistelle Recklinghausen
März	4 KZ Brauweiler	6 KZ Brauweiler 4 KZ Papenburg	1 KZ Papenburg		
April		5 KZ Brauweiler			
Mai		1 KZ Papenburg		1 StrA. Wittlich	
Juni		1 GG Grossen 2 StrA. Wittlich	1 StrA. Wittlich	2 StrA. Wittlich	
Juli		1 KZ Papenburg 1 SL Bergkamen 1 KZ Papenburg 3 SL Bergkamen		2 KZ Papenburg	
August		1 GG Osnabrück			1 PG Recklinghausen 1 PG Dortmund
Anzahl	4	26	2	5	2
Summe insges.	39				

Quellengrundlage: LAV NRW W, K 332 Nr. 615 Verzeichnis der Schutzhäftlinge, aufgestellt durch den Bürgermeister des Amtes Bockum-Hövel am 30. August 1933.
Abkürzungen: KZ – Konzentrationslager; StrA. – Strafanstalt; GG – Gerichtsgefängnis; SL – Sammellager; PG – Polizeigefängnis

Schwerpunkte im März/April und dann wieder im Juni/Juli 1933. Bis auf 3 Schutzhäftlinge in verschiedenen Gerichtsgefängnissen befanden sich 16 Kommunisten und die 6 Sozialdemokraten inzwischen im KZ Börgermoor. Am 26. September kamen durch eine Verhaftungsaktion unter Regie der Staatspolizeistelle 10 weitere Kommunisten hinzu, denen das gemeinsame Anhören eines Moskauer Senders in einer Privatwohnung zum Verhängnis wurde. Sie blieben bis zur Eröffnung des Gerichtsverfahrens im Polizeigefängnis des Polizeipräsidiums Recklinghausen. Ein ähnliches Schicksal teilte der größte Teil der im Mai in Selm-Beifang festgenommenen kommunistischen Schutzhäftlinge, von denen 25 seit Mai im Zentralgefängnis Herford, 2 weitere im Gefängnis Siegburg auf das Gerichtsverfahren warteten.[50] Einen Schutzhäftling überstellte das Polizeigefängnis Recklinghausen im Juli in das KZ Brauweiler, 9 Mitte August in das KZ Börgermoor. Lediglich 4 Schutzhäftlinge wurden Ende Juli 1933 entlassen.

Auch im Kreis Coesfeld wurden in der ersten Verhaftungswelle mindestens 12 Kommunisten aus Coesfeld und Dülmen mit landrätlicher Verfügung interniert.[51] Nach Monaten in Polizei- und Gerichtsgefängnissen folgte für die meisten ab Mai 1933 die Verlegung in das KZ Brauweiler, für einige dann ab Juli in das KZ Börgermoor. Im Juli 1933 nahm die Staatspolizeistelle Recklinghausen im Kreis Coesfeld, vor allem in Coesfeld und Dülmen, weitere 25 Personen in Schutzhaft. Sie wurden wegen des Verdachts auf Beteiligung an der Beschaffung und Aufbewahrung von Waffen und Munition als Vorbereitung von Hochverrat in das Polizeigefängnis in Recklinghausen eingewiesen. Mit Ausnahme von wenigen Personen, denen die Gestapo trotz „intensiver" Vernehmungen nichts nachweisen konnte, blieben die Hauptbeschuldigten, die als Funktionäre der KPD galten, in Haft. Da die Prozessvorbereitungen sich hinzogen, wurde der größte Teil ab August wegen Überfüllung der Polizei- und Gerichtsgefängnisse auf die KZ Brauweiler und Börgermoor verteilt.

Als die Generalstaatsanwaltschaft in Hamm im Juni 1934 die Anklageschrift gegen insgesamt 21 Personen vorlegte, befand sich der überwiegende Teil der Angeklagten noch in den Lagern oder im Gerichtsgefängnis Coesfeld.[52] Nach der Verhandlung am 19./20. November 1934 verurteilte das Oberlandesgericht Hamm 15 der Angeklagten wegen des „Verbrechens der Vorbereitung zum Hochverrat zugleich in Tateinheit mit Waffenvergehen" zu Gefängnisstrafen von einem Jahr und einem Monat bis zu einem Jahr und sieben Monaten. Zwei Personen wurden freigesprochen, bei den übrigen das Verfahren eingestellt. Zwei Verurteilte mussten die Gefängnisstrafe unter Anrechnung der Untersuchungshaft nicht antreten. Für die anderen begann nach der Zeit in den KZ der Strafvollzug, der bei einigen in den neu eingerichteten Strafgefangenenlagern der Justiz im Emsland vollstreckt wurde.[53]

Die Gesamtzahl der verfolgten und verhafteten Kommunisten und Sozialdemokraten lässt sich für den Bereich der Kreise Coesfeld und Lüdinghausen bis Mitte 1934 nur grob bestimmen. Aufgrund der Dokumente ist für den Kreis Coesfeld von mindestens 30 betroffenen Kommunisten und einer Hand voll betroffener Sozialdemokraten auszugehen. Für den Kreis Lüdinghausen gibt es eine Bestandsaufnahme des Landratsamtes über die Polizeihaft bis März 1934, in der jedoch die Inhaftierungen der Staatspolizeistelle Recklinghausen nicht vollständig aufgeführt sind.[54] Unter Beachtung dieser Inhaftierungen ergibt sich für den Kreis Lüdinghausen eine Gesamtzahl von mindestens 146 Kommunisten und 20 Sozialdemokraten, von denen einige nur wenige Wochen in Polizeihaft verbringen mussten; der größte Teil der Kommunisten blieb bis zu einem Jahr und weit darüber hinaus in Haft.

Ende März 1934 befanden sich noch 27 Kommunisten aus dem Kreis Lüdinghausen in Polizeihaft. In einer Nachweisung, die über die Staatspolizeistelle an den Regierungspräsidenten weitergeleitet wurde, erklärten die Ortspolizeibehörden in 23 Fällen: „Der Aufhebung der Schutzhaft stehen Bedenken nicht entgegen." Eine typische Begründung für eine Verlängerung der Schutzhaft stammte vom Beigeordneten der Stadt Werne als Ortspolizeibehörde: „Mit Rücksicht auf die zehnjährige Zugehörigkeit zur K.P.D. und der hervorragenden Stellung in dieser Partei wird die verbrachte Schutzhaft nicht für ausreichend erachtet." In der Regel folgte die Gestapo diesen „Vorschlägen für die weitere Behandlung".[55] Welche brutale Erfahrung und welcher Leidensweg sich für jeden Betroffenen hinter dem gleichermaßen verharmlosenden wie zynischen Begriff „Behandlung" verbargen, das kann mit einigen Einblicken in die Verfolgungspraxis nur ansatzweise beschrieben werden.

Die Gewaltbereitschaft und Brutalität der SA und SS, die nach Görings Anordnung vom 22. Februar als „Hilfspolizei" eingesetzt werden konnten, fand schon in der ersten Verhaftungswelle seit Anfang März 1933 vielfältige ‚Entfaltungsmöglichkeiten'. Obwohl die Verhängung der „Schutzhaft" unter der Regie der Ortspolizeibehörden ablaufen sollte, waren in den KPD-Hochburgen des Kreises Lüdinghausen willkürliche Verhaftungen und der Einsatz von brutaler Gewalt durch die SA an der Tagesordnung.[56] Mit einer quasi enthemmten ‚Siegermentalität' konnte der Kampf gegen den politischen ‚Erzfeind' nun beendet und mit der Verhaftung der Gegner unter Kontrolle gebracht werden. Aufgrund der nur schwer einzudämmenden Gewaltbewegung fanden sich nicht nur KPD-Funktionäre, sondern auch ‚einfache' KPD-Mitglieder in den Polizei- und Gerichtsgefängnissen wieder. Für die Existenz von „Wilden Konzentrationslager[n]", in denen Kommunisten von der SA oder SS für eine längere Zeit festgesetzt und permanenten Brutalitäten ausgesetzt waren, gibt es im Bereich des Kreises Lüdinghausen jedoch keine Hinweise.[57]

Mit der Verlegung der „Schutzhäftlinge" in das Polizeigefängnis in Recklinghausen oder in eines der Konzentrationslager gerieten sie auf eine weitere Ebene der sich aufbauenden Gewaltspirale im Gestaposystem. Im Polizeigefängnis von Recklinghausen wurden Häftlinge „auf den Bock gespannt und dann mit abgeschnittenen Gummischläuchen und Gummiknüppeln geschlagen. Am Gesäß und am Rücken hingen oft nur noch Hautfetzen. Der Kopf wurde gegen die Wand geschlagen. Die Zähne wurden ausgeschlagen, die Finger, die Arme und Rippen und Beine gebrochen. Oft wurde den Inhaftierten ein Sack über den Kopf gezogen. Sie wurden vor ein offenes Fenster gestellt und die Gestapo- Beamten riefen: ‚Spring doch, spring wie deine Genossen Funk und Vörding!' Wenn die Gefolterten ohnmächtig wurden, wurden sie an den Füßen die Treppen hinuntergezogen, sodass der Kopf jedes Mal auf den Treppenstufen aufschlug. Durch die brutalen Schläge wurden die Nieren geschädigt. Dieses führte dann dazu, dass Blut im Urin war. Die Verhöre gingen über den ganzen Tag und die ganze Nacht. Wer ohnmächtig wurde, dem wurde eiskaltes Wasser über den Kopf gegossen und das Verhör fing wieder von vorn an. Die Zellen waren natürlich überbelegt, das Essen mangelhaft und oft gab es gar kein Essen. Eine ärztliche Versorgung fand nicht statt".[58] In Recklinghausen hält sich bis heute das Gerücht, so die Darstellung von Bickhove-Swiderski weiter, dass es weitere Todesfälle gegeben haben soll.

Bei dem genannten ‚Vörding' handelt es sich um den Maurer Heinrich Vörding (1902–1933) aus Coesfeld. Er war in Coesfeld aufgewachsen und arbeitete nach einer Maurerlehre ab 1921 im Ruhrgebiet. Ab 1932 war er „politischer Anleiter" des

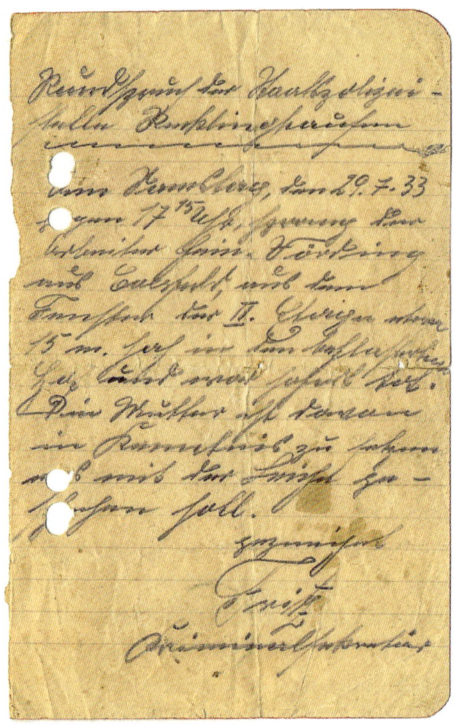

Abb. 46: Handschriftlicher Entwurf des Rundspruches der Staatspolizeistelle Recklinghausen über den Tod des Arbeiters Heinrich Vörding im Polizeigefängnis Recklinghausen (29. Juli 1933)

KPD-Bezirks Recklinghausen und hielt in dieser Funktion Verbindung zur Coesfelder Ortsgruppe. Über den Verhaftungszeitpunkt gibt es verschiedene Versionen.[59] In einem Wiedergutmachungsantrag von Februar 1948 schreibt die Mutter: „Seine Inhaftierung erfolgte am 26.7.1933 aufgrund antifaschistischer Tätigkeit in Coesfeld".[60] Damit stand die Verhaftung wahrscheinlich im Zusammenhang mit der groß angelegten Verhaftungsaktion gegen KPD-Mitglieder im Kreis Coesfeld ab Ende Juli 1933. Vörding wurde im Polizeigefängnis Recklinghausen schwer gefoltert und sprang am 29. Juli 1933 bei einem Verhör aus Verzweiflung durch ein Fenster in den Tod. Die Staatspolizeistelle setzte nach dem Selbstmord einen Rundspruch ab: „Am Samstag, den 29.7.1933 gegen 17.15 Uhr, sprang der Arbeiter Hein. Vörding aus Coesfeld, aus dem Fenster der II. Etage etwa 15 m. hoch in den beflasterten Hof und war sofort tot. Die Mutter ist davon in Kenntnis zu setzen, was mit der Leiche geschehen soll. Gezeichnet Fritz, Kriminalsekretär."[61]

Der preußische Staat verstand die Errichtung des KZ-Komplexes Papenburg mit den Einzellagern Börgermoor, Esterwegen und Neusustrum auch als Projekt zur Kultivierung des Emslandes und als Beitrag zur nationalen Siedlungs- und Ernährungspolitik.[62] Die Polizeihäftlinge waren jedoch von Beginn an den Übergriffen, Schikanen und Gewaltausbrüchen der SS-Wachmannschaften ausgesetzt. Anfangs glaubte das Innenministerium noch, durch staatsanwaltschaftliche Ermittlungen die Gewalt gegen die Häftlinge, die bis zum Mord reichte, unter Kontrolle halten zu können.[63] Allein im September und Oktober 1933 ermordete die SS jedoch mindestens 11 Häftlinge. Die KZ im Emsland wurden daher auch als „Rachelager der SS" bezeichnet. Im November 1933 versuchte das preußische Innenministerium die Gewalt-Eskalation in den Lagern durch die Ablösung der SS einzudämmen. Der Einsatz von SA- Männern als „staatliche Angestellte" zur Bewachung der Häftlinge bedeutete jedoch keine Verbesserung der Lebensumstände.

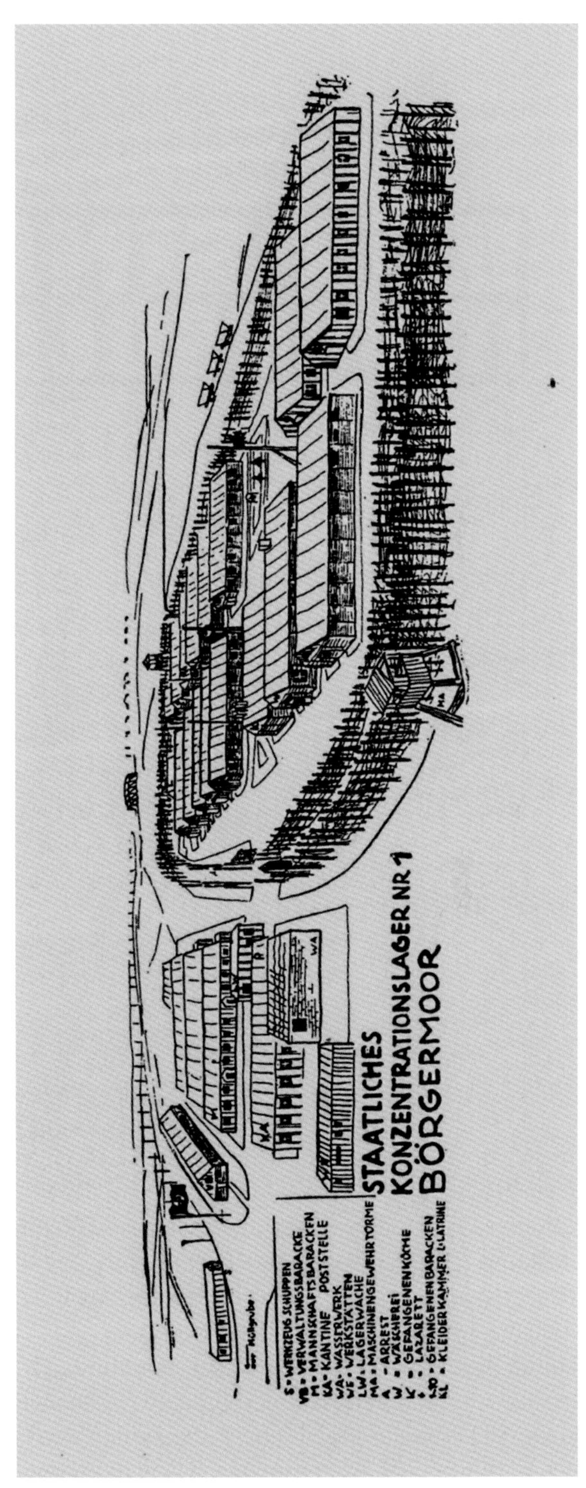

Abb. 47: Gezeichnete Ansicht des Konzentrationslagers Börgermoor aus der Pariser Exilzeitung „Der Gegen-Angriff" (14. April 1934)

Abb. 48: Originalblatt des Liedes „Wir sind die Moorsoldaten", dessen Text und Melodie von Häftlingen des Lagers Börgermoor stammen (August 1933)

Durch das Scheitern der staatlichen Bemühungen ergaben sich Freiräume für die Etablierung und Perfektionierung eines Systems organisierter Gewalt, das selbst keine Sicherungen gegen eine Entgrenzung der Gewalt kannte. Der Lageralltag der Häftlinge blieb weiterhin durch „Erniedrigung, psychische und physische Ge-

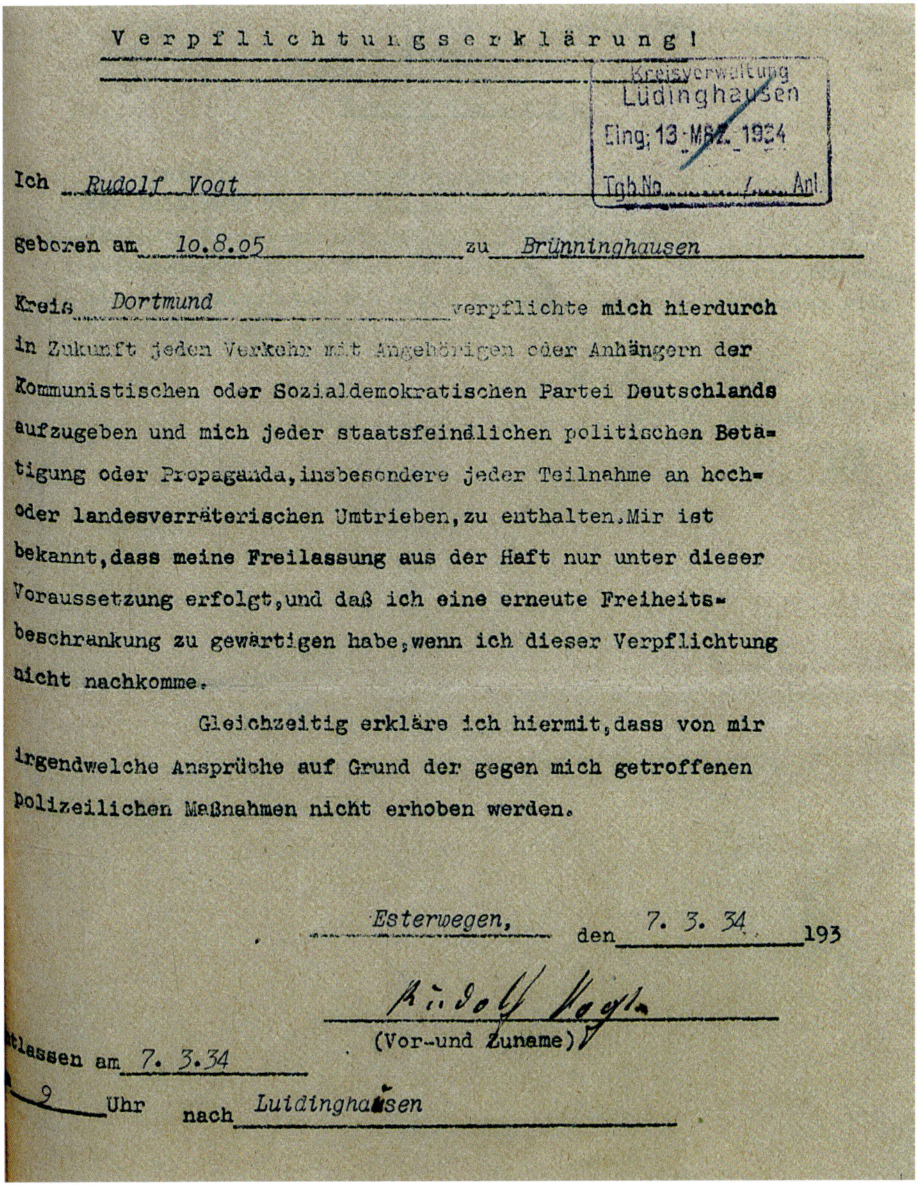

Verpflichtungserklärung!

Kreisverwaltung Lüdinghausen
Eing: 13. MRZ. 1934
Tgb.No .... / ..... Anl.

Ich Rudolf Vogt

geboren am 10.8.05 zu Brünninghausen

Kreis Dortmund verpflichte mich hierdurch in Zukunft jeden Verkehr mit Angehörigen oder Anhängern der Kommunistischen oder Sozialdemokratischen Partei Deutschlands aufzugeben und mich jeder staatsfeindlichen politischen Betätigung oder Propaganda, insbesondere jeder Teilnahme an hoch- oder landesverräterischen Umtrieben, zu enthalten. Mir ist bekannt, dass meine Freilassung aus der Haft nur unter dieser Voraussetzung erfolgt, und daß ich eine erneute Freiheitsbeschrankung zu gewärtigen habe, wenn ich dieser Verpflichtung nicht nachkomme.

Gleichzeitig erkläre ich hiermit, dass von mir irgendwelche Ansprüche auf Grund der gegen mich getroffenen polizeilichen Maßnahmen nicht erhoben werden.

Esterwegen, den 7. 3. 34 193

Rudolf Vogt
(Vor-und Zuname)

Entlassen am 7. 3.34
9 Uhr nach Luidinghausen

Abb. 49: „Verpflichtungserklärung", die jeder politische Häftling vor der Entlassung aus dem Konzentrationslager unterzeichnen musste (7. März 1934)

walt, Willkür und die Ausnutzung der Arbeitskraft bis zur völligen Erschöpfung bestimmt".[64] Die völlige Ungewissheit über die Dauer der Haft kam hinzu.

Die meisten Misshandlungen durch die Wachposten ereigneten sich im Moor, wenn die Häftlinge hinter dem angeordneten Arbeitspensum zurückblieben. Opfer derartiger Übergriffe wurden in erster Linie Gefangene, die nicht gewohnt waren, schwere körperliche Arbeit zu verrichten. Aber auch geringe Ordnungswidrigkeiten wie Rauchen, Mitnahme von Kartoffeln oder die Verrichtung der „Notdurft" ohne Erlaubnis lieferten einen Anlass für „Bestrafungen" durch die Posten. Insbesondere unter den politischen Häftlingen herrschte jedoch häufig Solidarität und gegenseitige Hilfsbereitschaft. Sie halfen unter den Belastungen des Lageralltags und den Bedingungen der Zwangsarbeit zu überleben. Über eine Begegnung mit Eduard Siebert (1892–1948) aus Gescher, der als KPD-Mitglied von März bis August 1933 zunächst im Gerichtsgefängnis Coesfeld interniert war, bevor er dann zehn Monate im KZ Esterwegen verbringen musste, berichtete ein Mithäftling in der Nachkriegszeit Folgendes:[65]

> „Bei diesem neuerlichen Zusammentreffen mit S. stellte ich fest, dass er nicht mehr der von Gesundheit strotzende war. Unsere unzulängliche Arbeitskleidung, die feuchte Luft in dieser Gegend und die immerwährenden nassen Füße, hervorgerufen durch die Moorarbeit, hätten den gesündesten Menschen auf die Dauer ruiniert. S. hat in sehr kameradschaftlicher Weise so manches Arbeitspensum eines schwachen oder kranken Kameraden auf sich genommen. Wir wurden gezwungen, auch in strömendem Regen unsere Arbeit zu verrichten. Trockenräume waren nicht vorhanden, so dass wir häufig am anderen Tage die durchnässte Arbeitskleidung wieder anziehen mussten. Kranke Kameraden scheuten sich zum Arzt zu gehen, da sie zu Faulenzern erklärt und besondere Strafarbeiten verrichten mussten. Es ist durchaus glaubhaft, dass sich so mancher Kamerad dort ein Lungenleiden zugezogen hat, ohne auch nur die geringste Ahnung davon gehabt zu haben. Als Todesursache der in unserem Lager verstorbenen Kameraden wurde ausnahmslos Lungenentzündung festgestellt."

Die Lebensverhältnisse, die von ausbeuterischer Zwangsarbeit, von psychischer und physischer Gewalt geprägt waren und in denen sich die Überlebensfrage jeden Tag von neuem stellte, waren die Konstante in den Lagern des Emslandes, unabhängig davon, ob die SS oder die SA die Wachmannschaften stellte, ob die Lager der Polizeihaft, dem Strafvollzug oder der späteren Unterbringung von Kriegsgefangenen dienten.

Die Kreispolizeibehörden im Dienst einer „homogenen" „Volksgemeinschaft"

Ab 1934 veränderte sich die institutionelle Verortung der Emsland-Lager durch die Übernahme des KZ Esterwegen durch die SS und der übrigen Lager durch das Reichsjustizministerium und damit auch die Zusammensetzung der Häftlingsgesellschaft. In diesen Übernahmen spiegelt sich die ‚Doppel-Strategie' des NS-Regimes wider, mit der nach der Phase der Machtsicherung und der Ausschaltung der politischen ‚Erzfeinde' weitere erklärte „Volksfeinde" verfolgt und aus der „Volksgemeinschaft" ausgegrenzt werden sollten. Das KZ-System entwickelte sich zu einem brutalen Instrument der NS-Bevölkerungspolitik weiter, während die Disziplinierung und Bestrafung der Volksgenossen, die durch ihr Verhalten die „Einheit" und „Reinheit" der „Volksgemeinschaft" gefährdeten, auch eine Aufgabe des Justizsystems wurden. In der weiteren Entwicklung musste jedoch die Grenze der Zuständigkeitsbereiche der beteiligten Institutionen immer wieder neu ausgehandelt werden, bis sie in der Vollzugspraxis der Lager völlig verschwamm. Bevor mit Beispielen aus der Verfolgungspraxis beschrieben wird, welche Unterstützung die Kreis- und Ortspolizeibehörden zu leisten hatten, sind die verschiedenen Aufgabenbereiche und Ausgrenzungsmechanismen der übergeordneten Instanzen anzusprechen.

Während die Konzentrationslager 1933/34 in erster Linie zur Unterdrückung der politischen ‚Linken' eingerichtet wurden, weitete sich in der Folgezeit der Terror auf weitere Verfolgtengruppen aus. Er traf alle, die nicht nur aus politischer Überzeugung, sondern aus sozialen und rassenideologischen Gründen dem Ziel im Wege standen, eine möglichst homogene „Volksgemeinschaft" zu erreichen.[66] Aus ideologischer Sicht traf der Terror z.B. die Zeugen Jehovas („Ernste Bibelforscher"), die sich weigerten, gegen ihre Glaubensgrundsätze zu handeln. Religiös begründet war auch die Inhaftierung einer Gruppe von Kolpingmitgliedern aus Werne im August 1935, die mit Flugblättern die kirchenfeindliche Haltung der SA anprangern wollten. Zu den Internierten gehörten nun auch einige jüdische Häftlinge und sogenannte „Remigranten", denen bei ihrer Wiedereinreise deutschfeindliche Betätigung im Ausland unterstellt wurde. Ab 1935 bildete jedoch die Gruppe der „Vorbeugehäftlinge" mindestens die Hälfte der Lagerinsassen. Ihre Häftlingskleidung trug die Buchstaben „BV" („Berufsverbrecher"). Es handelte sich um mehrfach vorbestrafte Kriminelle, die als „Asoziale", nicht integrierbare „Fremdkörper" und „Gemeinschaftsfremde" galten und nun ohne konkreten Anlass in Haft genommen wurden.

Die Übernahme der Lager Börgermoor und Neusustrum durch die Justizverwaltung und die Errichtung von vier weiteren Lagern diente nicht nur dazu, die Überbelegung in den regulären Haftanstalten abzubauen. Die Strafgefangenenlager erreichten in der ersten Ausbaustufe bis Anfang 1936 eine Kapazität von 5.500 Plätzen. Die Zwangsarbeit in der Moorkultivierung galt auch als „Maßnahme der ergänzenden Strafverschärfung" und folgte dem Abschreckungs- und Vergeltungsprinzip.[67] Nach den Vorstellungen des NS-Juristen Hans Frank sollte der Strafvollzug in letzter Konsequenz der „Ausrottung der Verbrecherwelt" dienen und eine wirksame „Waffe" im Kampf gegen die „Schädlinge der Gemeinschaft" sein.

Die konsequente Verschärfung des Strafvollzuges folgte einer nationalsozialistischen „Rechtserneuerung" und normativen „Aufrüstung" des Rechts im Sinne der NS-Machthaber. Sie zeigte sich in der Annullierung rechtsstaatlicher Grundsätze wie der Prämisse „keine Strafe ohne Gesetz"[68] und zahlreichen neuen Gesetzen mit sonderrechtlichen Normen, um die propagierte rassisch begründete „Volksgemeinschaft" zu realisieren. Dazu gehörten das „Gesetz gegen gefährliche Gewohnheitsverbrecher und über Maßregeln der Besserung und Sicherung" von 1933 oder das „Reichsbürgergesetz" von 1935.[69] Die „Verordnung des Reichspräsidenten zur Abwehr heimtückischer Angriffe gegen die Regierung der nationalen Erhebung" von März 1933 oder das „Heimtückegesetz" von Dezember 1934 wurden von Neuerungen der Gerichtsverfassung begleitet. Für politische Straftaten waren ab März 1933 Sondergerichte zuständig, die mit eingeschränkten Verteidigungsrechten und beschleunigten Verfahrensabläufen die Angeklagten weiter entrechteten. Die Staatsanwaltschaften und die Gestapo mit den Staatspolizeistellen bildeten sich als konkurrierende „Scharnierstellen" heraus, an denen über Sanktionsverzicht oder „Schutzhaft", über eine Anklageerhebung vor ordentlichen oder Sondergerichten entschieden wurde.[70] In der Praxis setzten sich die Staatspolizeistellen als die ‚erste' Instanz des nationalsozialistischen Verfolgungsapparates durch, die zur Vorbereitung ihrer Entscheidungen jedoch auf die Zuarbeit durch die Kreis- und Ortspolizeibehörden angewiesen waren.

In der Zusammenarbeit zwischen Staatspolizeistelle in Recklinghausen/Münster, den Landräten als Kreispolizeibehörden und den Bürgermeistern der Gemeinden als Ortspolizeibehörden kristallisierte sich bei „Behandlung" staats- und gemeinschaftsgefährdender Handlungen und Personen eine Arbeitsteilung heraus. Bei individuellen Verfehlungen ging die Initiative zur Ahndung meistens von der Ortsebene aus. Richtete sich die Ortspolizei an die Kreispolizeibehörde, entschied der Landrat über das weitere Vorgehen und die Meldung an die Staatspolizeistelle. Es existierte zunächst auch ein zweiter ‚Meldeweg', der von den Ortsgruppen der NSDAP über die Kreisleitungen direkt an Staatspolizeistellen lief.

Im Januar 1936 richtete Kreisleiter Tosse ein Kreisrundschreiben an alle Ortsgruppenleiter, in dem er unter dem Betreff „Schriftverkehr mit der Staatspolizei" im „Einverständnis mit der Geheimen Staatspolizei" anordnete, alle „Vorfälle politischer Verfehlungen" zunächst der Kreisleitung zu melden. Es sei häufig vorgekommen, dass „die Stapo mit geringfügigen Sachen, die an Ort und Stelle hätten geregelt werden können, belästigt worden" sei. Dadurch würden die „Schlagkraft der Stapo" leiden und unnötige Kosten entstehen. In Kenntnis dieses Schreibens wandte sich Landrat Barthel direkt an die Staatspolizeistelle und fragte an, ob diese Regelung tatsächlich mit deren Einverständnis erfolgt sei. Im Interesse einer „beschleunigten Durchführung" von Ermittlungsverfahren bat er darum, „der Kreisleitung aufzugeben, evtl. eingehende Anzeigen der Ortsgruppenleiter, die für eine Weiterverfolgung infrage kommen, nach erfolgter Prüfung der hiesigen Stelle – und nicht der Staatspolizeistelle unmittelbar – zur Einleitung der polizeilichen Ermittlungen zuzuleiten". In ihrer Antwort stellte die Staatspolizeistelle es dem Landrat anheim, „die Regelung der Weiterleitung der politischen Vorfälle mit der zuständigen Kreisleitung der NSDAP selbst zu treffen". Nach zwei Wochen dokumentierte Landrat Barthel in einem Vermerk: „Der Kreisleiter sagte zu, die Ermittlungsvorgänge jeweilig dem Landrat zuzuleiten."[71]

Im November 1935 veranlasste Landrat Barthel die sofortige Verhängung der „Schutzhaft" durch die Staatspolizeistelle gegen Steueroberinspektor Cremer vom Finanzamt Lüdinghausen.[72] Cremer und mehrere seiner Berufskameraden würden

„die Partei und ihre Einrichtungen missachten und sich nur mit schwerem Herzen und vielleicht auch aus Furcht nur widerwillig an gewissen Veranstaltungen der Partei beteiligen". Da das Verhalten der Beamten des Finanzamtes bereits Schule mache, sei es an der Zeit, „dass nunmehr gegen Cremer mit aller Schärfe vorgegangen" werde. „Die sofortige Inschutzhaftnahme würde auch innerhalb eines Teils der hiesigen Beamtenschaft ebenso sehr Wunder wirken, wie ein strafloser Ausgang dieser Angelegenheit Schaden für Staat und Bewegung bedeuten würde."

Am 1. Januar 1936 meldete Amtsbürgermeister Plücker einen Vorfall, der sich in der Silvesternacht in seinem „Lokal" zugetragen hatte. Der Schmied August Auverkamp habe im Beisein einer Anzahl Olfener Volksgenossen staatsfeindliche Gespräche geführt und den „Ausdruck" gebraucht: „Die Toten vom 9. November können auch 3 Juden gewesen sein." Plücker bat den Landrat die Sache der Staatspolizei zu übergeben, da Auverkamp schon längere Zeit verdächtig sei, staatsfeindliche Reden zu führen. Der Landrat übersandte den Bericht mit weiteren Ermittlungen an die Gestapo.

Noch ein weiteres Beispiel aus Olfen soll die zentrale Rolle der kommunalen Ebene bei der Verfolgung der Regimegegner zeigen. Nach einem Bericht der Ortspolizeibehörde an den Landrat im März 1936 entfalteten die konfessionellen Jugendvereine eine rege Tätigkeit durch die Veranstaltung wöchentlicher Heimatabende in Olfen und in den Bauerschaften. Landrat Barthel sandte diesen Bericht an die Staatspolizeistelle mit dem Kommentar: „Es ist klar, dass durch derartige Veranstaltungen die Belange der NSDAP und ihrer Gliederungen beeinträchtigt werden." Zumal er dahinter nicht nur Aktivitäten auf religiösem Gebiet vermutete. Barthel hielt es für erforderlich, den Heimatabenden mehr „Aufmerksamkeit" zuzuwenden, auch wenn sich eine „Überwachung" nur schwer durchführen lasse. Bei dieser Bemerkung hatte er möglicherweise sowohl die noch sehr geschlossenen katholischen Kreise als auch die Zahl seiner Polizeikräfte vor Augen, die im gesamten Kreis Lüdinghausen rund 40–45 Beamte im Polizeivollzugsdienst umfassten.[73]

Die Staatspolizeistelle wurde bei allen Angelegenheiten aktiv, die das Gestapa aus einem reichsweiten Sicherheitsinteresse oder zur Durchsetzung der politisch-ideologischen Ziele verfolgte.[74] So musste der Landrat mit Unterstützung der Ortspolizeibehörden den Verkauf politischer Schriften ermitteln und Schriften beschlagnahmen, die Entwicklung der Auflagenhöhe der inländischen und ausländischen Presse beobachten, für die Beseitigung kommunistischer Inschriften und Symbole auf Grabsteinen sorgen, die Konsumgenossenschaften überwachen, die angeblich staatsfeindliche Ziele verfolgten, und Listen zu den Beamten und Angestellten im öffentlichen Dienst erstellen, die Ämter „bei Religionsgesellschaften oder konfessionellen Verbänden" bekleideten. Außerdem hatten die Kreispolizeibehörden die Umsetzung zentraler Maßnahmen zu überprüfen oder vorzubereiten: Die „Gleichschaltung" der Schützengilden sollte überwacht werden. Aktivitäten der „Internationalen Bibelforschervereinigung", die eine „Teilnahme am Heeresdienst, Luftschutz, NSV usw." verweigerte, mussten ebenso gemeldet werden wie die Vertretung jüdischer Interessen durch arische Rechtsanwälte. Die „vertrauliche Überwachung" von Kommunisten nach verbüßter Strafhaft war obligatorisch. Ab August 1935 hatten die Landräte alle zwei Monate über Verstöße und Hetzkampagnen gegen das Gesetz zur Verhütung erbkranken Nachwuchses mit Benennung der Beschuldigten zu berichten, um „der unter kirchlichem Deckmantel betriebenen Hetze gegen das volksbiologisch so wichtige Gesetz begegnen" zu können.

Sowohl der Bericht des Olfener Amtsbürgermeisters als auch die Anweisung der Staatspolizeistelle an die Landräte zu den Hetzkampagnen der Kirche deuteten bereits das Konfliktfeld an, das ab 1934 in den katholisch geprägten Regionen wie dem Münsterland die Arbeit und Tagesordnung der Polizeibehörden bis in den Zweiten Weltkrieg hinein prägen sollte. Nachdem das Reichskonkordat zwischen dem Deutschen Reich und dem Episkopat vom 20. Juli 1933 zunächst als geeignete Grundlage erschien, eine annehmbare Koexistenz zwischen Kirche und NS-Staat aufzubauen, mehrten sich schnell die Klagen über Verletzungen der Konkordatsvereinbarungen. Spätestens mit der Ernennung von Alfred Rosenberg im Januar 1934 zum Beauftragten für die Überwachung der geistigen und weltanschaulichen Schulung und Erziehung der NSDAP musste die Unvereinbarkeit des Christentums mit dem Nationalsozialismus, insbesondere mit dem von Rosenberg propagierten „Neuheidentum" deutlich werden.[75] Dass der Nationalsozialismus und die Rassenideologie an den „Fundamenten der Religion" rüttelten, machte Bischof Clemens August von Galen in einem Hirtenbrief an seine „Diözese" deutlich. Er wurde am Ostersonntag, dem 1. April 1934 von allen Kanzeln verlesen und im Kirchlichen Amtsblatt veröffentlicht. Diese öffentliche Abrechnung des Bischofs mit Rosenbergs „Neuheidentum" musste das Regime als ‚Kampfansage' verstehen:[76]

> „Aus diesen Worten geht hervor, dass ein Bischof nicht schweigen darf, wenn die Irrlehre und der Unglaube ihr Haupt erheben, [...] wenn die Feinde der Religion, wie es jetzt geschieht, nicht nur diese oder jene Lehre der Kirche bekämpfen, sondern die Fundamente der Religion selbst und die heiligsten Geheimnisse der Offenbarung leugnen oder fälschen. [...] Die Neuheiden aber erklären, dass Gott der Welt und vor allem dem Blute verhaftet sei. [...] Es greift die Fundamente der Religion an, wer das moralische Gesetz im Menschen zerstört. Das tun aber jene, die von der Sittlichkeit erklären, sie gelte nur insoweit für ein Volk, als sie die Rasse fördere. Offensichtlich wird dadurch die Rasse über die Sittlichkeit gestellt, das Blut über das Gesetz. [...] Dieser Angriff gegen das Christentum, wie wir ihn in der heutigen Zeit in unserem Volk erleben, übertrifft an vernichtender Gewalt alles das, was wir von den früheren Zeiten her wissen. [...] Es handelt sich also um eine grundsätzliche und radikale Ablehnung aller Geheimnisse des Christentums, und um das Bemühen, auf dem Boden von Blut und Rasse eine neue Religion mit nationalen Sinnbildern und Vorbildern zu schaffen. [...]"

Mit dem Hirtenbrief wurde nicht nur das inhaltliche Ringen zwischen der christlichen und rassisch-völkischen Weltsicht öffentlich, gleichzeitig begann der handfeste Konflikt zwischen den Repräsentanten, Institutionen und Verbänden der Kirche und des NS-Staates. Er erreichte mit dem Gauparteitag am 6./7. Juli 1935 in Münster einen ersten Höhepunkt.

Die Gauleitung inszenierte den Parteitag mit hochrangigen NS-Vertretern als Machtdemonstration gegen die ‚Kirchenfront'. Sie ließ sich auch nicht durch den Protest von Bischof Clemens August gegen die Berufung von Rosenberg als Hauptredner des Treffens beeindrucken. Reichsinnenminister Frick verkündete die von den obersten Reichbehörden erhobene Forderung nach einer „völligen Entkonfessionalisierung des öffentlichen Lebens". Auf diese Herausforderung reagierten die Katholiken des Bistums selbstbewusst mit einer massenhaften Beteiligung an Prozessionen und Wallfahrten. Dieser „Demonstrationskatholizismus" konnte jedoch nicht die Gewaltmaßnahmen verhindern, mit denen das NS-Regime versuchte, die Kirche aus der Öffentlichkeit und öffentlichen Handlungsfeldern herauszudrängen und kirchliches Leben auf den engsten kirchlichen Raum zu begrenzen. Konflikte entzündeten sich vor allem an folgenden Aufgaben: an der kirchlichen Jugendarbeit, die als Konkurrenz zur HJ gesehen wurde; an den Bekenntnisschulen, die von den Gemeinschaftsschulen abgelöst werden sollten, und allgemein am Religionsunterricht in den Schulen; an der Arbeit des vielfältigen kirchlichen Verbandswesen, insbesondere im sozialen Bereich, die den Ambitionen der NSV im Wege stand; an der Durchführung kirchlicher und caritativer Sammlungen, die als Konkurrenz zum Winterhilfswerk möglichst unterbunden werden sollten; schließlich an öffentlichen Glaubensbekundungen wie den Wallfahrten.[77]

Im März 1937 vollzog Gauleiter Meyer eine taktische Korrektur seines Konfrontationskurses in der Kirchenpolitik, da er bei einer weiteren Zuspitzung Folgen für die Parteiarbeit nicht ausschloss. Im Lagebericht der Gauleitung schrieb er:[78] „Die Lage in meinem Gau ist deshalb besonders schwierig, weil der größte Teil der kath. Bevölkerung vollständig kirchlich gebunden ist. Die Westfalen in ihrer starrköpfigen und zäh am Alten hängenden Art sind nur mit der Zeit zu Nationalsozialisten zu machen." Trotz dieser scheinbaren Zurückhaltung ließ die Überwachung der Priester und des kirchlichen Gemeindelebens durch die Staatspolizeistelle und die Polizeibehörden bis in den Zweiten Weltkrieg hinein nicht nach.[79] Die Kreispolizeibehörden hatten in Zusammenarbeit mit den Polizeivollzugsbeamten in den Kommunen z.B. folgende Aufgaben zu erledigen: Sammlung verteilter Druckschriften und Flugblätter, Beobachtung der Gläubigen und Geistlichen, Meldung von Reaktionen und Protesten bei Kanzelverkündigungen, Beschlagnahmungen und Vereinsauflösungen, Meldung von verbotswidrigen Sammlungen, verbotenen Ausflugsfahrten, Prozessionen und Wallfahrten, Überwachung der korrekten Partei-Beflaggung an den Kirchen, Feststellung der Buchbestände und vorhandenen Schriften. Bei der Beobachtung der Geistlichen schalteten sich auch immer wieder Parteifunktionäre ein.

Außerdem beauftragte die Staatspolizeistelle die Polizeibeamten mit der Durchsicht von Post bei einer „Postsperre", mit der Durchführung von Vereinsauflösungen wie bei den „Jünglings-Sodalitäten" (1938) und der Beschlagnahmung des Besitzes, mit der Durchführung von Vernehmungen zur Vorbereitung von Verfahren wie bei einem „Heimtückeverfahren" gegen eine Ordensschwester der „Deutschen Oberschule für Mädchen" in Lüdinghausen und gegen einen Kaplan in Ascheberg oder mit der Überwachung des Redeverbotes für bestimmte Geistliche. Verhaftungen waren meist das Ergebnis einer eingespielten Zusammenarbeit, bei der Denunziationen/Anzeigen aus der Bevölkerung und von Parteimitgliedern eine gezielte und abgestimmte Ermittlungsarbeit von Polizeivollzugsbeamten und Gestapobeamten einleiteten, bevor dann die Staatspolizeistelle die Entscheidung über die Beantragung der Schutzhaft oder die Eröffnung eines Hochverrats- oder „Heimtückeverfahrens" einleitete.

Als Beispiele wären zu nennen:[80] Die Verhaftung von acht Mitgliedern der Kolping-Familie in Werne, die Ende Juli 1935 ein aus SA-Kreisen stammendes Flugblatt mit Spottliedern gegen Bischof Galen und Ordensschwestern vervielfältigt und verteilt hatten, um ihrem Bekanntenkreis die kirchenfeindliche Haltung nationalsozialistischer Kreise vor Augen zu führen. Propagandaminister Goebbels selbst verkehrte den Sachverhalt ins Gegenteil: Die „Schmähflugblätter" seien von Mitgliedern des Kolpingvereins verfasst worden, um die nationalsozialistische Bewegung zu schädigen. Die „Kulturkampfhetzer" wurden nach Verhören im Polizeigefängnis Recklinghausen am 12. Oktober 1935 ohne Gerichtsurteil für sechs Monate in das KZ Esterwegen eingeliefert. Die Staatspolizeistelle löste alle Kolping-Familien im Kreis Lüdinghausen auf.

Die Verfolgung der katholischen Geistlichen in Coesfeld wurde maßgeblich von der Kreisleitung des Parteikreises Ahaus-Coesfeld vorangetrieben, die sich wiederum auf Berichte des Ortsgruppenleiters Capitaine und dessen Zuträger stützte.[81] Konkrete Anlässe waren eine Abstimmung in den Coesfelder Kirchen über die Einführung der Gemeinschaftsschule im März 1939, von Dechant Josef Lodde organisierte Kurse für katholische Mädchen in Kloster Gerleve und die Beflaggung an der Lambertikirche an nationalen Feiertagen. Die Kreisleitung in Ahaus bat die Ortsgruppe Coesfeld um Auskunft über die Person und politische Einstellung von Dechant Lodde und der Kapläne Josef Wigger und Friedrich Glosemeier. Das ‚Urteil' des Ortsgruppenleiters über Dechant Lodde war vernichtend: „Der Dechant Lodde ist politisch unzuverlässig. Er ist überall bekannt als einer der schlimmsten Hetzer, insbesondere bei den Parteigenossen." Kreisleiter Tewes gab dieses ‚Urteil' über Landrat Stachels auf den Dienstweg an die Staatspolizeistelle in Münster. Seitdem stand Dechant Lodde unter Kontrolle der Gestapo – mit den bekannten Folgen bis zu seinem Tod im KZ Dachau im Februar 1943.

Unter den Bedingungen des Krieges verschärfte sich die Verfolgungspraxis. Das zeigt der „Vorfall an der Landwirtschaftsschule" in Lüdinghausen Mitte 1943, der mit einer Auseinandersetzung und Prügelei zwischen Schülern seinen Ausgang

Abb. 50: Verhaftung eines Mitgliedes der Kolping-Familie in Werne wegen des angeblichen Verfassens von „Schmähflugblättern", um die NS-Bewegung zu schädigen (Anfang August 1935)

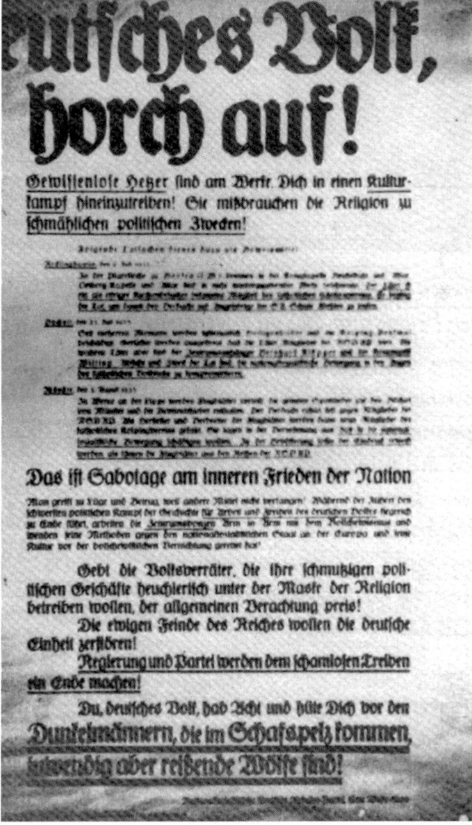

Abb. 51: NS-Propaganda-Plakat „Deutsches Volk, horch auf!", mit dem Propagandaminister Goebbels reichsweit gegen „gewissenlose Hetzer" agitierte. Ein „Beweismittel" war die Flugblatt-Verteilung in Werne

Abb. 52: Schachspiel, welches das Werner Kolping-Mitglied Heinrich Kroes (1914–1999) während seiner Haft im KZ Esterwegen von einem Mithäftling erworben hat (um 1935)

nahm – allerdings wurde auch einem Uniformierten ein Zahn ausgeschlagen. Mit einem geballten Einsatz von Polizei- und Parteikräften vom Landrat bis zum Kreisleiter versuchte die Gestapo die Vorgänge aufzuklären. Die beteiligte Jungenklasse musste zur „Umerziehung" einige Wochen in einer Einrichtung bei Bremen verbringen, fünf Pädagogen wurden nach der Verhaftung und Gestapo-Verhören in das KZ Dachau eingewiesen. Zwei Lehrkräfte starben aufgrund der unmenschlichen Behandlung und Lebensverhältnisse. Da sich unter den Verhafteten auch Geistliche befanden, ist das gewaltsame Vorgehen gegen den Lehrkörper ebenfalls als Teil des Kirchenkampfes zu sehen.[82]

3. Erwerbslosigkeit, Arbeitsbeschaffung und die Förderung der Landeskultur

Das „Schreckgespenst der Erwerbslosigkeit" und der Arbeitsdienst

Als Landrat Barthel 1938 nach fünf Amtsjahren eine erste Bilanz der „Selbstverwaltung" im Kreis Lüdinghausen zog, stand die Überwindung der Arbeitslosigkeit an der ersten Stelle seiner Leistungsbilanz. Seine Bestandaufnahme zur wirtschaftlichen Ausgangssituation im Kreis, der „am längsten und auch am stärksten von allen Landkreisen des Regierungsbezirkes" vom „Schreckgespenst der Erwerbslosigkeit" betroffen gewesen sei, war durchaus korrekt. Im Februar 1933 lebten im Kreis Lüdinghausen über 6.200 Unterstützungsempfänger. Bei vier Angehörigen pro Unterstützungsempfänger ergab sich für Barthel ein Anteil von einem Drittel der rund 86.000 Bewohner des Kreises, der zu diesem Zeitpunkt von der öffentlichen Fürsorge lebte. Davon erhielten 7 % Arbeitslosenunterstützung, fast 15 % nach dem Auslaufen des Arbeitslosengeldes eine gekürzte Krisenunterstützung. Rund 78 % aller Erwerbslosen mussten inzwischen mit der Wohlfahrtserwerbslosenunterstützung zurechtkommen. „Das war die Lage", so Barthel im Tenor der zeitgenössischen Propaganda, „als am 30. Januar 1933 das dritte Reich erstand und, von kräftiger Hand geführt, das Steuer herumgerissen wurde."[83]

Bis Mai 1934 reduzierte sich die Anzahl der Unterstützungsempfänger im Kreis Lüdinghausen auf 30 % des Bestandes von Februar 1933. Der gleiche Anteil der Fürsorgeempfänger hatte inzwischen eine feste Arbeit auf dem Arbeitsmarkt gefunden. Über 40% (ca. 2.500) der Erwerbslosen wurden nun mit Notstandsarbeiten beschäftigt, die im Rahmen eines Arbeitsbeschaffungsprogramms der Reichsregierung gefördert wurden. Das „Gesetz zur Verminderung der Arbeitslosigkeit" vom 1. Juni 1933 hatte den Reichsfinanzminister ermächtigt, eine Milliarde Reichsmark zur „Förderung der nationalen Arbeit" auszugeben. Dieses Programm konnte an entsprechende Gesetze und Programme der Weimarer Republik anknüpfen und weiter ausbauen, wie z. B. an das Konjunkturprogramm des Kabinetts Papen von Juli 1932, mit dem der Ausbau von Straßen, die Begradigung von Wasserwegen oder Meliorationsarbeiten gefördert wurden. Die Zusage von Fördermitten war an bestimmte Bedingungen geknüpft: Die Arbeiten sollten mit menschlicher Kraft ausgeführt werden, d.h. der Maschineneinsatz war unerwünscht, und die Projekte sollten nicht in Konkurrenz zu privatwirtschaftlichen Unternehmungen stehen.

Die „Förderung der nationalen Arbeit" durch Arbeitsbeschaffungsmaßnahmen vermarktete die NS-Propaganda mit großem medialen Einsatz, wie er auch beim Projekt „Reichsautobahnbau" exemplarisch dargestellt werden könnte. Das ließ zumindest die Arbeitslosenstatistik bei einem anhaltend schwierigen Arbeitsmarkt in einem positiveren Licht erscheinen, da die gesamtwirtschaftliche Lage sich erst 1937 spürbar verbesserte. Die Situation in der Region entsprach der Lage im Reich. Im Kreis Lüdinghausen hielt sich bis in den Winter 1936/37 in Abhängigkeit von der Jahreszeit ein Bestand von 3.000 bis 4.000 Wohlfahrtserwerbslosen, von denen bis zu 1.000 Personen weiterhin in Arbeitsbeschaffungsmaßnahmen ihren Lebensunterhalt verdienen mussten.[84]

Seit Beginn der Weltwirtschaftskrise wurden auch in den Landkreisen Coesfeld und Lüdinghausen Projekte gefördert, mit denen Arbeitslose als Notstandsarbeiter und ab 1931 im Rahmen des Freiwilligen Arbeitsdienstes (FAD) für einige Monate in Arbeit gebracht werden konnten. Der FAD war eine Initiative der Reichsanstalt für Arbeitsvermittlung und Arbeitslosenversicherung. Sie wollte junge Arbeitslose auf freiwilliger Basis in Arbeitslagern zu gemeinnütziger Tätigkeit zusammenbringen, um ihnen das Gefühl zu vermitteln, gebraucht zu werden. Für die meisten Freiwilligen blieb der Arbeitseinsatz unter zehn Wo-

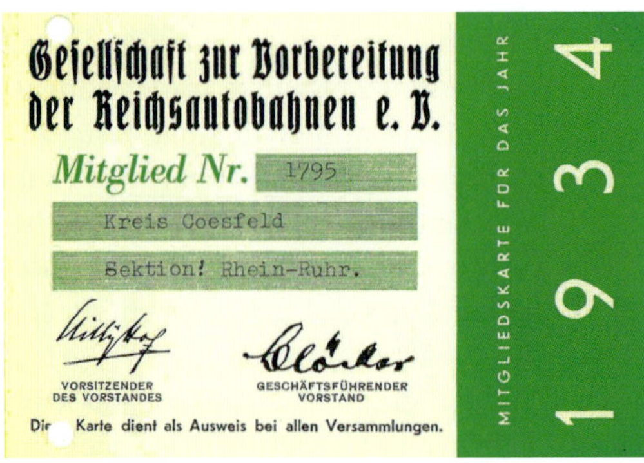
Gesellschaft zur Vorbereitung der Reichsautobahnen e. V.

Mitglied Nr. 1795

Kreis Coesfeld

Sektion: Rhein-Ruhr.

VORSITZENDER DES VORSTANDES

GESCHÄFTSFÜHRENDER VORSTAND

Di Karte dient als Ausweis bei allen Versammlungen.

MITGLIEDSKARTE FÜR DAS JAHR

1934

Abb. 53: Der Kreis Coesfeld wurde Mitglied der „Gesellschaft zur Vorbereitung der Reichsautobahnen e.V." (GezuVor), um die „nationale Arbeit" durch den „Reichsautobahnbau" zu fördern (1934)

chen. Die Arbeitsdauer betrug jedoch höchstens 20 Wochen. Träger der Arbeitsbeschaffungsmaßnahmen konnten Körperschaften des öffentlichen Rechts sowie gemeinnützige Vereinigungen und Stiftungen sein. Das Spektrum der Träger reichte also von den Kommunen über die Parteien wie das Zentrum und die NSDAP bis zu den Jugendbünden. Nach der „Machtübertragung" löste das NS-Regime den FAD jedoch nicht auf, sondern setzte in den vorhandenen Initiativen im Laufe des Jahres 1933 den eigenen Führungsanspruch durch, mit Gewalt oder auf dem Weg der „Selbstgleichschaltung".

So erschien im April 1934 eine SA-Abteilung als „Hilfspolizei" im FAD- Lager an der Jugendherberge Nottuln. Sie „übernahm" das Lager wegen angeblicher „Unstimmigkeiten im Geschäftsbetrieb" und hisste die Hakenkreuzfahne.[85] Die Reichsanstalt für Arbeitsvermittlung verlor bis April 1934 allmählich die Kontrolle über den FAD, nachdem bereits im Dezember 1933 die Einstellung neuer Freiwilliger nicht mehr über die Arbeitsämter, sondern über eigens dafür errichtete Meldeämter erfolgte. Mit einem Gesetz vom 26. Juni 1935 wurde schließlich der Reichsarbeitsdienst (RAD) gegründet und damit der Umbau des Arbeitsdienstes von einer staatlich geförderten zu einer staatlich-paramilitärischen Organisation abgeschlossen. Das Gesetz verpflichtete alle jungen Deutschen beiderlei Geschlechts zum Reichsarbeitsdienst. Bis zum Zweiten Weltkrieg galt das jedoch nur für junge Männer, die zwischen dem 18. und 25. Lebensjahr und vor ihrem Wehrdienst zu einem sechsmonatigen Arbeitsdienst einberufen wurden. Der Arbeitsdienst entwickelte sich zu einer nationalsozialistischen Erziehungs- und vormilitärischen Ausbildungseinrichtung. Bis Ende September 1935 bildete der NS-Arbeitsdienst im Gau Westfalen-Nord den Arbeitsgau 20a. Mit der Errichtung des RAD gehörten die Kreise Coesfeld und Lüdinghausen zum Arbeitsgau „Westfalen XVI-Nord". Der Arbeitsgau war in sechs Gruppen gegliedert, von denen eine in Coesfeld ihren Sitz hatte.[86]

Im früheren SA-Lager[87] in Lette bei Coesfeld errichtete die RAD-Führung im Februar 1937 eine RAD-Truppführerschule, nachdem sich Landrat Stachels intensiv für die weitere Nutzung des leer stehenden Lagers eingesetzt hatte. Die

Abb. 54: RAD-Truppführerschule in Lette bei Coesfeld zur Ausbildung des Führernachwuchses für den Reichsarbeitsdienst im nordwestdeutschen Raum (1937/1938)

RAD-Schule in Lette war die einzige Ausbildungseinrichtung im nordwestdeutschen Raum, um den Führernachwuchs für den auf inzwischen 230.000 Mann projektierten Arbeitsdienst sicherzustellen.[88] In der Schule wurden 190 „Führeranwärter" in einer dreimonatigen Ausbildung für ihre Dienstaufgaben gedrillt. Sie sollten „noch jung, wandlungs- und bildungsfähig" sein, „nationalsozialistisches Empfinden, Einsatzbereitschaft, Liebe zum Beruf und treue Kameradschaft" mitbringen, vor allem aber eine „nationalsozialistisch gefestigte innere und soldatische äußere Haltung" zeigen. Die Ausbildung umfasste praktische Übungen zum Erlernen von Arbeitstechniken, Exerzier- und Leibesübungen und theoretische Unterweisungen. Nach dem Besuch der Schule sollten die „Truppführer" über die Kenntnisse verfügen, die für den Außendienst notwendig waren. Sie sollten in der Lage sein, sicher vor der Front aufzutreten und klare Befehle zu erteilen.[89] Vor allem sollten sie ihren Führungsauftrag im RAD nicht nur unter ökonomischen Gesichtspunkten betrachten, sondern ihre Funktion in der „Schule der Nation" auch völkisch-erzieherisch und wehrpolitisch-militärisch verstehen.

Die Gauleitung in Münster sah in dieser „Erziehungsaufgabe" das verbindende Element des gesamtem RAD, während die einzelnen Arbeitsgaue aufgrund ihrer landschaftlichen und bevölkerungspolitischen Lage jeweils besondere „Großaufgaben" zu erledigen hätten. In der Münsterländischen Bucht bestehe die Hauptaufgabe des RAD in „der Regelung der Wasserwirtschaft als Voraussetzung intensiver landwirtschaftlicher Nutzung zum großen Teil entwässerungsbedürftiger

Böden." Die Gauleitung verstand darunter konkret folgende Projekte: Der Ausbau und die Regulierung der Ems und Lippe mit ihren Nebenläufen, also auch der Stever im Kreis Lüdinghausen, und als „Kultivierungsarbeit großen Ausmaßes" die Kultivierung des Weißen Venns, eines Hochmoores mit einer Fläche von rund 4.000 ha zwischen Coesfeld, Gescher, Velen und Groß-Reken, von dem 700 ha für die „landwirtschaftliche Siedlung" zugänglich gemacht werden sollten.[90] An diesem Kultivierungsprojekt waren die Kreise Borken und Coesfeld beteiligt.

Der RAD sah in der Realisierung der Kultivierungsprojekte einen „Ehrendienst" und eine Aufgabe von großer nationaler Bedeutung. Sein Selbstverständnis gründete aber nicht nur in nationalpolitischen, sondern auch in raumideologischen Vorstellungen.[91] Der Boden galt als Grundlage völkischer Existenz, der zu höchster Leistungsfähigkeit entwickelt werden musste, um die eigene Ernährungsgrundlage zu sichern. Die propagandistisch-weltanschauliche Aufwertung von Kultivierungsprojekten zu einer „national- und volkspolitischen Mission" machte sie zu Prestigeobjekten, die alle Beteiligten als eigenen Beitrag im Rahmen der „nationalen Aufgabe" für sich reklamierten.

Die Erschließung und Kultivierung des Weißen Venns im Kreis Coesfeld

Die „Umlegungs- und Siedlungssache Tungerloh-Weißes Venn" wurde mit einem Schreiben der Landeskulturabteilung des Oberpräsidenten vom 30. Oktober 1933 eingeleitet.[92] Aufgrund des Schreibens errichtete der NS-Arbeitsdienst im Weißen Venn drei Stammlager, denen die „Erschließung und Kultivierung des Weißen Venns zwecks demnächstiger Besiedlung" übertragen wurde. Die gesamte Kultivierungsfläche umfasste 900 ha, von denen sich 200 ha in privatem bäuerlichen Besitz, die übrigen 700 ha im Besitz der Siedlungsgesellschaft „Rote Erde" G.m.b.H. befanden und als Neusiedlungsfläche erschlossen werden sollten. Mit der praktischen Erschließungsarbeit hatte die „Rote Erde", die der Aufsicht der Landeskulturabteilung des Oberpräsidiums bzw. des Kulturamtes Coesfeld unterstand, weniger zu tun. Ihre Aufgabe war die Aufstellung der Bebauungspläne, der Verkauf und die Ansiedlung von „ungefähr 60 neuen Siedlungsgehöften" auf der kultivierten Fläche.

Nach der Einleitung des aufwendigen Umlegungsverfahrens begann die Erschließung des Gebietes, die mehrere Arbeitsschritte umfasste:[93] Entwässerung der Moorflächen in Kooperation mit den Wassergenossenschaften „Weißes Venn" und „Heubach" durch Kanäle und Gräben, „Abtorfung" des Moorgebietes durch die ortsansässigen Torffabriken, Aufschließung des Siedlungsgebietes durch ein Wegenetz mit Durchgangsstraßen und Wirtschaftswegen und Kultivierung durch Fehnmischkultur zur Verbesserung der Bodenfruchtbarkeit und zur Ertragssteigerung. In Abhängigkeit von der landschaftlichen Ausgangslage, den verfügbaren Arbeitskräften und den Planungen der Kulturbaubehörden konnten diese Arbeiten gezielt für bestimmte Bereiche, aber auch für die gesamte Fläche angesetzt werden. Die Zuständigkeiten waren klar geregelt: Die „Oberleitung" der im Wei-

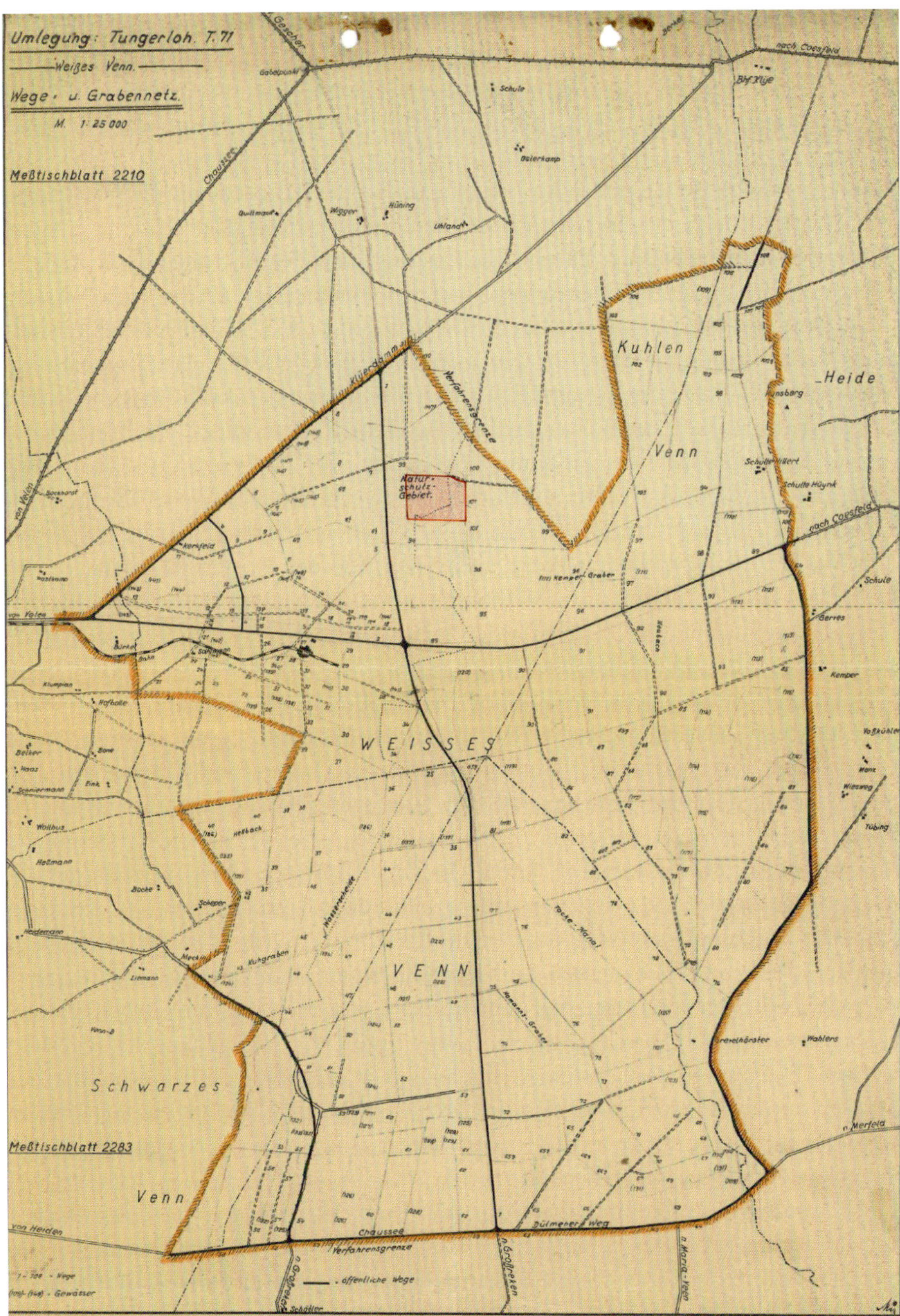

Abb. 55: Übersichtskarte zur Erschließung und Kultivierung des Weißen Venns im Kreis Coesfeld mit Ausweisung des geplanten Naturschutzgebietes „Fürstenkuhle" (rot markiert) (1933/1934)

ßen Venn auszuführenden Arbeiten hatte der Oberpräsident im Juni 1934 dem Preußischen Kulturamt in Coesfeld übertragen. Damit war das Kulturamt auch für die Gesamtplanung und Abstimmung der verschiedenen Arbeiten und den Einsatz des RAD zuständig. Die konkreten Arbeiten der Entwässerung wurden in der Trägerschaft der Wassergenossenschaften, die Kultivierungsarbeiten, insbesondere die Arbeiten der Fehnmischkultur, in der Trägerschaft der Siedlungsgesellschaft „Rote Erde" und der Ausbau und die Befestigung der Durchgangsstraßen in der Trägerschaft der Landkreise Coesfeld und Borken ausgeführt.

Die erste Besprechung über den Ausbau des Wegenetzes und die Wegeführung im Weißen Venn fand im November 1933 in Velen statt. Das Oberpräsidium hatte dazu die Regierung Münster, das Kulturamt Coesfeld, die Arbeitsgauleitung Münster, den Führer der Gruppe 201 des Arbeitsdienstes der NSDAP, die Kreise Coesfeld und Borken, die Bürgermeister und Gemeindevorsteher, die Ortsbauernführer sowie Vertreter der Siedlungsgesellschaft, der Torfstreufabrik Velen und der Landberg'schen Verwaltung geladen. Der Vorschlag zur Wegeführung fand weitgehend Zustimmung. Die Landräte der Kreise sagten zu, die Trägerschaft für den Ausbau der öffentlichen Wege und einen Teil der Kosten zu übernehmen. Dabei handelte es sich um die zwei Durchgangsstraßen in der Breite von 4 Metern von Norden nach Süden (11,2 km) und von Osten nach Westen (6,6 km) zur „Aufschließung" des Siedlungsgebietes.

Die Kreise hatten für die Anbindung der Straßen an das vorhandene Straßennetz, die fachlich-bautechnische Begleitung, die Beschaffung der erforderlichen Geräte und Transportmittel (Benzollokomotiven, Loren und Gleise) und die Finanzierung des Straßenprojektes Sorge zu tragen. Die auftretenden Probleme durch Mehrkosten, Bauverzögerungen, fehlende Arbeitsdienstleute, mangelnde Bauaufsicht und den Übergang vom FAD zum RAD sollen hier nicht dargestellt werden. Bis Januar 1936 wurden die vorbereitenden Erdarbeiten für die dann folgende „Härtung" der Wege durch Schotter zu zwei Dritteln ausgeführt. Dazu mussten die Arbeitsdienstleute ständig zwischen den Kultivierungsaufgaben und den Wegearbeiten wechseln. Mit dem Einsatz von mehr als 500 Arbeitsdienstkräften konnten die Durchgangsstraßen bis Ende 1938 weitgehend fertiggestellt werden. Für den Kreis Coesfeld stellte sich nun die Frage der Übernahme der Straßen durch die Provinz, da sich die Kreise nur verpflichtet hätten, die Straßen auszubauen, aber nicht sie zu unterhalten.[94] Dieses Ansinnen der Kreise lehnte die Provinzialverwaltung jedoch strikt ab.

Die Landeskulturabteilung des Oberpräsidiums machte sich vielmehr Gedanken darüber, wie bei der Vergabe der ersten Siedlungsstellen im Kultivierungsgebiet die „Grundsätze über die Neubildung deutschen Bauerntums" erfüllt werden konnten. Sie sollte nach folgenden Grundsätzen erfolgen:[95]

„1. Ausgestaltung von Betrieben, die wegen ihres geringen Umfanges noch keine Erbhöfe sind, zur Größe von Erbhöfen,

2. Ausbau von wirtschaftlich schwachen Erbhöfen zu guten Erbhöfen,
3. Bildung von Neubauernstellen."

Mit Rücksicht auf die geringe Bodenqualität sollte die Größe der „Erbhöfe" nicht unter 18 bis 20 ha liegen. Unter Beachtung dieser Grundsätze gab der Geschäftsführer der Siedlungsgesellschaft „Rote Erde" die ersten Maßnahmen bekannt. An die anliegenden Bauernhöfe seien bereits 71 ha zur Abrundung abgegeben worden, weitere 215 ha sollten für den gleichen Zweck bereitgestellt werden; 15 Neubauernstellen von etwa 25 ha und einige Handwerkerstellen von etwa 3 bis 5 ha seien in Planung; außerdem seien 25 ha für ein Naturschutzgebiet vorgesehen.

Die „Zähmung der Stever"
Im Vergleich mit den propagandistisch hochstilisierten Projekten zur Gewinnung von neuem Siedlungsraum fiel es schwer, die „Zähmung der Stever" im Kreis Lüdinghausen als „nationale Aufgabe" zu begreifen. Denn beiderseits der Stever bestimmten regelmäßige Überflutungen den Naturhaushalt und sorgten für Verwüstungen, für feuchte und „versauerte Böden".[96] Die Wasser- und Bodenverbände versuchten durch wasserwirtschaftliche Maßnahmen die Bodenfruchtbarkeit und Bodenerträge zu steigern. Mit den Arbeitsbeschaffungsprogrammen bot sich die Möglichkeit, im Rahmen einer Gesamtplanung und durch systematisches Vorgehen bei den Flussregulierungen die Bedingungen für die Landwirtschaft zu verbessern. Das Kulturbauamt Münster hatte bereits im Februar 1929 einen Entwurf zur Regulierung des Stever-Laufes durch „profilmäßigen Ausbau und die Anlage von mehreren Durchstichen" vorgelegt.[97] Dadurch sollte der Hochwasserabfluss für einen 519 qkm großen Einzugsbereich gewährleistet werden. Die Ausbauarbeiten an der Stever begannen 1932 im Bereich der 2. Fahrt des Dortmund-Ems-Kanals an der Recheder Mühle durch Notstandsarbeiter und sollten laufend flussaufwärts bis Lüdinghausen auf einer Gesamtstrecke von neun Kilometern fortgeführt werden. Ein Zwischenstück beiderseits der Bahnlinie Lüdinghausen-Selm wurde bereits seit 1933 durch den FAD des NS-Arbeitsdienstlagers Selm ausgeführt, das vom Landkreis Lüdinghausen eingerichtet worden war. Als Träger der Ausbauarbeiten trat die „Wassergenossenschaft zum Ausbau der Stever von Lüdinghausen bis zur Recheder Mühle" auf, die der Kreisaufsicht unterstand.

Auf einer Vorstandssitzung der „Steverausbaugenossenschaft" am 5. April 1934 und einer Mitgliederversammlung am 24. April 1934 wurde der Ausbau der gesamten Stever südlich Lüdinghausen beschlossen.[98] Zur Finanzierung beantragte die „Wassergenossenschaft" ein Bodenverbesserungsdarlehen bei der „Deutschen Bodenkultur-Aktiengesellschaft" in Berlin. Durch das Darlehen sollten Arbeitsmöglichkeiten für durchschnittlich 120 Arbeitslose des Arbeitsdienstlagers Selm für vier Jahre finanziert werden. Um deren Mobilität zu gewährleisten, war der Ankauf von 120 Fahrrädern mit eingeplant. Mit dem Kreisausschuss Lüdinghausen wurde ein Vertrag über die Wahrnehmung der Bauleitung durch den aus-

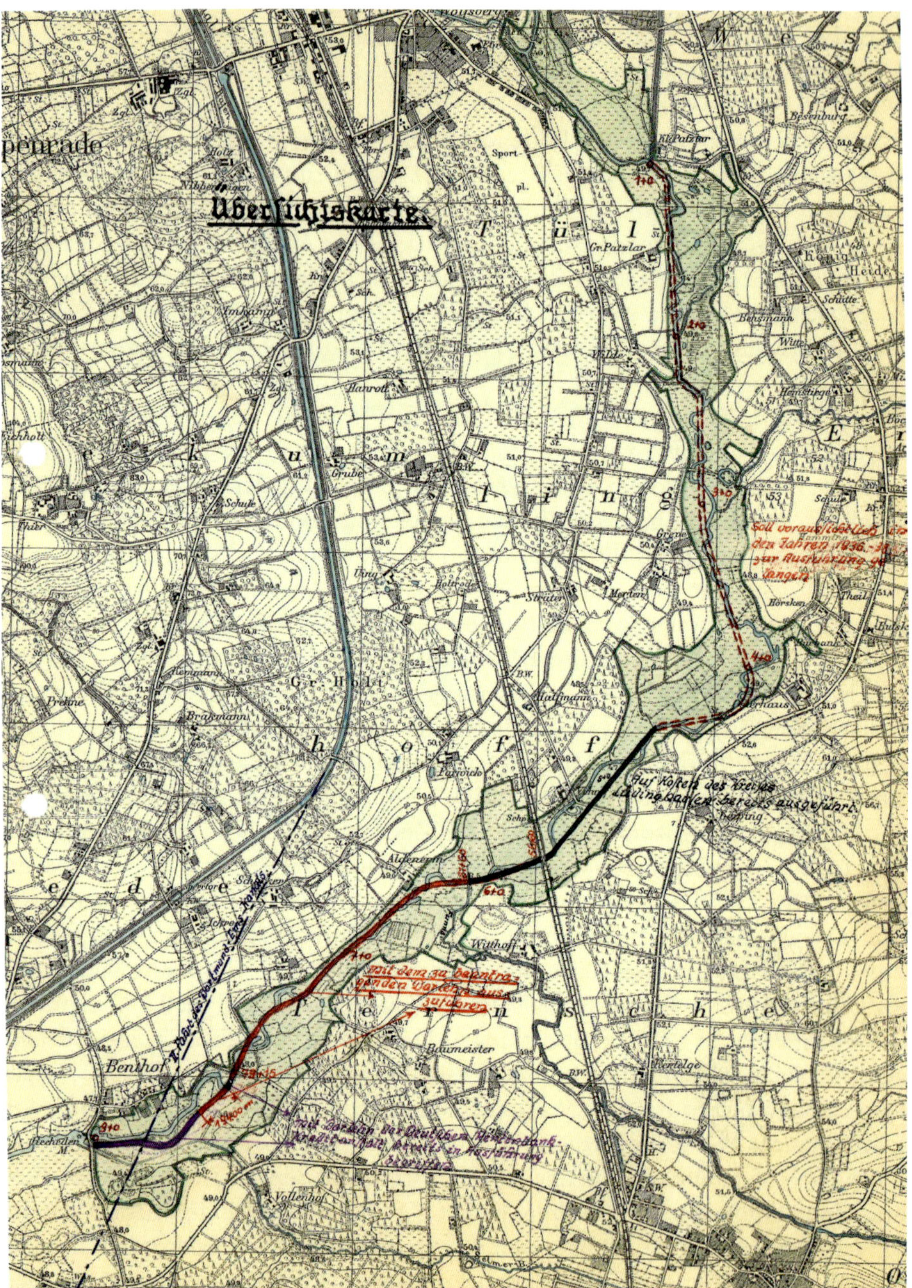

Abb. 56: Übersichtskarte mit den geplanten Ausbauabschnitten zur „Zähmung der Stever" auf der Basis von Arbeitsbeschaffungsmaßnahmen (1934/1935)

Abb. 57: Das RAD-Lager in Olfen

Abb. 58: Hitler bei der Besichtigung des RAD-Lagers in Olfen (29. Juni 1934)

gebildeten Wasserbauingenieur Ernst Köhling als „Genossenschaftstechniker" geschlossen. Er war seit Januar 1933 als Hilfsarbeiter und seit Mai 1934 als beamteter Kreiswiesenbaumeister beim Kreisausschuss Lüdinghausen angestellt.[99] Die „Wassergenossenschaft" stellte außerdem einen Vorarbeiter für die Anleitung und Beaufsichtigung der Arbeiter ein. Bei den umfassenden Anträgen an die „Deutsche Bodenkultur A.G." und den Arbeitsgau 20a des NSDAP-Arbeitsdienstes in Münster lag die Federführung im Landratsamt. Aufstellungen zu Geräte-, Material- und Personalkosten wie ein Vergleich von Lohnarbeiter- und Arbeitsdiensttagewerken sowie zu Rückfragen zur Gesamtplanung und -finanzierung und zur Wirtschaftlichkeit sorgten für eine umfassende Korrespondenz, die sich bis August 1934 hinzog. Mit den Bauarbeiten wurde jedoch bereits am 1. Juni 1934 begonnen und sie machten Fortschritte.

Umso überraschter zeigte sich die „Wassergenossenschaft", als am 10. Februar 1935 das Arbeitsdienstlager Selm aufgelöst wurde, von dem aus der Arbeitsgau 20a die Stever-Baustelle mit Arbeitskräften versorgte. Obwohl erst 30 % des gesamten Bauvorhabens umgesetzt waren und von den 35.000 genehmigten Tagewerken noch rund 20.000 zur Verfügung standen, war die gesamte Arbeitsdienstmaßnahme plötzlich stillgelegt – mit unvorhersehbaren Folgen. Durch den Abbruch der Arbeiten konnte ein Hochwasser in einigen Baubereichen unkontrolliert große Sandmassen in den Flusslauf spülen und dadurch starke Auflandungen verursachen. Das beschaffte Gerät war ohne besondere Schutzmaßnahmen

Abb. 59: Der Stever-Ausbau oberhalb der II. Fahrt des Dortmund-Ems-Kanals durch Notstandsarbeiten (Oktober 1935)

den Witterungseinflüssen ausgesetzt. Über die Gründe für den Rückzug des NS-Arbeitsdienstes gibt es in den Akten nur einen Hinweis von Kreiswiesenbaumeister Köhling.[100] Nach seinen Informationen wurde die „vorgegebene Maßnahme“ nicht zu Ende geführt, „weil die Arbeitsdienstabteilung Selm ins Emsland verlegt“ worden sei. Die prestigeträchtigen Projekte zur Kultivierungs- und Neulandgewinnung erhielten angesichts der bevorstehenden Aufstellung des RAD offensichtlich Vorrang vor den Regulierungsarbeiten. Der Vorstand der „Wassergenossenschaft“ konnte zunächst nur Schadensbegrenzung betreiben und versuchte die dringend notwendigen Arbeiten als Notstandsarbeit anerkennen zu lassen, um die „Sommerhochwassergefahr von 299 ha Wiesen- und Weideland“ abzuwenden.

Bereits Mitte März 1935 legte Landrat Barthel beim Arbeitsamt Lünen einen entsprechenden Antrag vor, da es seit Januar 1935 in der Kreisausschussverwaltung ein Arbeitsbeschaffungsamt gab, das auf die Bearbeitung derartiger Sachverhalte eingestellt war.[101] Die Begründung zur Bedeutung seines Antrages für die Entlastung des Arbeitsmarktes nahm auf die Krisensituation in Selm Bezug: „Es können rd. 100 Mann der Notstandsgemeinde Selm 7–8 Monate beschäftigt werden.“ Und sie könnten die Arbeitsstelle zu Fuß oder auf Fahrrädern erreichen. Die Arbeit sollte weiter in Eigenregie der „Wassergenossenschaft“ durchgeführt werden, da es sich um die Fertigstellung einer begonnenen Arbeit handeln würde.

Am 30. März 1935 genehmigte der Präsident des Landesarbeitsamtes Dortmund die Förderung bis zum 31. Oktober 1935 für mindestens 100 Notstandsarbeiter, allerdings nicht in der beantragten Höhe von 4,00 RM pro Tagewerk, sondern nur von 3,60 RM. Die Notstandsarbeiter mussten aus dem Bezirk des Arbeitsamtes Lünen stammen. Sie sollten 42 Stunden wöchentlich arbeiten. Von den insgesamt zu beschäftigenden Empfängern von Arbeitslosenhilfe durften 60 % Wohlfahrtsunterstützungsempfänger sein. Die Maßnahme sollte bis zum 15. April in Angriff genommen werden. Als Träger der Notstandsarbeit wurde die „Wassergenossenschaft“ anerkannt, die in einem Vertrag mit der Vereinigten Tiefbaugesellschaft in Lüdinghausen die Ausführung der Bauarbeiten unter Beachtung der Vorgaben des Arbeitsamtes regelte. Da von den 18.000 Tagewerken, die das Arbeitsamt genehmigt hatte, für die Fertigstellung des Bauabschnittes nur 5.000 Tagewerke eingesetzt wurden, beantragte die „Wassergenossenschaft“ beim Arbeitsamt erfolgreich die Erweiterung der Baumaßnahme. Mit der Förderung war ein Ausbau im ursprünglichen Umfang bis zur Funne-Mündung möglich. Der Unternehmer konnte die gesamte Baumaßnahme bis zum 30. September 1936 zeitgerecht abschließen, so dass insgesamt 4,25 km der Gesamtstrecke von 9 km reguliert waren.

Beim weiteren Ausbau der Stever ab Herbst 1936 musste sich die „Wassergenossenschaft“ auf veränderte Rahmenbedingungen einstellen. Die Reichsanstalt zur Arbeitsbeschaffung stellte nun wiederholt Sondermittel für Notgebiete bereit. Das erleichterte einerseits die Finanzierung, da die Maßnahme „Steverausbau“ wichtige Voraussetzungen für die Beanspruchung dieser Mittel erfüllte: Obwohl sich ab 1937 die wirtschaftliche Situation spürbar verbesserte, gab es im nahen Ballungsraum des Ruhrgebietes weiterhin eine große Zahl von Wohlfahrtsunterstützungsempfängern, die als Notstandsarbeiter beschäftigt werden sollten. Und die Dringlichkeit der Regulierungsmaßnahme wurde allgemein anerkannt, so dass die volkswirtschaftliche Notwendigkeit des Einsatzes von Notstandsarbeitern nicht mehr begründet werden musste. Der ausschließliche Einsatz von Erwerbslosen aus dem Arbeitsamtsbezirk Dortmund führte andererseits zu Problemen in der Arbeitsorganisation, mit denen die „Wassergenossenschaft" bisher nicht konfrontiert war. Sie entstanden vor allem durch die lagermäßige Unterbringung der älteren Notstandsarbeiter, da sie durch die Entfernung zwischen Wohnung und Baustelle nicht mehr an jedem Arbeitstag anreisen konnten. Die Amtsverwaltung Lüdinghausen hatte daher am 30. September 1936 mit dem Geschäftsführer der Sportindustrie G.m.b.H. Alfons Hageney in Lüdinghausen einen Mietvertrag abgeschlossen, in dem Hageney sein Fabrikgrundstück zur Einrichtung eines „Aufbaulagers" zur Verfügung stellte. Hageney war damit einverstanden, dass der Kaufmann und Küchenunternehmer Josef Daub in diesen Vertrag eintrat. Daub verpflichtete sich, in dem vom Amt Lüdinghausen für 150–160 Personen ausgestatteten Lager als Lagerhalter Unterkunft und Verpflegung für die Notstandarbeiter anzubieten. Die Details wurden in einem Vertrag zwischen der „Wassergenossenschaft" und Daub geregelt.

Konflikte entzündeten sich insbesondere an den Arbeits- und Lohnbedingungen, wenn z.B. aufgrund von Dauerregen und Überflutungen die Notstandsarbeiter nicht eingesetzt werden konnten und keinen Lohn vom Unternehmer bekamen. Wer bezahlte dann Unterkunft und Verpflegung? In die Verhandlungen mit den Unternehmern über die Lohn- und Arbeitszeit-Regelung schaltete sich nun auch die DAF ein, um „Soziale Härte" zu vermeiden. Die unzureichende Abstimmung der Vorarbeiter mit der Bauleitung führte zu Unstimmigkeiten bei der Führung der Lohnlisten, wenn Arbeiter bei Hochwasser der Stever zum Ausbau des Teufelsbaches abgegeben wurden. Die Entlassung von Arbeitern durch die Unternehmer „als untauglich zur Verrichtung von Erdarbeiten" führte zum Streit mit der Arbeitsverwaltung, die sich derartige Entscheidungen vorbehielt. Auch Entlassungen wegen „Arbeitsverweigerung", wegen eigenmächtigen Verlassens des Arbeitsplatzes oder verspäteter Rückkehr nach Wochenendheimfahrten waren ständige Themen. Aufgrund einer Schlägerei im „Aufbaulager" sah sich Bauleiter Köhling gezwungen, zwei Arbeiter sofort zu entlassen.

Trotz derartiger Herausforderungen blieb die Landeskultur, die auch kleine Maßnahmen wie den Ausbau des Dümmerbaches und des Offerbaches umfasste, eine zentrale Aufgabe der Kreiskommunalverwaltung in Kooperation mit mehreren Wasserverbänden des Kreises Lüdinghausen. Welche Dringlichkeit der Landeskultur beigemessen wurde, zeigen die Bauarbeiten an der Stever. Sie wurden während des Krieges fortgeführt und waren 1945 südlich Lüdinghausen so weit fortgeschritten, dass lediglich die Einmündung des aus der Stadt Lüdinghausen kommenden Stever-Armes in das neue Flussbett hergestellt werden musste.[102]

Die Realisierung der großen Wasserregulierungsprojekte erforderte genauso wie die Kultivierungsprojekte die konsequente Mobilisierung und Ausnutzung der menschlichen Arbeitskraft, die beim Einsatz von Zwangsarbeitern und Kriegsgefangenen die Existenzvernichtung durch Arbeit einkalkulierte. Die Wasserbauprojekte wurden jedoch nie zu Prestigeobjekten wie die Kultivierungsprojekte, auch wenn die „Verbesserung der Bodenkultur“ als wichtiger Beitrag zum Gewinn der „Erzeugungsschlacht“ und als Förderung des ländlichen Raumes und der Landwirtschaft durch das NS-Regime dargestellt werden konnte.

4. Naturschutz- und Heimatpflege

Die Heimatbewegung und das NS-Regime
Auch wenn die Heimatbewegung stets ihren unpolitischen Charakter betonte, verstand sie sich als kulturelle Bewegung mit dem Anspruch, die Bevölkerung zu Heimatstolz und -liebe, zu Heimat- und Naturschutz zu erziehen. Um in diesem Sinne praktisch-politisch wirksam werden zu können, suchte sie bereits in der Weimarer Zeit die Zusammenarbeit mit den Kommunen und Kommunalverbänden in der Region. Die „Übereinstimmungen in der Zivilisationskritik, die Verherrlichung des deutschen Volkes und seiner ‚Stämme‘, das Leitbild einer besseren Kultur der Vergangenheit, die Skepsis und Abwehr gegenüber Fremden sowie die Betonung rassischer Erklärungen“ führten den Nationalsozialismus und die Heimatbewegung nach der „Machtübertragung“ schnell zusammen.[103]

Karl Wagenfeld trat kurz danach in die NSDAP ein und bezeichnete die Heimatbewegung selbstbewusst als „Vorläufer der nationalsozialistischen Bewegung“, wie auch die Partei den Prestigegewinn durch Wagenfeld zu schätzen wusste und ihn daher bis zu seinem Tod im Jahr 1939 hofierte. Ein Großteil der Mitglieder der Heimatbewegung folgte diesem Beispiel. Dabei teilten sie nicht unbedingt den weitreichenden Erziehungsanspruch ihrer „Leitfigur“. Sie erkannten vielmehr die Chancen, die sich für die Realisierung zahlreicher konkreter Maßnahmen in ihrem Lebensumfeld boten. Es entwickelten sich vielfältige Formen der organisatorischen Zusammenarbeit zwischen der ehrenamtlichen Arbeit der Heimatbewegung, den kommunalen Verwaltungen und den Parteigliederungen, die am Beispiel der Kreiskommunalverwaltung in ihren Ansätzen und Zielsetzungen dargestellt werden können. Hierbei muss sich zeigen, ob die „nationalsozialistische Bewegung mit ihrem verpflichtenden Gedankengut“ tatsächlich „dem Begriffe ‚Heimat‘ neuen Inhalt, neue Ziele und Richtung“ geben konnte.[104]

Die Intensivierung der Zusammenarbeit mit der Heimatbewegung, die von bürgerlichen Kräften getragen wurde, war ein wichtiger Schritt zur Stabilisierung des NS-Regimes und wurde bei jeder sich bietenden Gelegenheit beschworen. So erinnerte Nationalsozialist und Landeshauptmann Karl Friedrich Kolbow (1899–1945),[105] gleichzeitig Leiter des Westfälischen Heimatbundes, am 4. Mai 1935 bei der Eröffnung einer Arbeitstagung des Heimatbundes Münsterland vor Vertretern der Heimatvereine daran,

> „dass wir uns bewusst sein müssen, nicht in einer Spezialarbeit tätig zu sein, sondern mitzuarbeiten an einer unentbehrlichen Arbeit in dem großen Geschehen unserer Zeit zur festen Begründung der nationalsozialistischen Weltanschauung. Wenn wir aus der Liebe zur Heimat die Kraft gewinnen wollen, das Schicksal zu meistern, wenn wir aus der Heimat heraus verstehen wollen, wie das alles geworden ist, wenn wir Heimatgeschichte treiben und aus dem Werden der Heimat die Dinge betrachten wollen, so tun wir das nicht aus irgendeiner romantischen Anwandlung heraus, sondern aus dem innersten Herzen, weil es uns ein Bedürfnis ist, das Werden von heute zu verstehen."[106]

Knapp ein Jahr später, am 4. Februar 1936, sprach Gauleiter Meyer auf der „großen Westfälischen Naturschutztagung" nach der Begrüßung durch Kolbow über die bedeutungsvollen Arbeiten auf dem Gebiet des Naturschutzes. Nach einem Zeitungsbericht über die Tagung stellte Meyer dar, „wie das deutsche Volk mit dem Schwinden des Stammes- und Volksbewusstseins auch den Sinn für seine Landschaft verloren und infolgedessen auch das Landschaftsbild seinen Charakter verloren habe. Hier im Sinne des Führers zu arbeiten, sei für die neugeschaffene Provinzialstelle eine Aufgabe von der allergrößten Bedeutung. Hier habe sie die Aufgabe, auch die, die der Internationalen zugejubelt haben, wieder mit der Natur und durch sie mit der Heimat und dem Vaterlande zu verbinden." An dieser Tagung nahmen über 200 hochrangige Vertreter der Verwaltung und Heimatpflege aus der gesamten Provinz Westfalen teil, aus den Kreisen Coesfeld und Lüdinghausen allein sieben.

Wie derartige ideologische Vorgaben und Einordnungen auf die regionale Situation heruntergebrochen wurden, zeigt ein Artikel aus der Lüdinghauser Zeitung wenige Tage nach der Tagung von 1935. Aufgrund der sachkundigen Darstellung stammte er sehr wahrscheinlich aus der Feder eines „Heimatfreundes". Der Artikel beginnt mit folgendem Absatz, bevor er dann die „Schönheit und Eigenart der Lüdinghauser Landschaft" beschreibt:[107]

> „Die alte Kultur des Lüdinghauser Landes, deren herrliche Zeugen in den Burgen Vischering, Kakesbeck, dem Amthaus, der Pfarrkirche, den prächtigen Bauernhöfen in unsere Gegenwart hineinragen, sie verpflichtet uns vor den Toren des Industriegebietes als Hüter und Erbe einer gesunden ländlichen Tradition zu einer geistigen Haltung, die den Wert einer solchen Kultur betont. In solchem Handeln befinden wir uns in der Übereinstimmung mit der nationalsozialistischen Auffassung, die der Nachgiebigkeit des vergangenen Zeitalters gegenüber der Landschaftsverschandelung, den Nivellierungsbestrebungen der Industrie und damit auch der Gleichmachung der bodenverwurzelten Eigenart der Bevölkerung ein festes ‚Nein' entgegengesetzt hat. Was die Besten der Heimatbewegung in vielen Jahren vorbereitet und gesät haben, muss jetzt unter der nachdrücklichen Förderung der Regierung zur vollen Blüte aufgehen."

Es sollte also nicht bei den verbalen und schriftlichen Bekundungen gemeinsamer historischer Erkenntnisse und gemeinsamer Zukunftsvorstellungen bleiben. Die praktische Heimatpflege in den Gemeinden konnte sich bei ihren historischen Forschungen, den Sammlungs- und Inventarisierungsbemühungen für die lokalen Museen und Archive oder bei konkreten Maßnahmen zum Schutz von historischen Gebäuden und Naturdenkmälern zumindest auf die ideelle Förderung und fachliche Begleitung des Westfälischen Heimatbundes verlassen. Auf der Ebene der Kreise hatten Fragen des Naturschutzes ein größeres Gewicht. Das war nicht nur eine Reaktion auf die weitreichenden Eingriffe in die Natur durch die Kultivierungs- und Regulierungsmaßnahmen, sondern durch die Naturschutzmaßnahmen in Preußen und durch das Reichsnaturschutzgesetz vom 26. Juni 1935 bedingt.

Die Anfänge des staatlichen Naturschutzes in den Landkreisen

Ein Erlass vom 30. Juni 1934 des Reichserziehungsministers Bernhard Rust in seiner Eigenschaft als Preußischer Kultusminister leitete den Neuaufbau von Naturschutzorganen in Preußen ein.[108] Durch eine straffere Organisation sollte deren „besonders bedeutungsvolle Tätigkeit“ für den NS-Staat „zu größerer Wirksamkeit“ verholfen werden. In den Provinzen, Regierungsbezirken und Landkreisen entstanden jeweils Naturschutzstellen. Vorsitzender der Naturschutzstelle im Landkreis war der Landrat, dem ein fachkundiger Berater als Naturschutzkommissar an die Seite gestellt wurde. Dieser wurde vom Regierungspräsidenten amtlich ernannt, übte seine Tätigkeit aber ehrenamtlich aus. Im Auftrag der Naturschutzstelle war der Naturschutzkommissar für alle Belange des Naturschutzes im Kreisgebiet zuständig. Er sollte Aufgaben staatlicher Stellen übernehmen und erledigen und seine sonstige Tätigkeit in Abstimmung mit diesen Stellen ausüben. Für den Landkreis Lüdinghausen wurde Rektor Andreas Heeger aus Lüdinghausen zum Naturschutzkommissar bestellt, für den Kreis Coesfeld Rektor Dr. Hans Hüer aus Gescher.[109]

Am 7. Januar 1935 versandte Landrat Barthel als Vorsitzender der Kreisstelle eine Einladung zu einem Lichtbildervortrag über den Naturschutz, um bei dieser Gelegenheit die Naturschutzstelle mit Rektor Heeger als Naturschutzkommissar vorzustellen und für eine „tatkräftige Mitarbeit“ zu werben.[110] Zum Zuhörerkreis gehörten die Bürgermeister, der Kreisleiter, der Kreiskulturwart und die Ortskulturwarte der NSDAP, der Kreisbauernführer, der Kreisjägermeister, die Vorsitzenden der Heimatvereine und alle, die sich für den Heimat- und Naturschutz interessierten. Die Bürgermeister hatten in jedem Ort einen „Obmann“ für das Aufgabengebiet des Naturschutzes zu ernennen. Dieser wiederum sollte zur Unterstützung mehrere Vertrauensleute gewinnen und mit diesen zusammen eine Arbeitsgemeinschaft bilden. Um den „Bestrebungen Bindung und Rückhalt“ zu geben, empfahlen Barthel und Heeger dringend den Bezug der Zeitschrift „Natur und Heimat“. Die Obleute sollten bald zu einer gemeinsamen Besprechung eingeladen werden. Noch setzte Landrat Barthel auf freiwillige Mitarbeit und hoffte darauf, dass die „Gemeindeverbände wesentlich beitragen werden zur Förderung der Heimaterkenntnis und des Heimatschutzes". Gemeint war hier insbesondere die Bereitstellung finanzieller Mittel. Kreiskommissar Heeger kündigte von ihm erarbeitete Richtlinien an, die den Obmännern und Vertrauensleuten bei ihrer Arbeit Orientierung geben sollten.

Diese „Richtlinien für die Naturschutz-Kommissare und Vertrauensleute" wurden wenige Wochen später veröffentlicht. Sie definierten unter dem Stichwort „Arbeitsweise" einen Katalog „staatlicher Naturschutzaufgaben", der die verschiedenen Ansatzpunkte der praktischen Naturschutzarbeit in den 1930er Jahren deutlich macht. In Schlagworten zusammengefasst ging es um folgende Aufgaben:

- Ermittlung charakteristischer Landschaftsformen, seltener Pflanzen und Tiere und bemerkenswerter Naturdenkmäler,
- Inventarisierung und Katalogisierung der Erkenntnisse nach Ämtern und Gemeinden,
- Ermittlung geplanter Veränderungen und Verunstaltungen der Landschaft,
- Entwicklung von Maßnahmen zur Sicherstellung gefährdeter Naturdenkmäler,
- Überwachung der Einhaltung aller Naturschutzgesetze, vor allem zum Schutz geschützter Pflanzen und Tiere,
- Verhinderung bzw. Anzeige von Landschaftsverschandelung durch Reklame,
- Beratung aller Behörden und Mitwirkung bei Maßnahmen zur Landschaftsgestaltung und Landschaftspflege,
- Anlage eines Bildarchivs und Errichtung einer Lichtbildstelle.

Als Querschnittsaufgabe galt in Zusammenarbeit mit dem Westfälischen Heimatbund die Aufklärung über den Naturschutzgedanken und die Naturschutzarbeit durch Vorträge und Führungen z.B. für die Lehrerschaft, die HJ oder die KdF, durch Presseartikel und öffentliche Veranstaltungen. Auf der Agenda standen auch die Gründung von Naturschutzvereinigungen zur Bündelung aller Kräfte und die Errichtung von Organisationen zur Überwachung der Naturschutzgebiete.

Schon die Herkunft des Naturschutzerlasses aus dem Kultusministerium zeigt dessen wissenschaftlich-pädagogischen Ansatz, in dem es in erster Linie um „die planmäßige Erforschung der Heimat, Vertiefung der Heimatkenntnis, Weckung der Liebe und Freude zur Heimat und damit die Pflege des Naturschutzgedankens" ging. Im Grunde nahm er die Anliegen der Heimatbewegung auf und stellte sie auf eine breitere organisatorische Basis. Die Anlehnung an die Heimatvereine zeigte sich auch in den personellen Kontinuitäten, da nach wie vor die Lehrer die tragende Säule und den Motor der Heimataktivitäten bildeten. Auf der Basis der in den Heimatvereinen geleisteten Grundlagenarbeit der Identifizierung, Erfassung und Bewertung der Pflanzen- und Tierwelt, der Naturdenkmäler und Landschaftsformen konnte das Reichsnaturschutzgesetz vom 26. Juni 1935 mit seinem ordnungspolizeilichen Ansatz erst zielgerichtet ansetzen und seine Wirkung entfalten.

Mit dem Gesetz hatten Politik und Verwaltung ein Rechtsinstrument an der Hand, mit dem der Schutz der Natur behördlich und gerichtlich durchgesetzt werden konnte.[111] Das Gesetz und die Ausführungsverordnung zum Gesetz regelte das Beteiligungsverfahren und sah bei Verstößen auch Sanktionen vor. Als Sicherungs- und Kontrollinstrumente sollten beim Kreis ein „Naturdenkmalbuch" als amtliche Liste und auf der Reichsebene ein „Reichsnaturschutzbuch" als Gesamtkataster für alle Naturschutzgebiete geführt werden. Die Notwendigkeit des Gesetzes wurde nicht nur ideologisch über den „Zusammenhang von Blut und Boden" oder gesundheitspolitisch begründet, da der „deutsche Mensch" „die Natur zu seiner körperlichen Erholung und seelischen Erhebung" brauche, sondern nahm durchaus selbstkritisch die „vielfach" gesteigerte „Naturzerstörung" seit 1933 in den Blick. In mehreren Zeitungsberichten zum Gesetz stellten die Autoren ausdrücklich den Bezug zu den „vordringlichen Maßnahmen der Arbeitsbeschaffung und Kulturlandgewinnung" her, die „oft genug wenig oder keine Rücksicht auf die Naturwerte" nähmen. Reichsforstmeister Göring sollte also als Oberste Naturschutzbehörde die Funktion als „Anwalt" der heimatlichen Natur übernehmen und ihren Schutz gegen die Interessen der Arbeitsverwaltung, des RAD oder der Landwirtschaft durchsetzen. Er sollte dabei von den Regierungspräsidenten als höhere Naturschutzbehörde und den Landräten als untere Naturschutzbehörde unterstützt werden. Zu jeder Naturschutzbehörde sollte eine Naturschutzstelle treten, die in Preußen auf der Kreisebene bereits existierte. Damit stellte sich auf dieser Ebene unmittelbar die Frage, wie zur Erhaltung der Natur zwischen den Schutz- und Verwertungsinteressen im Verwaltungsalltag vermittelt wurde.

Mit der Durchführungsverordnung vom 31. Oktober 1935 zum Reichsnaturschutzgesetz wurden die Kreispolizeibehörden untere Naturschutzbehörden. Die fachliche Beratung der Behörde, sprich des Landrates, lag bei der Naturschutzstelle, die jedoch nicht Teil der Behörde war. Sie bestand aus dem Vorsitzenden, der gleichzeitig auch die Naturschutzbehörde leitete, einem Geschäftsführer und fünf bis zehn Mitgliedern. Bereits eingerichtete Naturschutzstellen blieben in ihrer Zusammensetzung bestehen, soweit sie den Bestimmungen der Verordnung entsprachen. Im Februar 1937 setzte sich daher die Kreisstelle für Naturschutz in Lüdinghausen wie folgt zusammen:[112] Den Vorsitz führte Landrat Barthel. Zum Kreisbeauftragten für Naturschutz, stellvertretenden Vorsitzenden der Kreisstelle und Geschäftsführer hatte der Regierungspräsident wiederum Rektor Heeger berufen. Zu den Mitgliedern gehörten der stellvertretende Kreisbauernführer, der Unterbannführer der HJ, ein Obermeister der Gendarmerie, ein Landmesser der Kulturbauverwaltung, ein Schulrektor und ein Lehrer. In der Naturschutzstelle waren also alle Interessengruppen von den Naturschützern bis zu den pädagogischen und wirtschaftlichen Naturnutzern vertreten. Ein Bericht des Kreisbeauftragten Heeger an den Bezirksbeauftragten für Naturschutz Dr. Paul Graebner von August 1937 gibt Aufschluss über die Arbeit und das Selbstverständnis der Naturschutzstelle.

Für Heeger hatte es auch im Kreis Lüdinghausen einen „gewaltigen Einbruch in die Heimatnatur gegeben", im östlichen Teil durch das Vordringen der Industrie, im westlichen Teil durch „die fortschreitende Aufschließung, Kultivierung und Besiedlung bisheriger Waldgebiete und Ödländer". Die „geschaffene Organisation" habe sich bewährt und strebe an, „die Neu- und Umgestaltung im Osten des Kreises in das natürliche Bild des Kreises einzupassen" und im Westen „die Ursprünglichkeit unberührter Gebiete, die Eigenart des Landschaftsbildes" zu erhalten. Die Naturschutzstelle habe inzwischen eine „ziemlich geschlossene Übersicht über den Gesamtbestand an Naturdenkmalen des Kreises gewonnen und viele davon für die Zukunft sicher gestellt". Dazu sei das „Naturdenkmalbuch" angelegt und diese Naturdenkmäler eingetragen worden. Die Führung und Ergänzung des „Naturdenkmalbuches", also die Sicherstellung von neuentdeckten Naturdenkmälern, sei auch künftig eine Aufgabe. In der Praxis habe es der Naturschutz aber nicht leicht, seine Anschauungen zur Geltung zu bringen. Hier weist Heeger ausdrücklich auf die Frage der Erhaltung der Wallhecken hin, die durch die Umlegungen und Planungen besonders gefährdet seien. Der Naturschutzgedanke habe jedoch auch auf dem Land Fuß gefasst. Und der Bauer würde nun das Wort Adolf Hitlers beherzigen, „dass wir nicht nur ein Deutschland der Macht, sondern auch ein Deutschland der Schönheit begründen" wollten.[113]

An den Auseinandersetzungen um den Erhalt von Wallhecken ließe sich in der Tat das Bemühen der Behörden aufzeigen, zwischen den verschiedenen Ansprüchen zu vermitteln und eine Lösung zur „allseitigen Zufriedenheit" zu finden.[114] In der Landwirtschaft gelang es fast immer, die Ansprüche durch die zunehmende Technisierung mit denen der Landschaftspflege in Einklang zu bringen. War die Entfernung einer Wallhecke nicht zu umgehen, wurden dem Eigentümer entsprechende Ersatzanpflanzungen zur Pflicht gemacht. Nur in Einzelfällen musste die Naturschutzbehörde strafrechtlich gegen Besitzer vorgehen, die vorsätzlich die Reichsverordnung zur Erhaltung der Wallhecken vom 29. November 1935 missachtet hatten. Die Zahl der Anträge auf Rodung von Wallhecken ging stark zurück. Auf der Tagesordnung der Naturschutzstelle standen aber auch weitere Themen wie der Schutz von Baumbeständen und Grünflächen, Entwässerungsprojekte, der Schutz seltener Pflanzen und Vögel, der Vogelfang und die Vergabe von Vogelfangerlaubnissen sowie die Einrichtung von Naturschutzgebieten. Diese konkrete Naturschutzarbeit wurde 1936 mit einer Naturschutzverordnung der Obersten Naturschutzbehörde, Reichsforstmeister Göring, durch die Präzisierung aller unter Schutz gestellten wildwachsenden Pflanzen und nichtjagdbaren wildlebenden Tiere unterstützt.[115]

Im Kreis Lüdinghausen gab es schon vor dem Erlass des Preußischen Kultusministers von Juni 1934 das Naturschutzgebiet „Kurrickerberg" in Walstedde.[116] Der Rücken des Berges wurde bereits 1925 durch Grundbucheintragung aufgrund des Vorkommens seltener Orchideenarten als Naturschutzgebiet sicher gestellt und gleichzeitig die Umgebung in Größe von zwei Quadratkilometern durch eine Polizeiverordnung zum Pflanzenschutzgebiet erklärt. Auf Initiative des neuen Kreiskommissars für Naturschutz fand im Mai 1935 eine eingehende botanische Besichtigung des Gebietes statt. Die Teilnehmer erklärten den Erhalt dieses Naturschutzgebietes aufgrund der „bedeutenden Pflanzenschätze" „für alle Zeit" zur Pflicht der maßgebenden Stelle. Da die Besichtigungskommission auch eine Verkleinerung der Naturschutzfläche durch Kultivierungsmaßnahmen und den Diebstahl geschützter Pflanzen feststellen musste, wurde Landrat Barthel gebeten, das Gebiet strenger überwachen zu lassen. Sie empfahl außerdem die Aufstellung von Warntafeln und eine Markierung des Naturschutzgebietes durch Grenzsteine. Landrat Barthel sah sich jedoch aufgrund der finanziellen Notlage des Kreises nicht in der Lage, die Kosten von 270 RM für die Ausführung dieser Maßnahmen zu übernehmen. Mit praktischer Unterstützung bei der Herstellung der 6 Warntafeln durch das Provinzial-Museum für Naturkunde und der finanziellen Unterstützung durch den Provinzialverband bei der Beschaffung der 80 Grenzsteine konnten die Maßnahmen bis März 1936 umgesetzt werden. Mit dem „Katenberg" und dem „Wacholderhain" in den Borkenbergen kamen 1938 zwei weitere Naturschutzgebiete hinzu.[117]

Mit der Ausweisung des Naturschutzgebietes „Fürstenkuhle" im Weißen Venn reagierte der Kreis Coesfeld auf die „Naturzerstörung" durch die Erschließung und Kultivierung des Weißen Venns. Im Oktober 1934 gelangte das Thema durch eine Anfrage des neuen Kommissars für Naturdenkmalpflege in der Provinz, Dr. Graebner, auf die Tagesordnung des Kreisausschusses.[118] Vorbereitende Gespräche mit dem Landeskulturamt über die Erhaltung einer etwa 300 Morgen umfassenden Fläche im nordöstlichen Teil des Weißen Venns hatte es bereits vorher gegeben. Nun bat Graebner den Landrat Klein um Mitteilung, „ob und in welchem Umfange der Kreis Coesfeld in der Lage ist, für den eventuell notwendig werdenden Ankauf der zu schützenden Heide- und Moorfläche Geldmittel zur Verfügung zu stellen". In einer Stellungnahme hatte Professor Dr. Heinrich Feuerborn vom Zoologischen Institut der Universität Münster die Schutzwürdigkeit des Gebietes begründet. Für Feuerborn war das Weiße Venn das einzige leicht erreichbare Moorgebiet in Westfalen, das noch annähernd ursprüngliche Verhältnisse und so Gelegenheit zur Demonstration der geologischen und biologischen Eigenarten eines Hochmoores bot. Aus seiner Sicht musste allerdings dafür gesorgt werden, dass die Naturschutzfläche durch die Beibehaltung eines breiten Moorstreifens zur Siedlungsfläche hin nicht austrocknete. Hochmoore seien für die wissenschaftliche Forschung und für die Heimatkunde von großem Wert, da auch der Naturschutzgedanke an einem derartigen Objekt vor Augen geführt werden könne. Der Kreisausschuss beschloss das erforderliche Gelände anzukaufen, „falls der Kaufpreis nicht zu hoch liegen würde".

Die Absicherung des Naturschutzgebietes „Fürstenkuhle", die erst mit dem Ankauf der Fläche durch den Kreis Coesfeld tatsächlich gewährleistet war, zog sich bis 1941 hin.[119] Im September 1935 vereinbarten die Kreisverwaltung, das Kulturamt und Dr. Graebner in einer Besprechung die genauen Grenzen des Gebietes und die örtliche Festlegung im Gelände. Bei einem Ortstermin im Juli 1937 zur Erörterung des offiziellen Antrags auf Unterschutzstellung, zu dem sowohl die Beauftragten für Naturschutz des Kreises, des Bezirks und der Provinz als auch der Kulturbaubehörden, der Siedlungsgesellschaft „Rote Erde" und der Landesbauernschaft anwesend waren, meldeten letztere jedoch erhebliche Vorbehalte an. Die Siedlungsgesellschaft könne aus finanziellen und aus grundsätzlichen Erwägungen keine 200 Morgen als Naturschutzgebiet freigegen, da dadurch drei Siedlerstellen auf „qualitativ wertvollstem Boden" ausfallen würden. Der Vertreter der Landesbauernschaft schloss sich dieser Position mit dem Hinweis auf den Verlust von drei Erbhöfen an. Sie waren gemeinsam davon überzeugt, dass durch die Entwässerungsmaßnahmen das Schutzgebiet austrocknen würde. Ein von der „Siedlungsgesellschaft" bestellter Gutachter von der Preußischen Moorversuchsstation in Bremen stützte deren Position und äußerte Zweifel über den naturgeschichtlichen Wert der „Fürstenkuhle".

Der Kreis Coesfeld ließ sich aber von seinem Naturschutzprojekt nicht abbringen, trotz des hohen Kaufpreises, der für alle Teilnehmer des Umlegungs- und Siedlungsprojektes galt.[120] Beihilfen des „Reichsforstmeisters" und der Provinz erleichterten den Ankauf. Das Naturschutzgebiet „Fürstenkuhle" im Weißen Venn ging schließlich am 1. Februar 1941 in den Besitz des Kreises Coesfeld über. Landrat Stachels als Kreiskommunalverwaltung und Eigentümer erteilte am 27. Januar 1942 gegenüber dem Landrat als staatliche Verwaltung sein Einverständnis, die erworbene Fläche zum Naturschutzgebiet zu erklären.[121]

Die Naturschutzgebiete und Naturdenkmäler und ihr weiteres landschaftliches Umfeld oder angrenzende Landschaftsschutzgebiete wurden auf Anordnung der zuständigen Naturschutzbehörde zur Sicherstellung in Landschaftsschutzkarten eingetragen, die jeder einsehen konnte. Ab 1938 konnten auch „sonstige Landschaftsteile" eingetragen werden, um sie bei einer akuten Gefährdungssituation „einstweilig" sicherzustellen.[122] Das Gebiet um die „Fürstenkuhle" im Weißen Venn war im Juni 1938 auf Veranlassung des Landrates in der Landschaftsschutzkarte des Kreises Coesfeld verzeichnet worden.[123] Mit der Verordnung bestand ein Verbot, in den gekennzeichneten Flächen Veränderungen vorzunehmen, die geeignet waren, „die Natur zu schädigen, den Naturgenuss zu beeinträchtigen oder das Landschaftsbild zu verunstalten". Die wirtschaftliche Nutzung blieb erlaubt, sofern sie dem Zwecke der Verordnung nicht widersprach.

Die Eintragung des Naturschutzgebietes „Kurrickerberg" in die Landschaftsschutzkarte des Kreises Lüdinghausen erfolgte im März 1939.[124] Bei einer Ortsbesichtigung im Mai 1939 zeigte sich den Teilnehmern jedoch „ein Bild trostloser Zerstörungswut, Rohheit gegenüber der Natur und Nichtachtung gesetzlicher Vorschriften". Die Besichtigungskommission kam zu der Erkenntnis, dass eine Eintragung allein keinen Schutz garantierte, sondern eine polizeiliche Überwachung, „die Ermittlung der Übeltäter", „öffentliche Warnungen" und Strafandrohungen sowie genaue Absprachen mit den Eigentümern über die Bewirtschaftung der Grundstücke im Landschaftsschutzgebiet notwendig waren und drängte die Kreisverwaltung als Naturschutzbehörde auf die Durchführung entsprechender Maßnahmen.

Die Empörung über die Zerstörung der Natur und den leidenschaftlichen Einsatz für ihren Erhalt bewahrten sich die Naturschutzbeauftragten bis weit in den Krieg hinein. Als der Beauftragte für Naturschutz im Regierungsbezirk Münster im September 1943 die Zerstörung eines Hochwaldes in einem geplanten Landschaftsschutzgebiet bei Schloss Cappenberg durch ein Barackenlager der „Organisation Todt" bemerkte, drängte er Landrat Barthel zu einer „einstweiligen Sicherstellung" durch die Eintragung in die Landschaftsschutzkarte des Kreises Lüdinghausen. Die Heimat- und Naturschützer ließen sich offensichtlich nicht durch den Krieg in ihren Zielsetzungen erschüttern. Als nach 1941 alliierte Bombergeschwader systematisch Wohnviertel in Dortmund, Münster und Bielefeld zerstörten, ab März 1943 das Ruhrgebiet zum Zentrum massiver Luftangriffe wurde und im Mai 1943 die Möhnetalsperre den Bomben zum Opfer fiel, arbeiteten sie in ihrem ‚Refugium' weiter an der Harmonie von Landschaft und Natur und der Schönheit Deutschlands, an einer scheinbar ‚heilen Welt' im Krieg.

Zur Inszenierung dieser Heimatidylle gehörte auch die Ortsbild- und Landschaftspflege durch Publikationen, Wettbewerbe oder gemeinsame Gestaltungsaktionen. Im Juli 1935 stellte Landeshauptmann Kolbow als Leiter des WHB den Landräten seine Überlegungen für einen 20-seitigen „Kunstführer des Westfälischen Heimatbundes" für jeden Kreis vor.[125] Dieser war als Hilfsmittel gedacht, um „vor allem die wandernde Jugend zum Sehen und Verstehen" der heimatlichen Kunst zu erziehen und so für die Aufgaben des Heimatbundes zu gewinnen. Zur Finanzierung des Vorhabens sollte jeder Kreis vorab einen Zuschuss von 500 RM zahlen und dafür 5.000 Exemplare der Auflage für den Verkauf an die Gemeinden des Landkreises erhalten. Für den Kreis Lüdinghausen hatte der WHB bereits Prof. Ernst Walbe aus Münster, für den Kreis Coesfeld Dr. Hans Hüer aus Gescher als Autoren ausgewählt. Landrat Barthel sagte den Vorschuss unter der Bedingung zu, dass ihm das Manuskript vor der Drucklegung zur Durchsicht vorgelegt wurde. Er ließ das Manuskript im Februar tatsächlich überarbeiten und um wichtige Punkte wie den Segelflugplatz Borkenberge, einige Naturschutzgebiete, die Jugendherbergen und mehrere Kunstobjekte in den Gemeinden ergänzen. Im Juli 1936 erhielten alle Gemeinden des Kreises in Abhängigkeit von der Bevölkerungszahl zwischen 50 (Capelle) und 600 Exemplaren (Werne) des Kunstführers gegen Erstattung der Kosten.

Ab September 1936 entdeckte Landrat Barthel das Thema „Dorfverschönerung" auch für den Kreis Lüdinghausen. Die Gemeinden seien nach der Deutschen Gemeindeordnung berufen, das Wohl ihrer Einwohner durch individuelle Fürsorge zu fördern und bei der Entwicklung und Ausgestaltung des Gemeinwesens die „geschichtlichen und heimatlichen Eigenarten" zu erhalten. Nach der Erledigung vordringlicherer Aufgaben war es für Barthel „endlich an der Zeit, auch an der Gestaltung des Dorfbildes den Wiederaufstieg und die Vorwärtsentwicklung im neuen Deutschland aufzuzeigen". Um sich von der Einsatzbereitschaft und Einsatzfähigkeit jeder Gemeindeverwaltung überzeugen zu können, rief er für das Jahr 1937 zu einem Wettbewerb um das „schönste und gepflegteste Dorfbild" auf. Die ersten vier Dörfer des Wettbewerbs, die nach einer eingehenden Besichtigung durch eine Kommission ausgewählt würden, sollten Geldpreise erhalten. Barthel legte folgende Beurteilungskriterien fest: Sauberkeit, Zustand der Zäune, Mauern, Hecken und Friedhofsanlagen, Pflege der Hecken, Vorgärten, Blumenkästen etc. und die Beseitigung von hässlichen und störenden Reklameschildern an den Gebäuden. Geeignete Maßnahmen sollten „im Benehmen mit den örtlichen Parteidienststellen" getroffen werden. Die Kommission, die aus dem Kreisobmann der DAF, einem Fabrikanten, einem Bauern, einem Architekten und Rektor Heeger bestand, besuchte im Juni 1937 die 23 teilnehmenden Gemeinden. Die Gemeinde Seppenrade ging als Sieger aus diesem Wettbewerb hervor und erhielt ein Preisgeld von 100 RM. Auch im Jahr 1938 gewann die Gemeinde Seppenrade den Wettbewerb, der eine dauernde Einrichtung bleiben sollte.

Das Ergebnis des Wettbewerbs überraschte sehr wahrscheinlich niemanden, da Seppenrade seit Anfang 1937 auf Vorschlag der Gaudienststelle der DAF, NS-Gemeinschaft Kraft durch Freude, nach Ostbevern als zweites „Kreismusterdorf" herausgeputzt wurde.[126] Die Durchführung lag in der Hand eines Arbeitsausschusses aus Vertretern aller NS-Organisationen, der Kreisverwaltung, der Gemeinde, der Schulen, des Arbeitsamtes und der Kirche unter der Leitung von Bürgermeister Dr. Kaup-Rüping.[127] Zum Arbeitsprogramm gehörten folgende Maßnahmen: Renovierung des Gemeindehauses und der Schulen von innen und außen und Ausstattung mit Blumenkästen, Umgestaltung des Kirchplatzes, Errichtung eines Parkplatzes und einer „Bedürfnisanstalt", Neubenennung mehrerer Straßen einschließlich einer „Adolf-Hitler-Straße" und einer „Dr. Marbach-Straße" wegen dessen Verdienste um die Entwicklung der Borkenberge-Segelfliegerei, Errichtung eines HJ-Heimes und die Beschaffung der notwendigen Finanzmittel, Ausgestaltung der „Wolfsschlucht", Schutz von Pflanzen und Bodendenkmälern, Durchführung von Baumanpflanzungen, Erweiterung der Kirchenchronik zu einer Gemeindechronik, Vorbereitung eines Werbeprospektes und eines Volksfestes zur Einweihung des Kreismusterdorfes. Um die Öffentlichkeit zu gewinnen, fand Anfang März 1937 eine große Werbeveranstaltung in einem Saal statt. Im Juli 1937 begutachtete eine Delegation der Gauleitung das Ergebnis der Dorfverschönerungsaktion. Sie kam zu einem positiven Urteil, da Seppenrade am 5. September 1937 im Rahmen einer großen Feier zum Musterdorf erklärt wurde.

Die begleitende Presse- und Propagandaarbeit zu den reichsweit durchgeführten Dorfverschönerungsaktionen und zur Kür von Musterdörfern macht den eigentlichen Zweck dieses Programms deutlich, in dem es nur vordergründig um die optische Erscheinung der Dörfer, im Kern vielmehr um „Volkserziehung" ging.[128] So äußerte sich auch der Bürgermeister von Seppenrade: Die Seppenrader Bevölkerung müsse „nicht nur äußerlich mittun, sondern auch ideenmäßig, kurz die Seppenrader müssen im Sinne der nationalsozialistischen Weltanschauung handeln und dadurch zu wahren Nationalsozialisten werden". Ein „Jubel"-Artikel aus der Werner Volkszeitung von Ende Juli 1937 beendete seinen Bericht über einen Besuch in Seppenrade und die Besichtigung der „vorbildlichen Gemeinschaftsarbeit" mit dem Satz: „Das große Wunder der Volkswerdung in unseren Tagen aber wird deutlich in jenem Marsch der Gemeinschaft dieses münsterländischen Dörfchens." Ein weiterer Artikel über die Heimatpflege schlug in diesem Sinne den Bogen zur Heimatbewegung: „Die Heimatbewegung ist [...] vielmehr eine Volkserziehungsbewegung, die das Neue, den Fortschritt, bejaht, die aber dafür sorgen will, dass die Entwicklung folgerichtig aus den ewigen Kräften unseres Volkstums vor sich geht, dass nicht Fremdes einbricht und dass der Zusammenhang mit der Gemeinschaft unserer Väter gewahrt bleibt. [...] Nein, die Heimat und ihre Kräfte pflegen, heißt sich für einen gesunden Untergrund des Volksganzen einsetzen – Heimat und Reich".

Die Kehrseite dieser Volkstumsideologie brachte Gauleiter Meyer, seit November 1938 auch Oberpräsident der Provinz Westfalen, in einem Faltblatt mit der Überschrift „Auskehr des Häßlichen. Heimkehr zum Schönen" auf den Punkt. Er ließ dieses Faltblatt im April 1939 als „Aufgabenplan" in Vorbereitung der Reichsfahrt der Alten Garde durch den Westfälischen Heimatbund über die Landräte an die Gemeinden an der geplanten Durchfahrtstrecke verteilen.[129] Landrat Barthel bestellte sofort 1.000 weitere Exemplare des Faltblattes mit „wichtigen Anmerkungen zu dem Feldzug zur Reinigung westf. Ortsbilder". Meyer wollte der Alten Garde des Führers im Juni 1939 Westfalen „als die reine, schöne Heimat, die es war und wieder werden und immer bleiben soll", präsentieren. Zur Erreichung dieses Zieles gab er folgende „Losung von Staat und Partei" aus: „Das Gute herauszuschälen, das Schlechte zu entfernen, sei auf Jahre hinaus das Ziel einer Auskehr in unserem Heimatraum! Solche Auskehr des Fremden wird zugleich Einkehr bei uns selber und Heimkehr zum Ziel unserer Sehnsucht."

Welche Reichweite und Wirkung derartige Handlungsanweisungen in der konkreten Arbeit der Heimatvereine entfalten konnte, die nie die ideologische Radikalität der NSDAP erreichten, müsste untersucht werden.[130] Für die Partei umfassten sie spätestens seit dem brutalen Vorgehen gegen die jüdischen Bürger in der ‚Reichspogromnacht' vom 9. November 1938 nicht nur den Heimatraum an sich, sondern auch die Menschen und das Volk in diesem Raum. Aus völkischer und rassenideologischer Sicht meinte die „Auskehr des Fremden" sowohl die „fremden Rassen" als auch „Fremdkörper" in der eigenen „Rasse" wie die „Minderwertigen", Pflegebedürftigen und nicht mehr Leistungsfähigen.

5. Die Landkreise und die Förderung der beruflichen Bildung

Die Landkreise als Träger der Kreisberufsschulen
Im Münsterland hatte sich der konfessionelle Charakter des Volksschulwesens bis in die 1930er Jahre weitgehend erhalten. Für die Katholiken war die Beibehaltung der Bekenntnisschule „als weltanschauliche Klammer“ für den gefährdeten Milieuzusammenhalt eine der zentralen machtpolitischen Fragen in der Auseinandersetzung mit dem NS-Staat.[131] Dieser konnte sich über die personelle „Gleichschaltung“ der staatlichen Schulaufsicht, also der Schulräte auf der Kreisebene und der Schulabteilungen in den Regierungspräsidien, sehr schnell die Kontrolle über das Schulsystem und sein Personal sichern.[132] Die Kreispolizeibehörde war bei Bedarf als Ordnungsmacht gefragt. Stand die politische Zuverlässigkeit von Rektoren oder Lehrern in Frage, wurden Landräte und Kreisleiter in der Regel um eine Beurteilung gebeten. Im Gegensatz zu dieser begleitenden Funktion für das staatliche Schulsystem bildeten die Landräte und die Kreiskommunalverwaltungen im Berufsschulwesen die maßgeblichen Faktoren einer Entwicklung, in der es zunächst um die organisatorische Neuaufstellung der gesamten beruflichen Bildung auf der Ebene der Landkreise ging.

Die ersten Angebote zur beruflichen Bildung machten Fortbildungsschulen in der Trägerschaft einzelner Gemeinden bereits um die Jahrhundertwende. In Dülmen z.B. wurden 1924 die gewerbliche und die kaufmännische Fortbildungsschule unter dem ‚Dach‘ der Berufsschule der Stadt Dülmen zusammengelegt.[133] Sie nahm auch „kaufmännische Lehrmädchen“ auf. Die Zunahme der hauptamtlichen, besonders aber der nebenamtlichen Lehrkräfte, die teilweise auch an der Berufsschule Coesfeld arbeiteten, entsprach der zunehmenden fachlichen Untergliederung des Unterrichts. Da es noch kein eigenes Schulgebäude gab, erteilten die Lehrer den Unterricht in den Räumen anderer Schulen. Nach einem Rückgang der Schülerzahlen während der Weltwirtschaftskrise, umfasste die Berufsschule 1934 wieder 402 Schülerinnen und Schüler, die in 15 Klassen unterrichtet wurden. Dieser Schüleranstieg ging teilweise auf den Zusammenschluss der Berufsschulen in Hiddingsel und Buldern mit der Dülmerner Schule in den Jahren 1931 bzw. 1934 zurück.

Der Anstoß zur Gründung einer Berufsschule in der Trägerschaft des Kreises Coesfeld kam von der Regierung in Münster.[134] Anfang 1936 hatte der Dezernent der Regierung für das Berufsbildungswesen zu einer „Tagung“ in die Coesfelder Gaststätte Becker-Bertling eingeladen. Zu den Teilnehmern gehörten: die Vertreter des Landratsamtes, der Städte Coesfeld und Dülmen, der Industrie, des Handels und Handwerks und der NSDAP-Kreisleitung. Nach einem Bericht von Kreisleiter Bielefeld hätte der Dezernent dargelegt, „dass der Kreis Coesfeld als letzter Kreis des Regierungsbezirks Münster eine Kreisberufsschule einrichten müsse“. Nur Kreisverwaltungsdirektor Gehring sei dagegen gewesen. Diese Linie habe er seit Jahren vertreten, obwohl der Dülmener Berufsschuldirektor Otto Severin die Kreisverwaltung Coesfeld zur Einrichtung einer Kreisberufsschule gedrängt habe. Im Ergebnis stimmte die Versammlung der Ansage des Dezernenten „einmütig" zu und beschloss die Errichtung einer Kreisberufsschule zum 1. Juli 1936. Bielefeld folgte sogar dem Vorschlag des Berufsschuldezernenten, dem erfahrenen Dülmener Berufsschulleiter und Revisor für das Berufsschulwesen im Kreis Coesfeld Severin die Leitung der neuen Schule zu übertragen, obwohl dieser kein NSDAP-Mitglied war. Möglicherweise hatte Kreisleiter Bielefeld das Treffen in der Zeit der Vakanz zwischen dem Weggang Landrats Klein und dem Eintreffen seines Nachfolgers selbst initiiert, um mit der Entscheidung für eine Kreisberufsschule Fakten zu schaffen, die der neue Landrat und der Kreisausschuss nicht ignorieren konnten.

Im Kreis Lüdinghausen verlief die Gründung der Kreisberufsschule wesentlich reibungsloser. Die Einrichtung der Berufsschule wurde auf einer Bürgermeisterkonferenz am 11. Dezember 1935 unter dem Vorsitz von Landrat Barthel entschieden.[135] Für Barthel gehörte die Ordnung des „im Kreise noch sehr im argen liegende[n] Berufsschulwesens" und dessen Überführung von den Gemeinden auf den Kreis zu den Erfolgen der ersten fünf Jahre seiner Amtszeit:[136]

> „Man hat hierbei bewusst von einer straffen Zentralisation abgesehen und mit Rücksicht auf die Verkehrsmöglichkeiten im Kreise Lüdinghausen 4 Schulorte gewählt – Lüdinghausen, Werne, Bockum-Hövel, Selm – auf die der gesamte Kreis Lüdinghausen unterteilt ist. Durch diese Unterteilung wurde es ermöglicht, einmal allzu weite Wege für die Schüler und Schülerinnen zu vermeiden, zum anderen aber nicht nur wenigstens für die Hauptberufe Fachklassen, sondern auch aufbauende Klassen einzurichten. [...] Der Kreis Lüdinghausen wird auch weiterhin bestrebt sein, das Berufsschulwesen im Kreise ständig aus- und aufzubauen, weil er die Bedeutung erkannt hat, die die Berufsschulung gerade des handwerklichen Nachwuchses auch auf dem Lande für die Durchführung des Vierjahresplans hat."

Der von Barthel erwähnte „Vierjahresplan" war im August 1936 verkündet worden.[137] Er sollte die gesamte Wirtschaft binnen vier Jahren durch eine forcierte Aufrüstung und die Herstellung einer weitgehenden wirtschaftlichen Unabhängigkeit auf die Kriegsziele des Hitler-Regimes ausrichten. Die Vorgaben verpflichteten alle Produktionsbereiche auf eine strenge Ausgabendisziplin und den wirksamen Einsatz der vorhandenen Arbeitskräfte.

An den wirtschaftspolitischen Forderungen des „Vierjahresplanes", die eine eigens gegründete „Vierjahresplanbehörde" unter der Leitung von Göring durchsetzen sollte, musste sich auch die Arbeit der Verwaltung messen lassen. Erklärtes Ziel war die Verbilligung der Verwaltung durch die Überprüfung aller Zweige der Verwaltung auf ihre Wirksamkeit. Leistungsfähigkeit und Leistung wurden zu zentralen Beurteilungs- und Bewertungskriterien erhoben. Das galt nicht nur für die Arbeitswelt, die Umsetzung der gesetzlich vorgeschriebenen Erweiterung der

Berufsschulpflicht und die fachgerechte Ausbildung der Berufsschüler, sondern in der gleichen Weise für Aufwendungen im Gesundheits- und Fürsorgebereich. Sie sollten sich zunehmend mehr an der Wiederherstellung der Leistungsfähigkeit als an den individuellen Bedürfnissen der Menschen ausrichten.

Als Grundlage für die Errichtung, Organisation, Finanzierung und den Betrieb der Berufsschulen erließen die Kreisausschüsse entsprechende Satzungen. Die „Satzung über die Berufsschulpflicht im Landkreise Coesfeld" wurde am 10. Juni 1936 erlassen und galt rückwirkend seit dem 1. April 1936.[138] Sie umfasste u.a. folgende wesentliche Bestimmungen: Träger der Kreisberufsschule wurde der Kreiskommunalverband. Der Landrat bestimmte die einzelnen Schulstandorte und die Grenzen der Schulbezirke. Berufsschulpflichtig waren alle nicht mehr volksschulpflichtigen, unverheirateten Jugendlichen beiderlei Geschlechts unter 18 Jahren, die im Bezirk des Kreises Coesfeld beschäftigt oder wohnhaft waren. Ausgenommen waren Fabrikarbeiterinnen, Hausangestellte, Haustöchter und Jugendliche, die in landwirtschaftlichen Betrieben arbeiteten. Die Dauer der Schulpflicht bei Erreichen des 18. Lebensjahres und Ausnahmen von der Berufsschulpflicht wurden im Detail geregelt. Das Unterrichtsjahr begann am 1. April. Die Unterrichtszeiten wurden vom Landrat festgesetzt. Die Darstellung der Pflichten der „Betriebsführer", der gesetzlichen Vertreter der Schulpflichtigen, der Schüler und von Schulstrafen bei Pflichtverletzungen nahmen in der Satzung einen breiten Raum ein. Sie ordnete auch die Berufung von bestimmten Kreisberufsschulbeiräten durch den Landrat als Leiter des Schulträgers an. Die Schulbeiräte sollten den Landrat ständig beraten.

Die vorgeschriebene organisatorische Herkunft der Kreisberufsschulbeiräte garantierte in mehrfacher Hinsicht die Kontroll- und Einflussmöglichkeiten von Parteiorganisationen auf das Berufsschulwesen, da folgende Bereiche durch eine beauftragte Person vertreten sein mussten: der Kreisausschuss, die Industrie- und Handelskammer, die Handwerkskammer, die NS-Frauenschaft, die DAF und die HJ. Außerdem sollte der Leiter der Berufsschule und ein mit Zustimmung der Schulaufsichtsbehörde bestimmter Lehrer der Schule berufen werden. Der Landrat hatte die Schulbeiräte in allen wichtigen Angelegenheiten des Berufsschulwesens vor seiner Entscheidung anzuhören wie z.B. bei der Vorbereitung und Umsetzung des Haushaltsplanes, bei Schulbauangelegenheiten, der Festsetzung der Unterrichtszeiten und der Pflichtstunden oder bei der Änderung der Vorschriften über die Berufsschulpflicht. Ein wichtiger Punkt war auch die Kostendeckung, da ein Teil der Kosten für die Berufsschule durch Berufsschulbeiträge der Gewerbetreibenden aufgebracht werden musste, die im Auftrag des Kreises von den Städten und Gemeinden erhoben wurden.[139]

An den Haushalts- und Stellenplänen der Kreisverwaltungen in Coesfeld und Lüdinghausen lässt sich das kontinuierliche Wachstum und die stetig fortschreitende Aufgliederung des fachlichen Angebotes der Berufsschulen erkennen. Im Kreis Coesfeld war die Zahl der Lehrkräfte seit der Gründung in drei Jahren auf

28 hauptamtliche und 23 nebenamtliche Lehrkräfte angewachsen. Im bevölkerungsreichen Kreis Lüdinghausen war der Anstieg auf 18 hauptamtliche Lehrkräfte, 3 nebenamtliche Lehrkräfte und 2 Angestellte bei weitem nicht so hoch.[140] Damit arbeiteten im Kreis Coesfeld einschließlich der Kreissparkasse über 45 % aller Kreismitarbeiterinnen und -mitarbeiter im Berufsschulwesen, im Kreis Lüdinghausen waren es lediglich gut 20 %. Der wesentlich geringere Umfang des Berufsschulwesens im Kreis Lüdinghausen ist durch die Existenz mehrerer eigenständiger Berufs- und Fachschulen wie der Bergmännischen Berufsschulen in Bockum-Hövel und Werne, der Werkschule der Eisenhütte Westfalia in Lünen oder der Forstschule in Werne-Ehringhausen zu erklären.[141]

Die Einrichtung und der Betrieb der Kreisberufsschulen ermöglichten und erleichterten auch eine gezieltere schulische Betreuung von Lehrlingen aus sogenannten „Streu- und Splittergewerben" in Fachklassen, die in der Kriegszeit durch die Einberufung von Lehrkräften ohnehin schwieriger geworden war.[142] So wurden an der Kreisberufsschule Coesfeld 1943 auf Verfügung des Regierungspräsidenten, Abteilung Kirchen und Schulen, mehrere Bezirksfachklassen für Schüler aus den Kreisen des gesamten Westmünsterlandes eingerichtet. In diesen 10 Fachklassen wurden insgesamt 169 Schüler zusammengefasst, darunter 79 „Reichsbahnjunghelfer", 21 „Bank- und Sparkassenlehrlinge", 16 „Postjungboten", 11 „Stellmacherlehrlinge" und 10 „Schriftsetzerlehrlinge". Aus dem Kreis Coesfeld wiederum wurden zur gleichen Zeit 36 Lehrlinge an auswärtige Bezirksfachklassen überwiesen. Im Juli 1943 besuchten etwa 2.250 Schülerinnen und Schüler die Kreisberufsschule Coesfeld. Ein Jahr später waren es 2.371 Schülerinnen und Schüler, die in 87 Klassen unterrichtet wurden.[143] Die meisten Schüler (903 Schüler, 76 Schülerinnen) besuchten die gewerbliche Abteilung der Schule, gefolgt von der hauswirtschaftlichen Abteilung mit 853 Schülerinnen und der kaufmännischen Abteilung mit 294 Schülern und 245 Schülerinnen. In der gewerblichen Berufsschule unterrichteten 7 hauptamtliche und 22 nebenamtliche Lehrkräfte, in der kaufmännischen Berufsschule 3 hauptamtliche und 7 nebenamtliche, im Hauswirtschaftsbereich 4 hauptamtliche und 1 nebenamtliche Kraft. Durch Einberufungen zum Kriegsdienst sank die Gesamtzahl der hauptamtlichen Lehrkräfte im Vergleich zur Vorkriegszeit und musste durch nebenamtliches Personal ersetzt werden.

Durch die Trägerschaft der Landkreise fand der Auf- und Ausbau der Kreisberufsschulen seit 1936 unter der Kontrolle des NS-Staates statt. Die Kontrolle resultierte nicht nur aus der „Gleichschaltung" der Kreisverwaltungen und den Einwirkungsmöglichkeiten über die Kreisberufsschulbeiräte, sondern war insbesondere durch die Auswahl der Berufsschulleitungen gewährleistet. In Coesfeld stimmte Kreisleiter Bielefeld zwar der Übernahme des Dülmener Berufsschulleiters Severin als Kreisberufsschuldirektor zu. Nach dessen krankheitsbedingtem Ausscheiden im März 1937 setzte sich Bielefeld jedoch massiv für Dr. Anton Schmidt als dessen Nachfolger ein. Schmidt war im Oktober 1927 als Handelsoberlehrer an der Dülmener Berufsschule eingestellt und mit der Gründung der Kreisberufsschule ebenfalls übernommen worden. Im Dezember 1936 wurde er als stellvertretender Direktor der Schule eingesetzt. In dieser Funktion führte er nach dem Ausscheiden von Severin die Verwaltungsgeschäfte der Kreisberufsschule. Im Dezember 1937 richtete Bielefeld über den Landrat ein Schreiben an die Schulabteilung des Regierungspräsidenten in Münster und bat in Übereinstimmung mit der Gauleitung des NS-Lehrerbundes darum, Schmidt für die Direktorenstelle vorzuschlagen. Das war nach den geltenden Bestimmungen nicht möglich, da ein Schulleiter nicht aus seinem vorherigen Kollegium stammen sollte. Bielefeld schrieb u.a.: „Dr. Schmidt ist seit dem 1.9.1934 Ortsgruppenleiter der Ortsgruppe Dülmen-Stadt. Gemäß einer Verfügung des Stellvertreters des Führers können Hoheitsträger nicht ohne weiteres versetzt werden. Dr. Schmidt hat also nicht die Möglichkeit, sich anderweitig um Aufstiegsstellen zu bewerben". Im Januar 1938 wurde Schmidt als Vertreter des Schuldirektors probeweise eingesetzt. Die Bestätigungsurkunde als Berufsschuldirektor erhielt er erst im Dezember 1938, nachdem das Gaupersonalamt sich eingeschaltet und der Kultusminister mit Rücksicht auf „die politischen Verhältnisse im Kreise Coesfeld" seine Bedenken ausnahmsweise zurückgestellt hatte.

Schmidt (geb. 1896) hatte nicht nur durch seine Funktion als NSDAP-Ortsgruppenleiter, die er bis zu seinem Umzug nach Coesfeld im September 1939 inne hatte, seine politische Zuverlässigkeit unter Beweis gestellt.[144] Nach der Teilnahme am Ersten Weltkrieg holte er auf einem Sonderlehrgang am Paulinum in Münster 1919 seine Reifeprüfung nach und studierte dann bis 1921 an den Universitäten Köln und Münster und der Akademie in Düsseldorf Wirtschaftswissenschaften. Dann musste er aus wirtschaftlichen Schwierigkeiten das Studium aufgeben und arbeitete in verschiedenen Firmen und als selbständiger Handelsvertreter. In dieser Zeit, von 1920 bis 1923, gehörte er dem Deutschen Völkischen Schutz- und Trutzbund an und wurde dann im Oktober 1923 kurz vor ihrem Verbot Mitglied der NSDAP. 1925 setzte er sein Studium fort und schloss es im Februar 1927 mit dem Examen als Diplom-Handelslehrer ab. Im Oktober 1927 wurde er an der Berufsschule Dülmen zunächst zur Probe, ein Jahr später fest angestellt. Sein Beitritt in die Zentrumspartei im gleichen Jahr und dann der Beitritt zur NSDAP am 1. Mai 1933 zeigen seinen Opportunismus und seine Anpassungsfähigkeit. Der schnelle Aufstieg in das Amt eines Ortsgruppenleiters und seine Mitgliedschaften in NS-Organisationen beweisen, dass er als überzeugter und aktiver Nationalsozialist aufgetreten ist und wahrgenommen wurde. Schmidt war auch Mitglied im NS-Lehrerbund (ab 1933), der NSV (ab 1933), dem Reichsluftschutzbund (ab 1935), dem NS-Fliegerkorps (ab 1936) und nach 1938 im NS-Reichsbund für Leibesübungen und im Reichskolonialbund. In der Reichspogromnacht vom 9. auf den 10. November 1938 nahm er als Ortsgruppenleiter an den Gewaltmaßnahmen gegen die jüdischen Bürger in Dülmen teil und berichtete darüber an die NSDAP-Kreisleitung.[145]

Vor diesem Hintergrund musste sich NSDAP-Kreisleiter Tewes auch nicht über eine mangelnde Präsenz der „Gefolgschaft" der Kreisberufsschule Coesfeld bei öffentlichen Parteiveranstaltungen beklagen. Diese Erfahrung hatte Landrat Barthel in Lüdinghausen bei einer Heldengedenkfeier im März 1942 gemacht, zu der die „Gefolgschaftsmitglieder" fast aller ortsansässigen Behörden nur in geringer Zahl erschienen waren. In einem Schreiben an den Berufsschuldirektor forderte er, „dass sich die Lehrerschaft der Kreisberufsschule in Zukunft an den öffentlichen Parteiveranstaltungen restlos beteiligt".[146]

Das ländliche Berufsschulwesen, das „Landjahr" und der „Landdienst"

Das ländliche Berufsschulwesen lag im Jahr 1942 weit hinter dem Entwicklungsstand der gewerblichen und kaufmännischen Schulen zurück.[147] Nach einem Bericht des Kreisschulrates auf einer Bürgermeisterkonferenz im Kreis Lüdinghausen im Oktober 1942 bestanden ländliche Berufsschulen für die männliche Jugend nur in einzelnen Gemeinden. Sie müssten aber in allen Orten eingerichtet werden. Die Volksschulen ständen zur Verfügung. Auch an Lehrpersonen bestehe kein Mangel. Ein Besuch der Kreisberufsschule käme nicht in Frage, da dieser nicht den bestehenden ministeriellen Vorschriften entspreche. Auch würde dadurch „die Landflucht nicht gebannt, sondern gefördert". Daher forderte Landrat Barthel, in allen Gemeinden bis zum 1. November 1942 eine „ländliche Berufsschule für die Knaben der Landwirtschaft" einzurichten, da auch für die in der Landwirtschaft beschäftigten Jugendlichen eine zweijährige Berufsschulpflicht bestehe. Bei der „Beschulung der Landmädel" sah es noch schlechter aus. Nach einer Bestandaufnahme des Landrates gab es im Kreis Lüdinghausen nirgends Küchen mit den erforderlichen Kocheinrichtungen. „Diese seien aber für eine praktische Ausbildung der Schülerinnen unbedingt notwendig." Um die Berufsschulpflicht zu erfüllen, hätten „Landmädel" auch die Hauswirtschaftsabteilung der Kreisberufsschule besucht. Sie dürften aber auf keinen Fall weiter nach dem Lehrplan der hauswirtschaftlichen Berufsschule unterrichtet werden, der „mehr auf städtische Verhältnisse zugeschnitten sei". Ob sich die Lage des ländlichen Berufsschulwesens unter den sich verschärfenden Kriegsbedingungen tatsächlich verbesserte, muss hier offen bleiben.

Einrichtungen wie das „Landjahr" und der „Landdienst" verfolgten einen anderen Zweck als das ländliche Berufsschulwesen. Das „Landjahr" war eine staatliche Einrichtung und unterstand dem Reichserziehungsministerium. Es wurde 1935 per Gesetz für 14- bis 15-jährige Volksschulabsolventen vor allem aus den großstädtischen Zentren eingeführt, die nach der Schulzeit zunächst keine Lehrstelle fanden. Die rund achtmonatige lagermäßige Unterbringung der Mädchen und Jungen in einer ländlichen Umgebung wurde als Ersatz für ein 9. Schuljahr angesehen und als Teil der Schulpflicht verstanden. Die Auswahl der Teilnehmer durch eine Kommission diente nicht nur der Berufslenkung, sondern auch der Elitenrekrutierung. Das „Landjahr" sollte in erster Linie die „seelische Verbundenheit [...]

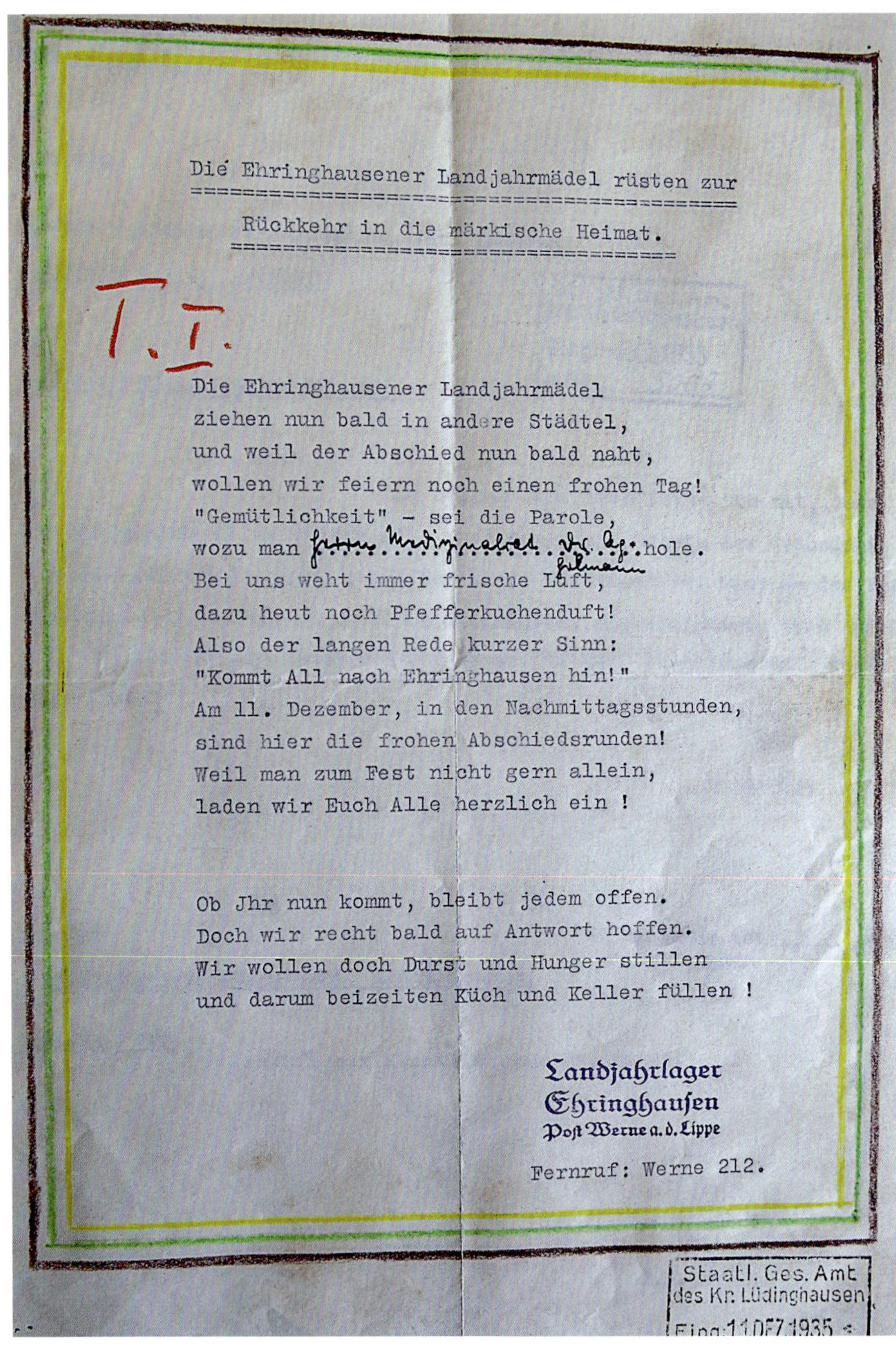

Die Ehringhausener Landjahrmädel rüsten zur

Rückkehr in die märkische Heimat.

T. I.

Die Ehringhausener Landjahrmädel
ziehen nun bald in andere Städtel,
und weil der Abschied nun bald naht,
wollen wir feiern noch einen frohen Tag!
"Gemütlichkeit" - sei die Parole,
wozu man Herrn Medizinalrat Dr. [illegible] Hillmann hole.
Bei uns weht immer frische Luft,
dazu heut noch Pfefferkuchenduft!
Also der langen Rede kurzer Sinn:
"Kommt All nach Ehringhausen hin!"
Am 11. Dezember, in den Nachmittagsstunden,
sind hier die frohen Abschiedsrunden!
Weil man zum Fest nicht gern allein,
laden wir Euch Alle herzlich ein !

Ob Jhr nun kommt, bleibt jedem offen.
Doch wir recht bald auf Antwort hoffen.
Wir wollen doch Durst und Hunger stillen
und darum beizeiten Küch und Keller füllen !

Landjahrlager
Ehringhausen
Post Werne a. d. Lippe

Fernruf: Werne 212.

Staatl. Ges. Amt
des Kr. Lüdinghausen
Eing: 11 DEZ 1935

Abb. 60: Einladung der „Ehringhausener Landjahrmädel“ zu einem Abschiedsfest im Landjahrlager Ehringhausen bei Werne (Dezember 1935)

mit Heimat und Volkstum und das Verständnis für den völkischen Wert gesunden Bauerntums" vertiefen.[148] Dabei war der Anspruch selbstverständlich, die Jungen und Mädchen auch zu „verantwortungsbewussten" Deutschen im nationalsozialistischen Staat zu erziehen, die an jeder Stelle bereit waren, dem „Volksganzen" zu dienen. Mit der Heranziehung der Jugendlichen zur „Landhilfe" und „Erntehilfe" sollte außerdem der Landwirtschaft geholfen werden. Der Arbeitseinsatz in der Landwirtschaft umfasste drei bis vier Vormittage; in der Erntezeit musste ganztags gearbeitet werden. Der Erziehungsplan sah bei den Mädchen außerdem Küchen-, Haus- und Gartenarbeit sowie sportliche Übungen, Spiel und Tanz vor, bei den Jungen vor allem Werkarbeit im Lager und bei den Bauern, vormilitärische und sportliche Übungen. Für alle war die nationalpolitische Schulung obligatorisch.

Für den Kreis Lüdinghausen gibt es Hinweise auf vier „Landjahrlager", in denen jeweils 60 Jungen oder Mädchen mit drei Führungskräften aus dem gesamten Reichsgebiet zusammengezogen wurden. Ab 1935 bestanden das „Landjahrlager Heidesand" bei Seppenrade für Schüler, das in einem Barackenbau untergebracht war, und das „Landjahrheim Ehringhausen" bei Werne für Schülerinnen in einem massiven Unterkunftsgebäude. Ab 1937 wird ein „Landjahrlager Rote Erde" in Südkirchen erwähnt.[149] Im April 1939 wurde dann die Kreiskommunalverwaltung Lüdinghausen selbst aktiv, um die Voraussetzungen für ein weiteres Landjahrlager zu schaffen. Sie kaufte in Berenbrock bei Lüdinghausen die am Kanal liegende „Besitzung Kuhlmann" mit Gebäude und 12,6 Morgen Baugrund von der Wasserstraßendirektion der Provinz Westfalen, um sie zu einem „Landjahrlager" umzubauen. Der Kreis vermietete das voll ausgestattete Lager am 1. Mai 1939 für die Dauer von fünf Jahren an den Preußischen Landesfiskus, vertreten durch den Regierungspräsidenten in Münster. Mitte Oktober 1944 wurde das „Landjahrlager Berenbrock" vom Staat beschlagnahmt, um dort eine HJ-Hundertschaft kaserniert unterbringen zu können.[150]

Die Entscheidung zur Errichtung eines „Landdienstlehrhofes" der Hitler-Jugend auf dem Gutsgelände der im Juli 1941 von der Gestapo aufgehobenen Benediktinerabtei Gerleve im Kreis Coesfeld fiel Anfang 1942. Die Landwirtschaft der Abtei bot sich als Standort an, da sie sich mit ihren Vorrichtungen, Anlagen und einem modernen Kraftfahrzeugpark einen Namen als „Mustergutshof" gemacht hatte und das Hotel ‚Ludgerirast' Unterbringungsmöglichkeiten für 60 Jugendliche bot. Der Zeitpunkt der Errichtung stand in direktem Zusammenhang mit dem Angriff der deutschen Wehrmacht auf die Sowjetunion seit dem 22. Juni 1941 und der ideologisch begründeten Eroberung von „Lebensraum im Osten". Für Gauleiter Meyer, seit Juli 1941 auch ständiger Vertreter des Reichsministers für die besetzten Ostgebiete, Alfred Rosenberg, war der „Landdienstlehrhof" durch die propagierte Einheit von „Landdienst" und „Osteinsatz" ein besonderes Anliegen. Denn die Reichsjugendführung hatte mit den scheinbaren ersten Kriegserfolgen auch die Ziele des „Landdienstes" als „Sonderdienst" in der HJ angepasst. Sie zeigte unmissverständlich den eigentlichen Zweck des Landdienstes der Hitlerjugend auf: nicht nur die Rückführung junger Menschen aus der Stadt aufs Land, sondern ihre Vorbereitung auf den Beruf des „Wehrbauern“ und der „Wehrbäuerin“ im „Osten“. Sie sollten später einmal einen eigenen Hof besitzen und bearbeiten. „Coesfelder Jungen und Mädel aufs Land!“, so rief auch die „Allgemeine Zeitung für die Kreise Coesfeld und Ahaus“ am 4. Juli 1942 die Jugendlichen auf, „sich in Scharen dem Landdienst der Hitler-Jugend zur Verfügung zu stellen“. Gesucht waren allerdings nur „die besten und opferwilligsten Kräfte unter der deutschen Jugend“. Die ersten Jungen und Mädchen im Alter von 15 Jahren traten im April 1942 zum Lehrgang im „Landdienstlehrhof“ an, der eine vertiefte landwirtschaftliche Ausbildung mit der Ausbildung zum Führer für die Landdienstlager verband. Für keinen der Lehrgangsteilnehmer sollte sich jedoch die ideologische genährte Hoffnung erfüllen, einmal „im Osten“ Siedler werden zu können.[151]

Neben den Kreisberufsschulen gab es im Kreis Lüdinghausen noch eine weitere Schule, an deren Errichtung in der Stadt Lüdinghausen Landrat Barthel und Kreisleiter Bielefeld maßgeblich beteiligt waren. Am 15. September 1942 wurde im früheren Antoniuskloster in Lüdinghausen die erste Deutsche Heimschule in Westfalen eröffnet.[152] Heimschulen sollten auf Befehl Hitlers in allen Gauen eingerichtet werden. Sie waren gedacht für Kinder gefallener Soldaten, von häufig versetzten Wehrmachtsangehörigen, Beamten und politischen Leitern sowie von Bombengeschädigten aus allen Gauen des Deutschen Reiches. Zur Eröffnung in Lüdinghausen sprachen ein Vertreter des Oberpräsidenten, der Gaubeauftragte für die Deutschen Heimschulen und ein Vertreter des stellvertretenden Generalkommandos des 6. Armeekorps zu den zahlreichen Gästen. Zum Schluss der Veranstaltung umriss der Schulleiter die Erziehungsziele der neuen Internatsschule für Jungen. Die Schule sollte „tief in der Idee des Nationalsozialismus verwurzelt sein“ und „zur Fähigkeit erziehen, sich in eine größere Gemeinschaft einzuordnen und sich für die Gemeinschaft einzusetzen“. Das wesentliche Ziel sei „die Erziehung zu echten Nationalsozialisten, die sich allezeit bedingungslos für den Führer und sein Werk einzusetzen bereit sind“. Die Lüdinghauser Heimschule war eine Oberschule für 180 Schüler, die von der 1. bis zur 8. Klasse zum Abitur geführt werden sollten. Die Klassen wurden als „Züge“ bezeichnet und damit der militärische Erziehungsanspruch unterstrichen. Alle Schüler gehörten der HJ an und bildeten in der Lüdinghauser HJ einen eigenen Stamm. Der Schulleiter übernahm gleichzeitig das Amt für Erziehung in der Kreisleitung der NSDAP. Am 2. November 1942 besuchte auch Gauleiter Meyer die Schule. Die Heldengedenkfeier der NSDAP im November 1943 fand in der Aula der Schule statt.

6. Jugendpflege und Jugendfürsorge unter den Bedingungen des NS-Staates

Die Jugendämter der Landkreise in der Wohlfahrtspflege

Anfang der 1930er Jahre waren alle Aufgabengebiete der Kreiskommunalverwaltung zur Förderung und Unterstützung der Jugend unter dem Dach des Wohlfahrtsamtes vereinigt. Das Aufgabenspektrum entsprach den Risiken, gesundheitlichen und gesellschaftlichen Herausforderungen in der Entwicklung der Kinder und Jugendlichen: Förderung des Hebammenwesens, Mütterschulung, Säuglings- und Kleinkinderfürsorge, Vormundschaftswesen, Schuluntersuchungen und -hygiene, Schulzahnpflege, Schulbäder, Impfwesen, Jugendpflege, Kinderhorte, Unterbringung von Kindern auf dem Lande, Kinderarbeit, Kinderschutz und Fürsorgeerziehung.[153] Bei Beachtung der Personal- und Sachkosten und gezahlten Zuschüsse entfielen auf diese Aufgaben zusammen maximal 5 % der Ausgaben in der Wohlfahrtspflege und rund 2 % des Gesamthaushalts der Kreiskommunalverwaltung im Haushaltsjahr 1933.

Das Reichsgesetz für Jugendwohlfahrt vom 9. Juli 1922 (RJWG), das am 1. April 1924 in Kraft getreten war, hatte wichtige Aufgaben der Jugendpflege und Jugendfürsorge rechtlich verankert, zusammengefasst und dem neu errichteten Jugendamt im Wohlfahrtsamt als „Pflichtaufgaben" zugewiesen.[154] Zu diesen Pflichtaufgaben zählte das Gesetz u.a.: den Schutz der Pflegekinder, die Mitwirkung im Vormundschaftswesen und die Einrichtung von Gemeindewaisenräten, die Fürsorge für hilfsbedürftige Minderjährige, die Mitwirkung bei der Schutzaufsicht und Fürsorgeerziehung, die Jugendgerichtshilfe und die Mitwirkung bei der Beaufsichtigung von Kinderarbeit. Die mit dem Gesetz geplante „Einheit der Jugendhilfe" scheiterte jedoch, da folgende Aufgaben der Jugendhilfe eher freiwillige Leistungen der Gemeinden und Landkreise blieben: die Beratung zum Jugendhilfeangebot, der Mutterschutz oder die Wohlfahrt der Säuglinge, Kleinkinder, Schüler und schulentlassenen Jugendlichen. Das Gesetz erklärte die Jugendwohlfahrt insgesamt jedoch zur Selbstverwaltungsangelegenheit, bei der privaten Verbänden wie der Caritas und Inneren Mission das „Recht weitgehendster Mitwirkung" zuerkannt wurde, da sie in den Gemeinden und durch ihre Einrichtungen die „Hauptarbeit" in der praktischen Jugendpflege und -fürsorge leisteten und auch weiterhin als unverzichtbar galten. Das Jugendamt in der Kreiskommunalverwaltung sollte sich als „Bindeglied zwischen öffentlicher und freier Wohlfahrtspflege" verstehen und war daher auch als kollegiale Behörde organisiert.[155]

Nach dem RJWG hatte der Kreisausschuss als stimmberechtigte Mitglieder des Jugendamtes neben den leitenden Beamten der Jugendwohlfahrt „erfahrene und bewährte Männer und Frauen aller Bevölkerungskreise" zu berufen. Vier der insgesamt zehn nicht-beamteten Mitglieder sollten den freien Vereinigungen für Jugendwohlfahrt und Jugendbewegung angehören, die im Bezirk des Jugendamts tätig waren. Sie wurden von diesen Vereinigungen vorgeschlagen. Die Vorgeschlagenen sollten über eine mindestens einjährige praktische Erfahrung in der Jugendwohlfahrt verfügen. Unter Beachtung dieser Vorgaben bestanden die Jugendämter der Kreise Coesfeld und Lüdinghausen neben dem Landrat und zwei weiteren Verwaltungsbeamten aus folgendem Personenkreis: den vier Vertretern der freien Wohlfahrtspflege, zwei von den „Religionsgesellschaften" benannten Geistlichen, zwei Lehrpersonen sowie dem Kreisjugendpfleger und der Kreisjugendpflegerin als Personen mit Erfahrung in der Jugendwohlfahrt.[156] Kreisjugendpfleger und Kreisjugendpflegerinnen existierten in der Provinz Westfalen bereits vor dem Erlass des RJWG als Organe staatlicher Jugendförderung.[157]

Wie in den Kreisausschüssen verkümmerte nach der „Machtübertragung" auch die Selbstverwaltung der Jugendämter sehr schnell zu einem Beratungsgremium des Landrates. Dieser Anpassungsprozess an die neuen Machtverhältnisse wurde nicht nur durch die „Selbstgleichschaltung" des hohen Anteils der „Staatsdiener" unter den Mitgliedern gefördert, sondern zeigte sich auch in der Zusammensetzung der Vertreter der freien Wohlfahrtspflege. Dem im September 1933 neu „gewählten" Jugendamt des Kreises Lüdinghausen gehörten ein Vertreter der NSV und eine Vertreterin der NS-Frauenschaft an.[158] Per Gesetz wurde das Prinzip der kollegialen Amtsführung des Jugendamtes erst im Februar 1939 zu Gunsten des Führerprinzips beseitigt und die Mitarbeit der Vertreter der freien Wohlfahrtspflege aus dem nun installierten Beirat im Jugendamt ausgeschlossen. Das Hauptamt für Volkswohlfahrt in der NSDAP-Reichsleitung forderte die Gauleitungen nun auf, den Einfluss der NSV in den Beiräten sicherzustellen, um über die Beiräte die praktische Arbeit der Jugendämter im Sinne des nationalsozialistischen Staates zu vereinheitlichen und auszurichten.[159]

Die personelle „Gleichschaltung" und organisatorische Zentralisierung war allerdings nur der Auftakt für eine grundlegend neue Ausrichtung der Jugendwohlfahrt in den Landkreisen unter dem NS-Regime, die weit über die Jugendämter hinauswies. Diese Neuausrichtung hatte eine organisatorische und inhaltlich-ideologische Dimension: Die organisatorischen Herausforderungen lagen in den konkurrierenden Ansprüchen der HJ und NSV als institutionelle Träger von Jugendpflege- und Jugendhilfemaßnahmen. Die inhaltlich-ideologische Dimension umfasste die erb- und rassenbiologische Ausrichtung aller Jugendhilfemaßnahmen, die einen zweifachen Selektionsmechanismus auslöste. Sie führte zu einer Klassifizierung in der Zielgruppe der Kinder und Jugendlichen nach erbbiologischen Wertmaßstäben. Das wiederum bereitete den Boden für eine Aufgabenteilung zwischen den staatlichen und parteilichen Trägern von Jugendhilfemaßnahmen. Wie sich angesichts dieser Rahmenbedingungen die Praxis der Jugendpflege, die Wahrnehmung der „Pflichtaufgaben" und die Ausgestaltung der freiwilligen Leistungen in der Jugendwohlfahrt entwickelten, ist im Folgenden darzustellen.

Jugendpflege und HJ-Heimbau

Aufgrund der Funktion des Jugendamtes als „Bindeglied" zwischen den öffentlichen und freien Trägern von Jugendwohlfahrtsmaßnahmen stellte die Förderung

Abb. 61: Das Herbert Norkus-Heim der HJ in Werne

der Jugendpflege zweifellos einen Kernbereich dar. Dabei beschränkte sich das Jugendamt in der Weimarer Republik ausdrücklich auf die „Mitarbeit" an der „Heranbildung einer frohen, körperleistungsfähigen, sittlich tüchtigen, von Heimat und Vaterlandsliebe erfüllten Jugend", da es die Vereine in den Gemeinden ausdrücklich als alleinige Träger der Jugendpflege anerkannte.[160] Ansprechpartner waren sogenannte Ortsausschüsse, die sich als örtliche Instanzen der Jugendpflegearbeit gebildet hatten. Wollte ein Verein mit sportlichen, konfessionell-kirchlichen, beruflichen oder „jugendbewegten" Zielsetzungen von der öffentlichen Unterstützung profitieren, dann musste er sich einem Ortsausschuss anschließen. Der Schwerpunkt der überwiegend finanziellen Förderung lag bei der Unterstützung von Lehrgängen für das Leitungspersonal und in der Vergabe von Zuschüssen zur Errichtung von Jugendheimen, Turnhallen oder Spiel- und Sportplätzen, deren Bewilligung an eine angemessene Beteiligung der Gemeinden gekoppelt war. Um die Jugendlichen zu erreichen, die nicht in Vereinen organisiert waren, unterstützte das Jugendamt außerdem die Neugründung und den Ausbau von Berufsschulen in den Gemeinden.

Aufgrund der sozialen Lasten der Weltwirtschaftskrise standen für die Jugendpflege als freiwillige Leistung bis 1933 fast keine Finanzmittel mehr zur Verfügung. Das änderte sich mit der Aufstellung des ersten Haushalts unter der Regie der NSDAP, der für den Kreis Coesfeld z.B. eine Summe von 6.000 RM für die

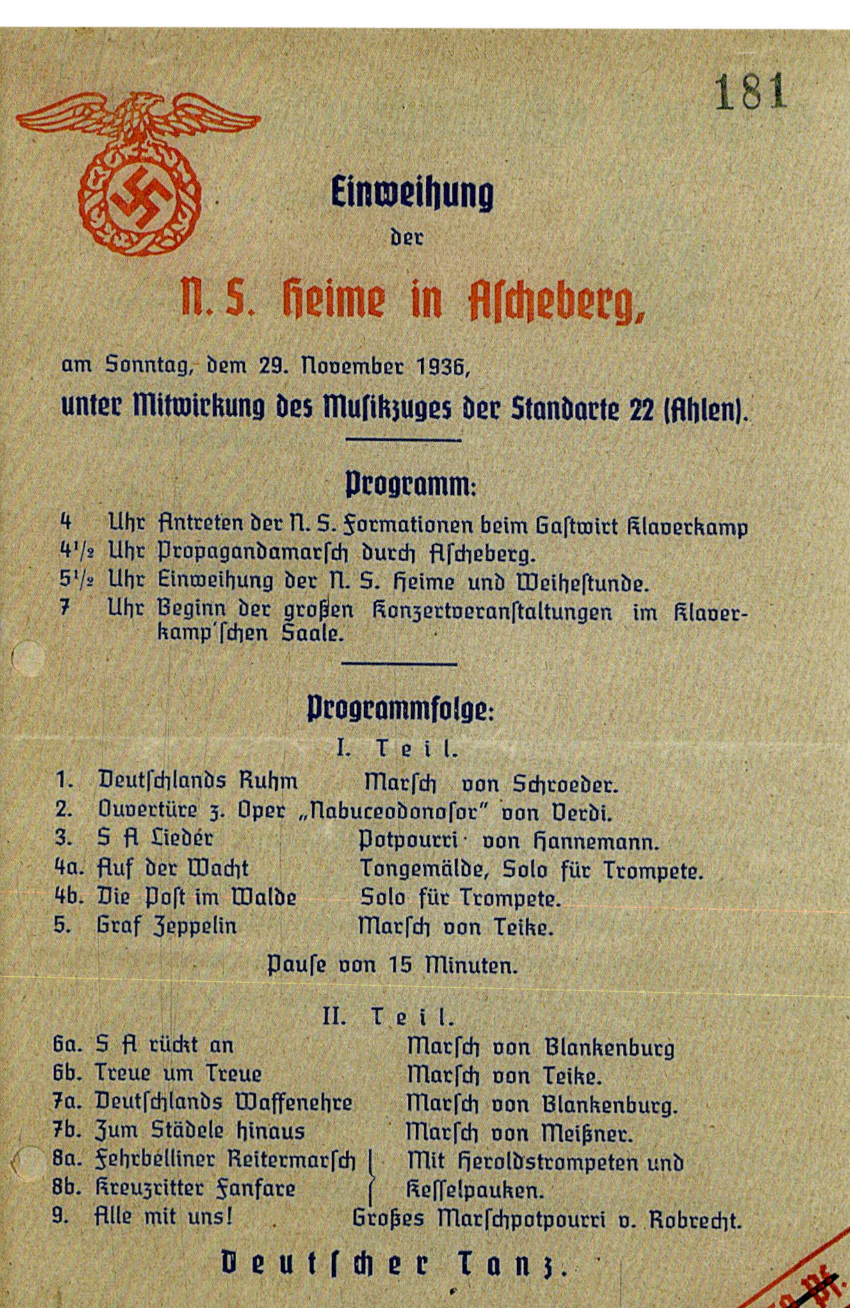

181

Einweihung

der

N. S. Heime in Ascheberg,

am Sonntag, dem 29. November 1936,

unter Mitwirkung des Musikzuges der Standarte 22 (Ahlen).

Programm:

4 Uhr Antreten der N. S. Formationen beim Gastwirt Klaverkamp
4½ Uhr Propagandamarsch durch Ascheberg.
5½ Uhr Einweihung der N. S. Heime und Weihestunde.
7 Uhr Beginn der großen Konzertveranstaltungen im Klaverkamp'schen Saale.

Programmfolge:

I. Teil.

1. Deutschlands Ruhm — Marsch von Schroeder.
2. Ouvertüre z. Oper „Nabuceodonosor" von Verdi.
3. S A Lieder — Potpourri von Hannemann.
4a. Auf der Wacht — Tongemälde, Solo für Trompete.
4b. Die Post im Walde — Solo für Trompete.
5. Graf Zeppelin — Marsch von Teike.

Pause von 15 Minuten.

II. Teil.

6a. S A rückt an — Marsch von Blankenburg
6b. Treue um Treue — Marsch von Teike.
7a. Deutschlands Waffenehre — Marsch von Blankenburg.
7b. Zum Städele hinaus — Marsch von Meißner.
8a. Fehrbelliner Reitermarsch, 8b. Kreuzritter Fanfare — Mit Heroldstrompeten und Kesselpauken.
9. Alle mit uns! — Großes Marschpotpourri v. Robrecht.

Deutscher Tanz.

Eintrittskarte 50 Pf.

Abb. 62: Programm zur „Einweihung der N.S. Heime in Ascheberg“ (29. November 1936)

Jugendpflege auswies. Die Partei hatte offensichtlich schnell erkannt, dass mit diesen kommunalen Mitteln auch die Aktivitäten der HJ unterstützt werden konnten. Dazu verfasste das Amt für Kommunalpolitik bei der Obersten Parteileitung in München eigens ein Rundschreiben, das über die Gauleiter an sämtliche Kreis- und Ortsgruppenleiter bekannt gemacht werden sollte. Darin wies der Reichsschatzmeister der Partei ausdrücklich auf die Existenz der „Jugendpflege-Etats" hin und erklärte sich „mit eventuellen Zuwendungen der Gemeinden an die Hitler-Jugend aus diesen Jugendpflege-Etats einverstanden".[161] Spätestens mit dem Gesetz über die Hitler-Jugend von Dezember 1936 flossen die Haushaltsgelder dieser ‚Töpfe' ausschließlich an die HJ.

Fast zeitgleich mit dem Erlass des HJ-Gesetzes startete die Reichsregierung und der Reichsjugendführer eine groß angelegte Kampagne zur „Heimbeschaffung für die Hitler-Jugend". In einem als Sonderdruck weit verbreiteten Aufruf hieß es u.a.:[162]

> „Die Hitler-Jugend hat immer das Heim als eine wesentliche Voraussetzung ihrer Gemeinschaftsarbeit empfunden. Nach unserer Auffassung soll die Jugendbewegung Adolf Hitlers für ihre Zusammenkünfte, die dem Dienst an der Idee gelten, eigene Räume besitzen. [...] Viele deutsche Gemeinden haben sich bereits in ihrem HJ-Heim ein Denkmal ihrer nationalsozialistischen Gesinnung geschaffen. [...] Aber dies ist nur ein kleiner Anfang! Viele tausend Hitler-Jugend-Heime müssen noch gebaut werden! Das Heim der Hitler-Jugend ist ein Wahrzeichen der kompromisslosen Kameradschaft der neuen Generation. Es ist zugleich Ausdruck ihres Lebensgefühls und Lebensstils. [...]"

Der Sonderdruck wies ausdrücklich auf einen hochrangig besetzten „Ehrenausschuss" mit Reichsminister Goebbels an der Spitze hin, der die Durchführung der „gewaltigen Aufgabe" begleiten sollte. Die Details regelte ein gemeinsamer Erlass des Reichs- und Preußischen Ministers des Innern, des Reichsfinanzministers und des Reichsjugendführers vom 14. Januar 1937, der ebenfalls mit abgedruckt war.

Der Erlass enthielt konkrete Weisungen an die Gemeinden:[163] Sie sollten sich mit ihren Verwaltungseinrichtungen in den Dienst der Heimbeschaffung stellen. Um unnötige Neubaukosten zu vermeiden, waren vorhandene und geeignete Räume der HJ zur Verfügung zu stellen.[164] Die Reichsbehörden hatten auch keine Bedenken, wenn die Gemeinden ein gemeindeeigenes Grundstück der HJ zur Errichtung eines Neubaus zur Verfügung stellten, durch „Gemeinschaftsarbeit" Hilfe leisteten oder für derartige Zwecke vorgesehene Haushaltsmittel ausschließlich der HJ zur Verfügung gestellt wurden. Weitere Klarstellungen betrafen: die Sicherung ausgeglichener Gemeindehaushalte, das Verbot der Darlehensaufnahme, die Regelung der Eigentumsverhältnisse sowie die Verwaltung und Unterhaltung der Heime. Die Landkreise sollten in den Fällen mitwirken, in denen kreisangehörige Gemeinden nicht selbst in der Lage waren, „geldliche Leistungen" aufzubringen. Dann konnten die Landkreise im Rahmen der im Haushaltsplan vorgesehenen

Mittel die Gemeinden mit Zuschüssen unterstützen. Zur Prüfung und Genehmigung von Neubauvorhaben wurde auf der Reichsebene auch ein „Arbeitsausschuss für HJ-Heimbeschaffung" bestellt.

Bereits am 5. Februar 1937 stand das Thema „Hitlerjugendheimbau" auf der Tagesordnung einer Bürgermeisterbesprechung im Kreis Lüdinghausen.[165] HJ-Bannführer Bruno Katzlberger betonte zu Beginn der Versammlung noch einmal die Notwendigkeit von ausreichend großen HJ-Heimen für die kulturelle, weltanschauliche und körperliche Erziehung. Vordringlich sei die Errichtung von HJ-Heimen in Walstedde, Seppenrade, Capelle, Selm und Altlünen. Dann setzte sich Landrat Barthel für „eine energische Inangriffnahme des Heimbaues" ein. Eine finanzielle Beteiligung des Kreises sei aufgrund der geringen Haushaltsmittel nicht möglich. Auch die Gemeinden könnten innerhalb eines Jahres kein HJ-Heim errichten. Er empfahl daher, innerhalb des Kreises eine Art „Zweckverband" zur Errichtung von HJ-Heimen zu gründen. Der Hauptzweck sollte die Bildung einer Rücklage sein, um durch diese „Gemeinschaftsarbeit" zunächst die dringlichsten Vorhaben ausführen zu können. Die meisten Gemeinden folgten diesem Vorschlag und überwiesen die in ihrem Haushalt für den Heimbau vorgesehenen Gelder an den Kreis zur Bildung der Rücklage, die kreisseitig durch Ersparnisse beim Titel „Jugendpflege" verstärkt werden sollte. Die beteiligten Gemeinden beschlossen außerdem, die ihnen zustehenden Anteile an der „Wirtschaftserlaubnissteuer" ab 1938 der Sammelrücklage zuzuführen. Erst 1938 standen genügend Rücklagemittel zur Verfügung, um den HJ-Heimbau in Walstedde in Angriff nehmen zu können; 1939 war der Neubau in der Gemeinde Selm, 1940 in Olfen geplant. Die Gemeinden Werne, Bockum-Hövel, Olfen und die Gemeinden des Amtes Nordkirchen beteiligten sich nicht an der Bildung des „Zweckverbandes", weil sie glaubten, den Heimbau allein finanzieren zu können.[166]

Ende 1938 musste Landrat Barthel jedoch feststellen, dass die im Haushalt der Gemeinden eingeplanten Beträge bei weitem nicht ausreichten, um die geplanten HJ-Heimbauten in absehbarer Zeit realisieren zu können. Die Gemeinden müssten einen Betrag zur Verfügung stellen, der es ermöglichen sollte, in einem Zeitraum von etwa zehn Jahren die Deckung der Gesamtkosten der Bauvorhaben sicherzustellen. Der Kreis sei bereit, „auch bei der Erfüllung dieser Aufgabe ausgleichend zu helfen". In erster Hinsicht müssten jedoch die Gemeinden im Rechnungsjahr diesem Gesichtspunkt in erhöhtem Maße Rechnung tragen. Im April 1939 standen schließlich rund 45.000 RM HJ-Heim-Mittel zur Verfügung, von denen 30.000 RM aus dem Kreisetat und rund 14.000 RM aus der Rücklage stammten.[167] Die Zurückhaltung der Gemeinden bei der Finanzierung der HJ-Heime und der zögerliche Ausbau waren ein wesentlicher Grund, mit dem „Gesetz zur Förderung der Hitler-Jugend-Heimbeschaffung vom 30. Januar 1939" die Errichtung der HJ-Heime auf eine neue Grundlage zu stellen.[168] Die Gemeinden waren nun für die Errichtung und Unterhaltung zuständig. Sie wurden verpflichtet für die Heimbeschaffung Rücklagen zu bilden. Auch die Landkreise hatten eine

Abb. 63: Gauleiter Meyer bei einem Besuch der „Segelflugschule 10 Borkenberge der Gruppe 10 NSFK“ (wahrscheinlich 1937)

Heimbeschaffungsrücklage zu bilden und verzinslich anzulegen. Die Mittel waren durch die Kreisumlage aufzubringen. Aus der Kreisrücklage sollten den Gemeinden Beihilfen zur Bestreitung der Baukosten gewährt werden. Landrat Barthel hielt im Kreis Lüdinghausen jedoch an dem eingeführten System der Rücklagenbildung fest, zumal mit Beginn des Weltkrieges Neubauten ohnehin zurückgestellt werden mussten. Dadurch wuchsen die Rücklagen für den HJ-Heimbau im Kreis Lüdinghausen bis Ende 1944 auf rund 184.000 RM an, von denen 125.000 RM in Reichsschatzanweisungen angelegt wurden.[169]

Die Leistungen der Kreisjugendämter in der Jugendpflege mussten sich aufgrund der knappen Finanzen auf die Unterstützung baulicher Maßnahmen auf der Gemeindeebene beschränken. Schon deshalb konnte das überregional bedeutsame Segelfluggelände Borkenberge auf dem Gebiet der Gemeinde Seppenrade in der Förderung der Jugendpflege keine Rolle spielen, obwohl es als Ausbildungsstätte für die Flieger-HJ zunehmend an Attraktivität gewann. Die Entwicklung des Segelfluggeländes wies in eine andere Richtung, die sich der Mitwirkung des Kreises Lüdinghausen entzog. Das Segelfluggelände mit einem Unterkunftsgebäude, mehreren Vereinsheimen und Flugzeughallen ging auf eine Privatinitiative von mehreren Flugsportvereinen aus dem Ruhrgebiet zurück, die 1931 die Borkenberge-Gesellschaft als Trägerverein des Fluggeländes gründeten und das Flugplatzgelände von Egon Graf zu Westerholt pachteten. Ab 1933 geriet das Segelfluggelände zunehmend unter staatliche Regie und wurde ein Faktor in den als Luftsport getarnten Wiederaufrüstungsplanungen. Im August 1933 eröffnete Regierungspräsident Kurt Matthaei unter Anwesenheit kommunaler und staatlicher Behördenvertreter, darunter auch Landrat von Gescher, die staatliche Segelfliegerschule Borkenberge. In einem Pressebericht zur Eröffnung wurden die militärischen Intentionen unverblümt angesprochen:[170]

> „Sport ist das nicht: was dort draußen in den Borkenbergen geschieht, das ist ernster und hingebender Dienst an den Willen zur deutschen Wehrhaftigkeit. Diese Jugend,

> begeistert und geführt durch weitschauende Männer, weiß, was sie in den Borkenbergen will: sie fliegt für das deutsche Vaterland, für das unterdrückte Recht seiner Luftmacht; sie fliegt, um vorbereitet zu sein, wenn das Vaterland einmal durch Luftgefahren feindlich bedroht werden sollte."

1935 wurde die Segelfliegerschule zur Reichssegelflug-Führerschule „erhoben". In dieser Zeit übernahm auch die Luftsport-Landesgruppe 10, Westfalen, des Deutschen Luftsport-Verbandes die Flugplatzverwaltung in den Borkenbergen. Als das NS-Fliegerkorps nach dessen Gründung im April 1937 die Rechtsnachfolge des Deutschen Luftsportverbandes antrat, firmierte der Flugplatz unter der Bezeichnung „Segelflugschule 10 Borkenberge der Gruppe 10 NSFK", in der die Flieger-HJ, aber nicht der zivile Segelflug weiterhin ihren „Sport" ausüben konnten. Wie die „Erziehung" in den HJ-Heimen entzog sich auch diese Form der „Jugendertüchtigung" durch die HJ jeglicher Einflussnahme durch die Jugendämter der Kreise.[171]

Die „Pflichtaufgaben" des Jugendamtes und die Mitwirkung der NSV-Jugendhilfe

Zu den „Pflichtaufgaben" des Kreisjugendamtes gehörte der Schutz der Pflegekinder, das Vormundschaftswesen, einschließlich der Tätigkeit im Gemeindewaisenrat, die Einleitung der Schutzaufsicht oder Fürsorgeerziehung und die Jugendgerichtshilfe. Für das Jugendamt Lüdinghausen können die wichtigsten Aufgaben inhaltlich und in ihrem Umfang konkreter beschrieben werden. Die angegebenen Zahlen beziehen sich nicht auf die Gemeinden Werne, Bockum-Hövel und Bork, die über eigene Jugendämter verfügten.[172]

Der *Pflegekinderschutz* umfasste die Aufsicht über die Pflegekinder und die unehelichen Kinder bei ihren Müttern. Das Jugendamt erteilte auch die Erlaubnis zur Annahme eines Pflegekindes nach vorheriger Prüfung der Pflegestelle auf „Geeignetheit und Leumund der Pflegeeltern". 1938 unterstanden 181 Kinder der Aufsicht. In 8 Fällen wurde die Erlaubnis zur Pflege erteilt. Unter *Amtsvormundschaft* standen im März 1938 119 uneheliche Mündel, bei denen das Jugendamt die Vaterschafts- und Unterhaltsfrage klären musste, teilweise durch Vaterschaftsklagen. Für einige Kinder bestellte das Jugendamt einen Vormund. Das Jugendamt als *Gemeindewaisenrat* nahm Vorschläge für die Ämter z.B. als Vormund, Pfleger oder Beistand entgegen und überwachte diesen rund 300 Personen umfassenden Kreis bei der „Erfüllung seiner Pflichten". Bei der Gefährdung von Kindern konnte der Gemeindewaisenrat auch selbst eine Anzeige beim Vormundschaftsgericht erstatten. Bei der „Verwahrlosung" von Jugendlichen und bei Jugendkriminalität leitete das Jugendamt ein Verfahren vor dem Vormundschaftsgericht ein, das darüber entschied, ob die Jugendlichen der *„Schutzaufsicht"*, sprich der Betreuung durch einen Einzelhelfer bzw. eine Organisation unterstellt oder zur *Fürsorgeerziehung* in eine geschlossene Einrichtung eingewiesen wurden. 1938 verfügte das Vormundschaftsgericht bei 3 Jugendlichen die „Schutzaufsicht" und 2 Jugendlichen die „Fürsorgeerziehung". Insbesondere die Beschlüsse auf „Fürsorgeerziehung" stiegen bis 1941 mit 14 Einweisungen stark an.

Zumindest aus statistischer Sicht lassen sich in der Aufgabenwahrnehmung des Kreisjugendamtes in Lüdinghausen von 1933 bis 1940 keine besonderen Entwicklungen feststellen. Letztlich werden nur konkrete Einzelfalluntersuchungen den Einfluss der veränderten politischen Rahmenbedingungen auf Entscheidungen des Jugendamts aufdecken können. Es ist jedoch festzustellen, dass spätestens im Juli 1939 das Hauptamt für Volkswohlfahrt in der NSDAP-Reichsleitung das Aufgabenspektrum der Jugendämter als lohnendes Arbeitsfeld der NSV ‚entdeckt' hatte. Das bereits angesprochene Drängen des Hauptamtes auf eine intensivere Einflussnahme über die Beiräte der Jugendämter weist ebenfalls in diese Richtung. Spürbare Veränderungen in der Aufgabenwahrnehmung gab es auf der regionalen Ebene jedoch erst, nachdem im August 1941 der Leiter der Partei-Kanzlei und das Reichsjustizministerium eine Vereinbarung über „Richtlinien für die Übertragung von Geschäften des Jugendamtes auf die NSV-Jugendhilfe und für die Zusammenarbeit von Jugendamt und NSV-Jugendhilfe" beschlossen hatten. Die „Verwirklichung des nationalsozialistischen Erziehungszieles" bei den betreuten Kindern wurde als „oberster Grundsatz" aller beteiligten Stellen fixiert.[173]

Die Eckpunkte der Vereinbarung lassen sich wie folgt zusammenfassen: Über den Umfang der Übertragung von Geschäften und den Grad der Zusammenarbeit hatten das Jugendamt und die Kreisamtsleitung der NSV zu entscheiden und, falls notwendig, Einzelheiten ebenfalls in einer Vereinbarung zu regeln. Die Übertragung sollte dort ihre Grenze finden, wenn es sich um „Hoheitsakte der Verwaltung" mit einer gesetzlich begründeten Verantwortung handelte. Die Aufgaben der NSV-Jugendhilfe lagen in der Ergänzung und Unterstützung der behördlichen Tätigkeit mit der besonderen Zielsetzung, Erziehungsnotständen vorzubeugen. Der NSV-Jugendhilfe wurde auch eine privilegierte Position zugebilligt, da nur ihr und keiner anderen Organisation Geschäfte zur Erledigung übertragen werden konnten. Nach Möglichkeit sollten Geschäfte „als Ganzes" übertragen werden, wobei noch ungeklärt blieb, welche Geschäfte dafür in Frage kamen. Die NSV-Jugendhilfe musste auf jeden Fall über eine ausreichende Zahl geeigneter Kräfte verfügen, um die Aufgaben erledigen zu können. Vereinbarungen und Schriftwechsel zur Übertragung von Geschäften hatten ausschließlich zwischen dem Jugendamt und der örtlich zuständigen Kreisamtsleitung der NSV in der NSDAP-Kreisleitung zu erfolgen. Die Fürsorgerinnen der NSV-Jugendhilfe und des Jugendamtes sollten „enge und ständige Fühlung" zueinander halten und sich gegenseitig informieren, um die „Einheitlichkeit" in der Familienfürsorge zu gewährleisten.

In Ergänzung zu dieser Vereinbarung versandte das Reichsjustizministerium im Oktober 1941 an die Jugendämter einen Runderlass.[174] Er war als Handreichung für die Praxis gedacht, in der für die Aufgabenbereiche „Pflegekinderschutz", „Vormundschaftswesen", „Schutzaufsicht", „Fürsorgeerziehung" und „Jugendgerichtshilfe" die „nicht übertragbaren und die übertragbaren Geschäfte" im Detail beschrieben wurden. An der Beschreibung und Auswahl der „übertragbaren Geschäfte" sind die Ansprüche und Prioritäten der NSV-Jugendhilfe in der Zusammenarbeit mit den Jugendämtern deutlich zu erkennen. Sie wollte die praxisbezogenen Bereiche übernehmen, in denen sie durch die Beurteilung, Auswahl, Schulung und Überwachung von Personen und die Ermittlung gesellschaftlicher und familiärer Verhältnisse unmittelbar an der Realisierung einer in der „Volksgemeinschaft verankerten nationalsozialistischen Jugendhilfe" mitwirken konnte. Bei der Auswahl von Pflegern, Vormündern, Beiständen und Helfern konnte die nationalsozialistisch-völkische Haltung und Loyalität kontrolliert werden. Bei der Überwachung der Pflegekinder, der Begutachtung von Familienpflegestellen oder der Ermittlung von häuslichen Verhältnissen und Erziehungsnotständen flossen völkisch-bürgerliche Wert- und Lebensvorstellungen direkt in die Beurteilung ein. Die Beratung und Schulung von Pflegemüttern, Vormündern, Pflegern oder Helfern bot die Gelegenheit, die Grundgedanken einer nationalsozialistisch ausgerichteten Erziehung zu vermitteln. Mit der Umsetzung dieses „Programms" wollte die NSV-Jugendhilfe auch die freie Jugendhilfe der konfessionellen Träger weitgehend aus einem angestammten Wirkungskreis verdrängen.

Die Mitwirkung in der Jugendhilfe als „junges Aufgabengebiet" war für die NSDAP-Kreisämter für Volkswohlfahrt in der Region eine weitere Gelegenheit, ihre Überlegenheit gegenüber der freien Wohlfahrtspflege zu beweisen und die „Einheit von Partei und Staat" in der Wohlfahrtspflege zu demonstrieren. Ab 1941 ist in den Berichten der Kreisämter dieses Selbstverständnis zu spüren, auch wenn in der Praxis die Jugendhilfe der NSV aufgrund weiterer kriegsbedingter Aufgaben bei zunehmender Personalknappheit über Ansätze nicht hinauskam.[175] Die NSV-Jugendhilfe in Minden sah sich nun an der Spitze der „freien Jugendhilfe", die zusammen mit der „öffentlichen Jugendhilfe" in der „Arbeit an der deutschen Jugend" zwei sich ergänzende Kräfte darstellen würden. Auf der einen Seite das Jugendamt als Behörde: mit ordnender, verwaltender, schematischer Arbeit, eine Staatsautorität mit Verantwortung und hoheitsrechtlichen Aufgaben. Auf der anderen Seite die NSV-Jugendhilfe: lebendige Arbeit an jungen Menschen, mit einer Wirkung von Mensch zu Mensch, die wirkliche Betreuung und tatsächliche Erziehungsarbeit an den Jugendlichen. Aus der Sicht der NSV garantierte nur die gemeinsame Arbeit Einheitlichkeit und Stetigkeit als Voraussetzung der Erziehungsarbeit. Die „Verlebendigung der Arbeit" geschehe jedoch durch die „freie Jugendhilfe", die im Rahmen der Familienfürsorge durchgeführt werde. Sie sei das Instrument, um auf dem Gebiet der Jugendhilfe den „Grundsatz der Einheit von Partei und Staat" zu verwirklichen, „um den Totalitätsanspruch der nationalsozialistischen Weltanschauung auf dem Gebiete der Jugendhilfearbeit den Weg zu bahnen". Die Organisation der NSV mit einer lückenlosen Abdeckung des Territoriums bis in die kleinste Gemeinde und der große „ehrenamtliche Helferstab" böte auch eine günstige Grundlage für die Unterstützungsarbeit der NSV-Jugendhilfe. Diese stehe außerdem in engster Beziehung zur HJ als dem „berufenen Erziehungsfaktor".

Auf der Ebene des Landesjugendamtes der Provinz Westfalen wurde die mit dem Runderlass des Reichsjustizministeriums eingeleitete Übertragung von Aufgaben auf die NSV-Jugendhilfe nicht vorbehaltlos begrüßt. Denn im August 1942 beschwerte sich der Gauamtsleiter des Amtes für Volkswohlfahrt des Gaues Westfalen-Süd beim Oberpräsidenten über die Auffassungen der behördlichen Mitglieder im Beirat des Landesjugendamtes.[176] Er gab sich „außerordentlich befremdet" darüber, wie diese von einem „anonymen Kreisamt der NSV" sprechen könnten, „das sich nun zwischen Jugendamt und Helferschaft bzw. Betreute schalte", um dann ausführlich seine positiven Eindrücke über die Zusammenarbeit der Kreisämter mit den Jugendämtern zu schildern. Auf jeden Fall verwahrte er sich gegen eine Kontrolle der NSV-Arbeit durch die Jugendämter, wie sie in einem Rundschreiben an die Jugendämter angesprochen werde. Es sei „für die Arbeit und das Ansehen der NSV eine untragbare Belastung, wenn die Jugendämter daran gingen, die Arbeit der NSV-Jugendhilfe von den eigenen Organen nunmehr noch einmal nachprüfen zu lassen und damit der Eindruck in der Öffentlichkeit erweckt würde, als sei die NSV-Jugendhilfe nicht in der Lage, eine korrekte, in jeder Hinsicht einwandfreie Arbeit zu leisten".

In derartigen Konflikten ging es nicht nur um Machtdurchsetzung, Anerkennung von Kompetenz und Prestige, sondern um die Ausrichtung der Jugendhilfe und „öffentlichen Ersatzerziehung" an rassenhygienischen Konzepten.[177] Sie gründete in der „Harmonisierung" pädagogischer und eugenischer Kategorien, d.h. in dem propagierten Zusammenhang von Erziehungschancen und Erbanlagen oder, negativ gewendet, von „Erziehungsschwierigkeiten und Erbkrankheit". Da sich dieses Denken an der Förderung der Volksgemeinschaft und nicht an der Förderung des Individuums orientierte, bildete die „Gemeinschaftsfähigkeit" das entscheidende Kriterium für die Zuerkennung von Leistungen. Ein leitender Beamter in der Jugendhilfeverwaltung der Provinz Westfalen unterschied 1937 in einer Stellungnahme zwischen „erbgesunden und gemeinschaftsfähigen", „erbbedenklichen und gemeinschaftsunsicheren" sowie „erbkranken oder gemeinschaftsunfähigen" Jugendlichen. Welche „mörderischen Konsequenzen" derartige Unterscheidungsmuster in der Fürsorgeerziehung haben konnten, lag 1937 sehr wahrscheinlich noch außerhalb der Vorstellungswelt des Provinzialbeamten.

Fürsorgeerziehungsmaßnahmen wurden durch die Jugendämter aufgrund der Ermittlungsarbeit der Fürsorgerinnen und anderer Behörden bei Jungen vor allem wegen Diebstahls, bei Mädchen wegen ‚sexueller Verwahrlosung' veranlasst. Die Unterbringung in einer geschlossenen Einrichtung stellte das ‚schärfste' Instrument dar, das ein Vormundschaftsgericht anordnen konnte. Die geschlossene Jugendfürsorge in den paternalistisch geprägten Heimen wie dem St. Martinistift in Buxtrup oder der Marienburg in Coesfeld bewegte sich mit ihren vielfältigen Disziplinierungsmethoden eher in traditionellen Bahnen. Das galt auch für die von der NSV als freiwilliges Angebot eingerichteten Jugendheimstätten, in denen die NSV nach eigenem Verständnis „vorbeugende Arbeit" leisten wollte.[178] Seit 1940 bzw. 1942 existierten jedoch als Einrichtungen mit reichsweitem Einzugsbereich die von der Polizei geschaffenen ‚Jugendschutzlager' Moringen bei Göttingen und Uckermark in Mecklenburg. Sie unterstanden dem Reichssicherheitshauptamt, der 1939 unter Himmler eingerichteten Zentrale des NS-Gewaltapparates in Berlin.

Der Zweck dieser ‚Jugendschutzlager' war es, „kriminell gefährdete und asoziale Zöglinge, die mit den Mitteln der Fürsorgeerziehung nicht zu bessern sind, nach kriminalbiologischen Gesichtspunkten zu sichten, die noch Gemeinschaftsfähigen so zu fördern, dass sie ihren Platz in der Volksgemeinschaft ausfüllen können, und die Unerziehbaren bis zu ihrer endgültigen Unterbringung [...] unter Ausnutzung ihrer Arbeitskraft zu bewahren."[179] Die Jungen oder Mädchen, die von der Fürsorgeerziehungsbehörde als „unerziehbar" ‚ausgesiebt' wurden, waren potentielle ‚Kandidaten' für einen Transport in die Lager Moringen bzw. Uckermark, in denen sich die Lebensbedingungen und Behandlungsmethoden kaum von denen in den KZ unterschieden. Rund 50 Jugendliche in diesen Lagern stammten aus Westfalen. Für diese als „unerziehbar" Gebrandmarkten der negativ-eugenischen Aussonderungspolitik fühlte sich die NSV ohnehin nicht zuständig. Ihr Anspruch war es vielmehr, den als „gesund bzw. wertvoll" erachteten Nachwuchs der Volksgemeinschaft verstärkt zu fördern. Diese Konzentration der NSV auf die prestigeträchtigeren Bereiche in der Jugendhilfe ist auch bei Übernahme von Aufgaben aus dem Bereich der freiwilligen Leistungen in der Jugendwohlfahrt zu beobachten.

Der Führungsanspruch der NSV in der allgemeinen Jugendwohlfahrtspflege

Die NSV konzentrierte ihren Expansionsdrang zunächst auf die freiwilligen Aufgaben und Leistungen in der öffentlichen Jugendwohlfahrt, in der sich bis zum Zeitpunkt der „Machtübertragung" bereits ein breites Fürsorgeangebot entwickelt hatte. Es reichte von der gemeindenahen Betreuung der werdenden Mütter, Wöchnerinnen, Säuglinge, Kleinkinder, Schüler und Jugendlichen einschließlich der Kindergärten und Kindertagesstätten bis zu den auf der Ebene der Provinz organisierten Maßnahmen der Jugendgesundheitspflege und Müttererholung mit zahlreichen Erholungsheimen. Auf beiden Ebenen hatte sich die Arbeitsteilung und Zusammenarbeit zwischen der freien Wohlfahrtspflege wie der Caritas und Inneren Mission und den kommunalen und staatlichen Verantwortlichen der Wohlfahrtspflege bewährt. Die freie Wohlfahrtspflege führte und betreute auch fast alle Einrichtungen. In den Landkreisen liefen die Fäden im Wohlfahrtsamt zusammen, in dem über die Mitglieder des Jugendamtes, die Fürsorgerinnen/Wohlfahrtspflegerinnen und den Kreiskommunalarzt zwischen den spezifischen Konzepten und Methoden der Vorbeugung, Fürsorge und Gesundheitspflege vermittelt werden konnte. Auf der Ebene der Provinz kooperierten die freien Wohlfahrtsverbände und Provinzialbehörden in der Organisation direkt miteinander. Bei der Auswahl der Teilnehmer von Erholungs- und Kurmaßnahmen und Finanzierungsfragen waren sie allerdings auf die Zuarbeit der Kreise als Bezirksfürsorgeverbände angewiesen.

Abb. 64: Aufmarsch von Parteiformationen in der Kinderheilstätte Nordkirchen

Und die NSV übernahm zunächst die Aufgabengebiete der Jugendwohlfahrtspflege, die sich schon aufgrund der Größe und „Wertigkeit" der Zielgruppen propagandistisch gut vermarkten ließen, um den sozialen Anstrich des NS-Regimes zu untermauern. Ihren umfassenden Totalitäts- und Führungsanspruch gab die NSV dabei keinesfalls auf, sie konzentrierte diesen jedoch auf die „erbgesunde und erziehbare Jugend".[180] In der Umsetzung dieser Strategie musste die NSV sehr bald erfahren, dass vor allem das begrenzte Reservoir fachlich und weltanschaulich geschulten Personals einer reibungslosen Durchsetzung ihrer machtpolitischen Interessen im Weg stand. Im folgenden Überblick zu den wichtigen Aktivitäten der Jugendwohlfahrtspflege wird sichtbar, welche Grenzen die Dominanz der Ordensschwestern in der Betreuung der Kinder in den Kindergärten und Heimen und in der Pflege der Hilfsbedürftigen in den Krankenhäusern und Altenheimen der ausgreifenden ‚Krake' NSV setzte.

Im März 1934 vereinbarten die „vier Spitzenverbände der freien Wohlfahrtspflege" in der Provinz Westfalen, d.h. die Gau-Amtsleitung der NSV Westfalen-Nord, der Provinzialverband für innere Mission, der Caritas-Verband für das Erzbistum Paderborn und der Provinzialverband vom Roten Kreuz, die Richtlinien ihrer zukünftigen Zusammenarbeit.[181] Sie bildeten eine Arbeitsgemeinschaft, in der die Spitzenverbände „unter Wahrung der dem Wesen der Verbände gemäßen grundsätzlichen Rechte und Pflichten ihre Selbständigkeit und Unabhängigkeit" behalten sollten. Da die Führung der Arbeitsgemeinschaft beim Amt für Volksfürsorge bei der Gauleitung Westfalen-Nord lag, werden die Vertreter der anderen Spitzenverbände sehr schnell erkannt haben, wie wirklichkeitsfern diese Vereinbarung für sie bereits war. Das NSDAP-Gauamt für Volkswohlfahrt führte die grundsätzlichen Verhandlungen mit allen Orts-, Kreis-, Bezirks- und Provinzialbehörden. Der Geschäftsführer der Arbeitsgemeinschaft arbeitete nur auf Weisung der Gau-Amtsleitung. Finanzmittel von Behörden durften nur an die NSV ausgezahlt werden. Der achtköpfige „Führerrat" aus Vertretern der Verbände wurde ausschließlich zur „Beratung" des Gau-Amtsleiters berufen. Zur gauweiten Durchsetzung des NSV-Führungsanspruches sollten Kreis- und Ortsämter für Volksfürsorge in den NSDAP-Kreis- und Ortsgruppenleitungen ähnliche Arbeitsgemeinschaften mit den freien Trägern einrichten. Die vereinbarten Richtlinien galten für die NSV auch zukünftig für alle anderen Arbeitsgebiete der freien Wohlfahrtspflege.

Die Hauptaufgabe der „Arbeitsgemeinschaft" war zunächst die „planmäßige Gestaltung der Jugenderholungsfürsorge, Kinderlandverschickung und Müttererholung", die in Zukunft nur durch die Arbeitsgemeinschaft unter Führung der NSV durchgeführt werden sollte. Zur Bündelung aller Hilfen und Fürsorgemaßnahmen für Kinder und Mütter gründete die NSV 1934 das „Hilfswerk Mutter und Kind", das nun nach außen auch bei Sammlungen werbewirksam und mobilisierend als Leistung des NS-Regimes für die Volksgemeinschaft ‚verkauft' wurde. Im Juli 1937 wurde die Aufgabenteilung zwischen der NSV und den Bezirksfürsorgeverbänden/Kreiskommunalverbänden auf dem Gesamtgebiet der Jugendgesundheitspflege weiter präzisiert, wobei unter diesem Begriff nun die Jugenderholungspflege/-fürsorge zur Erhaltung der Gesundheit und die Jugendheilfürsorge zur Wiederherstellung der Gesundheit zusammengefasst wurden.[182]

Auch nach diesen Richtlinien fielen die Aufgaben der *Jugenderholungspflege* grundsätzlich der NSV zu. Dazu zählten örtliche Maßnahmen wie die Kinderspeisung und Kindertagesstätten, die Kinderlandverschickung in Familienpflegestellen oder Kinderlandheime und Ferienlager sowie die Kinderheimverschickung in Kindererholungsheime, wobei sich letztere nur im Grad der ärztlichen Betreuung unterschieden. Die Kreiskommunalverbände konnten die NSV auf diesem Gebiet durch die Bereitstellung kommunaler Heime[183] und „Freilufteinrichtungen" oder finanzielle Hilfen unterstützen, wenn entsprechende Mittel im Haushalt für das „Hilfswerk Mutter und Kind" ausgewiesen waren. An der Auswahl der Kinder waren auch die Amtsärzte der Gesundheitsämter beteiligt. Alle Maßnahmen der *Jugendheilfürsorge* wurden von den Bezirksfürsorgeverbänden in Verbindung mit der Provinzialverwaltung durch die „Entsendung" der Kinder in Kinderkurheime, Kinderkuranstalten und Kinderheilstätten durchgeführt. Das Tuberkulosehilfswerk der NSV sprang in Ausnahmefällen bei Kindern mit aktiver Tuberkulose ein, wenn die Kostenabdeckung durch andere Träger nicht gesichert war. Neben den Amtsärzten konnten auch die Ärzte des Amtes für Volksgesundheit, die HJ-Ärzte und die NSV-Volkspflegerinnen Vorschläge zur Durchführung von Jugendheilfürsorgemaßnahmen machen.

Welche Dimensionen die Jugenderholungspflege erreichte, soll mit einigen Zahlen veranschaulicht werden.[184] Das Amt für Volkswohlfahrt im Gau Westfalen-Nord meldete Ende 1936 beim Hauptamt für Wohlfahrtspflege bei der NSDAP-Reichsleitung in Berlin für das Jahr 1937 eine Gesamtzahl von 32.000 „zu verschickenden schulpflichtigen Kindern" an. Davon sollten 20.000 Kinder in Erholungsheimen, 12.000 mit der Kinderlandverschickung in Familienpflegestellen untergebracht werden. Diese Pflegestellen lagen in den Nachbargauen, mit denen sich ein gegenseitiger Austausch eingespielt hatte, so dass die gleiche Anzahl „Entsendungen" aus diesen Gauen aufgenommen werden musste. Außerdem hatte die Gauleitung die Aufnahme von 1.000 Kindern aus Oberschlesien eingeplant. Der Bedarf an Heimplätzen konnte zum Großteil im eigenen Gau durch 15.000 „Plätze" in 15 Erholungsheimen abgedeckt werden. Außerdem rechnete das Gauamt mit der Zuweisung von je 2.000 „Plätzen" an der Nord- und Ostsee und von 1.000 „Plätzen" im Mittel- und Hochgebirge. Der Berechnung des Platzbedarfs lag eine Aufenthaltszeit von ca. 4 Wochen zugrunde. Mit dieser Bedarfsanmeldung für das Jahr 1937 hatte sich die Leitung des Gau-Amtes jedoch weit überschätzt, da in den Folgejahren die Anzahl der Kinderheimverschickungen pro Saison bei maximal 10.000 Kindern lag. In der Kriegszeit stand dann mit den Kinderheim- und Landverschickungen aus den luftkriegsgefährdeten Gebieten nicht mehr die Erholung, sondern der Schutz der Kinder im Vordergrund. Die Trennung der Kinder von ihren Familien konnte sich daher auch über längere Zeit hinziehen.

Der Kreis der Mütter, die 1935 durch das „Hilfswerk Mutter und Kind" zu Kuraufenthalten entsandt wurden, umfasste im Gau Westfalen-Nord über 3.600 Frauen.[185] Im Jahr 1937 erreichte die Umsetzung dieser Fürsorgemaßnahme mit fast 4.500 Müttern, begleitet von über 400 Säuglingen, den Höhepunkt. Dann ging bis 1939 die Anzahl der vierwöchigen Kuraufenthalte auf rund 2.500 Mütter mit 220 Kindern erheblich zurück. Die von der NSV ausgewählten Kurorte lagen überwiegend in Westfalen und dem südlichen Niedersachsen, vereinzelt erscheinen auch Norderney und Timmendorfer Strand als Entsendungsorte. Ab 1937 organisierte das Gauamt für Volkswohlfahrt auch Kuraufenthalte für Mütter aus anderen Gauen. 1938 zählte diese Gruppe 454 Frauen, die vor allem aus den Gauen Bayerische Ostmark, Franken, Essen, Magdeburg-Anhalt und Süd-Hannover-Braunschweig sowie aus Österreich (39 %) stammten. In der Kriegszeit verlagerte die NSV auch in der Fürsorge für werdende und junge Mütter den Arbeitsschwerpunkt auf den Schutz vor den Luftkriegsgefahren. Die Kriegsentbindungsheime, auch „NSV-Kriegs-Mutter und Kindheime" genannt, in der aufgehobenen Benediktinerabtei Gerleve im Kreis Coesfeld und auf Schloss Hamborn im Kreis Paderborn wurden von der NSV zu diesem Zweck gegründet und betrieben.

Das beschlagnahmte Kloster Gerleve wurde der NSV im August 1941 nach den ersten großen Luftangriffen auf Münster zur Verfügung gestellt. Nachdem anfangs Obdachlose untergebracht wurden, eröffnete die NSV noch 1941 in Gerleve ein Kriegsentbindungsheim.[186] Das NSV-Heim verfügte nach einer Aufbaupha-

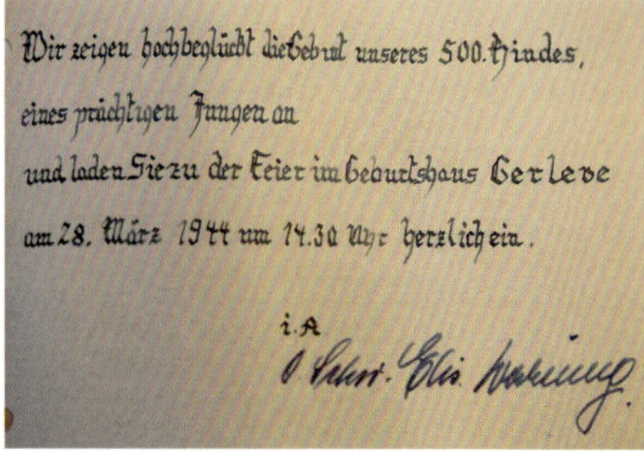

Wir zeigen hochbeglückt die Geburt unseres 500. Kindes,
eines prächtigen Jungen an
und laden Sie zu der Feier im Geburtshaus Gerleve
am 28. März 1944 um 14.30 Uhr herzlich ein.

i. A.

Abb. 65: Einladungskarte des Kriegsentbindungsheimes Gerleve (Vorder- und Innenseite) aus Anlass der Geburt des 500. Kindes (März 1944)

se Ende 1943 über insgesamt 230 Betten, von denen 72 für Schwangere, 30 für Wöchnerinnen, 40 für Säuglinge und 80 für weitere Kinder der aufgenommenen Mütter vorgesehen waren. Die Entbindungs-, Wöchnerinnen- und Säuglingsstation war im ehemaligen Gästehaus vor dem Haupthaus des Klosters untergebracht. Im Hauptgebäude selbst befanden sich die Mehrbettzimmer, Speiseräume, Wohnzimmer und Baderäume für die Mütter, eine Krabbelstation mit 18 Betten, ein Kindergarten mit Tages- und Schlafräumen und eine Krankenstation. Die Schulkinder waren in dem Gebäude getrennt untergebracht und erhielten Unterricht. Oberschwester Elisabeth Warning, eine ausgebildete Säuglings-, Kleinkinder- und Krankenschwester, leitete das Haus. Für die Pflege und Betreuung der Mütter und Kinder sorgten weitere 16 Fachkräfte, darunter eine Hebamme und 5 Säuglings- und Krankenschwestern, die alle dem NS-Reichsbund Deutscher Schwestern angehörten. Zum Wirtschaftspersonal gehörten 14 Frauen, darunter 5 russische Zwangsarbeiterinnen. Zur Sicherstellung der ärztlichen Betreuung wurde ein Vertrag mit einem Billerbecker Arzt abgeschlossen.

Die Mütter im NSV-Heim Gerleve stammten überwiegend aus dem luftkriegsgefährdeten Ruhrgebiet. Deren Einweisung erfolgte über die Ämter für Volkswohlfahrt in den NSDAP-Kreisleitungen, die auch die Kostenerstattung klärten. In der Regel erfolgte die Einweisung drei Wochen vor der Geburt. Nach der Entbindung schloss sich eine vierwöchige Erholungsphase an. Bis März 1943 fanden in Gerleve 100 Geburten statt; bis Juli 1943 waren 200 Geburten erreicht. Im März 1944 versandte die Heimleiterin eine Karte mit dem Text: „Wir zeigen hochbeglückt die Geburt unseres 500. Kindes, eines prächtigen Jungen an", und lud zu einer Feier in das „Geburtshaus Gerleve" ein. Bis Kriegsende wurden im NSV-Heim Gerleve über 700 Kinder geboren.

Im Juli 1942 wurde vom Gauamt für Volkswohlfahrt bei einer Ortsbesichtigung in Gerleve geprüft, ob die Räumlichkeiten für eine Aufnahme von „Rüstungsarbeiterinnen mit ihren Kindern" in Frage kommen würden.[187] Prüfkriterien wie „strenge räumliche Trennung", „Isolierung beider Einrichtungen in einem Haus" oder zusätzliches Personal für „gänzlich verschiedene Einrichtungen" lassen den Schluss zu, dass es um eine „Entbindungseinrichtung" für Ostarbeiterinnen ging. Die Gauleitung und Gauarbeitsämter standen in dieser Frage offensichtlich unter massivem Handlungsdruck. Obwohl die Überprüfung eine Umsetzung des Planes ermöglicht hätte, wurde er mit hoher Wahrscheinlichkeit nicht umgesetzt, da sich die Arbeitsverwaltung im Frühjahr 1943 zum Aufbau des „Entbindungslagers Waltrop-Holthausen" unter der Aufsicht des Arbeitsamtes Recklinghausen entschlossen hatte.[188] In das Lager, das aus neun Baracken und einigen Nebengebäuden bestand, sollten „schwangere Ostarbeiterinnen und Polinnen aufgenommen und dort entbunden werden", um sie dann wieder den Betrieben „zuzuführen". Obwohl das Lager für die Aufnahme von maximal 500 Frauen ausgelegt war, lebten dort im Dezember 1943 fast 800 Frauen und Kinder. In den Lagerbüchern ist von 1943 bis 1945 die Aufnahme von fast 2.000 Frauen verzeichnet, von denen zwei Drittel ihre Kinder austrugen. Bei den anderen wurde zum größten Teil eine Abtreibung durchgeführt. Von den in Waltrop geborenen Kindern überlebte nur die Hälfte die katastrophalen Lebensbedingungen im Lager und die schlechte Versorgungslage. Aus den Kreisen Coesfeld und Lüdinghausen überwies die Arbeitsverwaltung mindestens 53 Zwangsarbeiterinnen zur Entbindung in das Lager Waltrop.

Wie die Entwicklung auf den Gebieten der Jugenderholungspflege und Müttererholung zeigt, konnte die NSV dort ihren Führungsanspruch gegen die Verbände der freien Wohlfahrtspflege sehr schnell durchsetzen. Auf der Gemeinde- und Kreisebene gelang es ihr dagegen nur in Ansätzen, in den Verantwortungsbereich der konfessionell geprägten Einrichtungen der Jugendwohlfahrtspflege und den Wirkungskreis der Ordensschwestern vorzudringen, obwohl der Gauamtsleiter für Volkswohlfahrt die Kreisamtsleiter der NSV bereits im Juli 1934 auf die Bedeutung und Dringlichkeit dieser Aufgabe hingewiesen hatte:[189] „Um eine Erziehung der Kinder von klein auf im Sinne nationalsozialistischer Weltanschauung zu gewährleisten, ist es unbedingt erforderlich, dass das Amt für Volkswohlfahrt sich mit den Aufgaben der Kinder-Tagesstätten (Krippen, Kindergärten und Horte) befasst." Die Kreisamtsleitungen sollten eine „möglichst sozialpädagogisch vorgebildete Fachkraft", die zugleich ein „zuverlässiges Mitglied der NSDAP" war, vorerst ehrenamtlich berufen und mit der Bearbeitung der Aufgaben der Kindertagesstätten betrauen. Bereits Mitte August 1934 erwartete der Gauamtsleiter eine Mitteilung, in welchem Umfange die NSV in den Ortsgruppen des Kreises bestehende Kindertagesstätten übernommen und neue gegründet hatte. Für das Gauamt war die Maßnahme wichtig, um „die Kleinkinder allmählich dem Einflussbereich solcher Kräfte zu entziehen, die auch heute noch unseren Erziehungsplänen ablehnend gegenüber stehen" würden.

Der erste NSV-Kindergarten in den Kreisen Coesfeld und Lüdinghausen konnte im September 1935 mit Unterstützung des NSDAP-Mitglieds Bergassessor Cloos in Selm-Beifang eröffnet werden.[190] Er hatte dem Kindergarten der katholischen

Kirchengemeinde gekündigt, der in einem Gebäude der Zeche untergebracht war, um die Bestrebungen der Partei, „die Kindergärten rein nationalsozialistisch aufzuziehen", zu unterstützen. In einem Beschwerdeschreiben an Landrat Barthel sah er sein Vorhaben zunichte gemacht, weil die Kirchengemeinde in der katholischen Notkirche in Selm-Beifang ihren Kindergarten fortführte und bereits eine vorläufige Genehmigung erhalten hatte. Aufgrund der hohen Anmeldezahlen für den NSV-Kindergarten und der Annahme, dass der katholische Kindergarten weitergeführt, nicht neu errichtet wurde, erteilte der Regierungspräsident nach einem ausführlichen Schriftwechsel zwischen den Beteiligten für beide Einrichtungen die Betriebserlaubnis. Dabei vermerkte Landrat Barthel ausdrücklich, dass die Einrichtung neuer konfessioneller Kindergärten nicht mehr in Frage käme.

Das eigenmächtige Vorgehen der Ortsgruppe in Selm hat sehr wahrscheinlich mit dazu beigetragen, ab August 1936 das Verfahren zur Neueinrichtung von NSV-Kindergärten der „Einfachheit halber" klar zu regeln. Es wurde auch den finanziellen Möglichkeiten der Partei angepasst und die NSDAP-Ortsgruppen hatten die lokalen Bedingungen zu beachten.[191] Zunächst entschied der Kassenverwalter des Gauamtes für Volkswohlfahrt grundsätzlich über die Finanzierbarkeit der Betriebskosten. Dann hatte die Kreisamtsleitung für Volkswohlfahrt über den Landrat die finanziellen, räumlichen und personellen Voraussetzungen und den Bedarf in den Gemeinden prüfen zu lassen. Nach Stellungnahmen durch das Gesundheitsamt, die Ortspolizeibehörde und den Schulrat war der Antrag auf Neueinrichtung schließlich dem Regierungspräsidenten zur Entscheidung vorzulegen. Erst nach der Erteilung der Genehmigung leitete die Gauamtsleitung die Einrichtung des Kindergartens ein. Der Realitätsbezug dieses Genehmigungsverfahrens förderte nicht unbedingt weitere Neueinrichtungen.

Im Kreis Lüdinghausen wurden ab 1937 weitere NSV-Kindergärten in Werne, Senden, Drensteinfurt, Bockum-Hövel und ein zweiter in Selm gegründet. Das waren rund ein Viertel aller Kindergärten und Kindertagesstätten im Kreis. Im Kreis Coesfeld entstand der erste NSV-Kindergarten 1937 in Billerbeck. In Coesfeld genehmigte der Regierungspräsident im April 1938 zwei weitere NSV-Kindergärten, die vom Gauamt für Volkswohlfahrt in den Räumen der aufgelösten katholischen Kindergärten in der Beguinenstraße und im Katthagen untergebracht wurden. Beide Kindergärten mussten aufgrund von Bombenschäden am 10.10.1943 ihren Betrieb einstellen. Im Juli 1944 wurde dann erneut der „1. Kindergarten" der NSV in Coesfeld der Öffentlichkeit übergeben. Die Eröffnung, „trotz aller Schwierigkeiten", sollte ein Ansporn sein, „nun nach und nach weitere Kindergärten einzurichten".[192] Das Personal für alle NSV-Kindergärten wurde vom Gauamt für Volkswohlfahrt in Abstimmung mit den Kreisämtern für Wohlfahrtspflege ausgewählt und eingestellt.[193]

Auch die im März 1936 vom Hauptamt für Volkswohlfahrt der NSDAP-Reichsleitung mit Unterstützung des Reichsnährstandes angestoßene Einrichtung von saisonbetriebenen NSV-Erntekindergärten zur „Durchführung der Erzeugungsschlacht" stärkte die Position der NSV in der Kinderbetreuung der Kreise Coesfeld und Lüdinghausen kaum. Eine massive Werbekampagne in der Presse und in den „Lichtspielhäusern" mit dem Dia „Jedes Kleinkind in den Kindergarten der NSV" führte zwar zur Einrichtung von 97 Erntekindergärten (1937) im gesamten Gaugebiet.[194] In den ländlichen Kreisen Coesfeld und Lüdinghausen gibt es jedoch nur Hinweise auf zwei Erntekindergärten in Billerbeck und Drensteinfurt. Sie wurden sehr wahrscheinlich in Anlehnung an bestehende Kindergärten geführt. Der Kreisbauernführer des Kreises Lüdinghausen hielt die Einrichtung nicht für zweckmäßig, da es aufgrund der Streusiedlung für die Bauern zu umständlich wäre, die Kinder vor der Arbeitszeit zum Kindergarten zu bringen.[195]

Während die Übernahme von Kindergärten eher durch die Bedingungen in den Gemeinden begrenzt war, schaltete sich bei dem Versuch der NSV-Ortsgruppen, das konfessionell gebundene Pflegepersonal aus den Krankenhäusern zu verdrängen und durch NS-Schwestern zu ersetzen, sehr schnell das Reichs- und Preußische Innenministerium ein.[196] Das Ministerium wies auf die großen Schwierigkeiten hin, aufgrund des „bekannten Schwesternmangels" die Ordensangehörigen durch andere Pflegepersonen zu ersetzen. Der NSV werde es meistens nicht möglich sein, „Pflegepersonal mit genügender Ausbildung in ausreichender Anzahl zur Verfügung zu stellen". Der Minister ersuchte daher die Regierungspräsidenten, „unverzüglich das Erforderliche zu veranlassen, um die örtlichen Stellen an der Einleitung übereilter und wegen ihrer Auswirkung unerwünschter Maßnahmen zu verhindern". Der Regierungspräsident leitete dieses „Ersuchen" als „streng vertrauliches" Schreiben an alle Landräte und forderte sie auf, entsprechende Maßnahmen gegen Ordensangehörige sofort zu melden. Da es Ende 1933 z.B. im Kreis Lüdinghausen 12 Krankenhäuser mit insgesamt 1.080 Betten gab, die von rund 110 Pflegekräften betreut wurden, ist die Sorge der staatlichen Gesundheitsbehörden verständlich. In der Region konzentrierte sich die NSV jedoch weiterhin auf die Jugendwohlfahrt und Familienfürsorge. Hier versuchte sie den begrenzten Einfluss in der institutionalisierten Kinder- und Jugendbetreuung durch einen intensiveren Einsatz von NS-Gemeindeschwestern auszugleichen.

Auch in der offenen Jugendwohlfahrtspflege in den Gemeinden gelang es der NSV erst nach und nach in bestimmte Aufgabenbereiche einzudringen und diese eigenverantwortlich zu übernehmen, da auch dieser Schritt qualifiziertes Personal und eine genaue Abstimmung mit der Wohlfahrts- und Gesundheitsfürsorge der Kreise voraussetzte. Die Wohlfahrtsämter selbst befanden sich jedoch mit der Einrichtung der staatlichen Gesundheitsämter ab April 1935, der Herauslösung der Gesundheitsfürsorge und der fachlichen und rassenhygienischen Neuorientierung des Personals in einer Umbruchphase. Aufgrund dieser Entwicklung kristallisierten sich für die NS-Schwesternschaft zwei potenzielle, aber getrennte Aufgabengebiete heraus: die Arbeit als Gemeindeschwester in der Wohlfahrtspflege oder als Schwester in der „nachgehenden Säuglingsfürsorge", die zum Aufgabengebiet der neuen Gesundheitsämter gehörte.

Im Parteikreis Ahaus-Coesfeld sah sich die NSV im Mai 1943 in der Lage, nach Rücksprache mit den Kreisärzten die gesamte „nachgehende Säuglingsfürsorge" geschlossen zu übernehmen, da „nunmehr genügend Schwestern" zur Verfügung stehen würden.[197] Zu diesem Zeitpunkt arbeiteten insgesamt 22 NS-Schwestern im Parteikreis, jeweils 11 als Gemeindeschwestern und 11 in der Säuglingsfürsorge, davon waren wiederum jeweils 5 im Landkreis Coesfeld eingesetzt. Im September 1943 erklärte der Regierungspräsident in Münster, dass von seiner Seite aus „gegen die Übernahme keine Bedenken" bestehen würden. Im Dezember 1943 meldete der Kreisamtsleiter der NSV stolz an die Gauamtsleitung die Übernahme für beide Kreise einschließlich der Organisation: „Nunmehr liegt die Durchführung der ärztlichen Beratungsstunden ganz in unseren Händen." Im Kreis Lüdinghausen begann die NSV 1942 damit Hilfestellen „Mutter und Kind" aufzubauen, um dort zusammen mit dem Gesundheitsamt „staatliche Mütterberatungsstunden" abhalten zu können. Das war bis dahin nur den Ortgruppen Drensteinfurt und Hövel gelungen. Angesichts dieses Sachstandes musste der NSDAP-Kreisamtsleiter für Volkswohlfahrt feststellen: „Leider sind beim Leiter des Gesundheitsamtes die Neigungen nicht sehr groß, mit uns zusammenzuarbeiten."[198]

7. Vom Wohlfahrtsamt zum staatlichen Gesundheitsamt als Instrument der Erb- und Rassenpflege

Die Eugenik als Leitwissenschaft der Gesundheitspflege

Bisher standen vor allem die machtpolitischen Auseinandersetzungen zwischen freien, staatlichen und parteilichen Trägern im Vordergrund. In diesem Zusammenhang waren eugenisch geprägte Erziehungsvorstellungen und -konzepte als Instrument der Bewertung und Auswahl von „würdigen" Personen und Aufgabenstellungen relevant. Im Folgenden geht es um die Gesundheitsfürsorge und das ärztliche Handeln der Amtsärzte. Dabei stellt sich zum einen die Frage, in welchem Umfang die Strukturen des Gesundheitssystems an die rassenhygienischen Grundsätze z.B. durch den Umbau der Gesundheitsverwaltung und den Ausbau der Volkspflege angepasst wurden. Zum anderen ist auf diesem medizinisch geprägten Sektor von besonderem Interesse, in welchem Maße rassisch geprägte Wertsetzungen in das fürsorgerische und medizinische Handeln des Personals eingedrungen sind. Es geht also um die Folgen eugenisch-rassenideologischer Konzepte im konkreten Verwaltungshandeln. Zunächst ist kurz die Entstehungsgeschichte dieser Konzepte und ihrer methodischen Ansätze in den Grundzügen anzusprechen. Dann werden nach der Beschreibung der organisatorischen und personellen Anpassungsprozesse Beispiele eugenisch-rassenhygienisch imprägnierter Entscheidungsprozesse in den Blick genommen.

Mit der Weltwirtschaftskrise und ihren Folgen für den Arbeitsmarkt stieß auch der Weimarer Wohlfahrtsstaat an seine Grenzen, da das kontinuierlich ausgebaute Fürsorge- und medizinische Versorgungssystem kaum noch finanzierbar war und zunehmend funktionsunfähiger wurde.[199] Diese Erfahrungen mündeten auch im Versorgungssystem selbst in einer grundsätzlichen Kritik an den Grundlagen des Wohlfahrtsstaates und in Forderungen nach eugenisch-rassenhygienischen Handlungskonzepten. Angesichts des „hoffnungslosen Elends" und der begrenzten Ressourcen in der Krisenzeit stellten diese Konzepte die Überlebensfähigkeit des Volkes und der Volksgemeinschaft über die Bedürfnisse des Individuums. Die Eugenik avancierte zur Leitwissenschaft für das gesundheitspolitische und fürsorgerische Handeln. Inwieweit diese Radikalisierung im Denken sich in der fürsorgerischen und medizinischen Praxis auswirken konnte, hing letztlich von der Radikalisierung in der Politik selbst ab.

Die Nationalsozialisten erhoben die Rassenfrage zum zentralen Rechtfertigungskriterium aller Politik.[200] Das hieß: Annahme einer biologischen Ungleichheit unter den Menschen, Unterscheidung von rassisch „Wertvollen" und „Minderwertigen" und Lebensauslese innerhalb eines Volkes durch den „Kampf des täglichen Lebens". Im Denken Hitlers hatte eine „völkische" Gesundheitspolitik im weitesten Sinne das Ziel, das deutsche Volk rassisch zu erneuern, d.h. einen rassisch reinen und erbgesunden arischen Volkskörper wiederherzustellen. Die Propagierung dieses weit in die Zukunft gerichteten Konzeptes erforderte konkrete Maßnahmen zur Erb- und Rassenpflege, die drei wesentliche Ansatzpunkte hatten:

- Ausschluss der Träger kranken oder minderwertigen arischen Erbgutes von der Fortpflanzung z.B. durch die Verweigerung von Ehestandsdarlehen oder durch Zwangssterilisation,
- Förderung des erbgesunden arischen Nachwuchses bei ständig wirkender Auslese durch einen forcierten „Lebenskampf", in dem Leistungsschwache, dann auch nicht mehr Leistungsfähige permanent ausgesondert wurden. In diesen Bereich gehören die Gewaltmaßnahmen gegen „Arbeitsscheue" oder die „Euthanasie"-Aktionen,
- Ausgrenzung von „rassisch fremden und rassisch minderwertigen Elementen" durch ein rassisch orientiertes Staatsbürgerrecht wie die Nürnberger Gesetze. Allerdings war diese „völkische Ausgrenzung" durch das Recht nur ein erster Schritt auf der schiefen Ebene zur Massenvernichtung der Juden, aber auch der Sinti und Roma.

Die Ausrichtung an diesem rassisch geprägten „Menschenbild" der Nationalsozialisten verlangte auch andere Grundsätze in der Gesundheitspolitik, d.h. die medizinische Versorgung musste an die rassenhygienischen Grundsätze angepasst werden: Die Verteilung von Leistungen wurde unter den „rassischen" Vorbehalt gestellt und sollte insbesondere bei knappen Ressourcen nur den erbgesunden, „wertvollen" Volksgenossen zugebilligt werden. Wie konnten diese eugenisch-rassenideologischen Konzepte nun im konkreten Handeln des Personals wirksam werden und über welche Aufgabenstellungen konnten sie sich als prägende Maximen in der Gesundheitspflege etablieren?

Vom Kreisarzt und Kreiskommunalarzt zum staatlichen Gesundheitsamt
Der Amtsarzt in der Kreisverwaltung war staatlicher Beamter und als Vollzugsorgan der staatlichen Gesundheitsverwaltung einer konservativen staatlichen Ordnungsverwaltung verpflichtet.[201] Er sah sich als autonomer, fachlich kompetenter und vermeintlich unpolitischer Staatsdiener. Seine Hauptaufgabengebiete, die Gesundheitsaufsicht und Seuchenbekämpfung, erledigte er weitgehend als ‚Ein-Mann-Betrieb'. Die Jahresberichte an das Innenministerium geben genaueren Aufschluss über das Aufgabenprofil.[202] So liefert der Jahresbericht 1933 im ersten Teil konkrete Zahlenangaben, Urteile und Hinweise auf Maßnahmen zu folgenden Sachverhalten des „Medizinal- und Gesundheitswesens": die allgemeinen gesundheitlichen Verhältnisse; die übertragbaren Krankheiten, Maßnahmen zur Bekämpfung und die erzielte Wirkung; das Vorkommen anderer Krankheiten wie Magen- und Darmkrankheiten und Blinddarmentzündungen; die Krankenanstalten, deren Beanspruchung und Personallage; die Organisation des Rettungs- und Krankenbeförderungswesens; die Arzneimittelversorgung, den Drogen- und Gifthandel; die Anzahl, Qualifizierung und Arbeit der Heilpersonen wie der Ärzte, Zahnärzte, Zahntechniker, Masseure, Hebammen, Krankenpflegepersonen oder „Kurpfuscher"; die Ortschaftshygiene wie die Kanalisation und die Lebensmittelhygiene.

Die Vordrucke, die der Berichterstattung zugrunde gelegt werden mussten, wurden 1934 insbesondere im zweiten Teil zur „Gesundheitsfürsorge – Sozialen Hygiene" überarbeitet und „den Anforderungen des nat.-soz. Staates mit seinen vielfach grundsätzlich neuen Aufgaben" angepasst.[203] Das Ministerium verlangte hier u.a. Informationen und Zahlen: zur Fürsorge für Schwangere und Wöchnerinnen durch Beratung in Sprechstunden, zur Säuglings- und Kleinkinderfürsorge durch Beratung, Beobachtung und Untersuchungen in Kleinkindergärten, zur Schulkinderfürsorge und Arbeit der Schulärzte, zur Tuberkulosefürsorge einschließlich der Wohnungsfürsorge oder zur „Krüppelfürsorge" durch Beratung, Begleitung oder Anstaltseinweisung. Neu war die Erfassung von Untersuchungen zur Feststellung der erbbiologischen Eignung für eine Eheschließung, die Gewährung von Ehestandsdarlehen und die Zuteilung einer bäuerlichen Siedlerstelle. Bis auf die erbbiologischen Testate gehörten die genannten Aufgaben bereits in der Weimarer Republik zum Aufgabenkanon der Gesundheitsämter im Kreiswohlfahrtsamt, also zum Kreiskommunalbereich. Die fachlich-medizinische Betreuung erfolgte durch die Kreiskommunalärzte. Diese Funktion wurde in den Landkreisen meistens durch die Kreisärzte in Personalunion mit abgedeckt. Die Position der Kreisärzte in der Kreiskommunalverwaltung, ihre Aufgaben, Befugnisse und Bezahlung regelte ein Vertrag mit dem Kreisausschuss. Im Kreis Coesfeld war Kreismedizinalrat Dr. Wolters 1922 auch als Kreiskommunalarzt und Leiter der Gesundheitsabteilung des Kreiswohlfahrtsamtes verpflichtet worden.[204] Auch nach dessen Versetzung in den Ruhestand im April 1931 und der Übernahme der Kreisarztstelle durch Dr. Franz Schmidt behielt er dieses Amt bis zu seinem Tod im September 1934. Der Kreis Lüdinghausen hatte im August 1927 seinen Kreisarzt Dr. Wilhelm Appelmann als Kreiskommunalarzt unter Vertrag genommen.[205]

In seiner nebenamtlichen Funktion als Kreiskommunalarzt unterstand Appelmann direkt dem Vorsitzenden des Kreisausschusses, also dem Landrat, und war dem Kreisausschuss oder dessen Vorsitzenden unmittelbar verantwortlich. Er leitete die gesundheitliche Abteilung des Kreiswohlfahrtsamtes und erledigte die sich damit stellenden Aufgaben selbständig. Ausgenommen waren hier die „Industrieämter" Bork, Hövel und Werne mit eigenen Fürsorgeeinrichtungen. Außerdem war Appelmann Berater des Kreiswohlfahrtsamtes in allen gesundheitlichen Fragen. Er hatte daher zum Leiter des Kreiswohlfahrtsamtes, dem er gleichgestellt war, „enge Fühlung" zu halten. Der Kreiskommunalarzt hatte in jedem Jahr einen Tätigkeitsbericht vorzulegen. Die Fürsorgerinnen/Wohlfahrtspflegerinnen[206] oder Fürsorgeschwestern des Wohlfahrtsamtes unterstanden im gesundheitlichen Fürsorgedienst der Aufsicht des Kreiskommunalarztes, in allen übrigen Fürsorgeaufgaben dem Leiter des Kreiswohlfahrtsamtes.

Das Tätigkeitsgebiet/Der Dienstbezirk und der dienstliche Wohnsitz der Kreisfürsorgerinnen wurden vom Vorsitzenden des Kreisausschusses festgesetzt. Der Zuschnitt der Dienstbezirke richtete sich im Wesentlichen nach der Einwohnerzahl und Fläche. Seit Ende 1929 existierten z.B. im Kreis Lüdinghausen drei Bezirke: Bezirk I mit Lüdinghausen Stadt und Land, Olfen und Nordkirchen mit Ausnahme der Gemeinde Capelle, Bezirk II mit den Amtsbezirken Senden, Ottmarsbocholt und Ascheberg und Bezirk III mit den Amtsbezirken Drensteinfurt, Herbern und der Gemeinde Capelle.[207] Eine Dienstanweisung regelte im Detail den Aufgabenkreis der Kreisfürsorgerinnen, der sich auf alle Bereiche der Gesundheitsfürsorge erstreckte und von der Beratung und Betreuung bis zur Unterstützung der Schulärzte und Versorgung von Hilfsbedürftigen mit Arzneien reichte.[208] Im Auftrag des Wohlfahrtsamtes unterstützten und begleiteten die Fürsorgerinnen die Durchführung von Fürsorgemaßnahmen z.B. durch die Prüfung der Wohnverhältnisse, von individuellen Notlagen und Hilfsbedürftigkeit, um den notwendigen Lebensbedarf, den Lebensunterhalt oder Mietbeihilfen schätzen und bemessen zu können. Das Kreisjugendamt konnte seine „Pflichtaufgaben" – wie bereits dargestellt – nur mit den Kreisfürsorgerinnen bewältigen, durch die Überwachung der Pflegekinder, die Begutachtung von Familienpflegestellen, von möglichen Pflegern, Vormündern, Beiständen und Helfern oder die Ermittlung von Erziehungsnotständen.

In der Arbeit der Fürsorgerinnen, die durch die Familienfürsorge über weitreichende Kenntnisse der sozialen und familiären Verhältnisse in ihrem ‚Sprengel' verfügten, war eine Verflechtung der Sozial- mit der Gesundheitsfürsorge angelegt. Auch die Regelung der Zuständigkeiten unter dem gemeinsamen Dach des Kreiswohlfahrtsamtes garantierte einen engen Austausch zwischen dem Kreiskommunalarzt und den Beamten, die im Wohlfahrtsamt die Umsetzung der Maßnahmen zur Fürsorgepflichtverordnung verantworteten. Durch das Zusammenspiel zwischen der Gemeindeebene und den Sachbearbeitern im Kreiswohlfahrtsamt, zwischen sozialen und medizinischen Kompetenzen hatte sich ein Fürsorgesystem entwickelt, in dem die Mitarbeiterinnen und Mitarbeiter im Rahmen der gegebenen finanziellen Möglichkeiten den Bedürfnissen der Kreiseinwohner gerecht zu werden versuchten.

Das war die Ausgangslage, als mit dem Gesetz zur Vereinheitlichung des Gesundheitswesens vom 3. Juli 1934 die flächendeckende Einrichtung von eigenständigen Gesundheitsämtern im ganzen Deutschen Reich umgesetzt wurde.[209] Es beendete den Dualismus zwischen staatlicher und kommunaler Gesundheitsverwaltung und mündete in einer weitgehenden Verstaatlichung des öffentlichen Gesundheitswesens auf der Kreisebene. In jedem Landkreis wurde ein Gesundheitsamt errichtet, in dem sämtliche Zweige des öffentlichen Gesundheitswesens einheitlich verwaltet werden sollten: die kommunale Gesundheitsfürsorge, die staatlichen Aufgaben der Medizinalpolizei und des Gutachterwesens sowie die neuen Aufgaben im Bereich der Erb- und Rassenpflege. Wie die organisatorische und personelle Umsetzung auf der Kreisebene erfolgte, welches Aufgabenprofil die neue Einrichtung charakterisierte und welche Konsequenzen das für die klassischen Aufgabenfelder der Wohlfahrtspflege hatte, soll kurz dargestellt werden.

Die staatlichen Gesundheitsämter, die am 1. April 1935 im Kreis Coesfeld und Lüdinghausen ihre Arbeit aufnahmen, hatten einen staatlichen Leiter. Die Ämter wurden nur „in Anlehnung an die untere Verwaltungsbehörde“ eingerichtet und damit dem Landrat nicht direkt unterstellt. Dadurch sollte der „innere Zusammenhang der neuen Gesundheitsbehörde mit der inneren Verwaltung gewahrt, gleichzeitig das möglichst selbständige Handeln“ als medizinische Fachverwaltung gesichert werden.[210] Im Kreis Coesfeld konnte das Gesundheitsamt im Kreishaus untergebracht werden, im Kreis Lüdinghausen standen erst nach einiger Zeit angemessene Räumlichkeiten zur Verfügung. Bei der Auswahl des Personals für die neuen Einrichtungen setzte das Innenministerium auf das bewährte Personal und berief die bisherigen Kreisärzte an die Spitze der Ämter. Von diesen wurde die Neuaufstellung der Gesundheitspflege ausdrücklich als Schritt zur weiteren Professionalisierung begrüßt. In der Personalplanung war die Einstellung eines weiteren (Hilfs-)Arztes vorgesehen, auch als Vertretung für die Leitung des Gesundheitsamtes. Der größte Teil der „Gesundheitspflegerinnen“ wurde aus dem früheren Gesundheitsbereich der Wohlfahrtsämter in die staatlichen Gesundheitsämter übernommen.

Kreisarzt Dr. Franz Schmidt (1898–1968) in Coesfeld war katholisch und stammte aus Ostpreußen. Nach dem Abitur, anschließendem neunmonatigen Kriegseinsatz und zweijähriger englischer Kriegsgefangenschaft studierte er ab Januar 1920 in Königsberg Medizin. Nach der Approbation im August 1924 sammelte er praktische Erfahrung in einer medizinischen Klinik und einer psychiatrischen Einrichtung. Durch eine fünfjährige Tätigkeit im Hygienischen Institut in Königsberg, in dem er später auch das Medizinaluntersuchungsamt und die Desinfektorenschule leitete, und die Absolvierung der „sozialhygienischen Akademie" bereitete er sich in klassischer Weise auf die kreisärztliche Prüfung im Jahr 1929 vor. In der Königsberger Zeit verfasste er auch über 20 wissenschaftliche Beiträge. Nach der Übernahme der Kreisarztstelle in Coesfeld im April 1931 übernahm er als Nebenämter die ärztliche Leitung der „Anstalt Haus Hall", die Funktion des Schularztes für den Kreis und eine Tätigkeit für das Arbeitsamt Ahaus. In dieser Zeit war er auch Mitglied des Zentrums. Nach der Machtübertragung gehörte er seit dem 1. Mai 1933 der NSDAP an und wurde Mitglied des NS-Ärztebundes. Er ließ sich auch als Bannarzt der HJ und Sanitätsobermeister des Deutschen Luftsportverbandes in die Pflicht nehmen. Der Regierungspräsident in Münster stellte ihm 1936 ein sehr gutes Zeugnis aus. Er habe das Gesundheitsamt des Kreises Coesfeld in engster Zusammenarbeit mit dem Landrat mustergültig eingerichtet und genieße „das Vertrauen der Behörden, der Ärzteschaft und der Bevölkerung des Kreises".[211]

Auch Kreisarzt Dr. Wilhelm Appelmann (1893–1961) in Lüdinghausen war katholisch und stammte aus dem Emsland.[212] Nach dem Abitur studierte er während des Ersten Weltkrieges in Münster und Würzburg Medizin. Seine Approbation erhielt er Ende 1920, um dann bis 1925 in mehreren Kliniken eine fachärztliche Ausbildung zum Hautarzt anzuschließen. Während dieser Zeit, von März 1923 bis März 1924, besuchte er auch die Sozial-Hygiene-Akademie in Berlin, deren Ausbildung durch die wissenschaftliche Lehre des ‚Gründervaters' der Sozialhygiene, Professor Alfred Grotjahn (1869–1931), geprägt war. Bemerkenswert ist die gleichzeitig von Appelmann wahrgenommene bakteriologische Ausbildung am Robert Koch-Institut in Berlin, da Robert Koch einen anderen wissenschaftlichen Ansatz als Grotjahn vertrat. Er versuchte z.B. die Tuberkulose mit biologischen Methoden zu verstehen und bekämpfen, während Grotjahn der Krankheit durch die Verbesserung der sozialen und hygienischen Bedingungen begegnen wollte. Diese wissenschaftliche Kontroverse hat Appelmann möglicherweise in seinem Entschluss bestärkt, die Laufbahn als Kreisarzt einzuschlagen. Er legte Ende 1924 die Kreisarztprüfung ab.

Bereits Anfang 1925 konnte Appelmann die erste Kreisarztstelle in Bitburg übernehmen, bevor er dann 1927 in Lüdinghausen antrat. Im Nebenamt war er nicht nur als Kreiskommunalarzt, sondern auch als Vertrauensarzt der Landes- und der Reichsversicherungsanstalt tätig. Er engagierte sich im Kriegerverein und im Roten Kreuz. Nach der Machtübertragung trat er zunächst nur der NSV, dann 1934 dem Reichsluftschutzbund bei. Mitglied der NSDAP wurde er nach der Aufhebung der Aufnahmesperre am 1. Mai 1937. Ab 1937 nahm er an militärischen Übungen als Stabsarzt der Reserve teil.[213] Landrat Barthel beurteilte den Kreisarzt in einem Schreiben an HJ-Bannführer Katzlberger folgendermaßen: „Ich halte den Dr. Appelmann [...] für einen Mann, der durchaus guten Willens ist und niemals eine dem Staat und der Partei feindliche Haltung einnehmen wird, obgleich er natürlich noch verschiedene durch Geburt und Erziehung bedingte kirchliche bezw. weltanschauliche Hemmungen hat, die ihn aber keinesfalls an einer positiven Mitarbeit in der Partei bezw. HJ gerade als Arzt hindern werden."[214]

Einen besonderen Elan legte Appelmann bei der Ausführung des „Gesetzes zur Verhütung erbkranken Nachwuchses" an den Tag, das am 1. Januar 1934 wirksam wurde, also über ein Jahr vor Einrichtung des staatlichen Gesundheitsamtes. Appelmann bat den Landrat als Vorsitzenden des Kreisausschusses im Januar 1934 darum eine Besprechung anzusetzen, in der er mit den Fürsorgerinnen des Kreises über ihre Mitarbeit bei der Ausführung des Gesetzes Rücksprache nehmen wollte.[215] Dabei wird er den Fürsorgerinnen zur Vorbereitung auf die Umsetzung des Gesetzes auch Fortbildungskurse empfohlen haben. Auf jeden Fall wurden die Fürsorgerinnen/Wohlfahrtspflegerinnen des Kreises Lüdinghausen bereits vor der Einrichtung des staatlichen Gesundheitsamtes auf ihre neue Aufgabe vorbereitet, die mit der völkischen ‚Wende' ein neues Selbstverständnis von ihnen verlangte. Mit der Neuausrichtung der Wohlfahrtspflege zur Volkswohlfahrtspflege und der Umbenennung der Wohlfahrtsschulen zu staatlich anerkannten Volkspflegeschulen erhielten sie auch eine neue Berufsbezeichnung. Ab Februar 1935 mussten/durften alle, die eine staatliche Prüfung als Wohlfahrtspflegerin oder Wohlfahrtspfleger abgelegt hatten, in Angleichung an die Abschlüsse der neuen Schulen die Bezeichnung „Volkspflegerin" oder „Volkspfleger" führen.[216]

Die „Umwandlung" zur „Volkspflegerin" erfolgte in mehreren Lehrgängen und in verschiedenen Einrichtungen. Sie wurde im Oktober 1934 durch ein Schreiben des Regierungspräsidenten an die Landräte eingeleitet[217]. Regierungspräsident Matthaei wies darin auf einen „weltanschaulichen Schulungskurs für Kreisfürsorgerinnen" hin, der im Programm der NS-Frauenschaft in der Gauführerschule III Haus Botzlar in Selm-Beifang stand. Er empfahl dringend, einer Fürsorgerin die Teilnahme zu ermöglichen. Im Laufe des folgenden Jahres nahmen alle Fürsorgerinnen an einer der wiederholt angebotenen einwöchigen Veranstaltungen teil. Darin wurde ihnen ideologisches Basiswissen vermittelt: über den Nationalsozialismus als vollkommen neue Weltanschauung und die zentralen Punkte des Parteiprogramms, über Volkstum, Rasse, die „Judenfrage" und Vererbung, über den deutschen Menschen und den Bolschewismus, aber auch über die Aufgaben der „Frau im gegenwärtigen Kampf", die Schulung der Mütter und die Arbeit der NS-Frauenschaft. In einem Programmentwurf zum Oberthema „Rassen und Vererbung" wird der Lernstoff mit folgenden Stichworten umrissen:[218]

> „1.) Volkstum & Rasse ist durch den Nat.-Soz. erst zur Blüte gekommen. Liberalismus-jüdischer Geist, denkt nur an sich, Geld zusammenraffen. Marxismus ebenfalls, beide materialistisch. Nat.-Soz. = Idealismus.
> Deutsches Volk setzt sich aus verschiedenen Rassen zusammen: 1. Nordische Rasse, 2. fälische, 3. ostische, 4. westische, 5. dinarische, 6. ostbaltische Rasse.

> Jude besteht aus einem Rassengemisch von sämtlichen Hauptrassen der Welt. (Orientalisch, asiatisch, mongolisch, negerisch usw.)
> Bei Beurteilung der Rassen darf man nicht an den äußeren Erscheinungen hängenbleiben. Man muss vor allen Dingen an das Seelenleben Charakter & Geist denken.
> 2.) Vererbung. Der Unterschied zwischen Erbbild und Erscheinungsbild muss berücksichtigt werden. Leibliche, geistige & seelische Anlagen werden vererbt. Erbgesundheit fördern. Sterilisationsgesetz. Stärkung des Bauerntums und des nordischen Bestandteiles ist Lebensfrage."

Im Januar 1936 ordnete dann der Regierungspräsident eine „Nachschulung sämtlicher Volkspflegerinnen zur weltanschaulichen und fachlichen Fortbildung" in der NSV-Gauschule Reckenfeld an, die von der NSV gemeinsam mit der DAF durchgeführt wurde.[219] Die Kosten für die Teilnahme der fünf Volkspflegerinnen des Gesundheitsamtes Coesfeld und der sieben Volkspflegerinnen des Gesundheitsamtes Lüdinghausen übernahm die Staatskasse. Außerdem nahm jeweils eine Volkspflegerin der NSV-Kreisamtsleitungen und der NSDAP-Kreisleitungen teil. Das rassenideologische Themenspektrum war das gleiche wie in der Gauschule Botzlar, jedoch stärker auf die Weltgeschichte und Weltpolitik zugespitzt. Die Praxisanteile der Schulung legten den Schwerpunkt auf die Neuordnung des Gesundheitswesens und die Zusammenarbeit von NSV, öffentlicher und freier Wohlfahrtspflege.

Auf Anregung der Fachgruppe der Volkspflegerinnen in der DAF fand im April 1935 in der Provinzialheilanstalt Münster unter der Leitung des Anstaltsdirektors ein dreitägiger Fortbildungskurs für Fürsorgerinnen in Fragen der Geisteskrankenfürsorge statt.[220] Die Fürsorgerinnen des Kreises Lüdinghausen wurden noch vom Kreiswohlfahrtsamt zur Fortbildung angemeldet. Bei dieser Fortbildung stand das „Gesetz zur Verhütung erbkranken Nachwuchses" (GzVeN) im Zentrum, sie umfasste jedoch auch praktische und theoretische Elemente. Alle Teilnehmerinnen mussten auf den verschiedenen Krankenabteilungen praktische Arbeit leisten, um so einen ersten Eindruck vom Schicksal der Psychiatriepatienten zu gewinnen. In Vorträgen referierten Anstaltsärzte über „die ersten Zeichen der Geisteskrankheit und ihre Erkennung" sowie therapeutische Ansätze. Mit dem GzVeN befassten sich drei Referenten. Dabei ging es um die Begründung für das Gesetz, um Geisteskrankheiten, die nicht unter das Gesetz fielen, und im letzten Vortrag um die praktische Handhabung des „Erbgesundheitsgesetzes".

Die weltanschaulich-eugenisch geschulte Fürsorgerin wurde als „Volkspflegerin" zur vielseitig einsetzbaren Trägerin eines rassenhygienisch orientierten Fürsorgesystems, in dem nun das (Rest-)Wohlfahrtsamt, das staatliche Gesundheitsamt und das NSV-Kreisamt für Volkswohlfahrt ihre ‚Domänen' erhalten bzw. erobern wollten. Einsatzpläne der Volkspflegerinnen von März 1939 zeigen, in welche Richtung sich das System entwickelte.[221] Von den zwölf Volkspflegerinnen im Kreis Lüdinghausen arbeiteten sechs für das staatliche Gesundheitsamt als Gesundheitspflegerin in festgelegten Bezirken. Drei Volkspflegerinnen wurden von der NSV finanziert und koordinierten entweder in der NSV-Kreisamtsleitung den Einsatz der NS-Schwesternschaft oder arbeiteten direkt in den Industriestädten in der Familienfürsorge. Die drei übrigen Volkspflegerinnen gingen als Jugendfürsorgerin, Arbeitsvermittlerin oder Amtsfürsorgerin eher den klassischen Aufgaben der Wohlfahrtspflege in den Industriestädten nach. Im Parteikreis Ahaus-Coesfeld waren ebenfalls zwölf Volkspflegerinnen im Einsatz, von denen sechs im Landkreis Coesfeld arbeiteten. Von diesen wurden vier als Gesundheitspflegerinnen durch das staatliche Gesundheitsamt eingesetzt. Zwei Volkspflegerinnen sind der NSV zuzuordnen. Sie arbeiteten in der NSV-Kreisamtsleitung in Ahaus oder der Nebenstelle Coesfeld als Sachbearbeiterinnen oder Betreuerinnen der NS-Schwestern in den Gemeinden.

Die Gesundheitsfürsorge in den Landkreisen lag also unbestritten bei den Gesundheitsämtern mit den Kreisärzten an der Spitze. Die Position der Gesundheitsämter wurde noch durch die Ergänzung um weiteres Fachpersonal gestärkt. So stellten sie zur Ermittlung ansteckender Krankheiten und zur Durchführung von Desinfektionen besonders ausgebildete „Gesundheitsaufseher“ ein.[222] Ein Blick in die Gesundheitsberichte macht insbesondere den Vorrang der Ämter bei der Durchführung der Erb- und Rassenpflege von der Erfassung und Selektion bis zur Durchführung konkreter Maßnahmen deutlich. Die Arbeit der Ämter sollte u.a. in der Erfassung der Kreisbevölkerung in einer Erbkartei münden und verpflichtete alle Mitarbeiterinnen und Mitarbeiter im Gesundheitswesen und in der Fürsorge „Erbkrankheitsverdächtige“ an die Gesundheitsämter zu melden. Das zunehmende Gewicht der Erb- und Rassenpflege, das sich zunächst in einer anschwellenden Zahl von erbbiologischen Gutachten durch die Amtsärzte zeigte, bedeutete für die Gesundheitspflegerinnen vor allem eine Ausweitung der konkreten Ermittlungsarbeit im Rahmen der Familienfürsorge. Die zunehmende Belastung erhöhte die Bereitschaft in der Gesundheitsverwaltung, die NSV als Leistungsträger zu beachten und mit einzubeziehen, und bei den Gesundheitspflegerinnen die Bereitschaft zur Zusammenarbeit mit den NSV-Volkspflegerinnen und NS-Schwestern.

Bereits im März 1935 wies der Regierungspräsident auf einer Landrätekonferenz auf die „hohe Bedeutung“ der NS-Schwesternstationen hin und empfahl eine finanzielle Unterstützung durch Mittel der Kreise.[223] Im Mai 1936 sprach sich Landrat Barthel gegenüber der NSV-Kreisamtsleitung ausdrücklich für die Einrichtung einer NS-Schwesternstation in Werne aus, weil die frühere Amtsfürsorgerin und jetzige Gesundheitspflegerin überwiegend vom staatlichen Gesundheitsamt beansprucht würde und in der „Gemeindepflege“ eine Lücke entstanden sei.[224] So trug die zunehmende Belastung der Gesundheitspflegerinnen mit dazu bei, dass sich die NSV als Fürsorgeträger auf der Gemeindeebene etablieren konnte. 1938 gab es fast in jeder Gemeinde eine NS-Schwester und eine NS-Schwesternstation.[225] Als die NS-Schwestern in der Kriegszeit aufgrund der zunehmenden Personalknappheit immer unentbehrlicher wurden, konnte sich die NS-Schwesternschaft weiter professionalisieren. Ab 1942 wurden die NS-Schwestern besoldet. Gleichzeitig setzte die Gauamtsleitung der NSV eine „Gauvertrauensschwester" als „Oberin" der NS-Schwesternschaft ein, die „in allen Fragen der Besetzung, Versetzung und sonstigen sich ergebenden Schwierigkeiten" anzusprechen war.[226] Alle NS-Schwestern gehörten dem neu gegründeten Verband „NS-Reichsbund Deutscher Schwestern e.V." an, der auch die Personalakten der Schwestern führte.

Durch die konkrete Fürsorgearbeit in den Gemeinden verspürten die NS-Schwestern ein steigendes Ansehen in der Bevölkerung, auch wenn sie in einigen Bereichen weiterhin in Konkurrenz zur freien Wohlfahrtspflege standen. Darüber beklagte sich NSDAP-Kreisleiter Bielefeld im Juni 1944 bei der Gauleitung:[227]

> „Es ist auffällig, dass die katholische Caritas diese Kriegs- und Notzeit benutzt, ihre ‚mildtätige Hand' auf Volksschichten zu legen, die vom Bombenterror betroffen wurden oder die gezwungen sind, aus Gründen der Luftgefahr die Heimat zu verlassen. Nach dem Beispiel der NSV. werden kinderreiche Familien mit Bargeld und Gutscheinen versehen und vor der Verschickung mit den notwendigen Kleidungsstücken ausgerüstet. Wie ich feststellen konnte, sind die Trägerinnen dieser Caritas der Elisabeth- und Mütter-Verein, sowie die Jungfrauen-Kongregation. [...]
> Eine besondere Haupttätigkeit des Elisabeth-Vereins liegt auf dem Gebiete der Armen- und Krankenbetreuung, die nie ohne seelsorgerischen Einschlag betrieben wird. In diesen Fällen stoßen die Mitarbeiterinnen der NSV. oft mit ihnen zusammen. Es heißt hier für die Betreuerinnen der NSV. äußerst wachsam zu sein, sonst entsteht ein Nebeneinander das nicht von Vorteil sein dürfte."

Aus der Sicht von Kreisleiter Bielefeld sollte von der Gauleitung erwogen werden, der „offenen Tätigkeit der kirchlichen Stellen einen Dämpfer" aufzusetzen. Der Gauhauptamtsleiter reagierte in Unkenntnis über die Verhältnisse vor Ort sehr ungehalten. Die NSV sei organisatorisch und finanziell so ausgerüstet, dass sie auf allen Gebieten Arbeiten übernehmen könne. Ihm sei es unverständlich, wie es möglich sei, dass die Caritas auf den genannten Gebieten Aufgaben übernehmen könne.

Das „Gesetz zur Verhütung erbkranken Nachwuchses" und seine organisatorische Basis

Mit dem Beschluss des „Gesetzes zur Verhütung erbkranken Nachwuchses" durch die Reichsregierung konnten die Kreisärzte/Leiter der staatlichen Gesundheitsämter für alle „Erbkranken" in ihren Verantwortungsbereichen, die nicht in Anstalten untergebracht waren, die „Unfruchtbarmachung" beantragen. Die schnelle Inkraftsetzung des Gesetzes und die schon im Januar 1934 eingeleiteten ersten Zwangssterilisationsverfahren zeigen exemplarisch, dass trotz der politischen Epochengrenze von 1933 soziale, ökonomische und bewusstseinsmäßige Kontinuitäten aus der Weimarer Republik wirksam blieben. Ohne Beachtung dieser Kontinuitäten ist die fast reibungslose Umsetzung der massenhaften Sterilisatio-

529

Reichsgesetzblatt

Teil I

1933	Ausgegeben zu Berlin, den 25. Juli 1933	Nr. 86

Gesetz zur Verhütung erbkranken Nachwuchses. Vom 14. Juli 1933.

Die Reichsregierung hat das folgende Gesetz beschlossen, das hiermit verkündet wird:

§ 1

(1) Wer erbkrank ist, kann durch chirurgischen Eingriff unfruchtbar gemacht (sterilisiert) werden, wenn nach den Erfahrungen der ärztlichen Wissenschaft mit großer Wahrscheinlichkeit zu erwarten ist, daß seine Nachkommen an schweren körperlichen oder geistigen Erbschäden leiden werden.

(2) Erbkrank im Sinne dieses Gesetzes ist, wer an einer der folgenden Krankheiten leidet:

1. angeborenem Schwachsinn,
2. Schizophrenie,
3. zirkulärem (manisch-depressivem) Irresein,
4. erblicher Fallsucht,
5. erblichem Veitstanz (Huntingtonsche Chorea),
6. erblicher Blindheit,
7. erblicher Taubheit,
8. schwerer erblicher körperlicher Mißbildung.

(3) Ferner kann unfruchtbar gemacht werden, wer an schwerem Alkoholismus leidet.

§ 2

(1) Antragsberechtigt ist derjenige, der unfruchtbar gemacht werden soll. Ist dieser geschäftsunfähig oder wegen Geistesschwäche entmündigt oder hat er das achtzehnte Lebensjahr noch nicht vollendet, so ist der gesetzliche Vertreter antragsberechtigt; er bedarf dazu der Genehmigung des Vormundschaftsgerichts. In den übrigen Fällen beschränkter Geschäftsfähigkeit bedarf der Antrag der Zustimmung des gesetzlichen Vertreters. Hat ein Volljähriger einen Pfleger für seine Person erhalten, so ist dessen Zustimmung erforderlich.

(2) Dem Antrag ist eine Bescheinigung eines für das Deutsche Reich approbierten Arztes beizufügen, daß der Unfruchtbarzumachende über das Wesen und die Folgen der Unfruchtbarmachung aufgeklärt worden ist.

(3) Der Antrag kann zurückgenommen werden.

§ 3

Die Unfruchtbarmachung können auch beantragen

1. der beamtete Arzt,
2. für die Insassen einer Kranken-, Heil- oder Pflegeanstalt oder einer Strafanstalt der Anstaltsleiter.

§ 4

Der Antrag ist schriftlich oder zur Niederschrift der Geschäftsstelle des Erbgesundheitsgerichts zu stellen. Die dem Antrag zu Grunde liegenden Tatsachen sind durch ein ärztliches Gutachten oder auf andere Weise glaubhaft zu machen. Die Geschäftsstelle hat dem beamteten Arzt von dem Antrag Kenntnis zu geben.

§ 5

Zuständig für die Entscheidung ist das Erbgesundheitsgericht, in dessen Bezirk der Unfruchtbarzumachende seinen allgemeinen Gerichtsstand hat.

§ 6

(1) Das Erbgesundheitsgericht ist einem Amtsgericht anzugliedern. Es besteht aus einem Amtsrichter als Vorsitzenden, einem beamteten Arzt und einem weiteren für das Deutsche Reich approbierten Arzt, der mit der Erbgesundheitslehre besonders vertraut ist. Für jedes Mitglied ist ein Vertreter zu bestellen.

(2) Als Vorsitzender ist ausgeschlossen, wer über einen Antrag auf vormundschaftsgerichtliche Genehmigung nach § 2 Abs. 1 entschieden hat. Hat ein beamteter Arzt den Antrag gestellt, so kann er bei der Entscheidung nicht mitwirken.

Reichsgesetzbl. 1933 I 146

Abb. 66: Das „Gesetz zur Verhütung erbkranken Nachwuchses“ vom 14. Juli 1933

nen in der Region nicht zu verstehen. Die Nationalsozialisten konnten bei den Maßnahmen zur Förderung bzw. Verhinderung der Fortpflanzung auf vorbereitete Konzepte zurückgreifen, die nun jedoch mit Zwang durchgesetzt werden sollten.[228] Der politische Wille der nationalsozialistischen Rassenhygieniker traf dabei auf einen weitgehenden eugenischen Konsens in der westfälischen Ärzteschaft, so dass die Politik so gut wie keine Überzeugungsarbeit zu leisten hatte. Die Ärzte konnten also mit der Umsetzung der Selektions- und Ausgrenzungsmaßnahmen sofort beginnen.

Die vor allem aus erbbiologischen und ökonomischen Gründen getroffene Entscheidung, bei der Durchführung der Zwangssterilisationen in den Heil- und Pflegeanstalten zu beginnen, erwies sich als wichtige Vorbedingung und Vorentscheidung für eine verstärkt wissenschaftlich-technokratisch geprägte Ausrichtung der Verfahrenspraxis. Auf der Basis der besonderen Konstellation in den psychiatrischen Anstalten konnte sich das „Erbgesundheitssystem" insgesamt verhältnismäßig reibungslos etablieren und dynamisch entwickeln.[229]

Das grundlegende „Gesetz zur Verhütung erbkranken Nachwuchses" (GzVeN) wurde am 14. Juli 1933 verkündet.[230] Es sah bei bestimmten Diagnosen die Sterilisation durch einen chirurgischen Eingriff vor. Im Gesetz heißt es genau: „Wer erbkrank ist, kann [...] unfruchtbar gemacht (sterilisiert) werden, [...]". Als „erbkrank" im Sinne des Gesetzes galten Personen, bei denen Ärzte eine der folgenden „Krankheiten" diagnostiziert hatten:

1. Angeborener Schwachsinn,
2. Schizophrenie,
3. Zirkuläres (manisch-depressives) Irresein,
4. Erbliche Fallsucht
5. Erblicher Veitstanz (Huntingtonsche Corea),
6. Erbliche Blindheit,
7. Erbliche Taubheit,
8. Schwere erbliche körperliche Mißbildung.

Außerdem fiel „schwerer Alkoholismus" unter das Gesetz.

Durch die Zielsetzung des Gesetzes bekam die Untersuchung und Diagnose des Arztes eine weitgehend neue Funktion. Sie war nicht mehr auf Therapie und Heilung des kranken Menschen, auf Rehabilitation und Prävention ausgerichtet, sondern diente ausschließlich dazu, ihn als Träger kranker Erbanlagen für eine Sterilisation zu selektieren. Die „inhumane Wendung", die das GzVeN einleitete, zeigte sich dabei vor allem an zwei Aspekten: zum einen an der Abkehr der ärztlichen Tätigkeit von den Bedürfnissen des Individuums und der Orientierung der Ärzte an rassenbiologischen Wertigkeiten, die der „Gesundheit" des Volkes eine höhere Priorität einräumte als dem Lebensrecht des Individuums, und zum anderen an der unkritischen Übernahme des Katalogs der Erbkrankheiten, deren Vererbung als „wissenschaftlich hinreichend erforscht“ dargestellt wurde. Denn die Begründung und Annahme der Erblichkeit dieser Krankheiten war der ausschlaggebende Faktor für die ärztliche Akzeptanz des Gesetzes, die Rechtfertigung von Zwang bei der Ausführung des Gesetzes und die Entwicklung eines praktikablen Verfahrens zu seiner Umsetzung.

Ein umfassender Kommentar, der gleichzeitig mit Inkrafttreten des GzVeN von renommierten Ärzten vorgelegt wurde, bemühte sich, die Stichhaltigkeit des Erblichkeitsdogmas zu untermauern und die Diagnostik im Sinne des Gesetzes zu beeinflussen.[231] Bei einer „schizophrenen“ Symptomatik z.B. sollte eine Ursache durch äußere Einwirkungen nur dann angenommen werden, wenn jeder Zweifel daran durch die Betroffenen selbst widerlegt worden war. Außerdem wurde die Devise ausgegeben, „möglichst früh“ die Sterilisierung zu beantragen, da den „leichten“ Fällen eine besondere „Fortpflanzungsgefährlichkeit“ unterstellt wurde. Wenn Unklarheit herrschte, aber nach klinischer Erfahrung von der Existenz einer Geistesstörung ausgegangen werden konnte, sollte ebenfalls die Unfruchtbarmachung beantragt werden. Die Kommentatoren des GzVeN verstärkten also das schon im Gesetz angelegte Prinzip, die „Erblichkeit“ als gegebenen Faktor hinzunehmen. Warum sprach das Gesetz dann aber ausdrücklich von „angeborenem“ und nicht von „erblichem Schwachsinn“, obwohl die Kommentatoren die überwiegende Mehrzahl der „angeborenen Schwachsinnsformen“ als „ungemein erblich“ einstuften? Und was machte letztendlich die „Erblichkeit“ von Schwachsinn“ aus?

„Schwachsinn“ wurde zunächst einmal als intellektuelle Schwäche verstanden und sollte mit Intelligenzprüfungsbogen gemessen werden, um Aussagen zum Grad des „Schwachsinns“ machen zu können. Dabei ging es insbesondere darum, einen „mittleren Schwachsinn“ zum „leichten Schwachsinn (Debilität)“ hin und die letztere Form zur „landläufigen Dummheit“ hin abzugrenzen. Bei „mäßigem oder geringerem intellektuellen Schwachsinn“ sollten weitere Hilfsquellen zur Beurteilung der Person, der Psyche, des Charakters, der Leistungsfähigkeit oder des sittlichen Verhaltens herangezogen werden. Dieses Vorgehen eröffnete nicht nur Zugriffsmöglichkeiten auf „Psychopathen“, „Verbrecher“ oder „Prostituierte“, sondern auch wieder auf die eher „leichten“ Fälle wie die „leicht- und mittelschwachsinnigen Mädchen“, die Hilfsschüler und Fürsorgezöglinge, deren „Fortpflanzungsgefährlichkeit“ besonders herausgestellt wurde. Diese Form der ‚Beweisführung‘ orientierte sich wie bei der Anordnung von Fürsorgeerziehung in hohem Maße an bürgerlichen Wertmaßstäben und einem bürgerlichen Selbstverständnis.[232] Soziale Werturteile hielten Einzug in medizinische Urteile.

Nach der Systematik in der Begründung für die Erblichkeit einer Krankheit und für deren Diagnose lassen sich zwei Gruppen unter den Sterilisationsdiagnosen unterscheiden: Bei Diagnosen wie „Schizophrenie“, „manisch-depressives Irresein“ oder „erbliche Fallsucht“ wurde die medizinisch-psychiatrische Symptomatik als hinreichend anerkannt und die Erblichkeit aufgrund der klinischen Erfahrungen und Erhebungen als gegeben angenommen. Der zweiten Gruppe sind die Sterilisationsbegründungen zuzuordnen, die keine ‚klassische' Krankheitssymptomatik aufwiesen, vor allem also der „angeborene Schwachsinn", aber auch der „schwere Alkoholismus". Die Verwendung von Intelligenzprüfungsbogen zur ‚Messung' des ‚Schwachsinnsgrades' entsprach durchaus noch den psychologischen und medizinisch-psychiatrischen Standards der Zeit. Je stärker nun zur Erhärtung des „Testergebnisses" weitere Hilfsquellen wie schulische und berufliche Leistungen, das sittliche Verhalten oder strafbare Handlungen bemüht werden mussten, umso mehr wurde die medizinische Diagnostik zur sozialen Diagnostik. Diese Kombination von sozialen und medizinischen Werturteilen sollte sich bei der Ausführung des GzVeN noch als brisante Konstellation herausstellen, die gegen die ausufernde Anwendung der Diagnose „angeborener Schwachsinn" zurückschlug. Dies galt z.B. dann, wenn die Beurteilung der beruflichen Leistungen durch Arbeitgeber oder Parteiinstanzen positiv ausfiel und medizinischer Auffassung widersprach. Darüber entzündete sich ab 1936 auf höchster Ebene ein Streit um eine angemessene Berücksichtigung der „Lebensbewährung", also um die Durchsetzung des rassenideologisch begründeten Dogmas der „Lebens- und Leistungsauslese" gegenüber dem wissenschaftlich begründeten Erblichkeitsdogma.[233]

Eine der meistdiskutierten Passagen des Gesetzes war die „Kann"-Formulierung in § 1. Dabei ging es um die Frage, inwieweit sie ein „Muss" bedeutete, also in welchem Maße der Zwang bereits Teil des materiellen Rechts war. Die Kommentatoren zum Gesetz beseitigten den scheinbaren „Entscheidungsspielraum" mit zwei Begründungen. Zum einen bedeutete das „Kann" aus ihrer Sicht die grundsätzliche Aufhebung des allgemeinen Verbots der Unfruchtbarmachung, wenn rassenhygienische Gründe geltend gemacht werden konnten. Zum anderen nannten sie „praktische" Gründe, bei denen von einem Antrag auf Unfruchtbarmachung abgesehen werden sollte: bei Fortpflanzungsunfähigkeit infolge hohen Alters oder bei einem dauernden Aufenthalt in einer geschlossenen Anstalt aufgrund von Anstaltspflegebedürftigkeit, so dass keine Fortpflanzungsgefahr bestand. Ansonsten ließen die Kommentatoren keine Zweifel aufkommen: Wenn die ärztliche Diagnose auf Erbkrankheit lautete, kam die „Kann"-Bestimmung praktisch einem „Muss" gleich.[234]

Als Entscheidungsinstanz für die Anträge der Kreisärzte auf Unfruchtbarmachung wurden reichsweit Erbgesundheitsgerichte (EGG) eingerichtet. Die institutionelle Anbindung und die personelle Zusammensetzung der Gerichte verliehen dem Prozess der Entscheidungsfindung einen spezifischen Charakter, da er Elemente juristischen und medizinischen Denkens miteinander verband, die nur schwer miteinander vereinbar waren. Die EGG waren jeweils für einen Landgerichtsbezirk zuständig. Sie wurden daher bei den Amtsgerichten angesiedelt, die am Standort der Landgerichte ihren Sitz hatten. Gab es mehrere Amtsgerichte in einem Bezirk wie in Dortmund, dann wurde ein Amtsgericht bestimmt. Die Anträge auf Unfruchtbarmachung für „Erbkranke" aus den Kreisen Coesfeld und Lüdinghausen mussten folglich beim EGG in Münster gestellt werden. Entsprechend der allgemeinen Organisationsstruktur der Gerichte gab es ein Erbgesundheitsobergericht (EOG) als Revisionsinstanz, das beim Oberlandesgericht in Hamm angesiedelt war.[235]

Bei den EGG handelte es sich also nicht um eigenständige Gerichte, sondern eher um neue Kammern mit einer besonderen Sachzuständigkeit. Die Verfahren vor den EGG sollten sich an den Entmündigungsverfahren orientieren und die „völlig gleichliegenden Interessen des einzelnen und der Gemeinschaft" richtig bewerten. Jeder Anklang an ein Strafverfahren sollte vermieden werden. Dass unter den rassenideologischen Vorzeichen hier dennoch keine objektive Wahrnehmung individueller Rechte gemeint war, zeigen folgende Worte eines zeitgenössischen Kommentators: „Das Erbgesundheitsgericht entscheidet nicht nur im Zweifel, sondern immer zugunsten des Unfruchtbarzumachenden, wenn es richtig entscheidet; denn kranke Nachkommen sind ein großes Unglück und nicht etwa ein wertvolles Gut, auf das der Kranke zugunsten der Volksgemeinschaft verzichtet."[236]

Die personelle Zusammensetzung des EGG Münster und des EOG mit einem Amts-/Berufsrichter an der Spitze und zwei ärztlichen „Fachbeisitzern" war neu. Der Landgerichtspräsident bestellte den Vorsitzenden des Gremiums in Münster, der nach Möglichkeit über Erfahrungen in Entmündigungssachen und familienrechtlichen Fragen verfügen sollte. Nach seiner Ernennung hatte er sich mit den Grundlagen der Vererbungslehre vertraut zu machen. Als „Fachbeisitzer" waren ein beamteter Arzt und ein weiterer für das Deutsche Reich approbierter Arzt vorgesehen, der mit der Erbgesundheitslehre besonders vertraut sein sollte. Der Landgerichtspräsident erhielt auch das Bestellungsrecht für diese ärztlichen Beisitzerstellen, wobei er den Vorschlägen des Regierungspräsidenten zu folgen hatte. Dadurch erhielt die innere Verwaltung unmittelbaren Einfluss auf den Vollzug des Gesetzes. Aufgrund der zunehmenden Beanspruchung der EGG wurden die Positionen der Fachbeisitzer mehrfach besetzt und die Amtsausübung durch ein festes Vertretungsverfahren geregelt.

Für die Funktion der beamteten Beisitzer wählte die Regierung ausschließlich Medizinalbeamte der Gesundheitsverwaltung aus. Im EGG Münster besetzten die Kreisärzte, vor allem aus Tecklenburg, Warendorf und Dortmund diese Position. Zu den eingesetzten Medizinalbeamten gehörte nachweislich auch Kreisarzt Dr. Schmidt aus Coesfeld. Ein entsprechender Nachweis für seinen Kollegen aus Lüdinghausen konnte bisher nicht erbracht werden. Die beamteten Beisitzerposten am EOG Hamm waren eine Domäne der Medizinalräte und Gesundheitsdezernenten der Regierungen im Oberlandesgerichtsbezirk. Die Erstbesetzung der fachlich orientierten Beisitzerstelle beim EGG Münster war aus der Sicht der Partei ideal. Zu den Beisitzern gehörte ein Facharzt für Psychiatrie und Nervenkrankheiten, der seit 1931 das NSDAP-Parteibuch hatte. Ihm zur Seite standen ein Facharzt für Innere Medizin, Parteimitglied seit dem 1. April 1933, und der Eugenikfachmann Professor Alwin Besserer, Direktor des Medizinischen Untersuchungsamtes in Münster, der allerdings kein Parteimitglied war. Auch bei der

Nachbesetzung der entsprechenden Beisitzerfunktion beim EOG Hamm ab 1935 nahmen die westfälischen Gauleitungen immer größeren Einfluss.[237]

Der Verfahrensablauf vor dem EGG Münster soll in Kurzform zusammengefasst werden. Der Antrag auf Unfruchtbarmachung wurde vom Kreisarzt/Amtsarzt des Gesundheitsamtes mit dem ärztlichen Gutachten und Testunterlagen schriftlich bei der Geschäftsstelle des EGG Münster eingereicht. Das Gericht konnte zur Vorbereitung der Entscheidung von sich aus Ermittlungen anstellen und ärztliche Untersuchungen in Auftrag geben, Zeugen und Sachverständige vernehmen. Ab 1935 konnte das EGG zur Begleitung der Betroffenen auch Verfahrenspfleger oder -pflegerinnen bestellen.[238] Vor der Entscheidung des EGG wurde der „Unfruchtbarzumachende" in der Regel vorgeladen. Bei unentschuldigtem Ausbleiben ordnete das Gericht die Vorführung an. Nach der Sitzung musste das EGG in einem schriftlich niedergelegten Beschluss die Gründe für die Unfruchtbarmachung bzw. für deren Ablehnung dokumentieren. Die Sitzungen des EGG fanden häufig vor Ort statt. Dazu wurden mehrere Verfahren in einer Sitzung gebündelt und für die Behandlung der ‚Fälle' ein Zeitplan im Viertelstundentakt angesetzt.[239] Bei einer zweifelhaften Diagnose konnte das Gericht auch die Beobachtung des Betroffenen in einer Krankenanstalt bis zur Dauer von sechs Wochen anordnen. Der Beschluss musste dem Antragsteller und dem Betroffenen selbst oder dem gesetzlichen Vertreter zugestellt werden. Diese konnten innerhalb von einem Monat schriftlich oder zur Niederschrift in der Geschäftsstelle des EGG Beschwerde einlegen, die aufschiebende Wirkung hatte. Über die Beschwerde entschied in der Regel das EOG endgültig. Die Aussetzung von Verfahren kam selten vor.

Nach der endgültigen Entscheidung über die Zwangssterilisation hatten die Amtsärzte den „Unfruchtbarzumachenden" schriftlich aufzufordern, den Eingriff binnen zwei Wochen in der vom Amtsarzt benannten Klinik ausführen zu lassen. Die Ausführung sollte auch gegen den Willen des Betroffenen unter Anwendung unmittelbaren Zwanges und mit Hilfe der Polizei durchgesetzt werden. Die Zwangssterilisation fand in dazu ermächtigten Krankenanstalten statt. Das erste Verzeichnis dieser Krankenanstalten, das der preußische Innenminister am 13. März 1934 vorlegte, umfasste im Regierungsbezirk Münster 13 Einrichtungen in Bottrop, Gelsenkirchen, Gronau, Lengerich, Münster und Recklinghausen, vor allem Knappschafts-Krankenhäuser und Krankenanstalten in evangelischer und städtischer Trägerschaft. Betroffene aus dem Kreis Coesfeld wurden fast ausschließlich in Krankenhäuser in Münster wie das Evangelische Krankenhaus, das Städtische Clemens-Hospital oder die Städtische Krankenanstalt Hüffer-Stiftung zur Zwangssterilisation überwiesen, für die Betroffenen aus den Städten im Süden des Kreises Lüdinghausen kamen auch die näher liegenden und ermächtigten Krankenhäuser in Hamm, Dortmund und Recklinghausen in Betracht.[240]

Im Bezirk des EOG Hamm mit seinen neun EGG ist von 1934 bis 1945 von einer Gesamtzahl von etwa 36.500 Zwangssterilisationsverfahren auszugehen.[241]

Von diesen Verfahren entfielen auf die ersten drei Jahre der Gesetzesanwendung von 1934 bis 1936 55 %, auf die folgenden Jahre 1937 bis 1939 29 % und auf die Zeit bis Kriegsende insgesamt 16 % der Verfahren. Bei der Eröffnung der Verfahren befanden sich rund 11 % der Betroffenen in einer Heil- und Pflegeanstalt. Der Vergleich der Diagnosen in den Anträgen auf Unfruchtbarmachung bei diesen Anstaltspatienten mit den Antragsdiagnosen der Nicht-Anstaltsinsassen zeigt ein charakteristisches Profil: Während bei den Personen aus den psychiatrischen Anstalten der Anteil der Diagnose „Schizophrenie" fast 64 % ausmachte, gefolgt von den Diagnosen „angeborener Schwachsinn" mit fast 25 % und „manisch-depressivem Irresein" mit 5,5 %, waren für die Nicht-Anstaltsinsassen die Anteile bei den Spitzenwerten eher umgekehrt. Die Diagnose „angeborener Schwachsinn" stand mit gut 58 % an der Spitze, gefolgt von der Diagnosen „erbliche Fallsucht" mit gut 20 % und „Schizophrenie" mit fast 12 %.[242]

Auch für das für die Kreise Coesfeld und Lüdinghausen zuständige EGG Münster liegen konkrete Zahlen vor.[243] Beim EGG Münster wurden von 1934 bis 1945 insgesamt 4.807 Zwangssterilisationsverfahren eröffnet. Davon entfielen auf die Jahre 1934 bis 1936 knapp 60 % aller Verfahren, auf die folgenden drei Jahre 28 % und dann auf die Zeit bis Kriegsende 13 %. Nach dem Verfahrensregister des EGG ließ sich auch der Aufenthaltsort der Betroffenen genauer bestimmen. Bei der Antragstellung befanden sich 68,3 % der Betroffenen nicht in einer Anstalt, 20,7 % in einer Provinzialheilanstalt, 6,8 % in einer Strafanstalt, 3,5 % in Heimunterbringung. Bei einem Vergleich der Verteilung aller Anträge über die Jahre konzentrierten sich die Anträge beim EGG Münster stärker auf die ersten drei Jahre als im EOG-Bezirk insgesamt, was vor allem auf den höheren Anteil der Anträge gegen Nicht-Anstaltsinsassen im Vergleich zu den Anträgen gegen Anstaltsinsassen zurückzuführen ist. Ob mit dem höheren Anteil der Nicht-Anstaltsinsassen auch ein höherer Anteil der Anträge mit der Diagnose „angeborener Schwachsinn" verbunden war, soll im Folgenden durch die Untersuchung der Zwangssterilisationsverfahren auf der Ebene der Kreise Coesfeld und Lüdinghausen untersucht werden.

Die Gesundheitsämter Coesfeld und Lüdinghausen im System der EGG

Von den 4.807 eingeleiteten Zwangssterilisationsverfahren am EGG Münster richteten sich 332 (7 %) gegen Frauen und Männer aus dem Kreis Coesfeld, 577 (12 %) gegen Frauen und Männer aus dem Kreis Lüdinghausen. Gemessen an der Bevölkerungszahl der Kreise im Jahr 1933 lag die Antragsquote im Kreis Lüdinghausen ca. 15 % höher als im Kreis Coesfeld. Das ist ein Ergebnis, das sich auch beim Vergleich anderer ländlicher mit stärker industrialisierten Regionen zeigt. Die Anträge auf Zwangssterilisation wurden im Kreis Coesfeld zu fast 90 % durch den Kreisarzt/Leiter des Gesundheitsamtes Dr. Schmidt eingereicht. Er stellte am 30. Januar 1934 auch den ersten Antrag in den Kreisen Coesfeld und Lüdinghausen überhaupt. Andere Antragsteller wie andere Amtsärzte (3,4 %), Anstaltsdirektoren (4,8 %) oder die Betroffenen selbst (2,1 %) spielten eine nachgeordnete Rolle. Im

Kreis Lüdinghausen lag der Anteil des Kreisarztes/Leiters des Gesundheitsamtes Dr. Appelmann bei den Anträgen mit fast 89 % genauso hoch. Unter den übrigen Anträgen spielten nur die Anstaltsdirektoren (6,9 %) und Zuchthausdirektoren (1,9 %) eine bemerkenswerte Rolle.[244] Die Amtsärzte Schmidt und Appelmann spielten als Kreisärzte und ab April 1935 als Leiter der staatlichen Gesundheitsämter die zentrale Rolle bei der Umsetzung des GzVeN in den Kreisen Coesfeld und Lüdinghausen. Bei der Vorbereitung der „Anträge auf Unfruchtbarmachung" konnten sie sich auf die kreisweit ausgespannten Betreuungsnetze der Fürsorgerinnen und Gesundheitspflegerinnen stützen.

Insbesondere der Personenkreis, der für eine Zwangssterilisation aufgrund „angeborenen Schwachsinns" in Frage kam, befand sich in den sozialen Brennpunkten bereits weitgehend unter Beobachtung und Kontrolle. Andere waren der Wohlfahrtspflege und Gesundheitsfürsorge durch Fürsorgemaßnahmen wie in der Blinden- und Taubstummenfürsorge oder über ein Antragsverfahren für ein Ehestandsdarlehen bekannt, so dass es in den wenigsten Fällen einer offiziellen „Anzeige" einer „erbkrankverdächtigen Person" bedurfte, um ein Verfahren einzuleiten.[245] Fiel nach einer ersten Einschätzung des Amtsarztes eine Person unter die Bestimmungen des Gesetzes, beauftragte er in der Regel die Gesundheitspflegerinnen mit weiteren Ermittlungen. Nach Hausbesuchen verfassten sie dann „mit moralischen Werturteilen versehene Schilderungen ihrer Vor-Ort-Eindrücke". „Ganz bewusst wurde von den Fürsorgerinnen der ‚Erbwert' der gesamten Familie in den Blick genommen. Derartige Beobachtungen und Schilderungen flossen oft ungefiltert in die Beurteilungen der Amtsärzte ein, „der sie nicht verifizieren konnte, sie aber als willkommene Unterfütterung seiner Argumentation benutzte".[246] Die Gesundheitspflegerinnen erschlossen mit ihrer „Zuliefererfunktion" die Hilfsquellen, die zur Erhärtung der „Testergebnisse" aufgrund der Intelligenzprüfungsbogen notwendig waren.

Die Arbeit der Gesundheitspflegerinnen bekam ein besonderes Gewicht, da im Kreis Coesfeld fast 78 % aller Anträge auf die Diagnose „angeborener Schwachsinn" entfielen und 95 % dieser Anträge von Amtsarzt Schmidt gezeichnet wurden. Im Kreis Lüdinghausen war der Anteil der Diagnose „angeborener Schwachsinn" mit 71 % etwas geringer. Die Anträge waren jedoch im gleichen Umfang (94,4 %) von Amtsarzt Appelmann auf den Weg gebracht worden. Bei den übrigen Diagnosen mit eher medizinisch-psychiatrischer Symptomatik wie den Diagnosen „Schizophrenie" oder „erblicher Fallsucht" kam es eher zu einer ‚Arbeitsteilung' mit anderen Antragsberechtigten. Bei den Anträgen mit den Diagnosen „erbliche Blindheit", „erbliche Taubheit", „schwere erbliche körperliche Mißbildung" und „schwerer Alkoholismus", die im Kreis Coesfeld zusammen 5,8 %, im Kreis Lüdinghausen 7,3 % der Anträge ausmachten, wurden die Amtsärzte wiederum fast ausschließlich von sich aus initiativ.

Bei der Verteilung der eingeleiteten Zwangssterilisationsverfahren nach dem Geschlecht lag die Anzahl der Anträge bei den Männern bei fast allen Diagnosen deutlich vor der Anzahl bei den Frauen. Im Kreis Coesfeld betrug der Unterschied gut 14 %, im Kreis Lüdinghausen lediglich 4 %, obwohl gerade im Kreis Lüdinghausen bei der Diagnose mit dem höchsten Anteil, der „Schwachsinns"-Diagnose, der Frauenanteil 4 % vor dem Anteil der Männer lag. Für beide Phänomene gibt es eine plausible Erklärung. Im Kreis Lüdinghausen setzte Amtsarzt Appelmann mit den Anträgen auf Zwangssterilisation vor allem in den Arbeitervierteln von Bockum-Hövel und Selm-Bork an. Auf diese Gemeinden entfielen 43 % bzw. 21 % aller Anträge im Kreis Lüdinghausen.[247] In diesen Gemeinden konzentrierte er sich offensichtlich zunächst auf die jungen Frauen, gegen die sich in den Jahren 1934 bis 1936 ein überproportional hoher Anteil der Anträge wegen „angeborenem Schwachsinn" richtete, während sich in den Jahren danach die Verteilung der Anträge auf die Geschlechter wieder ausgeglichener gestaltete.[248] Im Kreis Coesfeld ist der große Unterschied zwischen den Geschlechtern vor allem durch die Existenz des St. Vinzenzhauses (Haus Hall) bei Gescher zu erklären, da sich hier ein überproportionaler hoher Anteil von Anträgen gegen junge Männer des Heimes auswirkte.

Aufgrund der dominanten Stellung der Diagnose „angeborener Schwachsinn" bei den Anträgen der Amtsärzte sollen diese Verfahren bei der Analyse der Verfahrensabläufe im Vordergrund stehen. Von den 258 Verfahren des Coesfelder Amtsarztes beschloss das EGG Münster in der ‚ersten Instanz" bei 192 Personen (74,4 %) die Zwangssterilisation, bei 52 Personen (20,2 %) wurde sie abgelehnt. Bei 14 Verfahren erfolgte eine Zurücknahme bzw. Aussetzung der Anträge. Von den 192 Personen mit Beschluss auf Zwangssterilisation legten 47 (24,5 %) Widerspruch vor dem EOG ein, der bei 8 Personen Erfolg hatte. Bei den 52 abgelehnten Anträgen legte der Amtsarzt in 9 Fällen Widerspruch ein und konnte sich bei 5 Personen mit seinem Antrag auf Zwangssterilisation durchsetzen. In der Summe konnte der Coesfelder Amtsarzt also eine ‚Erfolgsquote' von 189 Zwangssterilisationen (73,3 %) bei der Diagnose „angeborener Schwachsinn" nachweisen. Bei Beachtung aller Antragsteller und aller Diagnosen hatten 71,4 % der Anträge Erfolg, d.h. aus dem Kreis Coesfeld wurde bei 237 Frauen und Männern die Zwangssterilisation beschlossen und ausgeführt.

Von den 411 Verfahren des Amtsarztes in Lüdinghausen beschloss das EGG Münster in der ‚ersten Instanz' bei 285 Personen (69,3 %) die Zwangssterilisation, bei 92 Personen (22,4 %) wurde sie abgelehnt. Bei 34 Verfahren erfolgte eine Zurücknahme bzw. Aussetzung der Anträge. Von den 285 Personen mit Beschluss auf Zwangssterilisation legten 70 (24,6 %) Widerspruch vor dem EOG ein, der bei 13 Personen Erfolg hatte. Bei den 92 abgelehnten Anträgen legte der Amtsarzt lediglich in 10 Fällen Widerspruch ein und hatte damit bei 5 Personen mit seinem Antrag Erfolg. In der Summe konnte der Lüdinghauser Amtsarzt eine ‚Erfolgsquote' von 277 Zwangssterilisationen (67,4 %) bei der Diagnose „angeborener Schwachsinn" nachweisen, die niedriger lag als bei seinem Coesfelder Kollegen. Bei Beachtung aller Antragsteller und aller Diagnosen hatten 64,7 % der Anträge

Erfolg, d.h. aus dem Kreis Lüdinghausen wurde bei 373 Frauen und Männern die Zwangssterilisation beschlossen und ausgeführt. In beiden Kreisen zusammen gab es also 610 Opfer durch Zwangssterilisationen.

Die Gesamtzahl der Anträge auf Zwangssterilisation war chronologisch betrachtet auch in der Region sehr unterschiedlich verteilt. Amtsarzt Schmidt in Coesfeld stellte im Zeitraum 1934 bis 1936 55 % der 298 Anträge, in den folgenden drei Jahren dann 25,8 % und von 1940 bis 1944 die verbleibenden 19,2 %. Die Antragspraxis von Amtsarzt Appelmann konzentrierte sich noch mehr auf die ersten drei Jahre. Er stellte in diesem Zeitraum 64,8 % seiner 512 Anträge, im Zeitraum von 1937 bis 1939 20,2 % und bis 1944 dann noch 15 %. Wobei die leichte Zunahme der Anträge und Verfahren in den Jahren 1941 und 1942 eine Reaktion auf die in diesen Jahren durchgeführten „Euthanasie"-Aktionen war. Angesichts dieser drohenden Gefahr holten einige Familien ihre Angehörigen aus den Heimen zurück. Für die Entlassung aus den Heimen war aber die vorherige Zwangssterilisation die Voraussetzung.

Die enorme Zahl der Antragstellungen in den ersten Jahren hatte möglichweise eine personalpolitische Ursache, da bis April 1935 auch die Entscheidung über die zukünftige Leitung der Gesundheitsämter fiel und die Kreisärzte ihre Leistungsfähigkeit im Sinne des NS-Regimes beweisen wollten und mussten. Die hohe Zahl der Ablehnung von Anträgen durch das EGG und der Widersprüche stehen aber auch für einen beschleunigten Klärungsprozess in der Verfahrenspraxis bis 1936: über die Sorgfalt der Antragsvorbereitung und hinreichende Begründungen, über die eigenständige Urteilsfindung des EGG und die Herausbildung nachvollziehbarer Entscheidungskriterien und über einen routinierten Umgang mit Widersprüchen, um im Zweifelsfall die eugenisch-rassenhygienische Intention des Gesetzes durchzusetzen.

Wie die Entscheidungsfindung des EGG Münster ablief, soll mit einigen Beispielen veranschaulicht werden. Am 14. November 1934 beschloss das EGG Münster unter Mitwirkung von Medizinalrat Dr. Schmidt aus Coesfeld die Unfruchtbarmachung des Bergmannes Erich M. aus Hövel wegen „angeborenem Schwachsinn".[249] Diesen Beschluss begründete das EGG mit dem Gutachten des Kreisarztes und einem „persönlichen Eindruck bei der Vernehmung". Den Antrag hatte Schmidts Kollege Kreisarzt Appelmann am 6. November eingebracht und mit einem amtsärztlichen Gutachten begründet, das nur aus dem „Intelligenzprüfungsbogen" bestand. Bei Fragen zur „Orientierung" enthält er keine Eintragungen. Von den 13 Fragen zum „Schulwissen" wurden 8 richtig beantwortet. Dazu gehörte die Frage „Welche Staatsform haben wir jetzt?" Die Antwort lautete: „Ich weiß wohl, dass wir einen Führer haben, jetzt hab ich's: Nationalsozialist." Von den 12 Rechenaufgaben konnte er nach den Eintragungen nur eine lösen. Weitere Kategorien waren: „Allgemeines Lebenswissen", „Spezielle Fragen aus dem Beruf", „Geschichtserzählung und Sprichworterklärung", „Sittliche Allgemeinvorstellungen", „Gedächtnis und Merkfähigkeit" und „Verhalten bei der Untersuchung", wo-

Tabelle 14: Durchführung von Zwangssterilisationsverfahren nach dem GzVeN gegen Betroffene aus dem Kreis Coesfeld vor dem Erbgesundheitsgericht Münster (1934–1944) Quellengrundlage: Archiv LWL, Amtsgericht Münster EGG-Register 1934 bis 1944

	Krankheiten nach dem GzVeN vom 14. Juli 1933									
	angeb. Schwachsinn	Schizophrenie	zirkuläres Irresein	erbliche Fallsucht	erbliche Blindheit	erbliche Taubheit	schw. erbl. körp. Mißbildung	Schwerer Alkoholismus		
Geschlecht									Zeilensumme	in %
Frauen	120	8	-	10	-	2	2	-	142	42,8
Männer	138	23	4	12	-	2	5	6	190	57,2
Spaltensumme	258	31	4	22	-	4	7	6	332	100 %
in % der Gesamtzahl	77,7	9,3	1,2	6,6	-	1,2	2,1	1,8	100 %	
Antragsteller										
Amtsarzt Kreis Coesfeld	246	16	3	17	-	4	6	6	298	89,6
Anderer Amtsarzt	6	4	-	1	-	-	-	-	11	3,4
Betroffene(r) oder Eltern	6	-	-	1	-	-	-	-	7	2,1
Anstaltsdirektor	-	11	-	4	-	-	1	-	16	4,8
Nervenklinik Münster	-	-	-	-	-	-	-	-	-	-
Direktor eines Zuchthauses	-	-	-	-	-	-	-	-	-	-
Beschluss EGG bzw.EOG										
EGG Beschluss	145	13	-	12	-	3	1	2	176	53,0
EGG Ablehnung	43	8	3	4	-	1	5	1	65	19,6
EGG Beschluss EOG Beschluss	39	7	1	5	-	-	1	2	55	16,6
EGG Beschluss EOG Ablehnung	8	2	-	-	-	-	-	1	11	3,3
EGG Ablehnung EOG Ablehnung	4	-	-	-	-	-	-	-	4	1,2
EGG Ablehnung EOG Beschluss	5	-	-	1	-	-	-	-	6	1,8
Zurücknahme, Aussetzung u.a.	14	1	-	-	-	-	-	-	15	4,5
Summe der Zwangssterilisationen	189	20	1	18	-	3	2	4	237	71,4 % aller Anträge
Anteil in % aller Anträge mit der Diagnose	73,3	64,5	25,0	81,8	-	75,0	28,6	66,6		

Tabelle 15: Durchführung von Zwangssterilisationsverfahren nach dem GzVeN gegen Betroffene aus dem Kreis Lüdinghausen vor dem Erbgesundheitsgericht Münster (1934–1944) Quellengrundlage: Archiv LWL, Amtsgericht Münster EGG-Register 1934 bis 1944

	Krankheiten nach dem GzVeN vom 14. Juli 1933									
	angeb. Schwachsinn	Schizophrenie	zirkuläres Irresein	erbliche Fallsucht	erbliche Blindheit	erbliche Taubheit	schw. erbl. körp. Mißbildung	Schwerer Alkoholismus		
Geschlecht									Zeilensumme	in %
Frauen	215	22	3	25	4	5	3	-	277	48,0
Männer	196	34	1	39	2	9	6	13	300	52,0
Spaltensumme	411	56	4	64	6	14	9	13	577	100 %
in % der Gesamtzahl	71,2	9,7	0,7	11,1	1,0	2,4	1,6	2,3	100 %	
Antragsteller										
Amtsarzt Kreis Lüdinghausen	388	24	1	57	6	14	9	13	512	88,7
Anderer Amtsarzt	3	2	-	1	-	-	-	-	6	1,0
Betroffene(r) oder Eltern	1	-	-	2	-	-	-	-	3	0,5
Anstaltsdirektor	9	27	3	1	-	-	-	-	40	6,9
Nervenklinik Münster	-	3	-	2	-	-	-	-	5	0,9
Direktor eines Zuchthauses	10	-	-	1	-	-	-	-	11	1,9
Beschluss EGG bzw.EOG										
EGG Beschluss	215	28	2	29	-	4	1	-	279	48,4
EGG Ablehnung	82	12	2	16	4	5	5	9	135	23,4
EGG Beschluss EOG Beschluss	57	13	-	15	-	3	1	-	89	15,4
EGG Beschluss EOG Ablehnung	13	-	-	--	-	1	-	4	18	3,1
EGG Ablehnung EOG Ablehnung	5	1	-	1	-	-	-	-	7	1,2
EGG Ablehnung EOG Beschluss	5	-	-	-	-	-	-	-	5	0,9
Zurücknahme, Aussetzung u.a.	34	2	-	3	2	1	2	--	44	7,6
Summe der Zwangssterilisationen	277	41	2	44	-	7	2	-	373	64,7 % aller Anträge
Anteil in % aller Anträge mit der Diagnose	67,4	73,2	50,0	68,8	-	50,0	22,2	-		

Tabelle 16: Durchführung von Zwangssterilisationsverfahren nach dem GzVeN gegen Betroffene aus den Kreisen Coesfeld und Lüdinghausen vor dem Erbgesundheitsgericht Münster (Verteilung ausgewählter Merkmale nach dem Jahr der Antragstellung in %) Quellengrundlage: Archiv LWL, Amtsgericht Münster EGG-Register 1934 bis 1944

		Jahr der Antragstellung nach dem GzVeN vom 14. Juli 1933										
Ausgewählte Merkmale	Anzahl insgesamt	1934	1935	1936	1937	1938	1939	1940	1941	1942	1943	1944
Anträge überhaupt	Kreis COE 332	17,8 59	21,7 72	17,2 57	15,4 51	6,0 20	4,2 14	3,0 10	5,7 19	6,3 21	2,4 8	0,3 1
	Kreis LH 577	18,5 107	29,6 170	16,1 93	10,2 59	6,2 36	4,6 26	2,6 15	4,7 27	6,2 36	1,0 6	0,3 2
Anträge Amtsarzt	Kreis COE 298	17,4 52	21,5 64	16,1 48	15,1 45	6,0 18	4,7 14	3,4 10	6,0 18	6,8 20	2,7 8	0,3 1
	Kreis LH 512	19,1 98	30,3 155	15,4 79	9,4 48	6,3 32	4,5 23	1,8 9	4,5 23	7,1 36	1,2 6	0,4 2
Anträge zu Frauen	Kreis COE 142	17,0 24	23,9 34	17,6 25	12,7 18	5,6 8	5,6 8	3,6 5	4,9 7	7,7 11	1,4 2	- -
	Kreis LH 277	23,1 64	28,5 79	18,4 51	10,5 29	6,1 17	3,6 10	2,2 6	3,2 9	3,2 9	0,8 2	0,4 1
Anträge zu Männern	Kreis COE 190	18,4 35	20,0 38	16,8 32	17,4 33	6,3 12	3,2 6	2,6 5	6,3 12	5,3 10	3,2 6	0,5 1
	Kreis LH 300	14,4 43	30,4 91	14,0 42	10,0 30	6,3 19	5,3 16	3,0 9	6,0 18	9,0 27	1,3 4	0,3 1
Diagnose ang. Schwachsinn	Kreis COE 258	13,6 35	22,3 58	17,1 44	14,8 38	5,4 14	5,0 13	3,9 10	7,4 19	7,4 19	2,7 7	0,4 1
Ergebnis:	Kreis LH 411	18,0 74	29,9 123	17,0 70	9,0 37	7,3 30	3,2 13	2,7 11	3,7 15	7,8 32	1,2 5	0,2 1
EGG Beschluss	Kreis COE 145	15,2 22	21,4 31	16,5 24	13,1 19	4,8 7	6,2 9	3,4 5	6,9 10	9,7 14	2,8 4	- -
	Kreis LH 215	25,6 55	34,0 73	11,6 25	9,3 20	6,0 13	1,4 3	3,7 8	4,2 9	3,7 8	- -	0,5 1
EGG Ablehnung	Kreis COE 43	7,0 3	34,9 15	18,6 8	14,0 6	7,0 3	9,3 4	2,3 1	2,3 1	4,6 2	- -	- -
	Kreis LH 82	3,6 3	35,5 29	25,6 21	11,0 9	6,1 5	2,4 2	- -	3,6 3	11,0 9	1,2 1	- -
EGG Beschluss EOG Ablehng.	Kreis COE 39	17,9 7	28,1 11	20,5 8	10,3 4	7,7 3	- -	2,6 1	10,3 4	2,6 1	- -	- -
	Kreis LH 57	17,5 10	21,0 12	28,0 16	3,5 2	14,0 8	5,3 3	5,3 3	1,8 1	3,5 2	- -	- -

bei zu den beiden letzten Kategorien keine Eintragungen gemacht wurden. Bei der Kategorie „Sittliche Allgemeinvorstellungen" gab er folgende Antworten:

> „Warum und für wen spart man?
> Das kann ich nicht sagen, man hat ja nichts zu sparen.
> Weshalb darf man auch sein eigenes Haus nicht anzünden?
> Dann macht man sich strafbar.
> Wie denken Sie sich Ihre Zukunft?
> Dass es mal besser wird und die Kinder nicht so werden wie unser einer.
> Was ist Treue?
> Dass man sich mit der Frau verträgt.
> Was ist das Gegenteil von Tapferkeit?
> Dass man gut arbeiten tut."

Erich M. legte gegen den Beschluss des Gerichtes keinen Widerspruch ein, so dass dieser am 23. Dezember 1934 Rechtskraft erlangte. Erich M. wurde am 30. Januar 1935 zwangssterilisiert. Das Schicksal von Erich M. steht für die große Anzahl der geschäftsmäßig abgewickelten Verfahren vor den EGG.

Aber auch ein Widerspruch konnte Erfolg haben, insbesondere wenn er durch engagierte Angehörige oder Verfahrenspfleger vertreten wurde. Nach der Ablehnung seines Antrages auf Unfruchtbarmachung gegen die 23-jährige landwirtschaftliche Arbeiterin Gertrud S. legte Amtsarzt Appelmann erfolglos Beschwerde ein. Seinen Nachweis von „angeborenem Schwachsinn" bei Gertrud S., der das EGG offensichtlich nicht überzeugte, konnte er auch nicht mit dem Hinweis ‚reparieren': „Diese Minderwertigkeit der Sippe sichert meines Erachtens die Diagnose des angeborenen Schwachsinns."[250]

In einem anderen Verfahren konnte eine gewiefte Verfahrenspflegerin den Vollzug der vom EGG beschlossenen Zwangssterilisation bei Anna W. aus Werne fast über ein Jahr lang verhindern.[251] Die Dienstmagd Anna W. war durch zwei kleine Kinder „familiär belastet" und lebte vor ihrer Einlieferung in die Anstalt Karthaus bei Dülmen mit einem Mann in „wilder Ehe" zusammen. Der Bezirksfürsorgeverband des Kreises Lüdinghausen hatte die Entmündigung von Anna W. beantragt und die Unterbringung in Karthaus „wegen der Gefahr der Schwängerung" verfügt. Auf Anraten der Verfahrenspflegerin wies Anna W. in einem Schreiben von Januar 1935 darauf hin, dass sie sich in Karthaus in einer geschlossenen Anstalt aufhalte und sie beabsichtige, dort zu bleiben. In einem derartigen Fall konnte von einer Zwangssterilisation abgesehen werden. Im Februar 1935 musste Anna W. die Anstalt Karthaus dann doch verlassen und sich auch der beschlossenen Sterilisierung unterziehen. Die Kehrtwende in dieser Auseinandersetzung hatte vor allem finanzielle Gründe, die Landrat Barthel in einem Schreiben an das EGG im März 1935 aufklärte. Die Stadt Werne habe als Kostenträger für den Karthaus-Aufenthalt die Pflegegeldzahlungen eingestellt, als ihr die „widersetzliche Haltung" der

Anna W. bekannt geworden sei. Nachdem auch der Versuch der Verfahrenspflegerin gescheitert war, den Caritas-Verband zur Übernahme der Kosten zu bewegen, konnte auch sie die Zwangssterilisation nicht verhindern.

Zusammenfassend muss festgestellt werden: Die Beschlusspraxis der Erbgesundheitsgerichte nahm nicht nur strikt medizinische Kriterien und Erkenntnisse zum Bewertungsmaßstab, sondern machte politische Konzessionen. Vorzugsweise bei Personen mit der vermeintlichen Diagnose „angeborener Schwachsinn" und „schwerer Alkoholismus" wurden mehr und mehr soziale Auslesekriterien wie „mangelnde Lebensbewährung" und Leistungsbereitschaft in Anspruch genommen. Dieses kalkulierte Zusammenspiel von politischen und medizinisch-eugenischen Interessen offenbart den Verlust an wissenschaftlicher Redlichkeit und demaskiert den tatsächlichen Charakter des GzVeN: Es war praktizierter sozialer Rassismus unter dem Deckmantel von Wissenschaft und Ausdruck der „eugenischen" Utopie, dass ein operativer Eingriff gesundheitspolitische, soziale und ökonomische Probleme der Industriegesellschaft lösen könne. Und es war ein entscheidender Schritt zur Anpassung der Gesundheitsfürsorge der Gesundheitsämter an den rassenhygienischen Zeitgeist.

Die Beteiligung der Gesundheitsämter an der Vergabe von Ehestandsdarlehen

Auch bei der Gewährung von „Ehestandsdarlehen zur Förderung von Eheschließungen" ab Sommer 1933 war die Mitwirkung der Kreis- und Kommunalärzte, dann der Ärzte der staatlichen Gesundheitsämter gefragt. Mit der Vergabe der zinslosen Ehestandsdarlehen bis zu einem Höchstbetrag von 1.000 RM zur Beschaffung von Hausrat an junge Paare verfolgte das Regime familien- und arbeitsmarktpolitische Ziele.[252] Dadurch, dass das Darlehen nur an Paare gezahlt wurde, bei denen die Frau selbst berufstätig war und ihren Beruf mit der Eheschließung aufgab, sollte der Arbeitsmarkt entlastet werden. Die zunehmende Kaufkraft aufgrund der Darlehen, die durchschnittlich gut die Hälfte eines jährlichen Arbeitereinkommens ausmachten, sollte die Binnennachfrage steigern und der Arbeitsbeschaffung dienen. Der Erlass von 25 % der Darlehenssumme bei jedem geborenen Kind steigerte die Geburtenrate. Ansonsten musste monatlich 1% der Darlehenssumme zurückgezahlt werden. Die Vergabe der Darlehen konnte vor allem aus zwei Gründen versagt werden: bei Zweifeln an der politischen Einstellung und aus erbbiologischen Gründen. Ab Juli 1933 wurde ein ärztliches Gutachten verlangt, das die Unbedenklichkeit der Eheschließung aus erbbiologischer Sicht bestätigte. So konnte über die Ehestandsdarlehen die Beschäftigungs- und Frauenpolitik mit der Rassenpflege verknüpft werden. Die politische Zuverlässigkeit musste der NSDAP-Kreisleiter bescheinigen.

Allein im Kreis Lüdinghausen wurden 1934 vom Kreisarzt unter Mitwirkung der Fürsorgerinnen 553 gutachterliche Stellungnahmen zur Vergabe von Ehestandsdarlehen verfasst.[253] Im Ergebnis stellte er 545 Bescheinigungen auf „Ehetauglichkeit" und 8 Bescheinigungen auf „Eheuntauglichkeit" aus. Als Gründe für die Ablehnung nannte der Kreisarzt bei einem Paar „schwere angeborene körperliche Mißbildung", bei den übrigen Paaren „angeborener Schwachsinn". Die Anlehnung an die Inhalte und Kriterien des GzVeN sind unverkennbar. Außerdem mussten beide Partner den Nachweis arischer Abstammung durch die vollständige Ausfüllung von Sippentafeln erbringen. So wurde die rechtliche Ausgrenzung der jüdischen Bürgerinnen und Bürger nicht erst mit den Nürnberger Gesetzen wirksam. Als Bewilligungsbehörde für die Ehestandsdarlehen waren die Finanzämter bestimmt worden, denen die Anträge und Stellungnahmen über die Gemeindeverwaltungen zugesandt werden mussten.[254]

Die Empfänger der Ehestandsdarlehen konnten mit der bewilligten Summe „Bedarfsdeckungsscheine" erwerben. Diese wiederum durften nur bei Anbietern ‚eingelöst' werden, die einen „Verpflichtungsschein" für die Entgegennahme der „Bedarfsdeckungsscheine" und damit die Zulassung als Verkaufsstelle erhalten hatten. Nach den Richtlinien stammten die Anbieter aus dem Kreis der Eigentümer von Ladengeschäften, der Handwerksmeister und dem mittelständischen Einzelhandel. Auch sie mussten ihre „arische" Abstammung und ihre „politische Zuverlässigkeit" nachweisen. Weitere Auflagen kamen hinzu: Die Waren mussten von deutschen Arbeitern in Deutschland hergestellt worden sein. Es war den Unternehmern außerdem verboten, „Doppelverdiener" in ihrem Betrieb zu beschäftigen. Dennoch kann in der Phase der beginnenden wirtschaftlichen Erholung die Einbindung in die Umsetzung der Ehestandsdarlehen als zusätzliche Hilfe für die mittelständische Wirtschaft gesehen werden.

Neben den arbeitsmarkt- und wirtschaftspolitischen Effekten sind die bewusstseinsbildenden Effekte zur Durchsetzung der rassenideologisch orientierten „Volksgemeinschafts"-Vorstellungen bei der Vergabe der Ehestandsdarlehen nicht zu unterschätzen. Sie waren aufgrund der Konjunktur der Ehestandsdarlehen auf jeden Fall breitenwirksamer als bei der Durchführung des GzVeN, da die Darlehen einen viel größeren und anderen Bevölkerungskreis erreichten. Während dem OLG Hamm, dessen Bezirk etwas größer war als die Provinz Westfalen, im Zeitraum von 1934 bis Ende 1936 gut 20.000 Anträge zur Zwangssterilisation vorlagen, wurden in der Provinz Westfalen von August 1933 bis Dezember 1936 insgesamt 72.888 Ehestandsdarlehen ausgezahlt.[255] Von 100 Eheschließungen erhielten 1933/1934 42,3 % der Paare ein Darlehen, 1935 waren es 33,3 %, 1936 40,2 %. Mit der Vergabepraxis für die Darlehen wurden auch die Bestimmungen des „Ehegesundheitsgesetzes" von Oktober 1935 ein Stück weit vorweggenommen, die auch ein „Ehetauglichkeitszeugnis" des Gesundheitsamtes verlangten.[256]

Alle Paare, die den ‚Qualifizierungsanforderungen' der Vergabepraxis folgten, ließen sich bereits ein Stück weit auf die rassenideologische Logik des NS-Regimes ein, selbst wenn ihnen das persönlich nicht immer bewusst war. Mit der Erteilung des Darlehens konnten sie sich zumindest schon einmal als ‚legitime' Mitglieder der „Volksgemeinschaft" fühlen und verstehen, während andere über die Ablehnung des Darlehens ausgeschlossen wurden. Mit der Annahme des Darlehens mussten die Frauen die ihnen zugewiesene soziale Rolle in der Volksgemeinschaft als Mutter und Hausfrau übernehmen und akzeptieren. Das Beschäftigungsverbot wurde erst im Oktober 1937 wieder aufgehoben. Und die Gewährung der Darlehen wurde in späteren Jahren auch zur politischen Disziplinierung eingesetzt, wenn sie z.B. ausdrücklich mit der Aufforderung zum Beitritt in die NS-Frauengemeinschaft verknüpft war.[257]

8. Von der Wohlfahrtspflege zur Vernichtung der Nicht-Arbeitsfähigen und „Unheilbaren"

Psychiatrische Versorgung nach rassenhygienischen Grundsätzen

Die Aufgaben der Kreise als Bezirksfürsorgeverbände (BFV), also als Träger der öffentlichen Fürsorge, waren ebenfalls in den Kreiswohlfahrtsämtern angesiedelt. Die unmittelbare Fürsorge für Hilfsbedürftige wie für die Armen, Kriegsbeschädigten, Kriegshinterbliebenen, Rentenempfänger oder Schwerbeschädigten wurde in den Kreisen gemeinsam mit den kreisangehörigen Gemeinden in eigener Regie bewältigt.[258] Die Fürsorge für anstaltsbedürftige „Geisteskranke, Geistesschwache, Epileptiker, Taubstumme, Blinde und Krüppel" war in Preußen mit der Fürsorgepflichtverordnung auf die Provinzialverbände als Landesfürsorgeverbände übertragen worden. Durch die Einrichtung und Unterhaltung spezieller Anstalten trugen die Provinzialverbände in diesem Bereich die Hauptlast, die konzeptionelle und organisatorische Verantwortung.

An der Entwicklung des psychiatrischen Versorgungssystems in der Provinz Westfalen ist zu erkennen, wie der Provinzialverband auf die rasante Zunahme der überwiesenen anstaltsbedürftigen Personen aus den Städten und Landkreisen reagierte.[259] Bis 1933 entstand durch Anstaltsneubauten und -erweiterungen, einer zunehmenden Spezialisierung der Einrichtungen und einer verstärkten Zusammenarbeit und Arbeitsteilung mit den Anstalten der ‚Religionsgemeinschaften bzw. Genossenschaften' ein System mit fast 13.500 Betten. Sie verteilten sich auf die sieben Provinzialheilanstalten in Aplerbeck, Eickelborn, Lengerich, Gütersloh, Marsberg, Münster, Warstein und die Kinder- und Jugendpsychiatrie im St. Johannesstift in Marsberg mit insgesamt über 7.500 Betten und sechs Einrichtungen in konfessioneller Trägerschaft mit über 5.800 Betten. Die Anstaltsbetten der konfessionellen Einrichtungen wurden zu rund 85 % von „Geistesschwachen" und „Epileptikern" belegt, während in den Provinzialanstalten im gleichen Umfang „geisteskranke" Patientinnen und Patienten versorgt wurden. Der Provinzialverband finanzierte die Durchführung seiner Aufgaben aus drei Quellen: den Beiträgen der Verbandsmitglieder, aus staatlichen Zuwendungen und eigenen Einnahmen wie den Erträgen aus dem Grund- und Gebäudevermögen.

Die Beiträge der Verbandsmitglieder, also auch der BFV Coesfeld und Lüdinghausen, bestanden aus der Pflegekostenerstattung für die hilfsbedürftigen Kranken aus ihrem Kreis, für die sie Kostenträger waren, und der Provinzialumlage. Die Zahlungsverpflichtung der Verbandsmitglieder ergab sich allerdings schon aus der Verpflichtung des Provinzialverbandes zur stellvertretenden Wahrnehmung der Aufgaben. Aufgrund dieses Finanzierungssystems war der Provinzialverband bei der Durchführung der „Geisteskrankenfürsorge“ sehr viel stärker auf die finanzielle Beteiligung der BFV angewiesen als bei den übrigen Aufgaben und daher in diesem Bereich auch besonders stark von der Haushaltslage der Verbandsmitglieder abhängig. In wirtschaftlichen Krisensituationen mit zunehmenden Soziallasten in den Gemeinden, aber auch ausbleibenden staatlichen Überweisungen an den Provinzialverband, lieferte die kostspielige Anstaltsfürsorge den Hauptansatzpunkt für die Kritik der BFV. Sie umfasste auch Forderungen nach strukturellen Veränderungen im Anstaltssystem und mehr Transparenz in der Einweisungs- und Entlassungspraxis. Die Geldgeberrolle behagte der kommunalen Ebene ebenso wenig wie ihr begrenzter Einfluss auf die konzeptionelle Entwicklung der „Geisteskrankenfürsorge“.[260] Kostensenkungen in der Anstaltsfürsorge kamen damit den Erwartungen der BFV entgegen.

Die Pflegekostenerstattung des Kreises Lüdinghausen für seine hilfsbedürftigen Kranken in den Provinzialanstalten und konfessionellen Einrichtungen betrug im Rechnungsjahr 1940, also vom 1. April 1940 bis zum 31. März 1941, fast 113.000 RM. Davon entfielen auf die Provinzialanstalten rund 75 % der Kosten für rund 180 Patientinnen und Patienten. Die verbleibenden 25 % mussten für rund 60 Patientinnen und Patienten in den kirchlichen Einrichtungen gezahlt werden.[261] Es gab auch Hilfsbedürftige, die auf eigene Rechnung über den BFV in den Anstalten untergebracht waren.

Das NS-Regime verfolgte das Ziel, eine Reduzierung der Anstalts- und Pflegekosten durch die Neuausrichtung der psychiatrischen Versorgung nach rassenhygienischen Grundsätzen zu erreichen. Es begann damit, als die quantitative Entwicklung der Erbgesundheitsgerichtsverfahren bereits ihren Zenit überschritten hatte. Den entscheidenden Anstoß gab hier wiederum die Verkündung des „Vierjahresplanes“ im August 1936, der alle Verwaltungen zu einer strengen Ausgabendisziplin und auch die Anstalten zur strikten Bewirtschaftung des vorhandenen Kräftepotentials zwang. Der Provinzialverband verpflichtete alle Anstalten auf eine bessere Ausnutzung der Belegungskapazität, teilweise durch die Aufstellung von Doppelbetten. So diente auch die Rückverlegung von ca. 800 Patienten aus den konfessionellen Einrichtungen in die Provinzialeinrichtungen ab 1936 in erster Linie der wirtschaftlichen Anstaltsführung.

Zur Verteilung der ohnehin knappen Finanzmittel entwickelte der Provinzialverband zusammen mit den Direktoren der Heil- und Pflegeanstalten ein differenziertes Versorgungskonzept. Es richtete die Versorgung der sogenannten „Geisteskranken, Idioten und Epileptischen“ nach den Heilungschancen und der körperlichen Leistungsfähigkeit aus. Bei der Versorgung der Heilbaren und Besserungsfähigen solle nicht gespart werden. Das hieß: neueste Therapiemethoden, Arbeitstherapie zu Heilzwecken und zur Wiederherstellung der Gemeinschaftsfähigkeit, freundliche Gestaltung der Lebensbedingungen und Außenfürsorge zur Vorbereitung der Entlassung. Demgegenüber sollten die unheilbaren Patienten als „gemeinschaftsstörende" Elemente von der Volksgemeinschaft ferngehalten werden. Maßstab für die Ausgestaltung der Fürsorge war die Empfindungsfähigkeit. Dieser Personenkreis sollte die öffentlichen Kosten seiner Unterkunft nach Möglichkeit durch eigene Arbeit der Gemeinschaft zurückgeben. Wurde er gänzlich gemeinschafts- und arbeitsunfähig, so war die Fürsorge in einfachster Weise geplant. Die Behandlung dieser Kranken wurde jedoch als Frage von grundsätzlicher Bedeutung betrachtet; hier wurde schon 1937 die Frage der sogenannten „Euthanasie" aufgeworfen.

So war es nicht ungewöhnlich, dass auf der westfälischen Anstaltsdirektorenkonferenz, die am 16. Juni 1937 unter der Leitung Kolbows, des NS-Landeshauptmanns der Provinz Westfalen, tagte, die Unterbringung von sogenannten „abgelaufenen Fällen" zeitgleich mit der Frage der „Euthanasie" behandelt wurde.[262] Diese letzte Konsequenz der Übertragung rassenhygienischer Grundsätze auf die Gesundheits- und Fürsorgepolitik wurde jedoch erst unter den Bedingungen des Krieges realisiert.

Der „Euthanasie"-Erlass und die Organisation der Vernichtung

Mindestens 123 Patienten, die vor ihrer Einlieferung in westfälische Provinzialheilanstalten in den Kreisen Coesfeld und Lüdinghausen wohnten, waren von der sogenannten „T4-Aktion" und den Verlegungen aus luftkriegsgefährdeten Gebieten betroffen. Diese reichsweiten Aktionen wurden zentral durch Sonderbehörden organisiert und gesteuert. Das Hauptamt II der Kanzlei des Führers in Berlin entwickelte sich zur zentralen Koordinierungs- und Lenkungseinrichtung des „Euthanasie"-Geschehens. Da die Kanzlei nach außen hin nicht in Erscheinung treten sollte, firmierte das Amt II b, in dem die sogenannte Kinder-"Euthanasie"-Aktion organisiert wurde, als „Reichsausschuss zur wissenschaftlichen Erfassung von erb- und anlagebedingten schweren Leiden". Zur Durchführung der Erwachsenen-"Euthanasie"-Aktion entstand eine neue Zentraldienststelle, die auf der Führungsebene eng mit dem Hauptamt II der Kanzlei des Führers verflochten war. Diese Zentraldienststelle war außerhalb der Kanzlei untergebracht, ab April 1940 in einer Villa in der Berliner Tiergartenstraße 4. Aus der Anschrift der Dienststelle wurden die Tarnbezeichnungen „Organisation T4" und „Aktion T4" abgeleitet.[263] Bei der Durchführung war die Zentrale jedoch auf die Kompetenz und Kenntnisse lokaler und regionaler Behörden angewiesen. Damit stellt sich die Frage nach deren Kooperationsbereitschaft. Da hier nur wenige Aspekte angesprochen werden können, soll in der folgenden Darstellung die Verantwortung der regionalen Verwaltung und hier insbesondere das Verhalten von NS-Landeshauptmann Kolbow in den Vordergrund gestellt werden.

Grundlage der NS-"Euthanasie"-Aktionen war der sogenannte „Euthanasie"-Erlass Hitlers vom 1. September 1939. Er bestand aus der kurzen Anweisung:[264]

> „Reichsleiter Bouhler und Dr. med. Brandt sind unter Verantwortung beauftragt, die Befugnisse namentlich zu bestimmender Ärzte so zu erweitern, dass nach menschlichem Ermessen unheilbar Kranken bei kritischster Beurteilung ihres Krankheitszustandes der Gnadentod gewährt werden kann."

In seiner Formlosigkeit und in seinem Ermächtigungscharakter war der Erlass, niedergeschrieben auf einem Briefbogen aus Hitlers Privatkanzlei mit dem Hoheitszeichen der NSDAP, eine typische Schöpfung der Führerdiktatur Hitlers. Diese Willenserklärung des „Führers", die unter Missachtung jeglicher juristischen Formulierungskunst und begrifflichen Präzision verfasst wurde, schuf einen pseudolegalen Rechtszustand. Er reichte aus, um fortan eine verheerende Tötungsmaschinerie in Gang zu setzen und aufkommende juristische wie ethische Zweifel um ihre Wirkung zu bringen.

Als erste Maßnahme wurde von der Berliner Kanzlei des Führers die sogenannte Kinder-"Euthanasie"-Aktion eingeleitet und gesteuert. Sie organisierte in den Jahren 1940 bis 1945 reichsweit die Erfassung, Begutachtung und die Tötung von ca. 5.000 Kindern. Zur Begutachtung und Tötung wurde das Reichsgebiet mit einem Netz von mindestens 30 sogenannten „Kinderfachabteilungen" überzogen. Sie wurden an bestehende Krankenanstalten angegliedert. In der Provinz Westfalen entstand ab November 1940 in der Heil- und Pflegeanstalt in Niedermarsberg eine entsprechende Abteilung, deren Funktion Ende 1941 von einer Abteilung in der Heil- und Pflegeanstalt Dortmund-Aplerbeck übernommen wurde. In Niedermarsberg konnte der Mord von mindestens 36 Säuglingen und Kindern nachgewiesen werden. Die tatsächliche Opferzahl wird sich jedoch auf die ermittelte Zahl von etwa 53 Aufnahmen hin bewegen. In Dortmund lassen sich die Zahlen nicht so konkret fassen. Es ist jedoch anzunehmen, dass bei einer Todesrate von fast 50 % ein großer Teil der über 220 verstorbenen Kinder bis zum 16. Lebensjahr Opfer von Gewaltmaßnahmen geworden ist. Einweisungen von Kindern aus den Kreisen Coesfeld und Lüdinghausen in diese „Kinderfachabteilungen" konnten bisher nicht nachgewiesen werden.

Dem Aufbau der Kinderfachabteilung in Niedermarsberg ging im Sommer 1940 ein Gespräch zwischen Kolbow und einem Vertreter der Berliner Zentrale voraus.[265] Kolbow verhielt sich zunächst unter Hinweis auf die „Aktion T4" äußerst ablehnend; schwenkte aber um, nachdem ihm die Methoden und Prinzipien des „Reichsausschusses" näher erklärt worden waren. Kolbow befürchtete offenbar weitere kritische Reaktionen und Proteste, die der Beginn der Erwachsenen-"Euthanasie" in Süddeutschland provoziert hatte. Nachdem die angemeldeten Bedenken ausgeräumt waren, verhielt er sich konstruktiv. Er empfahl die Anstalt in Niedermarsberg als geeignete Anstalt für den „Reichsausschuss". Sie bot als Kinder- und Jugendpsychiatrie optimale Tarnungsmöglichkeiten.

In seinen Tagebüchern berichtet Kolbow über eine Besichtigung der Marsberger Abteilung am 11. März 1941.[266] Vor allem der Anblick eines zweijährigen Mädchens erschütterte ihn, da diese Erfahrung überhaupt nicht zu Kolbows Vorstellungen über „fröhliche, derbgesunde und rassisch edle Kinder als Krone des Lebens“ passte. Kolbow, selbst Vater zweier vier- und neunjähriger Töchter, fühlte sich durch dieses Erlebnis „ganz und gar mit einer schweren Aufgabe ausgesöhnt“, die ihm die Kanzlei des Führers auferlegt und die ihn bis dahin sehr bedrückt hatte:

> „Ich habe gesehen und mich überzeugt, dass alles in Marsberg vorbildlich gehandhabt wird, und nun will ich von mir aus doppelt dazu helfen, viel schweres Leid in unserm Volk zu lindern und dem Tode, der als gütiger Freund und Erlöser naht, dankbar den Weg zu bereiten. Das Volk, das durch so viele Irrlehren der Kirchen falsch geführt wird, muss durch den Nationalsozialismus mit väterlicher Strenge dahin gebracht werden, dass es sich einsetzt in seinem Wirken und Streben nach dem Richtspruch ‚Der Sieg des Lebens ist der Sinn der Welt‘.“

Wie weit sich Kolbow mit der Aufgabe der „Kinderfachabteilung“ identifizierte und auf einen reibungslosen und ungestörten Betrieb bedacht war, zeigte sich, als trotz aller Geheimhaltungsbemühungen die Vorgänge an die Marsberger Öffentlichkeit drangen und für Unruhe sorgten. Er setzte bei den Berliner Behörden die Schließung der Marsberger Abteilung zum Dezember 1941 durch und sorgte dafür, dass eine entsprechende Ersatzeinrichtung in der Anstalt Dortmund-Aplerbeck im November 1941 eröffnet werden konnte.

Das Denken und die Rechtfertigungsstrategie Kolbows war für viele Akteure bei der Durchführung der „Euthanasie“-Aktionen exemplarisch. Wie für Kolbow war auch für sie die ‚Auslöschung‘ behinderten Lebens aufgrund eigener Anschauung nicht nur eine völkische Pflicht, sondern ein Akt der Humanität. Nachdem Kolbow seine Skrupel überwunden hatte, vertraute er aufgrund der klinischen Atmosphäre auf eine verantwortungsbewusste Handhabung durch die Ärzte, ohne sich weiter mit den tatsächlichen Entscheidungsabläufen und Selektionsvorgängen zu befassen.

Die „Euthanasie“-Aktionen und das Schicksal der Patienten

Die Erwachsenen-“Euthanasie“-Aktion unter der Tarnbezeichnung „Aktion T4“ wurde ebenfalls von der Kanzlei des Führers aus gesteuert. Ihr fielen von Januar 1940 bis August 1941 reichsweit über 70.000 Geisteskranke zum Opfer. Die „Aktion T4“ wurde von Landeshauptmann Kolbow von Beginn an unterstützt, da er die „Bewahrung unwerten Lebens“ als eine für einen Nationalsozialisten unerträgliche Aufgabe bewertete, erst recht, wenn es sich um sogenannte „abgelaufene Fälle“ handelte. Als er auf einer Wanderung im September 1941 mit der Aufregung der ländlichen Bevölkerung über die Tötung der Geisteskranken konfrontiert wurde, versuchte er vergeblich einem Bauern zu erklären, „dass es kein Verdienst des Staates sei, qualvolles Leben ohne Selbstbewusstsein des Kranken künstlich gegen den Willen der Natur zu erhalten und zu verlängern.“[267]

Abb. 67: Der qualmende Schornstein der Verbrennungsöfen der hessischen Tötungsanstalt Hadamar war weithin sichtbar (1941)

Aus den Heilanstalten der Provinz Westfalen wurden vom 24. Juni bis zum 26. August 1941 in 25 Transporten 2.890 Patienten in hessische Zwischenanstalten verlegt. Von diesen Patienten wurden bis zum Stopp der „Aktion T4" Ende August 1941 nachweislich 1.334 in der Gaskammer von Hadamar ermordet. Die übrigen entkamen zwar dem Gas-Tod, aber nicht den folgenden, mit anderen Methoden durchgeführten „Euthanasie"-Maßnahmen. Die Steuerung der Erfassungs-, Selektions- und Transportvorgänge lag in der Hand von Landeshauptmann Kolbow, das operative Geschäft vor Ort erledigten die Anstalten oder eine Kommission von Fachbeamten.[268]

Die Umsetzung der „Aktion T4" wurde durch eine umfassende Erfassung aller Patienten in den Heil- und Pflegeanstalten vorbereitet. Die Anstalten erhielten vom Reichsinnenministerium für jeden Patienten einen Meldebogen, in den die Anstaltsverwaltungen neben den Personaldaten insbesondere Angaben zur Beschäftigung und zur Arbeitsleistung eintragen mussten. Die Meldebögen dienten dem Reichsinnenministerium als Grundlage zur Erstellung von Transportlisten für jede Anstalt, die der Hauptverwaltung des Provinzialverbandes dann zur Durchführung der „Euthanasie"-Verlegungen zugestellt wurden. Das Landeshaus in Münster koordinierte die Vorbereitungen in den Anstalten und zusammen mit dem Provinzialverband in Hessen den Ablauf der Transporte. Vor Beginn der konkreten Transportplanung wurde eine letzte Selektionsphase eingeschoben.

Um eine einheitliche Anwendung der Selektionskriterien sicherzustellen, beauftragte Kolbow eine Kommission mit der Überprüfung der Listen in den Anstalten. Der Kommission stand es frei, bei entsprechender Begründung durch die Anstaltsleitung Alterskranke, Kriegsausgezeichnete, Kriegsverletzte, Patienten in Behandlung und wichtige Arbeitskräfte von den Transportlisten zu streichen. Wie reagierte man z.B. in der Anstalt Warstein, in der auch die ersten Patienten aus den Kreisen Coesfeld und Lüdinghausen in die „Aktion T4" hineingerieten, auf das Eintreffen der Transportlisten?

Der ersten Warsteiner Verlegung nach Herborn am 27. Juni 1941 mit 235 Frauen und Männern folgten nach einer zweiwöchigen Pause ab dem 11. Juli 1941 insgesamt neun kleinere Verlegungen mit 60 bis 80 Personen im 3- bis 4-tägigen Rhythmus. Unter den Verlegten befanden sich auch 8 Frauen und 5 Männer aus den Heimatorten Bockum-Hövel, Drensteinfurt, Lüdinghausen, Nordkirchen, Selm, Werne, Buldern, Coesfeld und Dülmen. Das Geschehen um die Auswahl, Vorbereitung und den Abtransport der Patienten prägte über einen Monat den Anstaltsalltag. Die Regelmäßigkeit und Permanenz der Vorbereitungen waren sehr wahrscheinlich eine der Voraussetzungen dafür, dass in der Anstalt Warstein Initiativen zur Rettung von Kranken entwickelt und wirkungsvoll umgesetzt werden konnten.

Mit Unterstützung der Schwestern wurde den Angehörigen geschrieben, sie mögen nach Warstein kommen, um ihre Angehörigen zu besuchen. Bei dieser Gelegenheit wurde den Angehörigen dann nahegelegt, ihre Kranken aus der Anstalt herauszunehmen. In Einzelfällen ließ man die Patienten einen entsprechenden „Hilferuf" auch selbst schreiben: „Die Kranken werden in allernächster Zeit aus den Anstalten Deutschlands herausgeholt und, wie ich durch den Anstaltspastor erfahren habe, umgebracht. [...] Hier ist die Hölle los. Der Pastor sagte in 14 Tagen könnte ich schon gut dabei sein. Helft mir!" In der beschriebenen Weise konnte tatsächlich eine Anzahl von 40 bis 50 Kranken zu ihren Familien entlassen oder im Einvernehmen mit den Angehörigen in ländliche private Einrichtungen verlegt und dadurch vor dem Abtransport bewahrt werden. Diese Rettungsbemühungen stellten in Westfalen allerdings eine Ausnahme dar. Aus Warstein wurden in der ersten Verlegungsphase (1941) dennoch über 900 Patientinnen und Patienten verlegt.

Die Zentrale der Provinzialverwaltung in Münster hatte auch die Aufgabe, aufkeimende Proteste abzufedern. Selbst ein Protestschreiben des Münsteraner Bischofs Clemens August Graf von Galen vom 26. Juli 1941, das durch eine geheime Mitteilung des Provinzialverbandes an die Anstalt Münster über bevorstehende Verlegungen ausgelöst wurde, beeindruckte Landeshauptmann Kolbow wenig. Auf eine Anweisung des Oberpräsidenten und Gauleiters Meyer, in der Angelegenheit zunächst nichts zu unternehmen, vermerkte er: „[...], dass ich sowieso nicht die Absicht gehabt hätte, mich durch den Brief des Bischofs [...] irgendwie beirren zu lassen: die Aktion sei in Westfalen in flottem Fortschreiten und in 2 bis 3 Wochen beendet." Wie geschäftsmäßig und unbeeindruckt Kolbow die Patientenverlegungen begleitete, zeigt auch eine Tagebucheintragung vom 11. August während eines Aufenthaltes der Familie im Sauerländer Ferienhaus: „Nachmittags tranken wir bei Knoches Kaffee und Kuchen und erhandelten von Egon 2 Flaschen Likör. Ich fand von Herrn Pork den fertigen Bericht über den bisherigen Verlauf der ‚Fürsorgeaktion B' vor und sandte ihn an Herrn Oberpräsidenten Dr. Meyer nach Berlin weiter." Wobei die Bezeichnung „Fürsorgeaktion B" als verwaltungsinterne Verschleierungsformel für die Krankenmordaktion benutzt wurde.

In der ersten Phase der „Euthanasie"-Aktionen waren neben den Patientinnen und Patienten aus Warstein weitere 5 Frauen und 31 Männer aus den Kreisen Coesfeld und Lüdinghausen betroffen, also insgesamt 49 Personen. Sie gelangten durch Transporte aus der Anstalt Marsberg in die Anstalten Weilmünster und Kalmenhof bei Idstein, aus Dortmund-Aplerbeck nach Herborn, aus Gütersloh nach Kalmenhof und Scheuern bei Nassau, aus Münster und Eickelborn nach Eichberg und aus Lengerich nach Weilmünster in hessische Zwischenanstalten.[269] Von diesen Personen wurden 19, die zu den Transporten bis Mitte Juli 1941 gehörten, nach kurzer Aufenthaltszeit in den Zwischenanstalten nach Hadamar weiterverlegt. Die übrigen 30 blieben nach dem Stopp der „Aktion T4" bis auf 2 Patienten, die schnell entlassen bzw. von Angehörigen aus den Anstalten geholt wurden, mit ungewisser Zukunft in den hessischen Zwischenanstalten.

Waren in der Tötungsanstalt Hadamar Kapazitäten frei, fuhren morgens Busse in eine der Zwischenanstalten, um anhand der Transportlisten weitere Opfer abzuholen.[270] Nach Aussagen des Pflegepersonals reagierten die Kranken auf die erneute Verladung unterschiedlich, mit Teilnahmslosigkeit, Trauer oder Angst. Aufgrund der geringen Distanz zwischen den Anstalten erreichten die „Grauen Busse" schon nach verhältnismäßig kurzer Zeit ihren Bestimmungsort und fuhren in eine Holzgarage, die hinter der Anstalt Hadamar errichtet worden war. Von dort führte das Begleitpersonal die Opfer durch einen Schleusengang und Vorflur in den Warte- und Auskleideraum im Erdgeschoss. Dort wurden sie entkleidet und dem Tötungsarzt vorgeführt. Einer der Tötungsärzte schilderte den Ablauf der Untersuchungen folgendermaßen:

> „Die Omnibusse waren meist mit Gleichgeschlechtlichen beladen, die kamen rein und wurden ausgezogen und weitergeführt zum Photographieren, dann dem Bürobeamten vorgeführt, der die Identifikation vornahm. [...] Sie wurden gemessen, gewogen. Sie gingen an dem Bürobeamten vorbei, der festzustellen hatte, ob die in der Krankengeschichte und auf der Photokopie angegebenen Daten stimmen. Fragliche Fälle, die der Bürobeamte nicht ohne weiteres entscheiden konnte, übergab er mir dann. [...] Ich habe die Krankengeschichte durchgeblättert, die Photokopie dabei gehabt, habe die betrachtet, die Symptome, die Diagnose usw. überprüft."

Diese Untersuchung dauerte pro Patient ein bis zwei Minuten. Nach der Erinnerung des Tötungsarztes wurden nur wenige Zurückstellungen wegen Kriegsbeschä-

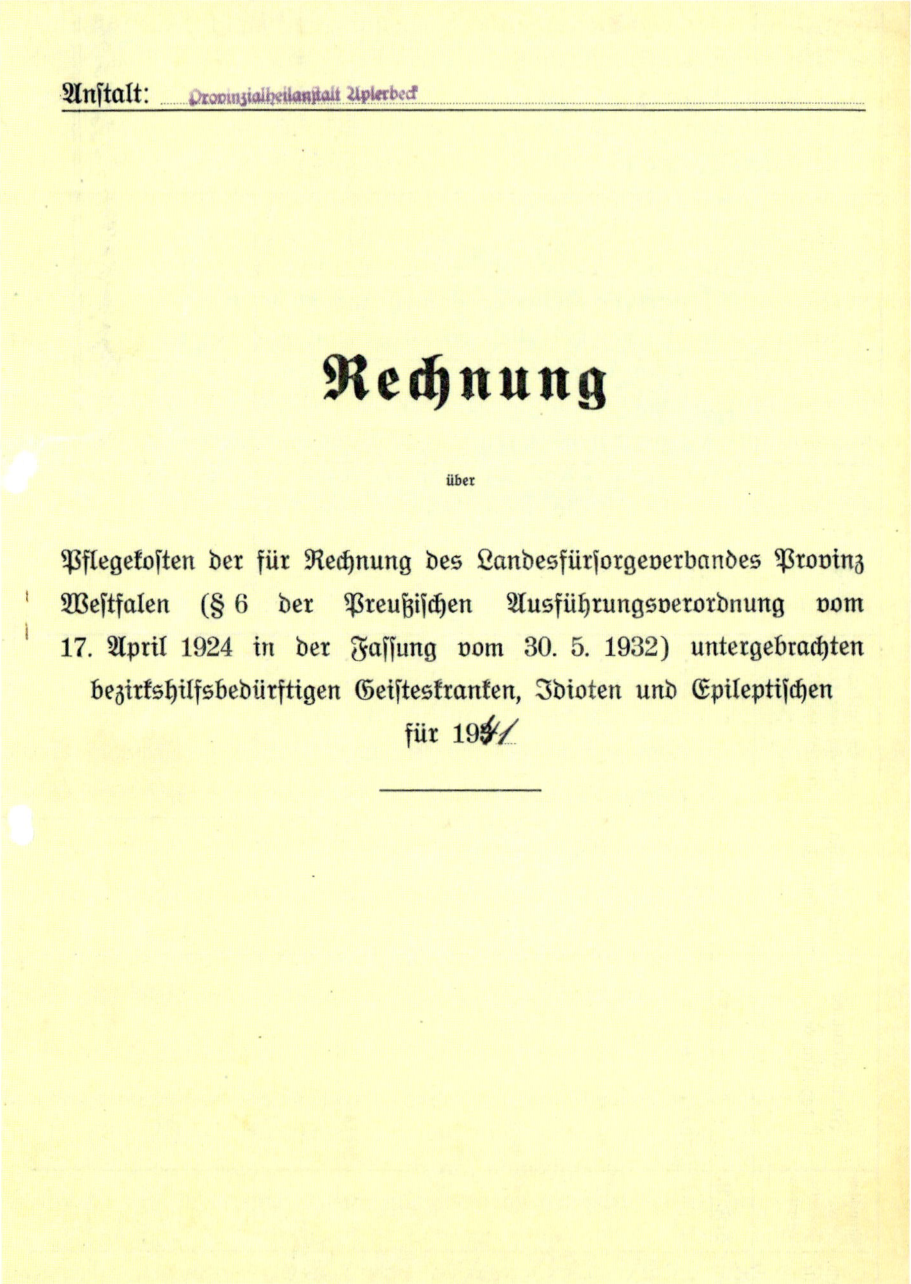

Anstalt: Provinzialheilanstalt Aplerbeck

Rechnung

über

Pflegekosten der für Rechnung des Landesfürsorgeverbandes Provinz Westfalen (§ 6 der Preußischen Ausführungsverordnung vom 17. April 1924 in der Fassung vom 30. 5. 1932) untergebrachten bezirkshilfsbedürftigen Geisteskranken, Idioten und Epileptischen für 1941

Abb. 68: Die Pflegekosten für die ermordeten Patienten wurden mit den Wohlfahrtsämtern der Kreise bis zum Tod in Hadamar abgerechnet (Deckblatt und Auszug aus der Abrechnungsliste) (1941)

Lfd. Nr.	Aktenzeichen des Landesfürsorgeverband	Zu- u. Vorname des Kranken	Gewöhnlicher Aufenthalt	In Anstaltspflege, Urlaub, entwichen Krankenhausbehandl. vom	bis einschl.	Zahl der Pflegetage zu	zu	in Fam.-Pfl. zu	Zahl d. Tage des Urlaubs	d. Krankenhausbehandlung	d. Entweichung	Nebenkosten Kleider-, Überführ.-, Sterilisier.-, Beerdigungskost. usw.	Hiervon entfallen auf den B. F. V.	Bemerkungen wegen Übernahme in die Fürs., Urlaub, Entweichung, Abgang sowie über Art etwaiger Nebenkosten (Krankenhausbehandlung usw.)
1	2	3	4	5	6	7	8	9	10	11	12	13	14	15
1895	B. F. V.	Lüdinghausen												
1	K 5649	[geschwärzt] Therese	Hövel	3.3.	31.3.	28							44 80	Neuaufnahme
1916 2	K 227	[geschwärzt], August	Ascheberg	1.4.	13.8.	135						50 --	216 00 / 50 --	Nach Herborn überführt gestorben 13.8.41
1939 3	S 7946	[geschwärzt], Irene	Bochum-Hövel / Lüdinghausen	4.12.	31.3.	117							187 20	Neuaufnahme
1880 4	S 4253	[geschwärzt], Heinrich	Olfen	1.4.	31.3.	365							584 00	
1923 5	T 22	[geschwärzt], Helmut	Bockum	7.2.	31.3.	52							83 20	Neuaufnahme Abg.-Tag nicht ber.
1905 6	K 3246	[geschwärzt], Gustav	Selm	1.4.	13.8.	134						50 --	214 40 / 50 --	Nach Herborn überführt am 13.8.41 gestorben
						831						100 -		

44.80
216.00
187.20
584.00
83.20
214.40
1.329.60 *

831 Pflegetage je 1.60 RM = 1329.60 RM

Heftrand

digung, Schwangerschaft oder der Staatsangehörigkeit vorgenommen. War diese oberflächliche Identifizierungsprozedur abgeschlossen, mussten die Kranken einen alten Militärmantel überziehen. Danach führte sie das Pflegepersonal über eine Treppe in den Keller, wo sie von anderem Personal übernommen wurden.

Der Zutritt in die Gaskammer erfolgte über einen Vorraum. Nachdem die Pfleger die Kranken in die Gaskammer getrieben hatten und die Türen verschlossen waren, drehte der im Nebenraum stehende Arzt den Gashahn auf. Das Gas strömte in den Raum und tötete die Kranken innerhalb weniger Minuten. Dieser Prozess konnte von außen durch eine Glasscheibe beobachtet werden. Auf Nachfrage erklärte ein Pfleger in der Nachkriegszeit im „Hadamar-Prozess“:

> „Ja. Ich sah einmal durch das Guckloch. Es war ein schauriger Anblick, wenn die Kranken nach und nach zusammensackten und durcheinanderfielen. Ich werde den Anblick nie mehr verlieren oder vergessen.“

Nach der Ermordung wurden die Leichen von den sogenannten „Brennern“ oder „Desinfektoren“ auf Transportloren zu den Verbrennungsöfen gefahren und verbrannt. Goldzähne wurden den Opfern zuvor herausgebrochen. Einigen Leichen entnahmen die Ärzte das Gehirn „zu wissenschaftlichen Zwecken“. Der dunkle Qualm des Krematorium-Schornsteins war über der Stadt Hadamar weithin sichtbar. Währenddessen erledigte die Verwaltung mit der Erstellung der Sterbeurkunden und Trostbriefe und mit dem Versand der Urnen an die Heimatorte in bürokratischer Manier die „Sterbefallabwicklung“.

Auch die 28 Patientinnen und Patienten aus den Kreisen Coesfeld und Lüdinghausen, die nach dem Abbruch der „Aktion T4“ noch in den Anstalten Eichberg (19 Kranke), Kalmenhof (5), Scheuern (1) und Weilmünster (3) verbleiben mussten, wurden überwiegend von Ärzten durch Medikamente ermordet oder starben vorher an den katastrophalen Lebensbedingungen und Vernachlässigung.[271] In der Anstalt Eichberg, die unter der Leitung des T4-Aktivisten Dr. Friedrich Mennecke stand, wurde die Tötung der erwachsenen Kranken durch einen Anstaltsarzt kontinuierlich fortgesetzt. Er wählte die Todeskandidaten auf den Stationen persönlich aus, ließ sie ins Ärztezimmer bringen, um sie mit einer Spritze zu ermorden. Insgesamt hatten sich die Überlebenschancen mit den Massenverlegungen durch die Zwischenanstalten und durch die systematisch betriebene Minimierung der Aufwendungen für „Geisteskranke“, die der hessische Anstaltsdezernent angeordnet hatte, massiv verschlechtert. Geringe und nährstoffarme Kost führten zur Unterernährung. Schlechte hygienische Verhältnisse, unzureichende Bett- und Leibwäsche, mangelnde Heizung und Strohsäcke als Schlafstätten schwächten den menschlichen Körper, erhöhten die Infektionsgefahr. Sie mündeten schließlich in einer sehr hohen Todesrate in den Anstalten Eichberg und Weilmünster. Drei der Patienten aus Eichberg und der Patient in Scheuern wurden ab Anfang 1943 nach Hadamar verlegt. Nach dem Stopp der „T4-Aktion“ hatte die Anstalt im

August 1942 nach außen hin wieder als Landesheilanstalt den Betrieb aufgenommen. Auf Betreiben des hessischen Anstaltsdezernenten wurde sie jedoch als Tötungsanstalt in regionaler Verantwortung weitergeführt. Von den 4.817 ab August 1942 bis März 1945 in die Anstalt aufgenommenen Patienten starben 4.422, der überwiegende Teil durch eine tödliche Medikamentendosis.

Für die Patientin Gertrud B. aus dem Kreis Coesfeld war die Verlegung am 24. Juli 1941 von Marsberg in die Anstalt Kalmenhof erst der Beginn einer ‚Odyssee'. Sie gehörte zu einem Transport mit 300 Kranken, von denen Ende 1941 keine 200 mehr lebten. Durch die Berichte von Angehörigen und Pflegekräften blieben dem Provinzialverband Westfalen die elenden Lebensverhältnisse in Kalmenhof bei Idstein nicht verborgen. Nach dem Bericht einer Besuchskommission sah sich Landeshauptmann Kolbow Anfang Februar 1942 zur Rückverlegung der noch lebenden 197 Kranken in die Anstalt Dortmund-Aplerbeck gezwungen.[272] Für Gertrud B. war auch der Aufenthalt in Aplerbeck nur eine Zwischenstation. Sie gehörte zu einem Transport von 263 Frauen, der am 24. Juni 1943 in die Heil- und Pflegeanstalt Regensburg durchgeführt wurde. Dort hat sie überlebt und wurde 1947 aus der Anstalt entlassen.

Der Transport nach Regensburg gehörte zu den „Verlegungen von Insassen der Heil- und Pflegeanstalten aus luftgefährdeten Gebieten“. Der Reichsinnenminister hatte den Beginn dieser Transporte bereits am 20. Mai den Gesundheitsämtern über die Regierungspräsidenten mitgeteilt. Er bat die Leiter der Gesundheitsämter um Unterstützung:[273]

> „Z.Zt. werden in größerem Umfange Verlegungen von Geisterkranken aus luftgefährdeten Gebieten in andere Anstalten durchgeführt. Wie bisherige Erfahrungen gezeigt haben, suchen Angehörige die Verlegung von Kranken dadurch zu vermeiden, dass sie sie auch gegen ärztlichen Rat nach Hause nehmen. Nach kurzer Zeit werden dann die Kranken der Anstalt wieder übergeben. […] Ich ersuche daher, Geisteskranke aus luftgefährdeten Gebieten – sei es vor, sei es nach der Verlegung – nur zu entlassen, wenn sie als geheilt anzusehen sind oder mindestens zu erwarten ist, dass sie sich längere Zeit in Freiheit halten werden. Gegebenenfalls ist die Entlassung zu verweigern.“

Das Schreiben des Reichsinnenministers hatte folgenden Hintergrund: Nach der Niederlage von Stalingrad spitzte sich die Luftkriegslage im Reichsgebiet zu. Während 1942 im Reichsgebiet 6.825 Tote und 24.350 Verwundete zu verzeichnen waren, erreichten die Zahlen für das Jahr 1943 eine bis dahin nicht gekannte Dimension. Sie summierten sich bis Oktober 1943 im Reichgebiet auf 75.205 Tote und 134.728 Verwundete. Diese Zahlen vermitteln nur einen Eindruck von den Menschenverlusten. Da vor allem in den Ballungsräumen gleichzeitig ein Großteil der Versorgungseinrichtungen durch Bomben in Schutt und Asche fiel, ist es schwer vorstellbar, vor welchen Aufgaben der Katastrophenschutz seit Beginn der Bombardierungen im März 1943 stand. Mit der Verschärfung des Luftkrieges über Deutschland bildeten die Heil- und Pflegeanstalten unter der Regie des Generalkommissars für das Sanitäts- und Gesundheitswesen Karl Brandt die Manövriermasse bei den Katastrophenschutzplanungen zur Einrichtung von Hilfs- und Ausweichkrankenhäusern.

Nach den schweren Luftangriffen auf Dortmund am 24. Mai 1943 bestand auch in Westfalen dringender Handlungsbedarf. Mitte 1943 wurde der Provinzialverband Westfalen im Rahmen der „Sonderaktion Brandt", so die verwaltungsinterne Chiffre für die Räumung der Heil- und Pflegeanstalten in luftkriegsgefährdeten Gebieten, mit weiteren Forderungen zur Verlegung von Psychiatriepatienten konfrontiert. Von den Maßnahmen zur Sicherung der Krankenhausversorgung in luftkriegsgefährdeten Gebieten waren 2.846 westfälische Patienten betroffen, die im Zuge einer neuen Verlegungswelle von Juni bis November 1943 nach Hessen, Süd-, Mittel- und Ostdeutschland verlegt wurden. Es wurden ganze Anstaltsbereiche geräumt, um Platz für Krankenanstalten aus den zerbombten Städten zu schaffen. Die Auswahl der Kranken für die Verlegungen sollte nach betriebswirtschaftlichen Gesichtspunkten erfolgen. Nur wer für die Aufrechterhaltung des Betriebes unverzichtbar war, sollte bleiben. Hier nutzten die Anstaltsdirektoren aber ihren Ermessensspielraum.

Generalkommissar Brandt nutzte die noch bestehende Zentralstelle der „Organisation T4" mit ihren Organisationseinheiten, vor allem die Reichsarbeitsgemeinschaft Heil- und Pflegeanstalten, die Gemeinnützige Krankentransport-GmbH und die Zentralverrechnungsstelle Heil- und Pflegeanstalten, zur Räumung der westfälischen Anstalten.[274] Damit drängt sich die Frage auf, ob auch den „Verlegungen aus luftkriegsgefährdeten Gebieten" wiederum ein intentionales Mordkonzept zugrunde lag. Diese Frage kann nicht eindeutig beantwortet werden. Das Schicksal der verlegten Kranken entschied sich letztendlich am Zielort und den dort nach dem Stopp der „Aktion T4" in regionaler Verantwortung entwickelten und weitergeführten „Euthanasie"-Initiativen. Auf die Situation in Hessen und Hadamar wurde bereits hingewiesen. In den Anstalten Erlangen, Kaufbeuren, Bernburg und Warta führten wiederum elende Lebensbedingungen wie in den hessischen Zwischenanstalten zu hohen Todesraten, in den süddeutschen Anstalten auch durch eine gezielte Mangelernährung. In der pommerschen Anstalt Meseritz/Obrawalde wurde wie in Hadamar durch den Gauleiter eine neue Tötungsanstalt eingerichtet. Angesichts der Todesraten in den bisher genannten Einrichtungen erscheinen die Lebensverhältnisse in den Anstalten Gießen und Regensburg noch relativ normal. Die Räumung der Anstalten durch die „Sonderaktion Brandt" wäre also auch ohne ‚Begleitung' durch diese „Euthanasie"-Initiativen erfolgt, allerdings mit weniger Bewegungsspielraum. Diese regionalen Initiativen bedurften nicht der zentralen Steuerung, aber ohne Einbindung in das Verlegungssystem der „Sonderaktion Brandt" hätten sie nicht ihre eigene Dynamik bekommen.

Das Schicksal der 74 Patientinnen und Patienten aus den Kreisen Coesfeld und Lüdinghausen in den Verlegungen aus luftkriegsgefährdeten Gebieten hing also

Übersicht 17: Das Schicksal der Patientinnen und Patienten aus den Kreisen Coesfeld und Lüdinghausen in den westfälischen Heil- und Pflegeanstalten nach den „Euthanasie"-Transporten und den „Verlegungen aus luftgefährdeten Gebieten" 1941/1943
Quellengrundlage: Archiv LWL, Bestand 840–22, Bd. 1 bis Bd. 7 Transportlisten

Datum des Transportes	Verlegung aus der Heil- und Pflegeanstalt	Anzahl der verlegten Patienten insgesamt	Patienten aus den Kreisen COE und LH	Zwischen-station	Endstation des Transportes: „Heil- und Pflegeanstalt"	Schicksal der Patienten aus den Kreisen Coesfeld und Lüdinghausen
27.06.1941	Warstein	123 Frauen 112 Männer	3 Frauen 2 Männer	Herborn	Hadamar	3 Patientinnen/2 Patienten werden vom 4. bis 11.8.1941 durch Gas ermordet.
29.06.1941	Marsberg	117 Frauen 106 Männer	1 Frau 7 Männer	Weilmünster	Hadamar	1 Patientin/6 Patienten werden vom 8. bis 22.8.1941 durch Gas ermordet. 1 Patient wird von Weilmünster aus entlassen.
01.07.1941	Dortmund-Aplerbeck	32 Frauen 63 Männer	2 Männer	Herborn	Hadamar	2 Patienten werden im August 1941 durch Gas ermordet.
09.07.1941	Gütersloh	62 Frauen 74 Männer	1 Frau 2 Männer	Kalmenhof bei Idstein	Hadamar	1 Patientin/2 Patienten werden Ende Juli 1941 durch Gas ermordet.
11.07.1941	Warstein	77 Männer	1 Mann	Weilmünster	Hadamar	1 Patient wird bis zum 25.8.1941 durch Gas ermordet.
14.07.1941	Warstein	78 Männer	1 Mann	Weilmünster	Hadamar	1 Patient wird bis zum 25.8.1941 durch Gas ermordet.
17.07.1941	Warstein	75 Frauen	1 Frau	Weilmünster	--	1 Patientin stirbt in Weilmünster am 3.11.1942.
17.07.1941	Gütersloh	62 Frauen 74 Männer	1 Mann	Scheuern bei Nassau	ab 1943 nach Hadamar	1 Patient stirbt am 26.1.1943 in Hadamar
23. – 25.07.1941	Marsberg	144 Frauen 165 Männer	2 Frauen 4 Männer	Kalmenhof bei Idstein	Dortmund-Aplerbeck Eichberg	3 Patienten sterben in Idstein. 1 Patient wird 1941 gerettet. 1 Patientin wird nach Eichberg verlegt und stirbt 1942 dort. 1 Patientin wird 1942 nach Aplerbeck, dann 1943 nach Regensburg verlegt und 1947 von dort entlassen.
28.07. – 04.08.1941	Warstein	188 Frauen 38 Männer	4 Frauen 1 Mann	Eichberg	teilweise ab 1943 in andere Anstalten weiterverlegt	3 Patientinnen sterben 1941/1942 in Eichberg. 1 Patientin wird 1943 nach Hadamar verlegt und stirbt dort. 1 Patient stirbt 1945 in Eichberg.
31.07.1941	Münster	79 Männer	13 Männer	Eichberg	--	12 Patienten sterben bis September 1942 in Eichberg. 1 Patient wird 1944 nach Hadamar verlegt und stirbt dort.
14.08.1941	Eickelborn	56 Frauen 114 Männer	1 Mann	Eichberg	--	1 Patientin wird 1943 nach Hadamar verlegt und stirbt dort.
26.08.1941	Lengerich	115 Frauen 96 Männer	1 Frau 1 Mann	Weilmünster	--	1 Patientin/1 Patient sterben bis 1943 in Weilmünster.
24.06.1943	Dortmund-Aplerbeck	263 Frauen	2 Frauen	--	Regensburg	2 Patientinnen leben 1946 noch in Regensburg.
29.06.1943	Münster	130 Frauen	13 Frauen	--	Weilmünster	9 Patientinnen sterben bis August 1944 in Weilmünster. 3 Patientinnen werden 1944 nach Hadamar verlegt und sterben dort. 1 Patientin lebt 1946 noch in Weilmünster.
29.06.1943	Münster	112 Frauen	9 Frauen	--	Scheuern bei Nassau	1 Patientin stirbt 1943 in Scheuern. 8 Patientinnen werden ab 1943

						nach Hadamar verlegt und sterben dort.
29.06 1943	Münster	223 Männer	25 Männer	--	Eichberg	8 Patienten sterben ab Juli 1943 in Eichberg. 1 Patient wird im Juli 1943 von Eichberg entlassen. 1 Patient wird im Oktober 1943 nach Herborn verlegt und entweicht 1945. 11 Patienten werden ab Oktober 1943 nach Hadamar verlegt und sterben dort. 4 Patienten werden im Oktober 1943 nach Weilmünster verlegt; 3 sterben dort, 1 wird entlassen.
26.07.1943	Warstein	340 Männer	3 Männer	--	Weilmünster	1 Patient wird im November 1943 von Weilmünster entlassen. 1 Patient wird im Oktober 1944 nach Eichberg verlegt; das Schicksal ist unbekannt. 1 Patient wird im Oktober 1944 nach Hadamar verlegt und stirbt dort.
26.07.1943	Warstein	174 Frauen	1 Frau	--	Hadamar	1 Patientin stirbt im August 1943 in Hadamar.
26.07.1943	Warstein	50 Frauen	1 Frau	--	Gießen	1 Patientin wird im November 1943 von Gießen entlassen.
03.09.1943	Eickelborn	56 Frauen 114 Männer	1 Frau 2 Männer	--	Erlangen	1 Patientin stirbt im Juni 1945 in Erlangen. 2 Patienten sterben bis März 1945 in Erlangen.
03.09.1943	Eickelborn	10 Frauen 43 Männer	3 Frauen 2 Männer	Günzburg	ab November 1943 nach Kaufbeuren weiterverlegt	1 Patientin entweicht im März 1944. 2 Patientinnen leben 1946 noch in Kaufbeuren. 2 Patienten sterben ab November 1944 in Kaufbeuren.
04.10.1943	Marsberg	64 Mädchen/ Frauen 139 Jungen/ Männer	3 Frauen 1 Junge 1 Mann	--	Meseritz/ Obrawalde	3 Patientinnen sterben ab Oktober 1943 in Meseritz. 2 Patienten sterben im November 1943 in Meseritz.
05.10.1943	Marsberg	48 Mädchen 28 Jungen	1 Mädchen 1 Junge	--	Lüben in Schlesien	Das Schicksal der Patientin/des Patienten in Lüben ist nicht bekannt.
14./ 15.10.1943	Gütersloh	160 Männer	2 Männer	--	Warta im Wathegau	1 Patient stirbt im März 1944 in Warta. 1 Patient lebt 1946 noch in Warta.
18.10.1943	Gütersloh	75 Frauen	2 Frauen	--	Bernburg in Anhalt	1 Patientin stirbt in Bernburg im Oktober 1943. 1 Patientin lebt 1945 noch in Bernburg.
12.11.1943	Gütersloh	50 Frauen	1 Frau	--	Meseritz/ Obrawalde	1 Patientin stirbt im Dezember 1943 in Meseritz.

Anmerkung: Die Übersicht beruht auf der Auswertung der Transportlisten, die im Rahmen eines früheren Forschungsprojektes um weitere Angaben zum Schicksal der Patientinnen und Patienten ergänzt worden sind. Da nicht in allen Transportlisten die letzten Wohnorte vor der Einlieferung in die Heil- und Pflegeanstalten aufgeführt sind, ist davon auszugehen, dass die Gesamtzahl der „Euthanasie"-Opfer aus den Kreisen Coesfeld und Lüdinghausen noch höher liegt. Vgl. auch Walter, Psychiatrie und Gesellschaft in der Moderne, S. 930–968 Übersicht A 108: Schicksal der „Euthanasie"-Transporte aus den Heilanstalten der Provinz Westfalen.

vom Zielort der Transporte ab.[275] Von den Kranken in den hessischen Anstalten (51) lebten zum Kriegsende noch 5, in der Anstalt Meseritz/Obrawalde (6) überlebte keiner, in den süd-, mittel- und ostdeutschen Anstalten Erlangen, Kaufbeuren, Bernburg und Warta (12) überlebten 5 Kranke. Dem gegenüber wurde eine Patientin aus Gießen bereits 1943 entlassen, die 2 Aplerbecker Patientinnen in Regensburg lebten 1946 noch dort. Das weitere Schicksal des Mädchens und des Jungen aus Marsberg in Lüben ist nicht bekannt. Von den 74 Kranken haben also 13 die Verlegungen bis zum Ende des Krieges überlebt. Zusammen mit den Opfern der „Aktion T4" sind also aus den Kreisen Coesfeld und Lüdinghausen mindestens 107 „Euthanasie"-Opfer zu beklagen. Von den Opfern lebten rund 75 % vor ihrer Aufnahme in die Provinzialheilanstalten im Kreis Lüdinghausen.

Über die Abrechnung Anstaltspflegekosten über den Landesfürsorgeverband mit den BFV in Coesfeld und Lüdinghausen, die nach Anstalten geordnet erfolgte und mit genauen Namenlisten hinterlegt war, konnten die Kreisverwaltungen das Schicksal ‚ihrer' Patientinnen und Patienten genau verfolgen.[276] Die Abrechnungen mit den Zielanstalten nach den Verlegungen aus luftgefährdeten Gebieten erfolgte über die Zentralverrechnungsstelle Heil- und Pflegeanstalten in Berlin direkt mit den BFV. Aus den Abrechnungsunterlagen der BFV lassen sich auch die „Einsparungen" errechnen, die aufgrund der „Aktion T4" für die Landkreise erzielt wurden. Während die Anstaltspflegekosten für den Kreis Lüdinghausen im Rechnungsjahr 1940 (1. April 1940 bis 1. März 1941) bei 112.920,80 RM lagen, wurden am Ende des Rechnungsjahres 1941 insgesamt 98.387,20 RM in Rechnung gestellt. Das entsprach einer Kostensenkung von 13 %. Aufgrund der regionalen „Euthanasie"-Initiativen und der elenden Lebensverhältnisse in den Anstalten reduzierten sich die Anstaltspflegekosten weiter. Am Ende des Rechnungsjahres 1943 (31.3.1944) musste der BFV Lüdinghausen 70.472,33 RM anweisen, also gut ein Drittel weniger als 1940. In dieser Kostenreduktion spiegeln sich nicht nur die katastrophalen Folgen der Ausrichtung der psychiatrischen Versorgung nach rassenhygienischen Grundsätzen für die Kranken wider, sondern auch die Folgen für die Anstaltsfürsorge insgesamt.

Nachdem bereits im Anschluss an die 1941er-Verlegungen der größte Teil der freigewordenen Anstaltsplätze für Reservelazarette der Wehrmacht abgegeben werden musste, sah Kolbow in den neuerlichen Ansprüchen nach den „Verlegungen aus luftkriegsgefährdeten Gebieten" eine Existenzbedrohung für das psychiatrische Versorgungssystem. Von den ursprünglichen Funktionen des Anstaltswesens blieb lediglich die Aufnahmemöglichkeit für Neuerkrankte aus den Aufnahmebezirken. Im April 1944 musste Kolbow eine ernüchternde Bilanz ziehen: „Von den 11.207 Anstaltsplätzen der Provinz habe ich bisher 9.450 geopfert, so dass nur noch 1.757 geblieben sind." Und diese teilten sich rund 5.500 Kranke. Deutlicher konnte die Erosion des psychiatrischen Versorgungssystems, die in katastrophalen Lebensbedingungen für die Patientinnen und Patienten mündete, nicht zum Ausdruck gebracht werden.[277]

9. Die „Arisierung" des jüdischen Vermögens vor der Auswanderung oder Deportation

Von der „Judenhetze" zur rechtlichen Ausgrenzung aus der „Volksgemeinschaft"
Der Antisemitismus war als prägendes Element der nationalsozialistischen Rassenideologie im Bewusstsein der „alten Kämpfer" der „NS-Bewegung", vor allem der SA, fest verankert. Sie folgten der Propaganda, in der die Überwindung des verhassten Weimarer Systems und die Verhinderung der „jüdisch-bolschewistischen Weltverschwörung" sich gegenseitig bedingten. Mit dieser Verschmelzung von politischen und rassenideologischen Motiven gehörten der brutale Straßenkampf gegen die organisierten Kommunisten, deren Verfolgung und spätere Internierung und die permanenten Überfälle auf den „Rassenfeind", die Juden, eng zusammen. Schon 1930 kam es auf einer Propagandafahrt der NSDAP durch Osterwick zu brutalen Gewaltmaßnahmen gegen die jüdische Familie Steinmann. Nach der „Machtübertragung" wurde der „politische Feind" durch die Verfolgungs- und Internierungsmaßnahmen verhältnismäßig schnell ausgeschaltet. Der politisch nicht in Erscheinung tretende und in vielen Gemeinden weitgehend tolerierte, auch integrierte „Rassenfeind" konnte jedoch nicht über eine machtpolitische Auseinandersetzung beseitigt werden, sondern nur über einen langwierigen tiefgreifenden gesellschaftlichen Ausgrenzungsprozess.

Dieser Weg war den ideologisch aufgeladenen und ungeduldigen „Straßenkämpfern" wie den Gebrüdern Bielefeld nur schwer zu vermitteln. In Dülmen setzten unmittelbar nach der „Machtübertragung" gewalttätige Übergriffe von NSDAP-Ortsgruppenmitgliedern gegen Juden ein. Die zum 1. April 1933 angesetzten Boykottmaßnahmen gegen jüdische Geschäfte entsprachen schon eher ihren Erwartungen einer gesellschaftlichen Ächtung der Juden, obwohl die Aktion von Hitler in erster Linie als Abwehrmaßnahme gegen die „jüdische Greuelhetze" aus dem Ausland gedacht war, die mit den politischen Veränderungen in Deutschland einsetzte. Hitler erklärte am 29. März 1933 in der Kabinettssitzung, er sei überzeugt, „dass ein Boykottaufruf von 2–3 Tagen das Judentum davon überzeugen werde" die „Hetze" einzustellen.[278] Auf der Reichsebene wurde ein „Boykottkomitee" eingesetzt, das über die Gaue bis in die NSDAP-Ortsgruppen Weisungen zur Gründung entsprechender „Aktionskomitees" erteilte. Sie sollten bereits im Vorfeld des 1. April die Veröffentlichung des Boykottaufrufs gegen die jüdischen Geschäfte auf Flugblättern, Plakaten und in den örtlichen Zeitungen ankündigen.[279] Entsprechende Boykottmaßnahmen wurden in Billerbeck, Coesfeld, Dülmen, Gescher, Drensteinfurt, Herbern und Werne organisiert und umgesetzt, also in allen Gemeinden, in denen Juden über Geschäftslokale verfügten.[280]

Vor allem für die „alten Kämpfer" stellte der Boykott der Geschäfte in den Gemeinden keine ‚Tagesaktion' dar. Für sie bildete er den Auftakt der vom Regime propagierten Strategie zur Vertreibung der Juden aus Deutschland. Nach der „Machtübertragung" und dem flächendeckenden Auf- und Ausbau des Parteiapparates bildeten vor allem die langjährigen „Parteigenossen" eine ‚Kerntruppe', deren Denken und Handeln als NS-Funktionäre in den Gemeinden vom Antisemitismus geprägt war. Sie schloss auch die permanente Bereitschaft zu Gewaltausübung gegen den „Rassenfeind" mit ein, auch wenn sie nicht durch Parteianweisungen legitimiert war. Diese NS-Funktionäre hetzten andere Parteimitglieder auf, erzeugten eine antijüdische Stimmung in der Bevölkerung bei Inszenierungen der „Volksgemeinschaft" und öffentlichen Versammlungen. Je stärker die Nationalsozialisten Einfluss auf die Kommunalpolitik und -verwaltungen erlangten, umso wahrscheinlicher wurden auch antisemitische Beschlüsse, die den Lebensraum der Jüdinnen und Juden durch Teilnahmeverbote oder die Besetzung von Vereinsheimen in den Gemeinden einschränkten. Durch die symbolische Besetzung öffentlicher Räume wie der Marktplätze durch Massenveranstaltungen des NS-Regimes oder die Straßenumbenennungen schrumpfte für die Juden der Raum weiter, in dem sie sich früher gerne bewegt hatten. Die Verdrängung an die ‚Peripherie' der Gemeinden konnte von ihnen nur „als persönliche Marginalisierung" empfunden werden.[281]

Diese zunehmende Verdrängung aus dem öffentlichen Raum kann zumindest im Münsterland noch nicht mit der gesellschaftlichen Isolierung gleichgesetzt werden. Diese verschärfte sich erst mit dem Erlass der Nürnberger Gesetze im September 1935, mit denen die Diskriminierung und Verfolgung der jüdischen Bevölkerung eine gesetzliche Grundlage fand. In der Phase der Machtdurchsetzung, der noch nicht verfestigten Parteistrukturen und einer erst beginnenden fortlaufenden Überwachung der jüdischen Familien und ihrer Kontakte, stand jeder vor der Entscheidung, wie er sich zur jüdischen Bevölkerung und zur NSDAP positionieren wollte. Wer Sympathien für die NSDAP pflegte oder Parteimitglied werden wollte, musste sich demonstrativ antisemitisch verhalten. Alle Mitarbeiterinnen und Mitarbeiter im öffentlichen Dienst wussten spätestens seit der ‚Durchforstung' des Kollegenkreises nach „Rassefeinden" aufgrund des Berufsbeamtengesetzes und ihren eigenen Ariernachweisen, welches Verhalten erwartet wurde.

Erklärung!

In unserer Gemeinde, welche z. Zt. judenfrei ist, ist der Zuzug von Juden nicht erwünscht. Handwerker, Geschäftsleute und sonstige Volksgenossen, die heute noch mit Juden Verkehr pflegen, werden von Lieferungen für die Gemeinde jeglicher Art ausgeschlossen. Die Inanspruchnahme jüdischer Ärzte und Rechtsanwälte, sowie das Kaufen von Juden wird als Volksverrat angesehen.

Aber nicht nur allein der Kauf beim Juden ist verwerflich, sondern auch der Verkauf an Juden ist auf das Entschiedenste zu verurteilen, worauf die Landwirte, die Vieh, und sonstige landwirtschaftliche Produkte abzugeben haben, ganz besonders hingewiesen werden.

Ferner ist in Erwägung gezogen, Geschäftsleute, Handwerker, Bauern und sonstige Volksgenossen von öffentlichen Lieferungen und Arbeiten auszuschließen, wenn sie nicht ihre Kinder oder Lehrlinge der HJ. bzw. dem BDM. zuführen.

Senden, den 20. August 1935.

Der Leiter der Gemeinde: Fröhlich, Bürgermeister.
Die Ortsgruppe der NSDAP: Hartmann, Ortsgruppenleiter.
Der Reichsnährstand Ortsgruppe Senden: i. A. Höping, Ortsbauernführer.
NS. Hago Ortsgruppe Senden Schmitz, Ortsamtsleiter.
DAF. Bolte, Ortsgruppenwalter.

Abb. 69: „Erklärung" des Bürgermeisters und des NSDAP-Ortsgruppenleiters von Senden, dass „der Zuzug von Juden nicht erwünscht ist", veröffentlicht im Sendener Anzeiger vom 23. August 1935

Wer auf Dauer mit der NSDAP-hörigen Verwaltung als Unternehmer, Handwerker und Händler bei Auftragsvergaben im Geschäft bleiben wollte, tat gut daran, sich öffentlich nicht auf die ‚falsche' Seite zu stellen.

Auf der anderen Seite bestanden gesellschaftliche Kontakte und bewährte Geschäftsbeziehungen fort, wenn auch unter schwierigen Bedingungen. In Gescher wagte mancher Kunde das jüdische Textilgeschäft Stein nur noch durch die Hintertür zu betreten. In Billerbeck gaben einige Kunden ihre Bestellungen telefonisch auf oder ließen sich die Waren im eigenen Haus vorführen. Langjährige Geschäftsbeziehungen zwischen jüdischen Viehhändlern und Metzgern und christlichen Bauern, Viehhändlern und Metzgern existierten bis Herbst 1935. Diese Situation wurde von den Kreisleitern Bielefeld und Tosse in ihren Stimmungsberichten wiederholt angesprochen, ohne jedoch Gegenmaßnahmen ihrerseits anzusprechen. Im August 1935 berichtet Tosse:[282]

> „Der Viehhandel liegt heute noch zum größten Teil in Judenhänden. Auf dem Dortmunder Magerviehhof z.B. sind heute noch 9/10 aller Händler Juden. Solange der jüdische Viehhändler noch sämtliche Märkte beherrscht, ist auch beim besten Wollen der Käufer in sehr vielen Fällen gezwungen, seinen Bedarf auf dem Viehmarkt beim Juden zu decken, wenn er nicht selbst schweren wirtschaftlichen Schaden erleiden will. [...] Da es eine andere Möglichkeit, ihren Viehbedarf zu decken, kaum gibt, müsste darauf hingewiesen werden, dass die Regierung eine allgemeine Regelung für die Betätigung der Juden auf öffentlichen Märkten erlässt."

Die Nürnberger Gesetze lieferten kurz darauf vielfältige Ansatzpunkte, um verschärft gegen die jüdische Bevölkerung vorzugehen und sie Schritt für Schritt aus dem gesellschaftlichen Leben zu verdrängen. Die Gemeindefeuerwehr schloss jüdische Feuerwehrleute aus. Die jüdische Jugend musste die Sportvereine verlassen. Nicht-jüdische Frauen und Mädchen konnten nicht länger in jüdischen Geschäftshaushalten arbeiten. Das Baden in öffentlichen Badeanstalten wurde verboten, um nur einige Beispiele zu nennen. So wurde die jüdische Bevölkerung auch gesellschaftlich in die Isolierung gedrängt. Sie konnten jedoch in ihrem Kreis das gesellschaftliche und religiöse Leben weiter pflegen.

Schon die Tatsache, dass sich 1934 und 1935 die oberste Parteiführung der NSDAP und die Gauleitung mehrfach genötigt sahen, „Terroraktionen gegen einzelne Juden" zu verbieten, zeugt von der Existenz einer nicht durch Parteianweisungen legitimierten Gewaltszene. Das ausdrückliche Einschreiten der NSDAP-Spitze war nicht von der „Sorge um die Juden in Deutschland" getragen, sondern hatte macht- und außenpolitische Bezüge. Parteiintern wollte die Parteiführung die zentrale Handlungs- und Verfügungskompetenz in der Judenverfolgung in der Hand behalten. Ein Gaubefehl von Gauleiter Meyer an „jeden Parteigenossen" vom 19. September 1935 stellte die Situation der Juden in Deutschland nach den Nürnberger Gesetzen unmissverständlich klar:[283]

> „Der Jude ist durch das Reichsbürgergesetz vom 15. September 1935 aus dem deutschen Volke ausgeschlossen worden. Durch das Gesetz zum Schutze des deutschen Blutes und der deutschen Ehre ist ihm die Vergiftung des deutschen Blutes unmöglich gemacht. Durch zahlreiche andere Maßnahmen des Führers ist ihm die Ausübung von Rechten, die lediglich dem deutschen Volksgenossen zustehen, unterbunden.
> Er ist entnationalisiert und das Ziel muss sein, dass der Deutsche in dem Juden den Angehörigen eines fremden Volkes sieht, welches in Deutschland lediglich Gastrecht hat."

Gauleiter Meyer erinnerte noch einmal an das „strengste Verbot" von „Einzelaktionen", die „auf das rücksichtsloseste und schärfste durch Partei und Staat" bestraft würden. Insbesondere sei „aus außenpolitischen und wirtschaftspolitischen Rücksichten der wirtschaftliche Vernichtungskampf gegen den Juden zu unterlassen." Meyer schließt seinen Befehl mit dem Satz: „Ich erwarte, dass in meinem Gau rückhaltlos und in blindem Gehorsam dieser Befehl befolgt wird und muss die Hoheitsträger für seine strengste Einhaltung verantwortlich machen."

In der Außenpolitik, sprich vor der Saarabstimmung im Januar 1935, dem Einmarsch der Wehrmacht in die entmilitarisierte Zone des Rheinlands im März 1936, der Durchführung der IV. Olympischen Winterspiele in Garmisch-Partenkirchen im Februar 1936 und der XI. Olympischen Sommerspiele im August 1936 in Berlin sollten Gewaltaktionen gegen Juden keinen Anlass für internationale Proteste geben. Daher sollten auch Schilder und Plakate, in denen das NS-Regimes seine antisemitische Politik demonstrativ zum Ausdruck brachte, aus dem öffentlichen Raum verschwinden, um keine negativen Reaktionen im Ausland oder bei den Ausländern auszulösen, die Deutschland aufgrund der Olympiade bereisten. Die Gauleitung Westfalen-Nord verlangte von den Ortsgruppenleitern, alle antisemitischen Schilder restlos zu entfernen, um den internationalen Gästen in Deutschland „den Aufenthalt so angenehm wie möglich" zu machen, „damit sie mit den besten Eindrücken über das nationalsozialistische Deutschland in ihre Heimat" zurückkehren konnten.[284] Noch Ende August 1935 hatte Gauleiter Meyer in einem Rundschreiben an alle Parteidienststellen klargestellt: „Verboten sind nicht Schilder ‚Juden sind in diesem Orte nicht erwünscht', verboten ist nicht die Propaganda für den ‚Stürmer'. Nur ist es nicht erwünscht, öffentliche Gebäude und Plätze zur Aufstellung zu benutzen."[285]

Auch wenn sich in den Akten des Gauinspekteurs Barthel in den folgenden zwei Jahren bis 1938 keine Hinweise über antijüdische Einzelaktionen finden, die zu Disziplinierungsmaßnahmen Anlass gegeben hätten, so boten Rundschreiben und „Aufklärungsaktionen" der Parteidienststellen über die Juden vielfältige Vorlagen für Hetzkampagnen. Sie bewegten sich zwar unterhalb von unmittelbarer körperlicher Gewalt, hielten aber die Hemmschwelle bei den NS-Aktivisten in den Ortsgruppen für Übergriffe auf die jüdischen Bürger beständig niedrig. „Diese Bereitschaft zur Gewalt gegen Menschen und Sachen brach sich dann im Laufe der Vorkommnisse um den November-Pogrom 1938 um so stärker Bahn, als sie durch obere Dienststellen der NSDAP legitimiert war" und auch eine parteiinterne Strafverfolgung nicht mehr zu befürchten war. Die Hintergründe des Pogroms auf der Reichsebene, die Rolle der Reichsregierung und der NSDAP-Parteiführung sind bekannt. Der Tod des Diplomaten Ernst von Rath am 9. November 1938 nach einem Attentat durch den jungen Juden Herschel Grynszpan war für Propagandaminister Goebbels ein willkommener Anlass, überall im Deutschen Reich Pogrome gegen die jüdische Bevölkerung zu inszenieren.[286]

Auch die brutale Umsetzung in den Kreisen Coesfeld und Lüdinghausen ist sehr gut erforscht. In jeder Gemeinde gingen NS-Funktionäre, SA- und SS-Leute, aber auch angestachelte Zuschauer, mit Gewalt gegen Juden und Jüdinnen vor und misshandelten sie. Einige wurden in den örtlichen Polizeigefängnissen in Schutzhaft genommen. Mit entfesselter Zerstörungswut zertrümmerten sie Fenster, verwüsteten und plünderten Wohnungen und Geschäftsräume und warfen das Inventar auf die Straße; sie zerstörten Beträume und Synagogen. Die Lüdinghauser Jüdin Hildegard Strauss, die im November zusammen mit ihrem Ehemann ‚wegen Devisenvergehens' im Gerichtsgefängnis Coesfeld inhaftiert war, erhängte sich am 26. November 1938. Der Dülmener Fabrikant Hermann Leeser öffnete sich in der Polizeihaft die Pulsadern und starb an den Folgen. In Werne trieben SS-Angehörige und weitere Personen alle jüdischen Männer in der Nacht auf dem Marktplatz zusammen. Ihnen wurde befohlen, die Thora-Rolle zu bespucken und zu zertreten. Louis Gumpert versuchte auf der Flucht vor dem NS-Mob von Dach zu Dach zu springen und fiel dabei in eine Gasse. Er starb kurze Zeit später an den Verletzungen, die er sich dabei zuzog.[287]

Auch in der Entwicklung der Judenverfolgung auf regionaler Ebene war die Gewaltexplosion in der Pogrom-Nacht in ihrer ganzen Radikalität und ihren menschlichen Tragödien ein Wendepunkt. Dieser zeigte sich nicht nur in der Gewalteskalation, sondern in der Funktion der Pogrom-Nacht als Beschleuniger der Strategie, den Juden nicht nur das gesetzliche, sondern auch das menschliche Recht auf Existenz zu rauben. Die deutschen Juden waren inzwischen „durch eine schier endlose Zahl von Entrechtungsmaßnahmen von allen öffentlichen Ämtern ausgeschlossen, aus Krankenhäusern, Apotheken und Schulen vertrieben, von jeder staatlichen und finanziellen Förderung ausgeschlossen und menschlich geächtet".[288] Im Sommer 1938 mussten ihre Ausweispapiere ein „J" tragen. Mit dem Zwang, den zusätzlichen Vornamen „Israel" oder „Sara" zu führen, wurden sie ihrer Individualität beraubt. Die Eliminierung der Juden hatte jedoch nicht nur eine rassische und gesellschaftliche, sondern immer auch eine wirtschaftliche Dimension.

In der Frage der Ausschaltung der Juden aus der Wirtschaft waren sich die Antisemiten einig. Göring als Beauftragter für den Vierjahresplan ging es bei der „Ausplünderung" der jüdischen Vermögen vor allem um die Auffüllung der öffentlichen Kassen, die durch die gigantische Aufrüstung ständig leer waren. Er hatte sich mit der „Verordnung über die Anmeldung des Vermögens von Juden" vom 26. April 1938 einen Überblick über die Vermögenslage verschafft. Jeder

Jude wurde verpflichtet, bis zum 30. Juni 1938 sein gesamtes in- und ausländisches Vermögen anzumelden und zu bewerten. Juden fremder Staatsangehörigkeit hatten nur ihr inländisches Vermögen anzumelden. Die Anmeldung entfiel nur, wenn der Gesamtwert des anmeldepflichtigen Vermögens ohne Berücksichtigung der Verbindlichkeiten 5.000 RM nicht überstieg. Die Vermögensaufstellungen mussten bei der zuständigen höheren Verwaltungsbehörde, im Münsterland also beim Regierungspräsidenten in Münster, abgegeben werden. Göring musste im Herbst 1938 jedoch die Grenzen der bisherigen Ausschaltungspolitik erkannt haben. Mit ausschließlich „legalen“ Mittel wie mit der bisher durchaus erfolgreichen „Ausnahmegesetzgebung“ ließ sich der entscheidende Schlag gegen die wirtschaftliche Stellung der Juden und eine ‚Abschöpfung‘ der Juden-Vermögen nicht realisieren.

Wie er seine „geplanten Maßnahmen zur wirksamen legalen Ausschaltung der Juden aus der deutschen Wirtschaft und zum Einsatz des jüdischen Vermögens für die Zwecke des Vierjahresplanes“ dennoch umsetzen konnte, wird auf der regionalen Ebene greifbar. Die Gewaltaktionen der Pogromnacht sollten der jüdischen Bevölkerung vor Augen führen, dass sie in Deutschland keine Zukunft hatte. In einer Atmosphäre ständiger Unsicherheit, die durch weitere Eingriffe in die Lebensbedingungen verschärft wurde, sollte sie zum Verkauf ihres Besitzes gedrängt werden und ihr ‚Heil‘ in der Auswanderung suchen. Wie, von wem und mit welchem Erfolg das „Entjudungsgeschäft“ in der Region betrieben wurde und wie Göring auch bei diesem „Geschäft“ einen finanziellen ‚Schnitt‘ machte, ist im Folgenden darzustellen. Und damit ist nicht die Kontribution von einer Milliarde Reichsmark gemeint, die von den rund 250.000 Jüdinnen und Juden im Deutschen Reich als „Sühneleistung“ für die Schäden der Pogrom-Nacht abverlangt wurde.

Ausschaltung aus der Wirtschaft, gesellschaftliche Ausgrenzung und Auswanderung

Mit dem Erlass der Nürnberger Gesetze begannen die Staatspolizeistellen im Regierungsbezirk Münster eine „Judenkartei“ anzulegen. Die Landräte hatten aufgrund einer Verfügung vom 17. Mai 1935 als Grundlage der Kartei zusammen mit den Gemeinden genaue Listen erstellt, die folgende Daten umfassten: den Zu- und Vornamen, den Beruf, den Geburtsort, das Geburtsdatum und die Wohnadresse. Die „Nachweisung der im Kreise Lüdinghausen wohnenden Juden“, die der Kreis Lüdinghausen am 17. Juni 1935 an die Staatspolizeistelle Recklinghausen übersandte, umfasste 146 Personen.[289] Um die Kartei aktuell zu halten, mussten die Landräte vierteljährliche Meldungen über Zu- und Abgänge erstatten.[290]

Auf der Basis dieser „Judenkartei“ konnte der Regierungspräsident auch überprüfen, ob die im April 1938 verfügten Vermögensaufstellungen vollständig eingegangen waren. Sie enthielten neben den Personaldaten die in Reichsmark angegebenen Vermögenswerte für land- und forstwirtschaftliche Flächen, Grundstücke,

Betriebe und sonstige Vermögen, aber auch die Belastung durch Schulden. Im Oktober 1938 übersandte er die nach Gemeinden geordneten Vermögensaufstellungen in vierfacher Ausfertigung an die Landräte mit der Aufforderung, diese auf ihre Korrektheit zu überprüfen und eventuelle Änderungen durch Abwanderung, Verkauf etc. mit roter Tinte nachzutragen.[291] Die vervollständigten Listen sollten dem Regierungspräsidenten, dem zuständigen Finanzamt und dem Oberpräsidenten bis Anfang 1939 vorgelegt werden. Die Landräte hatten außerdem eine Liste der Juden zu erstellen, die außerhalb des Regierungsbezirks wohnten, jedoch in den Kreisen über Grundvermögen verfügten. Staat und Partei waren also im November 1938 sehr genau darüber informiert, welche Vermögenswerte durch das „Entjudungsgeschäft" den Besitzer wechseln mussten.

Bereits am 12. November 1938 verkündete der NS-Staat die Verordnungen über die „Sühneleistung der Juden", über die „Ausschaltung der Juden aus der deutschen Wirtschaft" und die Verordnung zur „Wiederherstellung des Straßenbildes", also zur Beseitigung der Schäden, „welche durch die Empörung des Volkes über die Hetze des internationalen Judentums gegen das nationalsozialistische Deutschland" entstanden waren. Der schnelle und gleichzeitige Erlass der Verordnungen zeugt von einer systematischen Vorbereitung aller Maßnahmen, die der initiierten Pogrom-Nacht folgen sollten. Eine Verordnung über den Einsatz des jüdischen Vermögens vom 3. Dezember 1938 und ein Durchführungserlass des Reichswirtschaftsministers zu dieser Verordnung vom 6. Februar 1939 sollten eine möglichst reibungslose Umsetzung in der Praxis sicherstellen. Im Folgenden sollen nur einige wichtige Aspekte dieses komplexen Gefüges von Regelungen angesprochen werden, um die Grundzüge des „Entjudungsgeschäftes" aufzuzeigen und die Einbindung der regionalen Ebene beschreiben zu können.[292]

Die Verordnung zur Ausschaltung aus dem Wirtschaftsleben versagte den Juden ab dem 1. Januar 1939 den Betrieb von Einzelhandelsverkaufsstellen, Versandgeschäften und selbständigen Handwerksbetrieben. Auf Märkten, Messen und Ausstellungen durften sie ihre Waren und Leistungen nicht mehr anbieten und dafür werben. Juden konnten auch keine Betriebsführer, leitendende Angestellte eines Wirtschaftsunternehmens oder Mitglieder einer Genossenschaft mehr sein. Der Inhaber eines jüdischen Gewerbebetriebes konnte verpflichtet werden seinen Betrieb innerhalb einer bestimmten Frist zu veräußern oder abzuwickeln. Das galt auch für land- und forstwirtschaftliche Betriebe, für land- und forstwirtschaftliche Vermögen, für sonstiges Grundeigentum und andere Vermögensteile wie Schmuck oder Kunstgegenstände. Die „Entjudung der deutschen Wirtschaft" sollte grundsätzlich auf zwei Wegen erfolgen: Wurde ein Jude gezwungen, seinen Besitz zu veräußern, so sollte ihm der Weg eröffnet werden, die Veräußerung zunächst auf „freihändiger Grundlage" zu versuchen. Bei nicht fristgerechter Umsetzung konnte die Genehmigungsbehörde einen Treuhänder einsetzen, der anstelle des Juden die Veräußerung und Abwicklung durchzuführen hatte. Der vorgesehene „Regelfall" sollte die „freihändige Veräußerung eines Vermögensgegenstandes durch den Juden an einen deutschen Volksgenossen“ sein. Der jüdische Veräußerer schloss also mit einem deutschen Erwerber einen privatrechtlichen Vertrag, der zur Genehmigung der staatlichen Genehmigungsbehörde vorgelegt werden musste.

Mit den brutalen Erfahrungen der Pogrom-Nacht und weiteren massiven Eingriffen in den Lebensalltag der Juden sollte dieser „Regelfall“ erzwungen und die jüdische Bevölkerung zur Auswanderung gedrängt werden. Göring hatte bereits am 24. Januar 1939 per Erlass angeordnet, „die Auswanderung der Juden mit allen Mitteln zu fördern“. Die Ortspolizeibehörden hatten auf Befehl der Staatspolizeileitstelle in Münster zu prüfen, „ob sich der Jude ernsthaft und nachdrücklich mit seiner Auswanderung“ befasste.[293] Dazu gehörte auch die Überwachung der Maßnahmen, die von den Juden zur Vorbereitung der Auswanderung getroffen wurden und gegenüber den Polizeibehörden durch Unterlagen und Schriftwechsel regelmäßig nachgewiesen werden mussten – bis der Auswanderungstermin feststand. Der Amtsbürgermeister in Lüdinghausen berichtete z.B. im August 1939 an den Landrat, „dass sämtliche hier wohnhaften Juden durch Vorlage von Unterlagen nachgewiesen haben, dass sie sich ernstlich um ihre Auswanderung bemühen. Einige ältere Jüdinnen sollen in einem jüdischen Altersheim untergebracht werden, sobald die Auswanderung der Familienangehörigen feststeht“. Aufgrund der Rückmeldungen konnte Landrat Barthel im September 1939 den Nachweis der Auswanderungsbemühungen an die Staatspolizeileitstelle melden. „Juden, die offensichtlich nachlässig in den Bemühungen um ihre Auswanderung bleiben“, seien ihm nicht gemeldet worden.

Auch weitere massive Einschränkungen der Lebensbedingungen im Laufe des Jahres 1939 sollten die ‚Einsicht‘ fördern, dass für Juden in Deutschland kein Platz war und die Auswanderung den einzigen zukunftsverheißenden Weg eröffnete. Das „Gesetz über Mietverhältnisse mit Juden“ vom 5. Mai 1939 verpflichtete nichtjüdische Haus- und Wohnungseigentümer den an Juden vermieteten Wohnraum anzumelden, während die jüdischen Hauseigentümer den an Nicht-Juden und Juden vermieteten Wohnraum melden mussten. Der Zweck des Gesetzes wurde klar angesprochen: „Der Grundgedanke der gesetzlichen Regelung besteht darin, dass die Juden in bestimmten Häusern – gegebenenfalls zwangsweise – zusammengefasst werden sollen.“ Den Gemeindebehörden wurde empfohlen, zunächst „solche in jüdischem Eigentum stehende Häuser bevorzugt zu Judenwohnungen“ zu bestimmen, die bereits überwiegend von Juden bewohnt wurden. Es war „jedoch nicht erwünscht“, dass die Bestimmung dieser Häuser zur „Ghettobildung“ führte. Das Gesetz ebnete den Weg für die Zusammenpferchung der noch in den Gemeinden lebenden Juden in sogenannten „Judenhäusern“.

Im September 1939 erhielten die Landräte von der Gestapo in Münster die Anordnung, die Rundfunkapparate von Juden einzuziehen, um jeden selbständigen Rundfunkempfang der Juden auszuschließen. Die Geräte könnten „an anderer Stelle zum Nutzen des deutschen Volkes zweckdienlicher“ eingesetzt werden. Die Beschlagnahme der Geräte erfolgte einheitlich am 23. September. Bis über die weitere Verwendung der Geräte entschieden wurde, lagerten die im Kreis Lüdinghausen sichergestellten 9 Apparate im Landratsamt. Für Landrat Barthel war das eine Gelegenheit die Staatspolizeileitstelle zu bitten, ihm einen der „hier im Kreise bei Juden beschlagnahmten Rundfunkapparate“ zu übereignen, den das Landratsamt dringend zur Durchführung von „Gemeinschaftsempfängen“ benötigte.[294] Bei dem bisher benutzten Apparat, der ihm seinerzeit bei der Verwertung des kommunistischen Vermögens durch den Regierungspräsidenten überwiesen worden sei, handle es sich um ein veraltetes Gerät mit nicht genügender Lautstärke. Er sei daher gezwungen, sich nach einer anderen Möglichkeit umzusehen, um überhaupt noch „Gemeinschaftsempfänge“ ordnungsgemäß durchführen zu können, da der Staat hierfür keine besonderen Mittel zur Verfügung stelle. Die Gaupropagandaleitung ließ schließlich Ende November 1939 nur sieben der neun beschlagnahmten Rundfunkapparte abholen.

Ebenfalls im September 1939 erhielt Landrat Barthel von der Gestapo die Anweisung, den Juden bestimmte Lebensmittelgeschäfte zuzuweisen, in denen sie kaufen durften, während ihnen der Einkauf in allen anderen Geschäften verwehrt werden sollte.[295] Der Geschäftsinhaber der ausgewählten Verkaufsstellen musste „ein zuverlässiger, arischer Kaufmann“ sein. Um das zu gewährleisten, sollte sich der Landrat mit den örtlichen Dienststellen der NSDAP in Verbindung setzen. Gut zwei Wochen später konnte Barthel für seinen Landkreis elf Geschäftsinhaber benennen, die mit der Abgabe von Lebensmitteln an Juden beauftragt wurden. In den Gemeinden mit einer größeren jüdischen Bevölkerungsgruppe erhielten mehrere Geschäftsinhaber für bestimmte Warengruppen den Auftrag. In Lüdinghausen z.B. gab es getrennte Verkaufsstellen für Fleisch- und Wurstwaren, für Brot und für sonstige Lebensmittel, an denen die Juden sich täglich von 14–15 Uhr versorgen konnten.

Damit war das Ende der diskriminierenden Maßnahmen im Jahr 1939 noch nicht erreicht. Am 10. September erließ der Reichsführer-SS und Chef der deutschen Polizei den Befehl, den jüdischen Gemeinden mitzuteilen, dass „sie sich selbst Luftschutzbunker zu bauen“ hätten und für Juden der Ausgang nach 20.00 Uhr verboten sei.[296] Für die grenznahen Landkreise Ahaus, Borken, Coesfeld und Burgsteinfurt wurde die Ausgangsregelung im November 1939 noch verschärft. Alle Juden durften bis auf weiteres ihre Wohnungen nach 16.00 Uhr nicht verlassen. Auch das Verlassen des Wohnortes war nur nach vorheriger Meldung bei der Ortspolizeibehörde möglich.[297] Nach der Rückkehr hatten die Juden sich nochmals zu melden. Bei Verstößen gegen diese Regelungen drohten staatspolizeiliche Maßnahmen wie die ‚Schutzhaft‘.

Der permanente Druck zur Erhöhung der Auswandererquote zahlte sich offensichtlich zunächst aus. Die Zahl der Jüdinnen und Juden im Kreis Lüdinghausen sank vom 1. Oktober 1938 von 109 Personen über 83 Personen im Mai 1939 auf 69 Personen am 1. Oktober 1939.[298] Nachdem die Mehrheit der deutschen Juden durch die Berufsverbote ihre Existenzgrundlage verloren hatte und von ihren Vermögen, Ersparnissen oder von der Fürsorge leben musste, wurde das Zeitfenster für eine freiwillige Auswanderung schon aus finanziellen Gründen immer enger. Zusätzliche Belastungen wie die „Sühneleistung", die Aufwendungen zur „Wiederherstellung des Straßenbildes", die Auswandererabgabe und die eigentlichen Kosten der Auswanderung verkleinerten den Kreis der jüdischen Familien weiter, die sich eine Auswanderung noch leisten konnten. Spätestens mit Beginn des Zweiten Weltkrieges spürten die Auswanderungswilligen die zunehmende Zurückhaltung der Aufnahmeländer, die sich neben den eigenen Wirtschafts- und Arbeitsmarktproblemen nicht auch noch mit einer Emigrantenwelle belasten wollten.[299] Die Propagierung der Auswanderung als Lösung des „Judenproblems" durch das NS-Regime und die Aufrechterhaltung der Illusion von einer besseren Zukunft durch eine Auswanderung bei den Juden verfingen also nur, solange eine Auswanderung möglich war und das NS-Regime davon profitierte.

Die Staatspolizeileitstelle Münster forderte die Landräte noch im Mai 1940 auf, die Auswanderung aus dem Reichsgebiet „nach wie vor auch während des Krieges verstärkt zu betreiben" und verlangte Nachweise über den augenblicklichen Stand der Auswanderungsvorbereitungen.[300] Daraufhin berichtete der Amtsbürgermeister in Drensteinfurt z.B. über die Familie von Siegmund Israel Salomon mit Frau und Tochter, die nach Nordamerika auswandern wollte: „Die Familie hat eine Bürgschaft unterwegs. Da die Wartenummer sehr hoch ist, hat die Familie den Hilfsverein der Juden für Deutschland ersucht, eine Farmer-Quotennummer dafür zu erlangen, um eine schnellere Auswanderung möglich zu machen." Der Amtsbürgermeister in Herbern berichtete über die Familie von Ernst Samson mit Frau und zwei Töchtern, die bereits eine Einreisegenehmigung für Bolivien erhalten hätten. Die Auswanderung könne noch nicht ausgeführt werden, da das notwendige Passage-Geld fehle. Der Amtsbürgermeister wies jedoch darauf hin: „Samson hat hier einen Besitz von etwa 60.000 RM. Ernsthafte Käufer haben sich noch nicht gemeldet. Vielleicht könnte dem Juden das Reisegeld bei dem Wert seiner Besitzung von dritter Seite beschafft werden." Im Amt Bork lebten noch 11 Juden, von denen drei die Auswanderungsvorbereitungen nach Argentinien abgeschlossen hatten. Zu den übrigen merkte der Amtsbürgermeister an: „Alle noch hier befindlichen Juden haben das 52. Lebensjahr überschritten und sind zum Teil gebrechlich, so dass ihre Auswanderung mit Schwierigkeiten verbunden ist." Er wies aber auch darauf hin, „dass alle Juden hierselbst mit einem Eigentum ansässig waren und ihren bebauten und unbebauten Besitz veräußert haben. Sie haben sich lediglich für einige Monate Wohnrecht vorbehalten."

Die Kreisverwaltungen und das „Entjudungsgeschäft"

Das NS-Regime sah über die zunehmenden Probleme hinweg, mit denen auch die Juden aus der Region bei ihren Auswanderungsbemühungen konfrontiert wurden, um möglichst lange eine störungsfreie Umsetzung des „Entjudungsgeschäftes" zu gewährleisten. Die Störungen und Verzögerungen im Prozess der massenhaften Besitzübertragungen ergaben sich meist nicht aus der mangelnden

Bereitschaft der jüdischen Verkäuferinnen und Verkäufer zur Mitwirkung. Ende Februar 1939 forderte der Oberfinanzpräsident von Westfalen den Regierungspräsidenten in Münster auf, für eine „beschleunigte Durchführung des Genehmigungsverfahrens zu sorgen".[301] Aus seiner Sicht hingen die „rechtzeitige und vollständige Zahlung der Judenvermögensabgabe und die Erteilung der Unbedenklichkeitsbescheinigung für Auswanderungszwecke" häufig davon ab, dass über „die Genehmigung der inzwischen von den Juden eingeleiteten Grundstücksverkäufe bald entschieden" wurde.

Der Regierungspräsident als Genehmigungsbehörde für die Kaufverträge musste sich dadurch direkt angesprochen fühlen. Er reichte daher den Vorwurf sofort an die Landräte mit der Bemerkung weiter, „dass die Bearbeitung der jüdischen Kaufverträge an manchen Stellen nicht mit der Eile geschieht, die der Bedeutung der alsbaldigen Entjudung entspricht." Er wies auch auf die Störungen des Wirtschaftslebens hin, die durch die Verzögerungen verursacht würden: Im November gekaufte Häuser und Gärten blieben ungenutzt, während der Erwerber bereits seit Monaten den Kaufpreis verzinsen müsse und befristete Einreisegenehmigungen für Juden verfallen würden. Von der großen Zahl der Verträge, die bereits im Dezember an die Landräte und Oberbürgermeister versandt wurden, habe er erst knapp 50 zurückerhalten, obwohl er mit mindestens 300 gerechnet habe. In Zukunft sollten alle Verträge über die Veräußerung jüdischen Grundeigentums binnen zwei Wochen wieder zurückgelangen. Das war angesichts des inzwischen staatlicherseits eingeführten Bewertungs- und Abstimmungsverfahrens zwischen Verwaltungs- und Parteiinstanzen eine Herausforderung.

In Preußen mussten die Regierungspräsidenten als obere Landesbehörde und Genehmigungsinstanz die Verträge über den Verkauf von jüdischen Grundstücken und Gewerbebetrieben genehmigen. Bei landwirtschaftlichen Vermögen übernahm in Preußen der Oberpräsident (Landeskulturabteilung), bei forstwirtschaftlichen Vermögen die höhere Forstbehörde diese Funktion. Sie führten auch die Aufsicht über eingesetzte Treuhänder. Die NSDAP war ebenfalls auf der Entscheidungsebene eingebunden, da die genannten Genehmigungsbehörden den zuständigen Gauleiter um eine Stellungnahme zu bitten hatten. Um das Verfahren zu beschleunigen, konnte die Zustimmung des Gauleiters unterstellt werden, wenn nicht innerhalb einer Frist von 14 Tagen eine gegenteilige Stellungnahme bei der Genehmigungsbehörde einging. Trat das Deutsche Reich, ein Land oder die NSDAP als Erwerber auf, so entfiel die Beteiligung der Gauleiter. Dienststellen der NSDAP, ihrer Gliederungen und angeschlossenen Verbände, die unter Raummangel litten und jüdischen Grundbesitz für ihren Dienstbedarf erwerben wollten, sollten sich direkt mit der zuständigen Genehmigungsbehörde in Verbindung setzen. Nach einer Anweisung des Reichswirtschaftsministers sollte diesen Wünschen weitgehend Rechnung getragen werden.[302]

Vor der Genehmigung eines Kaufvertrages hielt es der Regierungspräsident für dringend geboten, eine Bewertung der veräußerten Grundstücke durchzuführen, da sich beim Verkauf jüdischer Grundstücke sehr schnell Unregelmäßigkeiten gezeigt hatten und nur durch das Bewertungsverfahren „ungerechtfertigte Entjudungsgewinne" erfasst werden könnten. So hätten sich Gemeinden und andere Dienststellen neben den Vereinbarungen der notariellen Kaufverträge zusätzliche Zahlungen und Leistungen gesichert oder die Preisbildungsstellen hätten einen „mäßigen Verkehrswert" angesetzt, der durch „Nebenleistungen und -absichten" beeinflusst worden sei. Dadurch wurden entweder dem Reich Gelder entzogen oder „der Jude erhielt einen Preis, der unter dem ihm von der Reichsregierung zugebilligten lag".[303]

Die Genehmigung der Grundstücksgeschäfte sollte sich daher auf Anweisung des Reichswirtschaftsministers an folgenden Grundsätzen orientieren:[304] Bei „der Entjudung des Grundbesitzes ebenso wie bei der Entjudung der gewerblichen Wirtschaft" durfte keine ungerechtfertigte Bereicherung einzelner Privatinteressenten und keine völlige Entwertung des jüdischen Vermögens eintreten. Es sei darauf zu achten, „dass dem Juden zur späteren Finanzierung seiner Auswanderung gewisse Barmittel verbleiben". Der „jüdische Veräußerer" werde außerdem den Verkaufserlös in weitem Umfang zur Abdeckung von öffentlichen und privaten Lasten und zur Bestreitung seines Lebensunterhalts verwenden müssen, für den sonst die öffentliche Fürsorge aufkommen müsste. Veräußerungsverträge sollten daher grundsätzlich nur genehmigt werden, wenn „der Kaufpreis sich einigermaßen in Rahmen des Verkehrswertes" hielt. Wurden nun Verträge vorgelegt, bei denen der Preis erheblich aus dem Rahmen des Verkehrswertes fiel, so sollte die Genehmigung nur unter der Auflage erteilt werden, dass der Unterschiedsbetrag zwischen dem Kaufpreis und einem „mäßigen Verkehrswert" als Ausgleichsabgabe an das Reich gezahlt wurde. Diesen Ausgleichsbetrag hatte der Erwerber des Grundbesitzes oder Gewerbebetriebes zu entrichten. In jedem Fall sollte „ein sich ergebender Gewinn aus der Entjudung der Wirtschaft grundsätzlich dem Reiche zufließen".

Um im Sinne des Reichswirtschaftsministers entscheiden zu können, war es für die Genehmigungsbehörden zwingend notwendig, eine Neubewertung der Grundstücke und Betriebe vornehmen zu lassen, zu denen Kaufverträge vorgelegt wurden. Für den Regierungspräsidenten in Münster schien es zweckmäßig zu sein, dieses „Bewertungsgeschäft" auf die nachgeordneten Behörden zu übertragen, die auch im Tagesgeschäft auf dem Gebiet der Preisbildung für Grundstücke und der Preisüberwachung tätig waren. Sie waren auf jeden Fall gutachterlich zu hören. In diesem „Bewertungsgeschäft" lag die Federführung bei den Landräten, denen der Regierungspräsident alle Verträge zum „Übergang jüdischen Vermögens in arische Hände" mit der Bitte um eingehende Stellungnahme zur Person des Erwerbers, zur Art des Grundstücks und Angemessenheit des Preises zusandte.[305]

Bereits am 17. Februar 1939 hatten sich in Lüdinghausen Vertreter der beteiligten Institutionen getroffen, um die „Ausführung der Verordnung über den Einsatz des jüdischen Vermögens vom 3. Dezember 1938" untereinander abzustimmen.[306] In der Besprechung waren folgende Institutionen mit hochrangigen Vertretern anwesend: Die Kreisleitung der NSDAP, das Landratsamt und die Kreisbauernschaft des Kreises Lüdinghausen sowie der Vorsteher und ein Sachbearbeiter des Kulturamtes in Münster. Nachdem der Kulturamtsvorsteher den Anwesenden die einschlägigen Anweisungen bekanntgegeben hatte, wurde folgendes Vorgehen beschlossen: Das Kulturamt bereitete für jeden „Grundstücksfall" zunächst die notwendigen Grundstücksangaben wie die Kulturart oder die ortsüblichen Pachtpreise vor, um die Preisbildung überprüfen und den Verkehrswert beurteilen zu können. Dann fand gemeinsam mit der NSDAP-Kreisleitung, der Kreisbauernschaft und dem Landrat sowie seinen Kulturbaufachleuten eine örtliche Überprüfung statt, zu der auch die Ortsgruppenleiter, Ortsbauernführer und Bürgermeister hinzugezogen werden sollten, wenn die Ortsbebauungspläne berührt wurden oder die Baulandeigenschaft überprüft werden sollte. Das Ergebnis dieser Vor-Ort-Überprüfung floss in die gutachterliche Stellungnahme ein, die der Regierungspräsident vor der Genehmigung jedes Veräußerungsvertrages von den Landräten erwartete.

Ab Juni 1939 verlangte der Reichswirtschaftsminister eine Wertberechnung nach einem von ihm entwickelten Formular mit genauen Vorgaben für die Berechnung des Verkehrswertes, des mäßigen Verkehrswertes und des „Entjudungsgewinns".[307] Der Regierungspräsident übersandte den Landräten unter dem Betreff „Grundstücksentjudungen" ein Muster des Formulars, das sie nach den Angaben der Vertragsparteien auszufüllen hatten. Falls die Landräte die Angaben der Vertragsparteien nicht für richtig hielten, sollten sie mit einem Rotstift korrigiert werden. Die Angaben der Vertragsparteien sollten aber lesbar bleiben. Stimmte der Vertragspreis nicht mit dem Verkehrswert überein, der in der landrätlichen Stellungnahme genannt wurde, so verknüpfte der Regierungspräsident die Genehmigung des Vertrages in der Regel mit der Erfüllung einer Auflage. Wie sich die Stellungnahmen aus dem Landkreis Lüdinghausen auf die Festlegung dieser Auflagen auswirkten und warum der Kreis auch einigen Verträge seine Zustimmung verweigerte, um z.B. die Interessen einzelner Gemeinden durchzusetzen, soll mit einigen Beispielen dargestellt werden.

Bereits im September 1938 hatte der jüdische Händler Jakob Stern aus Bork vor einem Lüdinghauser Notar einen Vertrag mit einem Kaufmann aus Lünen über den Verkauf eines Grundstücks in Bork geschlossen. Da der Vertragspreis unter dem mit rund 25.000 RM ermittelten mäßigen Verkehrswert lag, hatte der Regierungspräsident seine Genehmigung mit einer Auflage verbunden. Der Erwerber hatte 6.000 RM als Ausgleichsabgabe an das Reich bei der Regierungshauptkasse in Münster einzuzahlen. Die Umschreibung im Grundbuch durfte erst erfolgen, nachdem der Amtsbürgermeister in Bork auf dieser Urkunde mit Unterschrift und Stempel die Zahlung bescheinigt hatte. Der Erwerber konnte binnen 14 Tagen gegen die Auflage Beschwerde führen oder wegen der Auflage seinen Antrag auf Genehmigung des Vertrages zurückziehen. Die hier beschriebene Vertragssituation wird der ‚Normalfall' gewesen sein, da die jüdischen Besitzer unter Zeitdruck verkaufen mussten und keine Zeit bestand, mit anderen potentiellen Erwerbern zu verhandeln.

Es gab aber auch den umgekehrten Fall, dass der Vertragspreis über dem festgestellten mäßigen Verkehrswert lag. Im Februar 1939 verkaufte die Witwe Johanna Sara Salomon aus Drensteinfurt vor einem Notar in Münster ein Grundstück an eine Frau in Drensteinfurt zum Vertragspreis von 5.500 RM. Da dieser Preis um 1.500 RM über dem mäßigen Verkehrswert lag, hatte die Erwerberin an die Veräußerin Salomon nur den mäßigen Verkehrswert von 4.000 RM, den Überpreis aber als Abgabe an das Reich bei der Regierungshauptkasse in Münster zu verbuchen. Die Regeln zur Umschreibung und die Beschwerdefristen entsprachen den Bedingungen des ersten Beispiels.

In mehreren Fällen sprach sich das Gremium zur Neubewertung der Grundstücke auch gegen die Genehmigung eines Kaufvertrages aus. Im Mai 1939 wollte der Kaufmann Albert Israel Gumprich aus Herbern eine „gute Wiese“ in der Nähe des Ortes an die Frau eines Kaufmanns verkaufen, für die auch ein Vorkaufsrecht im Grundbuch eingetragen war. Da der Kaufmann selbst wegen „Steuerhinterziehung erheblich bestraft“ war, kam für ihn aus der Sicht des Gremiums eine Zuteilung nicht in Frage. Aufgrund der ortsnahen Lage der Wiese, durch die auch eine geplante Umgehungsstraße verlaufen sollte, schien es dem Gremium zweckmäßig zu sein, der Gemeinde den Kauf zu empfehlen. So könne die Gemeinde, die keinerlei eigenen Grundbesitz habe, die Wiese beim Bau der Umgehungsstraße auch zu Austauschzwecken einsetzen. Unterzeichnet war die Stellungnahme vom Landrat, Bürgermeister, Landesbauernführer, Kreisbauernführer, Ortsbauernführer, NSDAP-Kreisleiter und dem Leiter des Kulturamtes Münster oder deren Vertretern. Einen ähnlichen Fall gab es zur gleichen Zeit in der Gemeinde Bork. Hier befürworteten die Gutachter die Zuteilung von zwei Parzellen, die in Ortsnähe an der Kreisstraße Bork-Waltrop lagen, an die Gemeinde Bork. Da die Gemeinde „in Kürze“ in der Nähe der Parzellen „100 Volkswohnungen“ errichten wolle, könnten die zu erwerbenden Parzellen als Austauschgelände eingesetzt werden. Die Gemeinde Bork selbst hatte bis dahin keinen Grundbesitz, den sie für diesen Zweck einsetzen konnte.

Bei einem weiteren Grundstücksverkauf in Bork verhandelte das Gutachtergremium direkt mit dem Rechtsanwalt und Notar aus Werne, der die Interessen des jüdischen Grundbesitzers vertrat und einen Käufer an der Hand hatte. Aus der Sicht der Gutachter bestand jedoch „keinerlei Veranlassung“ für eine Zuteilung an diesen Käufer. Dieser besitze einen Hof von 34 Morgen, eine Getreidemühle und Kraftfuttermittelhandlung und „sei im Übrigen vor einigen Jahren wegen Schwarzbrennerei bestraft worden“. Die Zuteilung solle vielmehr an vier kleinere Landwirte erfolgen, die teilweise auch als Arbeiter und Maurer arbeiteten, um der Familie ein ausreichendes Einkommen zu sichern.

Anfang Oktober 1939 übersandte der Regierungspräsident Landrat Barthel den Kaufvertrag zwischen Kaufmann Josef Liese und der jüdischen Gemeinde Lüding-

Abb. 70: Die Synagoge in Lüdinghausen (Foto um 1982)

hausen über ein Hausgrundstück im Ortskern von Lüdinghausen mit der Bitte um Bewertung. Barthel wiederum bat den Amtsbürgermeister in Lüdinghausen um Stellungnahme und erteilte dem Kreisbauamt den Auftrag, den mäßigen Verkehrswert anhand des obligatorischen Fragebogens zu ermitteln. Auf dem Hausgrundstück stand ein massives eingeschossiges Gebäude, von dem der vordere Teil zur Straße hin als Wohnung diente. Im hinteren Teil des Gebäudes befand sich der Betsaal (die Synagoge) der jüdischen Gemeinde. Der Amtsbürgermeister meldete Bedenken gegen den Verkauf an und bat darum, den Verkauf nicht zu genehmigen, weil ein öffentliches Interesse vorliege. Auf Nachfrage erklärte er, warum der Kauf der „Judensynagoge" durch die Stadt im öffentlichen Interesse sei. Die Wohnverhältnisse im Bereich des Synagogenstandortes seien „außerordentlich ungünstig". Daher versuche die Stadt, soweit die Finanzen es erlaubten, nach und nach zum Verkauf stehende Grundstücke in diesem Bereich zu erwerben, um Umsiedlungen zu ermöglichen und dort zu „tragbaren Wohnverhältnissen" zu kommen. Der Landrat nahm dieses Argument auf und bat den Regierungspräsidenten dem Kaufvertrag die Genehmigung zu versagen und der „Veräußerin die Auflage zu machen, das fragliche Grundstück der Stadt Lüdinghausen zu verkaufen".

Jüdische Gewerbebetriebe und Einzelhandelsgeschäfte mussten gemäß der Verordnung zur Ausschaltung der Juden aus dem deutschen Wirtschaftsleben unabhängig von den Grundstücksgeschäften aufgelöst und abgewickelt werden. Dazu erhielten sie vom Landrat ein offizielles Schreiben, in dem auch ein zuständiger „Abwickler" und Sachverständiger benannt wurde. Die Bestellung des „Abwicklers", in der Regel ein Rechtsanwalt, erfolgte auf Vorschlag der Industrie- und

Handelskammer in Münster. So bestellte z.B. Landrat Barthel im Dezember 1938 den Werner Rechtsanwalt Anton Fels als Abwickler des Schuhwarengeschäftes Wilhelm und Walter Blumenthal in Werne.[308] Vor Beginn der Verkaufsverhandlungen ließ der „Abwickler“ den Verkaufswert des Warenlagers durch einen „Schätzer“ der Industrie- und Handelskammer ermitteln. Das Schuhlager mit rund 2.200 Paar Lederschuhen und 3.100 Paar Hausschuhen musste vorher sortiert werden, da es in der Pogromnacht verwüstet worden war. Dem „Abwickler“ gelang es, das Warenlager zu einem Gesamtpreis zu verkaufen, die Außenstände von Kunden einzutreiben und auch die Gläubiger des Geschäftes zu befriedigen, „da Masse genügend vorhanden“ war. Die Gebühren für seine Dienstleistungen berechnete der Rechtsanwalt in Anlehnung an die Tarifordnung für die Durchführung von Konkursverfahren, da die Abwicklung der jüdischen Geschäfte diesen sehr ähnlich sei. Dementsprechend wurden die Gebühren nach der vorhandenen „Aktiv-Masse“ berechnet, hier den Verkaufserlösen plus Außenständen. Hinzu kamen die Auslagen wie die Reisekosten, Telefongebühren und Umsatzsteuer.

Bemerkenswert ist noch ein Treffen des Gutachtergremiums in Olfen am 4. Januar 1940, da diese Sitzung eine Vorgeschichte hatte.[309] Das Gremium, bestehend aus Vertretern der Kreisleitung, des Landratsamtes, der Kreisbauernführung, der Ortsbauernführung, der Stadt Olfen, des Kirchspiels Olfen und des Kulturamtes Münster, musste sich ausschließlich mit der Verwertung von landwirtschaftlichem Grundbesitz in der Gemeinde Olfen auseinandersetzen, deren Besitzer außerhalb der Gemeinde lebten, da in Olfen selbst keine Juden ansässig waren. Die Bewertung der Grundstücke hatte bereits in einer früheren Sitzung stattgefunden. Der Oberpräsident als Genehmigungsbehörde für Verträge zu landwirtschaftlichen Grundstücken hatte die vorliegenden notariellen Verträge jedoch nicht genehmigt, sondern den gesamten jüdischen Grundbesitz der Siedlungsgesellschaft „Rote Erde“ zugesprochen, die diesen „im Einvernehmen mit Kreisleiter, Landrat und Kreisbauernführer der Anliegersiedlung zuführen sollte“. Gegen dieses Vorgehen des Oberpräsidenten hatten sowohl die einzelnen Käufer als auch die jüdischen Grundbesitzer wegen der zu niedrigen Bewertung mit Erfolg Beschwerde beim Reichsminister für Ernährung und Landwirtschaft eingelegt. Dieser hatte im November 1939 entschieden:

> „Die Durchführung des Verfahrens durch die ‚Rote Erde‘ komme nicht mehr in Frage, vielmehr sei der unmittelbaren Abwicklung des Grundstücksgeschäftes zwischen Juden und Käufern der Vorzug zu geben, sofern der Erwerb bodenpolitisch zu rechtfertigen sei. Da bereits abgeschlossene Verträge vorlägen und zudem die Käufer Flächen erworben hätten, die sie zum Teil bereits lange Zeit in Pacht bewirtschaftet hätten, sei erneut zu prüfen, ob die Flächen nicht doch den ursprünglichen Käufern zugesprochen werden könnten. Letzteres soll nur dann nicht der Fall sein, wenn hiergegen ausnahmsweise bodenpolitische Gründe oder ganz besonders triftige Umstände sprächen.“

Aus der Sicht des Kulturamtes sollte das erneute Treffen des Gutachtergremiums „die leidige Sache endlich möglichst bald aus der Welt" schaffen. In den konkreten Beratungen folgte es weitgehend den bereits in ihrer ersten Sitzung getroffenen Bewertungen und Empfehlungen.

Im Dezember 1940 war das Geschäft der „Grundstücksentjudungen" offenbar weitgehend abgeschlossen. Der Oberpräsident forderte die Regierungspräsidenten auf, „entjudeten und demnach in arische Hände überführten Grundbesitz" mit Angabe der Flächengröße zusammenzustellen, um eine Übersicht für die Provinz Westfalen zu bekommen. Daraufhin „ersuchte" der Regierungspräsident die Landräte und Oberbürgermeister, ihm „die seit Übertragung der Zuständigkeit von Ihnen entjudeten Flächengrößen bis zum 5. Januar 1941" anzugeben.[310] Landrat Barthel meldete am 3. Januar 1941 für den Kreis Lüdinghausen: „Die von mir entjudeten Flächengrößen betragen 33 ha 46 Ar." Darin waren die Flächen in der Gemeinde Olfen allerdings nicht enthalten.

Die Aufgaben der Kreisverwaltungen bei der Durchführung der Deportationen

Von Oktober 1939, als noch 69 Jüdinnen und Juden im Kreis Lüdinghausen lebten, nahm die Anzahl der jüdischen Bewohner bis März 1940 noch einmal auf 55 Personen ab.[311] Sie gehörten zu rund 20 Familien, die in den Orten Bork, Drensteinfurt, Herbern, Lüdinghausen und Werne lebten. Von diesen 55 Personen waren 22 Personen älter als 60 Jahre, 17 zwischen 40 und 60 Jahren, 11 zwischen 20 und 40 Jahren und 5 jünger als 20 Jahre. Es handelte sich insbesondere um alte Ehepaare, verwitwete Frauen und ältere Alleinstehende, die sich von den Anstrengungen und Ungewissheiten einer Auswanderung abschrecken ließen, obwohl jüngere Familienmitglieder diesen Schritt wagten. Es gab aber auch ältere Alleinstehende und vor allem jüngere Paare mit Kindern, denen das Vermögen fehlte, um im Ausland eine neue Existenz aufbauen zu können. Am 30. Oktober 1941 ordnete die Staatspolizeileitstelle der Gestapo in Münster erneut die namentliche Erfassung aller in ihrem Zuständigkeitsbereich wohnenden Juden durch die Landräte bis zum 8. November 1941 an. Juden, die krank, gebrechlich und nicht arbeitsfähig waren, und Juden, die in Mischehen lebten, sollten sie gesondert aufführen. Die Liste, die Landrat Barthel aufgrund der Rückmeldungen der Ortspolizeibehörden vorlegte, umfasste 56 Personen. Sie stimmte aber nur zu rund 90 % mit der Liste von März 1940 überein. Vor allen in den Orten Bork und Werne kam es durch Todesfälle sowie durch Weg- und Zuzüge aus anderen Gemeinden zu namentlichen Veränderungen.

Der für den Kreis Lüdinghausen festgestellte Rückgang der jüdischen Bevölkerung zwischen 1933 und 1941, vor allem durch Wegzug und Auswanderung, zeigte sich auch im Kreis Coesfeld. Vor 1933 lebten hier vor allem in den Gemeinden Billerbeck, Coesfeld, Dülmen, Gescher und Rosendahl ca. 190 Jüdinnen und Juden, von denen kurz vor den Deportationen noch rund 80 Personen in den Orten ansässig waren. Auch die Altersstruktur dieses Personenkreises entsprach dem Bild, das für den Kreis Lüdinghausen dargestellt wurde.[312]

Die Stagnation der jüdischen Einwohnerzahlen in den Gemeinden ab dem Frühjahr 1940 zeugt davon, dass der vom NS-Regime erzeugte Druck zur Forcierung der Auswanderung sowohl durch die zunehmende Abschottung in möglichen Aufnahmeländern als auch durch fehlende finanzielle Quellen oder aufgrund der körperlichen Verfassung bei Teilen der Zielgruppe allmählich seine Wirkung verfehlte.[313] Es blieb ein Kreis von rund einem Drittel der jüdischen Einwohner in den Gemeinden zurück, der eigentlich im Kalkül der „Entjudungs"-Strategen nicht vorgesehen war. Der um ihre Vermögen gebrachte Rest des jüdischen ‚Fremdkörpers' wurde gerade deshalb Opfer noch schärferer diskriminierender Maßnahmen bis zur völligen Entrechtung.

Bereits im Januar 1940 wurden alle jüdischen Organisationen, Vereine und Stiftungen aufgelöst bzw. in die Reichsvereinigung der Juden in Deutschland eingegliedert. Das betraf z.B. die jüdischen Kultusvereinigungen der Synagogengemeinden Bork, Lüdinghausen und Werne. Mit der Polizeiverordnung vom 1. September 1941 war es allen Juden, die das sechste Lebensjahr vollendet hatten, verboten, sich in der Öffentlichkeit ohne den Judenstern zu zeigen. Sie durften ohne schriftliche Erlaubnis der Ortspolizeibehörde den Bereich ihrer Wohngemeinde nicht verlassen. Gleichzeitig wurde die Benutzung öffentlicher Verkehrsmittel weitgehend eingeschränkt und war nur noch mit polizeilichen Erlaubnisscheinen möglich. Am 30. September 1941 sprach sich Landrat Barthel in einem Schreiben an den Regierungspräsidenten dafür aus, „der Einheitlichkeit halber und aus Gründen des Volksempfindens, [...] den Juden ganz allgemein das Betreten der Wochenmärkte zu verbieten". Ab dem 31. Oktober 1941 durfte ein Jude „als Artfremder" nicht mehr Mitglied einer deutschen Betriebsgemeinschaft sein, da „diese auf dem Grundsatz der gegenseitigen Treuepflicht aller im Betrieb Schaffenden" aufbaue. Juden mussten die Beschäftigung annehmen, die ihnen das Arbeitsamt zuwies. Sie durften nur gruppenweise eingesetzt werden und waren von der übrigen „Gefolgschaft" getrennt zu halten. Sie durften nicht als Lehrlinge und Anlernlinge beschäftigt werden. Die meisten arbeitsrechtlichen Bestimmungen und Verordnungen zum Arbeitsschutz galten für sie nicht.[314] Im Oktober 1941 wurde auch jede weitere Auswanderung von Juden verboten.

Trotz dieser demonstrativen Ausgrenzung ins ‚Abseits' musste die Staatspolizeileitstelle Münster der Gestapo Anfang November 1941 in einem Rundschreiben an alle Landräte und Oberbürgermeister feststellen, dass „deutschblütige Personen" nach wie vor freundschaftliche Beziehungen zu Juden unterhielten und sich mit diesen in auffälliger Weise in der Öffentlichkeit zeigten.[315] Weiter hieß es:

> „Da die betreffenden Deutschblütigen auch heute noch den elementarsten Grundbegriffen des Nationalsozialismus verständnislos gegenüberzustehen scheinen und ihr Verhalten als Missachtung der staatlichen Maßnahmen anzusehen ist, bitte ich, bei

> Bekanntwerden derartiger Fälle mir eingehend unter Darlegung des Sachverhalts unverzüglich zu berichten, da ich beabsichtige, sowohl gegen den deutschblütigen Teil aus erzieherischen Gründen als auch gegen den jüdischen Teil staatspolizeiliche Maßnahmen zu ergreifen."

In diesen Zusammenhang gehört auch die unerschrockene Hilfeleistung von Nichtjuden für Juden, wie sie uns im Schicksal von Marga Spiegel begegnet. Der Bauer Heinrich Aschoff und seine Ehefrau Maria aus Herbern boten Marga Spiegel geb. Rothschild und ihrer Tochter Karin bis Kriegsende auf ihrem Hof einen Raum zum Überleben. Ihr Ehemann Siegmund konnte in verschiedenen Verstecken u.a. bei dem Ehepaar Sickmann in Werne überleben.[316] Das offensichtliche Problem, die Kontakte der „arischen Rasse" zu „Artfremden" unter Kontrolle zu halten, wird die Entscheidung beschleunigt haben, endlich die „territoriale Endlösung" durch Abschiebung der Juden aus dem Reichsgebiet in Angriff zu nehmen, die sich mit dem Beginn des „völkischen Krieges" gegen die Sowjetunion am 22. Juni 1941 eröffnet hatte.

Mit Beginn dieses Krieges setzte die Suche nach neuen Lösungen ein, um zu realisieren, was Hitler neben allen macht- und raumpolitischen Zielen als seine eigentliche ‚historische Mission' betrachtete: „dem Sieg der arischen Rasse Dauerhaftigkeit zu verleihen".[317] Lösungsansätze wie der ‚Madagaskar-Plan', die in den nationalsozialistischen Führungsspitzen und im Reichssicherheitshauptamt kursierten, traten mit dem Rußland-Feldzug in den Hintergrund. Nun sollten die Juden „nach dem Osten abgeschoben werden". Vermutlich im Sommer 1941 gab Hitler, überzeugt von einem Sieg über Rußland, den Befehl, den Holocaust auf alle europäischen Juden im deutschen Machtbereich auszudehnen. Der Holocaust begann mit den Massenerschießungen durch die Einsatzgruppen in Rußland. In dieser Phase erfolgten auch die eher improvisierten Deportationen deutscher Juden, „die auf Drängen vieler Gauleiter und Reichskommissare hin im Herbst 1941 aufgrund einer Weisung Hitlers vom September begannen und für die Organisatoren der ‚Endlösung' nur eine Zwischenlösung sein konnten, denn ein fertiger Gesamtplan lag zu diesem Zeitpunkt offensichtlich noch nicht vor".[318]

Die namentliche Erfassung der Juden in ihrem Zuständigkeitsgereich vom 30. Oktober 1941 diente der Staatspolizeileitstelle in Münster als Grundlage zur Vorbereitung der Evakuierung der Juden in den Osten. Der grundlegende Organisationsbefehl für den ersten Transport wurde am 18. November 1941 auch an die Landräte in Coesfeld und Lüdinghausen versandt.[319] Dem Befehl war eine Liste mit den Namen der am 13. Dezember 1941 nach Riga zu evakuierenden Juden nebst Vermögenserklärung und Quittungsformularen beigefügt. Das Vermögen der zu evakuierenden Juden hatte die Gestapo bereits ab dem 15. Oktober 1941 im Voraus beschlagnahmt. Die Aufgabe der Landräte war es nun, zusammen mit den Ortspolizeibehörden die Vermögen der Juden für den Staat zu sichern, die Verpflegung für die Juden für drei Wochen über das Ernährungsamt zu beschaffen

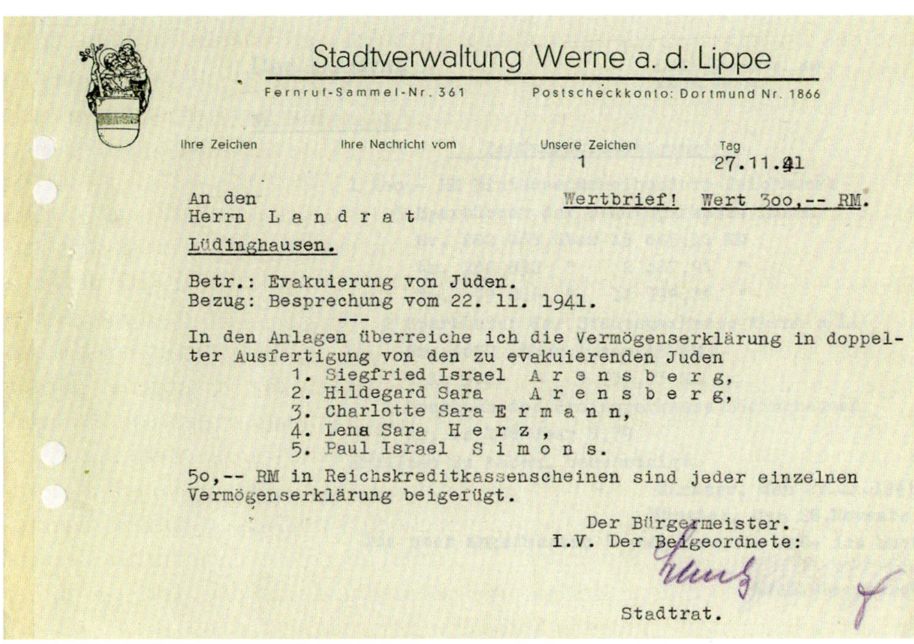

Stadtverwaltung Werne a. d. Lippe

Fernruf-Sammel-Nr. 361 Postscheckkonto: Dortmund Nr. 1866

Ihre Zeichen Ihre Nachricht vom Unsere Zeichen 1 Tag 27.11.41

An den
Herrn Landrat

Lüdinghausen.

Wertbrief! Wert 300,-- RM.

Betr.: Evakuierung von Juden.
Bezug: Besprechung vom 22. 11. 1941.

In den Anlagen überreiche ich die Vermögenserklärung in doppelter Ausfertigung von den zu evakuierenden Juden

1. Siegfried Israel Arensberg,
2. Hildegard Sara Arensberg,
3. Charlotte Sara Ermann,
4. Lena Sara Herz,
5. Paul Israel Simons.

50,-- RM in Reichskreditkassenscheinen sind jeder einzelnen Vermögenserklärung beigefügt.

Der Bürgermeister.
I.V. Der Beigeordnete:

Stadtrat.

Abb. 71: Anschreiben der Stadtverwaltung Werne an den Landrat zu den Vermögenserklärungen der „zu evakuierenden Juden" (27. November 1941)

Der Landrat. Lüdinghausen, den .... 194..
Ruf 261, 262, 263

Nr. .... I.....

Empfangsbestätigung!

1 200,- RM Eintausendzweihundert Reichsmark
3 Sparbücher der Stadtsparkasse Lünen
Nr. 282 965 über 15 045,11 RM
Nr. 282 892 " 2 087,91 "
Nr. 59 866 " 14 399,36 "
2 Sparbücher der Stadtsparkasse Werne a/L.
Nr. 4072 über 1 040,15 RM
" 10 508 " 3 739,33 RM
1 Sparbuch der Kreissparkasse Lüdinghausen
Nr. 40 198 über 8,79
erhalten zu haben, bescheinigt.

Münster, den 27.11.1941.
Münster, den 28.November 1941.

Die oben angeführten Vermögenswerte habe ich heute empfangen.

Krim.Obersekretär.

Abb. 72: Empfangsbestätigung des Landrates in Lüdinghausen über jüdische Vermögenswerte (27. November 1941)

und den Bustransport zur Sammelstelle im Lokal Gertrudenhof in Münster zu organisieren. Lebensmittelkarten waren den Juden vorher abzunehmen und den örtlichen Wirtschaftsämtern gegen Quittung zu übergeben.

Das größte Gewicht innerhalb der Evakuierungsvorbereitungen galt der Vermögenssicherung. Jeder Jude hatte die der Transportliste beigefügte Vermögenserklärung in doppelter Ausfertigung „sauber und gewissenhaft" auszufüllen. Wertpapiere, Urkunden, Verträge, die das Vermögen betrafen, mussten der Vermögenserklärung beigefügt werden. Bargeld und Wertsachen jeder Art wurde den Juden von Gemeindebeamten abgenommen und auf dem Quittungsformular aufgeführt. Diese Quittung musste von den Juden und den Beamten unterschrieben werden und kam mit in den Umschlag, der ebenfalls der Vermögenserklärung beigefügt wurde. Diese Werte durften nicht mitgenommen werden, sondern wurden der Staatspolizeileitstelle in Münster schon vor dem Transporttermin auf dem Dienstweg über den Landrat übergeben. Bis auf den Geldbetrag von 50 RM pro Person, der jedem evakuierten Juden zugestanden wurde, waren damit die Vermögen der Juden endgültig ‚geplündert'. Aber selbst über dieses Geld durften sie nicht selbst verfügen. Es musste eingesammelt werden und war „dem Transportführer bei der Ablieferung der Juden in Münster mitzugeben".

Als persönliches Gepäck (höchstens 50 kg) musste jeder Jude folgende Dinge mitnehmen: Einen Koffer mit Ausrüstungsgegenständen, vollständige Kleidung mit ordentlichem Schuhwerk, Bettzeug mit Decke, Verpflegung für drei Wochen (Brot, Mehl, Graupen, Bohnen) und ein Essgeschirr mit Löffel. Messer, Gabel

Abb. 73: Coesfelder Jüdinnen und Juden im Schlossgarten in den frühen Morgenstunden des 10. Dezember 1941 vor ihrer Deportation über Münster und Bielefeld nach Riga

und Rasierzeug durften nicht mitgeführt werden. Außerdem war es „jedem Juden anheimgestellt“ noch folgende Dinge mitzuschleppen: Matratzen, Wolldecken, Kanonenofen, Handwerkszeug (Spaten, Hacke usw.), einen Kochtopf, ein Waschgeschirr, einen Eimer und ein wenig Seife. Das mitgeführte Gepäck war alles, was den Juden an persönlicher Habe geblieben war. So vorbereitet warteten die Juden im Kreis Coesfeld am 10. November 1941 auf ihren Abtransport.

Für die Juden des Kreises Lüdinghausen hatte der Landrat als Kreispolizeibehörde eine Firma in Senden mit dem LKW-Transport beauftragt.[320] Er startete am Vormittag des 11. Dezember 1941 um 7.30 Uhr vor der Stadtverwaltung in Lüdinghausen und erreichte über die Stationen Bork (8.15 Uhr Amthaus), Werne (9.00 Uhr Stadtverwaltung), Herbern (9.45 Uhr) und Drensteinfurt (10.30 Uhr) um 11.40 Uhr den Gertrudenhof an der Warendorfer Straße in Münster. Von dort startete über Bielefeld für über 1.000 Menschen die Evakuierung in das Ghetto Riga, die für fast alle den Tod bedeutete. Die meisten Juden wurden im Ghetto Riga eingepfercht, andere sofort ermordet oder weitergeschoben. Aus den Kreisen Coesfeld und Lüdinghausen wurden die letzten noch zurückgebliebenen Jüdinnen und Juden in weiteren Transporten deportiert, am 27. Januar nach Minsk, am 29. März nach Trawniki bei Libau und am 31. Juli 1942 in das Ghetto Theresienstadt in der Tschechoslowakei. Das weitere Schicksal vieler evakuierter und ermordeter Juden konnte bis heute nicht aufgeklärt werden.

In den Landkreisen mussten noch einige Dinge ‚nachgearbeitet‘ werden. Nach der Deportation waren die Wohnungen der Juden verschlossen und verplombt worden. Das Gauamt für Kommunalpolitik der Gauleitung empfahl dem Landrat in Lüdinghausen, im Einvernehmen mit der Finanzbehörde die zurückgelassenen Gegenstände aus den Wohnungen zu entfernen und den Wirtschaftsämtern der Gemeinden oder des Kreises zu übergeben. Brauchbare Gegenstände könnten an das Wohlfahrtsamt oder an Bombengeschädigte abgegeben werden. Die dann noch verbleibenden Gegenstände sollten versteigert oder im freien Verkauf veräußert werden, „ohne dass bemerkbar wird, dass es sich um ehemals jüdisches Eigentum handelt“. Den Wert der Gegenstände musste vorher die Finanzbehörde festlegen.

Am 15. Dezember 1941 bekam Landrat Barthel die Rechnung für den Transport der Juden am 11. Dezember auf den Tisch. Da diese Kosten den beteiligten Ortspolizeibehörden in Rechnung gestellt werden konnten, teilte Barthel die Rechnungssumme der „Einfachheit halber“ zu gleichen Teilen auf die beteiligten Behörden. Diese sollten den Betrag von 28,11 RM umgehend auf das Konto der Kreiskommunalkasse überweisen.

Nach einem Bericht des Amtsbürgermeisters von Herbern existierte dort in der Gemeinde noch ein jüdischer Friedhof. Der Regierungspräsident in Münster ordnete am 18. März 1942 die sofortige Schließung an. Am 26. März 1942 bekam der Landrat den Auftrag den Friedhof zu veräußern. Zur Abwicklung des Geschäftes bestellte er den Amtsrentmeister der Gemeinde zum Treuhänder „zwecks Überführung des Synagogengrundstücks der jüdischen Gemeinde Herbern in das Eigentum der politischen Gemeinde Herbern".

Der Verlust der Staatsangehörigkeit, also die Ausbürgerung, und der Vermögensverfall, der nach dem Reichsbürgergesetz für alle ausgewanderten Juden galt, wurde mit einer neuen Verordnung des Reichsinnenministers zum Gesetz am 3. Dezember 1941 auf die deportierten Juden übertragen.[321] Die Anordnung galt für Juden, „die ihren gewöhnlichen Aufenthalt in den von deutschen Truppen besetzten oder in deutsche Verwaltung genommenen Gebieten haben oder in Zukunft nehmen, insbesondere auch im Generalgouvernement und in den Reichskommissariaten Ostland und Ukraine". Zynischer konnte die Deportation nicht beschrieben werden. Dem entsprechend erhielt der Landrat in Lüdinghausen als Polizeibehörde den Auftrag, die „abgewanderten" Juden abzumelden. Sie sollten in den Melderegistern der Meldeämter nach „unbekannt bezw. ausgewandert" abgemeldet werden. Auf keinen Fall durfte der Zielort angegeben werden. Der Landrat leitete diesen Auftrag an die Amtsbürgermeister weiter „zur gefl. Kenntnisnahme und weiteren Veranlassung". Damit hatte auch die Verwaltung das Kapitel der Deportationen in den Tod amtlich „korrekt" abgeschlossen.

10. Die Kreisverwaltungen im Kriegseinsatz

Verwaltungsalltag im Krieg, Personalnot und „Verwaltungsvereinfachung"

Der Krieg verschärfte die innere Politik und Herrschaftsordnung des NS-Regimes erheblich. Das lag auch an den Notwendigkeiten der Kriegsführung und der Bewältigung der Kriegsfolgen, wie sie im Folgenden in ihren Auswirkungen auf die Kreisverwaltungen und ihr Personal anzusprechen sind. Für *Hans-Ulrich Thamer* lag der mit Kriegsbeginn einsetzende Radikalisierungsschub jedoch auch „im Wesen des Nationalsozialismus selbst begründet. Der Krieg war seine eigentliche Natur. Je mehr sich die Aggressivität des Regimes nach außen entfalten konnte, umso mehr verschärften sich auch im Innern weltanschaulicher Herrschaftsanspruch und totalitäre Kontrolle".[322] Die Verschärfung der Verfolgung der politischen Gegner wie der katholischen Geistlichen und „Volkschädlinge", die Einrichtung der ‚Jugendschutzlager' Moringen und Uckermark durch die Polizei für „kriminell gefährdete und asoziale Zöglinge", die Einrichtung des „Entbindungslagers Waltrop-Holthausen" für „schwangere Ostarbeiterinnen und Polinnen", die Vernichtung der Nicht-Arbeitsfähigen und „Unheilbaren" und die Deportation der jüdischen Bevölkerung zeigen, dass sich mit der kriegerischen Ausdehnung der Herrschaft auch die nationalsozialistische Gewalt- und Vernichtungspolitik entfalten konnte.

Mit der Radikalisierung der Politik ging eine zunehmende Auflösung der noch bestehenden Entscheidungsstrukturen und Verwaltungsstrukturen einher und erzeugte z.B. durch die ausufernde Macht des Reichsicherheitshauptamtes und der

SS, durch neue Sonderinstanzen, neue Sonderbevollmächtigte und führerunmittelbare Befehlswege den für „die nationalsozialistische Führerdiktatur charakteristischen Kompetenz- und Rivalitätswirrwarr". Auf der regionalen Ebene verstärkte das mit Kriegsbeginn neu geschaffene Amt des Reichsverteidigungskommissars die Probleme der Kompetenzabgrenzung.[323] Der Inhaber dieser Funktion sollte auf dem Gebiet des Wehrkreises die Angelegenheiten der Reichsverteidigung mit den militärischen Wehrkreisbefehlshabern abstimmen und hatte Weisungskompetenz gegenüber den Zivilbehörden. Da dieses Amt für den gesamtem Wehrkreis VI, also auch für die Provinz Westfalen, zunächst dem Essener Gauleiter übertragen wurde, mit dem Oberpräsidium in Münster als geschäftsführender Behörde, musste die Kompetenzverteilung zu neuen Rivalitäten unter den Gauleitern führen. Erst im November 1942 wurden die Reichsverteidigungsbezirke den Parteigauen angepasst – mit dem jeweiligen Gauleiter als Reichsverteidigungskommissar. Reichsverteidigungskommissar und Gauleiter Meyer zog im Gau Westfalen-Nord mit der näher rückenden Front auch zunehmend Befugnisse und Aufgaben des Oberpräsidiums und der Provinzialverwaltung an sich.

Vor diesem Hintergrund mussten sich auch die Landräte, die sich zu Beginn der NS-Herrschaft weder als staatliche Kommissare noch als Vollzugsorgane der NSDAP verstanden und idealistisch auf Erhaltung von Handlungsspielräumen in der Kreiskommunalverwaltung gehofft hatten, den Realitäten ihrer „prekären Arbeitssituation" fügen.[324] Sowohl in ihrer Funktion als Repräsentant und Organ der Staatsgewalt als auch als Leiter der Kreiskommunalverwaltung und Mittler zwischen der Staats- und Kommunalverwaltung erlebten sie einen kontinuierlichen Erosionsprozess. Dieser machte sie und die Kreisverwaltung auf der unteren Ebene des Verwaltungsapparates von Partei und Staat zu bloßen Vollzugsorganen von Partei- und Staatsdienststellen. Er reduzierte ihre Zuständigkeiten auf das Niveau einer „Restverwaltung" für Aufgaben, für die sich weder die Partei noch eine Sonderverwaltung zuständig fühlte.

In den Landkreisen Coesfeld und Lüdinghausen leitete bereits die fast reibungslose „Aus- und Gleichschaltung" der politischen Gremien und die schnelle Anpassung der Verwaltungsbeamten in der Phase der Machtdurchsetzung diese Entwicklung ein. Landrat Klein und sein Nachfolger Landrat Stachels in Coesfeld, die sich beide loyal in den Dienst des verbrecherischen Regimes nehmen ließen, wirkten dabei eher als ‚Garanten', denn als ‚Bremser'. Dass der NSDAP-Mann Landrat Barthel in Lüdinghausen diese Entwicklung nachhaltig förderte, entsprach seinem Selbstverständnis als ‚Parteisoldat'. Und er wird in seiner Funktion als Gauinspekteur und ‚Kontrolleur' auch das Verhalten seiner Landratskollegen wirkungsvoll ‚auf Linie' gehalten haben. In der Phase der Machtsicherung spürten die Kreisverwaltungen beim Vollzug der staatlichen Aufgaben und der Ausgestaltung der Kreiskommunalverwaltung sehr schnell die veränderten Machtverhältnisse. Die konkurrierenden Macht- und Kompetenzansprüche im sich formierenden NS-Staat und der Expansionsdrang von Parteiorganisationen in der Region veränderten auch auf der Ebene der Landkreise die eingefahrenen Verwaltungsstrukturen und -verfahren, die sich in der Praxis bewährt hatten.

Als erste musste die Kreispolizeibehörde erfahren, wie im übergeordneten Gefüge der inneren Sicherheit mit den Regierungspräsidenten als höherer Polizeibehörde sich die Gestapo als eigenständiger Machtfaktor etablierte. Diese riss die Verfolgung und Unterbringung der politischen Gegner an sich und machte die Kreis- und Ortspolizeibehörden zu Hilfsorganen. Die vom Reichsinnenministerium durchgesetzte Verstaatlichung und Verselbständigung des öffentlichen Gesundheitswesens auf der Kreisebene machte die Gesundheitsämter zu wirksamen Instrumenten der Erb- und Rassenpflege. Sie erwiesen sich insbesondere bei der Ausführung des GzVeN als Hauptträger der rassenideologisch begründeten völkischen Sanierungsstrategie der NS-Rassenhygieniker. Im Rahmen des Verstaatlichungsvorganges geriet die kreiskommunale Gesundheitsfürsorge und -vorsorge mit ihrem Betreuungsnetzwerk in den Gemeinden gleich mit unter die Regie der Amtsärzte und wurde weitgehend dem kommunalen Einfluss entzogen.

Während im Polizei- und Gesundheitswesen machtpolitische und rassenideologische Richtungsentscheidungen auf der Reichebene bis auf die Kreisebene durchschlugen, sah sich die Kreiskommunalverwaltung bei der Ausgestaltung und Wahrnehmung ihrer Aufgaben insbesondere den Macht- und Kompetenzansprüchen des regionalen Parteiapparates ausgesetzt. Die zukunftsweisenden kulturräumlichen Erschließungs- und Kultivierungsprojekte und Flussregulierungen, der durchaus innovative Beginn des Landschafts- und Naturschutzes oder die Förderung der beruflichen Bildung konnten nur durch die Kooperation mit dem RAD, mit dem Heimatbund unter der Führung von NS-Landeshauptmann Kolbow und mit den NSDAP-Kreisleitungen bis Kriegsbeginn ihre Dynamik entwickeln.

Die propagandistisch begleiteten Kultivierungsprojekte als Aufgaben von nationaler Bedeutung sorgten für Prestigegewinn und stärkten die Position des RAD im Parteigefüge. Die Kreisverwaltungen erscheinen dabei mit ihrer Verwaltungskompetenz eher in einer Assistenzfunktion zur Sicherung der Rahmenbedingungen.

Mit der Bestimmung der Kreispolizeibehörde zur unteren Naturschutzbehörde schien die klassische Funktion der Landräte als Organ der Staatsgewalt auf den ersten Blick gestärkt. Doch ohne die ehrenamtlich besetzten Naturschutzstellen, deren Mitglieder im Westfälischen Heimatbund und den örtlichen Heimvereinen verwurzelt waren und die ‚Kärrner'-Arbeit leisteten, fehlten auch der Naturschutzbehörde die Voraussetzungen für eine wirkungsvolle Arbeit. Dem Kreis blieb vielmehr die Aufgabe, der ehrenamtlichen Arbeit, wenn notwendig, durch Rechts-, Kontroll- und Sicherungsinstrumente Geltung zu verschaffen.

Der Anstoß der Kreisberufsschulen in der Trägerschaft der Kreise ging zwar vom Regierungspräsidium in Münster aus, ihre Realisierung war jedoch ein besonderes Anliegen von Landrat Barthel im Kreis Lüdinghausen und Kreisleiter Bielefeld im Kreis Coesfeld. Über die Kreisausschüsse konnten sie diese neue kreiskommunale Aufgabe ganz unter die Kontrolle der Partei bringen. Das ist an der Zusammensetzung der Kreisberufsschulbeiräte und der Personalrekrutierung deutlich zu erkennen.

Die Entwicklungen in den Bereichen der Jugendhilfe und Jugend- und Mütterfürsorge wie auch die massive Inanspruchnahme der Kreispolizeibehörden bei der Judenverfolgung deuteten bereits auf die grundlegenden kriegsbedingten Verschiebungen in der Aufgabenwahrnehmung hin, die im weiteren Verlauf des Krieges vorherrschend werden sollten. So sehr die NSDAP-Kreisämter für Volkswohlfahrt durch ihre Mitwirkung in der Jugendhilfe ihre Überlegenheit gegenüber der freien Wohlfahrtspflege beweisen wollten, sie kamen in der Praxis aufgrund weiterer kriegsbedingter Aufgaben bei zunehmender Personalknappheit über Ansätze nicht hinaus. Sie verlagerten den Arbeitsschwerpunkt auf die Bewältigung der Kriegsfolgen, insbesondere der Auswirkungen des Luftkrieges, z.B. durch Betreibung der Kriegsentbindungsheime. In der Funktion der Kreispolizeibehörde bei der Umsetzung der Entrechtung und gesellschaftlichen Ausgrenzung der jüdischen Bevölkerung, bei der Durchführung des „Entjudungsgeschäftes" bis hin zu den Deportationen wurde die ihr verbliebene Position im Staats- und Parteigefüge deutlich. Als Zwischeninstanz im Verwaltungsvollzug und als Kontroll- und Koordinierungsorgan gegenüber den kreisangehörigen Gemeinden blieb sie für alle übergeordneten konkurrierenden Machtapparate als Instrument für den Durchgriff auf die Gemeindeebene unverzichtbar.

Um es auf den Punkt zu bringen: im Bereich der kreiskommunalen Aufgaben mussten Renommierprojekte schon aufgrund der personellen Lage zurückstehen. Der gesamte Verwaltungsapparat hatte sich auf die Daseinsvorsorge zu konzentrieren. Im staatlichen Aufgabenspektrum banden ordnungspolizeiliche Aufgaben alle Kräfte zur Stabilisierung der inneren Front, die z.B. durch den massenhaften Arbeitseinsatz von Zwangsarbeitern und Kriegsgefangenen als Ersatzarbeitskräfte, durch die Feindpropaganda, durch Bombenchaos oder durch Anzeichen einer inneren „Zersetzung" mit den ausbleibenden Kriegserfolgen zu bröckeln begann. Welche Herausforderungen sich in den Landkreisen stellten, soll mit einigen Beispielen beschrieben werden.

Schon der Blick in die Umlauflisten bei den Gefolgschaftsmitgliedern der Kreisverwaltungen in der Kriegszeit vermittelt einen Eindruck von der Personalsituation. Durch Einberufungen vor allem jüngerer Angestellter zum Kriegsdienst fehlte mindestens ein Drittel des ohnehin knapp bemessenen Personals der Landkreisverwaltungen. Aufgrund dieser Personalsituation wehrte sich Landrat Barthel auch massiv, aber mit begrenztem Erfolg gegen die Abstellung von Mitarbeitern für die Gemeinden und Gemeindeverbände der „eingegliederten Ostgebiete".[325] Ab Februar 1940 arbeitete ein Kreisobersekretär im Landratsamt Radom in Polen; ein Verwaltungsangestellter der Kreisverwaltung wurde im Juni 1940 zum Landrat in Olkusch im Regierungsbezirk Kattowitz abgeordnet. Dafür sind in den Stellenbesetzungsplänen ab 1939 zahlreiche Aushilfskräfte, insbesondere Frauen verzeichnet, die als Ersatz für das Kreispersonal an der Front eingestellt werden mussten.[326]

Im Gegensatz zur Vorkriegszeit spielten bei der Einstellung des Personals Fragen der politischen Haltung und Loyalität nahezu keine Rolle mehr und hatten sich aufgrund der weitreichenden Integrationsfähigkeit des NS-Regimes, die durch die „verwirrende Verbindung von Zustimmung und Gewalt" erzeugt worden war, auch überholt.[327] Angesichts der zunehmenden ‚Macht' der praktischen Probleme verloren nicht nur fachliche Einstellungsvoraussetzungen, sondern auch politische Auswahlkriterien ihre vermeintliche Relevanz. Vor allem durch die „Gefolgschaft", die Landrat Barthel verlangte und lebte, sah er seine „Gefolgschaftsmitglieder" an der Front und an der „Heimatfront" eng verbunden und verlangte angesichts der Personalnot einen noch härteren und entschlosseneren „Einsatzwillen".

Barthel sah es daher wohl als seine Pflicht an, 1938 in die SA einzutreten. Diese wurde zu diesem Zeitpunkt nach militärischem Vorbild reorganisiert, da sie in der vormilitärischen Wehrerziehung und Ausbildung zurückgestellter Wehrpflichtiger eine zentrale Aufgabe übernehmen sollte. Bereits am 30. Januar 1938 wurde er bei der SA-Brigade 66 in Münster als Führer z.V. mit dem Dienstgrad Sturmbannführer geführt. Ab Mitte 1940 wurde ihm die stellvertretende Führung, dann wenige Wochen später in Vertretung die Führung der SA-Standarte 471 in Dülmen übertragen. Im Januar 1941 erhielt er die Beförderung zum Obersturmbannführer, am 20. April 1943 zum SA-Standartenführer.[328] Mit der Führung der SA-Standarte 471, in der nach wie vor alle SA-Männer der Landkreise Coesfeld und Lüdinghausen organisiert waren, übernahm Barthel auch die Verantwortung für die vor- und nachmilitärische Wehrerziehung.

Die vormilitärische Wehrerziehung hatte Hitler am 19. Januar 1939 der SA übertragen.[329] Sie sollte „die große Anzahl Männer" im Alter von 18–45 Jahren, die bis dahin „keinerlei neuzeitliche militärische Wehrerziehung" genossen hätten und auf deren Wehrkraft das deutsche Heer in Zukunft nicht werde verzichten können, im Wehrgedanken erziehen und ausbilden. Die Wehrerziehung sollte sie einsatzbereit machen, „um gegebenenfalls ihren Mann zu stehen, wenn sie vom Heere gerufen werden zum Einsatz für Führer und Reich und gegen seine Feinde". Zur Ausbildung gehörten Schießübungen, Geländekunde

Abb. 74: Landrat Barthel überreicht als SA-Obersturmbannführer das SA-Wehrabzeichen an verdiente SA-Männer (1941)

und Geländeausnutzung, der Beobachtungs- und Meldedienst, Fußmärsche und das Handgranatenwerfen. Die Dienststellen der NSDAP sollten das Vorhaben nach „besten Kräften fördern und unterstützen". Seit Oktober 1939 hatte die Standarte 471 mit Sitz in Dülmen das Programm vorbereitet.[330] Mit einem öffentlichen Aufruf in der Presse forderten die NSDAP-Kreisleiter Tewes und Bielefeld sowie SA-Obersturmbannführer Wilhelm Gansau, Barthels Vorgänger in der Leitung der Standarte, die Zielgruppe auf sich zu melden. Die Meldungen wurden von den SA-Stürmen vor Ort entgegengenommen. Im April 1940 konnte Gansau der SA-Gruppe Westfalen in Dortmund mitteilen, dass 1.303 freiwillige Wehrmänner an der vormilitärischen Wehrerziehung teilnähmen; 440 weitere Freiwillige hätten die Ausbildung bereits abgeschlossen. Reichsweit umfasste die „SA-Wehrmannschaft" zu diesem Zeitpunkt rund 1,5 Millionen Freiwillige.[331]

Zu dieser Zeit erhielt Landrat Barthel ein Schreiben des SA-Sturmes 25/471 in Lüdinghausen, das zur Beteiligung am Dienst der „SA-Wehrmannschaften" aufforderte. Der Führer des Sturmes hatte bei der Sichtung der eingegangenen Meldungen folgende Feststellung gemacht:

> „Aus allen Bevölkerungsschichten hatten sich die Männer zur Verfügung gestellt. Nur auffällig war es, bzw. ist es, dass gerade die in den einzelnen Verwaltungen und größeren Betrieben Beschäftigten sich wenig oder überhaupt nicht gemeldet haben. [...] Damit nun in Zukunft mir nicht immer wieder der Vorwurf von den bisher immer fleißig zum Dienst Erschienenen gemacht wird, dass gerade die ‚Bürokraten' nicht zum Dienst kämen bzw. es überhaupt nicht für nötig hielten, sehe ich mich veranlasst, auf diesem Wege den Versuch zu unternehmen, möglichst alle Volks- und Parteigenossen in Zukunft erfassen zu können."

Daraufhin sprach Landrat Barthel sämtliche Abteilungen der Kreisverwaltung direkt an und erwartete, „dass die Gefolgschaftsmitglieder der SA-Wehrmannschaft nunmehr beitreten".[332] Ob diese Rückspiegelung des Bildes von den „Bürokraten" in der Öffentlichkeit Einfluss auf Barthels Entscheidung hatte, trotz der schwierigen Personallage sich auch in der Führung der SA-Standarte zu engagieren, lässt sich nicht belegen.

Ein Bericht mit dem Titel „Im SA-Geist zum Siege!", den Barthel für die Heimatzeitung der NSDAP-Kreisleitung „für die im Felde stehenden Kameraden" im August 1940 verfasste, macht sein Selbstverständnis als Partei- und SA-Mann deutlich:[333] Die SA habe ihre Aufgabe in der Heimat zu erfüllen. Nach einem verstärkten Streifendienst, Verdunklungskontrollen usw. zu Beginn des Krieges stehe nun die „vormilitärische Wehrerziehung" im Zentrum, die unter „Anspannung aller Kräfte" durchgeführt werde. Nach einigen Einblicken in den Dienst der SA und die Ausbildung der „SA-Wehrmannschaften" machte er seine Motivation deutlich. Der freiwillige Dienst in der Wehrmannschaft sei „Ehrendienst für Volk und Vaterland, wie sie der Führer von jedem deutschen Menschen" fordere. Jeder „Kamerad aus dem Felde" könne sich bei einem Urlaub in seinem Heimatort davon überzeugen, „wie die SA-Standarte 471 auch die ihr gestellte Aufgabe in der Heimat in allen Teilen restlos zum Besten der deutschen Volksgemeinschaft" erfülle. Barthel schließt den Bericht mit dem Satz: „In diesem Sinne wollen wir weiterarbeiten, bis auch der letzte Feind – England – restlos vernichtet ist und unser geliebter Führer Adolf Hitler ein stolzes und freies Großdeutsches Reich aufrichten kann."

Die Übernahme der Führungsrolle Barthels in der Wehrerziehung der SA steht für seine konsequente Einstellung und Konzentration auf die Anforderungen der Kriegssituation, die bei ihm in jeder Hinsicht Vorrang bekamen und sich in einer persönlichen Wehrbereitschaft ausdrückten. Das gleiche erwartete er auch von seiner Gefolgschaft in der Kreisverwaltung Lüdinghausen. In der Kreisverwaltung Coesfeld dagegen, die aufgrund des traditionellen Verwaltungsverständnisses von Landrat Stachels weniger auf „Gefolgschaft" getrimmt war, entwickelte sich die personelle Beanspruchung bei ebenfalls „knapper Personaldecke" nicht geringer, allerdings mit einem anderen, eher verwaltungsorientierten Profil. Zusätzliche Belastungen ergaben sich ab Mitte 1940 durch die Übertragung der Mitverwaltung anderer Landkreise in der Region auf Landrat Stachels, da deren Landräte zum Wehrdienst einberufen wurden.[334] Er wurde offensichtlich gezielt als „Springer" zur Vertretung in der Region eingesetzt, um die notwendigen verwaltungs- und polizeirechtlichen Aufgaben abzusichern. So übertrug ihm der Regierungspräsident im August 1940 die Vertretung des Landrates in Borken und im Januar 1942 des Landrates in Burgsteinfurt jeweils für mehrere Wochen und in der Zwischenzeit und dann ab Juli 1944 für mehrere Monate die Vertretung des Ahauser Landrates Felix Sümmermann.

Vor allem aufgrund der kreisübergreifenden kriegswichtigen Funktionen wurden sowohl Barthel als auch Stachels vom Wehrbezirkskommando Coesfeld unabkömmlich gestellt. Für beide stellte der Regierungspräsident fest, dass sie „aus zwingenden Gründen der Reichsverteidigung zur Erfüllung kriegswichtiger Aufgaben der allgemeinen und inneren Verwaltung" und entgegen ihren „persönlichen Wünschen" vom Heeresdienst freigestellt werden mussten. Für Beide wurden diese Freistellungen bis Kriegsende wiederholt verlängert. Dadurch gehörten die Kreise Coesfeld und Lüdinghausen zu den wenigen Kreisen in Westfalen, die im Landratsamt seit 1933 bzw. 1936 bis Kriegsende von einer durchgehenden personellen Kontinuität geprägt waren. Der kreisübergreifende Einsatz von Barthel und Stachels kann auch als Indiz für die abnehmende Relevanz der traditionellen Verwaltungsräume in der Kriegszeit gesehen werden. In seiner Funktion als Führer der Standarte 471 wirkte Landrat Barthel auch auf der Parteiebene im Nachbarkreis mit. Mit den wiederholten Vertretungen durch Landrat Stachels im Nachbarkreis Ahaus rückten die Landkreise auch auf der Verwaltungsebene enger zusammen, die seit 1938 ohnehin zu einem Parteikreis Ahaus-Coesfeld gehörten.

Das Reichsinnenministerium versuchte der sich verschärfenden Personalsituation in den Verwaltungen durch Maßnahmen zur „Verwaltungsvereinfachung" zu begegnen. Mit dem anschwellenden Schriftverkehr im Hauptamt der Ordnungspolizei musste das Ministerium selbst die Grenzen der Arbeitskraft bei den Bearbeitern erkennen.[335] Es blieb nicht genügend Zeit für die „wirklich wichtigen, großen und notwendigen Kriegsaufgaben". Himmler hatte daher eine Überprüfung sämtlicher Eingänge auf ihre „Kriegswichtigkeit und Notwendigkeit" angeordnet. Die als kriegsunwichtig eingestuften Vorlagen erhielten den Stempelaufdruck „Nicht kriegswichtig! Bearbeitung zurückgestellt" oder wurden mit dem Vermerk „Zur Entscheidung in eigener Zuständigkeit" an die nachgeordneten Dienststellen zurückgesandt. Nur die „wirklich grundsätzlichen Fragen, die der zentralen Regelung bedürfen", sollten an die Zentralstelle herangetragen, alle Einzelfragen jedoch im Sinne der Gesamtführung selbständig erledigt werden. Diese Anordnung galt bis auf die unterste Ebene, da sie über die Landräte bis an die Ortspolizeibehörden zur „künftigen Beachtung" verteilt wurde.

Im Oktober 1943 fasste Himmler die wichtigsten ‚Kriegs'-Grundsätze seiner Amtsführung in der allgemeinen und inneren Verwaltung für die Chefs der Behörden auf der Mittel- und Unterstufe zusammen. In Stichworten wiedergegeben, musste Folgendes genau beachtet werden:[336]

- Klarer Befehlsweg von oben bis zur untersten Stufe bei unbedingter Disziplin,
- Richtlinien und Anordnungen nur in Bereichen, in denen die Ausführung auf der Unterstufe nicht in „Selbstverantwortung" überlassen werden kann,
- „Dezentralisation der Verwaltung" und Stärkung der „Selbstverwaltung" durch „Mitwirkung des ehrenamtlichen Elements", aber unter Aufsicht der zuständigen Aufsichtsbehörde,
- Orientierung der Entscheidungen der Behörden an der „Lebensrichtigkeit im Sinne des völkischen Lebenszieles des deutschen Volkes" mit Begründungen, die „weniger die juristischen als die politischen, völkischen, wirtschaftlichen und sonstigen Gesichtspunkte in den Vordergrund" stellen,
- Ausschließliche Beschränkung auf kriegswichtige Aufgaben, für die sich jeder „mit seiner ganzen Kraft und Persönlichkeit bis zum letzten" einzusetzen hatte,
- Besetzung aller Stellen mit „haltungsmäßig starken, nationalsozialistisch bewährten, fachlich tüchtigen und geeigneten Persönlichkeiten",
- Aufgrund der Kriegslage Einsatz des „richtigen Mannes", „der im richtigen Augenblick das Richtige tut und der unter allen Umständen steht", am richtigen Platz.

Zum Schluss forderte Himmler von jedem Angehörigen der Verwaltung eine vorbildliche Haltung: „Verschwiegen in allem, was ihm im Amt anvertraut wird, hat er Zweifelnde zu belehren, Schwankende zu stärken und Böswilligen mit Energie entgegenzutreten und sie der gerechten Strafe zuzuführen."

Die Umsetzung der „Verwaltungsvereinfachung" im Verwaltungsalltag war jedoch nicht nur eine Folge der Einberufungen, sondern wurde vom weiteren

Kriegsverlauf entscheidend beeinflusst. Mit dem zunehmenden Einsatz von Zwangsarbeiterinnen, Zwangsarbeitern und Kriegsgefangenen, der Propaganda des Feindes, mit der Vorbereitung des Luftschutzes, den Bombardierungen in der Region bis hin zu den Verteidigungsvorbereitungen nach der Invasion im Westen stellten sich bis dahin nicht gekannte Fragen der inneren und äußeren Sicherheit. Die Verlagerung von Verantwortung auf die nachgeordneten Verwaltungsebenen öffnete angesichts der um sich greifenden Unsicherheit und Unübersichtlichkeit in der drohenden Niederlage insbesondere in den letzten Kriegsmonaten das Tor für eigenmächtiges und willkürliches Verhalten.

Sicherung der „Heimatfront“, Bombenkrieg und Daseinsvorsorge
Die Überwachung und Kontrolle der Kirchen und ihrer Organisationen blieben auch nach dem Beginn des Zweiten Weltkrieges eine der zentralen sicherheitspolitischen Herausforderungen. Die „Einhegung“ dieser „Bedrohung“ im Inneren wurde von der Gestapo und den Staatspolizeileitstellen im Verbund mit den Kreis- und Ortspolizeibehörden offensichtlich mit besonderem Eifer betrieben, so dass sich Hitler angesichts der Kriegssituation gezwungen sah einzuschreiten. Er ließ über den Chef der Reichskanzlei mitteilen, „alle nicht unbedingt notwendigen Maßnahmen zu vermeiden, die das Verhältnis des Staates und der Partei zur Kirche verschlechtern könnten“.[337] Das Verhältnis blieb jedoch aufgrund verschiedenster Reibungspunkte äußerst angespannt.

So verbot der Reichsminister für Wissenschaft, Erziehung und Volksbildung im Dezember 1940 z.B. die Berufung von Geistlichen als Schulbeiräte, da nach der Einführung der deutschen Gemeinschaftsschule für deren Berücksichtigung „kein Bedürfnis“ mehr bestand.[338] Im Zusammenhang mit einer päpstlichen Friedensaktion Ende 1940 wurde der Kirche vorgeworfen, „das Volk durch die wildesten und unglaublichsten Gerüchte und Greuelmeldungen in Beunruhigung zu versetzen und so seine Widerstandskraft zu schwächen“. Am „Weißen Sonntag“ im April 1941, dem traditionellen Termin für die Feier der Erstkommunion in der katholischen Kirche, kam es im Münsterland zu einer demonstrativen Machtprobe mit der HJ und Partei, da gleichzeitig eine HJ-Feier, die Aufnahme der deutschen Jungen in das Jungvolk, stattfinden sollte. Die Auseinandersetzung gipfelte in dem Vorwurf, die Kirche versuche den „HJ-Dienst zu sabotieren und die Jugendlichen vom HJ-Dienst fernzuhalten“. Mit einer Verordnung der Reichsverwaltung vom 15. Mai 1941 wurden der Himmelfahrtstag und Fronleichnamstag als staatliche Feiertage kurzerhand aufgrund der „Erfordernisse der Kriegswirtschaft“ auf den nächstfolgenden Sonntag verlegt. Die Fronleichnamsprozessionen mussten aus „verkehrspolizeilichen Gründen auf kircheneigenen Grund“ beschränkt werden. Sie konnten also nur als Rundgang um die Kirche stattfinden. Im Mai 1941 forderte die Staatspolizeileitstelle Münster von den Landräten eine Meldung über „Exerzitien oder kirchliche Veranstaltungen ähnlicher Art, wie Einkehrtage, Freizeitlager, Verbandsveranstaltungen“. Im Bistum Münster erreichte dieser Konfrontationskurs im Juli und August 1941 mit drei Predigten des Bischofs Clemens August von Galen, in denen er das NS-Regime und die Gestapo, nicht aber den „Führer" öffentlich anprangerte, seinen Höhepunkt.

Die erste Predigt hielt er am 13. Juli 1941 in seiner ehemaligen Pfarrkirche St. Lamberti in Münster an dem Tag, an dem nachmittags die Benediktinerabtei Gerleve von der Gestapo beschlagnahmt und die Insassen aus Westfalen ausgewiesen wurden.[339] In dieser Predigt wie auch in seiner zweiten Predigt eine Woche später in der Münsteraner Überwasserkirche setzte er sich genau mit diesem „Klostersturm" und der Willkür der Gestapo auseinander. Dabei stellte er der physischen Übermacht der Gestapo den völlig schutz- und wehrlosen deutschen Staatsbürger gegenüber. Dadurch habe sich in weiten Kreisen des deutschen Volkes ein Gefühl der Rechtlosigkeit breit gemacht. Den naheliegenden Vorwurf, er würde die innere Front durch seine Aussagen schwächen, ließ er nicht gelten, sondern wendete ihn gegen die Machthaber selbst. Sie würden die Rechtssicherheit zerstören, das Rechtsbewusstsein untergraben und dadurch das Vertrauen in die Staatsführung erschüttern. Die Aushebelung von rechtsstaatlichen Grundsätzen durch die Gestapo war auch der Ansatz in seiner dritten Predigt am 3. August 1941 in St. Lamberti, in der er die Vernichtung sogenannten ‚lebensunwerten Lebens' als vorsätzliche Tötung und damit als Mord brandmarkte und auch Strafanzeige erstattete. Die Predigten erreichten als maschinenschriftliche Kopien und durch britische Flugblätter eine breite Öffentlichkeit.

Dass die Staatspolizeileitstelle Münster aufgrund der Predigten durchaus um die Stabilität an der ‚inneren Front' im eigenen Zuständigkeitsbereich fürchtete, zeigt der umfassende Überwachungsauftrag an die Landräte und Ortspolizeibehörden, der am 14. August erstmals erteilt, dann aber bis Ende September 1941 mehrfach wiederholt und erweitert wurde.[340] Die Gestapo wollte genau wissen, welche Predigt wann in welchem Umfang und wie („ob mit Pathos und Wiederholungen oder ob monoton") vorgetragen wurde und wie die Kirchenbesucher darauf reagiert hätten. Außerdem sollte über die Stimmung in der Bevölkerung nach der Verlesung, über „Gespräche in Lokalen, auf der Straße usw. und im Laufe des Tages" berichtet werden. Nach den detaillierten Schilderungen der Ortspolizeibehörden waren die Predigten des Bischofs in fast allen katholischen Kirchengemeinden des Kreises Lüdinghausen ein Thema, wenn auch teilweise mit zeitlicher Verzögerung.

Berichte wie der des NSDAP-Amtsbürgermeisters aus Bork kamen der tatsächlichen Stimmung in der katholischen Bevölkerung sehr nahe und geben einen Eindruck vom eigentlichen Konfliktpotential an der ‚Heimatfront':[341]

> „Trotz gewisser Zurückhaltung, die nach außen hin beobachtet wird, wird allenthalben offenbar, dass die Volksstimmung denkbar schlecht ist, und zwar nicht nur in kath. Bevölkerungskreisen, sondern ganz allgemein. Speziell in kath. Kreisen kann die Stimmung überhaupt nicht mehr schlechter werden. Man sieht hier in der Verlegung der Feiertage, in der Beschränkung des Gottesdienstes nach Fliegeralarm, in der

> Schließung der Kindergärten und jetzt in der Aufhebung der Klöster nichts als Maßnahmen zur Unterdrückung der Kirchen und des Glaubens und spricht von einem Bolschewismus feinerer Art wie in Rußland. Allen Begründungen der Gestapo für ihre Maßnahmen schenkt man keinen Glauben mehr und mag sie nicht mehr hören. Das Vertrauen zum Führer schwindet mehr und mehr, weil von öffentlichen Stellen immer wieder betont wurde, dass nichts ohne den Führer geschehe, er somit auch dieses Vorgehen der Stapo gegen die katholische Kirche gutheißen müsse. [...] Verurteilt wird sehr, dass die ‚Verfolgung der kath. Kirche' gerade im Kriege und dazu noch in dem Augenblick stattfinde, wenn auf den Schlachtfeldern in Russland der Kampf gegen den gottlosen Bolschewismus stattfinde und mancher tapfere deutsche Soldat und Katholik in diesem Kampf seine Treue zum Führer mit seinem Blute besiegele. Man spricht sogar von einem Zermürben der Front seitens der Gestapo, denn mancher Angehöriger in der Heimat wird den Soldaten und Frontkämpfern die Ereignisse auf religiösem Gebiet in der Heimat brieflich übermitteln, den Empfänger verärgern und den Kampfgeist schwächen."

Nach den Predigten über den ‚Klostersturm' und die Vernichtung ‚lebensunwerten Lebens' sorgte im November 1941 ein Hirtenbrief des Bischofs zur „erweiterten Kinderlandverschickung", erneut für Unruhe. Er war von der Sorge getragen, Kinder und Jugendliche vollständig NS-geprägten Organisationen anzuvertrauen. Der Bischof mahnte die Pflicht der Eltern und Erziehungsberechtigten an, sich vor der Verschickung der ihnen anvertrauten Kinder zu vergewissern, „ob die religiöse Betreuung der Kinder in jedem Falle sichergestellt" ist.[342]

Im katholisch geprägten Münsterland blieb die Unvereinbarkeit von Kirche und Nationalsozialismus ein vorherrschendes Thema. Andere kriegsbedingte ordnungspolizeiliche Maßnahmen und massive Einschränkungen des Alltagslebens wie die Maßnahmen zum Luftschutz und zur Abwehr von Feindpropaganda bewegten die ‚Gemüter' wesentlich weniger und wurden als kriegsnotwendig angesehen. Sie konnten aber durch die ungelösten konfessionellen Konflikte empfindlich gestört werden.

Das Reichsinnenministerium und der Reichsminister der Luftfahrt hatten den Luftschutz bereits vor Beginn des Krieges durch Anordnungen systematisch vorbereitet. Als Trägerorganisation des Luftschutzes wurde der Reichsluftschutzbund als öffentlicher Verband gegründet, der mit massiver öffentlicher Mitgliederwerbung und Druck seitens der Partei bis 1939 eine breite Verwurzelung in den Gemeinden erreichte.[343] Im Januar 1939 zählte der Verband im Kreis Lüdinghausen, in dreizehn Gemeindegruppen organisiert, rund 14.500 Mitglieder, die verteilt auf die Haushaltungen in den Gemeinden rund 75 % aller Haushalte abdeckten. Die Landräte und Bürgermeister übernahmen in der Regel die Leitungsfunktionen.

Die wesentlichen Aufgaben bestanden zunächst in der Anschaffung der notwendigen Gerätschaften wie Alarm-Sirenen, Luftschutz-Helme, Löschkarren mit Schanzzeug, Gasmasken etc., auch als Voraussetzung für den Start eines breiten

Abb. 75: Werbung für den Luftschutz in Lüdinghausen während der NS-Zeit

Abb. 76: Luftschutzausstellung in einem Lüdinghauser Klassenraum während der NS-Zeit

Ausbildungsprogramms. Zur Teilnahme an der Ausbildung konnte nach dem Reichsluftschutzgesetz vom 26. Mai 1935 jeder verpflichtet werden. Sie umfasste Verdunkelungsübungen, das luftschutzmäßige Herrichten von Sammelschutzräumen, Häusern und Wohnungen, Brandbekämpfung, Gasschutz, Erste Hilfe und das Meldewesen. Spätestens zu Kriegsbeginn bestand in den Gemeinden mit einem Luftschutzleiter an der Spitze bis in die Wohnbezirke hinein ein enges Netz von Luftschutzwarten, das in den Betrieben und Verwaltungen durch Betriebsluftschutzleiter ergänzt wurde. Ihre Aufgabe bestand zunächst in der praktischen und psychologischen Vorbereitung auf einen Luftkrieg, dann in der Anleitung der Bevölkerung zum Selbstschutz während und nach Luftangriffen. Da auf der Gemeindeebene sich die örtlichen Parteiorganisationen dem Luftschutz und der Bekämpfung des „Feindterrors“ besonders verpflichtet fühlten, konnten sie das Netzwerk, in das die Feuerwehren und das DRK eingebunden waren, auch zur politischen und polizeilichen Kontrolle der Bevölkerung nutzen.

Mit der Verschärfung des alliierten Bombenkrieges entwickelten sich die Warndienste und Bereitschaftsdienste im Luftschutz zur Dauerbelastung. Mit einigen Hinweisen soll angedeutet werden, wie z.B. die Gefolgschaftsmitglieder der Kreisverwaltung Lüdinghausen durch den Luftschutz in ihrem ‚Betrieb‘ gefordert wurden. Bereits 1938 hatten alle Gefolgschaftsmitglieder an einer Ausbildung der Ortsgruppe des Reichsluftschutzbundes teilgenommen. Als Betriebsluftschutzleiter hatte Landrat Barthel einen Kreisoberinspektor bestellt, dem 1942 vier Melder, ein Ordnungsdienst, eine Betriebsfeuerwehr mit 15 Personen, ein Sanitätstrupp mit 6 und ein Instandsetzungstrupp mit 5 Personen zugeteilt waren. Für diese Einheiten standen regelmäßige Übungen auf der Tagesordnung. In den drei Kreisgebäuden standen 25 Wassereimer, die regelmäßig mit frischem Wasser gefüllt werden mussten. Zu den Sicherungsmaßnahmen gehörte auch die Sicherstellung von Büromaschinen, Kartotheken, Kassenbelegen, gebräuchlichen Formularen. Die Kassenunterlagen wurden im Keller der Kreissparkasse untergebracht. Ab Oktober 1943 hatten sich die Gefolgschaftsmitglieder am weiteren Ausbau von Splitterschutzgräben für die Bevölkerung zu beteiligen. Ab 1944 gab es einen dauernden Luftschutzwarndienst mit Nachtdienst. Im Juni 1944 ordnete Landrat Barthel einen Luftschutzappell mit Gasmaske und anschließender Übung auf den Dachböden und im Luftschutzkeller der Kreisverwaltung an. Aufgrund der permanenten alliierten Luftangriffe prägten die angesprochenen allgemeinen Luftschutzmaßnahmen auch das Leben in den Gemeinden, das durch die Vorverlegung der „Polizeistunde“ oder durch das Verbot von „Tanzlustbarkeiten“ weitere Einschränkungen hinnehmen musste.[344]

Die Belastungen an der „Heimatfront“ ergaben sich jedoch nicht nur aus der Wechselwirkung der inneren Konflikte mit der permanenten Lebensbedrohung aus der Luft, sondern aus der Sicht der Reichsregierung auch durch die Kriegsführung des Gegners „mit Mitteln, die das Volk beeinflussen und zermürben“ sollten. Für das NS-Regime war der Rundfunk eines dieser Mittel. Jedes Wort, das der Gegner herübersende, sei „selbstverständlich verlogen und dazu bestimmt, dem deutschen Volk Schaden zuzufügen". Daher wurde mit der Verordnung über außerordentliche Rundfunkmaßnahmen vom 1. September 1939 das „absichtliche Abhören ausländischer Sender verboten".[345] Zuwiderhandlungen sollten mit Zuchthaus bestraft werden. Wer Nachrichten ausländischer Sender vorsätzlich verbreitete, die geeignet waren, „die Widerstandskraft des deutschen Volkes zu gefährden", sollte in „besonderen schweren Fällen mit dem Tode bestraft werden". In der Praxis galt das Interesse vor allem dem Abhören ausländischer Rundfunksender durch die in Deutschland beschäftigten ausländischen Arbeiter, während die Staatspolizeileitstelle Münster sich ansonsten bei der Verfolgung von Verstößen gegen die „außerordentliche[n] Rundfunkmaßnahmen" eher zurückhaltend verhielt. Anzeigen der Kreis- und Ortspolizeibehörden sollten erst der Staatspolizeileitstelle vorgelegt werden, die dann über den weiteren Umgang mit der Anzeige und die Einleitung eines Strafverfahrens entschied. Die Erfahrung hätte nämlich gezeigt, „dass Anzeigen wegen Rundfunkverbrechens vielfach auf Grund von Hausstreitigkeiten erstattet" würden.[346]

Im Gegensatz zur Gefährdung durch die Nachrichten ausländischer Sender war die „Feindpropaganda" der Alliierten durch den Abwurf von Flugblättern ab März 1940 in den Landkreisen ein eher alltägliches Problem. Die Flugblätter sollten die Bevölkerung über die Geschehnisse an den Kriegsschauplätzen und im Deutschen Reich informieren und wollten der von der nationalsozialistischen Propaganda geprägten öffentlichen Meinung mit ‚echten' Fakten begegnen. Obwohl auch der Besitz und die Weitergabe der Flugblätter streng verboten waren und bestraft werden konnten, wird schon die Masse der „Luftpostsendungen" nicht ohne Wirkung gewesen sein. Personen bis hin zur HJ, die an gezielten Suchaktionen zur Erfassung und Beseitigung der Flugblätter beteiligt waren, war eine Gelegenheit zur unkontrollierbaren ‚Aufklärung' gegeben. Trotz des Verbots wurden auch Flugblätter abgezweigt und weitergegeben. Im Kreis Lüdinghausen erhielt das Landratsamt von März 1940 bis Mitte 1942 in über 61 Fällen in den Gemeinden eingesammelte Flugblätter oder Nachrichten über die Abgabe von Flugblättern an die Gestapo in Münster zugesandt. Aufgrund der Masse legte die Staatspolizeileitstelle sehr bald keinen Wert mehr auf eine Weiterleitung der Flugblätter. Vor der Vernichtung sollte die Anzahl der Flugblätter jedoch erfasst und gemeldet werden.[347]

Wenige Monate nach Kriegsbeginn wurden die Kreisverwaltungen in Kooperation mit anderen Instanzen wie den Arbeitsämtern, den Kreisbauernführern, der DAF, der militärischen Verwaltung der Kriegsgefangenenlager und der Staatspolizeileitstelle in die Organisation der Zwangsarbeit eingebunden.[348] Diese war eines der „herausragenden Kennzeichen der deutschen Kriegsführung". Die Zwangsarbeiter stellten 1944 etwa ein Viertel der in der Gesamtwirtschaft Beschäftigten und wurden insbesondere in der Rüstungsindustrie und Landwirtschaft eingesetzt. In den Landkreisen Coesfeld und Lüdinghausen ging es um den Bereich des „offenen Arbeitseinsatzes", wie er für die ausländischen Zivilarbeiter und Kriegs-

Drei Mächte - ein Kriegsziel!

CHURCHILL

Als England den Achsenmächten allein gegenüberstand, hielt Churchill Reden, die später in Reden führender Staatsmänner anderer Länder widerhallten.

ROOSEVELT

Als Amerika endlich die ihm von Deutschland drohende Gefahr erkannte, gab Roosevelt die Gedanken Churchills mit anderen Worten wieder.

STALIN

Als die Sowjet-Union aus dem Einfall Deutschlands lernte, dass es keinen Frieden mit dem dritten Reich geben kann, kam Stalin zu dem gleichen Schluss.

„Die Sache aller Völker ist unsere Sache!"

Churchill, 14. Juli 1940 :
„Dies ist kein Krieg von Häuptlingen oder Fürsten, von Dynastien oder nationalem Ehrgeiz — dies ist ein Krieg der Völker und der Prinzipien . . ."

Churchill, 9. November 1940 :
„Österreich, Tschechoslovakei, Polen, Norwegen, Holland, Belgien, Frankreich, Griechenland — für sie alle ringen und streiten wir; und unser Sieg wird ihrer aller Befreiung bringen."

Roosevelt, 15. März 1941 :
„Die Welt kann eine Nation nicht brauchen, die das Recht beansprucht, im Stechschritt über die Leiber anderer Völker und Rassen zu marschieren . . ."

Roosevelt, 15. März 1941 :
„Das amerikanische Volk hat eine Politik unbeschränkter Hilfe für Grossbritannien, für China und für alle Länder gefordert, die zeitweilig von den Angreifern besetzt sind."

Stalin, 2. Juli 1941 :
„Dies ist kein gewöhnlicher Krieg. Dies ist ein Krieg aller Völker, die kämpfen gegen die Versklavung durch Hitlers faschistische Armeen."

Stalin, 2. Juli 1941 :
„Unser Krieg für die Freiheit des Vaterlandes ist verschmolzen mit dem Kampf der Völker Europas und Amerikas für ihre Unabhängigkeit und demokratische Freiheit."

„Die Sache des deutschen Volkes eingeschlossen!"

Churchill, 20. August 1940 :
„Die Brechung der Nazimacht wird allen Völkern Europas, die Deutschen und Österreicher eingeschlossen, unverzüglich Fülle, Frieden und Freiheit bringen."

Roosevelt, 27. Mai 1941 :
„Alle Völker, die seelisch nicht erobert sind — selbst Italiener und Deutsche — werden sich bei der Vernichtung des Nazisystems als starke Kräfte erweisen."

Stalin, 2. Juli 1941 :
„Wir werden in diesem Befreiungskrieg an den Völkern Europas und Amerikas — das deutsche Volk eingeschlossen — loyale Verbündete haben."

FÜR die ganze Welt gilt das gleiche. Südamerika rüstet gegen deutsche Angriffssucht. China kämpft seit vier Jahren gegen einen totalitären Angreifer. Das besetzte Europa befindet sich in revolutionärer Gärung. Auch das deutsche Volk kann sich anschliessen — es hat die Wahl. So sprach Churchill am 22. Juni 1941: „*Jeder* Mann und *jeder* Staat, der gegen Hitler kämpft, soll von uns Hilfe bekommen."

Und auf der Gegenseite? Der Schakal Italien? Italien ist mehr eine Last als eine Hilfe. Japan? Prinz Konoye, der japanische Premierminister, sagte in einer Rundfunkrede am 30. Juni: „Japan muss sich ganz auf seine eigene Kraft verlassen. Es gibt sonst nichts in der Welt, auf das es sich verlassen kann."

Das dritte Reich hat keinen einzigen Freund in der ganzen Welt. Und auf der anderen Seite stehen die gerüsteten Mächte der Freiheit —

einig gegen Hitlers Kriegsmaschine!

517

Abb. 77: Flugblatt „Drei Mächte – ein Kriegsziel" der Alliierten, abgeworfen im Kreis Lüdinghausen (Vorder- und Rückseite) (August 1941)

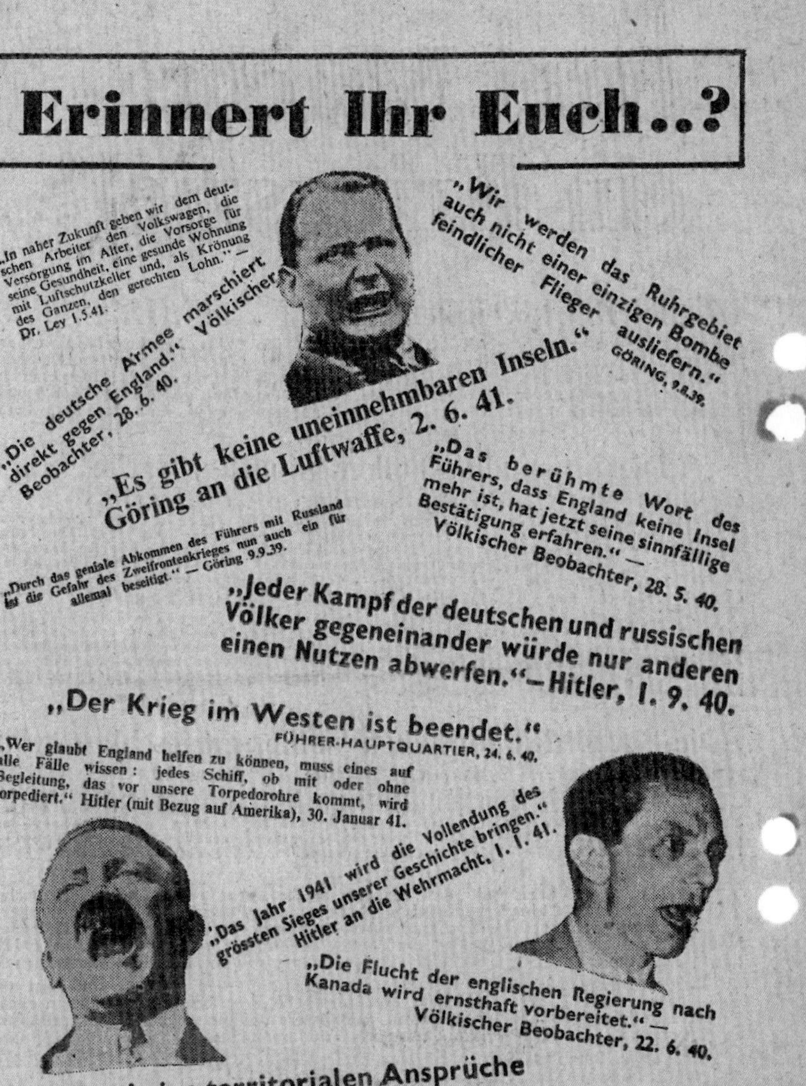
Erinnert Ihr Euch..?
„In naher Zukunft geben wir dem deutschen Arbeiter den Volkswagen, die Versorgung im Alter, die Vorsorge für seine Gesundheit, eine gesunde Wohnung mit Luftschutzkeller und, als Krönung des Ganzen, den gerechten Lohn." — Dr. Ley 1.5.41.
„Wir werden das Ruhrgebiet auch nicht einer einzigen Bombe feindlicher Flieger ausliefern." GÖRING, 9.8.39.
„Die deutsche Armee marschiert direkt gegen England." Völkischer Beobachter, 28. 6. 40.
„Es gibt keine uneinnehmbaren Inseln." Göring an die Luftwaffe, 2. 6. 41.
„Das berühmte Wort des Führers, dass England keine Insel mehr ist, hat jetzt seine sinnfällige Bestätigung erfahren." — Völkischer Beobachter, 28. 5. 40.
„Durch das geniale Abkommen des Führers mit Russland ist die Gefahr des Zweifrontenkrieges nun auch ein für allemal beseitigt." — Göring 9.9.39.
„Jeder Kampf der deutschen und russischen Völker gegeneinander würde nur anderen einen Nutzen abwerfen."—Hitler, 1. 9. 40.
„Der Krieg im Westen ist beendet."
FÜHRER-HAUPTQUARTIER, 24. 6. 40.
„Wer glaubt England helfen zu können, muss eines auf alle Fälle wissen: jedes Schiff, ob mit oder ohne Begleitung, das vor unsere Torpedorohre kommt, wird torpediert." Hitler (mit Bezug auf Amerika), 30. Januar 41.
„Das Jahr 1941 wird die Vollendung des grössten Sieges unserer Geschichte bringen." Hitler an die Wehrmacht. 1. 1. 41.
„Die Flucht der englischen Regierung nach Kanada wird ernsthaft vorbereitet." — Völkischer Beobachter, 22. 6. 40.
„Ich habe keine territorialen Ansprüche in Europa mehr zu stellen."
Hitler, im September 1938.
„Der Gedanke des Verrats wird nie wieder in der Bewegung Wurzel schlagen können." Hess, 14. 8. 34.
Lügen, nichts als Lügen!

Hitler kann den Krieg nicht mehr gewinnen

1 Das deutsche Ostheer kann sich von den erlitte[illegible]n Millionenverlusten nie wieder erholen.

2 Die Rüstungsproduktion und die Arbeiterreserven des britischen Weltreiches, Russlands und Amerikas übertreffen bei weitem alles, was die Achsenstaaten leisten können.

3 Die deutsche Produktion an Flugzeugen kann die ständig wachsenden Verluste der Luftwaffe nicht mehr einholen. Die deutschen U-Boote sind heute fast ausschliesslich mit unerfahrenen jungen Matrosen bemannt.

4 Die aus ganz Europa zusammengestohlenen Güter sind heute verbraucht. Deutschland muss jetzt [illegible] mählich auf denselben Lebensstandard herabsinken, den es den besetzten Gebieten bereits aufgezwungen hat.

Trotzdem verlangt Hitler

mehr Blutvergiessen und neue Opfer vom deutschen Volk, nur um seinen eigenen Untergang hinauszuschieben.

NEUE MILLIONEN SOLLEN FÜR HITLER STERBEN!

G 10

Abb. 78: Flugblatt „Warum?" der Alliierten, abgeworfen im Kreis Lüdinghausen (Vorder- und Rückseite) (April 1942)

gefangenen kennzeichnend war, also nicht um die Zwangsarbeit von Häftlingen und Juden in KZ oder Zwangsarbeitslagern. Ulrich Herbert schätzt die Zahl der von 1939 bis 1945 für längere oder kürzere Zeit in Deutschland eingesetzten Zivilarbeiter und Kriegsgefangenen auf 9,5 bis 10 Millionen. Die Kreisverwaltungen übernahmen insbesondere in den ersten Kriegsjahren 1939/1940 beim Einsatz der Kriegsgefangenen eine organisatorische Funktion.

Die Landräte in Coesfeld und Lüdinghausen hatten bereits kurz nach Kriegsbeginn mit dem zuständigen Wehrbereich VI in Münster eine Übereinkunft zur Übernahme polnischer Kriegsgefangener getroffen, die in den Kreisen eingesetzt werden sollten.[349] Zur Vorbereitung forderten die Bürgermeister die Bauern auf, sich bei Bedarf an polnischen Arbeitskräften zu melden. Für den Antrag auf Zuweisung von Kriegsgefangenen gab es einen eigenen Vordruck. Der Kreis Lüdinghausen schloss Anfang November 1939 direkt einen Vertrag mit dem Kriegsgefangenen-Stammlager (Stalag) VI D in Dortmund zur Übernahme von Kriegsgefangenen, in dem die Lohn- und Sachkosten genau geregelt wurden. Der Kreis selbst bzw. die Ämter und Gemeinden übernahmen damit die Rolle eines „Unternehmers", der die polnischen Zwangsarbeiter an die Bauern weitervermittelte. Als „Unternehmer" hatte der Kreis folgende Verpflichtungen: Abrechnung der Lohn-, Unterkunfts- und Verpflegungskosten mit den Bauern und dem Stalag, Sicherstellung der Verpflegung und Unterkunft für die Kriegsgefangenen und Wachmannschaften sowie die Beantragung von Lebensmittelkarten für die Kriegsgefangenen. Weitere Verfahrensfragen wurden auf einer Bürgermeisterkonferenz am 10. November 1939 besprochen. Zu diesem Zeitpunkt waren im Kreis Lüdinghausen 700, im Kreis Coesfeld 400 Kriegsgefangene in der Landwirtschaft eingesetzt. Im Kreis Lüdinghausen waren sie in ca. 14 bis 15 Gefangenenlagern unter der Bewachung des Stalag VI D untergebracht.

Aus dem erfolgreichen Westfeldzug im Mai/Juni 1940 ergaben sich jedoch Konsequenzen für den Einsatz der Kriegsgefangenen in der Region, da der überwiegende Teil der polnischen Kriegsgefangenen in den Status von „Zivilarbeitern" überführt wurde, um Platz in den Lagern zu schaffen.[350] Damit unterstanden sie nicht mehr der Wehrmacht, sondern dem Arbeitsamt, das grundsätzlich für die Vermittlung und Einstellung ausländischer Arbeitskräfte zuständig war. Als „Zivilarbeiter" durften die Polen ohne Zustimmung des Arbeitgebers, des Arbeitsamtes und der örtlichen Polizeibehörde ihren Arbeitsort nicht verlassen. Die Polen räumten die Kriegsgefangenenlager und wurden mehrheitlich bei ihren Arbeitgebern, also auf den Höfen oder in Baracken bei den Betrieben untergebracht. In die Kriegsgefangenenlager rückten nun die französischen Kriegsgefangenen ein, über deren Einsatz in Anlehnung an das eingespielte Verfahren mit den Polen die Landräte neue Verträge mit der Wehrmacht schlossen. Als auch diese im Laufe des folgenden Jahres zum größten Teil als „Zivilarbeiter" eingesetzt wurden, entfiel die Funktion der Kreisverwaltungen bei der Organisation der Zwangsarbeit, nicht jedoch ihre Aufgaben als Kreispolizeibehörde bei der Überwachung und Disziplinierung der Zwangsarbeiterinnen und Zwangsarbeiter.

Die in der Bezeichnung „Zwangsarbeit" angelegte Brutalität und Entrechtung stand jedoch nicht für eine eindeutige Kategorie und kennzeichnete keine klar definierte Gruppe von Arbeiterinnen und Arbeitern. Wie regional- und lokalgeschichtliche Studien auch zum Münsterland zeigen, waren das persönliche Verhältnis und das Ausmaß des ausgeübten Zwanges der Deutschen gegenüber den fremden Arbeitern sowie die Arbeits- und Lebensbedingungen sehr unterschiedlich.[351] Der Gewalteinsatz korrespondierte mit der „tief gestaffelten Hierarchisierung" der Arbeiter nach rassistischen Kriterien, in der die Deutschen an der Spitze standen, gefolgt von den Arbeitern aus Westeuropa, die Polen, Russen und Juden jedoch den „fremdvölkischen" und „minderwertigen" ‚Unterbau' bildeten. Auf dieser Basis konnten auch die Ausbeutung und Unmenschlichkeit der Behandlung der Zwangsarbeiterinnen und Zwangsarbeiter legitimiert werden.

Für die Kreis- und Ortspolizeibehörden ergab sich daraus der weitreichende Auftrag, die Einhaltung der „Polenerlasse" in den Gemeinden zu überwachen und durchzusetzen.[352] Die Polen waren von den Deutschen getrennt zu halten, durften keine kulturellen Veranstaltungen besuchen, keinen Kontakt zu deutschen Frauen aufnehmen. Prinzipiell durften Polen nicht mit Deutschen an einem Tisch sitzen und mit ihnen gemeinsam ein Mahl einnehmen. Ab Dezember 1940 wurde für polnische Zwangsarbeiter von deutschen Gläubigen getrennte Gottesdienste angeordnet, bei denen ab 1943 die Mitwirkung deutscher Jugendlicher als Messdiener verboten war. Im Februar 1943 erhielt die Stadt Werne die Genehmigung zur Anlegung eines besonderen kommunalen Begräbnisplatzes für sowjetrussische und polnische Kriegsgefangene und Zivilarbeiter. Der Begräbnisplatz sollte mit einer „Einfriedung einfachster Art" versehen werden.[353] Bei Verstößen gegen die Polenerlasse konnten wiederum Denunziationen verheerende Folgen haben, da die Gestapo die Entscheidung für sich reklamierte, ob ein Zwangsarbeiter den Gerichten überstellt oder von ihr direkt bestraft wurde.[354]

Wieviele Zwangsarbeiterinnen und Zwangsarbeiter in der Kriegszeit insgesamt von den Kreis- und Ortspolizeibehörden überwacht werden mussten, lässt sich nur schätzen.[355] Allein in der Gemeinde Lette und im Kirchspiel Coesfeld kamen in der Kriegszeit 470 Zwangsarbeiterinnen und Zwangsarbeiter zum Einsatz, auf dem Gebiet der Stadt Dülmen und der Ämter Dülmen, Buldern und Rorup (ohne Lette) ca. 1.450 Frauen und Männer. In der Zechenstadt Werne ist die ‚Ausbeutung' von mehr als 2.300 Zwangsarbeitern nachgewiesen. Bei Beachtung des vermehrten Einsatzes von russischen Kriegsgefangenen in den Industriebetrieben im Süden des Kreises Lüdinghausen ist die Zahl von insgesamt 10.000 Arbeiterinnen und Arbeitern in den Kreisen Coesfeld und Lüdinghausen, die in der Zeit von 1939 bis 1945 für längere oder kürzere Zeit Zwangsarbeit leisten mussten, nicht zu hoch gegriffen. Ab Herbst 1943 sollten die Kreis- und Ortspolizeibehörden im Auftrag des Reichsverteidigungskommissars und Gauleiters Meyer auch dafür sorgen, „mit Rücksicht auf die gespannte Einsatzlage" den „richtigen Einsatz der den Gemeinden zur Verfügung stehenden Kriegsgefangenen" zu gewährleisten.[356] Insbesondere nach Bombenangriffen wurden sie ohnehin zum Bergen der Leichen, Entschärfen der Bombenblindgänger und zur Trümmer- und Schutträumung herangezogen.

Im Vergleich zu den Großstädten und Ballungsräumen war der Mangel an Personal und Ressourcen für die Daseinsvorsorge, insbesondere zur Gewährleistung einer ausreichenden Ernährung und Bereitstellung von Wohnraum, im ländlichen Münsterland eher ein nachgeordnetes Problem. Um jedem Volksgenossen die ihm mit den Lebensmittelkarten zugesicherte Lebensmittelration zu sichern, wurde die Landbevölkerung eher noch in die Pflicht genommen.[357] Mit der Zuführung von Arbeitskräften an die Landwirtschaft war die Erwartung verbunden, dass die Ernährungslage des Volkes, insbesondere des nahen Ruhrgebietes gesichert wurde.

Auch bei eventuell notwendigen Evakuierungsaktionen aufgrund der feindlichen Luftangriffe auf Städte des Ruhrgebietes erhielt der angrenzende ländliche Raum die Funktion eines Auffanggebietes.[358] Auf einer Besprechung bei der Gauleitung Westfalen-Nord im Juni 1942 wurde der Kreis Lüdinghausen als Aufnahmegebiet bei einer eventuellen Evakuierung der Stadt Recklinghausen bestimmt. Der Kreis hatte dann Evakuierte aufzunehmen, die in den Gemeinden Lüdinghausen Stadt und Land, Seppenrade, Ascheberg, Ottmarsbocholt, Nordkirchen, Capelle, Senden und Olfen untergebracht werden sollten. Auf einer Besprechung im Sitzungssaal des Kreishauses am 29. Juni 1942 mit den örtlichen Luftschutzleitern und NSDAP-Ortsgruppenleitern leitete Landrat Barthel die notwendigen Vorbereitungen ein. In den Gemeinden bestehe nun ein Einsatzstab aus dem örtlichen Luftschutzleiter, dem Ortsgruppenleiter und dem NSV-Ortsamtswalter. Der NSDAP-Kreisleiter gab außerdem bekannt, dass für den Katastrophenfall ein Einsatzstab gebildet werde, der dann unter seiner Leitung im Kreishaus Lüdinghausen zusammentrete.

Reichsinnenminister Frick bedankte sich in seiner Neujahrsbotschaft am 6. Januar 1943 bei allen Beamten, Angestellten und Arbeitern der allgemeinen und inneren Verwaltung und der Kommunalverwaltungen für ihre selbstlose und aufopferungsvolle Arbeit im Jahr 1942.[359] Die Heimat habe „sich des Frontkämpfers würdig gezeigt“ und sei „in ihrem Einsatzwillen nur noch härter und entschlossener geworden“. Nachdem er zu Beginn seiner Botschaft die neuen entscheidenden Schläge der Wehrmacht im Kriegsjahr 1942 gegen die Feinde aus dem „plutokratischen und bolschewistischen Lager“ gewürdigt hatte, kannte Frick für das Jahr 1943 nur ein Gebot: im unbeugsamen Siegeswillen „alle Gedanken und Kräfte auf den Endsieg auszurichten“.

Die Neujahrsbotschaft idealisierte noch einmal das Bild des unauflösbaren Zusammenhangs von innerer Sicherheit in der Heimat durch die innere Verwaltung und den Kriegserfolgen an der Front zur Erreichung der raumpolitischen Ziele. In der Einschaltung der Partei und ihrer Verbände bei der Organisation und Durchführung des Luftschutzes, bei den Maßnahmen zur Vorbereitung der Evakuierung oder in der Unterstützung beim Kampf gegen Feindpropaganda zeigte sich jedoch bereits der Anspruch der Partei in der Kriegssituation. Je stärker der Feind mit der Verschärfung des Bombenkrieges die „Heimat“ selbst zum Kriegsschauplatz machte und damit eine wirkliche ‚Heimatfront‘ eröffnete, rückte die Partei als Träger und Organisator des Abwehrkampfes in der Heimat in eine zentrale Funktion. Mit der zunehmenden Mobilisierung der Partei wurde die Position der Landräte und der Kreisverwaltungen weiter geschwächt. „Während des Krieges [...] zerbrachen die bis dahin noch bestehenden Fundamente der staatlichen Behörden endgültig, erhielten die Gauleiter als Reichsverteidigungskommissare und damit die Kreisleiter gegenüber den lokalen und regionalen Verwaltungen allmählich die Oberhand. Die NSDAP höhlte die Positionen der Landräte aus und verwandelte die Ämter gegen Ende des Krieges weitgehend in Hilfsorgane des Parteiwillens.“[360]

Partei, Verwaltung und „Volksgemeinschaft“ im „totalen Krieg“

Die Kapitulation der eingeschlossenen 6. Armee vor Stalingrad war das Ergebnis einer der größten strategischen Fehlleistungen der deutschen Kriegsführung und leitete im Osten eine Kette von Rückschlägen ein. Am 2. Februar 1943 traten über 90.000 Soldaten den Weg in die Kriegsgefangenschaft an. In der Bevölkerung löste diese Nachricht einen Schock aus. Beobachter berichteten von „tiefer Niedergeschlagenheit", von einem bis dahin nicht „gekannten Tiefstand" der Stimmung unter den „Volksgenossen". Die Ereignisse von Stalingrad beschleunigten außerdem den Zerfall des Führermythos, da für die militärischen Misserfolge in steigendem Maße die Person des Führers verantwortlich gemacht wurde.[361]

Die Sportpalastrede des Propagandaministers Goebbels am 18. Februar 1943, kurz nach der Katastrophe von Stalingrad, war der Versuch, den Opferwillen der Massen anzustacheln und die nationale Solidarität neu zu mobilisieren.[362] Er wollte, wie er selbst schrieb, sich vor einer ausgesuchten Zuhörerschaft die Zustimmung für den „totalen Krieg" holen. Auch wenn Goebbels' Durchhalteparolen die Zweifel, Kritik und Resignation in der Masse der Bevölkerung immer weniger verdrängen konnten, er wurde für Hitler als Propagandist des totalen Kriegseinsatzes immer wichtiger. Dabei waren Goebbels die Konsequenzen seiner Rede und seines Handelns durchaus bewusst. Im November 1943 schrieb er in der Zeitung „das Reich": „Was uns betrifft, so haben wir die Brücken hinter uns abgebrochen. Wir können nicht mehr, aber wir wollen auch nicht mehr zurück. Wir sind zum Letzten gezwungen und darum zum Letzten entschlossen. [...] Wir werden als die größten Staatsmänner in die Geschichte eingehen oder als ihre größten Verbrecher."

Gleichzeitig wurden die Angehörigen der Verwaltung auf den Kriegserfolg und die ‚Sieg-Rhetorik' eingeschworen, da bereits „Äußerungen von Angehörigen höherer Dienststellen des Reichs über die Lage und die Aussichten des Krieges zur Beunruhigung geführt" hätten.[363] Auch Landrat Barthel sah sich veranlasst, nochmals „auf die Verschwiegenheitspflicht eines jeden Gefolgschaftsmitgliedes aufmerksam" zu machen. Er erwartete größte Zurückhaltung auch bei Unterhaltungen allgemeiner Art. Der Chef der Reichskanzlei wies gleichzeitig darauf hin, „dass Äußerungen der in Frage stehenden Art auch dann, wenn sie nicht unter Bruch der Verpflichtung zur Amtsverschwiegenheit geschehen, zu schweren Strafen, vor allem wegen Landesverrats und Zersetzung der Wehrkraft sowie wegen Vergehen gegen das Gesetz gegen heimtückische Angriffe auf Staat und Partei führen können".

Mit der sich verschärfenden Kriegslage erhöhte Himmler das Drohpotential. Im Juni 1944 übersandte er an alle Regierungspräsidenten, Landräte und Oberbürgermeister ein Schreiben mit folgendem Inhalt: „Der Volksgerichtshof hat den stellvertretenden Landrat in Kaufbeuren, Regierungsrat Vollrath, wegen gröbster defaitistischer Äußerungen zum Tode verurteilt. Das Urteil ist vollstreckt worden. Ein einzelner Unwürdiger wurde damit aus den Reihen des Beamtenkorps ausgestoßen und der gerechten Strafe zugeführt."[364]

Landrat Barthel nahm auch die Aufforderung Goebbels' zum „totalen Krieg" auf und ‚übersetzte' sie ganz im Sinne Hitlers als „totale Einsatzbereitschaft" aller im öffentlichen Leben stehenden Persönlichkeiten.[365] Denn die „totale Einsatzbereitschaft“ des deutschen Volkes hinge entscheidend davon ab, dass diese Persönlichkeiten mit ihren Angehörigen nicht nur vorbildlich alle Einschränkungen, die der Krieg mit sich bringe, auf sich nähmen, sondern auch in vorbildlicher Weise erhöhte Pflichten übernähmen. Damit wollte Barthel auch dem in der Öffentlichkeit entstandenen „Anschein“ begegnen, Frauen und Kinder würden bei den sich ausweitenden Arbeitseinsätzen „unter Berufung auf die führende Stellung des Mannes oder Vaters leichtere oder gar Scheinarbeitsverhältnisse“ erstreben. Er erwartete daher von den ihm unterstellten Beamten und Angestellten, dass sie selbst und auch ihre Familienangehörigen in vorbildlicher Haltung ihren Pflichten gegenüber Volk und Vaterland nachkämen und sich freiwillig zur ehrenamtlichen Mitarbeit bereit erklärten.

Landrat Barthel wirkte, ob gewollt oder ungewollt, mit seiner ‚Übersetzung‘ des Anspruches der „totalen Einsatzbereitschaft“ durch Formulierungen wie ‚vorbildliche Pflichterfüllung‘ und ‚ehrenamtliche Mitarbeit‘ an der ‚Verbrämung‘ der realen Lebensverhältnisse mit. Die Mobilisierung aller Kräfte der „Volksgemeinschaft“ gehörte längst zum ‚Alltagsgeschäft‘ der Partei. Der überwiegende Teil der „Volksgemeinschaft“ war Mitglied einer der NS-Organisationen und konnte jederzeit in die Pflicht genommen werden. Propaganda, Gruppendruck und Angst vor Repressionen taten ihr Übriges, um die Leute bei der ‚Stange‘ zu halten. Manche trieb auch ihr elementarer Selbsterhaltungswillen immer wieder zum Durchhalten und Aufräumen nach jeder neuen Angriffswelle der Bomber. Nicht nur in der Propaganda, auch im Schriftverkehr klafften die Sprache und die Realität, die Siegparolen und die wirkliche militärische Lage, die propagierte, angeblich gelebte Solidarität und der Einsatzzwang immer mehr auseinander. Die Aufrechterhaltung der Illusion von der harmonischen „Volksgemeinschaft“ und vom baldigen Endsieg wagten aber dennoch nur wenige in Frage zu stellen, da sie in den Köpfen verwurzelt war und jeder Zweifel auch von jedem Einzelnen eine Reaktion abverlangt hätte. Möglicherweise ließ sich diese Illusion als sinnstiftendes Element auch deshalb so lange aufrechterhalten, weil sie z.B. durch die Aktivitäten des Westfälischen Heimatbundes in der Region kulturpolitisch unterfüttert wurde.

„Die Arbeit in den Heimatvereinen des Kreisgebietes Lüdinghausen steht ganz unter dem Eindruck der Kriegsgeschehnisse“, stellte der Jahresbericht im Januar 1943 fest.[366] Der Bericht wies insbesondere auf die Durchführung der Vorträge „über die Leistungen der Heimat in früheren Kriegs- und Notzeiten“ hin, die nach einem Aufruf des WHB im Juni und Juli 1942 zur „Stärkung der Heimatfront“ durchgeführt worden waren. Im Heimatgebiet Münsterland fanden insgesamt 98 Veranstaltungen statt, davon 14 in fast allen Orten des Kreisen Lüdinghausen, 7 im Kreis Coesfeld. Der WHB zog auf einer Abschlusstagung in Wiedenbrück eine Bilanz des erfolgreichen „Vortragseinsatzes“, auch um die Erfahrungen für weitere Veranstaltungen in Zusammenarbeit mit der Partei nutzen zu können. Der Vorsitzende des WHB, Landeshauptmann Kolbow, bedankte sich beim Leiter des Reichspropagandaamtes Westfalen-Nord dafür, dass er den WHB „mit dieser Aufgabe betreut und damit zur Stärkung der inneren Front herangezogen habe". Danach stellte ein Hauptfachstellenleiter des WHB die Kriterien des Erfolges dar: Beachtung des politischen Charakters der Veranstaltung, d.h. keine Kriegs- und Schlachtgeschichten. Es gehe um „die Haltung der Bevölkerung in den früheren Schicksalszeiten". „‚Geschichte' müsse als ‚Schicksal' nacherlebt werden, [...]". „Nicht nur das ‚Leiden' der Vorfahren, sondern ebenso sehr ihr Mut und ihre Tapferkeit, ihre soldatische Haltung seien darzustellen". Es sei auch zu zeigen, „wie der Mut zum Leben nach jedem Krieg einen schnellen Wiederaufbau [...] ermöglicht habe".

Der Leiter des Reichspropagandaamtes knüpfte an diese Überlegungen an und stellte zu Beginn des vierten Kriegsjahres fest, „dass dieser Krieg ein totaler" sei. Die Heimat spüre die Lasten stärker als bisher. Front und Heimat bekämen mehr und mehr Opfer auferlegt. Dann machte er noch einmal seine Intentionen deutlich:

> „Aus dieser Erkenntnis erschien es notwendig, der Bevölkerung klarzumachen, wie die früheren Generationen unserer Heimat schlimmere Kriegs- und Notzeiten ertragen und sich tapfer bewährt haben. [...] Die Veranstaltungen sollten keinen wissenschaftlichen Charakter tragen, sondern Beispiele von Treue und Standhaftigkeit von früher im Vergleich zur Jetztzeit bringen. Wenn es erreicht worden ist, den Besuchern der Veranstaltungen den tiefen Sinn der heutigen Einsatzbereitschaft klarzumachen, dann dürfte die Aktion geglückt sein. Und das könne man wohl von ihr sagen. [...] So wollen wir auch in der Zukunft zusammen arbeiten und der kämpfenden Front eine würdige Heimat sein."

Der WHB bezeichnete in seinem Abschlussbericht den erfolgreichen „Vortragseinsatz" als eine „Bewährungsprobe" und freute sich über die Anerkennung, „weil es Arbeit an der Seele des Volkes ist, an den Wurzeln unserer Kraft, die in Muttererde und im Volkstum, also in der Heimat liegen".

Es ist jedoch schwer zu ermessen, welchen Einfluss derartige Rückbesinnungen auf das eigene Volkstum für den persönlichen Einsatzwillen überhaupt hatten, vor allem angesichts der Katastrophe von Stalingrad, des weiter eskalierenden Bombenkrieges und der ab Herbst 1944 immer näher rückenden Front. Der Blick auf die Ortsebene zeigt vielmehr das Bild einer immer stärkeren Kontrolle der „Volksgemeinschaft" durch die Partei und ihre Organisationen, die auf „Gefolgschaft", Befehl und Gehorsam setzten, Disziplin einforderten und bei Verweigerung auch drakonische Strafen verhängten. Die Herrschaft der Partei nahm zunehmend militärische Züge an. Sie übernahm aufgrund der immer stärkeren Durchmischung von Partei- und Verwaltungsarbeit auf der kommunalen Ebene auch das ‚Regiment' in den Gemeinden und Städten.

Die oft beschworene „Einheit von Partei und Volk" an deren „Schnittstelle" in den Ortsgruppen und die politische Führung des Volkes waren für die NSDAP die Grundvoraussetzungen für die Festigkeit der „inneren Front" in der Kriegszeit.

Um die Einstellung der Bevölkerung zum Krieg und ihr Vertrauen in die Machthaber stabil zu halten, weiteten die NS-Funktionäre ihre ‚Betreuungssphäre' auf alle Bereiche aus, in denen durch die Auswirkungen des Luftkrieges, durch Versorgungsengpässe oder Organisationsmängel Unmut und Opposition entstehen konnten. Einige dieser Bereiche wie der Luftschutz, die Unterbringung Evakuierter, die Versorgung mit Lebensmitteln und Wohnraum oder die Betreuung der Soldaten an der Front mit „Heimatbriefen" und „Feldpostpäckchen" wurden bereits angesprochen. Zu den neuen Aufgaben gehörte auch die Überbringung der Todesnachricht zu gefallenen Familienangehörigen, wodurch die NS-Funktionäre allerdings bei den steigenden Gefallenenzahlen stellvertretend für das Regime vermehrt in die Kritik gerieten. Die mit der Fortdauer des Krieges erwartete „Einsatzbereitschaft" bis zur ‚Selbstaufopferung' führte zwangsläufig auch im Parteiapparat zur Aufgabenüberlastung, obwohl es keine Hinweise gab, „dass in den Ortsgruppen vor Kriegsende die Verwaltung zusammenbrach".[367]

Sowohl die Propaganda zum „totalen Kriegseinsatz" als auch die „Durchführung des totalen Kriegseinsatzes" durch die Gauleiter als Reichsverteidigungskommissare (RVK) erhielten durch die erwartete Invasion der Alliierten erneut einen kräftigen Schub. Bereits am 11. Mai 1944 hatte das Führerhauptquartier folgende geheime Nachricht an die Gauleiter übersandt: „Es ist nicht nur möglich, sondern wahrscheinlich, dass die Invasion nicht nur an irgendeiner Küste, sondern an vielen Punkten einsetzen wird. Sie wird sich vermutlich gleichzeitig an vielen Orten auch innerhalb des Reiches durch Terrorakte, Sprengungen, Sabotagen usw. auswirken. Äußerste Bereitschaft aller Führungsköpfe ist deshalb unabweisbare Pflicht. [...]."[368] Nach Beginn der „Invasion" am 6. Juni 1944 in der Normandie und der erfolgreichen ‚Landung' der Alliierten folgte am 25. Juli 1944 Hitlers Erlass „über den totalen Kriegseinsatz". Er beauftragte Goebbels als Reichsbevollmächtigten damit, „das gesamte öffentliche Leben den Erfordernissen der totalen Kriegsführung in jeder Beziehung anzupassen". Mit Goebbels' „Anordnung für die Durchführung des totalen Kriegseinsatzes" vom 16. August 1944 erhielten die RVK ein umfassendes Weisungs- und Auskunftsrecht gegenüber „allen Dienststellen der Mittel- und Unterstufe des Reiches und der Länder, der Selbstverwaltungskörperschaften einschl. der Selbstverwaltung der gewerblichen Wirtschaft, den Gemeinden, den gewerblichen Betrieben und den Wehrmachtsbetrieben" in ihren Gauen und damit uneingeschränkte Durchgriffsmöglichkeiten.[369]

Nur mit diesen umfassenden Kompetenzen konnten die Gauleiter als RVK ihre zentrale Aufgabe erfüllen, die alle Maßnahmen zur Rekrutierung und Steuerung der verfügbaren Arbeits- und Einsatzkräfte umfasste. Dabei ging es vor allem darum, möglichst viele „Kräfte" für die Wehrmacht und Rüstung freizumachen oder aus minder kriegswichtiger Beschäftigung in kriegswichtigere zu bringen und bisher nicht erfasste Arbeitspflichtige einer „geeigneten Tätigkeit" zuzuführen. Zur Unterstützung konnte der Gauleiter auf eine Gaukommission zurückgreifen, der z.B. der Kommandeur der Wehrersatzinspektion, der Präsident des Gauarbeitsamtes, der

Vorsitzende der Rüstungsinspektion und andere „geeignete Männer aus Partei und Staat“ angehörten. Die Gaukommission entschied bei Bedarf oder bei Beschwerden auch über Vorlagen der Kreiskommissionen, die für den Bereich jedes NSDAP-Kreises gebildet wurden. Der Gauleiter bestimmte in der Regel den Kreisleiter zum Leiter der Kommission. Dieser wiederum berief den Landrat, den Wehrbezirkskommandeur, den Leiter des Arbeitsamtes und wiederum andere geeignete Personen in das Gremium. Zur Überprüfung des zweckmäßigen Einsatzes aller Arbeitskräfte und der Begründungen von Uk-Stellungen konnten die Gaukommission und die Kreiskommissionen bis in die Dienststellen und Betriebe hineinwirken.

Auch die Auflösung des NSDAP-Kreises Ahaus-Coesfeld am 1. Mai 1944 in seine ursprünglichen Teile, die den Landkreisen entsprachen, erfolgte sehr wahrscheinlich bereits im Vorgriff auf die geplante Funktionsausweitung der Parteikreise als Unterbau der RVK-Organisation. Sie erlangten nicht nur eine „Schlüsselfunktion“ in der Bewältigung der Luftkriegsfolgen oder der Rekrutierung und Steuerung der verfügbaren Arbeits- und Einsatzkräfte. Die Parteikreise sollten ab Herbst 1944 mit dem „Befehl zum Ausbau der deutschen Weststellung“ als Teil des Verteidigungssystems gegen die von Westen anrückenden Alliierten zusammen mit der Wehrmacht eine zentrale Rolle spielen.[370] Für diese Planungen spricht auch die Auswahl kriegserfahrener NSDAP-Kreisleiter für die Parteikreise Ahaus und Coesfeld. Im Parteikreis Ahaus übernahm der frühere Leiter des Großkreises Lorenz Tewes (1898–1970) diese Funktion. Er hatte bereits als Freiwilliger und Leutnant der Reserve am Ersten Weltkrieg und 1921 an Kämpfen in Oberschlesien teilgenommen und von 1940 bis 1942 weitere 18 Monate Kriegsdienst geleistet, zuletzt als Major der Reserve. Seine Kriegserfahrung und Vertrautheit mit den regionalen Verhältnissen qualifizierten ihn in jeder Hinsicht für den bevorstehenden Verteidigungsauftrag.[371]

Die Parteileitung im Kreis Coesfeld übertrug Gauleiter Meyer dem engagierten und in jeder Hinsicht parteiloyalen Friedrich Schürmeyer (*1913), einem Vertreter der jüngeren Funktionärsgeneration. Er trat 1931 in die HJ, im Februar 1932 in die NSDAP und SA ein und engagierte sich ab 1933 in der DAF. In den Jahren 1935–1936 war er Freiwilliger bei der Wehrmacht in Osnabrück und übernahm ab 1937 eine hauptamtliche Funktion bei der DAF in Bad Driburg. Mit der Ausbildung auf der Ordensburg Vogelsang von Mai 1937 bis Juli 1938 und dem anschließenden Einsatz als Gemeinschaftsführer auf der Ordensburg Krössinsee, einer weiteren Kaderschmiede der NSDAP in Pommern, gehörte er zur Nachwuchselite der Partei. Mit Beginn des Zweiten Weltkrieges nahm er bis zu einer leichten Verwundung im Februar 1943 als Unteroffizier und Leutnant an den Feldzügen der Wehrmacht teil. Dann wurde er von der Parteikanzlei freigestellt, um verschiedene Aufgaben in Parteikreisen des Gaues Westfalen-Nord zu übernehmen. Die Ernennung zum Kreisleiter in Coesfeld am 1. Mai 1944 wird er als vorläufigen Höhepunkt seiner Parteikarriere verstanden und daher die neue Aufgabe mit besonderem Ehrgeiz übernommen haben.[372]

Die Personalsituation machte auch im Kreis Lüdinghausen die Einsetzung eines neuen Kreisleiters dringend erforderlich. Kreisleiter Julius Bielefeld fiel bereits in den Jahren 1942 und 1943 für längere Zeit aus und musste durch Landrat Barthel vertreten werden. Ab August 1944 war Bielefeld „dienstunfähig". Eine angebliche Amtsenthebung infolge eines Parteigerichtsverfahrens lässt sich nicht nachweisen. Es gibt jedoch Hinweise auf zunehmende Konflikte mit der Gauleitung und Landrat Barthel aufgrund seines eigenwilligen Verhaltens. Bielefeld hatte in seiner Dienstzeit noch den Bau eines Befehlsbunkers für die Kreisleitung angeordnet und die Rechnungen zur Bezahlung an den Gauschatzmeister gesandt, obwohl die Errichtung von Befehlsstellen Aufgabe des Staates war, der auch die Kosten zu übernehmen hatte. Die Gauleitung sandte dementsprechend die Rechnungen an Landrat Barthel mit der Bitte um Begleichung.[373] Dieser lehnte die Bezahlung jedoch mit der Begründung ab, dass es bereits eine gemeinsame Befehlsstelle der Kreisleitung und des Landrates im Kellergeschoss des Landratsamtes gebe. Über die Errichtung des Bunkers durch Bielefeld sei er nicht informiert worden. Der Bunker befinde sich außerdem auf einem Kinderspielplatz gegenüber der Wohnung des Kreisleiters und sei vor allem als Luftschutzbunker für den Kreisleiter und seine Familie gedacht, als Befehlsstelle jedoch in jeder Weise ungeeignet. Für Landrat Barthel, der auf die Vorbildfunktion der Funktionäre besonderen Wert legte, musste das ein hinreichender Grund für Bielefelds 'Dienstunfähigkeit' sein.

Als Nachfolger Bielefelds setzte Gauleiter Meyer am 10. August 1944 den Parteiaktivisten Hermann Rehm (1905–1971) ein, der auf eine Parteikarriere im Osten des Gaues Westfalen-Nord zurückblicken konnte.[374] Er trat am 1. Mai 1931 in die NSDAP ein. In den Jahren 1932/1933 war er Ortsgruppenleiter in Augustdorf, dann ab Mitte 1934 bis April 1936 hauptamtlicher Kreisorganisationsleiter, schließlich stellvertretender Kreisleiter in Detmold. Auch Rehm zählte nach einem Aufenthalt in der Ordensburg Vogelsang bis Juni 1938 zur zukünftigen Parteielite. Er kehrte bis Kriegsbeginn als Kreisschulungsleiter in den Kreis Lippe zurück. Nach dem Einsatz bei der Wehrmacht bis November 1941 wurde er zum Reichskommissariat Ukraine abgeordnet, wo er zunächst als Gebietskommissar, dann ab Oktober 1943 als Verbindungsmann der östlichen Generalkommissariate des Reichskommissariats Ukraine zur Heeresgruppe Süd eingesetzt wurde. Rehm übernahm das Amt in Lüdinghausen noch rechtzeitig, bevor der Kreis ganz führungslos wurde, denn Landrat Barthel erlitt am 6. Oktober 1944 einen leichten Schlaganfall, so dass er bis zum 18. Dezember 1944 seine Amtsgeschäfte nicht ausüben konnte und durch Kreisoberinspektor Karl Mersmann vertreten werden musste.[375]

Den Landräten und ihren Verwaltungen blieb in der Organisationsstruktur des RVK mit seinen Kommissionen nur die Funktion eines Dienstleisters für die Partei, der jedoch mit seiner Verwaltungserfahrung und den Verbindungen zu den Gemeinden trotz aller „Verwaltungsvereinfachung" nach wie vor unentbehrlich war. Die Landkreise standen allerdings auch unter dem besonderen ‚Schutz' Hitlers, der im Januar 1944 „keine Stilllegung von Landkreisverwaltungen" gewünscht hatte. Daraufhin gab der Reichsinnenminister seinen Plan auf, „Landkreisverwaltungen für die Dauer des Krieges still zu legen". Zur Erleichterung des Personaleinsatzes bei den Landratsämtern war er jedoch damit einverstanden, zwei Landkreise in „Personal-Union" zu verwalten und das vorhandene Personal beider Landratsämter für die Verwaltung der beiden Kreise gemeinsam einzusetzen.[376] Welche Bedeutung das Reichsinnenministerium den spezifischen Aufgaben der Landkreisverwaltungen noch beimaß, zeigen auch die Regelungen zur „Wiederherstellung von Akten, die durch Feindeinwirkung vernichtet wurden". Die vollständige Wiederherstellung der Akten hätte wegen der damit verbundenen Verwaltungsarbeit grundsätzlich zu unterbleiben und die Wiederbeschaffung sich unter Anlegung eines strengen Maßstabes auf die Schriftstücke zu beschränken, die „wegen ihrer besonderen rechtlichen und tatsächlichen Bedeutung wirklich unentbehrlich" seien.[377]

Angesichts der „schweren persönlichen Opfer", die der „totale Kriegseinsatz" der Bevölkerung abverlangte, forderte der Reichsbevollmächtigte für den totalen Kriegseinsatz Goebbels im August 1944 in einem Erlass auch eine Anpassung des gesamten „Lebensstils" an den totalen Krieg.[378] Der Stil des öffentlichen Lebens trage mancherorts „noch einen teilweise stark friedensmäßigen Charakter". Es müsse allen eine Ehre sein, nunmehr „einen Kriegsstil zu pflegen". Für Goebbels hieß das: Öffentliche Veranstaltungen wie Amtseinführungen, Fest- und Theaterwochen oder Gedenk- und Familienfeierlichkeiten, „die nicht der unmittelbaren Förderung unserer gemeinsamen Kriegsanstrengungen" dienten, hatten zu unterbleiben. Bei dem „unumgänglichen Rest solcher Veranstaltungen" sollte jeder unzeitgemäße Aufwand wie „Wagenkolonnen", „Leistungsberichte in prachtvollen Ledereinbänden" oder Geschenke vermieden werden. Öffentliche Kundgebungen hatten nur noch eine Berechtigung, wenn sie den Charakter von Volksversammlungen trugen oder politischer Zweckmäßigkeit entsprachen, also der „geistigen und seelischen Aufrichtung jedes einzelnen Volksgenossen" dienten, „um ihn noch widerstandsfähiger für den Lebenskampf unseres Volkes zu machen". Goebbels' Erlass wurde im Kreis Lüdinghausen am 20. September 1944 in einer Bürgermeisterkonferenz bekanntgegeben, die Landrat Barthel einberufen hatte.

Mit der Pflege des „Kriegsstils" im öffentlichen Leben wollte Goebbels auch vor dem Ausland dokumentieren, dass das deutsche Volk um sein Leben kämpfe und fest entschlossen sei, „diesen Kampf, koste es was es wolle, bis zum siegreichen Ende durchzustehen". Der Feind sollte erkennen, dass er bei den Deutschen keinerlei Kompromissbereitschaft finden würde, diese vielmehr gewillt seien, „auch persönlich jedes Opfer für den Sieg zu bringen".

Invasion, „Wunderwaffen", „Westfalenwall" und Deutscher Volkssturm

Bis Mitte 1944 wurde die Bevölkerung des Westmünsterlandes vor allem durch den kontinuierlich verschärften Luftkrieg mit der Brutalität des Krieges konfrontiert. Die verstärkten Bombenangriffe auf die Großstädte Münster und Dortmund,

Abb. 79: Barackenbau für das „Lager Herbstwald" in den Baumbergen bei Nottuln (1944)

auf Industriestandorte im Ruhrgebiet und große Bahnhöfe als Drehscheiben der Versorgung konnten auch die Klein- und Mittelstädte treffen. Sie waren zwar zunächst noch ‚Nebenschauplätze' des Luftkrieges. Wenn aber Bombergeschwader ihre Bombenlast nicht an ihren geplanten Zielorten abladen konnten, warfen sie die Bomben auch im ländlichen Raum ab. Dafür ist die Bombardierung Coesfelds am 10. Oktober 1943 mit 175 Toten und 280 Verwundeten ein Beispiel.[379] Die Abwehr- und Schutzmaßnahmen des Militärs gegen die Bombenangriffe folgten noch ganz der Logik des Luftkrieges. So wurde in den Baumbergen bei Nottuln von Januar bis Oktober 1944 mit großem Aufwand das „Lager Herbstwald" als bombensicheres Ausweichquartier für das „Stellvertretende Generalkommando" des VI. Armeekorps in Münster errichtet, das mit seinem „Generalkommando" an der Ostfront in Einsatz war. Die Gesamtanlage mit acht großen Wohn- und Arbeitsbaracken und einem ausgedehnten unterirdischen Luftschutz- und Arbeitsbunker mit drei Eingängen diente von November 1944 bis März 1945 dem Stellvertretenden Generalkommando und der Wehrkreisverwaltung VI als Dienststelle und Ausweichunterkunft.[380]

Mit der Landung der Amerikaner und Briten am 6. Juni 1944 an der normannischen Kanalküste und der fast gleichzeitig von der Roten Armee an der Ostfront am dritten Jahrestag des deutschen Überfalls auf die Sowjetunion gestarteten Gegenoffensive, die zum völligen Zusammenbruch der Heeresgruppe Mitte mit ihren 28 Divisionen führte, erreichte der Kriegsverlauf einen Wendepunkt.[381] Die Eröffnung der zweiten Front veränderte die militärische Lage für die deutsche

Kriegsmaschinerie grundlegend. Die konkrete Entwicklung der militärischen Lage im Westen bestimmte das weitere Kriegsgeschehen in den Kreisen Coesfeld und Lüdinghausen und entschied maßgeblich über die Kriegszerstörungen und Kriegsopfer. In den militärischen Maßnahmen und Verteidigungsvorbereitungen der Wehrmacht und des RVK, die mit der näher rückenden Front in den Kreisen Coesfeld und Lüdinghausen zu beobachten sind, spiegelt sich der Kriegsverlauf. Der Einsatz der „Wunderwaffe" V2, wobei das „V" für „Vergeltungswaffe" stand, der Bau des „Westfalenwalls" als Teil der deutschen Westbefestigungen („Westwall") und der Einsatz des Volkssturms offenbarten dabei auch die zunehmende Diskrepanz zwischen der „Endsieg"-Propaganda und der realen Kriegslage.

Hitler reagierte auf die erfolgreiche alliierte Invasion mit einer „realitätsfernen Gelassenheit".[382] Er klammerte sich an den illusionären Glauben, mit einem mächtigen Schlag im Westen das Kriegsglück noch einmal zu seinen Gunsten wenden zu können. Dabei setzte er vor allem auf die „Wunderwaffen" V1 und V2, deren „Einsatz im umgekehrten Verhältnis zu ihrer propagandistischen Verwendung stand", da die militärische Wirkung aufgrund fehlender Zielgenauigkeit eher gering war. Hitlers „Versprechungen und blinde Hoffnungen auf einen ‚Endsieg' gründeten sich auf diese Fernwaffen wie auf die Beschwörung der Vorsehung und der Geschichte". Nach dem Einsatz der V1 im Sommer 1944 gegen London und andere englische Städte wurden ab Anfang September 1944 erstmals auch V2-Raketen aus Einsatzräumen in den Niederlanden auf London und Paris abgefeuert.

Das am 17. September 1944 gestartete, groß angelegte, aber letztlich gescheiterte Unternehmen „Market Garden" mit alliierten Luftlandungen im Raum Arnheim-Nimwegen sollte die Briten vor allem in den Besitz intakter Rheinbrücken bringen. Aufgrund der Luftlandungen wurden Einheiten des (Fernraketen) Artillerie-Regiments 485 am 19./20. September 1944 aus den Niederlanden in einen Einsatzraum im westlichen Münsterland zwischen Darfeld, Osterwick, Holtwick, Legden, Heek und Schöppingen verlegt. Die Zielgebiete der Raketen-Batterien lagen zunächst in den Großräumen Maastricht in den Niederlanden und Lüttich in Belgien, danach wurde vor allem der Hafen von Antwerpen beschossen, der den Alliierten als Nachschubhafen für ihre Invasionsstreitkräfte diente. Bis Ende 1944 starteten aus den Feuerstellungen im Einsatzraum insgesamt 386 V2-Raketen, von Januar bis März 1945 weitere 99. Aus Darfeld wurde die letzte Rakete am 16. Februar 1945 abgefeuert.[383]

Eine Abteilung des motorisierten Artillerie-Regiments 485 richtete auf dem Gelände des Schlosses Varlar eine Abschussrampe ein. Der zuständige General der Waffen-SS Hans Kammler hatte mit seiner Kommandozentrale im nahen Schloss Darfeld Quartier bezogen. Rüstungsminister Albert Speer hatte für die Entwickler der V2 um Wernher von Braun und dessen Vorgesetzten Generaloberst Walter Dornberger wegen ihrer Verdienste die Verleihung von Ritterkreuzen des Kriegsverdienstordens durchgesetzt.[384] Speer, der große Inszenierungen liebte, wollte die Ordensverleihung persönlich in einer aktiven Raketenstellung bei Feindbe-

Abb. 80: Abschuss einer V2-Rakete über dem Wald bei Schloss Varlar (November 1944)

Abb. 81: Tankfahrzeuge mit Treibstoff für die V2-Raketen in Osterwick (Ende 1944)

schuss in „fürstlicher Umgebung" vollziehen. Sie fand am 9. Dezember 1944 auf Schloss Varlar bei nächtlichem Raketenabschuss statt. Generaloberst Dornberger beschrieb die Szenerie später folgendermaßen: „Im dunklen Wald um das Schloss herum lagen die Abschussbasen der V2-Einheiten, die Antwerpen beschießen sollten. Das Speisezimmer war verdunkelt. Jedes Mal, wenn eine V2 startete, wurde der Vorhang geöffnet. Nach jedem Abschuss zeichnete Speer einen der Empfänger aus. Es war eine sehenswerte Szene, die Schwärze der Nacht, der plötzlich vom flackernden Licht der Schubdüsen erleuchtete Raum, der Nachhall der Triebwerke." – Ein gespenstisches und skurriles Bild angesichts der totbringenden Raketenlast und ausweglosen Kriegssituation.

Die ‚Welt der Wunderwaffen' hatte offensichtlich ihren eigenen „Kriegsstil" entwickelt und führte als besondere Wehrmachtseinrichtung ein Eigenleben abseits der realen Kriegslage. Aber auch für den RVK und Gauleiter Meyer gab es Mitte September 1944 noch keine abgestimmte Strategie mit der Wehrmacht, wie den heranrückenden Feindkräften begegnet werden konnte, die am 12. September 1944, drei Monate nach Beginn der Invasion, erstmals in der Eifel die deutsche Grenze überschritten hatten. Meyer erließ trotz aller „Endsieg"-Parolen mit „Rücksicht auf die durch die Feindnähe sich steigernden Möglichkeiten der Feindbedrohung" „geheim" eingestufte, umfassende „Richtlinien für etwaige Räumung von Teilen des Gaugebietes".[385] Sie regelten die Rückführung der deutschen Bevölkerung, der Kriegsgefangenen und ausländischen Arbeiter, die Räumung von Rüstungs-, allgemeinen Wirtschafts-, Handels-, Verkehrs- und landwirtschaftlichen Betrieben sowie Banken und den Abtransport bzw. die Vernichtung geheimer und sonstiger Dokumente. Die Rückführung durfte nur auf Anordnung des RVK erfolgen. Die Leiter der Verwaltungsbehörden hatten bis zur unmittelbar drohenden Besetzung mit einem Stab von Dienstkräften an ihrem Dienstort auszuharren. Erst bei „akuter Feindbedrohung" durfte auf Anordnung der vorgesetzten Dienststelle oder auf militärischen Befehl die Dienststelle aufgehoben werden. Bei einer Besetzung von Teilen des Gaues, aus denen die Rückführung der Bevölkerung nicht möglich war, sollten Verwaltungsstellen mit kleinstmöglicher Besetzung zur Betreuung der zurückgeblieben Bewohner zurückgelassen werden.

Der schnelle alliierte Vormarsch hatte offensichtlich nicht nur den demonstrativen „Endsieg"-Optimismus von Gauleiter Meyer beeinträchtigt, sondern bereits am 24. August 1944 den aus zeitlichen Gründen kaum zu realisierenden (Führer-)"Befehl zum Ausbau der deutschen Weststellung" mit dem „Westwall" als Kernstück ausgelöst.[386] Der Ausbau der Weststellung, die von Antwerpen über Aachen bis an die Schweizer Grenze reichen und durch ein „Volksaufgebot" hergestellt werden sollte, erschien eher als Akt der Verzweiflung, denn als überlegte Verteidigungsstrategie. Die Planung und Erkundung der Anlagen kam nur schleppend in Gang, die fachlich qualifizierten Pioniereinheiten fehlten und die für den Ausbau benötigte eine Million „Volksgenossinnen" und „Volksgenossen" stand nicht zur Verfügung.

Das gescheiterte Unternehmen „Market Garden“, das von der NS-Propaganda als grandioser Sieg über die Engländer gefeiert wurde, hatte allerdings bei den Militärs und regionalen Führungsebenen der Partei zu der Erkenntnis geführt, dass die Nordflanke durch die Verlängerung des Westwalls verstärkt gesichert werden musste. Die Entscheidung zum Bau des „Westfalenwalls“ als Verteidigungslinie im Westmünsterland, die das Münsterland unversehens zum „frontnahen Gebiet“ machte, war die Konsequenz aus dieser Erkenntnis. Der Befehl des Oberkommandos der Wehrmacht zum Ausbau der „Ems-Rhein-Stellung“, die auf dem Ostufer der Ems von Emden bis Rheine und dann in einem weiten Bogen westlich von Coesfeld und Haltern Richtung Wesel verlief, erging am 28. September 1944. Die Verantwortung für den Ausbau des „Westfalenwalls“ auf dem Gebiet des Gaues Westfalen-Nord wurde Gauleiter Meyer übertragen, für die militärischen Aufgaben war das Wehrkreiskommando VI zuständig.

Der nie vollständig fertiggestellte „Westfalenwall“ zwischen Ochtrup und Anholt in einer Länge von etwa 100 km war nicht als ununterbrochene Verteidigungslinie angelegt, sondern bestand aus gegeneinander versetzten und gestaffelten, immer wieder variierten unterschiedlichen Schanzelementen.[387] Zwischen Ende Oktober 1944 und Ende Februar 1945 wurden u.a. 60 km Panzergraben, mehr als 350 km Infanteriegraben, 3200 Maschinengewehr-Feuerstellungen, 150 Stellungen für Geschütze und Panzerabwehrkanonen, 58 km Flandernzaun gebaut und über 42 Quadratkilometer Schussfeld freigeräumt. Die Organisation und Umsetzung des Großprojektes war ein Kooperationsprojekt zwischen der Wehrmacht, der Organisation Todt und der Gauleitung, die mit ihren Stäben eine Einsatzzentrale in Stadtlohn bezogen.

Die Wehrmacht bereitete mit spezialisierten Pioniereinheiten den Stellungsbau vor, erkundete, vermaß und kartierte die vorgesehenen Strecken. Ein Landbau-Pionierbataillon unterstützte den Stellungsbau. Die Gesamtzahl der eingesetzten Pioniere erreichte im Januar 1945 mit 529 Personen einen Höchststand. Die Mitarbeiter der Organisation Todt (im Januar 1945 272 Mann) übernahmen die Einweisung und Bauaufsicht und achteten auf die technische Ausführung der Schanzarbeiten. Während der „Einsatzstab Westfalen-Wall“ des RVK die Gesamtkoordination und Oberaufsicht ausübte und vor allem zusammen mit der Gaukommission und den Kreiskommissionen des RVK für die Rekrutierung der notwendigen Anzahl an „Schanzkräften“ sorgen musste. Das war ein schwieriges Unterfangen angesichts des ohnehin strapazierten Arbeitskräftemarktes. Die Gesamtzahl der zwischen dem Beginn der Schanzarbeiten im Oktober 1944 und Februar 1945 eingesetzten „Schanzer“ wird auf 45.000 bis 55.000 geschätzt.[388] Im Schnitt arbeiteten also bis zu 15.000 Kräfte gleichzeitig an der Errichtung des „Westfalenwalls“. Davon waren zwischen 70 und 85 % Kriegsgefangene und Zwangsarbeiter, unter denen die Niederländer die größte Gruppe bildeten, die häufig mit brutaler Gewalt zum Schanzen gepresst wurden. Zu den mehr als 20.000 deutschen „Schanzern“ mit einer Einsatzdauer bis zu sechs Wochen gehörten auch bis zu 5.000 Frauen und mehrere tausend HJ-Mitglieder.

Ein Befehl der Gauleitung Westfalen-Nord, Gausonderstab für den totalen Kriegseinsatz, vom 22. November 1944 forderte die Aufbringung von weiteren 10.000 Männern zum Ausbau des „Westfalenwalls" aus dem Gau Westfalen-Nord. Die Aufbringung sollte nicht wie im Monat Oktober durch die „Bedarfsträger", sondern verantwortlich durch die Kreiskommissionen „durchgezogen" werden. Die Quote für die einzelnen Kreise wurde nach der Bevölkerungszahl, aber auch unter Beachtung von Luftkriegsschäden und Evakuierungen berechnet. Danach hatte der Kreis Coesfeld 200, der Kreis Lüdinghausen 300 „Schanzer" zu stellen.[389] Außerdem kündigte die Gauleitung an, dass die Kreise in „allernächster Zeit" 5.000 Frauen für den Ausbau des „Westfalenwalls" und 5.000 Volkssturmmänner für die Besetzung und Erhaltung des „Westfalenwalls" aufzubringen hätten.

Die rechtliche Grundlage für eine Zwangsverpflichtung von Zivilisten bildete die „Notdienstverordnung" „zur Sicherstellung des Kräftebedarfs für Aufgaben von besonderer staatspolitischer Bedeutung" vom 15. Oktober 1938. Sie erlaubte es den Gauleitern in ihrer Funktion als RVK Zivilisten auch zu einem langfristigen Notdienst heranzuziehen. Da der Notdienst somit als staatspolitische Angelegenheit definiert war, musste er von staatlicher Seite angeordnet werden. Auf der Ebene der Landkreise verfügten die Landräte in jedem einzelnen Fall die Notdienstverpflichtung, die dann durch das Landratsamt oder von den Gemeinden ausgefertigt und den Verpflichteten gegen „Behändigungsschein" zugestellt wurde. Mit der Zustellung musste der Verpflichtete erreichbar sein oder er bekam direkt einen Versammlungsort für den Weitertransport mitgeteilt. Gegen die Notdienstverpflichtung konnte Beschwerde beim Regierungspräsidenten eingelegt werden. Eine Beschwerde konnte durchaus Erfolg haben und zur „Entpflichtung" durch den Landrat führen, wenn z.B. ein ärztliches Attest vorgelegt wurde oder ein landwirtschaftlicher oder geschäftlicher Betrieb ohne den Verpflichteten nicht aufrecht zu halten war. Kam ein Verpflichteter den vorgegebenen Terminen nicht nach, wurde er zur polizeilichen Vernehmung vorgeladen, um die Hintergründe zu klären. Die Abläufe und Dimensionen der Notdienstverpflichtungen zur Errichtung des „Westfalenwalls" können für den Landkreis Lüdinghausen genauer beschrieben werden.

Aufgrund der Vorrangstellung der RVK wurden die Landräte nicht von sich aus aktiv. Sie erhielten den „Auftrag" zur Anordnung und Versendung der Notdienstverpflichtungen mit genauer Benennung der Personen, des Verpflichtungszwecks, des Einsatzortes und der voraussichtlichen Einsatzdauer von der Parteiebene.[390] Bei den männlichen berufstätigen „Schanzern" reichte der Kreisleiter die von der Kreiskommission „ausgesiebten" Kandidaten an den Landrat weiter. Nicht-berufstätige Frauen wurden von der NS-Frauenschaft des Parteikreises vorgeschlagen. Namenslisten für die Verpflichtung von Jugendlichen wurden von der Führung des HJ-Bannes Steverland in Lüdinghausen vorgelegt, bei den „Mädeln" von der „Bannmädelführerin", bei den „Jungen" vom „K-Führer des Bannes", wobei das

Abb. 82: Frauengruppe, die zum Ausheben von Schützengräben verpflichtet wurde (Anfang 1945)

Abb. 83: Ausbau von Panzersperren im Ortskern von Osterwick (März 1945)

„K" für „Kriegseinsatz" stand. Als erste Gruppen wurden 100 Frauen und „Mädel" im Alter von 17 bis 30 Jahren und 75 Jugendliche der Jahrgänge 1928/1929, vor allem Schüler, Landwirtschaftslehrlinge und Landhelfer ab dem 27. November 1944 zum Schanzeinsatz verpflichtet. Ab Ende Dezember 1944 erhielten dann ausschließlich junge Frauen der Jahrgänge 1924 bis 1930 eine Notdienstverpflichtung zum Schanzeinsatz, die sich im Dezember 1944 auf 110, im Januar 1945 auf 130 und im Februar 1945 auf 140 Personen summierten. Außerdem wurden zum 12. Februar 1945 33 „Mädel" und zum 23. März 1945 31 Frauen und „Mädel" zum Küchenhilfsdienst zur Verpflegung der Schanzarbeiter und des Volkssturms notdienstverpflichtet. Fasst man die Zahlen für den Kreis Lüdinghausen zusammen, dann hatten vor allen die Jugendlichen und in dieser Gruppe wiederum die weibliche Jugend die Hauptlast der Notdienstverpflichtungen zu tragen.[391]

Der Schanzeinsatz der Hitlerjugend war ein weiteres Kapitel des systematischen Kriegseinsatzes von Schülern. Ein Propaganda-Artikel der Lüdinghauser Heimatbriefe von April 1943 machte mit der Schlagzeile auf: „Die Jugend in vorderster Front. Die Hitlerjugend des Steverlandes übernimmt bedeutende Kriegsaufgaben", um dann die „jugendliche Begeisterung" und den „gläubigen Fanatismus" zu rühmen, mit denen sich die Jugend auf dem ihr zugewiesenen Platz bewährt habe.[392] Sie habe sich begeistert in die „kämpfende Front" eingereiht und stehe „besonders jetzt im verstärkten Kriegseinsatz, voll und ganz ihren Mann". Nach Reichsstraßen-, Wollsachen-, Heilkräutersammlungen, Ernteeinsätzen oder Spielzeugaktionen im Jahr 1942 kündigte der Artikel „im Rahmen der durch den totalen Krieg notwendig gewordenen Mobilisierung aller in der Heimat verbliebenen Kräfte" nun auch „erhöhte Anforderungen" an die Jugend an. Diese blieben jedoch nicht wie angekündigt auf den „Landdienst", den „Osteinsatz" und die Unterstützung der Kinderlandverschickung beschränkt, sondern führten in den unmittelbaren Kriegseinsatz. Seit Februar 1943 wurden 15- bis 16-jährige Schüler als Luftwaffenhelfer in Flakbatterien („Flakhelfer"), ab 1944 auch junge Frauen in Flakscheinwerfer-Stellungen eingesetzt.[393] Die ersten „Schüler-Soldaten" und Luftwaffenhelfer aus dem Kreis Lüdinghausen besuchten die Deutsche Heimschule Lüdinghausen.[394]

Zur Mobilisierung der Jugend, des Volkssturms und aller anderen in der Heimat verbliebenen Kräfte muss Gauleiter Meyer den Befehl zum Bau des „Westfalenwalls" als „ausgesprochenen Glücksfall" empfunden haben.[395] Das Unternehmen ließ sich auch zur Profilierung seiner Person und des Parteiapparates hervorragend propagandistisch ausschlachten. Als Hauptakteur bot es Meyer die Möglichkeit, sich mit seinen enormen Kompetenzen und seiner umfassenden Befehlsgewalt als RVK darzustellen. Der Gauführungsapparat konnte beweisen, dass er zu Recht die Geschicke des Gaues bestimmte und in der Lage war, den „totalen Krieg" in der Praxis zu realisieren. Mit der konkreten Verteidigungsvorbereitung und der Heranziehung zum Schanzdienst konnte die Bevölkerung wieder glaubwürdiger in die Pflicht genommen, aber auch abgelenkt, beruhigt und bis zum

Einsatz der „Wunderwaffen“ vertröstet werden. Der Bau des „Westfalenwalls“ dicht hinter der Front konnte als moralische Rückenstärkung der Soldaten-Front dargestellt werden, als Möglichkeit erneut wirksam Widerstand zu leisten, auch wenn die Wehrmacht ausweichen musste.

Die Neujahrsbotschaft des Gauleiters an die „lieben Volksgenossen und Volksgenossinnen“ von Ende Dezember 1944 kann als gemeinsamer „Nenner“ der „Westfalenwall“-Propaganda gesehen werden: Die Deutschen hätten den tiefsten Punkt überwunden und schritten dem Endsieg entgegen. Der Feind werde bald erkennen, „dass Deutschland nicht zu besiegen ist und dass wir niemals kapitulieren werden [...]. Mit dem Westfalenwall im Rücken haben wir vor unserer Heimat ein starkes Verteidigungssystem geschaffen, in dem schon jetzt Tausende von Volkssturmmännern Schulter an Schulter mit der Wehrmacht bereit stehen, die heimatliche Erde zu schützen.“[396]

Die propagandistische Wirkung der Neujahrsbotschaft kann nicht unterschätzt werden, da zur gleichen Zeit am „Westwall“ zwischen Echternach in Luxemburg und Monschau in der Eifel die am 16. Dezember 1944 begonnene deutsche Ardennenoffensive in eine entscheidende Phase trat.[397] Es war der Versuch Hitlers, mit einem letzten Gegenschlag im Westen den Vormarsch der amerikanischen und britischen Truppen aufzuhalten. Die deutschen Truppen sollten über die Ardennen in Richtung Antwerpen vorstoßen, dem wichtigsten Nachschubhafen der Alliierten. Zur Ausführung des Gegenschlages ließ Hitler alle verfügbaren Reserven, insgesamt 41 Divisionen, in der Eifel zusammenziehen, ohne Rücksicht auf eine Schwächung der Ostfront. Als die Offensive nach gut zehn Tagen praktisch zum Erliegen kam und die Alliierten am 28. Dezember zur Gegenoffensive antraten, galt ab Mitte Januar 1945 die Offensive als gescheitert. Der Widerstand der deutschen Armee im Westen war damit praktisch gebrochen. Da die russische Armee im Osten inzwischen von der Weichsel bis an die Oder vorgestoßen war, schien der Erfolg der Alliierten nur eine Frage der Zeit zu sein. Im Februar und März 1945 eroberten Amerikaner und Briten die linksrheinischen Gebiete vor den mit verzögernden Kämpfen hinter den Rhein zurückweichenden deutschen Truppen. Die Überwindung dieser natürlichen Barriere stellte auch für die Alliierten die nächste große militärische Herausforderung dar.

Gauleiter Meyer hatte in seiner Neujahrsbotschaft mit dem Einsatz des Volkssturms eine weitere „Schöpfung“ der chaotischen letzten Kriegsmonate angesprochen, in der sich ein weitgehender Realitätsverlust und Verlust rationaler Maßstäbe bei den Parteifunktionären ausdrückte. Der Deutsche Volkssturm war in erster Linie ein politisches Unternehmen der NSDAP, weniger ein militärisches. Die Initiative zur Aufstellung einer Massenarmee von sechs Millionen Männern zwischen 16 und 60 Jahren unter der Leitung von Parteifunktionären ging auf den machtbewussten Leiter der Parteikanzlei und Sekretär des Führers, Martin Bormann (1900–1945), zurück. Durch das Volksaufgebot wollte er einen letzten Versuch starten, den Untergang des Dritten Reichs mit Hilfe der Partei zu verhindern, die das Führungspersonal stellen und die organisatorische Basis des Volkssturms bilden sollte.

Die Aufstellung des Volkssturms gilt als Beispiel und Beleg für den Realitätsverlust und den abgerissenen Kontakt der Parteispitze zur Parteibasis, da die politische Führung das Engagement der Parteifunktionäre vor Ort überschätzte und kein Gespür mehr für die Bedürfnisse und Stimmung im Volk erkennen ließ. Zu den Fakten gehört, dass vor allem durch die Befehle der Parteikanzlei auf dem Papier alles bürokratisch geregelt war: die Maßnahmen zur Erfassung der Volkssturmpflichtigen, die Gliederung des Volkssturms, die Ausbildungsvorschriften, das Versorgungswesen oder die völkerrechtliche Anerkennung. Ebenso real waren aber auch die organisatorischen Defizite. Es fehlte an Waffen, Ausrüstung, Bekleidung und Ausbildung, also an allen Voraussetzungen für einen wirkungsvollen „Volksaufstand". Insgesamt erwies sich der Volkssturm „militärisch und politisch als untauglicher Versuch" die Alliierten aufzuhalten und wirksam zu bekämpfen.[398] Unabhängig von der militärischen Schlagkraft des Volkssturms ist jedoch danach zu fragen, welche Funktion die Aufstellung des Volkssturms im Gau Westfalen-Nord als Mobilisierungsinstrument in der letzten Kriegsphase hatte, da hier der Bau des „Westfalenwalls" und die Besetzung der Verteidigungsstellung durch den Volkssturm in der Propaganda eine Einheit darstellten. Die Praxis der Mobilisierung im Kreis Lüdinghausen, die aber im Kreis Coesfeld nicht anders ausgesehen haben wird, zeigt die komplexe „Konstellation aus Täuschung und Selbsttäuschung, institutioneller Eigendynamik, ideologischer Entgrenzung und massenhafter Ausbeutung", die auch mit der Aufstellung des Volkssturms verbunden war.[399]

Nach dem Erlass Hitlers zur Aufstellung des Volkssturms vom 25. September 1944 legte die Parteikanzlei am 15. Oktober 1944 die Ausführungsbestimmungen vor. Auf dieser Grundlage fasste Kreisleiter Rehm, nun auch Abschnittsleiter des „Westfalenwalls", die wichtigsten Anweisungen in einem Schreiben an die Ortsgruppenleitungen zusammen und machte sie zum Besprechungsgegenstand eines Appells der politischen Leiter des Kreises Lüdinghausen am 3. November 1944.[400] Bevor er zur Organisation kam, propagierte er: „Dem uns bekannten totalen Vernichtungswillen unserer Feinde setzen wir den totalen Einsatzwillen aller deutschen Menschen entgegen. Wir wollen keinen anderen Gedanken kennen als den der Pflicht. Unsere beispiellose Hingabe an unser Volk, an unsere Aufgabe, unsere Entschlossenheit und Energie müssen jeden Müden wieder wachrütteln. [...] Wo die Volkssturmmänner dem Feinde entgegengestellt werden, wird der Feind aufgehalten, oder aber wir lassen uns vom Feind überrennen und kämpfen hinter seinem Rücken weiter gegen seinen Nachschub."

Unter welchen Voraussetzungen sich der „zweite Großeinsatz" des Volkes vollziehen sollte, kann hier nur mit einigen Stichworten angedeutet werden:

- Führung des Volkssturmes durch den Gauleiter und die Kreisleiter,
- Gliederung des Volkssturmes nach der gebietlichen Organisation der NSDAP,

- Erfassung der waffenfähigen Männer für den Volkssturm durch die Ortsgruppen der NSDAP, die bei der Erfassung der 16- bis 18-Jährigen durch die HJ unterstützt werden sollten,
- Zuteilung der erfassten Männer nach ihrer Einsatzfähigkeit und Abkömmlichkeit auf vier Aufgebote: das 1. Aufgebot mit den zum Kampfeinsatz tauglichen Angehörigen der Jahrgänge 1884 bis 1924, das 2. Aufgebot entsprach dem ersten, die Angehörigen waren jedoch in kriegswichtigen Betrieben beschäftigt oder mit anderen lebenswichtigen Funktionen betraut, das 3. Aufgebot umfasste die Jahrgänge 1925 bis 1928, soweit sie nicht schon zum Wehrdienst einberufen waren, zum 4. Aufgebot gehörten alle zum Kampfeinsatz nicht mehr Tauglichen,
- Politische Leiter der NSDAP gehörten grundsätzlich zum 1. Aufgebot,
- Gliederung des Volkssturmes nach den Einheiten: Gruppe, Zug, Kompanie, Bataillon,
- der Kreisleiter ernannte die Kompanieführer, der Gauleiter die Bataillonsführer,
- Einberufung der erfassten Männer durch die Kompanie- und Bataillonsführer,
- Aushändigung des Soldbuches an den Aufgerufenen, wodurch er als Volkssturmsoldat verpflichtet war und eine Notdienstverpflichtung durch den Landrat wie bei den „Schanzern" entfiel,
- Gestellung der Bekleidung und der auf das Notwendigste zu beschränkenden Ausrüstung durch die Volkssturmsoldaten selbst,
- Kennzeichnung der Volkssturmsoldaten durch eine Armbinde mit dem Aufdruck „Deutscher Volkssturm – Wehrmacht".

Trotz dieser umfassenden Organisationsvorgaben fehlten Anweisungen zu den Bereichen, die erst die Einsatzfähigkeit des Volkssturmes gewährleisteten: zur Ausbildung und zur Ausrüstung mit Waffen.

Kreisleiter Rehm präsentierte zwar ein umfassendes Ausbildungsprogramm am Gewehr, leichten MG, leichten Granatwerfer, mit Handgranaten, in der Panzernahbekämpfung und für den Geländedienst, die Ausbildung sollte aber nur einmal in der Woche stattfinden und die verfügbare Zeit und berufliche Inanspruchnahme der Volkssturmmänner berücksichtigen. Außerdem fehlten die Waffen, an denen die Ausbildung durchgeführt werden konnte. Anfang November standen nur 100 Gewehre, meist dänischer Bauart, ein Maschinengewehr, eine Maschinenpistole und fünf Panzerfäuste zur Verfügung. Erst Ende Januar 1945 wurden dem Kreis mehrere Hundert Panzerfäuste zugewiesen, von denen aber nur 20 zu Übungszwecken verschossen werden durften.[401] Das Missverhältnis zwischen dem propagierten „Einsatzwillen" und der wirklichen Einsatzfähigkeit wird noch deutlicher, wenn die Organisation des Volkssturms im Kreis Lüdinghausen nach der Festlegung der endgültigen Kriegsstärke zugrunde gelegt wird.[402] Zumindest hatte die Gauleitung schon erkannt, dass nicht die geplanten vier, sondern nur jeweils drei Bataillone im 1. und 2. Aufgebot aufgestellt werden konnten. Nach der Kriegsstärke bestand jedes dieser Bataillone, die auf der Basis der NSDAP-Ortsgruppen von Teilregionen des Kreises entstanden, aus insgesamt 649 Volkssturmsoldaten. Diese verteilten sich auf eine Stabskompanie mit 118 Personen, drei Schützenkompanien mit jeweils 153 Personen und eine Geschützkompanie mit 72 Personen. Insgesamt hätten also schon im 1. Aufgebot fast 2.000 Volkssturmsoldaten ausgestattet und entsprechend ausgebildet werden müssen.

Anfang Januar 1945 kritisierte Gauleiter Meyer in einem Rundschreiben an die Kreisleiter die schleppende Erfassung zum Volkssturm und Aufstellung der Kompanien, die Ausrüstung und den Ausbildungsstand scharf.[403] Die in den „Westfalenwall" einrückenden Kompanien seien zum Teil in einem sehr schlechten Zustand und ließen an ihrer äußeren Ausrüstung alles vermissen. Die vorgeschriebene Stärke der Kompanien von 122 Mann sei unbeachtet geblieben. Sie seien ungenügend bewaffnet, obwohl die nötigen Gewehre zur Verfügung ständen. Den Ausbildungsstand bewertete er als „absolut mangelhaft", teilweise hätten die Männer noch nie ein Gewehr in der Hand gehabt. Meyer war außerdem die soziale Zusammensetzung der in den „Westfalenwall" einrückenden Kompanien ein Dorn im Auge, die keine „Arbeiteraufgebote" werden dürften. Es sei die „vornehmste Pflicht der Partei" darüber zu wachen, dass auch politische Leiter, Fabrikanten, leitende Beamte und höhere Angestellte in das 1. Aufgebot kämen. Im Deutschen Volkssturm seien alle Deutschen gleich, jeder werde nach seinem Können eingesetzt. Der Schlusssatz des Rundschreibens beinhaltete eine unverhohlene Drohung:

> „Es ist nun genug geschrieben und geredet worden. Wer heute noch nicht einsieht, dass der Volkssturm ein für die Landesverteidigung wichtiges Instrument ist, wer heute noch nicht einsieht, dass der Westfalenwall bedroht ist, und nicht alles tut, um diese Gefahr abzuwenden, der vergeht sich schwerstens an der deutschen Wehrkraft.
> Ich habe nicht die Absicht, hier weiter zuzusehen, und werde ab sofort jeden Verantwortlichen, sei es wer es sei, mit den schärfsten Mitteln zur Rechenschaft ziehen."

Gauleiter Meyer nahm offensichtlich die fehlenden Voraussetzungen zur Herstellung der Einsatzbereitschaft nicht mehr zu Kenntnis oder die Informationen darüber wurden ihm vorenthalten. Die Reaktion des Gauleiters, der den „Westfalenwall" und Volkssturm zum regionalen Bollwerk im „Endsieg"-Szenario stilisiert und zu seinem Prestigeobjekt erklärt hatte, führt vor Augen, wie weit er mit dem Erfolg oder Misserfolg des Unternehmens sein eigenes Schicksal verknüpfte. Als selbstbewusster Gauleiter und Repräsentant des NS-Regimes konnte er nur den Erfolg propagieren. Jeder Zweifel hätte ihm seine Legitimation für die Ausübung seines Amtes entzogen, das eine bis dahin nicht gekannte Machtfülle vereinigte und dessen Gewicht auch in der Funktion als regionale Mobilisierungsinstanz gründete.

Die Ebene der Gaue und Gauleiter gehörte seit Beginn des NS-Regimes zu den Machtebenen, auf der Mobilisierungsvorgänge koordiniert und gesteuert wurden. Mobilisierung kann daher auch als „Grundzug des NS-Systems" angesehen werden.[404] Sie diente insbesondere der Mobilisierung von Ressourcen wie bei den Arbeitsbeschaffungsmaßnahmen, der landwirtschaftlichen ‚Erzeugungsschlacht' oder der Umsetzung des Vierjahresplanes von 1936 als rüstungswirtschaftliches Mobilisierungsprogramm. Die Kriegswende 1942/1943 und der ‚totale Krieg' lösten einen neuen Mobilisierungsschub in der Rüstungsindustrie und zur Menschen- und Ressourcengewinnung für die Kriegswirtschaft aus. Der Bau des „Westwalls" und die Aufstellung des Volkssturmes erforderten einen letzten Mobilisierungsschub, der vor allem dezentral in den Gauen und Parteikreisen erfolgte. Die Ereignisse im Westmünsterland und im Kreis Lüdinghausen können daher als Beleg für die These gewertet werden, dass die ‚Heimatfront' unter den Bedingungen des Ressourcenmangels, des Luftkrieges und der Zerstörung weiter Teile des Kommunikations- und Transportnetzes ohne die Mobilisierungsfähigkeit und -leistungen der Parteikreise und Ortsgruppen viel früher zusammengebrochen wäre. Sie trugen wesentlich zur Durchhaltefähigkeit des Gesamtsystems bei.

Auch unter machtpolitischer Perspektive musste Meyer auf einen einsatzbereiten Volkssturm am „Westfalenwall" setzen, da der Volkssturm seine neue Machtposition untermauerte. Die Übertragung des RVK-Amtes hatte ihm die Möglichkeit eröffnet, alle regionalen Instanzen der NSDAP und der Relikte der Landesverwaltung miteinander zu ‚verschmelzen', denen für die Kriegsvorbereitung, die Kriegsführung und die Durchhaltefähigkeit des Regimes eine wesentliche Rolle zufiel.[405] Als Führer des Volkssturmes im Gau Westfalen-Nord verfügte er nun auch noch über eine eigene Truppe, mit der er sich in der Landesverteidigung Schulter an Schulter mit der Wehrmacht wähnte und eine zunehmende Reputation im Kreis der Militärs erwartete. „Westfalenwall" und Volkssturm waren in diesem Sinne auch eine letzte Machtdemonstration der Partei und der regionalen Partei-Fürsten, die durch den Mobilisierungsschub ab Herbst 1944 mit seiner gesteigerten Radikalität und Entgrenzung ermöglicht wurde.

Die Extremsituation der letzten Kriegsmonate mit der näher rückenden Feindfront, ständigen Fliegerangriffen und schrumpfenden Ressourcen führte aber offensichtlich auch zum Verlust rationaler Maßstäbe bei der Beurteilung der eigenen Mobilisierungsmöglichkeiten.[406] Wie Meyers Rundschreiben verdeutlicht, nahm er den Verfall des NS-Regimes nicht mehr wahr, in dem sich hinter der Fassade des Aktivismus Substanzlosigkeit und ‚Verrottung' ausgebreitet hatte. Der propagierte „Endsieg" ließ für ihn allerdings auch keine Alternative zu, es sei denn um den Preis der Selbstaufgabe. Auch die mobilisierte Bevölkerung, die durch Fliegerangriffe in ständiger Angst lebte, die das Regime durch zusätzliche Dienste und Alarmwachen unter Dauerbelastung hielt, in der die Familien durch die Einberufung der Männer und „Kinderlandverschickungen" zerrissen waren und die Frauen die Arbeit der Männer übernehmen mussten, wagte aus diesem System nicht auszubrechen, da sie dadurch ihr Leben riskierte.[407] Die brutale Behandlung der Zwangsarbeiter und Kriegsgefangenen, die allen täglich den menschenverachtenden Charakter des NS-Regimes vor Augen führte, wird diese Haltung gefördert haben. Das erklärt vielleicht ein Stück weit den „verstörenden Doppelbefund, dass dieses Regime den Krieg zwar verlor und unterging, aber bis zum bitteren Ende funktionierte und unter großen Opfern von außen zerschlagen werden musste."[408]

Militärisch gesehen blieb auch der Volkssturm im Kreis Lüdinghausen eine „bescheidene Episode".[409] Es fehlen Hinweise auf einen tatsächlichen Kampfeinsatz von Volkssturmkompanien zur Verteidigung des „Westfalenwalls". Die aufgestellten Verbände wurden allerdings ab November 1944 regelmäßig zu vierwöchigen Schanzarbeiten am „Westfalenwall" und zu Wach- und Sicherungsdiensten im Kreisgebiet herangezogen. Anfang März 1945 ordnete der RVK die Abstellung von 123 Mann zum Ausbau von Panzersperren, Verteidigungsanlagen und der Stadt Werne als Stützpunkt an.[410] Der „Westfalenwall" musste seine „Bewährungsprobe" noch bestehen. Die Alliierten, die unter dem Codewort „Operation Enterprise" den Vormarsch durch die norddeutsche Tiefebene vom Rhein zur Elbe vorbereiteten, hatten durch ihre Aufklärung über Monate die Schanzarbeiten aus der Luft verfolgt und die Verteidigungsstellungen in ihren Lagekarten verortet. Die Briten, die durch das Westmünsterland angreifen sollten, begegneten dem „Westfalenwall" daher durchaus mit Respekt und berücksichtigten ihn bei ihren Einsatzplanungen. Letztlich wurde die Verteidigungsanlage aber unter der Wucht des britischen Vormarsches überrannt und war für sie kein ernstzunehmendes Hindernis.[411]

Die Besetzung des Münsterlandes und das Ende des NS-Regimes

Nach den Erfahrungen mit dem gescheiterten Unternehmen „Market Garden" hatten die Alliierten den 'Sprung' über den Rhein im Frühjahr 1945 gründlich vorbereitet.[412] Es war die letzte große militärische Operation der Alliierten im Zweiten Weltkrieg, die am 7. März 1945 mit der Übersetzung der amerikanischen Truppen bei Remagen begonnen hatte und am 24. März mit der Eroberung eines Brückenkopfes am rechten Rheinufer nördlich von Wesel (Deckname „Plunder") fortgeführt wurde. Um den amphibischen Übergang der britischen, kanadischen und amerikanischen Truppen über den Rhein bei Wesel unter dem Oberbefehl des britischen Feldmarschalls Bernard Montgomery (1887–1976) zu unterstützen, war die Operation „Plunder" mit einem gewaltigen Luftlandeunternehmen (Deckname „Varsity") mit über 16.000 Fallschirmjägern und mehreren tausend Flugzeugen verbunden. Die gesamte Streitmacht Montgomerys umfasste fast 1,3 Millionen Soldaten, denen im Bereich der Landezone am rechten Rheinufer nur rund 80.000 deutsche Soldaten gegenüber standen, so dass der Brückenkopf erfolgreich eingerichtet und ausgebaut werden konnte.[413]

Zur Vorbereitung der Operation „Plunder" bombardierte die alliierte Luftwaffe seit Mitte März systematisch ausgewählte Ziele, vor allem Straßen, Eisenbahnlinien und Städte hinter der Front in einem Radius bis zu rund 50 km. Dadurch sollten zum einen in der Phase des Rheinübergangs Truppenbewegungen des

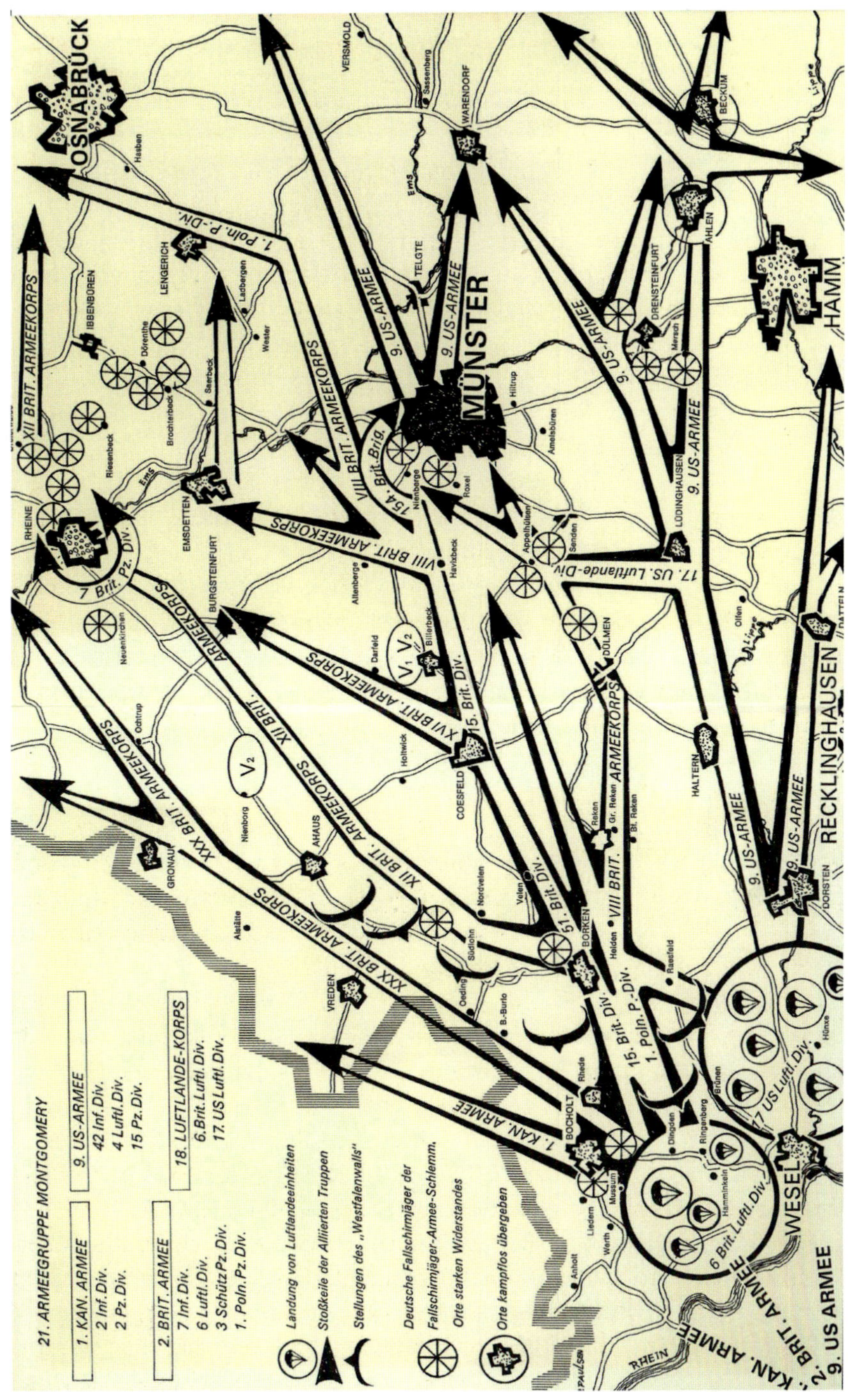

Abb. 84: Skizze zum Vormarsch der alliierten Armeen aus dem Brückenkopf bei Wesel durch das Münsterland Richtung Osten (März 1945)

Abb. 85: Durch Bombenabwürfe der alliierten Luftwaffe am 21. und 22. März 1945 wurde die Stadt Dülmen in Schutt und Asche gelegt

Abb. 86: Bei den Bombenangriffen auf die Stadt Coesfeld im März 1945 wurde auch das Kreishaus zerstört

Feindes eingeschränkt und die Kommunikation und Versorgung unterbunden werden, zum anderen in Richtung Osten durch die Demoralisierung der Zivilbevölkerung der weitere Angriff vorbereitet werden. Ein späterer Bericht zog Bilanz und konnte feststellen: Telefonnetz und andere öffentliche Versorgungseinrichtungen lahmgelegt, über 2.000 tote Zivilisten, Moral von Volkssturm und Zivilisten schwer angeschlagen, Eisenbahnnetz weitgehend blockiert, Reichsstraße N 67 und Reichsstraße N 70 in den Städten weitgehend zerbombt.[414] Zu den Zielen der Bomber gehörte vom 18. bis 26. März auch die Stadt Coesfeld, die zu 78 % zerstört wurde und in der 217 Menschen ums Leben kamen.[415] Bei diesen Angriffen wurde auch das Kreishaus in Coesfeld zerbombt. Am 21. und 22. März traf es die Stadt Dülmen, die dadurch nahezu vollständig in Schutt und Asche fiel. In Dülmen starben 184 Menschen, darunter 8 ausländische Zwangsarbeiter.[416]

Am 26. März setzten die Alliierten ihren Angriff aus dem Brückenkopf bei Wesel in die norddeutsche Tiefebene in fünf Stoßrichtungen fort. Die 1. Kanadische Armee rückte Richtung Norden auf niederländisches Gebiet vor, das 30. Britische Armeekorps über Gronau und Enschede Richtung Lingen und das 12. Britische Armeekorps über den „Westfalenwall“ hinweg Richtung Ahaus und Rheine. Über Borken Richtung Kreis Coesfeld und weiter nach Osten mit dem Zwischenziel Münster wurde das 8. Britische Armeekorps eingesetzt, während an der Lippe über Haltern und Lüdinghausen Richtung Drensteinfurt die 9. US-Armee vorstieß. Unterstützt durch die alliierte Luftwaffe und starken Artillerieeinsatz konnten die Richtung Osten eingesetzten Korps sehr schnell Geländegewinne erzielen.[417] Die deutschen Truppen konnten schon aufgrund ihrer zahlenmäßigen Unterlegenheit dieser geballten Militärmaschinerie nicht adäquat begegnen, sondern nur noch hinhaltenden Widerstand leisten. Zu intensiven Kampfhandlungen kam es im Kreis Coesfeld nur in Buldern und im Kreis Lüdinghausen vor Drensteinfurt. Erst mit Unterstützung des Teutoburger Waldes als natürlichem Hindernis konnte die deutsche Abwehr wieder eine wirkungsvolle Verteidigungslinie aufbauen.

Aufgrund des schnellen Vormarsches der Alliierten blieb die Präsenz der Kampftruppen mit vereinzelten schweren Gefechten der Bodentruppen in den Kreisen Coesfeld und Lüdinghausen auf gut zwei Tage begrenzt. Den Kreis Coesfeld erreichten die Briten am Gründonnerstag, den 29. März 1945, und besetzten noch am gleichen Tag das zerstörte Dülmen, bevor sie nach einem massiven Kampf in Buldern noch am Karfreitag, den 30. März 1945, Appelhülsen erreichten und weiter Richtung Münster vorrückten. Am gleichen Tag besetzten die Alliierten auch Coesfeld, Billerbeck und Osterwick, ohne auf besonderen Widerstand zu stoßen. Die gleichzeitig im Kreis Lüdinghausen vorstoßende 9. US-Armee kam genauso schnell voran und wurde erst vor Drensteinfurt in intensivere Kampfhandlungen verwickelt. Während ein Teil der amerikanischen Divisionen den Angriff nach Osten Richtung Elbe fortsetze, hatten die Hauptkräfte der Armee den Auftrag, zusammen mit der aus dem Brückenkopf in Remagen nach Nordosten angreifenden 1. US-Armee das Ruhrgebiet einzuschließen.

Abb. 87: Zeichnung des britischen Kriegsberichterstatters Bryan de Grineau zu den Kampfhandlungen in Appelhülsen am 30. März 1945

Abb. 88: Ein von feindlichen Jagdfliegern in Brand geschossenes Fahrzeug in Osterwick (März 1945)

Beide Armeen trafen sich am 1. April 1945 in Lippstadt und schlossen den Ring, der etwa 320.000 Soldaten der Heeresgruppe B unter Generalfeldmarschall Walter Model und einige Millionen Einwohner erfasste. Der dadurch gebildete ‚Ruhrkessel' bildete eine „Enklave" inmitten von bereits eroberten Gebieten wie dem Münsterland. Nach einer fast drei Wochen dauernden ‚Kesselschlacht' gerieten über 300.000 deutsche Soldaten in Kriegsgefangenschaft. In diesem Kontext wurde auch der ehemalige Vizekanzler Franz von Papen am 9. April bei Meschede festgenommen.[418]

Als die letzten Einheiten im ‚Ruhrkessel' kapitulierten, war das NS-Regime in den Kreisen Lüdinghausen und Coesfeld bereits seit drei Wochen Vergangenheit, da sich die Spitzenfunktionäre der Partei schon vor oder mit den nach Osten ausweichenden deutschen Einheiten abgesetzt hatten. NSDAP-Kreisleiter Rehm kämpfte allerdings ab dem 17. April 1945 bis zur Kapitulation wieder in der Wehrmacht. Von September 1945 bis Februar 1948 wurde er dann in den Lagern Westertimke (Kreis Rotenburg a. d. Wümme) und Fallingbostel interniert. Seinen abgelösten Vorgänger Julius Bielefeld konnten die Briten bereits am 27. April 1945 verhaften. Er blieb bis April 1948 im Internierungslager Staumühle in der Senne.

Der untergetauchte Inspekteur des Gauleiters und Landrat Barthel meldete sich am 3. Juli 1945 aus Bad Nenndorf per Briefpost bei Regierungsvizepräsident Klein bei der Regierung Münster, dem früheren Coesfelder Landrat, der allerdings selbst von den Briten seines Amtes enthoben worden war und zum 1. Juli 1947 in den

Abb. 89: Durch Kampfhandlungen zerstörte Häuser an der Münsterstraße in Drensteinfurt (März 1945)

Abb. 90: Der Oberbefehlshaber der 21. Armeegruppe, Feldmarschall Bernard Montgomery, in der Großen Viehstraße in Coesfeld (30. März 1945)

Ruhestand versetzt wurde.[419] Barthel berichtete, dass er sich am 2. April des Jahres auf Befehl des Oberpräsidenten, also des Gauleiters und RVK Meyer, in den Osten des Gaues begeben habe, um weitere Befehle entgegen zu nehmen.[420] Dort befinde er sich aufgrund der Verschlimmerung eines Leidens im Krankenhaus. Er ‚spielte' offensichtlich bewusst den Ahnungslosen über den ‚Untergang' des NS-Regimes und beendete das Schreiben mit dem Satz: „Ich liege nun schon seit Wochen hier ohne die geringste Möglichkeit, mich mit Ihnen bzw. mit dem Landratsamt in Verbindung zu setzen. Ich bitte um weitere Anweisungen. Beste Grüße Barthel." Der Regierungspräsident setzte ihn davon in Kenntnis, dass er aufgrund der frühen NSDAP-Mitgliedschaft aus dem Amte ausgeschieden und die Zahlung der Dienstbezüge Ende Mai 1945 eingestellt worden sei. Die sofortige „Zurruhesetzung", um die Barthel aufgrund seiner Dienstunfähigkeit Ende August 1945 gebeten hatte, kam für den Regierungspräsidenten jedoch vorläufig nicht in Frage. Barthel starb am 28. September 1945 an den Folgen seiner Erkrankung.

Der letzte NSDAP-Kreisleiter des Kreises Coesfeld Schürmeyer konnte nach der Kapitulation bis zu seiner Verhaftung am 28. Juli 1949 erfolgreich untertauchen. Gegen eine Kaution von 1.000 DM, die sein Vater zahlte, wurde er jedoch nach drei Wochen wieder entlassen. Die Gefängnisstrafe von neun Monaten, zu der ihn das Bielefelder Spruchgericht im Dezember 1949 verurteilte, wurde später zur Bewährung ausgesetzt, wie auch bei vielen anderen verurteilten NS-Funktionären die verhängten Gefängnisstrafen in der Regel bereits durch die Dauer der Internierung als verbüßt galten. Auch sein Vorgänger im Parteikreis Ahaus-Coesfeld und nachheriger Kreisleiter in Ahaus Tewes galt nach der Kapitulation als „vermisst", bis er sich am 26. Juni 1947 freiwillig stellte. Bis auf vier Monate verbrachte er die folgenden Jahre bis November 1950 in den Internierungslagern Neuengamme und Fallingbostel sowie in der Haftanstalt Münster. Darin eingeschlossen war eine Verurteilung zu sechs Monaten Haft durch das Landgericht Münster wegen Landfriedensbruch in Tateinheit mit Verbrechen gegen die Menschlichkeit und eine Verurteilung durch das Spruchgericht Bielefeld zu zwei Jahren und sechs Monaten Haft.[421]

Der Coesfelder Landrat Stachels übte sein Amt bis zum 19. April 1945 aus. Aufgrund seiner exponierten Stellung wurde er für eine Zeit lang von den Briten interniert. Am 7. Juli 1945 erhielt er das offizielle Entlassungsschreiben des Regierungspräsidenten Münster mit der Begründung: „Auf Grund der Vorschriften des Gesetzes der Militärregierung über die Entfernung politisch belasteter Personen aus Stellungen bei öffentlichen Behörden oder Einrichtungen werden Sie hierdurch mit sofortiger Wirkung aus Ihrem Amt entlassen. Jede mittelbare oder unmittelbare Erledigung von Aufgaben Ihrer Dienststelle ist Ihnen untersagt." Stachels gelang es auch später nicht in den öffentlichen Dienst zurückzukehren, obwohl ihm zahlreiche Personen bescheinigten, dass er „kein überzeugter Nationalsozialist" gewesen sei und „unter dem Drang der Verhältnisse nur das Allernotwendigste" getan habe.[422]

Der Bevölkerung der Kreise Coesfeld und Lüdinghausen blieb nur die Möglichkeit, vor den heranrückenden Feindkräften und erwarteten Kampfhandlungen aus den Orten in die Bauerschaften zu flüchten oder sich in den Kellern ihrer Häuser zu verstecken. Hildegard Möller berichtet in ihrem Tagebuch über die eindringlichen Erlebnisse am 30. März 1945 in Appelhülsen:[423]

> „Es wurde schon brenzlig. Wir saßen im Keller zu zittern. In der Deelentür stehend hörten wir ein fernes Rollen. Es mussten wohl die feindlichen Panzer sein. Alle waren aufgeregt. Es war 20.10, ich war gerade in Begriff aus dem Keller zur Deelentür zu gehen. Die Küche hatte ich durchquert und war gerade Anfang der Tenne. Da gab es eine fürchterliche Schießerei und Knallerei. Es hielt minutenlang an. Im gleichen Augenblick kamen alle, die in der offenen Tür standen, zum Keller gestürzt. Es war höchste Gefahr. […] Die Schießerei nahm zu, es war unheimlich. Es wurde laut gebetet. Am meisten beunruhigten uns die Einschüsse ins Dach. Ob es wohl brennt? Diese Ungewissheit war fürchterlich. Nach 5–10 Min. flaute die nahe Schießerei ab. Ich habe eine weiße Fahne aus einem Dachfenster gehängt. Jemand anders hat sie aus dem Tennendach gesteckt. […]."

Von seiner unmittelbaren ersten Feindbegegnung am 30. März 1945 in Billerbeck berichtet auch Bernhard Sieverding:[424]

> „Es war inzwischen gegen 15.00 Uhr, als ein Getöse von Fahrzeugen und Panzerketten von weitem zu hören war. Die letzten männlichen Straßenpassanten flüchteten in Eile in ihre Häuser und begaben sich in ihre sicheren Keller. […] Für den Fall einer Kampfhandlung oder auch von Bombenabwürfen und Granateinschlägen im Homoet'schen bzw. elterlichen Haus hielt ich mich bereit, von außen hier unter Umständen helfen zu können. […] Plötzlich kam das erste große Panzerfahrzeug scharf an der Mauerecke des Homoet'schen Gaststättengartens so weit langsam vorrückend, dass ich zunächst erstmal nur ein Geschützrohr sehen konnte. Der Panzer fuhr im Schneckentempo weiter bis auch die Panzerbesatzung die Kurve zur Schmiedestraße einsehen konnte. Dann zog der Panzer auf die Mitte der Schmiedestraße heran; ich stand wie versteinert immer noch auf meiner Treppenstufe. Dicht dahinter wagte sich der zweite Panzer auch in Kampfposition heran, wobei der erste Panzerfahrer mich inzwischen offensichtlich registriert hatte und sofort den Panzerturm mit dem Kanonenrohr auf meinen Körper anvisierte. […] Inzwischen hatte ich, voller innerer Anspannung, ein weißes Taschentuch gezogen. […]."

Wie diese Erlebnisberichte eindringlich zeigen, herrschte in der Bevölkerung mit dem Ende des NS-Regimes Angst und Unsicherheit, die nicht nur von der unmittelbaren Kriegsbedrohung, sondern auch von der Ungewissheit über die eigene Zukunft und die Maßnahmen der Sieger bestimmt wurden. „Die Besonderheit des einschneidenden Ereignisses ergab sich auch aus dem vollständigen politischen und moralischen Bankrott der deutschen Gesellschaft angesichts der von ihr verübten und hingenommenen Gewaltverbrechen gegen die

Menschlichkeit, die das Ausbeutungs- und Vernichtungssystem des NS-Staates kennzeichnete."[425]

Für die Alliierten war die deutsche Bevölkerung der Feind, der nur unter großen Anstrengungen und Opfern besiegt werden konnte. Im Frühjahr 1945 erklärte der britische Oberbefehlshaber Montgomery: „Unsere Soldaten haben gesehen, wie ihre Kameraden niedergeschossen und ihre Häuser in Trümmern verwandelt wurden, und wie ihre Frauen und Kinder hungerten. Sie haben in den Ländern, in die Eure Führer den Krieg trugen, schreckliche Dinge gesehen. Für diese Dinge – meint Ihr – seid Ihr nicht verantwortlich, sondern Eure Führer. Aber diese Führer sind aus dem deutschen Volk hervorgegangen. Dieses Volk ist für seine Führer verantwortlich."[426] Die Militärregierung musste jedoch nach den „Jahren des Kampfes gegen Deutschland" und nach der Besetzung mit Überraschung feststellen, dass ihre Erwartung, ein Volk vorzufinden, das mit dem Nationalsozialismus fest verwachsen war, möglicherweise ein Vorurteil war.[427] Denn sie hätten ein Volk vorgefunden, „das fast einstimmig irgendeine Verbindung oder eine Sympathie zum Nationalsozialismus von sich" gewiesen hätte. Sie hätten Parteimitglieder angetroffen, die alle der Partei nur beigetreten seien, weil sie ihre Stellung behalten und ihre Familie ernähren mussten. Scheinbar habe niemand an die Politik der Partei geglaubt oder sie gar gebilligt, aber alle hätten für sie gearbeitet. Die Briten fragten zu Recht nach den Ursachen dieses Verhaltens: War es eine „allgemeine innere Unehrlichkeit", war es „Feigheit" sich den Konsequenzen eines eindeutigen Bekenntnisses zu stellen oder hatten sie ein Volk vor sich, „das wie eine Schafherde unfähig ist, sich ihrem Hirten und ihrem Wachhund zu widersetzen, und sich keine Gedanken darüber macht, wohin sie geführt wird, und sollte es selbst zum Schlachthaus sein."

Die Erwartungen der Briten hinsichtlich einer klaren Aussage zur Verantwortung der Deutschen wurden auch nicht von den politischen und moralischen Autoritäten eingelöst, auf die sie sich in den ersten Monaten der Besatzung als Berater oder Amtspersonen stützten. Der von den Briten eingesetzte Landrat Dr. Joseph Schmitz (1885–1978) eröffnete am 8. Mai 1945, dem Tag des Waffenstillstands, die erste Bürgermeisterbesprechung im Kreishaus Lüdinghausen mit folgenden Worten:

> „Ich brauche keine Worte zu machen über das Unglück, die Zerstörung und das Elend, die die verflossene abscheuliche Diktatur uns zurückgelassen hat, über das Trümmerfeld, das unserem armen Volke übrig geblieben ist, und das aufzuräumen jetzt unsere Aufgabe ist. Für diese Aufgabe, die wir zu leisten haben werden unter der Abneigung und dem Misstrauen der Welt, können wir nur eins tun: Wir können unsere Gesittung beweisen, die verschüttet zu sein schien, wir wollen wieder für das Recht eintreten, für das ehrliche Recht für jedermann, ohne seitwärts zu schauen auf gute Bekannte, Freunde oder Verwandte, und wir wollen unser Schicksal tragen mit Würde und Anstand. Ich rede nicht der Unterwürfigkeit das Wort.
>
> Wir wollen dafür sorgen, dass diejenigen, die uns gequält, gepeinigt und bespitzelt haben, und deren widerwärtigste Waffe der Terror war, die uns Hab und Gut gestoh-

> len oder vergeudet haben, ohne Ausnahme zur Verantwortung gezogen werden. Aber wir wollen nicht mit Hass rückwärts, sondern mit Mut vorwärts marschieren, und wir wollen darum absehen von kleinlichen Beschuldigungen, die uns nur verächtlich machen können. Diese kleinen Dinge wollen wir unter uns ausmachen, im eigenen Hause und mit möglichst wenig Geräusch. […]"

Landrat Schmitz unterschied also deutlich zwischen der Diktatur als ‚Verkörperung' des Unrechtsstaates sowie dem Elend, das dieser zu verantworten hatte, und dem „armen Volk" als ‚Opfer'. Hier deutete sich eine Entlastungsstrategie an, die auch mit der Aburteilung der Hauptkriegsverbrecher im Nürnberger Prozess und den Nürnberger Nachfolgeprozessen gesamtgesellschaftlich in Anspruch genommen wurde. Das Verhalten der Bevölkerung vor Ort, die weitgehende Vernetzung von Partei, Verwaltung und Gesellschaft in den Gemeinden und Städten mit ihren vielfältigen, mehr oder weniger intensiven Formen der ‚Einlassung' auf das NS-Regime schien vor diesem Hintergrund eher entschuldbar zu sein. Das Engagement für die Partei und ihre rassenpolitisch geprägten Ziele, die selbstverständliche Loyalität gegenüber einer NS-geprägten Verwaltungsspitze, wirtschaftliche Kooperationen und Profite oder auch die Denunziationen konnten so unter „kleinlichen Beschuldigungen" gefasst und abgetan werden. Die von Landrat Schmitz gebotene Sicht auf das NS-Regime ermöglichte es auch, von der „Befreiung" durch die Alliierten zu sprechen und sich der Verantwortung zu entziehen. Wirklich befreit wurden zigtausende Insassen in den Gefängnissen und Konzentrationslagern, die Zwangsarbeiterinnen und Zwangsarbeiter sowie die Kriegsgefangenen.

Bischof Clemens August von Galen ging in einer Predigt, die er anlässlich der ersten Nachkriegs-Wallfahrt nach Telgte am 1. Juli 1945 hielt, noch einen Schritt weiter, indem er ausdrücklich die Schuldfrage für die Kriegsverbrechen und die „Greueltaten" in den Konzentrationslagern thematisierte und eine deutsche Kollektivschuld zurückwies.[428] Bemerkenswert ist vor allem, dass er diese „unleugbaren" Tatsachen, die zu beklagen und zu betrauern seien und für die man durch geduldiges Tragen der Kriegsfolgen Sühne leisten wolle, ausschließlich auf die Kriegssituation bezog. Dadurch kamen Fragen zur politischen Vorgeschichte, zur Verwurzelung des NS-Regimes in der Bevölkerung oder zur rassenideologischen Begründung der Kriegsführung gar nicht erst auf die Tagesordnung und erschienen angesichts des alltäglichen Überlebenskampfes eher zweitrangig zu sein. Bischof von Galen forderte dagegen:

> „Fort mit solch unwahrer und ungerechter Untermauerung einer Haltung, die es zulässt, dass der Rest unserer Habe aus den durch Bomben zerstörten Wohnungen weggeschleppt, dass Häuser und Höfe auf dem Lande von bewaffneten Räuberbanden geplündert und verwüstet, dass wehrlose Männer ermordet, dass Frauen und Mädchen von vertierten Wüstlingen vergewaltigt werden. Fort mit einer Haltung und Gesinnung, die einer etwaigen Hungersnot im deutschen Lande untätig zuschauen würde,

> in der unwahren Meinung: alle Deutschen sind Verbrecher und verdienen schwerste Bestrafung, ja Tod und Ausrottung."

Die Predigt des nationalgesinnten und streitbaren Bischofs bildete den Höhepunkt seiner Auseinandersetzung mit der Besatzungsmacht, deren Offiziere ihm dennoch mit großem Respekt begegneten. Bischof von Galen stellte wiederholt Maßnahmen der Militärregierung wie die Entnazifizierungspolitik in Frage.[429] Auch wenn er sich von einigen seiner Unterstellungen distanzieren musste, verstand er es, „in der Öffentlichkeit als derjenige dazustehen, dem seitens der Militärregierung Zusicherungen für die korrekte Behandlung Deutschlands gegeben wurden".

In den Stimmungsbildern und Positionen des Landrates und des Bischofs spiegelten sich die Empfindungen und Haltungen eines Großteils der Bevölkerung in den ersten Monaten der Besatzung wider, die von den alltäglichen Erfahrungen und der Unsicherheit über die eigene Lebensperspektive geprägt waren. Mit den ersten Maßnahmen der Briten zum Aufbau neuer demokratischer Strukturen ab Herbst 1945 und der gleichzeitig beginnenden Neuformierung der demokratischen Parteien zeigte sich auch eine selbstkritischere Sicht als Voraussetzung eines Neuanfangs und Grundkonsens der demokratischen Kräfte. Der „Oelder Aufruf" vom 18. August 1945 dokumentiert die Veränderungen in der Haltung, den Erwartungen und der politischen Sprache, wie sie in den folgenden Auszügen deutlich werden.[430] Der Aufruf stammte aus der Feder des sozialdemokratischen Politikers Carl Severing (1875–1952), des früheren preußischen Innenministers und Reichsinnenministers, der die NS-Zeit als Pensionär in Bielefeld verbracht hatte:

> „[...] Wir wissen, dass man aus der Knechtschaft nicht mit einem Satz in die Freiheit springen kann. Was in 12 Jahren Naziherrschaft wie eine chronische Krankheit in den Volkskörper eingedrungen war, das kann nicht durch einen einzigen chirurgischen Eingriff beseitigt werden, das kann nur allmählich gesunden. [...]
> Und noch ein anderes gibt es zu bedenken: Es wird uns noch lange die Frage nach Schuld und Mitschuld am Aufkommen der Naziherrschaft beschäftigen. Dabei wollen wir nichts vertuschen und nichts beschönigen. Durch Gärung zur Klärung und durch Klarheit zur Wahrheit! Aber nichts wäre verkehrter, als alte und veraltete Waschzettel hervorzuholen und die Sünden immer nur der anderen auszugraben. Mit Vorwürfen und Anklagen sind weder Häuser zu errichten noch Felder zu bestellen, und Splitterrichterei und Pharisäertum fügt zu dem alten nur neuen Hader. Das muss vermieden werden. Wir wollen den Völkerfrieden, den Frieden der Welt, aber wir wollen auch den Volksfrieden, den Frieden im eigenen Land. [ ]"

Wie sich die Lebenswirklichkeit in den Kreisen Coesfeld und Lüdinghausen unter britischer Besatzung darstellte, nach welchen Grundsätzen die Briten ihr Besatzungsregiment ausrichteten und wie in den Landkreisen die Grundlagen des demokratischen Neuaufbaues gelegt wurden, soll im Folgenden skizziert werden.

IV. DIE LANDKREISE ALS BASIS DES DEMOKRATISCHEN NEUBEGINNS

Das Besatzungsregiment der Briten und ihre Grundsätze

Großbritannien hatte auf der Konferenz von Jalta im Februar 1945 seinen Anspruch auf den Nordwesten Deutschland als Besatzungszone durchgesetzt.[1] Dazu gehörten auch die Provinz Westfalen, der nördliche Teil der Rheinprovinz und das Land Lippe. Nach der bedingungslosen militärischen Kapitulation vom 8. Mai 1945 stellten die Alliierten in einer gemeinsamen Erklärung vom 5. Juni 1945 fest: „Es gibt in Deutschland keine zentrale Regierungsgewalt, die fähig wäre, die Verantwortung für die Aufrechterhaltung der Ordnung, für die Verwaltung des Landes und für die Ausführung der Forderungen der siegreichen Mächte zu übernehmen." Die Alliierten mussten daher die Regierungsgewalt in Deutschland und den Besatzungszonen in eigener Verantwortung ausüben.

Im größten Teil Westfalens übernahm die britische Militärregierung das Kommando von amerikanischen Verbänden. Da den Briten klar war, dass die Fülle der anstehenden Aufgaben nur in Kooperation mit deutschen Personen und Behörden auf der Basis indirekter Herrschaft (indirect rule) bewältigt werden konnte, gliederten sie ihre Militärverwaltung korrespondierend zu der überkommenen preußischen Verwaltungsgliederung mit Instanzen auf der Ebene der Provinz, der Regierungsbezirke und der Stadt- und Landkreise. Die Provinz Westfalen erhielt eine eigenständige Provinzial-Militärregierung, das 307/308 (P) Military Government Detachment, mit Sitz in Münster, das zusammen mit der Nord-Rheinprovinz dem Kommando des I. Corps-District in Düsseldorf unterstand.[2] Dem Military Government Detachment wurden alle Zuständigkeiten zugeteilt, die früher bei den Ministerien, dem Oberpräsidium oder den Reichssonderverwaltungen gelegen hatten. Dem 110 Detachment wurde die Regierung Münster unterstellt. Der Aufbau der Militärverwaltung zog sich bis Juni 1945 hin.

Gleichzeitig mussten in der gesamten Provinz die Spitzen der regionalen und lokalen deutschen Verwaltungsbehörden ausgewechselt und neu besetzt werden.[3] Gespräche mit Demokraten aus der Weimarer Zeit, unbelasteten Politikern und Kirchenführern lieferten wichtige Informationen für die Personalauswahl. Bei der Besetzung der Stellen griff man vielfach auf Amtsinhaber aus der Weimarer Zeit zurück, die von den Nationalsozialisten entfernt worden waren. Aufgabe der neuen Männer war es, unter Kontrolle der Militärregierung ihre Behörden personell und organisatorisch neu aufzustellen und an den vorgegebenen Grundsätzen auszurichten. Gegenüber der Militärregierung hatten die deutschen Behörden formell und faktisch den Status einer Auftragsverwaltung.

Am 5. Juli 1945 ernannte die Militärregierung Rudolf Amelunxen, den früheren Regierungspräsidenten von Münster, zunächst kommissarisch, ab November endgültig zum Oberpräsidenten der Provinz.[4] Er begann sogleich mit der von den Briten gewünschten Umgestaltung des Oberpräsidiums in eine Provinzialregierung, die auch alle Aufgaben der früheren Berliner Zentralbehörden erledigen sollte und sich daher in neun ministerienähnliche Generalreferate für Inneres, Wirtschaft, Arbeit, Kultus, Wohlfahrt, Verkehr, Finanzen, Ernährung und Wiederaufbau aufgliederte. Zum Regierungspräsidenten in Münster ernannte die Militärregierung am 21. Juni 1945 den früheren Bürgermeister von Ahlen, Franz Hackethal (1891–1966).[5] Der ehemalige Zentrumspolitiker war seit 1930 Bürgermeister in Borghorst gewesen, bevor er 1934 auf Druck der Gauleitung nach Ahlen ‚strafversetzt' und drei Jahre später vorzeitig pensioniert wurde. Als „Nichtparteigenosse und vom NS-Regime Gemaßregelter" erfüllte Hackethal die Kriterien, die von den Briten bei der Besetzung von Schlüsselpositionen in der Verwaltung gefordert wurden.

Unterhalb der Regierungspräsidentenebene wurden in den Landkreisen Kreismilitärregierungen eingesetzt, die in der Regel von einem Offizier im Majorsrang befehligt wurden.[6] So unterstand der Kreis Coesfeld zunächst dem Detachment H 1A9 der US Army unter dem Kommando von Major Armstrong. Als dieser Anfang Juni 1945 versetzt wurde, erhielt vorübergehend das britische 906 Military Government Detachment in Ahaus unter der Leitung von Lt. Col. JK. Lamont die Befehlsgewalt. Es war gleichzeitig auch für die Militärverwaltung der Stadt Coesfeld zuständig. Am 20. Juni 1945 übernahm schließlich das 1030 Military Government Detachment unter Major Wilks die Kreis- und Stadtmilitärverwaltung in Coesfeld, die im ehemaligen Wehrbezirkskommando in Coesfeld residierte. Im Kreis Lüdinghausen hatte zunächst das Detachment H 4A9 der Ninth U.S. Army Mil Gov Unit das Kommando übernommen, das Anfang Juni 1945 dann ebenfalls an ein britisches Military Government Detachment übertragen wurde. Es handelte sich um das Detachment 1102, das in Lüdinghausen seinen Sitz nahm.[7]

Die Kreismilitärkommandos übernahmen die Befehlsgewalt über die Kreis- und Stadtverwaltungen auf der örtlich-regionalen Ebene. Es war die einzige Verwaltungsebene, die trotz der Flucht oder Entfernung des politisch belasteten Führungspersonals weitgehend funktionsfähig geblieben war und mit ihrem Aufgabenspektrum in der Daseinsvorsorge sofort in den Brennpunkt des Geschehens rückte.[8] Die Kommunen waren die erste Anlaufstelle, wenn es darum ging, in der Notlage das Überleben der Menschen durch eine hinreichende Versorgung mit Lebensmitteln, mit Brenn- und Heizmaterialien, durch ein Dach über dem Kopf zu sichern oder Störungen und Unterbrechungen der notwendigen Transport- und Verkehrswege zu beheben. Daher hatten die Briten auch ein Eigeninteresse daran, den Verwaltungsbetrieb aufrecht zu halten oder ihn wieder herzustellen, selbst wenn ihnen dabei ein gewisser Pragmatismus abverlangt wurde.

Auch auf der Kreisebene setzte die Militäradministration zunächst auf eine reine Auftragsverwaltung, nach der die Leitung der Kreisverwaltung nur ihr gegenüber verantwortlich und zu unbedingtem Gehorsam verpflichtet war. Um jeglichen Kontroll- und Machtverlust in ihrem Besatzungs- und Verantwortungsbereich zu vermeiden, war daher die Auswahl der Personen für die Landratspositionen be-

Abb. 91: Heinrich Weiskirch (1883–1963), Landrat des Kreises Coesfeld von April bis September 1945

Abb. 92: Bernhard Wening (1886–1974), Landrat des Kreises Coesfeld von September 1945 bis April 1946, dann bis 1951 erster Oberkreisdirektor des Kreises

Abb. 93: Dr. jur. Joseph Schmitz (1885–1978), Landrat des Kreises Lüdinghausen von April 1945 bis April 1946

sonders wichtig. Mit ihrer Scharnierfunktion zwischen der Militäradministration und der ihnen oft fremden Kreisverwaltung wurde von ihnen absolute Loyalität und Durchsetzungsstärke verlangt, da sie die Vorgaben und Aufträge der britischen Kommandanten konsequent umsetzen mussten. Wie auf den übergeordneten Verwaltungsebenen wurde bei der Besetzung der Landratsstellen bevorzugt auf Amtsinhaber aus der Weimarer Zeit zurückgegriffen, die aufgrund des NS-Regimes ihre Position räumen mussten und keine NSDAP-Mitglieder waren. Aufgrund der anstehenden Herausforderungen wurde auf kommunalpolitische Erfahrungen geachtet. Sie waren aber, wie die Besetzung der Landratsposition in Lüdinghausen zeigt, nicht unbedingte Voraussetzung. Da es noch keine demokratischen Strukturen gab, hatte das von den Besatzungsbehörden angewandte Verfahren zur Neubesetzung der Verwaltungsspitzen „noch eine fatale Ähnlichkeit mit der Verwaltung nach dem Führerprinzip der NS-Zeit“, der entscheidende Unterschied lag aber in der Auswahl der Personen, der grundlegend anderen Intention und verfolgten Zielsetzung.[9]

Im Kreis Coesfeld ernannte die Militärregierung am 17. April 1945 den früheren Leiter des Wohlfahrtsamtes der Stadt Recklinghausen Heinrich Weiskirch (1883–1963) zum Landrat.[10] Als langjähriges Mitglied der liberalen Deutschen-Demokratischen Partei und für kurze Zeit auch Mitglied im Reichsbanner Schwarz-Rot-Gold wurde er im März 1933 bei einem Sturm auf das Rathaus in Recklinghausen schwer misshandelt. Nach den Kommunalwahlen wurde auf Antrag der NSDAP seine Zurruhesetzung eingeleitet und umgesetzt. Er bestritt danach als freiberuflicher Versicherungskaufmann seinen Lebensunterhalt. Wegen des Personalmangels in öffentlichen Verwaltungen während des Krieges wurde Weiskirch bereits ab Mai 1940 als „kriegsbeorderter" Beamter bei der Kreisverwaltung Coesfeld eingesetzt. Durch die Kombination aus Verwaltungskompetenz, erworbenen Ortskenntnissen und Vertrautheit mit den inneren Verhältnissen der Coesfelder Kreisverwaltung bot er für die Militärregierung die idealen Voraussetzungen für das Landratsamt und eine effektive Zusammenarbeit. Weiskirch übte das Amt bis zum 3. September 1945 aus.

Als Nachfolger ernannte der münsterische Regierungspräsident mit Genehmigung der Militärregierung den erfahrenen Verwaltungsjuristen und ehemaligen Landrat des Kreises Olpe Bernhard Wening (1886–1974).[11] Wening stammte aus dem Münsterland und war nach einer klassischen Ausbildung zum Verwaltungsjuristen und Stationen bei den Regierungen in Arnsberg und Münster im Oktober 1926 zunächst kommissarisch mit der Verwaltung des Landratsamts Olpe beauftragt worden. Im Mai 1927 erfolgte seine endgültige Ernennung zum Landrat. Als Mitglied des Zentrums (seit 1909) wurde er bereits am 28. März 1933 aufgrund der „Säuberungen" in Spitzenstellungen der Verwaltung durch den kommissarischen preußischen Innenminister Göring beurlaubt und im April 1933 in den einstweiligen Ruhestand versetzt. Ab August erfolgte seine Weiterverwendung bei der Regierung Münster, dann ab Februar 1934 beim Oberpräsidium, in dem er ab Mai 1934 in der Abteilung für das höhere Schulwesen eingesetzt war. Mit der Ernennung von Wening übernahm ein Landrat der ‚alten preußischen Schule' die Leitung der Kreisverwaltung. Ob bei dem Personalwechsel im Landratsamt Coesfeld bereits die von der Militärregierung im September 1945 angekündigte Kommunalreform mit der Einführung der ‚Doppelspitze' eine Rolle spielte, muss hier offen bleiben. Wening wurde auf jeden Fall am 3. April 1946 zum ersten Oberkreisdirektor des Kreises Coesfeld gewählt.

Im Vergleich zum Kreis Coesfeld fiel die Neubesetzung der Landratsposition im Kreis Lüdinghausen sowohl hinsichtlich des Besetzungsverfahrens als auch der Personalauswahl aus dem Rahmen. In Lüdinghausen ernannte die Militärregierung am 21. April 1945 den Rechtsanwalt und Notar Dr. jur. Joseph Schmitz (1885–1978) zum Landrat, der von einer Bürgerkommission vorgeschlagen wurde.[12] Schmitz, der gebürtig aus Dülmen stammte, hatte sich nach dem juristischen Studium und der Promotion, dem Militärdienst als Einjährig-Freiwilliger und dem juristischen Vorbereitungsdienst 1912 als Rechtsanwalt in Lüdinghausen niedergelassen. Ab 1920 war er auch als Notar zugelassen. In der NS-Zeit vertrat er auch die Rechte von politisch Verfolgten. Als Notar wurde er von jüdischen Bürgern beim Verkauf ihrer Immobilien beauftragt. Schmitz erklärte sich von vornherein nur zu einer kurzfristigen Amtsübernahme bereit. Er ließ sich dann aber ein Jahr bis zur Einführung der neuen Kommunalverfassung im April 1946 in die Pflicht nehmen.

Die Besatzungspolitik der Briten, die nach Möglichkeit in Kooperation mit den neu ernannten deutschen Verwaltungsspitzen realisiert werden sollte, verfolgte zwei grundlegende politische Handlungsmotive und Zielsetzungen: Zum einen wollten sie den deutschen Militarismus und Nazismus zerschlagen. Durch Entnazifizierung sollten verantwortliche Nationalsozialisten aus ihren Positionen in öffentlichen Ämtern und der Wirtschaft entfernt und bestraft sowie NS-Parteigenossen generell überprüft werden. Die erfolgreiche Umsetzung dieser Maßnahmen galt als Voraussetzung für die zweite Zielsetzung, den demokratischen Neuaufbau. Die Demokratisierung sollte nach den Vorstellungen der Besatzungsmacht nach dem Vorbild der britischen Demokratie auf der Basis von dezentralen und föderalistischen Strukturen erfolgen. Außerdem sollte der politische Aufbau schrittweise von unten nach oben, also beginnend mit der kommunalen Selbstverwaltung realisiert werden.[13]

Die Realisierung dieser mittel- und langfristigen Ziele wurde von akuten Versorgungs- und Ordnungsproblemen überlagert, die das Leben der Menschen in der ‚Trümmergesellschaft' bestimmten.[14] Die Aufgaben, die sich der Besatzungsmacht, den Kreis- und Stadtverwaltungen in der von Obdachlosigkeit, Hunger und Angst geprägten westfälischen Zusammenbruchgesellschaft stellten, waren unüberschaubar und überstiegen die Ressourcen und Kräfte: Trotz zerbombter Städte und Verkehrswege, nicht intakter Landwirtschaft, zusammengebrochener Warenwirtschaft und wenigen Arbeitsmöglichkeiten musste die Bevölkerung ernährt und medizinisch versorgt werden. Selbsthilfe und Selbstorganisation bewegten sich oftmals am Rande der Legalität; insbesondere der Schwarzmarkthandel und die Selbstversorgung schlossen einige Versorgungslücken. Die Stadtverwaltungen mussten die Trümmerbeseitigung organisieren, die Versorgungsnetze von Wasser, Elektrizität und Gas wieder in Gang bringen, Wohnraum beschaffen und für die öffentliche Sicherheit und Ordnung sorgen. Eine besondere Herausforderung stellten die enormen Bevölkerungsbewegungen durch zurückkehrende Evakuierte, Flüchtlinge, befreite KZ-Häftlinge, entlassene Kriegsgefangene und ehemalige Zwangsarbeiter dar.

Schon an der Amtszeit der ersten Landräte in der Besatzungszeit ist zu erkennen, dass sich ab Herbst 1945 bis April 1946 eine grundsätzlich neue Phase in der britischen Besatzungspolitik abzeichnete. Deren Beginn wurde entscheidend von der Bewältigung der Versorgungs- und Sicherheitsprobleme, von den Erfahrungen der Briten mit der deutschen Bevölkerung und Verwaltung, mit deren Kooperations- und Lernfähigkeit, aber auch von der Funktions- und Leistungsfähigkeit der Kreisverwaltungen bestimmt. Aufgrund der akuten Herausforderungen sowie der organisatorischen und personellen Bedingungen sind daher in der Praxis der Besatzungspolitik zwei Phasen mit verschiedenen Formen der indirekten Herrschaft und einer veränderten Prioritätensetzung bei der Umsetzung der Entnazifizierung und des demokratischen Neuaufbaus zu unterscheiden.

Das erste Halbjahr der Besatzungszeit bis Oktober 1945 praktizierten die Briten eine „exekutive Herrschaft" mit Weisungen und Kontrollen. Sie stützten sich vor allem auf die noch arbeitsfähige Kommunalbürokratie, die damit im Verwaltungsalltag als Vollzugsorgan der Besatzungsmacht bei der Bewältigung der Versorgungs-, Sicherheits- und Ordnungsprobleme eine dominante Rolle erlangte und aufgrund des Prinzips der indirekten Herrschaft nach außen hin bald wieder selbständig auftreten konnte. Vor der Lösung der akuten Probleme musste die systematische Entnazifizierung noch zurückstehen. Mit der konsequenten Entlassung von Partei-Aktivisten und der wirtschaftlichen „Kaltstellung“ von Regime-Profiteuren erfolgte jedoch ein erster Schritt der „Säuberung“, da die Briten davon überzeugt waren, dass die Beamten und Bürokratie bei der Etablierung und Ausübung der NS-Herrschaft eine verhängnisvolle Rolle gespielt hatten. Vor diesem Hintergrund war die Auftragsverwaltung der Briten, mit der die Kommunalbürokratie faktisch als Träger und Gestalter von Politik im Rahmen der gegebenen Möglichkeiten auftreten konnte, eher kontraproduktiv für die Umsetzung der demokratiepolitischen Vorstellungen. Der demokratische Neuaufbau setzte aber die Neuformierung der politischen Parteien und gesellschaftlichen Interessengruppen voraus, die sich unter den schwierigen Lebensbedingungen erst allmählich zu Wort melden konnten.

Als im Herbst 1945 die gesellschaftlichen Klagen über die Unterdrückung demokratischer Mitsprache- und Mitbestimmungsrechte und eine Fortsetzung der „politischen Entmündigungspolitik“ lauter wurden, sah offensichtlich auch die Besatzungsmacht den Zeitpunkt für gekommen, den „politischen Partizipationsstau“ aufzulösen.[15] Mit der Bildung von Verwaltungsbeiräten bei den Gemeinde-, Amts- und Kreisverwaltungen, der Einführung der revidierten Deutschen Gemeindeordnung am 1. April 1946, den Gemeinderatswahlen am 15. September 1946 und den Kreistagswahlen am 13. Oktober 1946 wurde der demokratische Neuaufbau eingeleitet. Unter Beteiligung der nach politischen Kriterien ausgewählten Bürgervertretungen konnten nun auch die Sonderhilfsausschüsse zur Unterstützung der Verfolgten und Opfer und die Entnazifizierungsausschüsse zur Entnazifizierung ehemaliger NSDAP-Mitglieder ihre Arbeit aufnehmen. Mit der Wahl der Kreistage und von ehrenamtlichen Landräten war der verfassungsmäßige Neuaufbau der kommunalen Ebene vollzogen und auch die kreiskommunale Verwaltung wieder in die kommunale Selbstverwaltung eingebunden. Damit waren die Grundlagen für den weiteren Ausbau der Kreisverwaltungen gelegt, die ihre Leistungsfähigkeit angesichts der Herausforderungen der Nachkriegszeit noch beweisen mussten.

Wie sich in den Kreisen Coesfeld und Lüdinghausen die Zusammenarbeit zwischen der Besatzungsmacht und Kommunalbürokratie entwickelte und sich der Prozess der Demokratisierung konkret vollzog, soll am Beispiel einiger zentraler Herausforderungen noch konkreter veranschaulicht werden.

„Exekutive Herrschaft“ zur Aufrechterhaltung der Versorgung und öffentlichen Sicherheit

Anhand der Niederschriften des Coesfelder Landrates Weiskirch und seines Nachfolgers über die Treffen mit den Kommandanten der Militärverwaltung im Kreis

Coesfeld gewinnt man einen Eindruck vom persönlichen Verhältnis und Selbstverständnis der Akteure, von den Prämissen der Militärverwaltung, den zentralen Herausforderungen in der Trümmergesellschaft und der Praxis der Problemlösung. Sowohl die Kreismilitärverwaltung als auch die Landkreisverwaltung, die nach der Zerstörung des Kreishauses zunächst im „Gasthof an der Klinke" eine Notunterkunft gefunden hatte, waren im Gebäude des ehemaligen Wehrbezirkskommandos in Coesfeld, Osterwicker Straße, untergebracht. Der kurze ‚Dienstweg' war eine wichtige Voraussetzung für die regelmäßigen Besprechungen der Landräte mit den Kommandanten und die Entwicklung einer vertrauensvollen Zusammenarbeit. Seit dem 18. April bis Ende August 1945 fanden fast an jedem Werktag Besprechungen statt. Mit der Einleitung des demokratischen Neuaufbaus wurden diese Treffen schnell reduziert, so dass von November 1945 bis Januar 1946 nur noch jeweils drei Besprechungen, dann bis Oktober 1946 nur eine Besprechung pro Quartal angesetzt wurden.[16]

In den ersten Besprechungen machte der Kommandant die Machtverhältnisse und Zuständigkeiten unmissverständlich klar. Alle Aufträge und Anweisungen für den Kreis Coesfeld würden nur von ihm an den Landrat ausgegeben. Aufträge anderer Militärdienststellen brauche dieser nicht entgegenzunehmen, selbst wenn die „Nachsuchenden in Generalsrang" ständen. Der Landrat habe alle Weisungen des Kommandanten an die Bürgermeister und Amtsbürgermeister des Kreises weiterzugeben. Solange es keine geregelte Zivilverwaltung im Regierungsbezirk und der Provinz gebe, sei der Landrat für die einwandfreie Erledigung aller zivilen Angelegenheiten verantwortlich und keiner hätte in seine Maßnahmen hineinzureden. „Maßgeblich sei einzig und allein das Wohl der Bevölkerung und die Befolgung der Anweisungen, die von oben gegeben" würden, also durch den Kommandanten. Dieser übertrug dem Landrat auch die Aufsicht über die Reichspost, Reichsbahn, das Finanzamt und die anderen Sonderbehörden im Kreis, solange diese nicht in der Lage waren, mit ihren übergeordneten Dienststellen in Münster „verwaltungsmäßige Beziehungen" aufzunehmen. Der Landrat hatte auch den Zugang zur Kommandantur zu regeln, da nur Personen vorgelassen werden sollten, die einen Ausweis des Landrates oder des Coesfelder Bürgermeisters vorzeigen konnten.

Um klare und angemessene Weisungen geben zu können, mussten sich die Kommandanten auch selbst ein Bild von der Lage im Kreisgebiet machen. Die neu eingesetzten Kommandanten wie Lt. Col. Lamont und dann ab dem 20. Juni 1945 Major Wilks ließen es sich nicht nehmen, den Kreis zu bereisen, die Gemeinde- und Stadtverwaltungen zu besuchen, um selbst die handelnden Personen kennenzulernen und Eindrücke von den Lebensverhältnissen zu sammeln. Eine weitere Informationsquelle waren die Besprechungen mit den Ortskommandanten der Militärverwaltung. Zu konkreten Problemen forderte die Militärverwaltung den Landrat zum Bericht auf, den dieser dann zusammen mit den Stadt- und Gemeindeverwaltungen zu erstellen hatte. Wenn Termine für die Vorlage der Berichte nicht eingehalten wurden, musste der Landrat die massive Kritik der Kommandanten auffangen. Darüber hinaus ließ sich der Landrat ab April 1945 bis Mitte 1946 durch die Bürgermeister der Gemeinden und Städte monatliche Lageberichte zur „Politischen Stimmung der Bevölkerung" vorlegen, die eine weitere Grundlage für die Gespräche mit dem Kommandanten bildeten.[17]

Schon bei der ersten Besprechung mit der Militärverwaltung musste der Landrat ein Thema ansprechen, das die Militärverwaltung selbst anging. Diese hatte alle Geldbeträge in den Kassen der öffentlichen Kreditinstitute wie der Kreissparkasse, Stadtsparkasse, Volksbank und Spar- und Darlehnsbank sowie bei den Behörden mit der Besetzung sichergestellt. Da durch diese Maßnahme Geldauszahlungen nicht erfolgen könnten, sei in der Bevölkerung ein Notstand eingetreten. Sie sei nicht mehr in der Lage, notwendige Gebrauchsgüter zu kaufen. Bereits am 20. und 23. April fanden Besprechungen mit den Leitungen der Kassen statt, um mit Vereinbarungen über den Zahlungsverkehr und die gültigen Zahlungsmittel das geschäftliche Leben wieder in Gang zu bringen. Die schnelle und praktische Lösung des Problems zeigte das Bemühen beider Seiten um eine Normalisierung des öffentlichen Lebens. Der Kommandant legte allerdings größten Wert auf genaueste Beachtung der Anweisungen, die über die „Sperrung des Vermögens der Nazi-Organisationen" ergangen waren.

Ein Bericht von Landrat Weiskirch von Ende Juli 1945 fasst einige zentrale Versorgungs- und Sicherheitsprobleme zusammen, die in den folgenden Wochen immer wieder auf der Tagesordnung der Besprechungen mit den Kommandanten standen.[18] Dazu gehörten die fehlenden Fachkräfte und Baumaterialien wie Steine, Holz, Zement, Kalk, Dachziegel zum Wiederaufbau in den zerstörten Städten Coesfeld und Dülmen oder die Schwierigkeiten, hochwertige Kohle aus den Ruhrgebiet heranzuschaffen, die aufgrund der zerstörten Bahnstrecken mit motorisierten Fahrzeugen transportiert werden musste. Für diese wiederum konnte die Besatzungsmacht nicht ausreichend Treibstoff zur Verfügung stellen. Die Kohle fehlte auch zum Betrieb von Wasserpumpen für die Wasserförderung. Der Kohle- und Treibstoffmangel war nur ein Teil des allgemeinen Energiemangels, der sich mit der Wiederaufnahme der Produktion in den Betrieben auch auf dem Stromsektor zeigte, so dass die Zulassung zur Produktion nach der Lebensnotwendigkeit z.B. der Lebensmittelproduktion entschieden werden musste.

Auch wenn es keine akuten Versorgungsengpässe mit Lebensmitteln im ländlichen Raum gab, die „größte Gefahr" sah Weiskirch im „Überhandnehmen des Hamstererunwesens", das mit der Einbringung der Ernte zunehmen werde. Gegen die Hamsterer waren bereits seit Anfang Juni massive Maßnahmen eingeleitet worden. Dazu gehörten Schilder an den Haupteinfahrtstraßen mit dem Text: „Warnung! Jeder Verkehr weiter als 30 km vom Wohnort ohne besondere Erlaubnis ist verboten. Hamsterware wird beschlagnahmt. Militärregierung." Gedruckte Zettel mit dem gleichen Text sollten von verstärkten Polizeistreifen verteilt werden. Weiskirch sah ein Nachlassen der Bemühungen zur Eindämmung des „Hamstererunwesens" und wies gleichzeitig auf die Gefahren des Schwarzmarktes und die Preisentwicklung hin.

„Als besonders begrüßenswert und eine Entlastung für die Bevölkerung" war für Landrat Weiskirch die „Fortschaffung der Russen und Polen", also der „Displaced Persons". So bezeichneten die Alliierten zusammenfassend alle Ausländer, die von den Deutschen während des Krieges verschleppt wurden. Weiskirch benannte damit eine Volksgruppe, die in den Augen der Zivilbevölkerung in den Kreisen Coesfeld und Lüdinghausen pauschalisierend für Diebstähle, Raubüberfälle, Vergewaltigungen und Racheakte an ehemaligen Arbeitgebern in den Wochen nach Kriegsende verantwortlich gemacht wurde. Als persönliche Ohnmachtserfahrung hatten sich diese Ereignisse in der Region besonders eingeprägt, obwohl es auch Berichte über Verbrechen gab, die organisierten Banden anderer Nationalitäten, auch von Deutschen, zugeschrieben werden konnten.[19] Wie viele Deutsche kämpften die nun „befreiten" „Displaced Persons" ums Überleben, holten sich bei der Bevölkerung, was sie zum Leben brauchten, und schreckten dabei vor Gewalt nicht zurück. Die Zusammenfassung der ehemaligen Zwangsarbeiter, Zwangsarbeiterinnen und Kriegsgefangenen in Lagern beseitigte das Problem der Unterversorgung nicht sofort, da die notwendigen Lebensmittel aus dem regionalen Umfeld erbracht werden mussten. Die Häufung von Diebstählen und Plünderungen im Umfeld der Lager und konkrete Zeugenaussagen ließen daher zumindest für die Bewohner der Region keinen Zweifel an der ‚Täterschaft' der Lagerinsassen aufkommen.

In den Gesprächen zwischen der Militärverwaltung und Landrat Weiskirch wurde die Frage der „Displaced Persons" erstmals am 20. April 1945 thematisiert. Der Landrat fragte, „ob es Zwang sei, dass die ausländischen Arbeitskräfte, die auf den Bauernhöfen z.Zt. noch in Arbeit stehen und auch bis auf weiteres dort bleiben wollen, unbedingt entfernt werden" müssten. Der Kommandant verneinte diese Frage und erklärte, dass die Kräfte in ihrer Arbeit bleiben könnten, wenn sie arbeitswillig seien. Am 27. April 1945 informierte er jedoch über das Vorhaben der Militärregierung, die Russen und Polen, die sich innerhalb des Kreises noch frei bewegten und auf den Bauernhöfen zum Teil raubten und plünderten, nach Möglichkeit in Lagern unterzubringen, um die „Gefahr" zu beseitigen. An den Verpflichtungen der Deutschen ließ er aber keinen Zweifel aufkommen: „Diese Menschen" seien von der ehemaligen deutschen Regierung zum Zwecke der Arbeitsleistung geholt worden, daher müssten sie von ihr in derselben Weise wie die einheimische Bevölkerung mit Lebensmitteln versorgt werden. Die Anforderung von Schlachtvieh und sonstigen Lebensmitteln werde 48 Stunden vor der Lieferung erfolgen.

Im Kreis Coesfeld wurden kurz nach Kriegsende folgende Lager für Polen und Russen eingerichtet: Lager Stevede mit etwa 395 Polen, Lager Buldern mit etwa 270 Polen und das Lager Lette für anfangs rund 800 Russen. Nach den Russen wurden im Lager Lette ebenfalls rund 260 Polen untergebracht. Im aufgelösten

Kloster Gerleve errichtete die Besatzungsmacht außerdem ein Lazarett. Im Juni 1945 mussten im Kreis Coesfeld bis zu 2.000 Russen und Polen versorgt werden. Da für die Militärverwaltung ein unmittelbarer Zusammenhang zwischen der „Gefahr des Plünderns" und einer nicht genügenden Nahrungsmittelversorgung durch die Deutschen bestand, erhöhte sie den Druck auf den Landrat. Er sollte den Leiter des Ernährungs- und Wirtschaftsamtes im Kreis anhalten, „unter allen Umständen die Ernährung der im Bezirk des Kreises Coesfeld in Lägern untergebrachten Russen und Polen sicherzustellen". Nach dem Abzug der Russen lebten im September 1945 noch rund 1.200 Ausländer in den Lagern des Kreises Coesfeld.[20] Zeitweise wurde auch für das „Russenlager", das im „Lager Herbstwald" bei Nottuln entstanden war, Nahrungsmittel in den Gemeinden Billerbeck und Darup beschlagnahmt, obwohl es im Landkreis Münster-Land lag. Im „Lager Herbstwald" lebten im Mai 1945 rund 1.500 Russen und Polen.[21]

Auch im Kreis Lüdinghausen, wo in 13 Lagern über 9.000 „Displaced Persons" untergebracht waren, mussten die Ausländer zunächst direkt aus den Gemeinden versorgt werden.[22] Da die Gemeinden und der Kreis auch finanziell damit überfordert waren, wurden Anfang Juni 1945 fünf Zentralverpflegungslager eingerichtet, um die regelmäßige und einheitliche Versorgung nach festgesetzten Verpflegungssätzen sicherzustellen. Das Zentralverpflegungslager in Werne belieferte die Ausländerlager in Werne, Selm, Wethmar und Cappenberg, von Bockum-Hövel aus wurden die Lager in Bockum-Hövel, Drensteinfurt und Walstedde, von Ascheberg die Lager in Ascheberg, Davensberg und Herbern, von Lüdinghausen das Lager in Seppenrade und von Senden die Lager in Senden und Ottmarsbocholt versorgt. Nachdem fast alle Russen abtransportiert worden waren, lebten in den Lagern Anfang August 1945 noch 3.654 Personen in folgender Zusammensetzung: 892 ehemalige Kriegsgefangene, 2.177 ehemalige Zwangsarbeiter, 336 ehemalige Zwangsarbeiterinnen, 68 Schwangere und stillende Mütter, 63 Kinder im Alter unter 10 Jahren und 118 Kinder und Jugendliche im Alter von 10 bis 18 Jahren. Bis Anfang September sank die Zahl der Lagerinsassen weiter auf gut 1.000 Personen.

Der von der Bevölkerung ‚ersehnte' Abtransport der Russen aus dem Kreis Coesfeld erfolgte nicht so schnell, wie er zunächst angekündigt wurde, obwohl Anfang Juni bei der Militärverwaltung in Coesfeld ein russischer Major als Verbindungsoffizier stationiert war, der gemeinsam mit den Briten für die ‚Zwangsrepatriierung' seiner Landsleute zu sorgen hatte. Aber auch nach der Räumung des Lagers Lette war die ‚Ruhe und Ordnung' noch nicht garantiert, da sich einige Russen dem Abtransport entzogen hatten und sich, wie der Bürgermeister der Gemeinde Merfeld berichtete, in den Wäldern zwischen Merfeld und Lette ‚herumtrieben'.

Die Lebenssituation der vergewaltigten deutschen Frauen und Mädchen wurde im August 1946 von der Sozialverwaltung des Oberpräsidenten aufgegriffen.[23] Es wurde erwogen, die bestehenden Fürsorgebestimmungen abzuändern, um „der besonderen Not gerecht zu werden, in der sich vergewaltigte Frauen und Mädchen sowie die Kinder“ befanden. Zur Diskussion stand ein Anspruch auf öffentliche Hilfe, der unabhängig von einer Hilfsbedürftigkeit im Sinne der Fürsorgepflichtverordnung gewährt werden sollte. In einer Bestandsaufnahme bei allen Stadt- und Landkreisen meldete der Kreis Lüdinghausen 53 vergewaltigte Frauen, bei denen „als Kindesväter Angehörige fremder Nationen“ angegeben wurden. Von diesen seien 21 hilfsbedürftig und 32 nicht hilfsbedürftig.

Ein Thema, das bei allen Kommandanten absolute Priorität hatte, aber von Landrat Weiskirch in seinem Bericht nicht angesprochen wurde, betraf die „Säuberung“ der Verwaltung. Der erste Punkt der Niederschrift über die erste Besprechung am 18. April 1945 lautete: „Grundsätzlich wurde festgelegt, dass auf die Dauer bei allen Behörden keine Mitarbeiter geduldet werden können, die Angehörige der Nationalsozialistischen Deutschen Arbeiterpartei (NSDAP) waren.“ Dass dieser Grundsatz nicht in Stein gemeißelt war und der Anspruch, nur auf politisch unbelastete Personen zurückzugreifen, auf kommunaler Ebene aufgrund des Mangels an Fachkräften nicht durchgehalten werden konnte, zeigte sich schon wenige Sätze später. Um die Versorgung der Bevölkerung mit lebensnotwendigen Gegenständen nicht zu gefährden, wurden der Leiter des Ernährungs- und Wirtschaftsamtes Dr. Theodor Ruhrländer und der Kreisbauernführer Heinrich Pieper aus Billerbeck-Westhellen in ihren Ämter belassen.

Ruhrländer (1896–1961) war bis zu dessen Auflösung Geschäftsführer des Westfälischen Bauernvereins und danach in verschiedenen Funktionen des Reichsnährstandes tätig gewesen.[24] Im Juli 1939 übernahm er als Steuerberater eine landwirtschaftliche Buchstelle, die er auch nach seiner Dienstverpflichtung als Aushilfsangestellter und Leiter des Ernährungs- und Wirtschaftsamtes des Kreises Coesfeld im September 1939 weiterführte. Ruhrländer trat am 1. Mai 1933 in die NSDAP ein, war auch Mitglied der NSV und der NSKOV, übte in der Partei, ihren Organisationen und Verbänden aber keine Funktionen aus. Der Pragmatismus im ‚Fall Ruhrländer‘ setzte sich in der Folgezeit als generelle Linie bei den Personalentscheidungen der Militärverwaltung durch. Im September 1945 bezeichnete der Kommandant gegenüber dem neuen Landrat Wening die Entfernung aller Nazis aus allen Stellen als seine wichtigste Aufgabe. Auf die Nachfrage Wenings, wer unter den Begriff „Nazi“ falle, da nach seiner Ansicht nicht jede Person, die der Partei angehört habe, ohne weiteres als Nazianhänger bezeichnet werden könne, erklärte der Kommandant seine Prämissen: Darunter seien hauptsächlich diejenigen Personen zu verstehen, „die für die Partei gesprochen und für die Partei gehandelt hätten. Jeder Fall sei individuell zu behandeln“. In Zweifelsfällen stände es dem Landrat frei, ihn zu befragen.[25]

Als Grundlage seiner Entscheidungen standen dem Kommandanten genaue Besetzungslisten aller Einrichtungen des Kreises, der Kommunen und des Staates, aber auch Übersichten zu den Funktionen in der NSDAP, ihren Gliederungen und Verbänden zur Verfügung, die von Landrat Weiskirch in Zusammenarbeit mit den Gemeindeverwaltungen erarbeitet und vorgelegt werden mussten. Er verfügte über Listen von früheren NSDAP-Mitgliedern und HJ-Führern in Amtsstellungen und über eine Liste der politischen Häftlinge, die aus den Internierungslagern in Recklinghausen, Staumühle und Hemer bereits wieder entlassen wurden. Das wichtigste Instrument zur Beurteilung war jedoch der Fragebogen des „Military Government of Germany". Der Fragebogen musste von allen Beamten, Angestellten in den öffentlichen Einrichtungen, von Rechtsanwälten, die zugelassen werden wollten, aber auch von möglichen Kooperationspartnern im Handwerk, der Industrie und von Dienstleistungsunternehmen persönlich ausgefüllt werden und wurde über den Landrat dem Kommandanten vorgelegt. Die Kategorien des Bogens verlangten Informationen zur Person, zur Mitgliedschaft in der NSDAP und Funktionen in der Partei, zu Tätigkeiten in NSDAP-Hilfsorganisationen, über Schriftwerke und Reden, das Dienstverhältnis und Einkommen, zum Militärdienst, über Auslandsreisen und das politische Engagement vor 1933 und daraus resultierende Entlassungen oder Verhaftungen. Die Verweigerung der Beantwortung, unrichtige und unvollständige Angaben wurden gerichtlich verfolgt und hart bestraft.

Die Erkenntnisse aus diesen Unterlagen über ein parteipolitisches Engagement von Beamten und Angestellten beantworteten die Kommandanten konsequent mit der Entlassung, teilweise auch mit der Veranlassung der Internierung. So wurde Kreissparkassendirektor Theo Huesmann, mit dem gerade noch über den Zahlungsverkehr verhandelt worden war, in Recklinghausen inhaftiert, weil er als ehrenamtlicher Kassenleiter der NSDAP-Kreisleitung Coesfeld tätig war. Regierungsoberinspektor Josef van Berend in der Kreisverwaltung fühlte sich von der Entlassungsverfügung des Kommandanten besonders betroffen, nach der er zum 1. Mai 1945 ausscheiden musste. Er sei trotz seiner 68 Jahre voll einsatzfähig, sei „auch nur Muss-Nazi" gewesen und würde gerne länger im Dienst bleiben, bis er im Jahr 1946 sein 50-jähriges Dienstjubiläum hinter sich gebracht habe. Ein weiteres Beispiel ist Kreisinspektor Hansen, der im Juli 1945 aus der Kriegsgefangenschaft zurückgekehrt war und um Wiedereinstellung in den Dienst bat. Er erhielt die Antwort, dass er für eine Weiterverwendung im öffentlichen Dienst nicht mehr tragbar sei. Die Begründung lautete: sehr starker Einsatz in der NSDAP, SA und HJ; außerdem sei er aus der Kirche ausgetreten. Im August 1945 wurden zwei Aushilfsangestellte und ein Angestellter entlassen, da sie „politisch nicht tragbar" seien.

Auch außerhalb der Kreisverwaltung zeigte der Kommandant dieselbe konsequente Haltung: Der Amtsbeigeordnete im Amt Rorup wurde wegen seiner Zugehörigkeit zum SA-Reitersturm, ein Gemeindebürgermeister des Amtes aufgrund seines Parteiengagements entlassen. Besonders wichtig war dem Kommandanten die Entlassung von NS-Aktivisten aus Leitungsfunktionen. Den Leiter des Postamtes Coesfeld setzte er persönlich ab, als die übergeordnete Dienststelle in Münster keine Reaktion zeigte. Dem leitenden Beamten und Oberzollkommissar beim Zollamt Coesfeld wurde die Funktion als SA-Scharführer zum Verhängnis. Gegen eine Verwendung im Zolldienst auch an leitender Stelle an einem anderen Ort hatte die Kommandantur jedoch nichts einzuwenden. Als letztes Beispiel sei die Ablösung des Leiters des Arbeitsamtes Coesfeld, Dr. Herbert Bauer, angesprochen.

Der Kommandant beauftragte Landrat Weiskirch Anfang August damit, mit dem Präsidenten des Landesarbeitsamtes in Münster wegen der Abberufung von Bauer zu verhandeln, da dieser nach den Angaben im Fragebogen 5 Jahre in der SS gewesen sei. Bauer erhielt jedoch die Gelegenheit, in einem Gespräch mit dem Kommandanten, Major Wilks, und dem Landrat seine Sicht darzustellen. Er sei damals gezwungenermaßen in die SS gegangen, weil die SA seinerzeit gesperrt war und er als Student der Rechte irgendeiner Formation angehören musste, um sein Examen ablegen zu können. Er sei schon vorher als politisch unzuverlässig bekannt gewesen. Außerdem wies er darauf hin, „dass er im Jahre 1934/35 bei einem jüdischen Professor promoviert habe und er das mündliche Examen, obschon die Arbeit vom Professor mit ‚gut' bezeichnet worden war, wiederholen musste". Major Wilks blieb jedoch bei seiner Entscheidung, dass Bauer als Leiter des Arbeitsamtes nicht mehr tragbar sei. Er werde aber keine Bedenken erheben, wenn Bauer als Referent an einer anderen Stelle des Landesarbeitsamtes weiter beschäftigt würde.[26]

Für Beamte und Angestellte im öffentlichen Dienst war mit der Entlassung und Versetzung das Kapitel ihres NS-Engagements noch lange nicht abgeschlossen. Wie alle NSDAP-Mitglieder und NS-Aktivisten mussten sie noch ein Entnazifizierungsverfahren durchlaufen, für das aber erst im Laufe des Jahres 1946 die organisatorischen und verfahrensrechtlichen Voraussetzungen geschaffen wurden. Außerdem waren sie ab 1946 teilweise von den umfassenden Kontensperrungen und Vermögenskontrollen betroffen, die im Zuge der Entnazifizierungsverfahren als Sanktionsmaßnahmen vorbereitet wurden.[27] Die Militärverwaltung nutzte die Blockierung von Bankkonten jedoch bereits seit Mai 1945, um vor allem gegen NS-Aktivisten und Regime-Profiteure in der Wirtschaft vorzugehen. Eine Liste von Anfang Mai 1945, die im Auftrag des Landrates von einer Kommission erarbeitet wurde, enthält 39 Namen.[28]

Im Vergleich mit der vor allem verwaltungsinternen Herausforderung der „Säuberung", der Bewältigung der Versorgungs- und Sicherheitsprobleme hatten Fragen zur Neuorganisation des öffentlichen Lebens und Maßnahmen zur ‚Umerziehung' der Bevölkerung in den Besprechungen mit der Militärverwaltung eine eher untergeordnete Bedeutung. Dabei ging es meistens um die Festlegung der Ausgehzeiten und die Einhaltung der Sperrstunden. Eher beiläufig wurde Christi Himmelfahrt als Feiertag wieder eingeführt. An Fronleichnam musste 1945 noch gearbeitet werden, obwohl kirchliche Prozessionen von der Militärverwaltung ausdrücklich erwünscht waren. Die Eingrenzung der Bewegungsfreiheit auf den Kreis wurde immer wieder von den Evakuierten aus dem Ruhrgebiet und dem Aachener Bezirk auf die Tagesordnung gebracht, von denen im Amt Rorup noch 2.000, in Billerbeck 1.700, im Amt Osterwick 1.500 und im Amt Gescher 1.000 Personen auf die Rückkehr in ihre Heimatregion warteten. Aufgrund der schwierigen Verkehrsverbindungen in die linksrheinischen Gebiete wurde ihnen erst Mitte Juli 1945 die Rückkehr gestattet.

In Ergänzung zur Presseberichterstattung und zu Rundfunkreportagen fanden nur wenige Veranstaltungen im Kreisgebiet statt, auf denen die Bevölkerung mit den Verbrechen des NS-Regimes konfrontiert wurden. Am 20. Juni 1945 berichtete ein polnischer Offizier in Billerbeck über seine Erlebnisse im „KZ-Lager Belsen". Die Kommandantur wies den Amtsbürgermeister von Billerbeck an, für einen vollen Vortagssaal zu sorgen. Vor allen Dingen sollten „die früher so sehr sich für die Partei einsetzenden Männer und Frauen und die Jugend zu diesem Vortrag abgeordnet werden". Auf Weisung des Kommandanten sollte der Bürgermeister die Versammlung eröffnen und auch der Landrat teilnehmen. Der polnische Offizier plante weitere Vorträge in Coesfeld, Dülmen, Osterwick und Gescher, die dann am 7. August in Gescher und am 8. August 1945 in Dülmen stattfanden.

Mitte Juli übergab der Kommandant dem Landrat Bildaufnahmen aus den verschiedensten „KZ-Lägern". Diese Bilder sollten in den Amtsbezirken des Kreises in einer Art ‚Wanderausstellung' öffentlich ausgehängt werden. Geplant war die Reihenfolge: Coesfeld-Stadt, Coesfeld-Amt, Dülmen-Stadt, Dülmen-Amt, Buldern, Rorup, Billerbeck, Osterwick, Gescher. Aus Billerbeck kam Anfang Juli 1945 der Vorschlag für einen weiteren Vortrag, zu dem der Kommandant sofort sein Einverständnis erklärte. Pater Augustin aus Gerleve sollte gebeten werden, über seine Erlebnisse im „KZ-Lager" zu berichten. In der gleichen Zeit wurden Maßnahmen eingeleitet, um Hakenkreuze auf öffentlichen Denkmälern zu entfernen, während die Straßenumbenennungen der NS-Zeit in den meisten Gemeinden auf Anweisung der Militärregierung bereits zu Beginn der Besatzungszeit rückgängig gemacht worden waren. Die Beseitigung von „Nazi-Schrifttum" aus den Büchereien wurde erst Ende 1945 eingeleitet.[29]

Möglicherweise wurden diese Maßnahmen zur ‚Umerziehung' nicht weiter intensiviert, weil die Militärverwaltung zur gleichen Zeit mit zahlreichen Anträgen zur Genehmigung politischer Versammlungen konfrontiert wurde und die Bereitschaft in der Bevölkerung zur politischen Mitwirkung und Demokratisierung spürbar war. Im Kreis Coesfeld hatten sich Gewerkschaften und Arbeiterräte gebildet. Eine Gruppe der Eisenhütte Phönix in Dülmen beantragte Ende Juni die Genehmigung für eine Versammlung der freien Gewerkschaften. Das nahm der Kommandant zum Anlass, die Bildung von Arbeiter- und Gewerkschaftsausschüssen generell zuzulassen. Die Zusammenfassung unter einer Gesamtleitung und die Erhebung von Mitgliedsbeiträgen wurde jedoch noch untersagt. Die Bildung und Anerkennung von „Arbeiterräten" untersagte die Kommandantur ausdrücklich mit der Bemerkung, dass die Militärregierung nicht die Absicht habe, „nachdem der Nationalsozialismus abgeschafft worden sei, an dessen Stelle den Kommunismus zuzulassen". Nur eine „Politik der mittleren Linie (Demokratie)" sei für Deutschland zuträglich. Die Bildung von „Vertrauensausschüssen" oder

„Bürgerausschüssen“ sei aber möglich und könne über die Bürgermeister beantragt werden. Diese hätten zur Eignung und Tragbarkeit jeder vorgeschlagenen Person Stellung zu nehmen. Die Entwicklung zu einer stärkeren Bürgerbeteiligung wurde auch durch die Militärregierung selbst gefördert, da sie ab Juli 1945 Wirtschafts-, Bau- und Wohnungskommissionen mit Fachleuten zur Unterstützung der Kreisverwaltung berief. Die sorgfältige individuelle Prüfung der politischen „Tragbarkeit“ war inzwischen selbstverständlich geworden.

Der demokratische Neuanfang auf der Ebene der Landkreise
Ende August 1945 informierte der Oberpräsident der Provinz Westfalen die Landräte über einige „Weisungen“ der Militärregierung, die als offizieller Auftakt des Demokratisierungsprozesses in der Region gesehen werden können:[30] Die Abfassung guter Leitartikel sollte in der deutschen Presse gefördert werden; die Wiederherstellung der vollständigen Rede- und Pressefreiheit wurde angekündigt; öffentliche Versammlungen zur „Besprechung politscher und anderer Fragen“ durften wieder abgehalten werden, sie mussten allerdings angekündigt werden; Jugendorganisationen auf freiwilliger Grundlage mit religiösen, kulturellen, gesundheitlichen oder Erholungszwecken sollten gefördert werden; und Lichtspieltheater wurden für die Zivilbevölkerung wieder geöffnet.

Gleichzeitig setzte eine umfassende ‚Aufklärungskampagne‘ ein, in der die Militär-Regierung mit Oberst J. Spottiswoode als Kommandant im Regierungsbezirk Münster an der Spitze jede Gelegenheit nutzte, um über den Oberpräsidenten, die Regierungspräsidenten und Landräte durch Vorträge und Grundsatzpapiere „den britischen Begriff Demokratie“ zu erklären.[31] Denn Spottiswoode hatte festgestellt, dass es „unglücklicherweise“ sehr unterschiedliche individuelle und nationale Vorstellungen über den Begriff „Demokratie“ gab. Selbst die NSDAP habe den Anspruch erhoben „demokratisch“ zu sein. Daher mussten aus seiner Sicht erst einmal die Voraussetzungen einer „wirklich demokratischen Regierung in Deutschland“ der Verwaltung und Bevölkerung bewusst gemacht werden. Dieser Erkenntnis entsprach sein grundlegender Ansatz:

> „Ganz allgemein gesprochen ist Demokratie die Regierung des Volkes den Wünschen des Volkes entsprechend. Das schließt in sich, dass Gesetze durch Vertreter der Mehrheit gebildet werden müssen. Aber es bedeutet auch, dass, obwohl die Minderheit die Gesetze der Mehrheit annehmen muss, die Mehrheit doch die berechtigten Ansprüche und Rechte der Minderheit beachten muss. Gerade in diesem Punkt war die Politik der NSDAP so völlig verkehrt.
> Damit die wirklichen Vertreter gewählt werden, ist es nicht nur nötig, dass jeder einzelne Gelegenheit hat, seiner Wahl freien Ausdruck zu geben, sondern er muss auch gute Gelegenheit haben, die wirkliche Lage kennen zu lernen, und muss die erforderliche Art und das nötige Maß an Ausbildung haben, dass er seine eigene Meinung über das, was die richtige Politik ist, frei bilden kann.“

Eine solche Lage könnten die Alliierten aber nur bei der Erfüllung bestimmter Forderungen schaffen: bei ausgedehnten und zuverlässigen Informationen und Nachrichten, einer „großzügigen allseitigen Ausbildung" des Einzelnen zur Entwicklung der Urteilskraft, einem „lebhaften Interesse" des Einzelnen an der Regierung, der Bereitschaft einzelner auch Pflichten „als Diener des Volkes auf sich zu nehmen" und einem Wahlsystem, das es nicht ermöglichte, „moralischen oder äußeren Zwang auf den einzelnen auszuüben". Auch den Briten war offensichtlich bewusst, dass diese von Idealismus getragenen Leitideen nur begrenzt zur unerlässlichen Bedingung für weitere Demokratisierungsschritte und Reformen erhoben werden konnten, wenn sie in Praxis Fortschritte erzielen wollten. Sie wählten daher mit der Berufung von Beiräten auf der Gemeinde- und Kreisverwaltungsebene einen eher pragmatischen Weg, um die Bevölkerung an ihre Demokratievorstellungen heranzuführen.

Auf einer Besprechung der Landräte und Oberbürgermeister mit Regierungspräsident Hackethal am 22. August 1945 kündigte dieser die Bildung der Beiräte bei den Gemeinde- und Kreisverwaltungen an. Für Hackethal waren die Beiräte für eine erfolgreiche Verwaltungsführung unentbehrlich, solange nicht durch Gemeindewahlen legitimierte Gemeindevertretungen eingesetzt wurden, da diese das Vertrauen in die öffentliche Verwaltung stärken und die Verwaltungsführung der Behördenleiter erleichtern würden. Die Beiräte sollten sich aus christlich-demokratischen, SPD- und KPD-Mitgliedern zusammensetzen, aber von der Anzahl der Mitglieder nicht zu groß gemacht werden, um die Arbeitsfähigkeit zu gewährleisten. Nach allgemeiner Ansicht der Versammlung sollte die Geistlichkeit beider Konfessionen nicht für die Beiräte vorgeschlagen werden. Landrat Weiskirch erwartete von den Gemeinden bis zum 15. September 1945 Vorschläge für die Besetzung der Gremien. Für jeden Personalvorschlag musste wiederum der obligatorische Personalfragebogen der Militärregierung beigefügt werden, da die Mitglieder durch die Militärregierung bestätigt und berufen werden mussten. Er empfahl daher, die Personalvorschläge mit den örtlichen Vertretern der Militärregierung vorher abzustimmen. Der neue Landrat Wening konnte erst am 6. November dem Kommandanten in Coesfeld die Liste mit den vorgesehen Gemeindebeiräten überreichen. Bis auf die später eingereichten Vorschläge für die Stadt Coesfeld bestätigte die Militärregierung alle Gemeindebeiräte bereits am 16. November, für den Coesfelder Verwaltungsbeirat folgte die Bestätigung am 4. Januar 1946.[32] Die Mitglieder der Gemeindebeiräte wurden daraufhin von den Bürgermeistern ernannt.

Die Anzahl der Gemeinderäte/Verwaltungsbeiräte kann nicht genau benannt werden, da z.B. für alle Gemeinden des Amtes Gescher nur ein „Amtsbeirat" vorgeschlagen wurde. Da auch andere Ämter mit einer zeitlichen Verzögerung neben den Gemeinderäten zusätzlich Amtsvertretungen in Vorschlag brachten, wurden sehr wahrscheinlich im Kreis Coesfeld 18 Stadt- und Gemeindevertretungen und 6 Amtsvertretungen gebildet, die sich hinsichtlich der personellen Zusammensetzung teilweise überschnitten. Die Anzahl der Mitglieder pro Gemeinderat korrespondierte weitgehend mit der Bevölkerungszahl der Gemeinden und bewegte sich zwischen vier und zehn Personen. Die politische Zusammensetzung sollte sich nach dem Ergebnis der Kommunalwahl von 1929 richten, wobei die Stimmenanteile der Deutschen Volkspartei und Deutschen-Demokratischen Partei dem christlich-demokratischen Lager zugeschlagen werden sollten. Es war jedoch auch möglich nicht-parteigebundene Mitglieder vorzuschlagen. Nach einer Bestandsaufnahme von Januar 1945 gehörten von allen 99 ernannten Beiratsmitgliedern auf der Stadt- und Gemeindeebene 8 der SPD und 5 der KPD an, die sich vor allem auf die Städte Billerbeck, Coesfeld und Dülmen konzentrierten.[33]

Ob die ernannten Verwaltungsbeiräte den Erwartungen der Militärregierung entsprachen, kann nur schwer beurteilt werden. Nach den Vorstellungen von Oberst Spottiswoode, sollten sie „so gut wie eben möglich allen Ansprüchen gerecht werden". Ein Ausschuss von besonders intelligenten Männern sei nicht erforderlich, da diese ja doch nicht gut zusammenarbeiten würden. Dagegen seien Fachkräfte auf den verschiedenen Gebieten, die wahrscheinlich wichtig werden würden, sehr erwünscht. Alle wichtigen Interessen, berufliche, religiöse und politische, sollten vertreten sein und man müsse versuchen, diejenigen Leute einzusetzen, die sonst vom Volk gewählt worden wären.[34]

Die Funktionen, Kompetenzen und Zuständigkeiten der Gemeindevertretungen klärten sich erst allmählich in Gesprächen zwischen der Militär- und Zivilverwaltung und wurden in Richtlinien und Mustersatzungen niedergelegt, über deren Einführung die Gemeindevertretungen selbst beschließen sollten.[35] Grundsätzlich hatten sie als Verwaltungsbeiräte nicht nur eine beratende, sondern eine „beschließende Funktion". Sie waren beschlussfähig, wenn wenigstens ein Drittel der Mitglieder anwesend war. Die Zuständigkeit der Gemeinderäte hinsichtlich der Beschlussfassung wurde nicht genau abgegrenzt. Sie sollten jedoch den Bürgermeistern helfen, sie aber nicht behindern. Vor allem sollten sie „nie" in die Geschäfte der Verwaltung eingreifen. Die Militärregierung legte sehr großen Wert auf die „Öffentlichkeit der Sitzungen der Vertretungskörperschaften". Die Öffentlichkeit musste bis auf wenige Ausnahmen wie bei der Behandlung von Grundstücksgeschäften oder Personalangelegenheiten zugelassen werden. Das setzte eine rechtzeitige Information der Öffentlichkeit über die Termine der Sitzungen und die Tagesordnung voraus.

Welche Bedeutung den Verwaltungsbeiräten in der Bürgerschaft als erster Schritt zur Demokratisierung beigemessen wurde, zeigte sich auch an der feierlichen Gestaltung der Eröffnungssitzungen im Januar 1946. Regierungspräsident Hackethal legte größten Wert auf die Mitteilung der Termine, um persönlich an Eröffnungssitzungen teilnehmen zu können. Es ist außerdem zu beobachten, dass eine Reihe von Persönlichkeiten in diesen Bürgervertretungen auch später das kommunale Leben ihrer Gemeinden maßgeblich mit gestaltete. Somit können die Verwaltungsbeiräte als Keimzellen der künftigen Kommunalparlamente betrachtet werden.[36]

Das galt auch für die Verwaltungsbeiräte auf der Kreisebene. Im Kreis Coesfeld forderte Landrat Wening Anfang Dezember 1945 die Christlich-Demokratische Partei, die sich erst im September in Bochum als konfessionsübergreifende Vereinigung der christlich-demokratischen Kräfte konstituiert hatte, die SPD und die KPD auf, Parteimitglieder für die Berufung in den Beirat vorzuschlagen.[37] Er hatte die Zahl der Beiratsmitglieder zunächst auf neun festgesetzt, von denen die Christlich-Demokratische Partei sechs beanspruchte. Für die SPD hatte Landrat Wening zwei, für die KPD einen Sitz vorgesehen. Die SPD protestierte jedoch gegen diese Festlegung, da sie „bereits bis weit in die bürgerlichen Kreise vorgestoßen sei" und es daher nicht verantworten könne, sich nur mit zwei Mandaten zufrieden zu geben. Drei Mandate sei „kein unsinniges Verlangen". Ansonsten wolle sie erst das Wahlergebnis der angekündigten Wahlen abwarten und bis zu diesem Zeitpunkt jegliche Mitarbeit in den Ausschüssen ablehnen. Landrat Wening entschärfte den sich anbahnenden Konflikt durch eine Aufstockung der Verwaltungsbeiratssitze auf zehn Vertreter, wodurch der SPD ein dritter Sitz zugesagt werden konnte. Mitglied dieses parteipolitisch geprägten Gremiums waren der spätere erste ehrenamtliche Landrat Johannes Dieker (1880–1968) und dessen Vertreter Theodor Althaus (SPD), aber auch der Rendant Johannes Bockholt (1892–1972) aus Dülmen, Landrat von 1952 bis 1961, und der Landwirt Heinrich Hörnemann (1906–1977) aus Gescher, Landrat von 1961 bis 1974.

Am 15. Januar 1946 fand die konstituierende Sitzung des Verwaltungsbeirates des Kreises Coesfeld unter dem Vorsitz des Landrates statt.[38] An der Sitzung nahm auch ein Vertreter der Militärregierung teil. In seiner Eröffnungsansprache wies der Landrat auf das Chaos hin, das die „verbrecherische Nazipolitik" hinterlassen habe. Es müsse gewaltig gearbeitet werden, um die Heimat wieder aufzubauen. Daher müssten alle „in wahrer Eintracht" zusammenstehen. Unter dieser Voraussetzung nehme er von jedem zu jeder Zeit Anregungen entgegen. Er begrüße auch jede Kritik, die von dem Willen beseelt sei, den Wiederaufbau des Kreises zu fördern. Nach dieser Eröffnungsansprache nahm der Landrat die Verpflichtung der Beiratsmitglieder durch Handschlag vor. Auf der Tagesordnung stand als einziger Punkt der Haushaltsplan für das Rechnungsjahr 1946/47. Er wurde nach kurzer Beratung einstimmig genehmigt und beschlossen. Die erste Kreisbeiratssitzung vermittelte den Eindruck, so die abschließende Feststellung des Protokollanten, „dass eine vertrauensvolle Zusammenarbeit aller auf echt demokratischer Grundlage die Gewähr dafür bietet, die Not zu überwinden und den Wiederaufbau beschleunigt vorwärtszubringen".

Der Beirat kam bis zu den ersten Kreistagswahlen am 13. Oktober 1946 insgesamt achtmal zusammen. Wichtige Themen und Beschlüsse betrafen den Haushalt, die Einstellung von Beamten, besonders beim Bauamt und bei der Berufsschule, die Bildung von Ausschüssen, auch zur Vorbereitung der Wahlen, und die Abfassung von Resolutionen, in denen nachdrücklich Baumaterial, tägliches Bedarfsgut und Geldmittel für den Kreis gefordert wurden. In der Sitzung am

8. März hatte der Beirat auf Anordnung der Bezirksregierung anstelle des noch nicht gewählten Kreistages einen Entnazifizierungsausschuss zu bilden, der dann vom Landrat ernannt wurde. Dafür sollte er 6 bis 16 Personen bestimmen, die Ansehen genossen und geeignet waren, die Entnazifizierung gerecht und vorurteilslos durchzuführen. Sie durften weder Mitglied der NSDAP noch irgendeiner Gliederung gewesen sein. Vom Verwaltungsbeirat wurden 7 Personen vorgeschlagen. Außerdem musste ein Berufungsausschuss gebildet werden, der aus dem Vorsitzenden, der Jurist sein musste, und 4 weiteren Mitgliedern bestand. In der Sitzung am 9. September wurde die Entnazifizierungsspruchkammer auf Anweisung der Militärregierung auf 16 Personen vergrößert. Zur Beschleunigung der Entnazifizierung sollten alle Mitglieder der Spruchkammer auch bereit sein, ‚hauptamtlich' tätig zu werden.[39]

Mit der Einführung der Revidierten Deutschen Gemeindeordnung zum 1. April 1946 führte die Militärregierung in den Gemeinden, Städten und Kreisen die kommunale Doppelspitze ein.[40] Nach der neuen Kommunalverfassung sollten politische und exekutive Funktionen getrennt werden. Die Bürgermeister und Landräte waren danach nur noch gewählte Vorsitzende der kommunalen Parlamente mit Repräsentationsaufgaben. Die Leitung der Verwaltung lag nun in den Händen von überparteilichen Fachbeamten, den Gemeinde-, Amts- oder Stadtdirektoren bzw. Oberkreisdirektoren. Aus der Sicht des Kreiskommandanten war es aber nicht wünschenswert, die Wahlen der Bürgermeister und die Ernennung der Stadtdirektoren bis zu den Gemeinderatswahlen im September 1946 hinauszuschieben. Daher müssten die Wahlen und Ernennungen sofort in Angriff genommen werden. Anfang April ordnete die Militärregierung auch die Wahlen „der politischen Landräte und Oberkreisdirektoren" an. Da die Kreistage aufgrund der ausstehenden Kreistagswahlen noch nicht gebildet werden konnten, erklärte sich die Militärregierung damit einverstanden, die Wahlen durch den Kreisverwaltungsbeirat vornehmen zu lassen. In Coesfeld standen diese Wahlen am 3. April auf der Tagesordnung des Verwaltungsbeirates.[41] Er wählte den Krankenkassengeschäftsführer a.D. Johannes Dieker aus der christlich-demokratischen Partei zum ehrenamtlichen Landrat, den Sozialdemokraten Theodor Althaus zum Kreisdeputierten, sprich seinem Stellvertreter, und den bisherigen Landrat Wening zum Oberkreisdirektor.[42]

Im Kreis Lüdinghausen wurde der ehrenamtliche Landrat Wilhelm Deist (1898–1953) am 30. April 1946 gewählt. Als Oberkreisdirektor war bereits am 25. April 1946 auf Vorschlag des Regierungspräsidenten mit Zustimmung der Militärregierung der Verwaltungsjurist Rudolf Weskamp (1894–1969) berufen worden. Die Wahl erfolgte auch im Kreis Lüdinghausen durch einen ‚Kreisverwaltungsbeirat', der allerdings aufgrund seiner Zusammensetzung und seiner Größe als „Ausschuss für die Angelegenheiten des Kreises Lüdinghausen" und in Anlehnung an die Weimarer Kreisverfassung auch als „Kreisausschuss" und ab Februar 1946 zunehmend als „Kreistag" bezeichnet wurde.[43] Die Mitglieder der Kreisvertretung mussten jedoch wie im Kreis Coesfeld durch die Militärregierung

Abb. 94: Johannes Dieker (1880–1968), erster ehrenamtlicher Landrat des Kreises Coesfeld von April 1946 bis 1949

Abb. 95: Wilhelm Deist (1898–1953), erster ehrenamtlicher Landrat des Kreises Lüdinghausen von April 1946 bis 1953

Abb. 96: Rudolf Weskamp (1894–1969), von April 1946 bis 1959 erster Oberkreisdirektor des Kreises Lüdinghausen

bestätigt werden und verfügten nicht über zusätzliche Rechte. Während das Vorschlags- und Genehmigungsverfahren für die Verwaltungsbeiräte in den Städten und Gemeinden wie im Kreis Coesfeld ablief, wurden in Abstimmung mit der Militärverwaltung für die Zusammensetzung des „Ausschusses für die Angelegenheiten des Kreises“ andere Auswahlkriterien festgelegt. Der Ausschuss sollte 36 Personen umfassen, von denen 32 als Vertreter der Ämter und 4 als Interessenvertreter der Industrie- und Handelskammer, der Kreishandwerkerschaft, der Kreisbauernschaft und des Großgrundbesitzes vorgeschlagen werden sollten. Aus den Amtsbezirken sollten zunächst die Vorsitzenden der politischen Parteien und, wenn diese nicht in der vorgesehenen Anzahl vorhanden waren, andere Vertreter aus den bereits bestellten Gemeinde- und Amtsausschüssen benannt werden. Die Vorschläge sollten im Einvernehmen mit den Gemeindebürgermeistern erfolgen und nach Möglichkeit die einzelnen Berufsstände berücksichtigen.

Auch die Tagesordnungspunkte, über die der „Kreistag“ zu beschließen hatte, deckten sich weitgehend mit den Coesfelder Themenstellungen bis hin zur Bildung eines Entnazifizierungsausschusses am 12. April 1946. Im Kreis Lüdinghausen wurden allerdings, anders als im Kreis Coesfeld, fast alle Herausforderungen und Probleme der Krisenzeit seit Mai 1945 unter Leitung des Landrates und mit Beteiligung der Kreisverwaltung in regelmäßigen Bürgermeisterkonferenzen diskutiert und Lösungswege besprochen.[44] Diese ‚Tradition‘ der verwaltungsinternen Abstimmung wurde auch nach der Konstituierung des „Kreistages“ und den nun politisch geprägten Bürgervertretungen fortgeführt.

Die Wahl der ehrenamtlichen Landräte Johannes Dieker und Wilhelm Deist und die ‚Wahl‘ bzw. Bestätigung der Oberkreisdirektoren Bernhard Wening und

IV 1020

Stimmzettel

für die Kreistagswahl am 13. Oktober 1946

Wahlbezirk I

1.	**Althaus** (Theodor, Coesfeld, Strobandtstr. 13 — Invalide — S. P. D.)	
2.	**BETTING** (Karl, Coesfeld, Meinertstr — Vertreter — K. P. D.)	
3.	**Claessen** (Karl, Coesfeld, Steckinghoff 15 — Prokurist i. R. — S P. D.)	
4.	**Drüner** (Alfons, Coesfeld, Grimpingstr. 1 — Invalide — K. P. D.)	
5.	**Everz** (Heinrich, Coesfeld, Kettelerstr. 1 — Graphiker — C. D. U)	
6.	**Fenner** (Willi, Coesfeld, Meinertstr. 15 — Vertreter — K. P. D.)	
7.	**Göcke** (Wilhelm, Coesfeld, Reiningstr. 18 — Kirchenkassenrendant — C. D. U.)	
8.	**Grüter** (Alois, Coesfeld, Feldmark L — Rb.-Betriebswart — Z.)	
9.	**Karst** (Otto, Coesfeld, Bahnhofstr. 4 — Kaufmann — C D U.)	
10.	**Kaup-Hertger** (August, Coesfeld, Borkenerstr. 32 — Schmiedemeister — Z.)	
11.	**Klein** (Alfred, Coesfeld, Laurentiusstr. 23 — Vertreter — K P D.)	
12.	**Klöpper** (Heinrich, Coesfeld, Viehplatz — Fuhrunternehmer — Z.)	
13.	**Krass** (Bernhard, Coesfeld, Burghof 9 — Seminaroberlehrer — C. D. U.)	
14.	**Lanfer** (Heinrich, Coesfeld, a. rot. Baum 13 — Vertreter u. Bürstenmacher — S P D.)	
15.	**Normann** (Caspar, Coesfeld, Jakobiring — Dachdeckermeister — C. D U.)	
16	**Pollmeyer** (Wilhelm, Coesfeld, Stevederweg — Monteur — S. P. D.)	
17.	**Roters** (Ernst, Coesfeld, Neutorstr. 11 — Rb.-Arbeiter — Z.)	
18.	**Rösmann** (Anton, Coesfeld, Feldmark R 57 — Arbeiter — S. P. D.)	
19.	**Sicking** (Josef, Coesfeld, Loburgerstr. 13 — Milch- und Textilhändler — Z.)	
20.	**Schweinstig** (Heinrich, Coesfeld, Gaupel — Händler — K. P. D.)	
21.	**Tübing** (Karl, Coesfeld, Borkenerstr. 16 — Bäckermeister — Z.)	
22.	**Walter** (Karl, Coesfeld, Sportplatz — Angestellter — S. P. D.)	
23.	**Wevers** (Albert, Coesfeld, Baurat Woltersstr. — Richtmeister — C D. U.)	
24.	**Wischkon** (Erwin, Coesfeld, am roten Baum 28 — Vertreter — K. P. D.)	

Abb. 97: Stimmzettel für die erste Kreistagswahl im Kreis Coesfeld nach dem Krieg (13. Oktober 1946)

Rudolf Weskamp durch die ernannten Kreisverwaltungsbeiräte hatte allerdings eine langfristige Wirkung, die sehr wahrscheinlich von der Militärregierung so gewollt war, um die Auswahl des Spitzenpersonals nach der reformierten Kreisverfassung ein Stück weit ‚präjudizieren' zu können. Denn nach der ersten Kreistagswahl am 13. Oktober 1946, nach der in den Coesfelder Kreistag 39 Abgeordnete (28 CDU, 9 Zentrum, 2 SPD) und in den Lüdinghauser Kreistag 38 Abgeordnete (20 CDU, 3 Zentrum, 13 SPD, 2 KPD) einzogen, und auch nach der zweiten Wahl am 17. Oktober 1948 wurden die Personalentscheidungen der Kreisverwaltungsbeiräte von April 1946 bestätigt.[45]

Sonderhilfen und Wiedergutmachung für die Opfer, Entnazifizierung der Täter

Das Thema von Hilfen für die aus rassistischen, politischen und religiösen Gründen Verfolgten und Opfer der NS-Gewaltherrschaft stand im Kreis Lüdinghausen erstmals in der Bürgermeisterbesprechung vom 24. Januar 1946 auf der Tagesordnung. Landrat Schmitz gab die Einrichtung und Zusammensetzung eines „Kreissonderhilfsausschusses für politisch Geschädigte" bekannt. Damit folgte er einer Anweisung der britischen Militärregierung, die am 4. Dezember 1945 die Bildung der Ausschüsse als Organisationseinheit der Wohlfahrtsämter in jedem Kreis vorgeschrieben hatte. Die Kreissonderhilfsausschüsse sollten aus drei Mitgliedern bestehen, einem Juristen als Vorsitzenden, einem Vertreter der Bürgerschaft und einem ehemaligen KZ-Häftling als Beisitzer. Ein Beamter des Wohlfahrtsamtes sollte die Schriftführung übernehmen. Im Kreis Lüdinghausen übernahm Landrat Schmitz selbst als Jurist den Vorsitz und nach dessen Ausscheiden OKD Weskamp; weitere Mitglieder waren „Dr. Brockhoff als Bürger" und „Hartmann Selm als früherer Konzentrationär".[46] Im Kreis Coesfeld konnte der Rechtsanwalt Dr. Wübken für den Vorsitz gewonnen werden, der jedoch im Dezember 1946 ausschied. Nachfolger wurde Oberamtsrichter Dr. Hübner aus Coesfeld. Als Vertreter der Öffentlichkeit nahm bis Oktober 1946 Kaplan Meyer aus Darup an den Sitzungen teil, dem dann Graf Franz von Galen aus Merfeld folgte. Die Interessen der Häftlinge vertrat kurzfristig bis März 1946 der Auktionator Große Daldrup aus Billerbeck, dessen Funktion dann der Buchdruckereibesitzer Julius Gottheil aus Coesfeld übernahm.

Bereits in den ersten Monaten nach Kriegsende herrschte ein breiter Konsens darüber, die Not der NS-Opfer zu lindern.[47] In der Stadt Coesfeld führte der Arbeiter Karl Betting Anfang Juli 1945 im Auftrag einer örtlichen „antifaschistischen Vereinigung" eine Geldsammlung „für die Opfer des Nazi-Systems, Konzentrationslager-Häftlinge und für alle pol. Gefangene, einschl. der Überführung der Toten in der Heimat" durch. Die Sammelliste, auf der diese Zweckbestimmung ausgewiesen war, umfasste mindestens 50 Personen, die zwischen 10 und 50 Reichsmark mit einem Gesamtergebnis von 2.161 Reichsmark gespendet hatten. Da Betting keine Genehmigung für die öffentliche Sammlung beantragt hatte, schaltete sich die Polizei ein, stellte das Geld sicher und führte Betting und einen weiteren Sammler beim Militärkommando vor, die es jedoch bei einer Ermahnung beließ. Über die Verwendung der Spenden musste die Entscheidung des Regierungspräsidenten eingeholt werden. Sie sollten im Rahmen der fürsorgerischen Betreuung durch den Landkreis an Personen ausgegeben werden, „die unter der Nazi-Herrschaft in KZ-Lägern usw. im besonderen Maße hilfsbedürftig geworden" seien. Um diesen Auftrag erfüllen zu können, bat der Landrat Ende Juli 1945 alle Ortsbehörden um die Mitteilung von Personen, die längere Zeit KZ-Häftlinge waren und bei denen Hilfsbedürftigkeit vorlag. Aufgrund der Rückmeldungen konnten bis Dezember 1945 12 Frauen und Männern Beträge zwischen 100 und 250 Reichsmark als Hilfe ausgezahlt werden.

Neben den lokalen Hilfeaktionen gab es auch überregionale private Initiativen wie das Wiedergutmachungs-Komitee in Münster, das sich die Aufgabe gestellt hatte, „für die Wiedergutmachung des Schadens zu sorgen, den die Nationalsozialisten ihren aktivistischen Gegnern zugefügt hatten". Das Komitee wollte sich in Kooperation mit anderen Ortskomitees als provinzweite Institution und Prüfstelle etablieren und bat den Oberpräsidenten, die Oberbürgermeister und Landräte um Unterstützung. Landrat Wening lehnte eine derartige Initiative in einer Stellungnahme an den Regierungspräsidenten jedoch konsequent ab. Die Wiedergutmachung der Schäden, die die nationalsozialistische Regierung Deutschen zugefügt habe, sei eine öffentliche Angelegenheit und müsse in der Hand der Behörden liegen. Ein privates Wiedergutmachungskomitee dürfe nicht die richtige Stelle sein. Auch er hielt eine einheitliche Regelung für die ganze Provinz für erforderlich. Daher müsse eine entsprechende Stelle für die Durchführung beim Oberpräsidenten geschaffen werden.[48] Die Anweisung der britischen Militärregierung zur Bildung der Kreissonderhilfsausschüsse von Dezember 1945 entsprach daher genau seinen Vorstellungen. Für die Alliierten war das Wiedergutmachungs-Engagement der Verwaltungen auf der kommunalen Ebene allerdings auch ein wichtiger Indikator für die Etablierung und das Funktionieren des intendierten demokratischen Gemeinwesens, also eine Art „Bewährungsprobe" im Prozess der Demokratisierung.

Die Kreissonderhilfsausschüsse nahmen im Februar 1946 ihre Arbeit auf. Die als Opfer des NS-Regimes anerkannten Personen erhielten einen Ausweis, der die gewährten Hilfen genau aufführte. Sie konnten aus erhöhten Lebensmittelzuteilungen, der vorzugsweisen Zuteilung einer Wohnung, der Bevorzugung bei der Vergabe eines Arbeitsplatzes, aus finanziellen Sonderhilfen oder aus einer Kombination dieser Unterstützungsmaßnahmen bestehen. Auch Hinterbliebene von NS-Opfern erhielten diese Hilfen. Der Kreissonderhilfsausschuss in Lüdinghausen musste bis Ende 1947 über fast 300 Anträge entscheiden, darunter waren allerdings mehrere Anträge einzelner Personen, die zusätzliche Hilfen oder Verlängerungen von Zusagen beantragt hatten.[49] Ein Verzeichnis des Sonderhilfsausschusses für den Kreis Coesfeld über die ausgegebenen Ausweise umfasste die Namen von 66 NS-Opfern.[50]

Unter dem Schock der unmittelbaren Nachkriegszeit war die Unterstützung dieser Menschen unumstritten. In den weiteren Aufbaujahren und der frühen Bundesrepublik änderte sich das angesichts eigener Noterfahrungen merklich, auch weil sich viele Deutsche selbst als Opfer fühlten. Selbst die Mitglieder des Kreissonderhilfsausschusses Coesfeld äußerten sich kritisch über eine zu großzügige Anerkennung der Hilfeleistungen in anderen Städten und Kreisen: „Wir haben den bestimmten Eindruck, dass hinter diesen Antragstellern bestimmte Kreise stehen, die fortwährend zu solchen Anträgen auffordern und ermuntern. [...] Wir sind der Ansicht, dass zur Zeit eine Ausdehnung der Berechtigten für die finanziellen Hilfen auf weitere Kreise nicht statthaft ist."[51] Auch aufgrund der zunehmenden Kritik ordnete der Sozialminister des neuen Landes NRW im Dezember 1947 eine Überprüfung aller Anerkennungen als NS-Verfolgte an. Im Kreis Coesfeld lebten danach zum 31. März 1950 30 politisch verfolgte, 4 religiös verfolgte und 22 rassisch verfolgte Personen.[52]

Die Sofort- und Sonderhilfen der Kreissonderhilfsausschüsse folgten den Intentionen der klassischen wohlfahrtsstaatlichen Unterstützung, während die eigentliche Wiedergutmachung nach unserem heutigen Verständnis erst ab März 1947 auf der Basis der ersten Landesgesetze rechtlich verankert wurde. Wiedergutmachung im unmittelbaren Sinne hieß nun Entschädigung, im weiteren Sinne Restitution, also Rückerstattung geraubten Eigentums und das Wiederherstellen aller Rechte. In der Praxis mussten hierfür geregelte Verwaltungsverfahren erst entwickelt und umgesetzt werden. Herzstück des Wiedergutmachungs-Programms bildete das Bundesentschädigungsgesetz von 1953, das bis 1965 mehrfach novelliert wurde. Die Wiedergutmachung blieb jedoch ein wesentlich von Verwaltungen getragener Teil der Aufarbeitung der deutschen Vergangenheit.[53] Eine besondere Herausforderung und Schwierigkeit war die ‚Bewertung' von Schuld und Leiden, da sie letztlich monetarisiert, also mit einer Summe Geld quantifiziert werden mussten. Die ‚Wiedergutmachung' in ihren Frühformen und auch in ihrer späteren gesetzlichen Abwicklung bedeutete vor allem eine Anerkennung der Leiden. Gerechtigkeit zu üben war bei der Dimension der nationalsozialistischen Verfolgung ohnehin so gut wie ausgeschlossen. So wie die Maßnahmen „wieder-gut-zumachen" unzureichend blieben, waren auch die Versuche unvollständig, die Täter im Rahmen der Entnazifizierung verantwortlich zu machen.

Die Entnazifizierung im weitesten Sinne umfasste zahlreiche Maßnahmen, um die Gesellschaft, Politik, Wirtschaft, Verwaltung, Kultur und Justiz von den Einflüssen des Nationalsozialismus zu befreien. Sie reichte von der Auflösung der NSDAP und der ihr angeschlossenen Organisationen, der Einziehung ihres Vermögens über die Aufhebung nationalsozialistischer Gesetze, das Verbot von Schriften und Symbolen und die Umbenennung von Straßen bis zur Entfernung belasteter Personen aus ihren Ämtern, deren Bestrafung und Verpflichtung zur ‚Wiedergutmachung'.

Neben der Internierung und rechtlichen Aburteilung nationalsozialistischer Verbrecher durch ordentliche Gerichte, die bereits bei den NSDAP-Kreisleitern und NS-Landräten der Kreise Coesfeld und Lüdinghausen angesprochen wurde, stand das Entnazifizierungsverfahren für ehemalige Parteimitglieder, dem sich nicht nur ehemalige Angehörige des öffentliches Dienstes stellen mussten. Da dieses zunächst nach sehr grobmaschigen Kriterien und unklaren Richtlinien verlief, ermöglichte es ein sehr pauschales und rigoroses Vorgehen, das dem Nachweis einer schuldhaften Verstrickung des Einzelnen jedoch nicht gerecht werden konnte.[54] Um die uneinheitliche und zum Teil widersprüchliche Säuberungspraxis in geordnete Bahnen zu lenken und zu formalisieren, wurden ab Januar 1946 Sonderstäbe auf allen Verwaltungsebenen bis zur Kreisebene gebildet und diesen deutsche Ausschüsse mit beratender Funktion zugeordnet. Das war auch ein erster Schritt zur stärkeren Beteiligung der Deutschen an dem Säuberungsprozess. In diesem Kontext stand auch die Bildung der Entnazifizierungsausschüsse in den Kreisen Coesfeld und Lüdinghausen. Die Landkreise zahlten den Mitgliedern der Ausschüsse eine monatliche Vergütung von 400 RM. Sie finanzierten außerdem die Bürokräfte, die Büros und den Bürobedarf.[55]

Seit Herbst 1946 legten die Briten der Entnazifizierungspraxis ein Einstufungssystem mit fünf Kategorien zugrunde, das von der Kategorie V mit den „Entlasteten" über die Kategorien IV („Mitläufer"), Kategorie III als ‚Bewährungsgruppe' („Minderbelastete") und die Kategorie II („Belastete" wie die „Aktivisten") bis zur Kategorie I („Hauptschuldige" wie die Kriegsverbrecher) reichte. Den Gruppen der Kategorien I und II wurden vor allem die hohen Parteifunktionäre und Angehörigen der verbrecherischen NS-Organisationen wie der SS, der Waffen-SS, des SD zugeordnet. Sie waren meistens bereits interniert und wurden von deutschen Spruchkammern abgeurteilt. Die Einstufung in den Kategorien III bis V erfolgte in der Regel über die Spruchpraxis der Entnazifizierungsausschüsse, wie sie in den Landkreisen eingerichtet wurden.

Im Rahmen der Entnazifizierung wurden in Nordrhein-Westfalen 10 Prozent der Erwachsenen überprüft, von denen wiederum etwa 95 % als „entlastet" oder „Mitläufer" eingestuft wurden.[56] Die übrigen galten als „Minderbelastet", „Aktivist/Militarist/Nutznießer" oder „Kriegsverbrecher" und wurden mit Sanktionen wie dem Ausschluss von öffentlichen Ämtern belegt. In den Beschlüssen der Ausschüsse setzten sich jedoch nach kurzer Zeit zunehmend wirtschaftliche Erwägungen durch, so dass von einer ernsthaften Überprüfung und Sanktionierung der politisch Verantwortlichen keine Rede sein konnte. Durch die Verfahren wurden zumindest radikale Kräfte weitgehend von öffentlichen Funktionen ferngehalten. Damit trugen sie wesentlich zum Aufbau und zur Stabilisierung demokratischer Strukturen in Westfalen bei. Der Landtag des neuen Bundeslandes Nordrhein-Westfalen beendete 1952 die Entnazifizierung per Gesetz. Auch die Internierungslager in der britischen Besatzungszone waren bereits geschlossen und die Prozesse gegen Deutsche weitgehend beendet. Eine Fortführung dieser Entnazifizierungspolitik schien angesichts des sich zuspitzenden Kalten Krieges und der von den Westalliierten angestrebten Integration eines starken Deutschland in die westliche Staatengemeinschaft nicht mehr zu rechtfertigen zu sein.[57]

Die ‚Stunde' der Kreisverwaltungen und ihr weiterer Auf- und Ausbau

Landrat Wening beschrieb im Oktober 1946 die Rückwirkungen „der großen Wandlungen und Umgestaltungen seit dem Zusammenbruch" auf die Personalverhältnisse in der Kreisverwaltung Coesfeld.[58] Innerhalb von 18 Monaten waren 35 Beamte und Angestellte aus der Verwaltung einschließlich der Sparkasse ausgeschieden, davon 12 aus politischen Gründen, 5 traten in den Ruhestand oder erreichten die Altersgrenze, 1 schied aus „Gesundheitsrücksichten" aus. 7 bis 8 Mitarbeiter befanden sich noch in Kriegsgefangenschaft, mehrere waren vermisst, einer gefallen. 10 Beamte, davon 4 für den staatlichen Sektor, 14 Angestellte und 2 Beamtenanwärter konnten neu eingestellt werden. Die Gesamtpersonalstärke betrug einschließlich des Sparkassenpersonals 12 Beamte und 60 Angestellte von den allerdings 22 % schwerkriegsbeschädigt waren. Aus der Sicht der Kreisverwaltung eröffnete die von den Briten durchgeführte „Einreihung bestimmter Nationalsozialisten in Kategorien" „endlich" die Möglichkeit, durch Erlass allgemein verbindliche Richtlinien zu bestimmen, um eine Wiedereinstellung der aus politischen Gründen entlassenen Personen zu ermöglichen. Von den 11 aus politischen Gründen entlassenen Beamten hätten inzwischen 5 nach Abschluss ihres Entnazifizierungsverfahrens einen Antrag auf Wiedereinstellung gestellt und hatten damit auch angesichts der allgemeinen Personalnot und der steigenden Anforderungen an die Kreisverwaltung Erfolg.

Landrat Wening betont in seinem Bericht auch den „besonders auffälligen" Publikumsandrang zur Kreisverwaltung seit Kriegsende. Er sah darin „ein Zeichen der Not der Zeit". Ob es auch „ein Zeichen für das Vertrauen" war, das die Bevölkerung der Kreisverwaltung entgegenbrachte, wie Wening selbstbewusst annahm, sei dahingestellt. Es war eher ein ‚Hilferuf' an die einzige staatliche Stelle, die in der Chaos- und Krisensituation der ersten Nachkriegsmonate angesprochen werden konnte. Der Bericht unterstreicht somit die Bedeutung der kommunalen Ebene in der Krisen- und Alltagsbewältigung dieser Monate. Es war vor allem die ‚Stunde' der Kreisverwaltungen, die ihre Leistungsfähigkeit unter Beweis stellen mussten. Mit der Einführung der Revidierten Deutschen Gemeindeordnung und den ersten freien Wahlen musste damit auch die neue kommunale Selbstverwaltung ihre Politik- und Arbeitsfähigkeit demonstrieren. Die Entwicklung der Leistungsverwaltung auf der kreiskommunalen Ebene in den folgenden Jahren ist ein Beleg für das zunehmende Gewicht der Kreisverwaltungen und eine erfolgreiche Platzierung im Verwaltungsgefüge. Einige zentrale Herausforderungen der Nachkriegsjahre wie die Kriegsfolgenhilfe, die Wohnraumbewirtschaftung und die Flüchtlingsintegration sollen für den Kreis Coesfeld als Beispiele kurz angesprochen werden.

Die Bearbeitung der Kriegsfolgehilfen im Kreisfürsorgeamt band bis 1948 fast die Hälfte aller Mitarbeiter der Kreisverwaltung, da der anspruchsberechtigte Personenkreis aufgrund der Kriegssituation im Vergleich zur ursprünglichen Fürsorge sehr hoch war.[59] Bis Ende September 1946 erforderten die Angehörigen der zur Wehrmacht einberufenen Personen den größten Finanzbedarf aller Unterstützungsgruppen, der sich mit der Heimkehr der Kriegsgefangenen verringerte. Im März 1949 empfingen noch 1.223 Parteien mit 2.913 Personen im Kreis Coesfeld eine Kriegsfolgeunterstützung. Danach rückten die Kosten für die

Heimatvertriebenen an die erste Stelle, da der größte Teil der Vertriebenen ohne jegliche Mittel im Kreis ankam. Die Fürsorge für die Kriegsbeschädigten und die Hinterbliebenen kam hinzu. Anfang 1951 standen 1.163 Schwerbeschädigte und 1.943 Leichtbeschädigte bzw. anerkannte Beschädigte in der Betreuung der Fürsorgestelle.

Als nach Kriegsende Millionen von Menschen ihre Heimat jenseits der Oder-Neiße-Grenze verlassen mussten und Richtung Westen strömten, stieg auch die Zahl der „Vertriebenen" im Kreis Coesfeld ab Anfang 1946 sehr schnell an.[60] Von 2.022 Vertriebenen im März 1946 über 9.380 im Januar 1947 erreichte sie mit fast 10.000 Personen im Januar 1948 ihren Höhepunkt. Das waren rund 14 % der Gesamtbevölkerung des Kreises. Zur Organisation der Unterbringung und Betreuung der Vertriebenen richtete der Kreis ein besonderes Flüchtlingsamt ein. Um die Sammeltransporte im Sommer 1946 bewältigen zu können, war die Errichtung eines Durchgangslagers im ehemaligen Arbeitsdienstlager in Lette erforderlich. Von dort sollten die Transporte zu den einzelnen Aufnahmegemeinden durchgeführt werden. Die Flüchtlingsfamilien wurden auch durch Ausbildungsbeihilfen für Lehrlinge und Schüler, Darlehen für Existenzgründungen, Fahrpreisermäßigungen und die Verteilung von Bedarfsgütern unterstützt. Das war vor allem in den Krisenwintern 1946/47 und 1947/48 wichtig, da eine halbwegs ausreichende Lebensmittelversorgung überhaupt nur durch die Unterstützung ausländischer Hilfsorganisationen wie des amerikanischen CARE-Hilfswerks gewährleistet werden konnte.

Nach den Zerstörungen von Wohnraum durch den Krieg verschärfte sich mit der Aufnahme der Vertriebenen die Wohnraumknappheit in den Gemeinden erheblich.[61] Um der Wohnraumnot einigermaßen Herr zu werden war eine strikte Wohnraumbewirtschaftung durch die Gemeinden erforderlich. Dazu gehörte auch die Beschlagnahme von Wohnraum und bis 1947 ein allgemeines Verbot eines selbstbestimmten Wohnungswechsels. Die Erfassung und Zuweisung unterbelegten Wohnraums erfolgte durch die Wohnungsämter der Ortsbehörden. Das Kreiswohnungsamt hatte daher eine eher steuernde Funktion durch die Festlegung verschärfter Maßstäbe für die Erfassung und Bewertung von Wohnraum. Dazu gehörte auch das Kreisstatut über Wohnraumrationierung im Kreis Coesfeld, das der Kreistag am 30. August 1949 verabschiedete. Die Kreisebene fungierte auch als Rechtsmittelinstanz für die Erfassungs- und Zuweisungsverfügungen. Ab 1947 wurde eine Schlichtungsstelle für Beschwerden in Wohnungssachen beim Kreis angesiedelt.[62]

Während sich die bisher beschriebenen Aufgaben auf der Grundlage des Kommunalverfassungsrechtes entwickeln konnten, führte das „Gesetz über die Eingliederung staatlicher Sonderbehörden der Kreisstufe in die Kreisverwaltung" vom 30. April 1948 zu einer außerordentlichen Erweiterung der Kreisaufgaben im staatlichen Sektor, der sich vorher im Wesentlichen auf die Polizei- und Kommunalaufsicht beschränkte.[63] Die bis dahin staatlichen Kataster-, Gesundheits-,

Veterinär- und Ernährungsämter, die Besatzungskostenämter und die örtlichen Regierungskassen wurden mit allen Aufgaben und Dienstkräften auf die Landkreise übergeleitet. Im November 1948 wurden dann noch die Straßenverkehrsämter, im August 1949 die Siedlungsämter kommunalisiert. Nach dieser ‚Welle' der Rekommunalisierungen und Kommunalisierungen hatten die Landkreise als Selbstverwaltungsebene und Leistungsverwaltung ein bis dahin nicht erreichtes Maß an Zuständigkeiten, Gestaltungsmöglichkeiten, aber auch an Verantwortlichkeiten erreicht.

Die Landkreise im neuen Land Nordrhein-Westfalen

Gleichzeitig mit der Demokratisierung auf der kommunalen Ebene begann die Militärregierung mit dem schrittweisen demokratischen Aufbau auf der Ebene der Provinzen.[64] In Westfalen stellte sich die Ausgangssituation wesentlich günstiger dar als im Rheinland, da die territoriale Integrität der Provinz gewahrt wurde und Oberpräsident Rudolf Amelunxen die von den Briten gewünschte Umgestaltung des Oberpräsidiums in eine Provinzialregierung systematisch umgesetzt hatte. Dieser Auftrag war für Amelunxen Grund genug für die Annahme, dass die Provinz in naher Zukunft ein selbständiges Staatswesen darstellen sollte. Derartige Schlussfolgerungen wies die Militärregierung jedoch zurück. Der Oberpräsident und seine Beamten hätten lediglich die Funktion einer ausführenden Behörde, die zur Ausführung der Anweisungen der Militärregierung eingesetzt sei. Der Provinzialregierung wurde ein Provinzialrat als Beratungsorgan zur Seite gestellt, der allerdings nur einmal tagte. Trotz der Klarstellung der Militärregierung zu den Befugnissen der Provinzialregierung gaben Amelunxen und seine Generalreferenten ihre Vorstellungen über ein selbstständiges Land Westfalen nie auf, auch weil sie glaubten, nur so Westfalen als Einheit erhalten zu können.

1945/46 fand die Entschlussbildung zur Gründung des Landes Nordrhein-Westfalen der Besatzungsmächte auf internationaler Ebene statt. Bereits am 17. April 1946 fiel im britischen Kabinett, auch auf Drängen ihrer Vertreter in der Besatzungszone, die prinzipielle Entscheidung zugunsten eines neuen, das Industriegebiet an Rhein und Ruhr umfassenden Landes. Mit der schnellen Entscheidung sollten auf internationaler Ebene geäußerte konkurrierende Pläne, Ablösungs- und Reparationsansprüche abgewehrt und das wirtschaftliche Potential des Reviers für den Wiederaufbau im Westen besser genutzt werden. Offen war zu diesem Zeitpunkt allerdings noch die Frage, welchen territorialen Umfang dieses Land haben sollte. In der Phase der Landesgründung nahmen die westfälische Provinzialregierung und der westfälische Provinzialverband genau entgegengesetzte Positionen ein. Während Oberpräsident Amelunxen und die Regierung noch Anfang Juli 1946 ein selbstständiges Land Westfalen anstrebten und demnach ein Land Nordrhein-Westfalen ablehnten, trat die Spitze des Provinzialverbandes für die Vereinigung der Provinz Westfalen mit der Nord-Rheinprovinz und damit für ein Land NRW ein.

Die intensiven Bemühungen des Provinzialverbandes um eine Verbreitung seiner Position in der Öffentlichkeit und die offensichtliche Realisierung dieser Vorstellungen mit der britischen Entscheidung über den Zusammenschluss der beiden Provinzen wurde und wird von den Westfalen gerne als Indiz für „eine bemerkenswerte Rolle" des Provinzialverbandes bei der Gründung des Landes NRW betrachtet. In der Tat machte sich die Militärregierung die Argumentation des Provinzialverbandes zu eigen. So konnten die Vertreter der Kontrollkommissionen in der entscheidenden Sitzung über die präzise Gestalt des neuen Landes am 6. Juni 1946 in London die entscheidenden Gründe für eine große Lösung vortragen. Sie wiesen auf die engen wirtschaftlichen Verflechtungen der beiden Provinzen hin, forderten die Einbeziehung landwirtschaftlicher Gebiete zur Gewährleistung einer ausgewogenen Wirtschaftsstruktur. Seitens der Kontrollkommissionen wurde auch auf die „Tradition und Gefühle der Deutschen" Bezug genommen. Zu den wichtigen Pro-Argumenten zählten auch die verwaltungsorganisatorischen Vorteile. Hier hieß es: „Ein Land, das die Provinzen Westfalen und Nordrhein umfasst, kann buchstäblich über Nacht errichtet werden, da es auf den bestehenden Grenzen und Verwaltungseinheiten aufbaut. Dagegen wird es erheblich länger dauern, ein kleines, künstliches Land zu schaffen." Am 21. Juni 1946 gaben die Briten die Gründung des Landes Nordrhein-Westfalen bekannt und bezeichneten die Verschmelzung der beiden Provinzen treffend als „Operation Marriage". Am 21. Januar 1947 wurde außerdem das Land Lippe mit dem Bundesland Nordrhein-Westfalen vereinigt.

Am 20. April 1947 konnte die Bevölkerung Nordrhein-Westfalens noch vor der Währungsreform am 20. Juni 1948 erstmals über die Zusammensetzung des Landtages entscheiden. Nach der Gründung der Bundesrepublik am 8. Mai 1949 mit der Verabschiedung des Grundgesetzes durch den Parlamentarischen Rat wurde die zweite Landtagswahl am 18. Juni 1950 mit einem Volksentscheid über die erarbeitete Landesverfassung verbunden. Erst mit dem Inkrafttreten der Landesverfassung am 11. Juli 1950 und der Konstituierung des neu gewählten Landtages, waren wichtige Voraussetzungen für die Lösung der anstehenden innenpolitischen Probleme gegeben. In einer Regierungserklärung kündigte Ministerpräsident Arnold eine „durchgreifende Verwaltungsreform" an. Ein Teil dieser Reform war die Landkreisordnung vom 21. Juli 1953, in der die Stellung des Oberkreisdirektors als untere staatliche Verwaltungsbehörde neu geordnet wurde. Sie umfasste nun u.a. die Aufsicht über die Gemeinden, Körperschaften, Anstalten und Stiftungen, das Gemeindeprüfungsamt und die Straßenaufsicht sowie die Funktion als Kreispolizeibehörde.[65]

Mit der Landkreisordnung war die kommunale Selbstverwaltung auf der Kreisebene fest im neuen Land Nordrhein-Westfalen verortet und ein „traditionales Element" deutscher Selbstverwaltungsgeschichte wiederhergestellt, die das NS-Regime ‚parasitär' ausgenutzt und zersetzt hatte. Die Einführung des Führerprinzips hatte die Selbstverwaltung zur weisungsgebundenen mittelbaren Staatsverwaltung gemacht. Kommunale Aufgaben wurden von Untergliederungen der NSDAP usurpiert oder legal übernommen oder staatlichen oder „ständischen" Sonderbehörden übertragen. So höhlte das NS-Regime die Position der Landräte systematisch aus und verwandelte die Kreisverwaltungen im Laufe des Krieges weitgehend in Hilfsorgane des Parteiwillens. Mit Entscheidung der Briten, die Demokratie systematisch von unten aufzubauen, konnte die kreiskommunale Ebene ihre Leistungs- und Lernbereitschaft und ihre ‚Legitimation' als Garant kommunaler Selbstverwaltung erneut unter Beweis stellen. Das förderte die allgemeine Tendenz zur Kommunalisierung von Aufgaben und damit zur Stärkung der kreiskommunalen Selbstverwaltung in der Nachkriegszeit.[66]

ANMERKUNGEN

I. Einleitung

1 KA Coe, Bestand 17 Nr. 328 Landrat LH an RP Münster am 14.03.1946.

2 Siehe Harald Jähner, Wolfszeit. Deutschland und die Deutschen 1945–1955, Berlin 2020, S. 10–13.

3 Antrag der Fraktion Familien-Partei Die Linke an den Kreistag Coesfeld vom 31.01.2017. Diese Forderung fast 72 Jahre nach Kriegsende löste sehr verschiedene Reaktionen aus, die vor allem gesellschaftspolitisch bestimmt waren. Für die einen können regionale Forschungen das Wissen über den brutal gewalttätigen und rassistischen Charakter des NS-Regimes nicht grundsätzlich erweitern, für andere Abgeordnete des Kreistages fehlt in der Zusammenschau der bisherigen Ergebnisse der Blick auf die Ebene der Kreise, also die Verantwortlichen der Handlungsebene, in deren Tradition man heute steht oder sich sieht. Breiter Konsens besteht in der Zielsetzung, die Vergangenheit der eigenen Institution schonungslos aufzuklären und aufgrund der historischen Erkenntnisse schon den Ansätzen neuer rechtsradikaler Tendenzen entschieden entgegenzutreten. Den Abgeordneten des Kreistages ist es daher ein besonderes Anliegen, die Ergebnisse der Forschungen bildungspolitisch und kulturell zu verwerten.

4 Malte Thießen, Der kleine Nationalsozialismus: Perspektiven und Potenziale der Lokal- und Regionalgeschichte, in: Neisen/Maulhardt/Krimm, Kommunen im Nationalsozialismus, S. 41–57, hier S. 42.

5 Edgar Wolfrum, Geschichtspolitik in der Bundesrepublik Deutschland 1949–1989. Phasen und Kontroversen, in: Aus Politik und Zeitgeschichte B 45 (1998), S. 3–15, Zitate S. 5.

6 Vgl. Winfried Schulze, Deutsche Geschichtswissenschaft nach 1945, München 1993.

7 Zitiert nach Wolfrum, Geschichtspolitik, S. 6.

8 Vgl. hierzu Wolfrum, Geschichtspolitik, S. 6–8. Hier sind auch Hinweise auf weiterführende Literatur zum 17. Juni 1953 zu finden. Vgl. zu diesem Thema auch das Schwerpunktheft: Aus Politik und Zeitgeschichte B 23 (2003).

9 Ernst Fraenkel, The Dual State. A Contribution to the Theory of Dictatorship, New York/London/Toronto 1941.

10 Eugen Kogon, Der SS-Staat. Das System der deutschen Konzentrationslager, Berlin 1947.

11 Hannah Arendt, Elemente und Ursprünge totalitärer Herrschaft, Frankfurt a.M. 1955; Hans Buchheim, Totalitäre Herrschaft, München 1962.

12 In Anlehnung an eine Formulierung von Robert Neisen, Die Macht der lokalen Verhältnisse: Nationalsozialistische Herrschaft in südwestdeutschen Kommunen. Eine Einführung, in: Ders./Maulhardt/Krimm, Kommunen im Nationalsozialismus, S. 9–39, hier S. 12.

13 Zitiert nach Horst Matzerath, Nationalsozialismus und kommunale Selbstverwaltung, Stuttgart/Berlin/Köln/Mainz 1970, S. 11.

14 Zu dieser These vgl. Detlef Schmiechen-Ackermann, ‚Volksgemeinschaft': Mythos der NS-Propaganda, wirkungsmächtige soziale Verheißung oder soziale Realität im ‚Dritten Reich'? – Einführung, in: Ders., ‚Volksgemeinschaft', S. 13–53, hier S. 18. Schmiechen-Ackermann stützt sich mit seiner These auf die zitierte Aussage von Nobert Frei, ‚Volksgemeinschaft'. Erfahrungsberichte und Lebenswirklichkeit der Hitler-Zeit, in: Ders., 1945 und wir. Das Dritte Reich im Bewusstsein der Deutschen, München 2009, S. 121–142, hier S. 141.

15 Vgl. Thießen, Der kleine Nationalsozialismus, S. 41; Dietmar von Reeken/Ders., „Volksgemeinschaft" als soziale Praxis? Perspektiven und Potenziale neuer Forschungen vor Ort, in: Dies. (Hgg.), „Volksgemeinschaft" als soziale Praxis. Neue Forschungen zur NS-Gesellschaft vor Ort, Paderborn 2013, S. 11–33, hier S. 13/14.

16 Matzerath, wie Anm. 13; vgl. auch Sabine Mecking/Andreas Wirsching (Hgg.), Stadtverwaltung im Nationalsozialismus. Systemstabilisierende Dimensionen kommunaler Herrschaft, Paderborn 2005.

17 Siehe Michael Wildt, Das „Bayern-Projekt", die Alltagsforschung und die „Volksgemeinschaft", in: Norbert Frei (Hg.), Martin Broszat, der „Staat Hitlers" und die Historisierung des Nationalsozialismus, Göttingen 2007, S. 119–129; Matthias Frese/Julia Paulus/Karl Teppe, „Gesellschaft in Westfalen. Kontinuitäten und Wandel 1930–1960". Ein Forschungsschwerpunkt des Westfälischen Instituts für Regionalgeschichte zur Geschichte der Bundesrepublik Deutschland, in: Westfälische Forschungen 49 (1999), S. 501–513.

18 Vgl. von Reeken/Thießen, „Volksgemeinschaft", S. 15–17.

19 Siehe folgenden Sammelband, der sich als „weitere (Zwischen-)Bilanz" versteht: Detlef Schmiechen-Ackermann/Marlis Buchholz/Bianca Roitsch/Christiane Schröder (Hgg.), Der Ort der ‚Volksgemeinschaft' in der deutschen Gesellschaftsgeschichte, Paderborn 2018.

20 Detlef Schmiechen-Ackermann, „Mobilisierung" und „Volksgemeinschaft" – konkurrierende oder sich ergänzende Ansätze zur Analyse der Geschichte des Nationalsozialismus? in: Oliver Werner (Hg.), Mobilisierung im Nationalsozialismus. Institutionen und Regionen in der Kriegswirtschaft und der Verwaltung des ‚Dritten Reiches' 1936 bis 1945, Paderborn 2013, S. 59–68, Zitat S. 68.

21 Siehe: Anette Blaschke, Zwischen „Dorfgemeinschaft" und „Volksgemeinschaft". Landbevölkerung und ländliche Lebenswelten im Nationalsozialismus, Paderborn 2018, S. 15/16. Blaschke formuliert die Dimensionen in Anlehnung an Ausführungen von Martina Steber/Bernhard Gotto, Volksgemeinschaft im NS-Regime: Wandlungen, Wirkungen und Aneignungen eines Zukunftsversprechens, in: Vierteljahrshefte für Zeitgeschichte 62 (2014), S. 433–445.

22 Ebd., S. 16–18; vgl. auch Hans-Ulrich Thamer, ‚Volksgemeinschaft' in der Debatte. Interpretationen, Operationalisierungen, Potentiale und Kritik, in: Schmiechen-Ackermann/Buchholz/Roitsch/Schröder, Der Ort der ‚Volksgemeinschaft', S. 27–36, hier S. 31.

23 Siehe: Habbo Knoch, Die Zerstörung der sozialen Moderne. ‚Gemeinschaft' und ‚Gesellschaft' im Nationalsozialismus, in: David Reinicke/Kathrin Stern/Kerstin Thieler/Gunnar Zamzow (Hgg.), Gemeinschaft als Erfahrung. Kulturelle Inszenierungen und soziale Praxis 1930–1960, Paderborn 2014, S. 21–34, hier S. 22.

24 Vgl. Schmiechen-Ackermann, „Mobilisierung" und „Volksgemeinschaft", in: Werner, Mobilisierung im Nationalsozialismus, S. 66; Neisen, Die Macht der lokalen Verhältnisse, in: Ders./Maulhardt/Krimm, Kommunen im Nationalsozialismus, S. 28.

25 Siehe Jähner, Wolfszeit, S. 14.

II. Die Kreise Coesfeld und Lüdinghausen am Ende der Weimarer Republik

1 Zum Folgenden siehe: Bernd Walter, „Im Wollen und im Leiden zukunftsgroß". Selbstbewusstsein und Fremdbestimmung in der Praxis der Provinzialverbände Rheinland und Westfalen im Freistaat Preußen, in: Geschichte im Westen 31 (2016), S. 25–45, hier S. 44/45.

2 Eberhard Kolb, Die Weimarer Republik, München/Wien ^{2}1988, S. 123/124.

3 Zu den Wahlen auf der Reichsebene und im Freistaat Preußen während der Weimarer Republik siehe: 50 Jahre Wahlen in Nordrhein-Westfalen 1919–1968, hrsg. vom Statistischen Landesamt Nordrhein-Westfalen, Düsseldorf 1969, S. 7–36; Statistik des Deutschen Reiches, Bd. 372 I-III. Die Wahlen zum Reichstag am 20. Mai 1928, hrsg. vom Statistischen Reichsamt, Berlin 1931; Statistik des Deutschen Reiches, Bd. 434. Die Wahlen zum Reichstag am 31. Juli 1932 und am 6. November 1932 und am 5. März 1933, hrsg. vom Statistischen Reichsamt, Berlin 1935.

4 Zitiert nach: Wilhelm Ribhegge, Preußen im Westen. Kampf um den Parlamentarismus in Rheinland und Westfalen 1789–1947, Münster 2008, S. 488.

5 Karl Rohe, Politische Traditionen im Rheinland, in Westfalen und Lippe. Zur politischen Kultur Nordrhein-Westfalens, in: Nordrhein-Westfalen. Eine politische Landeskunde, hrsg. von der Landeszentrale für politische Bildung Nordrhein-Westfalen, Köln 1984, S. 14–34, hier S. 23–26; Hans-Joachim Behr, Die Provinz Westfalen und das Land Lippe 1813–1933, in: Wilhelm Kohl (Hg.), Westfälische Geschichte, Bd. 2: Das 19. und das 20. Jahrhundert. Politik und Kultur, Düsseldorf 1983, S. 45–164, hier S. 148–153; Bernd Hey, Die nationalsozialistische Zeit, in: Kohl, Westfälische Geschichte, Bd. 2, S. 211–268, hier S. 212–216.

6 Behr, Die Provinz Westfalen, in: Kohl, Westfälische Geschichte, Bd. 2, S. 152.

7 Vgl. Wolfhart Beck, Westfälische Protestanten auf dem Weg in die Moderne. Die evangelischen Gemeinden des Kirchenkreises Lübbecke zwischen Kaiserreich und Bundesrepublik, Paderborn u.a. 2002, S. 9–15. Beck führt den Einbruch in Landkreisen mit einem hohen Anteil evangelischer Bevölkerung auch darauf zurück, dass das protestantische Milieu durch eine Aufspaltung in ein traditionalistisch-antimodernistisches, ein sozialkonservatives und ein sozialliberales Milieu weniger geschlossen war.

8 Stephanie Reekers, Westfalens Bevölkerung 1818–1955. Die Bevölkerungsentwicklung der Gemeinden und Kreise im Zahlenbild, Münster 1956, S. 228–231, 240–243; Hans-Jürgen Smula, Milieus und Parteien. Eine regionale Analyse der Interdependenz von politisch-sozialen Milieus, Parteiensystem und Wahlverhalten am Beispiel des Landkreises Lüdinghausen 1919 bis 1933, Münster 1987, S. 138–140.

9 Karl Ditt, Wirtschaftlicher Wandel in Textilregionen während des 19. und 20. Jahrhunderts: Die Industrialisierung Minden-Ravensbergs und des Westmünsterlandes im Vergleich, in: Westfälische Forschungen 50 (2000), S. 293–331, hier S. 310.

10 Andreas Klein-Reesink, Textilarbeiter und Nationalsozialismus im Westmünsterland. Eine regionale Untersuchung zur Auseinandersetzung katholischer Arbeiter mit dem Faschismus, Münster 1981, S. 17, 29.

11 Norbert Fasse, Fortschritt und tiefe Verunsicherung: Coesfeld in der Weimarer Zeit, in: Norbert Damberg (Hg.), Coesfeld 1197–1997. Beiträge zu 800 Jahren städtischer Geschichte, Bd. 1, Münster 1999, S. 501–700, hier S. 544–546; Bernd Walter, Kettbaum, Kirche und Kaiser. Coesfeld im Zeitalter der Hochindustrialisierung (1860–1918), in: Damberg, Coesfeld 1197–1997, S. 357–499, hier S. 402–411; Nicola Willenberg, Dülmen in der Weimarer Zeit, in: Stefan Sudmann (Hg.), Geschichte der Stadt Dülmen, Dülmen [2]2011, S. 247–270, hier S. 253–254; Dörthe Gruttmann, Kleinstadt in der Moderne. Billerbeck im 20. Jahrhundert, in: Werner Freitag (Hg.), Geschichte der Stadt Billerbeck, Bielefeld 2012, S. 263–477, hier S. 336/337; Heinrich Koetter, Die Textilindustrie des deutsch-niederländischen Grenzgebietes in ihrer wirtschaftsgeographischen Verflechtung, Bonn 1952, S. 54–60; Peter Borscheid, Vom Ersten zum Zweiten Weltkrieg, in: Wilhelm Kohl (Hg.), Westfälische Geschichte, Bd. 3: Das 19. und 20. Jahrhundert. Wirtschaft und Gesellschaft, Düsseldorf 1984, S. 313–438, hier S. 383–386.

12 Vgl. Peter Exner, Ländliche Gesellschaft und Landwirtschaft in Westfalen 1919–1969, Paderborn 1997, S. 23/24.

13 Siehe Klein-Reesink, Textilarbeiter, S. 23, Tabelle 5 und S. 25–32.

14 Smula, Milieus und Parteien; S. 54–63; Joachim Huske, Die Steinkohlenzechen im Ruhrrevier. Daten und Fakten von den Anfängen bis 2005, 3. überarbeitete und erweiterte Auflage, Bochum 2006; Peter Voß, Zeche Werne 1899–1992. Die Geschichte des Bergbaus in Werne, Rünthe und Stockum. Dokumentation mit historischen Ansichten, Werne 1992.

15 Smula, Milieus und Parteien, S. 54/55, 98–100 Tabellen 19–21.

16 Ebd., S. 123 Tabelle 29.

17 Ebd., S. 95 Tabelle 18; Klein-Reesink, Textilarbeiter, S. 43; Fasse, Fortschritt und Verunsicherung, S. 654/655.

18 Zum Folgenden siehe: Exner, Ländliche Gesellschaft, S. 16–26.

19 Zitat ebd., S. 20.

20 Vgl. ebd. S. 24. Bei der Festlegung der Kriterien für die Zuordnung zu den Schichten verweist Exner auf das Projekt „Bayern in der NS-Zeit“ und die Definitionen in der Statistik des Deutschen Reichs in den 1930er Jahren.

21 Die prozentuale Verteilung der landwirtschaftlichen Betriebe nach Betriebsgrößen für den Kreis Lüdinghausen wurde berechnet nach: Smula, Milieus und Parteien, S. 65, Tabelle 3; zum Kreis Coesfeld siehe: Fasse, Fortschritt und Verunsicherung, S. 551–554.

22 Vgl. Exner, Ländliche Gesellschaft, S. 141–143, Zitate auf S. 142.

23 Siehe z.B. die Ausführungen zu den Ehrenbürgermeistern, Amtsbeigeordneten, Gemeindevorstehern, Amtsvertretungen und Gemeindevertretungen mit entsprechenden Namenslisten in: Gruttmann, Kleinstadt in der Moderne, S. 453–455, zu Billerbeck; Josef Farwick, Herbern. Ge-

schichte eines Dorfes im Münsterland, Dülmen 1995, S. 132–135; Franz Ranneberg, Übersichten – Fakten – Zahlen – Daten, in: Stadt Coesfeld (Hg.), Lette. Gestern und Heute. 890–1990, Coesfeld 1990, S. 409/410; August Füchter, Übersicht über die Gemeindevorsteher/Bürgermeister und Gemeindeverordneten/Gemeinderäte von 1843–1945, in: Stadt Coesfeld, Lette, S. 387/388; Dorothea Roters, Osterwick. Geschichte eines Dorfes im Münsterland, hrsg. vom Heimatverein Osterwick, Dülmen 1989, S. 573–580; Exner, Ländliche Gesellschaft, S. 172–174, 231–234, zu Ottmarsbocholt; Werner Frese/Christian Wermert (Red.), Senden. Eine Geschichte der Gemeinde Senden mit Bösensell, Ottmarsbocholt, Venne, Senden 1992, S. 455–458.

24 Siehe Fasse, Fortschritt und Verunsicherung, S. 551/552; Exner, Ländliche Gesellschaft, S. 87–110.

25 Siehe Smula, Milieus und Parteien, S. 69; ders., Die Lage der Landwirtschaft im Kreis Lüdinghausen 1925 bis 1933 – Wirtschaftskrisen und politisches Verhalten der Bauern, in: Geschichtsblätter des Kreises Coesfeld 12, Coesfeld 1987, S. 81–106, hier S. 96–101.

26 Vgl. Fasse, Fortschritt und Verunsicherung, S. 552.

27 Feste Regeln zur Bildung von Gemeindeklassen anhand fester Kategorien gibt es nicht. Der hier getroffenen Unterscheidung liegt das Klassifikationsschema von Smula zugrunde, das dieser für den Kreis Lüdinghausen erarbeitet hat. Es ermöglicht eine ausreichende Differenzierung der Gemeinden nach der prozentualen Verteilung der Erwerbstätigen: Agrargemeinde = 40 und mehr % Land- und Forstwirtschaft (I), unter 25 % Handwerk und Industrie (II), unter 60 % Gewerbe und Dienstleistungen (III) | Agrarisch-industrielle Gemeinde = 40 und mehr % (I), 25–60 % (II), unter 35 % (III) | Agrarisch-gewerbliche Gemeinde = 25–40 % (I), unter 35 % (II), unter 50 % (III), | Gewerblich-industrielle Gemeinde = unter 25 % (I), unter 50 % (II), unter 50% (III) | Industriegemeinde = unter 25 % (I), 50 und mehr % (II), unter 50% (III). Siehe Smula, Milieus und Parteien, S. 141–143; ders., Die Lage der Landwirtschaft, S. 89–92; ders., Der Einfluss der Sozial- und Wirtschaftsstrukturen auf die Wahlergebnisse der Zentrumspartei bei den Reichstagswahlen im Landkreis Lüdinghausen 1928 bis 1933, in: Geschichtsblätter des Kreises Coesfeld 11, Coesfeld 1986, S. 108–111. Das Klassifikationsschema von Smula kann auch zur Analyse der Verhältnisse im Kreis Coesfeld verwendet werden. Am 12. April 1934 forderte der Regierungspräsident Münster von den Gemeinden eine Stellungnahme und einen Vorschlag, ob sie zu Bauerndörfern, Landgemeinden oder Städten erklärt werden wollten. Die Stellungnahmen der Gemeinden des Kreises Coesfeld mit genauen Angaben zur Einwohnerzahl und zum Anteil der Beschäftigten im Reichsnährstand, Gewerbe und in der Industrie ermöglicht eine Einordnung nach den oben dargestellten Kategorien. Siehe: KA Coe, Bestand 3 Nr. 8, RP Münster an Landrat Coesfeld am 12.4.1934 und Antwort vom 17.4.1934.

28 Zum Folgenden siehe: Siegfried Weichlein, Wahlkämpfe, Milieukultur und politische Mobilisierung im Deutschen Kaiserreich, in: Simone Lässig/Karl Heinrich Pohl/James Retallack (Hgg.), Modernisierung und Region im wilhelminischen Deutschland. Wahlen, Wahlrecht und Politische Kultur, Bielefeld 1995, S. 69–87, insbesondere S. 73–76; Teresa Dapp, Kommunistische Milieus in der Weimarer Republik. Ein Forschungsbericht, in: Archiv für Sozialgeschichte 50 (2010), S. 503–544, hier S. 504/505.

29 Vgl. Weichlein, Wahlkämpfe, S. 76–80; Smula, Milieus und Parteien, S. 3–46; Stefan Rüping, Parteiensystem und Sozialstruktur in zwei dominant katholischen und überwiegend ländlichen Regionen 1912–1972, Münster 1990, S. 72–136; Arbeitskreis für kirchliche Zeitgeschichte (AKKZG) Münster: Katholiken zwischen Tradition und Moderne. Das katholische Milieu als Forschungsaufgabe, in: Westfälische Forschungen 43 (1993), S. 588–654.

30 Vgl. Weichlein, Wahlkämpfe, S. 80.

31 Siehe die Ausführungen in: Wilhelm Damberg, Moderne und Milieu 1802–1998 (= Geschichte des Bistums Münster, Bd. 5), Münster 1998, S. 201–227.

32 Den folgenden Ausführungen liegt eine detaillierte Auswertung der Schematismen der Diözese Münster für die Jahre 1925, 1927, 1932, und 1938 zugrunde.

33 Siehe die Zahlen in den Tabellen 1 und 2: Organisationsgrad der Katholiken in katholischen Vereinen 1932 in ausgewählten Städten und Gemeinden des Kreises Coesfeld bzw. Lüdinghausen.

34 Zur Beschreibung des katholischen Milieus siehe insbesondere: Smula, Milieus und Parteien, S. 193–200; Fasse, Fortschritt und Verunsicherung, S. 561–574; Bernd Walter, St. Jakobi im 19.

und 20. Jahrhundert, in: Ders., 800 Jahre St. Jakobi Coesfeld. Der Weg ist das Ziel, Coesfeld 1995, S. 164–186, hier S. 164–173; Michael Kertelge, Die Bergarbeitergemeinde St. Joseph in Selm-Beifang. Ein lokales katholisches Milieu 1924–1951, Diplomarbeit Uni. Münster 1994, S. 40–77; Hans-Walter Schmuhl, Geschichte der Stadt Olfen im 20. Jahrhundert, in: Werner Frese (Hg.), Geschichte der Stadt Olfen, Bielefeld 2011, S. 413–484, hier S. 426–428; Gruttmann, Kleinstadt in der Moderne, S. 355–367.

35 Die Daten in den Tabellen basieren auf folgenden Quellen: Schematismus der Diözese Münster 1932, Münster 1932, S. 76–81, 92–96, 146–151. Die Angaben des Schematismus sind nach den Dekanaten und in den Dekanaten nach Pfarrgemeinden erfasst, die in der Regel die Städte und ihr Kirchspiel, also zwei Gemeinden der Kommunalverwaltung umfassen. In der Stadt Coesfeld und der Gemeinde Bockum existierten zwei Pfarrgemeinden, deren Daten zusammengefasst wurden. Für den Kreis Lüdinghausen siehe auch: Smula, Milieus und Parteien, Tabellen 28, 30, 38 und 39.

36 Zu den Katholischen Arbeitervereinen siehe: Fasse, Fortschritt und Verunsicherung, S. 574–580; Klein-Reesink, Textilarbeiter, S. 45–50; Kertelge, St. Joseph in Selm-Beifang, S. 49–64; Smula, Milieus und Parteien, S. 200–217.

37 Ebd., S. 220.

38 Zu den christlichen Gewerkschaften siehe: Fasse, Fortschritt und Verunsicherung, S. 576–580; Klein-Reesink, Textilarbeiter, S. 33–45; Smula, Milieus und Parteien, S. 217–228.

39 Zitiert nach: Fasse, Fortschritt und Verunsicherung, S. 576.

40 Siehe: Smula, Milieus und Parteien, S. 169–195; Fasse, Fortschritt und Verunsicherung, S. 580–588.

41 Entsprechende Auswertungen für den Kreis Coesfeld stehen nicht zur Verfügung.

42 Vgl. Weichlein, Wahlkämpfe, S. 73.

43 Siehe: Fasse, Fortschritt und Verunsicherung, S. 589–594; Jens Murken, „In der Diaspora leben, das war vor 1914 viel leichter als nach 1945". Zur Geschichte der Evangelischen Kirchengemeinde Dülmen, in: Sudmann, Geschichte der Stadt Dülmen, S. 617–644, hier S. 623/624; zu den Zahlenangaben für den Kreis Lüdinghausen siehe auch: Schematismus der Diözese Münster 1932, Münster 1932, S. 76–81, 92–96, 146–151.

44 Vgl. Walter, Kettbaum, Kirche und Kaiser, S. 357–499, hier S. 376–381; Fasse, Fortschritt und Verunsicherung, S. 591/592.

45 Siehe: Heidi Beutin/Wolfgang Beutin/Holger Malterer/Friedrich Mülder (Hgg.): 125 Jahre Sozialistengesetz. Beiträge der öffentlichen wissenschaftlichen Konferenz vom 28.–30. November 2003 in Kiel, Frankfurt a. M. u.a. 2004.

46 Siehe: Beatrix Herlemann, Kommunalpolitik der KPD im Ruhrgebiet 1924–1933, Wuppertal 1977; Georg Fülberth, Die Beziehungen zwischen SPD und KPD in der Kommunalpolitik der Weimarer Periode 1918/19 bis 1933, Köln 1985, insbesondere S. 13–15, 380–387; Teresa Dapp, Kommunistische Milieus in der Weimarer Republik. Ein Forschungsbericht, in: Archiv für Sozialgeschichte 50 (2010), S. 503–544.

47 Vgl. Fasse, Fortschritt und Verunsicherung, S. 594–597; Walter, Kettbaum, Kirche und Kaiser, S. 436–439; Smula, Milieus und Parteien, S. 229–283.

48 Siehe den Hinweis von: Klein-Reesink, Textilarbeiter, S. 46/47.

49 Siehe hierzu die Zahlen und Ausführungen bei: Ebd., S. 56/57; Fasse, Fortschritt und Verunsicherung, S. 582/583, 596/597; Willenberg, Dülmen in der Weimarer Zeit, S. 265.

50 Siehe: Smula, Milieus und Parteien, S. 248–271; Kertelge, Die Bergarbeitergemeinde St. Joseph in Selm-Beifang, S. 78–80; die Grundlage zur Abschätzung der SPD-Anhängerschaft und weiter unten der KPD-Anhängerschaft sind außerdem die veröffentlichten Wahlergebnisse im Westfälischen Anzeiger (WA): Reichstagswahl am 4.5.2024, WA-Ausgabe am 7.5.1924; Reichstagswahl am 20.5.1928, WA-Ausgabe am 22.5.1928; Reichstagswahl am 14.9.1930, WA-Ausgabe am 16.9.1930; Reichstagswahl am 31.7.1932, WA-Ausgaben am 2. u. 3.8.1932.

51 Zitiert nach: Dapp, Kommunistische Milieus, S. 525; Dapp selbst bezieht sich hier auf eine Veröffentlichung von Klaus-Michael Mallmann, Kommunisten in der Weimarer Republik. Sozialgeschichte einer revolutionären Bewegung, Darmstadt 1996, S. 167, 170.

52 Zum Hintergrund siehe: Rainer Pöppinghege, Republik im Bürgerkrieg. Kapp-Putsch und Gegenbewegung an Ruhr und Lippe 1919/1920, Münster 1919, S. 71–74; zu den konkreten Beispielen: Smula, Milieus und Parteien, S. 286/287.

53 Zur Organisationsgeschichte der KPD siehe: Smula, Milieus und Parteien, S. 284–315, und den Quellenhinweis in Anm. 49.

54 Vgl. Dapp, Kommunistische Milieus, S. 543.

55 Zur Entwicklung der KPD und ihr Verhältnis zur SPD siehe den Forschungsüberblick und die Einordnungen von: Dapp, Kommunistische Milieus, S. 511–521. Dort wird auch das strittige Thema „Bolschewisierung“ oder „Stalinisierung“ und der Einfluss der Komintern auf die KPD aufgegriffen.

56 Der Begriff „Blutmai“ steht bei der KPD für 1. Mai 1929. Die KPD in Berlin hatte trotz Demonstrationsverbots zu Massenkundgebungen aufgerufen. Dagegen ging die Polizei auf Befehl des sozialdemokratischen Polizeipräsidenten mit Schusswaffen vor. Das Ergebnis war: dreißig Tote und fast 200 zum Teil schwer Verletzte.

57 Siehe: Dapp, Kommunistische Milieus, S. 518.

58 Die folgende Beschreibung stützt sich auf die ausführliche Darstellung von: Smula, Milieus und Parteien, S. 294–298, 306–315; Kertelge, Die Bergarbeitergemeinde St. Joseph in Selm-Beifang, S. 81–83.

59 Siehe auch: Manfred Witt, Verdrängte Geschichte: Hamm in der Zeit des Nationalsozialismus (1933–1945), in: Ribhegge, Geschichte der Stadt und Region Hamm, S. 294–371, hier S. 309.

60 Zum Folgenden siehe: Helene Albers, Zwischen Hof, Haushalt und Familie. Bäuerinnen in Westfalen-Lippe 1920–1960, Paderborn 2001, S. 158–162.

61 Zitat ebd., S. 178.

62 Vgl. ebd., S. 210–214.

63 Vgl. Exner, Ländliche Gesellschaft, S. 286.

64 Siehe die Darstellung und Tabellen in: Fasse, Fortschritt und Verunsicherung, S. 556–558, 582–585; Markus Müller, Christlich-Nationale Bauern- und Landvolkpartei (CNBL), 1928–1932, publiziert am 12.06.2006; in: Historisches Lexikon Bayerns, URL: <https://www.historisches-lexikon-bayerns.de/Lexikon/Christlich-Nationale_Bauern-_und_Landvolkpartei_(CNBL),_1928-1932> (21.05.2022).

65 Siehe: Albers, Zwischen Hof, Haushalt und Familie, S. 259.

66 Zur komplexen Geschichte des Verbandswesens in Westfalen siehe die Darstellungen von: Burkhard Theine, Westfälische Landwirtschaft in der Weimarer Republik. Ökonomische Lage, Produktionsformen und Interessenpolitik, Paderborn 1991, S. 120–127; Michael Schwartz, Zwischen „Reich“ und „Nährstand“. Zur soziostrukturellen und politischen Heterogenität der Landesbauernschaft Westfalen im „Dritten Reich“, in: Westfälische Forschungen 40 (1990), S. 303–336, hier S. 309–311; Johannes Bähr, Bauernführer, Direktoren und Vertrauensmänner. Die LVM Versicherung im „Dritten Reich“, Frankfurt a.M. 2021, S. 26–34.

67 Siehe: Fasse, Fortschritt und Verunsicherung, S. 556/557; Oliver Braun, Deutsche Bauernschaft, 1927–1933, publiziert am 4.9.2006; in: Historisches Lexikon Bayerns, URL: <https://www.historisches-lexikon-bayerns.de/Lexikon/Deutsche_Bauernschaft,_1927–1933> (21.5.2022); Helmut Lensing/Bernd Robben, „Wenn der Bauer pfeift, dann müssen die Heuerleute kommen!“ Betrachtungen und Forschungen zum Heuerlingswesen in Nordwestdeutschland, Haselünne 2016, S. 220–247.

68 Zu dieser Einordnung siehe: Bähr, Bauernführer, S. 27.

69 Siehe: Helene Albers, Die stille Revolution auf dem Lande. Landwirtschaft und Landwirtschaftskammer in Westfalen-Lippe 1899–1999, Münster 1999, S. 26–28; dies., Zwischen Hof, Haushalt und Familie, S. 259/260.

70 StadtA Coesfeld, Bestand AZ, Zeitungsbericht in der Allgemeinen Zeitung vom 23.5.1928 unter der Überschrift „Bauerntagungen in Coesfeld“; vgl. auch: Fasse, Fortschritt und Verunsicherung, S. 557.

71 Tabelle 3: Ergebnisse der Reichstagswahl am 14.9.1930 in ausgewählten Städten und Gemeinden der Kreise Coesfeld und Lüdinghausen (Angaben in % der abgegeben Stimmen)

	KPD	SPD	Zentrum	WP*	DVP	DNVP	NSDAP	Sonstige
Deutsches Reich	13,1	24,5	11,8	3,9	4,5	7,0	18,3	16,9
Kreis Coesfeld	2,0	7,2	66,1	7,6	1,4	3,4	3,7	8,6**
Stadt Coesfeld	3,4	14.0	55,0	13,3	2,8	4,5	3,3	3,7
Kirchspiel Coesfeld	0,7	2,1	74,4	4,7	0,5	3,0	1,0	13,6**
Stadt Dülmen	4	15	54	?	?	3	8	16***
Gemeinde Osterwick	0,8	2,6	74,5	5,6	0,5	6,0	3,1	6,9
Kreis Lüdinghausen	13,3	11,4	51,9	6,4	2,9	3,4	5,0	5,7
Stadt Lüdinghausen	2,4	8,1	60,1	11,5	1,7	3,8	6,8	5,6
Stadt Werne	14,5	9,1	47,1	9,3	6,4	3,2	5,6	4,8

* WP, auch Reichspartei des deutschen Mittelstandes | ** Diese Stimmenanteile entfallen zum überwiegenden Anteil auf die Partei Christlich-Nationale Bauern- und Landvolkpartei (CNBLP), später umbenannt in ‚Deutsches Landvolk' | *** Die Quelle zur Stadt Dülmen enthält nur gerundete Prozentangaben. Die Werte für die WP und DVP wurden aufgrund der geringen Stimmenzahl der Kategorie „Sonstige" zugerechnet. | Quellen: Fasse, Fortschritt und Verunsicherung, S. 582/583; Roters, Osterwick, S. 607; Franz-Josef Schulte-Althoff, Die Stadt Werne in der Zeit der Weimarer Republik (1919–1933), Werne 2011, S. 108; Smula, Milieus und Parteien, S. 148; Willenberg, Dülmen in der Weimarer Zeit, S. 265.

72 Siehe: Schulte-Althoff, Die Stadt Werne in der Zeit der Weimarer Republik, S. 54, 88, 98, 104; Fasse, Fortschritt und Verunsicherung, S. 593.

73 Ebd., S. 585; Schulte-Althoff, Die Stadt Werne in der Zeit der Weimarer Republik, S. 97/98.

74 Zu den Kandidatenlisten im Allgemeinen und zu den genannten Beispielen siehe: Schulte-Althoff, Die Stadt Werne in der Zeit der Weimarer Republik, S. 84/85, 102/103; ders., Die Stadt Werne im Dritten Reich, Werne 2014, S. 18–20; Fasse, Fortschritt und Verunsicherung, S. 556–558, 582/583, 603–607; Schmuhl, Geschichte der Stadt Olfen, S. 429/430, 445/446; ders., Dülmen im Nationalsozialismus, in: Sudmann, Geschichte der Stadt Dülmen, S. 271–344, hier S. 281; Farwick, Herbern, S. 127/128; Liane Schmitz, 800–2000. Zur Geschichte von Lüdinghausen und Seppenrade, Lüdinghausen 2000, S. 378.

75 Zur Geschichte der Krieger- und Traditionsvereine und den genannten Beispielen siehe: Fasse, Fortschritt und Verunsicherung, S. 647–652; Walter, Kettbaum, Kirche und Kaiser, S. 376–381; Roters, Osterwick, S. 406–409; Bärbel Cöppicus-Wex, Dülmen 1849–1918, in: Stefan Sudmann (Hg.), Geschichte der Stadt Dülmen, Dülmen [2]2011, S. 213–246, hier S. 233–236; Gruttmann, Kleinstadt in der Moderne, S. 404/405; Farwick, Herbern, S. 367/368; Schmuhl, Geschichte der Stadt Olfen, S. 450; Christian Wermert, Alliierte Besatzungszeit und die ersten Nachkriegsjahre, in: Frese/Ders., Senden, S. 521–538, hier S. 535–537.

76 Zitiert und formuliert in Anlehnung an: Fasse, Fortschritt und Verunsicherung, S. 649. Fasse zitiert aus der AZ vom 8.5.1928.

77 Zum „Westfalenbund" siehe: Gerd Krüger, Von den Einwohnerwehren zum Stahlhelm. Der nationale Kampfverband „Westfalenbund e. V." (1921–1924), in: Westfälische Zeitschrift 147 (1997), S. 405–432, hier S. 416–430; Marcus Weidner, Völkische Bewegungen, in: Göschl/Paulus, Weimar im Westen, S. 61–69, hier S. 65/66.

78 Die Darstellung der Lebensgeschichte stützt sich auf folgende Quellen und Literatur: KA Coe, Bestand 14 Nr. 156 Personalakte Dr. Wolters; Fasse, Fortschritt und Verunsicherung, S. 528/529, 593, 647/648; Chronik der Bruderschaft Ss. Fabianus et Sebastianus zu Coesfeld von den Anfängen bis 2014, Coesfeld 2017, S. 36/37; Walter, Kettbaum, Kirche und Kaiser, S. 473/474.

79 Zur Geschichte der Heimatbewegung siehe: Karl Ditt, Die Heimatbewegung, in: Göschl/Paulus, Weimar im Westen, S. 137–145, Zitat S. 139; Fasse, Fortschritt und Verunsicherung, S. 641–647; Willenberg, Dülmen in der Weimarer Zeit, S. 256.

80 Formuliert in Anlehnung an: Ditt, Die Heimatbewegung, S. 140/141.

81 Zitate ebd., S. 142/143.

82 Fasse, Fortschritt und Verunsicherung, S. 645, erwähnt vier sehr gut besuchte Vorträge des katholischen Priesters Dr. Hermann Muckermann im Januar bzw. April 1929 in der Stadthalle Coesfeld auf Einladung des Katholischen Frauenbundes. Muckermann sprach über die Themen Biologie, Werdende Menschen, Eugenik sowie Ehe und Familie im Gottesreich.

83 Vgl.: Bernd Walter, Rheinland, Westfalen, Preußen und der Nationalsozialismus (1933–1945/47), in: Mölich/Veltzke/Walter, Rheinland, Westfalen und Preußen, S. 353–379, hier S. 357/358.

84 Zur Geschichte der Deutschen Adelsgenossenschaft siehe: Georg H. Kleine, Adelsgenossenschaft und Nationalsozialismus, in: Vierteljahrshefte für Zeitgeschichte 26 (1978), S. 100–143.

85 Siehe: Horst Conrad, Der lange Abschied von der Macht. Adel in Westfalen 1800–1970, Münster 2021, S. 183–186; Willy Schmitz, Die Landräte und Oberkreisdirektoren der Kreise Coesfeld und Lüdinghausen, in: Kreis Coesfeld, Dülmen 1985, S. 346–365, hier S. 346–353.

86 Vgl. Christoph Hübner, Die Rechtskatholiken, die Zentrumspartei und die katholische Kirche in Deutschland bis zum Reichskonkordat von 1933. Ein Beitrag zur Geschichte des Scheiterns der Weimarer Republik, Berlin 2014, S. 794–796.

87 Vgl. Conrad, Der lange Abschied, S. 200/201.

88 Verhandlungen des 60. Westfälischen Provinziallandtags vom 23.–25.3.1919, Münster 1919.

89 Siehe: Conrad, Der lange Abschied, S. 203–207.

90 Siehe die ausführliche Darstellung der Aktivitäten der Landsbergs bei: Hübner, Die Rechtskatholiken, S. 171–182, Zitat auf S. 180/181.

91 Siehe Hübner, Die Rechtskatholiken, S. 793–809. Hier liefert Hübner eine Zusammenfassung seiner umfangreichen Darstellung zum angesprochenen Diskussionsprozess.

92 Siehe: Conrad, Der lange Abschied, S. 206/207; ders., Stand und Konfession. Der Verein der Katholischen Edelleute, Teil 2, in: Westfälische Zeitschrift 159 (2009), S. 91–154, hier S. 120.

93 Siehe die Darstellung von: Fasse, Fortschritt und Verunsicherung, S. 583–588; zu den reichsweiten Aktivitäten von Franz von Galen und Franz von Papen vgl. die zahlreichen Hinweise in: Hübner, Die Rechtskatholiken, passim.

94 Vgl. Willenberg, Dülmen in der Weimarer Zeit, S. 258, 265; Sudmann, Merfeld 1813–1974, in: Ders., Geschichte der Stadt Dülmen, S. 445–452, hier S. 446; Fasse, Fortschritt und Verunsicherung, S. 584.

95 Vgl. Walter, Rheinland, Westfalen, Preußen, S. 353; Ribhegge, Preußen im Westen, S. 515.

96 Siehe die Darstellung und Zitate bei: Sudmann, Merfeld, S. 447; zu Ehrenbürgerschaft in Dülmen vgl. Schmuhl, Dülmen im Nationalsozialismus, S. 289, 335.

97 Siehe: Roters, Osterwick, S. 611, Text der Bekanntmachung der Amtsverwaltung Osterwick.

98 Vgl. Sudmann, Merfeld, S. 446; Norbert Korfmacher, Vorläufiges Mitgliederverzeichnis der Stadtverordnetenversammlung Münster 1919 bis 1933, Münster 2010, S. 13; grundlegend zur Biografie Franz von Galens: Josephine von Weyhe, Franz Graf von Galen (1879–1961). Ein „Miles Christianus" im Spannungsfeld zwischen Katholizismus, Adel und Nation, Münster 2020.

99 Vgl. Conrad, Stand und Konfession, S. 127/128.

100 Der folgende Absatz stützt sich auf die Darstellung von: Schmuhl, Dülmen im Nationalsozialismus, S. 282/283. Dieser Darstellung wiederum liegt ein Artikel der Dülmener Zeitung vom 21.2.1933 zugrunde.

101 Ebd., S. 333; Ribhegge, Preußen im Westen, S. 559.

102 Die Darstellung des Briefinhaltes und seine Einordnung in das Milieu des Hochadels stützt sich auf die Darstellung von: Stephan Malinowski, Die Hohenzollern und die Nazis. Geschichte einer Kollaboration, Berlin 2021, S. 283.

103 Vgl. Fasse, Fortschritt und Verunsicherung, S. 645, 661.

III. Die Kreise Coesfeld und Lüdinghausen in der Zeit des Nationalsozialismus
A. Gesellschaft, Verwaltung und Partei in der Region

1 Siehe die grundlegende Darstellung: Hans-Ulrich Thamer, Verführung und Gewalt. Deutschland 1933–1945, Berlin/Darmstadt/Wien 1986, S.186–189.

2 Ebd., S. 226–228, Zitate S. 226/227. Zur Einordnung des Verhaltens von Hindenburg vgl. auch: Bernd Buchner, Um nationale und republikanische Identität. Die deutsche Sozialdemokratie und der Kampf um die politischen Symbole in der Weimarer Republik, Bonn 2001, S. 231–237.

3 Zum Folgenden siehe die Darstellung von: Thamer, Verführung und Gewalt, S. 189/190, 197/198.

4 Zitat ebd., S. 198.

5 Vgl. ebd., S. 198–201.

6 Zu den komplexen Vorgängen bis zur Machtübertragung siehe z.B. die ausführliche Darstellung ebd., S. 213–226.

7 Die Zitate und Aussagen stützen sich auf die Darstellung von: Ebd., S. 232, 237.

8 Zitiert nach dem Text ebd., S. 237/238.

9 Zu den Gleichschaltungsprozessen auf Provinzebene siehe: Bernd Walter, Psychiatrie und Gesellschaft in der Moderne. Geisteskrankenfürsorge in der Provinz Westfalen zwischen Kaiserreich und NS-Regime, Paderborn 1996, S. 431–445.

10 Zu den Hintergründen der Personalwechsel in den Regierungspräsidien siehe die Ausführungen von: Hedwig Schrulle, Verwaltung in Diktatur und Demokratie. Die Bezirksregierungen Münster und Minden/Detmold von 1930 bis 1960, Paderborn/Wien/München/Zürich 2008, S. 35–52, 58/59, und die Kurzbiografien, S. 622/623, 660–662, 667/668, 678, 698.

11 Ebd., S. 50.

12 Zitiert nach: Thamer, Verführung und Gewalt, S. 249.

13 Vgl. Ribhegge, Preußen im Westen, S. 549–552; Siegfried Heimann, Der „Preußenputsch“ im Juli 1932 und die Regierung Braun, in: Bienert/Lüdicke, Preußen zwischen Demokratie und Diktatur. Der Freistaat, S. 105–128, hier S. 117–120.

14 Zur Wahlanalyse vgl.: Thamer, Verführung und Gewalt, S. 256/257.

15 Die Tabelle basiert auf folgenden Quellen und Darstellungen: Thamer, Verführung und Gewalt, S. 212/213; Fasse, Fortschritt und Verunsicherung, S. 582/583; Manfred Grieger, Die neue Macht in Coesfeld. Nationalsozialismus in einer katholischen Stadt, 1933–1945, in: Damberg, Coesfeld 1197–1997, Bd. 3, S. 1593–1790, hier S. 1597; André Schnepper, Prozesse der Machtergreifung in einer katholischen Kleinstadt. Das Beispiel Billerbeck, Coesfeld 2011, S. 38, in der Kategorie „Sonstige“ wurde die Angabe von 0,4 auf 1,7 % korrigiert; Schmuhl, Dülmen im Nationalsozialismus, S. 284; Smula, Milieus und Parteien, S. 148; Toni Pritzl, Die Zeit des Nationalsozialismus in Lüdinghausen, Teil 1, in: Lüdinghauser Geschichtshefte 7, Lüdinghausen 1990, S. 33–72, hier, S. 63; Schulte-Althoff, Die Stadt Werne im Dritten Reich, S. 17; Wermert, Die Weimarer Zeit und die frühen dreißiger Jahre, S. 487, es sind nur auf volle Zahlen gerundete Prozentangaben angegeben; Franz Ranneberg, Übersichten – Fakten – Zahlen – Daten, in: Lette. Gestern und Heute. 890–1990: Anlässlich des Jubiläums „1100 Jahre Lette“ hrsg. von der Stadt Coesfeld, Coesfeld 1990, S. 408–449, hier S. 444; Reichstagswahl am 5.3.1933, Westfälischer Anzeiger (WA), Ausgabe am 8.3.1933.

16 Die Tabelle basiert auf folgenden Quellen und Darstellungen: Bernd Borgert, Coesfeld. Chronik der NS-Zeit. 1933 bis 1945, Dülmen 1995, S. 8; Dorothea Roters (Red.), Holtwick. Beiträge zur Geschichte und Kultur eines Dorfes, hrsg. vom Heimatverein Holtwick, Steinfurt 1997, S. 621; Hans-Walter Schmuhl, Geschichte der Stadt Olfen im 20. Jahrhundert, in: Frese, Geschichte der Stadt Olfen, S. 413–484, hier S. 441; Norbert Korfmacher, Vorläufiges Mitgliederverzeichnis der Stadtverordnetenversammlung Münster 1919 bis 1933, Münster 2010, S. 17; Schulte-Althoff, Die Stadt Werne im Dritten Reich, S. 19; Kommunalwahlen am 12.3.1933, Westfälischer Anzeiger (WA), Ausgabe am 14.3.1933.

17 Vgl. Thamer, Verführung und Gewalt, S. 258/259.

18 Zitiert nach: Mario Wenzel, Die NSDAP, ihre Gliederungen und angeschlossenen Verbände. Ein Überblick, in: Benz, Wie wurde man Parteigenosse? Die NSDAP und ihre Mitglieder, S. 19–38, hier S. 23.

19 Vgl. Schulte-Althoff, Die Stadt Werne im Dritten Reich, S. 18.

20 Vgl. Bernd Buchner, Um nationale und republikanische Identität. Die deutsche Sozialdemokratie und der Kampf um die politischen Symbole in der Weimarer Republik, Bonn 2001, S. 128/129.

21 Zu den Einzelaktionen siehe: Schmuhl, Dülmen im Nationalsozialismus, S. 284/285; Borgert, Coesfeld. Chronik der NS-Zeit, S. 7; Schnepper, Prozesse der Machtergreifung, S. 35.

22 Zitiert nach: Buchner, Um nationale und republikanische Identität, S. 129.

23 Zitiert nach: Thamer, Verführung und Gewalt, S. 271.

24 Der „Tag von Potsdam" galt als erste große Aktion und perfekte Inszenierung des neuen Propagandaministers Goebbels. Nach neuen Forschungen von Lüdicke hat es jedoch „eine nationalsozialistische Propagandaveranstaltung, die mit strategischem Kalkül entlang der Goebbelschen Vision einer Versöhnung inszeniert worden wäre", nicht gegeben. Lüdicke weist dagegen auf den Einfluss Hindenburgs bei der Planung hin. Zur Forschungsdiskussion siehe insbesondere: Lars Lüdicke, Inszenierung und Instrumentalisierung. Der „Tag von Potsdam", in: Bienert/Ders., Preußen zwischen Demokratie und Diktatur. Der Freistaat, S. 241–270; Werner Freitag, Nationale Mythen und kirchliches Heil: Der „Tag von Potsdam", in: Westfälische Forschungen 41 (1991), S. 379–430; Thamer, Verführung und Gewalt, S. 270–272.

25 Freitag, Nationale Mythen, S. 380–382. Diese Gedanken formuliert Freitag auch in Anlehnung an: Ian Kershaw, Der Hitler-Mythos. Volksmeinung und Propaganda im Dritten Reich, Stuttgart 1980, S. 16.

26 Freitag, Nationale Mythen, S. 394.

27 Der folgenden Beschreibung des Ablaufs liegt eine zeitgenössische Publikation zugrunde: Hans Hupfeld (Hg.), Reichstags-Eröffnungsfeier in Potsdam. Das Erlebnis des 21. März in Wort und Bild, Potsdam/Berlin 1933, S. 40–52. Zu den Zitaten vgl. auch: Herbert Michaelis/Ernst Schraepler (Hg.), Ursachen und Folgen. Vom deutschen Zusammenbruch 1918 und 1945 bis zur staatlichen Neuordnung Deutschlands in der Gegenwart. Eine Urkunden- und Dokumentensammlung, Bd. 9: Das Dritte Reich. Die Zertrümmerung des Parteienstaates und die Grundlegung der Diktatur, Berlin 1964, S. 133–135.

28 Siehe: Erich Kosthorst/Bernd Walter, Konzentrations- und Strafgefangenenlager im Dritten Reich. Beispiel Emsland. Dokumentation und Analyse zum Verhältnis von NS-Regime und Justiz, 3 Bde., Düsseldorf 1983, hier: Bd. 1, S. 100, Schreiben des Preußischen Ministers des Innern an den Regierungspräsidenten Osnabrück vom 17. März 1933, mit dem die Initiative zur Errichtung der Konzentrationslager in Börgermoor, Esterwegen und Neusustrum ergriffen wurde.

29 Siehe: Michaelis/Schraepler, Ursachen und Folgen, Bd. 9, S. 133; Lüdicke, Inszenierung, S. 261–267.

30 Freitag, Nationale Mythen, S. 406/407; Daniel Schmidt, Schützen und Dienen. Polizisten im Ruhrgebiet in Demokratie und Diktatur 1919–1939, Essen 2008, S. 342/343; Walter, Rheinland, Westfalen, Preußen, S. 366–372.

31 Vgl. Grieger, Die neue Macht in Coesfeld, in: Damberg, Coesfeld 1197–1997, Bd. 3, S. 1593–1790, hier S. 1599/1600; Borgert, Coesfeld. Chronik der NS-Zeit, S. 8.

32 Siehe: Schnepper, Prozesse der Machtergreifung, S. 75–77.

33 Siehe: Christian Wermert, Die Zeit des Nationalsozialismus, in: Frese/Ders., Senden, S. 493–520, hier S. 493.

34 Siehe die Darstellung von: Toni Pritzl, Die Zeit des Nationalsozialismus in Lüdinghausen, Teil 4, in: Lüdinghauser Geschichtshefte 10, Lüdinghausen 1994, S. 31–58, hier S. 43/44.

35 Vgl. Schmuhl, Dülmen im Nationalsozialismus, S. 298/299.

36 Vgl. Schulte-Althoff, Die Stadt Werne im Dritten Reich, S. 22–27.

37 Vgl. Frithjof Benjamin Schenk, Tannenberg/Grunwald, in: Etienne François/Hagen Schulze (Hgg), Deutsche Erinnerungsorte, Bd. 1, München 2001, S. 438–454, hier S. 446–451; Julia Wallentin, Die ‚unheilige Allianz' des „alten Preußen" mit dem NS-Staat – Der ‚Tag von Potsdam' in der Grafschaft Mark, in: Eckhard Trox/Ralf Meindl (Hgg.), Preußen – Aufbruch in den Westen.

Geschichte und Erinnerung – die Grafschaft Mark zwischen 1609 und 2009. Begleitband zur Ausstellung, Lüdenscheid 2009, S. 177–183, hier S. 177/178.

38 Siehe z.B. Schenk, Tannenberg/Grunwald, S. 450. Der erste „Tag von Tannenberg" verschaffte Hitler erneut einen öffentlichkeitswirksamen Auftritt mit dem „Feldherren-Ersatzkaiser" in der Kulisse des Nationaldenkmals. Der zweite „Tag von Tannenberg", das Begräbnis Hindenburgs im Nationaldenkmal, fand allerdings gegen den ausdrücklichen Willen des Reichspräsidenten dort statt und wurde vom NS-Staat zu einer großen Selbstdarstellung genutzt. Die Beerdigungszeremonie, eine Mischung aus militärischer Ehrenbezeugung, religiösem Ritus und heidnischem Kult, konnte wiederum als mediales Ereignis im gesamten Reichsgebiet verfolgt werden.

39 Freitag, Nationale Mythen, S. 422–424, 428.

40 Schmidt, Schützen und Dienen, Zitat S. 341.

41 Vgl. ebenda, S. 342–344, Zitat S. 343.

42 Zum Folgenden vgl. Walter, Rheinland, Westfalen, Preußen, S. 354/355.

43 Diesem Ziel diente auch die seit 1934 forcierte Zusammenlegung der preußischen Landesministerien mit den entsprechenden Reichsministerien. Lediglich das preußische Finanzministerium und wenige andere Landesbehörden blieben bis 1945 eigenständig. Damit hatte Preußen seine staatliche Eigenständigkeit eingebüßt und war quasi nur noch über seine administrativen Strukturen präsent, die allerdings ein erhebliches Eigengewicht hatten.

44 Zitiert nach: Neisen, Die Macht der lokalen Verhältnisse, S. 10.

45 Stephen Schröder, Die Kreisordnungen von 1886/87 und die Entwicklung der Kreise bis 1933, in: Von der preußischen Obrigkeit zur bürgerlichen Selbstverwaltung. 200 Jahre rheinische und westfälische Kreise, Düsseldorf 2016, S. 34–43, hier S. 34–36; Wolfgang Stelbrink, Der preußische Landrat im Nationalsozialismus. Studien zur nationalsozialistischen Personal- und Verwaltungspolitik auf Landkreisebene, Münster/New York/ München/Berlin 1998, S. 1–6; Edzard Schmidt-Jortzig, Die Entwicklung des Verfassungsrechts der Kreise, in: Hundert Jahre Kreisordnung in Nordrhein-Westfalen, hrsg. vom Landkreistag Nordrhein-Westfalen, München 1988, S. 87–119, hier S. 111–115.

46 Vgl. Stelbrink, Der preußische Landrat, S. 3.

47 KA Coe, Bestand 12 Nr. 30 Landrat Klein: Die Akte enthält ausführliche Exzerpte aus den Personalakten Kleins im: LAV NRW W, Regierung Münster, Personalakte Nr. K 59; Hauptarchiv Berlin-Dahlem, Rep. 77 Nr. 5250; Willy Schmitz, Die preußischen Landräte des Kreises Coesfeld 1816–1945, Coesfeld 1974, S. 98–108; Stelbrink, Der preußische Landrat, S. 428; Schrulle, Verwaltung in Diktatur und Demokratie, S. 659/660.

48 KA Coe, Bestand 12 Nr. 30, S. 6: Urlaubsantrag vom 4. Januar 1934. Er bittet um Urlaub, um als Saar-Abstimmungsberechtigter an der Volksbefragung über die Zukunft des Saargebietes im Januar 1935 teilnehmen zu können und zugleich den früheren Kreis zu besuchen.

49 Zum Anstieg der Fürsorgeausgaben siehe: KA Coe, Bestand 28 Nr. 49 Haushaltsplan 1931 und Nr. 51 Haushaltsplan 1934. Bei der Berechnung des Anstieges wurden die durchlaufenden Ausgaben für die Gemeinden nicht berücksichtigt. Vgl. Schmitz, Die preußischen Landräte des Kreises Coesfeld, S. 106. Auch Schmitz nennt Beträge für die Fürsorgeausgaben in den Jahren 1931–1933. Er vergleicht jedoch teilweise Soll- und Ist-Werte.

50 Ein Onkel Stockhausens, Bruder seiner Mutter, war der Zentrumspolitiker und zeitweilige Reichsverkehrsminister Theodor von Guérard (1863–1943). Eine Schwester seines Vaters war wiederum mit Graf Ferdinand von Merveldt verheiratet, dessen Bruder Graf Felix von Merveldt (1862–1926) von 1913–1922 Regierungspräsident in Münster war. Siehe die Hinweise in: Max von Stockhausen, Sechs Jahre Reichskanzlei von Rapallo bis Locarno. Erinnerungen und Tagebuchnotizen 1922–1927, Bonn 1954, S. 7, 9.

51 KA Coe, Bestand 12 Nr. 8 Landrat von Stockhausen: Die Akte enthält ausführliche Exzerpte aus den Personalakten Stockhausens bei der Regierung Münster (Reg.Ref.) und der Regierung Arnsberg sowie aus Verwaltungsakten des Kreises Lüdinghausen. Außerdem eine Sammlung von Dokumenten und Zeitungsartikeln; Heinrich A. Mertens/Josef Limbach, Aus der Geschichte des Kreises Lüdinghausen 1803–1974, Lüdinghausen 1974, S. 99–100; Schrulle, Verwaltung in Diktatur und Demokratie, S. 698.

52 Während seiner Tätigkeit in der Reichkanzlei wurde Stockhausen im Februar 1924 mit einer juristischen Dissertation zu Fragen der Massensiedlung als Gesetzesproblem in Preußen an der Universität Münster promoviert. Siehe: Stockhausen, Sechs Jahre Reichskanzlei, S. 24.

53 Wie Stockhausen seine spätere Frau kennengelernt hat, beschreibt er in seinem Tagebuch am 28. März 1926: „Meine Verlobung mit der Tochter des preußischen Landtagsabgeordneten v. Papen. Bis 1. April in Haus Merfeld, dem Wohnsitz Papens in Westfalen, und Haus Stockhausen. Meine junge Braut hatte ich näher kennengelernt gelegentlich eines Essens, das der damalige Landtagsabgeordnete v. Papen vor einigen Monaten dem Nuntius Pacelli und dem Reichskanzler Luther gab. Wie üblich hatte ich den Kanzler begleitet." Siehe: Ebd., S. 213, 225/226.

54 Ebd., S. 253/254.

55 KA Coe, Bestand 12 Nr. 8, Zeitungsartikel aus der Lüdinghauser Zeitung vom 25.11.1927.

56 Ebd., Zeitungsartikel vom 4.3.1933 und Auszug aus dem Verwaltungsbericht des Landkreises Lüdinghausen für das Haushaltsjahr 1932/1933.

57 Siehe: Preußische Gesetzsammlung Jahrgang 1925, Wahlgesetz für die Provinziallandtage und Kreistage vom 7. Oktober 1925, geändert durch Gesetz vom 29. Oktober 1928.

58 Zur verfassungsrechtlichen Stellung des Kreistages und Kreisausschusses siehe: Schröder, Die Kreisordnungen von 1886/87, S. 36/37; Schmidt-Jortzig, Die Entwicklung des Verfassungsrechts der Kreise, S. 97–99, 118/119.

59 Zu den Kommunalwahlen von November 1929 konnten keine Akten ausgewertet werden. Die folgende Darstellung zum Wahlkampf, den vorgelegten Wahlvorschlägen, Wahlergebnissen und Wahlen des Kreistages stützen sich auf die Zeitungsberichte in der Dülmener Zeitung. Siehe: StadtA Dülmen, Bestand Dülmener Zeitung, Ausgaben vom 9.10.1929, 24.10.1929, 25.10.1929, 10.11.1929, 18.11.1929, 19.11.1929, 21.12.1929 und 22.12.1929.

60 August Focke gt. Berning (1871–1945) war von 1928–1945 Ehrenbürgermeister in der Gemeinde Coesfeld-Kirchspiel. Bereits 1906 war er das erste Mal zum Gemeindeverordneten, ab 1915 dann zum Gemeindevorsteher gewählt worden. Seit 1921 saß der Gutsbesitzer für das Zentrum nicht nur im Kreistag, sondern auch im Kreisausschuss. Auf der Kreisebene zählte er zu den führenden Mitgliedern des Westfälischen Bauernvereins. Vgl. Fasse, Fortschritt und Verunsicherung, S. 557, 612/613, 692.

61 Die besondere Stellung Leppelmanns wird auch mit einem Glasfenster von St. Agatha in Dülmen-Rorup sichtbar, das dieser für seinen im Ersten Weltkrieg gefallenen Sohn gestiftet hat. Vgl. Oliver Karnau, Das Kriegergedächtnisfenster von St. Agatha in Dülmen-Rorup, in: Denkmalpflege in Westfalen-Lippe, Heft 1 (2007), S. 30–33.

62 Zu Lübbesmeyer siehe: Walter, Kettbaum, Kirche und Kaiser, S. 450/451; Fasse, Fortschritt und Verunsicherung, S. 608/609.

63 Die folgenden Ausführungen zur Zusammensetzung des Kreistages stützen sich auf: Norbert Korfmacher, Vorläufiges Mitgliederverzeichnis des Kreistages von Lüdinghausen 1919 bis 1933, Münster 2013, S. 4–17.

64 Die Tabelle wurde auf der Basis der Zeitungsberichte in der Dülmener Zeitung erstellt. Siehe: StadtA Dülmen, Bestand Dülmener Zeitung, Ausgaben vom 24.2.1933, 26.2.1933, 4.3.1933, 7.3.1933, 9.3.1933, 10.3.1933, 12.–15.3.1933, 24.3.1933 und 22.4.1933.

65 Die Tabelle wurde auf der Basis folgender Quelle erstellt: Norbert Korfmacher, Vorläufiges Mitgliederverzeichnis des Kreistages von Lüdinghausen 1919 bis 1933, Münster 2013, S. 3–20.

66 Siehe die Protokolle der Kreisausschusssitzungen vom 14.2.1933, 2.3.1933 und 22.3.1933: LAV NRW W, Bestand K 332, Nr. 1372; zu Langerbein außerdem: Peter Hertel, Vor unsrer Haustür. Eine Kindheit im NS-Staat – früh erlebt, spät erkundet, Münster 2018, S. 31.

67 Franz Schulze Pellengahr war außerdem: Mitglied des Preußischen Staatsrates in Berlin, 1909–1933 Abgeordneter im Provinziallandtag in Münster, stellv. Mitglied des Westfälischen Provinzialrates. Siehe: Christian Schulze Pellengahr, Die Mitglieder des Lüdinghauser Kreistages – ein Gruppenbild aus dem Jahre 1925, in: Geschichtsblätter des Kreises Coesfeld 22, Coesfeld 1997, S. 171–184, hier S. 174, 178.

68 Schmidt-Jortzig, Die Entwicklung des Verfassungsrechts, S. 88–97, 111; Eberhard Laux, Die Entwicklung der Kreisaufgaben und des Personals (1816 – 1886 – 1986), in: Hundert Jahre

Kreisordnung in Nordrhein-Westfalen, hrsg. vom Landkreistag Nordrhein-Westfalen, München 1988, S. 121–201, hier S. 123/124, 131–155; Schröder, Die Kreisordnungen, S. 38–43.

69 Aufgrund der Ausschließlichkeit der Aufgabenwahrnehmung, der Zuordnung der Kompetenzen und der ausgleichenden Funktion wurde zwischen übergemeindlichen Aufgaben (z.B. Kreisstraßen, Museen, Wirtschaftsförderung), ergänzenden Kreisaufgaben (z.B. die Trägerschaft der Berufsschulen, Volkshochschulen und Jugendhilfeeinrichtungen) sowie den Ausgleichsaufgaben (z.B. Beratungs- und Planungshilfen oder die Kreisumlage) unterschieden. Vgl. Schmidt-Jortzig, Die Entwicklung des Verfassungsrechts, S. 91–95.

70 Laux, Die Entwicklung der Kreisaufgaben, S. 145–155; Schröder, Die Kreisordnungen, S. 42.

71 Siehe: Preußische Gesetzsammlung 1931, Nr. 21, Polizeiverwaltungsgesetz. Vom 1. Juni 1931.

72 Laux, Die Entwicklung der Kreisaufgaben, S. 151; zu den Reformansätzen vgl. Stelbrink, Der preußische Landrat, S. 141–176, 394–397.

73 Schröder, Die Kreisordnungen, S. 38, 40; Laux, Die Entwicklung der Kreisaufgaben, S. 155.

74 Zu weiteren Details siehe die Tabelle 8: Personalstärke der Kreisverwaltungen der Kreise Coesfeld und Lüdinghausen in den Jahren 1933 und 1939.

75 Tabelle 11: Haushaltsplanung des Kreises Coesfeld für das Jahr 1933 auf der Ausgabenseite, erstellt und berechnet auf der Basis folgender Quelle: KA Coe, Bestand 28 Nr. 50 Haushaltsplan 1933.

Gegenstand der Ausgabe	Betrag in RM	Anteil der Ausgaben an den Gesamtausgaben in %	Spezifizierung der Ausgabenansätze
Allgemeine Verwaltung	73.601	3,9	Besoldung, Beiträge Witwen-, Waisen- und Pensionskassen, Versicherungen, Aufwandsentschädigungen, Reisekosten, Verwaltungsaufwand, Gebäudeunterhalt etc.
Bauverwaltung	157.200	8,4	Personalkosten (Gehälter etc.), Erstattung von Schuldenzinsen, Erstattung von Pflasterkosten an Gemeinden, Ausführung der Chaussee-Instandsetzung
Schul- und Bildungswesen	4.695	0,3	Personalkosten, Zuschüsse für die Landwirtschaftliche Winterschule in Billerbeck und für Fortbildungsschulen,
Fürsorgeverwaltung	905.000	48,4	Personalkosten, Zuschuss für die Lungenfürsorge, Kosten der Impfung, Ruhegehalt der Hebammen, Kosten für die Anstaltsunterbringung (Geisteskranke, Krüppel, blinde Kinder, taubstumme Kinder), Wochenfürsorge, Erstattung von 70 % der Aufwendungen der Gemeinden zur Unterstützung der Erwerbslosen, Zuschuss für die Wanderarbeitsstätte Dülmen, Jugendpflege, Schuluntersuchungen
Förderung der Landwirtschaft, des Handels und Gewerbes	18.812	1,0	Personalkosten, Personalkostenzuschüsse, Durchführung des Viehseuchengesetzes, Einrichtung eines Versuchsringes, Zuschuss für die Ausbildung in Meisterkursen und Kunstgewerbeschulen
Finanzverwaltung	298.905	16,0	Fehlbetrag des Vorjahres, Provinzialsteuer, Grundstücksverwaltung, Schuldenverwaltung,
Durchlaufende Ausgaben	411.518	22.0	Einkommensteuer-, Körperschaftssteuer- Umsatzsteueranteile der Gemeinden, Realsteuersenkung, Zusatzrenten, Hauszinssteuerdarlehen, etc.
Summe der Ausgaben	1.869.731	100	

76 Zu den Ausführungen und Zitaten siehe: Schröder, Die Kreisordnungen, S. 42; Adalbert Leidinger, Die Finanzwirtschaft der Kreise von 1886 bis 1987, in: Hundert Jahre Kreisordnung in Nordrhein-Westfalen, hrsg. vom Landkreistag Nordrhein-Westfalen, München 1988, S. 203–250, hier S. 230/231.

77 Zum Folgenden vgl. Laux, Die Entwicklung der Kreisaufgaben, S. 123, 155.

78 Die Tabelle wurde auf der Basis der Stellen- und Besoldungspläne in folgenden Quellen erstellt: LAV NRW W, Bestand K 332, Nr. 1364; KA Coe, Bestand 3 Nr. 51; KA Coe, Bestand 14 Nr. 67, 73, 85 und 87; KA Coe, Bestand 28 Nr. 59; KA Coe, Bestand 2 Nr. 397 Gesundheitsberichte; Bernd D. Plaum, „Sparen für die Tage der Noth". Zur Geschichte der Sparkasse Coesfeld seit 1848, Dülmen 1998, S.159,161. Aufgrund der Quellenlage ist für das Jahr 1939 keine Differenzierung nach Geschlecht möglich. Zur Einrichtung der staatlichen Gesundheitsämter siehe: Bernd Walter, Psychiatrie und Gesellschaft in der Moderne. Geisteskrankenfürsorge in der Provinz Westfalen zwischen Kaiserreich und NS-Regime, Paderborn 1996, S. 482/483.

79 Siehe: Wilfried Böhnke, Die NSDAP im Ruhrgebiet 1920–1933, Bonn-Bad Godesberg 1974, S. 143–152, 224/225; Wolfgang Stelbrink, Die Kreisleiter der NSDAP in Westfalen und Lippe. Versuch einer Kollektivbiographie mit biographischem Anhang, Münster 2003, S. 15; Christian Bunnenberg, Die „weltanschauliche Schulung" der NSDAP im Gau Westfalen-Nord von 1932 bis 1945, Diss. Universität Köln 2016, S. 58–63; Arno Schröder, Mit der Partei vorwärts! Zehn Jahre Gau Westfalen-Nord, Detmold 1940, S. 16–21; LAV NRW W, Bestand S 003, Nr. 125 Überblick der Entwicklung des Gaues Westfalen-Nord.

80 Vgl. Böhnke, Die NSDAP im Ruhrgebiet, S. 146–148; Smula, Milieus und Parteien, S. 321–328; StadtA Dülmen, NSDAP-Ortsgruppe Dülmen Nr. 2, Rundschreiben des NSDAP-Bezirks Emscher-Lippe vom 8.8.1930.

81 Zitat ebd.; der im Rundschreiben enthaltene Terminplan für den Rednereinsatz in den genannten Kreisen mit Angabe der Einsatzorte lässt auch Rückschlüsse auf den Zuschnitt der Kreise zu. So umfasste der „Kreis Heikhaus" den südlichen Bereich Gelsenkirchens, Bottrop, Dorsten und den ländlichen Bereich bis Borken und Bocholt, der „Kreis Sauer" den nördlichen Bereich Gelsenkirchens (Horst, Resse, Buer), Westerholt, Gladbeck, Hüls und Marl, der „Kreis Dr. Anton" die Orte Wanne-Eickel, Herne und Castrop-Rauxel, der „Kreis Rosenbaum" die Stadt Recklinghausen, Datteln und den ländlichen Bereich über Haltern bis Dülmen und der „Kreis Fandreyer" mit Olfen und Waltrop einen eher kleinen Bereich.

82 Meyer kam in Göttingen zur Welt und ist dann in Kreuzburg (Oberschlesien) und Soest aufgewachsen und zur Schule gegangen. Er schlug zunächst die Offizierslaufbahn ein (Patent 1913) und nahm am Ersten Weltkrieg teil. Im April 1917 geriet er in französische Kriegsgefangenschaft, aus der er erst im März 1920 zurückkehrte. Sein Lebensziel, die Offizierslaufbahn fortzusetzen, erfüllte sich nicht. Daher setzte der fast 30-Jährige das 1912 unterbrochene Jurastudium fort, das er 1920 mit einer Promotion in den Staatswissenschaften abschloss. Das zweite juristische Staatsexamen legte er nicht ab. Da sich sein Berufswunsch zerschlug, als Bankbeamter Fuß zu fassen, heuerte er als „Zechenbeamter" an. Siehe: Heinz-Jürgen Priamus, Gauleiter der NSDAP im Ruhrgebiet. Dr. Alfred Meyer, Online-Publikation des Historischen Centrums Hagen [2008].

83 Durch die Arbeit in der Reichstagsfraktion lernte Meyer auch Alfred Rosenberg kennen, mit dem er sich in einer Art Geistesverwandtschaft verbunden fühlte. Alfred Rosenberg (1892–1945) war einer der führenden Ideologen der NSDAP und trug mit seinen rassenideologischen Schriften (1930: Der Mythus des 20. Jahrhunderts) zur Verschärfung des Antisemitismus bei. Ab Juli 1941 war er als Reichsminister für die besetzten Ostgebiete einer der Promotoren der Germanisierung der Ostgebiete, der systematischen Judenvernichtung und der Hungerstrategie gegen die russische Bevölkerung. Meyer wurde im Juli 1941 neben seinen Aufgaben als Gauleiter und Reichsstatthalter als ständiger Vertreter Rosenbergs bestellt. Als Vertreter des Ost-Ministerium nahm er an der „Wannseekonferenz" zur Vorbereitung der „Endlösung der Judenfrage" am 20. Januar 1942 teil und war auch in der Folgezeit maßgeblich an der Umsetzung des Holocaust beteiligt. Siehe: Heinz-Jürgen Priamus, Gauleiter der NSDAP im Ruhrgebiet. Dr. Alfred Meyer, Online-Publikation des Historischen Centrums Hagen [2008]; ders., Meyer. Zwischen Kaisertreue und NS-Täterschaft. Biographische Konturen eines deutschen Bürgers, Essen 2011.

84 Vgl. Björn Weigel, „Märzgefallene" und Aufnahmestopp im Frühjahr 1933. Eine Studie über den Opportunismus, in: Benz, Wie wurde man Parteigenosse? Die NSDAP und ihre Mitglieder, S. 91–109, hier S. 92–94; Wolfgang Benz, Einleitung: Die NSDAP und ihre Mitglieder, in: Ders., Wie wurde man Parteigenosse? Die NSDAP und ihre Mitglieder, S. 7–17, hier S. 12.

85 Siehe: StadtA Dülmen, NSDAP-Ortsgruppe Dülmen Nr. 3, Rundschreiben des NSDAP-Bezirks Recklinghausen an alle Ortsgruppenführer vom 5.2.1931 und Anlage 3 zum Rundschreiben Nr. 3 vom 20.5.1931. Im ersten Schreiben werden Pg. Becker-Bertling als Kreisleiter für den Kreis Coesfeld und Pg. Plücker als Kreisleiter für den Kreis Lüdinghausen benannt. Das Schreiben von Mai 1931erwähnt die Kreisteilung und die Namen der jeweiligen Kreisleiter. Die nochmalige Aufteilung der Kreisgebiete ist sehr wahrscheinlich Ende Februar 1931 erfolgt, da Franz Bielefeld in einem Brief an Heinrich Capitaine bereits am 26.2.1931 erwähnt, dass er nun Kreisleiter sei. Siehe: Willenberg, Dülmen in der Weimarer Zeit, S. 264 und Anm. 133; vgl. auch: Schröder, Zehn Jahre Gau Westfalen-Nord, S. 308. Hier wird die Aufteilung des Kreises Lüdinghausen in der Chronik unter dem 18.3.1931 erwähnt.

86 Siehe: Stelbrink, Die Kreisleiter, S. 15/16, 177; Schröder, Zehn Jahre Gau Westfalen-Nord, S. 331.

87 Ebd., S. 336 Eintragung in der Chronik unter dem 1.10.1932

88 Zur Biografie der genannten Kreisleiter siehe: Stelbrink, Die Kreisleiter, S. 132–134, 137, 153/154, 183–185.

89 Zu den Daten siehe: Stelbrink, Die Kreisleiter, S. 133/134, 197/198; LAV NRW W, Bestand S 002, Nr. 88 Schriftwechsel im Juli 1934 zu den frühesten Parteieintritten der politischen Leiter und Nr. 68 Schriftwechsel 1935/1936 zur Unterbringung von Heitmann in einer Behörde; Toni Pritzl, Die Zeit des Nationalsozialismus in Lüdinghausen, Teil 1, in: Lüdinghauser Geschichtshefte 7, Lüdinghausen 1990, S. 33–72, hier S. 37; Schulte-Althoff, Die Stadt Werne im Dritten Reich, S. 18; Schmuhl, Geschichte der Stadt Olfen, S. 441; Bickhove-Swiderski, Dülmen unterm Hakenkreuz, S. 220–222.

90 Siehe: Schröder, Zehn Jahre Gau Westfalen-Nord, S. 346, 350. Zum Datum der Einsetzung siehe die Anmerkungen von Stelbrink, Die Kreisleiter, S. 15, 133/134. Stelbrink hält es für möglich, dass die Ernennung von Becker und damit die Einrichtung des Parteikreises Coesfeld erst später erfolgt ist. Er beachtet allerdings nicht die Einsetzung der Kreisleiter im Jahr 1931.

91 Siehe die Tabelle 9: Die ersten Ortsgruppen und ihre Leiter in den Kreisen Coesfeld und Lüdinghausen.

92 Zitiert nach: Reinhardt Liesert, Die Formierung des Nationalsozialismus in der westfälischen Provinz. Die frühe NSDAP-Ortsgruppe Dülmen. Eine Fallstudie aus dem Münsterland, in: Westfälische Zeitschrift 168 (2018), S. 65–92, hier S. 74. Bei Liesert finden sich auch weitere Ausführungen und Literaturhinweise zum Begriff der „überflüssigen Generation".

93 Zur persönlichen und politischen Entwicklung der Brüder Bielefeld siehe: Ebd., S. 69–74; Willenberg, Dülmen in der Weimarer Zeit, S. 259, 263/264; Schmuhl, Dülmen im Nationalsozialismus, S. 272–274; Ortwin Bickhove-Swiderski, Dülmen unterm Hakenkreuz, Essen 2012, S. 11–14, 220–225.

94 Zum Folgenden vgl. Liesert, Die Formierung des Nationalsozialismus, S. 74–84, 91/92.

95 Siehe: Kertelge, Die Bergarbeitergemeinde St. Joseph in Selm-Beifang, S. 100–104.

96 Zu Werne und den genannten Personen siehe: Franz-Josef Schulte-Althoff, Die Stadt Werne in der Zeit der Weimarer Republik (1919–1933), Werne 2011, S. 110, 114; ders., Die Stadt Werne im Dritten Reich, S. 20–30; LAV NRW W, Bestand S 002, Nr. 57 Schreiben des Gauinspektors Hartmann an Gauleiter Meyer vom 25.01.1933; LAV NRW W, Bestand S 002, Nr. 65 Schreiben Dr. Deimann an Gauinspektor Barthel vom 28.10.1934 mit Anlage.

97 Zitiert nach: Schulte-Althoff, Die Stadt Werne im Dritten Reich, S. 22.

98 Siehe: Schmuhl, Geschichte der Stadt Olfen, S. 440–445.

99 Zitiert nach: Ebd., S. 442.

100 Zu den konkreten Orten, Personen und Daten siehe: Alex Sasse, Kampf und Sieg der NSDAP im Kreise Ahaus, in: Kreis Ahaus. Vom Werden unserer Heimat, herausgegeben im Auftrage des Nationalsozialistischen Lehrerbundes des Kreises Ahaus und des Gaues Westfalen-Nord von

Karl Lindemann und Heinrich Brambrink, Gelsenkirchen 1938, S. 595–635, hier S. 596–602; Fasse, Fortschritt und Verunsicherung, S. 664–667.

101 Vgl. Anmerkung 85 und die dortigen Hinweise auf die Veränderung der Zuständigkeiten.

102 Vgl. Schröder, Zehn Jahre Gau Westfalen-Nord, S. 306. Dort steht unter dem 24.2.1931: „Brand in einer NSDAP-Versammlung in Coesfeld. (Marxisten als Brandstifter)".

103 Der Stützpunkt Rorup wurde erst im November 1935 durch Kreisleiter Bielefeld eingerichtet. Siehe: StadtA Dülmen, Bestand Dülmener Zeitung, Ausgabe vom 22.11.1935

104 Vgl. Carl-Wilhelm Reibel, Das Fundament der Diktatur: Die NSDAP-Ortsgruppen 1932–1945, Paderborn 2002, S. 13.

105 Zur Entwicklung der SA in der Region siehe: Smula, Milieus und Parteien, S. 352–356; Bickhove-Swiderski, Dülmen unterm Hakenkreuz, S. 21, 31–33, 220–222, 258; Schröder, Zehn Jahre Gau Westfalen-Nord, S. 220–223.

106 Zum Untersuchungsverfahren der SA und zum Gerichtsverfahren siehe: LAV NRW W, Bestand S 002, Nr. 79 Schriftwechsel zwischen der SA-Gruppe Westfalen, der SA-Brigade 66, der Kreisleitung Coesfeld und Gauinspekteur Barthel im August/September 1934; StadtA Dülmen, Sammlung Brathe Nr. 141, S. 7. In dem „Tatsachenbericht" des Dülmener Bürgermeisters (1912–1936), Dr. Karl Sicking, heißt es: „Gauleiter Dr. Meyer und der jetzige Polizeipräsident Schramme in Dortmund bemühen sich persönlich um die Freilassung ihres Parteigenossen! Der Meineid soll vor dem Amtsgericht in Dülmen etwa 1933 geleistet worden sein. Es hat sich um eine Schlägerei gehandelt." Vgl. auch: Bickhove-Swiderski, Dülmen unterm Hakenkreuz, S. 222. Franz Bielefeld wurde nach dem Verfahren ab dem 15.11.1936 mit der Führung der Standarte 256 in Hamm beauftragt, die zum Gau Westfalen-Süd gehörte. Am 30.1.1938 erhielt er die Beförderung zum SA-Oberführer.

107 Bis August 1934 war der Sitz der SA-Standarte 471 sehr wahrscheinlich in Coesfeld, da bis zu diesem Zeitpunkt auch die Kreisleitung in der Kreisstadt angesiedelt war.

108 Tabelle 12: Die Organisation der SA-Standarte 471 in den Jahren 1935–1939

SA-Standarte 471
Sitz in Dülmen

SA-Sturmbann I/471 Sitz in Coesfeld		SA-Sturmbann II/471 Sitz in Münster		SA-Sturmbann III/471 Sitz in Lüdinghausen	
	Wohnort der SA-Männer		Wohnort der SA-Männer		Wohnort der SA-Männer
Sturm 1	Coesfeld	Sturm 11	Wolbeck	Sturm 21	Nordkirchen, Ascheberg
Sturm 2	Gescher, Holtwick, Hochmoor	Sturm 12	Amelsbüren, Hiltrup	Sturm 22	Werne
Sturm 3	Billerbeck, Darfeld Osterwick	Sturm 13	Appelhülsen, Senden	Sturm 23	Selm, Bork, Altlünen
Sturm 4	Lette, Rorup, Darup	Sturm 14	Roxel	Sturm 24	Olfen
Sturm 5	Dülmen	Sturm 15/ Reserve	Trupps aus den Stürmen 11–14?	Sturm 25	Lüdinghausen
Sturm 6/ Reserve	Trupps aus Coesfeld, Gescher, Lette			Sturm 26/ Reserve	Trupps Ascheberg, Nordkirchen
Sturm 7/ Reserve	Trupps aus Billerbeck, Osterwick, Dülmen			Sturm 27/ Reserve	Trupps Selm, Bork, Altlünen, Bockum-H.
				Sturm 28	Bockum-Hövel

Die Tabelle wurde auf der Grundlage des Schriftwechsels der Standarte 471 mit den Stürmen in der Akte: LAV NRW W, Bestand S 013, Nr. 24 Propagandafahrten und -märsche 1937–1939, erstellt. Die Angaben zum Wohnort der SA-Männer, also zum Einzugsbereich der Stürme können unvollständig sein.

109 Siehe die Ausführungen von: Wenzel, Die NSDAP, ihre Gliederungen und angeschlossenen Verbände, S. 22. Dabei stützt sich Wenzel stark auf die grundlegende Darstellung von: Peter Longerich, Geschichte der SA, München 2003.

110 Zum Bericht siehe die Ausführungen von: Schmuhl, Dülmen im Nationalsozialismus, S. 273, auf die sich auch die Ausführungen im folgenden Absatz stützen.

111 Vgl. Daniel Schmidt, Schützen und Dienen. Polizisten im Ruhrgebiet in Demokratie und Diktatur 1919–1939, Essen 2008, S. 290; Liesert, Die Formierung des Nationalsozialismus, S. 84–91.

112 Siehe: LAV NRW W, Bestand S 003, Nr. 147 Entwicklung der NSDAP in Dülmen 1934, Schreiben vom 12.8.1931 und Bericht zu den Ereignissen am 2.8.1931; Liesert, Die Formierung des Nationalsozialismus, S. 89.

113 Siehe: LAV NRW W, Bestand S 003, Nr. 147 Bericht aus dem „Volkswillen" vom 25.7.1932; zur Einordnung des Ereignisses siehe: Liesert, Die Formierung des Nationalsozialismus, S. 90; Schmuhl, Dülmen im Nationalsozialismus, S. 273; Willenberg, Dülmen in der Weimarer Zeit, S. 261/262.

114 Zitiert nach: Liesert, Die Formierung des Nationalsozialismus, S. 90.

115 Zitiert nach: Schmuhl, Dülmen im Nationalsozialismus, S. 274.

116 Ebd., S. 275. Forstmeister Hey, Angestellter des Herzogs von Croy, war mit seiner Frau am 1.10.1932 in die NSDAP eingetreten. In seinem Brief weist er darauf hin, dass Ortsgruppenleiter Julius Bielefeld Mühe habe, die Ortsgruppe im Griff zu halten. Dieser sei ungewandt und ungeschickt in seiner Verhandlungsführung. Ihm fehle das Vertrauen der Mitglieder. Gleich bei seinem ersten Besuch einer Parteiversammlung hätten die Parteigenossen ihm, Hey, die Ortsgruppenleitung angetragen.

117 Ebd., S. 274–280. Schmuhl stellt die genannten und weitere Ereignisse ausführlich dar.

118 Siehe die ausführliche Darstellung bei: Schulte-Althoff, Die Stadt Werne im Dritten Reich, S. 24–31. Auch in Selm war zur Klärung der Machtverhältnisse der Eingriff übergeordneter Instanzen von Partei und Staat erforderlich. Siehe: Kertelge, Die Bergarbeitergemeinde St. Joseph in Selm-Beifang, S. 113–119.

119 Siehe: Phillip Wegehaupt, Funktionäre und Funktionseliten der NSDAP. Vom Blockleiter zum Gauleiter, in: Benz, Wie wurde man Parteigenosse? Die NSDAP und ihre Mitglieder, S. 39–59.

120 Vgl. Stelbrink, Die Kreisleiter, S. 52–55.

121 Vgl. Ingo Haar, Zur Sozialstruktur und Mitgliederentwicklung der NSDAP, in: Benz, Wie wurde man Parteigenosse? Die NSDAP und ihre Mitglieder, S. 60–73, hier S. 71; Weigel, „Märzgefallene" und Aufnahmestopp im Frühjahr 1933, S. 94/95.

122 Die annähernde Berechnung der Mitgliederentwicklung auf der Kreisebene wurde auf der Basis des Zahlenmaterials in folgenden Publikationen und Quellen durchgeführt: Bunnenberg, Die „weltanschauliche Schulung" der NSDAP, S. 59–61; Ludger Grevelhörster, Der Kreis Coesfeld im Zugriff des Nationalsozialismus, in: Kreis Coesfeld, hrsg. durch den Kreis Coesfeld, Dülmen 1985, S. 141–164, hier S. 144; Schröder, Zehn Jahre Gau Westfalen-Nord, S. 336; LAV NRW W, Bestand S 002, Nr. 90 NS-Betriebsorganisationen, Anlage zum Schreiben vom 17.5.1934. Die Anlage stellt eine der wenigen Übersichten zur Parteiorganisation im Kreis Lüdinghausen mit genauen Angaben zur Mitgliederzahl in den Ortsgruppen und zu den Ortsgruppenleitern dar. Aufgrund der Aufnahmesperre für die NSDAP kann man davon ausgehen, dass die Zahl von 2.362 Mitgliedern weitgehend der Mitgliederzahl am 1.5.1933 entspricht.

123 Zu den konkreten Personaldaten vgl. Stelbrink, Die Kreisleiter, S. 133; Erwin Dickhoff, Coesfelder Biographien, Münster 2002, S. 22/23.

124 StadtA Dülmen, Bestand Dülmener Zeitung, Ausgabe vom 24.8.1933; Stelbrink, Die Kreisleiter, S. 133.

125 Zitiert nach: Grieger, Die neue Macht in Coesfeld, S. 1608, 1611.

126 Zum folgenden Beispiel siehe: Ebd., S. 1619/1620; Klein-Reesink, Textilarbeiter, S. 69.

127 Hier zitiert aus der DZ, die den Artikel der AZ übernommen hat. Siehe: StadtA Dülmen, Bestand Dülmener Zeitung, Ausgabe vom 9.11.1933.

128 Die Wahlen erfolgten nach dem Reichswahlgesetz der Weimarer Zeit, das auch in der NS-Zeit nicht außer Kraft gesetzt wurde. Die Volksabstimmungen fanden nach dem „Gesetz über Volks-

abstimmung" vom 14. Juli 1933 statt. Mit dieser Gesetzesgrundlage konnten die Nationalsozialisten über Gesetze und Regierungsmaßnahmen abstimmen lassen. Zu den Wahlergebnissen im Kreis Coesfeld siehe: LAV NRW W, Bestand S 002, Nr. 79 Anlage zum Schreiben des Kreisleiters Coesfeld an die Gauleitung vom 23.8.1934.

129 Zu den Wahlergebnissen und zur Erklärung Bielefelds ebd., Das Antwortschreiben des Kreisleiters vom 23.8.1934 auf die Umfrage des Gauorganisationsamtes zum „Ausfall der Volksabstimmung am 19.8.1934". Zur entsprechenden Antwort des Kreisleiters Tosse für den Kreis Lüdinghausen siehe: LAV NRW W, Bestand S 002, Nr. 76 Schreiben des Kreisleiters vom 24.8.1934.

130 Siehe zu Erfmann: Grieger, Die neue Macht in Coesfeld, S. 1620, 1628; LAV NRW W, Bestand S 002, Nr. 79 Schreiben der VEW vom 3.11.1934 zu den Aufgaben von Erfmann und der Unvereinbarkeit der Aufgabenerfüllung mit der Funktion eines Ortsgruppenleiters.

131 Zu Kossol siehe: Stelbrink, Die Kreisleiter, S. 58, 164/165. Kossol stammte aus Münster. Er hatte als Hilfsarbeiter bei der landwirtschaftlichen Berufsgenossenschaft gearbeitet. Anfang 1931 wurde er Mitglied der NSDAP und SA. Nach ersten Funktionen als Kassierer und Propagandaleiter übernahm er im Oktober 1932 die Leitung des Parteikreises Münster-Land. Ab Mai 1933 wurde er in schneller Folge in den Kreisen Beckum, Ahaus und Coesfeld eingesetzt, bis er schließlich von Juni 1934 bis März 1938 als hauptamtlicher Kreisleiter in Gelsenkirchen eine längere Verwendung fand.

132 Zur Kampagne, den Ansprachen und zitierten Aussagen siehe: Grieger, Die neue Macht in Coesfeld, S. 1622–1626.

133 Zur Vorgeschichte, zum Ablauf und zur Propaganda zum „Röhm-Putsch" siehe: Thamer, Verführung und Gewalt, S. 320–336, Zitat auf S. 320.

134 Die Rede Papens konnte im Inland nur in der Abendausgabe der Frankfurter Zeitung vom 17. Juni 1934 abgedruckt werden. Sie stammte aus der Feder des Rechtsanwaltes, Schriftstellers und Politikers Edgar Julius Jung (1894–1934), der als Ghostwriter für Papen arbeitete. Jung wurde in Rahmen des vorgeblichen „Röhm-Putsches" ermordet. Siehe dazu: Karl-Martin Graß, „Jung, Edgar Julius", in: Neue Deutsche Biographie 10 (1974), S. 669–671 [Online-Version].

135 Zur Funktion und Person Barthels siehe die Ausführungen in den folgenden Kapiteln.

136 Gemeint sind hier Erich Klausener (1885–1934) und Adalbert Probst (1900–1934). Klausener verteidigte als Leiter der Laienbewegung „Katholische Aktion" die Eigenständigkeit der Kirche gegen die Gleichschaltungsversuche des NS-Regimes. Auch aufgrund seiner Funktion als Ministerialdirektor und Leiter der Polizeiabteilung des Preußischen Innenministeriums von 1926 bis Februar 1933 hatten die Nationalsozialisten ihn im Fokus. Als früherer Landrat des Kreises Recklinghausen war er in der Region bekannt. Probst war Anfang der 1930er Jahre Führer der katholischen Jugendbewegung im Rheinland, dann Ende 1933 Reichsführer der Deutschen Jugendkraft (DJK). Die Mord-Motive der Nationalsozialisten sind unklar.

137 LAV NRW W, Bestand S 002, Nr. 10 Bericht Gauinspekteur Barthel an die Gauleitung vom 14.7.1934, Bericht Kreisleiter Bielefeld an die Gauleitung vom 6.8.1934, Bericht des Lüdinghauser Kreisleiters Tosse an die Gauleitung vom 9.8.1934.

138 LAV NRW W, Bestand S 002, Nr. 79 Schreiben Gauinspekteur Barthel an die SA-Gruppe Westfalen vom 25.9.1934.

139 LAV NRW W, Bestand S 002, Nr. 79 Bericht der NS-Kreisfrauenschaftsleiterin vom 5.11.1934 betr. Ortsgruppenleiter Erfmann, Coesfeld.

140 LAV NRW W, Bestand S 002, Nr. 100 Anlage zum vertraulichen Rundschreiben Nr. 56/34 der Gauleitung Westfalen-Nord an alle Gauamtsleiter, Gauinspekteure, Kreisleiter und Ortsgruppenleiter.

141 Zur Untersuchung zum „Fall Bielefeld" siehe den ausführlichen Schriftwechsel im August und September 1934, in: LAV NRW W, Bestand S 002, Nr. 79.

142 Siehe die Stellungnahme von Julius Bielefeld zu den Anschuldigungen von Frau Heuer vom 8.4.1935, ebd.

143 Ebd., Schreiben von Kreisleiter Bielefeld an Gauinspekteur Barthel vom 25.1.1935.

144 Zur Parteikarriere von Anton Bezler siehe: Stelbrink, Die Kreisleiter, S. 134; Pritzl, Die Zeit des Nationalsozialismus in Lüdinghausen, Teil 4, S. 39.

145 Zur Parteikarriere von Erich Hartmann siehe: Ebd., S. 151/152.

146 Zu den Vorwürfen und Anschuldigungen siehe folgende Schreiben: LAV NRW W, Bestand S 002, Nr. 76 Schreiben Pg. Kleinhörster an KL Rosenbaum vom 1.4.1933 und Schreiben Gauinspekteur Hartmann an Bezler vom 7.4.1933; LAV NRW W, Bestand S 002, Nr. 60 Schreiben OG Nordkirchen an Gauleitung vom 28.4.1933; LAV NRW W, Bestand S 002, Nr. 65 Schreiben von Pg. Franke an die Gauleitung vom 24.5.1933; LAV NRW W, Bestand S 002, Nr. 57 Nicht unterzeichnetes Schreiben an den Oberpräsidenten der Provinz Westfalen vom 27.5.1933, der dieses Schreiben am 14.6.1933 an die Gauleitung weiterleitet.

147 Ein Beispiel für dieses Vorgehen zeigen die Schreiben und Vernehmungsprotokolle, die Frau Käthe Rodemeier mit einem Beschwerdeschreiben an „das Büro des Herrn Reichskanzlers Adolf Hitler" in Berlin vom 21.6.1933 auslöste. Siehe: LAV NRW W, Bestand S 002, Nr. 76.

148 Ludwig Grauert (1891–1964) wurde von Göring ins preußische Innenministerium geholt. Vorher hatte er als Jurist für Arbeitgeberverbände der Eisen- und Stahlindustrie gearbeitet und war vor 1933 einer der bedeutendsten Förderer des Nationalsozialismus aus der Industrie. NSDAP-Mitglied war er seit dem 1.5.1933. Bereits am 11.4.1933 machte Göring ihn zum Staatssekretär im Innenministerium. In dieser Funktion war er für die Projektierung und Realisierung der staatlichen Konzentrationslager Börgermoor, Esterwegen und Neusustrum im Emsland verantwortlich. Grauert trat im Juni 1933 in die SS ein. Im Juli 1936 wurde er wegen laufender Ermittlungen gegen ihn in einem Parteigerichtsverfahren in den einstweiligen Ruhestand versetzt. Zu Grauert siehe: Alfons Labisch/Florian Tennstedt, Der Weg zum „Gesetz über die Vereinheitlichung des Gesundheitswesens" vom 3. Juli 1934. Entwicklungslinien und -momente des staatlichen und kommunalen Gesundheitswesens in Deutschland, 2. Teil, Düsseldorf 1985, S. 417f.; Kosthorst/Walter, Konzentrations- und Strafgefangenenlager im Dritten Reich, Bd. 1, Einleitung: Die Phase der Konzentrationslager im Emsland, S. 65–98, hier S. 76/77.

149 Siehe: KA Coe, Bestand 12 Nr. 7 Landrat von Gescher, Artikel aus dem Westfälischen Heimatkalender aus der Feder von Hermann von Laussaulx, Lüdinghausen 1965, S. 189/190.

150 Ziert nach: Stelbrink, Der preußische Landrat, S. 41 Anmerkung 124.

151 Siehe: LAV NRW W, Bestand K 332, Nr. 1372 Beschlussprotokolle Kreisausschuss, Sitzung vom 28.7., fortgesetzt am 3.8.1933.

152 Siehe: Stelbrink, Die Kreisleiter, S. 58. Den Ausführungen liegt ein Schreiben des preußischen Innenministeriums vom 1.10.1933 zugrunde.

153 Ebd., S. 57/58.

154 Zum Folgenden siehe: Walter, Rheinland, Westfalen, Preußen, S. 375/376.

155 Zitiert nach: Michaelis/Schraepler, Ursachen und Folgen, Bd. 9: Das Dritte Reich, S. 87/88.

156 Ebd., S. 114/115.

157 Zum Folgenden siehe: Horst Matzerath, Nationalsozialismus und kommunale Selbstverwaltung, Stuttgart/Berlin/Köln/Mainz 1970, S. 433–436, 450–455, zitiert nach S. 453. Zur Machtdurchsetzung und Gleichschaltung in den Kommunen sowie zur Einführung des „Führerprinzips" auf dieser Ebene siehe z.B. folgende Studien: Grevelhörster, Der Kreis Coesfeld im Zugriff des Nationalsozialismus, S. 153–155; Schnepper, Prozesse der Machtergreifung, S. 49–73; Grieger, Die neue Macht in Coesfeld, S. 1601–1620; Schmuhl, Dülmen im Nationalsozialismus, S. 287–296; Roters, Osterwick, S. 612/613; Pritzl, Die Zeit des Nationalsozialismus in Lüdinghausen, Teil 1, S. 61–69; Schmuhl, Geschichte der Stadt Olfen, S. 445–450; Kertelge, Die Bergarbeitergemeinde St. Joseph in Selm-Beifang, S. 106–119; Schulte-Althoff, Die Stadt Werne im Dritten Reich, S. 16–56.

158 Vgl. Walter, Rheinland, Westfalen, Preußen, S. 376.

159 Zur Aufhebung der KPD-Mandate siehe auch die Ausführungen zum Gleichschaltungsgesetz vom 31.3.1933 bei: Schmidt-Jortzig, Die Entwicklung des Verfassungsrechts, S. 102.

160 Zu den Wahlergebnissen siehe: Stelbrink, Der preußische Landrat, S. 329–331.

161 StadtA Dülmen, Bestand Dülmener Zeitung, Ausgabe vom 22.4.1933.

162 Ein Pressebericht oder Protokoll zur Sitzung konnte bisher nicht gefunden werden. KA Coe, Bestand 2 Nr. 1245 Anwesenheitsliste der Kreistagssitzung am 11.5.1933.

163 Zitiert nach: LAV NRW W, Bestand K 332, Nr. 1372 Beschlussprotokolle Kreisausschuss, Sitzung vom 24.5.1933.

164 Siehe: Ebd. und KA Coe, Bestand 2 Nr. 231 Verzeichnis der Beamten des Kreises Lüdinghausen vom 12. Juni 1933.

165 Siehe: LAV NRW W, Bestand S 002, Nr. 68 Schreiben der Gauinspektion II an den Gau Westfalen-Nord, Abt. Gaugeschäftsführer vom 24.5.1934.

166 Vgl. Stelbrink, Der preußische Landrat, S. 328.

167 Ebd., S. 332; Claudia Maria Arndt, Die Kreise während der Zeit des Nationalsozialismus, in: Von der preußischen Obrigkeit zur bürgerlichen Selbstverwaltung. 200 Jahre rheinische und westfälische Kreise, Düsseldorf 2016, S. 44–53, hier S. 45; Korfmacher, Vorläufiges Mitgliederverzeichnis des Kreistages von Lüdinghausen 1919 bis 1933, S. 9; LAV NRW W, Bestand K 332, Nr. 1372 Beschlussprotokolle Kreisausschuss, Sitzung vom 28.7., fortgesetzt am 3.8.1933.

168 Vgl. Korfmacher, Vorläufiges Mitgliederverzeichnis des Kreistages von Lüdinghausen 1919 bis 1933, S. 12; Schmidt-Jortzig, Die Entwicklung des Verfassungsrechts, S. 102/103.

169 Zum Folgenden siehe vor allem die Ausführungen von: Stelbrink, Der preußische Landrat, S. 334–337; Arndt, Die Kreise während der Zeit des Nationalsozialismus, S. 46.

170 Vgl. Stelbrink, Der preußische Landrat, S. 342–346.

171 Siehe: Korfmacher, Vorläufiges Mitgliederverzeichnis des Kreistages von Lüdinghausen 1919 bis 1933, S. 13; LAV NRW W, Bestand K 332, Nr. 1372 Beschlussprotokolle Kreisausschuss, Sitzung vom 13.6.1933; KA Coe, Bestand 2 Nr. 231 Verzeichnis der Beamten des Kreises Lüdinghausen vom 12. Juni 1933.

172 Zur Person siehe: Kertelge, Die Bergarbeitergemeinde St. Joseph in Selm-Beifang, S. 105.

173 Da die Protokolle des Kreisausschusses Coesfeld nicht überliefert sind, gibt es wenige Anhaltspunkte für die personelle Zusammensetzung und die Arbeit des Kreisausschusses. Zur Zusammensetzung des Kreisausschusses im Jahr 1937 siehe: Adressbuch des Kreises Coesfeld, sechste verbesserte Auflage, Coesfeld 1937, S. 4.

174 Zur Problematik der Ergänzung der Kreisausschüsse im Widerstreit zwischen Landräten, Innenministerium und NSDAP siehe: Stelbrink, Der preußische Landrat, S. 337–342.

175 Siehe: LAV NRW W, Bestand S 002, Nr. 79 Gauinspekteur und Beauftragter der NSDAP für den Kreis Coesfeld Barthel an Landrat Stachels am 18.2.1938.

176 Stelbrink, Der preußische Landrat, S. 348/349.

177 Ebd., S. 359–361.

178 Zu den konkreten Zahlen und zur Darstellung siehe ebd., S. 19–26; Arndt, Die Kreise während der Zeit des Nationalsozialismus, S. 47.

179 Zum Folgenden siehe: Stelbrink, Der preußische Landrat, S. 30–43, 420.

180 Zur Einführungsveranstaltung erschienen mehrere Presseberichte in der Lüdinghauser Zeitung in den Ausgaben vom 21. bis 24.10.1933. Siehe: KA Coe, Bestand 12 Nr. 9 Landrat Barthel. Die Zitate sind diesen Presseartikeln entnommen.

181 Die zitierten Aussagen stammen von Josef Wagner, Gauleiter des Gaues Westfalen-Süd. Siehe: Stelbrink, Der preußische Landrat, S. 44.

182 Zur Lebensgeschichte siehe die Dokumentensammlung: KA Coe, Bestand 12 Nr. 9 Landrat Barthel, mit umfassenden Exzerpten aus den Akten: LAV NRW W, Bestand Regierung Münster, Personalakte A Nr. B 48 I, und Bestand K 332, Nr. 1327; Stellbrink, Die Kreisleiter, S. 132/133; ders., Der preußische Landrat, S. 420.

183 Vgl. Edgar von Schmidt-Pauli, Geschichte der Freikorps 1918–1924, Stuttgart 1936, S. 361.

184 Zur Geschichte des Westfalen-Treubundes siehe: Krüger, Von den Einwohnerwehren zum Stahlhelm, S. 426; ders., „Treudeutsch allewege!" Gruppen, Vereine und Verbände der Rechten in Münster (1887–1929/30), Münster 1992, S. 115–124, 241–243. Der erwähnte Prof. Naendrup (1872–1947) war der Gründer der Akademischen Wehr Münster, einem Freikorps, dem sich mehrere Studentenverbindungen anschlossen. Ende 1932 wechselte er von der DNVP zur NSDAP. Er gründete den Kampfbund für deutsche Kultur in Münster. 1933 erhielt er eine ordentliche Professur an der Universität Münster, deren Rektor er dann im Wintersemester 1933/34 und 1934/35 wurde. Vgl. Bernd Haunfelder, Die Rektoren, Kuratoren und Kanzler der Universität Münster 1826–2016. Ein biographisches Handbuch, Münster 2020, S. 205–208.

185 Siehe: Ernst Klein, Das Werk der ersten Bannerträger des Nationalsozialismus in Recklinghausen, Recklinghausen 1934, S. 9, 27.

186 Siehe: Stelbrink, Der preußische Landrat, S. 55, 135.

187 Vgl. ebd., S. 96/97.

188 Zur Bedeutung der engen Parteibindung vgl. ebd., S. 54/55.

189 Zu Personalunionen als Randerscheinung im Gau Westfalen-Nord vgl. ebd., S. 65/66.

190 Vgl. LAV NRW W, Bestand S 002, Nr. 90 Schreiben des Gauorganisationsamtes an Gauinspekteur Barthel vom 23.5.1934 und als Anlage das Schreiben an Kreisleiter Tosse vom 15.5.1934.

191 Siehe die Ausführungen von: Peter Hüttenberger, Die Gauleiter. Studien zum Wandel des Machtgefüges in der NSDAP, Stuttgart 1969, S. 123;

192 Vgl. Wegehaupt, Funktionäre und Funktionseliten der NSDAP, S. 53/54.

193 Vgl. Organisationsbuch der NSDAP, 7. Auflage, München 1943, S. 55, 140, 142.

194 Zur Organisation der Gauinspektionen und Benennung von Gauinspekteuren siehe: LAV NRW W, Bestand S 002, Nr. 88 Schreiben und Anordnungen des Gauleiters und Gauorganisationsamtes vom 25.10.1933, 1.6.1934, 1.10.1934 und 11.8.1936; LAV NRW W, Bestand S 002, Nr. 93 Schreiben der Gauleitung vom 19.1.1934. Im Schriftverkehr mit der Gauleitung wird Barthel bis 1939 immer wieder als Gauinspekteur angesprochen, danach nicht mehr. Sehr wahrscheinlich hatte diese Aufgabe mit der Konsolidierung des NS-Regimes seine Bedeutung verloren oder wurde dann von den Kreisleitern übernommen. Im Organisationsbuch der NSDAP von 1943 wird das Amt der Gauinspekteure noch erwähnt.

195 Vgl. die Paragrafen 35–48 des Gemeindeverfassungsgesetzes vom 15.12.1933, in: Preußische Gesetzsammlung 1933, Nr. 78, ausgegeben am 18.12.1933.

196 Siehe: LAV NRW W, Bestand S 002, Nr. 19 Gauinspekteur Barthel an Gauleiter Meyer am 22.10.1934.

197 Vgl. die Deutsche Gemeindeordnung vom 30.1.1935, in: Reichsgesetzblatt 1935 I, S. 49 und die Verordnung zur Ausführung des § 118 der Deutschen Gemeindeordnung vom 26.3.1935, in: Ebd. S. 470.

198 Siehe zum Beispiel: LAV NRW W, Bestand S 002, Nr. 99 Gauleiter Meyer an den Beauftragten der NSDAP für den Kreis Coesfeld Gauinspekteur Barthel am 25.8.1937.

199 Zu Landrat Gerdes vgl. Stelbrink, Der preußische Landrat, S. 424; LAV NRW W, Bestand S 002, Nr. 19 Schreiben von Gauinspekteur Barthel an das Gauamt für Kommunalpolitik und Gaupersonalamt von Januar bis April 1937.

200 Siehe: LAV NRW W, Bestand S 002, Nr. 99 Dienstanweisung an die Beauftragten der NSDAP im Gau Westfalen-Nord vom 24.6.1935.

201 Ebd., S. 3.

202 Die Zitate stammen aus einem Vortrag von Barthel über „Die Stellung des Beauftragten der Partei nach der Deutschen Gemeindeordnung", den dieser im Rahmen des „Schulungsprogramms der Schule des Amts für Kommunalpolitik im Gau Westfalen-Nord vom 27.4.–2.5.1936" gehalten hat. Siehe: LAV NRW W, Bestand S 002, Nr. 99 Schriftwechsel mit dem Gauamt für Kommunalpolitik im März und April 1936 und das Konzept des Vortrages.

203 Siehe: KA Coe, Bestand 12 Nr. 30 Landrat Klein, Exzerpte aus den Personalakten Kleins im LAV NRW W, Regierung Münster, Personalakte Nr. K 59, S. 8.

204 Vgl. Stelbrink, Der preußische Landrat, S. 49–52, 428, 437.

205 Siehe ebd., S. 10/11, 66/67.

206 Vgl. Stelbrink, Der preußische Landrat, S. 9–11; Schrulle, Verwaltung in Diktatur und Demokratie, S. 70/71.

207 Zum Folgenden siehe die ausführliche Darstellung ebd., S. 71/72.

208 Siehe: KA Coe, Bestand 12 Nr. 30 Landrat Klein, Exzerpte aus den Personalakten Kleins im LAV NRW W, Regierung Münster, Personalakte Nr. K 59, S. 7–9. Klein hatte im Oktober 1937 einen Aufnahmeantrag in die NSDAP gestellt, der nach jahrelangen Auseinandersetzungen zwischen verschiedenen Parteidienststellen auf allen Ebenen schließlich von Hitler im August 1941 endgültig abgelehnt wurde. Hierzu: Stelbrink, Der preußische Landrat, S. 428; Schrulle, Verwaltung in Diktatur und Demokratie, S. 659/660.

209 Zu Kribben siehe: Stelbrink, Der preußische Landrat, S. 81, 429. Zur Person und Laufbahn von Stachels siehe: KA Coe, Bestand 12 Nr. 31 Landrat Stachels, Exzerpte aus den Personalakten LAV NRW W, Regierung Münster, Personalakte Nr. St 20, und aus dem Hauptarchiv Berlin-Dahlem, Rep. 77 Nr. 5250 Acta betr. das Landratsamt des Kreises Coesfeld in Coesfeld. Vgl. auch Stelbrink, Der preußische Landrat, S. 80/81, 436.

210 Vgl. ebd., S. 66–77.

211 Vgl. ebd., S. 78–83.

212 Siehe die Sammlung von Exzerpten und Dokumenten aus seiner Personalakte in: KA Coe, Bestand 12 Nr. 31 Landrat Stachels, S. 1–7.

213 Das Zitat stammt aus einem Schreiben Stachels an den RP in Köln vom 31.7.1925, in: Ebd., S. 3.

214 Siehe: LAV NRW W, Bestand K 332, Nr. 1372 Protokoll der Kreisausschusssitzung vom 19.7.1934.

215 Vgl. Schrulle, Verwaltung in Diktatur und Demokratie, S. 67–69, 660, 667/668.

216 Siehe: Bernd Hey, Zur Geschichte der westfälischen Staatspolizeistellen und der Gestapo, in: Westfälische Forschungen 37 (1987), S. 58–90, hier S. 59–61.

217 Zum Folgenden siehe: KA Coe, Bestand 12 Nr. 31 Landrat Stachels, S. 8/9.

218 Zur folgenden Darstellung der Amtseinführung siehe: Ebd., Zeitungsbericht des Münsterischen Anzeigers vom 30.03.1936.

219 Vgl. Stelbrink, Der preußische Landrat, S. 81 Anmerkung 338.

220 Vgl. KA Coe, Bestand 12 Nr. 31 Landrat Stachels, S. 12/13.

221 Dieser Erlass wurde allerdings nach einem halben Jahr wieder aufgehoben.

222 Siehe hierzu die Tabelle 10: Amtszeiten der Landräte und Kreisleiter in den Kreisen Coesfeld und Lüdinghausen 1933–1945.

223 Vgl. Stelbrink, Der preußische Landrat, S. 13/14, 402–404; Schmidt-Jortzig, Die Entwicklung des Verfassungsrechts der Kreise, S. 103.

224 Siehe die Stellen- und Besoldungspläne in folgenden Quellen: KA Coe, Bestand 3 Nr. 51; KA Coe, Bestand 14 Nr. 67, 73, 85 und 87; KA Coe, Bestand 28 Nr. 59. Über die Stellen- und Besoldungspläne kann das Personal und ansatzweise der Karriereweg identifiziert werden. Konkrete Personendaten sind nur über personenbezogene Akten wie die Personalakten oder Entnazifizierungsakten zu gewinnen, die jedoch nur in begrenztem Maße für die Jahre 1933–1945 überliefert sind. Für den Kreis Coesfeld wurden folgende Akten herangezogen: KA Coe, Bestand 14 Nr. 110, 113, 116, 117, 120, 121, 123, 124, 126, 138, 139, 142, 146–153, 155, 156, 158, 160, 163, 164, 169, 173–177, 181, 183, 185, 190–193, 195, 196, 199, 200, 203, 205, 207, 210, 216–218, 231, 241, 242, 247, 249, 250, 252, 253, 257–261.

225 Siehe die Stellen- und Besoldungspläne in: LAV NRW W, Bestand K 332, Nr. 1364; sowie die Personalakten: KA Coe, Bestand 25 Nr. 1–9, 16, 18, 19, 22, 32, 34, 43–48, 52, 53, 55, 58, 59, 61–66, 69, 79, 81–83, 91–93, 99–102; KA Coe, Bestand 14 Nr. 222, 232, 233, 235.

226 Zur Person siehe: André Schnepper, Prozesse der Machtergreifung in einer katholischen Kleinstadt. Das Beispiel Billerbeck, Coesfeld 2011, S. 100/101.

227 Zum Berufsbeamtengesetz und dessen Umsetzung im Kreis Lüdinghausen siehe die Akten: KA Coe, Bestand 2 Nr. 128 und 231.

228 Siehe: KA Coe, Bestand 2 Nr. 231 Entwurf eines Schreibens des Kreisausschusses an die Kreisdeputierten, Kreisausschussmitglieder, stellv. Kreisausschussmitglieder und Vorstandsmitglieder der Kreissparkasse vom 7.7.1933. Das Datum wurde dann auf den 10.7.1933 korrigiert.

229 Siehe: KA Coe, Bestand 2 Nr. 338 Nachweisung über die Besoldung der Kassenangestellten im Bezirk des Versicherungsamtes Lüdinghausen von Januar 1934. Die Liste informiert auch über die Mitgliederzahlen der Krankenversicherungen und die Zahl der haupt- und nebenamtlichen Mitarbeiter.

230 Vgl. die entsprechenden Paragrafen der Reichsversicherungsordnung vom 19.7.1911 im Reichsgesetzblatt.

231 Zum Folgenden siehe den umfassenden Schriftverkehr in: KA Coe, Bestand 2 Nr. 338.

232 Ebd., Schreiben des Regierungspräsidenten als Vorsitzender des Oberversicherungsamtes an die Vorsitzenden der Versicherungsämter des Bezirks am 13.6.1933.

233 Ebd., Schreiben des Vorsitzenden des Oberversicherungsamtes an das Versicherungsamt in Lüdinghausen am 25.8.1933.

234 Ebd., Schreiben des Preußischen Ministers für Wirtschaft und Arbeit vom 23.11.1933, das über die Versicherungsämter bis zu den Krankenkassen verteilt wurde.

235 Zur Einstellung „alter Kämpfer" im Allgemeinen und im Kreis Lüdinghausen siehe folgende Aktenbände: LAV NRW W, Bestand K 332, Nr. 1367 Sonderrechte für NSDAP-verdiente Beamte 1934–1941, Nr. 717 Unterbringung alter Kämpfer der nationalsozialistischen Bewegung und Nr. 601a Berichte des Landrates.

236 LAV NRW W, Bestand K 332, Nr. 1367 Schreiben des Präsidenten des Landesarbeitsamtes Westfalen an den Regierungspräsidenten Münster vom 2.6.1934. Das Schreiben wurde an die Landräte zur Kenntnis weitergeleitet.

237 LAV NRW W, Bestand K 332, Nr. 1344 Runderlass des Reichs- und Preußischen Innenministers vom 27.2.1936.

238 Siehe: KA Coe, Bestand 2 Nr. 233 „An das ganze Volk! Aufruf zum Tag der nationalen Arbeit" von Reichsminister für Volksaufklärung und Propaganda Dr. Goebbels am 24.10.1933.

239 Ebd., Presseartikel und Schriftwechsel ab November 1933.

240 Siehe die entsprechenden Schriftwechsel, vor allem mit der DAF in: LAV NRW W, Bestand K 332, Nr. 1344.

241 Runderlass des Reichs- und Preußischen Ministers des Innern vom 22.1.1935 zum „Deutschen Gruß".

242 Siehe z.B.: KA Coe, Bestand 2 Nr. 233 Verfügungen des Landrates vom 19.4.1934 und 16.4.1935.

243 Zu den Spar- und Spendenaufrufen bis 1939 und dann in der Kriegszeit siehe: KA Coe, Bestand 2 Nr. 131; vor allem aber: LAV NRW W, Bestand K 332, Nr. 1344.

244 Der von den Beamten und Angestellten erwartete Beitrag wurde genau vorgerechnet. Bei einem Monatseinkommen von 100,00 RM (z.B. Stenotypistin) und einem Stundenlohn von 0,50 RM betrug der Spendenbeitrag wenigstens 1,00 RM, bei 400,00 RM Monatseinkommen (z.B. Kreisausschussobersekretär) entsprechend 4,00 RM. Vgl. ebd., Anschreiben des Landrates vom 5.3.1937 zum Umlauf „Betriebssammlung der Kreisverwaltung in Lüdinghausen anlässlich der letzten Straßensammlung des WHW 1936/37".

245 Vgl. LAV NRW W, Bestand K 332, Nr. 1344 Schreiben des Landrates vom 11.1.1943.

246 Aufgrund der großen Überlieferungslücke im Aktenbestand des Kreises Coesfeld durch die Zerstörung des Kreishauses im März 1945 kann diese Aussage jedoch nicht durch Dokumente belegt werden.

247 Vgl. Reibel, Das Fundament der Diktatur, S. 12/13.

248 Siehe zum Folgenden die Darstellung von: Weigel, „Märzgefallene" und Aufnahmestopp im Frühjahr 1933, S. 91–93.

249 Zitate ebd., S. 95.

250 Zur Entwicklung der Mitgliederzahlen der NSDAP, den Mitgliederaufnahmesperren und ihre Auflockerung siehe: Benz, Einleitung: Die NSDAP und ihre Mitglieder, S. 16; Juliane Wetzel, Die NSDAP zwischen Öffnung und Mitgliedersperre, in: Benz, Wie wurde man Parteigenosse? Die NSDAP und ihre Mitglieder, S. 74–90, hier S. 76–79, 82–84; Armin Nolzen, Vom „Jugendgenossen" zum „Parteigenossen". Die Aufnahme von Angehörigen der Hitler-Jugend in die NSDAP, in: Benz, Wie wurde man Parteigenosse? Die NSDAP und ihre Mitglieder, S. 123–150, hier S. 134, 138.

251 Vgl. Norbert Sahrhage, Zustimmung und Resistenz in der Stadt Herford während der Zeit des „Dritten Reiches", in: 91. Jahresbericht des Historischen Vereins für die Grafschaft Ravensberg, Jg. 2006, S. 201–224, hier S. 221/222.

252 Zu den Kreisen Ahaus-Coesfeld, Lüdinghausen und Recklinghausen siehe die Textentwürfe in: LAV NRW W, Bestand S 003, Nr. 125 Reichsfahrt der Alten Garde 1939. Die Geschichte der NS-Bewegung in den Kreisen Lüdinghausen und Coesfeld wird hier folgendermaßen beschrieben: Kreis Lüdinghausen: „Die Einstellung des westf. Menschen bedingte auch im Kreise Lüdinghausen einen harten Kampf, um die Idee des Führers zum Durchbruch zu bringen. Am stärksten war der Einfluss, den das Zentrum, den der politische Katholizismus, ausübte. Und die Macht dieses unheilvollen Gebildes wirkt auch heute noch in manchen Köpfen weiter. In den südlichen Teilen des Kreises traten in den industriellen Orten als weitere Gegenspieler die S.P.D.

und K.P.D. in die Erscheinung. Als Hochburg des letzteren galten besonders Selm-Beifang und Bockum-Hövel. Durch den Einsatz Alter Kämpfer der Bewegung in die leitenden Stellen der Verwaltung des Kreises und der Gemeinden ist die Gewähr gegeben, dass das Ringen um die Seele des westf. Menschen auch im Kreise Lüdinghausen zum restlichen [!] Siege der nationalsozialistischen Weltanschauung führt." Kreis Coesfeld: „Doch auch in der Geschichte des Kampfes der Bewegung hat Dülmen einen guten Namen. Von hier aus nahmen die Brüder Franz und Julius Bielefeld im Verein mit Heina Capitaine und den anderen alten Kämpfern im Jahre 1924 den schweren Kampf auf für die völkische Idee und für die deutsche Freiheit unter der Fahne Adolf Hitlers. Von hier aus eroberten sie das Münsterland und das nördliche Industriegebiet für den Führer. Hass und Verfolgung forderten den Einsatz von Gut und Leben und machten aus einsatzbereiten Kämpfern eine verschworene Gemeinschaft, aus deren Reihen im April des Jahres 1928 als erstes Opfer des Dülmen-Halterner SA-Sturmes Bernhard Gerwert als Blutzeuge für die Bewegung sein Leben lassen musste."

253 Vgl. Bunnenberg, Die „weltanschauliche Schulung" der NSDAP, S. 284/285. Die Landtagswahl in Lippe war die erste Wahl nach dem Stimmenrückgang der Nationalsozialisten bei den Reichstagswahlen am 6. November 1932. Hitler gab Ende Dezember 1932 die Devise aus, diese Wahl als Signal zu nutzen, um den Machtanspruch propagandistisch zu untermauern. Die Wahl wurde deswegen als „Entscheidungsschlacht am Teutoburger Wald" und später zum „Durchbruchswahlkampf" für die „Machtergreifung" hochstilisiert. Durch den Einsatz aller Parteigrößen konnte die NSDAP zwar stärkste Partei werden. Den Stimmenanteil der NSDAP in Lippe bei der Reichstagswahl im November 1932 (41,1 %) erreichte sie aber nicht.

254 Zur Vorbereitung im Kreis Lüdinghausen siehe: LAV NRW W, Bestand S 013, Nr. 30 Maßnahmen aus Anlass der Reichsfahrt der Alten Garde.

255 Zu Kreisleiter Tewes siehe: Stelbrink, Die Kreisleiter, S. 196/197.

256 Zur Vorbereitung der Jubiläumsfeier in Dülmen siehe: LAV NRW W, Bestand S 013, Nr. 28 15-Jahrfeier NSDAP-Ortsgruppe Dülmen.

257 Zitiert nach: Weigel, „Märzgefallene" und Aufnahmestopp im Frühjahr 1933, S. 108.

258 Vgl. Stelbrink, Die Kreisleiter, S. 37. Er beschreibt auch folgendes Beispiel: Im Herbst 1933 kam der bewährte Adjutant der Kreisleitung in Lüdinghausen trotz einer personellen Zwangslage als neuer Kreisleiter nicht in Frage, weil er erst im April 1933 Parteimitglied geworden war und man deshalb einen Sturm der Entrüstung seitens der Parteibasis erwartete. Dazu: LAV NRW W, Bestand S 002, Nr. 88 Schreiben von Gauinspekteur Barthel an den Gaugeschäftsführer vom 1.11.1933.

259 Vgl. Wegehaupt, Funktionäre und Funktionseliten der NSDAP, S. 44–49; Reibel, Das Fundament der Diktatur, S. 11–13, 382.

260 Vgl. Wegehaupt, Funktionäre und Funktionseliten der NSDAP, S. 41–44.

261 Allgemein zur Ämterbesetzung: Ebd., S. 44.

262 Siehe auch die personelle Besetzung dieser Positionen in: Adressbuch des Kreises Coesfeld, sechste verbesserte Auflage, Coesfeld 1937, S. 8.

263 Siehe: Reibel, Das Fundament der Diktatur, S. 389.

264 Dazu: LAV NRW W, Bestand S 002, Nr. 10 Rundschreiben 38/34 des Organisationsamtes des Gaues Westfalen-Nord vom 19.6.1934. Zu den offensichtlich nicht vollständigen monatlichen Stimmungs- und Lageberichten von Gauinspekteur Barthel und der Kreisleiter siehe die Akten: LAV NRW W, Bestand S 002, Nr. 10 und 96, einzelne Berichte auch in den Akten Nr. 80 und 93.

265 Vgl. Hey, Zur Geschichte der westfälischen Staatspolizeistellen, S. 72–76, 79–84.

266 Siehe das streng vertrauliche Schreiben des Gauorganisationsamtes an Gauinspekteur Barthel vom 7.5.1934 und weitere Schriftstücke mit Namen der Berichterstatter, in: LAV NRW W, Bestand S 002, Nr. 100 Rundschreiben des Gauorganisationsamtes.

267 Ebd., S. 84.

268 Im April 1936 erhielten die Staatspolizeistellen die Anweisung, die Erstellung von monatlichen Lageberichten und Tagesmeldungen sofort einzustellen. An deren Stelle traten sogenannte „Tagesrapporte", die nur Tatsachenmeldungen ohne Lage- und Stimmungsdarstellungen enthalten sollten. Vgl. ebd., S. 76.

269 Vgl. Reibel, Das Fundament der Diktatur, S. 389.

270 Die Kreisleitungen organisierten auch Kreistreffen für alle Parteiorganisationen auf der Kreisebene. Siehe: LAV NRW W, Bestand S 002, Nr. 95 Kreistreffen der NSDAP Kreis Lüdinghausen 1936.

271 Zur Struktur und Besetzung der Kreisleitungen siehe: Adressbuch des Kreises Coesfeld, sechste verbesserte Auflage, Coesfeld 1937, S. 7; LAV NRW W, Bestand S 002, Nr. 90 NS-Betriebszellenorganisation, darin: Übersichten über die Kreisleitung und die Ortsgruppenleitungen im Kreis Lüdinghausen im Mai 1934; Rademann's Adreßbuch des Kreises Lüdinghausen, Lüdinghausen 1936, S. XII.

272 Zitiert nach: Wenzel, Die NSDAP, ihre Gliederungen und angeschlossenen Verbände, S. 21.

273 Schreiben der DAF Gau Westfalen, Bezirk Westfalen, Kreis XIX Lüdinghausen, Ortsgruppe Lüdinghausen an den Gefolgschaftsführer der Kreisverwaltung Lüdinghausen Pg. Barthel vom 10.3.1936, in: LAV NRW W, Bestand K 332, Nr. 1344 Büroverfügungen, Organisationsangelegenheiten.

274 Vgl. Wenzel, Die NSDAP, ihre Gliederungen und angeschlossenen Verbände, S. 32/33.

275 Allgemein zur NS-Frauenschaft vgl. ebd., S. 31; zur Geschichte der NS-Frauenschaft im Gau Westfalen-Nord siehe das Papier „Der äußere Aufbau der Gaufrauenschaftsleitung" [1937], in: LAV NRW W, Bestand S 008, Nr. 122 NS-Frauenschaft Westfalen-Nord. Der Aktenband enthält auch Arbeits- und Stimmungsberichte in der NS-Frauenschaft im Gau in den Jahren 1935 und 1936 und Sonderberichte über die Arbeit seit Kriegsbeginn aus dem Jahr 1940.

276 Siehe den Bericht in: LAV NRW W, Bestand S 008, Nr. 24 zum Aufbau und zur Organisation der NS-Frauenschaft im Kreis Lüdinghausen 1933.

277 Zur Gründung der einzelnen Ortsgruppen und zur personellen Besetzung Anfang 1936 siehe die Berichte in: LAV NRW W, Bestand S 008, Nr. 157 und 332 mit Verzeichnissen der NSF-Amtswalterinnen in den Kreisen Lüdinghausen und Coesfeld.

278 Im April 1935 wird in einem Monatsbericht für die Gauleitung von der Kreisleitung der NS-Frauenschaft für Ende April 1935 eine Zahl von 1139 Mitgliedern (ohne Lette) genannt: LAV NRW W, Bestand S 008, Nr. 414 Monatsberichte Kreis Coesfeld 1935.

279 Vgl. Wenzel, Die NSDAP, ihre Gliederungen und angeschlossenen Verbände, S. 31.

280 Der folgenden Darstellung liegt eine Auswertung einiger Monatsberichte der NS-Frauenschaft des Kreises Coesfeld für das Jahr 1933 und des Kreises Lüdinghausen für das Jahr 1935 zugrunde. Siehe: LAV NRW W, Bestand S 008, Nr. 414 und 131.

281 Einen Überblick über die Entwicklung der Hitler-Jugend geben: Wenzel, Die NSDAP, ihre Gliederungen und angeschlossenen Verbände, S. 27/28; Nolzen, Vom „Jugendgenossen" zum „Parteigenossen", S. 125–133. Zum Aufbau der Hitler-Jugend siehe: LAV NRW W, Bestand S 002, Nr. 100 „Der Aufbauplan der Hitler-Jugend".

282 Siehe die Lageberichte der Kreisleiter und von Gauinspekteur Barthel in: LAV NRW W, Bestand S 002, Nr. 10 Monatliche Stimmungs- und Lageberichte, Berichte vom 14.7.1934, 9.8.1934, 8.10.1934, 24.4.1935, 2.5.1935, 24.5.1935, 25.7.1935, 24.10.1935.

283 LAV NRW W, Bestand S 002, Nr. 88 Rundschreiben betr. Aufmarsch in Nürnberg vom 28.8.1934 und Nr. 76 Kreis Lüdinghausen Untersuchungen Beschwerden, Gauinspekteur Barthel an die Gaugeschäftsstelle am 14.9.1934.

284 LAV NRW W, Bestand S 002, Nr. 100 Rundschreiben des Gauorganisationsamtes an alle Gauamtsleiter, Gauinspekteure, Kreisleiter und Ortsgruppenleiter vom 11.6.1934.

285 Ebd., Rundschreiben des Organisationsamtes vom 2.2.1935, dem ein Informationsblatt der Reichsleitung zugrunde lag; LAV NRW W, Bestand K 332, Nr. 1344 Schreiben des Stellvertreters des Führers vom 24.8.1935.

286 Siehe: LAV NRW W, Bestand S 002, Nr. 76 Schreiben der Hitler-Jugend an Landrat Barthel vom 16.4.1936 und der Zeitungsappell von Landrat Barthel, der am 17.4.1936 an die Zeitungen des Kreises versandt wurde.

287 Zum Folgenden vgl. Wenzel, Die NSDAP, ihre Gliederungen und angeschlossenen Verbände, S. 28.

288 Einen guten Eindruck von den Werbemaßnahmen der HJ, über Aktivitäten und öffentliche Auftritte anhand von Zeitungsberichten und Fotomaterial bietet die Veröffentlichung: Borgert, Coesfeld. Chronik der NS-Zeit, S. 35/36, 44, 73–75, 77–80, 91, 101–103.

289 Am 14. Januar 1946 forderte der Landrat in Coesfeld alle Ortsbehörden auf, Listen mit den Namen aller in den Gemeinden zuletzt tätig gewesenen HJ-Führer einschließlich Jungvolk und BDM einzureichen. Diese Listen geben einen guten Einblick in die Organisationsstruktur der HJ mit der personellen Besetzung bei Kriegsende. Vgl. KA Coe, Bestand 3 Nr. 105 Ehemalige Mitglieder der NSDAP.

290 Siehe die Lageberichte der Kreisleiter in: LAV NRW W, Bestand S 002, Nr. 10 Monatliche Stimmungs- und Lageberichte, Berichte vom 8.11.1934, 12.11.1934, 9.12.1934, 4.2.1935, 28.2.1935, 1.4.1935, 2.5.1935, 26.9.1935, 24.10.1935.

291 Zitiert nach Bunnenberg, Die „weltanschauliche Schulung" der NSDAP, S. 109.

292 Zu diesem Thema liegt seit 2016 die bereits zitierte grundlegende Dissertation von Christian Bunnenberg vor, die das Thema „weltanschauliche Schulung" der NSDAP im Gau Westfalen-Nord nicht nur von der organisatorischen Seite her betrachtet, sondern auch die Praxis der NS-Schulungen systematisch untersucht. Die folgende Darstellung stützt sich weitgehend auf die Darstellung von Bunnenberg.

293 Ebd., S. 196–199, 286–288.

294 Seit wann das Gauschulungsamt genau existierte, lässt sich aufgrund der Akten nicht genau rekonstruieren. Vgl. ebd. S. 122 und 139. Zur Person des Gauschulungsleiters Rosenbaum siehe: Ebd. S. 80 Anm. 281; Stelbrink, Die Kreisleiter, S. 184/185.

295 Vgl. Bunnenberg, Die „weltanschauliche Schulung" der NSDAP, S. 105/106, 285. In den Kreisen Coesfeld und Lüdinghausen erfolgte der Aufbau des „Volksbildungswerkes" ab Oktober 1934. Das Gauschulungsamt berief zunächst „Beauftragte für das Deutsche Volksbildungswerk", die jedoch wenig später als Leiter der „Abt. Volksbildungswerk" in die Kreisschulungsämter eingegliedert wurden. Die Abteilungsleiter arbeiteten nebenamtlich. Das Veranstaltungsprogramm startete im Oktober dezentral in den Städten der Kreise. In Dülmen wurde z.B. der Vortrag „Der nordische Schiller", in Billerbeck der Lichtbildervortrag „Mit Kraft durch Freude ins Wunderland des Nordens", in Coesfeld ein Stenographie-Kursus angeboten. Siehe die Schriftwechsel in: LAV NRW W, Bestand S 003, Nr. 85 (Coesfeld) und 94 (Lüdinghausen).

296 Siehe: Bunnenberg, Die „weltanschauliche Schulung" der NSDAP, S. 104/105, 150.

297 Ebd., S. 122–124, insbesondere Anm. 449, in der die wichtigsten Quellen wie die Zeitungsausschnittsammlung im Gemeindearchiv Nordkirchen genannt werden. Die Zitate sind einem Zeitungsbericht über die Begrüßung der Lehrgangsteilnehmer entnommen.

298 Vgl. ebd. S. 81–83.

299 Vgl. ebd. S. 279–282.

300 Die konkreten Zahlen, die Bunnenberg (S. 138, 180) nennt, basieren auf Berichten und Veröffentlichungen von Gauschulungsleiter Rosenbaum. Die Akten des Gauschulungsamtes mit konkreten Anmeldezahlen und Namen von Lehrgangsteilnehmern bestätigen jedoch die genannten Zahlen und liefern zahlreiche Hinweise zum Alltag der „Gauführerschule I". Siehe: LAV NRW W, Bestand S 003, Nr. 29, 223, 225 und 256.

301 Siehe dazu die Darstellung bei: Bunnenberg, Die „weltanschauliche Schulung" der NSDAP, S. 183/184. Die Gründe für die Kündigung des Mietvertrages konnte er nicht ermitteln. Auch zur „Gauschulungsburg" in Lübbecke wurden 1943 Lehrgangsteilnehmer aus den Kreisen Coesfeld und Lüdinghausen einberufen. Siehe die Bescheide in: LAV NRW W, Bestand S 003, Nr. 35 und 38.

302 Zur Geschichte der „Gauführerschule III": Bunnenberg, Die „weltanschauliche Schulung" der NSDAP, S. 124/125, 151, 168/169, 180.

303 Zum Folgenden siehe den grundlegenden Beitrag: Kirsten Heinsohn, Volksgemeinschaft und Geschlecht. Zwei Perspektiven auf die Gesellschaftsgeschichte des Nationalsozialismus, in: Schmiechen-Ackermann/Buchholz/Roitsch/Schröder, Der Ort der „Volksgemeinschaft" in der deutschen Gesellschaftsgeschichte, S. 245–258, insbesondere S. 253–258.

304 Zitiert nach: LAV NRW W, Bestand S 002, Nr. 10 Lagebericht vom 12.11.1934.

305 Siehe: Bunnenberg, Die „weltanschauliche Schulung" der NSDAP, S. 126–132, 138/189, 145/146.

306 Ebd. S. 146, 154, 173, 178/179; Borgert, Coesfeld. Chronik der NS-Zeit, S. 157.

307 Vgl. Bunnenberg, Die „weltanschauliche Schulung" der NSDAP, S. 173, 175. Die Zitate folgen dem Text von Bunnenberg auf S. 173.

308 Siehe: LAV NRW W, Bestand S 002, Nr. 11 Schriftwechsel zur Reorganisation des Gaues Westfalen-Nord. Vorausgegangen war bereits zur Jahreswende 1935/36 auf Initiative der Gauorganisationsleitung die Zusammenlegung der Parteikreise Herford-Stadt mit Herford-Land sowie Recklinghausen-Stadt mit Recklinghausen-Land. Vgl. Stelbrink, Die Kreisleiter, S. 16.

309 Vgl. ebd., S. 16/17.

310 Zu den Hintergründen und Ursachen vgl. ebd., S. 59–61.

311 Vgl. ebd., S. 60.

312 Zum folgenden Text, der einige Erkenntnisse zusammenfasst, vgl. die Bestandsaufnahme von: Neisen, Die Macht der lokalen Verhältnisse: Nationalsozialistische Herrschaft in südwestdeutschen Kommunen, S. 34–39. Die Ergebnisse der Studien zu den südwestdeutschen Kommunen ermöglicht einen ersten Vergleich mit den Ergebnissen zur nationalsozialistischen Herrschaft auf der Landkreisebene.

313 Vgl. hierzu die Ausführungen von: Stelbrink, Der preußische Landrat, S. 366–374, 400.

314 Zum Folgenden siehe den Aktenband: LAV NRW W, Bestand S 002, Nr. 98 Untersuchungen gegen Kreisleiter Tosse 1934–1937; siehe auch: LAV NRW W, Bestand S 002, Nr. 26 Schreiben des Kreiswirtschaftsberaters an den Gauwirtschaftsberater vom 5.8.1937; das Schreiben spricht auch das Verhalten Tosses an.

III. Die Kreise Coesfeld und Lüdinghausen in der Zeit des Nationalsozialismus B. Die Entwicklung der Kreisaufgaben unter dem NS-Regime

1 Zu diesem Ergebnis kommt: Stelbrink, Der preußische Landrat, S. 394. Die Hintergründe, Reformansätze und Diskussionsprozesse werden von Stelbrink ausführlich dargestellt. Ebd., S. 141–200.

2 Ebd., S. 16, 394.

3 Ebd., S. 397/398; Helmut Naunin, Landschaftliche Selbstverwaltung. Wiederaufbau in Westfalen. 1945–1951, Dortmund 1952, S. 165.

4 Zur Entwicklung der baupolizeilichen Zuständigkeiten siehe vor allem: Schrulle, Verwaltung in Diktatur und Demokratie, S. 212–247; Stelbrink, Der preußische Landrat, S. 398/399.

5 Zur Genese des Gesetzes: Walter, Psychiatrie und Gesellschaft in der Moderne, S. 474–486; Stelbrink, Der preußische Landrat, S. 265–268, 398; Johannes Vossen, Gesundheitsämter im Nationalsozialismus. Rassenhygiene und offene Gesundheitsfürsorge in Westfalen 1900–1950, Essen 2001, S. 206–216; Schrulle, Verwaltung in Diktatur und Demokratie, S. 392–405.

6 Es konnten in Ausnahmefällen auch die vor allem in Großstädten bestehenden kommunalen Gesundheitsämter anerkannt werden. Hier waren zwei Varianten möglich: Die Leitung konnte einem staatlichen Amtsarzt oder einem Kommunalarzt übertragen werden. Vgl. Schrulle, Verwaltung in Diktatur und Demokratie, S. 396.

7 Zitiert nach: Arndt, Die Kreise während der Zeit des Nationalsozialismus, S. 53.

8 Zum Aufstieg und zur Organisation der HJ in Westfalen vgl. Markus Köster, Jugend, Wohlfahrtsstaat und Gesellschaft im Wandel. Westfalen zwischen Kaiserreich und Bundesrepublik, Paderborn 1999, S. 250–261, 313–364.

9 Vgl. Eberhard Laux, Die Entwicklung der Kreisaufgaben und des Personals (1816 - 1886 - 1986), in: Hundert Jahre Kreisordnung in Nordrhein-Westfalen, München 1988, S. 121–201, hier S. 146–151.

10 Zitiert nach: Arndt, Die Kreise während der Zeit des Nationalsozialismus, S. 52.

11 Vgl. Laux, Die Entwicklung der Kreisaufgaben, S. 153.

12 Wenige Tage nach der „Machtübertragung", am 11. Februar, erfuhr der Höhere Polizeiführer West eine beachtliche Aufwertung seiner bis dahin eher unbestimmten Stellung. Göring unterstellte sich den Höheren Polizeiführer West direkt und stattete ihn mit besonderen Vollmachten für die Provinzen Westfalen und Rheinland aus. In dieser Eigenschaft hatte der Polizeiführer als ‚Der Höhere Polizeiführer West – Sonderkommissar des Ministers des Innern' zu zeichnen. Dem Höheren Polizeiführer West wurde die einheitliche Leitung der gesamten Polizei (staatliche und

kommunale) und Landjägerei in den Provinzen Rheinland und Westfalen übertragen. Die Oberpräsidenten, Regierungspräsidenten und alle Polizeibehörden hatten seine Anforderungen an Polizeikräften zu erfüllen. Das polizeiliche und politische Nachrichten- und Meldewesen stand dem Sonderkommissar zur Verfügung und war nach dessen Wünschen entsprechend auszubauen. Der Höhere Polizeiführer West wurde außerdem ermächtigt, nötigenfalls zur Unterstützung der Polizei Angehörige der S.A., der S.S. und des Stahlhelm unter der Führung von Polizeioffizieren heranzuziehen. Die Feststellung einer „gespannten Lage", die ursprünglich Voraussetzung für die Übernahme der Leitung der gesamten Polizei durch den Höheren Polizeiführer im Westen sein sollte, erklärte der Minister des Innern durch Erlass vom 14. Februar 1933 für gegeben. Zunächst wurde die Zuständigkeit des Höheren Polizeiführers West „auf sicherheitspolizeiliche Aufgaben und Maßnahmen" beschränkt. Die Zuständigkeiten der ordentlichen Polizeibehörden blieben von der Regelung „unberührt". Zu weiteren Informationen zum Höheren Polizeiführer West siehe: Joachim Lilla, Der Höhere Polizeiführer im Westen/Landespolizeiinspektion West (1932 bis 1933/1936). Zur Geschichte einer fast unbekannten Polizeidienststelle im rheinisch-westfälischen Raum, in: Geschichte im Westen 17 (2002), S. 95–101.

13 Siehe die entsprechenden Dokumente in: LAV NRW W, Bestand K 332, Nr. 363 Politische Bewegungen 1926–1933 und in Nr. 428 Maßnahmen zur Bekämpfung politischer Ausschreitungen 1935. Das Gestapa erteilte am 26.6.1935 den Auftrag, zu statistischen Zwecken die Zahl der im Jahr 1932 wegen politischer Vergehen polizeilich festgenommener Personen festzustellen. Landrat Barthel meldete 39 Kommunisten und einen Nationalsozialisten, von denen 35 dem Richter vorgeführt worden seien.

14 Siehe: LAV NRW W, Bestand K 332, Nr. 501 Politische Polizei 1931–1935. Das Antwortschreiben des Landrates stammte vom 16.3.1933.

15 Zur Verhaftung und Verfolgung der Kommunisten im Kreis Lüdinghausen liegt sehr dichtes Aktenmaterial vor, das es erlaubt, die Gründe für die Verhaftungen, die Reaktionen der Betroffenen und das weitere Schicksal nachzuvollziehen. Siehe: LAV NRW W, Bestand K 332, Nr. 615–618, 1130, 1132, 1137. Für den Kreis Coesfeld steht eine Darstellung von Manfred Grieger zur Verfügung, die auf der Auswertung von Akten der Generalstaatsanwaltschaft Hamm im Landesarchiv NRW, Abt. Westfalen, und von Wiedergutmachungsakten im Kreisarchiv Coesfeld beruht. Siehe: Manfred Grieger, Die neue Macht in Coesfeld. Nationalsozialismus in einer katholischen Stadt, 1933–1945, in: Damberg, Coesfeld 1197–1997, Bd. 3, S. 1593–1790, hier S. 1612–1620, 1767–1769.

16 Die Begründungen für die Inhaftierung sind einem Schreiben der Ortspolizeibehörde des Amtes Bockum-Hövel an den Landrat Lüdinghausen vom 3.3.1933 entnommen. Vgl. LAV NRW W, Bestand K 332, Nr. 617.

17 Verordnung betreffend die Ergänzung der Verordnung vom 1. Oktober 1931 zur Regelung der Zuständigkeit der Landes- und Kreispolizeibehörden, vom 2.3.1933. Gez.: Der Preußische Minister des Innern. Der Kommissar des Reichs. Göring. Vgl. hierzu auch ein Schreiben des Gestapa-Leiters Rudolf Diels an die Regierungspräsidenten und Landräte vom 16.1.1934, in dem die sorgfältige und genaue Einhaltung der formalen Bestimmungen über die Anordnung und Durchführung der politischen Schutzhaft von den Kreispolizeibehörden verlangt wird: LAV NRW W, Bestand K 332, Nr. 616.

18 Siehe: LAV NRW W, Bestand K 332, Nr. 617 Schreiben des Regierungspräsidenten Pünder an die Landräte, die Oberbürgermeister und den Polizeipräsidenten in Recklinghausen vom 8.4.1933. Die Anregung zur Übertragung der Zuständigkeit für die Aufhebung der „Schutzhaft" auf die Landräte kam offensichtlich von Regierungspräsident Pünder.

19 Zu den Begründungen für die Verhängung der „Schutzhaft" siehe die Anträge der Ortspolizeibehörden im März 1933, in: LAV NRW W, Bestand K 332, Nr. 617.

20 Ebd., die Berichte des Landratsamtes vom 16.3.1933, 30.3.1933 und 8.4.1933.

21 Ebd., Schreiben des Innenministers an den Regierungspräsidenten Münster vom 17.3.1933.

22 Siehe dazu die grundlegende Arbeit von: Elisabeth Elling-Ruhwinkel: Sichern und Strafen. Das Arbeitshaus Benninghausen (1871–1945), Paderborn 2005.

23 Siehe: LAV NRW W, Bestand K 332, Nr. 616 Schreiben des preußischen Innenministers vom 24.4.1933 und des Landrates Gescher an die Ortspolizeibehörden vom 27.4.1933.

24 Ebd., Meldung des Landrates an den Regierungspräsidenten Münster am 20. Mai 1933.

25 Vgl. LAV NRW W, Bestand K 332, Nr. 617 Meldungen des Amtlichen Preußischen Pressedienstes vom 29.4.1933 und 8.5.1933.

26 Ebd., Schreiben der Stadt Werne an den Landrat vom 5.5.1933.

27 Ebd., Schreiben des Landrates an die Ortspolizeibehörden vom 30.6.1933

28 Ebd., Schreiben der Ortspolizeibehörde des Amtes Bockum-Hövel vom 28.6.1933 und die Antwort des Landrates vom 1.7.1933.

29 LAV NRW W, Bestand K 332, Nr. 616 Funkspruch der Polizeistelle Recklinghausen von 24.6.1933 und Nr. 617 Schreiben des Regierungspräsidenten Münster vom 28.6.1933.

30 LAV NRW W, Bestand K 332 Nr. 616 Schreiben des Landrates an die Staatspolizeistelle vom 27.6.1933 und an die Ortspolizeibehörden vom 1.7.1933, jeweils mit Namenslisten.

31 Zum Schicksal der sozialdemokratischen Häftlinge siehe: LAV NRW W, Bestand K 332, Nr. 615 Verzeichnis der in Schutzhaft genommenen Sozialdemokraten; Grieger, Die neue Macht in Coesfeld, S. 1618/1619.

32 Siehe: LAV NRW W, Bestand K 332, Nr. 617 Schreiben des Landrates vom 27.6.1933 und 7.7.1933. In der Akte sind auch die von den Mandatsträgern unterzeichneten „Behändigungsscheine“ überliefert.

33 Vgl. Ortwin Bickhove-Swiderski, Die politische Verfolgung von Kommunisten, Sozialdemokraten und Gewerkschaftern in Coesfeld, Dülmen und Lüdinghausen in der NS-Zeit, Dülmen 2022, S. 53/54.

34 Zur Geschichte des Gestapa und der Staatspolizeistellen siehe: Hey, Zur Geschichte der westfälischen Staatspolizeistellen, S. 59–62, 69–72.

35 Die Herauslösung der Staatspolizeistellen aus der allgemeinen Polizeiverwaltung stieß auf heftigen Widerstand der Regierungspräsidenten und führte im Juli 1934 zu einem internen Schlagabtausch zwischen Reichsinnenminister Frick und Ministerpräsident Göring. Vgl. ebd., S. 69–72.

36 Dazu: LAV NRW W, Bestand K 332, Nr. 616 Schreiben des Regierungspräsidenten Münster an den Landrat in Ahaus vom 10.11.1933.

37 Siehe: Ebd., Schreiben des Regierungspräsidenten vom 2.2.1934 und der Staatspolizeistelle Recklinghausen vom 9.2.1934.

38 Verordnung zur Durchführung des Gesetzes über die Geheime Staatspolizei vom 30. November 1933, vom 8.3.1934, insbesondere §§ 1 und 5.

39 LAV NRW W, Bestand K 332, Nr. 615 Amtlicher Preußischer Pressedienst am 12.3.1934. Neuregelung der Schutzhaftbestimmungen in Preußen und Nr. 616 Der preußische Ministerpräsident an die Polizeibehörden am 11.3.1934 und der Reichsminister des Innern an die Landesregierungen und Reichsstatthalter am 12./26.4.1934.

40 Vgl. Stelbrink, Der preußische Landrat, S. 10.

41 Vgl. Hey, Zur Geschichte der westfälischen Staatspolizeistellen, S. 60–62, 67–69.

42 Siehe: LAV NRW W, Bestand K 332, Nr. 616 Bericht des Landrates in Lüdinghausen vom 27.5.1933.

43 Siehe: LAV NRW W, Bestand K 332, Nr. 617 Der Landrat Lüdinghausen an den Regierungspräsidenten am 20.5.1933.

44 LAV NRW W, Bestand K 332, Nr. 616 Schreiben des preußischen Innenministers vom 24.4.1933 und Nr. 617 Schreiben des Oberpräsidenten an die Regierungspräsidenten vom 14.6.1933 und die Antwort des Landrates vom 19.6.1933.

45 Zu Vorgeschichte und zum Aufbau der KZ im Emsland siehe: Kosthorst/Walter, Konzentrations- und Strafgefangenenlager im Dritten Reich, Bd. 1, Einleitung: Die Phase der Konzentrationslager im Emsland, S. 64–98.

46 LAV NRW W, Bestand K 332, Nr. 616 Schreiben des Regierungspräsidenten an die Landräte vom 17.8.1933.

47 Ebd., Schreiben des preußischen Innenministers an die Regierungspräsidenten vom 14.10.1933.

48 Zum Folgenden siehe die Tabelle 13: Anzahl und Schicksal der kommunistischen und sozialdemokratischen Schutzhäftlinge aus Bockum-Hövel am 30. August 1933.

49 Siehe: LAV NRW W, Bestand K 332, Nr. 615 Verzeichnisse der Schutzhäftlinge, aufgestellt durch den Bürgermeister der Stadt Werne am 29.8.1933 und 25.9.1933.

50 Siehe: LAV NRW W, Bestand K 332, Nr. 615 Verzeichnis der Schutzhäftlinge aus Selm-Beifang, zusammengestellt von der Staatspolizeistelle am 28.8.1933 und das nicht vollständige Verzeichnis der in Schutzhaft genommenen KPD-Funktionäre für den Kreis Lüdinghausen mit 105 Namen bei 106 laufenden Nummern (die lfd. Nr. 61 fehlt). Die letzte Eintragung stammt vom 3.3.1934.

51 Vgl. Grieger, Die neue Macht in Coesfeld, S. 1613; Schmuhl, Dülmen im Nationalsozialismus, S. 276; Bickhove-Swiderski, Die politische Verfolgung von Kommunisten, Sozialdemokraten, S. 25–27. Bickhove-Swiderski geht allerdings nicht auf die Veränderungen in der Verfolgungspraxis ein, die mit der Einrichtung der Gestapo und der Staatspolizeistellen ab April 1933 einsetzte.

52 Zur Ermittlungsarbeit, zu Zeugenvernehmungen und zum Prozessverlauf siehe die Darstellungen bei: Grieger, Die neue Macht in Coesfeld, S. 1613–1618; Schmuhl, Dülmen im Nationalsozialismus, S. 280; Bickhove-Swiderski, Die politische Verfolgung von Kommunisten, Sozialdemokraten, S. 27–29, 36–38.

53 Zum Strafvollzug in den Strafgefangenenlagern siehe: Bernd Walter, Die Strafgefangenenlager im Emsland 1934–1945. Strafverfolgung und Strafvollzug im Dienste der „Volksgemeinschaft", in: Bernd Faulenbach/Andrea Kaltofen (Hgg.), Hölle im Moor. Die Emslandlager 1933–1945, Göttingen 2017, S. 115–129. Zur Arbeit des Oberlandesgerichtes Hamm in der NS-Zeit siehe die grundlegende Arbeit von: Hans-Eckhard Niermann, Die Durchsetzung politischer und politisierter Strafjustiz im Dritten Reich. Eine Analyse ihrer institutionellen, personellen und strafrechtlichen Entwicklung, aufgezeigt am Beispiel des OLG-Bezirks Hamm unter schwerpunktmäßiger Zugrundelegung der Jahre 1933 - 1939, Münster 1995.

54 Das ergibt sich aus einem Abgleich des Verzeichnisses der in Schutzhaft genommenen KPD-Funktionäre für den Kreis Lüdinghausen mit 105 Namen bei 106 laufenden Nummern (die lfd. Nr. 61 fehlt) mit den Einzellisten der Gemeinden von August und September 1933. Siehe die entsprechenden Listen in: LAV NRW W, Bestand K 332, Nr. 615.

55 Ebd., Namentliche Aufstellungen der Ämter Bork und Bockum-Hövel sowie der Stadt Werne von März 1934.

56 Vgl. Schulte-Althoff, Die Stadt Werne im Dritten Reich, S. 37–40.

57 Unter den Wiedergutmachungsakten im Kreisarchiv Coesfeld befindet sich ein entsprechender Antrag zu Gewalterfahrungen in einem Bochumer „wilden Konzentrationslager": KA Coe, Bestand 4 Nr. 26 Antragsteller Robert Pithan.

58 Zitiert nach: Bickhove-Swiderski, Die politische Verfolgung von Kommunisten, Sozialdemokraten, S. 41/42. Der Darstellung von Bickhove-Swiderski liegt eine Auswertung von über 200 eidesstattlichen Versicherungen von KPD-Funktionären und Mitgliedern zugrunde, die in Recklinghausen eingeliefert wurden.

59 Vgl. ebd., S.39–41; Grieger, Die neue Macht in Coesfeld, S. 1613/1614; Dieter Westendorf/Hans-Joachim Westendorf, Schicksale der jüdischen Coesfelder zwischen Bedrohung und Ermordung, Coesfeld 2013, S. 138/139.

60 Zitiert nach: KA Coe, Bestand 4 Nr. 26 Schreiben von Elisabeth Vörding an die Kreisvereinigung der VVN Coesfeld vom 2.2.1948. Das Schreiben wurde von Hermann Vörding, einem Bruder von Heinrich Vörding, unterzeichnet.

61 Ebd., notiert auf einem Blatt, das aus einem Notizbuch herausgerissen wurde. Die Orthografie und Zeichensetzung des Originals wurde beibehalten.

62 Die staatlichen KZ im Emsland existierten in folgenden Zeiträumen: KZ Börgermoor von Juli 1933 bis April 1934 (1.000 Häftlinge), KZ Esterwegen I und II von August 1933 bis Juni 1934 (Doppellager für je 1.000 Häftlinge), KZ Neusustrum von September 1933 bis April 1934 (1.000 Häftlinge). Die beiden Lager des KZ Esterwegen wurden im Juni 1934 zusammengelegt und als KZ der SS weitergeführt, das unmittelbar dem Reichsführer-SS Heinrich Himmler unterstellt war. Im September 1936 wurde dieses KZ ebenfalls aufgelöst und die Häftlinge in das neu errichtete KZ Sachsenhausen bei Berlin verlegt. Vgl. Bernd Faulenbach/Andrea Kaltofen (Hgg.), Hölle im Moor. Die Emslandlager 1933–1945, Göttingen 2017, S. 305, 313, 317.

63 Vgl. Bernd Faulenbach, Die Emslandlager in der deutschen und europäischen Geschichte, in: Ders./Andrea Kaltofen (Hgg.), Hölle im Moor. Die Emslandlager 1933–1945, Göttingen 2017, S. 17–23, hier S. 19/20; Sebastian Weitkamp, Brechung des Widerstands und Machtsicherung des NS-Systems, in: Ebd., S. 25–37, hier S. 28–31.

64 Kurt Buck, Lageralltag und Zwangsarbeit, in: Ebd., S. 99–112.

65 Zitiert nach: KA Coe, Bestand 4 Nr. 17 Erklärung von Emil Fischer vom 28.9.1948 zum Wiedergutmachungsantrag der Witwe von E. Siebert.

66 Vgl. Weitkamp, Brechung des Widerstands und Machtsicherung des NS-Systems, S. 34/35; Andrea Kaltofen, Die Häftlinge der Konzentrationslager im Emsland 1933–1936, in: Bernd Faulenbach/Dies. (Hgg.), Hölle im Moor. Die Emslandlager 1933–1945, Göttingen 2017, S. 39–57, hier S. 52–56.

67 Vgl. Walter, Die Strafgefangenenlager im Emsland 1934–1945, S. 116–119.

68 Dieser Grundsatz liberalen Strafrechtsdenkens garantierte den Schutz des Bürgers vor willkürlicher Ausübung und Ausdehnung der staatlichen Strafgewalt. Ein Gesetz von Juni 1935 beseitigte diese „Garantiefunktion des Strafgesetzes". Die Forderung nach konkreter Beschreibung von Straftatbeständen wurde durch sehr weit gefasste, auslegungsfähige Generalklauseln und wertbesetzte Begriffe wie das „gesunde Volksempfinden" unterlaufen. Die Aufhebung des Analogieverbotes, sprich des Verbotes der Ausdehnung eines Rechtssatzes auf einen im Gesetz nicht geregelten Fall, vervollständigte die Beseitigung elementarster Rechtsnormen. Vgl. ebd., S. 116.

69 Als weitere Gesetze wären das „Gesetz zum Schutz des deutschen Blutes und der deutschen Ehre" („Blutschutzgesetz") von September 1935, die „Volksschädlingsverordnung" (1939), die „Polenstrafrechtsverordnung" (1941) und das nicht mehr eingeführte „Gesetz über die Behandlung Gemeinschaftsfremder" (1945) zu nennen. Vgl. ebd. S. 116, 125/126.

70 Ebd., S. 117.

71 Siehe den Schriftwechsel in: LAV NRW W, Bestand K 332, Nr. 618 Kreisrundschreiben Nr. 5/36 der Kreisleitung vom 24.1.1936, Schreiben des Landrates an die Staatspolizeistelle vom 31.1.1936 und 2.3.1936. Die Hervorhebung befindet sich im Original.

72 Zu den folgenden drei Beispielen siehe den Aktenband: Ebd., Schreiben des Landrates vom 29.11.1935, des Amtsbürgermeisters von Olfen vom 1.1.1936 und des Landrates vom 2.3.1936. Der Aktenband enthält noch zahlreiche weitere Beispiele zum Thema.

73 Siehe die Zahlen bei: Siegfried Zaika, Von der preußischen Polizei zur Polizei der Gegenwart, in: Kreis Coesfeld, hrsg. durch den Kreis Coesfeld, Dülmen 1985, S. 127–132, hier S. 129. Zu den Angaben zur Gendarmerieabteilung Lüdinghausen für die Ämter wurden die Polizeivollzugsbeamten für die größeren Gemeinden hinzugerechnet.

74 Zu den folgenden Beispielen siehe den umfangreichen Schriftwechsel in: LAV NRW W, Bestand K 332, Nr. 428.

75 Rosenberg hatte sich insbesondere mit seiner rassenideologischen und antisemitischen Schrift „Der Mythus des 20. Jahrhunderts" aus dem Jahr 1930 als Rassenideologe in der Partei einen Namen gemacht. Mit der Ernennung von Rosenberg zum Beauftragten diente der „Mythus" als Grundlage für zahllose Parteischulungen und wirkte über Schulungen des NSLB auch in die Schulen hinein. Vgl. Schrulle, Verwaltung in Diktatur und Demokratie, S. 302/303.

76 Siehe: Kirchliches Amtsblatt für die Diözese Münster, Jahrgang LXVIII, Nr. 6, Münster, den 26. März 1934.

77 Siehe die ausführlichen Beschreibungen des „Kirchenkampfes" auf den genannten Sektoren nach 1935 bei: Schrulle, Verwaltung in Diktatur und Demokratie, S. 291–337; Grieger, Die neue Macht in Coesfeld, S. 1682–1702; Schulte-Althoff, Die Stadt Werne im Dritten Reich, S. 90–148; Dörthe Gruttmann, Kleinstadt in der Moderne. Billerbeck im 20. Jahrhundert, in: Werner Freitag (Hg.), Geschichte der Stadt Billerbeck, Bielefeld 2012, S. 263–477, hier S. 367–380; Axel Metz, Die Geschichte der katholischen Kirche in Dülmen 1811–1964: Von der französischen Herrschaft zur Wiedererstehung aus Ruinen, in: Sudmann, Geschichte der Stadt Dülmen, S. 593–616, hier S. 606–608.

78 Zitiert nach: Schrulle, Verwaltung in Diktatur und Demokratie, S. 320. Kreisleiter Tosse äußerte sich in seinem Stimmungsbericht für den Monat Juli 1935 ähnlich: „Dass die Handlungswei-

se des Bischofs von Münster gegenüber Reichsleiter Rosenberg ganz unqualifizierbar war, das empfindet die breite Masse der Volksgenossen gar nicht. So groß die Genugtuung und der Jubel der Parteigenossen über die Abfuhr war, die der Bischof durch Pg. Rosenberg erfuhr, so stur stehen vor allem die Bauern zu der Angelegenheit. Es wird gesagt, dass die Bauern hierzulande sozusagen hundertprozentig auch in dieser Angelegenheit zum Bischof hielten. Vgl. LAV NRW W, Bestand S 002, Nr. 10, S. 88.

79 Vgl. die umfangreichen Aktenbände: LAV NRW W, Bestand K 332, Nr. 618, 1131, 1132, 1136, 1137, 1643, 1774 und Bestand S 012, Nr. 102; KA Coe, Bestand 17 Nr. 327.

80 Siehe: Heiner Johannes Wirtz, Katholische Gesellenvereine und Kolpingsfamilien im Bistum Münster 1852–1960, Münster 1999, S. 157–163; Schulte-Althoff, Die Stadt Werne im Dritten Reich, S. 111–115.

81 Zum Schicksal von Dechant Lodde vgl. LAV NRW W, Bestand S 002, Nr. 102; Hans-Karl Seeger/ Hermann Hüsken, Dechant Josef Lodde. Coesfelds Fels in der braunen Flut. Christliche Zivilcourage zur Zeit des Nationalsozialismus, Berlin 2012, S. 112–141.

82 Vgl. Liane Schmitz, 800–2000. Zur Geschichte von Lüdinghausen und Seppenrade, Lüdinghausen 2000, S. 389/390.

83 Zitiert nach: LAV NRW W, Bestand K 332, Nr. 1344 „Ein Rückblick und Ausblick in die Selbstverwaltung des Landkreises Lüdinghausen", Anhang zu einem Schreiben von Landrat Barthel an Kreisleiter Bielefeld vom 17.5.1938; siehe auch: KA Coe, Bestand 12 Nr. 9 Landrat Barthel M.d.R. 10 Jahre Leiter des Kreises Lüdinghausen.

84 Vgl. LAV NRW W, Bestand K 332, Nr. 1344.

85 Vgl. Grevelhörster, Der Kreis Coesfeld im Zugriff des Nationalsozialismus, S. 150.

86 Vgl. Schröder, Zehn Jahre Gau Westfalen-Nord, S. 138–142. Zum genauen Datum der RAD-Errichtung in der Region siehe: KA Coe, Bestand 28 Nr. 33 Protokoll einer Besprechung zur Umlegungssache Tungerloh-Weißes Venn vom 7.6.1937 in Velen. Dort heißt es: „Oberstfeldmeister Mattel bemerkt bei dieser Gelegenheit, dass bis zum 1.10.35 – dem Tage, an dem der NS.-Arbeitsdienst Reicharbeitsdienst wurde – das Kulturamt 0,07 RM Versicherungsbeiträge pro Lohntagewerk an den Arbeitsgau abgeführt habe."

87 Das SA-Lager in Lette wurde sehr wahrscheinlich ab Mitte 1933 als „SA-Sportschule" der stark expandierenden SA errichtet. Für eine Ansiedlung in Lette sprach die gute Anbindung an die Reichsbahn und ein vorhandener Schießstand aus dem Ersten Weltkrieg. Höting vermutet, dass auch „die Initiative und der Einfluss des SA-Oberführers Franz Bielefeld und seines älteren Bruders Julius Bielefeld" eine Rolle gespielt haben. Siehe: Ingeborg Höting, Das denkmalgeschützte Barackenlager in Lette und seine wechselvolle Geschichte von 1933 bis 1960, in: Geschichtsblätter des Kreises Coesfeld 38, Coesfeld 2013, S. 95–245, hier S. 100/101. Der Begriff „Sportschule" ist als Tarnbezeichnung zu verstehen. Durch derartige Lager sollte der Versailler Vertrag unterlaufen werden, der die Stärke der Reichswehr auf 100.000 Mann beschränkte. Die Lager dienten vor allem der vormilitärischen Ausbildung und Wehrertüchtigung. Die Auflösung der „Sportschule" bald nach der Wiedereinführung der Wehrpflicht am 16.3.1935 spricht für diese Funktion des Lagers. Sehr wahrscheinlich war ab März 1935 auch vorübergehend ein Teil der „Österreichischen Legion" im Lager Lette untergebracht. Zur Geschichte der SA-Einheiten aus Österreich im Münsterland, die unter dem Regime des Bundeskanzlers Engelbert Dollfuß in Österreich verboten waren und erst nach dem „Anschluss" Österreichs in ihre Heimat zurückkehrten, siehe: Höting, Das denkmalgeschützte Barackenlager in Lette, S. 102–104; Otto Bokisch/Gustav A. Zirbs, Der Österreichische Legionär. Aus Erinnerungen und Archiv, aus Tagebüchern und Blättern, Wien 1940, S. 95–170.

88 Die Übernahme des leer stehenden Lagers durch den RAD wurde durch mehrere Gespräche vorbereitet, die Landrat Stachels im Mai und Dezember 1936 in Berlin im Reichskriegsministerium und mit der Reichsleitung des Arbeitsdienstes geführt hatte. Dabei ging es auch um die „Rückzahlung eines umstrittenen vom Ministerium s. Zt. für den Ausbau des Lagers gegebenen Betrages von 35.000 RM". Siehe: KA Coe, Bestand 12 Nr. 31, Exzerpte, S. 11/12. Bis 1937 entstanden reichsweit insgesamt 16 Truppführerschulen; 1938 waren es 19 Schulen. Für die übergeordneten Dienstränge gab es außerdem 5 Feldmeisterschulen, 5 Bezirksschulen und die Reichsschule in Potsdam. Vgl. Höting, Das denkmalgeschützte Barackenlager in Lette, S. 106/107.

89 Ebd., S. 109–113.

90 Zitiert nach: Schröder, Zehn Jahre Gau Westfalen-Nord, S. 141/142.

91 Vgl. Walter, Die Strafgefangenenlager im Emsland 1934–1945, S. 120.

92 KA Coe, Bestand 28 Nr. 33 Schreiben des Oberpräsidenten der Provinz Westfalen an den Arbeitsgauführer für Westfalen-Nord vom 1.3.1935.

93 Zum Folgenden siehe den umfangreichen Schriftwechsel in den Akten: KA Coe, Bestand 28 Nr. 33, insbesondere die Besprechungsprotokolle vom 25.11.1933, 6.12.1933, 14.3.1935, 9.1.1936, 1.2.1936 und 28.1.1938, und Nr. 181 Vermerk des Kulturamtes vom 25.7.1935. Siehe auch: KA Coe, Bestand 3 Nr. 85 Satzung des Wasser- und Bodenverbandes zur Landesverbesserung des Heubachgebietes vom 19.9.1938.

94 Siehe: KA Coe, Bestand 28 Nr. 181 Schreiben von Landrat Stachels an den Vorsitzenden des Kreisausschusses in Borken vom 12.5.1939 und weitere Korrespondenz bis August 1941.

95 Siehe: KA Coe, Bestand 28 Nr. 33 Vermerk der Landeskulturabteilung vom 13.12.1938.

96 Die Bäuerliche Werkschule Ascheberg schreibt am 7.3.1936 an den Kreisausschuss, dass im Kreis Lüdinghausen „etwa 90 v. H. der Böden versauert" seien. Siehe: KA Coe, Bestand 2 Nr. 458.

97 Zur Gesamtplanung siehe: KA Coe, Bestand 2 Nr. 1085 Schreiben des Kreisausschusses des Kreises Lüdinghausen an die Arbeitsgauleitung 20a Westfalen-Nord vom 5.5.1934 und Nr. 1086 Schreiben des Regierungspräsidenten Münster an den Landrat Lüdinghausen vom 13.9.1935.

98 Zum Folgenden siehe den umfassenden Aktenband: KA Coe, Bestand 2 Nr. 1085 Ausbau der Stever und der Einsatz des Arbeitsdienstes 1932 bis 1936.

99 Zu dieser steilen Karriere wird auch der frühe NSDAP-Beitritt von Ernst Köhling (geb. 1900) im März 1932 beigetragen haben, obwohl er zweifellos ein ausgewiesener Fachmann war. Ab 1934 hatte er auch die Position eines Kreisamtsleiters für Wirtschaft und Technik der Partei und die des Kreisstellenleiters der DAF inne. Im Februar 1938 nahm er an einer „Amtswalterschulung" in der Gauschulungsburg Nordkirchen teil. Mitte 1938 wechselte er zur Verwaltung des Provinzialverbandes Westfalen nach Münster. Siehe: KA Coe, Bestand 25 Nr. 69 Personalakte.

100 Siehe: KA Coe, Bestand 2 Nr. 1086 Finanzübersicht vom 23.1.1937.

101 Siehe: KA Coe, Bestand 2 Nr. 947 Arbeitsbeschaffung im Kreis Lüdinghausen 1935–1939, und den Aktenband Nr. 1086 mit einer umfassenden Korrespondenz zwischen der „Wassergenossenschaft" und der Arbeitsverwaltung.

102 Zum Stand des Stever-Ausbaues im Jahr 1945 siehe: KA Coe, Bestand 2 Nr. 1091 Schreiben des Wasserverbandes Stever an das Arbeitsamt Olfen vom 6.9.1945. Die weitgehende Fertigstellung des Ausbaues während des Krieges trotz des Mangels an Arbeitskräften spricht dafür, dass auch an der Stever Kriegsgefangene bei den Erdarbeiten eingesetzt wurden.

103 Zu den folgenden Aussagen und zum Zitat siehe: Ditt, Die Heimatbewegung, S. 143/144.

104 So beginnt ein Zeitungsartikel der Werner Zeitung vom 23.4.1935 mit dem Titel „Naturschutz und Heimatpflege in Hövel", in: KA Coe, Bestand 2 Nr. 1413.

105 Zur Person siehe: Bernd Walter, Karl Friedrich Kolbow (1899–1945), in: Friedrich Gerhard Homann (Hg.), Westfälische Lebensbilder, Bd. 17, Münster 2005, S. 203–240.

106 Zur zitierten Ansprache von Kolbow und zum Bericht über die Ansprache Meyers siehe die Zeitungsberichte in : KA Coe, Bestand 2 Nr. 1413 Berichte aus der Werner Zeitung vom 6.5.1935 und vom 3.2.1936 und weitere ausführliche Presseartikel.

107 Siehe: KA Coe, Bestand 2 Nr. 1413 Ausschnitt aus der Lüdinghauser Zeitung Nr. 104 vom 7.5.1935.

108 Vgl. ebd., Zeitungsbericht aus der National-Zeitung Nr. 266 vom 27.9.1934.

109 Zur Person siehe: Dickhoff, Coesfelder Biographien, S. 109–111.

110 Vgl. KA Coe, Bestand 2 Nr. 1413, Einladung des Landrates vom 7.1.1935 mit Einladungslisten, die Niederschrift über den Lichtbildervortrag am 24.1.1935, die Richtlinien für die Naturschutz-Kommissare und Vertrauensleute und den Zeitungsartikel aus der National-Zeitung Nr. 109 vom 19.4.1935.

111 Zum Folgenden siehe die Zeitungsberichte: Ebd., National-Zeitung Nr. 183 vom 5.7.1935, Werner Volkszeitung Nr. 158 vom 9.7.1935, Dreingau-Zeitung Nr. 57 vom 17.7.1935, Lüdinghauser Zeitung Nr. 162 vom 18.7.1935 und National-Zeitung Nr. 311 vom 10.11.1935.

112 Siehe: KA Coe, Bestand 2 Nr. 1410 Schreiben des Landrates Barthel an den Regierungspräsidenten Münster, Landwirtschaftliche Abteilung, vom 20.2.1937 und Nr. 1413, Zeitungsbericht der

National-Zeitung Nr. 311 vom 10.11.1935. Zum Naturschutzbeauftragten Rektor Heeger siehe auch: KA Coe, Bestand 2 Nr. 1471 Entnazifizierung von Lehrpersonen. In einem Schreiben an den Regierungspräsidenten in Münster vom 10.10.1945 gibt der Landrat folgende Beurteilung des Schulrates wieder: „Rektor Heeger wird von vielen Seiten abgelehnt. Er war nach außen hin aktiver Parteigenosse, vielleicht aus Angst vor dem Schulrat Grimmelt. Im Innern ging er nicht mit. Er ist sehr religiös geblieben, wie der Dechant auf mündliche Befragung wiederholt versichert hat. Er schwankte also und zeigte keine Linie. Der Schulrat erklärt dazu: ‚Schade um ihn, denn er ist wahrscheinlich der fähigste Schulmann des Kreises; keiner von seinen Lehrern reicht an ihn heran.' Die Entscheidung wird dem Herrn Regierungspräsidenten überlassen. Lehrer kann Heeger nach Meinung des Schulrates jedenfalls bleiben." Heeger war am 1. Mai 1937, also nach Aufhebung der Aufnahmesperre der NSDAP beigetreten. Zu dem erwähnten Schulrat Wilhelm Grimmelt (geb. 1884) siehe: Schrulle, Verwaltung in Diktatur und Demokratie, S. 282 Anm. 160. Schrulle zählt Grimmelt zu den Lehrkräften, die als überzeugte Nationalsozialisten bevorzugt zu Rektoren ernannt wurden und nach kurzer Amtszeit weiter aufgestiegen sind.

113 Siehe den Bericht in: KA Coe, Bestand 2 Nr. 1413, Schreiben des Kreisbeauftragten vom 30.8.1937.

114 In folgenden Aktenbänden sind mehrere Auseinandersetzungen um den Erhalt von Wallhecken dokumentiert: KA Coe, Bestand 2 Nr. 1410 und 1413.

115 KA Coe, Bestand 2 Nr. 1410 Verordnung zum Schutze der wildlebenden Pflanzen und der nichtjagdbaren wildlebenden Tiere (Naturschutzverordnung) vom 18.3.1936 und der dazugehörige Runderlass vom 20.4.1936. In der Verordnung werden die geschützten Pflanzen und Tiere genau aufgeführt.

116 Siehe: KA Coe, Bestand 2 Nr. 1413 Bericht an den Landrat über die Besichtigung vom 15.6.1935 und die anschließende Korrespondenz über die Umsetzung der Maßnahmen.

117 Ebd., Vermerk vom 30.3.1938.

118 KA Coe, Bestand 28 Nr. 181 Naturschutzgebiet Weißes Venn, Schreiben des Kommissars für Naturdenkmalpflege in der Provinz Westfalen an den Landrat Coesfeld vom 11.10.1934, die Stellungnahme Feuerborns vom 28.12.1933 und die Antwort von Landrat Klein vom 16.10.1934. Graebner hatte nach dem Erlass des Preußischen Kultusministers von Juni 1934 diese Funktion übernommen, bevor ihm dann aufgrund des Reichsnaturschutzgesetzes die Funktion als Beauftragter für Naturschutz im Regierungsbezirk Münster übertragen wurde.

119 Zum Folgenden vgl.: KA Coe, Bestand 28 Nr. 33 Vermerk über die Ausweisung der Naturschutzfläche vom 23.9.1935, der Landrat Coesfeld an das Preußische Kulturbauamt vom 29.7.1937 mit der Niederschrift über den Ortstermin am 15.7.1937 und die Stellungnahme des Gutachters vom 27.7.1937.

120 Zur Finanzierung und zum Ankauf siehe den umfangreichen Schriftwechsel in den Jahren 1941/42 in: KA Coe, Bestand 28 Nr. 181.

121 Ebd., Schreiben des Landrates Stachels (Kreiskommunalverwaltung) an den Landrat Stachels (staatliche Verwaltung) vom 27.1.1942.

122 Siehe: KA Coe, Bestand 2 Nr. 867 Landschaftsschutzverordnungen.

123 Siehe: KA Coe, Bestand 18 Nr. 5 Verordnung zum Schutze von Landschaftsteilen und Landschaftsbestandteilen im Kreise Coesfeld vom 15.6.1938.

124 Zu den folgenden Ausführungen siehe den umfangreichen Schriftwechsel in: KA Coe, Bestand 2 Nr. 1410 Natur- und Landschaftsschutz 1935–1947.

125 Siehe: KA Coe, Bestand 2 Nr. 307 Kunstführer Kreis Lüdinghausen.

126 KA Coe, Bestand 2 Nr. 432 Schreiben des Regierungspräsidenten Münster an den Landrat in Lüdinghausen vom 2.11.1936. Der Regierungspräsident weist insbesondere darauf hin, dass durch die Initiative der DAF und deren Finanzierung nicht andere Aufgaben der Gemeinde beeinträchtigt werden dürften. Die Finanzierung müsse vor Inangriffnahme der Arbeiten gesichert sein.

127 Ebd., Zeitungsberichte in der Lüdinghauser Zeitung Nr. 46 vom 24.2.1937, Nr. 51 vom 2.3.1937 und Nr. 289 vom 14.12.1937.

128 Ebd., Zeitungsberichte in der Lüdinghauser Zeitung Nr. 46 vom 24.2.1937, in der Werner Volkszeitung Nr. 173 vom 27.7.1937 und Nr. 202 vom 30.8.1937.

129 Ebd., Schreiben des Westfälischen Heimatbundes an Landrat Barthel vom 13.4.1939 mit 10 Exemplaren des Faltblattes als Anlage und mehrere weitere Schreiben. Das Ergebnis der Aktion wurde dokumentiert und in einer Wanderausstellung präsentiert.

130 Vgl. Ditt, Die Heimatbewegung, S. 144.

131 Diese Auseinandersetzungen fanden insbesondere auf der Gemeindeebene statt. Siehe hierzu z.B. die Darstellungen von: Grevelhörster, Der Kreis Coesfeld im Zugriff des Nationalsozialismus, S. 159–162; Grieger, Die neue Macht in Coesfeld, S. 1682–1702; Metz, Die Geschichte der katholischen Kirche in Dülmen 1811–1964, S. 606–609; Roters, Osterwick, S. 617–620; Schulte-Althoff, Die Stadt Werne im Dritten Reich, S. 80–130.

132 Vgl. Schrulle, Verwaltung in Diktatur und Demokratie, S. 253–291.

133 Siehe hierzu die „Geschichte der Berufsschule in Dülmen“ von Kreisberufsschuldirektor Dr. Anton Schmidt, in: KA Coe, Bestand 22 Nr. 446.

134 Die folgende Darstellung stützt sich auf eine „Eidesstattliche Erklärung“ des ehemaligen NSDAP-Kreisleiters Julius Bielefeld vom 21.6.1950, in: KA Coe, Bestand 14 Nr. 176 Personalakte Dr. Anton Schmidt.

135 LAV NRW W, Bestand K 332, Nr. 1193 Niederschrift über die Besprechung der Bürgermeister am 11.12.1935 im Sitzungssaale des Kreishauses zu Lüdinghausen, Tagesordnungspunkt 1. Die Leitung der Berufsschule wurde Berufsschuldirektor Höcker übertragen, der bis dahin bereits bei der Berufsschule der Gemeinde Werne angestellt war.

136 Zitiert nach: LAV NRW W, Bestand K 332, Nr. 1344 „Ein Rückblick und Ausblick in die Selbstverwaltung des Landkreises Lüdinghausen“, Anhang zu einem Schreiben von Landrat Barthel an Kreisleiter Bielefeld vom 17.5.1938.

137 Vgl. Walter, Psychiatrie und Gesellschaft in der Moderne, S. 626/627.

138 KA Coe, Bestand 22 Nr. 185 Satzung über die Berufsschulpflicht im Kreis Coesfeld vom 10.6.1936 und die erste Satzungsänderung vom 10.3.1937. Sie erweiterte die Satzungsbestimmungen auf die ländlichen und die gärtnerischen Berufsschulen, für die auch Verbandsvertreter als Schulbeiräte berufen wurden.

139 Ebd., Satzung über die Erhebung von Berufsschulbeiträgen im Kreise Coesfeld vom 10.6.1936. Zu den Details der Kostenregelung mit den Gemeinden siehe auch: KA Coe, Bestand 28 Nr. 5 Vermerk vom 23.10.1947 mit einem Rückblick bis zum Jahr 1937; KA Coe, Bestand 22 Nr. 148, vor allem zur Kostenregelung in der Kriegszeit durch die „Verordnung über den Fortfall der Berufsschulbeiträge“ vom 20.2.1942.

140 Vgl. die Tabelle 8: Personalstärke der Kreisverwaltungen der Kreise Coesfeld und Lüdinghausen in den Jahren 1933 und 1939, in Kapitel III, Teil A, Abschnitt 2 dieser Darstellung.

141 Siehe die Auflistung in: KA Coe, Bestand 2 Nr. 968 Verzeichnis der Schulen des Kreises Lüdinghausen. Dieses Verzeichnis trägt kein Datum. Es ist aber sehr wahrscheinlich in der unmittelbaren Nachkriegszeit angelegt worden.

142 Schreiben des Kreisberufsschuldirektors an den Sicherheitsdienst des Reichsführers SS, SD-Abschnitt Dortmund, Lüdinghausen, Tüllinghoferstr. 34, vom 29.7.1943, in: KA Coe, Bestand 22 Nr. 148. Der Hintergrund des Schreibens erschließt sich aus der Akte nicht. Im letzten Satz weist der Direktor allerdings darauf hin, dass die Disziplin der Schüler an der Schule „durchweg als gut anzusehen“ sei.

143 Ebd., Schreiben der Kreisberufsschule an den Regierungspräsidenten vom 28.6.1944.

144 Zum Folgenden siehe: KA Coe, Bestand 14 Nr. 174 bis 177, insbesondere Urteil des Spruchgerichts in Hiddesen vom 3.2.1948, Urteil des Landgerichts in Münster vom 12.7.1948, Einreihungsbescheid des Entnazifizierungsausschusses in Bocholt vom 10.9.1949.

145 Ebd., Urteil des Landgerichts in Münster vom 12.7.1948.

146 KA Coe, Bestand 2 Nr. 233 Organisationsangelegenheiten, Schreiben von Landrat Barthel an den Berufsschuldirektor Höcker in Werne vom 16.3.1942.

147 KA Coe, Bestand 2 Nr. 1295 „Niederschrift über die am Montag, den 12. Oktober 1942, im Kreishause zu Lüdinghausen stattgefundene Bürgermeisterbesprechung“.

148 Zitiert nach: Christophorus Hildebrandt, Landwirtschaftliche Berufsbildung und ideologische Schulung für die Ostsiedlung. Die Einrichtung eines Landdienstlehrhofes der Hitlerjugend in

der beschlagnahmten Benediktinerabtei Gerleve von April 1942 bis März 1945, in: Westfälische Zeitschrift 155 (2005), S. 199–235, hier S. 200. Vgl. auch die grundlegende Schrift zum „Landjahr" von: Edith Niehuis, Das Landjahr. Eine Jugenderziehungseinrichtung in der Zeit des Nationalsozialismus, Nörten-Hardenberg 1984.

149 Siehe die Korrespondenz mit dem Gesundheitsamt des Kreises in: KA Coe, Bestand 2 Nr. 1214 Überwachung der Hygiene in Jugendlagern. Um die hygienischen Verhältnisse, insbesondere um das vermehrte Auftreten von Scharlach in den Landjahrlagern Berenbrock, Ehringhausen und Rote Erde geht es auch in einem Briefwechsel zwischen dem Regierungspräsidenten in Münster, den Gesundheitsbehörden und der Kreiskommunalverwaltung im Juli 1942, in: KA Coe, Bestand 17 Nr. 346 Berichte zum Gesundheitszustand der Bevölkerung.

150 Zum Ankauf und Umbau, zur Ausstattung und Vermietung siehe den umfangreichen Schriftwechsel in den Aktenbänden: KA Coe, Bestand 2 Nr. 1706 und 1707 zum „Landjahrlager Berenbrock".

151 Zu den ideologischen Grundlagen des „Landdienstes", insbesondere aber zur Geschichte des „Landdiensthofes Gerleve" siehe den grundlegenden Beitrag von: Hildebrandt, Landwirtschaftliche Berufsbildung und ideologische Schulung für die Ostsiedlung. Er beschreibt ausführlich den geplanten Osteinsatz des „Landdienstes", die Anfänge des „Landdienstlehrhofes", den Ablauf der Ausbildung, das Leben auf dem „Landdienstlehrhof" und das Ende der Einrichtung.

152 Siehe den Bericht in: Lüdinghauser Heimatbriefe. Mitteilungen aus dem Kreise für unsere Soldaten an der Front. Herausgegeben von der Kreisleitung der NSDAP, 27. Folge 1943, S. 6/7.

153 Die Liste der Aufgabengebiete wurde nach folgenden Dokumenten zusammengestellt: KA Coe, Bestand 2 Nr. 326 Geschäftsordnung für die Kreisausschussverwaltung Lüdinghausen vom 27.8.1927 und der Arbeitsplan des Kreiswohlfahrtsamtes Lüdinghausen vom 4.5.1928; KA Coe, Bestand 28 Nr. 50, 53 und 56 Haushaltspläne der Jahre 1933, 1936 und 1939.

154 Reichsgesetz für Jugendwohlfahrt vom 9.7.1922, in: Reichsgesetzblatt, Teil I, Nr. 54 (1922), ausgegeben am 29.7.1922. Zur Geschichte des Gesetzes siehe die grundlegende Darstellung bei: Köster, Jugend, Wohlfahrtsstaat und Gesellschaft im Wandel, S. 101–142.

155 Zu dieser zeitgenössischen Einordnung und Bewertung siehe: KA Coe, Bestand 29 Nr. 105 Auszug aus dem Bericht über den Stand und die Verwaltung der Kreiskommunalangelegenheiten des Kreises Coesfeld für das Rechnungsjahr 1925.

156 Siehe die Besetzungslisten in: KA Coe, Bestand 29 Nr. 105 Auszug aus dem Verwaltungsbericht des Kreises Coesfeld aus dem Jahr 1926; LAV NRW W, Bestand K 332, Nr. 1372 Beschlussprotokoll der Kreisausschusssitzung in Lüdinghausen vom 7.9.1933, Neuwahl des Kreisjugendamtes.

157 Den Kreisjugendpflegern und Kreisjugendpflegerinnen oblag die Anregung, Unterstützung, Koordinierung und Beratung der gesamten Jugendarbeit ihres Tätigkeitsbereiches. Sie sollten eine Art Scharnierfunktion zwischen staatlichen und freien Trägern einnehmen. Das Misstrauen der freien Jugendvereinigungen gegenüber staatlicher Bevormundung setzte ihrem Wirken in der Praxis jedoch Grenzen. Von ihrem Sozialprofil her war diese Aufgabe eine Domäne der Lehrer und Lehrerinnen. Sie übten das Amt ehrenamtlich aus. Sie konnten jedoch teilweise vom Unterricht freigestellt werden. Siehe: Köster, Jugend, Wohlfahrtsstaat und Gesellschaft im Wandel, S. 105–107.

158 LAV NRW W, Bestand K 332, Nr. 1372 Beschlussprotokoll der Kreisausschusssitzung in Lüdinghausen vom 7.9.1933.

159 Siehe: LAV NRW W, Bestand S 005, Nr. 401 Schreiben der NSDAP-Reichsleitung an die Gauleitungen vom 26.7.1939.

160 Vgl. KA Coe, Bestand 29 Nr. 105 Bericht zur Jugendpflege Anfang der 1930er Jahre.

161 Rundschreiben G 14/34 des Reichsschatzmeisters vom 2.8.1934, das die Gauleitung als Rundschreiben Nr. 28/34 am 7.8.1934 an sämtliche Kreis- und Ortsgruppenleitungen versandte, in: LAV NRW W, Bestand S 002, Nr. 19 Kommunalpolitik 1934–1937.

162 KA Coe, Bestand 2 Nr. 232 Hitlerjugendheimbau 1937–1945.

163 Ebd., Sonderdruck „Heimbeschaffung für die Hitler-Jugend" mit einem Eingangsstempel der Kreisverwaltung Lüdinghausen vom 25.1.1937 als Anlage zu einem Schreiben des Regierungspräsidenten in Münster an alle Landräte und Oberbürgermeister vom 21.1.1937.

164 In diesem Zusammenhang wollte die NSDAP-Ortsgruppe Lüdinghausen mit Unterstützung des Landratsamtes Ende 1935 das Gebäude der „von Haken'schen Stiftung", das 1929 mit öffentli-

chen Mitteln zum Jugendheim umgebaut worden war und von der DJK genutzt wurde, für die Zwecke der Staatsjugend sicherstellen. Der Versuch, die Stiftung in die öffentliche Hand zu überführen, scheiterte nach einem zweijährigen Schriftwechsel auf der ganzen Linie. Am 29.11.1937 teilte der Reichs- und Preußische Minister des Innern dem Regierungspräsidenten in Münster mit: „Ich stimme Ihrer Auffassung zu, dass zur Zeit ein rechtserheblicher Grund für eine Auflösung der von Haken'schen Stiftung nicht gegeben ist." Siehe den umfangreichen Schriftwechsel in: KA Coe, Bestand 2 Nr. 321 von Haken'sche Armenstiftung Lüdinghausen.

165 Ebd., Auszug aus dem Protokoll der Bürgermeisterbesprechung vom 5.2.1937.

166 Zur Einrichtung des Rücklagensystems und zur Entwicklung der Finanzlage siehe den umfangreichen Schriftwechsel in: KA Coe, Bestand 2 Nr. 232 und die Niederschrift über die Bürgermeisterbesprechung vom 22.10.1937 in: LAV NRW W, Bestand K 332, Nr. 1192.

167 KA Coe, Bestand 2 Nr. 232 Schreiben des Kreisjugendamtes Lüdinghausen an die Hitlerjugend Gebiet Westfalen vom 31.5.1939.

168 Ebd., Sonderdruck zum „Gesetz zur Förderung der Hitler-Jugend-Heimbeschaffung vom 30. Januar 1939" von März 1939 mit ausführlichen Erläuterungen für die Bürgermeister.

169 Ebd., Auflistung „Sparbuch und Rücklage für Hitlerjugend-Heimbau" von Ende 1944.

170 Siehe die Presseberichterstattung über die Eröffnung der Segelfliegerschule und weitere Texte zur Geschichte des Geländes in der Nachkriegszeit in: KA Coe, Bestand 2 Nr. 1510 Borkenberge-Gesellschaft.

171 Die Geschichte des Segelflugplatzes Borkenberge spiegelt sich in einem umfangreichen Schriftwechsel über die Erteilung von Konzessionen für die Gaststätten und Kantinen auf dem Gelände des Flugplatzes wider. Siehe: KA Coe, Bestand 17 Nr. 135 und 479.

172 Zu den genannten Zahlen siehe: LAV NRW W, Bestand K 332, Nr. 1493 Meldungen der Jugendämter im Kreis Lüdinghausen für die Reichsstatistik in den Jahren 1933, 1936, 1937, 1938 und 1940.

173 Siehe die Abschrift der Vereinbarung zwischen dem Reichsjustizministerium und dem Leiter der Partei-Kanzlei vom 27.8.1941/21.9.1941 in: LAV NRW W, Bestand S 005, Nr. 401.

174 Ebd., Runderlass des Reichsjustizministeriums vom 24.10.1941.

175 Ebd., Bericht „Die NSV-Jugendhilfe auf dem Lande unter besonderer Berücksichtigung der Zusammenarbeit mit dem Kreisjugendamt Minden" aus dem Jahr 1941 und das Schreiben des NSDAP-Amtes für Volkswohlfahrt des Kreises Münster-Warendorf an das Amt für Volkswohlfahrt beim Gau Westfalen-Nord vom 19.1.1942 mit einem Vertragsentwurf zur Zusammenarbeit zwischen den Jugendamt des Landkreises Münster mit dem NSDAP-Amt für Volkswohlfahrt im Parteikreis Münster-Warendorf.

176 Ebd., Schreiben des Gauamtsleiters für Volkswohlfahrt des Gaues Westfalen-Süd an den Oberpräsidenten (Verwaltung des Provinzialverbandes) Landesjugendamt vom 21.8.1942 und weitere Schreiben zur Klärung von Fragen der praktischen Zusammenarbeit.

177 Zum Folgenden siehe die Ausführungen bei: Köster, Jugend, Wohlfahrtsstaat und Gesellschaft im Wandel, S. 239–247.

178 LAV NRW W, Bestand S 005, Nr. 401 Schreiben des Oberpräsidenten der Provinz Westfalen an das Amt für Volkswohlfahrt im Gau Westfalen-Süd vom 17.4.1940.

179 Zitiert nach: Köster, Jugend, Wohlfahrtsstaat und Gesellschaft im Wandel, S. 241.

180 Vgl. LAV NRW W, Bestand S 005, Nr. 401 Bericht „Die NSV-Jugendhilfe auf dem Lande unter besonderer Berücksichtigung der Zusammenarbeit mit dem Kreisjugendamt Minden", S. 3.

181 Siehe: KA Coe, Bestand 2 Nr. 326 Abschrift der „Vereinbarung für die zukünftige Zusammenarbeit der vier Spitzenverbände der freien Wohlfahrtspflege". Die Vereinbarung nimmt ausdrücklich auf die Vereinbarung der Spitzenverbände der freien Wohlfahrtspflege vom 23.3.1934 und die „Berliner Richtlinien" Bezug.

182 Siehe: KA Coe, Bestand 2 Nr. 1214 Richtlinien für die Durchführung der Jugendgesundheitspflege in der Provinz Westfalen von Juli 1937, aufgestellt vom Oberpräsidenten der Provinz Westfalen – Verwaltung des Provinzialverbandes –, Abt. Ausgleichsstelle, in Zusammenarbeit mit den Ämtern für Volkswohlfahrt der NSDAP in den Gauen Westfalen Nord und Süd.

183 Für diesen Zweck kam z.B. das 1927 errichtete Erholungsheim für Kinder in Dülmen-Visbeck in Frage. Das Gebäude brannte 1939 ab und wurde nicht wieder aufgebaut. Vgl. Stefan Sudmann,

Kirchspiel Dülmen und Hausdülmen 1813–1974, in: Ders., Geschichte der Stadt Dülmen, S. 431–444, hier S. 435.

184 Zum folgenden Zahlenmaterial siehe die Aktenbände: LAV NRW W, Bestand S 005, Nr. 604, Bd. 1 und Bd. 2. Ansatzweise werden in den Akten auch einige Probleme der Heimunterbringung angesprochen.

185 Zur Müttererholungsfürsorge siehe die handschriftlich geführten Listen in der Kladde: LAV NRW W, Bestand S 005, Nr. 816 Mütterentsendung 1935–1940. In der Kladde sind für jeden Monat die belegten Kurheime und bei den Kurheimen die Gesamtzahl der Mütter und deren Kurzeit aufgeführt.

186 Siehe die grundlegenden Akten zum NSV-Heim Gerleve: LAV NRW W, Bestand S 005, Nr. 466 und 467, darin der Fragebogen der Gauamtsleitung vom 29.12.1943, und Nr. 854 Bericht über das „NSV-Haus Gerleve bei Coesfeld" vom 3.4.1944, der mit einem Genehmigungsvermerk des Gaugesundheitsführers der Reichsleitung eingereicht wurde. Vgl. auch: Die Benediktinerabtei Gerleve. Ihr Werden, Wachsen und Wirken, Münster 1998, S. 53–60. Der Band stellt auch die dramatischen Ereignisse der Beschlagnahmung durch die Gestapo und die Verbannung der Mönche dar.

187 LAV NRW W, Bestand S 005, Nr. 854 Vermerk des Gauamtes für Volkswohlfahrt vom 13.7.1942.

188 Zum Folgenden siehe die ausführliche Darstellung bei: Gisela Schwarze, Kinder die nicht zählten. Ostarbeiterinnen und ihre Kinder im Zweiten Weltkrieg, Essen 1997, S. 158–182. Ferner die Akte: LAV NRW W, Bestand S 005, Nr. 38 zur „Behandlung schwangerer ausländischer Arbeiterinnen" 1943/1944.

189 LAV NRW W, Bestand S 005, Nr. 86 Mitteilung Nr. 135 des Gauamtsleiters für Volkswohlfahrt des Gaues Westfalen-Nord an alle Kreisamtsleiter der NSV vom 17.7.1934.

190 KA Coe, Bestand 2 Nr. 881 Schreiben von Bergassessor Cloos an Landrat Barthel vom 23.8.1935 und das Antwortschreiben von Landrat Barthel vom 26.8.1935; Schreiben des Regierungspräsidenten Münster an Landrat Barthel vom 11.12.1935 mit der Anweisung, den Kindergarten der katholischen Pfarrgemeinde im neuen Heim in die Liste der genehmigten Kindergärten aufzunehmen.

191 LAV NRW W, Bestand S 005, Nr. 86 Das Gauamt für Volkswohlfahrt Gau Westfalen-Nord an alle NSDAP-Kreisleitungen, Amt für Volkswohlfahrt, vom 16.10.1936.

192 Zur Einrichtung der NSV-Kindergärten wurden folgende Akten ausgewertet: LAV NRW W, Bestand S 005, Nr. 22, 86 und 160, Bd. 1 und Bd.2.

193 Zur Einstellung des Personals für die NSV-Kindergärten siehe: LAV NRW W, Bestand S 005, Nr. 897, 940 und 941.

194 LAV NRW W, Bestand S 005, Nr. 668, Bd. 2 Bericht der Gauamtsleitung des Amtes für Volkswohlfahrt des Gaues Westfalen-Nord für den Monat Juni 1937 vom 21.7.1937.

195 LAV NRW W, Bestand S 005, Nr. 86 Schreiben des Gauamtes für Volkswohlfahrt an die Kreisleitungen der NSV vom 18.3.1936, das Antwortschreiben vom 2.4.1936 und weitere Schreiben.

196 KA Coe, Bestand 2 Nr. 404 Schreiben des Reichs- und Preußischen Ministers des Innern vom 28.6.1937 und vom 30.7.1937.

197 LAV NRW W, Bestand S 005, Nr. 49 Schreiben des Amtes für Volkswohlfahrt des Kreises Ahaus-Coesfeld an das Gauamt für Volkswohlfahrt vom 12.5.1943 und weitere Korrespondenz mit dem Regierungspräsidenten und den Kreisärzten. Zur Anzahl und zum Einsatz der NS-Gemeindeschwestern siehe auch den Aktenband: LAV NRW W, Bestand S 005, Nr. 1052.

198 LAV NRW W, Bestand S 005, Nr. 51 Der Kreisamtsleiter für Volkswohlfahrt Lüdinghausen an das Hauptamt für Volkswohlfahrt des Gaues Westfalen-Nord am 21.4.1942.

199 Zur Krise des Wohlfahrtsstaates in der Weimarer Zeit siehe: Walter, Psychiatrie und Gesellschaft in der Moderne, S. 367–394.

200 Ebd., S. 461–474.

201 Siehe die Darstellung von: Schrulle, Verwaltung in Diktatur und Demokratie, S. 381.

202 KA Coe, Bestand 2 Nr. 397 und 398 Gesundheitsberichte der Jahre 1933 bis 1945.

203 Ebd., Runderlass des Reichs- und Preußischen Ministers des Innern vom 18.12.1934 zum „Jahresgesundheitsbericht".

204 Siehe: KA Coe, Bestand 14 Nr. 156 Personalakte Kreismedizinalrat Dr. Wolters, Vertrag mit dem Kreisausschuss vom 1.4.1922 und Zeitungsbericht der Allgemeinen Zeitung Nr. 266 vom 27.9.1934.

205 KA Coe, Bestand 2 Nr. 403 Hinweis auf den Privatdienstvertrag des Kreisausschusses mit Kreisarzt Appelmann in der Dienstanweisung für den Kreiskommunalarzt vom 7.11.1927.

206 Die Ausbildung und Anerkennung der Wohlfahrtspflegerinnen wurde durch Erlass des preußischen Ministers für Volkswohlfahrt vom 23.9.1931 neu geregelt. Siehe dazu: KA Coe, Bestand 2 Nr. 326 Niederschrift über die Konferenz bei der Regierung Münster am 9.2.1932 betr. Regelung des Probejahres und der staatlichen Anerkennung der Wohlfahrtspflegerinnen. Durch die Auswahl von Ausbildungsstellen konnten verschiedene Schwerpunkte mit einer entsprechenden Anerkennung gebildet werden: in der Gesundheitsfürsorge, der Jugendwohlfahrtspflege oder der Wirtschafts- und Berufsfürsorge.

207 KA Coe, Bestand 2 Nr. 402 Niederschrift über eine Besprechung mit den Kreisfürsorgerinnen am 14.11.1929 im Kreishaus Lüdinghausen.

208 Ebd., Dienstanweisung des Kreisausschusses für die Kreisfürsorgerinnen vom 3.1.1927.

209 Vgl. Schrulle, Verwaltung in Diktatur und Demokratie, S. 394–401; Arndt, Die Kreise während der Zeit des Nationalsozialismus, S. 53. Allgemein zur Durchsetzung neuer Konzepte und Strukturen im Gesundheitswesen vgl. Walter, Psychiatrie und Gesellschaft in der Moderne, S. 474–486.

210 Zitat ebd., S. 396.

211 KA Coe, Bestand 14 Nr. 252 Personalakte.

212 KA Coe, Bestand 25 Nr. 105 Kopie der Entnazifizierungsakte aus dem LAV NRW, Abteilung Rheinland, Bestand NW 1039-A, Nr. 1175; KA Coe, Bestand 2 Nr. 403 Schreiben des Oberkreisdirektors des Kreises Lüdinghausen an den Regierungspräsidenten Münster vom 23.8.1949 mit dem Lebenslauf von Appelmann als Anlage. Vgl. auch: Michael Kertelge, Zwangssterilisationen im ehemaligen Landkreis Lüdinghausen und die Umsetzung des „Gesetzes zur Verhütung erbkranken Nachwuchses" im Altkreis Lüdinghausen 1933–2007 – „Diese Minderwertigkeit der Sippe sichert meines Erachtens die Diagnose des angeborenen Schwachsinns." (Amtsarzt Dr. Wilhelm Appelmann in einem Gutachten 1934), in: Geschichtsblätter des Kreises Coesfeld 45, Coesfeld 2020, S. 199–271, hier S. 221–224. Kertelge gibt 1931 als Jahr der Amtsübernahme in Lüdinghausen an, da dieses Jahr in der Entnazifizierungsakte steht. Appelmanns Privatdienstvertrag mit dem Kreisausschuss belegt jedoch das Jahr 1927.

213 Appelmann hatte 1936 die Ernennung zum Offizier des Beurlaubtenstandes beim Wehrbezirks-Kommando Coesfeld beantragt. Dieses bat Landrat Barthel um vertrauliche Auskunft zu Appelmanns persönlichen Verhältnissen. Siehe: LAV NRW W, Bestand S 002, Nr. 103 Schreiben des Bezirks-Kommandos an Landrat Barthel vom 13.3.1936.

214 Zitiert nach: LAV NRW W, Bestand S 002, Nr. 80 Schreiben von Landrat Barthel an Bannführer der HJ Pg. Katzlberger vom 3.11.1937.

215 KA Coe, Bestand 2 Nr. 402 Schreiben des Kreisarztes an den Vorsitzenden des Kreisausschusses vom 23.1.1934.

216 Ebd., Nachrichtendienst des Deutschen Gemeindetages Nr. 6 vom 21.2.1935 zum Erlass des Reichs- und Preußischen Ministers für Wissenschaft, Erziehung und Fortbildung vom 17.12.1934 über die staatliche Anerkennung als Volkspfleger(-pflegerinnen).

217 Ebd., Schreiben des Regierungspräsidenten an die Landräte, Oberbürgermeister und Bürgermeister vom 15.10.1934.

218 Zitiert nach: LAV NRW W, Bestand S 008, Nr. 323 Programm für den 2. Schulungskursus vom 17.7.34 bis 21.7.34.

219 KA Coe, Bestand 2 Nr. 402 Schreiben des Regierungspräsidenten an alle Landräte und Oberbürgermeister vom 21.1.1936, Übersichten zu den Teilnehmerinnen aus den Gesundheitsamtsbezirken und den Parteikreisen und der Schulungsplan für die einwöchige Veranstaltung.

220 Ebd., Einladung des Direktors der Provinzialheilanstalt Münster an das Gesundheitsamt Lüdinghausen (Abteilung Geisteskrankenfürsorge) vom 1.4.1935. Die Adresse zeigt die mangelhaften Kenntnisse auf der Ebene der Provinzialeinrichtungen über die Organisation der neuen staatlichen Gesundheitsämter.

221 LAV NRW W, Bestand S 005, Nr. 533 und 534 Verzeichnisse der Volkpfleger und Volkspflegerinnen in den Kreisen Ahaus-Coesfeld und Lüdinghausen im März 1939. Den Verzeichnissen sind Fragebögen mit den persönlichen Daten der aufgeführten Volkspflegerinnen beigefügt. Zum Einsatz der Volkspflegerinnen durch die NSV siehe auch die Aktenbände: LAV NRW W, Bestand S 005, Nr. 526 und 530.

222 KA Coe, Bestand 14 Nr. 67 Schreiben des Amtsarztes in Coesfeld an den Regierungspräsidenten in Münster vom 29.11.1941 zu den Aufgaben der „Gesundheitsaufseher".

223 KA Coe, Bestand 2 Nr. 402 Schreiben des kommissarischen Regierungspräsidenten Klemm an die Landräte und Oberbürgermeister vom 18.3.1935.

224 Ebd., Landrat Barthel an die Kreisamtsleitung der NSV Lüdinghausen am 25.5.1936.

225 Zum Einsatz und zur Professionalisierung der NS-Gemeindeschwestern siehe den Aktenband: LAV NRW W, Bestand S 005, Nr. 1052 Einsatz der NS-Gemeindeschwestern im Parteikreis Ahaus-Coesfeld.

226 Ebd., Schreiben der NSV-Gauamtsleitung an die NSDAP-Kreisleitung Ahaus-Coesfeld, Amt für Volkswohlfahrt, vom 30.6.1942.

227 Zitiert nach: LAV NRW W, Bestand S 005, Nr. 668, Bd. 1, Schreiben von Kreisleiter Bielefeld an die NSDAP-Gauleitung Westfalen-Nord vom 1.6.1944 und die Antwort des Gauhauptamtsleiters vom 9.6.1944.

228 Vgl. Walter, Psychiatrie und Gesellschaft in der Moderne, S. 394–399.

229 Das wird in einem Phasenmodell zur Durchführung des „Gesetzes zur Verhütung erbkranken Nachwuchses" deutlich, das die Zahl der Anträge auf Zwangssterilisation pro Jahr bei den Patienten in den Heil- und Pflegeanstalten und den Nicht-Anstalts-Insassen miteinander vergleicht: Ebd., S. 597–602.

230 Zur Vorgeschichte der Gesetzesverabschiedung und zu den spezifischen Merkmalen des Gesetzes siehe: Ebd., S. 487–505; vgl. auch Joachim Müller, Sterilisation und Gesetzgebung bis 1933, Husum 1985; Gisela Bock, Zwangssterilisation im Nationalsozialismus. Studien zur Rassenpolitik und Frauenpolitik, Opladen 1986; Günter Neliba, Wilhelm Frick. Der Legalist des Unrechtsstaates. Eine politische Biographie, Paderborn/München/Wien/Zürich 1992; Michael Schwartz, Sozialistische Eugenik. Eugenische Sozialtechnologien in Debatten und Politik der deutschen Sozialdemokratie 1890–1933, Bonn 1995; Udo Benzenhöfer, Zur Genese des Gesetzes zur Verhütung erbkranken Nachwuchses, Münster 2006.

231 Gesetz zur Verhütung erbkranken Nachwuchses vom 14. Juli 1933 mit Auszug aus dem Gesetz gegen gefährliche Gewohnheitsverbrecher und über Maßregeln der Sicherung und Besserung vom 24. November 1933. Bearbeitet und erläutert von Arthur Gütt/Ernst Rüdin/Falk Rudke, München 1934.

232 Vgl. Köster, Jugend, Wohlfahrtsstaat und Gesellschaft im Wandel, S. 156–159.

233 Vgl. Walter, Psychiatrie und Gesellschaft in der Moderne, S. 496–499.

234 Ebd., S. 499–501.

235 Ebd., S. 501–504.

236 Zitiert in Anlehnung an: Ebd., S. 502 mit dem genauen Literaturnachweis.

237 Zur personellen Besetzung der EGG und des EOG in Westfalen siehe ausführlich: Ebd., S. 509–520; vgl. auch Kertelge, Zwangssterilisationen im ehemaligen Landkreis Lüdinghausen, S. 211/212.

238 Ebd., S. 236–238. Kertelge nennt mehrere Beispiele für den Einsatz von Verfahrenspflegern und -pflegerinnen. Er kommt zu dem Resümee: „Alle gerade als Verfahrenspfleger bzw. Verfahrenspflegerin genannten Personen waren sich vor allem darin einig, dem Erbgesundheitsverfahren keine Steine in den Weg legen zu wollen."

239 Ebd., S. 216 Abdruck eines Zeitplanes für eine Sitzung des EGG Münster in Herbern und Bockum-Hövel.

240 Zur politischen Diskussion über die Ermächtigung der Krankenhäuser, insbesondere zur ablehnenden Haltung der katholischen Einrichtungen, siehe: Walter, Psychiatrie und Gesellschaft in der Moderne, S. 523–530, 852–854 (Liste der ermächtigten Krankenhäuser in den Regierungsbezirken Münster und Arnsberg); vgl. auch Kertelge, Zwangssterilisationen im ehemaligen

Landkreis Lüdinghausen, S. 240, 249, mit Beispielen zu Überweisungen an Krankenanstalten südlich des Kreises Lüdinghausen.

241 Vgl. Walter, Psychiatrie und Gesellschaft in der Moderne, S. 542–550 und 863 Tabelle A 45: Modellberechnung zur Zahl der Sterilisierungsfälle im Bezirk des EOG Hamm. Bei den neun EGG handelt es sich um die Gerichte in: Arnsberg, Bielefeld, Bochum, Dortmund, Essen, Hagen, Münster, Paderborn und Siegen.

242 Ebd., S. 546/547, 550/551 und 887 Tabelle A69: Abhängigkeit des Merkmals „Diagnose lt. Gutachten" von der institutionellen Herkunft.

243 Ebd., S. 546 und 861 Tabelle A 43: Verteilung der eröffneten Sterilisierungsverfahren nach dem Jahr der Antragstellung und der Herkunft der Betroffenen für das EGG Münster.

244 Zu allen konkreten Zahlen- und Prozentangaben im folgenden Text siehe jeweils die Angaben in den Tabellen 14 bis 16. Die Tabellen basieren auf einer genauen Auswertung des Verfahrensregisters des EGG Münster. Da es im Einzelfall auch EGG-Verfahren gegen Frauen und Männer aus den Kreisen Coesfeld und Lüdinghausen vor anderen EGG gegeben hat, bilden die Zahlenangaben in den Tabellen eher eine Untergrenze. Teilweise weichen die Zahlen in den Tabellen zum Kreis Lüdinghausen von den umfangreichen Recherchen von Kertelge ab, da dieser sich vor allem auf den konkret überlieferten Aktenbestand im Kreisarchiv Coesfeld stützt. Vgl. Kertelge, Zwangssterilisationen im ehemaligen Landkreis Lüdinghausen, S. 227–230, 246–248.

245 Vgl. ebd., S. 226/227.

246 Zu den Zitaten und zur Ermittlungsarbeit der Fürsorgerinnen siehe: Ebd., S. 225.

247 Vgl. auch: Ebd., S. 229/230.

248 Siehe die entsprechenden Verteilungen ausgewählter Merkmale nach dem Jahr der Antragstellung in der Tabelle 16.

249 KA Coe, Bestand 8 Nr. 292.

250 Zitiert nach: Kertelge, Zwangssterilisationen im ehemaligen Landkreis Lüdinghausen, S. 244. Bei Kertelge finden sich auch weitere anschauliche Beispiele zum Schicksal von Frauen und Männern, gegen die ein Zwangssterilisationsverfahren eröffnet wurde.

251 Ebd., S. 238/239.

252 Vgl. Detlev Humann, „Arbeitsschlacht". Arbeitsbeschaffung und Propaganda in der NS-Zeit 1933–1939, Göttingen 2011, S. 120–122.

253 KA Coe, Bestand 2 Nr. 397 Gesundheitsbericht zum Jahr 1934.

254 Eine der wenigen Untersuchungen zum konkreten Antragsverfahren und zur praktischen Umsetzung der Ehestandsdarlehen in einer Region liefert: Klemens-August Recker, „Unter Preußenadler und Hakenkreuz". Katholisches Milieu zwischen Selbstbehauptung und Auflösung. Ein Beispiel aus Westfalen: Nordwalde 1850–1950, Münster 2013, S. 217–221.

255 Zu den konkreten Zahlen siehe: Statistisches Jahrbuch für das Deutsche Reich, hrsg. vom Statistischen Reichsamt, 56. Jg. (1937), Berlin 1937, S. 44 und Walter, Psychiatrie und Gesellschaft in der Moderne, S. 863 Tabelle A 45. Für die einzelnen Jahre liefert das Jahrbuch folgende Zahlen: 1933/34 38.357 ausgezahlte Darlehen, 1935 16.212 ausgezahlte Darlehen, 1936 18.319 ausgezahlte Darlehen.

256 Reichsgesetzblatt, Jahrgang 1935, Teil I, Gesetz zum Schutze der Erbgesundheit des deutschen Volkes (Ehegesundheitsgesetz). Vom 18. Oktober 1935.

257 Hierzu siehe ein Beispiel bei: Recker, „Unter Preußenadler und Hakenkreuz", S. 218.

258 KA Coe, Bestand 2 Nr. 316 Richtlinien des Kreisausschusses zur Sicherung einer einheitlichen Durchführung der Fürsorgeaufgaben innerhalb des preußischen Bezirksfürsorgeverbandes Kreis Lüdinghausen vom 21.4 1932.

259 Vgl. Walter, Psychiatrie und Gesellschaft in der Moderne, S. 169–190.

260 Ebd., S. 201–205.

261 Die Zahlenangaben basieren auf Berechnungen aufgrund der Abrechnungsunterlagen der Anstalten mit dem BFV Lüdinghausen mit den Namen und der genauen Aufenthaltszeit der Patienten. Siehe hierzu den Aktenband: KA Coe, Bestand 2 Nr. 322 Anstaltspflegekosten Geisteskranke. Die Berechnungen konnten nur für den Kreis Lüdinghausen durchgeführt werden, da die entsprechenden Akten für den Kreis Coesfeld nicht überliefert sind.

[262] Zu Kolbow siehe: Martin Dröge, Männlichkeit und ‚Volksgemeinschaft'. Der westfälische Landeshauptmann Karl Friedrich Kolbow (1899–1945), Paderborn 2015.

[263] Die Zentraldienststelle umfasste vier Organisationseinheiten: die Reichsarbeitsgemeinschaft Heil- und Pflegeanstalten, die Gemeinnützige Krankentransport-GmbH, die Gemeinnützige Stiftung für Anstaltspflege und die Zentralverrechnungsstelle Heil- und Pflegeanstalten. Zur Funktion dieser Organisationseinheiten und zur Organisationsgeschichte insgesamt vgl. Walter, Psychiatrie und Gesellschaft in der Moderne, S. 651–658.

[264] Siehe: Ebd., S. 631/632, 637, 643–645. Bei dem erwähnten Reichsleiter Bouhler handelt es sich um Philipp Bouhler (1899–1945), einen ehrgeizigen und skrupellosen, aber auch willensschwachen und entscheidungsscheuen Gefolgsmann Hitlers. Er war Leiter der Kanzlei des Führers und betrachtete seine Behörde als höchste Beschwerdestelle des Reiches und als eine Art letzte Instanz im Auftrag des Führers. Dadurch geriet er zwangsläufig in Konfrontation mit konkurrierenden Einrichtungen wie der Reichskanzlei oder der Dienststelle „Stellvertreter des Führers", die ab 1941 als Partei-Kanzlei firmierte. Dr. med. Karl Brandt (geb. 1904) war seit Sommer 1934 Begleitarzt Hitlers. Er machte in der SS Karriere und stieg bis 1944 zum Gruppenführer der Waffen-SS auf. Mit Führererlass vom 28.7.1942 wurde er zum Generalkommissar des Führers für das Sanitäts- und Gesundheitswesen ernannt. Am 25.8.1944 folgte die Ernennung zum Reichskommissar für das Sanitäts- und Gesundheitswesen.

[265] Zur Durchführung der Kinder-"Euthanasie"-Aktion in der Provinz Westfalen siehe: Ebd., S. 637–651, 684–704.

[266] Siehe: Martin Dröge (Hg.), Die Tagebücher Karl Friedrich Kolbows (1899–1945). Nationalsozialist der ersten Stunde und Landeshauptmann der Provinz Westfalen, Paderborn 2010.

[267] Zum Zitat siehe: Walter, Psychiatrie und Gesellschaft in der Moderne, S. 736.

[268] Zur Umsetzung der Erwachsenen-"Euthanasie"-Aktion in der Provinz Westfalen siehe: Ebd., S. 713–737.

[269] Siehe hierzu die detaillierte Übersicht 17.

[270] Zu einer umfassenden Darstellung der Vorgänge in Hadamar und zu den Medikamententötungen und Lebensverhältnissen in den Zwischenanstalten vgl. Walter, Psychiatrie und Gesellschaft in der Moderne, S. 737–744.

[271] Siehe hierzu die detaillierte Übersicht 17: Transporte vom 17.7.1941 bis 26.8.1941.

[272] Vgl. Walter, Psychiatrie und Gesellschaft in der Moderne, S. 742/743.

[273] KA Coe, Bestand 2 Nr. 1239 Schreiben des Reichsministers des Innern an die Regierungspräsidenten vom 11.5.1943.

[274] Vgl. Walter, Psychiatrie und Gesellschaft in der Moderne, S. 680, 762, 769–774.

[275] Siehe hierzu die detaillierte Übersicht 17: Transporte vom 24.6.1943 bis 12.11.1943.

[276] Siehe dazu den umfangreichen Aktenband: KA Coe, Bestand 2 Nr. 322 Anstaltspflegekosten.

[277] Vgl. Walter, Psychiatrie und Gesellschaft in der Moderne, S. 767/768.

[278] Zitiert nach: Ribhegge, Preußen im Westen, S. 571.

[279] Vgl. Reibel, Das Fundament der Diktatur, S. 316/317.

[280] Zu den Boykottmaßnahmen, aber auch zu den weiteren Details im folgenden Text über die jüdischen Gemeinschaften in den einzelnen Ortschaften und ihr Schicksal siehe: Susanne Freund/ Franz-Josef Jakobi/Peter Johanek (Hgg.), Historisches Handbuch der jüdischen Gemeinschaften in Westfalen und Lippe. Die Ortschaften und Territorien im heutigen Regierungsbezirk Münster, Münster 2008, S. 167–174 Ascheberg-Herbern (Josef Farwick), 190–195 Billerbeck (Ludger Grevelhörster), 262–272 Coesfeld (Norbert Damberg), 298–310 Drensteinfurt (Sabine Omland), 310–325 Dülmen (Friedrich-Wilhelm Hemann), 325–329 Dülmen Rorup (Wolfgang Wutzler), 356–363 Gescher (Hendrik Sommer), 467–479 Lüdinghausen (Andreas Determann), 527–532 Nottuln (Hans-Peter Boer), 532–537 Nottuln-Darup (Wolfgang Wutzler), 560–567 Olfen (Rita Schlautmann-Overmeyer, Andreas Determann), 620–625 Rosendahl mit Darfeld und Osterwick (Friedrich-Wilhelm Hemann), 629–631 Senden-Bösensell (Gisela Möllenhoff). Frank Göttmann (Hg.), Historisches Handbuch der jüdischen Gemeinschaften in Westfalen und Lippe. Die Ortschaften und Territorien im heutigen Regierungsbezirk Arnsberg, Münster 2016, S. 723–730 Selm-Bork (Heinz Cymontkowski), 801–808 Werne (Heidelore Fertig-Möller).

281 Vgl. Thießen, Der kleine Nationalsozialismus, S. 47.

282 LAV NRW W, Bestand S 002, Nr. 10 Bericht vom 26.8.1935.

283 LAV NRW W, Bestand S 002; Nr. 14 Rundschreiben Nr. 34/35 der Gauleitung Westfalen-Nord vom 26.8.1935

284 Vgl. Reibel, Das Fundament der Diktatur, S. 319/320.

285 LAV NRW W, Bestand S 002; Nr. 14 Gaubefehl der Gauleitung Westfalen-Nord vom 17.9.1935 an die Gauamtsleiter, Gauinspekteure, Kreisleiter und zur persönlichen Rücksprache der Kreisleiter mit den Ortsgruppenleitern und Stützpunktleitern. Die Unterstreichungen befinden sich im Original.

286 Vgl. z.B. Thamer, Verführung und Gewalt, S. 384–399.

287 Siehe die Darstellungen zum November-Pogrom 1938 in: Freund/Jakobi/Johanek (Hgg.), Historisches Handbuch der jüdischen Gemeinschaften in Westfalen und Lippe. Die Ortschaften und Territorien im heutigen Regierungsbezirk Münster, Münster 2008 und Göttmann (Hg.), Historisches Handbuch der jüdischen Gemeinschaften in Westfalen und Lippe. Die Ortschaften und Territorien im heutigen Regierungsbezirk Arnsberg, Münster 2016 (Seitenangaben wie in Anmerkung 280, Kapitel III, Teil B). Vgl. auch: Diethard Aschoff, Minderheit in Coesfeld – Die Juden, in: Norbert Damberg (Hg.), Coesfeld 1197–1997. Beiträge zu 800 Jahren städtischer Geschichte, Bd. 2, Münster 1999, S. 1143; Schmuhl, Dülmen im Nationalsozialismus, in: Sudmann, Geschichte der Stadt Dülmen, S. 313–319; Schulte-Althoff, Die Stadt Werne im Dritten Reich, S. 153–161; Michael Kertelge , „[...] die Judenfrage müsste mit Gewalt gelöst werden [...]" – Die Ereignisse der Reichspogromnacht in Lüdinghausen am 8. und 9. November 1938, in: Geschichtsblätter des Kreises Coesfeld 34, Coesfeld 2009, S. 143–162.

288 Vgl. Thamer, Verführung und Gewalt, S. 394.

289 LAV NRW W, Bestand K 332, Nr. 1134 Nachweisung vom 17.6.1935. Die Nachweisung umfasst allerdings nur 144 laufende Nummern, da eine Person nachgetragen und eine Nummer doppelt vergeben wurde. Die Personen wohnten in folgenden Orten: Lüdinghausen (30), Hövel (1), Herbern (11), Drensteinfurt (28), Werne (38), Bork (27), Selm-Beifang (10) und Altlünen (1). Von den aufgeführten Personen waren gut 20 % unter 18 Jahre alt. Eine entsprechende Liste für den Kreis Coesfeld liegt nicht vor.

290 Eine vom Preußischen Staatsarchiv Münster im Oktober 1936 durchgeführte Bestandsaufnahme der Familienregister der Juden sollte die genealogischen Forschungen erleichtern, die durch die Nürnberger Gesetze in großem Umfang ausgelöst wurden. Die Erfassung der Register hatte also eine „über das rein archivische Interesse hinausgehende Bedeutung". Siehe: LAV NRW W, Bestand K 332, Nr. 797 Schreiben des Oberpräsidenten vom 9.11.1936 mit dem Schreiben des Staatsarchivs vom 17.10.1936 als Anlage. Diese Familienregister waren im Kreis Lüdinghausen in den Kommunalverwaltungen Lüdinghausen, Werne, Bork, Olfen und Herbern vorhanden. Beim Kreis selbst und in den anderen Orten existierten keine Unterlagen.

291 KA Coe, Bestand 17 Nr. 344 Schreiben des Regierungspräsidenten Münster an die Landräte vom 13.10.1938. In der Akte befindet sich auch für jede Gemeinde ein Exemplar der vervollständigten Vermögensaufstellungen.

292 Zu den Verordnungstexten und Ausführungsbestimmungen siehe vor allem den Aktenband: KA Coe, Bestand 17 Nr. 344.

293 LAV NRW W, Bestand K 332, Nr. 1133, Teil 1 Schreiben der Staatspolizeileitstelle Münster an die Landräte vom 20.5.1939 und Berichte der Ortspolizeibehörden an den Landrat.

294 LAV NRW W, Bestand K 332, Nr. 1133, Teil 1 Schreiben des Landrates an die Staatspolizeileitstelle in Münster vom 26.10.1939 und weitere Schreiben zur Einziehung der Rundfunkapparate.

295 Ebd., Schreiben der Staatspolizeileitstelle Münster an die Landräte vom 18.9.1939 und Schreiben des Landrates an die Staatspolizeileitstelle vom 5.10.1939 mit einer Liste der beauftragten Geschäftsinhaber.

296 LAV NRW W, Bestand K 332, Nr. 1134 Schreiben der Staatspolizeileitstelle Münster an die Landräte vom 10.9.1939.

297 LAV NRW W, Bestand K 332, Nr. 1133, Teil 1 Schreiben der Staatspolizeileitstelle Münster an die Landräte vom 24.11.1939.

298 Ebd., „Statistik über vorhandene Juden", am 3.2.1940 von Landrat Barthel an den Regierungspräsidenten in Münster übersandt.

299 Vgl. Thamer, Verführung und Gewalt, S. 395.

300 LAV NRW W, Bestand K 332, Nr. 1133, Teil 1 Schreiben der Staatspolizeileitstelle Münster an die Landräte vom 4.5.1940; Berichte der Amtsbürgermeister von Drensteinfurt vom 8.5.1940, von Herbern vom 7. 5 1940 und von Bork vom 8.5.1940.

301 KA Coe, Bestand 17 Nr. 344 Schreiben des Oberfinanzpräsidenten Westfalen an den Regierungspräsidenten Münster vom 28.2.1939 und Schreiben des Regierungspräsidenten an die Landräte und Oberbürgermeister vom 14.3.1939.

302 Siehe ebd., Anordnung Nr. 43/39 des Stellvertreters des Führers vom 25.2.1939, die vom Oberpräsidenten über die Regierungspräsidenten bis zu den Landräten weitergereicht wurde; Verordnung über den Einsatz des jüdischen Vermögens vom 3.12.1938. Zu den Geschäften der Sparkassen bei den Arisierungen vgl. „Wer spart, hilft Adolf Hitler". Nationalsozialismus und Sparkassen – Münster und das östliche Münsterland, hrsg. vom Geschichtsort Villa ten Hompel der Stadt Münster und der Stiftung Westfälisches Wirtschaftsarchiv Dortmund, Münster 2019, S. 55–78.

303 Ebd., Schreiben des Regierungspräsidenten an die Landräte und Oberbürgermeister vom 21.3.1939.

304 Ebd. Schnellbrief des Reichswirtschaftsministers vom 6.2.1939 an alle oberen Landesbehörden mit dem ersten Durchführungserlass des Reichswirtschaftsministers zum Einsatz des jüdischen Vermögens.

305 Vgl. KA Coe, Bestand 17 Nr. 345 Schreiben des Regierungspräsidenten Münster an den Landrat Lüdinghausen vom 23.9.1939.

306 KA Coe, Bestand 17 Nr. 344, Vermerk des Kulturamtes Münster zur Besprechung in Lüdinghausen am 17.2.1939.

307 KA Coe, Bestand 17 Nr. 345 Schreiben des Regierungspräsidenten an die Landräte und Oberbürgermeister vom 27.6.1939.

308 KA Coe, Bestand 17 Nr. 344, Schreiben des Landrates Lüdinghausen an Herrn Wilhelm Blumenthal vom 12.12.1938, Schreiben der Stadt Werne an den Landrat Lüdinghausen mit dem Betreff „Sichergestellte Sachwerte anlässlich der Judenaktion" vom 14.12.1938 und Schreiben von Rechtsanwalt Fels an den Landrat Lüdinghausen vom 12.4.1939.

309 KA Coe, Bestand 17 Nr. 345 Schreiben des Kulturamtes Münster an den Landrat (Preisbildungsstelle) in Lüdinghausen zur Verwertung des jüdischen Grundbesitzes in der Gemeinde Olfen vom 16.12.1939 und das Protokoll des Treffens zum „Einsatz des jüdischen Vermögens in der Gemeinde Olfen, Kreis Lüdinghausen" am 4.4.1940 mit den detaillierten Beratungsunterlagen zu insgesamt 62 Grundstücksparzellen.

310 LAV NRW W, Bestand K 332, Nr. 1135 Schreiben des Regierungspräsidenten Münster an die Landräte und Oberbürgermeister vom 5.12.1940 und die Antwort von Landrat Barthel vom 3.1.1941. Im Original des Schreibens von Barthel steht die Zahl „33,46 ar". Da auf einem Begleitzettel diese Zahl aufgrund der Grundstücksverkäufe in den einzelnen Gemeinden ausgerechnet wird, die häufig bereits mehrere Hektar umfassten, ist anzunehmen, dass hier ein Schreibfehler vorliegt und in der Summe „Hektar" gemeint sind.

311 LAV NRW W, Bestand K 332, Nr. 1134 Landrat Barthel an die Staatspolizeileitstelle Münster am 19.3.1940. Diesem Schreiben war eine Nachweisung der im Kreis Lüdinghausen ansässigen Juden als Anlage in vierfacher Ausfertigung beigefügt.

312 Zu den Zahlen für den Kreis Coesfeld siehe: Freund/Jakobi/Johanek (Hgg.), Historisches Handbuch der jüdischen Gemeinschaften in Westfalen und Lippe. Die Ortschaften und Territorien im heutigen Regierungsbezirk Münster, Münster 2008 (Seitenangaben zu den Ortsartikeln wie in Anmerkung 280, Kapitel III, Teil B). Die sehr sorgfältig erarbeitete Bestandsaufnahme von Diethard Aschoff konnte hier leider nicht zum Vergleich herangezogen werden, da seine Analyse die Orte des heutigen Kreises Coesfeld umfasst und außerdem nicht nur die zum Zeitpunkt der Verschleppung in den Orten lebenden, sondern auch die im Kreis geborenen Juden berücksichtigt, die Opfer des Holocaust wurden. Siehe: Diethard Aschoff, Holocaust im Kreis Coesfeld – die

toten und verschollenen Juden aus den Gemeinden des Kreises, in: Juden im Kreis Coesfeld, hrsg. vom Kreis Coesfeld, Coesfeld 1990, S. 280–302. Zum Altersaufbau der Holocaust-Opfer siehe die Tabelle auf S. 297, die auch Jüdinnen und Juden aus Ascheberg, Herbern, Lüdinghausen, Olfen und Seppenrade berücksichtigt.

313 Einen guten Einblick in die Entwicklung der Auswanderungsmöglichkeiten geben die Tätigkeitsberichte der öffentlichen Auswanderungsberatungsstelle Köln von Juli 1940 bis März 1942, die den Landräten und Ortspolizeibehörden im Umlaufverfahren zugänglich gemacht wurden. Siehe die Akte: KA Coe, Bestand 17 Nr. 417 Förderung der Auswanderung.

314 Zu den folgenden Maßnahmen siehe die Anordnungen und Schriftwechsel in: LAV NRW W, Bestand K 332, Nr. 1133, Teil 2.

315 Ebd., Schreiben der Staatspolizeileitstelle an die Außendienststellen, Grenzpolizeikommissariate, Landräte, Polizeipräsidenten Münster und Recklinghausen, Oberbürgermeister in Bocholt, Bielefeld und Herford und nachrichtlich an die Regierungspräsidenten in Münster und Minden vom 7.11.1941.

316 Vgl. Josef Farwick, Artikel Ascheberg-Herbern, in: Freund/Jakobi/Johanek (Hgg.), Historisches Handbuch der jüdischen Gemeinschaften, S. 167–174, hier S. 170/171; Matthias M. Ester / Dennis Grunendahl/Christoph Spieker/Julia Volmer-Naumann, Widerstände gegen den Nationalsozialismus in Münster und im Münsterland. Deutsch-französische Dokumentation der Ausstellung in Orléans, Münster 2010, S. 32.

317 Zitiert nach: Thamer, Verführung und Gewalt, S. 696; zum Folgenden vgl. ebd., S. 696, 700–710.

318 Zitat ebd., S. 704/705.

319 LAV NRW W, Bestand K 332, Nr. 1133, Teil 2 Schreiben der Staatspolizeileitstelle an die Landräte in Ahaus, Beckum, Borken, Burgsteinfurt, Coesfeld, Lüdinghausen, Münster, Recklinghausen, Tecklenburg, Warendorf und den Oberbürgermeister in Bocholt vom 18.11.1941.

320 Zum Folgenden siehe den umfangreichen Schriftwechsel in: LAV NRW W, Bestand K 332, Nr. 1133, Teil 2.

321 Ebd., Schreiben des Reichsministers des Innern an die gesamte innere Verwaltung vom 3.12.1941; Schreiben der Staatspolizeileitstelle Münster an den Landrat Lüdinghausen am 18.7.1942; der Landrat Lüdinghausen an die Amtsbürgermeister am 28.7.1942. Den Schreiben waren genaue Listen der „abgewanderten Juden" beigefügt.

322 Zitiert nach Thamer, Verführung und Gewalt, S. 676.

323 Zur Funktion des Reichsverteidigungskommissars siehe die grundlegende Studie von: Karl Teppe, Der Reichsverteidigungskommissar. Organisation und Praxis in Westfalen, in: Dieter Rebentisch/Ders., Verwaltung contra Menschenführung im Staat Hitlers. Studien zum politisch-administrativen System, Göttingen 1986, S. 278–301. Vgl. auch: Bernd Walter, Von der preußischen Provinz zum Landesteil Nordrhein-Westfalens – Verfassung und politische Kultur unter fünf Systemen, in: Karl Ditt u.a., Westfalen in der Moderne 1815–2015. Geschichte einer Region, Münster 2015, S. 27–75, hier S. 65/66.

324 Zu diesem Begriff vgl. Stelbrink, Der preußische Landrat, S. 403.

325 Siehe den Schriftwechsel in: LAV NRW W, Bestand K 332, Nr. 1333 Abstellung von Verwaltungspersonal für die besetzten Gebiete.

326 Siehe z.B. den Umlauf vom 24.8.1943 in: LAV NRW W, Bestand K 332, Nr. 1344. In der Akte sind weitere Stellenbesetzungspläne und Umlauflisten zu finden.

327 Vgl. Thamer, Verführung und Gewalt, S. 339.

328 Siehe zu den Daten: KA Coe, Bestand 12 Nr. 9 Sammlung von Personalunterlagen zu Landrat Barthel, Exzerpte aus den Personalakten; LAV NRW W, Bestand S 002, Nr. 17 Schreiben der SA-Brigadeführung an Landrat Barthel mit der Bitte einen Fragebogen auszufüllen. Am 9.5.1939 erhielt er dann einen neuen SA-Führer-Ausweis Nr. 7 mit den korrekten Daten seines Eintritts in die NSDAP.

329 Der Auftrag umfasste auch die nachmilitärische Wehrerziehung. Sie wurde zunächst zurückgestellt. Im Oktober 1940 ordnete dann die SA-Gruppe Westfalen die vorläufige Erfassung der zur Entlassung kommenden Soldaten an. Die SA sollte nach Möglichkeit die ehemaligen Frontsoldaten als Mitglieder in ihren Reihen aufnehmen. Ansonsten sollte den „Wehrpflichtigen des

Beurlaubtenstandes“ als Freiwillige eine „Heimat“ in sogenannten „Wehrscharen“ und „Wehrtrupps“ geboten werden. Siehe: LAV NRW W, Bestand S 013, Nr. 44, Bd. 1.

330 Zur Vorbereitung, Planung und Umsetzung der vormilitärischen Wehrerziehung in den Landkreisen Coesfeld und Lüdinghausen siehe den Schriftwechsel in: Ebd., Bd. 1 und Bd. 2.

331 Zur Zahlenangabe siehe: Wolfgang Petter, Sturmabteilung (SA), in: Christian Zentner/Friedemann Bedürftig (Hgg.), Das große Lexikon des Dritten Reiches, München 1985, S. 569.

332 Schreiben des SA-Sturmes Lüdinghausen an Landrat Barthel vom 13.4.1940 und der Umlauf an die Abteilungen der Kreisverwaltung vom 19.4.1940, in: LAV NRW W, Bestand K 332, Nr. 1344.

333 LAV NRW W, Bestand S 013, Nr. 44, Bd. 1.

334 Vgl. KA Coe, Bestand 12 Nr. 31 Landrat Stachels, S. 16/17.

335 KA Coe, Bestand 17 Nr. 314 Schreiben des Reichsführers SS und Chefs der Deutschen Polizei im Reichsministerium des Innern an die Höheren Verwaltungsbehörden usw. vom 13.12.1943.

336 LAV NRW W, Bestand K 332, Nr. 1344 Schreiben des Reichsministers des Innern Heinrich Himmler an die innere Verwaltung bis zur Ebene der Landräte vom 28.10.1943. Dieses Schreiben wurde von Landrat Barthel am 7.3.1944 auch den Ortsbehörden des Kreises und der Kreissparkasse zur Kenntnis gegeben.

337 LAV NRW W, Bestand K 332, Nr. 1774 Vertrauliches Schreiben des Reichsinnenministers an die Oberpräsidenten vom 24.7.1940. Das Schreiben wurde vom Regierungspräsidenten in Münster im November 1940 an die Landräte, Oberbürgermeister und Polizeipräsidenten zur Kenntnisnahme und Beachtung übersandt.

338 Zu den folgenden ausgewählten Beispielen siehe den umfangreichen Schriftwechsel mit Anordnungen und Berichten zwischen der Gestapo und der Kreispolizeibehörde Lüdinghausen zur Überwachung der Kirchen in: LAV NRW W, Bestand K 332, Nr. 1131, 1136 und 1774.

339 Vgl. Die Benediktinerabtei Gerleve. Ihr Werden, Wachsen und Wirken, Münster 1998, S. 54.

340 LAV NRW W, Bestand K 332, Nr. 1774 Schreiben der Staatspolizeileitstelle Münster an die Landräte vom 14.8.1941, 22.8.1941 und 28.8.1941 und mehrere Berichte der Ortspolizeibehörden.

341 Ebd., Der Amtsbürgermeister des Amtes Bork als Ortspolizeibehörde an den Landrat in Lüdinghausen am 18.8.1941.

342 Ebd., Schreiben von Landrat Barthel an die Staatspolizeileitstelle in Münster vom 4.11.1941.

343 Zum Thema Luftschutz siehe insbesondere die Akten: KA Coe, Bestand 2 Nr. 265 und 266.

344 KA Coe, Bestand 17 Nr. 109 Polizeiverordnungen zu Sperrstunden etc.

345 KA Coe, Bestand 17 Nr. 293 Akte zur Ausführung der Verordnung über außerordentliche Rundfunkmaßnahmen.

346 Ebd., Schreiben der Staatspolizeileitstelle Münster an die Landräte , Oberbürgermeister etc. vom 3.8.1942 mit dem Betreff „Bearbeitung von Anzeigen wegen Verstoßes gegen die Verordnung über außerordentliche Rundfunkmaßnahmen vom 1.9.1939“.

347 KA Coe, Bestand 17 Nr. 309 Sicherstellung von Flugblättern.

348 Zum Folgenden vgl. die grundlegenden Ausführungen von: Ulrich Herbert, Zwangsarbeit im „Dritten Reich“. Kenntnisstand, offene Fragen, Forschungsprobleme, in: Reininghaus/Reimann, Zwangsarbeit in Deutschland 1939–1945, S. 16–37, hier S. 17–25; vgl. auch Ute Vergin, Die nationalsozialistische Arbeitseinsatzverwaltung und ihre Funktion beim Fremdarbeiter(innen) einsatz während des Zweiten Weltkriegs, (Diss.) Osnabrück 2008, S. 534–537, 548.

349 Siehe hierzu die umfassende Dokumentation und Fundstellenübersicht: Zwangsarbeit in den Kreisen Coesfeld und Lüdinghausen, hrsg. vom Kreis Coesfeld, Coesfeld 2003, S. 10/11, 62, und den Bericht: Zwangsarbeit in Dülmen, http://www.duelmen.de/rathaus/kultur/stadtarchiv/pr-zwangsarbeit; LAV NRW W, Bestand K 332, Nr. 1191 Merkblatt für Unternehmer. Nur für den Arbeitseinsatz in der Landwirtschaft des Stalag VI D vom 1.11.1939 und die Niederschrift zu der am 10.11.1939 stattgefundenen Bürgermeisterkonferenz zum Betr. „Kriegsgefangene“.

350 Vgl. Herbert, Zwangsarbeit im „Dritten Reich“, S. 18/19; Zwangsarbeit in den Kreisen Coesfeld und Lüdinghausen, S. 14–17.

351 Vgl. ebd. und den Bericht: Zwangsarbeit in Dülmen; Schulte-Althoff, Die Stadt Werne im Dritten Reich, S. 174–177.

352 Vgl. Zwangsarbeit in den Kreisen Coesfeld und Lüdinghausen, S. 14/15.

353 KA Coe, Bestand 17 Nr. 363 Schreiben des Regierungspräsidenten in Münster an den Landrat in Lüdinghausen vom 9.2.1943.

354 So wurde der Pole Bronislaw Tutak am 8.4.1943 von Gestapo-Beamten in Begleitung zweier Zuchthausgefangener in einem Waldstück nahe Darup ohne Gerichtsverfahren erhängt. Siehe: Zwangsarbeit in den Kreisen Coesfeld und Lüdinghausen, S. 27/28.

355 Zu den konkreten Zahlen siehe: Stadtarchiv Coesfeld, Akte Zwangsarbeiter; Bericht: Zwangsarbeit in Dülmen; Schulte-Althoff, Die Stadt Werne im Dritten Reich, S. 176.

356 LAV NRW W, Bestand K 332, Nr. 1344 Schreiben des Reichsverteidigungskommissars vom 20.9.1943.

357 KA Coe, Bestand 17 Nr. 314 Schreiben des Reichsführer SS und Chefs der Deutschen Polizei im Reichsministerium des Innern an die nachgeordneten Behörden vom 20.3.1942 mit den Betreff: „Mundpropaganda in der Ordnungspolizei. Festsetzung der Lebensmittelrationen".

358 LAV NRW W, Bestand K 332, Nr. 1191 Niederschrift über die am 29.6.1942 im großen Sitzungssaal des Kreishauses in Lüdinghausen stattgefundene gemeinsame Besprechung der örtlichen Luftschutzleiter und Ortsgruppenleiter.

359 LAV NRW W, Bestand K 332, Nr. 1344.

360 Zitiert nach: Peter Hüttenberger, Die Entwicklung der rheinisch-westfälischen Landkreise im 19. und 20. Jahrhundert, in: Hundert Jahre Kreisordnung in Nordrhein-Westfalen, München 1988, S. 9–21, hier S. 18.

361 Vgl. Thamer, Verführung und Gewalt, S. 674.

362 Ebd., S. 679.

363 LAV NRW W, Bestand K 332, Nr. 1344 Schreiben des Reichsministers und Chefs der Reichskanzlei Dr. Lammers an die Reichsbehörden und die dem Führer unmittelbar unterstellten Dienststellen vom 22.4.1943, das über die Landräte an die Gemeinden zur Kenntnis gegeben wurde.

364 Ebd., Schreiben des Reichsministers des Innern Himmler vom 2.6.1944.

365 Ebd., Schreiben des Landrates vom 24.6.1943 an die Amtsbürgermeister und als Umlauf bei der Kreisverwaltung.

366 KA Coe, Bestand 2 Nr. 1423 Westfälischer Heimatbund. Kreisgebiet Lüdinghausen, Jahresbericht des Kreisheimatgebietes Lüdinghausen vom 26.1.1943; Vortragseinsatz 1942. Niederschrift über die Abschluss-Tagung in Wiedenbrück am 6.9.1942 vom 22.9.1942 einschließlich Abschlussbericht.

367 Zur Situation und den Aufgaben in den Ortsgruppen während der Kriegszeit vgl. die grundlegende Arbeit von: Reibel, Das Fundament der Diktatur, S. 391–393. Zum Zitat siehe ebd. S. 393.

368 LAV NRW W, Bestand S 012, Nr. 80 Schreiben Reichsleiter M. Bormann an die Gauleiter vom 11.5.1944.

369 LAV NRW W, Bestand K 332, Nr. 1344 Fernschreiben des Reichsbevollmächtigten und des Leiters der Parteikanzlei an alle Reichspropagandaämter zur „Anordnung für die Durchführung des totalen Kriegseinsatzes" vom 16.8.1944.

370 Vgl. Ralf Blank, „Heimatfront" Westfalen – zwischen Bombenkrieg und „Endkampf", veröffentlicht im Internet-Portal „Westfälische Geschichte"; Adolf Vogt, Der Westfalenwall. Phantom oder Festungslinie? Eine Studie zur Reichsverteidigung 1944/45, Vreden 1999, S. 10/11.

371 Vgl. Stelbrink, Die Kreisleiter, S. 196/197; Vogt, Der Westfalenwall, S. 125/126.

372 Zur Biografie Schürmeyers siehe: Stelbrink, Die Kreisleiter, S. 189.

373 LAV NRW W, Bestand K 332, Nr. 1344 Schreiben des Gauschatzmeisters an Landrat Barthel vom 25.9 1944 und die Antwort des Landrates vom 6.10.1944.

374 Zur Biografie Rehms siehe: Stelbrink, Die Kreisleiter, S. 181/182.

375 LAV NRW W, Bestand K 332, Nr. 1344 Meldungen des Landratsamtes an den Regierungspräsidenten vom 10.10.1944, 24.11.1944 und 19.12.1944.

376 Ebd., Schreiben des Reichministers des Innern an die Regierungspräsidenten vom 10.1.1944, das am 20.1.1944 den Landräten zur Kenntnis gegeben wurde. Landrat Barthel versah das Schreiben mit dem Vermerk: „In der umseitig genannten Angelegenheit wird vorläufig nichts veranlasst."

377 Ebd., Runderlass des Reichsministeriums des Innern vom 31.8.1944 zur „Wiederherstellung vernichteter Akten".

378 Ebd., Schreiben des Generalbevollmächtigten für die Reichsverwaltung an die Reichsstatthalter, die Landesregierungen und die Regierungspräsidenten vom 24.8.1944.

379 Vgl. Blank, „Heimatfront" Westfalen – zwischen Bombenkrieg und „Endkampf"; Grieger, Die neue Macht in Coesfeld, S. 1750–1757.

380 Zur Planung und zum Bau des „Lagers Herbstwald" siehe die ausführliche Darstellung bei: Heinz Böwing, Bomber, Bunker und Baracken. Als der 2. Weltkrieg in die Baumberge kam. Der Versuch einer Rekonstruktion, Münster 2015, S. 53–85.

381 Vgl. Thamer, Verführung und Gewalt, S. 748–750.

382 Zu den folgenden Zitaten siehe ebd., S. 752/753.

383 Zum Einsatz der Raketen und den genannten Zahlen vgl. Roters, Osterwick, S. 626–628; Böwing, Bomber, Bunker und Baracken, S. 121–125.

384 Zum Folgenden und zum Zitat siehe die Darstellung von: Westendorf/Westendorf, Schicksale der jüdischen Coesfelder, S. 108/109.

385 LAV NRW W, Bestand S 012, Nr. 80 „Richtlinien für etwaige Räumung von Teilen des Gaugebietes", erlassen von Gauleiter und RVK Meyer am 14.9.1944.

386 Zum Folgenden vgl. die ausführliche Darstellung bei: Adolf Vogt, Der Westfalenwall. Phantom oder Festungslinie? Eine Studie zur Reichsverteidigung 1944/45, Vreden 1999, S. 15–20.

387 Ebd., S. 25–34, 73–96.

388 Zu den Zahlen vgl. ebd., S. 35, 44, 49.

389 Siehe das Dokument 5 aus dem Niedersächsischen Staatsarchiv Bückeburg im Anhang von: Ebd., S. 146–148.

390 Der folgenden Darstellung und den genannten Zahlen liegt eine detaillierte Auswertung folgender Akten zu Grunde: KA Coe, Bestand 2 Nr. 230 und 234 zu den Notdienstverpflichtungen.

391 Zur Betreuung und zum Schanzalltag der „Schanzerinnen" und „Schanzer" siehe die Ausführungen von: Vogt, Der Westfalenwall, S. 59–72.

392 Heimatbriefe Lüdinghausen, 27. Folge 1943, S. 4.

393 Vgl. Blank, „Heimatfront" Westfalen – zwischen Bombenkrieg und „Endkampf", Abschnitt 4.4 Schüler-Soldaten.

394 Siehe: Heimatbriefe Lüdinghausen, 27. Folge 1943, S. 4, letzter Absatz: „Ein stolzes Bekenntnis vom Geist der Stalingradhelden leisteten zahlreiche 16jährige und ältere Schüler der Hitlerjugend aus der deutschen Heimschule Lüdinghausen, die nach einem Tagesbefehl des Reichsjugendführers sich als Helfer in der stolzen deutschen Luftwaffe betätigen. Im Rahmen eines feierlichen Appells verabschiedete Kreisleiter Oberbereichsleiter Bielefeld die ersten Luftwaffenhelfer des Kreises Lüdinghausen mit einer begeisterten Ansprache."

395 Zu dieser Einschätzung und zum Folgenden vgl. Vogt, Der Westfalenwall, S. 23.

396 Zitiert nach ebd., S. 10/11. Das Zitat stammt aus einem Abdruck der Neujahrsbotschaft in der Recklinghäuser Zeitung vom 29.12.1944.

397 Vgl. Ribhegge, Preußen im Westen, S. 599; Thamer, Verführung und Gewalt, S. 754.

398 Vgl. Franz Wilhelm Seidler, „Deutscher Volkssturm". Das letzte Aufgebot 1944/45, München 1989, S. 9–13, 372–374.

399 Zum Zitat siehe: Oliver Werner, Mobilisierung im Nationalsozialismus – eine Einführung, in: Ders. (Hg.), Mobilisierung im Nationalsozialismus. Institutionen und Regionen in der Kriegswirtschaft und der Verwaltung des ‚Dritten Reiches' 1936 bis 1945, Paderborn 2013, S. 9–26, hier S. 13.

400 LAV NRW W, Bestand S 012, Nr. 81 Kreisleiter Lüdinghausen an alle Ortsgruppenleiter am 3.11.1944 mit den 2. Ausführungsbestimmungen der Parteikanzlei vom 15.10.1944 zum Erlass des Führers als Anlage.

401 Ebd., Befehl Nr. 1 des Stabsführers des Volkssturms Lüdinghausen vom 25.1.1945.

402 Ebd., Deutscher Volkssturm Kreis Lüdinghausen – Der Kreisleiter – an alle Ortsgruppenleiter, Bataillons- und Kompanieführer des Deutschen Volkssturms im Kreis Lüdinghausen im Februar 1945. Im 1. und 2. Aufgebot umfasste das 1. Bataillon die Ortsgruppen Lüdinghausen, Seppenrade, Olfen, Selm, Selm-Beifang, Bork, Übbenhagen, Nordlünen und Wethmar, das 2. Bataillon die Ortsgruppen Senden, Ottmarsbocholt, Davensberg, Ascheberg, Nordkirchen, Südkirchen, Capelle und Werne und das 3. Bataillon die Ortsgruppen Drensteinfurt, Walstedde,

Herbern, Bockum, Hövel und Stockum. Für alle Einheiten wurden Führer vorgeschlagen. Die Bataillonsführer hatten bis zum 15.2.1945 den Vollzug der befohlenen Aufstellung zu melden.

403 Ebd., Schreiben des Kreisleiters Rehm an alle Ortsgruppenleiter vom 3.1.1945, in dem ausführlich aus dem Rundschreiben des Gauleiters zitiert wird.

404 Zum Zitat und der folgenden Darstellung siehe: Jürgen John, Mobilisierung als Charakteristikum des NS-Systems? in: Werner, Mobilisierung im Nationalsozialismus, S. 29–57, hier S. 54–57.

405 Vgl. Werner, Mobilisierung im Nationalsozialismus – eine Einführung, in: Ders., Mobilisierung im Nationalsozialismus, S. 18.

406 Vgl. John, Mobilisierung als Charakteristikum, S. 56/57.

407 Seidler, „Deutscher Volkssturm", S. 12.

408 Zitiert nach: John, Mobilisierung als Charakteristikum, S. 29/30.

409 Vgl. Vogt, Der Westfalenwall, S. 103/104, 106.

410 LAV NRW W, Bestand S 012, Nr. 81 Schreiben der NSDAP Werne Oberland an die Verwaltung der Zeche Werne vom 9.3.1945.

411 Vgl. Vogt, Der Westfalenwall, S. 106–116.

412 Zum Rhein-Übergang siehe die Darstellungen bei: Blank, „Heimatfront" Westfalen – zwischen Bombenkrieg und „Endkampf", Abschnitt 5.3 Alliierter Rheinübergang und Ruhrkessel; Vogt, Der Westfalenwall, S. 108–116; Ribhegge, Preußen im Westen, S. 599–601; Dörthe Gruttmann, Der Ruhrkessel, in: Lena Krull (Hg.), Westfälische Erinnerungsorte. Beiträge zum kollektiven Gedächtnis einer Region, Paderborn 2017, S. 331–346, hier S. 331/332.

413 Zur Streitmacht Montgomerys gehörten ca. 740.000 Briten, ca. 330.000 Amerikaner, ca. 180.000 Kanadier und eine Reihe kleinerer Kontingente anderer alliierter Verbündeter, darunter auch rund 1.700 Niederländer. Diese Zahlen nennt: Vogt, Der Westfalenwall, S. 113.

414 Ebd., S. 111/112.

415 Vgl. Hans-Walter Schmuhl, Bevölkerung, Wirtschaft und Verkehr, in: Damberg, Coesfeld 1197–1997, Bd. 3, Coesfeld 2004, S. 2009–2119, hier S. 2014.

416 Vgl. Schmuhl, Dülmen im Nationalsozialismus, in: Sudmann, Geschichte der Stadt Dülmen, S. 325–330.

417 Zu den militärischen Ereignissen im Münsterland siehe die detaillierten Schilderungen, teilweise mit Kartenillustrationen bei: Böwing, Bomber, Bunker und Baracken, S. 126–240; Helmut Müller, fünf vor null. Die Besetzung des Münsterlandes 1945, 10. Aufl. Münster 1980.

418 Vgl. Gruttmann, Der Ruhrkessel, S. 332/333.

419 Vgl. Stelbrink, Der preußische Landrat, S. 428; Schrulle, Verwaltung in Diktatur und Demokratie, S. 659.

420 Zum Folgenden siehe die Exzerpte aus Barthels Personalunterlagen in: KA Coe, Bestand 12 Nr. 9 Landrat Barthel.

421 Vgl. Stelbrink, Die Kreisleiter, S. 189, 196/197.

422 Vgl. KA Coe, Bestand 12 Nr. 31 Landrat Stachels.

423 Zitiert nach: Dieter Potente/Christian Wermert, „Wir saßen im Keller zu zittern und zu beten." Tagebuch von Hildegard Möller geb. Siebeneck aus Appelhülsen vom 21. März bis 5. Mai 1945, in: Geschichtsblätter des Kreises Coesfeld 39, Coesfeld 2014, S. 155–202, hier S. 177/178.

424 Zitiert nach: Stunde Null. Kreis Coesfeld 1945. Materialien zur Ausstellung, hrsg. vom Kreis Coesfeld, Coesfeld 1995, Augenzeugenbericht vom Stadtamtsrat a.D. Bernhard Sieverding.

425 Zitiert nach: Hansjörg Riechert, Die Kreisverwaltungen im neuen Bundesland Nordrhein-Westfalen, in: Von der preußischen Obrigkeit zur bürgerlichen Selbstverwaltung. 200 Jahre rheinische und westfälische Kreise, Düsseldorf 2016, S. 54–63, hier S. 54.

426 Zitiert nach: Stunde Null. Kreis Coesfeld 1945. Materialien zur Ausstellung. Auszug aus der Erklärung des alliierten Oberbefehlshabers Montgomery im Frühjahr 1945.

427 KA Coe, Bestand 3 Nr. 10 Militärregierung und Demokratie, Ausarbeitungen der Militärregierung zu den Themen „Der Wert des politischen Gedankens" und „Die Zukunft". Die Texte wurden sehr wahrscheinlich im Mai/Juni 1945 niedergeschrieben.

428 Zitiert nach: Stunde Null. Kreis Coesfeld 1945. Materialien zur Ausstellung. Auszug aus der Predigt des Bischofs von Galen anlässlich der Wallfahrt nach Telgte am 1. Juli 1945.

429 Vgl. Lothar Kettenacker, Die Rolle der Kirchen beim Neuaufbau in der britischen Besatzungszone, in: Joachim Kuropka (Hg.), Clemens August Graf von Galen. Menschenrechte – Widerstand – Euthanasie – Neubeginn, Münster 1998, S. 251–268, hier S. 259.

430 Zum „Oelder Aufruf" und seinen Hintergründen vgl. Ribhegge, Preußen im Westen, S. 623–626. Auf den Seiten 624/625 ist der vollständige Aufruf abgedruckt. Nach der Ankündigung des britischen Oberbefehlshabers Montgomery, in kürzester Zeit Kommunalwahlen auszuschreiben, traf sich am 18. August 1945 ein parteiübergreifender Kreis renommierter Persönlichkeiten im Rathaus von Oelde, um die Wahlen vorzubereiten, darunter die Regierungspräsidenten von Münster und Arnsberg sowie frühere Zentrums- und SPD-Abgeordnete. Außerdem waren Vertreter der Gemeinden, beider Kirchen, der Gewerkschaften, der Arbeitgeber und Jugendverbände eingeladen worden. Diese Versammlung beschloss unter dem Vorsitz von Severing den Aufruf, der aber nicht publiziert wurde, weil die erwartete Kommunalwahl erst ein Jahr später stattfand.

IV. Die Landkreise als Basis des demokratischen Neubeginns

1 Vgl. Ribhegge, Preußen im Westen, S. 603; Walter, Von der preußischen Provinz zum Landesteil Nordrhein-Westfalens, S. 66.

2 Zur Organisation, Struktur und zum Personal des Besatzungsregiments siehe die ausführliche Darstellung bei: Karl Teppe, Zwischen Besatzungsregiment und politischer Neuordnung (1945–1949). Verwaltung – Politik – Verfassung, in: Kohl, Westfälische Geschichte, Bd. 2: Das 19. und das 20. Jahrhundert. Politik und Kultur, S. 269–339, hier S. 270–276.

3 Vgl. Schrulle, Verwaltung in Diktatur und Demokratie, S. 470.

4 Zu den personalpolitischen Sondierungen und Entscheidungen: Teppe, Zwischen Besatzungsregiment und politischer Neuordnung, S. 276–280.

5 Vgl. Schrulle, Verwaltung in Diktatur und Demokratie, S. 471, 651.

6 Vgl. Norbert Damberg, Gemeinwohl als demokratische Verpflichtung. Politik und Verwaltung zwischen 1945 – 1990, in: Ders., Coesfeld 1197–1997, Bd. 3, Coesfeld 2004, S. 2277–2426, hier S. 2281–2288.

7 Die Hinweise zu den Militäreinheiten stammen aus dem Schriftwechsel in der Akte: KA Coe, Bestand 2 Nr. 237 Zentralverpflegungslager für die Ausländerlager.

8 Vgl. Hansjörg Riechert, Die Kreisverwaltungen im neuen Bundesland Nordrhein-Westfalen, in: Von der preußischen Obrigkeit zur bürgerlichen Selbstverwaltung. 200 Jahre rheinische und westfälische Kreise, Düsseldorf 2016, S. 54–63, hier S. 54/55.

9 Zu diesem Vergleich und zum Zitat siehe: Ribhegge, Preußen im Westen, S. 606.

10 Vgl. Schmitz, Die Landräte und Oberkreisdirektoren der Kreise Coesfeld und Lüdinghausen, S. 354; Dickhoff, Coesfelder Biographien, S. 259/260.

11 Zur Person siehe die Kurzbiografie bei: Joachim Lilla, Leitende Verwaltungsbeamte und Funktionsträger in Westfalen und Lippe (1918–1945/46). Biographisches Handbuch, Münster 2004, S. 308: Volksschule und Gymnasium in Coesfeld, Studium der Rechtswissenschaft, 4.11.1909 Erste juristische Staatsprüfung in Hamm, 1.12.1909 Gerichtsreferendar, 1.10.1910 Einjährig-Freiwilliger beim Kaiser Franz Garde-Grenadier-Regiment Nr. 2 in Berlin, August 1914 Kriegsdienst als Leutnant der Reserve, 30.9.1916 Große Staatsprüfung, Dezember 1916 bis November 1919 Kriegsgerichtsrat bei verschiedenen Kriegsgerichten des VII. Armeekorps, Anfang 1919 Gerichtsassessor, November 1919 der Regierung in Arnsberg überwiesen, 15.2.1920 Regierung in Münster, 1.1.1922 Regierungsrat, 30.10.1926 kommissarisch mit der Verwaltung des Landratsamts Olpe beauftragt, 19.5.1927 Landrat in Olpe, 28.3.1933 beurlaubt, 6.4.1933 im einstweiligen Ruhestand, 2.8.1933 der Regierung in Schleswig überwiesen, 30.8.1933 der Regierung in Münster, 1.2.1934 dem Oberpräsidium Münster, 1.6.1935 Regierungsrat, 1.2.1940 Oberregierungsrat. Vgl. auch Schmitz, Die Landräte und Oberkreisdirektoren der Kreise Coesfeld und Lüdinghausen, S. 354/355.

12 Vgl. ebd., S. 354.

13 Vgl. Teppe, Zwischen Besatzungsregiment und politischer Neuordnung, S. 313/314; Walter, Von der preußischen Provinz zum Landesteil Nordrhein-Westfalens, S. 67/68.

14 Vgl. ebd., S. 66/67.
15 Zu den Begriffen vgl. Teppe, Zwischen Besatzungsregiment und politischer Neuordnung, S. 291.
16 KA Coe, Bestand 3 Nr. 154 Verhandlungen mit der Militärregierung.
17 KA Coe, Bestand 3 Nr. 123 Erstattung von politischen Lageberichten 1945/1946.
18 KA Coe, Bestand 3 Nr. 154 Verhandlungen mit der Militärregierung, Bericht vom 25.7.1945.
19 Vgl. Damberg, Gemeinwohl als demokratische Verpflichtung, S. 2286/2287; Zwangsarbeit in den Kreisen Coesfeld und Lüdinghausen, S. 41/42.
20 KA Coe, Bestand 3 Nr. 11 Bericht der Hauptverwaltung des Kreises vom 21.10.1946.
21 Siehe hierzu die ausführliche Dokumentation der Ereignisse, auch im Umfeld des Lagers, bei: Böwing, Bomber, Bunker und Baracken, S. 241–279.
22 Zur Unterbringung, Versorgung und Zusammensetzung der „Displaced Persons" im Kreis Lüdinghausen siehe die umfangreichen Akten: KA Coe, Bestand 2 Nr. 236–238 Ausländeraktion; vgl. auch: Zwangsarbeit in den Kreisen Coesfeld und Lüdinghausen, S. 41–43.
23 KA Coe, Bestand 2 Nr. 908.
24 KA Coe, Bestand 14 Nr. 192.
25 KA Coe, Bestand 3 Nr. 154 Verhandlungen mit der Militärregierung, Niederschrift vom 7.9.1945.
26 Ebd., Niederschriften zu den Besprechungen am 1. und 2.8.1945.
27 Siehe hierzu die umfangreichen Akten der Kreisämter für gesperrte Vermögen: LAV NRW W, Bestand K 311 Kreis Coesfeld, Nr. 74, 76, 78, 105, 106 und 115 und Bestand K 332 Kreis Lüdinghausen, Nr. 17, 203, 282. Die Akten enthalten auch zahlreiche Listen mit den Namen von Personen, die aus dem öffentlichen Dienst entlassen wurden.
28 KA Coe, Bestand 3 Nr. 21.
29 KA Coe, Bestand 3 Nr. 12 Umlauf in der Kreisverwaltung zum Thema „Büchereien" vom 4.12.1945. Die Durchsicht sollte von geeigneten Kommissionen durchgeführt werden.
30 KA Coe, Bestand 3 Nr. 10 Mitteilung des Oberpräsidenten Amelunxen, Eingangsstempel des Landrates vom 29.8.1945.
31 Ebd., Der Militärgouverneur an den Regierungspräsidenten in Münster am 1.10.1945, der dieses Schreiben an die Landräte und Oberbürgermeister zur Kenntnis und Auswertung weiterleitete.
32 Zu den Beiratsvorschlägen der Städte und Gemeinden, zur Überprüfung und Bestätigung siehe die umfangreichen Schriftwechsel in: KA Coe, Bestand 3 Nr. 140–148.
33 KA Coe, Bestand 3 Nr. 138 Bildung von Verwaltungsbeiräten, Rückmeldungen der Ortsbehörden zu einer Abfrage des Landrates vom 24.1.1946.
34 Vgl. ebd., Vorschlag von Oberst Spottiswoode bezüglich der Gemeinde- und Stadtvertretungen sowie der Kreistage und Bezirkstage, die den Landräten am 17.1.1946 zur Kenntnisnahme übersandt wurde.
35 Siehe den umfangreichen Schriftwechsel ebd. und in der Akte: KA Coe, Bestand 3 Nr. 94.
36 Vgl. Teppe, Zwischen Besatzungsregiment und politischer Neuordnung, S. 314.
37 Siehe den Schriftwechsel in: KA Coe, Bestand 3 Nr. 155 Verwaltungsbeirat für den Kreis Coesfeld.
38 Ebd., Protokoll der Sitzung vom 15.1.1946
39 Ebd., Protokolle der Sitzungen vom 8.3.1946 und 5.9.1946.
40 Zu den Gründen für die Einführung der „Doppelspitze" siehe: KA Coe, Bestand 3 Nr. 10 Ansprache des Militärgouverneurs Oberst Spottiswoode an die Regierungspräsidenten am 26.11.1945, Abschnitte 14 bis 25. Landrat Wening übersandte am 1.4.1946 eine Abschrift der Ansprache an alle Ortsbehörden.
41 Siehe: KA Coe, Bestand 3 Nr. 94 Notiz des Landrates zu einer Besprechung mit Oberst Spottiswoode vom 16.2.1946; KA Coe, Bestand 3 Nr. 155 Einladung des Landrates an die Mitglieder des Kreisverwaltungsbeirates vom 1.4.1946.
42 Ebd., Protokoll vom 4.4.1946 über die Sitzung des Kreisverwaltungsbeirates vom 3.4.1946.
43 KA Coe, Bestand 2 Nr.38 Kreistag und Kreisausschuss 1945–1964.
44 KA Coe, Bestand 2 Nr.1295 Bürgermeisterkonferenzen.
45 Vgl. Ludwig Silderhuis, Die Kreise Coesfeld und Lüdinghausen 1945–1974, in: Kreis Coesfeld, S. 373–379, hier S. 377.

46 KA Coe, Bestand 2 Nr. 1295 Protokoll der Bürgermeisterbesprechung vom 24.1.1946.

47 KA Coe, Bestand 3 Nr. 30 Wiedergutmachung. Die Akte enthält auch mehrere Darstellungen von Einzelschicksalen.

48 Ebd., Schreiben des Geschäftsführers des Wiedergutmachungskomitees an den Oberpräsidenten vom 30.8.1945 und das Schreiben des Landrates Coesfeld an den Regierungspräsidenten vom 2.10.1945.

49 Zur Arbeitsweise des Ausschusses siehe die Sitzungsprotokolle in: KA Coe, Bestand 2 Nr. 43, 1461, 1464 sowie Nr. 85 Verwaltungsbericht des Landkreises Lüdinghausen für die Zeit vom 25.4.1946 bis 31.3.1959, S. 30/31.

50 KA Coe, Bestand 4 Nr. 162 und 163.

51 KA Coe, Bestand 4 Nr. 1 Der Kreissonderhilfsausschuss Coesfeld an den Oberpräsidenten am 30.7.1946.

52 Verwaltungsbericht der Kreisverwaltung Coesfeld vom 1.4.1945 bis 31.3.1951, Coesfeld 1951, S. 89.

53 Vgl. zu den grundsätzlichen Fragen der Wiedergutmachung: Marc von Miquel/Julia Volmer-Naumann, „Wiedergutmachung als Auftrag". Eine Einführung in die Ausstellung, in: Alfons Kenkmann/Christoph Spieker/Bernd Walter (Hgg.), Wiedergutmachung als Auftrag. Begleitband zur gleichnamigen Dauerausstellung – Geschichtsort Villa ten Hompel, Essen 2007, S. 25–33; Lutz Niethammer, „Wieder-gut-machung" als Beitrag zur deutschen Erinnerungskultur, in: Ebd., S. 283–296.

54 Vgl. Teppe, Zwischen Besatzungsregiment und politischer Neuordnung, S. 286.

55 Siehe: KA Coe, Bestand 3 Nr. 119 Organisation und Aufbau der Verwaltung.

56 Vgl. Walter, Von der preußischen Provinz zum Landesteil Nordrhein-Westfalens, S. 68.

57 Vgl. Kerstin Schulte, „Learning by doing". Zivile Internierungslager in Westfalen als Experimentierfeld britischer Besatzungspraktiken, in: Westfälische Forschungen 72 (2022), S. 141–158, hier S. 156.

58 KA Coe, Bestand 3 Nr. 11 Bericht der Hauptverwaltung von Oktober 1946 und der Rechenschaftsbericht der Hauptverwaltung vom 19.3.1948 für die Zeit vom 1.4.1947 bis 31.3.1948.

59 Verwaltungsbericht der Kreisverwaltung Coesfeld vom 1.4.1945 bis 31.3.1951, S. 77–83; KA Coe, Bestand 3 Nr. 11 Rechenschaftsbericht der Hauptverwaltung vom 19.3.1948 für die Zeit vom 1.4.1947 bis 31.3.1948.

60 Verwaltungsbericht der Kreisverwaltung Coesfeld vom 1.4.1945 bis 31.3.1951, S. 96–100.

61 Ebd., S. 101/102.

62 Zur Wohnraumbewirtschaftung in den Kreisen Coesfeld und Lüdinghausen siehe die umfassenden Akten: KA Coe, Bestand 3 Nr. 14 und 115 und Bestand 2 Nr. 737, 1022 und 1026.

63 Zum Folgenden vgl. Silderhuis, Die Kreise Coesfeld und Lüdinghausen 1945–1974, S. 377.

64 Zum Folgenden vgl. Walter, Von der preußischen Provinz zum Landesteil Nordrhein-Westfalens, S. 68–72.

65 Laux, Die Entwicklung der Kreisaufgaben, S. 160–168.

66 Vgl. Matzerath, Nationalsozialismus und kommunale Selbstverwaltung, S. 436; Stelbrink, Die Landräte, S. 10/11.

ANHANG

Abkürzungsverzeichnis

abs.	Absolut
Abb.	Abbildung
Anm.	Anmerkung
AOK	Allgemeine Ortskrankenkasse
AZ	Allgemeine Zeitung
BDM	Bund Deutscher Mädel
Bez.	Bezirk
BFV	Bezirksfürsorgeverband
BM	Bürgermeister
CDU	Christlich Demokratische Union
CNBLP	Christlich-Nationale Bauern- und Landvolkpartei
Coe	Coesfeld
DAF	Deutsche Arbeitsfront
Ders.	Derselbe
DFW	Deutsches Frauenwerk
DGO	Deutsche Gemeindeordnung
Dies.	Dieselbe
Diss.	Dissertation
DJK	Deutsche Jugendkraft
DNVP	Deutschnationale Volkspartei
DPs	Displaced Persons
DRK	Deutsches Rotes Kreuz
DVP	Deutsche Volkspartei
DZ	Dülmener Zeitung
Ebd.	Ebenda
EGG	Erbgesundheitsgericht
EOG	Erbgesundheitsobergericht
Flakbatterie	Flugabwehrkanonenbatterie
Gestapa	Geheimes Staatspolizeiamt
Gestapo	Geheime Staatspolizei
Gez.	Gezeichnet
GG	Gerichtsgefängnis
G.m.b.H.	Gesellschaft mit beschränkter Haftung
GVG	Gemeindeverfassungsgesetz
GzVeN	Gesetz zur Verhütung erbkranken Nachwuchses
ha	Hektar

Hg.	Herausgeber
Hgg.	Die Herausgeber
HJ	Hitlerjugend
hrsg.	herausgegeben
Jg.	Jahrgang
KA	Kreisarchiv
KdF	NS-Gemeinschaft „Kraft durch Freude“
KL	Kreisleiter
KZ	Konzentrationslager
KPD	Kommunistische Partei Deutschlands
KSWR	Kampffront Schwarz-Weiß-Rot
LAV NRW W	Landesarchiv NRW Abteilung Westfalen
LH	Lüdinghausen
LWL	Landschaftsverband Westfalen-Lippe
M.d.R.	Mitglied des Reichstages
NS	Nationalsozialistisch
NSBO	Nationalsozialistische Betriebszellenorganisation
NSDAP	Nationalsozialistische Deutsche Arbeiterpartei
NSDStB	Nationalsozialistischer Deutscher Studentenbund
NSF	NS-Frauenschaft
NSFK	NS-Fliegerkorps
NS-Hago	NS-Handwerks-, Handels- und Gewerbeorganisation
NSKK	NS-Kraftfahrerkorps
NSKOV	NS-Kriegsopferversorgung
NSLB	NS-Lehrerbund
NSRB	NS-Rechtswahrerbund
NSV	NS-Volkswohlfahrt
OG	Ortsgruppe
OGL	Ortsgruppenleiter
OKD	Oberkreisdirektor
Pg.	Parteigenosse
PG	Polizeigefängnis
P(O)W	Prisoner of War
Qu.	Quartal
RFB	Rotfrontkämpferbund
RDB	Reichsbund der deutschen Beamten
RJWG	Reichgesetz für Jugendwohlfahrt
RLB	Reichsluftschutzbund
RM	Reichsmark
RP	Regierungspräsident
RVK	Reichsverteidigungskommissar
SA	Sturmabteilung der NSDAP

SL	Sammellager
SS	Schutzstaffel der NSDAP
Stalag	Stammlager
StrA.	Strafanstalt
StdF	Stellvertreter des Führers
SPD	Sozialdemokratische Partei Deutschlands
Uk-Stellung	Unabkömmlich-Stellung
Vgl.	Vergleiche
VO	Verordnung
WA	Westfälischer Anzeiger
WHB	Westfälischer Heimatbund
WP	Wirtschaftspartei, auch Reichspartei des deutschen Mittelstandes
Zentrum	Deutsche Zentrumspartei
z.V.	zur Verwendung

Verzeichnis der Karten

Verzeichnis der Tabellen und Übersichten

Nachweis der Quellen und Bildrechte für die Abbildungen

Für alle Fotos und Illustrationen, die nicht ‚gemeinfrei‘ sind, wurden dem Kreisarchiv Coesfeld für diese Publikation Abdruckgenehmigungen erteilt.

Übersicht über die ausgewerteten Aktenbestände und Quellen

Kreisarchiv Coesfeld

Kreis Coesfeld

Bestand 3	Kreisausschuss, OKD	Nr.	4–8, 10–14, 20, 21, 26–32, 36, 41–44, 46–51, 56, 83–85, 94–103, 105, 114–124, 138–155
Bestand 4	Amt für Wiedergutmachung, Kreisvertriebenenamt	Nr.	1, 4–21, 24–26, 33 Teil 1 und 2, 162, 163
Bestand 7	Hauptamt	Nr.	2, 169, 493, 494, 526, 530, 568
Bestand 12	Sammlung Landräte, OKD	Nr.	7–9, 30, 31
Bestand 14	Personalamt	Nr.	39, 66, 67, 73, 78, 82, 83, 85, 87, 103, 107, 120, 126, 156, 164, 169, 208, 241, 252, 253 (Fürsorge, Gesundheit), 179, 190, 191, 195, 196, 198, 207, 246 (Kataster), 110, 121, 148, 149, 163, 181 (Bauverwaltung), 140, 147, 152, 162, 189, 200, 206 (Sondereinrichtungen), 111, 118, 119, 130–134, 165–167, 174–178, 194, 204, 236 (Kreisberufsschule), 114, 115, 122, 127–129, 143–145, 170, 186, 197, 202 (Kreissparkasse), 113, 116, 117, 123, 124, 138, 139, 141, 142, 146, 150, 151, 153, 155, 158, 160, 183, 185, 192, 193, 199, 203, 205, 210, 215, 216, 218, 231, 242, 247, 249, 250, 257, 260, 261 (Kreisverwaltung), 222, 232, 233, 235 (Kreisverwaltung Lüdinghausen)
Bestand 15	Bausachen	Nr.	186
Bestand 16	Öffentliche Ordnung	Nr.	2, 167–169, 172–174, 179, 187, 217–220
Bestand 18	Amt für Landschaftspflege	Nr.	5
Bestand 22	Schulamt	Nr.	59, 75, 76, 148, 185, 300, 326, 401, 446
Bestand 28	Kämmerei, Kasse	Nr.	2, 4, 5, 30, 33, 35, 48–53, 55–62, 132, 152, 160, 180, 181, 195, 197, 228
Bestand 29	Jugendamt	Nr.	105
Bestand 39	Bauakten	Nr.	89

Kreis Lüdinghausen

Bestand 2	Vermischte Registraturen	Nr.	263, 264, 1510, 1513, 1706, 1707 (Einrichtungen), 311, 316, 318, 322, 324–326, 329, 338, 342, 397, 402–404, 408, 421, 678, 727, 759, 962, 1228, 1239 (Fürsorge, Gesundheit), 16, 307, 432, 458, 460–463, 779, 867, 947, 1085–1087, 1090, 1091, 1093, 1157, 1166, 1167, 1180, 1410, 1413, 1423 (Heimat, Kultur, Landeskultur), 232, 321, 880, 881, 1214 (Jugend), 976, 1302 (Kirche), 26, 38, 43, 85, 121, 123–126, 128–131, 135–137, 231, 233, 256, 491, 763, 942, 963, 968, 1161, 1245, 1295, 1470–1472, 1534 (Verwaltung, Personal), 493, 675, 732, 818 (Wirtschaft), 230, 234, 244, 265, 266, 319, 346, 347, 431, 721, 948, 1212 (Kriegszeit), 236–238, 712, 737, 864, 865, 908, 1022, 1026 (Nachkriegszeit), 1461, 1464 (Wiedergutmachung)
Bestand 13	Amt für Wiedergutmachung	Nr.	2 Teil 1 bis 3, 3 Teil 1 und 2, 4, 5, 6 Teil 1 und 2, 7 Teil 1 und 2, 8
Bestand 17	Ordnungsangelegenheiten	Nr.	329, 330, 344, 345, 417 (Arisierung), 313, 325, 327, 328, 343, 376, 406, 462, 756 (Ordnungspolizei), 132, 135, 144, 240, 323, 479 (Betrieb Gaststätten), 316, 346 (Gesundheit), 109, 293, 308, 309, 314, 363 (Kriegszeit), 315, 335 (Nachkriegszeit)
Bestand 25	Personalakten	Nr.	1–9, 16, 18, 22, 32, 34, 43, 47, 48, 52, 53, 55, 58, 59, 62, 64–66, 69, 81, 83, 91–93, 99–101, 105, 106, 108
Bestand 35	Bauamt	Nr.	90

Landesarchiv NRW, Abteilung Westfalen, in Münster

<u>NSDAP, Gauleitung Westfalen-Nord</u>

Bestand S 002	Gauinspekteure	Nr.	19, 34, 99 (Kommunalpolitik), 67, 79, 83–86 (Untersuchungen, Beschwerden Kreis Coesfeld), 13, 27, 50–65, 68, 76, 80, 89, 98 (Untersuchungen, Beschwerden Kreis Lüdinghausen), 10, 96 (Stimmungsberichte), 11 (Reorganisation Gau), 31, 87, 103, 104 (Personalangelegenheiten), 22, 23, 95 (Reichsparteitage, Kreistreffen), 12, 14, 18, 21, 29, 88, 93, 100 (Rundschreiben, Einladungen), 17, 20 (Wehrmacht, SA), 25, 26, 90 (Wirtschaft)
Bestand S 003	Gauschulungsamt	Nr.	29, 30, 35, 38, 44, 45, 85, 94, 99, 125, 146, 147, 206, 211, 212, 223, 225, 234, 245, 256
Bestand S 005	Gauamt für Volkswohlfahrt	Nr.	22, 38, 49, 51, 86, 160, 401, 466, 467, 526, 530, 533, 534, 604, 633, 634, 668, 816, 854, 897, 940, 941, 1052
Bestand S 008	NS-Frauenschaft	Nr.	24, 122, 131, 157, 323, 332, 414, 415
Bestand S 012	Kreis- und Ortsgruppenleitungen	Nr.	80, 81, 102
Bestand S 013	SA der NSDAP	Nr.	21, 24, 28, 30, 44
Bestand S 015	Deutsche Arbeitsfront	Nr.	3

<u>Kreisverwaltungen</u>

Bestand K 311	Kreis Coesfeld	Nr.	346, 356, 886, 887, 895, 905, 919, 926, 929, 934, 938, 944, 947, 956, 957, 963, 983–985, 987, 1012
Bestand K 332	Kreis Lüdinghausen	Nr.	1191, 1192, 1193, 1344, 1352, 1372, 1374 (Kreisverwaltung allgemein)
		Nr.	221, 601a, 717, 1333, 1364, 1367, 1688 (Kreisverwaltung Personal)
		Nr.	1493 (Jugendamt)
		Nr.	1131, 1136, 1643, 1774 (Überwachung der Kirche)
		Nr.	363, 428, 500, 501, 615–618, 1130, 1132, 1137 (Verfolgung politischer Gegner)
		Nr.	797, 1133 Teil 1 und 2, 1134, 1135 (Judenverfolgung)

Ämter für gesperrte Vermögen

Bestand L 331	Kreisamt Coesfeld	Nr.	74, 76, 78, 105, 106, 111, 115, 118
Bestand L 341	Kreisamt Lüdinghausen	Nr.	17, 203, 235, 282

Archiv Landschaftsverband Westfalen-Lippe

Bestand	Amtsgericht Münster	Kopien der EGG-Register 1934 bis 1944
Bestand	840–22	Bd. 1 bis Bd. 7 Transportlisten „Euthanasie"

Stadtarchiv Coesfeld

Bestand	II, 244, b	Chronik der St. Lamberti-Pfarrgemeinde zu Coesfeld 1940–1949
Bestand	Ordner NS-Zeit	Recherchen zu Personen der NS-Zeit, Akte Zwangsarbeiter

Stadtarchiv Dülmen

Bestand	NSDAP-Ortsgruppe Dülmen	Nr. 2 und 3 mit Anlagen
Bestand	Sammlung Brathe	Nr. 141
Bestand	Dülmener Zeitung	Ausgaben: 9.10.1929, 24.10.1929, 25.10.1929, 10.11.1929, 18.11.1929, 19.11.1929, 21.12.1929, 22.12.1929, 24.2.1933, 26.2.1933, 4.3.1933, 7.3.1933, 9.3.1933, 10.3.1933, 12. bis 15.3.1933, 24.3.1933, 22.4.1933

Literaturverzeichnis

Literatur bis 1950

Adressbuch des Kreises Coesfeld, fünfte verbesserte Auflage, Coesfeld 1934.

Adressbuch des Kreises Coesfeld, sechste verbesserte Auflage, Coesfeld 1937.

Otto Bokisch/Gustav A. Zirbs, Der Österreichische Legionär. Aus Erinnerungen und Archiv, aus Tagebüchern und Blättern, Wien 1940.

Gesetz zur Verhütung erbkranken Nachwuchses vom 14. Juli 1933 mit Auszug aus dem Gesetz gegen gefährliche Gewohnheitsverbrecher und über Maßregeln der Sicherung und Besserung vom 24. November 1933. Bearbeitet und erläutert von Arthur Gütt/Ernst Rüdin/Falk Rudke, München 1934.

Heinrich Härtle, Berufsständische Vereine als Machtinstrumente des Politischen Katholizismus, (= DAF.-Schulung, Schriftenreihe für die Schulungswalter der Deutschen Arbeitsfront, Folge C, Heft 1) Berlin 1937.

Hans Hupfeld (Hg.), Reichstags-Eröffnungsfeier in Potsdam. Das Erlebnis des 21. März in Wort und Bild, Potsdam/Berlin 1933.

Ernst Klein, Das Werk der ersten Bannerträger des Nationalsozialismus in Recklinghausen, Recklinghausen 1934.
Organisationsbuch der NSDAP, 1. Auflage 1936, 7. Auflage München 1943.
Rademann's Adreßbuch des Kreises Lüdinghausen, Lüdinghausen 1936.
Alex Sasse, Kampf und Sieg der NSDAP im Kreise Ahaus, in: Kreis Ahaus. Vom Werden unserer Heimat, herausgegeben im Auftrage des Nationalsozialistischen Lehrerbundes des Kreises Ahaus und des Gaues Westfalen-Nord von Karl Lindemann und Heinrich Brambrink, Gelsenkirchen 1938, S. 595–635.
Schematismus der Diözese Münster 1925, Münster i.W. 1925.
Schematismus der Diözese Münster 1927, Münster i.W. 1927.
Schematismus der Diözese Münster 1932, Münster i.W. 1932.
Schematismus der Diözese Münster 1938, Münster (Westf.)1938.
Schematismus der Diözese Münster 1940, Münster (Westf.) 1940.
Arno Schröder, Mit der Partei vorwärts! Zehn Jahre Gau Westfalen-Nord, Detmold 1940.
Statistik des Deutschen Reiches, Bd. 372 I-III. Die Wahlen zum Reichstag am 20. Mai 1928, hrsg. vom Statistischen Reichsamt, Berlin 1931.
Statistik des Deutschen Reiches, Bd. 434. Die Wahlen am 31. Juli 1932 und am 6. November 1932 und am 5. März 1933, hrsg. vom Statistischen Reichsamt, Berlin 1935.
Statistisches Jahrbuch für das Deutsche Reich, hrsg. vom Statistischen Reichsamt, 56. Jg. (1937), Berlin 1937.
Verhandlungen des 60. Westfälischen Provinziallandtags vom 23.–25.3.1919, Münster 1919.
Edgar von Schmidt-Pauli, Geschichte der Freikorps 1918–1924, Stuttgart 1936.

Literatur ab 1950

50 Jahre Wahlen in Nordrhein-Westfalen 1919–1968, hrsg. vom Statistischen Landesamt Nordrhein-Westfalen, Düsseldorf 1969.
Helene Albers, Die stille Revolution auf dem Lande. Landwirtschaft und Landwirtschaftskammer in Westfalen-Lippe 1899–1999, Münster 1999.
Dies., Zwischen Hof, Haushalt und Familie. Bäuerinnen in Westfalen-Lippe 1920–1960, Paderborn 2001.
Sabine Alfing, Nordkirchen. Einblicke in die Geschichte einer münsterländischen Gemeinde, [Nordkirchen] 2009.
Arbeitskreis für kirchliche Zeitgeschichte (AKKZG) Münster: Katholiken zwischen Tradition und Moderne. Das katholische Milieu als Forschungsaufgabe, in: Westfälische Forschungen 43 (1993), S. 588–654.
Hannah Arendt, Elemente und Ursprünge totalitärer Herrschaft, Frankfurt a.M. 1955.
Claudia Maria Arndt, Die Kreise während der Zeit des Nationalsozialismus, in: Von der preußischen Obrigkeit zur bürgerlichen Selbstverwaltung. 200 Jahre rheinische und westfälische Kreise, Düsseldorf 2016, S. 44–53.
Ascheberg. Eine neue Gemeinde in alten Bildern, Ascheberg 1983.
Diethard Aschoff, Holocaust im Kreis Coesfeld. Die toten und verschollenen Juden aus den Gemeinden des Kreises, in: Geschichtsblätter des Kreises Coesfeld 12, Coesfeld 1987, S. 107–123.

Ders., Holocaust im Kreis Coesfeld – die toten und verschollenen Juden aus den Gemeinden des Kreises, in: Juden im Kreis Coesfeld, hrsg. vom Kreis Coesfeld, Coesfeld 1990, S. 280–302.

Ders., Minderheit in Coesfeld – Die Juden, in: Damberg, Coesfeld 1197–1997, Bd. 2, Münster 1999, S. 1143–1214.

Ute Aschwer/Werner Bockholt, Drensteinfurt 1933–1945, Kardinal-von-Galen Gymnasium Münster 1994.

Rainer Auts, Opferstock und Sammelbüchse. Die Spendenkampagnen der freien Wohlfahrtspflege vom Ersten Weltkrieg bis in die sechziger Jahre, Paderborn 2001.

Johannes Bähr, Bauernführer, Direktoren und Vertrauensmänner. Die LVM Versicherung im „Dritten Reich", Frankfurt a.M. 2021.

Wolfhart Beck, Westfälische Protestanten auf dem Weg in die Moderne. Die evangelischen Gemeinden des Kirchenkreises Lübbecke zwischen Kaiserreich und Bundesrepublik, Paderborn 2002.

Frank Becker/Daniel Schmidt (Hgg.), Industrielle Arbeitswelt und Nationalsozialismus. Der Betrieb als Laboratorium der „Volksgemeinschaft" 1920–1960, Essen 2020.

Anneliese Beeck, So entstand das neue Hamm. Kriegsende und Wiederaufbau, Hamm 1992.

Dies., Hamm unterm Hakenkreuz. 1930–1945, Hamm 2007.

Hans-Joachim Behr, Die Provinz Westfalen und das Land Lippe 1813–1933, in: Kohl, Westfälische Geschichte, Bd. 2: Das 19. und das 20. Jahrhundert. Politik und Kultur, S. 45–164.

Wolfgang Benz (Hg.), Wie wurde man Parteigenosse? Die NSDAP und ihre Mitglieder, Frankfurt a.M. 2009.

Ders., Einleitung: Die NSDAP und ihre Mitglieder, in: Ders., Wie wurde man Parteigenosse? Die NSDAP und ihre Mitglieder, S. 7–17.

Udo Benzenhöfer, Zur Genese des Gesetzes zur Verhütung erbkranken Nachwuchses, Münster 2006.

Tanja Bessler-Worbs, „[…] denn es ist ein weiblicher Beruf, kein handwerklicher" – die Ausbildung und Tätigkeit von Schneiderinnen im 19. und 20. Jahrhundert, in: Geschichtsblätter des Kreises Coesfeld 35, Coesfeld 2010, S. 111–134.

Heidi Beutin/Wolfgang Beutin/Holger Malterer/Friedrich Mülder (Hgg.): 125 Jahre Sozialistengesetz. Beiträge der öffentlichen wissenschaftlichen Konferenz vom 28.–30. November 2003 in Kiel, Frankfurt a. M. u.a. 2004.

Ortwin Bickhove-Swiderski, Dülmen unterm Hakenkreuz, Essen 2012.

Ders., Die politische Verfolgung von Kommunisten, Sozialdemokraten und Gewerkschaftern in Coesfeld, Dülmen und Lüdinghausen in der NS-Zeit, Dülmen 2022.

Michael C. Bienert/Lars Lüdicke (Hgg.), Preußen zwischen Demokratie und Diktatur. Der Freistaat, das Ende der Weimarer Republik und die Errichtung der NS-Herrschaft. 1932–1934, Berlin 2018.

Ralf Blank, „Heimatfront" Westfalen – zwischen Bombenkrieg und „Endkampf", veröffentlicht im Internet-Portal „Westfälische Geschichte", online verfügbar unter: [http://www.westfaelische-geschichte.de/web41] (Stand: 2004, letzte Überprüfung: 13.4.2023).

Ders., Ruhrschlacht. Das Ruhrgebiet im Kriegsjahr 1943, Essen 2013.

Ders., Mobilisierung im Krieg. Der Gau Westfalen-Süd 1943 bis 1945, in: Werner, Mobilisierung im Nationalsozialismus, S. 197–215.

Anette Blaschke, Zwischen „Dorfgemeinschaft“ und „Volksgemeinschaft“. Landbevölkerung und ländliche Lebenswelten im Nationalsozialismus, Paderborn 2018.

Gisela Bock, Zwangssterilisation im Nationalsozialismus. Studien zur Rassenpolitik und Frauenpolitik, Opladen 1986.

Werner Bockholt, Kleine Drensteinfurter Stadtgeschichte in Bildern und Texten, Drensteinfurt 1988.

Ders., Drensteinfurt. Eine Stadtgeschichte, Warendorf 1994.

Wilfried Böhnke, Die NSDAP im Ruhrgebiet 1920–1933, Bonn-Bad Godesberg 1974.

Heinz Böwing, Bomber, Bunker und Baracken. Als der 2. Weltkrieg in die Baumberge kam. Der Versuch einer Rekonstruktion, Münster 2015.

Bernd Borgert, Coesfeld. Chronik der NS-Zeit. 1933 bis 1945, Dülmen 1995.

Peter Borscheid, Vom Ersten zum Zweiten Weltkrieg, in: Wilhelm Kohl (Hg.), Westfälische Geschichte, Bd. 3: Das 19. und 20. Jahrhundert. Wirtschaft und Gesellschaft, Düsseldorf 1984, S. 313–438.

Heinz Brathe, Chronik einer Revolution. Die Machtergreifung der Nationalsozialisten in Dülmen während des Jahres 1933, in: Dülmener Heimatblätter, 3/4 1972, 1/2 1973, 3/4 1973.

Friedhelm Brockhausen, Die Kriegergedächtniskapelle in Havixbeck, in: Geschichtsblätter des Kreises Coesfeld 39, Coesfeld 2014, S. 209–218.

Hans Buchheim, Totalitäre Herrschaft, München 1962.

Bernd Buchner, Um nationale und republikanische Identität. Die deutsche Sozialdemokratie und der Kampf um die politischen Symbole in der Weimarer Republik, Bonn 2001.

Kurt Buck, Lageralltag und Zwangsarbeit, in: Bernd Faulenbach/Andrea Kaltofen (Hgg.), Hölle im Moor. Die Emslandlager 1933–1945, Göttingen 2017, S. 99–112.

Christian Bunnenberg, Die „weltanschauliche Schulung“ der NSDAP im Gau Westfalen-Nord von 1932 bis 1945, Diss. Universität Köln 2016.

Willy Buschak, Arbeit im kleinsten Zirkel. Gewerkschaften im Widerstand gegen die nationalsozialistische Diktatur, Essen 2015.

Heinrich Bußmann (Hg.), Olfen meine Heimatstadt, Olfen 1980.

Capelle. Gemeinde Nordkirchen in Bildern und Worten damals und heute, hrsg. vom Heimatverein Nordkirchen, Capelle 1992.

Chronik der Wieschhofschule 1919–2012, Teil 1: 1910–1967, Volksschule, [2010].

Chronik der Bruderschaft Ss. Fabianus et Sebastianus zu Coesfeld von den Anfängen bis 2014, Coesfeld 2017.

Chronik des Fischereivereins zu Lüdinghausen 1887–2004, [Lüdinghausen] 2004.

Chronik. Ein Lebenslauf der Kinderheilstätte Nordkirchen vom Eintritt in die Geschichtlichkeit bis zur Gegenwart, Nordkirchen 2014.

Bärbel Cöppicus-Wex, Dülmen 1849–1918, in: Stefan Sudmann (Hg.), Geschichte der Stadt Dülmen, 2. Aufl. Dülmen 2011, S. 213–246.

Horst Conrad, Stand und Konfession. Der Verein der Katholischen Edelleute, Teil 2, in: Westfälische Zeitschrift 159 (2009), S. 91–154.

Ders., Der lange Abschied von der Macht. Adel in Westfalen 1800–1970, Münster 2021.

Heinz Cymontkowski, Juden in Selm-Bork-Cappenberg in drei Teilen, (Eigenverlag Ateliergruppe) Lünen-Selm 1990.

Norbert Damberg (Hg.), Coesfeld 1197–1997. Beiträge zu 800 Jahren städtischer Geschichte, Bd. 1 und Bd. 2, Münster 1999, Bd. 3, Coesfeld 2004.

Ders., Gemeinwohl als demokratische Verpflichtung. Politik und Verwaltung zwischen 1945 – 1990, in: Ders., Coesfeld 1197–1997, Bd. 3, Coesfeld 2004, S. 2277–2426.

Ders., Buchdruck und Buchbinderei in Coesfeld von 1685 bis 1945, in: Geschichtsblätter des Kreises Coesfeld 23, Coesfeld 1998, S. 83–98.

Ders., Das „C", der Ochse und rot-gold – Formen öffentlicher Repräsentation in Coesfeld zwischen 1930 und 1984, in: Geschichtsblätter des Kreises Coesfeld 31, Coesfeld 2006, S. 181–190.

Ders., Julius Kirchhoff (1895–1939). Hofprediger und Pfarrer der evangelischen Kirchengemeinde Coesfeld, in: Geschichtsblätter des Kreises Coesfeld 43, Coesfeld 2018, S. 189–226.

Wilhelm Damberg, Moderne und Milieu 1802–1998 (= Geschichte des Bistums Münster, Bd. 5), Münster 1998.

Teresa Dapp, Kommunistische Milieus in der Weimarer Republik. Ein Forschungsbericht, in: Archiv für Sozialgeschichte 50 (2010), S. 503–544.

Das Deutsche Rote Kreuz in Senden, Senden 2000.

Erwin Dickhoff, Die Amtmänner, Bürgermeister und Gemeindedirektoren des Kirchspiels Coesfeld von 1837 bis zur Eingemeindung in die Stadt Coesfeld im Jahre 1969, in: Geschichtsblätter des Kreises Coesfeld 14, Coesfeld 1989, S. 135–150.

Ders., Die Bürgermeister der Stadt Coesfeld von 1803–1946, in: Geschichtsblätter des Kreises Coesfeld 16, Coesfeld 1991, S. 147–189.

Ders., Die Ehrenbürger der Stadt Coesfeld, in: Geschichtsblätter des Kreises Coesfeld 17, Coesfeld 1992, S. 95–114.

Ders., Coesfelder Biographien, Münster 2002.

Ders., Schützenfeste unterm Hakenkreuz, in: Geschichtsblätter des Kreises Coesfeld 29, Coesfeld 2004, S. 227–237.

Ders., Dr. rer. pol. Josef Roters – Ein Opfer der nationalsozialistischen Gewaltherrschaft, in: Geschichtsblätter des Kreises Coesfeld 33, Coesfeld 2008, S. 141–156.

Die Benediktinerabtei Gerleve. Ihr Werden, Wachsen und Wirken, Münster 1998.

Die Geschichte der Gemeinde Nordkirchen in Kurzform. Zusammengestellt von Wilhelm Nägeler, Nordkirchen 1998.

Karl Ditt, Die Heimatbewegung, in: Göschl/Paulus, Weimar im Westen, S. 137–145.

Ders., Wirtschaftlicher Wandel in Textilregionen während des 19. und 20. Jahrhunderts: Die Industrialisierung Minden-Ravensbergs und des Westmünsterlandes im Vergleich, in: Westfälische Forschungen 50 (2000), S. 293–331.

Andreas Dorpalen, SPD und KPD in der Endphase der Weimarer Republik, in: Vierteljahrshefte für Zeitgeschichte 31 (1983), S. 77–107.

Martin Dröge (Hg.), Die Tagebücher Karl Friedrich Kolbows (1899–1945). Nationalsozialist der ersten Stunde und Landeshauptmann der Provinz Westfalen, Paderborn 2010.

Ders., Männlichkeit und ‹Volksgemeinschaft›. Der westfälische Landeshauptmann Karl Friedrich Kolbow (1899–1945), Paderborn 2015.

Dagmar Drovs, „Zechor – Erinnere dich!..." Die jüdischen Familien in Billerbeck von den Anfängen bis zur Shoa, in: Geschichtsblätter des Kreises Coesfeld 28, Coesfeld 2003, S. 105–189.

Dies., Zechor – Erinnere dich! Die jüdischen Familien in Billerbeck von den Anfängen bis zur Shoa – Die Familie des Siegfried Eichenwald, in: Geschichtsblätter des Kreises Coesfeld 29, Coesfeld 2004, S. 255–261.

Sören Eden/Torben Möbius, Der Ort der „Betriebsgemeinschaft" in der deutschen Gesellschaft 1933–1945. Neue Perspektiven auf die nationalsozialistische „Ordnung der Arbeit", in: Becker/Schmidt, Industrielle Arbeitswelt, S. 28–60.

Elisabeth Elling-Ruhwinkel: Sichern und Strafen. Das Arbeitshaus Benninghausen (1871–1945), Paderborn 2005.

Matthias M. Ester/Dennis Grunendahl/Christoph Spieker/Julia Volmer-Naumann, Widerstände gegen den Nationalsozialismus in Münster und im Münsterland. Deutsch-französische Dokumentation der Ausstellung in Orléans, Münster 2010.

Peter Exner, „Alles ist in Bewegung geraten: Menschen, Güter, Vorstellungen, Werte" – Trümmergesellschaft und Flüchtlings-Eingliederung in Ottmarsbocholt, in: Geschichtsblätter des Kreises Coesfeld 21, Coesfeld 1996, S. 115–152.

Ders., Ländliche Gesellschaft und Landwirtschaft in Westfalen 1919–1969, Paderborn 1997.

Josef Farwick, Herbern. Geschichte eines Dorfes im Münsterland, Dülmen 1995.

Norbert Fasse, Fortschritt und tiefe Verunsicherung: Coesfeld in der Weimarer Zeit, in: Damberg, Coesfeld 1197–1997, Bd. 1, Münster 1999, S. 501–700.

Bernd Faulenbach, Die Emslandlager in der deutschen und europäischen Geschichte, in: Ders./Andrea Kaltofen (Hgg.), Hölle im Moor. Die Emslandlager 1933–1945, Göttingen 2017, S. 17–23.

FBS Lüdinghausen – Arbeitsgemeinschaft „Frauenleben in Lüdinghausen" (Hg.), Szenen aus dem Leben Lüdinghauser Frauen, Lüdinghausen 1996.

Ernst Fraenkel, The Dual State. A Contribution to the Theory of Dictatorship, New York/London/Toronto 1941.

Nobert Frei, ‚Volksgemeinschaft´. Erfahrungsberichte und Lebenswirklichkeit der Hitler-Zeit, in: Ders., 1945 und wir. Das Dritte Reich im Bewusstsein der Deutschen, München 2009, S. 121–142.

Werner Freitag, Nationale Mythen und kirchliches Heil: Der „Tag von Potsdam", in: Westfälische Forschungen 41 (1991), S. 379–430.

Matthias Frese/Julia Paulus/Karl Teppe, „Gesellschaft in Westfalen. Kontinuitäten und Wandel 1930–1960". Ein Forschungsschwerpunkt des Westfälischen Instituts für Regionalgeschichte zur Geschichte der Bundesrepublik Deutschland, in: Westfälische Forschungen 49 (1999), S. 501–513.

Matthias Frese, Hüter der Betriebsgemeinschaft? Vertrauensräte in öffentlichen Unternehmen und Verwaltungen 1933/34–1945, in: Frank Becker/Daniel Schmidt (Hg.), Industrielle Arbeitswelt und Nationalsozialismus. Der Betrieb als Laboratorium der „Volksgemeinschaft" 1920–1960, Essen 2020, S. 129–159.

Werner Frese (Hg.), Geschichte der Stadt Olfen, Bielefeld 2011.

Ders./Christian Wermert (Red.), Senden. Eine Geschichte der Gemeinde Senden mit Bösensell, Ottmarsbocholt, Venne, hrsg. von der Gemeinde Senden, Senden 1992.

Susanne Freund/Franz-Josef Jakobi/Peter Johanek (Hgg.), Historisches Handbuch der jüdischen Gemeinschaften in Westfalen und Lippe. Die Ortschaften und Territorien im heutigen Regierungsbezirk Münster, Münster 2008.

Ewald Frie, Die Eingliederung von Flüchtlingen in den Landkreis Münster nach dem Zweiten Weltkrieg – Aspekte eines noch unerforschten Themas, in: Geschichtsblätter des Kreises Coesfeld 13, Coesfeld 1988, S. 125–131.

August Füchter, Übersicht über die Gemeindevorsteher/Bürgermeister und Gemeindeverordneten/Gemeinderäte von 1843–1945, in: Stadt Coesfeld (Hg.), Lette. Gestern und Heute. 890–1990, Coesfeld 1990, S. 387/388.

Georg Fülberth, Die Beziehungen zwischen SPD und KPD in der Kommunalpolitik der Weimarer Periode 1918/19 bis 1933, Köln 1985.

Gemeinde Senden (Hg.), 1945. Mehr als nur eine Erinnerung. 8. Mai 1945 – Zum Gedenken an das Kriegsende vor 50 Jahren. Begleitheft zur Gedenkveranstaltung des Heimatvereins Senden und der Gemeinde Senden, Senden 1995.

Regina Göschl/Julia Paulus (Hgg.), Weimar im Westen: Republik der Gegensätze, Münster 2019.

Regina Göschl, „Von der Wiege bis zur Bahre“ – Gesellschaftliche Vielfalt in Westfalen und im Rheinland, in: Dies./Paulus, Weimar im Westen, S. 79–86.

Frank Göttmann (Hg.), Historisches Handbuch der jüdischen Gemeinschaften in Westfalen und Lippe. Die Ortschaften und Territorien im heutigen Regierungsbezirk Arnsberg, Münster 2016.

Karl-Martin Graß, „Jung, Edgar Julius“, in: Neue Deutsche Biographie 10 (1974), S. 669–671 [Online-Version]; URL: https://www.deutsche-biographie.de/pnd118714112.html#ndbcontent.

Ludger Grevelhörster, Der Kreis Coesfeld im Zugriff des Nationalsozialismus, in: Kreis Coesfeld, hrsg. durch den Kreis Coesfeld, Dülmen 1985, S. 141–164.

Manfred Grieger, Die neue Macht in Coesfeld. Nationalsozialismus in einer katholischen Stadt, 1933–1945, in: Damberg, Coesfeld 1197–1997, Bd. 3, Coesfeld 2004, S. 1593–1790.

Dörthe Gruttmann, Kleinstadt in der Moderne. Billerbeck im 20. Jahrhundert, in: Werner Freitag (Hg.), Geschichte der Stadt Billerbeck, Bielefeld 2012, S. 263–477.

Dies., Der Ruhrkessel, in: Lena Krull (Hg.), Westfälische Erinnerungsorte. Beiträge zum kollektiven Gedächtnis einer Region, Paderborn 2017, S. 331–346.

Ralf J. Günther, Die Geschichte der Schulen in Olfen und Vinnum, in: Frese, Geschichte der Stadt Olfen, S. 325–337.

Ingo Haar, Zur Sozialstruktur und Mitgliederentwicklung der NSDAP, in: Benz, Wie wurde man Parteigenosse? Die NSDAP und ihre Mitglieder, S. 60–73.

Rüdiger Hachtmann, Wie stand „der deutsche Arbeiter“ zu Hitler? Empirische Anmerkungen zu vorschnellen Urteilen, zugleich ein Plädoyer für eine differenziertere politische Sozialgeschichte, in: Becker/Schmidt, Industrielle Arbeitswelt, S. 61–95.

Nicolai Hannig, Protest – Gewalt – Umwelt. Hungerrevolten in der britischen Besatzungszone (1945–1948), in: Westfälische Forschungen 71 (2021), S. 225–252.

Karlheinz Hagenbruch, Der Lebensabend jugoslawischer Generäle auf Schloss Varlar. 1948–1970, in: Geschichtsblätter des Kreises Coesfeld 31, Coesfeld 2006, S. 137–180.

Elizabeth Harvey, Weibliche Gemeinschaft als ‚Volksgemeinschaft‘: Vergnügen, Konformität und Zwang, in: Schmiechen-Ackermann, ‚Volksgemeinschaft‘, S. 249–264.

Bernd Haunfelder, Die Rektoren, Kuratoren und Kanzler der Universität Münster 1826–2016. Ein biographisches Handbuch, Münster 2020.

Siegfried Heimann, Der „Preußenputsch“ im Juli 1932 und die Regierung Braun, in: Bienert/Lüdicke, Preußen zwischen Demokratie und Diktatur. Der Freistaat, S. 105–128.

Heimatbuch Selm 858–1958, hrsg. vom Heimatverein Selm, Selm 1958.

Kirsten Heinsohn, Volksgemeinschaft und Geschlecht. Zwei Perspektiven auf die Gesellschaftsgeschichte des Nationalsozialismus, in: Schmiechen-Ackermann/Buchholz/Roitsch/Schröder, Der Ort der „Volksgemeinschaft“ in der deutschen Gesellschaftsgeschichte, S. 245–258.

Claudia Heinze, Frauen als Adressaten nationalsozialistischer Schulung. Die Gauschule der NS-Frauenschaft in Selm-Beifang 1933–1939, o.O. 1995 (Magisterarbeit).

Ulrich Herbert, Zwangsarbeit im „Dritten Reich“. Kenntnisstand, offene Fragen, Forschungsprobleme, in: Reininghaus/Reimann, Zwangsarbeit in Deutschland 1939–1945, S. 16–37.

Beatrix Herlemann, Kommunalpolitik der KPD im Ruhrgebiet 1924–1933, Wuppertal 1977.

Peter Hertel, Vor unsrer Haustür. Eine Kindheit im NS-Staat – früh erlebt, spät erkundet, Münster 2018.

Bernhard Heuer, 750 Jahre Venne. Die Geschichte des kleinsten Kirchspiels im Bistum Münster, Ottmarsbocholt 1998.

Bernd Hey, Die nationalsozialistische Zeit, in: Kohl, Westfälische Geschichte, Bd. 2: Das 19. und das 20. Jahrhundert. Politik und Kultur, S. 211–268.

Ders., Zur Geschichte der westfälischen Staatspolizeistellen und der Gestapo, in: Westfälische Forschungen 37 (1987), S. 58–90.

Christophorus Hildebrandt, Landwirtschaftliche Berufsbildung und ideologische Schulung für die Ostsiedlung. Die Einrichtung eines Landdienstlehrhofes der Hitlerjugend in der beschlagnahmten Benediktinerabtei Gerleve von April 1942 bis März 1945, in: Westfälische Zeitschrift 155 (2005), S. 199–235.

Beatrix Hölter, NS-Frauenschaft im Gau Westfalen-Nord, Münster 1985.

Ingeborg Höting, Das denkmalgeschützte Barackenlager in Lette und seine wechselvolle Geschichte von 1933 bis 1960, in: Geschichtsblätter des Kreises Coesfeld 38, Coesfeld 2013, S. 95–245.

Christoph Hübner, Die Rechtskatholiken, die Zentrumspartei und die katholische Kirche in Deutschland bis zum Reichskonkordat von 1933. Ein Beitrag zur Geschichte des Scheiterns der Weimarer Republik, Berlin 2014.

Peter Hüttenberger, Die Gauleiter. Studien zum Wandel des Machtgefüges in der NSDAP, Stuttgart 1969.

Ders., Die Entwicklung der rheinisch-westfälischen Landkreise im 19. und 20. Jahrhundert, in: Hundert Jahre Kreisordnung in Nordrhein-Westfalen, München 1988, S. 9–21.

Detlev Humann, „Arbeitsschlacht“. Arbeitsbeschaffung und Propaganda in der NS-Zeit 1933–1939, Göttingen 2011.

Hundert Jahre Kreisordnung in Nordrhein-Westfalen, hrsg. vom Landkreistag Nordrhein-Westfalen, München 1988.

Joachim Huske, Die Steinkohlenzechen im Ruhrrevier. Daten und Fakten von den Anfängen bis 2005, 3. überarbeitete und erweiterte Auflage, Bochum 2006.

Benno Jäger (Bearbeiter), Gegen das Vergessen. Erinnerungen des Kolpingbruders Johann Heinrich Kroes. Die nationalsozialistischen Angriffe auf die Kirche und unsere Kolpingsfamilie, Werne a. L. 2017.

Harald Jähner, Wolfszeit. Deutschland und die Deutschen 1945–1955, Berlin 2020.

Jürgen John, Mobilisierung als Charakteristikum des NS-Systems? in: Werner, Mobilisierung im Nationalsozialismus, S. 29–57.

Juden im Kreis Coesfeld, hrsg. vom Kreis Coesfeld, Coesfeld 1990.

Andrea Kaltofen, Die Häftlinge der Konzentrationslager im Emsland 1933–1936, in: Bernd Faulenbach/Andrea Kaltofen (Hgg.), Hölle im Moor. Die Emslandlager 1933–1945, Göttingen 2017, S. 39–57.

Otto Kamphues, Altenheim St. Johannes in Senden. Vom Krankenhaus zum Altenheim, Senden 2012.

Oliver Karnau, Das Kriegergedächtnisfenster von St. Agatha in Dülmen-Rorup, in: Denkmalpflege in Westfalen-Lippe, Heft 1 (2007), S. 30–33.

Alfons Kenkmann/Christoph Spieker/Bernd Walter (Hgg.), Wiedergutmachung als Auftrag. Begleitband zur gleichnamigen Dauerausstellung – Geschichtsort Villa ten Hompel, Essen 2007.

Ian Kershaw, Der Hitler-Mythos. Volksmeinung und Propaganda im Dritten Reich, Stuttgart 1980.

Michael Kertelge, Die Bergarbeitergemeinde St. Josef in Selm-Beifang: Ein lokales katholisches Milieu 1933–1945. Ein Beitrag zur Geschichte des Nationalsozialismus in Selm, Selm 1995.

Ders., Die Bergarbeitergemeinde St. Joseph in Selm-Beifang. Ein lokales katholisches Milieu 1924–1951, Diplomarbeit Uni. Münster 1994.

Ders., „[...] die Judenfrage müsste mit Gewalt gelöst werden [...]" – Die Ereignisse der Reichspogromnacht in Lüdinghausen am 8. und 9. November 1938, in: Geschichtsblätter des Kreises Coesfeld 34, Coesfeld 2009, S. 143–162.

Ders., Sonderzug nach Riga. Zum 70. Jahrestag der ersten Deportation von Juden aus dem Kreis Lüdinghausen nach Riga, in: Geschichtsblätter des Kreises Coesfeld 36, Coesfeld 2011, S. 141–174.

Ders., Die sanitätspolizeiliche Schließung des jüdischen Friedhofs in Lüdinghausen 1939 und die Exhumierung und Umbettung von 16 Leichen in ein Massengrab in Dortmund-Hörde 1942, in: Geschichtsblätter des Kreises Coesfeld 38, Coesfeld 2013, S. 67–94.

Ders., Zwischen Ausplünderung und versuchter Wiedergutmachung. Ausgewählte jüdische Lüdinghauser Familien im Spiegel neuer Devisen-, Finanz- und Wiedergutmachungsakten 1933–1990, in: Geschichtsblätter des Kreises Coesfeld 41, Coesfeld 2016, S. 203–268.

Ders., Zwangssterilisationen im ehemaligen Landkreis Lüdinghausen und die Umsetzung des „Gesetzes zur Verhütung erbkranken Nachwuchses" im Altkreis Lüdinghausen 1933–2007 – „Diese Minderwertigkeit der Sippe sichert meines Erachtens die Diagnose des angeborenen Schwachsinns." (Amtsarzt Dr. Wilhelm Appelmann in einem Gutachten 1934), in: Geschichtsblätter des Kreises Coesfeld 45, Coesfeld 2020, S. 199–271.

Lothar Kettenacker, Die Rolle der Kirchen beim Neuaufbau in der britischen Besatzungszone, in: Joachim Kuropka (Hg.), Clemens August Graf von Galen. Menschenrechte – Widerstand – Euthanasie – Neubeginn, Münster 1998.

Marlene Klatt, Unbequeme Vergangenheit. Antisemitismus, Judenverfolgung und Wiedergutmachung in Westfalen 1925–1965, Paderborn 2009.

Herbert Klein, Die Entwicklung der faschistischen Bewegung und des antifaschistischen Widerstandes an der Peripherie des nördlichen Ruhrgebietes und im Münsterland

1932–1938. Sozioökonomische Voraussetzungen und Hintergründe, Phil. Diss. Münster 1980.

Andreas Klein-Reesink, Textilarbeiter und Nationalsozialismus im Westmünsterland. Eine regionale Untersuchung zur Auseinandersetzung katholischer Arbeiter mit dem Faschismus, Münster 1981.

Georg H. Kleine, Adelsgenossenschaft und Nationalsozialismus, in: Vierteljahrshefte für Zeitgeschichte 26 (1978), S. 100–143.

Habbo Knoch, Die Zerstörung der sozialen Moderne. ‚Gemeinschaft' und ‚Gesellschaft' im Nationalsozialismus, in: Reinicke/Stern/Thieler/Zamzow, Gemeinschaft als Erfahrung, S. 21–34.

Markus Köster, Jugend, Wohlfahrtsstaat und Gesellschaft im Wandel. Westfalen zwischen Kaiserreich und Bundesrepublik, Paderborn 1999.

Christoph Kösters, „Fest soll mein Taufbund immer stehn ..." – Demonstrationskatholizismus im Bistum Münster 1933 bis 1945, in: Schlögl/Thamer, Zwischen Loyalität und Resistenz, S. 158–184.

Heinrich Koetter, Die Textilindustrie des deutsch-niederländischen Grenzgebietes in ihrer wirtschaftsgeographischen Verflechtung, Bonn 1952.

Wilhelm Kohl (Hg.), Westfälische Geschichte, 3 Bde., Düsseldorf 1983.

Eugen Kogon, Der SS-Staat. Das System der deutschen Konzentrationslager, Berlin 1947.

Eberhard Kolb, Die Weimarer Republik, 2. Aufl. München/Wien 1988.

Norbert Korfmacher, Vorläufiges Mitgliederverzeichnis der Stadtverordnetenversammlung Münster 1919 bis 1933, Münster 2010.

Ders., Vorläufiges Mitgliederverzeichnis des Kreistages von Lüdinghausen 1919 bis 1933, Münster 2013. (www.abgeordneten.info)

Erich Kosthorst/Bernd Walter, Konzentrations- und Strafgefangenenlager im Dritten Reich. Beispiel Emsland. Dokumentation und Analyse zum Verhältnis von NS-Regime und Justiz, 3 Bde., Düsseldorf 1983.

Wolfgang R. Krabbe, Alltag zwischen Kriegsende und Währungsreform: Wirtschaftliche Lageberichte aus dem Kreis Coesfeld von 1945 –1948, in: Geschichtsblätter des Kreises Coesfeld 10, Coesfeld 1985, S. 165–176.

Kreis Coesfeld, hrsg. durch den Kreis Coesfeld, Dülmen 1985.

Krieg. Flucht. Frieden. Zur Erinnerung an das Kriegsende 1945 in der Gemeinde Nordkirchen, Lüdinghausen 2015.

Heinrich Kroes, Erlebnisse, geschildert von Heinrich Kroes, die zur Auflösung der Werner Kolpingsfamilie und der Kolpingsfamilien im Kreis Lüdinghausen im August 1935 führten, Werne 1985.

Gerd Krüger, Antisemitische Übergriffe 1923 – Schändung des jüdischen Friedhofs 1928: Überlegungen zu zwei vergessenen Ereignissen der jüngeren Lüdinghauser Stadtgeschichte, in: Geschichtsblätter des Kreises Coesfeld 31, Coesfeld 2006, S. 105–136.

Ders., Von den Einwohnerwehren zum Stahlhelm. Der nationale Kampfverband „Westfalenbund e. V." (1921–1924), in: Westfälische Zeitschrift 147 (1997), S. 405–432.

Ders., „Treudeutsch allewege!" Gruppen, Vereine und Verbände der Rechten in Münster (1887–1929/30), Münster 1992.

Alfons Labisch/Florian Tennstedt, Der Weg zum „Gesetz über die Vereinheitlichung des Gesundheitswesens" vom 3. Juli 1934. Entwicklungslinien und -momente des staatlichen und kommunalen Gesundheitswesens in Deutschland, 2 Teile, Düsseldorf 1985.

Michael Felix Langenfeld, Nationalsozialistischer Klostersturm in Westfalen. Die Vertreibung der Vinnenberger Benediktinerinnen durch die Gestapo 1941, in: Westfälische Zeitschrift 147 (1997), S. 191–220.

Eberhard Laux, Die Entwicklung der Kreisaufgaben und des Personals (1816 – 1886 – 1986), in: Hundert Jahre Kreisordnung in Nordrhein-Westfalen, hrsg. vom Landkreistag Nordrhein-Westfalen, München 1988, S. 121–201.

Adalbert Leidinger, Die Finanzwirtschaft der Kreise von 1886 bis 1987, in: Hundert Jahre Kreisordnung in Nordrhein-Westfalen, hrsg. vom Landkreistag Nordrhein-Westfalen, München 1988, S. 203–250.

Helmut Lensing/Bernd Robben, „Wenn der Bauer pfeift, dann müssen die Heuerleute kommen!" Betrachtungen und Forschungen zum Heuerlingswesen in Nordwestdeutschland, (5. Auflage) Haselünne 2016.

Lette Gestern und Heute. 890–1990. Anlässlich des Jubiläums „1100 Jahre Lette" hrsg. von der Stadt Coesfeld, Coesfeld 1990.

Johannes Leushacke/Christoph Krusel, 1682. „Stadt & Land … Hand in Hand". Geschichte der Bürgerschützengilde Olfen 1682 e.V., Olfen 2019.

Johannes Leushacke, „Olfens Kommunisten werden den Marktplatz nicht füllen." – Die Wahlkämpfe und Wahlen des Jahres 1932 im Amt Olfen, in: Geschichtsblätter des Kreises Coesfeld 44, Coesfeld 2019, S. 161–190.

Ders., Kriegsgräber in Olfen seit den Einigungskriegen, in: Geschichtsblätter des Kreises Coesfeld 45, Coesfeld 2020, S. 171–189.

Ders., Kriegerdenkmäler, Ehren- und Mahnmale in Olfen seit 1876, in: Geschichtsblätter des Kreises Coesfeld 46, Coesfeld 2021, S. 199–248.

Ders., Orte jüdischen Lebens in Kleinstädten – Das Beispiel Olfen: Friedhof, Synagoge, Marktplatz, in: Geschichtsblätter des Kreises Coesfeld 46, Coesfeld 2021, S. 109–161.

Antonius Liedhegener, Christentum und Urbanisierung. Katholiken und Protestanten in Münster und Bochum 1830–1933, Paderborn/München/Wien/Zürich 1997.

Reinhardt Liesert, Die Formierung des Nationalsozialismus in der westfälischen Provinz. Die frühe NSDAP-Ortsgruppe Dülmen. Eine Fallstudie aus dem Münsterland, in: Westfälische Zeitschrift 168 (2018), S. 65–92.

Joachim Lilla, Zur Frage der Zusammenlegung von Regierung und Oberpräsidium Münster und der Teilung der Provinz Westfalen im Frühjahr 1943. Eine verwaltungsgeschichtliche Dokumentation, in: Westfälische Forschungen 50 (2000), S. 333–351.

Ders., Der Höhere Polizeiführer im Westen/Landespolizeiinspektion West (1932 bis 1933/1936). Zur Geschichte einer fast unbekannten Polizeidienststelle im rheinisch-westfälischen Raum, in: Geschichte im Westen 17 (2002), S. 95–101.

Ders., Leitende Verwaltungsbeamte und Funktionsträger in Westfalen und Lippe (1918–1945/46). Biographisches Handbuch, Münster 2004.

Peter Longerich, Geschichte der SA, München 2003.

Ders., Preußen in der nationalsozialistischen Machtergreifungsstrategie 1930–1934, in: Bienert/Lüdicke, Preußen zwischen Demokratie und Diktatur. Der Freistaat, S. 51–70.

Lars Lüdicke, Inszenierung und Instrumentalisierung. Der „Tag von Potsdam", in: Bienert/Ders., Preußen zwischen Demokratie und Diktatur. Der Freistaat, S. 241–270.

Stephan Malinowski, Die Hohenzollern und die Nazis. Geschichte einer Kollaboration, Berlin 2021.

Horst Matzerath, Nationalsozialismus und kommunale Selbstverwaltung, Stuttgart/Berlin/Köln/Mainz 1970.

Sabine Mecking/Andreas Wirsching (Hgg.), Stadtverwaltung im Nationalsozialismus. Systemstabilisierende Dimensionen kommunaler Herrschaft, Paderborn 2005.

Thorsten Melchert, Die Evangelische Kirchengemeinde Olfen, in: Frese, Geschichte der Stadt Olfen, S. 311–323.

Heinrich A. Mertens/Josef Limbach, Aus der Geschichte des Kreises Lüdinghausen 1803–1974, Lüdinghausen 1974.

Axel Metz, Die Geschichte der katholischen Kirche in Dülmen 1811–1964: Von der französischen Herrschaft zur Wiedererstehung aus Ruinen, in: Sudmann, Geschichte der Stadt Dülmen, S. 593–616.

Herbert Michaelis/Ernst Schraepler (Hg.), Ursachen und Folgen. Vom deutschen Zusammenbruch 1918 und 1945 bis zur staatlichen Neuordnung Deutschlands in der Gegenwart. Eine Urkunden- und Dokumentensammlung, Bd. 9: Das Dritte Reich. Die Zertrümmerung des Parteienstaates und die Grundlegung der Diktatur, Berlin 1964.

Georg Mölich, Medien und Massenkultur, in: Göschl/Paulus, Weimar im Westen, S. 72–78.

Ders./Veit Veltzke/Bernd Walter (Hgg.), Rheinland, Westfalen und Preußen. Eine Beziehungsgeschichte, Münster 2011, 2., überarbeitete und erweiterte Auflage Münster 2023.

Helmut Müller, fünf vor null. Die Besetzung des Münsterlandes 1945, 10. Aufl. Münster 1980.

Joachim Müller, Sterilisation und Gesetzgebung bis 1933, Husum 1985.

Jens Murken, „In der Diaspora leben, das war vor 1914 viel leichter als nach 1945". Zur Geschichte der Evangelischen Kirchengemeinde Dülmen, in: Sudmann, Geschichte der Stadt Dülmen, S. 617–644.

Helmut Naunin, Landschaftliche Selbstverwaltung. Wiederaufbau in Westfalen. 1945–1951, Dortmund 1952.

Robert Neisen/Heinrich Maulhardt/Konrad Krimm (Hgg.), Kommunen im Nationalsozialismus. Verwaltung, Partei und Eliten in Südwestdeutschland, Ostfildern 2019.

Robert Neisen, Die Macht der lokalen Verhältnisse: Nationalsozialistische Herrschaft in südwestdeutschen Kommunen. Eine Einführung, in: Ders./Maulhardt/Krimm, Kommunen im Nationalsozialismus, S. 9–39.

Günter Neliba, Wilhelm Frick. Der Legalist des Unrechtsstaates. Eine politische Biographie, Paderborn/München/Wien/Zürich 1992.

Edith Niehuis, Das Landjahr. Eine Jugenderziehungseinrichtung in der Zeit des Nationalsozialismus, Nörten-Hardenberg 1984.

Hans-Eckhard Niermann, Die Durchsetzung politischer und politisierter Strafjustiz im Dritten Reich. Eine Analyse ihrer institutionellen, personellen und strafrechtlichen Entwicklung, aufgezeigt am Beispiel des OLG-Bezirks Hamm unter schwerpunktmäßiger Zugrundelegung der Jahre 1933–1939, Münster 1995.

Lutz Niethammer, „Wieder-gut-machung" als Beitrag zur deutschen Erinnerungskultur, in: Kenkmann/Spieker/Walter, Wiedergutmachung als Auftrag, S. 283–296.

Armin Nolzen, Die westfälische NSDAP im „Dritten Reich", in: Westfälische Forschungen 44 (2005), S. 423–469.

Ders., „Totaler Antisemitismus". Die Gewalt der NSDAP gegen die Juden, 1933–1938/39, in: Schmiechen-Ackermann, ‚Volksgemeinschaft', S. 179–198.

Ders., Vom „Jugendgenossen" zum „Parteigenossen". Die Aufnahme von Angehörigen der Hitler-Jugend in die NSDAP, in: Benz, Wie wurde man Parteigenosse? Die NSDAP und ihre Mitglieder, S. 123–150.

Ottmarsbocholt. Das Alte verstehen, dem Neuen begegnen. Eine Dorfgeschichte anlässlich des 25. Jubiläums des Heimatvereins Ottmarsbocholt, [Ottmarsbocholt] 2000.

George Orwell, Meistererzählungen, ausgewählt von Christian Strich, Zürich 1991.

Julia Paulus, 125 Jahre „(St.) Antonius-Schule/Gymnasium (in) Lüdinghausen", in: Geschichtsblätter des Kreises Coesfeld 46, Coesfeld 2021, S. 249–288.

Wolfgang Petter, Sturmabteilung (SA), in: Christian Zentner/Friedemann Bedürftig (Hgg.), Das große Lexikon des Dritten Reiches, München 1985, S. 569.

Michael Pieper, Drei Leiterinnen der Staatlichen Aufbauschule (Heriburg-Gymnasium) in Coesfeld und ihr Widerstand im Dritten Reich, in: Geschichtsblätter des Kreises Coesfeld 30, Coesfeld 2005, S. 93–112.

Bernd D. Plaum, „Sparen für die Tage der Noth". Zur Geschichte der Sparkasse Coesfeld seit 1848, Dülmen 1998.

Christian Pöpken, Vergangenheitspolitik durch Strafrecht. Der Oberste Gerichtshof der Britischen Zone und die Ahndung von Verbrechen gegen die Menschlichkeit, Baden-Baden 2021.

Dieter Potente, Prosper Ludwig Devens (1872–1944) – ein preußischer Beamter und Offizier zwischen Kaiserreich und Diktatur, in: Geschichtsblätter des Kreises Coesfeld 39, Coesfeld 2014, S. 95–120.

Ders., Nationalsozialismus im Dorf – Katholisches Milieu und NS-Herrschaft im westfälischen Dorf Buldern 1933 bis 1945, Dülmen 2014.

Ders., „Waffenstillstand – süßes Wort! Aber du armes, armes Vaterland." Kollektive Mentalitäten in der ländlichen Gesellschaft nach dem Ersten Weltkrieg, in: Geschichtsblätter des Kreises Coesfeld 43, Coesfeld 2018, S. 173–188.

Ders./Christian Wermert, „Wir saßen im Keller zu zittern und zu beten." Tagebuch von Hildegard Möller geb. Siebeneck aus Appelhülsen vom 21. März bis 5. Mai 1945, in: Geschichtsblätter des Kreises Coesfeld 39, Coesfeld 2014, S. 155–202.

Heinz-Jürgen Priamus, Gauleiter der NSDAP im Ruhrgebiet. Dr. Alfred Meyer, Online-Publikation des Historischen Centrums Hagen [2008].

Ders., Meyer. Zwischen Kaisertreue und NS-Täterschaft. Biographische Konturen eines deutschen Bürgers, Essen 2011.

Angelika Pries, Vom Klassenprimus zum Jungbannführer – der Coesfelder Otto Albert Klein (1907–1997), in: Geschichtsblätter des Kreises Coesfeld 43, Coesfeld 2018, S. 227–252.

Toni Pritzl, Die Zeit des Nationalsozialismus in Lüdinghausen, Teil 1, in: Lüdinghauser Geschichtshefte 7, Lüdinghausen 1990, S. 33–72.

Dies., Die Zeit des Nationalsozialismus in Lüdinghausen, Teil 2, in: Lüdinghauser Geschichtshefte 8, Lüdinghausen 1991, S. 28–74.

Dies., Die Zeit des Nationalsozialismus in Lüdinghausen, Teil 3, in: Lüdinghauser Geschichtshefte 9, Lüdinghausen 1993, S. 47–66.

Dies., Die Zeit des Nationalsozialismus in Lüdinghausen, Teil 4, in: Lüdinghauser Geschichtshefte 10, Lüdinghausen 1994, S. 31–58.

Wolfram Pyta, Franz von Papen – Grenzgänger zwischen Unternehmertum und Politik, in: Manfred Rasch (Hg.), Adel als Unternehmer im bürgerlichen Zeitalter, Münster 2006, S. 289–307.

Franz Ranneberg, Übersichten – Fakten – Zahlen – Daten, in: Lette. Gestern und Heute. 890–1990: Anlässlich des Jubiläums „1100 Jahre Lette“ hrsg. von der Stadt Coesfeld, Coesfeld 1990, S. 408–449.

Klemens-August Recker, „Unter Preußenadler und Hakenkreuz“. Katholisches Milieu zwischen Selbstbehauptung und Auflösung. Ein Beispiel aus Westfalen: Nordwalde 1850–1950, Münster 2013.

Stephanie Reekers, Westfalens Bevölkerung 1818–1955. Die Bevölkerungsentwicklung der Gemeinden und Kreise im Zahlenbild, Münster 1956.

Carl-Wilhelm Reibel, Das Fundament der Diktatur: Die NSDAP-Ortsgruppen 1932–1945, Paderborn 2002.

David Reinicke/Kathrin Stern/Kerstin Thieler/Gunnar Zamzow (Hgg.), Gemeinschaft als Erfahrung. Kulturelle Inszenierungen und soziale Praxis 1930–1960, Paderborn 2014.

Wilfried Reininghaus/Norbert Reimann (Hgg.), Zwangsarbeit in Deutschland 1939–1945. Archiv- und Sammlungsgut, Topographie und Erschließungsarbeiten, Bielefeld 2001.

Torsten Reters, Liebe, Ehe und Partnerwahl zur Zeit des Nationalsozialismus. Eine soziologische Semantikanalyse, Dortmund 1997.

Wilhelm Ribhegge (Hg.), Geschichte der Stadt und Region Hamm im 19. und 20. Jahrhundert, Düsseldorf 1991.

Ders., Preußen im Westen. Kampf um den Parlamentarismus in Rheinland und Westfalen 1789–1947, Münster 2008.

Hansjörg Riechert, Die Kreisverwaltungen im neuen Bundesland Nordrhein-Westfalen, in: Von der preußischen Obrigkeit zur bürgerlichen Selbstverwaltung. 200 Jahre rheinische und westfälische Kreise, Düsseldorf 2016, S. 54–63.

Gerhard Röper, Chronik Stadt Olfen, Olfen 1986.

Karl Rohe, Politische Traditionen im Rheinland, in Westfalen und Lippe. Zur politischen Kultur Nordrhein-Westfalens, in: Nordrhein-Westfalen. Eine politische Landeskunde, hrsg. von der Landeszentrale für politische Bildung Nordrhein-Westfalen, Köln 1984.

Dorothea Roters, Osterwick. Geschichte eines Dorfes im Münsterland, hrsg. vom Heimatverein Osterwick, Dülmen 1989.

Dies. (Red.), Holtwick. Beiträge zur Geschichte und Kultur eines Dorfes, hrsg. vom Heimatverein Holtwick, Steinfurt 1997.

Stefan Rüping, Parteiensystem und Sozialstruktur in zwei dominant katholischen und überwiegend ländlichen Regionen 1912–1972, Münster 1990.

Andreas Ruppert/Hansjörg Riechert, Herrschaft und Akzeptanz. Der Nationalsozialismus in Lippe während der Kriegsjahre. Analyse und Dokumentation, Opladen 1998.

Norbert Sahrhage, Zustimmung und Resistenz in der Stadt Herford während der Zeit des „Dritten Reiches“, in: 91. Jahresbericht des Historischen Vereins für die Grafschaft Ravensberg, Jg. 2006, S. 201–224.

Frank Scheele, Abschied vom Milieu – Katholischer Sport in Billerbeck, in: Geschichtsblätter des Kreises Coesfeld 35, Coesfeld 2010, S. 135–207.

Frithjof Benjamin Schenk, Tannenberg/Grunwald, in: Etienne François/Hagen Schulze (Hgg.), Deutsche Erinnerungsorte, Bd. 1, München 2001, S. 438–454.

Anette Schlimm, Einleitung: Regieren in der Region. Staatlichkeit, Gesellschaft und Regionalität im 19. und 20. Jahrhundert, in: Westfälische Forschungen 72 (2022), S. 1–13.

Rudolf Schlögl/Hans-Ulrich Thamer (Hgg.), Zwischen Loyalität und Resistenz. Soziale Konflikte und politische Repression während der NS-Herrschaft in Westfalen, Münster 1996.

Detlef Schmiechen-Ackermann (Hg.), ‚Volksgemeinschaft': Mythos, wirkungsmächtige soziale Verheißung oder soziale Realität im ‚Dritten Reich'? Zwischenbilanz einer kontroversen Debatte, Paderborn 2012.

Ders., ‚Volksgemeinschaft': Mythos der NS-Propaganda, wirkungsmächtige soziale Verheißung oder soziale Realität im ‚Dritten Reich'? – Einführung, in: Ders., ‚Volksgemeinschaft', S. 13–53.

Ders., „Mobilisierung" und „Volksgemeinschaft" – konkurrierende oder sich ergänzende Ansätze zur Analyse der Geschichte des Nationalsozialismus? in: Oliver Werner (Hg.), Mobilisierung im Nationalsozialismus. Institutionen und Regionen in der Kriegswirtschaft und der Verwaltung des ‚Dritten Reiches' 1936 bis 1945, Paderborn 2013, S. 59–68.

Ders.,/Marlis Buchholz/Bianca Roitsch/Christiane Schröder (Hgg.), Der Ort der ‚Volksgemeinschaft' in der deutschen Gesellschaftsgeschichte, Paderborn 2018.

Daniel Schmidt, Schützen und Dienen. Polizisten im Ruhrgebiet in Demokratie und Diktatur 1919–1939, Essen 2008.

Edzard Schmidt-Jortzig, Die Entwicklung des Verfassungsrechts der Kreise, in: Hundert Jahre Kreisordnung in Nordrhein-Westfalen, hrsg. vom Landkreistag Nordrhein-Westfalen, München 1988, S. 87–119.

Liane Schmitz, 800–2000. Zur Geschichte von Lüdinghausen und Seppenrade, mit Beiträgen von Peter Ilisch und Ilona Tobüren-Bots, Lüdinghausen 2000.

Willy Schmitz, Die preußischen Landräte des Kreises Coesfeld 1816–1945, Coesfeld 1974.

Ders., Gruppenbilder und biographische Daten der Abgeordneten des Coesfelder Kreistages 1925–1975, in: Geschichtsblätter des Kreises Coesfeld 10, Coesfeld 1985, S. 177–217.

Ders., Die Landräte und Oberkreisdirektoren der Kreise Coesfeld und Lüdinghausen, in: Kreis Coesfeld, Dülmen 1985, S. 346–365.

Hans-Walter Schmuhl, Bevölkerung, Wirtschaft und Verkehr, in: Damberg, Coesfeld 1197–1997, Bd. 3, Coesfeld 2004, S. 2009–2119.

Ders., Geschichte der Stadt Olfen im 20. Jahrhundert, in: Frese, Geschichte der Stadt Olfen, S. 413–484.

Ders., Dülmen im Nationalsozialismus, in: Sudmann, Geschichte der Stadt Dülmen, S. 271–344.

André Schnepper, Prozesse der Machtergreifung in einer katholischen Kleinstadt. Das Beispiel Billerbeck, (= Geschichtsblätter des Kreises Coesfeld 36, Beiheft) Coesfeld 2011.

Ursula Schnorbus, Bericht des Pfarrers Wigger über das kirchliche Leben in Coesfeld während der NS-Zeit, in: Geschichtsblätter des Kreises Coesfeld 19, Coesfeld 1994, S. 137–162.

Stephen Schröder, Die Kreisordnungen von 1886/87 und die Entwicklung der Kreise bis 1933, in: Von der preußischen Obrigkeit zur bürgerlichen Selbstverwaltung. 200 Jahre rheinische und westfälische Kreise, Düsseldorf 2016, S. 34–43.

Hedwig Schrulle, Verwaltung in Diktatur und Demokratie. Die Bezirksregierungen Münster und Minden/Detmold von 1930 bis 1960, Paderborn/Wien/München/Zürich 2008.

Dies., Die preußischen Regierungspräsidenten an der ‚Heimatfront'. Das Beispiel Westfalen, in: Werner, Mobilisierung im Nationalsozialismus, S. 139–158.

Kerstin Schulte, „Learning by doing". Zivile Internierungslager in Westfalen als Experimentierfeld britischer Besatzungspraktiken, in: Westfälische Forschungen 72 (2022), S. 141–158.

Franz-Josef Schulte-Althoff, Die Stadt Werne in der Zeit der Weimarer Republik (1919–1933), Werne 2011.

Ders., Die Stadt Werne im Dritten Reich, Werne 2014.

Thomas Schulte-Umberg, „Gegen den politischen Klerus". Zur Sanktionierung der Wortführer des katholischen Milieus im Bistum Münster am Beispiel der Heimtückeverfahren, in: Schlögl/Thamer, Zwischen Loyalität und Resistenz, S. 83–125.

Winfried Schulze, Deutsche Geschichtswissenschaft nach 1945, München 1993.

Christian Schulze Pellengahr, Die Mitglieder des Lüdinghauser Kreistages – ein Gruppenbild aus dem Jahre 1925, in: Geschichtsblätter des Kreises Coesfeld 22, Coesfeld 1997, S. 171–184.

Ders., „Wenn wir gerufen werden, sind wir da" – Biografische Notizen über MdB Hubert Schulze Pellengahr aus Ascheberg, in: Geschichtsblätter des Kreises Coesfeld 24, Coesfeld 1999, S. 85–100.

Michael Schwartz, Zwischen „Reich" und „Nährstand". Zur soziostrukturellen und politischen Heterogenität der Landesbauernschaft Westfalen im „Dritten Reich", in: Westfälische Forschungen 40 (1990), S. 303–336.

Ders., Sozialistische Eugenik. Eugenische Sozialtechnologien in Debatten und Politik der deutschen Sozialdemokratie 1890–1933, Bonn 1995.

Gisela Schwarze, Eine Region im demokratischen Aufbau. Der Regierungsbezirk Münster 1945/46, Düsseldorf 1984.

Dies., Stunde Null. Der Kreis Coesfeld 1945. Zur Eröffnung der Ausstellung in der Kolvenburg am 23.4.1995, in: Stunde Null. Kreis Coesfeld 1945. Materialen zur Ausstellung, hrsg. vom Kreis Coesfeld, Coesfeld 1995, S. 1–15.

Dies., Kinder die nicht zählten. Ostarbeiterinnen und ihre Kinder im Zweiten Weltkrieg, Essen 1997.

Hans-Karl Seeger/Hermann Hüsken, Dechant Josef Lodde. Coesfelds Fels in der braunen Flut. Christliche Zivilcourage zur Zeit des Nationalsozialismus, Berlin 2012.

Franz Wilhelm Seidler, „Deutscher Volkssturm". Das letzte Aufgebot 1944/45, München 1989.

Catharina Siebenbrock-Boer, „[...] wer geht freiwillig schon nach Nottuln?" Die Integration von Vertriebenen und Flüchtlingen in Nottuln, in: Geschichtsblätter des Kreises Coesfeld 32, Coesfeld 2007, S. 147–260.

Holger Sievert, Chronik Gymnasium Canisianum, Lüdinghausen 1989.

Ludwig Silderhuis, Die Kreise Coesfeld und Lüdinghausen 1945–1974, in: Kreis Coesfeld, S. 373–379.

Hans-Jürgen Smula, Der Einfluss der Sozial- und Wirtschaftsstrukturen auf die Wahlergebnisse der Zentrumspartei bei den Reichstagswahlen im Landkreis Lüdinghausen 1928 bis 1933, in: Geschichtsblätter des Kreises Coesfeld 11, Coesfeld 1986, S. 107–120.

Ders., Die Lage der Landwirtschaft im Kreis Lüdinghausen 1925 bis 1933 – Wirtschaftskrisen und politisches Verhalten der Bauern, in: Geschichtsblätter des Kreises Coesfeld 12, Coesfeld 1987, S. 81–106.

Ders., Milieus und Parteien. Eine regionale Analyse der Interdependenz von politisch-sozialen Milieus, Parteiensystem und Wahlverhalten am Beispiel des Landkreises Lüdinghausen 1919 bis 1933, Münster 1987.

Ders., 50 Jahre Städtische Konrad-Adenauer-Realschule Werne 1939–1989. Untersuchungen zur Geschichte einer Schule mit 650jähriger Tradition, Werne 1989.

Wolfgang Stelbrink, Der preußische Landrat im Nationalsozialismus. Studien zur nationalsozialistischen Personal- und Verwaltungspolitik auf Landkreisebene, Münster/ New York/ München/Berlin 1998.

Ders., Die Kreisleiter der NSDAP in Westfalen und Lippe. Versuch einer Kollektivbiographie mit biographischem Anhang, Münster 2003.

Edith Stienert-Baldenbach, Die Kinder vom Holzplatz. Kindheit und Jugend in bewegter Zeit, 2. Aufl. Lüdinghausen 1992.

Gisbert Strotdrees, 75 Jahre Kriegsende in Westfalen, Artikelserie in: www.wochenblatt.com/ landleben/nachrichten/1945-2020-75-jahre-kriegsende-in-westfalen-12050815.html.

Stunde Null. Kreis Coesfeld 1945. Materialien zur Ausstellung, hrsg. vom Kreis Coesfeld, Coesfeld 1995.

Stefan Sudmann (Hg.), Geschichte der Stadt Dülmen, 2. Aufl. Dülmen 2011.

Ders., Merfeld 1813–1974, in: Ders., Geschichte der Stadt Dülmen, S. 445–452.

Ders., Kirchspiel Dülmen und Hausdülmen 1813–1974, in: Ders., Geschichte der Stadt Dülmen, S. 431–444.

Ders., Die Parkanlagen des Herzogs von Croÿ als Dülmener Politikum im 20. Jahrhundert, in: Geschichtsblätter des Kreises Coesfeld 42, Coesfeld 2017, S. 151–178.

Ders., Ein Rheinländer in Dülmen: Bernd Heimes (1901–1967), Sparkassenleiter, ‚Karteigenosse' und Stadtdirektor, in: Geschichtsblätter des Kreises Coesfeld 42, Coesfeld 2017, S. 179–192.

Karl Teppe, Zwischen Besatzungsregiment und politischer Neuordnung (1945–1949). Verwaltung – Politik – Verfassung, in: Kohl, Westfälische Geschichte, Bd. 2: Das 19. und das 20. Jahrhundert. Politik und Kultur, S. 269–339.

Ders., Der Reichsverteidigungskommissar. Organisation und Praxis in Westfalen, in: Dieter Rebentisch/Ders., Verwaltung contra Menschenführung im Staat Hitlers. Studien zum politisch-administrativen System, Göttingen 1986, S. 278–301.

Hans-Ulrich Thamer, Verführung und Gewalt. Deutschland 1933–1945, Berlin/Darmstadt/Wien 1986.

Ders., Die Widersprüche der ‚Volksgemeinschaft' in den späten Kriegsjahren, in: Schmiechen-Ackermann, ‚Volksgemeinschaft', S. 289–300.

Ders., ‚Volksgemeinschaft' in der Debatte. Interpretationen, Operationalisierungen, Potentiale und Kritik, in: Schmiechen-Ackermann/Buchholz/Roitsch/Schröder, Der Ort der ‚Volksgemeinschaft', S. 27–36.

Burkhard Theine, Westfälische Landwirtschaft in der Weimarer Republik. Ökonomische Lage, Produktionsformen und Interessenpolitik, Paderborn 1991.

Kerstin Thieler, Volksgenossen unter Vorbehalt. Die Herrschaftspraxis der NSDAP-Kreisleitungen und die Zugehörigkeit zur ‚Volksgemeinschaft', in: Schmiechen-Ackermann, ‚Volksgemeinschaft', S. 211–225.

Sarah Thieme, Das katholische Milieu und der Kriegstod. Sinnstiftungen, gemeindliche Trauerpraxis und kollektive Memoria in Münster und Coesfeld 1939 bis 1945 (= Geschichtsblätter des Kreises Coesfeld 38, Beiheft), Coesfeld 2013.

Malte Thießen, Der kleine Nationalsozialismus: Perspektiven und Potenziale der Lokal- und Regionalgeschichte, in: Neisen/Maulhardt/Krimm, Kommunen im Nationalsozialismus, S. 41–57.

Ders., Erinnerungen an die „Volksgemeinschaft". Integration und Exklusion im kommunalen und kommunikativen Gedächtnis, in: Schmiechen-Ackermann, ‚Volksgemeinschaft', S. 319–334.

Ders., In der Leistungsdiktatur: Arbeiten, Anderssein und Bessersein in der „Volksgemeinschaft", in: Becker/Schmidt, Industrielle Arbeitswelt, S. 13–27.

Markus Urban, Die inszenierte Utopie. Zur Konstruktion von Gemeinschaft auf den Reichsparteitagen der NSDAP, in: Schmiechen-Ackermann, ‚Volksgemeinschaft', S. 135–157.

Ute Vergin, Die nationalsozialistische Arbeitseinsatzverwaltung und ihre Funktion beim Fremdarbeiter(innen)einsatz während des Zweiten Weltkriegs, (Diss.) Osnabrück 2008.

Adolf Vogt, Der Westfalenwall. Phantom oder Festungslinie? Eine Studie zur Reichsverteidigung 1944/45, Vreden 1999.

Julia Volmer-Naumann, Bürokratische Bewältigung. Entschädigung für nationalsozialistisch Verfolgte im Regierungsbezirk Münster, Essen 2012.

Marc von Miquel/Julia Volmer-Naumann, „Wiedergutmachung als Auftrag". Eine Einführung in die Ausstellung, in: Kenkmann/Spieker/Walter, Wiedergutmachung als Auftrag, S. 25–33.

Dietmar von Reeken/Malte Thießen (Hgg.), „Volksgemeinschaft" als soziale Praxis. Neue Forschungen zur NS-Gesellschaft vor Ort, Paderborn 2013.

Ders./Malte Thießen, „Volksgemeinschaft" als soziale Praxis? Perspektiven und Potenziale neuer Forschungen vor Ort, in: Ders./Malte Thießen (Hgg.), „Volksgemeinschaft" als soziale Praxis. Neue Forschungen zur NS-Gesellschaft vor Ort, Paderborn 2013, S. 11–33.

Max von Stockhausen, Sechs Jahre Reichskanzlei von Rapallo bis Locarno. Erinnerungen und Tagebuchnotizen 1922–1927, bearbeitet und herausgegeben von Walter Görlitz, Bonn 1954.

Josephine von Weyhe, Franz Graf von Galen (1879–1961). Ein „Miles Christianus" im Spannungsfeld zwischen Katholizismus, Adel und Nation, Münster 2020.

Peter Voß, Zeche Werne 1899–1992. Die Geschichte des Bergbaus in Werne, Rünthe und Stockum. Dokumentation mit historischen Ansichten, Werne 1992.

Johannes Vossen, Gesundheitsämter im Nationalsozialismus. Rassenhygiene und offene Gesundheitsfürsorge in Westfalen 1900–1950, Essen 2001.

Caroline Wagner, Die NSDAP auf dem Dorf. Eine Sozialgeschichte der NS-Machtergreifung in Lippe, Münster 1998.

Herbert Wagner, Die Gestapo war nicht allein – politische Sozialkontrolle und Staatsterror im deutsch-niederländischen Grenzgebiet 1929–1945, Münster 2004.

Julia Wallentin, Die ‚unheilige Allianz' des „alten Preußen" mit dem NS-Staat – Der ‚Tag von Potsdam' in der Grafschaft Mark, in: Eckhard Trox/Ralf Meindl (Hgg.), Preußen – Aufbruch in den Westen. Geschichte und Erinnerung – die Grafschaft Mark zwischen 1609 und 2009. Begleitband zur Ausstellung, Lüdenscheid 2009, S. 177–183.

Bernd Walter, St. Jakobi im 19. und 20. Jahrhundert, in: Ders., 800 Jahre St. Jakobi Coesfeld. Der Weg ist das Ziel, Coesfeld 1995, S.164–186.

Ders., Psychiatrie und Gesellschaft in der Moderne. Geisteskrankenfürsorge in der Provinz Westfalen zwischen Kaiserreich und NS-Regime, Paderborn 1996.

Ders., Kettbaum, Kirche und Kaiser. Coesfeld im Zeitalter der Hochindustrialisierung (1860–1918), in: Damberg, Coesfeld 1197–1997, Bd. 1, Münster 1999, S. 357–499.

Ders., Karl Friedrich Kolbow (1899–1945), in: Friedrich Gerhard Homann (Hg.), Westfälische Lebensbilder, Bd. 17, Münster 2005, S. 203–240.

Ders., Rheinland, Westfalen, Preußen und der Nationalsozialismus (1933–1945/47), in: Mölich/Veltzke/Walter, Rheinland, Westfalen und Preußen, S. 353–379.

Ders., Von der preußischen Provinz zum Landesteil Nordrhein-Westfalens – Verfassung und politische Kultur unter fünf Systemen, in: Karl Ditt u.a., Westfalen in der Moderne 1815–2015. Geschichte einer Region, Münster 2015, S. 27–75.

Ders., „Im Wollen und im Leiden zukunftsgroß". Selbstbewusstsein und Fremdbestimmung in der Praxis der Provinzialverbände Rheinland und Westfalen im Freistaat Preußen, in: Geschichte im Westen 31 (2016), S. 25–45.

Ders., Die Strafgefangenenlager im Emsland 1934–1945. Strafverfolgung und Strafvollzug im Dienste der „Volksgemeinschaft", in: Bernd Faulenbach/Andrea Kaltofen (Hgg.), Hölle im Moor. Die Emslandlager 1933–1945, Göttingen 2017, S. 115–129.

Michael Wanko, Die Schule der NS-Frauenschaft auf der Burg Botzlar, Selm 1999.

Phillip Wegehaupt, Funktionäre und Funktionseliten der NSDAP. Vom Blockleiter zum Gauleiter, in: Benz, Wie wurde man Parteigenosse? Die NSDAP und ihre Mitglieder, S. 39–59.

Siegfried Weichlein, Wahlkämpfe, Milieukultur und politische Mobilisierung im Deutschen Kaiserreich, in: Simone Lässig/Karl Heinrich Pohl/James Retallack (Hgg.), Modernisierung und Region im wilhelminischen Deutschland. Wahlen, Wahlrecht und Politische Kultur, Bielefeld 1995.

Marcus Weidner, Völkische Bewegungen, in: Göschl/Paulus, Weimar im Westen, S. 61–69.

Björn Weigel, „Märzgefallene" und Aufnahmestopp im Frühjahr 1933. Eine Studie über den Opportunismus, in: Benz, Wie wurde man Parteigenosse? Die NSDAP und ihre Mitglieder, S. 91–109.

Rita Weißenberg (Hg.), Uns wurde nichts geschenkt. Selm-Beifang 1906–1933, Selm 1985.

Sebastian Weitkamp, Brechung des Widerstands und Machtsicherung des NS-Systems, in: Bernd Faulenbach/Andrea Kaltofen (Hgg.), Hölle im Moor. Die Emslandlager 1933–1945, Göttingen 2017, S. 25–37.

Mario Wenzel, Die NSDAP, ihre Gliederungen und angeschlossenen Verbände. Ein Überblick, in: Benz, Wie wurde man Parteigenosse? Die NSDAP und ihre Mitglieder, S. 19–38.

„Wer spart, hilft Adolf Hitler". Nationalsozialismus und Sparkassen – Münster und das östliche Münsterland, hrsg. vom Geschichtsort Villa ten Hompel der Stadt Münster und der Stiftung Westfälisches Wirtschaftsarchiv Dortmund, Münster 2019.

Christian Wermert, Die Zeit des Nationalsozialismus, in: Frese/Ders., Senden, S. 493–520.

Ders., Die Weimarer Zeit und die frühen dreißiger Jahre, in: Frese/Ders., Senden, S. 465–492.

Ders., Alliierte Besatzungszeit und die ersten Nachkriegsjahre, in: Frese/Ders., Senden, S. 521–538.

Oliver Werner (Hg.), Mobilisierung im Nationalsozialismus. Institutionen und Regionen in der Kriegswirtschaft und der Verwaltung des ‚Dritten Reiches' 1936 bis 1945, Paderborn 2013.

Ders., Mobilisierung im Nationalsozialismus – eine Einführung, in: Ders., Mobilisierung im Nationalsozialismus, S. 9–26.

Dieter Westendorf/Hans-Joachim Westendorf, Schicksale der jüdischen Coesfelder zwischen Bedrohung und Ermordung, Coesfeld 2013.

Juliane Wetzel, Die NSDAP zwischen Öffnung und Mitgliedersperre, in: Benz, Wie wurde man Parteigenosse? Die NSDAP und ihre Mitglieder, S. 74–90.

Michael Wildt, Das „Bayern-Projekt", die Alltagsforschung und die „Volksgemeinschaft", in: Norbert Frei (Hg.), Martin Broszat, der „Staat Hitlers" und die Historisierung des Nationalsozialismus, Göttingen 2007, S. 119–129;

Ders., ‚Volksgemeinschaft' – eine Zwischenbilanz, in: von Reeken/Thießen, „Volksgemeinschaft" als soziale Praxis, S. 355–369.

Nicola Willenberg, Dülmen in der Weimarer Zeit, in: Sudmann, Geschichte der Stadt Dülmen, S. 345–370.

Heiner Johannes Wirtz, Katholische Gesellenvereine und Kolpingsfamilien im Bistum Münster 1852–1960, Münster 1999.

Manfred Witt, Verdrängte Geschichte: Hamm in der Zeit des Nationalsozialismus (1933–1945), in: Ribhegge, Geschichte der Stadt und Region Hamm, S. 294–371.

Manfred Wolf, Gymnasialunterricht in Coesfeld 1946–1953 – Erinnerungen, in: Geschichtsblätter des Kreises Coesfeld 38, Coesfeld 2013, S. 279–280.

Edgar Wolfrum, Geschichtspolitik in der Bundesrepublik Deutschland 1949–1989. Phasen und Kontroversen, in: Aus Politik und Zeitgeschichte B 45 (1998), S. 3–15.

Wolfgang Wutzler, „Hier sind keine jüdischen Friedhöfe mehr": Darup, Köttling 18, in: Geschichtsblätter des Kreises Coesfeld 17, Coesfeld 1992, S. 115–143.

Siegfried Zaika, Von der preußischen Polizei zur Polizei der Gegenwart, in: Kreis Coesfeld, hrsg. durch den Kreis Coesfeld, Dülmen 1985, S. 127–132.

Frédéric Zamit, Die Suche nach Erdöl im Münsterland während der 1930er Jahre. Eine archivalische Bestandsaufnahme, in: Geschichtsblätter des Kreises Coesfeld 39, Coesfeld 2014, S. 135–153.

Bärbel Zimmer, Lüdinghauser Stolpersteine. Gedenken an die jüdischen Familien, Lüdinghausen 2009.

Zwangsarbeit in den Kreisen Coesfeld und Lüdinghausen, hrsg. vom Kreis Coesfeld, Coesfeld 2003.

Zwangsarbeit in Dülmen, http://www.duelmen.de/rathaus/kultur/stadtarchiv/pr-zwangs arbeit

PERSONENREGISTER

BEITRÄGE ZUR LANDES- UND VOLKSKUNDE DES KREISES COESFELD

Bislang erschienene Publikationen

BAND 1 | EINE ALTE COESFELDER FLORA
Fridolin Neu (1965)
In dieser kleinen Broschüre werden die Wandlungen der Coesfelder Pflanzenwelt seit dem Jahr 1840 aufgrund alter Aufzeichnungen und neuer Untersuchungen behandelt. Den Text ergänzen und verdeutlichen 18 Handzeichnungen des Verfassers.

BAND 2 | DER KREIS COESFELD UND DIE DEUTSCHE HANSE
Bernhard Riering (1960)
Neben den Voraussetzungen für eine Beteiligung an der Hanse wird der Werdegang des Kreises Coesfeld von der Blütezeit der Hanse über die Verfallszeit bis hin zur neuen organisatorischen Bindung dargestellt. Bilder und interessante Grafiken untermalen das 68 Seiten lange Werk anschaulich.

BAND 3 | COESFELD UM 1800 – ERINNERUNGEN DES ABBÉ BASTON
Heinrich Weber (1961, 2. Auflage 1980)
Eine sehr anschauliche volkskundliche Beschreibung des Lebens in Coesfeld um 1800. Die Memoiren des Franzosen Abbé Baston wurden bereits 1899 in Paris in französischer Sprache veröffentlicht. Sie waren bisher dem deutschen Leserkreis nur in Auszügen bekannt.

BAND 4 | KORT KAMPHUS – RICHTER IN COESFELD
Kurt Fischer (1963)
Geschichte und Prozess des bekannten Coesfelder Stadtrichters, der als „Räuberhauptmann“ und „münsterländischer Michael Kohlhaas“ bezeichnet wurde, aus der Sicht eines modernen Strafverteidigers.

BAND 5 | DIE STADT COESFELD IN BILD UND PLAN VON 1450 BIS 1850
Ludwig Frohne (1965)
Das Buch basiert auf der Grundlage einer geografischen Seminararbeit und war später Kernstück der Ausstellung: „Coesfeld in Bild und Plan“. Veröffentlicht wurde es lediglich als Anregung zur Diskussion über geografisch-historische Entwicklungen der Stadt Coesfeld. Der Text wird gestützt von Plänen, Zeichnungen und Bildern, die den Werdegang Coesfelds von der Festung bis zur offenen Landstadt zeigen.

BAND 6 | DÜLMEN – GESICHTER EINER KLEINEN STADT
Iván Köves/Gerd-Wilhelm Kreutzer (1967)
Dieser Band befasst sich ausschließlich mit Bildern aus Alltagssituationen einer kleinen Stadt. Sie zeigen das Leben auf der Straße – wie man dort lebt, arbeitet, feiert und sich erholt. Genauso sind Architektur und Landschaft in den Vordergrund gestellt.

BAND 7 | DER UNTERGRUND DES COESFELDER RAUMES
Hellmut Arnold (1967)
Mitte 1960 wurde vorgesehen, eine 4000 m-Bohrung abzuteufen, an der sich das Land Nordrhein-Westfalen mit 1,5 Millionen DM und die Erdölindustrie mit 3 Millionen DM beteiligen wollte. Als die Bohrung Ende 1962 bei fast 6000 m abgeschlossen war, hatte sie fast das Doppelte gekostet. Die Ergebnisse der in der Gemeinde Beerlage durchgeführten Tiefbohrungen Münsterland I sind in dieser Arbeit dargestellt.

BAND 8 | DER COESFELDER UND DER DARUPER ALTAR
Paul Pieper (1968)
Paul Pieper, stellvertretender Direktor des Landesmuseums für Kunst- und Kulturgeschichte in Münster, verfasste diesen Band über den Coesfelder Altar (erstmals veröffentlicht in der Zeitschrift „Westfalen", Band 40, 1962) und den Daruper Altar (veröffentlicht in der Fachzeitschrift des Landkreises Coesfeld zur 150-Jahr-Feier). Zwei Kunstwerke als hervorragende Beispiele für die handwerklich-künstlerische Entwicklung des Münsterlandes werden anhand von Skizzen und Bildern dargestellt.

BAND 9 | DIE VOGELWELT DES KREISES COESFELD
Cläre Bodlée (1968)
Dieser Band ist eine Ergänzung des Buches „Die Vögel Europas". Die Verfasserin stellte 202 verschiedene Vogelarten im Kreis Coesfeld fest, was wohl an der großen Wasservogelwelt im Gebiet der Dülmener Teiche liegen mag. Mit Fleiß und Sorgfalt hat sie eine große Fülle von Beobachtungen und Daten zusammengestellt, was sie nun mit mehr als 100 Seiten zur Schau stellt.

BAND 10 | STÄDTEBAULICHES GUTACHTEN ZUR ERNEUERUNG DES STADTKERNS VON BILLERBECK '68
Marlene und Peter Zlonicky (1969)
Das Problem der Stadtkernerneuerung wird in diesem Band von den Stadtplanern Marlene und Peter Zlonicky am Beispiel der Stadt Billerbeck in anschaulicher und übersichtlicher Form dargestellt. Pläne und Fotos ergänzen die Informationen.

BAND 11 | DAS WEISSE VENN – ENTWICKLUNG, KULTIVIERUNG UND BESIEDLUNG EINER MOORNIEDERUNG

Schwester M. Hildegaris Schier S.N.D. (1970)

Das Weiße Venn, nunmehr als Ort Hochmoor bekannt, war im Laufe der Jahrtausende einem mehrfachen Strukturwandel unterworfen. Wurde das Landschaftsbild aufgrund von Naturkräften immer wieder verändert, so erfuhr es seine letzte und am stärksten prägende Wandlung durch menschlichen Einfluss. Hochmoor, heute eine Siedlung modernen Stils, verdankt seine Entstehung in erster Linie jenen Menschen, die aus Verantwortungsbewusstsein ihrer Heimat neuen Lebensraum zu erschließen suchten.

BAND 12 | LÄNDLICHE SIEDLUNG UND WIRTSCHAFT DES KREISES COESFELD IN VERGANGENHEIT UND GEGENWART

Ewald Gläßer (1971)

„Der Verfasser hat sich seit 1964 durch mehrere Arbeiten über den Raum Dülmen ausgewiesen, die über den engeren Bezirk hinaus für die Erforschung der bäuerlichen und ländlichen Kulturlandschaft Nordwestdeutschland bedeutsam sind. Das vorliegende Werk setzt die Forschung fort und fasst sie zusammen. Der Verfasser stellt die ländliche, nicht nur die agrar- bäuerliche Siedlungs- und Wirtschaftslandschaft in ihrer Abhängigkeit von den jeweiligen, im Untersuchungsgebiet sehr unterschiedlichen Naturräumen dar. Farbige Karten, Skizzen, Luftaufnahmen, terrestrische Fotos und Tabellen unterstützen den Text. Der Einzeldarstellung gegenüber stehen der Gesamtüberblick über den Kreis Coesfeld und Hinweise auf den nordwestdeutschen Raum. Gleichsam beiläufig lernt die Leserin bzw. der Leser dabei die einzelnen Lehrmeinungen und ein umfangreiches Schrifttum kennen. Insgesamt gesehen öffnet dieses verdienstvolle Werk der Leserin bzw. dem Leser und vor allem der/m wissenschaftlich verantwortungsbewussten Lehrer/in einen gültig zusammenfassenden und ordnenden Einblick in Stand und Aufgaben der ländlichen Siedlungs- und Wirtschaftsforschung. Zur Unterstützung der Sachkunde gehört es ganz zweifellos in jede westfälische Lehrbücherei, nicht nur in die des Kreises Coesfeld." Dr. W. Wege, in „Naturkunde in Westfalen"

BAND 13 | SAKRALE GOLDSCHMIEDEKUNST IM KREISE COESFELD

Kurt Fischer (1973)

Eine kunstgeschichtliche Studie untersuchte die Herkunft der sakralen Goldschmiedearbeiten im Kreis Coesfeld. Der Band ist vorzüglich illustriert, zum Teil mit großformatigen farbigen Abbildungen. Die Gesamtausstattung ist sehr anspruchsvoll und dürfte für Kunst- und Kulturhistoriker über den Raum Coesfeld und des Münsterlandes hinaus von großer Bedeutung sein.

BAND 14 | FRAGEN UND ANTWORTEN EINES STÄDTEBAUERS
Rudolf Wolters (1974)
Der Verfasser des nicht mehr erhältlichen Bandes hat in der Nachkriegszeit bei der Planung der Stadt Coesfeld maßgeblich mitgearbeitet. Der Coesfelder stieg im Dritten Reich als Architekt und Stadtplaner zum engen Mitarbeiter und Freund des NS-Rüstungsministers Albert Speer auf. Nach dem Zweiten Weltkrieg kehrte er nach Coesfeld zurück und knüpfte nahtlos an seine Erfolge als Architekt an.

BAND 15 | DIE PREUSSISCHEN LANDRÄTE DES KREISES COESFELD 1816 – 1945
Willy Schmitz (1974)
In dieser Schrift werden nicht nur die historischen Fakten über die Persönlichkeiten der preußischen Landräte und die Geschehnisse in der Verwaltung des Kreises Coesfeld über mehr als 100 Jahre behandelt, sie gibt auch durch eine Darstellung über Einzelheiten aus dem Leben der Landräte und über die Verhältnisse und Begebenheiten im Kreis Coesfeld in den Jahren seit 1816 viele interessante Hinweise.

BAND 16 | DIE KARTHAUS BEI DÜLMEN
Carl Göllmann (1975, 2. Auflage 1983)
Aktueller Anlass für die Herausgabe dieses Buches war der 500. Gründungstag des Karthäuserklosters in Weddern, das einmal zu den bedeutendsten Klöstern Westfalens zählte. Der Autor hat in diesem Werk die historische Entwicklung des Karthäuserklosters in Weddern von seiner Gründung bis zur Aufhebung dargestellt.

BAND 17 | DIE KOLVENBURG
Kreis Coesfeld (1981)
Diese Schrift befasst sich ausführlich mit den baugeschichtlichen Feststellungen über die Burg während ihrer Restaurierung 1970 und 1975. Sie erläutert die mittelalterliche Geschichte des Adelssitzes und berichtet über die Kolvenburg in den jüngeren Jahrhunderten sowie ihre Funktion als Kulturzentrum des Kreises Coesfeld seit 1976.

BAND 18 | ERINNERUNGEN DES ABBÉ BASTON – DIE LEIBEIGENSCHAFT IM FÜRSTBISTUM MÜNSTER/ DOMINIQUE KARDINAL DE LA ROCHEFOUCAULD
Heinrich Weber (1982)
Die erste Übersetzung der Memoiren des Abbé Baston unter dem Titel „Coesfeld um 1800 – Erinnerung des Abbé Baston“ ist 1961 mit Band 3 dieser Reihe erschienen. Nach dem Erfolg dieses ersten Bandes erschien ein damals ausgelassener Exkurs, der sich mit der Leibeigenschaft im Fürstentum Münster sowie dem Dominique Kardinal de la Rochefoucauld, Erzbischof von Rouen, der am 23. September 1800 zu Münster gestorben ist, beschäftigt.

BAND 19 | BÖNNINGHAUSENS LEBEN – HAHNEMANNS LIEBLINGSSCHÜLER
Friedrich Kottwitz (1985)
Die Vita des landrätlichen Kommissars des Kreises Coesfeld und Homöopathen Dr. Clemens von Bönninghausen (1785 – 1864) ist nicht nur eine anschauliche Darstellung seiner vielfältigen Tätigkeiten als preußischer Beamter, Arzt, Botaniker und Agronom, sie gewährt auch einen Einblick in das zeitgenössische Leben in Westfalen.

BAND 20 | BURG VISCHERING
Kreis Coesfeld (1985)
Dies ist eine Festschrift zur Eröffnung der Volkskundlichen Abteilung des Münsterlandmuseums Burg Vischering im restaurierten Bauhaus am 31. August 1984. Neben der Geschichte der Burg Vischering werden auch Themen wie die Erhaltung und Wiederherstellung der Gräftenanlage oder eine praktische Denkmalpflege am Beispiel der Burg Vischering vorgestellt. Bilder, Skizzen und Zeichnungen unterstützen den Text.

BAND 21 | ZUR GESCHICHTE DER POST IN COESFELD
Dr. Herbert Wilde (1986)
Diese Schrift enthält einen geschichtlichen Überblick über die Entwicklung der Post in Coesfeld von 1803 – 1986. Das Buch behandelt auch Detailfragen wie etwa das Bahnpostwesen, die Kraftwagen der Landpost, die Postbediensteten ebenso wie philatelistische Spezialgebiete. Unter diesen ist besonders hervorzuheben die Dokumentation der Coesfelder Poststempel, wobei sich auch der Autor auf umfangreiche eigene Vorarbeiten stützen konnte. Zahlreiche Abbildungen und Fotos runden das Werk in gelungener Weise ab.

BAND 22 | GOTTFRIED VON RAESFELD UND SEINE ZEIT
Carl Göllmann (1987)
Gottfried von Raesfeld (1522 – 1586), auf Haus Hamern bei Billerbeck geboren, wird eine bedeutende Rolle im Domkapitel von Münster während der Reformationszeit zugesprochen. Ihm habe man zu verdanken, dass das münstersche Bistum dem Katholizismus erhalten blieb. Diese kirchengeschichtliche Arbeit findet sicherlich das Interesse einer breiten Öffentlichkeit.

BAND 23 | JOSEF SUWELACK UND DER TRAUM VOM FLIEGEN
Winfried und Walter Suwelack (1988)
Anlass zur Herausgabe dieses Buches ist die Wiederkehr des 100. Geburtstages des Billerbecker Flugpioniers und Weltrekordlers Josef Suwelack (1888 – 1915), dessen Leben und Tod in dieser Schrift beschrieben wird. Zahlreiche Archivillustrationen ergänzen dieses Werk.

BAND 24 | JUDEN IM KREIS COESFELD
Dr. Diethard Aschoff u. a. (1990)
Durch das Buch soll jüdisches Leben im Kreis Coesfeld aufgezeichnet werden, vom Anfang bis zum Ende, ohne Beschönigung. 700 Jahre Geschichte – Juden werden zum ersten Male 1298 in Coesfeld erwähnt – kann die Leserin bzw. der Leser nachvollziehen: die Schicksale einer kleinen, oft verfolgten und bedrängten Minderheit, die im Laufe der Jahrhunderte immer tiefer in den westfälischen Heimatboden hineinwuchsen, bis sie jäh aus ihm herausgerissen wurden. Jeder Ort des Kreises, in dem Juden lebten, hat seine eigene Darstellung gefunden. Das Buch soll eine angemessene Form geistiger Wiedergutmachung sein – wenn es diese überhaupt geben kann. Aufgabe des Buches soll es sein, das geschichtliche Vermächtnis der Juden im Kreis Coesfeld zu hüten.

BAND 25 | OSTDEUTSCHES KULTURGUT
Barbara Kellermann (1991)
Auf den 176 Seiten dieses Buches ist das kulturelle Erbe, das von den Vertriebenen und Flüchtlingen nach 1945 aus den deutschen Ostgebieten mitgebracht und ergänzend in das westfälische Alltagsleben einbezogen wurde, in Text und in über 100 Farb- und Schwarz/Weiß-Bildern dokumentiert. Anhand zahlreicher Beispiele aus den unterschiedlichen Bereichen des Alltagslebens, des religiösen Brauchtums, der Kunst und des Handwerks, soll ein repräsentativer Querschnitt der im Kreis Coesfeld erfassten und registrierten Objekte ostdeutschen Kulturgutes gezeigt werden.

BAND 26 | BURG VISCHERING – WEHRBURG UND WOHNSITZ
Dr. Jenny Sarrazin u. a. (1993)
Erstmalig liegt mit diesem Band eine umfangreiche und wissenschaftlich fundierte Geschichte der Burg Vischering in Lüdinghausen, dem heutigen Kulturzentrum des Kreises Coesfeld, vor. Von der Belehnung der Burg im Jahr 1271 über Brand und Wiederaufbau im 16. und 17. Jahrhundert bis hin zu Aspekten des täglichen Lebens auf der Burg Vischering spannt sich der thematische Bogen in der reich bebilderten Publikation. Einen Schwerpunkt bildet die Baugeschichte der Burg Vischering. In sumpfigem Gelände auf Pfählen errichtet, zeigt die Burg trotz der substantiellen Umbauten der frühen Neuzeit noch viel von der trutzigen Wehrhaftigkeit des Mittelalters. Im Inneren zeugen Kamine, Wandbemalung und Einrichtungsgegenstände von den einstigen Bewohnerinnen und Bewohnern der Burganlage. Die Auswertung zahlreicher historischer Dokumente erlaubt aber auch einen Einblick in das tägliche Leben auf der Burg. Die Grundherrschaft mit ihren Rechten und Pflichten, so etwa den bäuerlichen Abgaben und der Jurisdiktion, bestimmt den Alltag auf der Burg ebenso wie Fragen der Verwaltung und der Haushaltsführung. Zur Vergangenheit der Burg gehören aber auch Berichte über die Erstürmung durch die Hessen während des 30-jährigen Krieges und die

Geschichte des berühmten Halsbands des Lambert von Oer. Der Band bietet so einen facettenreichen Einblick in die Vergangenheit eines der bekanntesten Baudenkmäler des Münsterlandes.

BAND 27 | EINDRÜCKE EINER LANDSCHAFT – 70 ZEUGNISSE DER GESCHICHTE IM KREIS COESFELD
Maríon Bayer (2017)
Wussten Sie, dass es vor über 2000 Jahren Krokodile an der Lippe gab? Dass die ersten Kirchenglocken in Dülmen schon vor 1200 Jahren erklangen? Oder, dass die ersten Bewohnerinnen und Bewohner von Schloss Nordkirchen keinen Nachttopf nutzen mussten? Von der mittelalterlichen Burg Vischering zum genossenschaftlichen Dorfladen, vom ältesten unverrückten Stein zur politischen Kunst – im Kreis Coesfeld lassen sich überall Zeugnisse der Vergangenheit entdecken. Die Autorin blickt auf 70 Bauten, Objekte und Landschaften dieser Region des Münsterlandes und bringt die stummen Zeugen zum Sprechen. Sie besucht Kirchen, Bauernhäuser, Burgen und Gewerbebauten und erzählt ihre Geschichten. Und mit ihnen Geschichte.

BAND 28 | KREIS COESFELD – GANZ PERSÖNLICH
Kreis Coesfeld in Zusammenarbeit mit der neomediaVerlag GmbH (2019)
Eine wunderbare Hommage an den Kreis Coesfeld im Herzen des Münsterlandes. In diesem Band, der fast 50 Beiträge verschiedenster Autoren enthält, finden sich nicht nur Porträts und inhaltliche Beiträge von vielen bekannten Persönlichkeiten aus dem Kreis Coesfeld. Auch werden insgesamt 19 Erfolgsgeschichten von Unternehmen vorgestellt, die den wirtschaftlichen Erfolg des „kleinen Tigers“ dokumentieren.

BAND 29 | BURG VISCHERING. WASSERBURG UND WAHRZEICHEN
Christian Schulze Pellengahr im Auftrag des Kreises Coesfeld (2022)
Dieses reich bebilderte Buch schildert die Geschichte einer der besterhaltenen Wasserburgen Deutschlands nach neuestem Kenntnisstand und erstmals in so umfassender Weise. Auf einen erzählenden Gesamtüberblick folgen dabei vielfältige Einzelperspektiven – historisch, kunsthistorisch, baugeschichtlich, archäologisch, denkmalpflegerisch, planerisch und museumsfachlich. Auch werden herausragende Exponate aus dem Burgmuseum vorgestellt und neu eingeordnet, darunter das berühmte Eiserne Halsband des Lambert von Oer.